헌법강의

최용전
이승천 공저

머 리 말

　이 책은 평소 강의교재로 준비해 오던 강의안을 정리하여 출판한 바가 있는 「이론과 판례 헌법」(2004)과 「헌법의 이해」(2010)의 업그레이드판이라고 하면 정확한 표현일 것 같습니다. 그러다보니 다년간의 강의경험과 틈틈이 제자들로부터 들은 목소리를 담은 교재입니다.

　헌법이라는 과목이 법학에 있어서 가장 기본법이며, 대학 교육과정상 대부분 신입생들이 첫 학기부터 접하게 되는 과목이다 보니, 공부하는데 어려움이 많습니다. 이러한 점을 감안하고, 또 처음 헌법을 공부하고자 하는 학생들에게 적합한 헌법소개서를 마련하고자 한 것이 이 책의 저술목적입니다. 그리고 간단한 소개서에 해당하면서도 많은 판례를 인용하고 관련 법령들을 소개함으로써 이해의 폭을 넓히고 깊이를 더할 수 있도록 쉽게 저술된 책입니다.

　헌법은 총론, 기본권론 및 통치구조론으로 구성되며, 헌법재판소 부분을 따로 구별하기도 합니다. 그러나 이 책은 헌법재판소를 통치구조의 일부분으로 포함시켰습니다. 그래서 기본권과 통치구조 부분에 좀 더 많은 부분을 할애하였으며, 헌법재판소는 더욱 풍부한 내용을 싣고자 하였습니다. 다만, 책이 너무 방대하면 초학자들에게 다소 거부감을 주지 않을까하는 우려에, 전체의 지면을 줄이고자 학설들은 최소한으로 소개하였습니다. 혼자서 독학으로 공부하고자 하는 학생은 판례나 참고를 제외하고 내용부분만을 일독한 후 이독 삼독을 할 때부터 판례와 참고 내용을 보시면 헌법공부를 하는데 흥미도 느끼고 이해도 쉽게 될 것입니다.

　이 책은 대학에서의 강의교재로도 적합하지만, 각종 공무원시험의 기본 수험서로도 손색이 없을 것입니다. 그러므로 많은 학생들이 이 책을 통하여 헌법을 공부한다면 저자로서는 더 없는 영광이라고 생각합니다.

　강의실에서 또렷또렷한 눈망울을 반짝이며 수업을 듣는 제자들을 생각하면, 좀 더 완벽한 내용으로 채우지 못한 아쉬움에 미안한 마음을 지울 수 없습니다. 그러나 다소의 부족함이 미래의 발전을 약속할 수 있는 종자가 된다는 생각에 위로를 하며, 다음에는 좀 더 깊은 연구와 준비를 할 것을 약속드립니다.

　마지막으로 부족한 저에게 항상 격려와 사랑을 주시는 선후배님들과 가족들에게 이 기회를 빌려 감사의 말씀을 드립니다.

2012. 2. 28.

저자

차 례

제1편 헌법이해의 기초

제1장 헌법의 의의

제1절 헌법의 개념

Ⅰ. 의의 ··· 3
   1. 헌법개념의 정리 / 3   2. 헌법개념의 2중성 / 5

Ⅱ. 헌법개념의 역사적 변천 ··· 7
   1. 고유의미의 헌법 / 7   2. 근대 입헌주의헌법 / 7
   3. 현대 복지국가헌법 / 9

Ⅲ. 실질적 의미의 헌법과 형식적 의미의 헌법 ··· 10
   1. 실질적 의미의 헌법 / 10   2. 형식적 의미의 헌법 / 11
   3. 양자의 관계 / 11

제2절 헌법의 분류와 기능 및 특성

Ⅰ. 헌법의 분류 ·· 13
   1. 전통적 분류방법 / 13
   2. 새로운 분류방법 / 14
   3. 최근의 경향과 우리나라헌법의 유형 / 15

Ⅱ. 헌법의 기능과 특성 ··· 16
   1. 헌법의 기능 / 16   2. 헌법의 특성 / 16

제3절 헌법학

Ⅰ. 의의 ··· 18

Ⅱ. 헌법학의 대상과 방법 ··· 18
   1. 헌법학의 인식대상 / 18   2. 헌법학의 연구방법 / 18

Ⅲ. 헌법학의 영역과 분과 ··· 19
   1. 광의(廣義)의 헌법학 / 19   2. 협의의 헌법학 / 21

제2장 헌법의 제정과 보호

제1절 헌법제정

Ⅰ. 의의 ··· 22
1. 헌법제정의 의의 / 22
2. 헌법제정권력의 의의 / 22
3. 헌법제정권력의 본질 / 22
4. 우리 헌법에 있어서의 헌법제정권력 / 23

Ⅱ. 헌법제정권력이론의 발전 ·· 23
1. 헌법제정권력이론의 유래 / 23
2. 쉬예스(Siéyès) 이론 / 23
3. 독일의 법실증주의자의 이론 / 24
4. 칼 쉬미트(C. Schmitt)의 이론 / 24

Ⅲ. 헌법제정권력의 주체와 행사 ·· 25
1. 헌법제정권력의 주체 / 25
2. 헌법제정권력의 행사 / 25

Ⅳ. 헌법제정의 한계 ··· 25
1. 의의 / 25
2. 무한계설(無限界說) / 26
3. 한계설(限界說) / 26
4. 결어 / 26

제2절 헌법보호

Ⅰ. 헌법보호제도 ·· 27
1. 의의와 연혁 / 27
2. 헌법보호(보장)의 유형 / 28
3. 헌법의 수호자 논쟁 / 29
4. 우리 헌법상의 헌법보호제도 / 30

Ⅱ. 국가긴급권 ·· 32
1. 의의 / 32
2. 유형 / 32
3. 이론적 근거 / 34
4. 국가긴급권의 한계와 통제 / 35

Ⅲ. 저항권 ·· 37
1. 의의 / 37
2. 연혁 / 38
3. 저항권의 인정여부 / 39
4. 저항권의 주체와 법적 성격 및 성립요건 / 40
5. 우리 헌법과 저항권 / 40

Ⅳ. 방어적 민주주의 ·· 42
1. 의의 및 성격 / 42
2. 전개과정 / 43
3. 한계 / 43
4. 한국헌법상의 방어적 민주주의 / 44

제3장 헌법의 변동

제1절 헌법변천

Ⅰ. 의의 ··· 45
1. 헌법변천의 개념 / 45
2. 헌법개정과의 관계 / 45

Ⅱ. 헌법변천의 계기와 유형 ··· 45
1. 헌법변천의 계기 / 45
2. 헌법변천의 유형 / 46

Ⅲ. 헌법변천의 예와 평가 ··· 46
1. 헌법변천의 예 / 46
2. 헌법변천의 평가 / 47

제2절 헌법해석

Ⅰ. 헌법해석의 의의 ··· 48

Ⅱ. 헌법해석의 종류와 방법 ··· 48
1. 헌법해석의 종류 / 48
2. 헌법해석의 방법 / 49
3. 헌법해석의 지침 / 51

Ⅲ. 합헌적 법률해석 ··· 52
1. 의의 / 52
2. 이론적 근거 / 53
3. 한계 / 54
4. 합헌적 법률해석의 기술 / 54
5. 일반적 법률해석 및 규범통제와의 관계 / 55

Ⅳ. 헌법규범의 단계구조 ··· 57

제3절 헌법개정

Ⅰ. 의의 ··· 58
1. 헌법개정의 의의 / 58
2. 헌법개정권력의 의의 / 58
3. 헌법개정의 필요성과 곤란성 / 58
4. 헌법개정과 구별되는 개념 / 59

Ⅱ. 헌법개정권력의 주체와 행사 ··· 60
1. 헌법개정권력의 주체 / 60
2. 헌법개정의 행사 / 60

Ⅲ. 헌법개정의 한계 ··· 61
1. 학설 / 61
2. 한계의 유형 / 61
3. 한계를 넘은 개정의 효력 / 62

Ⅳ. 우리나라 헌법의 개정 ··· 63
1. 한국헌법의 개정조항의 변천 / 63
2. 현행헌법의 개정절차 / 64
3. 현행 헌법의 개정 한계 / 65

제2편 대한민국헌법총설

제1장 대한민국과 헌정사

제1절 대한민국의 국가론

Ⅰ. 국가론과 국가형태 ·· 69
    1. 국가론 / 69   2. 국가의 형태 / 74

Ⅱ. 대한민국의 국가형태 ·· 77
    1. 헌법상의 국가형태 규정 / 77   2. 민주공화국의 법적 성격 / 78
    3. 우리나라 국가형태의 특색 / 78

Ⅲ. 대한민국의 구성요소 ·· 79
    1. 주권 / 79   2. 국민 / 82
    3. 영역 / 86

Ⅳ. 헌법전문 ·· 87
    1. 의의 / 87   2. 법적 성격 / 88

제2절 대한민국헌정사

Ⅰ. 대한민국 근대 헌법사 ·· 91
    1. 대한국제 / 91   2. 대한민국임시정부헌법 / 92

Ⅱ. 대한민국헌법 개정사 ·· 94
    1. 제헌헌법(1948. 7. 17, 제1공화국헌법) / 94
    2. 제1차 개헌 (발췌개헌, 1952. 7. 7) / 94
    3. 제2차 개헌(사사오입개헌, 1954. 11. 29) / 95
    4. 제3차 개헌(내각책임제 개헌, 1960. 6. 15, 제2공화국헌법) / 96
    5. 제4차 개헌(소급입법개헌, 1960. 11. 29) / 96
    6. 제5차 개헌(1962. 12. 26, 제3공화국헌법) / 97
    7. 제6차 개헌(삼선개헌 1969. 10. 21) / 98
    8. 제7차 개헌(유신헌법, 1972. 12. 27, 제4공화국 헌법) / 98
    9. 제8차 개헌(1980. 10. 27, 제5공화국헌법) / 99
    10. 제9차 개헌(1988. 2. 25. 제6공화국) / 100

제2장 대한민국헌법의 원리와 제도

제1절 기본원리

Ⅰ. 헌법의 기본원리 ··· 103
    1. 헌법상 기본원리를 명확히 하는 이유 / 103
    2. 기본원리의 규범력 / 103

Ⅱ. 국민주권주의 ··· 104
    1. 의의 / 104
    2. 주권론의 발전(주권의 소재에 의한 분류) / 105
    3. 현대적 국민주권론 / 106
    4. 우리나라 헌법상 국민주권의 행사방법 / 107

Ⅲ. 민주주의 ··· 108
    1. 민주주의의 의의 / 108
    2. 민주주의 본질 / 108
    3. 민주주의의 유형 / 110
    4. 우리헌법상 민주주의의 보장수단 / 111

Ⅳ. 사회국가원리 ··· 112
    1. 의의 / 112
    2. 사회국가원리의 내용 / 112
    3. 사회국가원리의 헌법적 구현방법 / 113
    4. 사회국가원리의 한계 / 114

Ⅴ. 법치국가원리 ··· 115
    1. 의의 / 115
    2. 법치국가의 내용과 실질적 법치주의 / 116
    3. 민주주의와 법치주의의 관계 / 117
    4. 우리헌법상 법치주의의 구현 / 118

Ⅵ. 문화국가원리 ··· 119
    1. 의의 / 119
    2. 문화국가원리와 국가의 문화정책 / 119
    3. 우리헌법에서의 구현 / 120

Ⅶ. 국제평화주의와 국제법존중주의 ··· 120
    1. 국제평화주의 / 120   2. 국제법존중주의 / 123
    3. 외국인의 법적지위보장 / 127

제2절 기본질서

Ⅰ. 민주적 기본질서 ·· 128
1. 의의 / 128
2. 민주적 기본질서의 내용 / 128
3. 민주적 기본질서의 침해에 대한 보장 / 130
4. 우리헌법상 구현내용 / 131

Ⅱ. 사회적 시장경제질서 ·· 132
1. 경제질서의 의의 / 132
2. 우리나라 헌법상 경제질서 / 134
3. 사회적 시장경제질서 구현의 한계 / 136

제3절 기본제도

Ⅰ. 정당제도 ·· 137
1. 정당의 의의 / 137
2. 정당의 발전 / 137
3. 정당의 헌법상 지위와 법적 형태 / 140
4. 우리 헌법상의 정당제도 / 141

Ⅱ. 선거제도 ·· 144
1. 선거의 의의와 기능 / 144   2. 선거제도의 기본원칙 / 146
3. 선거구제와 대표제 / 150   4. 우리나라 선거제도 / 154

Ⅲ. 공무원제도 ·· 166
1. 공무원의 의의 / 166   2. 공무원의 헌법상 지위 / 167
3. 직업공무원제도 / 168

Ⅳ. 지방자치제도 ·· 172
1. 지방자치제도의 의의 / 172   2. 우리 헌법상 지방자치제 / 174
3. 지방자치단체의 구성요소 / 175   4. 지방자치단체의 기관 / 177
5. 지방자치단체에 대한 감독 내지 통제 / 180

제3편 기본권

제1장 기본권 총론

제1절 기본권의 의의

Ⅰ. 기본권의 역사 ··· 185
　　1. 인권사상의 발달 / 185　　　2. 기본권 사상의 체계화 / 185
　　3. 우리나라의 기본권보장사 / 187

Ⅱ. 기본권의 의의와 법적 성격 ··· 190
　　1. 기본권의 의의 / 190　　　2. 기본권의 본질과 기능 / 191
　　3. 기본권의 법적 성격 / 195

Ⅲ. 기본권과 제도보장 ·· 196
　　1. 의의와 목적 / 196　　　　2. 연혁 / 197
　　3. 제도보장의 법적 성격 / 197　　4. 특질 / 197
　　5. 기본권과 제도보장 / 197

제2절 기본권의 분류와 주체

Ⅰ. 기본권의 분류 ·· 199
　　1. 옐리네크의 전통적 분류 / 199　2. 주체에 따른 분류 / 199
　　3. 성질에 따른 분류 / 199　　　4. 효력에 따른 분류 / 200

Ⅱ. 기본권의 주체 ·· 201
　　1. 국민 / 201　　　　　　　2. 외국인 / 202
　　3. 법인 / 205

제3절 기본권의 효력

Ⅰ. 대국가적 효력 ·· 208
　　1. 국가권력 일반에 관한 효력 / 208
　　2. 비권력적 행위에 대한 효력 / 209

Ⅱ. 대사인적 효력 ·· 209
　　1. 기본권효력의 확장이론 / 209
　　2. 대사인적 효력을 구체화시키는 방법 / 209
　　3. 독일의 이론 / 210
　　4. 미국의 이론 / 211
　　5. 우리나라의 경우 / 213

Ⅲ. 기본권의 갈등 ·········· 214
1. 의의 / 214
2. 기본권의 경합 / 214
3. 기본권의 충돌 / 216
4. 기본권효력과 제한과의 관계 / 220

제4절 기본권의 제한과 보장

Ⅰ. 기본권의 내재적 한계 ·········· 221
1. 이론적 근거 / 221
2. 내재적 한계의 논증형식 / 221
3. 현행헌법에서의 내재적 한계 / 222

Ⅱ. 기본권의 제한 ·········· 223
1. 제한의 필요성과 수단 / 223
2. 기본권제한의 유형 / 223
3. 기본권 제한의 일반원칙 / 227

Ⅲ. 기본권의 보장 ·········· 231
1. 국가의 기본권 확인 및 보장의 의무(제10조 후문) / 231
2. 기본권의 침해와 구제 / 233

제2장 포괄적 기본권

제1절 인간의 존엄과 가치 및 행복추구권

Ⅰ. 인간의 존엄과 가치 ·········· 235
1. 헌법규정과 개념 / 235
2. 법적 성격 / 236
3. 주체 / 238
4. 내용 / 238
5. 타 조항과의 관계 / 242
6. 효력 / 242

Ⅱ. 행복추구권 ·········· 244
1. 헌법규정과 개념 / 244
2. 법적 성격 / 244
3. 주체와 내용 / 245
4. 효력과 제한 / 246

제2절 평등권

Ⅰ. 의의 ·········· 247
1. 의의 / 247
2. 연혁 / 247

Ⅱ. 법적 성격과 주체 ·········· 248
1. 법적 성격 / 248
2. 주체 / 249

Ⅲ. 내용 ··· 250
   1. 법 앞의 평등 / 250   2. 차별금지의 사유 / 251
   3. 차별금지의 영역 / 252   4. 평등권의 구현형태 / 254
Ⅳ. 효력과 제한 ·· 255
   1. 효력 / 255   2. 제한 / 256

제3장 자유권적 기본권

제1절 자유권적 기본권의 의의

Ⅰ. 의의와 연혁 ·· 257
   1. 의의 / 257   2. 연혁 / 257
Ⅱ. 법적 성격과 주체와 효력 ·· 257
   1. 법적 성격 / 257   2. 주체와 효력 / 258

제2절 인신에 관한 자유권

Ⅰ. 생명권 ··· 259
   1. 의의 / 259   2. 주체 / 259
   3. 내용 / 259   4. 한계 / 261
Ⅱ. 신체를 훼손당하지 아니할 권리 ··· 263
   1. 헌법적 근거 / 263   2. 내용 / 263
Ⅲ. 신체의 자유 ··· 263
   1. 헌법규정과 연혁 / 263   2. 신체의 자유의 의의 / 264
   3. 신체의 자유의 실체적 보장 / 264 4. 신체의 자유의 절차적 보장 / 269
   5. 형사 피의자(被疑者)·피고인(被告人)의 권리 / 273

제3절 사회적·경제적 자유권

Ⅰ. 거주·이전의 자유 ··· 278
   1. 헌법규정과 개념 / 278   2. 주체 / 278
   3. 내용 / 279   4. 제한과 한계 / 279
Ⅱ. 직업선택의 자유 ·· 280
   1. 헌법규정과 개념 / 280   2. 법적 성격 / 281
   3. 주 체 / 281   4. 내용 / 282
   5. 제한 / 284

Ⅲ. 주거의 자유 ·· 287
    1. 헌법규정과 개념 / 287   2. 주체 / 288
    3. 내용 / 288   4. 제한 / 289

Ⅳ. 사생활의 비밀과 자유 ·· 289
    1. 헌법규정과 개념 / 289   2. 주 체 / 290
    3. 내용 / 291   4. 한계와 제한 / 293
    5. 침해와 구제 / 293

Ⅴ. 통신의 자유 ·· 294
    1. 헌법규정과 개념 / 294   2. 내 용 / 294
    3. 제한 / 295

Ⅵ. 재산권(財産權)의 보장 ·· 298
    1. 헌법규정 / 298   2. 법적 성격과 기능 / 298
    3. 재산권의 주체와 객체 / 298   4. 내 용 / 299
    5. 재산권보장의 한계와 제한 / 300

Ⅶ. 소비자의 권리 ·· 305
    1. 헌법규정과 개념 / 305   2. 내용 / 305
    3. 효력과 구제 / 305

제4절 정신적 자유권

Ⅰ. 양심의 자유 ·· 307
    1. 헌법규정과 양심의 의미 / 307 2. 내용 / 307
    3. 구체적 보장 / 308

Ⅱ. 종교의 자유 ·· 310
    1. 헌법규정 / 310   2. 주체 / 311
    3. 내용 / 311   4. 정교분리의 원칙 / 311
    5. 제 한 / 312

Ⅲ. 학문과 예술의 자유 ·· 312
    1. 헌법규정 / 312   2. 학문의 자유 / 313
    3. 예술의 자유 / 315

Ⅳ. 언론·출판의 자유 ·· 315
    1. 의의 / 315   2. 내 용 / 316
    3. 한계와 제한 / 322

Ⅴ. 집회·결사의 자유 ·· 326
   1. 헌법규정과 주체 / 326　　　　2. 집회·결사의 자유의 내용 / 326
   3. 집회·결사의 자유의 제한 / 330

제4장 청구권적 기본권

Ⅰ. 총설 ·· 332
   1. 의의 / 332　　　　　　　　　2. 법적 성격 / 332
   3. 종류 / 333
Ⅱ. 청원권 ·· 333
   1. 헌법규정과 의의 / 333　　　　2. 내용 / 334
   3. 효과와 제한 / 335
Ⅲ. 재판청구권 ·· 335
   1. 헌법규정과 개념 / 335　　　　2. 내용 / 336
Ⅳ. 형사보상청구권 ·· 341
   1. 헌법규정 / 341　　　　　　　2. 내 용 / 342
Ⅴ. 국가배상청구권 ·· 344
   1. 헌법규정과 의의 / 344　　　　2. 주체 / 345
   3. 내용 / 345　　　　　　　　　4. 제한 / 348
Ⅵ. 손실보상청구권 ·· 348
   1. 헌법규정과 개념 / 348　　　　2. 법적 성격 / 349
   3. 주체 / 350　　　　　　　　　4. 성립요건 / 350
   5. 손실보상의 방법과 기준 / 351　6. 손실보상청구권 행사방법 / 353
Ⅶ. 범죄피해자의 국가구조청구권 ·· 354
   1. 헌법규정과 개념 / 354　　　　2. 내용 / 354
   3. 범죄피해구조청구권의 제한 / 355

제5장 참정권

Ⅰ. 총설 ·· 356
   1. 의의 및 법적 성격 / 356　　　2. 주체 / 356
   3. 내용 / 357
Ⅱ. 선거권 ·· 358
   1. 헌법규정과 의의 / 358　　　　2. 내용 / 358

Ⅲ. 공무담임권 ·· 361
   1. 헌법규정과 의의 / 361   2. 내용 / 361
Ⅳ. 국민표결권과 국민발안권 ··· 362
   1. 국민표결권 / 362   2. 국민발안권 / 363

제6장 사회적 기본권

Ⅰ. 총설 ··· 365
   1. 의의 / 365   2. 법적 성격 / 365
Ⅱ. 인간다운 생활할 권리 ··· 368
   1. 의의 / 368   2. 법적 성격과 주체 / 368
   3. 내용 / 369   4. 효력 / 369
Ⅲ. 사회보장수급권 ·· 369
   1. 의의 / 369   2. 법적 성격 / 370
   3. 사회보장수급권의 내용 / 370   4. 주체와 상대방 / 371
   5. 한계와 제한 / 371
Ⅳ. 교육을 받을 권리 ··· 372
   1. 의의 및 법적 성격 / 372   2. 내용 / 373
   3. 효력 / 374
Ⅴ. 근로의 권리 ··· 374
   1. 의의 / 374   2. 내용 / 376
   3. 효력 / 379
Ⅵ. 근로자의 노동3권 ··· 380
   1. 의의 / 380   2. 내용 / 380
   3. 효력과 제한 / 385
Ⅶ. 환경권 ·· 386
   1. 의의 / 386   2. 법적 성격 및 주체 / 388
   3. 내용 / 388   4. 효력 / 388
   5. 침해와 구제 / 389
Ⅷ. 혼인·가족 생활 및 보건권 ·· 390
   1. 혼인·가족제도 / 390   2. 국가의 모성보호의무 / 391
   3. 보건권 / 392

제7장 국민의 의무

Ⅰ. 총설 ·· 393
    1. 개념과 법적 성격 / 393　　2. 유형 / 393
Ⅱ. 국민의 기본의무 ·· 394
    1. 납세의 의무 / 394　　　　2. 국방의 의무 / 394
    3. 교육의 의무 / 395　　　　4. 근로의 의무 / 395
    5. 재산권 행사의 공공복리적합의무 / 395　　6. 환경보전 의무 / 395

제4편 통치구조

제1장 통치기구의 일반이론

제1절 통치구조의 본질론

Ⅰ. 통치구조의 본질 ·· 403
    1. 통치구조의 현대적 의미 / 403　　2. 헌법관에 따른 통치구조 / 403
Ⅱ. 통치구조와 기본권 ·· 405
    1. 상호관계 / 405
    2. 헌법관에 따른 통치구조와 기본권 / 406
Ⅲ. 통치구조의 근본이념 ·· 407
    1. 통치구조의 근본이념 / 407
    2. 민주주의 수호・유지와 기본권기속성 / 407
    3. 통치권의 민주적 정당성 / 408
    4. 통치권 행사의 절차적 정당성 / 408

제2절 통치구조의 구성원리

Ⅰ. 통치구조의 구성원리 ·· 410
Ⅱ. 국민주권론 ·· 410
Ⅲ. 대의제 ·· 410
    1. 의의 / 410　　　　　　　　2. 대의제의 본질과 법적 성격 / 412
    3. 현대적 의의 / 413　　　　4. 우리나라의 대의제 / 414
Ⅳ. 권력분립주의 ·· 415
    1. 개념 / 415　　　　　　　　2. 이론적 발전 / 416

    3. 권력분립의 유형 / 418   4. 우리 헌법상의 권력분립주의 / 419
  Ⅴ. 법치주의의 원리 ··· 420
  Ⅵ. 책임정치의 원리 ··· 420
 제3절 정부형태
  Ⅰ. 정부형태론 ·· 421
    1. 개념 / 421   2. 정부형태의 분류 / 421
  Ⅱ. 정부형태의 종류 ··· 423
    1. 대통령제 / 423   2. 의원내각제 / 424
    3. 이원정부제 / 426   4. 의회정부제(議會政府制) / 427
  Ⅲ. 우리 헌법상의 정부형태 ·· 427
    1. 변천과정 / 427   2. 현행헌법상의 정부형태의 특질 / 428

제2장 국가기관으로서의 국민

    1. 국가기관으로서의 국민의 의의 / 430
    2. 헌법상 지위 / 430
    3. 국가기관으로서의 국민의 구성원이 될 수 있는 자격 / 430
    4. 국가기관으로서의 국민의 권한 / 431

제3장 국 회

 제1절 의회제도의 일반원리
  Ⅰ. 총 설 ·· 432
    1. 의회제도의 의의 / 432   2. 의회주의 원리 / 432
    3. 현대에 있어서의 의회제도 / 433
  Ⅱ. 국회의 헌법상 지위 ·· 434
    1. 국민대표기관으로서의 지위 / 434   2. 입법기관으로서의 지위 / 434
    3. 국정통제기관으로서의 지위 / 435   4. 국가의 최고기관성 여부 / 435
  Ⅲ. 국회의 구성과 운영 ·· 435
    1. 국회의 구성원리 / 435   2. 국회의원의 선거와 국회의 구성 / 437
    3. 국회의 조직 / 438   4. 국회의 회기와 의사원칙 / 445

제2절 국회의 권한

Ⅰ. 국회의 입법에 관한 권한 ·· 449
1. 입법권의 개념 / 449   2. 법률제정권 / 451
3. 법률 이외의 입법에 관한 권한 / 455

Ⅱ. 국회의 재정에 관한 권한 ·· 457
1. 예산심의확정권과 결산심사권 / 457
2. 조세에 관한 권한 / 460
3. 국회의 정부재정행위에 대한 동의권과 승인권 / 463

Ⅲ. 국정통제에 관한 권한 ·· 464
1. 탄핵소추권(彈劾訴追權) / 464
2. 국정감사권과 국정조사권 / 468
3. 국무총리·국무위원 출석요구권, 질문권 및 해임건의권 / 473
4. 기타의 권한 / 474

Ⅳ. 헌법기관구성에 관한 권한 ·· 475

Ⅴ. 국회의 자율권 ·· 476
1. 의의 / 476   2. 자율권의 내용 / 476
3. 자율권의 한계 / 479

제3절 국회의원의 지위와 특권

Ⅰ. 국회의원의 지위 ··· 480
1. 국회의원의 법적 지위 / 480   2. 국회의원의 자격의 발생과 소멸 / 480
3. 국회의원의 권리와 의무 / 482

Ⅱ. 국회의원의 특권 ··· 484
1. 국회의원의 면책특권 / 484   2. 국회의원의 불체포특권 / 484

제4장 정 부

제1절 행정권
1. 행정권의 개념과 범위 / 486   2. 행정권의 통제 / 486

제2절 대통령

Ⅰ. 대통령의 헌법상 지위 ·· 487
1. 정부형태에 따른 대통령의 지위 / 487

2. 우리 헌법상 대통령의 지위 / 487
   3. 대통령의 선거 / 490
   4. 대통령의 신분과 특권 / 491
 Ⅱ. 대통령의 권한 ·· 497
   1. 고전적 국가원수로서의 권한 / 497
   2. 국가수호자로서의 권한 / 499
   3. 국가중재자로서의 권한 / 500
   4. 행정권의 수반으로서의 권한 / 502
 Ⅲ. 국가긴급권 ·· 510
   1. 입법적 국가긴급권 / 510   2. 계엄선포권 / 513
 Ⅳ. 대통령의 권한행사방법 및 통제 ·· 515
   1. 정부내에서의 통제 / 515   2. 국회의 통제 / 516
   3. 법원과 헌법재판소의 통제 / 517

제3절 행정부

 Ⅰ. 국무총리·국무위원 ··· 518
   1. 국무총리 / 518   2. 국무위원 / 521
 Ⅱ. 국무회의 ·· 522
   1. 헌법상 지위 / 522   2. 심의 / 523
   3. 심의의 효과 / 523
 Ⅲ. 행정각부 ·· 524
   1. 의의 / 524   2. 행정각부의 장 / 524
 Ⅳ. 대통령의 자문기관 ·· 525
   1. 국가원로자문회의 / 525   2. 국가안전보장회의 / 525
   3. 민주평화통일자문회의 / 525 4. 국민경제자문회의 / 525
 Ⅴ. 감사원 ·· 526
   1. 헌법상 지위 / 526   2. 구성 / 526
   3. 권한 / 526
 Ⅵ. 중앙선거관리위원회 ·· 528
   1. 헌법상 지위 / 528   2. 선거관리위원회의 구성 / 529
   3. 선거관리위원회의 권한 / 529 4. 선거공영제 / 530

제5장 법 원

제1절 사법권과 법원의 권한

I. 사법권 ··· 531
1. 사법권의 의의 / 531 2. 사법권의 범위 / 533
3. 사법권의 한계 / 534 4. 사법권에 대한 통제 / 542

II. 법원의 권한 ·· 543
1. 민사·형사·선거재판권 / 543 2. 행정재판권 / 544
3. 명령·규칙심사권 / 545 4. 위헌법률심사제청권 / 547
5. 법정질서유지권 / 550 6. 대법원의 규칙제정권 / 550

제2절 법원의 조직과 심판권

I. 법원의 조직 ·· 552

II. 대법원과 대법원의 심판권 ·· 553
1. 대법원의 헌법상 지위 / 553 2. 대법원의 조직 / 554
3. 대법원의 권한 / 557

III. 하급법원의 조직과 심판권 ·· 558
1. 고등법원과 심판권 / 558 2. 특허법원과 심판권 / 558
3. 행정법원과 심판권 / 558 4. 지방법원과 심판권 / 559
5. 가정법원과 심판권 / 561

IV. 특별법원과 심판권 ··· 561
1. 특별법원 / 561 2. 군사법원과 심판권 / 561

제3절 사법의 절차

I. 재판의 심급제 ··· 563
1. 삼심제의 원칙 / 563 2. 삼심제의 예외 / 564

II. 재판의 공개제 ··· 565

III. 재판의 배심제 ··· 565

제4절 사법권의 독립

I. 총설 ·· 567

II. 법원조직의 독립 ··· 567
1. 국회(입법부)로부터의 독립 / 567 2. 정부(집행부)로부터의 독립 / 568

Ⅲ. 법관의 물적 독립 ··· 568
　　1. 헌법과 법률 및 양심에 따른 심판 / 568
　　2. 심판의 독립 / 570
　Ⅳ. 법관의 인적 독립 ··· 572
　　1. 법관인사의 독립 / 572　　2. 법관의 신분보장 / 572

제6장 헌법재판소

제1절 헌법재판제도
　Ⅰ. 헌법재판의 의의 ··· 573
　　1. 헌법재판의 개념과 이념적 기초 / 573
　　2. 헌법재판제도의 특성과 기능 / 573
　　3. 헌법재판의 본질 / 574
　Ⅱ. 헌법재판제도의 유형 ··· 575
　　1. 재판기관을 기준으로 한 분류 / 575
　　2. 재판사항을 기준으로 한 분류 / 576
　Ⅲ. 헌법재판의 한계 ··· 578
　　1. 한계인정의 여부 / 578　　2. 현실적 한계 / 579

제2절 헌법재판소
　Ⅰ. 헌법재판소의 헌법상 지위 ·· 580
　　1. 우리나라 헌법재판제도의 변천 / 580
　　2. 헌법상 지위 / 581
　　3. 법원과의 관계 / 581
　Ⅱ. 헌법재판소의 구성과 조직 ·· 583
　　1. 구성 / 583　　2. 조직 / 584
　Ⅲ. 규칙제정권과 입법의견제출권 ··· 585
　　1. 규칙제정권 / 585　　2. 입법의견의 제출권 / 586

제3절 일반심판절차
　Ⅰ. 총설 ··· 587
　Ⅱ. 재판부 ·· 587
　　1. 전원재판부와 지정재판부 / 587
　　2. 재판관의 제척·기피·회피제도 / 588

Ⅲ. 심판당사자와 대표자 ··· 588
  1. 심판당사자 / 588　　　　　2. 대표자와 소송대리인 / 589
Ⅳ. 심리와 심판정족수 ··· 590
  1. 심리 / 590　　　　　　　　2. 심판정족수 / 590
  3. 평의와 평결 / 590
Ⅴ. 결정의 효력 ··· 591
  1. 결정서 / 591　　　　　　　2. 결정의 유형 / 591
  3. 결정의 효력 / 592　　　　　4. 재심의 허용여부 / 594
Ⅵ. 가처분 ··· 595
  1. 가처분의 의의 / 595　　　　2. 헌법재판에서의 가처분 / 596
  3. 가처분의 요건 / 597　　　　4. 가처분결정 / 598
Ⅶ. 심판기간과 심판비용 ·· 598
  1. 심판비용 / 598　　　　　　2. 심판기간 / 598

제4절 특별심판절차
Ⅰ. 위헌법률심판권 ··· 599
  1. 의의 / 599
  2. 위헌법률심판의 형식적 요건으로서의 제청 / 602
  3. 위헌법률심판의 실질적 요건1: 대상적격있는 법규범 / 604
  4. 위헌법률심판의 실질적 요건2; 재판의 전제성 / 605
  5. 위헌법률심판의 심사 / 611
  6. 종국결정과 그 효과 / 613
Ⅱ. 탄핵심판권 ··· 621
  1. 의의 / 621　　　　　　　　2. 탄핵대상과 사유 / 623
  3. 탄핵소추 / 625　　　　　　4. 탄핵심판 / 626
Ⅲ. 위헌정당해산심판권 ··· 628
  1. 의의 / 628
  2. 위헌정당해산심판의 대상과 사유 / 629
  3. 위헌정당해산심판의 제소 / 630
  4. 위헌정당해산심판의 절차와 결정 / 631
Ⅳ. 권한쟁의심판권 ··· 633
  1. 의의 / 633
  2. 권한쟁의심판의 요건 / 635

3. 권한쟁의심판의 심리와 가처분 / 645
4. 권한쟁의심판의 결정과 효력 / 645
Ⅴ. 헌법소원심판권 ·· 648
1. 의의 / 648
2. 권리구제형헌법소원심판의 요건 / 650
3. 헌법소원심판의 대상 / 670
4. 헌법소원심판의 청구 / 687
5. 헌법소원심판의 심리 / 688
6. 헌법소원심판의 결정 / 689

부 록
대한민국헌법 ··· 695
헌법재판소법 ··· 712

제 1 편 헌법이해의 기초

제 1 장 헌법의 의의
제 2 장 헌법의 제정과 보호
제 3 장 헌법의 변동

제1장
헌법의 의의

제1절 헌법의 개념

Ⅰ. 의의

1. 헌법개념의 정리

(1) 헌법개념의 정리에 대한 전제원리

헌법은 한 국가의 구성과 운영에 관한 모든 사항을 담고 있는 규범이므로, 타 규범과 달리 규범적 측면 뿐 아니라 사실적 측면도 강하게 지닌 규범이다. 그러므로 헌법의 개념을 이해하기 위해서는 먼저 존재(存在, Sein, Being; 물질이든 관념이든 현존하는 모든 것을 가리키는 철학 개념)와 당위(當爲, Sollen, Norm: 마땅히 그렇게 하거나 되어야 하는 것. 마땅히 있어야 하는 것. 또는 마땅히 행하여야 하는 것), 그리고 사실(실제로 있었던 일이나 현재에 있는 일, 법률에서 일정한 법률효과의 변경이나 소멸이 생기는 원인을 이루는 사물의 관계 또는 민사·형사 소송에서 법률 적용의 전제가 되는 사건 내용의 실체)과 규범(한 사회집단의 구성원들이 공유하는 행위의 기준이나 규칙)에 대한 이해가 전제되어야 한다. 존재와 사실은 헌법의 정치적 부분으로서 그 의미를 가지며, 당위와 규범은 헌법의 규범적 부분으로 표출된다.

(2) 어원

헌법의 어원(語源)을 보면, 영어로는 Constitution(사전적 의미: 구성, 구조, 조직, 체질, 체격, 관행, 법령, 헌법)이라고 하며, 독일어로는 Verfassung(사전적 의미: 저작, 기초, 체질, 제도, 규약, 헌법)이라고 한다. 그리고 헌법의 성격을 보면, 사실적이고 정치적인 부분도 있으며, 규범적 부분도 있다. 전자는 Sein(사실, 존재)을 의미하는 정치·행정이며, 후자는 Sollen(규범, 당위)으로서 법(법률)과 관계가 깊다. 즉 헌법은 정치적이며 사실적으로 국가를 구성하는 원리이며 또한 규범이다.

(3) 개념

헌법은 국가의 통치체제(統治體制)와 국민의 기본권 보장을 규정한 국가의 근본법(根本法)이다(권). 헌법은 국가의 근본법으로서 국가의 통치조직(統治組織)과 통치작용(統治作用)의 원리를 정하고 국민의 기본권을 보장하는 최고법(最高法)이다(김). 즉, 국가의 통치체제와 국민의 기본권을 규정한 근본법이라고 할 수 있다.

(4) 다른 법과의 구별

헌법은 국가의 통치질서를 내용으로 하는 법이므로 공법(公法)에 속하며 국내법이라는 점에서 국가 상호관계를 규율하는 국제법과 구별된다. 또한 헌법은 통치질서 전반에 걸친 기본적 사항을 규율하는 법이므로 헌법규정 중에서 행정에 관한 규정과 행정의 조직과 작용에 관한 법인 행정법과도 구별된다.

(5) 헌법의 역할

근대에는 국가의 구조·조직·체제의 의미로 사용되었으나, 현대에는 권력남용방지를 위한 존재로서 의미를 갖는다(뢰벤스타인 Löwenstein). 오늘날 헌법을 통하여 국민의 기본권을 보장하고, 권력분립을 규정한 헌법에 의거하여 통치할 것을 요구하는 정치원리를 '입헌주의(立憲主義)'라고 일컫는다.

▶ **참고**

헌법에 관한 개념규정은 다양하다.
(1) 구병삭교수(보정판 신헌법원론, 박영사, 1920, 2면)는 '국가의 기본법으로서 국가의 구성, 조직, 작용과 인권보장에 관한 기본적 원칙을 규정한 근본법'이라고 하고,
(2) 김철수교수(전정신판 헌법학개론, 박영사, 1992, 12면)는 '국가의 근본법으로서, 국가의 통치조직과 통치작용의 원리를 정하고, 국민의 기본권을 보장하는 최고법'이라고 하고,
(3) 문홍주교수(한국헌법, 해암사, 1987, 33면)는 '국가의 통치조직과 통치작용의 원칙을 정하고 국민의 기본권을 보장하는 국가의 근본법'이라고 하고,
(4) 박일경교수(신헌법, 법경출판사, 1990, 33면)는 '국가의 조직 및 작용에 관한 근본법 내지 기초법을 의미한다]라고 하고,
(5) 안용교교수(전정판한국헌법, 고시연구사, 1989, 20면)는 '국가의 기본법으로서 국민의 기본권 보장, 국가최고기관의 조직,작용의 원리를 정한 최고법'이라고 하고,
(6) 한태연교수(헌법학, 법문사, 1985, 1면)는 '국가적 조직에 있어서 그 기본이 되는 최고의 규범'이라고 하고,

(7) 허영교수(전정판한국헌법론, 박영사, 1991, 13면)는 '공감대적 가치를 바탕으로 한 국가사회의 동화적(同化的) 통합을 실현시키고 촉진시키기 위한 정치규범이며 한 나라의 통치질서에 관한 국내법'이라고 한다.

2. 헌법개념의 2중성

(1) 정치적 사실로서의 헌법(사회학적 헌법 개념)

헌법을 국가의 정치적 통일 및 사회질서의 구체적 상태로 파악한 개념으로서, 한 나라의 정치적 사실관계를 문서로 표현한 것이라고 한다(Sein상태). 이러한 측면에서 헌법을 정의한 학자로는 라살레(Lassalle, 한 국가내에 존재하는 사실적 권력관계), 스멘트(R. Smend, 다양한 권력이나 세력에 의하여 정치적 통합이 끊임없이 형성되어 가는 과정의 원리 즉 정치적 통합과정의 원리, 통합주의 헌법관), 칼 쉬미트(C. Schmitt, 헌법제정권력자의 행위에 따른 정치생활의 종류와 형태에 관한 근본적인 결단, 결단주의 헌법관) 등이 있다.

(2) 법규범으로서의 헌법(법학적 헌법개념)

헌법은 법으로서 규범성을 갖고 있으며, 정치적 현실이 반영되기는 하나 그것이 전부가 아니라 현실과 대립관계를 규율하고 정치생활과 국민생활에 있어야할 당위(기준)를 제시하는 법으로 파악하는 개념이다(Sollen상태). 이러한 측면에서 헌법을 정의한 학자로는 옐리네크(G. Jellinek, 헌법을 국가최고기관의 구성, 국가최고기관의 상호관계와 권한배분 그리고 국가에 대한 개인의 기본적 지위에 관한 법규범, 규범주의 헌법관), 켈젠(H. Kelsen, 국내법상 최상위에 위치하는 근본규범, 규범주의 헌법관), 퀘기(W. Kägi, 국가의 권력구조와 기본권을 장기적인 시각에서 규정하는 국가의 법적인 근본질서), 쉬테른(K. Stern, 국가의 통치질서와 가치질서의 기본원칙에 관한 최고위의 규범적 표현) 등이 있다.

▶ **참고**

― 헌법관 ―
1. 의미 : 헌법관이란 국가와 헌법의 본질을 무엇으로 이해하며, 헌법의 최고 법규성의 타당근거를 어디서 구하느냐, 기본권의 성격을 어떻게 이해하느냐에 관한 시각이라고 할 수 있다. 독일 헌법학에서의 그 대표적인 것을 든다면 규범주의적 헌법관, 결단주의적 헌법관, 통합주의적 헌법관이 있다.

2. 내용

(1) 규범주의 헌법관
1) 19C 이후 있는 그대로의 현상학적 국가철학의 배경
2) 졸렌(Sollen)과 자인(Sein)의 엄격한 구분
3) 규범의 해석에서는 법 이외의 요소를 배제하였다.
4) 국가는 국민과 별개로 존재하고 국가 자체로 정당성을 가진다.
5) 헌법은 국가의 기본질서로서 최고의 규범성과 정(靜)적인 존재이다.
6) 헌법의 최고규범성은 헌법의 내재적 논리로부터 나온다.
7) 한스 켈젠(H. Kelsen)은 기본권 성격에 관해 "국민의 자유는 국가의 힘의 자제인 은혜적인 반사적 이익"으로 보면서 수동적 관계(규범에 복종하는 관계), 능동적 관계(규범을 설정하는 관계), 소극적 관계(규범과 무관한 관계)로 범주화하고 있다.

(2) 결단주의 헌법관
1) 헌법이란 정치적 통일체에 대한 결단
2) 정치적 결단은 기본적 결단(헌법)과 부수적 결단(헌법률)으로 구분
3) 헌법의 타당근거는 정치적 의사에 있다.
4) 통치구조의 목적은 국민의 자유와 권리보장에 있다.
5) 기본권의 본질적 부분은 침해할 수 없다.
6) 통치권력은 국민의 주권행사에 의하여 정당화된다.
7) 헌법의 동(動)적인면을 강조하여 실력주의, 주의주의, 정치적 현실주의를 특징으로 한다.
8) 칼 쉬미트(C. Schmitt)는 성악설적 인간관에 입각히여 인간관계는 직과 동시의 대립관계로 보았다.
9) 헌법을 미시적(微視的)으로 파악
10) 기본권은 비정치적 법치원리가, 통치구조는 정치적 민주주의가 적용된다.

(3) 통합주의 헌법관
1) 헤겔(Hegel)의 국가철학이념을 기초하고 있다.
2) 헌법은 동화적 통합과정의 생활형식으로 이해한다.
3) 헌법의 동(動적) 측면을 거시적(巨視的)으로 파악
4) 개방적 헌법론, 즉 헌법을 사회공동체의 공감대의 가치로 파악
5) 스멘트(R. Smend)는 사회가 통합되기 위해 인적, 물적, 기능적 통합을 강조함
6) 기본권의 주관적 공권의 측면보다 공동체의 객관적 법질서를 강조한다.
7) 기본권을 일종의 제도적인 것으로 이해한다.
8) 통치권력은 기본권과는 분리하여 생각할 수 없다.
9) 자유는 "국가로부터 자유"가 아닌 "국가에로의 자유"로 이해한다.

3. 결론

이상과 같은 헌법관은 어느 것이나 헌법학의 발전에 기여하였다. 그렇다고 완벽한 것도 아니다. 특정의 방법에 구애받지 않고 여러 시각을 상대적, 보완적 방법으로 활용하는 방법을 채택해야 할 것이다. 헌법의 본질적 요소, 즉 사람에 의한 결정의 요소, 규범성의 요소, 헌법의 가치지향적인 통합촉진의 요소를 함께 종합적으로 고찰하여야 할 것이다.

Ⅱ. 헌법개념의 역사적 변천

1. 고유의미의 헌법

(1) 의의

고유(固有) 의미의 헌법이란 '국가최고기관의 조직과 권한, 국가최고기관 상호간의 관계, 국가와 국민의 관계에 관한 기본원칙을 정한 국가의 기본법'을 의미하며, 이러한 의미의 헌법은 국가가 존재하는 한 반드시 헌법도 존재한다. 이는 근대적 입헌주의헌법의 개념을 명확히 하기위해 사용한 도구개념으로서 로마 12표법, 고조선 8조법금 등도 고유의미의 헌법에 포함시킬 수 있다.

(2) 특색

고유의미의 헌법개념은 기본권 보장이 결여되어 있으며, 권력분립에 관한 규정도 없다. 따라서 근대입헌주의 및 현대입헌주의 헌법개념과 상이(相異)하며, 실질적 의미의 헌법과도 구별되는 개념이다.

고유의미의 헌법은 국가가 존재하는 곳이면 반드시 존재하므로 모든 국가에 있는 헌법이 바로 고유의미의 헌법이다. 따라서 독재국가 혹은 사회주의국가에서도 당연히 고유의미의 헌법은 존재한다. 예를 들면, 구 소련에도 헌법은 존재하지만, 기본권규정과 권력분립을 포함하고 있지 않으므로 이때의 헌법이란 곧 고유의미의 헌법을 뜻한다.

2. 근대 입헌주의헌법

(1) 의의

근대입헌주의헌법이란 입헌주의를 정치적 이념으로 하는 헌법이며, 근대에 있어서 자유민주주의 개념을 구체화한 것으로서 국가권력을 제한하여 국민의 지위를 보장한데 의의가 있다. 근대적 의미의 헌법, 역사적 의미의 헌법, 시민국가의 헌법이라고도 하며, 1776년 버지니아헌법, 1787년 미연방헌법, 1791년 프랑스 헌법 등을 예로 들 수 있다. 근대 입헌주의 헌법에 대한 유권해석(有權解釋)으로서 '권력이 분립되지 아니하고 국민의 권리가 보장되지 아니한 나라에는 헌법이 없다'고 선언한 프랑스 인권선언 제16조를 들 수 있다. 근대입헌주의헌법은 개인주의, 자유주의, 법치주의, 자유방임주의를 사상적 배경으로 하고 있으며, 당시의 국가질서는 시민적 법치국가(야경국가, 질서국가)에 해당한다.

(2) 종류(구별기준은 혁명여부)

1) 진정한 의미의 입헌주의헌법

시민혁명을 거쳐 시민계급이 제정한 헌법으로서, 천부인권사상(天賦人權思想)을 바탕으로 한 자연권사상의 대두, 실질적인 국민의 자유와 권리보장과 권력분립 보장 등을 주요 내용으로 한다(예: 1787년 미연방헌법, 1791년 프랑스헌법).

2) 외견적 입헌주의헌법

혁명에 의하지 아니하고 전제군주의 양해와 묵인아래 입헌주의의 외양만을 구비한 헌법으로서, 실정법사상(實定法思想)을 바탕으로 법률유보를 수반한 국민의 자유와 권리 보장, 명목적인 권력분립 등을 주요 내용으로 한다(예: 19C의 프로이센제국헌법, 일본명치헌법).

(3) 특징

근대입헌주의 헌법은 국민주권의 원리, 기본권보장의 원리, 대의제(대표민주제, 간접민주제, 의회민주제, 국민대표주의, 대의제도), 권력분립의 원리, 근대적 법치주의(형식적 법치주의), 성문헌법주의, 기본권의 문서화, 국가권력의 한계를 고정화·항구화, 경성헌법경향(예외로서 영국연방이 있다) 등을 그 특징으로 한다.

▶ **참고**

근대입헌주의의 기본원리 내지 근대입헌주의헌법의 특성으로서 (1) 구병삭교수는 국민주권, 기본권보장, 권력분립, 법에 의한 지배(법치주의), 재산권의 불가침, 경제활동의 절대적 자유, 형식적 평등주의, 성문헌법, 경성헌법 등을 (2) 김철수교수는 기본권보장주의, 국민주권의 원칙, 권력분립의 원칙, 성문헌법의 원칙, 경성헌법의 원칙을, (3) 한태연교수는 기본권의 확인, 권력분립, 국민대표에 의한 국민의 입법에의 참가, 헌법의 성문화, 의회주의 등을 들고 있다. (4) 그러나 칼 뢰벤스타인(K. Löwenstein)교수는 권력분산의 원칙, 견제·균형의 원칙, 헌법개정의 합리성, 개인의 기본권보장 등과 같은 요소를 근대입헌주의적 헌법의 기본원리로 보고 있다. 물론 입헌주의 원리는 통치형태(대통령제와 의원내각제), 의회의 구성방식(단원제와 양원제) 등과는 무관하다고 할 수 있다.

3. 현대 복지국가헌법

(1) 의의

근대입헌주의적 헌법원리의 기초 위에 복지국가의 이념(사회적 법치국가의 이념)을 실현한 헌법은 1919년 바이마르(Weimar) 헌법을 효시로 한다. 이는 양차세계대전 이후의 경향으로 나타난 민주화와 사회화의 영향을 받았다. 즉 신생독립국가에서는 실질적 국민주권주의가 선언되고, 선진국에서는 선거권이 확대되면서, 자유권의 상대화(실질적 평등실현)와 사회적 기본권 보장 그리고 사기업의 국공유화라는 사회화과정을 거치며 발전한 헌법원리이다.

(2) 특징

현대복지국가헌법의 특징으로는 복지국가화 경향, 국민주권원리의 실질화, 헌법재판제도의 강화(권력행사의 통제와 합리적 조정), 실질적 법치주의, 국제평화주의, 정당국가적 경향, 행정국가화 경향(권력분립이 완화), 사회적 시장경제질서 등이 있다.

〈표-1〉 근대 입헌주의헌법과 현대 복지국가헌법의 차이점

차이점	근대적 입헌주의헌법	현대적 복지국가헌법
사 상	개인주의, 자유주의, 법치주의, 자유방임주의	복지주의(복리주의)
국 가	시민적 법치국가 (야경국가, 질서국가)	사회적법치국가 (복지국가)
내 용	권력분립의 엄격화 국민주권주의 선언 형식적 평등(형식적 법치주의) 합법성 중시 자유권적 기본권 보장 의회중심주의	권력분립의 완화 내지 융합 국민주권주의를 실질화 실질적 평등(실질적 법치주의) 합법성과 정당성 요구 사회적 기본권 보장 의회기능의 저하

Ⅲ. 실질적 의미의 헌법과 형식적 의미의 헌법

1. 실질적 의미의 헌법

형식에 관계없이 국가의 통치조직과 작용의 기본원칙을 정하는 국가의 기본법의 전부를 일컫는 개념으로서, 실질적 의미의 헌법은 반드시 헌법전(憲法典) 속에만 규정되어 있는 것이 아니고 관습헌법(慣習憲法) 또는 일반법률 또는 명령 속에도 존재한다. 즉 헌법전의 대부분이 실질적 의미의 헌법에 속하지만, 정부조직법, 국회법, 정당법 등은 물론 이와 관련된 대통령령과 총리령·부령 등에도 실질적 의미의 헌법이 존재할 수 있는 것이다. 실질적 의미의 헌법이라는 개념 하에서는 고대국가, 중세국가, 사회주의국가 또는 영국과 같은 불문헌법국가에서도 헌법을 가지고 있다고 설명할 수 있다.

◆ 헌재판례

1. 헌법재판소는 '관습헌법도 성문헌법과 마찬가지로 주권자인 국민의 헌법적 결단의 의사의 표현이며 성문헌법과 동등한 효력을 가진다. 국민주권주의는 성문이든 관습이든 실정법 전체의 정립에의 국민의 참여를 요구한다고 할 것이며, 국민에 의하여 정립된 관습헌법은 입법권자를 구속하며 헌법으로서의 효력을 가진다. 관습헌법은 이와 같은 헌법사항에 해당하는 내용 중에서도 특히 국가의 기본적이고 핵심적인 사항으로서 법률에 의하여 규율하는 것이 적합하지 아니한 사항을 대상으로 한다'고 하였으며(기본적 헌법사항성), 관습헌법이 성립하기 위하여서는 첫째, 기본적 헌법사항에 관하여 어떠한 관행 내지 관례가 존재하고(관행·관례의 존재), 둘째, 그 관행은 국민이 그 존재를 인식하고 사라지지 않을 관행이라고 인정할 만큼 충분한 기간 동안 반복 내지 계속되어야 하며(반복·계속성), 셋째, 관행은 지속성을 가져야 하는 것으로서 그 중간에 반대되는 관행이 이루어져서는 아니 되고(항상성), 넷째, 관행은 여러 가지 해석이 가능할 정도로 모호한 것이 아닌 명확한 내용을 가진 것이어야 한다(명료성). 다섯째, 이러한 관행이 헌법관습으로서 국민들의 승인 내지 확신 또는 폭넓은 컨센서스를 얻어 국민이 강제력을 가진다고 믿고 있어야 한다(국민적 합의)고 하여 다섯가지 요건을 제시하였다(헌재 2004. 10. 21. 2004헌마554·556병합, 신행정수도의건설을위한특별조치법 위헌확인).

2. 청구인들은 대통령과 국무총리가 서울이라는 하나의 도시에 소재하고 있어야 한다는 관습헌법의 존재를 주장하나 이러한 관습헌법의 존재를 인정할 수 없다(헌재 2005. 11. 24. 2005헌마579·763, 신행정수도 후속대책을 위한 연기·공주지역 행정중심복합도시 건설을 위한 특별법 위헌확인).

2. 형식적 의미의 헌법

헌법전(憲法典)이라는 특별한 법전의 형식을 취하고 있는 헌법을 형식적 의미의 헌법이라고 한다. 즉 법에 규정되어 있는 내용에 착안하지 않고 그 성문형식, 존재형식, 형식적 효력 등 외형적 특질에 따라서 정의한 헌법개념이다. 실질적 의미의 헌법이 그대로 형식적 의미의 헌법으로서 성문화되는 것이 보통이나 실제로 반드시 일치한다고 볼 수 없다. 즉 스위스헌법(제25조 제2항)의 '미리 마취하지 않는 한 식육동물을 도살해서는 안된다'라는 도살조항과 미국헌법의 금주조항은 헌법전에 명문으로 규정하고 있기에 형식적 의미의 헌법에 속하지만, 실질적 의미의 헌법은 아니다.

3. 양자의 관계

(1) 불일치(표리관계)

실질적 의미의 헌법은 형식적 의미의 헌법에 대부분 포함되고 있지만 헌법전 이외에 법률, 명령, 관습헌법으로 존재하기도 하며, 형식적 의미의 헌법이 실질적 의미의 헌법에 해당하지 아니하는 것을 규정하고 있는 경우도 있다. 따라서 형식적 의미의 헌법보다 실질적 의미의 헌법이 그 범위가 넓다.

(2) 양자가 일치하지 않는 이유

역사적 발전과정에 따른 헌법개념에서 보았듯이 실질적 의미의 헌법개념은 시대에 따라 변화되는 것이기에 입법기술상 양자를 일치시키기는 어렵다. 그리고 현실적 필요에 따라 의도적으로 양자를 불일치하게 하기도 한다. 즉 지구 상의 대부분의 국가에서는 헌법전의 개정절차를 법률의 개정절차 보다 까다롭게 규정하고 있으며, 이들 국가에서는 실질적 의미의 헌법에 속하지 않는 사항을 형식적 의미의 헌법(헌법전)에 규정을 둠으로써 그 개정을 곤란하게 하거나, 혹은 실질적 의미의 헌법에 속하는 사항을 헌법전에 규정하는 것이 아니라 개정이 용이한 하위규범으로 성문화하는 경우를 볼 수 있다.

▶ 참고

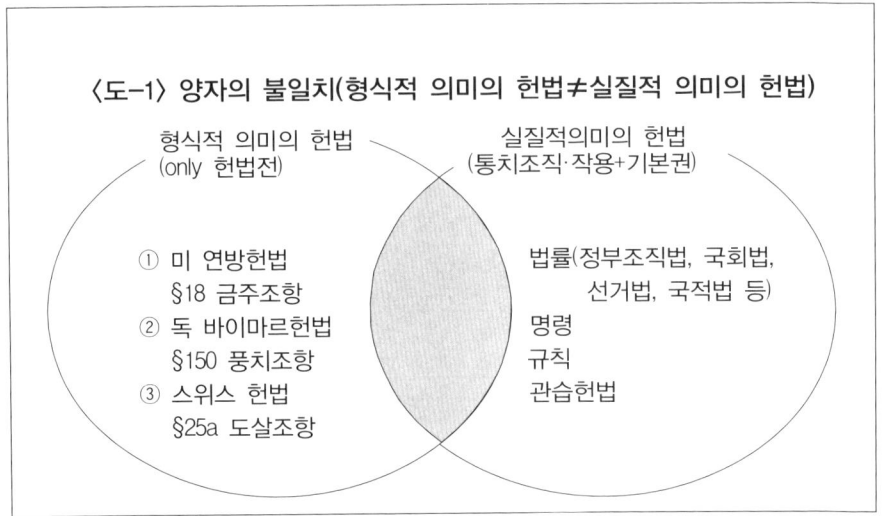

- 미연방헌법 제18조 제1항 "본 조의 비준으로부터 1년을 경과한 후에는 합중국 내와 그 관할에 속하는 모든 영역 내에서 음용할 목적으로 주류를 양조, 판매 또는 운송하거나 합중국에서 이를 수입 또는 수출하는 것을 금지한다."
- 바이마르헌법 제150조 "미술·역사 및 자연기념물과 명승풍경은 국가의 보호를 받는다."
- 스위스헌법 제25조a "출혈전에 마취시키지 아니하고 동물을 도살함은 금지된다. 동규정은 모든 도살방법 및 모든 종류의 동물에 적용된다."

제2절 헌법의 분류와 기능 및 특성

I. 헌법의 분류

1. 전통적 분류방법

(1) 존재형식에 의한 분류

헌법전(형식적 의미의 헌법)의 존재여부에 따라 성문헌법(成文憲法)과 불문헌법(不文憲法)으로 분류한다. 성문화된 형식적인 헌법전을 가지고 있지 않는 영국, 캐나다, 오스트레일리아 등이 대표적인 불문헌법국가이며, 최초의 성문헌법으로는 1776년 미국의 버지니아헌법이 있다. 토크빌이 '영국에는 헌법이 없다'라고 한 것은 형식적 의미의 헌법인 헌법전이 존재하지 않는다는 것을 말한다. 즉 영국에도 실질적 의미의 헌법들이 다양한 규범(법률과 명령 등)으로 존재하고 있다.

(2) 개정방법에 따른 분류

헌법개정절차와 일반법률의 개정절차를 비교하여 헌법개정절차가 보다 특별히 엄격한 절차를 필요로 하는 헌법을 경성헌법(硬性憲法)이라고 하며, 헌법개정에 특별한 개정절차를 필요로 하지 않고 일반법률의 개정방식으로 개정할 수 있는 헌법을 연성헌법(軟性憲法)이라고 한다. 불문헌법은 모두 연성헌법이나(영국, 1848년 이탈리아헌법, 1876년 스페인헌법, 1947년 뉴질랜드헌법), 대부분의 국가는 경성헌법에 속한다. 즉, 경성헌법은 모두 성문헌법이나, 성문헌법이 모두 경성헌법인 것은 아니다.

(3) 제정주체에 따른 분류

제정주체에 따른 분류는 오늘날에는 대부분의 국가가 헌법제정절차에 국민의 의사를 반영하는 절차를 포함함으로써 분류의 의미가 없어졌으나, 역사적으로는 그 의미가 크다. 헌법제정주체가 군주 한사람이면 흠정헌법(欽定憲法)이며, 군주와 국민의 대표자의 합의에 의하여 제정된 헌법은 협약헌법(協約憲法), 국민의 의사에 의하여 제정된 헌법은 민정헌법(民定憲法)이라고 하며, 국가간의 협약으로 제정된 헌법을 국약헌법(國約憲法)이라고 한다. 흠정헌법으로는 1814년 프랑스헌법, 1850년 프로이센헌법, 1890년 일본명치헌법이 있으며, 협약헌법으로는 1830년 7월 혁명의 소산인 프랑스헌법, 국약헌법으로는 미국연방헌법, 1871년 독일제국헌법을 들 수 있으며, 1787년 미연방헌법, 1791년 프랑스헌법 등 대부분의 국가는 민정헌법에 속한다.

> ◆ **연방헌법의 특색**
> 1. 성문헌법주의: 국가의 통치조직·통치작용을 성문화하여 헌법의 안정성과 항구성을 보장
> 2. 경성헌법: 헌법개정시 주(州, 또는 지방(支邦)이라고도 일컬음)의 동의 필요
> 3. 통치권의 분할: 주권은 연방정부에, 통치권은 주(州)정부에, 주(州)마다 입법·행정·사법권 분할
> 4. 양원제: 지방(地方) 주민(住民)의 대표로 구성된 하원, 주(州)대표로 구성된 상원이 있다.
> 5. 위헌법률심사제: 연방정부와 주(州) 정부간의 권한쟁의사건 심판
> 6. 연방헌법(연방제도)은 사회주의헌법에서도 채택할 수 있다.
> 7. 입법례: 미국, 서독, 소련, 호주, 아르헨티나, 브라질 등

2. 새로운 분류방법

(1) 위어의 분류

위어(K. Wheare)는 분류기준을 달리하여 중앙정부와 지방정부간의 관계에 따라 연방국헌법과 단일국헌법으로 구분하고, 국가기관 상호간의 권한분배에 따라 대통령제헌법, 의원내각제헌법, 의회정부제헌법으로 구별하였다.

(2) 뢰벤스타인의 분류

뢰벤스타인(K. Löwenstein)은 헌법의 독창성 여부에 따라 독창적 헌법과 모방적 헌법으로 분류하고 헌법의 규범력의 정도에 따라 규범적 헌법, 명목적 헌법, 장식적 헌법으로 분류하였다. 독창적(獨創的) 헌법은 새로이 창조되고 다른 것에서 모방되지 않은 원천적인 헌법(영국의 의회주권주의헌법, 미국의 대통령제, 프랑스의 나폴레옹헌법, 노농독재를 규정한 소련연방헌법, 5권분립을 규정한 1931년 중화민국헌법, 1935년 폴란드 필수츠키의 신대통령제)이며, 모방적(模倣的) 헌법은 국내외의 과거의 헌법을 모방하여 만든 헌법(영연방의 여러 헌법, 라틴아메리카나 아시아 여러 국가의 헌법)으로서 전래적 헌법이라고도 한다.

규범력의 정도에 따른 분류를 존재론적(存在論的) 분류라고 하는바, 규범적(規範的) 헌법은 헌법규범의 내용과 헌법생활 현실이 일치하는 헌법(영국, 미국, 독일, 스위스 등의 헌법)이며, 명목적(名目的) 헌법이란 헌법은 이상적으로 잘 만들어져 있으나 사회적 여건이 헌법의 이상을 따를 수 없는 헌법(라틴 아메리카의 헌법,

아시아 각국의 헌법)이며, 장식적(裝飾的) 헌법이란 현실을 규율하는 목적이 아닌 어의(語意)만이 헌법일 뿐 오직 헌법을 가졌다는 것을 외국에 과시하기 위한 헌법(공산주의국가의 헌법)이다.

(3) 국가체제에 따른 분류

그 외에도 자본주의(資本主義) 헌법(자본주의경제를 기초로 하는 국가의 헌법)과 사회주의(社會主義) 헌법(사회주의 경제를 기반으로 하는 국가의 헌법), 입헌주의(立憲主義) 헌법(국가권력이 분립되어 있고 복수정당제가 보장되며 규범력을 가지고 있는 헌법)과 전체주의(全體主義) 헌법(국가권력이 통합되어 있고 일당 전제제가 행해지며 규범력을 발휘하지 못하는 헌법)으로 분류하기도 한다.

▶ 참고
- 북한 사회주의 헌법의 특색 -
1. 헌법의 전문이 없다.
2. 사회주의헌법으로 개명한 것은 1972년 12월 27일이다.
3. 사람 중심의 세계관에 기초한다.
4. 주권은 노동자, 농민, 근로인테리와 모든 인민에 있다.
5. 민주주의중앙집중제로 통치
6. 외형이나 자주평화통일을 지향
7. 인민민주주의 독재의 강화
8. 모든 국가들과 완전한 평등과 자주성, 내정 불간섭 원칙하에 정치적·문화적 관계를 맺는다.
9. 국가는 협동농장의 생산시설과 농촌 문화주택을 국가부담으로 건설한다.
10. 외국법인 또는 개인들과 기업의 합영과 합작을 장려한다.
11. 취학 전 1년의 의무교육과 10년의 의무교육을 실시한다.
12. 환경권에 관한 규정이 있다.
13. 인민의 권리, 의무는 집단주의 원칙에 기초한다.
14. 선거연령은 17세, 근로연령은 16세
15. 조세제도가 없으며, 저작권과 발명권은 법적으로 보호한다.

3. 최근의 경향과 우리나라헌법의 유형

(1) 성문화와 경성화의 경향

최근에는 대부분의 국가의 헌법이 성문화와 경성화되고 있다. 그 이유는 헌법의 악용을 방지하고, 항구성과 안정성을 확보하고자 하며, 규범력 제고, 사회안정적 기능, 권력통제적 기능, 자유(기본권)보장기능 제고, 국민의 정치적 통합수단, 국민주권 · 국가계약론의 영향 등에 있다.

(2) 우리나라 헌법의 유형

우리나라 헌법은 성문헌법, 경성헌법, 민정헌법, 단일국가헌법, 대통령제 헌법, 모방적 헌법, 규범적 헌법, 입헌주의의미의 헌법, 복지주의의미의 헌법 등의 유형에 속한다.

Ⅱ. 헌법의 기능과 특성

1. 헌법의 기능

헌법의 사실적 · 존재적 측면은 정치적 부분으로서 의미를 가지고, 당위적 · 규범적 측면은 규범적 부분으로서 의미를 가지듯이 헌법은 사실적인 영역과 규범적 영역에서 기능을 다하고 있다. 즉 사실적 영역에서의 기능을 우리는 정치적 기능이라고 일컫고 규범적 영역에서의 기능을 규범적 기능이라고 한다. 헌법의 정치적 기능으로는 국가창설적 기능, 수권 및 권한 제한적 기능, 정치생활주도기능, 정치적 정의실현기능으로 설명하기도 하고(허) 국가구성적 기능, 국민적 합의기능, 공동체안정화기능, 국민적 통합기능, 정치과정합리화기능으로 설명하기도 한다(권). 그리고 규범적 기능으로는 법질서창조기능, 기본권보장기능, 권력통제기능 등을 들고 있다.

2. 헌법의 특성

(1) 헌법의 사실적 특성

헌법은 정치세력의 승리나 타협인 투쟁의 산물을 문서화한 규범으로서 칼 쉬미트(C. Schmitt)는 이러한 특성에 터잡아 헌법을 정치적 근본결단으로 보았으며, 물론 정치적 안정기에 접어들어도 역시 정치성은 소멸하지 않는다고 하였다(정치성). 헌법의 정치성으로부터 유동성(헌법개정), 추상성(헌법전의 불확정개념이나 일반조항), 개방성(법률유보), 미완성성, 정책선언성, 강령성 등이 나타난다. 또한 해당 국가의 역사적 조건과 지배상황에 따라 일정한 제약을 받으며 이러한 제약은 헌법의 이념과 가치로 나타난다(이념성). 그리고 그 이념은 헌법의 가장 핵심적인 내용을 구성한다. 그리고 정치·경제·사회·문화적 제 조건과 밀접한 관련성을 갖게 된다(역사성).

(2) 헌법의 규범적 특성

헌법은 모든 국민들의 공감대를 구체화시킨 규범이기에 국가의 근본규범이며, 법체계상에 있어서 최고규범으로서의 지위를 가진다. 우리나라 헌법에서는 명문규정이 없지만, 위헌법률심사제, 헌법준수 및 수호의무, 헌법개정의 곤란성 등으로부터 간접적으로 찾을 수 있다. 미국, 일본, 노르웨이 등은 헌법에서 최고규범성을 직접 규정하고 있다.

(3) 기타 특성

헌법의 사실적 특성과 규범적 특성 이외에도 헌법의 구조적 특성으로 간결성·미완결성, 추상성·불확정성·개방성, 불완전성을 들고 있다. 학자에 따라서는 윤곽규범(輪廓規範), 시원규범(始原規範), 조직규범성(組織規範性), 수권규범성(授權規範性), 권력제한규범성(權力制限規範性), 기본권보장규범성(基本權保障規範性), 생활규범성(生活規範性), 헌법제정 및 개정규범성 등을 들기도 한다.

◆ **헌재판례**

1. 헌법은 국민적 합의에 의해 제정된 국민생활의 최고 도덕규범이며 정치생활의 가치규범으로서 정치와 사회질서의 지침을 제공하고 있기 때문에 민주사회에서는 헌법의 규범을 준수하고 그 권위를 보존하는 것을 기본으로 한다(헌재 1989. 9. 8. 88헌가6, 국회의원선거법 제33조, 제34조의 위헌심판).

2. 국가의 법질서는 헌법을 최고법규로 하여 그 가치질서에 의하여 지배되는 통일체를 형성하는 것이며 그러한 통일체내에서 상위규범은 하위규범의 효력근거가 되는 동시에 해석근거가 되는 것이므로, 헌법은 법률에 대하여 형식적인 효력의 근거가 될 뿐만 아니라 내용적인 합치를 요구하고 있기 때문이다(헌재 1989. 7. 21. 89헌마38, 상속세법 제32조의2의 위헌여부에 관한 헌법소원).

제3절 헌법학

Ⅰ. 의의

헌법학(憲法學)이라 함은 헌법을 대상으로 해서 연구하는 학문이다. 그러나 헌법개념은 매우 다의적이어서 이를 규범적인 측면과 현상적인 측면에서 파악해야 한다. 규범적 측면에서 헌법이라고 할 때에는 헌법규범, 즉 헌법전을 말하고, 현상적 측면에서 헌법이라고 할 때에는 헌법현상(헌법제도·의식·질서)을 말한다. 따라서 헌법학을 연구함에는 헌법규범 뿐만 아니라 이에 인접하는 여러 학문, 즉 헌법철학·헌법사·일반헌법학·비교헌법학·헌법사회학·헌법정책학 등의 도움을 필요로 한다.

Ⅱ. 헌법학의 대상과 방법

1. 헌법학의 인식대상

헌법학은 헌법규범 외에 헌법을 둘러싼 복잡다양한 현상인 헌법현상까지 그 인식대상으로 하지 않으면 안된다.

우선 헌법학의 인식대상이 되는 전형적인 헌법규범은 헌법전이다. 헌법전과 실질적 의미의 헌법은 갖가지 헌법현상이 일정한 방식과 형태로 객관화 된 것이다. 그리고 헌법전으로서의 헌법규범은 법률이나 명령 또는 법원의 판결이나 행정청의 처분에 의하여 구체화된다. 다음에 헌법학의 인식대상이 되는 헌법현상은 대체로 헌법의식(憲法意識), 헌법제도 등으로 구성된다. 헌법의식에는 헌법에 대한 소박한 감정, 헌법에 관한 상당한 지식, 체계적인 헌법학설 등이 있다. 헌법의식은 개인의 의식 외에 여론 등 집단의식으로서도 파악된다. 국민의 헌법의식분석이라든가 판례에 내재하는 법관의 가치관을 객관적으로 파악하는 것 등이 헌법의식을 대상으로 하는 연구이다. 또한 헌법학에서는 헌법규범을 현실화하기 위한 국가기관인 의회·행정부·헌법재판소·법원·지방자치단체 등 헌법에 의거하여 조직된 기관과 제도가 연구대상이 된다. 이러한 헌법제도들의 존재방식과 그 전체구조는 헌법현상의 동향을 결정하는 열쇠가 된다.

2. 헌법학의 연구방법

헌법학의 연구방법은 현행의 헌법전과 그 밖의 실질적 헌법규범이 갖는 객관적 의미 내용을 명백히 하는 헌법해석학적 방법을 기본으로 하지 않으면 안된다. 그 위에 헌법현상의 역사적 고찰과 비교고찰이 동시에 행하여져야 한다. 상술한 바와 같이 헌법규범의 해석방법은 다양할 뿐 아니라 각 방법이 서로 그 우위를 주장하기도 한다. 그러나 헌법해석은 제1차적으로는 법문의 문리해석에서 출발하되, 그것으로 명확하지 않을 경우에는 논리적·체계적 해석을 하고, 그것으로도 부족할 경우에는 목적론적 해석까지 가야 한다.

Ⅲ. 헌법학의 영역과 분과

1. 광의(廣義)의 헌법학

광의에 있어서의 헌법학이란 헌법규범, 헌법제도, 헌법인식, 헌법질서 등을 연구하는 학문을 뜻하는 것으로서 이에는 헌법철학과 헌법과학이 포함된다.

헌법철학은 헌법학설사(憲法學說史), 헌법사상사(憲法思想史), 헌법원리론(憲法原理論), 헌법학방법론(憲法學方法論), 헌법가치론(憲法價値論), 헌법존재론(憲法存在論) 등을 포함한다. 이는 헌법에 관한 이념, 가치, 본질, 존재 등을 탐구하는 것을 그 목적으로 하는 것으로서, 법철학의 한 분과로 파악된다. 이에 반하여 헌법과학은 그 대상에 따라 일반헌법학, 비교헌법학, 특수헌법학 등으로 나눌 수 있다. 또 헌법과학의 연구방법에 따라 헌법사학, 헌법해석학, 헌법사회학, 헌법정책학 등으로 나눌 수도 있다. 헌법학의 여러 분야를 도표로 나타내면 다음과 같다.

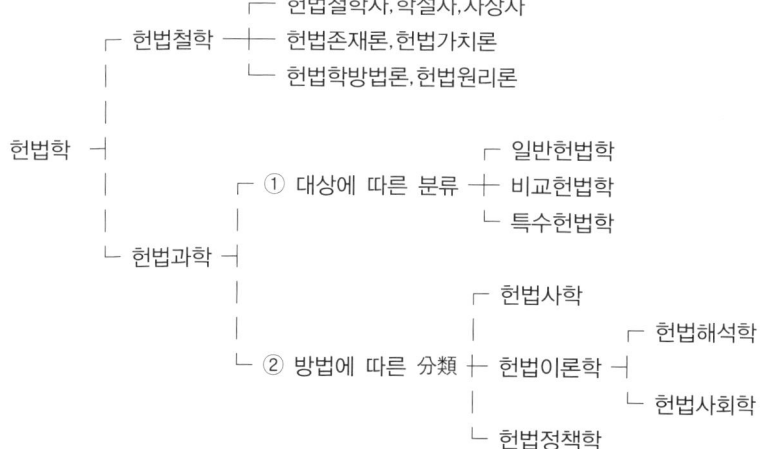

(1) 헌법철학

헌법의 본질과 가치의 구명(究明), 헌법의 존재론적 분석, 헌법학 연구의 방법을 다루는 분과로서 법철학의 한 영역이다(헌법원리론, 헌법가치론, 헌법존재론, 헌법학방법론 등).

(2) 헌법사

헌법일반 또는 특정의 헌법이 어떠한 역사적 사실 속에서 제정되고, 개정되었으며 또한 폐지되었는가를 역사학적 접근방법을 통하여 탐구함으로써 그 헌법의 성격과 기능을 명백히 하는 분과로서 헌법사적, 헌법사상사적, 헌법학설사적 고찰이 필요하다.

(3) 일반헌법학

특정국가의 헌법만이 아니라 헌법일반을 그 대상으로 하여 헌법학에서 사용되고 있는 여러 가지 헌법의 개념, 헌법의 내용, 헌법의 성격, 헌법의 구조, 헌법의 질서, 헌법의 기능 등에 관하여 일반적, 유형적으로 고찰하는 분과로서 이른바 헌법학의 기초이론에 관한 학문이다.

(4) 개별헌법학(국가별 헌법학)

특정한 국가의 헌법만을 연구대상으로 하는 분과이다.

(5) 비교헌법학

세계의 각국 헌법과 국제적인 제(諸) 헌장(憲章)을 대상으로 하여 그 사적 발전과정, 법적 구조 및 정치적·사회적 제(諸) 기능을 비교·연구하여 그들에 공통된 일반법칙이나 유형을 발견하고 또한 그들이 지닌 보편성, 특수성을 발견하고 이론화하기 위한 분과로서 자국헌법의 해석, 운용, 개정에 기여할 수 있는 학문이다.

(6) 헌법정책학

헌법규범과 헌법현실은 항상 일치하는 것은 아니다. 따라서 헌법정책학은 헌법규범과 헌법현실을 일치시킬 목적으로 헌법규범을 실현할 제 조건을 강구하거나, 헌법규범이 헌법현실에 적합한 것이 되게 하기 위한 헌법개정의 방향, 목표 등을 제시하는 것을 과제로 하는 분과이다.

2. 협의의 헌법학

(1) 의의

협의의 헌법학은 헌법과학을 말한다. 헌법과학은 헌법규범과 헌법현상을 연구하는 사회과학으로서, 헌법규범과 헌법현상을 역사적, 비교법적, 해석학적, 사회학적 방법으로 파악하는 학문을 말한다.

보다 협의에 있어서의 헌법학은 헌법이론학을 뜻한다. 헌법이론학은 이를 헌법해석학과 헌법사회학으로 나눌 수 있으며, 가장 좁은 의미(최협의)에 있어서의 헌법학은 헌법해석학만을 말한다

(2) 헌법사회학

주로 헌법의 정치학적, 사회학적, 심리학적 연구를 그 대상으로 하는 분과이다. 특정 헌법이 국민의 의식 또는 일정한 사회적 조건과 관련하여 국민의 지지를 어떻게 받고 또는 배척되며, 그 헌법의 가치·이념이나 헌법의 제규정이 어떻게 해석되고 기능하는가를 실증적으로 분석하고 또한 헌법이 갖는 통치작용의 성공과 실패, 헌법을 둘러싼 정치적 투쟁과 대립, 국민이 갖는 헌법의식의 상태, 그에 수반되는 헌법의 변천과정 등을 연구하는 학문이다.

(3) 헌법해석학

헌법해석학은 헌법의 적절한 적용과 운용을 위하여 성문헌법인 헌법전과 실질적 헌법을 구성하는 각종 법규의 조문들이 가지고 있는 객관적인 의미내용을 인식하고 확정하는 것을 내용으로 하는 분과이다. 그와 같은 헌법해석을 위해서는 해석의 논리적 정확성, 체계적 정합성, 해석자의 주관의 배제 등이 그 전제가 된다.

또한 헌법해석학은 성문법인 헌법전을 대상으로 하여 개개의 조문을 논리적·체계적으로 해석하여 헌법규범의 원리·원칙을 연구하는 법해석학의 한 분과이다. 이는 헌법해석에 이론적 기초를 부여하여 이를 체계화하는 것으로, 그것을 과연 과학이라고 할 수 있느냐 하는 것이 많은 논란이 되었다. 그러나 헌법해석학도 해석의 방법 여하에 따라서는 과학이 될 수도 있다.

제 2 장
헌법의 제정과 보호

제1절 헌법제정

Ⅰ. 의의

1. 헌법제정의 의의

헌법제정이란 형식적으로는 '헌법사항을 성문헌법으로 법전화하는 행위(형식적 의미)'를 말하며, 실질적으로는 '한 나라의 정치적 통일체의 형태나 종류에 대한 헌법제정권력자의 근본결단을 규범화시키는 행위이며, 사회공동체를 정치적 일원체로 조직하기 위해서 법적인 기본질서를 마련하는 법창조행위(실질적 의미)'이다. 헌법이 제정되기 이전의 현상으로 헌법성립의 개념을 설명하기도 한다, 헌법성립이란 국민들의 '컨센서(Konsens)의 형성' 그리고 컨센서를 실현하고자 하는 '중심세력'의 존재, 컨센서를 헌법화하고자 하는 '국민의 참여의식'의 삼단계로 이루어지는 정치사회학적 현상을 말한다. 이와 달리 헌법제정이란 헌법학적 현상이라고 할 수 있다.

2. 헌법제정권력의 의의

헌법제정권력(憲法制定權力)은 '국가법질서의 근본법인 헌법을 창조하는 힘'으로, 헌법을 정당화시키는 권위 또는 가치를 가르키는 것이다. 따라서 이는 사실상의 힘인 동시에 규범적 가치를 가지고 있다. 칼 쉬미트(C. Schmitt)는 헌법제정권력을 '고유의 정치적 실존의 종류와 형태에 관하여 근본결단을 내릴 수 있는 권력이나 권위를 가진 정치적 의사'로 파악하고 부르도(Burdeau)는 '정치와 법의 교차점에 위치하는 권력'이라고 하였다.

3. 헌법제정권력의 본질

(1) 헌법제정권력의 본질

헌법제정권력은 규범성과 사실성을 동시에 가지며, 시원적(始原的) 창조성, 자율성, 항구성(恒久性), 단일불가분성(單一不可分性), 불가양성(不可讓性)을 가진다. 헌법제정권력도 사실적 측면과 규범적 측면이 함께 존재하기에, 국민의 정치적 통일체의 형태와 종류에 관한 근본결단으로 정치적 의사인 동시에 법적 권력이다(규범성과 사실성). 또한 헌법제정권력은 국가적 질서와 헌법질서를 시원적으로 창조하는 권력(시원적 창조성)이며, 어떠한 법형식이나 절차에도 구애받지 않고 스스로 의도한 바에 따라 발동되고(자율성), 한번 행사되었다고 하여 그 존재가 소멸되는 것이 아니다(항구성). 뿐만 아니라 헌법제정권력은 헌법에 의한 모든 권력의 포괄적 기초로 불가분적이며(단일불가분성), 오늘날 헌법제정권력의 주체는 국민이므로 누구에게도 양도될 수 없는 불가양성을 가진다.

(2) 헌법제정권력과 헌법개정권력과 입법권

헌법제정권력은 국민의 전체적인 결단인 헌법을 창조하는 권력(부르도 Burdeau의 시원적 제헌권)이며, 헌법개정권력은 헌법제정권력의 하위에 있는 권력(부르도 Burdeau의 제도화된 제헌권)이기에 헌법제정권력＞헌법개정권력＞입법권의 위계질서가 성립된다.

4. 우리 헌법에 있어서의 헌법제정권력

우리 헌법에 있어서는 주권재민의 원칙을 선언한 제1조 제2항 전단이 헌법제정권력에 관한 조항으로 헌법제정권력의 주체가 국민이라는 것을 선언하고 있다.

Ⅱ. 헌법제정권력이론의 발전

1. 헌법제정권력이론의 유래

헌법제정권력은 근대 자연법적 국가계약설과 결부되어 근본법사상과 국민주권주의에서 유래하며, 존 로크(J. Locke)의 국민주권주의 영향을 받았다.

2. 쉬예스(Siéyès) 이론

쉬예스가 「제3계급이란 무엇인가(1788)」라는 소책자에서 처음 이론을 전개하였으며, 국민주권론의 헌법적 기초를 제공하고 프랑스혁명을 합법화시켜 그 후의 제헌권사상의 주류가 되었다. 당시 제1계급은 승려, 제2계급은 귀족 제3계급은 시민을 의미하였으며, 바로 제3계급이 헌법제정의 주체가 되어야 한다고 주장하였다.

　구체적인 내용을 보면, 헌법제정권력의 주체는 국민이며, 헌법제정권력의 행사는 헌법제정의회에서만 가능하며, 헌법제정권력은 시원적 권력으로 자기정당성(自己正當性)을 가짐으로써 한계가 없다(무한계성). 또한 헌법은 헌법제정권력을 전제로 공권력을 제한하거나 규제를 목적으로 존재한다고 하였다. 따라서 헌법제정권력은 창조된 권력(전래된 권력, 형성된 권력)에 해당하는 헌법개정권력·입법권·집행권과 구별하였다. 다만, 그가 헌법제정권력과 헌법개정권력을 구별하였는지에 대해서는 후학들의 견해가 나뉘어 있다. 한편 그는 인민주권론을 주장한 루소(J. J. Rousseau)와 사상적 대립을 하였다.

3. 독일의 법실증주의자의 이론

　독일의 법실증주의적 국법학에서는 국가법인설과 국가주권론을 근거로 모든 법의 연원을 국가로 봄으로써, 프랑스의 헌법제정권력이론의 영향은 미미하였으며, 처음에는 인정받지 못하였다. 즉 헌법제정권력은 실정법에 내재하는 가치의 검토를 배격하고, 헌법 이전에 헌법을 초월하여 존재하는 사실적 힘에 불과하다고 보았다. 이러한 헌법제정권력이론은 법학의 연구 대상 밖으로 인식하고, 이를 부인하였다. 따라서 헌법제정권력은 결국 헌법개정권력과 법률제정권(입법권)을 동일시하여 헌법제정권력의 독자성을 부인하였다고 볼 수 있다. 대표적인 학자로는 안쉬쯔(G. Anschütz), 옐리네크(G. Jellinek), 라반트(P. Laband) 등이 있다.

4. 칼 쉬미트(C. Schmitt)의 이론

　헌법제정권력론은 칼 쉬미트가 결단주의에 입각하여 체계적으로 이론화하였으며, 그는 헌법제정권력과 헌법개정권력을 구별하고, 헌법제정권력의 주체는 국민에게만 한정하지 않고 국가내의 실력자로 보면서 당대에는 국민이 실력자라고 하였다. 그리고 헌법규범내에서도 헌법제정권력＞헌법(절대적 헌법)＞헌법률(상대적 헌법)＞'헌법에 의해 만들어진 권력'이라는 위계질서를 인정하였다. 헌법제정행위에 일종의 혁명적 성격을 인정하여 헌법제정권력의 무한계성을 주장하였다. 또한 헌법제정권력은 규범적인 것이 아니고 실력 또는 권위를 가진 정치적 결단으로 보았으며, 헌법제정권력의 항구성을 긍정하였다. 그의 이론은 실력설에 근거하여 설명되고 있으며, 헌법제정권력과 주권을 동일시하였다고 볼 수 있다.

Ⅲ. 헌법제정권력의 주체와 행사

1. 헌법제정권력의 주체

쉬예스(Siéyès)에 의하면 헌법제정권력의 주체는 국민만으로 한정되지만, 칼 쉬미트(Schmitt)에 따르면 헌법제정권력의 주체는 각 시대의 실력자로서, 중세에는 신(神)이며 왕정복고 및 전제군주시대에는 군주이며 귀족제·과두제 하에서는 소수의 조직이라고 하였다. 그리고 미국독립전쟁과 프랑스혁명 이후부터 오늘날까지는 국민이라고 주장하였다.

2. 헌법제정권력의 행사

(1) 절차문제

헌법제정권력은 시원적·창조적인 것으로 그 행사방법에 제한이 없다. 단 헌법제정권력 주체의 의사를 인식할 수 있고, 결단에 필요한 최소한의 요건이 필요하다.

(2) 행사방법

우리나라 제헌헌법의 제정절차와 같이 국민이 선출한 헌법제정의회에서 의결하는 대의제 방법(쉬예스의 대의제 사상)과 국민의 직접투표에 의하여 제정하는 방법(루소의 직접민주제 사상)이 있으며, 제헌의회의 제안을 국민투표에 부의하여 결정하는 방법(1793년 프랑스헌법)인 절충적 방법 등이 있다.

Ⅳ. 헌법제정의 한계

1. 의의

헌법제정권력은 어떠한 제약에도 따르지 아니하고, 어떠한 결정이든 내릴 수 있는 권력인가에 관하여 견해가 나누어져 있다.

2. 무한계설(無限界說)

쉬에스(Siéyès)는 헌법제정권력은 창조적 권력이므로 시원성(始原性)을 가지며 아무런 제한을 받지 않는다고 하였다. 칼 쉬미트(C. Schmitt)는 헌법제정권력은 규범적 정당성이나 추상적 정당성에 의존하지 않음은 물론 혁명적 성격을 가지기 때문에 한계가 있을 수 없다고 하였다.

3. 한계설(限界說)

퀘기(W. Kägi)는 '헌법제정권력은 불변의 근본적 가치에 구속된다'고 하였으며, 마운쯔(Maunz)는 '헌법제정권력은 인권과 같은 자연법상의 원리에 제약을 받는다'고 하였다.

4. 결어

헌법제정권력은 시원적 권력이지만 무제한적인 것이 아니라 헌법상 근본규범인 자연법원리(국민주권의 원리, 기본권보장, 권력분립주의, 의회주의 등), 이데올로기적 한계, 법원리적 한계(법적 이성, 정의, 법적 안정성 등), 국제법적 한계 등에 의해 제약을 받는다. 다만 한계설을 따를 경우 헌법제정권력이 한계를 무시하고 어떠한 결정을 따른다면 '헌법의 정당성'의 문제가 제기된다.

◆ 헌재판례

헌법재판소는 헌법제정·개정행위는 헌법재판소법 제68조 제1항의 '공권력의 행사'의 결과로 볼 수 없다고 하여 헌법소원의 대상이 되지 않는다고 보았다. '국민투표에 의하여 확정된 현행 헌법의 성립과정과 헌법개정을 국민투표에 의하여 확정하도록 하고 있음에 비추어, 헌법은 그 전체로서 주권자인 국민의 결단 내지 국민적 합의의 결과라고 보아야 하므로, 헌재법 제68조 제1항의 소정의 공권력행사의 결과라고 볼 수 없다'(헌재 1996. 6. 13. 94헌바20, 헌법 제29조 제2항 등 위헌소원).

제2절 헌법보호

Ⅰ. 헌법보호제도

1. 의의와 연혁

(1) 의의

헌법보호제도는 헌법의 침해나 파괴 등의 위헌적 행위를 사전에 방지하거나 사후에 배제하여 헌법의 최고규범성과 실효성을 확보하려는 제도로서 1791년 프랑스헌법에서 최초로 성문화(최초의 선언은 미국독립선언)되었고, 19세기 독일의 여러 지방헌법 등에서 규정되었다.

헌법학에 나타나는 '보호'개념의 종류는 국가보장, 헌법보장(헌법보호), 기본권보장 및 제도보장 등이 있는 데, 특히 헌법보장과 국가보장을 구별할 필요가 있다. 국가보장(國家保障)이란 국가의 존립 그 자체를 보호대상으로 하며, 주로 외부의 적으로부터의 공격에 대한 방어를 내용으로 하며(광의의 헌법보호), 헌법보호(憲法保護)는 헌법의 침해나 파괴로 부터 헌법의 최고규범성과 실효성을 보장하는 제도(협의의 헌법보호)를 의미한다고 볼 수 있다.

헌법보호제도는 입헌주의 초기에는 입헌정체(立憲政體)를 보장하기 위한 제도로 발달하였기 때문에 그 당시에는 주로'헌법의 보장'이라는 개념 밑에 입헌제도(군주제한, 공개재판, 자유선거 등)의 실현을 주로 생각하면서 입헌정체의 보장이란 면을 중시하였으나, 오늘날에 와서는 입헌제도보장적 측면 보다는 제도방어적 측면이 중요시되기 때문에 헌법의 보장이라는 개념보다는 '헌법보호'라는 개념의 사용이 더 많아지고 있다.

(2) 이론적 근거와 보호대상

헌법보호제도의 근거는 헌법의 최고규범성에서 당연히 도출되며, 그 보호대상은 '형식적 의미의 헌법'뿐만 아니라 '실질적 의미의 헌법'도 포함되며, 국가형태(공화국, 귀족국), 정치형태(민주주의, 공산주의), 기본권적 가치질서 등을 구체적 예로 들 수 있다.

(3) 연혁

헌법보호제도는 그리스의 민회·집정관·원로원·호민관(고전적 헌법보장제도)으로부터 유래되었으며, 1791년의 프랑스헌법에서 일정기간의 헌법개정의 금지, 삼권(왕·의회·법관)의 엄격한 분립, 국민의 헌법준수의무 부여 등의 규정을 둔 것이 근대적 헌법보장제도의 효시라고 할 수 있다. 이후 1831년의 바이에른·작센 헌법 등에서 체계화되었으며, 그 내용으로는 '헌법의 보장'이란 장을 두었으며, 국가재판소 설치, 국가공무원 및 시민의 헌법준수의무 선언, 헌법침해에 대한 소원제기권 인정, 헌법개정의 제한 규정 등이 있었다.

2. 헌법보호(보장)의 유형

(1) 옐리네크의 분류

옐리네크(Jellinek)는 그의 「일반국가학(一般國家學)」중 「공법(公法)의 보장(保障)」에서 사회적 보장, 정치적 보장, 법적 보장으로 유형화하였다. 사회적 보장이란 강한 사회적 제세력 즉 종교(宗敎)·습속(習俗)·사회윤리(社會倫理) 등 문화 제세력의 전체 및 그에 의해 형성된 이익과 조직에 의한 헌법의 보장을 의미하며, 정치적 보장이란 국가권력의 분립과 헌법준수의 선서와 같은 제도에 의하여 헌법이 보장되는 것을 말하며, 법적 보장을 가능하게 하는 제도로서는 통제(예: 의회적 통제), 개별적 책임제도, 재판, 소송수단 등 4가지를 들었다.

(2) 켈젠의 분류

켈젠(Kelsen)은 헌법보장의 유형을 사전적·예방적 보장(헌법의 침해나 파괴를 미연에 방지하기 위한 예방적 헌법보장), 사후적·교정적 보장(헌법이 현실적으로 침해된 경우의 교정적 헌법보장), 인적 보장(위헌행위를 한 기관에 대해 형사·민사·징계책임을 지우는 보장형식), 물적 보장(위헌행위를 법원이나 헌법재판소를 통하여 취소하는 형식의 헌법보장)으로 분류하였다.

(3) 메르크의 분류

메르크(Merk)는 헌법보장을 광의의 헌법보장과 협의의 헌법보장으로 분류하였고 광의의 헌법보장에는 공법상의 보상, 헌법상의 선서, 공무원 각자의 책임, 공무원의 법적 지위의 보장, 국가권력의 헌법상의 제한을 들고, 협의의 헌법보장으로는 감독적 보장과 재판적 보장을 들었다.

(4) 부르도의 분류

부르도(Burdeau)는 헌법보장을 조직적 · 미조직적 보장으로 분류하였다. 조직적 보장은 제도화된 보장을 의미하는 것으로 절차적 보장으로서의 사법적 보장을 말하며, 미조직적 보장은 국민에 의한 저항권 행사, 초헌법적인 국가긴급권 행사 등을 일컫는다.

(5) 콘라드 헷세

콘라드 헷세(K. Hesse)는 헌법보장의 예로서 국민의 헌법에의 의지(Wille zur Verfassung)를 들기도 하였다.

3. 헌법의 수호자 논쟁

(1) 독일의 쉬미트와 오스트리아의 켈젠의 논쟁

헌법의 수호자논쟁은 헌법의 규범력이 위협받고 있을 때에 최종적으로 헌법을 수호할 지위에 있는 자가 누구인가에 관한 논쟁으로서 쉬미트(Schmitt)와 켈젠(Kelsen)의 논쟁이 유명하다. 쉬미트는 그의 저서 「헌법의 수호자」중에서 헌법의 수호자의 역할은 대통령에게 담당시켜야 한다고 주장하였으며, 켈젠은 그의 논문 "누가 헌법의 수호자여야 하는가"에서 대통령 · 의회 · 헌법재판소도 다같이 헌법의 수호자라고 주장하였다.

(2) 영국의 키이스와 라스키의 논쟁

키이스(Keith)는 헌법의 수호자를 국왕이라고 하였으며, 라스키(Laski)는 내각이라고 하여 논쟁이 전개된 바 있다.

(3) 우리 헌법상의 헌법의 수호자

우리 헌법상 헌법의 수호자로는 헌법재판소 · 대통령 · 공무원 · 국회 · 법원 · 국민을 들 수 있다. 대통령은 헌법준수를 선서하고 국가긴급권이나 법률안거부권행사와 위헌정당해산제소 등을 통해 헌법을 수호할 수 있으며, 공무원은 국민전체에 대한 봉사자로 헌법수호의 의무가 있다. 국회의 경우는 탄핵소추권 및 국무총리 · 국무위원해임건의권을 통해 헌법을 수호할 수 있으며, 법원은 위헌법률심사제청권, 위헌명령 · 규칙 · 처분심사권과 국헌문란사범에 대한 재판으로 헌법을 보장할 수 있고, 국민은 헌법개정에 대한 국민투표권행사와 저항권을 가짐으로써 헌법수호자로 헌법을 보장할 수 있다. 물론, 현실적으로는 헌법보장의 1차적 의무자는 공무의 담당자인 공무원이고 최종적 수호자는 국민이라고 할 수 있으며, 특히 현행헌법상 제도적 측면에서의 최후의 헌법수호자는 헌법재판소라고 하겠다.

4. 우리 헌법상의 헌법보호제도

(1) 평상(平常) 시의 헌법보호제도

1) 사전적·예방적 헌법보호제도

우리헌법상의 사전적·예방적 헌법보호제도로는 헌법의 최고규범성의 선언, 대통령의 헌법준수의무의 선서, 권력분립, 헌법개정조항, 공무원의 정치적 중립성보장, 위헌정당출현의 방지제도 등을 들 수 있다. 헌법 제107조와 제111조 제1항 제1호에 의하면 위헌법률심사는 헌법재판소가 심판하고, 명령·규칙·처분의 위헌·위법 여부는 대법원이 최종적으로 심사한다고 규정함으로써 헌법의 최고규범성을 간접적으로 선언하고 있다(헌법의 최고법규성의 선언). 헌법 제66조 제2항에서 대통령의 헌법수호의 책무를 규정하고, 제69조에서는 헌법준수선서를 규정하고 있다(헌법준수의무의 선서). 국가권력을 분립하는 것도 어떤 국가기관이 그 권력을 남용하거나 헌법을 침해하지 못하도록 사전에 방지하려는 데 그 목적이 있으며(권력분립), 경성헌법성을 규정한 헌법개정조항도 헌법보호의 역할을 하며(헌법개정조항), 공무원을 집권당을 지원하고 야당을 탄압하게 하는 등 정치적 문제에 개입시킨다면 그것은 헌법에 대한 중대한 침해 내지 위협을 의미하므로 공무원의 정치적 중립성의 보장도 헌법보호로서의 의미를 갖는다(공무원의 정치적 중립성의 보장). 이외에도 헌법 제8조 제4항의 반국가적·반민주적 정당의 출현을 사전에 방지하기 위한 규정은 헌법의 예방적 보호를 위한 규정으로 볼 수 있다(반국가적·반민주적 정당의 출현방지).

2) 사후적·교정적 보호

우리 헌법은 헌법의 규범력이 침해된 후에 이를 사후적으로 교정하는 제도로는 위헌법률심사제(헌법 제107조 제1항, 제111조 제1항 제1호), 탄핵제도(헌법 제65조와 제111조 제1항 제2호는 헌법재판소는 탄핵을 심판한다라고 하여 헌법위반의 고위직 공무원을 공직에서 추방하게 하고 있다), 위헌정당의 해산(헌법 제8조 제4항, 제111조 제1항 제3호), 각료의 해임건의(헌법 제63조)와 공무원의 책임제도(헌법

위반 등으로 국민에게 손해를 입힌 공무원에게 책임을 묻게 하고 있다) 등이 있다.

(2) 비상(非常) 시의 헌법보호제도

우리 헌법은 비상시의 헌법보호제도로 국가긴급권으로서 대통령의 긴급재정·경제처분 및 명령권, 긴급명령권과 계엄제도를 두고 있으며, 국민에 의한 저항권의 행사를 간접적으로 규정하고 있다.

▶ 참고

〈표-2〉 헌법보장제도에 대한 국내학자의 유형분류

권영성	평상적 헌법보장	사전예방적 보장수단	헌법의 최고규범성의 간접적 선언(§107, §111①), 국가원수 헌법수호의무의 선서(§69), 국가권력의 분립, 헌법개정절차의 곤란성(경성헌법성), 방어적 민주주의의 채택(§8④), 공무원의 정치적 중립성의 보장, 군의 정치적 중립성준수(§5②) 등
		사후교정적 보장수단	위헌법령·처분심사제, 탄핵제도, 위헌정당강제해산제, 헌법소원 제도, 국무총리·국무위원 해임건의제도, 국회의 긴급명령 등의 승인제도와 계엄의해제요구제도, 국회의 국정감사·조사제도, 공무원의 책임제도(§29①) (현행헌법에 없는 제도, 각료해임 의결권, 의회해산제, 기본권상실선고제, 국민소환제 등)
	비상적 헌법보장		국가긴급권과 저항권
김철수	정치적 보장방법		① 권력분립의 원칙 채택: 기관상호간통제와 기관내부통제 ② 공무원의 치적중립성 ③ 국무총리·국무위원 해임건의제도 ④ 국회의 긴급명령·긴재정경제처분·명령승인제도와 계엄해제요구제도 ⑤ 국회의 국정감사·조사 ⑥ 공무원의 책임제도(헌법 제8조 제1항) ⑦ 양원제, 의원내각제, 정부불신임제, 헌법개정의 국민투표 등
	사법적 보장방법		① 위헌명령·규칙·처분심사제 ② 국헌 문란자의 처벌 ③ 형사적 절차에 의한 보장
	헌법소송 보장방법		① 위헌법률심사제 ② 탄핵심판제도 ③ 위헌정당해산제도 ④ 헌법소원 ⑤ 기관쟁의심판
	선언적 보장방법		① 헌법의 최고규범성의 선언(§107, §111①) ② 헌법수호의무의 선언(대통령: §66②, §69) ③ 경성헌법성(§53와 제10장의 비교) ④ 헌법정지나 헌법파괴 등을 금지 ⑤ 군의 정치적 중립성 선언(§5②)
	비상시의 헌법보장		(미조직적 보장방법) ① 국가긴급권 ② 저항권

허영	협의의 헌법보호 수단	하향식 헌법 침해에 대한 보호수단	㉠ 헌법개정권력에 의한 침해의 보호:절차의 엄격한 규정이나 개정의 한계를 설정 ㉡ 기타국가권력에 의한 침해의 보호: 헌법소송제도, 권력분립제도, ㉢ 저항권
		상향식 헌법 침해에 대한 보호수단	㉠ 헌법내재적 보호수단: 기본권의 실효제도, 위헌정당해산제도 ㉡ 헌법외적 보호수단:형사법적 보호수단, 행정법적 보호수단
	광의의 헌법보호 수단		권력분립제도나 헌법소송제도는 물론 대통령임기제, 내각불신임제, 수직적 권력분립을 뜻하는 연방제도, 정치적 중립과 신분보장, 직업공무원제도, 고위관직 겸직금지제도 등과 국가긴급권의 발동 등

Ⅱ. 국가긴급권

1. 의의

(1) 개념

국가긴급권이란 헌법질서를 위협하는 비상사태가 발생한 경우에 정부가 국가안전, 헌법수호를 위해 필요한 조치를 취할 수 있는 비상적 권한을 말한다. 이러한 비상적 위기를 극복하기 위한 정부체제를 위기정부라한다.

(2) 연혁

국가긴급권은 로마공화국의 입헌적 독재에서 기원한다. 헌법의 차원에서 제도화 된 것은 1차대전 이후의 일이다. 영국에서는 양차대전을 전후하여 긴급권법, 국방법, 병역법 등에서 규정하였고, 독일에서는 프로이센헌법 제111조에 의거한 1851년의 '계엄에 관한 법' 및 바이마르(Weimar)헌법 제48조 제2항에서 성문화 하였다. 또한 프랑스에서는 마샬 로(Martial law)가 포위상태의 제도라고 하는 특유한 방식으로 도입하였다.

2. 유형

(1) 긴급성의 정도에 따른 분류

국가긴급권 행사에 있어서 긴급한 상황의 정도에 따라 경찰적 국가긴급권, 합헌적 국가긴급권, 초헌법적 국가긴급권으로 분류할 수 있다. 경찰적(비상집행적) 국가긴급권이란 평상시의 헌법체제를 유지하면서 비상사태를 극복하기 위하여 집행부의 기능을 강화하기 위한 긴급권으로서 긴급명령, 긴급재정·경제처분과 명령 등이 여기에 속하며, 합헌적 국가긴급권(입헌독재)이란 헌법자체가 미리 비상사태를 예상하고 입헌주의를 일시 정지하여 독재적 권력행사를 인정하는 것으로서 계엄선포행위가 여기에 해당한다. 초헌법적 국가긴급권(주관적 독재, 초입헌적 국가긴급권)은 국가긴급권의 헌법상 제도화와 관계없이 극도의 비상사태 하에서 헌법적 제한을 무시한 독재적 조치를 하는 것으로서 위헌성이 강하다.

(2) 긴급권의 기능에 따른 분류

국가긴급권이 행사되었을 때, 긴급권이 국가권력의 어느 범위에서 어떻게 기능하는가 즉 위기정부의 성격이 어떠한가에 따른 분류로서 행정형 긴급권과 입법형 긴급권, 절출형 긴급권이 있다. 행정형 긴급권이란 폭동·난동 등으로 인한 위기에 대처하기 위하여 기본권을 정지하고 집행권을 강화하는 행위로서 계엄선포가 여기에 해당하며, 입법형 긴급권은 위기에 대처하기 위하여 의회가 행정부에 입법권을 위임하여 위기입법을 신속하게 하려는 것으로서 긴급입법권의 위임 내지는 수권법의 제정이 여기에 속한다. 한편, 행정형과 입법형을 절충·병합하는 절충형 긴급권이 있으며, 이는 내각독재, 대통령독재, 전시독재를 들 수 있다.

(3) 긴급권의 시기에 따른 분류

긴급권의 발동시기를 기준으로 긴급상황의 발생여부에 따라서 사전적·예방적 긴급권과 사후적·진압적(교정적) 긴급권으로 분류할 수 있다.

(4) 긴급권의 법계에 따른 분류

법계에 따라서 대륙형 긴급권과 영미형 긴급권으로 분류할 수 있는 바, 전자는 국가긴급권을 헌법에 규정하는 경향이며, 후자는 국가긴급권을 헌법에 제도화하지 않고 개별 입법의 형태로 규정하는 특징이 있다.

3. 이론적 근거

(1) 합헌적 국가긴급권

평상시의 법치주의기구는 비상사태에 기능발휘가 곤란하고, 비상사태를 예상할 수 있는 한, 그것을 헌법에 제도화시킴으로써, 비상사태를 합법적으로 처리할 수 있으며, 헌법파괴를 막을 수 있다는 논리에 근거한 국가긴급권으로서, 제도적 긴급권, 입헌적 독재라고도 일컫는다. 한편, 긴급권의 제도화는 국가긴급권의 행사를 정당화 시켜주는 반면에 남용을 방지할 수 있다.

(2) 초헌법적 국가긴급권

초헌법적 국가긴급권의 행사가 가능한 것인가에 관해서는 견해가 나누어지고 있다. 초헌법적 국가긴급권은 헌법을 파괴하거나 침해하는 것이므로 어떠한 긴급상황에 의해서도 정당화 될 수 없다는 부정설(안쉬쯔 Anschütz, 메이어 Mayer, 헌법재판소)의 입장과 극한상황에 있어서 초헌법적 국가긴급권의 행사는 정당화될 수 있다는 긍정설(쉬미트 Schmitt, 예링 Jhering)의 입장이 있다. 그러나 전쟁의 경우처럼 극한적 상황에서는 합목적적 관점에서 초헌법적 수단이 정당화 될 수 있을 것이다. 헌법재판소는 합헌적(입헌적) 국가긴급권은 인정하지만, 초헌법적 국가긴급권은 입헌주의와 법치주의에 반하는 것으로서 위헌이라고 판시하였다.

◆ 헌재판례

1. 입헌적(합헌적) 국가긴급권 인정: 헌법은 국민의 기본권보장을 그 이념으로 하고 그것을 위한 권력분립과 법치주의를 그 수단으로 하기 때문에 국가권력은 언제나 헌법의 테두리 안에서 헌법에 규정된 절차에 따라 발동되지 않으면 안된다. 그러나 입헌주의 국가에서도 국가의 존립이나 헌법질서의 유지가 위태롭게 된 비상사태 하에서는 국가적·헌법적 위기를 극복하기 위하여 비상적 조치가 강구되지 않을 수 없다(헌재 1994. 6. 30. 92헌가18, 국가보위에관한특별조치법 제5조 제4항 위헌제청).

2. 1971년에 제정된 '국가보위에 관한 특별조치법'에 의한 국가비상사태선포권: 헌법재판소는 특별조치법에서 규정한 국가비상사태선포권은 초헌법적 국가긴급권을 법률에서 대통령에게 부여한 것으로서 입헌주의와 법치주의에 반하고, 동법에서 규정한 국가비상사태선포권의 규정내용이 추상적이어서 형벌법규의 명확성원칙에 위배되며, 사후통제장치가 결여되어 있으므로 특별조치법 전규정이 위헌이라고 판단하였다(헌재 1994. 6. 30. 92헌가18, 국가보위에관한특별조치법 제5조 제4항의 위헌제청).

4. 국가긴급권의 한계와 통제

(1) 한계

국가긴급권은 국가의 위기를 극복하여야 한다는 필요성 때문이지만, 입헌주의 자체를 파괴할 위험이 있는 것이므로 일정한 내재적 한계가 있다고 본다. 첫째 국가긴급권은 국가의 존립, 입헌주의체제의 유지, 국민의 기본적 자유를 방어하기 위한 것이어야 하며(목적적 한계), 둘째 국가긴급권은 비상사태에 대응하는 일시적·임시적이어야 한다(시간적 한계). 셋째 국가긴급권은 통상의 헌법절차로는 처리할 수 없는 비상사태가 발생하고, 긴급권의 발동이 절대적으로 필요한 경우이어야 한다(상황적 한계)는 것이다.

(2) 통제

국가긴급권의 남용을 방지하기 위해서는 긴급권의 목적·조건·절차 등을 실정법화 시킴으로서 사전에 의회의 승인을 받도록 하거나, 사후에 의회나 법원에 의하여 책임을 추궁할 수 있도록 함으로써 통제할 수 있다. 그러나 최종적인 통제는 국민의 감시와 비판 그리고 헌법수호의지에 있다고 할 것이다.

(3) 헌법장애상태

헌법장애상태(국가기능장애상태)는 어떤 헌법기관이 그에게 주어진 헌법상의 기능을 수행할 수 없는 상태 즉 헌법기관 자체 고장에 의한 기능장애상태를 말하며 국가긴급권의 발동요건인 국가비상사태와 구별된다고 하겠다. 헌법장애상태의 경우는 국가비상사태와 달리 헌법이 정하는 정상적인 방법에 의하여 해소될 수 있다. 즉 원칙적으로 헌법규범과 헌법정신을 존중함으로써 바로 해소될 수 있다. 만약 헌법장애상태의 수습목적으로 비상사태를 전제로 한 국가긴급권을 발동하다면, 이는 헌법상의 과잉금지원칙에 위배된다. 즉 긴급권의 과잉행사가 되며, 헌법보호를 위한 긴급권으로 헌법을 침해하는 현상으로서 위헌성이 발견된다. 대통령이 사고로 직무를 수행할 수 없게 된 경우(제71조), 국회가 새로운 회계연도가 개시될 때까지 예산안을 의결하지 못한 경우(제54조 제3항) 등을 그 예로 들 수 있다.

◆ 헌재판례

1. 국가긴급권은 '통치행위'에 속하지만, 헌법재판소의 심판대상(사법심사의 대상)이 된다: 대통령의 긴급재정경제명령은 국가긴급권의 일종으로서 고도의 정치적 결단에 의하여 발동되는 행위이고 그 결단을 존중하여야 할 필요성이 있는 행위라는 의미에서 이른바 통치행위에 속한다고 할 수 있으나, 통치행위를 포함하여 모든 국가작용은 국민의 기본권적 가치를 실현하기 위한 수단이라는 한계를 반드시 지켜야 하는 것이고, 헌법재판소는 헌법의 수호와 국민의 기본권 보장을 사명으로 하는 국가기관이므로 비록 고도의 정치적 결단에 의하여 행해지는 국가작용이라고 할지라도 그것이 국민의 기본권 침해와 직접 관련되는 경우에는 당연히 헌법재판소의 심판대상이 된다(헌재 1996. 2. 29, 93헌마186, 긴급재정명령 등 위헌확인).

2. 국가긴급권의 통제장치로서의 국민의 저항권 인정: 헌법에서 국가긴급권의 발동기준과 내용 그리고 그 한계에 관해서 상세히 규정함으로써 그 남용 또는 악용의 소지를 줄이고 심지어는 국가긴급권의 과잉행사 때는 저항권을 인정하는 등 필요한 제동장치도 함께 마련해 두는 것이 현대의 민주적인 헌법국가의 일반적인 태도이다(헌재 1994. 6. 30, 92헌가18, 국가보위에 관한특별조치법제5조 제4항 위헌제청).

❈ 대법원판례

1. 계엄선포의 당부당은 당연 무효가 아닌 한 사법심사의 대상이 아니라고 판시: 대통령의 계엄선포는 고도의 정치적, 군사적 성격을 가진 것으로서 그 당부당 내지 필요성 여부는 계엄해제 요구권을 가진 국회만이 판단할 수 있는 것이고 당연 무효가 아닌 한 사법심사의 대상이 되지 못한다(대판 1980. 8 .26. 80도1278, 계엄포고위반사건).

2. 비상계엄선포나 확대가 범죄행위에의 해당여부는 사법심사의 대상이 된다라고 판시: 대통령의 비상계엄의 선포나 확대 행위는 고도의 정치적·군사적 성격을 지니고 있는 행위라 할 것이므로, 그것이 누구에게도 일견하여 헌법이나 법률에 위반되는 것으로서 명백하게 인정될 수 있는 등 특별한 사정이 있는 경우라면 몰라도, 그러하지 아니한 이상 그 계엄선포의 요건 구비 여부나 선포의 당·부당을 판단할 권한이 사법부에는 없다고 할 것이나, 비상계엄의 선포나 확대가 국헌문란의 목적을 달성하기 위하여 행하여진 경우에는 법원은 그 자체가 범죄행위에 해당하는지의 여부에 관하여 심사할 수 있다(대판 1997. 4. 17. 96도3376, 반란수괴·반란모의참여·반란중요임무종사·불법진퇴·지휘관계엄지역수소이탈·상관살해·상관살해미수·초병살해·내란수괴·내란모의참여·내란중요임무종사 내란목적살인·특정범죄가중처벌등에관한법률위반).

📄 참고

〈표 12〉 우리 헌법상의 국가긴급권의 변천

공화국	국가긴급권의 내용
제1공화국	긴급명령권, 긴급재정처분권, 계엄선포권
제2공화국	긴급명령권을 삭제, 긴급재정처분권과 긴급재정명령권만 인정 계엄선포에 대해서는 대통령의 거부권 인정
제3공화국	긴급명령권 부활, 긴급재정·경제처분권, 긴급재정·경제 명령권 및 계엄선포권 인정
제4공화국	긴급조치권과 계엄선포권
제5공화국	비상조치권과 계엄선포권
제6공화국	긴급명령권, 긴급재정·경제처분권, 긴급재정·경제명령권 부활 계엄선포권 인정

Ⅲ. 저항권

1. 의의

(1) 저항권의 개념

저항권이란 개인이나 국가권력에 의한 헌법침해에 대하여 국민에게 허용된 최종적·초실정법적 헌법보호 수단을 말한다. 저항권은 헌법질서의 유지·존중을 위해서 행사 될 수 있다는 점에서 헌법질서의 변경을 목적으로 하는 혁명과 구별된다.

(2) 구별되는 개념

저항권과 구별되는 개념으로 시민불복종권, 혁명권, 국가긴급권 등이 있다. 시민불복종권과 저항권은 행사요건이나 방법 등에서 구별된다. 즉 시민불복종권은 헌법질서의 부정·위협 혹은 단순히 정의에 반하는 개별법령(법제도)이나 정책의 시행에도 행사가 가능하나(행사요건), 저항권은 민주적·법치국가적 기본질서와 기본권보장체계의 부정에 대항하는 권리이며, 시민불족종권은 원칙적으로 비폭력적인 방법만 인정되지만, 저항권은 폭력적 방법을 예상할 수 있으며, 시민불복종권은 요건이 충족되면 별다른 제약조건 없이 행사할 수 있지만, 저항권은 예외적 보충성이 요구된다. 그리고 혁명권은 기존의 헌법질서를 폭력적 수단으로 파괴하고 새로운 헌법적 질서를 수립하려는 목적(일시적 현상, 헌법적 질서의 적극적 변혁을 기도)에서 행사하는 것이므로 기존의 질서를 보장하려는 저항권과 구별된다. 또한 국가긴급권은 헌법침해에 대한 국가의 자구행위이나 저항권은 국민의 헌법수호수단인 것이다.

2. 연혁

(1) 기원

저항권은 고대 게르만족의 법치사상에서 기원하여 근대에 이르러 미국, 프랑스 및 독일에서 구체화되었다.

(2) 근대

1) 미국

1776년 '버지니아 권리선언'(제3조) 및 미국독립선언에 저항권이 나타났다. 1776년 7월 독립선언에 따르면 '어떠한 정부형태이든 천부적 인권을 확보하려는 목적을 훼손할 경우에는 정부를 변경하거나 폐지하고, 안전과 행복을 확실하게 보장해줄 원리에 따라 신정부를 수립하는 것이 국민의 권리임을 확신한다'고 하였으며, 이는 국민주권론과 국가계약설 등 자연법사상의 영향이라고 하겠다.

2) 프랑스

1789년의 프랑스인권선언 제2조와 1793년의 프랑스헌법 제33조에 나타나 있는 바, 프랑스인권선언 제2조는 '모든 정치적 결합의 목적은 자연적 권리와 절대적 인권을 확보하는 데 있다. 이러한 권리라 함은 자유·재산·안전권과 압제에 저항하는 권리를 말한다'고 선언하였으며, 이 조항이 1791년헌법, 1793년헌법, 1958년 제5공화국헌법전문으로 이어졌다.

3) 독일

서독기본법 제20조에 명문화되어 있지만, 그 역사는 역동적이었다. 19세기 법실증주의자들은 저항권을 부정하였지만, 1933년 나찌(Nazi)체제의 출현으로 반성하는 계기가 되었으며, 이후 1946년 헷센(Hessen) 주헌법, 1947년 브레멘(Bremen) 주헌법, 1950년 베를린(Berlin) 헌법에서 실정권화 되었다. 그러나 1949년 본(Bonn)

기본법에서는 저항권규정이 사라졌다가, 1968년 제17차 개정헌법에서 제20조에 제4항으로 추가되었다. 본기본법 제20조 제4항은 '모든 독일인은 이러한 질서(민주적·사회적·연방국가적 헌법질서)를 폐제하려는 모든 자에 대하여 다른 구제수단이 불가능할 때에는 저항할 권리를 가진다'라고 규정하고 있다.

한편 저항권을 인정한 독일판례는 1956년 8월 17일 독일공산당(KPD)의 위헌판결이 유명하다, 동 판례는 '명백한 불법정부에 대한 저항권은 현대적 법률관에 의할 때, 당연한 것으로 인정된다. 불법정부에 대해서는 통상의 법적수단이 무용지물임을 알고 있기 때문이다'라고 하여 저항권을 인정하였으며, 나아가 저항권 행사의 성립요건으로서 '저항권은 법질서의 유지·회복을 위한 헌법수호수단이라는 보수적인 의미로만 인정될 수 있다. 그리고 저항권을 가지고 대항할 수 있는 불법은 명백한 것이어야 한다. 법질서에 따라 강구할 수 있는 모든 법적 수단이 유효한 구제방법이 될 수 있는 전망이 거의 없고, 저항권의 행사가 법의 유지·회복을 위하여 남겨진 유일한 수단이라야 한다'라고 판시하여 첫째 질서의 유지 및 회복을 위한 보수적 성격일 것, 둘째 불법의 명백성, 셋째 최후 수단성 이라는 구체적 요건을 제시하였다.

3. 저항권의 인정여부

(1) 명문규정

미국독립선언, 버지니아(Virginia)권리장전, 프랑스 인권선언, 서독기본법, 브라질헌법, 그리스헌법, 터키헌법은 저항권에 대한 명문규정을 두고 있다.

(2) 학설

1) 긍정설

로크(J. Locke, 성선설)는 자연권이론과 신탁계약 내지 위임계약론에 근거하여 신탁 내지 위임을 회수할 수 있다고 하였으며, 이때의 회수는 곧 저항권의 행사이다(국가를 통한 보호는 물론 국가에 대한 보호도 강조).

2) 부정설

저항권을 부정한 학자로는 홉즈와 칸트 그리고 법실증주의자들이 있다. 홉즈(T. Hobbes, 성악설)는 「리바이던」에서 국가가 없는 사회를 '만인의 만인에 대한 투쟁'이라고 하여 항상 '왕관을 쓴 늑대'가 필요하다고 하였다. 즉 저항권의 행사는 곧 무질서의 사회를 의미하므로 행사자체가 불가능하다고 주장하였으며, 칸트(I. Kant, 성선설)는 무정부상태는 곧 자연적 법치국가상태라고 보았으므로 저항권 자체의 개념을 상정하지 않았다.

4. 저항권의 주체와 법적 성격 및 성립요건

(1) 주체

저항권행사의 주체는 국민이다.

(2) 법적 성격

저항권을 자연권으로 보는 견해와 실정권으로 보는 견해가 있다. 자연권설의 입장에서는 저항권을 자연법상의 권리로 보아 명문규정이 없는 경우에도 인정된다고 보며, 이 견해가 다수설의 입장이다. 그러나 실정권설을 주장하는 견해는 저항권을 실정법상의 권리로 보아 명문규정이 없는 경우에는 인정할 수 없다고 한다.

(3) 저항권행사의 요건

저항권의 행사요건으로는 상황적 요건, 목적적 요건, 방법상의 요건으로 설명할 수 있다. 저항권의 행사는 민주적 기본질서가 전면적으로 부인되고, 국가권력의 행사가 불법이라는 것이 객관적으로 명백하여야 하며, 저항권행사가 최후로 남겨진 구제수단이어야 한다(상황적 요건). 저항권 행사의 목적이 자유민주주의의 헌정체제를 수호하기 위한 보수적 성격을 가져야 하며, 사회적·경제적 체제를 개혁하기 위한 목적으로 사용될 수 없다(목적적 요건). 또한 저항권의 행사방법은 폭력이 예상된다고 하지만, 가능한 한 가장 평화적인 방법으로 하여야 한다(방법상 요건).

5. 우리 헌법과 저항권

(1) 헌법규정

우리 헌법에는 직접적인 명문규정은 없지만, 헌법전문으로부터 간접적인 근거를 찾고 있다. 헌법전문의 '……3·1 운동으로 건립된 대한민국임시정부의 법통과 불의에 항거한 4·19민주이념을 계승하고……'라는 문장으로부터 저항권을 도출 한다.

(2) 학설과 판례

저항권의 인정여부에 대한 견해는 긍정설과 부정설로 나뉘어 볼 수 있으나, 학설은 대체로 저항권을 긍정하는 견해이다. 즉 긍정설은 헌법전문의 4·19이념, 인간의 존엄과 가치, 열거되지 아니한 기본권보장, 자연법상의 권리 등을 근거로 제시하고 있다. 부정설은 과거의 다수설로서, 실정법상 명문규정이 없다는 이유로 부정하고 있으며, 대법원판례는 일관하여 부정하고 있다. 그리고 헌법재판소는 저항권을 인정하고 있으나, 대법원은 저항권을 초법규적 권리 혹은 자연법상의 권리라고 보고 재판규범으로서의 적용을 배제하였다.

❀ 대법원판례

1. 1975년 4월 8일 긴급조치위반사건(소위 민청학련사건): 피고인들의 '저항권행사로서 위법성이 없다'는 주장에 대하여 판결은 '실존하는 실정법적 질서를 무시한 초실정법적인 자연법질서 내에서의 권리주장이며, 이러한 전제하에서의 권리로써 실존적 법질서를 무시한 행위를 정당화하려는 것으로 해석되는 바, ……실존하는 헌법적 질서를 무시하고 초법규적인 권리개념으로써 현행실정법에 위배된 행위의 정당화를 주장하는 것은 그 자체만으로서도 받아들일 수 없는 것이다'라고 하여 저항권을 부정하였다(대판 1975. 4. 8. 실정법을 근거로 국가사회의 법질서 위반여부를 판단하는 재판권 행사에 있어서는 적용될 수 없다(대판 1980. 8. 26. 80도1278; 대판 1979. 12. 7. 79초70 및 1964. 7. 21. 64초3 등; 대판 1975. 4. 8. 74도3323; 대판 1980. 5. 20. 80도306).

2. 김재규사건(대판 1980. 5. 20. 80도306)
- 다수의견: '현대 입헌 자유민주주의 국가의 헌법이론상 자연법에서 우러나온 자연권으로서의 소위 저항권이 헌법 기타 실정법에 규정되어 있든 없든 간에 엄존하는 권리로 인정되어야 한다는 논지가 시인된다 하더라도 그 저항권이 실정법에 근거를 두지 못하고 오직 자연법에만 근거하고 있는 한 법관은 이를 재판규범으로 원용할 수 없다고 할 것인바, 헌법 및 법률에 저항권에 관하여 아무런 규정없는 우리나라의 현 단계에서는 저항권이론을 재판의 근거규범으로 채용, 적용할 수 없다.
- 소수의견: 형식적으로 보면 합법적으로 성립된 실정법이지만 실질적으로는 국민의 인권을 유린하고 민주적 기본질서를 문란케 하는 내용의, 실정법상의 의무이행이나 이에 대한 복종을 거부하는 등을 내용으로 하는 저항권은 헌법에 명문화되어 있지 않았더라도 일종의 자연법상의 권리로서 이를 인정하는 것이 타당하다 할 것이고 이러한 저항권이 인정된다면 재판규범으로서의 기능을 배제 할 근거가 없다고 할 것이다.

3. 국가보안법위반등피고사건: '저항권의 개념도 실존하는 헌법적 질서를 무시하고 초법규적 권리개념으로써 현행 실정법에 위배된 행위의 정당화를 주장하는 것은 그 자체 만으로써도 받아들일 수 없다'(대구고법 1987. 7. 29. 87노879).

◆ 헌재판례

1. 노동조합및노동관계조정법 등 위헌제청: 입법과정의 하자는 저항권행사의 대상이 되지 아니한다. 왜냐하면 저항권은 국가권력에 의하여 헌법의 기본원리에 대한 중대한 침해가 행하여지고 그 침해가 헌법의 존재 자체를 부인하는 것으로서 다른 합법적인 구제수단으로는 목적을 달성할 수 없을 때에 국민이 자기의 권리·자유를 지키기 위하여 실력으로 저항하는 권리이기 때문이다(헌재 1997. 9. 25. 97헌가4).

2. 국가보위에 관한특별조치법제5조 제4항 위헌제청(국가긴급권의 통제장치로서의 국민의 저항권 인정): 헌법에서 국가긴급권의 발동기준과 내용 그리고 그 한계에 관해서 상세히 규정함으로써 그 남용 또는 악용의 소지를 줄이고 심지어는 국가긴급권의 과잉행사 때는 저항권을 인정하는 등 필요한 제동장치도 함께 마련해 두는 것이 현대의 민주적인 헌법국가의 일반적인 태도이다(헌재 1994. 6. 30. 92헌가18).

Ⅳ. 방어적 민주주의

1. 의의 및 성격

(1) 의의

방어적(防禦的) 민주주의란 민주주의의 이름으로 민주주의 그 자체를 파괴하거나 자유의 이름으로 자유 그 자체를 말살하려는 민주적·법치국가적 헌법질서의 적에 대하여 자신을 효과적으로 방어하고 그와 투쟁하기 위한 방어적·자기수호적 민주주의를 말한다.

(2) 성격

방어적 민주주의는 민주주의와 기본권의 본질을 수호하고자하는 기능을 가지고 있으며, 이는 가치구속적 민주주의관의 산물로서 가치상대주의적 헌법관에서는 부인될 수 있다. 그러나 방어적 민주주의는 헌법의 최고규범성과 실효성을 보장하며, 헌법의 적으로부터 사전예방적으로 헌법을 수호할 수 있는 유효한 수단이며(헌법수호의 수단), 다수의 횡포로부터 실질적 민주주의의 이념을 보호할 수 있는 장치이다(소수자 보호).

2. 전개과정

(1) 이론

방어적 민주주의론의 사상적 기원은 프랑스혁명 당시의 생쥐스트(Saint-Just)의 '자유의 적에게는 자유가 없다'라는 구호에서 찾을 수 있다. 또한 독일에서는 다수결에 의한 형식적 절차에 집착하고 불가침의 내용과 가치가 무시되면서 나찌(Nazi)의 집권이 나타나고 바이마르(Weimar) 공화국이 붕괴되었다. 이러한 경험을 겪으면서 민주주의의 상대주의적 가치중립성에 대한 자제(自制)와 한계(限界)를 인식하면서, 이에 대한 반성으로 1930연대 말, 뢰벤스타인(K. Löwenstein), 만하임(K. Manheim)의 전투적 민주주의론이 주창되었다.

(2) 입법례

방어적 민주주의를 실현하는 제도로서 나타난 대표적인 것이 위헌정당해산제도(본기본법 제21조 제2항)와 기본권실효제도(본기본법 제18조)이다. 기본권실효제도는 특정인 또는 특정조직이 헌법적 가치질서를 파괴하기 위한 오도된 목적으로 기본권을 악용하는 경우에 헌법법원에서 헌법상 보장된 기본권을 상실시킴으로서 헌법질서의 적으로부터 헌법을 수호하려는 제도이다.

(3) 독일연방헌법법원판례

독일연방헌법법원의 방어적 민주주의에 관한 판결로는 1952년 10월 23일 사회주의국가당(SRP) 위헌판결(최초판결), 1956년 8월 17일 독일공산당(KPD) 위헌판결, 1970년 2월 18일 군인판결, 1970년 12월 15일 도청판결, 1975년 5월 22일 급진주의자판결이 있다.

3. 한계

방어적 민주주의는 민주주의의 본질을 침해해서는 안되며, 국민주권·법치국가·사회국가·평화국가 등의 원리의 본질을 침해해서도 안되며, 소극적·방어적이어야 하며, 적극적·공격적이어서는 과잉금지의 원칙을 위배하기 쉽다.

4. 한국헌법상의 방어적 민주주의

(1) 헌법상의 원리

우리헌법상 방어적 민주주의의 한 형태로 볼 수 있는 것은 국가형태로서의 민주공화국, 위헌정당의 강제해산제도, 기본권 제한 사유 등을 들 수 있다.

(2) 판례

헌법재판소와 법원은 우리헌법이 민주주의를 최고이념으로 하고 이를 수호하기 위하여 '방어적 민주주의'의 이념을 수용하고 있는 것을 전제로 많은 판결을 내렸다. 특히 최근 헌법재판소는 위헌정당해산심판제도가 바로 '방어적 민주주의' 이념의 한 요소라고 판시하였다.

◆ 헌재판례

헌법 제8조 제4항은 …… 민주주의를 파괴하려는 세력으로부터 민주주의를 보호하려는 소위 '방어적 민주주의'의 한 요소이고, 다른 한편으로는 헌법 스스로가 정당의 정치적 성격을 이유로 하는 정당금지의 요건을 엄격하게 정함으로써 되도록 민주적 정치과정의 개방성을 최대한으로 보장하려는 것이다(헌재 1999. 12. 23. 99헌마135, 경찰법 제11조 제4항 등 위헌확인).

제 3 장
헌법의 변동

제1절 헌법변천

Ⅰ. 의의

1. 헌법변천의 개념

특정의 헌법조항이 헌법에 규정된 개정절차에 따라 형식적으로 변경되는 것이 아니고, 헌법조항은 그대로 있으면서 그 조항의 의미·내용만이 실질적으로 변화하는 경우를 헌법의 변천(變遷)이라고 한다. 헌법변천은 헌법규범과 현실사이의 격차를 해소하여 헌법의 규범적 기능을 제고하는 긍정적 측면도 있으나, 헌법조문과 헌법현실이 불일치하게 되는 부정적인 측면도 있다.

2. 헌법개정과의 관계

헌법개정이 헌법변천에 제동을 걸고 헌법의 규범적 효력을 높임으로써 헌정생활의 안정을 꾀하는 이른바 헌법변천의 한계적 기능을 가진다.

Ⅱ. 헌법변천의 계기와 유형

1. 헌법변천의 계기

(1) 위헌적 입법이 있는 경우

국회제정의 위헌법률을 집행부가 그대로 집행하는 경우로서 누구도 이의를 제기하지 않을 때와 국회가 자율권에 의하여 위헌적인 의사규칙을 제정·운영하는 경우에 헌법변천이 발생할 수 있다.

(2) 행정기관에 의한 경우

헌법으로부터 위임을 받지 아니한 사항에 관하여 동일한 권한행사를 반복할 경우와 정치적 관행 즉 국무총리임명의 국회동의와 국무위원의 국무총리 제청 등을 무시하는 관행 등을 헌법변천으로 설명할 수 있다.

(3) 사법기관 등에 의한 경우

법원이 위헌적인 판결을 반복할 경우와, 헌법에 위반되는 관행이나 선례가 누적될 경우에 상당기간 반복된 헌법적 관례(물적 요건)가 있고, 이에 대하여 국민적 승인(심리적 요건)이 있다면 이러한 경우에도 헌법변천으로 볼 수 있다.

2. 헌법변천의 유형

헌법변천이 발생되는 동기를 기준으로 분류하면, 헌법해석에 의한 변천, 헌법관행에 의한 변천, 헌법의 흠결을 보완하기 위한 변천이 있으며, 성질을 기준으로 분류하면, 현실적인 필요로 말미암아 작위적으로 이루어지는 적극적인 변천, 국가권력의 불행사로 말미암아 이루어지는 소극적인 변천이 있다.

Ⅲ. 헌법변천의 예와 평가

1. 헌법변천의 예

(1) 미국

미국에서는 대통령선거가 선거인단에 의한 간접선거가 원칙이지만, 선거인단을 선출할 때, 미리 지지하는 대통령후보를 표방하고 이에 기속됨으로써 선거인단 선출을 위한 투표를 할 때 이미 대통령후보자를 보고서 선출함으로써, 사실상 대통령선출이 직접선거처럼 운용되고 있다. 그리고 마버리 앤 메디슨 사건(Marbury v. Madison case) 이후 헌법상의 최고법조항을 적용하여 사실상 연방최고법원이 위헌법률심사권을 행사하는 것을 예로 들 수 있다.

(2) 영국

군주국이며 의원내각제 국가인 영국에서는 오늘날 국왕의 실질적인 권한이 모두 상실되었으며, 수상에 의하여 내각이 지배되고, 특히 총선거의 결과 다수당에게 정권을 이양하는 것 등의 헌법관습을 예로 들 수 있다.

(3) 일본

일본은 헌법 제9조의 전력보유금지규정과는 달리 자위대 명목으로 전력(戰力)을 보유하고 있다.

(4) 노르웨이

국왕의 실질적인 법률안거부권이 형식적인 거부권에 지나지 않는 것으로 변질되었다.

(5) 대한민국

우리나라의 경우에는 제1공화국헌법에서는 참의원규정이 있었으나 참의원을 두지 않고 단원제로 운영한 경우(1952년 제1차 개정)와 제3공화국하에서 지방자치제도가 입법의 태만으로 관치행정이 지속되었던 경우가 있다(1962년 헌법).

2. 헌법변천의 평가

(1) 의의

헌법변천의 의의를 인정할 때 헌법개정에 준하는 헌법규범으로 승인할 것이냐에 대하여 학설이 나누어진다.

(2) 학설

헌법변천 개념을 긍정하는 학자들은 옐리네크(G. Jellnek), 라반트(P. Laband) 등이 있으며, 헌법에 모순되는 사실상 헌법적 관행 등이 국민 다수가 명시적·묵시적으로 지지하고 이러한 지지를 바탕으로 규범력을 획득하게 되면, 헌법변천이 이루어지게 된다(긍정설). 그러나 한스 켈젠(H. Kelsen) 등은 헌법에 모순되는 사실상의 헌법적 관행 등이 국민 다수의 지지를 얻는 경우라 하더라도 이는 위헌으로서 헌법변천을 인정할 수 없다고 한다(부정설).

헌법규정은 그 자체가 추상적 개념으로 되어 있는 경우와 흠결보완이 필요한 경우가 많으므로 헌법변천에 대한 인정여부를 일률적으로 판단할 것이 아니라 헌법변천의 동기와 내용에 따라 결정하여야 할 것이며, 역사발전법칙에 따라 인간의 존엄성존중의 보편화를 위한 경우에도 긍정하여야 할 것이다.

제2절 헌법해석

I. 헌법해석의 의의

헌법의 해석(interpretation)이란 실정헌법법규의 의미와 내용을 명백히 하는 것이다. 법문이 일의적이고 명확한 경우에는 해석의 필요없이 곧 적용될 수 있으나, 헌법규정은 간결하고 개괄적이기 때문에 해석의 필요성이 크다. 헌법의 해석도 법해석 일반과 마찬가지로 구체적·개별적 사건에 일반적·추상적 규범을 적용시키는 실천적 작용이라고 할 수 있다. 콘라드 헷세(K. Hesse)는 헌법규범의 내용은 해석에 의하여 완성된다고 하여 헌법의 해석을 '구체화'라고 하고 있다. 그러나 헌법은 정치과정을 규율하는 정치적 법이기 때문에 동태적인 정치현실과도 밀접하게 관련된다. 이와 같이 헌법은 법으로서의 정태적인 면과 정치적 법으로서의 동태적인 면을 아울러 가지고 있기 때문에 헌법해석에는 발전적, 조정적 또는 창조적 기능이 요망되고 있다.

◆ 헌재판례

헌법의 해석은 헌법이 담고 추구하는 이상과 이념에 따른 역사적, 사회적 요구를 올바르게 수용하여 헌법적 방향을 제시하는 헌법의 창조적 기능을 수행하여 국민적 욕구와 의식에 알맞는 실질적 국민주권의 실현을 보장하는 것이어야 한다(헌재 1989. 9. 8. 88헌가6, 국회의 원선거법 제33조, 제34조의 위헌심판).

II. 헌법해석의 종류와 방법

1. 헌법해석의 종류

(1) 유권해석

유권해석(有權解釋)은 해석의 권한이 있는 국가기관이 행하는 헌법해석으로서 입법해석, 행정해석, 사법해석이 있다. 입법해석(立法解釋)은 입법부가 법률제정의 형태로 하는 해석이며, 국회 내에서의 유권해석은 법제사법위원회에서 담당하고 있다. 행정해석(行政解釋)은 행정부가 명령의 제정이나 행정처분의 형태로 하는 해석으로서 행정부의 유권해석은 명령이나 처분으로서 나타나는데, 행정부의 질의응답권은 법무부장관이 행사하는 것이 원칙이다. 사법해석(司法解釋)은 사법부와 헌법재판소가 판결의 형태로 하는 해석으로서 법률의 최종적인 해석권은 대법원이 가지며, 헌법에 관한 최종적인 유권해석은 헌법재판소가 행한다(제 111조 제1항). 따라서 행정부·입법부·사법부의 유권적인 해석은 국민을 최종적으로 구속하는 것은 아니며, 헌법재판소의 유권적인 해석만이 국민과 모든 국가기관을 궁극적으로 구속한다.

(2) 학리해석

학리해석(學理解釋)은 헌법의 법리를 명확히 하기 위하여 사인(私人)이 행하는 해석이며, 법의 적용을 직접적인 목적으로 하지 않고 '학리를 위한 목적'으로 해석하는 것을 말한다. 이 학리해석은 영국과 같은 불문헌법국가에서는 법원(法源)으로 인정되고 있으나, 성문헌법주의를 채택하는 대륙법계국가에서는 법원(法源)으로 인정되지 않는다.

2. 헌법해석의 방법

(1) 의의

유권해석이나 학리해석이나 헌법해석의 방법에 있어서는 다를 바 없다. 헌법해석의 방법에는 문리해석, 주관적·역사적 해석, 객관적·체계적 해석, 비교법적 해석, 목적론적 해석, 정치적·사회학적 해석 등이 있다.

(2) 문리해석(文理解釋)

이는 헌법조문의 다의적인 법문이나 개별적인 용어의 의미를 어학적·문법적 방법을 통하여 명백히 하는 방법이다. 문리해석은 헌법해석의 제1단계이며, 이에 따라 법규의 일의적인 해석이 얻어지는 경우에는 이에 그치더라도 그 객관성과 엄밀성이 충분하므로 중요한 해석원리가 될 것이다. 그러나 헌법의 문언은 대개 다의적이기 때문에 이에만 의존할 수는 없다.

(3) 주관적·역사적 해석

헌법에는 헌법제정권자의 의사가 표명되어 있으므로 그 의사를 탐구하여 헌법을 해석하려고 한다. 이것은 제헌자의 주관적 의사를 파악하려는 것이므로 주관적·역사적 해석이라고 한다. 그러나 헌법은 일단 제정된 이상 그 제정자의 의사에서 독립하여 존재의의를 갖는 것이기에 헌법제정의 자료는 참고적인 가치를 지니고 있을 뿐이다.

(4) 객관적·체계적 해석

객관적·체계적 해석은 제헌자의 의사보다는 헌법조문에 표현된 객관화된 의사를 탐구하려는 것이다. 그 방법으로서는 개개의 법규나 개념을 고립된 것으로서가 아니고, 법체계의 통일적 원리 하에서 사물의 본질·조리에 따라서 통일적 관점에서 파악하는 것이다. 그러나 헌법규점은 정태적으로 볼 때에는 통일성이 있으나 동태적으로 볼 때에는 통일적이 아니기 때문에 논리적·체계적 해석이 완결적일 수는 없다.

(5) 비교법적 해석

헌법이 모방적인 경우에는 그 원헌법(原憲法)과의 비교연구가 필수불가결하다. 이 경우 원헌법과 모방헌법과의 조문비교뿐만 아니라 그 법체제의 비교, 헌법적용의 비교 등도 바람직하다고 하겠다. 그러나 비교법적 해석은 모방헌법의 역사적·현실적 상태에 결부시켜 해석하여야 할 것이요, 외국헌법이론을 곧바로 수용·적용하는 경우에는 오류를 범하기 쉬운 단점이 있음을 주의하여야 할 것이다.

(6) 목적론적 해석

헌법에는 일정한 목적 또는 가치가 내재한다. 이 규범목적을 탐구하고 이를 지도이념으로 하여 헌법조문을 해석하는 것을 가리켜 목적론적 해석이라고 한다. 이는 헌법을 고찰할 때에 일체의 가치나 목적 등의 계기를 배제하는 순수법학의 입장과는 반대되는 것이다. 그러나 목적론적 해석은 해석자의 정치적 목적에 합치하는 결과를 이끌어 내기 위한 수단으로서 정책적 해석의 뜻으로 사용될 수도 있으며, 또한 해석자의 주관적 가치판단이나 정치목적이 개입될 위험성도 있다.

(7) 정치적·사회학적 해석

오늘날 동태적 헌법현실을 파악하고 이를 해석하기 위해서는 이에 관련되는 사회적 사실을 충분히 검토하여 이에 제1차적인 중요성을 두고 정치적 양식에 합치하도록 하는 해석이 주장되고 있는데, 이를 정치적·사회학적 해석이라고 한다. 그러나 이것은 헌법을 정치현실에 적합하도록 해석하라는 것은 아니고, 불확정한 헌법요소를 정치사회의 현실에 따라 보완하려는 목적을 가진 것이다. 따라서 이는 어디까지나 헌법규범의 논리적·체계적 해석을 행한 후에 나타나는 해석방법으로, 전자가 불가능한 경우에만 보충적으로 인정된다.

(8) 결론

결론적으로 마운쯔(Maunz)가 적절히 지적하고 있는 바와 같이 헌법해석은 문리해석에서 시작하여 객관적·체계적 해석에서 끝나는 것이 바람직하다고 하겠다. 그러나 이것으로도 명확하지 않은 경우에는 목적론적 해석이 불가피하며, 결국 헌법의 해석은 이 모든 수단을 통합하는 것이 필요하다(그런데 이러한 전통적인 해석방법에 대해서는 오늘날 많은 비판이 행해지고 있다).

3. 헌법해석의 지침

(1) 의의

헌법을 해석하는데 있어서 항상 염두에 두고 그 정신과 취지를 해석의 과정에 반영시켜야 되는 원리 같은 것을 헌법해석의 지침 내지 기준이라고 한다. 학설과 판례를 통해서 일반적으로 인정된 헌법해석의 지침으로는 헌법의 통일성, 헌법의 기능적 과제, 헌법의 사회안정적 요인 등을 들 수 있다.

(2) 헌법의 통일성

헌법은 그 전체로서 사회공동체를 정치적인 일원체로 조직하기 위한 법질서를 뜻하기 때문에 하나하나의 헌법조문이 독립해서 어떤 의의를 갖는 것이 아니고 모든 조문이 불가분의 밀접한 관계를 가지고 서로 보충 제한하는 기능을 나타내는 것이기 때문에 헌법의 이와 같은 일원성 내지 통일성을 언제나 헌법해석의 지침으로 삼아야 된다는 것이다. 따라서 어느 하나의 헌법조문을 해석하는 경우에도 그 해당 조문만을 대상으로 할 것이 아니라 그 조문을 헌법전체의 통일적인 각도에서 살펴야 한다. 헌법의 통일성을 실현시키기 위해서는 '법익교량의 원칙'과 '조화의 원칙'이 확립되어야 한다.

(3) 헌법의 기능적 과제

헌법은 사회공동체를 정치적인 일원체로 조직하기 위한 조직규범인 동시에 국가내의 권력현상을 제한하고 합리화시킴으로써 공존의 정치적인 생활질서를 보장하는 권력제한적 기능을 가지고 있다. 모든 헌법적 제도는 그것이 반드시 일정한 기능적 과제와 결부되어 있기 때문에 헌법규범 및 헌법적 원칙을 해석하는데 있어서는 이와 같은 헌법의 기능적 과제가 언제나 최대한으로 발휘될 수 있어야 한다.

(4) 헌법의 사회안정적 요인

헌법해석에 있어서는 언제나 해석의 결과에 의해서 초래될 사회안정적 요인을 고려해야 된다.

◆ 헌재판례

언론의 자유는 바로 민주국가의 존립과 발전을 위한 기초가 되기 때문에 특히 우월적인 지위를 지니고 있는 것이 현대 헌법의 한 특징이다. 그러나 다른 한편 모든 권리의 출발점이 동시에 그 구심점을 이루는 인격권이 언론의 자유와 서로 충돌하게 되는 경우에는 헌법을 규범조화적으로 해석하여 이들을 합리적으로 조정하여 조화시키기 위한 노력이 따르지 아니할 수 없고, 이는 각 나라의 역사적 전통과 사회적 배경에 따라 조금씩 다른 모습을 보이고 있다(헌재 1991. 9. 16, 89헌마165, 정기간행물의등록등에관한법률 제16조 제3항, 제19조 제3항의 위헌여부에 관한 헌법소원)

Ⅲ. 합헌적 법률해석

1. 의의

합헌적 법률해석이란 외형상 위헌적으로 보이는 법률이라 할지라도 그것이 헌법의 정신에 맞도록 해석될 여지가 조금이라도 있는 한 이를 쉽사리 위헌이라고 판단해서는 안된다는 법률의 해석지침을 말하다. 이는 헌법해석의 문제라기보다 법률해석의 문제이다. 법률의 합헌해석도 두 가지로 나누어지는데 법률의 합헌해석의 가능성이 있으면 법률의 효력을 지속시켜야 된다는 소극적 의미와 법률의 위헌적 요소를 헌법정신에 맞도록 법률의 내용을 제한·보충하거나 새로 결정하는 적극적 의미가 그것이다.

◆ 헌재판례

1. 법률의 합헌적 해석은 헌법의 최고규범성에서 나오는 법질서의 통일성에 바탕을 두고, 법률이 헌법에 조화하여 해석될 수 있는 경우에는 위헌으로 판단하여서는 아니 된다는 것을 뜻하는 것으로서 권력분립과 입법권을 존중하는 정신에 그 뿌리를 두고 있다. 따라서, 법률 또는 법률의 위 조항은 원칙적으로 가능한 범위 안에서 합헌적으로 해석함이 마땅하나 그 해석은 법의 문구와 목적에 따른 한계가 있다. 즉, 법률의 조항의 문구가 간직하고 있는 말의 뜻을 넘어서 말의 뜻이 완전히 다른 의미로 변질되지 아니하는 범위 내이어야 한다는 문의적 한계와 입법권자가 그 법률의 제정으로써 추구하고자 하는 입법자의 명백한 의지와 입법의 목적을 헛되게 하는 내용으로 해석할 수 없다는 법 목적에 따른 한계가 바로 그것이다(헌재 1989. 7. 14. 88헌가5등, 사회보호법 제5조의 위헌심판제청)

2. 일반적으로 어떤 법률에 대한 여러 갈래의 해석이 가능할 때에는 원칙적으로 헌법에 합치되는 해석을 하여야 한다. 왜냐하면 국가의 법질서는 헌법을 최고법규로 하여 그 가치질서에 의하여 지배되는 통일체를 형성하는 것이며, 그러한 통일체 내에서 상위규범은 하위규범의 효력근거가 되는 동시에 해석근거가 되기 때문이다((헌재 1989. 7. 21. 89헌마38, 상속세법 제32조의2의 위헌여부에 관한 헌법소원: 헌재 2002. 11. 28. 98헌바101, 지방공무원의 전입에 관한 지방공무원법 제29조의3의 위헌여부)

2. 이론적 근거

법률을 해석함에 있어서 합헌적으로 해야 한다는 이론적 근거는, 헌법의 최고규범성에서 나오는 법질서의 통일성에서 찾을 수 있으며, 이외에도 권력분립의 정신과 민주적 입법기능의 존중, 법률의 추정적 효력(규범 저장적 원칙: 미국 1827년 Ogden v. Saunder Case에서 확립), 국가간의 신뢰보호, 법적 안정성 유지 등을 들 수 있다.

▶ 참고

1. 미연방대법원의 법률의 합헌성 추정의 원칙; "입법부가 의결한 법률은 그 위헌성이 명백한 것으로 판명될 때까지는 그 유효성을 추정하여야 한다. 그렇게 하는 것이 입법부의 지혜·성실·그 애국심에 경의를 표하는 것이 된다."(1827년 Ogden v. Saunder Case)
2. 독일연방헌법재판소의 합헌적 법률해석론: 미국에서의 법률의 합헌성 추정의 원칙을 수용하여 "법률이 헌법에 조화되는 것으로 해석될 여지가 있는 한 그 법률을 무효로 선언할 수 없다는 원칙은 이미 일반적인 지지를 얻고 있다"라고 판시
3. 헌법재판소: "한정합헌해석은 헌법을 최고 법규로 하는 통일적인 법질서의 형성을 위해서나 입법부가 제정한 법률을 위헌이라고 하여 전면폐기를 하기 보다는 그 효력을 되도록 유지하는 것이 권력분립의 정신에 합치하고 민주주의적 입법기능을

최대한 존중하는 것이 되며, 일부 위헌요소 때문에 전면위헌을 선언하는데서 초래될 충격을 방지하고, 법적 안전성을 갖추기 위하여서도 필요하다 할 것이다」라고 판시(국가보안법 제7조 제5항의 위헌심판)
4. 대법원: "어떤 법률이 한가지 해석 방법에 의하면 헌법에 위배되는 것으로 보이더라도 다른 해석 방법에 의하면 헌법에 합치되는 것으로 볼 수 있을 때에는 헌법에 합치하는 해석 방법을 택하여야 할 것이다"라고 판시

3. 한계

(1) 입법형권의 형성적 재량권

입법권의 형성적 재량권을 침해할 우려가 있으므로 합헌적 법률해석은 입법권을 제한하거나 침해하지 않는 범위 내에서 법질서의 통일성을 잃지 않고 이루어져야 한다(헌재 1989. 7. 14. 89헌가44, 사회보호법 제5조의 위헌심판).

(2) 구체적 한계

1) 문의적 한계

문의적 한계는 법조문의 말 뜻이 변질되지 않는 범위 내에서 가능하다는 것이다(헌재 1989. 7. 21. 89헌마38, 상속세법 제32조의2의 위헌여부에 관한 헌법소원의 소수의견).

2) 법목적적 한계

법목적을 일탈하는 합헌적 법률해석은 규범통제의 무효선언보다도 더 강력한 입법통제로서 이는 법률해석이 아닌 입법기능을 수행하는 결과를 초래하게 되므로 법목적의 범위 내에서 합헌적 법률해석이 가능하다는 것이다.

3) 헌법수용적 한계

지나치게 확대해석을 하게 되면 오히려 헌법의 합법적 해석이 되므로 주객이 전도되는 결과를 빚게 되므로 헌법과 조문의 범위 내에서 해석되어야 한다는 것이다.

4. 합헌적 법률해석의 기술

(1) 법률의 일부무효

법률의 추정적 효력의 관점에서 법률전체를 무효로 하지 않고 위헌적인 조문

만을 무효로 선언하는 방법이다. '법률전체의 무효'는 위헌적인 조문만을 삭제하였을 때 입법취지나 목적이 상실되는 경우에 한하여야 행해져야 하며, 가능한 한 문제된 조문(조문의 일부분)만을 위헌으로 선언하는 방법을 통하여 입법의 원래의 취지를 살리는 것이 국회의 입법형성권을 존중하고 나아가 권력분립의 취지에도 상응하는 것이다. 대체로 이는 양적 일부위헌(혹은 부문위헌)으로 나타나나, 헌법재판소는 결정례분류에서 '위헌'결정으로 분류하고 있다.

(2) 한정합헌, 한정위헌, 질적 일부위헌

이러한 해석기술은 제한적 법률해석에 의하여 합헌성을 인정하는 것으로서 '…라 해석하는 한 합헌이다(한정합헌)'와 '…라 해석하는 한 위헌이다(한정위헌)', '…에 적용하는 한 위헌이다(질적 일부위헌, 질적 위헌, 적용위헌)'라는 주문의 형식들은 모두 합헌적 법률해석의 산물로 볼 수 있다(허). 한편 조건부위헌결정이나 한정위헌결정은 '……한 위헌이다'라는 주문형식을 취하므로 합헌적 법률해석에서 제외시키는 학자도 있다(민).

(3) 헌법 불합치결정

보완적 법률해석은 대부분 입법권침해로서 위헌성이 있으므로 무효선언하는 것이 바람직하나, 입법자에게 일정한 유예기간을 주어 위헌성을 제거 내지는 보완케 하여(입법촉구) 해당법률의 효력을 지속시킬 수 있는 방법이 헌법불합치결정의 주문형식이다. 그러나 이는 합헌적 법률해석의 결과라기보다 사법부 자제의 표현이라고 보기도 한다.

5. 일반적 법률해석 및 규범통제와의 관계

법률의 합헌적 해석이란 일반적 법률해석의 한 표현으로서 다만, 체계적 해석방법의 한 형태에 불과하다고 보아, 양자의 구별을 부인하는 견해가 다수이다(구별부인론, Dürig, Skouris). 그러나 일반적 법률해석이 선행되며, 이에 의하여 명백한 결과가 얻어질 수 없는 경우에 비로소 법률의 합헌해석이 시작된다고 보는 입장도 있다(구별인정론, Cornelius). 그리고 법률의 합헌적 해석은 규범통제의 과정에서 주로 문제가 되나 반드시 규범통제를 전제로 하는 것은 아니다.

〈표-3〉 법률해석과 헌법해석의 관계

구 분	법 률 해 석	헌 법 해 석
의 의	일반법률은 기술법이다.	헌법은 가치법이며 이념법이다.
규범구조적 특성	구체적규범(법의해석에의한 형성과 보충의 폭이 좁다)	법의 해석에 의한 형성과 보충의 폭이 크다.
기능적특성	말초신경적 기능	중추신경적 기능
해석기준적 특성	법조문 절대시, 정치적 관점 배제, 언어와 문자를 중요시	정치적 관점 가미 '문제중심', 가치지향적 해석태도
방법론	(1) '실정법 중심' (2) 사뷔니의 4단계의 해석방법: 문법적→논리적→역사적→체계적 해석방법(Forstoff가 헌법해석 방법으로 체계화) (3) 7단계 해석방법론 　(H. J. Wolff, O. Bachof) 　＝ 4단계 　＋비교법적 해석방법 　＋입법자의 입법취지나 동기 　＋법조문의 목적등	(1) 고전적해석방법(좌동-명확성원리강조) (2) 고유한 헌법적 해석방법 　(문제중심-구체적타당성을 강조) ① 현실기준적해석방법 : 자구가 아닌 현실 조건이 해석의기준 - 스멘트 ② 법학적관점론: 구체적사안을 출발점으로 설득력있는 해결논증을 귀납적으로 탐구-헤세, 뮐러, 엠케 등) (3) 절충적 해석방법

〈표-4〉 합헌적 법률해석과 규범통제와의 관계

구 분		합헌적 법률해석	규 범 통 제
차이점	헌법의 역할	해석규칙=해석기준	저촉규칙=저촉기준
	방 법	헌법과 조화되도록 해석	저촉되는 법률은 당연히 무효
	근 거	최고규범성에서 당연히 도출	최고규범성 ＋ 명시적 별도규정
	목 적	법률의 효력 유지	헌법의 효력 유지
공 통 점		헌법의 '최고 규범성'을 근거로 함	

Ⅳ. 헌법규범의 단계구조

헌법규범의 단계구조이론은 헌법규범 내에 있어서도 규범력의 차이가 있음을 인정하는 이론이다. 우리 헌법재판소는 이를 부인하고 있다.

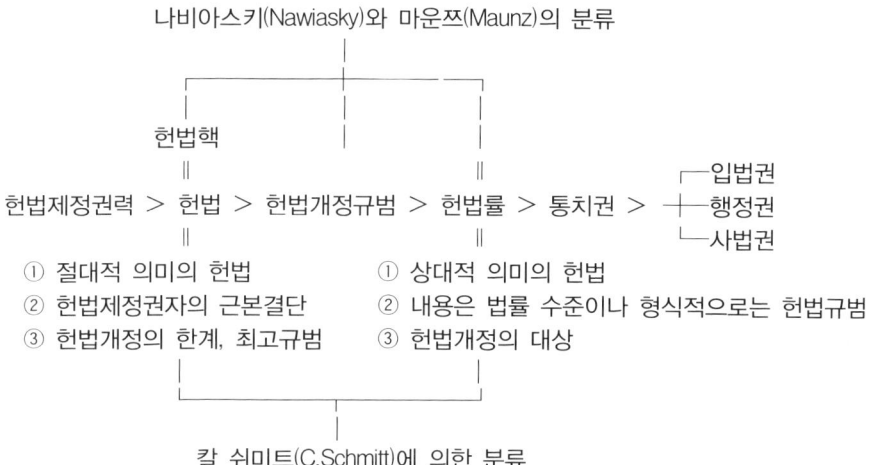

◆ 헌재판례

1. 우리헌법의 각 개별규정 가운데 무엇이 헌법제정규범이고 무엇이 헌법개정규정인지를 구분하는 것이 가능하지 아니할 뿐 아니라, 각 개별규정에 효력 상의 차이를 인정하여야 할 형식적 이유를 찾을 수 없고, 헌법제정권과 헌법개정권의 구별론이나 헌법개정한계론은 그 자체로서의 이론적 타당성 여부와 상관없이 우리 헌법재판소가 헌법의 개별규정에 대하여 위헌심사를 할 수 있다는 논거로 원용될 수 있는 것은 아니다(헌재 1995. 12. 28. 95헌바3, 국가배상법 제2조 제1항 등 헌법소원; 헌재 1996. 6. 13. 94헌바20, 헌법 제29조 제2항 등 헌법소원).

2. 헌법의 제규정 가운데는 헌법의 근본가치를 보다 추상적으로 선언한 것도 있고, 이를 보다 구체적으로 표현한 것도 있으므로 이념적·논리적으로는 규범 상호간의 우열을 인정할 수 있는 것이 사실이다. 그러나 이때 인정되는 규범 상호간의 우열은 추상적 가치규범의 구체화에 따른 것으로 헌법의 통일적 해석에 있어서는 유용할 것이지만, 그것이 헌법의 어느 특정 규정이 다른 규정의 효력을 전면적으로 부인할 수 있을 정도의 개별적 헌법규정 상호 간에 효력상의 차등을 의미하는 것이라고는 볼 수 없다(헌재 1995. 12. 28. 95헌바3, 국가배상법 제2조 제1항 등 헌법소원).

제3절 헌법개정

I. 의의

1. 헌법개정의 의의

헌법개정이란 헌법개정권력자가 헌법에 규정된 개정절차(형식적 요건)에 따라 헌법의 동일성을 유지(실질적 요건)하면서 헌법전의 전부 또는 일부를 의식적으로 수정 또는 삭제하거나 새로운 조항을 추가하는 행위로서, 헌법의 형식이나 내용에 종국적인 변경을 가하는 행위를 말한다.

2. 헌법개정권력의 의의

헌법개정권력은 헌법을 개정하는 힘으로, 헌법에 의하여 그 주체와 행사방법이 규정된 제도화된 제헌권이다. 이는 헌법제정권력과 구별되며 입법권의 상위권력이다.

3. 헌법개정의 필요성과 곤란성

(1) 헌법개정의 필요성

1) 헌법의 현실적응과 실효성의 유지

헌법을 제정당시에 미래의 모든 상황을 예견하고 제정할 수는 없다. 따라서 헌법은 역사의 발전에 따른 헌법현실과 헌법규범의 차이를 극복하고 헌법의 규범력을 높임으로써 헌법의 실효성을 유지할 필요가 있다. 즉 변화되는 사회적·경제적·정치적 상황에 따른 헌법불비(憲法不備)와 흠결(欠缺)을 보완함으로써 헌법의 규범력을 유지하기 위해서는 헌법개정이 필요한 것이다.

2) 헌법파괴의 사전 방지

폭력에 의한 헌법의 파괴를 방지하고 또한 정치과정의 마찰을 지양하기 위해서는 헌법개정이 불가피하다.

3) 정책적 이유

현행헌법에 참여할 추가적 기회를 부여하기 위하여 헌법개정이 불가피하다.

(2) 헌법개정의 곤란성(경성헌법의 목적)

최근 헌법개정의 절차를 어렵게 하는 것은 국민의 기본권보장을 영구화하고 정치권력이 집권의 편의를 위하여 헌법개정을 빈번히 함으로써 국가기본질서가 불안정하게 되는 것을 방지하고, 헌법의 항구성과 안정성을 보장하며 나아가 헌법의 규범력을 고양하기 위하여 경성헌법화하는 경향이 있다.

4. 헌법개정과 구별되는 개념

(1) **헌법개정절차를 따르지 않고** 헌법이 변경된 경우와, 헌법에 규정된 개정절차에 의하더라도 헌법의 기본적(基本的) 동일성(同一性)이 파괴된 경우를 의미하며, 이는 헌법개정과 구별되는 개념이다.

(2) 종류

1) 헌법의 파기(破棄)

정변이나 혁명으로 인하여 기존헌법의 기본적 동일성을 상실하고 헌법제정권력의 주체를 변경하는 경우로서 헌법의 파괴(破壞) 혹은 헌법의 폐기(廢棄)라고도 하며 1789년 프랑스혁명, 1917년 소련혁명 등의 예를 들 수 있다.

2) 헌법의 폐지(廢止)

헌법제정권력의 주체는 그대로 두고 기존헌법을 폐지하는 경우, 즉 정변(政變)·쿠테타 등에 의한 헌법전의 교체를 의미하며, 헌법의 폐제(廢除) 또는 헌법의 제거(除去)라고도 하며, 그 예로써 1779년 나폴레옹1세의 쿠테타, 1946의 헌법을 폐지하고 1958년 드골헌법을 제정한 경우, 1962년의 5·16쿠테타, 1972년의 10월유신 등을 들 수 있다.

3) 헌법의 침해(侵害)

어떤 특수한 경우에 위헌임을 알면서도 전체의 정치적 실존을 위하여 일정한 헌법조항을 침해하는 경우로서 헌법의 명문규정에는 변화가 없고 효력이 유지되는데도 불구하고 헌법의 명문규정에 위배되는 조치를 취하는 것으로서 헌법의 침훼(侵毀) 또는 헌법의 침식(侵蝕)이라고도 한다. 특히 헌법의 침해는 합헌적 헌법침해와 위헌적 헌법침해를 예상할 수 있다. 그 예로서는 헌법 제77조의 계엄선포시에 수반되는 '특별한 조치'에 의하여 헌법침해가 발생될 수 있다. 특히 헌법침해가 일시적(一時的)인 경우에는 이를 헌법의 정지(停止)에 해당한다.

4) 헌법의 정지(停止)

헌법의 특정조항의 효력을 일시적으로 정지시키는 경우로서 이러한 현상이 종료되면 특정조항의 효력이 원래상태로 회복되는 특징이 있다. 헌법의 정지에도 합헌적 헌법정지와 위헌적 헌법정지를 상정할 수 있다. 그 예로서 5·16쿠테타에 의한 국가재건비상조치, 1972년의 10·17 비상조치, 1980년 국가보위비상대책위원회의 5·17조치에 의한 헌법정지를 들 수 있다.

Ⅱ. 헌법개정권력의 주체와 행사

1. 헌법개정권력의 주체

헌법개정권력의 주체는 국민이며, 개정권력의 주체인 국민은 '국민투표권을 가진 국가기관구성원(미성년자 제외)으로서의 국민 또는 그 대표자'를 의미하며, 이는 루소의 인민주권론의 인민의 의미와 동일하다. 한편 헌법제정권력의 주체인 국민은 '이념적 통일체로서의 전체국민(미성년·성년모두 포함)'을 의미하며, 이는 쉬예스가 주장한 국민주권론의 국민의 의미와 동일하다고 설명할 수 있다.

2. 헌법개정의 행사

헌법개정의 형식적 측면에서의 분류를 보면, 전면개정, 일부개정, 증보(수정헌법) 등의 방법이 있다. 그리고 헌법개정의 절차적 측면에서 보면, 첫째 의회의 의결만으로 가능하나 개정절차를 보다 엄격히 한 경우(독일, 벨기에, 네덜란드, 노르웨이 등)와 둘째 국민투표에 의하여 확정하는 경우가 있으며 국민투표절차를 필수적인 절차로 규정한 경우(일본, 스위스, 오스트레일리아, 프랑스(5공화국), 한국 등)와 선택적 절차(프랑스 제3·4공화국, 이태리, 포르투갈, 유신헌법 등)로 규정한 경우가 있다. 그 외에도 헌법개정안 발의를 위한 헌법개정의회의 승인을 요건으로 하는 방법(미국)과 연방을 구성하는 지방의 동의를 개정요건으로 하는 방법(스위스, 미국 등) 등이 있다.

Ⅲ. 헌법개정의 한계

1. 학설

(1) 한계부정설

헌법에 규정된 개정절차에 따르면 어떠한 조항도 어떠한 사항도 개정할 수 있으며, 나아가 명문으로 개정을 금지한 조항도 개정할 수 있다고 하여 이론상 아무런 한계가 없다는 견해이다. 한계부정설을 주장하는 학자들의 논거를 보면, 헌법의 현실적응성의 필요, 헌법개정권력과 헌법제정권력의 구별 부인(법실증주의), 헌법규범간의 위계질서 부인(박일경), 헌법개정의 한계를 벗어난 경우에 그 무효를 선언할 기관이 없다는 점, 헌법개정이 불가능하다는 조항의 선정은 개인의 주관적 판단에 불과함, 현재의 규범이나 가치에 의해 장래의 세대를 구속한다는 것은 부당하다는 주장 등이다. 이러한 견해를 주장한 학자들은 옐리네크(G. Jellnek), 안쉬쯔(G. Anschütz), 라반트(P. Laband), 켈젠(H. Kelsen) 등이 있다.

(2) 한계긍정설(통설)

헌법의 개정행위(改正行爲)에도 일정한 한계가 있다는 견해로서 합헌적인 개정절차에 의할지라도 일정한 조항이나 사항은 개정할 수 없다고 한다. 주장의 논거로는 헌법제정권력과 헌법개정권력의 구별, 헌법규범간의 위계질서 인정, 헌법의 동일성 유지를 위한 헌법제정권력의 근본결단(根本決斷)은 침해 불가능, 헌법제정권력까지 구속하는 자연법상의 원리를 규범으로 인정, 헌법개정에 의해서도 국제법상의 원리를 침해할 수는 없다는 것 등을 들고 있다. 이를 주장하는 학자로는 칼 쉬미트(C. Schmitt), 엠케(H. Ehmke), 스멘트(R. Smend), 마운쯔(Th. Maunz), 트리펠(H. Triepel) 등이 있다.

2. 한계의 유형

(1) 헌법 외재적 한계(초헌법적 한계)

헌법원리를 초월하는 헌법외적 한계로서 초헌법적 한계이며, 헌법개정절차에 따라 합헌적 범위 내에서 이루어진다 하더라도 자연법상 원리, 국제법상 일반원칙 등을 거스릴 수는 없으며, 또한 헌법개정은 기술적 조건 등에 의해 제약을 받게 된다.

(2) 헌법 내재적 한계

헌법개정의 절차적 합법성을 유지하더라도 법이론적으로 '기본적 동일성'을 유지하지 못한다면, 이는 헌법개정이 아닌 헌법의 파괴 내지는 파기에 해당하는 것이다(기본적 동일성 유지). 또한 연성헌법을 경성헌법으로 개정하는 것은 가능하다고 보나, 경성헌법을 연성헌법으로 개정하는 것은 그 한계를 벗어난 것이며(방법상의 제약), 시기적으로 정당한 개정이 곤란한 상황에서 현실적으로 개정이 이루어지기는 어려운 것이다(시기상의 제약).

(3) 실정법상의 한계

헌법이 명문으로 특정조항이나 사항의 개정을 명시적으로 금지한 경우에는 그 내용을 변경하지 못하며, 물론 이러한 조항을 변경 내지는 삭제하는 것 또한 헌법제정에 의하지 않고는 불가능하다고 본다. 우리나라도 현행헌법에는 헌법개정의 명문규정이 없지만, 1954년헌법과 1960년6월헌법 그리고 1960년11월헌법에서 '민주공화국 규정(제1조)', '국민주권 주의(제2조)' 등에 대하여 개정금지조항을 둔 경험이 있으며, 독일연방공화국헌법도 역시 헌법개정금지조항을 두고 있다.

3. 한계를 넘은 개정의 효력

(1) 헌법개정한계의 구체적 내용

헌법의 기본적 동일성의 유지에 해당하는 조항들에 대해서는 개정이 불가능하다. 예를 들면 국가형태, 기본권보장, 민주국가의 기본원리, 정치적 기본질서, 의회주의, 권력분립주의 등을 들 수 있으며, 국가에 따라서는 상이할 수 있다.

(2) 개정의 한계를 무시한 헌법개정의 효력

헌법개정의 한계를 무시한 채 이루어진 헌법개정은 원칙적으로 무효이다. 물론 법실증주의적 입장에서는 헌법제정권력과 헌법개정권 및 입법권이 동일하고 이러한 권력의 정당성은 국가에 있다는 논리로 개정의 한계를 부정하고 있다. 그러나 헌법개정의 한계를 인정하는 입장에서 볼 때에는 개정한계를 무시한 개정작용은 법적으로 무효이며, 헌법파괴이다. 이러한 경우에는 국민의 저항권을 포함한 헌법보장제도나 새로운 헌법개정의 방법에 의하여 극복할 수 있다. 물론 헌법개정의 한계를 벗어난 개정이 '혁명'에 의한 헌법제정이라는 명분으로 정당화될 여지는 있다.

Ⅳ. 우리나라 헌법의 개정

1. 한국헌법의 개정조항의 변천

(1) 제1공화국과 제2공화국

1) 건국헌법(1948. 7. 17. 제헌헌법)

건국헌법은 제헌의회의 의결로 개정하도록 하였으며, 구체적 절차는 제안(대통령, 의회재적 1/3) → 공고 30일 → 의회의결(의회재적 2/3) → 대통령 공포로 이루어져 있었다.

2) 제1차개정(1952. 7. 7. 발췌개헌)

1952년헌법은 상하양원의 의결절차를 첨가한 것이 특징이며, 구체적 절차는 제안(대통령, 민의원 or 참의원 재적 2/3) → 공고(30일) → 의회의결(양원재적 2/3) → 대통령 공포로 이루어져 있다.

3) 제2차개정(1954. 11. 29. 사사오입개헌)

1954년헌법의 개정절차의 특징은 의회의 의결과 선택적 국민투표제를 두는 등 직접민주제적 요소를 가미하였으며, 구체적 절차는 제안(대통령, 양원 재적1/3, 선거권자 50만인) → 공고(30일) → 의결(양원 재적 2/3) → 대통령 공포 → 단, 제7조의2의 국민투표(의회 가결 1개월 이내에 민의원 선거권자 50만인 이상의 발의가 있을 때)에 의하여 부결되면 소급하여 효력이 상실되며 이를 즉시 공포하도록 규정하였다.

(2) 제2공화국

4-19의거에 의하여 개정된 제2공화국헌법(1960년6월헌법, 1960년11월헌법)의 헌법개정절차는 제1공화국 제2차개정헌법인 1954년헌법과 동일하였다.

(3) 제3공화국

제5차개정에 의하여 제3공화국이 탄생된 1962년헌법의 헌법개정절차의 특징은 의회의 의결과 필수적 국민투표제를 두어 직접민주제적 요소를 강화하였다. 1954년헌법은 국민발의에 의하여 국민투표의 여부가 결정되는 선택적 국민투표제였으나, 제3공화국헌법은 헌법개정시 반드시 국민투표를 거치도록 하여 헌법개정의 정당성을 강화하였다. 구체적 절차를 보면, 제안(국회 재1/3, 국회의원선거권자

50만인) → 공고30일) → 국회의결(재적 2/3) → 60일 이내 국민투표(국회의원선거권자 1/2 + 투표자 과반수 찬성) → 대통령 공포로 이루어져 있다.

(4) 제4공화국

10월유신에 의하여 개정된 1972년헌법인 제4공화국헌법의 헌법개정절차는 제안자가 누구냐에 따라 절차를 이원화하였다. 즉 대통령이 제안한 경우에는 대통령 제안 → 공고 20일 → 국민투표(국회의원 선거권자 1/2 + 투표자 1/2) → 대통령 공포의 절차를 밟으며, 국회의원이 제안한 경우에는 제안(국회재적의원 1/2) → 공고(20일) → 국회의결(재적의원 2/3) → 통일주체국민회의의결 → 대통령공포로 절차를 이원화하였다. 대통령이 제안한 헌법개정안은 국민투표에 의하여 결정되도록 하였으나, 국회의원이 제안한 헌법개정안은 소위 제1차적 주권수임기관이라고 하는 통일주체국민회의 의결을 거치도록 하였던 것이다.

(5) 제5공화국과 제6공화국

1) 제5공화국헌법

제5공화국이 탄생한 1980년헌법은 제4공화국에서 이원화되었던 헌법개정절차를 다시 국회의결과 필수적 국민투표를 경유하도록 하여 일원화시켰다. 구체적 절차를 보면, 제안(대통령, 국회 재적의원 1/2) → 공고(20일) → 국회의결(재적의원 2/3) → 국민투표(국회의원선거권자 1/2 + 투표자 1/2) → 대통령 공포에 의하여 헌법개정이 이루어지도록 하였다.

2) 제6공화국

제6공화국을 탄생시킨 1987년헌법은 제5공화국헌법과 동일한 헌법개정절차를 두었다.

2. 현행헌법의 개정절차

(1) 발의(제128조 제1항)

발의권자는 국회의원 재적의원과반수 또는 대통령(국무회의 심의 경유)이 할 수 있다.

(2) 공고(제129조 제1항)

제안된 헌법개정안은 대통령이 20일 이상의 기간동안 이를 공고하여야 한다. 이 공고의 성격은 국민에게 알려 여론을 수렴하기 위한 수단 방법이다.

(3) 의결(제130조 제1항)

국회는 헌법개정안이 공고된 날로부터 60일 이내에 의결하여야 하며, 국회의 의결은 재적의원 3분의2 이상의 찬성을 얻어야 한다. 국회는 헌법개정안에 대한 수정권한은 없다. 이미 공고된 개정안에 대하여 수정·발췌하여 의결하면, 공고의 원칙을 위배한 것이며, 이는 곧 새로운 헌법개정안의 발의에 해당하지 않는가를 검토해 보아야 한다.

(4) 확정(제130조 제2항)

헌법개정안은 국회가 의결한 후 30일 이내에 국민투표에 붙여 국회의원선거권자 과반수의 투표와 투표자 과반수의 찬성을 얻어야 한다. 이 조항은 국민이 최종적인 헌법개정권력자임을 선언하고 있다.

(5) 공포(제130조 제3항)

헌법개정안이 국민투표에서 찬성을 얻은 때에는 개정안은 헌법으로 확정되며, 대통령은 즉시 이를 공포하여야 한다. 헌법개정안에는 법률안과 달리 대통령의 거부권이 없으며, 원칙적으로는 공포와 동시에 효력이 발생하나, 헌법부칙에 특별규정을 두면 그 규정에 따른다.

3. 현행 헌법의 개정 한계

(1) 구체적 한계

현행헌법도 일반적 한계기준으로서 입헌주의 원리와 민주주의 원리에 제약을 받는다. 구체적인 규정을 예로 들면 헌법전문(憲法前文), 민주공화국(제1조1항), 국민주권주의(제1조 제2항), 기본권보장원칙, 권력분립주의, 복수정당제의 보장원칙, 국제평화주의, 사회적 시장경제질서, 사법권의 독립, 지방자치제도 등이 헌법개정의 한계를 이룬다고 본다.

(2) 제128조 제2항의 해석

헌법 제128조 제2항은 '대통령의 임기연장 또는 중임변경을 위한 헌법개정은 그 헌법개정 제안 당시의 대통령에 대하여 효력이 없다'고 규정하고 있는 바, 이는 대통령의 중임변경이나 임기연장을 위한 헌법개정이 전혀 금지되는 것이 아니다. 다만 개정은 가능하나, 개정된 중임가능규정이나 임기규정은 제안 당시의 대통령에게는 효력이 미치지 못한다는 것이다. 그러므로 제안당시의 대통령은 여전히 5년 단임의 규정을 적용받는다는 것이다. 즉 동 조항은 적용을 제한하는 효력제한 규정에 불과하다고 해석한다.

◆ 헌재판례

헌법재판소는 헌법제정·개정행위는 헌법재판소법 제68조 제1항의 '공권력의 행사'의 결과로 볼 수 없다고 하여 헌법소원의 대상이 되지 않는다고 보았다. '국민투표에 의하여 확정된 현행 헌법의 성립과정과 헌법개정을 국민투표에 의하여 확정하도록 하고 있음에 비추어, 헌법은 그 전체로서 주권자인 국민의 결단 내지 국민적 합의의 결과라고 보아야 하므로, 헌재법 제68조 제1항의 소정의 공권력행사의 결과라고 볼 수 없다'(헌재 1996. 6. 13. 94헌바20).

제 2 편 대한민국헌법총설

제 1 장 대한민국과 헌정사
제 2 장 대한민국헌법의 원리와 제도

제 1 장
대한민국과 헌정사

제1절 대한민국의 국가론

Ⅰ. 국가론과 국가형태

1. 국가론

(1) 국가의 개념과 기원

국가란 일정한 지역을 지배하는 최고권력에 의해 결합된 인류의 집단을 말하며, 국가의 기원과 본질에 관한 학설은 다양하게 주장되고 있다. 국가의 기원에 관한 견해를 보면, 가족설, 신의설, 실력설, 계급투쟁설 및 계약설 이 있다. 가족설(家族說)은 가족이 결합하여 씨족을 구성하고 씨족이 결합하여 부족을 구성하고 부족이 국가를 구성한다는 견해로서 필머(R. Filmer)가 대표적인 학자이다. 신의설(神意說)은 국가는 신의 의지에 의하여 만들어진 창조물로 보는 견해로서 쉬탈(Stahl) 등을 들 수 있으며, 실력설(實力說)은 국가는 강자가 약자를 정복하여 형성된다는 견해로서 오펜하이머(Oppenheimer)와 쿰플로비쯔(Gumplowicz)가 있다. 계급투쟁설(階級鬪爭說)은 마르크스(K. Marx)의 견해로서 한 계급(지배계급)이 다른 계급(피지배계급)을 착취하여 만든 것이 국가라고 하는 입장이다. 근대에 가장 보편적인 지지를 받은 견해는 계약설(契約說)로서 국가는 인민상호간의 사회계약으로 형성된다는 견해로서 홉즈(Hobbes), 로크(Locke), 칸트(Kant) 및 루소(Rousseau) 등이 주장한 견해이다.

(2) 국가의 본질

1) 신학적(神學的) 국가론

국가는 신의 섭리에 의하여 존재한다는 입장으로 천주교적 국가관(아우구스티누스 Augustinus)과 신교적 국가관(루터 Luther, 캘빈 J. Calvin, 쯔빙글리 U. Zwingli)으로 나누어진다.

2) 이상주의(理想主義) 국가론

국가는 인간을 도덕적으로 완성시키기에 가장 적합한 사회형태를 뜻하기 때문에 국가의 존립근거는 바로 인간완성의 목적에 있다고 한다. 플라톤(Platon)과 아리스토텔레스(Aristoteles)는 국가는 도덕국가(道德國家) 내지 교육국가(教育國家)를 완성하기위한 제도라고 하며, 칸트(Kant)는 인간의 자유를 위한 도덕인간의 자결현상(自決現狀)으로 국가를 이해하였다. 피이테(Fichte)는 이성국가관(理性國家觀)으로 국가를 이해하고, 헤겔(Hegel)은 역사학적 국가관의 입장에서 국가를 '윤리적 이념의 실현이며 객관적 정신의 최고의 발전단계'라고 하며, 역사적 도덕성의 실현을 국가목적이라고 역설하였다.

3) 인성학적(人性學的) 국가론

인성학적 관점에서 본 특정한 인간상을 이론적 출발점으로 하여, 국가의 존립근거 내지 목적을 논증하며, 복종계약설, 위임계약설, 사회계약설이 대표적 이론이다. 홉스(Hobbes)나 스피노자(Spinoza)는 성악설적 관점에서 인간사회를 늑대사회에 비유하였다. 인간은 타인에 대한 공포 때문에 자기보호의 필요상 왕(王)과 복종계약을 맺게 되고, '늑대의 왕'이 존재하는 국가를 만든다는 것이다. 이는 절대군주제를 옹호하는 이론으로서 복종계약설(服從契約說)이라고 한다. 로크(Locke)는 성선설적인 인성학의 입장에서 선천적으로 평등권을 가진 인간이 자연상태(自然狀態)에서 평화롭게 생활하다가, 위임계약(委任契約)에 의해서 정치권력을 탄생시키고 국가를 성립시킨다는 것이다. 여기서 인간의 천부적 권리(생명, 자유, 재산권)는 위임계약에 의해 포기된 것이 아니라 여전히 국민 각자가 가지게 되며, 국가와 국민간의 관계는 신임관계(Trust)를 그 바탕으로 한다고 한다. 로크(Locke)의 위임계약사상은 '국가에 대한 보호'를 강조하고 그 수단으로 권력분립과 저항권을 인정하여 대의민주주의의 이론적 온상이 되었으며, 이를 위임계약설(委任契約說)이라고 한다. 한편 루소(Rousseau)는 국가이전의 평화로운 자연상태에서 출발하는 성선설(性善說)을 전제로 자유와 평등 그리고 사회정의의 실현을 중시하였으며, 그의 주장은 누구나 자유롭게 자기 자신의 명령에 따라 행동할 수 있는 국가질서의 창조를 내용으로 하며, 개개인의 의사가 아닌 '총의(總意) 내지 일반의지(Volonté Générale)'만이 국가의 최고가치로 절대시 하고 있다. 루소(Rousseau)적 사상세계에서는 정부란 결국 독자적인 의사를 가질 수 없는 하나의 대리인에 지나지 않기 때문에 루소(Rousseau)는 직접민주주의의 사상적 선구자로 간주되며, 그의 이론을 사회계약설(社會契約說)이라고 한다.

▶ 참고

1. 홉스
   ① 성악설
   ② 군주주권설
   ③ 복종계약설(절대군주제 옹호)
   ④ 만인에 대한 만인의 투쟁
   ⑤ 저항권 부인(복종계약의 취소는 불가)
2. 로크
   ① 성선설
   ② 국민주권설
   ③ 위임계약설(일부 위임→제한국가,국가권력의 본질은 국민에게 있음)
   ④ 저항권 인정(위임계약은 취소 가능)
   ⑤ 입헌군주제의 이론적 기초를 제공
   ⑥ 이권분립론 주장(시민정부이론)
   ⑦ 국가에 대한 보호를 강조
3. 루소
   ① 성선설
   ② 사회계약설(총의→ 국민의 일반적 의사가 국가의 최고 가치)
   ③ 국민주권론
   ④ 직접민주정치→ 국민동일성의 원칙
   ⑤ 권력분립이론 부인

4) 법학적 국가론

국가이론을 법학적 측면에서 주장된 이론을 보면, 옐리네크(G. Jellinek)와 켈젠(H. Kelsen)의 법실증주의 국가론과 칼 쉬미트(C. Schmitt)의 결단주의 국가론, 그리고 스멘트(R. Smend)의 통합론적 국가관을 들 수 있다. 법실증주의적 국가론은 자인(Sein)과 졸렌(Sollen)의 세계를 엄격히 구별하며, 법실증주의의 연구대상을 일정한 실정법질서 내지 국가질서에 국한시켰다. 특히 옐리네크는 '사실의 규범적 효력'을 강조하고 사회학적 국가개념과 법학적 국가개념을 구별(이원적 국가개념의 정의)하며, 국가법인설을 주장하였다. 한스 켈젠(H. Kelsen)은 국가·법동일설을 주장하였고, 게르버(V. Gerber)는 국민을 국가의 단순한 지배객체(支配客體)로만 보았다.

결단주의 국가론으로 일컬어지는 칼 쉬미트(C. Schmitt)에 따르면, 국가란 실존하는 정치적 통일체로서 기존의 정치질서로 추정하였으며, 자유주의적·시민적 법치국가를 설명하고 있다. 통합론적 국가관을 피력한 스멘트(R. Smend)의 견해는 국가를 고정된 실체가 아닌 사회구성원의 자유의지적 동의에 근거한 통합과정으로 보았으며, 이는 공감대(Konsens)에 입각하여 사회구성된의 통합을 촉구·보장하는 인간의 조직된 활동단위로 설명하였다. 이에 따르면 적극적 사회복지국가모형을 예상할 수 있다.

5) 현상학적 국가론

현상학적 국가론으로는 국가유기체설과 다원적 국가론을 들 수 있다. 국가유기체설에 따르면, 국가를 완전한 생명체로 보고, 그 구성원인 개인은 독자적인 인격이 없고 유기체의 세포로서 전체에 의하여 배분된 기능을 분담한다고 하였으며, 기에르케(Gierke), 스펜서(Spencer), 블룬츨리(Bluntschli) 등이 주장하였다.

다원적 국가론은 국가란 다른 사회집단 보다 우월하지 않으며, 정치를 독점하는 초월적인 권력주체도 아니다, 노동조합, 학교, 교회 등과 같은 단순한 부분사회(association)의 일종에 불과하다는 견해이다. 코올(Cole), 라스키(Laski), 맥키브(MacIver), 버커(Burker), 본쿠어(Boncour), 뒤기(L. Duguit), 베버(M. Weber) 등이 여기에 속한다.

6) 구성요소론

옐리네크(Jellinek)는 국가를 주권, 국민, 영토의 3요소로 구성된다고 한다.

(3) 국가와 사회의 관계

1) 논의의 종류

국가와 사회와의 관계에 관한 논의는 일원적 국가론, 이원적 국가론, 다원적 국가론으로 구별될 수 있다. 일원적(一元的) 국가론은 사회학적 국가론, 경제학적 국가론(맑스 Marx, 엥겔스 Engels), 법학적 국가론(켈젠 H. Kelsen), 국가유기체론(기에르케, Gierke)을 들 수 있으며, 이원적(二元的) 국가론은 옐리네크(G. Jellinek)의 존재(Sein)와 당위(Sollen)에 입각한 국가법인설을 들 수 있다. 다원적(多元的) 국가론을 주장한 학자는 라스키(Lask), 콜(Cole), 맥키버(MacIver) 등이 있다.

2) 이원론의 출발

국가와 사회와의 관계에 대한 인식은 이원론에서 출발하여 최근에 일원론이 등장하게 되었다. 국가권력과 통치대상인 국민의 구별에서 출발한 이원론적 인식은 홉스(T. Hobbes)의 복종계약론, 알투지우스(Althusius)의 이중계약론, 로크(Locke)의 위임계약론, 루소(Rousseau)의 사회계약론 등이 있다. 이후 프랑스혁명(1789년)을 거치며 19세기 중엽을 전후하여 이원주의는 체계화되었다. 즉 시민계급의 참정권이 점차 확대되면서 시민계급중심의 시민사회가 오늘날의 대중사회로 발전하면서 헤겔(Hegel), 쉬타인(L. v. Stein), 그나이스트(R. v. Gneist), 몰(R. v. Mohl) 등에 의하여 체계화되었다. 그러나 19세기 후반에서 20세기 초에 이르러 국민주권주의가 보편화되면서 일원론이 등장하여 치자와 피치자의 동일성(同一性)을 강조하게 되었다.

3) 일원론

일원론으로서의 동화적 통합론은 스멘트(R. Smend)의 동화적 통합과정론을 근거로 하여, 엠케(H. Ehmke)와 헤세(K. Hesse) 등이 주장하였다. 그러나 일원론은 민주주의와 사회국가적 요청에 따른 국가기능의 다양화와 진지화의 경향에 부합하지 못하며, 뵈켄포르테(E. W. Böckenförde)의 비판에 따르면, '치자와 피치자의 동일성'이라는 형식 논리적 민주주의이론은 전체국가적 경향과 상통한다고 한다.

4) 이원론

이원론은 이상주의적 이원론과 법실증주의적 이원론 그리고 교차적 이원론으로 구별하여 설명할 수 있다. 이상주의적 이원론은 19세기의 이상주의자들의 이론으로서 국가와 사회를 단절의 관계로 보지는 않지만, 대립관계로 보는 문제점이 있다. 헤겔(Hegel)은 국가를 논의의 중심으로 삼았으며, 칸트(Kant), 피히테(Fichte), 훔볼트(W. v. Humbolt) 등은 사회를 중심으로 논하였다. 법실증주의적 이원론은 역시 Sein(사회)과 Sollen(규범질서)의 구별에서 출발한 옐리네크의 사회학적 국가관(단체적 통일체)과 법학적 국가관(국민의 사단)이 있다. 그리고 교차(交叉) 관계적 이원론은 국가와 사회의 본질적 차이를 전제로 하면서도 국가와 사회의 조직적이고 기능적인 교차관계를 강조하는 입장(input과 output의 이론)이다. 교차적 이원론의 학자들 중 헤르조그(Herzog), 크뤼그(H. Krüger) 등은 국가중심의 교차관계(Output-Modell)를 주장하였으며, 이슨제(Isensee)는 사회중심의 교차관계(Input-Modell)를 주장하고, 헬러(H. Heller), 뵈켄포르데(E. W. Böcken förde) 등은 양면적 교차관계(Input과 ouput의 균형적 Modell)를 주장하였다. 결국 국가와 사회는 상호영향에 의하여 기능을 발휘할 수 있는 이원적인 것이지만, 상호영향의 방법과 정도를 결정하는 것은 헌법을 비롯한 법질서의 과제이며 헌법정책적인 결정, 즉 input과 output의 비례관계에 따라 국가통치형태가 달라진다고 하겠다.

2. 국가의 형태

(1) 국가형태의 의의

국가형태(國家形態)란 국가의 통치형태를 표준으로 한 국가유형을 말한다. 국가가 어떠한 형태를 가지고 있는가 하는 문제는 헌법의 전체적 성격을 이해하는데 매우 중요하다.

(2) 국가형태의 분류방법

1) 고전적 분류

국가형태에 관한 고전적 분류를 한 학자들을 보면, 통치인의 수(數)를 기준으로 하여 일인통치형태, 소수통치형태, 전체국민의 통치형태의 3가지로 분류한 헤로도트(Herodot)와 이상적 국가론의 입장에서 군주국과 민주국으로 구분한 플라톤(Platon), 지배자의 수와 지배의 윤리적 성격을 기준으로 분류한 아리스토텔레스(Aristoteles) 등이 있다. 그리고 마키아벨리(Machiavelli)는 「군주론」에서 세습적 국가권력의 담당자의 유무에 따라 군주국과 민주국으로 구분하였으며, 몽테스키외(Montesquieu)는 공화국·귀족국·군주국·전제국으로 4분하였다.

2) 옐리네크의 분류

옐리네크(Jellinek)는 국가형태의 분류표준을 '국가의사의 구성방법'이라는 단일 표준에서 구한다. 즉 국가의사가 헌법상 일개인의 자연적 의사에 의해 구성되는가 또는 다수인의 기술적 방법에 의한 법적 의사에 의해 구성되는가에 따라 군주국과 공화국으로 구분하였다. 또한 군주국을 세습군주국과 선거군주국, 전제군주국과 제한군주국으로 구분하고 제한군주국을 귀족군주국과 입헌군주국으로 나누었다. 그리고 공화국을 귀족공화국과 민주공화국으로 구분하였다.

3) 렘의 분류

렘(Rehm)은 국가형태를 복수표준에서 구하여 헌법형태(협의의 국가형태)와 정부형태로 나누었다. 헌법형태는 국가권력의 담당자에 의한 분류이고, 정부형태는 국가권력의 최고행사자에 의한 분류라고 한다. 렘(Rehm)은 국가주권설의 입장에서 주권은 국가에 있고 국가권력의 담당자라 함은 주권자가 아니고 주권자가 제정한 헌법에서 파생된 통치권의 담당자를 의미하는 것이 된다. 따라서 국가권력의 담당자와 국가권력의 최고행사자는 엄격히 구별되지 않는다.

4) 뢰벤스타인의 분류

뢰벤스타인(Löwenstein)은 권력집중적 형태와 권력분산적 형태의 여부에 따라 입헌국가, 전제국가, 중간형태의 국가로 구분하였다.

▶ **참고**

- **아리스토텔레스의 국가형태 분류** -

```
                   ┌  군주국 -- 폭군제    ┐
※ 정당한 국가      │  귀족국 -- 과두제(寡頭制) │  부당한 국가
  (制限國家)        └  민주국 -- 폭민제    ┘   (專制國家)
```

(3) 국가형태의 내용

1) 군주국과 공화국

군주국(君主國)은 단순히 군주제도를 가진 나라를 말한다. 군주국에는 군주의 권력행사에 제한이 없는 전제적·절대적 군주국과 그 권력행사가 제한되는 제한적·입헌적 군주국이 있다. 오늘날은 제한적·입헌적 군주국이 존재할 따름이다. 그리고 공화국(共和國)은 군주제가 없는 국가, 즉 국민의 국가를 말하며 오늘날 대부분의 국가는 공화국의 체제를 갖고 있다.

2) 민주적 공화국과 전제적공화국

공화국은 민주적 공화국과 전제적 공화국으로 나누어진다. 민주적(民主的) 공화국은 국민주권의 원리, 자유민주주의, 권력분립주의, 의회주의와 법치주의에 의한 정치과정의 통제, 세계관에 있어서 상대주의, 사회와 국가를 구별하는 이원주의에 입각한 국가로서 자유주의적·입헌적 공화국이라고도 한다. 또한 민주적 공화국은 권력구조의 집권·분권여하에 따라 단일공화국과 연방공화국 등으로 구별된다. 전제적(專制的) 공화국은 전제주의 또는 전체주의적 이데올로기를 그 정치이념으로 하는 국가를 말한다. 전제주의라 함은 단일의 권력담당자(개인·회의체·정당·계급)에 의하여 국가권력이 행사되고 다른 기관에 의하여 유효한 제한을 받지 아니하는 체제를 말하며 전체주의적·독재적 공화국이라고도 한다. 파시스트의 이탈리아, 나찌의 독일, 소비에트 러시아와 동구의 인민민주주의가 그 대표적인 예이

다. 전제적 공화국은 절대주의를 세계관으로 하고, 단일정당이 국가권력을 독점하는 국가적 정당으로 군림하며, 사회와 국가의 구별이 애매하고, 철저히 중앙집권적이며, 국민통합의 수단으로써 경찰기구라든가 테러 등의 방법이 사용된다.

(3) 단일국가와 연방국가

단일국가(單一國家)란 국가의 구성이 단일한 집권적 국가의 유일성으로 특정지어 지며, 국가의 하부조직이 지방자치단체이거나 하나의 행정구역인 경우를 말한다. 연방국가(聯邦國家)란 각 지분국(支分國) 즉 주(州) 혹은 지방(支邦)이 각자의 국가적 성격을 보유하면서 서로 결합하여 국가 결합체를 형성하는 것을 말한다. 연방국가의 법적 성질에 대해 우리나라의 다수설은 지분국은 주권을 가지지 않으나 국가성을 가진다고 본다.

▶ **참고**

1. 연방국가의 특징 ① 성문헌법 ② 경성헌법 ③ 양원제 국회
   ④ 위헌법률심사제도 ⑤ 헌법개정에 지분국의 동의 요구
2. 연방국가와 국가연합

구 분	연 방 국 가	국 가 연 합
국 가 성	진정한 의미의 국가	국가 아님
결합의 근거	헌법	조약
존 속 기 간	영구적	잠정적·한시적
국제법상 주체	연방정부	구성국가[1]
통 치 권	연방과 지방의 분할	구성국만이 보유
국제법적 책임	연방정부	구성국만이 책임부담
병력 보유	연방정부	구성국만이 병력보유
제도적 특징	통일헌법 양원제의회 연방최고법원 등	연합조약 복수헌법 연합의회 등(연방최고법원 무)
예	1787년 이후의 미국, 스위스, 독일, 구소련 등	1787년 이전의 미국 1958년의 아랍국가연합 영연방공동체 1992년독립국가연합(CIS)

1) 단, 조약에 특정한 사항에 한하여 국가연합이 주체가 될 수 있다.

3. 유럽연합의 정체성: 연방과 국가연합의 중간적 특성을 가진다.

연방적 특성	- 역내와 역외의 뚜렷한 구별과 역내 시민과 국가는 역외에 우선함 - EU는 공동체법 제정권을 가지며, 회원국의 국가법보다 우선 - 통치권이 EU차원과 국가차원의 분할구조 - EU입법과정에서 점증하는 다수결원리 - EU재판소는 EU기구와 회원국간 분쟁, 유럽시민과 소속국가간 분쟁을 심판 - 민주적 정당성을 갖는 유럽의회의 기능 지속적 확대
연방관점에서의 미비점	- 최고결정기구인 유럽이사회와 입법기구인 각료이사회가 정상 또는 각료라는 회원국 대표들로 구성 - 조약의 개정에의 회원국의 만장일치동의와 외교안보 및 과세에 관한 각료이사회의 만장일치제 적용 - 행정부인 집행위원회구성에 시민의 직접선거나 유럽의회의 간접선거 미적용

Ⅱ. 대한민국의 국가형태

1. 헌법상의 국가형태 규정

(1) 헌법규정

헌법 제1조 제1항은 '대한민국은 민주공화국이다'라고 규정하고 있으므로 국호는 대한민국(大韓民國)이고, 국가형태는 민주공화국(民主共和國)이다.

(2) 국가형태조항에 관한 학설

우리 헌법 제1조 제1항의 '민주공화국'이 우리나라의 '국가형태'를 의미한다는 점에서 다툼이 없지만, 구체적으로 무엇을 뜻하는가에 관하여 국체·정체설, 정체설, 국가형태설로 학설이 나누어져 있다. 국체·정체설은 민주공화국에 있어서 '민주'는 정체, '공화국'은 국체를 규정한 것으로 본다. 정체설은 '민주'는 민주정체, '공화국'은 공화정체를 의미하는 것으로 보고, 따라서 민주공화국은 우리나라의 민주정체·공화정체를 의미하는 것으로서 오로지 정체에 관한 규정이라 한다. 이에 대하여 동조 제2항의 '주권재민(主權在民)'에 관한 규정이 우리나라 국체를 민주국체로 규정 한 것으로 보고 있다. 한편 국가형태설은 '민주공화국'은 우리나라의 국가형태에 관한 규정이며, '민주'는 공화국의 정치적 내용이 민주주의적으로 형성될 것을 요구하는 것으로, 말하자면, 공화국에 있어서 그 내용에 관한 것이라 본다(통설). 그리고 제1조 제2항의 주권이 국민에게 있다는 규정은 민주공화국의 내용을 구체적으로 선언 한 것이다.

2. 민주공화국의 법적 성격

헌법 제1조 제1항에 있어서 '민주공화국'이란, 첫째로 대한민국은 군주제의 모든 원리를 부정한다는 의미이다. 둘째로 우리나라는 공화국 중에서 귀족공화국도 아니고 계급공화국도 아닌 민주공화국임을 선언한다. 셋째로 적극적으로 국민의 자유와 책임에 의한 국민의 국가라는 의미이다. 넷째로 헌법 제1조 제1항은 공화국이라고만 하지 않고 민주공화국이라 한 것은 공화국의 정치적 질서가 민주주의적으로 형성될 것을 요구하는, 즉 공화국에 있어서의 정치적 질서에 관한 규정을 의미한다.

3. 우리나라 국가형태의 특색

(1) 간접민주제의 채택

우리헌법은 원칙적으로 간접민주제를 채택하고 있다. 즉 헌법은 의회제도(제3장)를 두고 있으며 국회의원과 대통령을 선출하도록 하고 있다(제41조 제1항, 제67조 제1항).

(2) 직접민주제의 가미

한편으로는 간접민주정치의 폐단을 시정하고 대통령권한행사에 국민적 정당성을 부여하기 위하여 국민투표제(제72조)를 도입하고 있으며, 헌법개정안에 대한 국민투표제(제130조 제2항)도 규정하고 있다.

(3) 방어적 민주주의의 채택

우리 헌법은 민주주의의 적에 대한 자유를 부정하기 위한 방어장치로서 제8조 제4항에 '민주적 기본질서'의 개념을 도입하여 합헌성의 한계와 헌법해석의 기준을 명백히 하였다.

(4) 평화통일주의의 채택

헌법전문에서 '조국의 평화적 통일의 사명에 입각하여'라고 규정하고, 제44조

제3항에는 대통령에게 조국의 평화적 통일을 위한 성실한 의무를 지우고, 또 평화통일정책의 수립에 관한 대통령의 자문에 응하기 위하여 민주평화통일자문회의를 둘 수 있게 하여(제92조) 국가의 통치형태에서 평화통일의 의지를 천명하고 있다.

(5) 정당제의 헌법편입

정치의 평판화과정에 따라서 국민의 정치적 행동을 조직화하기 위한 필요성으로 헌법 제8조에 정당에 관한 일반조항을 규정하여 정당을 헌법에 편입시켰다.

(6) 사회적 법치국가에의 경향

우리 헌법은 전문(前文)에서 '안으로 국민생활의 균등한 향상을 기하고'라고 규정함으로써 사회국가적 원리에 입각하고 있음을 천명하고, 제2장의 사회적 기본권과 제9장의 경제조항에 의하여 이를 실천하고 있다.

Ⅲ. 대한민국의 구성요소

1. 주권

(1) 주권의 개념

주권(主權)의 개념은 다의적(多義的)인 의미로 사용되고 있다. 첫째 국가의 의사를 결정하는 최고의 원동력을 의미하는 경우가 있다. 둘째 국가권력 그 자체의 의미로 사용되는 경우도 있다. 셋째 주권은 최고성(국내에서는 어느 권력에도 우월함: 대내주권)과 독립성(대외적으로 다른 국가의 의사에 독립하여 활동함: 대외주권)을 의미하는 경우도 있다. 넷째 국가의사 그 자체를 의미하는 경우도 있다.

(2) 주권이론의 역사적 발전

1) 군주주권설

주권은 국가의 독립적 권력으로서 군주에 속한다고 하였다. 이러한 군주주권설은 보댕(Bodin)에 의하여 대표되는 학설로서, 군주의 권력인 주권은 절대적·항구적 권력이라고 하면서 군주의 권력이 법왕과 로마제국·봉건영주(封建領主)의 권력보다 우월한 것이며, 그것은 단일불가분(單一不可分)·불가양(不可讓)의 주권이라고 주장하였다. 이러한 군주주권설은 왕권신수설(王權神授說) 등에서 유래하였다.

2) 국민주권설

국민주권설은 국가의사결정의 최고원동력은 국민에게 속한다는 것으로 자연법학자들에 의하여 주장되었다. 자연법적 사회계약설에 따라서 국민은 자연권을 국가권력에 전면적으로 이양(移讓)한 것이 아니며 따라서 국가권력의 정당성은 국민에게 있다고 하였다. 초기에는 군주의 권력에 대한 절대적 부인이론이 아니고 군주의 권력제한에 관한 이론이었다. 국민주권설의 선구자인 알투지우스(Althusius)는 2중계약론을 주장하였고, 루소(Rousseau)의 '사회계약론'에서 완성되었다.

3) 국가주권설

19세기 후반부터 독일의 법실증주의자들은 군주주권과 국민주권의 타협(회피)이론으로 국가의 주권은 국가 자체에 있다고 하면서, 국가법인설과 국가주권설을 주장하였다. 대표적인 학자로는 옐리네크(Jellinek), 알브레흐트(Albrecht), 게러버(Gerber), 라반트(Laband) 등이 있다.

(3) 주권의 특질

주권은 초실정법성, 독립성, 최고성, 항구성, 단일분가분성, 불가양성의 특질을 가진다.

(4) 통치권

1) 통치권의 의의

통치권(統治權)이란 국가가 그 목적을 달성하기 위하여 필요한 모든 지배권력을 말한다. 통치권은 단일불가분의 권력이 아니며, 무제한의 권력도 아니다. 이는 국가의 고유(固有)한 권력이므로 국민은 어떠한 조건도 붙일 수 없으며, 다만, 주권자가 적당한 제약을 가할 수 있을 뿐이다. 통치권은 자주조직권과 대인고권 그리고 영토고권으로 이루어져 있다. 국가는 자기의사를 국가자체의 의사결정방법에 따라 자주적으로 결정할 수 있으며, 국가기관을 조직하고 국가권력의 수권을 자주적으로 결정할 수 있는 자주조직권(自主組織權)을 가지며, 또한 국가구성원에 대하여 이를 지배할 수 있는 대인고권(對人高權)과 일정한 영역(영토) 안에 존재하는 사람과 물건을 지배할 수 있는 영토고권(領土高權)을 가진다.

2) 주권(主權)과의 구별

통치권은 국가권력 그 자체로서 주권과 동일한 의미로 사용되는 경우도 있으나, 주권이란 국가의 최고의사를 최종적·전반적으로 결정하고 모든 권력에 상위하는 근원적인 힘으로서 헌법제정권력과 동일한 의미를 가진다. 그러나 통치권이란 헌법제정권력에서 연원(淵源)하고 헌법제정권력에 의하여 조직된 권력으로서 구체적인 국가목적을 수행하기 위하여 헌법제정권력이 위임한 권력의 총칭을 의미하므로 양자는 뚜렷이 구별할 수 있다. 따라서 주권은 최고성·독립성을 갖는 국가의 최고 권력으로 통치권을 내포한다. 통치권은 주권에서 비롯되지만 단일불가분의 권력은 아니며, 입법권, 행정권, 사법권을 총칭하는 말이다.

(5) 대한민국의 주권과 국가권력

헌법 제1조 제2항은 '대한민국의 주권은 국민에게 있고, 모든 권력은 국민으로부터 나온다'라고 규정하고 있다. 따라서 전체국민은 국민투표를 통해 주권을 행사하거나 헌법이 정하는 국민대표기관(국회, 정부, 법원 등)을 통해 간접적으로 주권을 행사하며, 국민대표기관인 국가기관이 갖는 모든 권력을 국가권력으로 해석할 수 있다.

<표-1> 주권과 통치권의 관계(최초의 구별: 보댕 Bodin, "국가에 관한 6편")

구분	주 권	통 치 권
개념	국가의사를 최종적·전반적으로 결정짓는 최고원동력	구체적인 국가목적을 실현하기 위하여 국민과 영역을 지배하는 국가내적인 포괄적 지배권
주체	국민에게 귀속	국민에 의하여 선출된 각 국가기관
내용	① 군주주권론 ② 국가주권론 ③ 국민주권론	① 형식적 내용(작용): 입법권, 행정권, 사법권 ② 실질적 내용: 자주 조직권, 대인고권, 영토고권
성질	① 헌법제정권력과 동일 ② 통치권의 연원 ③ 대내적 최고성 ④ 자율성·항구성 ⑤ 대외적 독립성(내정불간섭) ⑥ 시원성·단일불가분성·불가양성 ⑦ 절대·무제한성,실정법초월성	① 주권에서 연원된 권력: 주권의 위임에 의하여 조직되고 주권에 종속되는 권력이 통치권임 ㉮ 원칙 : 주권 > 통치권 ㉯ 예외 : 주권 = 통치권 ② 헌법제정권력에 의하여 조직된 권력 ③ 가분적 권력 ④ 제한적·상대적 권력

2. 국민

(1) 국민의 개념

국민(國民)이란 국가에 소속하는 개개인의 자연인을 말한다. 따라서 사회적 개념인 사회의 구성원을 나타내는 인민과 구별되며, 자연적·문화적 개념인 민족과도 구별된다.

(2) 국민의 헌법상 지위

1) 주권자로서의 국민

'주권자(主權者)로서의 국민(헌법제정권력자로서의 국민)'은 주권의 보유자로서의 국민, 즉 정치적·이념적 통일체를 형성하는 국민전체를 의미한다. 그리고 비록 조직화 되지는 않았고 유동적인 크기이기는 하지만 이는 구체적인 정신적 통일체로서 현존하는 것이다. 즉, 국적을 가진 전체국민(자연인만을 말하고 법인과 외국인은 제외된다)말한다. 우리 헌법도 헌법전문의 '유구한 역사와……대한국민은 3·1운동으로 건립된……', 제1조 제2항의 '대한민국의 주권은 국민에게 있고', 제7조 제1항의 '공무원은 국민전체에 대한 봉사자이며', 제8조 제2항의 '국민의 정치적 의사' 등에서 주권자로서의 국민을 규정하고 있다.

2) 주권행사기관으로서의 국민

'주권행사기관으로서의 국민(최고국가기관으로서의 국민)'은 주권자로서의 전체국민 중에서 일정한 연령에 달하고 특별한 결격사유가 없는 국민집단 즉 유권자만이 주권행사기관 혹은 최고국가기관으로서의 국민이다. '주권자로서의 국민'과 '주권행사기관 혹은 국가최고기관으로서의 국민'과는 전체와 부분의 관계 내지 주권의 보유자와 주권에서 연원된 통치권을 실제로 행사하는 기관의 관계에 있다고 할 수 있다. 이러한 주권행사기관으로서의 국민의 권한에 대한 우리 헌법규정을 보면, 헌법개정안의 확정(제130조 제2항) 및 국가의 중요정책에 관한 국민투표권(제72조), 국회의원 선거권(제41조 제1항), 대통령선거권(제67조 제1항) 등이 있다.

3) 기본권의 향유자로서의 국민

'기본권 향유자(享有者) 또는 기본권의 주체(主體)로서의 국민'은 개개인의 국민을 말한다. 이때의 국민에는 '최고국가기관으로서의 국민'이 아닌 국민도 모두 포함된다. 경우에 따라서는 외국인과 자연인 이외의 법인도 포함될 때가 있다.

4) 피치자로서의 국민

피치자(被治者)로서의 국민 또는 통치대상으로서의 국민이란 국가구성원으로서의 국민을 말한다. 따라서 국민은 국가권력에 의해 지배되는 지위에 있다. 피치자로서의 국민에는 자연인과 법인이 포함되는 것은 물론이며, 치외법권(治外法權)이 없는 외국인도 영토고권의 지배를 받아 피치자 중에 포함된다. 여기에서 국민은 헌법상의 병역의무(제39조 제1항), 납세의무(제38조), 교육을 받을 의무(제31조 제2항), 근로의 의무(제32조 제2항), 환경보전의무(제35조 제1항) 등을 부담한다.

◆ **헌재판례**

국민에게 주권의 보유만을 인정하고 그 행사를 부정하는 형식적인 정치용 국민주권론은 이념적 통일체로서의 추상적 전체국민을 주권자로 보려는 자연법적 이념성을 가지고 있다는 장점이 있기는 하지만, 그 이념만을 명분상 주장하는 것은 허구적 이데올로기 내지 환상으로 이용되는데 그칠 수 있다. 그러므로 가능한 한 주권의 보유와 행사를 일치시키는 방향으로 국민주권을 구체적이고 실질적인 것이 되도록 권력과 인권, 주권과 자유의 필연적 상관관계에 대한 종합적인 결론에 부합하는 타당한 헌법해석을 하여야 하는 것이 불가피하다 하겠다(헌재 1989. 9. 8. 88헌가6, 국회의원선거법 제33조, 제34조의 위헌심판).

(3) 재외국민의 보호조항

헌법 제2조 제2항에서는 '국가는 법률이 정하는 바에 의하여 재외국민(在外國民)을 보호할 의무를 진다'라고 규정하고 있다. 이는 제8차 개헌에서 신설하였고, 제9차 개헌에서 적극적인 자세로 전환하였다. 헌법에 명문으로 재외국민의 보호규정을 규정한 취지는 재외국민의 권익보호, 민족의식 고취, 내외국민 일체감 조성 등이다. '재외국민'이란 외국에 거주하는 대한민국의 국민을 말하며(재외국민의교육지원등에관한법률 제2조), 재외국민을 보호하기 위하여 재외국민등록법, 재외국민의교육지원등에관한법률, 재외동포의출입국과법적지위에관한법률 등이 있다.

◆ 헌재판례

1. 중국동포들의 현재의 법적 지위는 일반적으로 중국국적을 가진 외국인으로 보고 있고, 가사 중국동포들은 어쩔 수 없이 중국국적을 취득한 것이므로 당시 그들의 중국국적 취득에도 불구하고 대한민국 국적을 상실한 것이 아니라고 보는 경우에도, 1997년 전문개정된 국적법은 국적선택 및 판정제도를 규정하고 있으므로, 청구인들의 주장과 같이 중국동포들이 대한민국과 중국의 이중국적을 갖고 있었다면 이들에게도 이러한 국적선택 및 국적판정의 기회가 주어진 것으로 볼 수 있다. 그럼에도 불구하고, 이와는 별도로 헌법 전문의 '대한민국임시정부 법통의 계승' 또는 제2조 제2항의 '재외국민 보호의무' 규정이 중국동포와 같이 특수한 국적상황에 처해 있는 자들의 이중국적 해소 또는 국적선택을 위한 특별법 제정의무를 명시적으로 위임한 것이라고 볼 수 없고, 뿐만 아니라 동 규정 및 그 밖의 헌법규정으로부터 그와 같은 해석을 도출해 낼 수도 없다(헌재 2006. 3. 30. 2003헌마806, 입법부작위 등 위헌확인).

2. 중국동포와 같이 특수한 국적상황에 처해 있는 자들의 이중국적 해소 또는 국적선택을 위한 조약을 우리 정부가 중국과 체결할 의무를 명시적으로 위임하고 있다고 볼 수 없고, 뿐만 아니라 동 규정 및 그 밖의 헌법규정으로부터 그와 같은 해석을 도출해 낼 수도 없다고 할 것이다(위 판례).

➡ 참고

1. 재외국민등록법 제1조(목적) 이 법은 외국에 거주하거나 체류하는 대한민국 국민을 등록하도록 하여 재외국민의 현황을 파악함으로써 재외국민의 국내외 활동의 편익을 증진하고, 관련 행정 사무를 적절하게 처리하며, 그 밖에 재외국민 보호정책의 수립에 이바지함을 목적으로 한다.
   제2조 (등록대상) 외국의 일정한 지역에 계속하여 90일 이상 거주하거나 체류할 의사를 가지고 그 지역에 체류하는 대한민국 국민은 이 법에 따라 등록하여야 한다.
2. 재외국민의교육지원등에관한법률 제1조(목적) 이 법은 재외국민에 대한 학교교육 및 평생교육을 지원하기 위하여 외국에 설립되는 한국학교 등 재외교육기관과 재외교육단체의 설립·운영 및 지원 등에 관하여 필요한 사항을 규정함을 목적으로 한다.
3. 재외동포의출입국과법적지위에관한법률 제2조(정의) 이 법에서 "재외동포"란 다음 각 호의 어느 하나에 해당하는 자를 말한다. 1. 대한민국의 국민으로서 외국의 영주권(영주권)을 취득한 자 또는 영주할 목적으로 외국에 거주하고 있는 자(이하 "재외국민"이라 한다) 2. 대한민국의 국적을 보유하였던 자(대한민국정부 수립 전에 국외로 이주한 동포를 포함한다) 또는 그 직계비속(직계비속)으로서 외국국적을 취득한 자 중 대통령령으로 정하는 자(이하 "외국국적동포")라 한다.

(4) 국적법상의 국민

1) 국적의 개념

국적이란 국민으로서의 신분 또는 국민이 되는 자격을 말한다. 현행 헌법은 '대한민국 국민의 요건은 법률로 정한다(제2조 1항)'라고 규정함으로써 국적법정주의를 취하고 있으며, 국적의 취득과 상실에 대한 일반법으로서 단행법인 국적법이 있다(국적단행법주의).

2) 국적 득실(得失)에 관한 일반원리

국적의 득실에 관한 규율은 나라마다 일정하지 않으나 일반적으로 부자동일국적주의, 부부동일국적주의, 이중국적의 배제 등의 원리가 채택되고 있다.

3) 국적의 취득

국적을 취득하는 방법으로는 선천적(先天的) 취득과 후천적(後天的) 취득이 있다. 선천적 취득에는 부모의 국적을 기준으로 국적을 결정하는 혈통주의(속인주의)와 부모의 국적과 관계없이 출생지를 기준으로 국적을 결정하는 출생지주의(속지주의)가 있다. 전자의 원칙을 택하고 있는 나라로는 독일, 스위스, 오스트레일리아, 일본, 한국 등이 있으며, 후자의 원칙을 택하고 있는 나라는 영국, 미국, 라틴아메리카 제국이 있다. 우리나라는 혈통주의를 원칙으로 하고 있지만, 예외적으로, 부모가 모두 분명하지 않거나 무국적자일 때에는 한국에서 출생한 자 및 한국에서 발견된 기아의 경우에는 예외적으로 출생지주의를 인정하고 있다. 후천적 취득이란 출생 이외의 사실에 의하여 국적을 취득하는 것으로써 혼인·인지·귀화·수반취득과 국적회복 등이 있다.

❀ 대법원판례

1. 대한민국 국민이 일본에서 영주권을 취득하였다 하여 우리 국적을 상실하지 아니하며, 영주권을 가진 재일교포를 준외국인으로 보아 외국인토지법을 준용하여야 하는 것도 아니다(대판 1981. 10. 13. 80다2435).
2. 조선인을 부친으로 하여 출생한 자는 남조선과도정부 법률 제11호 국적에 관한 임시조례규정에 따라 조선국적을 취득하였다가 제헌헌법의 공포와 동시에 대한민국의 국적을 취득하였다 할 것이고, 설사 그가 북한법의 규정에 따라 북한국적을 취득하여 중국 주재 북한대사관으로부터 북한의 해외공민증을 발급받은 자라 하더라도 대한민국의 국적을 취득하고 이를 유지함에 있어 아무런 영향을 끼칠 수 없다(대판 1996. 11. 12. 96누1221).

3. 영역

(1) 영역의 개념

영역(領域)이란 국가의 영토고권이 배타적으로 행사하는 공간으로서 영토, 영해, 영공을 포함한다. 영토(領土)란 토지로서 성립하는 국가영역으로서의 육지를 말하며, 영해(領海)는 그 나라의 주권이 미치는 해역으로서 영토에 접한 수역을 말한다. 우리나라의 영해법에 의하면 12해리를 영해로 하고 대한해협에 대해서만 3해리를 잠정적으로 적용하도록 하고 있다. 대륙붕은 지하자원개발과 어업을 위해 연안국의 지배권을 인정하고 있다. 영공(領空)은 영토와 영해의 수직상의 내부 상공으로 지배 가능한 범위 내에서 한정된다.

(2) 영역의 변경

1) 변경의 원인

영토변경의 원인으로는 자연현상(화산의 융기, 화산의 폭발 등), 인위적 원인(병합, 할양, 교환, 매매, 정복, 점령 등)을 들 수 있다.

2) 변경의 효과

영역 변경이 있게 되면, 영역에 대한 영토고권의 변경이 발생되고, 주민의 국적에도 변화가 발생한다. 국가간 병합(倂合)의 경우에는 모든 주민은 병합국의 국적을 취득하며, 일부 할양(割讓)의 경우에는 그 주민의 국적은 조약에 의하나, 주민의 자유의사를 존중함을 원칙으로 한다.

3) 구통치권의 효력상실

국가조직과 활동에 관한 공법(公法)은 당연히 효력을 상실하나, 사법(私法)은 신법에 의하여 변경되기 전까지는 유효하다.

(3) 우리나라의 영역

헌법 제3조에서는 '대한민국의 영토는 한반도와 그 부속도서로 한다'라고 규정함으로써 우리의 영토는 북한지역을 포함한다. 따라서 우리헌법은 북한지역에도 타당성 내지 규범성을 가지나 실효성은 없다.

◆ 헌재판례

※ 영토조항에 관한 판례: 헌재 2001. 3. 21, 99헌마139, 대한민국과일본국간의어업에관한협정비준등 위헌확인

1. 영토조항은 국민의 기본권을 보장하는 것으로 해석할 수는 없다: 헌법 제3조는 "대한민국의 영토는 한반도와 그 부속도서로 한다."고 규정하여, 대한민국의 주권이 미치는 공간적 범위를 명백히 선언하고 있다. 이러한 영토조항의 헌법적 의미가 무엇인가에 대해서는 여러 가지 견해가 존재하지만, 이러한 영토조항이 국민 개개인의 주관적 권리인 기본권을 보장하는 것으로 해석하는 견해는 거의 존재하지 않는 것으로 보인다. 이는 기본권이라는 것이 국민의 국가에 대한 주관적인 헌법상의 권리인데 대하여, 영토조항은 국가공동체를 구성하는 본질적인 요소에 대한 규정임을 고려하여 볼 때 쉽게 납득할 수 있을 것이다

2. 영토권의 개념 인정: 국민의 개별적인 주관적 기본권을 실질적으로 보장하기 위해서는 경우에 따라서는 객관적인 헌법질서의 보장이 전제되지 않으면 안되는 상황을 상정해 볼 수 있다. 그 예로서, 헌법 제3조의 영토조항은 우리나라의 공간적인 존립기반을 선언하는 것인바, 영토변경은 우리나라의 공간적인 존립기반에 변동을 가져오고, 또한 국가의 법질서에도 변화를 가져옴으로써, 필연적으로 국민의 주관적 기본권에도 영향을 미치지 않을 수 없는 것이다. 이러한 관점에서 살펴본다면, 국민의 개별적 기본권이 아니라 할지라도 기본권보장의 실질화를 위하여서는, 영토조항만을 근거로 하여 독자적으로는 헌법소원을 청구할 수 없다할지라도, 모든 국가권능의 정당성의 근원인 국민의 기본권 침해에 대한 권리구제를 위하여 그 전제조건으로서 영토에 관한 권리를, 이를테면 영토권이라 구성하여, 이를 헌법소원의 대상인 기본권의 하나로 간주하는 것은 가능한 것으로 판단된다.

3. 영토권은 국민의 국가에 대한 기본권이 아니라 그 주체는 국가이다: 영토는 국민, 주권과 더불어 국가의 구성요소로서 영토권의 주체는 다만 국가일 따름이고, 국민이 국가에 대하여 자국의 영토임을 주장하거나 자국의 영토를 튼실히 지킬 것을 주장한다고 하여, 또는 영토가 국민의 삶과 기본권 향유의 터전이라 하여, 국가에게 그 보장을 요구할 수 있는, 국민의 국가에 대한 기본권으로 이해할 수는 없는 것이다.

Ⅳ. 헌법전문

1. 의의

(1) 의의

헌법전문은 헌법본문 앞에 위치한 문장으로서 헌법전의 일부를 구성하고 있는 헌법서문을 말하는 것이다. 대체로 헌법의 제정의의, 개정과정, 헌법제정의 목적, 헌법제정권력자, 헌법의 기본원리 등을 기술한다.

(2) 입법례

국가마다 헌법전문에 대한 태도는 다양하다. 1831년 벨기에헌법과 1936년 소련헌법은 전문이 없으며, 1787년 미국연방헌법과 1919년 바이마르헌법은 비교적 간결하고 단문(短文)이며, 반면에 1946년 프랑스 제4공화국헌법의 전문은 장문(長文)으로서 권리장전의 내용이 포함되어 있다. 한편 이탈리아헌법처럼 전문이 단순히 공포문적 성격을 띤 경우도 있다.

▣ 참고

〈표-2〉 전문(前文)과 공포문(혹은 공포문의 전문)의 차이

구 분	전 문	공 포 문
구성위치	표제와 본문 중간에 위치	표제 앞에 위치
성 격	헌법전의 일부	헌법전의 공포취지 설명(일부분이 아님)
본 질	제헌자의 근본결단(헌법핵)	공포기간에 공포한 문건에 불과

※ 법령 등 공포에 관한 법률 제2조 '헌법개정·법률·조약 및 대통령령의 공포문과 헌법개정안·예산 및 예산외국고부담계약의 공고문에는 전문을 붙여야 한다.'

2. 법적 성격

(1) 학설

헌법전문은 다만 헌법의 유래·목적을 선언하는데 지나지 않으며 법적 성질을 가지지 않는다고 보는 부정설이 있으며, 19세기 독일공법학계의 통설, 위어(K. C. Wheare), 코윈(E. S. Corwin) 등 영미학자, 미국대법원의 입장이다. 그러나 칼 쉬미트(C.Schmitt)는 바이마르(Weimar)헌법의 전문을 전제로 하여 그것은 단순한 진술이나 역사적 설명이 아니고, 헌법제정권력의 소재(所在)를 선언한 구체적인 정치적 결정이라 하여 전문의 법적 의의를 인정하는 긍정설의 입장을 취하였으며, 라이프 홀쯔(G. Leibholz), 퀘기(W. Kägi), 헷세(K. Hesse), 독일연방헌법재판소 판례 등이 긍정설의 입장을 취하고 있다. 헌법전문의 법적 성격에 대하여 일의적으로 판단할 것이 아니라 개별 국가의 헌법전문이 어떠한 내용을 담고 있느냐의 문제이다. 즉 단순한 헌법제정의 유래 등 역사적 문서에 그치지 않고, 나아가 헌법의

제정권자, 그 기본원리 내지는 이념, 헌법제정의 정당성 등을 선언하고 있다면 그 법적 성격을 인정하여야 할 것이다.

(2) 법적 성격의 구체적 내용

우리나라 헌법전에서 헌법전문은 헌법전의 한 구성부분이며, 근본규범성을 가지며, 헌법조항의 해석기준이며 헌법개정의 한계이다. 헌법전문을 폐지한다는 것은 한계를 벗어난 개정이며, 내용의 부분개정은 가능하다고 하겠다. 그리고 헌법전문의 재판규범성 여부에 대하여 견해가 갈려있다. 제1설은 본문 각조항의 해석기준 또는 지침으로 원용하는데 그치고, 직접 재판규범성으로서의 효력을 가지지 않는다고 하며, 제2설은 헌법전문은 최고규범으로서의 효력을 가지며, 헌법본문과 같이 구체적 사건에 적용될 수 있는 재판규범으로서의 성질을 가진다고 한다. 제2설이 통설이다.

(3) 우리 헌법전문의 내용

우리 헌법전문은 형식적인 절차면과 실질적 내용면을 모두 포함하고 있다. 먼저 형식적인 절차면에서, 헌법제정권력자가 헌법개정권력의 국민임을 밝혔으며, 제헌헌법과의 관계를 규정하고 헌법개정일자를 명백히 하였다. 그리고 실질적 내용면으로는 대한민국의 건국이념과 임시정부법통계승, 자유민주주의적 원리, 4·19민주이념계승과 조국의 민주개혁, 기본권보장원칙, 민족자결주의, 국제적 평화주의, 문화국가지향 사회적 법치국가 실현, 조국의 평화통일 지향 등을 포함하고 있다.

◆ **헌재판례**

1. 헌법전문의 헌법과 법률의 해석기준임을 인정: "헌법전문에 기재된 3·1정신"은 우리나라 헌법의 연혁적·이념적 기초로서 헌법이나 법률해석에서의 해석기준으로 작용한다고 할 수 있지만, 그에 기하여 곧바로 국민의 개별적 기본권성을 도출해낼 수는 없다고 할 것이므로, 헌법소원의 대상인 "헌법상 보장된 기본권"에 해당하지 아니한다(헌재 2001. 3. 21, 99헌마139, 대한민국과일본국간의어업에관한협정비준 위헌확인).

2. 헌법전문으로부터 국가의 헌법적 의무 발생 인정: 헌법은 국가유공자 인정에 관하여 명문 규정을 두고 있지 않으나 전문(前文)에서 "3·1운동으로 건립된 대한민국임시정부의 법통을 계승"한다고 선언하고 있다. 이는 대한민국이 일제에 항거한 독립운동가의 공헌과 희생을 바탕으로 이룩된 것임을 선언한 것이고, 그렇다면 국가는 일제로부터 조국의 자주독립을 위하여 공헌한 독립유공자와 그 유족에 대하여는 응분의 예우를 하여야 할 헌법적 의무를 지닌다(헌재 2005. 6. 30. 2004헌마859, 서훈추천부작위 등 위헌확인).

3. 헌법전문의 재판규범성을 인정한 판례: 우리 헌법은 헌법에 의하여 체결·공포된 조약은 물론 일반적으로 승인된 국제법규를 국내법과 마찬가지로 준수하고 성실히 이행함으로써 국제질서를 존중하여 항구적 세계평화와 인류공영에 이바지함을 기본이념의 하나로 하고 있으므로(헌법 전문 및 제6조 제1항 참조), 국제적 협력의 정신을 존중하여 될 수 있는 한 국제법규의 취지를 살릴 수 있도록 노력할 것이 요청됨은 당연하다. 그러나 그 현실적 적용과 관련한 우리 헌법의 해석과 운용에 있어서 우리 사회의 전통과 현실 및 국민의 법감정과 조화를 이루도록 노력을 기울여야 한다는 것 또한 당연한 요청이다(헌재 2007. 8. 30. 2003헌바51, 2005헌가5, 국가공무원법 제66조 제1항 등 위헌소원 등). 정당추천후보자에게 별도로 정당연설회를 할 수 있도록 한 국회의원선거법 제55조의3 규정은 무소속후보자에 비교하여 월등하게 유리한 위치에서 선거운동을 하게 한 불평등한 규정이므로 헌법전문, 헌법 제11조 제1항의 법앞의 평등, 제25조의 공무담임권, 제41조 제1항의 평등선거의 원칙, 제116조 제1항의 선거운동기회균등의 보장원칙에 위반된다고 할 것이나 무소속후보자에게도 정당연설회에 준하는 개인연설회를 허용하는 경우에는 위헌성의 소지가 제거될 수 있으므로 제7항은 당해 지역구에서 정당추천후보자를 연설원으로 포함시킨 정당연설회를 개최하는 경우에는 무소속후보자에게도 정당추천후보자에 준하는 선거운동의 기회를 균등하게 허용하지 아니하는 한 헌법에 위반된다(헌재 1992. 3. 13, 92헌마37, 국회의원선거법 제55조의3 등에 대한 헌법소원).

제2절 대한민국헌정사

Ⅰ. 대한민국 근대 헌법사

1. 대한국제

(1) 대한제국성립

1897년 8월에 연호는 '광무(光武)'로, 10월에 국호는 '대한제국(大韓帝國)'으로 하며, 고종이 황제로 즉위하며 1899년에 대한국제(大韓國制)를 제정하였다.

(2) 대한국제의 제정

1899년 발표된 「대한국제」는 9개조로 구성되어 있으며, 그 주요내용은 자주독립국가 천명(제1조 '대한국(大韓國)은 세계만국의 공인돼 온 바 자주독립한 제국이니라'), 전제정치(專制政治, 제2조), 자주정체(自主政體, 제3조 '무한한 군권(君權)을 향유하는 공법에 이르는 자주정체이다'), 군권(君權) 침해자 권리박탈(제4조), 국군통수권과 계엄해엄권(제5조), 황제의 입법권(자정율례 自定律例)과 은사권(제6조), 행정명령권(자행치리 自行治理, 제7조), 문무관임면 및 영전수여권(자선신공,自選臣工, 제8조), 외교대권(자견사신 自遣使臣, 제9조) 이다.

(3) 특징

대한국제는 블룬츨리(Bluntschli)의 공법회통의 영향(전봉덕 교수의 견해)을 받았으며, 기본적 인권규정, 대의제도, 국민주권규정이 결여되어 있는 것으로 보아 미국헌법의 영향은 없었던 것으로 추정되며, 한편, 한국최초의 성문헌법(김철수 교수의 견해)으로서 의의가 크다고 하겠다.

(4) 평가

독립협회 등 민중의 '의회'설립운동을 저지하려던 고종과 친러수구파의 의도에 의하여 제정되었으며, 이 체제에 의거하여 을사조약이 체결되었다. 을사조약 당시 고종황제는 '의회'설립운동을 저지한 것을 깊이 후회하였다고 전한다.

2. 대한민국임시정부헌법

(1) 임시정부(臨時政府)

　　대한민국 임시정부 수립의 이념적 배경은 3·1운동(새로운 국가질서를 탄생시키기 위한 헌법제정권력적 성격을 띤 전국적 행사)의 독립사상이다. 당시 임시정부는 조직적 저항운동단체의 일종(영토회복을 위한 조직적 저항 및 외교운동)으로서 처음 노령의 '대한민국의회', 상해의 '임시정부', 서울의 '한성정부'로 구성되었으나, 이후 상해의 '임시정부'로 통합되었다. 대한민국 임시정부의 법적 지위는 특수한 범주에 속하는 망명정부적 성격을 지녔다. 광복이라는 창설법적 의지를 담은 군사·외교 등 국제분야에서의 활동실적이 있는 전쟁주체로서 저항조직이었으며, 망명정부로서의 지위는 갖지 않았다. 즉, 망명정부란 정통적 정부가 일시적인 망명기간동안 본국 밖으로 망명해서 영토회복을 기도하는 정부를 말하며, 국제법적으로 승인을 받고, 본국헌법을 계속하여 사용하는 경우이다. 이에 반하여 임시정부는 비정통적인 망명단체가 임시적인 신정부를 형성하여 독립운동을 전개하는 경우를 일컫는다.

(2) 임시정부헌법

1) 임시정부헌법의 법적성격

　　임시정부헌법도 국가의 기본법인 헌법이기는 하나, 아직 독립국가가 아니므로 독립을 위한 조직적 저항운동단체의 기본법이라는 견해(김영수)와 근대입헌주의적 헌법이라는 견해(권영성)가 있다.

2) 임시정부수립과 통합

　　처음 수립되었던 3개의 임시정부의 헌법을 보면, 노령의회는 '결의안'을, 상해임시정부는 '대한민국임시헌장'을, 한성정부는 '약법'이라는 이름으로 출범하였다. 노령의회의 결의안은 대통령중심제(형식적)를 주요 내용으로 하였으며, 상해임시정부의 헌장은 의원내각제와 진보된 민주정치사상을 내용으로 하였으며, 특히 최초로 '대한민국'을 국호로 채택한 헌법이다. 그리고 한성정부의 약법은 집정관총재제를 채택하고 전국 13도 대표에 의한 정통 정부적 성격이 강하였다. 이후 노령의 국민회의가 상해임시정부에 흡수되고 상해임시정부가 한성정부와 일체화됨으로서 하나의 임시정부로 통합하게 되었으며, 1919년 9월 11일에 상해임시정부의 내무총장인 안창호의 주도로 통합을 통하여 근대적인 헌법이 탄생하게 되었다. 이는 사실상 제1차 개헌이라고 볼 수 있다.

3) 임시정부헌법의 개정사

임시정부헌법은 통합헌법인 1919년헌법을 제1차개헌으로 하여 다섯 차례의 개헌이 있었다. 1919년임시헌법(1919. 9. 11. 제1차개헌)은 조소앙에 의하여 기초되고, 전문(前文)에서는 3·1독립정신을 규정하였으며, 통치구조는 의원내각제적 요소가 가미된 대통령중심제를 채택하였다. 1925년임시헌법(1925. 4. 7. 제2차개헌)은 전문을 삭제하였고, 3권분립을 부정하였으며, 미국식대통령제를 불신하여 대통제에서 의원내각제(국무령제)로 개헌하였다. 동 헌법은 미비하지만 실용적인 헌법으로서 전시체제를 상정한 헌법이었으며, 특히 이 헌법 하에서 임시의정원은 이승만 대통령의 탄핵안 통과시킨 바가 있다(1925. 3. 25). 1927년임시약헌(1927. 3. 15. 제3차개헌)은 지도자의 빈곤에 따른 조각난(組閣難)을 극복하기 위한 차원에서 국무위원집단지도체제를 택하였으며, 1926년에 김구가 국무령으로 취임하며, 가장 오랫동안 존재(1927부터 1940년까지 약14년간 존속)했던 헌법이다. 1940년임시약헌(1940. 10. 9. 제4차개헌)은 주석제를 도입하였으며 김구의 주도력을 제도화한 헌법이다. 동 헌법의 시기에는 임시정부가 중경으로 이전하였으며(1940. 9.), 한국광복군을 결성하고 민족세력을 집중하고자 하는 노력을 경주하여 한국독립당이 탄생하였다. 이처럼 동 헌법은 강한 전시체제의 임시약헌이었다고 할 수 있다. 1944년임시헌장(1944. 4. 22. 제5차개헌)은 다시 전문(前文)을 부활하여 3·1운동의 계승을 천명하고, 주·부주석제를 도입하였으며, 임시정부헌법 중에 가장 방대한 헌법전이다. 동 헌법은 전민족적 의정원(통일의회)이 구성되는 등, 전시거국내각체제를 이룩한 민족적 대단결의 산물이라고 하겠다.

4) 임시정부헌법개정의 특성

임시정부헌법의 명칭은 임시헌장(결의안, 약법) → 임시헌법 → 임시약헌 → 임시헌장으로 변천하였으며, 민족의 주체성을 지켜준 '독립을 위한 헌법'이며, 대한민국헌법의 정신적 기원이 되었다. 특히 근대입헌주의 헌법으로서의 발전의 토대가 되고, 제헌헌법의 모체가 되었다. 내용적으로는 3·1독립정신을 계승하고, 삼균주의(조소앙의 '균권·균부·균육'의 균등론)와 국민주권, 자유권보장, 3권분립, 의회제도, 법치주의, 성문헌법 등의 특징을 지녔다. 그러나 제2·3·4차 개헌헌법에서는 권리·의무규정과 권력분립이 미비한 결점도 있다고 하겠다.

Ⅱ. 대한민국헌법 개정사

1. 제헌헌법(1948. 7. 17, 제1공화국헌법)

(1) 경과

1948년 5월 10일 총선거에 의하여 구성된 제헌국회(制憲國會)는 동년 6월 3일 헌법기초위원 30인과 전문위원 10인을 위촉하여 헌법기초위원회를 구성하여 6월 22일까지 전후 16차에 걸친 토론 끝에 헌법초안을 결정하였고, 6월 23일에는 국회 제16차 본회의에 상정하였다. 그리고 7월 12일에 국회를 통과하게 된 헌법안을 7월 17일에 공포하여 대한민국헌법의 제정을 보게 되었다

헌법기초위원회에서 심의되었던 원안(原案)은 유진오안(俞鎭午案)이며 그 토대가 된 것은 바이마르(Weimar)헌법 등이며 내용은 국회를 양원제로 하고 정부형태는 의원내각제로 하며 법률의 위헌심사권은 대법원에 부여하는 것 등을 내용으로 하고 있다.

(2) 내용

헌법기초위원회를 통과하면서, 의원내각제에 대통령제가 가미된 통치구조를 가진 제헌헌법이 탄생하였다. 주요내용은 대통령제 채택(임기 4년, 재임만 가능), 국무총리와 국무위원은 국회에 책임이 없으나 국회의원겸직은 가능, 대통령의 법률안제출권·법률안거부권·계엄선포권·긴급명령발포권, 내각책임제 요소의 가미(정·부통령의 국회에서 선출, 국무원이 의결기관), 경제는 통제경제체제(국·공유화, 농지개혁), 가예산제도, 노동자의 이익균점권 인정, 헌법위원회, 탄핵재판소설치 등이었다.

2. 제1차 개헌 (발췌개헌, 1952. 7. 7)

(1) 경과

제1차 개헌은 이른바 발췌개헌(拔萃改憲)의 형태로 이루어졌다. 세 차례에 걸쳐 개헌안이 제출되었는데 의원내각제의 채택을 골자로 하는 제1차개헌안은 1950년 1월 28일에 한민당이 제출하였으나 부결되었고, 제2차개헌안은 1951년 11월 30일에 당시 정부안으로 정·부통령 직선제(直選制)와 양원제(兩院制)를 골자로 한 개헌안을 국회에 제출하였으나 역시 부결(否決)되었다. 야당계 의원들은 1952년 4

월 17일에 의원내각제개헌안을 제출하였으며 정부측에서도 동년 5월 14일에 앞서 부결된 개헌안을 다시 제출하여 이에 맞섰다. 이 두 개헌안의 제출을 계기로 이른바 정치파동이라고 하는 정치적 비상국면이 전개되었고, 결국 1952년 7월 4일에 양개헌안(兩改憲案)의 내용을 절충한 발췌개헌안이 통과되었다.

(2) 내용 및 특징

제1차개헌은 이미 공고되었다가 부결된 개헌안이 다시 제출되었고, 더욱이 여·야가 두 개의 개헌안으로부터 상호 타협에 의하여 몇가지 사항을 발췌하여 하나의 개헌안을 만들어 의결하였다. 따라서 개헌절차적 측면에서 보면, 공고(公告)절차와 심의(審議)절차를 거치지 않은 위헌성이 있다. 주요개정내용은 정·부통령직선제, 국회양원제(실제 시행되지는 못함), 국회의 국무원불신임제를 들 수 있다.

3. 제2차 개헌(사사오입개헌, 1954. 11. 29)

(1) 경과

1954년 5월 20일에 실시된 제3대 민의원선거에서 다수당이 된 자유당정부는 동년 8월 6일에 이승만대통령의 장기집권(長期執權)을 가능하게 하는 개헌안을 제출하였다. 동년 11월 27일에 있은 국회표결의 결과 재적의원 203명 중 가 135표, 부 60표, 기권 7표로서 국회는 당시 헌법개정에 필요한 의결정족수(136명)에 1표 부족하여 부결을 선포하였다. 그러나 11월 29일에는 이른바 사사오입원리(四捨五入原理)를 적용하여 자유당의원만으로 가결로 번복 결의하였다.

(2) 내용 및 특징

주요개정내용은 초대대통령에 한해 중임제한철폐, 주권의 제약 또는 영토변경에 대한 국민투표제 도입, 국민발안제 도입, 군법회의의 헌법상 근거 마련, 헌법개정한계에 대한 명문규정, 경제체제를 자유경제체제로 전환 등이다. 제2차개헌의 경우에는 초대대통령에 한하여 중임제한을 철폐한 것은 평등의 원칙을 위배한 것이고, 절차상 의결정족수에 미달한 위헌적 개헌이었다.

4. 제3차 개헌(내각책임제 개헌, 1960. 6. 15, 제2공화국헌법)

(1) 경과

자유당정부는 1960년 3월 15일에 실시된 대통령·부통령선거에서 장기집권을 위한 부정선거를 감행하다가 드디어 4월 혁명으로 발전하여 자유당정권은 무너졌다. 동년 5월 2일에는 허정(許政)을 내각수반으로 하는 과도정부가 구성되었으며, 국회에는 개헌을 위한 헌법개정기초위원회가 구성되었다. 동위원회에서 기초한 개헌안은 국회의원 175명의 제안으로 동년 5월 10일에 국회본회의에 상정·공고되었다. 이 개헌안은 동년 6월 15일 국회본회의에서 재적의원 218명 중 可 208표의 압도적 다수로써 통과되고 그 날로 공포되었다.

(2) 내용 및 특징

제3차 개헌은 최초의 합헌적(合憲的) 절차에 의하여 개정된 예이나, 당시 정치적 상황에 의하여 여야합의가 아닌 야당의원들에 의하여 주도된 개헌이었다. 주요 내용은 기본권의 강화(자유권에 관한 개별적 법률유보 삭제), 의원내각제(국회해산제도, 정부불신임제도), 정당조항의 신설, 대법원장과 대법관의 선거제, 헌법재판소 설치, 중앙선거관리위원회의 헌법기관화, 대통령의 국회간선제, 공무원의 정치적중립 및 신분보장과 경찰의 중립, 지방자치제의 활성화(실제는 관치행정)등 이다.

5. 제4차 개헌(소급입법개헌, 1960. 11. 29)

(1) 경과

제4차개헌은 3·15 부정선거의 주모자 등 반민주행위자들을 처벌할 헌법적 근거를 마련하려는 것이었다. 이 개헌안은 1960년 10월 17일 민의원에서는 재적의원 234명 중 可 191표로, 11월 28일 참의원에서는 재적의원 58명 중 可 44표로 각각 가결되었고, 동년 11월 29일에 공포·시행되었다.

(2) 내용

제4차개헌은 3·15 부정선거 주모자를 처벌하여야겠다는 사회분위기에 편승하여 개정된 것으로, 결국 형벌불소급(刑罰不遡及) 원칙에 대한 예외규정을 두어 법원리에 역행하는 결과를 낳았다. 구체적 내용은 반민주행위자처벌의 근거를 마련하기 위해 부칙을 개정, 소급입법권 규정, 특별재판소와 특별 검찰부 설치 등이다.

6. 제5차 개헌(1962. 12. 26, 제3공화국헌법)

(1) 경과

1961년 5월 16일 군사 쿠테타로 군사혁명위원회를 조직하고 삼권(三權)을 장악한 후, 대한민국 전역에 비상계엄을 선포하였다. 5월 19일에는 국가재건최고회의(國家再建最高會議)로 명칭을 변경하고 5월 20일에 혁명내각을 조직하였으며 6월 6일에는 국가재건비상조치법(國家再建非常措置法)이 제정·공포되어 구헌법(舊憲法)은 이에 저촉되지 않는 범위 내에서 효력을 가지게 되었다(헌법 정지의 예). 1962년 7월 11일에는 국가재건최고회의 특별위원회로서 헌법심의위원회가 구성되어 9인의 위원과 21인의 전문위원이 헌법개정안작성에 착수하였고 11월 5일에는 개정안을 최고회의에 상정하여 이를 공고하였다. 동년 12월 6일에 최고회의의 의결을 거쳐 12월 17일에 국민투표로써 확정된 이 개정헌법은 동년 12월 26일에 공포되었으며 1963년 12월 16일에 그 효력을 발생하였다.

(2) 내용 및 특징

제5차 개헌의 경우에는 구헌법이 국가재건비상조치법에 의하여 정지·침해되는 비정상적·위헌적 헌정질서 하에서 이루어진 것이다. 한편 동 개헌은 비상상황이 종료된 후 원래의 헌법인 1954년 헌법으로 돌아간 것이 아니라 비상조치 하에서 헌법의 전면적 개헌으로 이어졌다. 헌법개정절차 또한 국가재건비상조치법에 근거하였다는 점에서 '헌법 폐지'의 일종으로 보는 시각도 있다. 이러한 부정적 시각을 불식하는 방편으로서, 국민투표라는 절차를 거쳤으며, 이 절차를 통하여 국민적 정당성을 확보하고자 하였다. 개정의 주요내용은 헌법전문의 개정(4·19와 5·16의 이념), 인간의 존엄과 가치, 인간다운 생활을 할 권리 신설, 극단적인 정당국가화지향(당적이탈·변경시에 의원직 상실), 원칙적인 대통령제(미국헌법과 가장 근사한 헌법), 대법원의 위헌법률심사권인정, 법관임명은 법관추천회의의 제청, 헌법개정에 필수적 국민투표제, 탄핵심판위원회설치, 국가안전보장회의와 경제과학심의회의 신설 등이다.

7. 제6차 개헌(삼선개헌 1969. 10. 21)

(1) 경과

1969년 8월 7일 민주공화당은 대통령의 중임제한규정의 개정을 주요골자로 하는 개헌안을 제출하였다. 동 개헌안은 동년 9월 14일 국회 제3별관에서 여당의원들만으로 심야에 처리되었고, 10월 17일 국민투표에 붙여져 확정되어 10월 21일에 공포되었다.

(2) 내용

주요내용은 대통령의 삼선허용, 대통령에 대한 탄핵소추요건을 강화, 국회의원정수의 증원, 국무총리, 국무위원의 국회의원 겸직가능 등이다.

8. 제7차 개헌(유신헌법, 1972. 12. 27, 제4공화국 헌법)

(1) 경과

1972년 10월 17일에 박정희 대통령은 전국에 비상계엄을 선포하고 이른바 10·17비상조치를 단행하였다. 이에 따라 국회가 해산되고 그 대신 비상국무회의에서 의결된 헌법개정안이 동년 10월 27일에 공고되었으며, 11월 21일의 국민투표에서 확정되었다. 확정된 유신헌법(維新憲法)은 동년 12월 27일에 공포되었다.

(2) 내용

제7차개헌은 1969년 헌법의 개정절차에 따라 이루어졌지만, 비상조치 하에서 개정절차가 진행되었다는 점에서 헌법개정의 상황적 한계를 일탈한 것이라는 비판을 면치 못하고 있다. 주요내용은 헌법전문의 개정(자유민주적 기본질서를 처음으로 규정함), 통일주체국민회의 신설(대통령과 국회재적의원 $\frac{1}{3}$ 선출), 영도적 대통령제, 정당국가적 경향 완화(무소속출마 허용), 헌법위원회 신설(위헌법률심사권 부여), 헌법개정의 이원화(대통령제안은 국민투표, 국회제안은 통일주체국민회의), 국회기능의 축소(회기단축, 국정감사권 폐지, 국회 해산권인정), 국가긴급권 강화 등이다.

9. 제8차 개헌(1980. 10. 27, 제5공화국헌법)

(1) 경과

1979년 10·26사태에 따라 1980년 5월 31일에는 국가보위비상대책위원회가 발족하였으며, 개헌작업은 정부의 헌법개정심의위원회를 중심으로 이루어졌다. 동 위원회가 심의·확정한 헌법개정안은 국무회의의 의결을 거쳐 9월 29일 공고하였고, 10월 23일에 국민투표로써 확정되었으며 10월 27일 이를 공포하였다.

(2) 내용

제8차개헌도 제7차 개헌과 마찬가지로 1972년헌법의 개정절차에 따라 개정되었지만, 비상계엄 하에서 개정되었다는 상황상의 문제점을 안고 있다. 개정의 주요 내용은 민주복지국가 지향, 평화적 정권교체의 기틀 마련(대통령의 중임금지, 중임을 위한 개헌의 효력제한), 기본권 신장(개별적 법률유보삭제, 구속적부심사제의 부활, 연좌제금지, 무죄추정권 신설, 행복추구권 신설, 환경권 신설), 복지사회의지 구현(소비자 보호, 독과점규제, 적정임금조항, 농지임대차 및 위탁경영권 인정), 사법권의 독립성보장, 대통령 간선제(선거인단), 개헌절차의 일원화 등이다.

◆ **헌재판례**

헌법재판소는 1979년 12월 12일과 1980년 5월 18일을 전후하여 발생한 헌정질서파괴범죄 행위에 대한 공소시효정지등에 관한 사항등을 규정한 5·18민주화운동등에관한특별법(법률 제5029호, 1995. 12. 21, 제정) 제2조 위헌제청(違憲提請) 등에서 이를 합헌결정하였다(헌재 1996. 2. 16. 96헌가2,96헌바7,96헌바13, 5·18민주화운동(民主化運動)등에관한특별법(特別法) 제2조 위헌제청(違憲提請) 등).

❀ **대법원판례**

대법원은 '우리나라 헌법질서 아래에서는 헌법에 정한 민주적 절차에 의하지 아니하고 폭력에 의하여 헌법기관의 권능행사를 불가능하게 하거나 정권을 장악하는 행위는 어떠한 경우에도 용인될 수 없는 것이다'라고 하며, '헌정질서파괴범죄에 대하여 형사소송법상의 공소시효의 적용을 전면적으로 배제하는 헌정질서파괴범죄의공소시효등에관한특례법과 바로 그 헌정질서파괴범죄에 해당하는 군사반란과 내란행위를 단죄하기 위한 5·18민주화운동등에관한 특별법'에 근거하여 전두환, 노태우 등의 정권장악에 대하여 형사책임을 면할 수 없다는 판결을 내린바 있다(대판 1997. 4. 17. 선고 96도3376, 【반란수괴·반란모의참여·반란중요임무종사·불법진퇴·지휘관계엄지역수소이탈·상관살해·상관살해미수·초병살해·내란수괴·내란모의참여·내란중요임무종사·내란목적살인·특정범죄가중처벌등에관한법률위반(뇌물)】)

10. 제9차 개헌(1988. 2. 25. 제6공화국)

(1) 경과

1985년 2월 12일에 실시된 제12대 국회의원총선거를 계기로 국민의 민주화에 대한 열망과 대통령직선제를 통한 자유로운 정부의 선택권, 그리고 기본권보장의 확대·강화 등을 골자로 하는 국민적 개헌요구가 1987년 6월 10일 민주화운동으로 최고도에 이르자 이른바 6·29선언으로 이를 수용하게 되었다. 이에 따라 1987년 8월 여야 8인 정치회담에 의하여 개정안이 합의되고, 9월 18일에 국회에 발의되었으며 9월 21일의 공고에 이어 10월 12일에 국회에서 의결되었다. 10월 27일에 실시된 국민투표에서 확정된 제6공화국헌법은 10월 29일에 공포되었다. 동 개헌은 합헌적(合憲的) 질서에 따라 여야(與野)의 합의(合意)에 의하여 개정된 헌법으로서 우리 헌정사에서 가장 합헌적인 절차에 따라 개정되었다. 따라서 이를 쉽사리 개정하기 어렵기에 현재까지 장수를 누리고 있다.

(2) 내용

1) 전문과 총론

헌법전문을 개정하였으며, 국군의 정치적 중립성 명시, 국가의 재외국민 보호의무, 평화적 통일정책수립, 정당 목적의 민주화 등을 명시하였으며, 특히 경제조항에 기업의 경제상의 자유와 창의존중, 경제의 민주화, 경자유전의 원칙 및 농지소작금지, 농수산물 수급균형과 유통구조의 개선, 과학·기술의 혁신과 정보 및 인력의 개발 등을 신설하였다.

2) 기본권의 강화

적법절차를 규정, 구속·체포시의 고지의무와 통지의무, 구속적부심사청구권의 전면확대, 언론·출판에 대한 허가·검열의 금지 및 집회·결사에 대한 허가금지,

재산권수용 등에 대한 정당한 보상, 형사피해자의 재판상 진술권, 형사피의자의 형사보상청구권, 대학의 자율성 보장, 최저임금제실시, 단체행동권에 대한 법률유보 삭제, 국가의 여자·노인 및 청소년에 대한 복지향상 의무, 쾌적한 주택환경정책의 실시 의무 등을 명시하여 기본권보장을 강화하였다.

3) 통치구조부분 정비

통치구조에 있어서 국회의 권한을 강화하고 대통령의 권한을 축소하였으며, 특히 대통령직선제와 5년 단임제를 두었으며, 헌법재판소를 신설하였다. 국회권한강화를 위하여 국정감사권 부활, 임시회소집요건 완화(재적의원 4분의 1이상), 정기회 회기연장(100일), 년간개회일수제한을 삭제하였다. 그리고 대통령의 권한 축소를 위하여 비상조치권 및 국회해산권 삭제, 긴급재정·경제처분 및 명령권과 긴급명령권 부여하였다. 또한 사법권을 강화하기 위하여 법관임명절차개선(대법관회의 동의, 대법원장임명), 대법관임명에 국회동의를 두었으며, 군사법원을 설치하고 헌법재판소에 기관쟁의심판권 및 헌법소원심판권을 추가하고, 규칙제정권을 부여하였다.

➡ **참고**

— 헌정사에서 정리하여야 할 사항 —
1. 헌법총론
 (1) 헌법전문의 개정 : 제5차, 제7차, 제8차, 제9차
 (2) 직접민주주의의 헌법적 구현
   1) 국민발안 : 제2차개헌 (유신헌법에서 폐지)
   2) 국민투표 ① 헌법적 수용(제2차)
           ② 헌법개정절차에의 수용(제5차)
           ③ 대통령의 국민투표부의권(제7차)
 (3) 정당의 헌법적 수용
           ① 정당제도의 수용: 제3차
           ② 위헌정당해산심판: 제3차
           ③ 복수정당제도의 보장: 제5차
           ④ 정당국가화 경향: 제5차
 (4) 현대적·기능적 권력분립의 수단
2. 기본권론
 (1) 구속적부심제도(拘束適否審制度)
     건국헌법(建國憲法) → 폐지(유신헌법) → 부활(제5공화국 헌법)
 (2) 언론·출판의 자유
     헌법적 한계와 대사인적 효력(직접적 효력)의 인정(제8차 개헌)→ 사전검열의 금지

(현행헌법)
(3) 선거권자 연령
   법률유보(제1공화국) → 20세(제2공화국) → 법률유보(제6공화국)
(4) 기본권의 헌정사적 수용
(5) 기본권의 본질내용침해금지조항
   채택(제2차개헌)→ 폐지(제7차개헌) → 부활(제8차개헌)
(6) 현행헌법에 의하여 신설된 기본권

3. 통치구조론
(1) 정부형태
(2) 대통령: 선출방법, 선출기관, 임기, 중임여부, 국회해산권
 1) 국무회의
   국무원: 의결기관(제1,2공화국헌법) → 국무회의: 심의기관(제3공화국헌법)
(3) 국회
 1) 국정감사·조사권
   국정감사권(건국헌법) → 폐지(유신헌법) → 국정조사권 신설(제8차개헌) → 국정감사권과 국정조사권(현행헌법)
(4) 헌법재판의 담당기관
 1) 일반 헌법재판
   헌법위원회(1) → 헌법재판소(2) → 법원(3) → 헌법위원회(4)→ 헌법위원회(5) → 헌법재판소(6)
 2) 탄핵심판
   탄핵재판소(1) → 헌법재판소(2) → 탄핵심판위원회(3) → 헌법위원회(4)→ 헌법위원회(5) → 헌법재판소(6)
(5) 헌법개정절차
   국회에 의한 개헌(제1,2공화국) → 국회와 국민투표(제3공화국) → 이원화(유신헌법) → 국회와 국민투표(제8,9차 개헌)
(6) 한국헌정사에 있어서 비상입법기구
   미군정시대: 비상 국민회의
   제3공화국 성립기: 국가재건최고회의
   제4공화국 성립기: 비상 국무회의
   제5공화국 성립기: 국가보위입법회의

제 2 장
대한민국헌법의 원리와 제도

제1절 기본원리

I. 헌법의 기본원리

1. 헌법상 기본원리를 명확히 하는 이유

헌법상의 기본원리(基本原理)는 헌법조항과 법령해석의 기준이며, 헌법개정의 한계가 되고, 입법과 정책입안의 방향을 제시하며, 공무원과 모든 국민의 행동지침으로서의 기능을 하므로 우리 헌법전을 근거로 헌법상의 기본원리를 파악할 필요가 있다. 우리 헌법상의 기본원리는 국민주권의 원리, 기본권존중의 원리, 자유민주주의, 복지국가의 원리와 사회적 시장경제주의, 권력분립원리, 문화국가원리, 국제평화주의, 조국의 평화 통일지향, 법치주의 등을 들 수 있다.

2. 기본원리의 규범력

기본원리는 헌법의 이념적 기초가 되는 것이면서 헌법을 총제적으로 지배하는 지도원리로서 대한민국의 정치적 존재형태와 기본적 가치질서에 관한 국민적 합의를 헌법제정권자가 법규범의 형태로 재확인한 것이다. 그리고 현대국가의 '정치질서의 법적인 상수(常數)'로서 국가공동체가 조직되고 통일되기 위한 제도적·조직적 원리이며 동시에 정치적 가치질서(자유·평등·사회정의)의 실현을 보장하는 헌법적 수단이다.

이러한 기본원리는 헌법조항과 모든 법령의 해석기준이며, 법의 흠결을 보완하는 원리이고, 입법권의 범위와 한계 그리고 정책결정의 방향을 제시한다. 그리고 국민과 국가기관이 헌법을 존중하고 수호하도록 하는 지침이며 최고의 가치규범으로서 헌법개정의 한계가 되는 규범력(規範力)을 갖는다.

◆ 헌재판례

1. 헌법의 기본원리는 헌법의 이념적 기초인 동시에 헌법을 지배하는 지도원리로서 입법이나 정책결정의 방향을 제시하며 공무원을 비롯한 모든 국민·국가기관이 헌법을 존중하고 수호하도록 하는 지침이 되며, 구체적 기본권을 도출하는 근거로 될 수는 없으나 기본권의 해석 및 기본권제한입법의 합헌성 심사에 있어 해석기준의 하나로서 작용한다(헌재 1996. 4. 25. 92헌바47, 축산업협동조합법 제99조 제2항 위헌소원).

2. 대한민국의 주권을 가진 우리 국민들은 헌법을 제정하면서 국민적 합의로 대한민국의 정치적 존재형태와 기본적 가치질서에 관한 이념적 기초로서 헌법의 지도원리를 설정하였다. 이러한 헌법의 지도원리는 국가기관 및 국민이 준수하여야 할 최고의 가치규범이고, 헌법의 각 조항을 비롯한 모든 법령의 해석기준이며, 입법권의 범위와 한계 그리고 국가정책 결정의 방향을 제시한다(헌재 2001.09.27, 2000헌마238, 제주4·3사건진상규명및희생자명예회복에관한특별법의결행위취소등)

Ⅱ. 국민주권주의

1. 의의

(1) 개념

국민주권(國民主權)이란 주권이 '이념적 통일체로서 전체국민'에게 있음을 의미한다. 헌법의 기본원리로서 헌법·법령해석의 기준이 되며, 헌법개정의 한계이다. 국민주권사상은 전제군주정하에서 항의적(抗議的)·투쟁적(鬪爭的) 이데올로기로서 발전하였으며, 알투지우수(J. Althusis)가 제창한 후, 로크(J. Locke)와 루소(J. J. Rousseau) 등에 의하여 발전하였다. 이 사상은 1776년 6월 버어지니아 인권선언 제2조, 7월의 미국의 독립선언, 1787년 미연방헌법에서 성문화되었고(미국), 프랑스의 인권선언과 1791년 프랑스 헌법에서도 채택되었다(프랑스).

(2) 주권개념의 학설

주권을 헌법제정권력과 동일시하는 견해에 따르면, 주권을 국정에 있어서 국가의사를 전반적 최종적으로 결정할 수 있는 힘, 즉 최고의 국가의사 결정권으로 본다(다수설). 한편 주권을 국정의 최종적 권위로 보아 국가정치에 있어서 방향을 최종적으로 결정하는 권위 또는 권력이며, 헌법제정 행위 기타 국가권력을 정당화시키는 권위로서 헌법제정권력과 통치권 등을 내포한다고 주장한다.

(3) 주권개념 실재부인설

국민을 떠나 선재(先在)하는 주권이라는 실체는 존재할 수 없으며, 주권은 기본권과 같은 구체적 내용을 지닌 권리가 아니므로 주권(主權)이라는 개념 자체를 부인하는 견해도 있다. 주권개념실재부인론에 따르면, 국민주권주의는 주권과 국가권력을 정당화시켜주는 정당화논리라는데 의의가 있으며, '국민'은 '관념의 크기'에 불과하다고 보며 하나의 기관으로 보지 않는다. 즉, 주권 자체를 국민(nation)주권과 인민(people)주권으로 분류할 수 없다고 한다.

2. 주권론의 발전(주권의 소재에 의한 분류)

(1) 군주주권(君主主權)

군주주권론자로는 보댕(J. Bodin)과 홉즈(T. Hobbes)를 들 수 있다. 보댕은 국가론에서 주권론을 이론화(주권과 통치권의 구별, "국가에 관한 6편")하였으며, 주권은 신의(神意)의 대행자인 군주에게 귀속된다고 하였다. 홉즈는 절대군주정을 가장 이상적인 통치체제라고 찬양하였다. 무정부상태와 '만인에 의한 만인의 투쟁상태'의 극복을 위하여 계약에 의한 통치단체의 조직과 통치단체의 공권력이 필요하며, 이 공권력은 자연인으로서의 군주가 담당하여야 하고, 인간은 본성이 악하기 때문에 이 계약은 취소가 불가능하다고 하며, 저항권을 부인하였다.

(2) 국민주권(國民主權)

국민주권론자는 알투지우스(J. Althusis), 로크(J. Locke), 루소(J. J. Rousseau)를 들 수 있다. 알투지우스는 국가성립의 근거로 계약(契約)을 들었다. 그는 국가는 이중계약(二重契約)에 의하여 구성되며, 통합계약(統合契約)을 통하여 국가가 형성되고, 통치계약(統治契約)에 따라 통치자가 통치권을 행사한다고 주장하였다. 로크는 시민사회의 구성은 사회계약(社會契約)에 의거하며, 근본법인 헌법을 제정하기 위하여 입법기관이 있어야 하고 이 기관이 최고의 권력을 가진다고 하였다. 이 입법기관(立法機關)의 권력은 인민(人民)이 신탁(信託)한 것이며, 이 신탁은 해제가 가능하므로 국민은 저항권(抵抗權)을 가지며, 진정한 의미의 주권자는 전체인민이어야 한다고 하였다. 루소는 사회계약설과 더불어 인민주권론을 이론적으로 완성하였다. 그는 총의론을 바탕으로 모든 국민은 자신의 권리를 행사할 수 있다고 주장하며, 인민전체의 권력은 모든 권력의 원천이고, 전체시민이 통치자라야 한다고 하였다(치자와 피치자의 동일성). 국민개인은 이중적(二重的) 지위 즉, 피치자로서의 지위와 주권자의 지위를 동시에 가지며, 피차자로서의 지위는 개별의사의 주체로서 주권자에 대한 복종자로서의 지위이고, 주권자의 지위는 일반의사의 구성부분으로서의 주권자로서의 지위라고 하였다.

(3) 국가주권(國家主權)

국가주권론은 19세기 독일에서의 군주주권론과 국민주권론의 대립을 지양하고자 한 타협이론(妥協理論)으로 나타났으며, 그 논리적 전제는 국가법인설(國家法人說)이다. 국가주권론의 선구자들은 그로티우수(H. Grotius), 헤겔(G. Hegel), 라반트(P. Laband) 등이며, 엘리네크(G. Jellinek)가 체계화하고 완성하였다.

3. 현대적 국민주권론
('국민'의 범위에 의한 분류: 국민개념 2분설)

(1) '국민'의 기능

오늘날에는 주권의 주체인 국민의 범위를 어떻게 잡느냐에 따라 주권론은 두 가지로 설명할 수 있다. 먼저, 넓은 의미의 국민으로서 '이념적 통일체의 전체국민'을 상정할 수 있으며, 그 안에 내포되어 있는 좁은 의미의 국민 즉 '유권자로서의 전체국민'을 설정할 수 있다. 이때 '이념적 통일체로서의 전체국민'의 개념은 국가권력의 정당성의 근거(정치적 이념 선언)가 되며, '유권자로서의 전체국민'은 국가의사나 국가정책을 전반적·최종적으로 결정하는 국민(규범적 원리 의미)이 된다.

(2) 국민(nation)주권과 대의제

국민(nation)주권의 이론은 쉬예스(Siéyès)에 의하여 주장된 주권론으로서, 자본주의국가 헌법의 대부분에 영향을 미쳤다. 여기서의 주권의 주체인 국민은 '의제(擬制)된 전체로서의 국민'이며, 대의제(代議制)의 기초원리가 되었다. 이 이론에 의하면, 국민과 대표자의 관계는 무기속위임(명령적 위임의 배제)이며, 따라서 교양과 능력을 가진 엘리트에 의한 엘리트정치와 제한선거가 가능하고, 주권의 주체와 행사자가 불일치하며, 권력분립을 통치구조의 필수요소로 한다.

(3) 인민(people)주권과 직접민주정

인민(people) 주권론은 루소(Rousseau)에 의하여 주장되었으며, 근대 일부 프랑스헌법과 사회주의헌법에 영향을 미쳤다. 이 이론에서는 주권의 주체가 '현실적인 개개인의 집단으로서 유권자 전체집단'을 의미하며, 직접민주제의 이론적 기초가 된다. 즉 각 유권자는 '1/유권자의 수'만큼의 주권을 보유하고 행사한다. 이 이론에 의하면, 국민과 대표자와의 관계는 기속위임(명령적 위임)에 의하여 대리되며, 유권자 국민은 평등한 주권을 나누어 가지므로 주권의 주체와 행사자가 일치하고, 인민의 주권이 제한되는 제한선거와 제한정치를 인정하지 않는다. 그리고 이 논리에 의하면, 국가권력은 확고한 인민의 의사인 총의(總意)에 기속되어 권력집중이 당연시된다.

4. 우리나라 헌법상 국민주권의 행사방법

우리헌법은 국민주권주의를 실현하기 위하여 간접민주제를 원칙으로 하고 직접민주제를 가미한 제도를 도입하고 있다. 직접민주제도로는 중요정책에 대한 국민투표(제72조), 헌법개정에 대한 국민투표(제130조) 제도를 두고 있으며, 간접민주제도로는 국회의원 선거제도(제41조), 대통령선거제도(제67조) 등을 통한 대의제를 통치구조의 중요원리로 채택하고 있다. 이외에도 권력분립, 기본권보장(제2장), 정당제도(제8조), 지방자치제(제8장), 국민주권주의를 바탕으로 한 대통령의 의무, 기본권보장을 위한 법치주의, 직업공무원제(제7조), 헌법재판소(제6장) 등을 통하여 국민주권주의를 실현하고 있다. 다만, 직접민주제의 중요제도인 국민발안제는 제1공화국 제2차개헌에서 신설하였다가 제4공화국에서 폐지되었으며, 국민소환제는 우리헌법이 택한 바가 없다.

◆ 헌재판례

국민주권주의와 자유민주주의의 최고의 가치규범임을 선언: 우리 헌법의 전문과 본문의 전체에 담겨있는 최고 이념은 국민주권주의와 자유민주주에 입각한 입헌민주헌법의 본질적 기본원리에 기초하고 있다. 기타 헌법상의 제원칙도 여기에서 연유되는 것이므로 이는 헌법전을 비롯한 모든 법령해석의 기준이 되고, 입법형성권 행사의 한계와 정책결정의 방향을 제시하며, 나아가 모든 국가기관과 국민이 존중하고 지켜가야 하는 최고의 가치규범이다. … (중략)… 헌법 제1조는 "대한민국은 민주공화국이다" "대한민국의 주권은 국민에게 있고 모든 권력은 국민으로부터 나온다"라고 하여 국민적 합의로 국가권력을 조직하고 그 국민의 기본권을 최대한으로 보장한다(헌법 제10조)는 국민주권론의 원칙을 채택하여 국민에게 선언하고……(헌재 1989. 9. 8. 88헌가6, 국회의원선거법 제33조, 제34조의 위헌심판).

Ⅲ. 민주주의

1. 민주주의의 의의

(1) 개념

민주주의(民主主義)는 다의적(多義的) 개념으로서 정치원리로 보거나(좁은 의미), 생활원리(넓은 의미)로 볼 수도 있으나, 좁은 의미로 이해하여 민주주의는 '국민의 정치참여에 의해서 자유・평등・정의실현이라는 인류사회의 기본가치를 실현시키려는 국민의 통치형태'라고 할 수 있다.

(2) 민주주의의 이해

1) 넓은 의미의 민주주의

민주주의를 보편적 개념으로 받아들여서 생활의 실천원리로서 파악하고 비정치적 생활영역에 까지 확대적용(예: 민주화, 경제민주주의, 대학민주주의, 경영민주주의 등)하려는 경향으로서 60년대 이후 뚜렷해졌다. 이는 민주주의의 형식원리(다수결원칙)에 따라 이해관계인의 적극적인 참여와 발언권 내지는 결정참여권을 쟁취하려는 것이다.

2) 좁은 의미의 민주주의

민주주의를 특정한 정치원리로서 받아들여, 이를 정치형태(정치방식)으로 이해하기도 하고, 정치적 목적(정치적 내용)로 이해하기도 하며, 대부분의 헌법학자들은 민주주의를 좁은 의미로 즉 정치원리로 보고 있다.

2. 민주주의 본질

(1) 초기 민주주의이론

초기민주주의이론은 '국가권력의 주체가 국민인 통치형태'를 민주주의이론의 핵심으로 파악하였으며, 헤로도트(Herdot)의 일인통치・소수통치와 대립된 '전체국민의 통치형태'에서 기원을 찾을 수 있다.

민주주의이론은 이후 플라톤과 아리스토텔레스, 루소와 쉬예스에 의하여 발전되었다. 플라톤(Platon)은 '자유의 원리를 실현시키는 통치형태'가 '민주국'이라고 하여

'자유'와 민주주의를 접목하였다. 아리스토텔레스(Aristotelles)는 '국가적 후견으로부터의 자유'를 강조하고 이는 국민 모두가 평등하게 국사(國事)에 참여함으로써 실현될 수 있다고 생각하였으며, 즉 '평등'한 정치참여를 강조하고 '평등'한 정치참여가 자유실현의 수단이라고 판단하였다. 쉬예스(Sieyès)는 그의 대의제민주주의이론을 통하여 1776년 미국독립이후 민주주의의 제도화에 기여하였으며. 루소(Rousseau)는 사회계약론과 총의론을 기본으로 한 '자기통치적 직접민주주의'를 주장하였고, 국민주권이론을 정립한 현대민주주의이론의 정신적 아버지이다. 이후 자유주의사상에 바탕을 둔 권력분립이론과 결합되어 현대 정치제도에 많은 영향을 미쳤다.

그러나 초기 민주주의학자들은 '국가'란 인간을 떠나서 존재할 수 없음에도 불구하고 선재(先在)하는 국가권력을 전제로 하고 있으며, 국가란 인간의 정치적 활동단위이며, 국가권력도 사회의 조직과정에서 창설되는 것에 불과한 것이라고 하였다. 그리고 그들은 '국민'을 인격화하여 '행위능력'을 인정하고 국가권력을 소유·행사한다고 봄으로써 '국민'에게 무제한의 권력을 부여하여 기본권론이나 권력분립론과 조화될 수 없도록 하였다.

(2) 본질론의 두 흐름

1) 정치형태(정치방식)으로 보는 견해(경험적·기능적 접근론)

민주주의를 정치과정 또는 정치방식으로 이해하는 입장으로, 정치과정의 결과가 가변적(可變的)이라는 상대적(相對的) 민주주의의 경향을 띠고 있다. 그리고 국민에 의한 통치와 지배를 중시하여 이를 기준으로 민주정치와 전제정치를 구별하였다. 루소의 '치자 피치자 동일성이론'을 바탕으로 칼 쉬미트(C. Schmitt)에 의하여 계승되었으며, 한스 켈젠(H. Kelsen)은 '민주주의는 국민에 의한 정치(government by the people)'라고 하여 민주주의의 내용이 임의로 상대화될 수 있다는 상대적 민주주의로 발전되었다. 이들 주장의 본질적 요소로는 국민에 의한 국민의 지배, 다수결원칙, 정치과정의 자유와 공개성 등을 들 수 있다.

그러나 정치적 과정만을 중시하고 결과의 내용(민중자신의 이익과 배치되는 결과)을 무시함으로써 박수민주주의, 인민민주주의로 흐를 위험이 있으며, 국가와 국민의 이해관계를 동일시하고 국민전체의 '유일하고도 통일된 전체의사'를 의제(擬制)함으로서 국가권력에 대한 통제와 기본권보장의 문제를 논의할 수 없고 다원주의를 부정하는 전체주의적(全體主義的) 위험성을 갖고 있다. 즉 '국민의 자기통치'는 국가권력의 창설과 그 행사의 정당성을 국민의 의사에 귀착시킬 수 있는 통치형태로 보아야 하는 것이다.

2) 정치이념(목적·내용)으로 보는 견해(고전적·규범적 접근론)

민주주의를 실현되어야 할 특정한 정치적 이념이나 목적으로 인식하는 견해로서, 막스 아들러(Max Adler)는 '민주주의는 국민을 위한 정치'라고 하였다. 이념이나 목적이 무엇이냐에 관하여 '자유(自由)'라고 보는 견해(자유민주주의: 시민민주주의)와 평등(평등민주주의: 사회민주주의)이라고 보는 견해가 대립되어 있으며, 자유·평등·정의라고 보는 견해도 있다.

그러나 특정 목적의 실현을 위하여서는 수단과 방법을 경시하는 위험성이 있다. 즉 국민전체의 복지실현 혹은 경제적 기회균등의 실현을 표방하는 것이라면 폭력적·자의적 지배일지라도 용납되어야 한다는 모순이 있다.

(3) 실질적 민주주의론

실질적 민주주의론은 민주주의의 이념과 목적을 설정하고(실질적 요소), 이를 실현하기 위한 수단을 강조하며(형식원리), 이러한 수단이 제도적으로 성공하기 위한 정신적 자세(생활철학)를 요구한다. 민주주의의 실질적 요소는 국민주권·자유·평등·정의이며, 민주주의는 이를 실현시키기 위하여 창안된 통치형태라고 한다. 그리고 이러한 실질적 요소를 국민의 정치참여에 의하여 실현시키려는 통치형태가 민주주의이므로 국민의 정치참여를 위한 수단으로서 법질서, 국민투표 및 선거제도, 복수정당제도, 다수결원칙, 소수보호, 기본권보장, 권력분립제도, 사법권독립, 헌법재판제도, 지방자치제도, 공무원의 정치적 중립성(민주주의의 형식적 요소) 등을 든다. 나아가 민주주의의 실질적요소와 형식원리를 실현·유지하기 위하여서는 사랑, 관용, 공명심, 책임감, 대아적(大我的) 자세, 순수성, 사리사욕을 초월하는 생활태도, 협상의 자세 등 윤리적·도덕적 철학이 실천되어야 한다고 한다.

3. 민주주의의 유형

(1) 자유민주주의와 사회민주주의

자유와 평등의 이념 중 '자유'의 실현을 중시하면 자유민주주의, '평등'을 중시하여 '자유'에 우선시키면 사회민주주의(평등민주주의)라고 할 수 있다. 자유민주주의(自由民主主義)는 자유주의와 민주주의의 양자가 결합된 정치원리로서, 이때의 자유주의는 국가권력의 간섭을 배제하고 개인의 자유와 자율을 옹호하고 존중할 것을 요구하는 사상으로 받아들이고 있다. 사회민주주의(社會民主主義)란 자유민주주의를 부정하거나 배격하는 것이 아니라 자유민주주의를 전제로 하면서 사회정의와 국민복지의 실현을 위하여 자유의 체계에 적절한 제한이 가해지는 민주주의 즉 자유민주주의를 전제로 하여 실질적(實質的)인 평등(平等)을 지향(指向)하는 민주주의의 한 유형이다. 사회민주주의라는 용어는 시대의 추이에 따라 변동하여 때로는 정반대의 의미로 쓰여 지기도 하였다. 즉 19세기 후반부터 제1차세계대전 까지는 '공산주의'와 동의어로 사용되었으며, 볼셰비키혁명 후에는 볼셰비키가 공산당으로 용어를 바꾸자 공산당을 반대하는 사회주의로서 민주주의와 동의어로 사용하였다. 그리고 제1차세계대전 후의 독일에서는 수정마르크스주의를 의미하였으며, 나찌의 탄압을 받았으며, 제2차세계대전 후에는 사상적 의미를 상실하였으나, 현대에 이르러 각국에서 정당의 기본강령으로 선택되었다.

(2) 절대민주주의와 제한민주주의

절대민주주의는 국민의 의사에 절대적인 가치를 부여함으로써 '국민의 의사'를 제외한 어떠한 객관적인 가치도 인정하지 않는 이데올로기로서 국민주권을 자유·평등·정의 보다 우선시하고, '다수결원칙'을 가장 중요한 내용으로 하며, '가치 중립성'과 '가치의 상대성'을 중시한다. 정치적 후진국의 민주주의는 대부분 절대민주주의 성격을 띠고 있다.

제한민주주의란 제한민주주의 예로는 정책결정에 참여할 수 있는 국민의 범위가 제한되는 정치원리이다. 직접민주주의에서 고대 희랍국가, 스위스를 들 수 있으며, 대의민주주의(간접민주주의)가 연방국가원리나 입헌군주제에 의하여 그 기능이 제약되는 예로서는 스페인을 들 수 있다.

4. 우리헌법상 민주주의의 보장수단

(1) 적극적 보장

우리헌법은 민주주의의의 내용이 되는 제도를 채용하고 있으며, 자유로운 의사형성과 표현을 보장하고 의회제도와 정치과정을 공개하고 있다. 특히 국민주권을 선언하고 직·간접적인 민주주의 제도, 민주적 공무원제도, 복수정당제와 정당활동의 보장 등을 통하여 민주주의를 구현하고 있다. 경제적·사회적 민주주의와 국제평화주의, 권력분립주의, 법치주의 등도 자유주의 등과 결합하여 민주주의구현에 중요한 기초를 제공하고 있다.

(2) 소극적 보장

민주주의의 보장을 위한 소극적 보장 즉 전투적·방어적 민주주의에 해당하는 다양한 제도를 두고 있다. 국가에 의한 민주주의의 침해를 방어하기 위하여 탄핵제도, 해임건의, 위헌법률심사, 헌법소원, 저항권행사 등이 있으며, 정당에 의한 침해를 방어하기 위하여 위헌정당해산제도를 두고 있고, 국민으로부터 민주주의를 보장하기 위하여 형법, 국가보안법, 각종 행정법규를 두고 있다.

Ⅳ. 사회국가원리

1. 의의

사회국가(社會國家)란 모든 국민에게 생활의 기본적인 수요를 충족시킴으로써 건강하고 문화적인 생활을 영위할 수 있도록 하는 것이 국가의 책임이면서 그것에 대한 요구가 국민의 권리로 인정되어 있는 국가로서 사회적 법치국가원리와 표리의 관계에 있다.

사회국가원리는 19세기 근대시민사회의 '형식적 평등'과 야경국가적 경향에 의한 경제적 약자의 출현과 보호의 필요성에서 대두되었으며, 이 원리는 '계약의 자유' 원칙의 수정 및 사회정책적 국가활동의 영역의 확대로 나타났다.

사회국가원리의 최초규정은 1848년 프랑스헌법(France)헌법 전문에서 빈곤한 시민의 일자리제공이나 노동력 없는 자에게 국가구조을 통한 생존확보를 위한 규정을 둔 것이며, 제1차대전후 바이마르(Weimar)헌법 제151조 등에서 생존권적 기본권의 본격적 헌법규범화를 통하여 구체화되었으며, 제2차대전 후에는 프랑스 제4공화국헌법에서 '민주사회공화국(제1조)'규정을 둔 것과 독일기본법이 '사회적 연방국가(제20조)'를 선언한 것으로 구체화되었다.

2. 사회국가원리의 내용

(1) 사회국가원리의 일반적 내용

사회국가의 원리는 실질적인 자유와 평등 즉 사회정의의 실현, 사회개량정책을 통한 사회통합달성, 국가의 적극적 활동 등을 그 내용으로 하고 있다. 국민이익의 조정 및 균등한 복지구현, 적정수순의 경제적·문화적 생활의 보장 등을 통하여 실질적인 자유와 평등 즉 사회정의를 실현하고, 산업사회의 계층간의 갈등을 해소하여 통합을 추구하고자 하며, 국가는 소극국가·야경국가의 차원을 넘어 적극적 정책개발과 개인적 생활영역에의 개입에 의한 새로운 질서의 형성하고자 한다. 물론, 개인적 생활에 대한 국가적 책임과 함께 개인의 사회적 책임까지도 강조한다.

(2) 타 국가원리와의 비교를 통한 내용파악

1) 민주주의·법치주의와의 비교

민주주의원리는 국가의 통치활동에 참여할 수 있는 정치적인 자유와 평등을 실현하고자 하는 통치형태적 실현수단이며, 법치국가원리는 국가의 조직과 기능을 통한 자유와 평등을 실현하고자 하는 국가기능적 실현수단이나, 사회국가원리는 국민각자가 자율적으로 일상생활을 꾸려나갈 수 있도록 사회적인 생활환경을 조성하는 것(사회구조의 골격적인 테두리를 형성하는 것)이 사회국가의 가장 핵심적인 과제라는 측면에서 구별할 수 있다.

2) 공산국가·복지국가와의 비교

공산국가는 모든 생활수단을 국가가 일일이 급여해 주는 공산주의적 배급국가이며, 복지국가는 국민의 일상생활이 하나에서 열까지 철저히 국가의 사회보장제도에 의해서 규율되는 것을 내용으로 하는 국가인 반면, 사회국가는 국민각자의 자율적인 생활설계를 그 근본으로 하는 국가인 점에서 구별된다.

3. 사회국가원리의 헌법적 구현방법

(1) 사회국가조항의 법적성격

사회국가조항의 규범적 성격에 대해서는 긍정론과 부정론이 있다. 규범성을 부인하는 입장에서는 사회국가조항을 '내용 없는 백지규범(白紙規範)' 또는 '정치적인 선언'에 불과하다고 보는 반면, 규범적 성격을 긍정하는 입장에서는 모든 법규범의 '해석지침', '국가의 목표규정', '헌법 형성적 기본결정' 및 '사회형성의 일반유보' 등으로 보고 있다. 그러나 우리헌법에서의 사회국가조항은 사회국가실현의 헌법지침적 성격과 수권규범적 성격을 가졌다. 즉 국가의 구조(構造)가 사회국가원리에 맞도록 형성될 것을 헌법적으로 명하는 것이라고 보는 것이 타당하다.

(2) 현행헌법상의 사회국가원리조항

우리헌법은 사회국가원리조항을 통하여 실질적 평등 즉 사회정의가 구현되는 국가를 목표로 하고 있음을 명확히 하고 있다. 전문(前文)에서는 '모든 영역에서 각인의 기회를 균등히 하고……안으로는 국민생활의 균등한 향상을 기하고'라고 선언하고 있으며, 제10조(모든 국민은 인간으로서의 존엄과 가치를 가지며, 행복을 추구할 권리를 가진다), 제34조(국가는 사회보장·사회복지의 증진에 노력할 의무를 진다), 제119조 제1항(국가는 균형있는 국민경제의 성장 및 안정과 적정한 소득의 분배를 유지하고, 시장의 지배와 경제력의 남용을 방지하며, 경제주체간의 조화를 통한 경제의 민주화를 위하여 경제에 관한 규제와 조정을 할 수 있다) 등에서 사회국가원리를 규정하고 나아가 사회적 기본권의 보장(제31조에서 제36조까지), 재산권의 사회기속성 강조(재산권의 행사는 공공복리에 적합하여야 한다), 사회적 시장경제질서(제119조 이하의 '경제'의 장)를 통하여 사회국가원리를 구현하고자 하고 있다.

4. 사회국가원리의 한계

우리 헌법이 사회국가원리를 채택하고 있지만, 사회국가실현에는 많은 한계를 가지고 있다. 실질적으로 헌법규정들은 사회개량적 방법에 의한 사회국가의 실현을 도모하고 있으며(개념본질상의 한계), 법치국가적 절차를 무시한 사회국가화(社會國家化)는 부인하고 있으며(법치국가원리에 의한 한계), 사회국가실현을 위하여 자유권적 기본권을 제한하더라도 본질적 내용을 침해할 수는 없으며(기본권 제한상의 한계), 사회국가실현을 위한 재정투자를 위한 재원확보에 있어서 합리적인 조세제도와 경제정책의 입안과 실현이 필요하며(재정·경제력에 의한 한계), 개인적 차원에서 해결하는 것이 불가능한 경우에 비로소 국가가 개입하도록 제도화하고 있다(보충성원리에 의한 한계). 또한 우리 헌법 하에서는 국민생활의 평준화·일원화를 요구하는 것은 불가능하기도 하다.

◆ 헌재판례

　헌법재판소도 '사회국가원리'를 인정: '헌법은 제119조 제2항에서 …… 헌법이 이미 많은 문제점과 모순을 노정한 자유방임적 시장경제를 지향(指向)하지 않고 아울러 전체주의국가의 계획통제경제도 지양(止揚)하면서 국민 모두가 호혜공영(互惠共榮)하는 실질적인 사회정의가 보장되는 국가, 환언하면 자본주의적 생산양식이라든가 시장메카니즘의 자동조절기능이라는 골격은 유지하면서 근로대중의 최소한의 인간다운 생활을 보장하기 위하여 소득의 재분배, 투자의 유도·조정, 실업자 구제 내지 완전고용, 광범한 사회보장을 책임있게 시행하는 국가 즉 민주복지국가(民主福祉國家)의 이상을 추구하고 있음을 의미하는 것이다'라고 판시(헌재 1989. 12. 22. 88헌가13, 국토이용관리법제21조의3제1항, 제31조의2의위헌심판).

V. 법치국가원리

1. 의의

(1) 개념

　법치국가(法治國家) 원리란 모든 국가적 활동과 국가공동체적 생활은 국민의 대표기관인 의회가 제정한 법률에 근거를 두고 법률에 따라 이루어져야 하며(합법성), 그 법의 내용도 정당하여야 한다(정당성)는 원리이다. 따라서 국가권력의 조직과 작용은 법에 기하지 않으면 안되며, 법은 국민의 의사를 반영하는 것이어야 하고, 국가권력의 조직과 작용의 적법성은 사법부에 의하여 심사되지 않으면 안된다는 원리이다.

(2) 역사적 전개

1) 형식적 법치주의에서 실질적 법치주의로 발전

　법치주의는 형식적(形式的) 법치주의에서 출발하여 최근에는 실질적(實質的) 법치주의로 발전하였다. 형식적(근대 시민적) 법치주의가 권력분립, 의회법률주의, 위임입법의 제한, 합법성 등을 중시한 반면, 실질적(현대 사회적) 법치주의는 합법성(合法性) 뿐만 아니라 정당성을 강조하였다. 즉 법내용의 정당성(正當性)도 합법성과 함께 강조하고 있다.

2) 영국에서의 '법(法)의 지배(支配)'의 원리

영국에서의 법치주의는 '법의 지배'원리의 발전과정을 거치며 전개되었다. 17세기 경 군주적 대권(大權)의 절대성에 반대하여 일반법(Common Law)의 우위성이 주장되었는 바, 에드워드 코크(E. Coke)경이 1610년 보햄판결(Dr. Bonham's Case)에서 '국왕은 신과 법 아래에 있다'고 주장한 것이 대표적이다. 이후 명예혁명에 의하여 제도적으로 정착되었으며, 법원리로도 확립되었다. 19세기에 이르러 다이시(A. V. Dicey)에 의하여 이론적으로 체계화되었다. 그는 「헌법학서설(1885)」에서 법의 지배원리를 '왕권에 대한 법의 우위로 출발 → 보통법원의 우위 발전 → 의회주권주의에 도달'을 주장하였다.

그리고 영국헌법의 특징으로 법의 지배는 개인의 권리와 자유를 확보하기 위한 '절차법적인 측면'에 중점을 두었으며, 이 원리는 미국에서 법원에 의한 위헌법률심사제 내지 사법권의 독립으로 전개되었다.

3) 독일에 있어서의 법치국가론

법치국가는 경찰국가나 관료국가에 대립하는 개념으로서 18세기 말의 대표적 학자로 쉬타인(L. v. Stein), 마이어(O. Mayer), 쉬탈(F. J. Stahl) 등을 들 수 있으며, '법률우위의 원칙'과 '행정의 합법률성' 등을 기초로 하는 이론이다. 쉬탈은 법치국가를 시민적 자유를 보장하기 위한 방법 내지 법기술적 성격으로 파악하였으며, 마이어는 법치국가를 '법률우위의 원칙'특히 행정의 법률적합성의 원리를 바탕으로 이해하고, 쉬미트(C. Schmitt)는 법치국가는 국가권력의 제한과 통제의 원리, 시민적 자유의 보장과 국가권력의 상대화체계를 구성요소로 한다고 하였다.

2. 법치국가의 내용과 실질적 법치주의

(1) 내용

법치국가원리는 권력분립의 기초로 하여 국민의 자유와 권리의 확보를 목적으로 하는 원리이다. 구체적 내용은 의회주의와 법률의 우위, 행정의 합법률성(행정은 법률의 존재를 근거로 그에 의거하여 행하여져야 한다), 법률에 의한 재판(사법도 법률의 존재를 전제로 법률에 따라 행해져야 한다)등 이다.

한편 법치국가원리는 적극적으로는 국가권력 발동의 근거(법의 제1차적 기능)가 되며, 소극적으로는 자유주의국가에서 가장 중요시되는 국가권력을 제한하고 통제(법의 제2차적 기능)하는 기능을 한다.

(2) 형식적 법치주의와 실질적 법치주의

1) 형식적법치주의(形式的法治國家, 근대 시민적 법치주의)

형식적 법치주의는 행정과 재판이 법률에 적합하도록 행해질 것을 요청할 뿐 법률의 목적이나 내용을 도외시함으로써 법률은 개인의 권리보장 보다 억압의 수단으로 악용되는 위기를 초래하였으며, 제2차대전 후 독일 등 파시즘 제국이 패망한 후에 실질적 법치주의로 대체되었다. 형식적 법치주의에서는 권력분립, 의회법률주의, 위임입법의 제한 등을 주요내용으로 한다.

2) 실질적 법치주의(實質的法治國家, 현대 사회적 법치주의)

실질적 법치주의란 정의실현을 내용으로 하는 법에 의거한 통치원리를 기반으로 하는 국가원리로서 법적 안정성의 유지, 인간의 존엄성 보장, 실질적 평등을 기초로 법률의 목적과 내용도 정의에 합치하는 정당한 것이어야 한다는 원리를 이념적 근거로 하며, 인간의 존엄성과 실질적 평등 그리고 합법성뿐만 아니라 정당성을 강조하는 특징을 갖는다.

3. 민주주의와 법치주의의 관계

(1) 대립요소

기능적 측면에서 법치주의는 정적·기능을 하나, 민주주의는 동적·개혁적 기능을 한다. 그리고 국가원리로서 법치주의는 국가의 기능·조직을 법우선의 원칙에 따라 형성·조절함으로써 국민의 실질적인 자유·평등·사회정의를 실현하고자 하는 국가의 기능형태적 원리이나, 민주주의는 국민주권과 국민의 정치적 자유·평등·사회정의를 실현하기 위한 국가의 통치형태적 원리이다.

(2) 상호보완관계

민주주의는 정권의 정기적인 교체를 이념적 전제로 하지만, 법치주의는 정기적인 정권교체로 인한 국가질서의 동요를 막고 이를 제도적으로 안정시키려는 안정성과 계속성을 속성으로 하기 때문에 상호보완관계에 있다.

4. 우리헌법상 법치주의의 구현

우리 헌법은 법치주의를 구현하기 위하여 성문헌법주의(경성헌법주의), 기본권의 보장(실질적 법치주의)과 적법절차조항, 권력분립, 위헌법률심판(법률의 정당성을 담보), 행정권에 대한 포괄적 위임입법의 금지, 국가권력행사의 예측가능성 및 법적 안정성 및 신뢰보호의 원칙, 행정의 합헌성·합법률성과 사법적 통제(헌법 제107조) 등의 제도화하고 있다. 그러나 법치주의의 예외로서 긴급재정·경제처분 및 긴급명령권(제76조), 계엄선포권(제77조)과 포괄적 위임입법을 부분적으로 허용하고 있다.

◆ 헌재판례

1. 적법절차조항은 법치국가의 당연한 원리를 강조하고 주의를 불러일으키기 위한 것에 불과하다(헌재 1989. 9. 29. 89헌가86).
2. 예측가능성 원칙 내지 신뢰보호의 원칙은 법적 안정성을 추구하는 자유민주주의 법치국가헌법의 기본원칙이며, 헌법의 법치국가에 관련된 모든 법조항의 근거이다(헌재 1992. 10. 1. 92헌마68·76).

▶ 참고

※ **법치주의의 구성요소**
(1) 권영성 교수: 구성요소로는 성문헌법의 존재, 기본권의 보장, 권력분립주의, 입법작용의 헌법 및 법 기속, 행정의 합법률성, 사법적 권리보장(효과적인 권리구제), 국가권력행사의 가측성, 포괄적 위임입법의 금지, 신뢰보호, 광범위한 자유재량의 배제, 과잉금지의 원칙 등을 들고 있다.
(2) 허 영 교수: 법치주의는 국가의 전체적인 기능이나 조직형태에 관한 구조적 원리로서 자유·평등·정의의 실현원리이며 그 내용으로는 입법작용의 헌법기속, 법치행정, 효과적인 권리구제, 신뢰보호 내지 소급효력금지, 과잉금지 등 이외에도 기본권보장과 권력분립을 중요한 요소로 설명하고 있다.

VI. 문화국가원리

1. 의의

(1) 문화와 문화국가

헌법상 문화(文化)란 헌법을 매개로 하여 국가와 특수한 관계를 가지는 지적·창조적 생활영역 즉 교육, 학문, 예술, 종교, 언론 등을 내용으로 하는 삶의 한 부분이다. 이에 관한 규정을 둔 헌법을 '문화헌법'이라고 한다. 그리고 '문화국가(文化國家)'란 국가로부터 문화의 자유를 인정하면서도 국가에 의한 문화의 급부 즉, 문화에 대한 국가적 보호·지원·조종 등을 실현하고 문화가 국가에 의하여 형성됨을 인정하면서도 국가가 문화의 산물임을 인정하는 국가를 일컫는다.

(2) 문화국가원리

문화국가원리란 국가로부터 문화활동의 자유가 보장되고 국가에 의하여 문화가 공급되어야하는 국가원리로서, 1948년 세계인권선언 제27조(모든 인간은 사회·문화적 활동에 참가하고 예술을 감상하며 과학의 진보와 그 응용의 혜택을 누릴 권리를 가진다)와 1966년 경제적·사회적 및 문화적 권리에 관한 국제규약(A규약)의 문화적 권리의 보편성·타당성 선언에서 찾을 수 있다.

(3) 발전과정

문화국가원리의 발전과정을 보면, 전근대(前近代)의 국가종속적 문화(국가가 문화를 포괄적으로 지배)로부터 근대 이후의 자유문화(문예부흥과 종교개혁이후 문화의 국가적 지배로부터 해방된 문화활동에 자유와 문화의 자율성 인정) 그리고 20세기 이후 문화의 경제에의 종속, 문화적 불평등, 제3세계의 선진국문화종속현상 등으로 설명할 수 있다. 최근에는 국가들이 문화기능을 강조하면서 문화의 현대적 모순과 불합리성을 극복하기 위한 문화 종속적 국가원리가 등장하게 되었다.

2. 문화국가원리와 국가의 문화정책

초기 자유주의(自由主義) 사상이 지배하던 시대에는 국가는 문화에 대한 어떠한 간섭도 하지 않는 불간섭 정책이 나타남으로서 문화에 대한 자유시장(自由市

場)의 법칙이 실현되었으나, 국가절대주의(國家絶對主義) 사상이나 헤겔(Hegel)의 국가관이 지배하던 시대에 이르러 국가의 적극적인 문화간섭 정책이 나타나, 국가에의 종속적(從屬的)인 문화국가현상이 나타났다. 그러나 현대에 이르러서는 국가가 그 어떤 문화 현상에도 국가 스스로의 입장인 것처럼 표해서는 안 되고 국가는 객관적이고 불편부당한 입장에서 모든 문화현상으로부터 일정한 거리를 유지해 나가야 한다는 '부동성의 원칙(크뤼거 H. Krüger가 처음 사용)'이 보편화되고 있다.

3. 우리헌법에서의 구현

우리헌법은 전문(前文)에서는 '전통에 빛나는 우리 대한국민은 ······문화의 모든 영역에 있어서 각인의 기회를 균등히 하고 능력을 최고도로 발휘하게 하여'라고 규정하고 그 외에도 전통문화의 계승발전과 민족문화 창달을 위한 국가의 노력의무규정(제9조), 민족문화의 발전에 노력할 대통령의 책무규정(제69조), 평생교육의 진흥의무규정(제31조), 인간의 존엄과 양성의 평등을 기초로 한 혼인·가족제도 보장(제36조)을 두고 있다. 이러한 문화국가조항 외에도 인간으로서의 존엄성 존중과 인간다운 생활의 보장, 전통문화의 계승·발전과 민족문화의 창달(국가의 문화조성 의무, 문화적 자율성 보장의무, 문화적 약자보호 의무), 정신적 자유권과 교육제도의 보장 등을 통하여 문화국가원리를 부연하고 있다.

◆ 헌재판례

교육을 받을 권리는 우리헌법이 지향하는 문화국가·민주복지국가의 이념을 실현하는 방법의 기초이다(헌재 1991. 2. 11. 90헌가27).

Ⅶ. 국제평화주의와 국제법존중주의

1. 국제평화주의

(1) 연혁과 입법례

국제평화주의(國際平和主義)는 그로티우스(Hugo Grotius)의 '전쟁과 평화의 법(1625)'과 칸트(I. Kant)의 '영구평화론(1795년)'에서 나타났으며, 1899년(제1차회의)과 1907년(제2차회의)에 개최된 헤이그의 만국평화회의, 그리고 1919년 국제연맹, 1928년 부전조약, 1948년 국제연합 등을 통하여 발전되어 왔다.

국제평화주의를 규정한 헌법례로는 침략적 전쟁을 포기한 최초의 평화헌법인 1791년 프랑스헌법과 전력보유금지와 모든 전쟁을 부인하는 철저한 국제평화주의를 규정한 1953년 일본헌법 등을 들 수 있다.

(2) 평화주의헌법의 보장유형

국제평화주의를 헌법에 채용하는 유형은 다양하다. 침략전쟁을 부인한 우리나라 현행헌법 제5조 제1항('대한민국은 국제평화의 유지에 노력하고 침략적 전쟁을 부인한다')과 1946년 브라질헌법이 있으며, 군비의 포기와 제한을 선언한 독일기본법 제26조 제2항('전쟁수행용으로 지정된 무기는 연방정부의 허가를 얻어야만 제조·수송·거래될 수 있다)과 일본 헌법 제9조 제1항('…일본국민은…… 전쟁과 무력에 의한 위협 또는 무력의 행사는……영구히 이를 포기한다)과 제2항('…육·해·공군 기타의 전력은 이를 보유하지 아니한다. 국가의 교전권은 이를 인정하지 아니한다)이 있다. 영세중립을 선언하며 어떠한 군사동맹에의 가입도 부인하고, 외국군사의 국내영입을 금지하는 등 유형의 헌법은 스위스헌법과 오스트리아헌법이 있으며, 통치권(주권)의 제한 또는 국가기구에의 이양을 선언하는 유형으로 독일기본법(제24조 제1항)과 이탈리아헌법(제11조)이 있다. 그리고 양심적 반전권을 인정하는 유형으로 독일기본법 제12조 제2항, 네덜란드, 포르투갈헌법이 있으며, 이외에도 조약의 위헌심사를 금지하는 헌법(프랑스헌법, 스위스헌법, 네덜란드헌법 등), 조약의 효력을 하위에 두나 법률보다 상위에 두는 헌법(프랑스헌법, 독일기본법, 네덜란드헌법 등)을 들 수 있다.

(3) 우리나라 헌법상의 국제평화주의

1) 국제평화주의의 선언

우리헌법은 헌법전문과 제5조 제1항에서 국제평화주의를 선언하고 있으며, 이를 구체화하기 위하여 침략적(侵略的) 전쟁을 부인하며(제5조 제1항), 평화통일정책을 지향하고(헌법전문, 제4조, 제66조 제3항 등), 국제법을 존중하며(제6조 제1항), 외국인을 법적으로 보호한다(제6조 제2항). 헌법조문의 내용을 보면, 전문(前文)은 '밖으로는 항구적인 세계평화(世界平和)와 인류공영(人類共榮)에 이바지'한다고 규정하고 있으며, 헌법 제5조 제1항은 '대한민국은 국제평화의 유지에 노력하고 침략적 전쟁을 부인한다', 제4조는 '대한민국은 통일을 지향하며, 자유민주적 기본질서에 입각한 평화적 통일 정책을 수립하고 이를 추진한다', 제6조 제1항은 '헌법에 의하여 체결·공포된 조약과 일반적으로 승인된 국제법규는 국내법과 같은 효력을 가진다', 제2항은 '외국인은 국제법과 조약이 정하는 바에 의하여 그 지위가 보장된다', 제66조 제3항은 '대통령은 조국의 평화적 통일을 위한 성실한 의무를 진다'고 규정하고 있다.

2) 침략적 전쟁의 부인

침략적 전쟁이란 자위전쟁에 대응하는 개념으로 영토확장이나 채권확보 등 국가목적을 위한 전쟁 내지는 대외적 군사행동이며, 단순한 경찰력행사와는 구별되며, 국제분쟁을 해결하는 수단으로서의 전쟁도 금지하고 있다. 자위전쟁(自衛戰爭)이란 적의 급박하고 불법적인 공격에 대한 국민과 국토를 방위하기 위한 전쟁이며, 개별적 또는 집단적 자위전쟁이 있다. 우리헌법은 제5조 제1항에서 '침략적 전쟁을 부인한다'고 함으로서 우리나라의 생존을 위한 자위전쟁은 가능하도록 규정하고 있다.

3) 평화통일에의 지향

헌법은 전문에서 '평화통일의 사명에 입각하여'라고 평화통일 의지를 천명하고 있으며, 제4조에서는 평화통일 원칙을 선언하고 제66조 제3항에서는 대통령에게 조국의 평화적 통일을 위한 성실한 의무를 부과하고 있으며, 제69조는 대통령의 취임 선서문에 '조국의 평화적 통일⋯⋯에 노력하여 대통령으로서의 책무를 성실히 수행할 것을 국민 앞에 엄숙히 선서합니다'라는 문구를 삽입하여 두고 있다.

◆ 헌재판례

1. 헌법 전문 및 제1장 총강에 나타난 "평화"에 관한 규정에 의하면, 우리 헌법은 침략적 전쟁을 부인하고 조국의 평화적 통일을 지향하며 항구적인 세계평화의 유지에 노력하여야 함을 이념 내지 목적으로 삼고 있음은 분명하다. 따라서 국가는 국민이 전쟁과 테러 등 무력행위로부터 자유로운 평화 속에서 생활을 영위하면서 인간의 존엄과 가치를 지키고 헌법상 보장된 기본권을 최대한 누릴 수 있도록 노력하여야 할 책무가 있음은 부인할 수 없다(헌재 2009. 5. 28. 2007헌마369, 2007년 전시증원연습 등 위헌확인).

2. 이라크전쟁이 국제규범에 어긋나는 침략전쟁인지 여부 등에 대한 판단은 대의기관인 대통령과 국회의 몫이고, 성질상 한정된 자료만을 가지고 있는 우리 재판소가 판단하는 것은 바람직하지 않다고 할 것이며, 우리 재판소의 판단이 대통령과 국회의 그것보다 더 옳다거나 정확하다고 단정짓기 어려움은 물론 재판결과에 대하여 국민들의 신뢰를 확보하기도 어렵다고 하지 않을 수 없다. 이 사건 파병결정은 대통령이 파병의 정당성뿐만 아니라 북한 핵 사태의 원만한 해결을 위한 동맹국과의 관계, 우리나라의 안보문제, 국·

내외 정치관계 등 국익과 관련한 여러 가지 사정을 고려하여 파병부대의 성격과 규모, 파병기간을 국가안전보장회의 자문을 거쳐 결정한 것으로, 그 후 국무회의 심의·의결을 거쳐 국회의 동의를 얻음으로써 헌법과 법률에 따른 절차적 정당성을 확보했음을 알 수 있다. 그렇다면 이 사건 파견결정은 그 성격상 국방 및 외교에 관련된 고도의 정치적 결단을 요하는 문제로서, 헌법과 법률이 정한 절차를 지켜 이루어진 것임이 명백하므로, 대통령과 국회의 판단은 존중되어야 하고 헌법재판소가 사법적 기준만으로 이를 심판하는 것은 자제되어야 한다. 이에 대하여는 설혹 사법적 심사의 회피로 자의적 결정이 방치될 수도 있다는 우려가 있을 수 있으나 그러한 대통령과 국회의 판단은 궁극적으로는 선거를 통해 국민에 의한 평가와 심판을 받게 될 것이다(헌재 2004. 4. 29. 2003헌마814, 일반사병 이라크파병 위헌확인).

2. 국제법존중주의

(1) 국제법과 국내법과의 관계

국내법과 국제법과의 관계를 하나의 통일된 법질서로 보는 일원론(一元論)과 별개의 법질서로 보는 이원론(二元論)이 있으며, 일원론의 입장에서도 국제법과 국내법 중 어느법을 우위에 두느냐에 따라 국제법우위론과 국내법우위론으로 나뉘어진다. 국제법우위론자들은 국내법은 국제법의 부분법질서로 보며(켈젠 Kelsen, 베르드로스 Verdross, 쿤쯔 Kunz 등), 국내법우위론자들은 국제법의 타당근거(妥當根據)는 국내법의 승인(承認)이라고 본다(벤쩰 Wenzel, 조른 Zorn). 우리나라의 다수설인 국내법우위설에 따르면, 헌법에 의하여 체결된 조약과 국제법규는 국내법의 효력을 가지나, 헌법으로부터 법적 정당성(正當性)을 부여받았으므로 헌법의 하위규범이라고 한다. 따라서 국제법이 국내법률과 충돌될 경우 '신법우선의 원칙', '특별법 우선원칙'이 적용되며, 법률의 효력을 가지는 조약은 헌법재판소의 위헌법률심판의 대상이 되며(제117조 제1항), 법률보다 하위의 규범에 속하는 국제법규의 경우에는 각급법원이 위헌위법여부를 심사한다(제117조 제2항). 이원론을 주장하는 학자로는 트리펠(Triepel)과 오펜하이머(Openheimer) 등이 있다.

그리고 조약과 국내법관계에 대한 입법례를 보면, 조약을 최고법규로 규정한 미국헌법(연방국가의 특성), 조약과 국내법의 효력이 동일하다고 규정한 독일기본법, 프랑스헌법, 필리핀헌법, 한국헌법이 있으며, 국제법에 의한 주권제한을 인정하는 독일기본법과 이탈리아헌법도 있다.

(2) 국제법 존중의 원칙

우리헌법은 제6조 제1항에서 '이 헌법에 의하여 체결·공포된 조약과 일반적으로 승인된 국제법규는 국내법과 동일한 효력을 가진다'고 하여 국제법의 국내법적 효력을 인정하고 있으며, 헌법 제73조는 '대통령은 조약을 체결·비준하고, 외교사절을 신임·접수 또는 파견하며, 선전포고와 강화를 한다'라고 하여 조약의 체결·비준권을 대통령의 전속적 권한으로 하고 있고, 제60조 제1항에서는 '국회는 상호원조 또는 안전보장에 관한 조약, 중요한 국제조직에 관한 조약, 우호통상항해조약, 주권의 제약에 관한 조약, 강화조약, 국가나 국민에게 중대한 재정적 부담을 지우는 조약 또는 입법사항에 관한 조약의 체결·비준에 대한 동의권을 가진다'고 규정하여 조약 중 일부에 대해서는 반드시 국회의 동의절차를 거쳐서 체결하도록 하였다.

여기서 헌법에 의하여 체결·공포된 조약이란 헌법과 법률에 따른 절차적 정당성을 확보한 조약을 의미한다. 즉 국무회의 심의를 거쳐서 대통령에 의하여 체결·비준되고, 필요한 경우에는 국회의 동의를 거친 조약을 말한다. 내용적으로나 절차적으로 정당성을 확보한 조약이라 하더라도 국내법적 효력의 해석에는 다소 차이가 있다. 조약은 대통령의 비준으로 국제법상의 효력은 발생하나, 국내법상의 효력에 대해서는 국회동의여부에 따라 효력에 차이가 발생한다고 본다. 즉, 대통령이 비준한 조약이 국회의 동의절차를 거치면, 국회가 입법한 법률과 동일한 효력을 가지나, 국회동의를 받지 않으면, 국내법적 효력이 부인되며, 국제법상의 효력에 대해서는 인정하여야 한다는 것이 대부분의 견해이다. 설령 국회동의를 받지 않은 조약의 국내법적 효력을 인정한다고 하더라도 대통령령과 동일한 수준의 효력 밖에는 인정할 수 없는 것이다. 국회동의의 법적 성격을 대통령의 비준행위를 정당화 시켜주는 것으로서 국내법상으로 효력을 발생시키기 위한 전제조건으로 본다면, 국회동의가 결여된 조약의 국내법적 효력이 부인되어야 하나, 국제사회에서의 국가신뢰를 고려한다면, 국내법적 효력의 발생은 인정하되, 법률의 하위규범으로 인정하는 것이 타당할 것이다. 따라서 헌법 제60조 제1항에 규정한 조약은 반드시 국회의 동의를 받아야 하며, 기타조약 즉 행정협정, 비자협정, 문화교육협정 등 행정협조적·기술적 사항에 관한 조약은 국회동의가 필요없다, 이는 국내적으로 법률하위규범의 효력을 가질 뿐이다. 이러한 조약에 대한 규범통제는 국회동의를 받은 조약은 법률의 효력을 가지므로 헌법재판소의 위헌법률심판의 대상이 되며, 국회동의를 받지 않은 조약은 각급법원의 규범통제를 받는다고 볼 수 있다.

일반적으로 승인된 국제법규는 국내법과 동일한 효력을 가진다고 규정하고 있는 바, '일반적으로 승인된 국제법규'란 우리나라가 승인당사국이 아니더라도 보편적·일반적 규범으로서 세계 다수국가에 의해여 일반적으로 승인된 것이면 그대로 국내법적 효력을 갖는 규범을 의미한다. 즉 국회 또는 특별한 수용절차(국회 동의) 없이도 직접 국내법으로 편입 되며, 어떤 국제규범이 일반적으로 승인된 법규인가의 인정 여부는 법원과 헌법재판소의 판결로 결정된다고 하겠다. 일반적으로 승인된 국제관습법으로는 포로살해금지와 그 인도적 처우에 관한 전시국제법상의 기본원칙, 외교관의 대우에 관한 국제법상의 원칙, 국내문제불간섭의 원칙, 민족자결의 원칙, 조약준수의 원칙 등이 있으며, 일반적으로 승인된 조약으로는 유엔헌장(1945년)의 일부, 포로에 관한 제네바협정(1949년), 집단학살금지협정(제노사이드Genicide금지, 1948년), 부전조약(1928년) 인권에 관한 국제규약(≠ 1948. 12. 10 세계인권선언) 등이 있다. 이들의 효력은 법률과 동일한 효력을 가진다는 것이 다수설이며, 법률과 충돌할 때에는 법일반원칙인 '특별법 우선의 원칙'과 '신법 우선의 원칙'등이 적용된다. 국제연합인권선언 또는 포츠담(Postsdam)선언은 일반적으로 승인된 국제법규에 포함되지 않으며, 국제노동기구의 87호·98호 조약은 조약의 정식 가입국이 아니면 행정효력을 가지지 않으며 1960년 국제연합교육과학문화기구와 국제노동기구가 채택한 교원의 지위에 관한 권고는 국내법적인 효력이 없다.

◆ 헌재판례

1. 공동성명은 조약에 해당되지 않는다: 조약은 '국가·국제기구 등 국제법 주체 사이에 권리의무관계를 창출하기 위하여 서면형식으로 체결되고 국제법에 의하여 규율되는 합의'인데, 이러한 조약의 체결·비준에 관하여 헌법은 대통령에게 전속적인 권한을 부여하면서(헌법 제73조), 조약을 체결·비준함에 앞서 국무회의의 심의를 거쳐야 하고(헌법 제89조 제3호), 특히 중요한 사항에 관한 조약의 체결·비준은 사전에 국회의 동의를 얻도록 하는 한편(헌법 제60조 제1항), 국회는 헌법 제60조 제1항에 규정된 일정한 조약에 대해서만 체결·비준에 대한 동의권을 가진다. 대통령이 외교통상부장관에게 위임하여 2006. 1. 19.경 워싱턴에서 미합중국 국무장관과 발표한 '동맹 동반자 관계를 위한 전략대화 출범에 관한 공동성명'은 한국과 미합중국이 상대방의 입장을 존중한다는 내용만 담고 있을 뿐, 구체적인 법적 권리·의무를 창설하는 내용을 전혀 포함하고 있지 아니하므로, 조약에 해당된다고 볼 수 없으므로 그 내용이 헌법 제60조 제1항의 조약에 해당되는지 여부를 따질 필요도 없이 이 사건 공동성명에 대하여 국회가 동의권을 가진다거나 국회의원인 청구인이 심의표결권을 가진다고 볼 수 없다(헌재 2008.03.27, 2006헌라4, 국회의원과 대통령 등 간의 권한쟁의)

2. 국제법 우위의 원칙 인정: 조업수역의 축소와 어획량의 감축에 따른 어민들의 손실은 이 사건 협정에 의하여 초래되었다기 보다는 UN해양법협약의 성립·발효에 의한 세계해양법질서의 변화에 기인한 것으로서 그와 같은 변화에 따라서 한일 양국이 배타적경제수역체제를 각자 국내실정법으로 규정함으로써 이 사건 협정의 성립 여부와는 관계없이 한일 양국의 연안해역에서 배타적경제수역이 시행되게 되었고, 다만 국제법우위의 원칙에 의해 65년협정이 유효함으로 인하여 그 적용이 되지 않았을 뿐이나, 65년협정이 일본의 일방적인 종료선언으로 인해 1999. 1. 22 종료되게 됨으로써 더 이상 상호간의 배타적경제수역내에서는 어업이 불가능한 상황이 예상되었다(헌재 2001. 3. 21. 99헌마139·142·156·160(병합) 대한민국과일본국간의어업에관한협정비준 위헌확인).
3. 헌법재판소는 '남북합의서'를 일종의 신사협정 내지 공동성명에 준하는 성격을 가지는 것으로 보았다.

▶ 참고

- 인권규약 -

1. 세계인권규약의 예: 유럽인권조약(인권 및 기본적 자유의 보호에 관한 조약, 1960.11. 14), 미주제국가인권조약(1969.11.22), 아프리카인권헌장(1981.1.19), 유럽사회헌장(1961. 10.18), 국제인권규약(1966.12.16)이 있다.
2. 국제인권규약
  (1) 경제적·사회적·문화적 권리에 관한 국제규약(A규약)
    ① 1966.12.16 채택 → 1976.1.3 발효
    ② 우리나라: 1990.6.13 가입(조약 제1006호) → 1990. 7.10. 발효
    ③ 제4조의 일반적 법률유보 조항에 의하여 국내사정과 상충되지 않았음.
  (2) 시민적·정치적권리에 관한 국제규약(B규약, 1967.3.23)
    ① 1966.12.16. 채택 → 1976.3.23. 발효
    ② 1990.6.13. 가입(조약 제1007호): 체약국의 가입과 동시에 시행에 필요한 조치를 의무화하였기에 우리나라는 가입당시 국내법과 상충되는 4개조항(제14조 제5항 '국제법상의 일사부재리와 이중처벌금지의 원칙선언', 제14조 제7항 '유죄선고 받은 자의 상급법원에의 재심받을 권리', 제22조 '군인·경찰을 제외한 모든 국민의 노동조합의 결성의 자유', 제23조 제4항 '혼인 기간 중 혹은 혼인 해소시의 남녀평등')을 선택의정서에 근거하여 유보 → 1990.7.10 발효
    ③ 일부조항 유보철회(1993.1.21. 조약1122호): 제14조 제7항
  (3) 시민적·정치적 권리에 대한 국제규약의 선택의정서
    - 1976.3.23 채택, 1990.6.13 가입(조약 제1008호) → 1990.7.10 발효
3. 헌재 1991.7.22. 89헌가106 사립학교법 제5조 제1항 제4호에 관한 헌법소원: '인권에 관한 세계선언'은 법적 구속력이나 국제법적 효력이 없다. '시민적·정치적 권리에 관한 국제규약(B규약)'은 조약에 의하여 국내법적 효력이 인정되나, 제22조는 가입당시 유보하였으므로 국내법의 법원으로 할 수 없다.

3. 외국인의 법적지위보장

(1) 상호주의 원칙

우리헌법은 외국인(外國人)의 법적 지위에 대하여 제6조 제2항에서 '외국인은 국제법과 조약이 정하는 바에 의하여 그 지위가 보장된다'라고 하여 상호주의(相互主義)를 채택하고 있다. 미국연방헌법과 일본헌법의 경우에는 내외국인 평등주의를 선언하고 있다.

외국인은 원칙적으로 체류국의 법적 지배하에 있으며, 동시에 본국법의 적용 내지는 보호를 받는 이중적 지위에 있다. 이러한 이중적 지위는 자연법의 발달과 함께 내국인과 평등한 보호를 받는 지위로 발전하였으나, 공법상의 권리는 인정되지 않고 사법상의 권리는 인정되는 것이 보편적이다. 그러나 국가간의 통상항해조약이나 일반적으로 승인된 국제법규에 의하여 권리가 인정되며, 오늘날 대부분의 국가는 상호주의적 원칙에 입각하여 보호하고 있으며, 국제화시대의 흐름에 따라 상호 보호의 폭이 넓어지고 있다.

(2) 재한외국인의 법적 보호

재한외국인(在韓外國人)이 대한민국 사회에 적응하여 개인의 능력을 충분히 발휘할 수 있도록 하고, 우리 국민과 재한외국인이 서로를 이해하고 존중하는 사회 환경을 만들어 대한민국의 발전과 사회통합에 이바지함을 목적으로 '재한외국인 처우 기본법'이 제정되어 있다. 동법은 국가와 지방자치단체에게 재한외국인이 처우등에 대한 정책의 수립과 시행의 의무를 지우고 있으며, 인권옹호, 사회적응지원, 결혼이민자와 자녀에 대한 지원 등을 규정하고 있다. 이외에도 외국인투자촉진법, 외국인토지법 등을 통하여 외국인의 국내 경제활동을 촉진·보호하기 위하여 노력하고 있다.

제2절 기본질서

Ⅰ. 민주적 기본질서

1. 의의

(1) 연혁과 현행헌법규정

민주적(民主的) 기본질서란 자유(自由)와 평등(平等)을 기본이념으로 하며, 자유민주적 기본질서와 사회민주적 기본질서를 포함하고 있다. '민주적 기본질서'는 1919년 바이마르헌법의 '상대주의'의 원리로 부터 자유를 보호하기 위하여 본(Bonn)기본법에서 처음으로 등장한 개념이며, 우리나라는 제2공화국헌법 제13조 2항에서 '헌법의 민주적 기본질서'로 처음 규정하였다. 현행헌법은 전문('자율과 조화를 바탕으로 자유민주적 기본질서를 더욱 확고히 하여'), 제1조 제1항('대한민국은 민주공화국이다'), 제4조('대한민국은 통일 지향하며, 자유민주적 기본질서에 입각한 평화적 통일정책을 수립하고 이를 추진한다'), 제8조 제2항('정당은 그 목적·조직·활동이 민주적이어야 하며)과 제4항('정당의 목적이나 활동이 민주적 기본질서에 위배될 때에는') 그리고 제32조 제2항('국가는 근로의 의무의 내용과 조건을 민주주의원칙에 따라 법률로 정한다') 등에서 규정하고 있다.

(2) 법적성격

민주적 기본질서는 헌법의 기본적 구성원리이며, 헌법 및 법령의 해석기준, 헌법개정의 한계, 기본권 보장의 한계(기본권의 제한사유), 평화통일의 지표, 재산권의 내용과 한계 등의 성격을 갖는다.

2. 민주적 기본질서의 내용

(1) 민주적 기본질서의 내용

민주적 기본질서는 대한민국의 정치적(政治的) 기본질서로서 민주주의(民主主義)의 헌법질서적 표현이며, 국민주권주의, 복수정당제, 지방자치제, 국민의 국정참여, 다수의 지배와 소수자의 보호, 정치적 활동의 자유와 정치적 기본권 보장, 국민의사의 다원화 인정, 국가로부터 자유로운 여론의 형성 등을 구체적 내용으로 하고 있다.

한편 민주적 기본질서를 자유민주적 기본질서와 사회민주적 기본질서로 구분하여 보면, 먼저, 자유민주적 기본질서란 자유주의를 강조하는 민주주의 질서로서 민주적 기본질서와 법치적 기본질서를 가미한 것이라고 할 수 있으며, 자유민주적 기본질서는 민주적 기본질서의 내용 외에 법치적 기본질서로서 기본권(자유권)보장, 권력분립, 의회주의, 사법과 행정의 합법성(형식적 법치주의), 사유재산제와 시장경제질서를 기본으로 하는 경제질서, 사법권독립, 국가권력의 예측가능성 등을 추가로 들 수 있다. 또한 사회민주적 기본질서는 실질적 평등을 강조하는 민주주의로서 민주적 기본질서와 사회정의(社會正義)·복지주의(福祉主義)의 실현을 그 목적으로 하는 것으로 자유주의를 인정하면서 사회적 정의와 사회복지의 실현을 위하여 자유에 대한 어느 정도의 제한을 인정하는 것이다. 사회민주적 기본질서의 내용으로는 생존권적 기본권 보장, 국제평화주의(대외적 생존권 확보), 사회적 시장경제질서, 실질적 법치주의 등을 들 수 있다.

(2) 민주적 기본질서와 타 조항과의 관계

민주적 기본질서를 저촉규정으로 한 가장 대표적인 조항인 헌법 제8조 제4항의 '민주적 기본질서'와 관련하여 민주적 기본질서의 개념에 대한 견해가 갈려있다. 첫째 민주적 기본질서를 자유민주적 기본질서로 보는 견해에 따르면, 헌법 제1조 제1항의 '민주'의 개념은 자유민주주의와 사회민주주의를 포함하는 내용이나, 헌법 제8조 제4항의 '민주적 기본질서'는 자유민주적 기본질서만을 의미한다고 주장하고 있다(통설). 둘째 자유민주적 기본질서와 사회민주적 기본질서로 보는 견해는 민주적 기본질서는 사회적 법치주의를 배격하는 개념은 아니라고 하며, 민주적 기본질서를 자유민주적 기본질서로만 해석하는 것은 민주주의의 이념을 자유와 평등만으로 국한하려는 사고이며 복지와 사회정의의 요소를 무시한 것이라고 한다. 따라서 민주적 기본질서는 자유민주적 기본질서와 사회민주적 기본질서를 내포하는 상위개념 내지 공통개념이라고 한다.

그리고 민주적 기본질서가 헌법 제37조 제2항의 법률유보의 목적과 어떠한 관련을 갖는가에 대하여 견해가 갈려있다. 첫째 민주적 기본질서는 헌법유보의 내용이 되는 것이므로 헌법 제37조 제2항과는 그 차원을 달리한다는 견해도 있으며, 둘째 질서유지에 포함시켜야 한다는 견해도 있고, 셋째 국가안전보장에 포함시켜야 한다는 견해도 있다. 세 번째 견해가 다수설이라고 하겠다.

♣ 독일연방헌법재판소의 판결

민주적 기본질서란 모든 폭력적 지배와 자의적 지배를 배제하고, 그때 그때의 다수의 의사와, 자유 및 평등에 의거한 국민의 자기결정을 토대로 하는 법치국가적 통치 질서를 의미한다. 따라서 민주적 기본질서의 개념요소로는 독재체제의 부정, 자유·평등의 보장, 다수결의 원칙, 국민의 자율성, 법치주의를 들 수 있다.

◆ 헌재판례

자유민주적 기본질서를 부정하며, 인민민주주의를 지향하는 북한 공산정권을 지지하면서 미군정기간 공권력의 집행기관인 경찰과 그 가족, 제헌의회의원선거 관련인사·선거종사자 또는 자신과 반대되는 정치적 이념을 전파하는 자와 그 가족들을 가해하기 위하여 무장세력을 조직하고 동원하여 공격한 행위까지 무제한적으로 포용하는 것은 우리 헌법의 기본원리인 자유민주적 기본질서와 대한민국의 정체성에 심각한 훼손을 초래한다. 이러한 헌법의 지향이념에다가 제주4·3특별법이 제정된 배경 및 경위와 동법의 제정목적, 그리고 동법에 규정되고 있는 '희생자'에 대한 개념인식을 통하여 보면 수괴급 공산무장병력지휘관 또는 중간간부로서 군경의 진압에 주도적·적극적으로 대항한 자, 모험적 도발을 직·간접적으로 지도 또는 사주함으로써 제주4·3사건 발발의 책임이 있는 남로당 제주도당의 핵심간부, 기타 무장유격대와 협력하여 진압 군경 및 동인들의 가족, 제헌선거관여자 등을 살해한 자, 경찰 등의 가옥과 경찰관서 등 공공시설에 대한 방화를 적극적으로 주도한 자와 같은 자들은 '희생자'로 볼 수 없다(헌재 2001.09.27, 2000헌마238, 판례집 제13권 2집, 383 제주4·3사건진상규명및희생자명예회복에관한특별법의결행위취소등).

3. 민주적 기본질서의 침해에 대한 보장

(1) 민주적 기본질서의 침해양태

민주적 기본질서의 침해는 생명권의 박탈, 인격권의 경시 등 인간의 존엄성을 침해하는 것, 민주주의를 배척하고, 1인정치나 과두정치를 택하는 것, 부정한 선거제도나, 일당제도의 도입과 정치적 자유를 침해하려는 비공개적인 정치과정, 권력집중적인 인민공화제를 택하거나 정부의 독선, 법치주의의 배제, 사법권독립의 침해, 부익부빈익빈의 자유를 실시하려는 자 등의 양태로 나타날 수 있다.

(2) 침해에 대한 보장

민주적 기본질서의 침해의 주체로는 국가기관과 정당 또는 국민을 예상할 수 있다. 국가기관의 침해에 대하여는 헌법재판소의 위헌법률심사와 국회의 탄핵소추와 헌법재판소의 탄핵심판, 그리고 초실정법적인 저항권이 있다. 정당에 의한 민주적 기본질서의 침해에 대해서는 위헌정당해산심판이 있다. 헌법 제8조 제4항에 의하면, 정당의 목적이나 활동이 민주적 기본질서에 위배될 때에는 정부가 헌법재판소에 위헌정당해산심판을 제소하고 헌법재판소의 심판에 의하여 위헌정당은 해산된다. 또한 헌법의 최후수호자인 국민이 오히려 민주적 기본질서에 위배되는 행위를 할 수 있으며, 이러한 경우에는 헌법이나 국가보안법 및 기타 법률에 의하여 형벌이 가하여짐으로써 민주적 기본질서를 보호할 수 있다.

4. 우리헌법상 구현내용

(1) 직접적 구현

민주적 기본질서는 주권재민(主權在民)을 그 특징으로 하고 있기에, 우리 헌법도 제1조 제2항에서 국민주권을 선언하고 있으며, 국민주권주의를 실현하는 제도로써 간접민주제(제41조와 제67조), 직접민주제(제72조와 제130조 제2항)등을 규정하고 있으며(국민주권 선언), 민주정치는 인간의 자유, 안전, 행복 그리고 평등을 보장하는 것을 그 목표로 하므로, 우리 헌법도 전문 및 제2장 국민의 권리와 의무에서 평등권, 자유권적 기본권, 생존권적 기본권, 청구권적 기본권, 참정권 등을 보장하고 있다(기본적 인권의 보장). 그리고 국가권력기관이 그 정당성을 제공해 준 국민에게 책임을 져야 마땅하기에, 정부는 국민에 대하여 책임을 지는 민주적 책임정치를 규정하고 있다(정부의 책임성). 또한 민주주의는 의견과 이익의 다양성 위에 존재하고 있으므로, 국가정당제나 단일정당제는 민주주의 원칙에 위배된다. 즉 복수정당제만이 정치과정의 공개성, 의견의 다양성, 정권의 평화적 교체를 보장하기 때문에, 이것은 민주적 기본질서의 중요한 요소가 되고 있다(복수정당제와 정당활동의 자유).

(2) 자유주의와 결합한 민주주의의 구현

권력분립의 원리는 자유주의의 요청이며 민주주의의 절대적 요소는 아니라 하더라도, 자유주의와 결합된 자유민주주의에 있어서는 결정적 의의를 가지며(권력분립주의), 법치주의는 권력분립의 원리와 함께 자유주의의 원리로 발달되어온 자유민주주의의 구성요소이다. 이러한 법치주의가 민주주의의 요소로 인정될 수 있는 것은 국민총의의 표현인 법에 의한 지배라는 점이 강조되기 때문이다. 오늘날 사회적 법치주의의 이념이 등장하고 있어 사회민주주의의 구성요소로서도 인정되고 있다(법치주의).

(3) 기타

국제사회에서 민주주의를 확보하기 위하여는 국제평화주의가 요청된다. 오늘날 국제평화주의는 서구 민주주의의 공통적인 현상이며, 전쟁의 금지와 평화의 보장은 국제적 민주주의의 보장을 위하여 불가결한 것이다(국제평화주의). 또한 국민의 기본권에 대한 사법적(司法的)보장은 법치주의의 근본적 요청이며, 이를 위하여 사법권의 독립이 요구되어진다. 사법권의 독립은 입헌민주주의적 법치국가의 초석이며, 시민적 법치국가의 중요한 조직적 징표이다(사법권의 독립). 민주주의 원리는 정치적 영역에서 뿐만 아니라 경제적·사회적 영역에서도 보장되어야 한다. 이러한 사회적 정의와 안전에 관한 원리를 사회국가원리라고 하며, 이는 사회민주적 기본질서의 요소가 되고 있다. 우리 헌법도 제10조, 제34조, 제119조에서 이 사회국가 원리를 규정하고 있다(경제적·사회적 민주주의).

Ⅱ. 사회적 시장경제질서

1. 경제질서의 의의

(1) 의의

17·18세기 근대입헌주의국가의 등장과 함께 자본주의가 발달하면서 자유방임주의가 팽배하여졌지만, 당시 헌법에는 경제에 관한 규정은 없었다. 그러나 자본주의가 발달되면서 여러 가지 병폐가 대두되고, 이를 시정하기 위하여 수정자본주의를 채택하게 되었으며, 이러한 기조에 따라 바이마르(Weimar)헌법에 최초로 경제조항이 편입되게 되었다. 이렇게 경제조항이 헌법에 편입된 경우 해당 헌법을 '경제헌법(經濟憲法)'이라고 하며, 대체로 경제헌법에는 현대의 사회적 시장경제질서가 주류를 이루었다.

(2) 경제질서의 유형

1) 자본주의적 자유시장경제질서

자본주의적 자유시장경제질서는 시민적(市民的) 법치국가에서 주로 채택되는 경제질서로서, 18·19세기의 개인주의·자유주의에 기초하고 있으며, 개인의 경제적 자유를 중시하고 국가의 관여는 최소한의 질서유지에 국한되어야 한다는 초기 자본주의 국가의 경제질서이며, 사유재산제, 직업선택의 자유, 이윤추구의 원리, 시장경제와 자율적 가격기구, 노동의 상품화 등을 주요한 내용으로 한다.

2) 사회적 계획경제질서

사회적 계획경제질서는 사회주의국가(社會主義國家)의 경제유형으로서 중앙집권적 행정기구와 중앙집권적 계획경제체제 그리고 모든 생산수단의 국유화를 그 주요내용으로 한다.

3) 사회적 시장경제질서

사회적 시장경제질서는 사회적(社會的) 법치국가에서 보편화되는 경제질서로서, 20세기 복지주의·사회정의의 실현을 목적으로 사유재산제의 보장과 자유경쟁을 기본원리로 하는 자유시장경제질서를 근간으로 하되, 복지와 정의실현을 위하여 사회주의적 계획경제·통제경제를 가미한 부분적 계획·통제경제질서이다. 사회적 시장경제질서는 헌법의 사회적 타당성을 노동자계급에까지 확대함으로써 헌법의 파괴를 미연에 방지하고, 국민전체의 공동체 유지를 위하여 개개인의 이기적 행위를 적절히 규제하며, 모든 개인에게 생존을 보장함으로써 실질적인 자유와 평등을 보장하는 사회정의 실현을 기본적 이념으로 하고 있다. 사회적 시장경제질서는 경제적 자유와 함께 민주국가의 중요한 경제원칙인 사유재산제를 보장하고, 자유경쟁에 의한 생산·고용·분배가 결정되는 경제구조의 자유시장경제질서를 유지하면서, 공정거래·독과점의 방지·재화의 공정한 분배를 위한 사회정책적 조세제도의 실시와 사회보장제의 강화, 적정임금과 최저임금제의 도입, 완전고용실시 등 사회정의 즉 경제의 민주화의를 위한 제도적 마련을 위하여 끊임없이 노력하는 특징이 있다.

2. 우리나라 헌법상 경제질서

(1) 사회적 시장경제질서

우리 헌법은 사유재산제와 자유경쟁을 원칙으로 하는 자본주의적 시장경제질서의 골간의 유지와 동시에 자본주의의 폐혜와 모순을 제거하고 복지국가와 정의사회구현을 위해 국가적 규제와 조정을 광범위하게 인정하는 전체적으로 이른바 사회적 시장 경제 질서의 성격을 띠고 있다. 헌법 제119조 제1항은 '대한민국의 경제질서는 개인과 기업의 경제상의 자유와 창의를 존중함을 기본으로 한다'고 하여 자유시장경제질서를 기본으로 하고, 제2항에서 '국가는 균형있는 국민경제의 성장 및 안정과 적정한 소득의 분배를 유지하고, 시장의 지배와 경제력의 남용을 방지하며, 경제주체간의 조화를 통한 경제의 민주화를 위하여 경제에 관한 규제와 조정을 할 수 있다고 하여 경제의 민주화(民主化) 등을 위하여 국가의 규제(規制)와 조정(調整)이 가능함을 명문화하고 있다.

◆ 헌재판례

1. 경제민주화의 헌법적 의미: 헌법 제119조 제2항에 규정된 '경제주체 간의 조화를 통한 경제민주화'의 이념은 경제영역에서 정의로운 사회질서를 형성하기 위하여 추구할 수 있는 국가목표로서 개인의 기본권을 제한하는 국가행위를 정당화하는 헌법규범이다(헌재 2004. 10. 28. 99헌바91, 금융산업의구조개선에관한법률 제2조 제3호 가목 등 위헌소원).

2. 우리나라 헌법상의 경제질서는 사유재산제를 바탕으로 하고 자유경쟁을 존중하는 자유시장경제질서를 기본으로 하면서도 이에 수반되는 갖가지 모순을 제거하고 사회복지·사회정의를 실현하기 위하여 국가적 규제와 조정을 용인하는 사회적 시장경제질서로서의 성격을 띠고 있다. 즉, 절대적 개인주의·자유주의를 근간으로 하는 자본주의사회에 있어서는 계약자유의 미명 아래 "있는 자, 가진 자"의 착취에 의하여 경제적인 지배종속관계가 성립하고 경쟁이 왜곡되게 되어 결국에는 빈부의 격차가 현격해지고, 사회계층간의 분화와 대립갈등이 첨예화하는 사태에 이르게 됨에 따라 이를 대폭 수정하여 실질적인 자유와 공정을 확보함으로써 인간의 존엄과 가치를 보장하도록 하였는바(헌법재판소 1989.12.22. 선고, 88헌가13 결정 참조), 이러한 절대적 개인주의·자유주의를 근간으로 하는 초기 자본주의의 모순 속에서 소비자·농어민·중소기업자 등 경제적 종속자 내지는 약자가 그들의 경제적 생존권을 확보하고 사회경제적 지위의 향상을 도모하기 위하여 결성한 자조조직이 협동조합이고, 우리 헌법도 "국가는 농·어민과 중소기업의 자조조직을 육성하여야 하며, 그 자율적 활동과 발전을 보장한다"는 규정을 둠으로써(헌법 제123조 제5항) 국가가 자발적 협동조합을 육성하여야 함을 명문으로 규정하고 있다(헌재 1996.

4. 25, 92헌바47,축산업협동조합법 제99조제2항위헌소원 3.나.(2)(나)).

3. 우리 헌법의 경제질서 원칙에 비추어 보면, 사회보험방식에 의하여 재원을 조성하여 반대급부로 노후생활을 보장하는 강제저축 프로그램으로서의 국민연금제도는 상호부조의 원리에 입각한 사회연대성에 기초하여 고소득계층에서 저소득층으로, 근로세대에서 노년세대로, 현재세대에서 다음세대로 국민간에 소득재분배의 기능을 함으로써 오히려 위 사회적 시장경제질서에 부합하는 제도라 할 것이므로, 국민연금제도는 헌법상의 시장경제질서에 위배되지 않는다(헌재 2001. 2. 22. 99헌마365, 국민연금법 제75조등위헌확인(국민연금법 제79조))

(2) 헌법규정

우리헌법은 경제에 관하여 별도로 한개 장(章)을 두고 있으며(제9장), 제23조 제1항(모든 국민의 재산권은 보장된다. 그 내용과 한계는 법률로 정한다)에서 재산권에 관한 일반조항을 두고, 제22조 제2항(저작자·발명가·과학기술자와 예술가의 권리는 법률로써 보호한다)에서는 무체재산권(無體財産權)의 보장을 규정하고 있다. 이외에도 헌법전문(정치·경제·사회·문화의 모든 영역에 있어서 각인의 기회를 균등히 하고, 능력을 최고도로 발휘하게 하며, 자유와 권리에 따르는 책임과 의무를 완수하게 하여, 안으로는 국민생활의 균등한 향상을 기하고)과 제10조(행복을 추구할 권리), 제34조(인간다운 생활을 할 권리) 등에서 경제에 관한 원리를 간접적으로 찾을 수 있다.

사회적 시장경제질서를 위한 구체적 정책을 보면, 국토계획, 농·어촌종합계발계획 등의 경제계획(제120조 제2항, 제123조), 천연 자원등의 사회화(제120조 1항), 시장의 지배 및 경제력의 남용방지와 무역의 규제·조정(제119조 제2항, 제125조), 원칙적으로 소작제(小作制)를 금지하면서도, 법률이 정하는 바에 따라 농업생산성 제고와 농지의 합리적인 이용을 위하거나 불가피한 사정으로 발생하는 농지의 임대차와 위탁경영 인정하는 경자유전(耕者有田)의 원칙의 달성(제121조), 중소기업의 보호육성(제123조 제3항), 농·어업의 보호육성(제123조), 농·어민과 중소기업의 자조조직의 육성(제123조 제5항), 소비자보호운동보장(제124조), 사영기업(私營企業)의 국유화(國有化) 또는 통제·관리를 금지하면서도 국방상 또는 국민경제상 긴절한 필요로 인하여 법률이 정한 경우에는 이를 인정하는 '사영기업의 국유화 또는 통제·관리 의 금지'(제126조), 국가표준제도의 확립(제127조 제2항), 경제과학의 혁신과 정보인력의 개발과 대통령자문기구의 설치(제127조 제1항, 헌법상자문기관은 아님), 국토의 효율적 이용 개발(제122조), 지역 간의 경제균형(제123조 제2항), 농수산물 가격안정과 농어민의 이익보호(제123조 제4항) 등을 직접 규정하고 있다.

3. 사회적 시장경제질서 구현의 한계

사회적 시장경제질서는 사회정의(社會正義)와 평등(平等)을 강조하면서도 자유시장경제질서의 사적자치의 기본원칙, 법치국가원리, 재산권의 본질적 내용침해금지, 정당보상(正當補償)의 실현 등의 근간을 유지하여야 하는 한계가 있으며, 또한 경제계획은 가능하나 전면적인 국가관리경제를 의미하는 사회주의적 계획경제 내지 전면적 사회화는 허용되지 않는다.

제3절 기본제도

Ⅰ. 정당제도

1. 정당의 의의

(1) 정당의 개념

정당법 제2조에 따르면, 정당(政黨)은 국민의 이익을 위하여 책임있는 정치적 주장이나 정책을 추진하고, 공직선거의 후보자를 추천·지지함으로써 국민의 정치적 의사형성에 참여함을 목적으로 하는 국민의 자발적 조직이므로, 정당은 민주적 기본질서를 긍정하고 조직적·계속적 단체로서 고정성과 항구성을 가져야 한다.

(2) 정당의 입법례

정당은 영국에서의 토리(Tories)당과 휘그(Whigs)당의 다툼에서 기원하였으며, 헌법상 정당조항이 등장한 것은 제2차대전 이후인 1949년 서독헌법(세계최초 규정 동헌법 제21조, 1967년에 정당법 제정)과 1948년의 이탈리아헌법(정당가입의 자유 규정), 1958년의 프랑스 제5공화국헌법을 들 수 있다.

> ▶ 참고
>
> 1. 정당론과 어울리지 않는 이론: 루소의 치자와 피치자의 자동성의 원리
> 2. 헌법상 정당조항에 관한 규정이 없고 법률규정을 가진 국가: 미국, 영국, 일본, 캐나다 등

2. 정당의 발전

(1) 트리펠(Triepel)의 주장

트리펠은 정당발전단계를 적대시(敵對視) 단계 → 무시(無視) 단계 → 승인(承認) 단계 → 헌법편입단계의 4단계로 설명하였다. 이를 도표로 보면 <표-3>과 같다.

〈표-3〉 트리펠의 정당발전단계론

단　계	내　　　　　용
적대시단계	① 미국헌법기초자: 정당은 부분이익의 대변자로서 인식 　→ 당시 미헌법(1787년)에 정당조항을 두지 않았다. ② 프랑스 혁명지도자: 국민주권원리와 모순되는 원리로 인식 ③ 루소(Rousseau)의 명망가적 정치론: 정치는 유명인(지도자)이 하는 것이므로 정당단체조직은 불필요하다고 하였다. ④ 독일: 관료정치적 사상 즉, 국정운영은 관료의 독점물로 인식
무시단계	근대의회주의의 발달초기
승인단계 (합법화)	1919년 바이마르(Weimar)헌법에서 승인: 정당 난립(亂立)
헌법편입단계	서독의 바텐지방헌법에서 세계최초로 규정하였다. 이외에도 브라질, 에콰도르 등에서 헌법에 명문의 규정을 두었다.

(2) 라이프홀쯔(G. Leibholz)의 정당국가론

라이프홀쯔는 정당국가론을 주창하였는 바, 19세기의 의회주의·대의정치(의회제민주주의)가 20세기 정당정치·국민투표(정당제민주주의)로 변질되었다고 하였으며(양자의 관계를 대립과 갈등관계로 인식), 정당국가화경향의 특징으로는 의회제민주주의에서 정당제민주주의로 변질, 개인본위선거에서 정당본위선거로, 권력분립도 행정부 중심에로의 권력집중화, 다수당의 의사와 국민의 일반의사의 동일시 등을 들었다.

(3) 대의제민주주의와 정당제민주주의의 비교

정당의 발전에 따른 대의제(의회제) 민주주의와 정당제 민주주의의를 비교하면 <표-4>와 같다.

〈표-4〉 대의제 민주주의(18, 19세기)와 정당제 민주주의(20세기) 비교

구분	대의제(의회제) 민주주의	정당제 민주주의
국민	① 국민은 하나의 가상적 가치체계 즉 이념적 통일체를 의미	① 국민은 그 자체가 하나의 현실적인 행동통일체를 의미

	② 유권자집단은 간헐적인 선거에 의하여 투표에 참가	② 정당이 중개체역할
의원의 지위	① 의원은 독자적 가치의 담당자 ② 의원의 독자성과 그 자유가 본질적 요소 ③ 무기속위임의 원칙 존중	① 의원총회의 정치적 병사 ② 의원의 정당에의 종속이 그 본질적 요소 ③ 무기속위임의 명목화
의회	의회는 공개된 장소에서의 자유로운 토론과 반대와 타협에 의한 유일한 정치적 결단의 무대	의회는 다만 정당의 의원총회를 통하여 이미 준비된 정당의 결정을 확인하는 확인적 장소로 변질
토론의 성격	의회에서의 토론성격이 창조적이며 구성적 성격	의회에서의 토론성격이 정치적선전의 성격으로 변질
선거의 성격	① 국민대표의 선출 ② 국가기관 구성	① 국민투표적 성격으로 변질 ② 당의 정책에 대한 국민투표적 성격 ③ 정부선책을 위한 국민투표적 성격
국가권력 변화	국가권력의 분할	정당을 통한 국가권력의 통합
민주주의 의 성격	대의정적 민주주의이어서 다수결로서 형성되고 있는 국민의 의사는 대표의 원리에 의하여 국민의 의사로 간주	직접민주주의에로의 전환 다수결로서 형성되고 있는 국민의 의사는 자동성의 원리에 의하여 국민의 의사로 간주

(4) 우리나라의 정당조항의 발전

우리나라에서 정당조항의 발전을 보면, 초기에 정당조항이 나타난 것은 군정청시기인 1946.2.23에 군정법령 제55호로 지하불법단체를 제거할 목적으로 시행한 등록제가 최초였다. 이는 합법화단계의 전단계로서 이후 제1공화국헌법에서는 명문의 규정은 없었지만, 정당법상의 법률로 규정하였다. 즉 헌법은 묵시적 내지 무시적 태도를 취하고 있었으므로 묵시적 단계라고 할 수 있겠다. 이후 제2공화국헌법 제3차개정에서 처음으로 정당조항이 신설되었으며(1960년헌법 헌법편입단계), 제3공화국헌법 제5차개정에서는 정당의 일반 조항과 정당의 특별조항을 두어 국회의원과 대통령에 입후보하기 위해서는 정당추천이 필요하였으며, 당적을 이탈하면 의원직도 상실되도록 하였다(강력한 정당국가화 경향). 제4공화국헌법은 정당의 일반조항은 두고 특별조항을 삭제하였으며(정당국가화 경향의 조화), 특히 통일주체

국민회의대의원선거에 정당원의 출마를 금지시킴으로써 다소 정당제도를 억제하는 경향을 띠었다. 제5공화국헌법은 국가의 정당에 대한 자금보조규정신설, 정당추천으로 대통령 입후보 가능, 대통령선거인의 정당가입가능 등을 내용으로 개정하였다. 제6공화국헌법인 제9차개정에서는 정당의 국가보호규정을 추가하였다.

3. 정당의 헌법상 지위와 법적 형태

(1) 정당의 헌법상 지위

정당의 헌법상 지위에 관한 견해로는 헌법상 국가기관에 해당한다는 입장인 헌법기관설(라이프홀쯔 Leibholz, 페리 Ferri, 김철수), 국민의 의사와 국가의 의사를 중개하는 중개체로서의 지위를 갖는 다는 입장인 중개적 권력체설(다수설)과 사법상의 사단으로 보는 사법적 결사설(옐리네크 Jellinek, 포르스토프 Forsthoff, 크뤼거 Krüger, 박일경, 서울민사지방법원) 등이 있다. 정당은 국민의 자발적 결사체이기에 정당의 의사는 국가의사가 아니며, 또한 정당원은 국가기관의 구성원이 아닐 뿐 아니라, 설립도 국가기관과 달리 어렵지 않다. 그리고 정당은 국민의사를 대의기관에 전달하는 매개체의 역할을 한다는 측면에서 보면 중개적 권력(기관)설(제도적 보장설)이 타당한 견해다.

(2) 법적 형태

정당존재의 법적 형태에 관한 견해로는, 정당법에서 정당에 대한 법인격을 부여하지 않으므로 정당은 사적·정치적 결사체라고 주장하는 입장(사적·정치적 결사체설)과 민법상의 법인격이 없는 사단이라는 견해, 헌법제도와 결사의 혼성체로 보는 견해 등이 있다.

◆ 헌재판례

1. 현대국가에서는 정당정치가 바로 민주정치라고 인정하게 되었으나 그 정당은 국민 각자의 선거의 자유와 기회균등을 보장하는 민주사회의 기반위에서 존립하는 것이므로 당내 민주주의가 확립되고 민의에 따라 정당이 구성되고 공천되는 것을 전제로 하고 있다. 이러한 민주정당이 육성되고 발전하는 것 역시 국민의 주권이 실질적으로 행사되도록 현실적으로 보장하는데에 있으며 정당정치를 우리 헌법이 보호(헌법 제8조)하는 이유도 여기에 있기 때문에 정당의 보호는 선거제도의 민주화와 함께 국민주권을 실질적으로 현실화하는데 있는 것이지

정치의 정당독점을 의미하는 것은 아니다. 정당만이 의석을 독점할 수 있도록 선거법을 협상하고 선거제도를 만드는 법의 제정이나 개정은 선거의 자유와 입후보자의 기회균등을 부정하는 것으로 민주국가에서는 원칙적으로 있을 수 없다(헌재 1989. 9. 8. 88헌가6, 국회의원선거법 제33조, 제34조의 위헌심판).

2. 정당을 '개개인의 정치적 의사를 ……국정을 책임지는 공권력으로까지 매개하는 중요한 공적 기능을 수행하기 때문에 헌법은 정당의 기능에 상응하는 지위와 권한을 보장함과 동시에 그 헌법질서를 존중해 줄 것을 요구하고 있는 것이다(헌재 1991. 3. 11. 91헌마21)'라고 하였으며, 또한 '국민 일반이 정치나 국가작용에 영향력을 행사는 매개체의 역할을 수행하는(헌재 1996. 3. 28. 96헌마18·37·64·66병합)'라고 판시하여 중개적 기관설의 입장을 보이고 있다.

3. '정당의 법적 지위는 적어도 그 소유재산의 귀속관계에 있어서는 법인격 없는 사단'으로 보아야 하고'라고 판시하고 있다(헌재 1993. 7. 29. 92헌마262),

♣ 법원판례

법원의 판례는 사법적 결사설(서울민사지법 1979. 9. 8. 신민당총재단직무집행정지가처분결정)과 자치적 정치단체(서울민사지법 1987. 7. 30 의장직무행사정지가처분결정)로 보고 있다.

4. 우리 헌법상의 정당제도

(1) 헌법규정

우리헌법은 제8조에서 정당에 관한 일반원칙을 규정하고 있으며, 제111조 제1항 제3호에서 위헌정당해산심판을 두고 있다. 특히 제8조는 헌법 제21조의 결사의 자유에 대한 특별규정이다. 규정을 보면, ① 정당의 설립은 자유이며, 복수정당제는 보장된다. ② 정당은 그 목적·조직과 활동이 민주적이어야 하며, 국민의 정치적 의사형성에 참여하는데 필요한 조직을 가져야 한다. ③ 정당은 법률이 정하는 바에 의하여 국가의 보호를 받으며, 국가는 법률이 정하는 바에 의하여 정당운영에 필요한 자금을 보조할 수 있다. ④ 정당의 목적이나 활동이 민주적 기본질서에 위배될 때에는 정부는 헌법재판소에 그 해산을 제소할 수 있고, 정당은 헌법재판소의 심판에 의하여 해산된다.

(2) 정당조항(제8조)의 규범적 의미

제8조 정당조항은 제21조 집회·결사의 자유의 특별규정으로서 정당에 관하여 우선적으로 적용된다. 그리고 복수정당제를 보장하는 조항으로서 정당제의 전면적 폐지나 단일정당제는 허용되지 않으며, 정당설립의 자유와 함께 간접적으로 국민의 자유로운 정당결성권과 정당가입·탈퇴의 자유를 보장하고 있다. 따라서 이는 헌법개정의 한계조항이다.

〈표-5〉 정당과 일반결사의 관계

구 분		특 별 결 사			일 반 결 사
		정치적 결사	비정치적 결사		
종 류		정 당	종교단체	학술단체	노동단체	언론·출판단체
근거	헌법조항	제8조	제20조	제22조	제33조	제21조
	근거법	정당법	관계법률	관계법률	노동조합법 등	사회단체신고에 관한법률
등 록		헌법이 보호				신고필요
해 산		정당해산심판	행정처분에 의하여 해산			

◆ 헌재판례

1. 헌법상 정당조항(헌법 제8조)의 의미에 대한 판례
1) 헌법은 정당을 일반적인 결사의 자유로부터 분리하여 제8조에 독자적으로 규율함으로써 오늘날의 의회민주주의에서 정당이 가지는 중요한 의미와 헌법질서내에서의 정당의 특별한 지위를 강조하고 있다. 헌법 제8조는 제1항에서 "정당의 설립은 자유이며, 복수정당제는 보장된다"고 규정하여 국민 누구나가 원칙적으로 국가의 간섭을 받지 아니하고 정당을 설립할 권리를 국민의 기본권으로서 보장하면서, 아울러 정당설립의 자유를 보장한 것의 당연한 법적 산물인 복수정당제를 제도적으로 보장하고 있다.
헌법 제8조 제1항은 단지 정당설립의 자유만을 명시적으로 규정하고 있지만, 헌법 제21조의 결사의 자유와 마찬가지로 정당설립의 자유만이 아니라 누구나 국가의 간섭을 받지 아니하고 자유롭게 정당에 가입하고 정당으로부터 탈퇴할 수 있는 자유를 함께 보장한다. 정당의 설립만이 보장될 뿐 설립된 정당이 언제든지 다시 금지될 수 있거나 정당의 활동이 임의로 제한될 수 있다면, 정당설립의 자유는 사실상 아무런 의미가 없기 때문이다. 따라서 정당설립의 자유는 당연히 정당의 존속과 정당활동의 자유도 보장한다.

2) 헌법은 제8조 제2항에서 "정당은 그 목적·조직과 활동이 민주적이어야 하며, 국민의 정치적 의사형성에 참여하는 데 필요한 조직을 가져야 한다"고 규정하고 있다. 이로써 헌법은 헌법상 부여된 정당의 과제와 기능을 '국민의 정치적 의사형성에의 참여'로 규정하면서, 입법자에게 정당이 헌법상 부여된 과제를 민주적인 내부질서를 통하여 이행할 수 있도록 그에 필요한 입법을 해야할 의무를 부과하고 있다.

즉, 헌법 제8조 제2항은 정당의 내부질서가 민주적이 아니거나 국민의 정치적 의사형성과정에 참여하기 위하여 갖추어야 할 필수적인 조직을 갖추지 못한 정당은 자유롭게 설립되어서는 아니된다는 요청을 하고 있다. 따라서 헌법 제8조 제1항의 정당설립의 자유와 제2항의 헌법적 요청을 함께 고려하여 볼 때, 입법자가 정당으로 하여금 헌법상 부여된 기능을 이행하도록 하기 위하여 그에 필요한 절차적·형식적 요건을 규정함으로써 정당의 자유를 구체적으로 형성하고 동시에 제한하는 경우를 제외한다면, 정당설립에 대한 국가의 간섭이나 침해는 원칙적으로 허용되지 아니한다. 이는 곧 입법자가 정당설립과 관련하여 형식적 요건을 설정할 수는 있으나(정당법 제16조), 일정한 내용적 요건을 구비해야만 정당을 설립할 수 있다는 소위 '허가절차'는 헌법적으로 허용되지 아니한다는 것을 뜻한다. 또한, 정당의 발기인 및 당원의 자격과 관련해서도, 특정 집단에 대하여 정당설립 및 가입을 금지하는 것은 원칙적으로 정당이 헌법상 부여받은 기능을 이행하기 위하여 필요하다고 판단되는 최소한의 조건에 대한 규율에 그쳐야 한다.

3) 헌법 제8조 제4항은 "정당의 목적이나 활동이 민주적 기본질서에 위배될 때에는 정부는 헌법재판소에 그 해산을 제소할 수 있고, 정당은 헌법재판소의 심판에 의하여 해산된다"고 규정하고 있다. 정당의 해산에 관한 위 헌법규정은 민주주의를 파괴하려는 세력으로부터 민주주의를 보호하려는 소위 '방어적 민주주의'의 한 요소이고, 다른 한편으로는 헌법 스스로가 정당의 정치적 성격을 이유로 하는 정당금지의 요건을 엄격하게 정함으로써 되도록 민주적 정치과정의 개방성을 최대한으로 보장하려는 것이다. 즉, 헌법은 정당의 금지를 민주적 정치과정의 개방성에 대한 중대한 침해로서 이해하여 오로지 제8조 제4항의 엄격한 요건하에서만 정당설립의 자유에 대한 예외를 허용하고 있다. 이에 따라 자유민주적 기본질서를 부정하고 이를 적극적으로 제거하려는 조직도, 국민의 정치적 의사형성에 참여하는 한, '정당의 자유'의 보호를 받는 정당에 해당하며, 오로지 헌법재판소가 그의 위헌성을 확인한 경우에만 정당은 정치생활의 영역으로부터 축출될 수 있다.

4) 그렇다면 민주적 의사형성과정의 개방성을 보장하기 위하여 정당설립의 자유를 최대한으로 보호하려는 헌법의 정신에 비추어, 정당의 설립 및 가입을 금지하는 법률조항은 이를 정당화하는 사유의 중대성에 있어서 적어도 '민주적 기본질서에 대한 위반'에 버금가는 것이어야 한다고 판단된다. 다시 말하면, 오늘날의 의회민주주의가 정당의 존재없이는 기능할 수 없다는 점에서 심지어 '위헌적인 정당을 금지해야 할 공익'도 정당설립의 자유에 대한 입법적 제한을 정당화하지 못하도록 규정한 것이 헌법의 객관적인 의사라면, 입법자가 그외의 공익적 고려에 의하여 정당설립금지조항을 도입하는 것은 원칙적으로 헌법에 위반된다. 따라서 정당설립금지의 규정이 정당의 위헌성이나 정치적 성격때문이 아니라 비록 다른 공익을 실현하기 위하여 도입된다 하더라도, 금지규정이 달성하려는 공익은 매우 중대한 것이어야 한다는 것을 뜻한다.

(헌재 1999. 12. 23. 99헌마135, 경찰법 제11조 제4항 등 위헌확인)

2. 헌법재판소는 지구당을 폐쇄한 정당법 제3조 등 위헌확인 헌법소원에서 정당의 자유는 정당도 단체로서 정당의 자유를 가진다고 판시하였다: 이러한 정당의 자유는 국민이 개인적으로 갖는 기본권일 뿐만 아니라, 단체로서의 정당이 가지는 기본권이기도 하다. 따라서 개인인 국민으로서 청구인 김웅이 정당의 자유를 가지고 있음은 물론, 청구인 민주노동당도 단체로서 정당의 자유를 가지고 있다(헌재 2004. 12. 16. 2004헌마456, 정당법 제3조 등 위헌확인).

Ⅱ. 선거제도

1. 선거의 의의와 기능

(1) 의의

선거란 유권자집단인 선거인단이 국민을 대표하는 국가기관을 선임하는 집합적 합성행위이다. 여기서 선거인단이라함은 국가의 합의체기관이 국가의 다른 기관을 선임하는 합성행위를 할 수 있는 기관을 의미한다. 이는 선거인의 개별적인 의사표시인 투표행위와 구별된다. 현대의 정당제민주주의에서는 정부선택적 국민표결의 성격도 아울러 갖고 있다. 선거는 아래로부터 일종의 합성행위인 다수의견의 표명이므로 '위에서'의 기관선임행위인 '공무원의 임명'과 구별되며, 선거는 단순한 지명행위라는 점에서 위임행위와도 구별된다.

(2) 선거권의 법적 성질

선거권의 법적 성질에 관해서는 개인적 권리설, 공의무설, 권한·자격설, 이원설 등이 있다. 개인적 권리설은 선거권을 개인을 위한 주관적 공권으로 보는 견해이며, 공의무설은 선거권을 국가목적을 위하여 국가가 부과한 공무의 수행으로 보는 견해이며, 권한·자격설은 선거권을 선거인의 권한 또는 자격으로 보는 견해이다. 그리고 이원설은 선거권을 선거에서 참가할 수 있는 자격 또는 지위로서 참정의 권리를 가지는 동시에 공무집행의 의무로 보는 견해이다(다수설).

(3) 선거의 기능

선거는 치자와 피치자의 자동성을 보장하여 국민주권을 확립하고, 대의기관을 구성하는 기능을 하며, 국가권력의 민주적 정당성의 기초가 되어, 통치의 정당성을 보장하는 기능을 한다. 그 외에도 복수정당제의 확립, 소수자 보호와 기회균등의 보장, 권력통합적 기능, 정부와 의회의 쇄신, 평화적 정권교체 기능 등을 갖는다.

(4) 선거의 유형과 의미

정치체제에 따라 선거제도는 다양하게 나타나며, 정치제제와 선거의 의미와 기능은 상관관계를 가진다. 선거제도를 '선택의 가능성'과 '선거의 자유'의 보장여부를 기준으로 분류할 수 있다. '선택의 가능성'과 '선거의 자유'가 완전히 보장되는 선거로서 민주체제의 선거제도를 '권능적 선거'라고 하며, 이는 통치권의 기초, 정당화의 근거가 되며, 국민의 민주적인 정치참여의 본질적인 수단으로서 의미를 가지며, 통치권행사를 민주적으로 정당화시켜주는 기능을 한다. '선택의 가능성'과 '선거의 자유'가 전혀 보장되지 않는 전체체제의 선거를 '비권능적 선거'라고 하며, 그 의미는 통치권행사의 수단 내지 도구에 불과하다. 따라서 모든 사회세력을 사회주의실현에 동원하고 공산주의정책의 기준을 분명하게 밝히고, 사회주의이념에 의한 국민의 정치적·도덕적 통일성을 굳혀주며, 최대의 선거참여와 최대의 다수투표를 통한 공산당의 단결과 단합을 입증하는 기능을 한다. '선택의 가능성'과 '선거의 자유'에 여러가지 제한이 따르는 권주의체제의 선거를 '반권능적 선거'라고 한다. 이는 현존 정치세력의 정당성을 과시하는 수단으로서의 의미를 가지며, 현존 정치세력의 정당성을 확보하고 국내 정치적 긴장을 완화하며, 국제적 평판과 지위를 확보하고 양당의 가시적 표출 및 체제안정적 현실적응을 모색하는 기능을 한다.

◆ **헌재판례**

1. 선거제도는 민주정치의 대전제로 존재하며, 민주정치는 선거로써 시작되고 선거로써 끝난다는 말과 같이 의회정치의 부침은 오로지 선거제도의 여하에 달려있다고 해도 과언이 아니다. 국민은 오직 선거에 의해서만 국정에 참가하는 것이며 선거를 통하여 여론정치가 행해지므로 민주정치에 있어서의 선거는 가장 중요한 국가적 행사의 하나이며 국법질서의 기초가 된다(헌재 1989. 9. 8. 88헌가6, 국회의원선거법 제33조, 제34조의 위헌심판).

2. 오늘날의 대의민주주의하에서 선거는 국민이 통치기관을 결정·구성하는 방법이고 선출된 대표자에게 민주적 정당성을 부여함으로써 국민주권주의 원리를 실현하는 핵심적인 역할을 하고 있다(헌재 2008. 1. 17. 2007헌마700, 대통령의 선거중립의무 준수요청 등 조치 취소)

2. 선거제도의 기본원칙

(1) 보통선거

보통선거(普通選擧)란 사회적 신분, 재산, 교양 등에 의한 자격요건을 정함이 없이 원칙적으로 모든 성년자에게 선거권을 인정하는 원칙으로서 '제한선거'와 대립되는 개념이다. 그러나 국적, 연령, 주거지, 정신적 판단능력, 법률상 행위능력, 시민으로서의 완전한 자격능력(예 : 자격정지여부) 등을 기준으로 하는 제한은 가능하다. 헌법재판소는 선거직 입후보에 있어서 과도한 기탁금제도는 위헌이라고 판시한 바 있다.

(2) 평등선거

평등선거(平等選擧)는 모든 선거 참여자가 모든 절차에서 균등하게 기회를 가져야 한다는 원칙으로서 차등선거(差等選擧)와 반대되는 개념이다. 평등선거는 선거참여자의 기회균등은 물론 선거를 통한 정치적 의사과정에서 모든 국민은 절대적으로 평등한 영향력을 행사하여야 한다는 원칙으로, 투표의 표면가치의 평등 뿐만아니라 투표의 결과가치의 평등도 요구한다. 헌법재판소는 평등선거의 원칙은 평등의 원칙이 선거제도에 적용된 것으로서 투표의 수적(數的) 평등, 즉 복수투표제 등을 부인하고 모든 선거인에게 1인 1표(one man, one vote)를 인정함을 의미할 뿐만 아니라, 투표의 성과가치(成果價値)의 평등, 즉 1표의 투표가치가 대표자 선정이라는 선거의 결과에 대하여 기여한 정도에 있어서도 평등하여야 함(one vote, one value)을 의미한다고 하였다. 헌법이 요구하는 투표가치(投票價値)의 평등은 선거제도의 결정에 있어서 유일, 절대의 기준이라고는 할 수 없으며, 국회는 구체적인 선거제도를 정함에 있어서 합리적인 다른 정책적 목표도 고려할 수 있는 것이지만, 적어도 선거구의 획정에 있어서는 인구비례의 원칙을 "가장 중요하고 기본적인 기준"으로 삼아야 한다고 판시한 바 있다(헌재 1995. 12. 27, 95헌마224). 미국의 Baker v. Carr Case (1962)에 따르면 인구비율이 3:1의 편차는 불공평한 인구비례선거구획정으로 헌법 제14조의 평등조항에 위배된다고 하였으며, 일본의 최고재판소 판결(1976. 4. 14.)에 따르면 인구비율이 약 5:1의 편차는 위헌이라고 하였다. 우리 헌법재판소는 1995년 판례에서 국회의원선거구 인구편차가 4:1을 넘으면 위헌이라고 판시하였다가(헌재 1995. 12. 27. 95헌마224등), 2007년 판례에서는 3:1을 기준으로 제시하면서, 향후 2:1을 기준으로 판단하여야 한다고 하였다(헌재 2007. 3. 29. 2005헌마985). 그러나 자치구·시·군의회와 시·도의회의 선거구 인구편차는 4:1이 합헌이라고 판시하였다(헌재 2007. 3. 29. 2005헌마985; 헌재 2009. 3. 26. 2006헌마14).

♣ 미국의 판례

1. Colegrove v. Green. 328 U.S. 549(1946) : 선거구간 인구편차는 사법심사의 대상이 아니라고 판단 frankfurter대법관은 선거구간 인구편차는 표면적으로 법적 문제인 듯하나 실질적으로는 정치문제에 불과하므로 잘못된 선거구 획정으로 생긴 폐단은 사법부가 아니라 선거로서 제거되어야 한다는 것이 다수의견의 결론이었다.

2. Baker v. Carr. (Tennessee.) (MD Tenn.) (369 U.S. 186. 1962): 평등선거, 인구편차 3:1 편차는 불공평 사법심사의 대상이 된다. 테네시주법에서 유권자의 37%가 33인의 주 상원의원 중 20인을, 또 유권자의 40%가 99인의 주 하원의원 중 63인을 선출하도록 하고 있었다. 이에 대해 Brennan대법관은 이러한 선거구 획정은 수정헌법 제14조 평등보호조항에 위반된다고 판시하였으며, 아울러 선거구 획정은 더 이상 정치문제(politikal question)로 간주될 수 없다고 하였다. 그리고 이후 1964년의 세판결에 의하여 오로지 인구를 기준으로 선거구 획정을 하여야 한다는 원칙이 확립되었다.

3. Reynolds v. Sims. 377 U.S. 533(1964), Warren 대법원장은 주의원선거에서 주의 시민들은 모두 동등하게 정치적 영향력을 행사하는 것이라고 판시
Wesberry v. Sanders. 376 U.S. 1(1964), 연방의원 선거구 획정에 대한 판결로서 연방하원의원 선거에 있어서 각 주의 주민인 선거인의 표의 가치는 실질적으로 동일하여야 한다고 판시

4. Lucas v. Forty-Fourth General Assembly of Colorado, 377 U.S. 713(1964) 주의회 의원 선거구획정이 대상이었으며, 동 판결에서는 인구 외에 지형, 인구밀도, 지리적 접근성, 행정구역 등도 고려되어야 한다는 입장이며, 특히 연방적 차원에서 보장되는 개인의 평등한 투표권은 주에서 주민투표를 거쳤다고 하더라도 주의 다수로서 제한할 수 없다는 입장이었다.

(3) 직접선거

직접선거(直接選擧) 원칙이란 일반유권자가 직접 공무원을 선거하는 제도이다. 이에 반하여 간접선거(間接選擧)란 원선거인이 아닌 선거위원(electers)을 선거하여 대표자의 선출을 이 중간선거인에게 위임하는 방식이다. 우리나라에서는 제5공화국헌법 하에서의 대통령선출방식에서 채택된 바가 있으며, 전국구국회의원선출도 직접선거방식이기는 하나 정당의 중간선거인의 기능 때문에 위헌성이 있으며, 그러한 위헌성을 최소화하기 위하여 전국구국회의원후보자순위와 명부를 게시

하고 선거인이 직접 정당을 택하여 투표하도록 하는 정당투표제를 두고 있다.

(4) 비밀선거

비밀선거(秘密選擧)는 선거인이 누구에게 투표하였는가를 비밀로 하는 투표로서 공개된 투표용지는 무효화된다. 비밀선거와 상반되는 개념은 공개선거(公開選擧)이다.

(5) 자유선거

자유선거(自由選擧)는 직접 또는 간접적인 압력 없이 자유롭게 하는 투표로서, 강제선거(强制選擧)와 반대되는 개념이다. 선거권의 행사는 국민의 의무이지만, 자유선거의 원칙에 의하여 선거권을 포기하더라도 처벌의 대상이 될 수 없으며, 나아가 선거권을 포기하는 것도 하나의 정치적 의사표시라고 볼 수 있다. 미국과 프랑스는 자유선거에 관한 규정을 두고 있으나, 우리나라는 명문 규정은 없다. 그리고 보통·평등·직접·비밀선거의 원칙은 결국 자유선거를 위한 전제에 불과하다고 보고 있다.

◆ 헌재판례

1. 과도한 기탁금제도는 보통선거원칙 위배로 위헌: 우리 헌법은 제11조와 관련하여 제1조와 제41조에서 차등선거제도를 부정하는 보통선거제를 제1의 원칙으로 채택함으로써 재력, 신분, 직업 등으로 차별대우를 받지 않고 평등한 참정권을 보장하여 주권을 행사하도록 실질적 국민주권주의를 구현하기 위하여 보통, 평등, 직접, 비밀, 자유선거제도 등 선거의 기본원칙을 설정하고 있다. 그러므로 국선법 제33조, 제34조에 의한 기탁금제도로 인하여 입후보자의 자유와 기회균등을 침해하고 국민의 참정권을 제한하는 것은 이러한 우리 헌법상의 기본원칙에 위배되고 실질적, 현대적 국민주권론에 반하는 것이다(헌재, 1989.9.8. 88헌가6 국회의원선거법 제33조 제34조(기탁금조항)의 헌법불합치결정).

2. 국내거주자에게만 부재자신고를 허용하고 국외거주자(재외국민과 단기해외체류자)의 부재자신고를 부인한 것은 선거권·평등권을 침해하고 보통선거원칙을 위반한 위헌: 직업이나 학문 등의 사유로 자진 출국한 자들이 선거권을 행사하려고 하면 반드시 귀국해야 하고 귀국하지 않으면 선거권 행사를 못하도록 하는 것은 헌법이 보장하는 해외체류자의 국외 거주·이전의 자유, 직업의 자유, 공무담임권, 학문의 자유 등의 기본권을 희생하도록 강요한다는 점에서 부적절하며, 가속화되고 있는 국제화시대에 해외로 이주하여 살 가능성이 높아지고 있는 상황에서, 그것이 자발적 계기에 의해 이루어졌다는 이유만으로 국민이면 누구나 향유해야 할 가장 기본적인 권리인 선거권의 행사가 부인되는 것은 타당성을 갖기 어렵다는 점에 비추어 볼 때, 선거인명부에 오를 자격이 있는 국내거주자에 대해서만 부재자

신고를 허용함으로써 재외국민과 단기해외체류자 등 국외거주자 전부의 국정선거권을 부인하고 있는 법 제38조 제1항은 정당한 입법목적을 갖추지 못한 것으로 헌법 제37조 제2항에 위반하여 국외거주자의 선거권과 평등권을 침해하고 보통선거원칙에도 위반된다(헌재 2007.06.28, 2004헌마644, 공직선거및선거부정방지법 제15조 제2항 등 위헌확인 등)

3. 선거구별 인구편차(투표가치의 평등)에 관한 판례
(1) 자치구·시·군의원선거구의 인구편차 4:1은 합헌: 1선거구당 2인 내지 4인의 의원을 선출하는 방식인 자치구·시·군 선거구의 인구편차 비교방식에 있어서도 해당 선거구의 의원 1인당 인구수를 그 선거구가 속한 자치구·시·군 의회의원 1인당 평균인구수(각 자치구·시·군의 인구수÷의원수)에 비교하는 방식이 더욱 간명하고 평등의 원칙에 부합한다. 자치구·시·군 의회의원 선거구 획정에는 인구 외에 행정구역·지세·교통 등 여러 가지 조건을 고려하여야 하므로, 그 기준은 투표가치의 평등으로서 가장 중요한 요소인 인구비례의 원칙과 우리나라의 특수한 사정으로서 자치구·시·군 의회의원의 지역대표성 및 인구의 도시집중으로 인한 농어촌 간의 극심한 인구편차 등 3개의 요소를 합리적으로 참작하여 결정되어야 할 것인바, 이러한 점에서 자치구·시·군 의회의원 선거구 획정에서는 국회의원 선거구 획정에서 요구되는 기준보다 더 완화된 인구편차 허용기준을 적용하는 것이 타당하고, 인구비례·지역대표성 등 고려할 사정이 유사한 시·도 의회의원 선거구 획정에서의 선례 또한 평균인구수로부터 상하 60%의 편차를 허용기준으로 삼았으므로, 이와 동일한 기준에 따르는 것이 상당하다(헌재 2009. 3. 26. 2006헌마14, 서울특별시 자치구의회의원선거구와 선거구별 의원 정수에 관한 조례 [별표] 위헌확인)
(2) 시·도의원 지역선거구의 인구편차 4:1은 합헌: 시·도의원 지역선거구의 획정에는 인구 외에 행정구역·지세·교통 등 여러 가지 조건을 고려하여야 하므로, 그 기준은 선거구 획정에 있어서 투표가치의 평등으로서 가장 중요한 요소인 인구비례의 원칙과 우리 나라의 특수사정으로서 시·도의원의 지역대표성 및 인구의 도시집중으로 인한 도시와 농어촌 간의 극심한 인구편차 등 3개의 요소를 합리적으로 참작하여 결정되어야 할 것이며, 현시점에서는 상하 60%의 인구편차(상한 인구수와 하한 인구수의 비율은 4 : 1) 기준을 시·도의원 지역선거구 획정에서 헌법상 허용되는 인구편차기준으로 삼는 것이 가장 적절하다고 할 것이다(헌재 2007. 3. 29. 2005헌마985·1037, 2006헌마11, 공직선거법 제26조 제1항에 의한 [별표 2] 위헌확인 등).
(3) 국회의원선거구 인구편차를 3:1로 변경한 판례: 선거구획정에 관하여 국회의 광범한 재량이 인정되지만 그 재량에는 평등선거의 실현이라는 헌법적 요청에 의하여 일정한 한계가 있을 수밖에 없는바, 첫째로, 선거구획정에 있어서 인구비례원칙에 의한 투표가치의 평등은 헌법적 요청으로서 다른 요소에 비하여 기본적이고 일차적인 기준이기 때문에, 합리적 이유없이 투표가치의 평등을 침해하는 선거구획정은 자의적인 것으로서 헌법에 위반된다는 것이고, 둘째로, 특정 지역의 선거인들이 자의적인 선거구획정으로 인하여 정치과정에 참여할 기회를 잃게 되었거나, 그들이 지지하는 후보가 당선될 가능성을 의도적으로 박탈당하고 있음이 입증되어 특정 지역의 선거인들에 대하여 차별하고자 하는 국가권력의 의도와 그 집단에 대한 실질적인 차별효과가 명백히 드러난 경우, 즉 게리맨더링에 해당하는 경우에는, 그 선거구획정은 입법재량의 한계를 벗어난 것으로서 헌법에 위반된다는 것이다. 인구편차의 허용한계에 관한 다양한 견해 중 현시점에서 선택가능한 방안으

로 상하 33⅓% 편차(이 경우 상한 인구수와 하한 인구수의 비율은 2 : 1)를 기준으로 하는 방안, 또는 상하 50% 편차(이 경우 상한 인구수와 하한 인구수의 비율은 3 : 1)를 기준으로 하는 방안이 고려될 수 있는데, 이 중 상하 33⅓% 편차 기준에 의할 때 행정구역 및 국회의원정수를 비롯한 인구비례의 원칙 이외의 요소를 고려함에 있어 적지 않은 난점이 예상되므로, 우리 재판소가 선거구획정에 따른 선거구간의 인구편차의 문제를 다루기 시작한지 겨우 5년여가 지난 현재의 시점에서 너무 이상에 치우친 나머지 현실적인 문제를 전적으로 도외시하기는 어렵다고 할 것이어서, 이번에는 평균인구수 기준 상하 50%의 편차를 기준으로 위헌 여부를 판단하기로 한다. 그러나 앞으로 상당한 기간이 지난 후에는 인구편차가 상하 33⅓% 또는 그 미만의 기준에 따라 위헌 여부를 판단하여야 할 것이다(헌재 2007.03.29, 2005헌마985, 공직선거및선거부정방지법 [별표1] '국회의원지역선거구구역표' 위헌확인).

(4) 국회의원선거구 인구편차의 한계를 4:1로 한 최초의 판례: 국회가 결정한 구체적인 선거제도의 구조 아래에서 발생한 투표가치(投票價値)의 불평등이 헌법이 요구하는 투표가치 평등의 원칙에 반하는지의 여부를 판단할 때, 이러한 불평등이 위에서 본 바와 같은 헌법적 요청에 의한 한계 내의 재량권 행사로서 그 합리성을 시인할 수 있는지의 여부를 검토하여, 국회가 통상 고려할 수 있는 제반 사정, 즉 여러 가지 비인구적(非人口的) 요소를 모두 참작한다고 하더라도 일반적으로 합리성이 있다고는 도저히 볼 수 없을 정도로 투표가치의 불평등이 생긴 경우에는 헌법에 위반된다고 하여야 한다. 현재 우리나라의 제반 여건 아래에서는 적어도 국회의원의 선거에 관한 한, 전국 선거구의 평균 인구수(전국의 인구수를 선거구수로 나눈 수치)에 그 100분의 60을 더하거나 뺀 수를 넘거나 미달하는(즉, 상하 60%의 편차를 초과하는) 선거구가 있을 경우에는, 그러한 선거구(選擧區)의 획정(劃定)은 국회의 합리적 재량의 범위를 일탈한 것으로서 헌법에 위반된다(재판관 김용준, 김진우, 김문희, 황도연, 신창언의 의견은 4:1이나, 그 외 재판관들의 3:1과 2:1의 의견도 있었음) (헌재 1995.12.27, 95헌마224·239·285·373, 공직선거및선거부정방지법 [별표1]의 「국회의원지역선거구구역표」 위헌확인).

3. 선거구제와 대표제

(1) 선거구제

선거구(選擧區)란 의원을 선출하는 단위지역을 말하며, 선거구의 인위적인 조작방법인 게리멘더링(Gerrymandering, 선거구유리의 조작방법)을 방지하기 위하여 선거구법정주의(選擧區法定主義)를 택하고 있다. 게리멘더링은 1812년 게리(Gerry, 매사츄세츠 주지사)의 도마뱀(Salamander)식 조작에서 유래한 용어로서, 우리나라도 이를 예방하기 위하여 국회 내와 시·도에 선거구획정위원회제도를 두어 1994년부터 시행하고 있다(공직선거법 제24조).

선거구제에는 소선거구제·중선거구제·대선거구제가 있다. 소선거구제는 1선거구에서 1인을 선출하는 방식이며, 중선거구제는 1선거구에서 2인 내지 5인을 선출하는 방식이며, 대선거구제는 5인이상을 선출하는 방식이다. 각 선거구제는 장단점이 있어서 어떠한 선거구제를 택할 것인가는 시대적 상황에 맞게 적절히 채택할 수 있다. 현재 우리나라는 국회의원선거는 소선거구제를(공직선거법 제21조), 시·도의원은 1선거구의 의원정수를 2인으로 하는 중선거구제를 택하고 있으며(공직선거법 제22조), 자치구·시·군의원은 자치구·시·군의원선거구획정위원회가 자치구·시·군의 인구와 지역대표성을 고려하여 중앙선거관리위원회규칙이 정하는 기준에 따라 정하도록 하고 있다(공직선거법 제23조).

〈표-6〉 대선구제와 소선거구제의 장단점 비교

구분	대 선 거 구	소 선 거 구
장점	① 소수파의 의회진출 기회부여 ② 사표가 적다 ③ 전국적 유능인물 선출가능 ④ 선거공영제에 의한 공정한 선거 ⑤ Gerrymander의 방지가 용이	① 양대정당제 확립, 정국안정 ② 선구운동·관리의 용이 ③ 시간·경비의 절약 ④ 인물파악이 쉽고 투표율 높다 ⑤ 다수파가 유리
단점	① 군소정당의 난립시 정국불안 ② 선거운동·관리의 곤란 ③ 시간·경비의 과다 ④ 인물파악이 곤란,투표율이 낮다	① 소수당 불리 ② 민주적 정당성의 결여:사표많고 선거가치가 불평등하며, Gerrymander의 우려가 있다. ③ 관권·금권의 개입에 의한 부정선거우려 ④ 지방적 소인물 당선 가능성

(2) 대표제

1) 다수대표제

다수대표제란 선거인으로부터 다수표를 얻은 사람을 당선자로 결정하는 제도로서 다수당에게 유리한 대표제라고 할 수 있다. 다수대표제에는 상대적 다수대표제와 절대적 다수대표제가 있다. 상대적 다수대표제는 한 선거구에서 상대적으로 다수득표자를 당선자로 하는 제도로서 영국, 미국, 우리나라가 택하고 있으며, 절대적 다수대표제는 투표자의 과반수이상의 득표를 얻는 자를 당선자로 하는 제도로서 프랑스가 택하고 있으며, 절대적 다수대표제 하에서는 1차투표에서 절대다수대표가 선출되지 않았을 때 재투표를 하는 결선투표제가 함께 도입되게 된다.

2) 소수대표제

소수대표제란 선거인으로부터 소수를 득표한 자도 대표가 될 수 있는 방식으로 소수자보호의 취지에서 소수파도 어느 정도 대표를 낼 수 있는 제도로서 소수당에게도 기회가 제공되나 절차가 복잡하다. 소수대표제를 택하게 되면 2위 내지 3위 등도 당선되어야 하므로 중선거구제 내지는 대선거구제가 필수적으로 동반된다.

소수대표제에서의 투표방법에는 한 선거구내의 의원정수와 동수의 성명을 투표용지에 기재하는 투표방법(누적투표법), 한 선거구에 3명 이상의 정원을 가진 선거구를 전제하여 각 선거인이 연기(連記) 할 수 있는 후보자의 수를 정원수보다 적게 하는 제도(제한연기투표법), 선거인이 연기한 순서에 따라 그 가치를 체감하여 계산하는방법(순서체감법), 한 선거구에서 수인을 선출할 수 있는 대선거구에서 선거인이 한 후보자에게 단기투표하고 당선에 필요한 그 이상의 득표수를 자기당의 다른 후보에게 양도할 수 없는 방법(대선거구 단기비위양식투표법) 등이 있다.

3) 비례대표제

비례대표제란 각 정당의 득표율에 비례하여 대표자수를 각 정당에 배분하는 제도이다. 일반적으로 비례대표제의 공통의 기준은 먼저 당선에 필요한 최저한도의 득표수(quota)를 산정하고, 이 기수를 넘는 표를 다른 후보자에게 이양하는 방법으로서 단기이양식과 명부식이 있으며, 계산법으로는 동트식(일본)과 헤어니마이어식(독일, 우리나라)이 있다. 단기이양식은 투표수가 제1후보자에게 충분한 경우에는 그것을 다른 후보(제2, 제3후보)에게 이용케 할 수 있는 방식으로서 영국식이며, 명부식 비례대표제는 유럽에서 선호하는 방식으로서, 선거인이 정당이 제출한 후보자 명부에 투표하는 것으로 당선자가 명부의 순서에 구속되는 구속명부식과 1개의 명부에 구속되지 않고 다른 명부의 후보자에게도 투표할 수 있는 자유명부식이 있다.

〈표-7〉 비례대표제의 장단점 비교

장 점	단 점
ⓐ 선거권의 실질적 평등 보장 ⓑ 사표방지 ⓒ 소수파의 의회진출 기회부여 ⓓ 선거비용 절감	ⓐ 소수파 의회 진출 →다당제와 군소정당의 난립 초래 →정국불안 야기 우려 ⓑ 투표방법, 당선자결정의 복잡

ⓔ 정당정치에 적합 ⓕ 선거민과 의원간의 결탁방지 ⓖ 정당간부의 당선 확보 ⓗ 선거민의 의사의 정확한 반영(대표제에 충실)	ⓒ 선거가 간접화됨 →선거민과 의원간의 인적결합 불충분 ⓓ 정당간부의 횡포우려

4) 직능대표제

직능대표제(職能代表制)는 선거인을 각 직능별로 나누고 그 직능을 단위로 하여 대표를 선출하는 제도로서 복지국가화와 입법의 전문화로 인한 의회기능의 약화를 보완할 수 있는 제도로서 주로 상원에서 직능상원제로 활용하는 제도이기도 하며, 경제평의회 등에서도 활용될 수 있다.

5) 할증제

할증제(割增制)는 유효투표총수의 25%이상이라든가 30%이상이라든가 하는 일정한 퍼센트(%) 이상의 투표를 획득한 정당에 대하여 득표수에 비례한 의석이 아니라 할애 또는 증감을 하여 총의원수의 과반수라든가 3분의 2에 해당하는 의석을 배분하는 제도이다.

6) 병용제

병용제는 현재의 한국 및 독일과 같이 비례대표제와 소선거구제 또는 할증제 등을 병용하는 제도를 말한다.

◆ 헌재판례

1. 게리맨드링 판례: 선거구의 획정은 사회적·지리적·역사적·경제적·행정적 연관성 및 생활권 등을 고려하여 특단의 불가피한 사정이 없는 한 인접지역이 1개의 선거구를 구성하도록 함이 상당하며, 이 또한 선거구획정에 관한 국회의 재량권의 한계라고 할 것이다. 그런데 이 사건 선거구구역표는 위와 같은 원칙을 무시한 채, 특단의 불가피한 사정이 있다고 볼만한 사유를 찾아볼 수 없는데도, 충복 옥천군을 사이에 두고 접경지역없이 완전히 분리되어 있는 충북 보은군과 영동군을 "충북 보은군·영동군 선거구"라는 1개의 선거구로 획정하였는바, 이는 재량의 범위를 일탈한 자의적인 선거구획정이라고 하지 아니할 수 없고(1995.6.30. 현재의 인구수를 보아도 보은군은 49,077명, 영동군은 63,623명, 옥천군은 64,958명으로서 이를 모두 합쳐도 177,658명이고, 이는 위에서 본 인구편차의 허용

한계내세 있을 뿐만 아니라 같은 충청북도내의 "제천시·단양군 선거구"의 인구수 190,660명에도 못미친다) 이로써 충북 보은군에 거주하는 청구인 이관모의 정당한 선거권을 침해하였다고 할 것이다(헌재 1995. 12. 27, 95헌마224·239·285·373, 공직선거및선거부정방지법 [별표1]의 「국회의원지역선거구구역표」 위헌확인).

2. 상대다수대표제를 합헌으로 판단한 헌재판례:: 헌법 제41조 제1항에 의한 선거원칙은 보통·평등·직접·비밀·자유 선거인데 공선법 제188조의 규정처럼 유효투표의 다수를 얻은 자를 당선인으로 결정하도록 하는 것이 헌법에서 선언된 위와 같은 선거원칙에 위반된다고 할 근거는 찾아볼 수 없다. 선거의 대표성 확보는 모든 선거권자들에게 차등 없이 투표참여의 기회를 부여하고, 그 투표에 참여한 선거권자들의 표를 동등한 가치로 평가하여 유효투표 중 다수의 득표를 얻은 자를 당선인으로 결정하는 현행 방식에 의해 충분히 구현된다고 해야 하는 것이다. 그리고 차등 없이 투표참여의 기회를 부여했음에도 불구하고 자발적으로 투표에 참가하지 않은 선거권자들의 의사도 존중해야 할 필요가 있다. 따라서 유효투표의 다수를 얻은 후보자를 당선인으로 결정하게 한 공선법 규정도 선거의 대표성의 본질이나 국민주권 원리를 침해하는 것이 아니다(헌재 2003. 11. 27. 2003헌마259·250, 공직선거및선거부정방지법 제35조 제2항 제1호 등 위헌확인, 공직선거및선거부정방지법 제155조 제1항 위헌확인 헌법소원).

4. 우리나라 선거제도

(1) 선거권과 피선거권

1) 선거권

선거권은 19세 이상의 국민이면, 대통령과 국회의원의 선거권이 있으며, 19세 이상으로서 해당 지방자치단체의 관할 구역에 주민등록이 되어 있는 사람이거나, 「재외동포의 출입국과 법적 지위에 관한 법률」 제6조제1항에 따라 해당 지방자치단체의 국내거소신고인명부에 올라 있는 국민 또는 출입국관리법 제10조에 따른 영주(永住)의 체류자격 취득일 후 3년이 경과한 외국인으로서 동법 제34조에 따라 해당 지방자치단체의 외국인등록대장에 올라 있는 사람은 해당 지방자치단체의 의회의원 및 장의 선거권이 있다(공직선거법 제15조). 그러나, 금치산선고를 받은 자, 금고 이상의 형의 선고를 받고 그 집행이 종료되지 아니하거나 그 집행을 받지 아니하기로 확정되지 아니한 자, 선거범, 「정치자금법」 제45조(정치자금부정수수죄) 및 제49조(선거비용관련 위반행위에 관한 벌칙)에 규정된 죄를 범한 자 또는 대통령·국회의원·지방의회의원·지방자치단체의 장으로서 그 재임중의 직무와 관련하여 「형법」(「특정범죄가중처벌 등에 관한 법률」제2조에 의하여 가중처벌 되는 경우를 포함한다) 제129조(수뢰, 사전수뢰) 내지 제132조(알선수뢰)·「특정범 죄가중처벌 등에 관한 법률」 제3조(알선수재)에 규정된 죄를 범한 자로서, 100만원 이상의 벌금형의 선고를 받고 그 형이 확정된 후 5년 또는 형의 집행유예의 선고를 받고 그 형이 확정된 후 10년을 경과하지 아니하거나 징역형의 선고를 받고 그 집 행을 받지 아니하기로 확정된 후 또는 그 형의 집행이 종료되거나 면제된 후 10년 을 경과하지 아니한 자(형이 실효된 자도 포함한다), 법원의 판결 또는 다른 법률 에 의하여 선거권이 정지 또는 상실된 자는 선거권이 제한된다(동법 제18조).

2) 피선거권

선거일 현재 5년 이상 국내에 거주하고 있는 40세 이상의 국민은 대통령의 피선거권이 있으며, 이 경우 공무로 외국에 파견된 기간과 국내에 주소를 두고 일 정기간 외국에 체류한 기간은 국내거주기간으로 본다. 또한 25세 이상의 국민은 국회의원의 피선거권이 있다. 그리고 선거일 현재 계속하여 60일 이상(공무로 외 국에 파견되어 선거일전 60일후에 귀국한 자는 선거인명부작성기준일부터 계속하 여 선거일까지) 당해 지방자치단체의 관할구역안에 주민등록(국내거소신고인명부 에 올라 있는 경우를 포함한다.)이 되어 있는 주민으로서 25세 이상의 국민은 그 지방의회의원 및 지방자치단체의 장의 피선거권이 있다(동법 제16조). 그러나 금치 산자, 금고 이상의 형의 선고를 받고 그 형이 실효되지 아니한 자, 선거사범이나, 공직선거법상 선거권이 제한되는 범죄자, 법원의 판결 또는 다른 법률에 의하여 피선거권이 정지되거나 상실된 자는 피선거권이 없다(동법 제19조). 선거권자와 피 선거권자의 연령은 선거일 현재로 산정한다(공직선거법 제17조).

3) 후보자

정당과 선거권자는 후보자를 추천할 수 있다. 특히 정당이 비례대표국회의원 선거 및 비례대표지방의회의원선거에 후보자를 추천하는 때에는 그 후보자 중 100 분의 50 이상을 여성으로 추천하되, 그 후보자명부의 순위의 매 홀수에는 여성을 추천하여야 한다. 또한 임기만료에 따른 지역구국회의원선거 및 지역구지방의회의 원선거에 후보자를 추천하는 때에는 각각 전국지역구총수의 100분의 30 이상을 여 성으로 추천하도록 노력하여야 한다(공직선거법 제47조).

그리고 국가공무원과 지방공무원(정당의 당원이 될 수 있는 공무원)과 법령에 따라 공무원의 신분을 가진 자, 각급선거관리위원회위원 또는 교육위원회의 교육위원, 「정부투자기관 관리기본법」상의 정부투자기관(한국은행을 포함의 상근 임원, 「농업협동조합법」·「수산업협동조합법」·「산림조합법」·「엽연초생산협동조합법」에 의하여 설립된 조합의 상근 임원과 이들 조합의 중앙회장, 「지방공기업법」상의 지방공사와 지방공단의 상근 임원, 정당의 당원이 될 수 없는 사립학교교원, 대통령령으로 정하는 언론인 중에서 후보자가 되고자 하는 자는 선거일 전 60일(비례대표국회의원선거나 비례대표지방의회의원선거 및 보궐선거 등에 있어서와 국회의원이 지방자치단체의 장의 선거에 입후보하는 경우 및 지방의회의원이 다른 지방자치단체의 의회의원이나 장의 선거에 입후보하는 경우에 있어서는 후보자등록신청전)까지 그 직을 그만두어야 한다. 다만, 대통령선거와 국회의원선거에 있어서 국회의원이 그 직을 가지고 입후보하는 경우와 지방의회의원선거와 지방자치단체의 장의 선거에 있어서 당해 지방자치단체의 의회의원이나 장이 그 직을 가지고 입후보하는 경우에는 공직사퇴의무가 없다(공직선거법 제53조).

또한 후보자는 후보등록시 등록대상재산에 관한 신고서를 제출하여야하며, 병역사항, 최근 5년간의 세금납부실적증명서를, 전과기록, 최종학력증명서 등의 서류를 제출하여야 한다(공직선거법 제49조).

◆ 헌재판례

공직선거법 제38조 등의 법률조항이 국외 구역을 항해하는 선박에 장기 기거하는 선원들에 대하여 어떠한 선거권 행사 방법도 규정하지 않고 있는 것은 청구인들의 기본권을 침해하는 것이지만, 구체적으로 어떤 경우에, 어느 범위의 선원들을 대상으로, 어떻게 선거권을 행사할 수 있도록 할 것인지는 입법자가 입법정책에 따라 결정하여야 할 사항이므로, 이 법률조항에 대하여는 헌법불합치결정을 선고하되, 다만 이 사건 법률조항은 청구인들 외의 다른 국민의 선거권 행사는 보장하고 있으므로 법적 공백이나 혼란을 예방하기 위하여 적용중지를 명하지 않고, 입법자의 개선입법이 있을 때까지 계속하여 적용하도록 명함이 상당하다(헌재 2007. 6. 28. 2005헌마772, 공직선거법 제38조 등 위헌확인)

(2) 선거제도

1) 원인에 따른 선거의 종류

우리 법제에서의 선거의 종류는 임기만료에 의한 선거인 총선거와 궐원 또는 궐위가 발생한 때에 실시하는 보궐선거, 그리고 재선거가 있다. 재선거는 당해 선거구의 후보자가 없는 때, 당선인이 없거나 지역구자치구·시·군의원선거에 있어 당선인이 당해 선거구에서 선거할 지방의회의원정수에 달하지 아니한 때, 선거의 전부무효의 판결 또는 결정이 있는 때, 당선인이 임기개시전에 사퇴하거나 사망한 때, 당선인이 임기개시 전에 당선의 효력이 상실되거나 당선이 무효로 된 때에 시행한다(공직선거법 제195조).

2) 직위에 따른 선거제도의 종류

우리나라 선거는 직위에 따라 대통령선거, 국회의원선거 그리고 지방선거(지방의회의원선거와 지방자치단체장선거)가 있다.

대통령은 국민의 보통·평등·직접·비밀선거에 의하여 선출하며, 최고득표를 얻은 자를 당선자로 하는 상대다수대표제를 채택하고 있다. 최고득표자가 2인 이상인 때에는 국회의 재적의원 과반수가 출석한 공개회의에서 다수표를 얻은 자를 당선자로 하고, 대통령후보자가 1인일 때에는 그 득표수가 선거권자 총수의 3분의 1 이상이 아니면 대통령으로 당선될 수 없다(헌법 제66조).

또한 국회의원도 국민의 보통·평등·직접·비밀선거에 의하여 선출되나, 선거구의 범위에 따라 지역구국회의원과 비례대표제에 의하여 선출된 비례대표국회의원선거가 있다. 국회의원의 수는 헌법에서는 200인 이상으로 정하고 구체적인 숫자는 법률에 유보하였는 바, 공직선거법은 299인으로 하고 있다(헌법 제41조, 공직선거법 제21조).

국회의원의 선거구는 245개(공직선거법 별표 1)의 지역구와 1개의 전국구로 되어 있으며, 모든 유권자는 1표를 단기투표하고, 지역구국회의원의 경우에는 1선거구에서 1인을 선출하는 소선거구제와 상대다수대표제를 채택하고 있으며, 특히 무투표당선이 인정되고, 최고득표자가 2인 이상일 경우에는 연장자순으로 한다(동법 제188조). 비례대표국회의원의 선거구는 전국구이며, 의석배분과 당선인결정은 중앙선거관리위원회가 주관하며, 비례대표국회의원선거에서 유효투표총수의 100분의 3 이상을 득표하였거나 지역구국회의원총선거에서 5석 이상의 의석을 차지한 각 정당에 대하여 당해 의석할당정당이 비례대표국회의원선거에서 얻은 득표비율에 따라 비례대표국회의원의석을 배분하며, 득표비율은 각 의석할당정당의 득표수를 모든 의석할당정당의 득표수의 합계로 나누어 산출한다(공직선거법 제189조).

그리고 지방의회의원과 지방자치단체의 장은 주민의 보통·평등·직접·비밀

선거에 의하여 선출된다. 자치단체장은 유효투표의 다수표를 얻은 자를 당선자로 하며, 최고득표자가 2인 이상일 때는 연장자순으로 한다. 후보자가 1인인 경우에는 유효투표총수의 1/3이상을 얻어야 한다(공직선거법 제191조). 그리고 지역구시·도의원 및 지역구자치구·시·군의원의 선거에 있어서는 당해 선거구에서 유효투표의 다수를 얻은 자(지역구자치구·시·군의원선거에 있어서는 유효투표의 다수를 얻은 자 순으로 의원정수에 이르는 자를 당선인으로 결정한다. 다만, 최고득표자가 2인 이상인 때에는 연장자순에 의하여 당선인을 결정한다. 그리고 후보자등록마감시각에 후보자가 당해 선거구에서 선거할 의원정수를 넘지 아니하거나 후보자등록마감 후 선거일 투표개시시각까지 후보자가 사퇴·사망하거나 등록이 무효로 되어 후보자수가 당해 선거구에서 선거할 의원정수를 넘지 아니하게 된 때에는 투표를 실시하지 아니하고, 선거일에 그 후보자를 당선인으로 결정한다(동법 제190조). 비례대표지방의회의원선거에 있어서는 당해 선거구선거관리위원회가 유효투표총수의 100분의 5 이상을 득표한 각 정당에 대하여 당해 선거에서 얻은 득표비율에 비례대표지방의회의원정수를 곱하여 산출된 수의 정수의 의석을 그 정당에 먼저 배분하고 잔여의석은 단수가 큰 순으로 각 의석할당정당에 1석씩 배분하되, 같은 단수가 있는 때에는 그 득표수가 많은 정당에 배분하고 그 득표수가 같은 때에는 당해 정당 사이의 추첨에 의한다. 이 경우 득표비율은 각 의석할당 정당의 득표수를 모든 의석할당정당의 득표수의 합계로 나누고 소수점 이하 제5위를 반올림하여 산출한다. 특히 비례대표시·도의원선거에 있어서 하나의 정당에 의석정수의 3분의 2 이상의 의석이 배분될 때에는 그 정당에 3분의 2에 해당하는 수의 정수(整數)의 의석을 먼저 배분하고, 잔여의석은 나머지 의석할당정당간의 득표비율에 잔여의석을 곱하여 산출된 수의 정수(整數)의 의석을 각 나머지 의석할당정당에 배분한 다음 잔여의석이 있는 때에는 그 단수가 큰 순위에 따라 각 나머지 의석할당정당에 1석씩 배분한다. 다만, 의석정수의 3분의 2에 해당하는 수의 정수(整數)에 해당하는 의석을 배분받는 정당 외에 의석할당정당이 없는 경우에는 의석할당정당이 아닌 정당간의 득표비율에 잔여의석을 곱하여 산출된 수의 정수(整數)의 의석을 먼저 그 정당에 배분하고 잔여의석이 있을 경우 단수가 큰 순으로 각 정당에 1석씩 배분한다.

그리고 공직선거법은 선거구의 일부 또는 전부가 서로 겹치는 구역에서 2이상의 다른 종류의 선거를 같은 선거일에 실시하는 동시선거의 특례를 규정하고 있다(동법 제202조 내지 제217조).

(3) 선거운동에 관한 원칙

1) 공영선거원칙

헌법은 제116조에서 '① 선거운동은 각급 선거관리위원회의 관리하에 법률이 정하는 범위안에서 하되, 균등한 기회가 보장되어야 한다. ② 선거에 관한 경비는 법률이 정하는 경우를 제외하고는 정당 또는 후보자에게 부담시킬 수 없다'라고 규정하고 기회균등의 원칙과 선거경비국고부담원칙이라는 공영선거(公營選擧)의 원칙을 선언하고 있다.

2) 선거운동자유의 원칙

선거운동이란 당선되거나 되게 하거나 되지 못하게 하기 위한 행위를 말하며, 누구든지 공직선거법 등에서 금지 또는 제한되는 경우를 제외하고는 자유(自由)롭게 선거운동을 할 수 있도록 규정하고 있다(공직선거법 제58조). 즉 원칙은 자유선거운동이며, 예외적으로 금지사항을 열거하고 있다. 그러나 대한민국의 국민이 아닌 자, 미성년자(만 19세 미만자), 선거권이 없는 자, 공무원, 향토예비군 소대장급 이상의 간부, 주민자치위원회 위원, 바르게살기운동협의회·새마을운동협의회·한국자유총연맹의 상근 임·직원 및 이들 단체 등(시·도조직 및 구·시·군조직 포함)의 대표자 등은 선거운동을 할 수 없도록 규정하고 있다. 다만, 공무원 등이 후보자의 배우자인 경우에는 선거운동이 가능하다(공직선거법 제60조).

선거운동은 후보자등록마감일의 다음날부터 선거일전일까지에 한하여 이를 할 수 있으며(공직선거법 제59조), 예비후보자의 경우에는 예비후보로서 제한적이지만 예비후보등록 후 선거운동을 할 수 있다(공직선거법 제60조의3).

3) 선거비용 국고부담의 원칙

공직선거법의 규정에 의한 선거비용(選擧費用)을 일정 범위 안에서 대통령선거 및 국회의원선거에 있어서는 국가(國家)의 부담(負擔)으로, 지방자치단체의 의회의원 및 장의 선거에 있어서는 당해 지방자치단체의 부담으로 선거일후 보전한다(공직선거법 제122조의2).

4) 당선무효사유와 공무담임권제한 등

선거범죄(선거비용제한액의 200분의 1이상을 초과지출하거나 정치자금법위반)로 인하여로 선거사무장, 선거사무소의 회계책임자가 징역형 또는 300만원 이상의 벌금형의 선고를 받은 때에는 그 후보자의 당선은 무효로 되며(공직선거법 제263조), 당선인이 공직선거법위반이나 정치자금법위반으로 죄를 범하여 징역 또는 100만원 이상의 벌금형의 선고를 받은 때에도 당선이 무효된다(공직선거법 제264조). 뿐만 아니라 직계존·비속 및 배우자의 선거범죄에 대해서도 당선(當選)이 무효(無效)되도록 정하고 있다(공직선법 제265조).

또한 선거사범으로 징역형의 선고를 받은 자는 그 집행을 받지 아니하기로 확정된 후 또는 그 형의 집행이 종료되거나 면제된 후 10년간, 형의 집행유예의 선고를 받은 자는 그 형이 확정된 후 10년간, 100만원이상의 벌금형의 선고를 받은 자는 그 형이 확정된 후 5년간 일정한 공직에 취임하거나 임용될 수 없다(공직선거법 제266조).

그리고 공직선거법상의 죄의 공소시효(公訴時效)는 당해 선거일 6월을 경과함으로써 완성한다(공직선거법 제268조).

◆ 헌재판례

1. 특정후보자를 당선시킬 목적의 유무에 관계없이, 당선되지 못하게 하기 위한 행위 일체를 선거운동으로 규정하여 이를 규제하는 것은 불가피한 조치로서 그 목적의 정당성과 방법의 적정성이 인정된다(헌제 2001. 8. 30. 2000헌마121·202, 공직선거및선거부정방지법 제58조 등 위헌확인).

2. 선거운동의 기간제한은 제한의 입법목적, 제한의 내용, 우리나라에서의 선거의 태양, 현실적 필요성 등을 고려할 때 필요하고도 합리적인 제한이며, 선거운동의 자유를 형해화할 정도로 과도하게 제한하는 것으로 볼 수 없다(헌제 2001. 8. 30. 2000헌마121·202, 공직선거및선거부정방지법 제58조 등 위헌확인).

3. 후보자난립 방지를 위하여 기탁금제도를 두더라도 그 금액이 현저하게 과다하거나 불합리하게 책정된 것이라면 허용될 수 없다. 5억 원의 기탁금은 대통령선거 입후보예정자가 조달하기에 매우 높은 액수임이 명백하다. 개정된 정치자금법은 대통령선거의 후보자 및 예비후보자도 후원회 지정권자에 포함시켰으나, 5억 원은 쉽게 모금할 수 있는 액수라고 보기 어렵고, 지지도가 높은 후보자라고 하더라도 그 지지도가 반드시 후원금의 기부액수로 연결될 것이라고 단정할 수 없다. 기탁금은 공직선거법상 유효투표총수의 10-15%의 득표를 받을 경우에 50%가 반환되고, 15% 이상의 득표를 받을 경우에만 전액 반환되므로, 그러한 지지율에 못 미칠 경우 5억 원을 기꺼이 희생할 수 있는 사람이 아니라면 피선거권 행사를 못하게 될 것이다. 헌법재판소는 1995. 5. 25. 선고 92헌마269등 결정에서 대통령선거에서 3억 원의 기탁금을 규정한 구 대통령선거법 제26조 제1항을 합헌으로 결정하였으나, 당시 선거법은 기탁금으로 선거인명부 및 부재자신고인명부의 사본작성비용, 그리고

TV와 라디오를 통한 각 1회의 후보자 및 연설원의 연설비용을 국가가 부담하면서 7%이상 득표하지 못한 경우 기탁금에서 공제하도록 하였지만, 현행 공직선거법은 선거인 명부 작성비용을 기탁금으로 부담하게 하는 제도를 폐지하였고 선거방송비용도 선거방송토론위원회가 주관하는 대담·토론회 및 정책토론회 외에는 전적으로 후보자 개인부담으로 하였다. 따라서 현행 선거법 하에서 대통령선거의 기탁금 액수가 종전과 같이 3억 원이 되어야 할 필요성은 오히려 약해졌는데도 기탁금이 5억으로 증가되어 있고, 또 기탁금이 반환되는 유효투표총수의 득표율은 더 높아졌다. 결국, 이 사건 조항은 개인에게 현저하게 과다한 부담을 초래하며, 이는 고액 재산의 다과에 의하여 공무담임권 행사기회를 비합리적으로 차별하므로, 청구인의 공무담임권을 침해한다. 이 사건 조항이 헌법에 위반되는 이유는 기탁금제도 자체에 있는 것이 아니라 기탁금 액수가 지나치게 고액이라는 데에 있으므로, 입법자가 기탁금 액수를 합헌적 범위 내로 조정하는 것과 함께 무소속후보자의 추천요건을 강화하는 방안이 고려될 수 있는바, 이러한 권한은 입법자에게 있으므로 이 사건 조항에 대하여 단순위헌 선언을 하여 조항 자체를 폐지시키는 것 보다는 추후 입법자가 여러 사정을 고려하여 합헌적으로 개정할 수 있도록 헌법불합치 선언을 하여야 한다. (헌재 2008. 11. 27. 2007헌마1024 공직선거법 제56조 제1항 제1호 위헌확인)

(4) 선거기간과 선거일

선거기간이란 후보자등록마감일의 다음날부터 선거일까지를 말하며, 대통령선거는 23일, 국회의원선거와 지방자치단체의 의회의원 및 장의 선거는 14일이다(공직선거법 제33조), 그리고 대통령의 임기만료에 의한 선거는 임기만료일전 70일 이후 첫번째 수요일, 국회의원의 임기만료에 의한 선거는 그 임기만료일전 50일 이후 첫번째 수요일, 지방의회의원 및 지방자치단체의 장의 선거는 그 임기만료일전 30일 이후 첫번째 수요일에 실시하며, 해당 선거일이 국민생활과 밀접한 관련이 있는 민속절 또는 공휴일인 때와 선거일전일이나 그 다음날이 공휴일인 때에는 그 다음주의 수요일로 한다(공직선거법 제34조). 또한 대통령의 궐위로 인한 선거 또는 재선거는 그 선거의 실시사유가 확정된 때부터 60일 이내에 실시하되, 선거일은 늦어도 선거일 전 50일까지 대통령 또는 대통령권한대행자가 공고하여야 한다. 그리고 지역구국회의원·지방의회의원 및 지방자치단체의 장의 보궐선거·재선거, 지방의회의원의 증원선거는 시기별로 4월중 마지막 수요일과 10월중 마지막 수요일로 정하고 있으며, 지방자치단체의 설치·폐지·분할 또는 합병에 의한 지방자치단체의 장 선거는 그 선거의 실시사유가 확정된 때부터 60일 이내에 실시하되, 선거일은 관할선거구선거관리위원회위원장이 당해 지방자치단체의 장과 협의하여 선거일전 20일까지 공고하여야 한다(공직선거법 제35조).

(5) 기탁금제도

1) 기탁금액

후보자 등록신청시에 기탁금을 관할선거구선거관리위원회에 납부하여야 하는 바, 대통령선거는 5억원(헌재 2008.11.27,2007헌마1024에서 헌법불합치결정받았으며, 2009. 12. 31.을 시한으로 입법자가 개정할 때까지 계속 적용한다). 국회의원선거는 1천500만원, 시·도의회의원선거는 300만원, 시·도지사선거는 5천만원, 자치구·시·군의 장 선거는 1천만원, 자치구·시·군의원선거는 200만원이다. 기탁금은 기탁금은 체납처분이나 강제집행의 대상이 되지 않으며, 공직선거법상의 과태료 불법시설물 등에 대한 조치 및 대집행비용등은 기탁금에서 부담한다.

2) 기탁금의 반환과 국고귀속

기탁금은 대통령선거, 지역구국회의원선거, 지역구지방의회의원선거 및 지방자치단체의 장선거의 경우에는 후보자가 당선되거나 사망한 경우와 유효투표총수의 100분의 15이상을 득표한 경우에는 기탁금 전액, 후보자가 유효투표총수의 100분의 10 이상 100분의 15미만을 득표한 경우에는 기탁금의 100분의 50에 해당하는 금액을 후보자에게 반환한다. 한편 전국구의원인 비례대표국회의원선거 및 비례대표지방의회의원선거에서는 당해 후보자명부에 올라 있는 후보자중 당선인이 있는 때에는 기탁금 전액을 반환한다. 반환되지 않은 기탁금은 선거일후 30일 이내에 국가 또는 당해 지방자치단체에 귀속한다.

◆ 헌재판례

1. 헌법재판소는 기탁금제도가 보통선거, 평등선거원칙을 위반하였고, 유권자 3분지 1의 득표미달인 경우에 국고귀속은 헌법 제116조에 위반한다는 헌법불합치결정(1991년 5월까지 입법개선을 촉구함)을 한 바 있다(헌재 1989. 9. 8. 88헌가6, 국회의원선거법 제33조, 제34조의 위헌심판).

2. 기탁금에 관한 국선법 제33조와 제34조의 규정은 기탁금제도 그 자체에 위헌성이 있는 것 보다 그 기탁금의 액수가 너무 고액이어서 재산을 가지지 못한 국민의 후보등록을 현저히 제한하여 결과적으로 국민의 참정권을 침해하는 정도에 이르러 이에 대한 위헌 여부의 문제가 제기된다 할 것이다. 즉 입후보하는데 필요한 모든 자격을 갖추었으나 2천만원(정당추천 후보자는 1,000만원)의 기탁금을 기탁할 재력이 없어 입후보할 수 없게 된다면 그 기탁금의 규정은 모든 국민에게 평등하게 참정권을 보장한 자유선거제도에 반하고 평등보호의 조항에 위배된다고 볼 것이다(위 판례).

3. 기탁금 국고귀속에 관한 현행규정은 후보자의 난립방지와 선거공영제의 확립이라는 본래의 목적을 벗어나 그 기탁금이 고액인데다가 그 국고귀속의 기준이 너무 엄격해서 결과적으로 재산을 가지지 못한 자나 젊은 계층의 후보등록을 현저히 제한하고 있을 뿐만 아니라 기탁금 중 선거비용으로 충당되는 비용이 불과 기탁금액의 10%(무소속의 경우)~20%(정당공천자의 경우)에 불과한데 그 나머지 금액은 국고에 귀속되게 되어 낙선하게 되면 입후보를 한 책임에 따른 제재의 수단으로 국고에 귀속시키는 것으로 볼 수 밖에 없다. 이는 선거를 국민의 주권행사라는 차원보다 선거의 질서유지 차원으로만 보고 입안한 것으로 신성한 기본권의 행사가 보장되어야 할 국민 참정권의 본질을 유린하는 규정으로 보지 아니할 수 없다.…(중략)… 이와같이 기탁금의 국고귀속이 헌법적 정당성과 정치적 명분이 없는 데에서 입안된 것으로 주권행사의 원리(헌법 제1조)에 반하고, 선거의 공익성 때문에 선거에 관한 경비는 원칙적으로 정당 또는 후보자에게 부담시킬 수 없다는 원칙을 선언한 헌법 제116조에도 위반될 소지가 있다(위 판례).

(6) 선거에 관한 소송

1) 의의

선거에 관한 소송(訴訟)은 선거인이 선거(選擧)의 효력(效力)에 관하여 다툴 수 있으므로 민중소송(民衆訴訟)의 성격을 가지며, 그리고 지방선거에 있어서는 법원에 제소하기 전에 전심절차(前審節次)로서 소청제도를 두고 있다.

선거에 관한 소청(所請)은 소송제기 전에 선거의 전담기관인 선거관리위원회에 제기하여 결정을 받는 제도로서 공직선거법의 규정과 행정심판법의 규정에 따라 절차가 진행되며, 지방의회의원선거와 지방자치단체장의 선거에만 인정하고 있다.

선거에 관한 소송은 대통령선거, 국회의원선거, 시・도지사선거 그리고 비례대표시・도의원선거는 대법원의 전속관할로서 단심제(單審制)를 도입하고 있으며, 그 외의 선거에 관한 소송의 제1심법원을 고등법원으로 하여 2심제 내지 복심제(複審制)를 택하고 있다.

2) 선거에 관한 소청

지방의회의원 및 지방자치단체의 장의 선거에 있어서 선거(選擧)의 효력에 관하여 이의가 있는 선거인・정당 또는 후보자는 선거일부터 14일 이내에 당해 선거구선거관리위원회위원장을 피소청인으로 하여 지역구시・도의원선거, 자치구・시・군의원선거 및 자치구・시・군의 장 선거에 있어서는 시・도선거관리위원회에,

비례대표시・도의원선거 및 시・도지사선거에 있어서는 중앙선거관리위원회에 소청(訴請)할 수 있다. 지방의회의원 및 지방자치단체의 장의 선거에 있어서 당선(當選)의 효력에 관하여 이의가 있는 정당 또는 후보자는 당선인결정일부터 14일 이내에 '등록무효' 내지 '피선거권상실로 인한 당선무효 등'의 사유에 해당함을 이유로 하는 때에는 당선인을, '지역구지방의회의원당선인의 결정・공고・통지' 내지 '지방자치단체의 장의 당선인의 결정・공고・통지'의 결정의 위법을 이유로 하는 때에는 당해 선거구선거관리위원회위원장을 각각 피소청인으로 하여 지역구시・도의원선거, 자치구・시・군의원선거 및 자치구・시・군의 장 선거에 있어서는 시・도선거관리위원회에, 비례대표시・도의원선거와 시・도지사선거에 있어서는 중앙선거관리위원회에 소청(訴請)할 수 있다(공직선거법 제219조).

3) 선거에 관한 소송

선거에 관한 소송절차는 선거(選擧)의 효력에 대한 다툼인 '선거소송'과 당선(當選)의 효력을 다투는 '당선소송'(當選訴訟)이 있다.

대통령선거 및 국회의원선거에 있어서 선거의 효력에 관하여 이의가 있는 선거인・정당 또는 후보자는 선거일부터 30일 이내에 당해 선거구선거관리위원회위원장을 피고로 하여 대법원에 소를 제기할 수 있으며, 지방의회의원 및 지방자치단체의 장의 선거에 있어서 선거의 효력에 관한 결정에 불복이 있는 소청인(당선인을 포함)은 당해 선거구선거관리위원회위원장을 피고로 하여 그 결정서를 받은 날부터 10일 이내에, 소청기간인 60일 내에 결정하지 아니한 때에는 그 기간이 종료된 날부터 10일 이내에 비례대표시・도의원선거 및 시・도지사선거에 있어서는 대법원에, 지역구시・도의원선거, 자치구・시・군의원선거 및 자치구・시・군의 장 선거에 있어서는 그 선거구를 관할하는 고등법원에 소를 제기할 수 있다.

대통령선거 및 국회의원선거에 있어서 당선의 효력에 이의가 있는 정당 또는 후보자는 당선인결정일부터 30일이내에 등록무효 또는 '피선거권상실로 인한 당선무효 등'의 사유에 해당함을 이유로 하는 때에는 당선인을, 당선인의 결정・공고・통지 또는 당선인의 재결정과 비례대표의원의석의 재배분 결정의 위법을 이유로 하는 때에는 대통령선거에 있어서는 그 당선인을 결정한 중앙선거관리위원회위원장 또는 국회의장을, 국회의원선거에 있어서는 당해 선거구선거관리위원회위원장을 각각 피고로 하여 대법원에 소를 제기할 수 있다. 지방의회의원 및 지방자치단체의 장의 선거에 있어서 당선의 효력에 관한 소청의 결정에 불복이 있는 소청인 또는 당선인인 피소청인은 당선인 등을 피고로 하여 그 결정서를 받은 날부터 10일 이내에, 소청의 기간 내에 결정하지 아니한 때에는 그 기간이 종료된 날부터 10일 이내에 비례대표시·도의원선거 및 시·도지사선거에 있어서는 대법원에, 지역구시·도의원선거, 자치구·시·군의원선거 및 자치구·시·군의 장 선거에 있어서는 그 선거구를 관할하는 고등법원에 소를 제기할 수 있다.

4) 재정신청

선거운동자유방해죄 내지 부정선운동제 등 공직선거법에서 정한 선거범죄에 대하여 고소 또는 고발을 한 후보자와 정당(중앙당에 한한다) 및 당해 선거관리위원회는, 검사가 당해 선거범죄의 공소시효만료일전 10일까지 공소를 제기하지 아니한 때에는 그 때, 선거관리위원회가 고발한 선거범죄에 대하여 고발을 한 날부터 3월까지 검사가 공소를 제기하지 아니한 때에는 그 3월이 경과한 때 각각 검사로부터 공소를 제기하지 아니한다는 통지가 있는 것으로 보고, 그 검사소속의 고등검찰청에 대응하는 고등법원에 그 당부에 관한 재정(裁定)을 신청할 수 있다(공직선거법 제273조).

〈도-1〉 선거소송의 개요

Ⅲ. 공무원제도

1. 공무원의 의의

(1) 공무원의 개념

협의(狹義)의 공무원개념은 '국가와 공법상의 근무관계를 맺고 공무를 담당하는 자'를 의미하며, 광의(廣義)의 공무원은 협의의 공무원외에 선거직 공무원과 헌법기관구성원을 포함하며, 최광의(最廣義)의 공무원은 국가의 공무에 종사하는 일체의 사람을 포괄하는 개념으로서, 국·공립학교의 강사 등을 포함한다.

(2) 공무원의 실정법상의 구분

공무원은 국가공무원법의 적용을 받는 국가공무원(國家公務員)과 지방공무원법의 적용을 받는 지방공무원(地方公務員)으로 나눌 수 있으며, 이들은 실적과 자격에 따라 임용되고 그 신분이 보장되는 '경력직(經歷職) 공무원'과 그 외의 공무원인 '특수경력직(特殊經歷職) 공무원'으로 구분된다. 경력직공무원은 다시 일반직공무원, 특정직공무원, 기능직공무원으로 나뉘어지고, 특수경력직공무원은 정무직공무원, 별정직공무원, 전문직공무원, 고용직공무원으로 구분된다. 일반직공무원은 기술·연구 또는 행정 일반에 대한 업무를 담당하며, 직군(職群)·직렬(職列)별로 분류되는 공무원이며, 특정직공무원은 법관, 검사, 외무공무원, 경찰공무원, 소방공무원, 교육공무원, 군인, 군무원, 헌법재판소 헌법연구관, 국가정보원의 직원과 특수 분야의 업무를 담당하는 공무원으로서 관련법률에서 특정직공무원으로 지정하는 공무원이며, 기능직공무원은 기능적인 업무를 담당하며 그 기능별로 분류되는 공무원이다. 그리고 정무직공무원은 선거로 취임하거나 임명할 때 국회의 동의가 필요한 공무원과 고도의 정책결정 업무를 담당하거나 이러한 업무를 보조하는 공무원으로서 법률이나 대통령령(대통령실의 조직에 관한 대통령령만 해당한다)에서 정무직으로 지정하는 공무원을 말하며, 별정직공무원은 특정한 업무를 담당하기 위하여 별도의 자격 기준에 따라 임용되는 공무원으로서 법령에서 별정직으로 지정하는 공무원이며, 계약직공무원은 국가와의 채용 계약에 따라 전문지식·기술이 요구되거나 임용에 신축성 등이 요구되는 업무에 일정 기간 종사하는 공무원이며, 고용직공무원은 단순한 노무에 종사하는 공무원을 말한다(국가공무원법 제2조).

그리고 국가의 고위공무원을 범정부적 차원에서 효율적으로 인사관리하여 정부의 경쟁력을 높이기 위하여 '고위공무원단'을 구성하며, '고위공무원단'은 직무의 곤란성과 책임도가 높은 '고위공무원단 직위'에 임용되어 재직 중이거나 파견·휴직 등으로 인사관리되고 있는 일반직공무원·별정직공무원·계약직공무원 및 특정직공무원의 군(群)을 말한다. 국가공무원법에 의하면, 중앙행정기관, 행정부, 각급 기관(감사원은 제외) 그리고 지방자치단체 및 지방교육행정기관의 직위 중 실장·국장 및 이에 상응하는 보좌기관 그리고 법령에서 고위공무원단직위로 정한 직위가 '고위공무원단직위'에 해당한다(국가공무원법 제2조의2).

2. 공무원의 헌법상 지위

(1) 헌법규정

우리 헌법은 공무원에 관한 일반적·원칙적 규정으로 제7조를 두고 있는 바, 제1항은 '공무원은 국민전체에 대한 봉사자이며, 국민에 대하여 책임을 진다' 제2항은 '공무원의 신분과 정치적 중립성은 법률이 정하는 바에 의하여 보장된다'고 규정하여 민주적 공무원제도를 두고, 공무원의 신분을 보장하도록 정하고 있다. 이 외에도 군인에 관한 규정(제5조 제2항, 국군은 국가의 안전보장과 국토방위의 신성한 의무를 수행함을 사명으로 하며, 그 정치적 중립성은 준수된다), 공무원의 노동3권제한 규정(제33조 제2항, 공무원인 근로자는 법률이 정하는 자에 한하여 단결권·단체교섭권 및 단체행동권을 가진다), 공무원의 손해배상책임(제29조 제1항, 공무원의 직무상 불법행위로 손해를 받은 국민은 법률이 정하는 바에 의하여 국가 또는 공공단체에 정당한 배상을 청구할 수 있다. 이 경우 공무원 자신의 책임은 면제되지 아니한다)에 관한 규정을 두고 있다.

(2) 공무원의 헌법상 지위

1) 국민전체의 봉사자(奉仕者)로서의 공무원

헌법 제7조 제1항의 국민은 주권자로서의 국민을 의미하고 또한 국민전체를 의미하므로 개개의 국민의사에 반해도 위헌은 아니지만, 공무원은 어느 한 정당이나 당파의 이익을 위해서 봉사하여서는 안된다. 이때의 공무원의 범위는 최광의의 공무원을 의미하며 국민과 공무원의 법적 관계에 대해서는 '법적 대표 내지는 법적 수임자'로 보는 법적 대표설이 있으나, 이념상 국민전체의 수임자이므로 충성·성실을 내용으로 하는 정신적·윤리적 봉사관계를 의미한다는 윤리적 대표설이 다수설이다.

2) 국민에 대한 책임

헌법 제7조 제1항에서 '국민에 대하여 책임을 진다'고 할 때, 책임의 법적 성격이 무엇인가에 대하여 견해가 갈려있다. 주권자인 국민의 수임자이고 또한 공무수행에 관하여 비판과 제재를 받으므로 국민과 공무에 대한 법적 책임이라고 보는 입장(법적 책임설)과 국민과 공무원 간에는 법률상 위임관계가 존재하지 않고 국민의 공무원파면권도 인정되지 않으므로 단지 정치적·이념적 책임이라고 보는 입장(정치적·이념적 책임설)이 있으나, 후자가 다수설이다. 그리고 공무원이 지는 책임의 유형에 대해서 헌법상 직접규정한 명문규정(국민소환제)은 없지만, 간접적으로 선거, 탄핵, 해임건의, 국가배상, 공무원의 파면청원, 임명권자에 의한 징계·해임, 변상·형사책임 등을 규정하고 있다.

3. 직업공무원제도

(1) 의의

직업공무원제도(職業公務員制度)란 엽관제도(獵官制度, Spoils system), 정실인사 등을 배제하고 정권교체에 따른 국가행정의 중단과 혼란을 방지하기 위하여 공무원의 정치활동을 금지하고 헌법 또는 법률에서 신분을 보장하기 위한 제도로서, 직업공무원제가 확립되기 위해서는 직무의 종류와 책임의 정도에 상응하는 과학적 계급제의 확립, 공무원의 임면·승진·전임제등의 민주적 운영, 공무원의 독립성 보장과 능력본위의 실적주의 확립, 공정한 인사행정을 위한 인사행정기구의 설치 등이 기본원칙으로 수반되어야 한다.

(2) 직업공무원제도의 법적 성격과 기능

우리 헌법에서는 제2공화국헌법(제3차개정)에서 정치적 중립성을 규정한 것이 직업공무원제에 대한 최초의 규정이며, 바이마르헌법에서 제도로 정착되고, 칼 쉬미트에 의하여 제도적 보장이론으로 체계화되었다. 즉 직업공무원제도는 입법자의 입법재량권의 문제로서, '최소한의 보장'원칙의 한계 안에서 폭넓은 입법형성의 자유를 가진다(헌재의 입장). 그리고 직업공무원제도는 민주주의와 법치제도의 실현, 통치권 행사와 정당성 확보와 기능적 권력통제에 기여, 공직취임에 기회균등 보장 등의 기능을 담당하고 있다.

(3) 내용

직업공무원제도는 크게 공무원의 정치적 중립성 보장과 신분보장으로 구성되며, 이때의 공무원의 범위는 협의의 공무원(경력직 공무원)을 의미하며 국군장병도 포함(제5조)된다. 그리고 공무원의 정치적 중립성의 보장은 정권교체에도 불구하고 국가행정의 중단과 혼란을 방지하고자 하는 취지이며, 또한 공무원의 정치적 활동의 금지 즉 정당가입이나 정당활동을 금지하는 것을 의미한다. 그리고 공무원의 신분보장이란 공무원은 형의 선고・징계처분 또는 법에 정하는 사유에 의하지 아니하고는 그 의사에 반하여 휴직, 강임, 면직을 당하지 아니한다는 것을 의미한다(국가공무원법 제68조).

◆ 헌재판례

1. 공무원의 신분보장

1) 지방공무원법 제31조5호 금고이상의 형의 선고유예를 받은 경우 그 선고 유예기간에 있는 자는 공무원이 될 수 없다는 규정은 공무원의 지위를 부여하는 것은 공직에 대한 국민의 신뢰를 손상시킬 수 있으므로 이를 금지하고 있는 동법을 합헌으로 보았다.(89.헌마220).

2) 1980년 해직공무원 배상 등에 관한 법률 제4조는 특별채용의 대상을 6급 이하의 해직공무원에게만 허용한 것은 5급 이상의 공무원과 차등을 둔 것이나 국회의 입법재량에 속하므로 합헌이라고 함(92.헌마21).

3) 국가보위입법 부칙 제4항의 규정에서 이 법의 시행 당시의 국회 사무처와 국회도서관은 이 법에 의한 사무처 및 도서관으로 보며 그 소속 공무원은 이 법에 대한 후임자가 임명될 때까지 그 직을 가진다고 규정함으로써 합리적 이유 없이 임명권자의 후임자 임명처분 등으로 공무원직을 상실시킨 것은 직업공무원제를 침해한 것으로 위헌이라 함.

2. 기타판례

1) '동장(洞長)을 …입법자가 … 공직상의 신분을 지방공무원법상의 신분보장의 적용을 받지 아니하는 특수경력직공무원 중 별정직공무원의 범주에 넣었다하여 바로 그 법률조항이 위헌이라고 할 수 없는 것이다'(헌재 1997.4.24. 95헌마48).

2) 금고이상의 형을 선고 받고 그 집행유예의 기간이 완료된 날로부터 2년을 경과하지 아니한 자를 공무원 결격 및 당연퇴직사유로 하는 것은 합헌이다(헌재 1997.11.27. 95헌바14)

3) 자격정지 이상의 선고유예판결을 받은 경우 당연 퇴직을 규정한 경찰공무원법 제21조 제7항 제2항 5호는 합헌이다(헌재 1998.4.30. 96헌마7).

4) 계급정년제도와 계급정년규정의 소급적용도 합헌이라고 보았다.

(4) 공무원의 권리의무와 기본권제한

1) 공무원의 권리와 의무

공무원은 정치적(政治的) 중립성(中立性)과 신분보장(身分保障)의 원칙에 의거하여 사기업에 근무하는 일반근로자들과 다른 권리와 의무를 가진다. 권리를 구체적으로 나열하면, 신분보장을 받을 권리, 직무수행권, 직명사용권 및 제복착용권, 행정쟁송권, 국가에 대한 보수청구권 등을 가지며, 의무사항은 헌법에서 직접 명시한 국민전체에 대한 봉사의무(제7조)와 국가공무원법상 명시된 성실의무(제56조), 복종의무(제57조), 직장이탈금지(직무전념의무, 제58조) 친절공정의무(제59조), 비밀준수의무(제60조), 청렴의무(제61조), 품위유지의무(제63조), 영리업무 및 겸직 금지(제64조), 정치활동금지(제65조), 집단행위의 금지(제66조) 등이 있다.

◆ **헌재판례**

헌재 2004. 5. 14. 2004헌나1. 대통령 노무현 탄핵

1. 선거에서의 공무원의 정치적 중립의무는 '국민 전체에 대한 봉사자'로서의 공무원의 지위를 규정하는 헌법 제7조 제1항, 자유선거원칙을 규정하는 헌법 제41조 제1항 및 제67조 제1항 및 정당의 기회균등을 보장하는 헌법 제116조 제1항으로부터 나오는 헌법적 요청이다. 공선법 제9조는 이러한 헌법적 요청을 구체화하고 실현하는 법규정이다.

2. 공선법 제9조의 '공무원'이란, 헌법적 요청을 실현하기 위하여 선거에서의 중립의무가 부과되어야 하는 모든 공무원 즉, 구체적으로 '자유선거원칙'과 '선거에서의 정당의 기회균등'을 위협할 수 있는 모든 공무원을 의미한다. 그런데 사실상 모든 공무원이 그 직무의 행사를 통하여 선거에 부당한 영향력을 행사할 수 있는 지위에 있으므로, 여기서의 공무원이란 원칙적으로 국가와 지방자치단체의 모든 공무원 즉, 좁은 의미의 직업공무원은 물론이고, 적극적인 정치활동을 통하여 국가에 봉사하는 정치적 공무원을 포함한다. 다만, 국회의원과 지방의회의원은 정당의 대표자이자 선거운동의 주체로서의 지위로 말미암아 선거에서의 정치적 중립성이 요구될 수 없으므로, 공선법 제9조의 '공무원'에 해당하지 않는다. 따라서 선거에 있어서의 정치적 중립성은 행정부와 사법부의 모든 공직자에게 해당하는 공무원의 기본적 의무이다. 더욱이, 대통령은 행정부의 수반으로서 공정한 선거가 실시될 수 있도록 총괄·감독해야 할 의무가 있으므로, 당연히 선거에서의 중립의무를 지는 공직자에 해당하는 것이고, 이로써 공선법 제9조의 '공무원'에 포함된다.

3. 대통령이 특정 정당을 일방적으로 지지하는 발언을 함으로써 국민의 의사형성과정에 영향을 미친다면, 정당과 후보자들에 대한 정당한 평가를 기초로 하는 국민의 자유로운 의사형성과정에 개입하여 이를 왜곡시키는 것이며, 동시에 지난 수 년간 국민의 신뢰를 얻기 위하여 꾸준히 지속해 온 정당과 후보자의 정치적 활동의 의미를 반감시킴으로써 의

회민주주의를 크게 훼손시키는 것이다. 그런데 이 부분 대통령의 발언은 그 직무집행에 있어서 반복하여 특정 정당에 대한 자신의 지지를 적극적으로 표명하고, 나아가 국민들에게 직접 그 정당에 대한 지지를 호소하는 내용이라 할 수 있다. 따라서 선거에 임박한 시기이기 때문에 공무원의 정치적 중립성이 어느 때보다도 요청되는 때에, 공정한 선거관리의 궁극적 책임을 지는 대통령이 기자회견에서 전 국민을 상대로, 대통령직의 정치적 비중과 영향력을 이용하여 특정 정당을 지지하는 발언을 한 것은, 대통령의 지위를 이용하여 선거에 대한 부당한 영향력을 행사하고 이로써 선거의 결과에 영향을 미치는 행위를 한 것이므로, 선거에서의 중립의무를 위반하였다.

2) 공무원의 기본권 제한

공무원의 기본권제한의 근거가 단지 국민전체의 봉사자이므로 기본권제한이 가능 하다는 견해와 직무의 성질 및 근무관계의 특수성 등을 근거로 보는 견해가 있다. 헌법재판소는 공무원의 기본권제한의 근거로 '특수신분관계'를 들었다. 헌법재판소는 직위의 특수성(국민 전체에 대한 봉사하고 책임지는 지위), 직무상의 공공성·공정성·성실성 및 중립성, 합리적인 공무원제도 보장, 주권자인 국민의 공공복리를 위하여 공무원의 특수신분관계를 인정하면서 이러한 특수신분관계를 근거로 기본권을 제한할 수 있다고 하였다(헌제 1992. 4. 28.90헌바27내지34, 36내지42, 44내지46, 92헌바15[병합]국가공무원법 제66조에 대한 헌법소원).

공무원의 기본권에 대한 제한으로서 헌법상 명문으로 규정한 것은 노동3권(제33조 제2항)과 군인·군무원·경찰공무원의 이중배상제한(제29조 제2항)이 있으며, 법률상 제한되는 기본권으로는 정당가입 및 정치활동 금지(국가공무원법 제65조, 공선법 제85·86조)와 거주이전의 자유 제한이 있으며, 특수신분관계로 말미암아 직업선택의 자유가 제한되는 바, 구체적으로 계약의 자유, 영리기업경영의 제한 등으로 나타난다.

◆ 헌재판례

국가공무원법 제66조 제1항은 근로3권이 보장되는 공무원의 범위를 '사실상 노무에 종사하는 공무원'에 한정하고 있으나, 이는 헌법 제33조 제2항에 근거한 것이고, 전체국민의 공공복리와 사실상 노무에 공무원의 직무의 내용, 노동조건 등을 고려해 보았을 때 입법자에게 허용된 입법재량권의 범위를 벗어난 것이라 할 수 없다.······공무원의 공무 이외의 일을 위한 집단행위를 금지하고 있는 것은 공무원의 집단행동이 공무원 집단의 이익을 대변함으로써 국민전체의 이익추구에 장애가 될 소지가 있기 때문에 공무원이라는 특수한 신분에서 나오는 의무의 하나를 규정한 것이고, 위 개념이 '공익에 반하는 목적을 위하여 직무전념의무를 해태하는 등의 영향을 가져오는 집단적 행위'라고 명백히 한정하여 해석되므로, 법 제66조 제1항이 언론·출판의 자유와 집회·결사의 자유의 본질적인 내용을 과도하게 침해한다고 볼 수 없다(헌재 2007. 8. 30. 2003헌바51, 2005헌가5, 국가공무원법 제66조 제1항 등 위헌소원 등).

Ⅳ. 지방자치제도

1. 지방자치제도의 의의

(1) 개념

지방자치제도(地方自治制度)란 일정한 지역을 기초로 하는 단체 또는 일정한 지역의 주민이 그 지방적 사무를 자신의 책임 하에서 자신이 선출한 기관을 통해서 처리하는 제도이다. 지방자치는 풀뿌리 민주주의이며, 현대 정당제국가의 폐해를 방지할 수 있으며, 중앙정부와 지방정부 간의 권력분립 내지는 권력통제를 실현할 수 있다. 브라이스(Bryce)는 지방자치를 '국민주권실현 원천인 동시에 그 교실'이라고 하였으며, 토크빌(Tocqueville)은 '지방자치는 민주주의의 국민 학교'라고 하였다.

(2) 본질 및 법적 성격

지방자치권(地方自治權)의 본질(本質)에 대해서는 자치고유권설과 자치위임설이 있는 바, 고유권설(固有權說)은 지방자치권을 지방주민이 국가성립 이전부터 가지는 고유(固有)한 권리라고 보고 있으며, 자치위임설(自治委任說)은 지방자치권을 국가가 위임(委任)한 것으로서 국가가 승인하는 범위 내에서만 행사 할 수 있는 권리라고 보는 견해로서 오늘날의 다수설이다.

그리고 지방자치제도의 법적성격에 대해서는 칼 쉬미트(C. Schmitt)의 견해에 따라 제도보장으로 보고 있다. 한편 자치권을 자연적 창조물로서 천부적 자연권과 기본권의 일종으로 주장하는 견해가 있기도 하다.

(3) 특성과 기능

지방자치권은 일반성, 분배성 그리고 독립성을 가진다. 지방자치권은 지방자치단체의 구역에 들어오는 모든 주민에 대하여 일반적으로 지역적 지배권을 가지며(일반성). 지방자치단체가 처리할 수 있는 지방공공사무의 범위에 관해서 국가와 지방자치단체간에 분배하는 특성이 있으며(분배성), 또한 지방자치권은 자치입법권 그리고 자치적인 기관의 선임(의원의 선거 등) 및 재정의 독립적 운영(독립성) 등의 특성을 갖는다.

이러한 특성을 갖는 지방자치권은 지방행정에 지방주민의 자발적 참여를 유발하므로 민주주의 발전의 초석이 되며(민주정치적 기능), 중앙정부에 의한 중앙집권에 대한 권력통제적 기능을 하며(기능적 통제), 나아가 지방 실정에 맞는 지방적 특수이익을 도모할 수 있으므로 지방발전의 중추적 기능을 수행할 수 있다(지역발전 기능). 그리고 제도보장적 법적 성격을 주장하는 견해와 다소 조화가 되지 않으나, 지역주민의 선거권과 공무담임권은 지방단위에서도 이루어지며, 또한 지방자치행정에 관련된 각종 기본권의 일차적 보장의무를 지는 기관이 지방자치단체이므로 지방자치는 기본권보장기능도 함께 갖는다(기본권실현기능).

(4) 지방자치의 요소

지방자치는 19세기 초 이래 주민자치(정치적 의미)와 단체자치(법적 의미)로 발전되어 왔으나, 오늘날 보편화되어가고 있는 지방자치제도는 대체로 주민자치적 요소와 단체자치적 요소라는 두가지요소가 융합·보완적 기능을 하며 발전되어 가고 있다.

주민자치는 영미제도 유래한 것으로서 민주주의 원리에 따라 지방적인 국가행정사무를 그 지방주민으로 하여금 의결·처리하게 하는 제도이다. 주민자치는 민주주의를 기본원칙으로 하며 자치권을 자연권으로서 주민의 고유한 권리로 보고 주민참여에 가장 중점을 두고 있다. 따라서 기관통합주의의 정부형태를 취하며 고유사무와 위임사무의 구별이 없다고 하겠다.

한편 단체자치는 독일·프랑스 등에서 유래한 것으로서, 국가내의 일정지역을 기초로 한 독립된 단체를 전제로 하여 그 단체의 의사와 기관으로 하여금 단체사무를 처리시키는 제도이다. 주민자치는 지방분권주의를 기본원칙으로 하며, 자치권을 실정권으로서 단체에 전래(傳來)된 권리 내지 제도보장으로 보고 있다. 단체자치에서의 지방자치단체는 법인격(法人格)을 가지면 기관대립주의적 지방정부형태를 취하므로 고유사무와 위임사무의 구별이 뚜렷하다. 우리나라의 지방자치는 주민자치적 요소가 가미된 단체자치에 속한다고 하겠다.

〈표-8〉 주민자치와 단체자치의 비교

구 분	주 민 자 치	단 체 자 치
발전·유래	영국, 미국	독일·프랑스·우리나라
개 념	민주주의 원리에 따라 지방적인 국가행정사무를 그 지방주민으로 하여금 처리하게 하는 제도(주민의 의결과 처리)	국가내의 일정지역을 기초로 한 독립된 단체를 전제로 하여 그 단체의 의사와 기관으로 하여금 단체사무를 처리시키는 제도
기본원칙	민주주의	지방분권주의
자치권	자연권으로 주민의 권리 (고유권)	실정권으로 단체의 권리(전래권), 제도보장
자치기관	국가의 지방행정청	독립기관으로서의 자치기관
자치중점	주민참여	국가로부터의 독립
독립성	법인격 없음, 국가조직의 일부(정치적 의미의 자치)	법인격 있음(법적의미의 자치로 지방분권)
지방정부형태	기관통합주의	기관대립주의
감 독	약함·입법적(의회) 감독과 사법적 감독	강함·행정적(정부) 감독이 주
수권행위	개별적 수권주의(개별적 법률에 근거)	포괄적 수권주의
지방세제도	독립세주의(지방자치단체가 지방세의 부과·징수권을 가진다	부가세주의(국세에 대한 부가세를 인정)
사 무	고유·위임사무 구별 무	고유·위임사무 구별 유

2. 우리 헌법상 지방자치제

(1) 의의

　실절법상의 지방자치단체의 개념을 보면, 먼저 지방자치법은 지방자치단체를 '법인(法人)'으로 규정하고 있으며(지방자치법 제3조 제1항), 지방자치단체의 구성요소로는 자치권, 주민(동법 제12조), 구역(동법 제4조)을 들고 있다. 한편 헌법에서는 지방자치단체의 권한에 대하여 '지방자치단체는 주민의 복리에 관한 사무를 처리하고 재산을 관리하며, 법령의 범위 안에서 자치에 관한 규정을 제정할 수 있다(헌법 제117조 제11항)'라고 명시하고, 지방자치단체의 종류는 법률에 위임하였으며(헌법 제117조 제2항), 반드시 지방의회(地方議會)를 두도록 하고 있다(헌법 제118조 제1항). 그리고 지방의회의 조직·권한·의원선거와 지방자치단체의 장의 선임방법 기타 지방자치단체의 조직과 운영에 관한 사항은 법률로 정하도록 위임하고 있다(헌법 제118조 제2항). 우리나라 헌정사에 있어서 가장 철저한 규정은 '시, 읍, 면의 장은 그 주민이 직접 이를 선거한다(제97조 제2항)'고 하여 직선제를 규정하고 지방의회를 필수적 설치사항으로 규정한 제3차개헌(제2공화국헌법)이었다고 하겠다.

(2) 지방자치단체의 종류

지방자치단체의 종류는 특별시·광역시·도·특별자치도와 시·군·구의 두 가지 종류로 하며, 자치구(自治區)는 특별시와 광역시의 관할 구역 안의 구만을 말하며, 이러한 지방자치단체 외에 특정한 목적을 수행하기 위하여 필요하면 따로 특별지방자치단체를 설치할 수 있으며, 그 설치·운영에 관하여 필요한 사항은 대통령령으로 정한다(지방자치법 제2조). 특별시·광역시·도·특별자치도는 정부의 직할로 두고, 시는 도의 관할 구역 안에, 군은 광역시나 도의 관할 구역 안에 두며, 자치구는 특별시와 광역시의 관할 구역 안에 둔다. 그리고 특별시 또는 광역시가 아닌 인구 50만 이상의 시에는 자치구가 아닌 구를 둘 수 있고, 군에는 읍·면을 두며, 시와 구(자치구를 포함)에는 동을, 읍·면에는 리를 둔다. 또한 도농 복합 형태의 시에는 도시의 형태를 갖춘 지역에는 동을, 그 밖의 지역에는 읍·면을 두되, 자치구가 아닌 구를 둘 경우에는 그 구에 읍·면·동을 둘 수 있다(지방자치법 제3조).

3. 지방자치단체의 구성요소

(1) 구역

지방자치단체의 구성요소는 구역(區域)과 주민 그리고 자치권이다. 구역은 법정주의(法定主義)에 따라 종전(從前)과 같이 하는 것이 원칙이며, 명칭과 구역을 바꾸거나 지방자치단체를 폐지하거나 설치하거나 나누거나 합칠 때에는 법률로 정한다. 다만, 지방자치단체의 관할 구역 경계변경과 한자 명칭의 변경은 대통령령으로 정한다. 이때에 주민투표를 거치지 않은 때에는 관계지방의회의 의견을 들어야 한다(지방자치법 제4조).

(2) 주민

지방자치단체의 구역 내에 주소를 가진 자는 누구나 주민(住民)이 되며(지방자치법 제12조), 주민은 일정한 권리와 의무를 진다.

주민은 소속 지방자치단체의 재산과 공공시설을 이용할 권리와 그 지방자치단체로부터 균등하게 행정의 혜택을 받을 권리를 가지며, 국민인 주민은 지방선거에 참여할 권리(선거권과 피선권)를 가진다(동법 제13조). 그 밖에 주요한 권리로는 주민투표권(동법 제14조 '지방자치단체의 장은 주민에게 과도한 부담을 주거나 중대한 영향을 미치는 지방자치단체의 주요 결정사항 등에 대하여 주민투표에 부칠 수 있다'), 조례의 제정과 개폐 청구권(동법 제15조, 19세 이상의 주민으로서 선거권이 있는 자에게 인정), 주민감사청구권(동법 제16조, 19세 이상의 주민에게 인정)과 주민감사와 관련된 주민소송제기권(동법 제17조, 감사청구한 주민이 감사청구사항과 관련된 소송제기권), 주민소환권(동법 제20조 '주민은 그 지방자치단체의 장 및 지역구 지방의회의원을 소환할 권리를 가진다'), 청원권(동법 제73조 '지방의회에 청원을 하려는 자는 지방의회의원의 소개를 받아 청원서를 제출하여야 한다') 등이 있다.

또한 주민은 세금과 분담금 그리고 사용료와 수수료 등의 비용분담의 의무(동법 제21조)와 노역 및 물품제공의무(도로법 제49조 등), 이용강제의무 등을 부담하여야 한다.

(3) 자치권

지방자치단체는 자치조직권, 자치입법권, 자치행정권 그리고 자치재정권을 가진다. 자치조직권(自治組織權)은 지방자치단체가 자기 단체의 조직을 스스로 결정할 수 있는 권한을 말하며, 지방자치법은 광범위한 자치조직권을 인정하고 있다. 자치입법권(自治立法權)은 지방자치단체가 법령의 범위 안에서 자치에 관한 규정을 제정할 수 있는 권한이며, 자치입법에는 지방자치법상의 조례(條例)와 규칙(規則) 그리고 교육법상의 교육규칙이 있다. 조례는 법령의 범위 내에서 지방의회의 의결로 제정하며, 규칙은 법령 및 조례의 범위 내에서 지방자치단체의 장이 제정한다. 자치행정권(自治行政權)은 지방자치단체가 주민의 복리증진을 위하여 공공시설의 설치·관리와 같은 비권력적 관리행정을 행하는 권한을 말한다. 지방자치단체의 사무는 주민의 복리증진을 위한 고유사무(固有事務)와 국가사무를 위임받아 하는 위임사무(委任事務)가 있다. 자치재정권(自治財政權)은 지방자치단체가 자치단체의 경비를 지불하기 위한 필요한 세입을 확보하고, 지출을 관리하는 권한을 말한다.

4. 지방자치단체의 기관

(1) 지방의회

1) 구성

지방의회의원(地方議會議員)은 주민의 보통·평등·직접·비밀선거에 의하여 선출된다(지방자치법 제31조). 시·도의회의 의원은 지역구의원과 비례대표의원으로 구성되며, 지역구의원의 정수는 관할구역안의 자치구·시·군마다 2인으로 하며, 최소 16인 이상으로 하며, 비례대표의원정수는 지역구의원정수의 100분의10으로 하며 최소 3인 이상으로 한다(공직선거법 제22조). 자치구·시·군의원은 공직선거법이 정하는 시·도별 총정수 범위 내에서 선거구획정위원회가 정하며, 최소 정수는 7인으로 하며, 비례대표의원정수는 지역구의원 정수의 100분의 10으로 하며 단수는 1로 계산한다(공직선거법 제23조).

그리고 시·도의회의 경우에는 의장 1명과 부의장 2명을, 시·군 및 자치구의 회의 경우에는 의장과 부의장 각 1명을 무기명투표로 선거하며, 각 임기는 2년이다(지방자치법 제48조).

2) 의원의 자격과 임기 및 신분

선거일 현재 계속하여 60일 이상 관할구역 안에 주민등록(住民登錄)이 되어 있는 주민으로서 25세 이상의 국민은 그 지방의회의원의 피선거권이 있으며(공직선거법 제16조 제3항), 의원의 임기는 4년이다(지방자치법 제32조). 의원은 매월 지급하는 의정활동비와 여비, 월정수당을 지급받으며(동법 제33조), 국회의원과 공무원 등 법률이 정하는 직을 겸할 수 없으며(동법 제35조), 성실의무, 품위유지의무, 지위남용금지의무 등을 진다(동법 제36조). 지방의회의원은 국회의원과 달리 면책특권이나 불체포특권이 인정되지 않으며, 다만, 체포나 구금된 지방의회의원이 있으면 관계 수사기관의 장은 해당 의장에게 통지하고, 형사사건으로 공소(公訴)가 제기되어 그 판결이 확정되면 법원장이 의장에게 통지한다(지방자치법 제37조).

3) 회의

지방의회의 회의는 정례회(定例會)와 임시회(臨時會)가 있으며, 정례회는 매년 2회 개최하며(동법 제44조), 임시회는 지방자치단체의 장이나 재적의원 3분의 1이상의 의원이 요구하면 15일 이내에 의장이 소집하여야 한다(동법 제45조). 연간 회의 총일수와 정례회와 임시회의 회기는 지방자치단체의 조례로 정한다(동법 제47

조). 의사정족수는 재적의원 3분의 1이상이며(동법 제63조), 의결정족수는 재적의원 과반수의 출석과 출석의원 과반수의 찬성으로 의결하며, 가부동수는 부결로 본다(동법 제64조). 회의는 공개가 원칙이며(동법 제65조), 의안은 지방자치단체의 장이나 재적의원 5분의 1 이상 또는 의원 10명 이상의 연서로 발의하고(동법 제66조), 회기계속의 원칙(동법 제67조), 일사부재의의 원칙(동법 제68조)이 적용되며, 위원회에서 폐기된 의안은 의장이나 재적의원 3분의 1이상의 요구가 없으면 본회의에 부칠 수 없다(동법 제69조).

4) 지방의회 권한

지방의회는 조례(條例)의 제정·개정 및 폐지, 예산의 심의·확정, 결산의 승인, 법령에 규정된 것을 제외한 사용료·수수료·분담금·지방세 또는 가입금의 부과와 징수, 기금의 설치·운용, 대통령령으로 정하는 중요 재산의 취득·처분, 대통령령으로 정하는 공공시설의 설치·처분, 법령과 조례에 규정된 것을 제외한 예산 외의 의무부담이나 권리의 포기, 청원의 수리와 처리, 외국 지방자치단체와의 교류협력에 관한 사항, 그 밖에 법령에 따라 그 권한에 속하는 사항에 대하여 의결권을 가지며(동법 제39조 지방의회의결사항), 지방자치단체장에 대하여 서류제출요구권을 가지며(동법 제40조), 매년 1회 지방자치단체의 사무에 대한 감사권과 조사권을 가지며(동법 제41조), 행정사무처리상황을 보고받을 권한과 질문권 및 출석답변요구권을 가진다(동법 제42조). 이외에도 내부조직·의원의 신분·회의 및 징계에 관한 규칙 등에 대하여 자율권을 가진다.

(2) 지방자치단체의 장

1) 구성

지방자치단체장은 특별시에 특별시장, 광역시에 광역시장, 도와 특별자치도에 도지사를 두고, 시에 시장, 군에 군수, 자치구에 구청장이 있다(동법 제93조).

2) 지방자치단체장의 선거와 임기

지방자치단체의 장은 주민이 보통·평등·직접·비밀선거에 따라 선출되며(동법 제94조), 선거일 현재 계속하여 60일 이상 관할구역안에 주민등록이 되어 있는 주민으로서 25세 이상의 국민은 그 지방의회의원 및 지방자치단체의 장의 피선거권이 있으며(공직선거법 제16조 제3항). 임기는 4년이며, 계속 재임(在任)은 3기에 한한다(동법 제95조). 그리고 지방자치단체장은 대통령, 국회의원 기타 법령이 정하는 직을 겸임할 수 없다(동법 제96조). 또한 체포 또는 구금된 지방자치단체의 장이 있으면 관계 수사기관의 장은 지방자치단체에 통지하여야 하며, 지방자치단체의 장이 형사사건으로 공소가 제기되어 그 판결이 확정되면 법원장은 지방자치단체에 통지하여야 한다. 통지를 받은 지방자치단체는 시·도지사를 경유하여 행정안전부장관에게 보고하여야 한다(동법 제100조).

3) 지방자치단체장의 권한

지방자치단체장은 지방자치단체를 대표하고, 그 사무를 총괄하며(동법 제101조, 통할대표권), 그 지방자치단체의 사무와 위임사무를 관리하고 집행한다(동법 제103조, 국가사무와 위임사무 집행권). 지방자치단체의 장은 조례나 규칙으로 정하는 바에 따라 그 권한에 속하는 사무의 일부를 보조기관, 소속 행정기관 또는 하부행정기관에 위임할 수 있으며(동법 제104조, 사무위임권), 소속 직원을 지휘·감독하고 법령과 조례·규칙이 정하는 바에 의하여 그 임면·교육훈련·복무·징계 등에 관한 처리권을 가진다(동법 제105조, 직원에 대한 임면권). 또한 법령이나 조례가 위임한 범위에서 그 권한에 속하는 사무에 관하여 규칙(規則)을 제정할 수 있으며(동법 제23조, 규칙제정권), 주민에게 과도한 부담을 주거나 중대한 영향을 미치는 지방자치단체의 주요 결정사항 등에 대하여 주민투표에 부칠 수 있다(동법 제14조, 주민투표부의권). 이외에도 지방의회와의 관계에 있어서, 지방의회의결에 대한 재의요구권과 대법원제소권(동법 제107조와 제108조) 및 선결처분권(동법 제109조)를 가진다.

◆ 헌재판례

지방자치단체 장의 계속 재임을 3기로 제한한 지방자치법 제87조 제1항은 ① 입법취지는 장기집권으로 인한 지역발전저해 방지와 유능한 인사의 자치단체 장 진출확대로 대별할 수 있는바, 그 목적의 정당성, 방법의 적절성, 피해의 최소성, 법익의 균형성이 충족되므로 헌법에 위반되지 아니하며, ② 같은 선출직공무원인 지방의회의원 등과 비교해볼 때, 지방자치의 민주성과 능률성, 지방의 균형적 발전의 저해요인이 될 가능성이 상대적으로 큰 지방자치단체 장의 장기 재임만을 규제대상으로 삼아 달리 취급하는 데에는 합리적인 이유가 있다고 할 것이므로, 평등권을 침해하지 않는다. ③ 선거권자로서는 후보자의 선택에 있어서의 간접적이고 사실상의 제한에 불과할 뿐 그로 인하여 선거권자가 자신의 선거권을 행사함에 있어서 침해를 받게 된다고 보기 어렵다. ④ 새로운 자치단체 장 역시 주민에 의하여 직접 선출되어 자치행정을 담당하게 되므로 주민자치의 본질적 기능에 침해가 있다고 보기 어렵다. 따라서 지방자치단체 장의 계속 재임을 3기로 제한한 규정이 지방자치제도에 있어서 주민자치를 과도하게 제한함으로써 입법형성의 한계를 벗어났다고 할 수 없다(헌재 2006. 2. 23. 2005헌마403, 지방자치법 제87조 제1항 위헌확인)

5. 지방자치단체에 대한 감독 내지 통제

(1) 입법적 감독(국회 감독)

국회(國會)는 입법권(立法權)을 통하여 지방자치단체의 조직과 운영에 관하여 법률을 제정 또는 개정함으로써 국민주권주의를 실현하면서 아울러 지방자치단체에 대하여 통제·감독이 가능하다(법률제정권에 의한 통제). 그리고 국회의 국정감사는 국정전반에 걸친 감사로서, '국정감사 및 조사에 관한 법률'에 의하면, 지방자치단체의 감사에 있어서는 직할시·광역시·도를 필수적 감사대상기관으로 정하고 있으며(법 제7조 제2호 여기서 고유업무는 감사대상에서 제외), 시·도 및 자치구는 선택적 감사대상기관으로서 국회 본회의의 의결을 거쳐 국정감사를 가능하도록 하고 있다(동조 제4호, 감사원법 제22조제2호와 제24조 제1항 제2호). 또한 국회는 재적의원 3분의 1이상의 요구에 의하여 국정의 특정사안에 관하여 조사를 시행할 수 있으므로 지방자치단체의 사무 등에 대하여 필요한 경우 국정조사를 할 수 있다(국정감사·국정조사권의 행사). 지방자치단체에 대한 감사는 2이상의 위원회가 합동으로 반을 구성하여 감사할 수 있다(법 제7조외2).

(2) 행정적 감독

중앙행정기관(대통령, 국무총리, 내무부장관, 감사원 등)이나 상급지방자치단체는 각종 명령이나 승인 등을 통하여 지방자치단체에 대한 행정적(行政的) 감독을 행할 수 있다.

지방자치단체가 처리하는 국가사무와 시·도사무에 관하여 주무부장관 혹은 시·도지사가 지휘·감독을 할 수 있으며(지방자치법 제167조, 국가사무 또는 시·도사무처리의 지도·감독), 지방자치단체의 사무에 관한 그 장의 명령이나 처분이 법령에 위반되거나 현저히 부당하여 공익을 해친다고 인정되면 시·도에 대하여는 주무부장관이, 시·군 및 자치구에 대하여는 시·도지사가 기간을 정하여 서면으로 시정할 것을 명하고, 그 기간에 이행하지 아니하면 이를 취소하거나 정지할 수 있으며, 다만, 자치사무에 관한 명령이나 처분에 대하여는 법령을 위반하는 것에 한한다(동법 제169조, 위법·부당한 명령·처분의 시정명령 혹은 취소·정지). 그리고 지방자치단체의 장이 법령의 규정에 따라 그 의무에 속하는 국가위임사무나 시·도위임사무의 관리와 집행을 명백히 게을리하고 있다고 인정되면 시·도에 대하여는 주무부장관이, 시·군 및 자치구에 대하여는 시·도지사가 기간을 정하여 서면으로 이행할 사항을 명령할 수 있다(동법 제170조, 상급기관장의 직무이행명령). 행정안전부장관이나 시·도지사는 지방자치단체의 자치사무에 관하여 보고를 받거나 법령위반사항에 대하여 서류·장부 또는 회계를 감사할 수 있다(동법 제171조, 법령위반한 자치사무에 대한 감사). 그리고 지방의회의결이 법령에 위반되거나 공익을 현저히 해한다고 판단될 때에는 시·도에 대하여는 주무부장관이, 시·군 및 자치구에 대하여는 시·도지사가 재의를 요구하게 할 수 있고, 재의 요구를 받은 지방자치단체장은 지방의회에 이유를 붙여 재의를 요구하여야 한다(재의요구는 의무사항). 의회가 재적의원 과반수의 출석과 출석의원 3분의 2이상의 찬성으로 전과 같은 의결을 하면 그 의결사항은 확정된다. 그러나 재의결에 대하여 당해 지방자치단체장이 불법이라고 판단될 때에는 재의결된 날로부터 20일 이내에 대법원에 소를 제기할수 있으며, 이 때 집행정지결정을 신청할 수 있다. 주무부장관 또는 시·도지사는 재의결된 사항이 법령에 위반된다고 판단됨에도 당해 지방자치단체장이 제소하지 아니한 때에는 당해 지방자치 단차장에게 20일의 기간이 경과한 날로 부터 7일 이내에 제소를 지시할 수 있으며, 당해 지방자치단체장은 제소지시를 받고 7일 이내에 제소하여야 하며, 이 기간이 경과한 날로부터 7일 이내에 상급관할기관장은 직접 제소 및 집행정지결정을 신청할 수 있다(동법 제172조, 지방의회의결에 대한 재의요구, 소 제기, 직무집행정지결정신청).

(3) 사법적 감독

헌법 제107조 제2항은 '명령·규칙·처분이 헌법이나 법률에 위반되는 여부가 재판의 전제가 된 경우에는 대법원은 이를 최종적으로 심사할 권한을 가진다'고 규정하고 있으며, 제2항과 별도로 제3항에서는 행정사건의 특수성을 고려하여 재판의 전심절차로써 행정심판을 할 수 있도록 규정하고 있어서 행정소송(行政訴訟)과 행정심판(行政審判)에 의한 법원의 감독이 가능하도록 규정하고 있으며, 또한 대법원은 지방자치법상의 기관소송이 제기된 경우 판결로써 지방자치단체에 대한 감독 내지는 통제가 가능하다.

▣ 참고
- 헌법재판소의 권한쟁의심판과 대법원의 지방자치법상의 기관소송 -
1. 헌법재판소의 권한쟁의심판: 국가기관과 지방자치단체 상호간의 권한의 존부와 범위에 관한 다툼이 있을 때(헌법 제111조 1항 4호, 헌법재판소법 제61조 1항), 헌법재판소의 권한쟁의 심판의 청구가 가능하다.

2. 대법원의 지방자치법상의 기관소송: 지방자치법에서 보았듯이 ① 지방의회와 지방자치단체의 장간의 재의요구와 관련된 장의 제소에 의한 기관소송(동법 제107조 내지 제108조) ② 주무장관이나 상급지방자치단체의 장의 시정명령에 대한 불복시에 당해지방자치단체의 장이 제소하는 기관소송(동법 제169조) ③ 직무이행명령에 관련하여 이행명령과 대집행에 대한 불복시 당해 지방자치단체의 장에 의하여 제소되는 기관소송(제170) ④ 지방의회의 의결에 대한 주무부장관 혹은 상급지방자치단체에 의한 재의요구에 따른 결과에 대한 하급지방자치단체의 장의 제소와 상급지방자치단체의 장의 직접제소에 의한 기관소송(제172조) 등의 4가지는 대법원의 관할에 속한다.
3. 헌법재판소와 대법원의 관할에 있어서 차이점: 헌법재판소는 기관 상호간의 소송(예: 서울시와 경기도간의 기관소송이 여기에 해당)이므로 대법원에 속하는 지방자치법상의 기관소송과는 소송물이 상호 다르다. 대법원의 관할은 관할에 속하는 기관소송은 중앙정부(혹은 내무부장관)와 서울특별시·광역시·도간에 시정명령·직무이행명령과 재의요구지시에 따른 소송과 서울특별시·광역시·도와 자치구·시·군간에 시정명령·직무이행명령과 재의요구지시에 따른 소송이 있다.

제 3 편 기본권

제 1 장 기본권 총론
제 2 장 포괄적 기본권
제 3 장 자유권적 기본권
제 4 장 청구권적 기본권
제 5 장 참정권
제 6 장 사회권적 기본권
제 7 장 국민의 의무

제1장

기본권 총론

제1절 기본권의 의의

Ⅰ. 기본권의 역사

1. 인권사상의 발달

고대 그리스(Greece)철학은 개인을 국가공동체의 단순한 분자로 보았으나, 스토아(Stoa)철학에 이르러 고전적 자연법(自然法)이론이 등장하며, 키케로(Cicero)에 의하여 자유(自由)에 바탕을 둔 국가론이 정립되었다. 그러나 중세에는 신(神) 중심의 기독교사상이 지배하였으며, 토마스 아퀴나스(Thomas von Aquin), 루터(M. Luther), 캘빈(Calvin)등이 대표적 학자이다. 특히 이들의 이론은 근대 자유주의 인권사상을 중심으로 한 자연법이론의 사상적 배경이 되었다. 근대 이후 천부의 인간고유의 권리를 강조하는 자연법사상(혹은 신자연법사상)이 보편화되었으며. 대표적인 학자는 그로티우스(H. Grotius), 로크(J. Locke), 푸펜도르프(S. Pufendorf), 라이프니쯔(V. Leibniz), 볼프(Ch. Wolff) 등 이다.

2. 기본권 사상의 체계화

(1) 고전적 기본권의 발전

고전적(古典的) 기본권은 군주의 양해 하에 군주의 권력행사에 대하여 일정한 제약을 가하려는 것에 그친 것이며, 국민의 국가에 대한 적극적인 권리를 인정한 것은 아니었다. 고전적 기본권의 역사는 영국을 중심으로 발달하였으며, 당시의 문헌으로는 1215년 대헌장(Magna Charta), 1628년 권리청원(Petition of Rights), 1647년 국민협정(Agreement of Rights), 1679년 인신보호법(Habeas Corpus Act) 및 1689년 권리장전(Bill of Rights)이 있다. 1215년 마그나 카르타는 '신체의 자유'를 최초로 규정하였으며, 적법절차(Due process)의 기원으로서 근대적 인권선언의 고전(古典)이라 할 수 있다. 1628년의 권리청원은 인신의 자유보장과 의회의 승인

없는 과세금지, 적법절차와 인신보호(구속적부심사)를 규정하였으며, 1647년 국민협약은 '종교의 자유'를 최초로 규정하였으며, 1649년 국민협약은 '언론의 자유'를 최초로 규정하였다. 1674년의 인민협정은 종교·양심의 자유, 평등권, 신체 및 병역의 강제로 부터의 자유를, 1679년 인신보호법은 인신보호영장제도에 의한 구속적부심사의 제도화, 1689년 권리장전은 청원권, 언론의 자유, 형사절차의 보장, 국왕은 의회의 동의 없이 법률의 효력을 정지하거나 상비군을 설치하거나 조세를 부과할 수 없도록 하는 규정을 두었다.

(2) 근대적 기본권의 발전

1) 의의

근대적(近代的) 기본권은 18세기의 자연법(自然法)사상을 기초로 천부불가양(天賦不可讓)의 권리선언, 국가는 소극적 기능만이 인정된 시민적 법치국가(야경국가, 질서국가) 그리고 국가권력(國家權力)에 대한 자유권(自由權)의 보장이 특색이며, 미국, 프랑스, 독일을 중심으로 발전하였다.

2) 미국

미국의 기본권 역사는 영국으로부터의 독립전쟁 과정에서 근대적 의미의 인권개념이 형성되었다. 버지니아 권리장전(1776년 6월)은 천부적 자연권으로서 생명과 자유를 누릴 권리, 재산의 소유와 저항권 등을 규정하고. 그 후 미국 각주와 외국 성문헌법의 모델이 되었다. 독립선언서(1776년 7월)는 생명, 자유 및 행복추구의 권리를 천부의 권리로 선언하였으며, 연방헌법(1787년)은 제정당시에는 권리장전이 포함되지 않았으나, 일부 주(州)의 요구에 의하여 기본권을 내용으로 하는 10개의 수정조항이 증보(增補)되면서 현재의 모습이 되었다.

3) 프랑스

프랑스는 계몽사상 하에서 프랑스혁명을 거치며 기본권을 성문화하였으며, '인간과 시민의 권리선언(1789년)'에서 자유, 재산, 안전 및 억압에 대한 저항권을 선언하고, 소유권을 신성불가침의 권리로 규정하였다. 당시의 지배적 국가사상은 자유방임적 야경국가 사상이었다.

4) 독일

독일의 기본권사상은 다소 늦어 졌지만, 사회적 기본권을 최초로 규정한 것을 특징으로 한다. 프랑크푸르트헌법(1849년)에서 처음으로 기본권을 명문화하였으나, 시행되지는 못하였으며, 바이마르헌법(1919년)에 이르러 사회적 기본권을 세계 최초로 규정하는 등 이상적인 기본권체계를 갖추었다. 그러나 나찌정권의 출현으로 기본권보장은 후퇴하였으며 1949년 '본 기본법'에 이르러 기본권보장이 현실화되었다.

(3) 기본권보장의 현대적 전개

1) 인권선언의 사회화(社會化)

1919년 바이마르 헌법이 사회적 기본권에 관한 조항을 세계 최초로 규정하면서, 사회적 기본권을 중심으로 한 사회국가적 원리는 제2차 세계 이후에 자본주의(資本主義)를 근간으로 한 헌법에 계승되었다. 사회국가원리는 자유국가의 원리를 토대로 하는 대부분의 헌법에 보완하는 형태로 반영되었다. 한편, 1918년 소련(레닌) 헌법은 노동권과 그 외의 사회적 기본권을 규정하면서, 신체의 자유, 주거의 불가침, 서신 등과 같은 개인적 영역의 자유권이 제외되었다. 이러한 경향은 사회주의(社會主義)를 채택한 국가의 헌법에 계승되었다.

2) 자연법사상의 부활

제2차 세계대전 이후 나찌즘(Nazism)과 파시즘(Facism)에 의한 인권탄압에 대한 반성으로 자연법(自然法) 사상이 부활하였으며, 특히 1948년 세계인권선언은 기본권의 천부인권성을 강조하였다.

3) 인권선언의 국제화(國際化)

기본권보장은 현대에 이르러 국제화의 흐름으로 각종 국제인권선언이 탄생하였다. 1948년 세계인권선언, 1959년의 유럽인권규약 그리고 1966년의 국제인권규약 등이 출현하였으나, 법적 구속력이 없다는 아쉬움이 있다. 1948년의 세계인권선은 제1조에서 '모든 인간은 태어나면서 자유이고 존엄과 권리에 관하여 평등하다'고 규정하고 있다.

3. 우리나라의 기본권보장사

우리나라 헌법의 기본권 보장의 역사를 각 공화국헌법별로 보면, 제1공화국헌법은 개별적 법률유보조항(法律留保條項)을 둠으로써 실정법적(實定法的) 권리성

(법률유보조항)이 강하였으며, 또한 우리 헌정사에서 사회국가적 성격이 가장 강한 헌법이었다. 제2공화국헌법인 1960년헌법은 개별적(個別的)인 법률유보조항을 상당부분 삭제하고 또한 일반적 법률유보조항에서 '그 제한은 자유와 권리의 본질적(本質的)인 내용을 훼손하여서는 아니되며'(제28조 제2항)라고 하여 천부인권적·자연권적 성격을 강화함으로써 기본권 보장의 확대 강화경향을 띄었다. 제3공화국 헌법인 1963년헌법에서는 인간의 존엄과 가치조항(제10조), 직업선택의 자유(제13조) 그리고 인간다운 생활할 권리(제30조) 등 사회적 기본권을 신설하였으며, 구헌법 제18조에 규정하고 있던 사기업(私企業) 근로자(勤勞者)의 이익배분 균점권(均霑權)을 삭제하였다. 제4공화국헌법인 1972년헌법은 권위주의(權威主義) 체제의 강화와 함께, 개별적 법률유보조항을 부활시키고 본질적 내용침해 금지규정을 삭제시킴으로써 기본권의 법적 성격을 다시 실정권화하고 구속적부심제를 폐지하는 등 기본권보장을 후퇴시켰다. 제5공화국헌법인 1980년헌법은 다시 개별적 법률유보규정을 대폭 줄이고 기본권의 본질적 내용 침해금지규정을 부활하는 등 기본적 인권의 자연권성 내지 천부인권적 성격을 명확히 하였다. 그리고, 죄형법정주의·연좌제 금지·구속적부심사제도 규정 등의 절차적 보장을 강화하고, 행복추구권, 사생활의 비밀과 자유, 환경권 등의 새로운 기본권을 추가하였다. 현행헌법인 제6공화국 1987년헌법은 적법절차조항, 본인에의 구속이유고지와 가족에의 구속이유·일시·장소 등의 통지, 언론·출판에 대한 허가·검열금지, 집회·결사의 허가금지, 구속적부심사청구권의 전면적 인정, 형사피해자의 법정진술권, 형사보상의 대상으로서 형사피의자에 대한 불기소처분 추가, 범죄피해자에 대한 국가구조청구권, 대학의 자율성, 최저임금제 도입, 노인·청소년 및 신체장애자의 복지향상, 국가의 재해예방 대책강구, 주택개발과 쾌적한 주거생활권, 여자의 권익향상과 모성보호 등을 추가하여 오늘에 이르고 있다.

> **참고**
>
> - 각 공화국헌법별 기본권의 변경조항 비교 -
> 1. 제1공화국헌법
> 제10조 모든 국민은 법률에 의하지 아니하고는 거주와 이전의 자유를 제한받지 아니하며 주거의 침입 또는 수색을 받지 아니한다.
> 제11조 모든 국민은 법률에 의하지 아니하고는 통신의 비밀을 침해받지 아니한다.
> 제28조 국민의 모든 자유와 권리는 헌법에 열거되지 아니한 이유로써 경시되지는 아니한다. 국민의 자유와 권리를 제한하는 법률의 제정은 질서유지와 공공복리를 위하여 필요한 경우에 한한다.

2. 제2공화국헌법
제10조 모든 국민은 거주와 이전의 자유를 제한받지 아니하며 주거의 침입 또는 수색을 받지 아니한다.
제11조 모든 국민은 통신의 비밀을 침해받지 아니한다.
제18조 근로자의 단결, 단체교섭과 단체행동의 자유는 법률의 범위 내에서 보장된다. 영리를 목적으로 하는 사기업에 있어서는 근로자는 법률의 정하는 바에 의하여 이익의 분배에 균점할 권리가 있다.
제28조 ① 국민의 모든 자유와 권리는 헌법에 열거되지 아니한 이유로써 경시되지는 아니한다. ② 국민의 모든 자유와 권리는 질서유지와 공공복리를 위하여 필요한 경우에 한하여 법률로써 제한할 수 있다. 단, 그 제한은 자유와 권리의 본질적인 내용을 훼손하여서는 아니되며 언론, 출판에 대한 허가나 검열과 집회, 결사에 대한 허가를 규정할 수 없다.

3. 제3공화국헌법
제8조 모든 국민은 인간으로서의 존엄과 가치를 가지며, 이를 위하여 국가는 국민의 기본적 인권을 최대한으로 보장할 의무를 진다.
제13조 모든 국민은 직업선택의 자유를 가진다.
제30조 ① 모든 국민은 인간다운 생활을 할 권리를 가진다.
　　　② 국가는 사회보장의 증진에 노력하여야 한다.
　　　③ 생활능력이 없는 국민은 법률이 정하는 바에 의하여 국가의 보호를 받는다.

4. 제4공화국헌법
제12조 모든 국민은 법률에 의하지 아니하고는 거주·이전의 자유를 제한받지 아니한다.
제13조 모든 국민은 법률에 의하지 아니하고는 직업선택의 자유를 제한받지 아니한다.
제14조 모든 국민은 법률에 의하지 아니하고는 주거의 자유를 침해받지 아니한다. 주거에 대한 압수나 수색에는 검사의 요구에 의하여 법관이 발부한 영장을 제시하여야 한다.
제15조 모든 국민은 법률에 의하지 아니하고는 통신의 비밀을 침해받지 아니한다.
제32조 ① 국민의 자유와 권리는 헌법에 열거되지 아니한 이유로 경시되지 아니한다.
　　　② 국민의 자유와 권리를 제한하는 법률의 제정은 국가안전보장·질서유지 또는 공공복리를 위하여 필요한 경우에 한한다.

5. 제5공화국헌법
제13조 모든 국민은 거주·이전의 자유를 가진다.
제14조 모든 국민은 직업선택의 자유를 가진다.
제15조 모든 국민은 주거의 자유를 침해받지 아니한다. 주거에 대한 압수나 수색에는 검사의 신청에 의하여 법관이 발부한 영장을 제시하여야 한다.
제16조 모든 국민은 사생활의 비밀과 자유를 침해받지 아니한다.
제17조 모든 국민은 통신의 비밀을 침해받지 아니한다.
제35조 ① 국민의 자유와 권리는 헌법에 열거되지 아니한 이유로 경시되지 아니한다.
　　　② 국민의 모든 자유와 권리는 국가안전보장·질서유지 또는 공공복리를 위하여 필요한 경우에 한하여 법률로써 제한할 수 있으며, 제한하는 경우에도 자유와 권리의 본질적인 내용을 침해할 수 없다.

➡ 참고

- 기본권에 관한 최초규정 -

1. 천부불가양의 인권을 최초로 선언 : 1776년 Virginia 권리장전
2. 행복추구권 : 1776년 미국 독립선언, 1776년 Virginia 권리장전, 1947년 일본헌법「생명,자유와 행복추구」, 그러나 1789년 프랑스 인권선언, 1791년 미국연방증보헌법에는 규정되지 않음.
3. 양심의 자유 : ┌종교의 자유내포로서 규정 : 프로이센 헌법(1850)
　　　　　　　　└종교의 자유와 분리하여 규정 : Weimar 헌법(1919)
4. 종교의자유 : 1647년 인민협정
5. 언론.출판의 자유 : 1649년 인민협정, 1695년 검열법의 폐지
6. 학문의 자유 : 1649년의 Frankfurt헌법 --> 1850년의 Preußen헌법
　　　　　　　　--> 1867년의 오스트리아 헌법
7. 예술의 자유 : Weimar헌법
8. 직업선택의 자유 : Weimar헌법
9. 청원권 : 1215년 영국의 Magna Charta, 「국민의 권리」로서는 권리장전
10. 정당한 재판을 받을 권리 : 1791년의 프랑스헌법, 재판청구권은 영국대헌장(MagnaCharta)
11. 교육을 받을 권리 : ┌자유권으로 규정 : 1830 벨기에 헌법
　　　　　　　　　　　└사회적 기본권으로 규정 : Weimar헌법
12. 국민의 의무 최초규정 : 1791년의 프랑스헌법(납세의 의무)

Ⅱ. 기본권의 의의와 법적 성격

1. 기본권의 의의

(1) 기본권

　　기본권(基本權)이란 용어는 강학상의 권리로서 '헌법이 보장하는 국민의 권리'로 이해할 수 있으며, '인간이 인간이기 때문에 당연히 갖는다고 생각되는 권리'인 인권(人權)과 개념상 구별될 수도 있으나, 기본권과 인권을 혼용하고 있기에 편의상 동일시해도 무방할 정도이다. 다만, 헌법에서 보장한 기본권들 중에는 자연권적 성격을 갖지 않는 실정권들도 있으며, 인권은 자연권 개념과 더 가까운 개념임을 유념하여야 한다.

　　오늘날 기본권에 대한 개념은 법적 성격을 어떻게 보느냐에 따라 다양하게 정의할 수 있다. 기본권을 '국가 속에서의 자유'를 의미하는 실정권으로 본다면, 기본권이란 국가의 힘의 자제로 인하여 국민이 누리는 반사적 이익이 될 것이며, 기

본권을 '국가로부터의 자유'를 의미하는 자연권으로 본다면, 기본권은 천부인권에 해당한다. 그러나 기본권을 '국가창설의 원동력이며 국가권력의 정당성을 부여하는 원천'으로 본다면 기본권은 공감대적 가치질서 혹은 가치체계가 된다.

(2) 기본권(인권)의 특질

기본권을 자연권적 시각에서 그 특질을 본다면 보편성, 고유성, 항구성 그리고 불가침성을 갖는다. 보편성(普遍性)이란 인간이면 누구나 보편적으로 향유할 수 있는 권리란 뜻이며, 고유성(固有性)이란 인간에 고유한 권리이지 국가에 의해 창설된 권리가 아니라는 것이며, 항구성(恒久性)은 영구히 박탈당하지 않는 권리를 의미하며, 불가침성(不可侵性)은 인간이 가지는 불가침의 권리이므로 모든 국가권력은 기본권을 최대한으로 존중하고 보장할 의무를 진다는 것이다.

2. 기본권의 본질과 기능(각 헌법관에서 본 기본권)

(1) 법실증주의(法實證主義)적 헌법관에서 본 기본권

1) 한스 켈젠(H. Kelsen)의 기본권관

한스 켈젠(H. Kelsen)은 Sein(현실)과 Sollen(당위)을 하나의 단절관계로 보는 신칸트주의에 바탕을 두어 '법'과 '국가'를 Sollen의 세계에서만 설명하여 그의 이론을 순수법학이론이라고 한다. 그는 자연과학의 영향으로 가시적 대상만을 연구하였으며, '국가'와 '법질서'를 동일시하고 '법률'과 '법'의 구별을 부인하여 모든 국가는 법치국가이어야 한다고 하였다. 그에게 있어서 자유(自由)란 법적(法的) 강제(强制)가 없는 소극적인 성질의 것이며 은혜적·반사적 효과에 불과한 것이다.

2) 옐리네크(G. Jellinek)의 기본권관

옐리네크는 Sein과 Sollen의 구별을 부인하는 철학적 실증주의의 영향을 받아 Sein과 Sollen의 연관성을 강조하여 '사실의 규범적 효력'을 주장하였다. 즉 힘(Macht)은 사실(Faktum)이며, 사실이 굳어지면 곧 규범(Norm)이 되는 것이다. 그에게 있어서 자연법(Naturrecht)이란 본질적으로 '법에 관한 상상'에 불과하며 '사실'의 형성이 '법규범'으로 승화한다고 하였다. 그리고 그는 국가와 국민의 관계를 지위이론(地位理論)으로 설명하여, 수동적 지위(국민의 의무), 소극적 지위(자유권), 적극적 지위(수익권) 그리고 능동적 지위(참정권)를 갖는다고 하였으며, 이 중에서 국민의 의무를 국민의 국가에 대한 기본적 지위로서 강조하였다. 한편 그는 소극적 지위와 적극적 지위 그리고 능동적 지위로부터 주관적 공권성을 인정하였으나, 그의 이론적 바탕인 '사실의 규범적 효력'과 '국가법인설' 그리고 '힘의 국가론' 등에 의하여 주관적 공권성의 실효성이 감퇴되었다.

3) 주요내용

법실증주의는 국가권력의 속성을 선재성(先在性), 자생성(自生性), 절대성, 불가분성, 불가양성으로 파악함으로써 국민의 권리는 '국가권력의 자제에서 나오는 허용된 범위의 자유와 권리'에 불과하고 국민이 누리는 자유의 본질은 소극적 성질을 가지며 은혜적·반사적 효과로 보았다(실정권설). 그리고 법률의 이름으로 이뤄지는 것은 항상 정당하기에 합법성을 갖게 되면, 바로 정당성도 획득하게 된다고 보았다.

법실증주의의 논거에 의하면, 국가권력이 자제된 영역은 국가가 넓힐 수도, 좁힐 수도, 없앨 수도 있는 것이므로 기본권의 법률유보는 논리필연적이며 법률로서도 제한할 수 없는 본질적 내용의 침해금지조항은 받아들일 수 없다. 그리고 기본권은 허용된 범위 안의 자유와 권리이므로 Program적, 선언적, 은혜적 성격을 가지며 주관적 공권이 될 수도 없고, 오히려 통치구조에 종속된다고 보았다. 이러한 사상의 영향으로 바이마르(Weimar)헌법은 통치기구 뒤에 기본권 조항을 배치하였다. 그리고 기본권의 주체에 있어서 법인, 자연인 모두 법에 의해 비로소 기본권을 갖게 된다는 점에서 아무런 본질적 차이가 없으며 법인의 기본권 주체성은 당연히 인정된다. 그러나 공법인은 국가자체이므로 권력의 주체이며 기본권의 주체는 될 수 없으며, 외국인은 법질서의 인적효력 범위 밖의 존재이므로 역시 기본권의 주체가 될 수 없다.

(2) 결단주의(決斷主義)적 헌법관에서 본 기본권

1) 칼 쉬미트(C. Schmitt)의 기본권관

칼쉬미트는 기본권의 핵심을 자유권으로 보고 기본권의 본질을 '국가로 부터의 자유'라고 이해하는 한편, 법치국가원리는 이와 같은 '자유'를 보장하고 국가권력을 통제하기 위한 형식적이고 비정치적인 기교라고 설명하였다. 자유는 국가권력에 대한 방어의 무기로서 '주관적 공권'임은 당연한 내용이 되며, 포기가 가능하다고 하였다.

그는 헌법을 '정치적 결단'으로 보면서, 헌법을 정치적인 부분과 비정치적인 부분으로 이분(二分)하고, 정치적(政治的)인 부분은 치자와 피치자가 동일한 민주주의 원리가 적용되며, 이 부분은 실정법(實定法) 질서에 해당한다고 하였으며, 비정치적(非政治的)인 부분은 국민의 '기본권 보장'을 위한 부분으로서 법치국가원리가 적용되며, 자연법(自然法) 질서가 지배한다고 하였다.

이처럼 기본권을 인간의 선천적, 천부적, 초국가적 자유와 권리로 인식하며 자연권설(自然權說)의 입장이었기에, 기본권은 국가의 실정법 질서와는 무관하게 존재하며, 국가권력과 기본권의 관계는 제한되는 부분과 무제한 부분이라는 '배분(配分)의 원리'에 의해서 규율됨으로써 정당성(正當性)과 합법성(合法性)은 다른 것이라고 하였다. 또한 기본권은 선천적인 것이므로 자연인만이 누릴 수 있는 것이기에 외국인은 당연히 기본권의 주체가 될 수 있으나, 법인은 그 주체가 될 수 없다.

2) 제도적 보장

칼 쉬미트는 '자유는 제도가 아니다'라고 하였다. 기본권의 본질은 자유로서 자연법적인 것이고 제도적 보장의 본질은 제도로서 실정법적인 것으로 서로 다르다고 보았다. 또한 기본권에서는 주관적 공권이 나오나 제도적 보장에서는 제도의 보장으로 인하여 발생하는 반사적 이익이 있을 뿐이다. 무엇보다도 헌법상 제도적 보장을 규정한 것은 입법권자가 해당 제도를 폐지하지 못하도록 하고, 그것을 구체화하고 실현하도록 하기 위한 것으로 보고 있다.

3) 문제점

기본권을 자유권 중심으로 설명하였으나 자유권의 생활권화 현상(예: 알 권리), 사회적 기본권 등에 대한 설명을 하기에는 역부족이다. 오늘날 국가의 적극적 생활간섭이 바로 기본권의 실효성을 담보하는 방안이 된다는 것은 자명한 것으로 받아들여지고 있는데, 이를 '주관적 공권'으로 이해할 수는 없다. 그리고 주권(主權)은 민주주의적 법률개념이며, 기본권(基本權)은 법치국가적 법률개념이기에 상호 이념적 갈등관계에 있으나, 국민주권이 실현될 경우에는 이는 곧 '국민의 국민으로부터의 자유'를 의미하므로 그 설명이 곤란하다. 이러한 이론적 괴리를 극복하고자 결단주의에서는 국민의 지위를 다원적(多元的)으로 설명하고 있다. 즉 국민의 헌법상 지위를 주권자, 국가기관, 기본권 주체 그리고 통치대상으로서의 국민으로 분류하여 국가권력의 주체로서의 국민과 기본권주체로서의 국민간의 갈등관계가 형성된다고 설명하고 있다.

(3) 통합과정론적 헌법관에서 본 기본권

1) 스멘트(R. Smend)의 기본권관

스멘트에 의하면, 헌법은 동화적(同化的) 통합(統合)의 '생활형식' 내지 '법질서'를 뜻하고 기본권은 그와 같은 '생활형식' 내지 '법질서'의 바탕이 되는 '가치체계(價値體系)' 또는 '문화체계(文化體系)'를 의미한다. 또한 기본권은 국가창설의 원동력인 동시에 그 존립에 '정당성'을 부여하는 '질서의 원리'를 의미한다. 그는 기본권의 '주권적 공권성'보다 '객관적(客觀的) 가치질서(價値秩序)'의 측면을 강조하였다. 따라서 그에 따르면, 기본권은 비개인적이고 제도적인 것이며, 객관적 가치질서이기에 포기가 불가능하다고 하였다. 그리고 자유에 따르는 '책임의식'과 '의무감'을 동시에 강조하였으며, 기본권과 통치구조는 기능적인 상호교차관계에 있으며, 통치권은 기본권에 기속된다(통치권의 기본권 기속성)는 것을 강조하였다.

2) 헤벨레(P. Häberle)의 제도적 기본권관

헤벨레는 칼 쉬미트(C. Schmitt)와는 달리 '자유는 제도일 수밖에 없다'라는 시각에서 기본권을 이해한 제도적 기본권론을 주장하였다. 특히 그는 기본권에 대한 '법률유보'를 전통적인 '침해 내지 한계적 사고방식'으로 이해하지 않고 오히려 기본권의 '실현' 또는 '강화'를 위한 수단으로 이해하였다. 따라서 그의 주장에 따르면, 기본권의 주관적 공권성의 실효성이 약화되며, 기본권을 사회의 동화적 통합을 추구하는 특정 생활공동체의 구성원을 염두에 둔 것이므로 외국인의 기본권 주체성은 원칙적으로 부정되며, 반면에 법인은 동화적 통합의 형식인 동시에 수단이므로 기본권의 주체가 된다.

3) 문제점

통합과정론적인 기본권관은 기본권의 객관적 가치질서의 측면을 지나치게 강조하면서, 주관적 공권의 측면을 소홀히 하기 쉬우며, '국가로부터의 자유'보다는 '국가를 향한 자유'로서의 기본권을 강조함으로써, 기본권이 정치적 색채가 지나치게 강해질 수 있다.

3. 기본권의 법적 성격

(1) 개인을 위한 주관적 공권

기본권은 현실적·구체적 권리로서 개인을 위한 주관적 공권성을 가진다고 보며, 다만, 사회적 기본권에 관한 규정들은 방침규정적 성격을 갖는 것도 있다(기본권규정의 이분설). 그러나 한스 켈젠에 따르면 기본권의 성격은 주관적 공권이 아니라 반사적 이익에 불과하다고 본다.

(2) 자연법상의 권리

1) 자연권과 실정권

기본권의 법적 성격으로 자연권성과 실정권성을 인정한다면, 첫째 헌법에 명문으로 규정된 경우에만 비로소 보장되는 기본권들은 실정권으로 인정될 수 있으며, 둘째로 대국가적 자유권과 같은 자연법상의 권리 즉 자연권에 해당하는 것들이 헌법에 명문규정화되는 것은 헌법이 이들을 선언하고 확인하는 것에 불과하다고 볼 수 있다. 그러나 기본권의 자연권의 성격은 물론 실정권의 성격도 가지지 않는다고 이해하는 통합과정론에 따르면, 기본권은 사회가 동화되고 통합되어 가기 위한 불가결의 전제조건으로 보고, 기본권을 권리의 측면보다 객관적 질서의 측면을 강조한다.

2) 현행헌법의 해석

현행헌법은 명문규정에서, 국가는 개인이 가지는 불가침의 기본적 인권을 확인하고 보장할 의무를 지고 있고(제10조 후문), 국민의 자유와 권리는 헌법에 열거되지 아니한 이유로 경시되지 않으므로 헌법에 열거되지 않은 권리를 인정하고 있으며(제37조 제1항), 법률로써 기본권을 제한하는 경우에도 본질적 내용을 침해할 수 없다(제37조 제2항 후문)는 것을 규정하고 있다. 따라서 현행헌법은 기본권의 법적 성격에 관하여 자연권적 성격을 기본으로 하고 있음을 알 수 있다. 그러나, 국민의 모든 자유와 권리는 국가안전보장·질서유지 또는 공공복리를 위하여 필요한 경우에 한하여 법률로써 제한할 수 있으므로(제37조 제2항 전문), 역시 실정권적 성격을 인정하고 있다. 따라서 현행헌법은 기본권의 자연권성을 강조하면서 양자의 조화를 추구하고 있다고 하겠다.

그리고 자연권도 법률에 의한 제한이 가능하다는 전제에 입각한다면, 자연권을 다시 절대적 자연권과 상대적 자연권으로 나누어 설명할 수 있다. 즉 인간의 존엄성 존중, 행복추구권, 생명권, 양심결정의 자유, 신앙의 자유, 학문의 자유 중 연구의 자유 등은 절대적(絕對的) 자연권이며, 평등권, 신체의 자유, 거주·이전의 자유, 직업선택의 자유, 사생활의 비밀과 자유, 주거의 자유, 통신의 자유, 표현의 자유, 연구 이외의 학문·예술의 자유 등은 상대적(相對的) 자연권에 해당한다.

(3) 기본권규정의 이중적(二重的) 성격

위에서 기본권의 법적 성격에 대하여 살펴보면서 우리는 기본권의 양면성(兩面性) 혹은 이중적(二重的) 성격을 파악할 수 있다. 즉 개인을 위한 주관적 공권성(국가권력에 대한 방어적 권리)과 국가의 기본적 법질서의 내용을 이루는 객관적 법질서성(법규범)이 있음을 알 수 있다. 다만, 기본권의 객관적(客觀的) 법규범(法規範)적 성격에 대해서 견해가 갈려 있다. 긍정설에 따르면, 기본권은 주관적 공권인 동시에 객관적 법규범으로서의 성격을 지닌다고 보며, 예를 들면 헌법 제11조 제1항의 '법 앞의 평등(平等)'에서, 평등의 원리는 객관적 법규범이며, 평등권은 주관적 공권이라는 것이다. 그러나 부정설에 따르면 기본권은 주관적 공권성만 가지며, 결코 객관적 법규범이 될 수 없다는 것이다. 그 근거로는 독일기본법 제1조 제2항은 객관적 법질서로 명문규정을 두고 있으나 우리나라 헌법에서는 명문규정이 없다는 것이며, 기본권은 천부적 인권으로써 공권만을 의미하므로 객관적 법질서는 본질이 결코 아니라는 것이다.

Ⅲ. 기본권과 제도보장

1. 의의와 목적

제도보장론은 기본권을 주관적 공권이 아닌 일정한 법적·사회적·정치적·경제적·문화적 제도와 같은 일정한 기존의 제도(制度) 자체(自體)를 헌법이 특히 보장하고자 하는 것이라고 주장한다. 이러한 주장은 혁명에 의해서도 동요되지 않고 유지된 개인주의적인 법률·경제·사회질서의 근거를 특히 사회주의적 사회질서로의 전화(轉化)로부터 지키려는 목적이다.

2. 연혁

제도보장은 1919년 바이마르(Weimar)헌법의 재산권(財産權) 규정의 해석의 필요에서 나온 기술적 개념으로서 기즈(Giese) 나 볼프(M. Wolff)에서 맹아(萌芽)를 보였으며, 칼 쉬미트(C. Schmitt)가 공법상 제도와 사법상 제도를 구분하는 등 이를 이론적으로 체계화시켰다.

3. 제도보장의 법적 성격

제도보장은 주관적 권리가 아니라 객관적(客觀的) 법규범(法規範)이며, 기본권과 같이 최대한 보장하여야 하는 것이 아니라, 입법권(立法權)에 의하여 제도의 본질이 훼손되거나 폐지되는 것을 방지하는 즉, 최소한의 보장을 내용으로 한다. 물론 보장대상은 주관적 권리가 아니라 객관적인 제도이며, 제도보장은 재판규범(裁判規範)으로서의 성질을 지니므로 입법·행정·사법을 모두 구속한다.

4. 특질

제도보장의 대상이 되는 것은 제도 그 자체이고 개인의 인권은 아니다. 제도의 의미는 역사적·전통적으로 형성된 기존의 객관적 제도이며, 대통령제와 같이 헌법규정에 의하여 비로소 창설되는 제도가 아니다. 그리고 헌법이 보장하고자 하는 것은 순수한 현상의 보장이 아니고, 그 제도의 핵심이고 본질이라고 하는 최소한의 제도내용이다. 따라서 통상의 법률로 그 제도를 폐지하거나 그 제도의 동일성을 해하는 것과 같은 변경은 허용되지 않는다. 제도보장은 행정권·사법권은 물론 입법권까지 구속하나 헌법개정권력자를 구속하지는 않는다. 그리고 그 자체를 근거로 소송을 제기할 수 없다. 이러한 제도보장이론도 결국은 궁극적으로 인권의 강화에 목적이 있다.

5. 기본권과 제도보장

(1) 양자의 관계

기본권과 제도보장의 관계를 특정한 기본권보장과 어떠한 관련을 갖는가를 기준으로 대별 해 보면, 첫째 전혀 관계가 없는 예로는 직업공무원제도, 지방자치제도가 있다. 이는 제도보장이지만, 기본권과는 관련성이 없다. 둘째 제도가 권리에 부수되는 예로서 선거제도와 선거권을 들 수 있다. 국민주권을 실현하기 위한 정치에의 참여를 보장하는 가장 중요한 것이 선거권이며, 이를 보장하기 위하여 선거제도가 정비되고 있는 것이다. 셋째 양자가 병존하는 경우로는 재산권보장과 사유재산제도를 들 수 있다. 양자는 특별히 어느 것이 더 중요하다고 볼 수 없다. 넷째로는 권리종속적인 경우를 들 수 있다. 즉 복수정당제를 보장하기 위하여 정당가입 및 정당활동의 자유가 보장되게 되는 것이다.

(2) 양자의 차이

기본권과 제도보장의 구별을 보면, 기본권은 주관적 권리성이 인정되고 최대한의 보장을 기본이념으로 하며, 기본권의 침해에 대하여 직접 이를 근거로 소(訴)를 제기(提起)할 수 있다. 그러나 제도보장은 객관적 법규범으로서 입법권으로부터 최소한을 보장하기 위한 수단이며, 제도가 침해되었을 때, 이를 근거로 소를 제기할 수 없는 차이가 있다.

(3) 우리 헌법상 제도보장

우리 헌법에서 독자적인 제도보장의 예를 보면, 직업공무원제(제7조 제1항), 지방자치제도(제8장) 그리고 농·어민과 중소기업자의 자조조직과 존립 보장을 들 수 있으며, 기본권과 제도보장이 관련된 경우로는 복수정당제(제8조 제1항), 언론·출판·집회·결사의 자유(제21조 제1항), 사유재산제(제23조 제1항), 교육의 자주성·전문성 및 정치적 중립성, 대학의 자유의 보장(제31조 제4항), 혼인과 가족제도(제36조), 민주적 선거제도(제41조 제1항, 제67조 제1항) 그리고 노동 삼권(제33조) 등을 들 수 있다.

제2절 기본권의 분류와 주체

Ⅰ. 기본권의 분류

1. 옐리네크의 전통적 분류

옐리네크는(Jellinek)는 기본권을 국가와 국민의 지위를 근거로 분류하였다. 그의 분류에 따르면, 소극적(消極的) 권리로는 자유권적 기본권을, 적극적(積極的) 권리(수익권)로는 청구권적 기본권과 사회적 기본권을, 능동적(能動的) 권리로는 참정권을, 수동적(受動的) 권리로는 의무를 들었다.

2. 주체에 따른 분류

기본권 중에는 천부적·생래적으로 인간이기에 인정되는 인간의 권리와 국가를 전제로 국적을 가진 국민에게만 인정되는 국민의 권리로 분류할 수 있다. 인간의 권리는 내·외국인을 막론하고 모든 인간이 향유할 수 있는 권리로서 '인간의 존엄과 가치'와 '신체의 자유' 등을 들 수 있으며, 국민의 권리는 그 나라의 국적을 가진 자만이 향유할 수 있는 권리로서 선거권과 공무담임권 등을 들 수 있다.

그리고 인간이라면 당연히 인정되는 자연인(自然人)의 권리와 법적 실체를 가진 법인의 권리로 구별할 수 있다. 그러나 기본권은 인간을 전제로 한 권리개념이기에 자연인이 원칙적으로 기본권의 주체가 되는 것이며, 예외적으로 정당활동의 자유라던가 결사의 자유 등 일부 기본권은 법인을 주체로 인정하고 있다.

3. 성질에 따른 분류

기본권의 성질에 따라서는 초국가적 기본권과 국가내적 기본권, 절대적 기본권과 상대적 기본권 그리고 진정한 기본권과 부진정한 기본권으로 구별할 수 있다.

(1) 초국가적 기본권과 국가내적 기본권

초국가적(超國家的) 기본권은 자연법사상에서 나온 자연법상의 권리 내지 천부적 인권이며 국가에 의하여서도 침해될 수 없는 권리로서 평등권, 자유권적 기본권 및 행복추구권 등이 여기에 속한다. 국가내적 기본권은 국가의 입법에 의해 그 내용이 확정되고 또 제한될 수 있는 권리로서 사회적 기본권, 참정권 및 청구권적 기본권 등을 들 수 있다.

(2) 절대적 기본권과 상대적 기본권(K. Hantzschel의 분류)

절대적(絶對的) 기본권은 어떤 이유로도 제한되거나 침해될 수 없는 기본권으로서 신앙·무신앙의 자유, 양심상의 결정과 침묵의 자유, 그리고 연구와 창작의 자유 등을 들 수 있으며, 상대적(相對的) 기본권은 국가적 질서나 목적을 위해 제한이 가능한 기본권으로서 내심(內心)의 작용(作俑)을 내용으로 하지 않는 모든 자유와 권리가 여기에 속한다.

(3) 진정한 기본권과 부진정한 기본권

진정(眞正)한 기본권은 주관적 공권성을 가진 기본권으로서 국가의 부작위와 국가적 급부의 청구를 내용으로 하는 권리로서 평등권과 청구권적 기본권을 들 수 있으며, 부진정(不眞正)한 기본권은 헌법이 일정한 문화질서, 사회질서, 국가제도, 교육제도, 직업제도, 근로제도 등 객관적 질서를 규정하는 결과 반사적 또는 그에 수반하여 어떠한 권리를 누리게 되는 권리로서 문화시설이용권, 교육시설 이용권, 자유경쟁 또는 독과점거부권 등이 있다.

4. 효력에 따른 분류

기본권의 효력을 기준으로 구별하면, 현실적 기본권과 방침적 기본권, 대국가적 기본권과 대사인적 기본권으로 구별할 수 있다.

(1) 현실적 기본권과 방침적 기본권

현실적(現實的) 기본권이란 국가 권력을 직접 구속하는 효력을 가진 기본권이며, 방침적(方針的) 기본권(프로그램적 기본권)은 입법의 방향만을 제시하고 입법에 의하여 비로소 현실적 효력이 발생하는 기본권으로서 과거의 다수설은 사회적 기본권을 방침적 기본권으로 보았다.

(2) 대국가적 기본권과 대사인적 기본권

대국가적(對國家的) 기본권은 국가권력에 대해서만 구속력을 가지는 기본권으로서 재판청구권, 형사보상청구권 등이 여기에 속하며, 대사인적(對私人的) 기본권 혹은 제3자적 기본권은 국가만이 아니라 제3자, 즉 사인(私人)에 대해서도 구속력을 가지는 기본권으로서 인간의 존엄과 가치, 행복추구권, 평등권, 노동 삼권, 환경권, 사생활의 비밀과 자유 및 남여평등권 등이 여기에 속한다.

Ⅱ. 기본권의 주체

1. 국민

(1) 일반국민

1) 기본권능력(기본권향유능력)

헌법은 국내법(國內法)으로서 국민에게 기본권의 주체성을 인정하는 것이 원칙이다. 일단 국민이라면 누구나 기본권을 가질 수 있음을 전제로 헌법은 기본권조항을 규정하고 있다. 이를 기본권능력 혹은 기본권향유능력이라고 한다. 기본권을 향유(享有)할 수 있는 능력은 민법상의 권리능력(權利能力)과 일치하는 것은 아니다. 예를 들면, 민법상의 권리능력은 출생에서 사망까지 인정하고 예외적으로 태아의 권리능력을 인정하지만, 헌법상의 기본권은 태아에게도 생명권의 주체성을 인정하고 있다. 또한 헌법은 민법상 권리능력없는 사단(社團)에게도 기본권능력을 인정하는 차이가 있다.

2) 기본권행사능력

기본권의 주체로서 기본권을 보유(保有)하는 능력과 행사(行使)하는 능력에는 차이가 있다. 즉 기본권의 행사는 기본권의 법적 성격에 따라 요건에 맞는 자만이 행사능력을 가진다. 따라서 기본권의 주체가 모든 기본권행사능력을 가지는 것이 아니며, 기본권행사능력은 기본권주체가 기본권을 구체적으로 행사할 수 있는 능력을 말한다. 영아(嬰兒)는 집회의 자유를 행사할 능력이 없으며, 선거권(제24조)과 공무담임권(제25조)은 헌법이 기본권행사능력을 일정한 연령에 결부시켜 규정하고 있다. 또한 기본권행사능력을 헌법이 직접 정하지 않고 입법권자의 입법형성권에 일임하는 경우가 있다. 공직선거법에서는 피선거의 자격을 정하고 법원조직법에서 각 법관의 정년을 규정하고 있다. 이처럼 기본권행사능력에 대한 입법권의 법률정립에 대한 근거로는 민주국가에서 입법권자(立法權者)에게 부여한 광범위한 입법형성권

(立法形成權)을 들 수 있다. 그러나 입법권도 과잉금지의 원칙(목적의 정당성, 수단의 적정성, 침해의 최소성, 법익의 균형성 등)에 의하여 한계(限界)를 가진다.

(2) 특별권력관계에 있는 국민

특별권력관계(特別權力關係)란 특정한 행정목적(교육·국방·공무 등)을 달성하기 위하여 포괄적(包括的)인 지배권(支配權)을 설정하고 이에 복종할 의무를 지는 공법상 특별한 법률관계를 의미한다. 과거에는 특별권력관계에 있는 국민에 대한 기본권의 제한은 법률의 근거 없이 가능하였으나, 현대에 이르러 법치주의가 특별권력관계에 있는 모든 자에게도 적용된다고 봄으로써 법적 근거를 요구하고 있다. 특별권력관계에 있는 국민은 그러한 법률관계를 설정한 목적을 달성하기 위하여 필요한 한도 내에서 일반 국민보다 더 많은 기본권 제한을 받는 점이 그 특징이다. 그리고 제한에는 반드시 법률의 근거가 있어야 하며, 뿐만 아니라 법률에 의한 제한도 합리적으로 필요한 범위 내이어야 한다. 이때에도 기본권의 본질적 내용을 침해할 수 없음은 헌법원리의 당연한 귀결이다. 우리 헌법도 공무원의 정치활동, 노동 삼권, 군인·군무원의 재판청구권, 수형자의 통신·거주·이전의 자유를 특별권력관계이론을 바탕으로 제한하고 있다. 과거의 특별권력관계를 오늘날에는 '특수신분관계(特殊身分關係)'라고 하여 구별하기도 한다.

2. 외국인

(1) 인정여부

외국인(무국적자 포함)이 헌법 제2장에 규정된 기본권의 주체가 될 수 있는가에 관하여 견해가 대립되어 있다. 대체로 헌법관의 측면에서 본다면, 법실증주의와 통합주의 견해에 의하면 외국인에게 기본권의 주체성을 인정하기는 어렵다. 법실증주의적 견해에 따르면, 헌법 제2장은 '국민의 권리와 의무'를 규정하고 있으므로 문언상 외국인은 제외된다고 본다. 그러나 외국인에게 기본권을 인정할 것인가의 문제는 입법정책상의 문제이지, 실정법상 보장여부에 따라 결정되는 것은 아니므로 오늘날 받아들여지지 않고 있다. 그리고 통합주의적 견해에 따라, 기본권을 사회통합을 위한 공감대적 가치질서 또는 한 민족의 문화질서로 이해하는 경우에도 기본권은 특정 생활공동체 구성원을 전제로 한 것으로서 외국인의 기본권 주체성을 인정하기는 힘들다.

그러나 외국인도 기본권의 주체가 될 수 있다고 보는 긍정설(肯定說)이 오늘날 학설과 헌법재판소(헌재 2001. 11.29. 99헌마494) 견해이다. 다만, 어떤 기준에 의하여 구별할 것인가에 따라 견해가 대립되어 있다. 헌법의 규정보다는 권리의 성질에 따라 인정여부를 결정하려는 입장으로서 이를 성질설(性質說)이라고 하며, 기본권의 성질이 인간의 권리로 볼 수 있는 경우에는 외국인에게도 인정된다는 입장이다. 이는 칼 쉬미트(C. Schmitt)의 결단주의 입장으로서 오늘날 통설이다. 한편, 헌법이 명문(明文)으로 외국인 또는 모든 인간을 기본권의 주체로 인정할 경우에만 외국인의 기본권 주체성을 인정한다는 문언설(文言說)이 있기도 하다.

(2) 기본권의 구체적 적용여부

외국인에게 인정되는 기본권으로는 인간의 존엄과 가치 및 행복추구권, 자유권적 기본권, 평등권 그리고 청구권적 기본권을 들 수 있으며, 인정되지 않는 기본권으로는 사회적 기본권과 참정권을 들 수 있다. 그러나 개별 기본권의 구체적 성격에 따라 세분화하여 볼 필요가 있다. 먼저, 자유권적 기본권을 보면, 자유권적 기본권은 원칙적으로 천부적(天賦的)·전국가적(前國家的)인 개인의 자유의 법적 확인으로서 인간의 권리를 의미하기 때문에 원칙적으로 외국인에게 적용된다. 그러나 다음과 같은 경우는 제외된다. 거주·이전의 자유(제14조) 중에서 입국의 자유는 보장되지 않고 출국의 자유는 보장된다. 직업선택의 자유(제15조)에 있어서는, 국가는 외국인과의 합의(입국허가)라는 형식으로 입국의 조건을 정하기 때문에 특별한 영주허가를 받은 자 이외에는 '직업선택의 자유'를 가지지 못한다(공증인법 제1조, 변리사법 제13조 등). 언론·출판·집회·결사의 자유(제21조)는, 외국인의 표현의 자유를 필요 이상으로 제한하는 것은 문제이지만, 정치적 부분에서는 표현의 자유에 관하여 외국인에게 특별한 제한을 하고 있다(정당법 제18조, 사회단체등록에 관한 법률 제3조 제3항). 재산권의 보장(제23조)에 있어서, 토지나 광업권의 취득에 있어서 외국인은 특별한 제한을 받는다(외국인토지법 제5조, 광업법 제6조). 평등권(제11조)에 있어서는 합리적 차별근거가 없는 한 외국인은 본국인과 같이 취급된다. 그러나 정치적 자유권과 재산권에 관한 평등은 적용되지 않는다. 청구권적 기본권에 있어서도, 외국인에게 인정 가능한 기본권과 관련된 청구권적 기본권만 인정한다. 다만 국가배상청구권은 상호보증(相互保證)이 없는 경우에는 외국인은 향유할 수 없다(국가배상법 제7조).

그러나 외국인에게 인정되지 않는 것이 원칙인 기본권도 있다. 즉 국가나 지방자치단체에 있어서 선거 및 기타 투표에 참가하는 것은 국민주권의 원리에 비추어 당연히 국민만의 권리이므로 선거권, 피선거권 그리고 공무담임권을 인정하지 않는다. 다만, 최근의 세계화경향에 따라 영주의 자격취득일 후 3년이 경과한 외국인으로서 해당지방자치단체의 외국인등록대장에 올라 있는 사람에게 지방의회의원 선거권을 인정하고 있다(공직선거법 제15조). 또한 사회적 기본권의 보장은 헌법상 자국(自國)의 국민에 대하여 보장하는 것이 요청되고 있으므로 ,이를 외국인에게 적용되지 않는 것으로 본다.

◆ 헌재판례

1. '외국인'은 '국민'과 유사한 지위에 있으므로 원칙적으로 기본권 주체성이 인정된다(헌재 2001. 11. 29. 99헌마494, 재외동포의출입국과법적지위에관한법률 제2조 제2호 위헌확인).

2. 국내거주 재외국민은 주민등록을 할 수 없을 뿐이지 '국민인 주민'이라는 점에서는 '주민등록이 되어 있는 국민인 주민'과 실질적으로 동일하므로 지방선거 선거권 부여에 있어 양자에 대한 차별을 정당화할 어떠한 사유도 존재하지 않으며, 또한 헌법상의 권리인 국내거주 재외국민의 선거권이 법률상의 권리에 불과한 '영주의 체류자격 취득일로부터 3년이 경과한 19세 이상의 외국인'의 지방선거 선거권에 못 미치는 부당한 결과가 초래되고 있다는 점에서, 국내거주 재외국민에 대해 그 체류기간을 불문하고 지방선거 선거권을 전면적·획일적으로 박탈하는 법 제15조 제2항 제1호, 제37조 제1항은 국내거주 재외국민의 평등권과 지방의회 의원선거권을 침해한다. '외국의 영주권을 취득한 재외국민'과 같이 주민등록을 하는 것이 법령의 규정상 아예 불가능한 자들이라도 지방자치단체의 주민으로서 오랜 기간 생활해 오면서 그 지방자치단체의 사무와 얼마든지 밀접한 이해관계를 형성할 수 있고, 주민등록이 아니더라도 그와 같은 거주 사실을 공적으로 확인할 수 있는 방법은 존재한다는 점, 나아가 법 제16조 제2항이 국회의원 선거에 있어서는 주민등록 여부와 관계없이 25세 이상의 국민이라면 누구든지 피선거권을 가지는 것으로 규정함으로써 국내거주 여부를 불문하고 재외국민도 국회의원 선거의 피선거권을 가진다는 사실에 비추어, 주민등록만을 기준으로 함으로써 주민등록이 불가능한 재외국민인 주민의 지방선거 피선거권을 부인하는 법 제16조 제3항은 헌법 제37조 제2항에 위반하여 국내거주 재외국민의 공무담임권을 침해한다(헌재 2007. 6. 28, 2004헌마644, 2005헌마360 (병합) 공직선거및선거부정방지법 제15조 제2항 등 위헌확인 등).

3. 근로의 권리의 구체적인 내용에 따라, 국가에 대하여 고용증진을 위한 사회적·경제적 정책을 요구할 수 있는 권리는 사회권적 기본권으로서 국민에 대하여만 인정해야 하지만, 자본주의 경제질서 하에서 근로자가 기본적 생활수단을 확보하고 인간의 존엄성을 보장받기 위하여 최소한의 근로조건을 요구할 수 있는 권리는 자유권적 기본권의 성격도 아울러 가지므로 이러한 경우 외국인 근로자에게도 그 기본권 주체성을 인정함이 타당하다 (헌재 2007. 8. 30. 2004헌마670, 산업기술연수생 도입기준 완화결정 등 위헌확인).

▶ 참고

- 재외동포의 출입국과 법적 지위에 관한 법률 -

제2조(정의) 이 법에서 "재외동포"란 다음 각 호의 어느 하나에 해당하는 자를 말한다.
1. 대한민국의 국민으로서 외국의 영주권(永住權)을 취득한 자 또는 영주할 목적으로 외국에 거주하고 있는 자(이하 "재외국민"이라 한다)
2. 대한민국의 국적을 보유하였던 자(대한민국정부 수립 전에 국외로 이주한 동포를 포함한다) 또는 그 직계비속(直系卑屬)으로서 외국국적을 취득한 자 중 대통령령으로 정하는 자(이하 "외국국적동포"라 한다)

3. 법인

(1) 인정여부

기본권의 주체인 국민 속에 법인이 포함되는가에 관하여 견해가 대립되어 있다. 법인의 기본권주체성에 대하여 바이마르(Weimar) 헌법 하에서의 통설적 견해와 칼 쉬미트는 부정하고 있으나, 법실증주의나 통합주의의 입장은 이를 인정하고 있다.

바이마르헌법은 기본권을 인간의 권리로만 인정하고, 기본권의 주체로서의 국민 속에 법인이 당연히 포함되지 않는다는 입장이었으며, 칼 쉬미트는 기본권을 천부적·전국가적 자유와 권리로 보고 있으므로, 국가의 법질서에 의해 비로소 창설되는 법인에게는 천부적 인권을 인정키 어렵다고 하였다.

그러나 법실증주의자들은 자연인과 법인은 규범적 일원체라는 점에서 차이가 없으므로 사법인(私法人)도 기본권의 주체가 될 수 있으나, 공법인(公法人)은 공권력의 주체이므로 기본권의 주체가 될 수 없다고 하였다. 그리고 통합주의적 입장에서는, 법인은 생활공동체의 구성부분으로서 동화적 통합의 형식인 동시에 수단이므로 마땅히 기본권의 주체성이 인정되어야 한다고 한다.

오늘날 법인은 자연인보다 더 큰 활동과 역할을 수행하고 있으며, 궁극적으로 자연인의 이익을 목적으로 하고 있으므로 성질상 가능한 범위 내에서 법인에게도 기본권의 주체성을 인정하여야 한다고 보는 것이 통설이다. 서독기본법 제19조 제3항은 '기본권은 그 성질상 가능하다면 내국법인에게도 적용된다'고 명기함으로써 이 점을 분명히 하고 있으며, 이러한 입장은 우리 헌법의 해석에도 타당하다고 본다.

(2) 법인의 범위

법인에게도 기본권의 주체성을 가능한 한도 내에서 인정한다고 하더라도 그 구체적 범위에 대하여 살펴 볼 필요가 있다. 먼저, 사법상(私法上)의 법인은 영리법인(상법의 각종 회사들)이건 비영리법인(사단, 재단, 권리능력 없는 사단)이건 모두 기본권의 주체성을 인정할 수 있으나, 공법상(公法上)의 법인에게 기본권을 인정한다면 기본권사상의 반전을 일으키는 것이므로 공법인은 기본권의 주체가 될 수 없음이 원칙이다. 즉 국가·지방자치단체 기타 공법인은 국민의 기본권을 보장해야 하는 주체이기 때문이다. 독일연방헌법재판소도 공법인은 공적 업무를 다하고 있는 한 기본권의 주체가 될 수 없다고 판시하고 있다. 다만, 예외적으로 대학이나 언론기관(KBS 등)에게 학문의 자유나 언론의 자유는 인정된다고 보며, 지방자치단체가 소송의 일당사자인 경우(물론 상대방도 공법인이어야 한다) 법률이 정한 법관의 재판을 받을 권리가 인정된다고 본다.

한편 법인의 기본권 주체성을 인정하고 있으면서도 내국법인(內國法人)으로 국한하는 나라가 있으나(서독), 우리나라에서는 외국법인(外國法人)에게도 성질상 법인에게 인정될 수 있는 기본권(재산권, 재판청구권, 영업의 자유 등)은 외국인(外國人)에 준하여 인정된다고 하겠다.

(3) 법인에게 인정되는 구체적 기본권

인간의 존엄과 가치존중 및 행복추구권과 인간적인 존재의 보장을 의미하는 존재권(存在權) 등의 사회적 기본권은 성질상 법인에 적용되지 않는다(통설). 또한 참정권도 그 자체는 인정할 수 없지만, 헌법은 법인이 정치적 행동의 자유를 지니는 것을 부정하고 있지 않다.

그러나, 평등권과 자유권적 기본권 그리고 청구권적 기본권(청원권, 국가배상청구권, 재판청구권 등)은 법인에게도 인정하는 것이 원칙이다. 다만, 자유권적 기본권의 인정내용에 대하여 상론하면, 법인이란 존재는 사회적·경제적 활동과 관계되어 구성된 까닭에 법인에게도 사회적·경제적 자유권을 인정한다. 따라서 거주·이전의 자유, 직업선택의 자유, 주거의 자유, 통신의 자유, 프라이버시의 권리, 재산권은 법인에게 공통적으로 인정된다. 법인에게도 일정한 조건아래 내면적(內面的) 정신활동의 자유를 제외하고, 외면적(外面的) 정신활동의 자유를 보장하여야 하므로 정신적(精神的) 자유권도 성질상 적용될 수 있는 것은 인정하여야 한다. 예를 들면, 종교의 자유 중에서 종교상 행위의 자유가 특히 종교법인 등의 단체에 인정되며, 학문의 자유가 학교법인에 인정되며, 결사의 자유의 보장도 일반적으로 법인 기타 단체에 미친다. 그리고 법인은 개인과 같이 육체를 가지는 것이 아니므로 신체의 자유, 생명권, 양심의 자유를 인정할 수는 없지만, 적법절차의 보장 및 공평한 법원에 의한 신속한 재판을 받을 권리(제27조 제3항), 변호인선임권(제12조 제3항), 일사부재리의 원칙(제13조 제1항) 등 형사절차상의 여러 권리는 적용된다고 하겠다.

◆ 헌재판례

1. 헌법 제31조 제4항이 규정하고 있는 교육의 자주성, 대학의 자율성 보장은 대학에 대한 공권력 등 외부세력의 간섭을 배제하고 대학인 자신이 대학을 자주적으로 운영할 수 있도록 함으로써 대학인으로 하여금 연구와 교육을 자유롭게 하여 진리탐구와 지도적 인격의 도야라는 대학의 기능을 충분히 발휘할 수 있도록 하기 위한 것으로서 이는 학문의 자유의 확실한 보장수단이자 대학에 부여된 헌법상의 기본권이다(헌재 1992. 10. 1, 92헌마68, 1994학년도 신입생선발입시안에 대한 헌법소원).

2. 민법 제764조의 '명예회복에 적당한 처분'에 '사죄광고'를 포함하는 것은 법인 대표의 양심의 자유를 강제하는 것이다. 사죄광고의 강제는 정신적 자유인 '양심의 자유'의 제약으로서 법인이라면 그 대표자에게 양심표명의 강제를 요구하는 결과가 된다(헌재 1991. 4. 1. 89헌마160, 민법 제764조의 위헌여부에 관한 헌법소원)

3. 국회노동위원회의 기본권 주체성 부인('수범자'에 불과, 헌재 1994. 12. 29. 93헌마120, 불기소처분취소)

4. '우리 헌법은 법인의 기본권향유능력을 인정하는 명문의 규정을 두고 있지 않지만, 본래 자연인에게 적용되는 기본권규정이라도 언론·출판의 자유, 재산권의 보장 등과 같이 성질상 법인이 누릴 수 있는 기본권을 당연히 법인에게도 적용하여야 할 것으로 본다. 따라서 법인도 사단법인·재단법인 또는 영리법인·비영리법인을 가리지 아니하고 위 한계 내에서는 헌법상 보장된 기본권이 침해되었음을 이유로 헌법소원심판을 청구할 수 있다(헌재 1991. 6. 3. 90헌마56, 영화법 제12조 등에 대한 헌법소원).

제3절 기본권의 효력

Ⅰ. 대국가적 효력

1. 국가권력 일반에 관한 효력

(1) 대국가적 효력에 대한 견해

기본권의 효력의 출발점은 대국가적(對國家的) 효력이다. 그리고 기본권이 기속하는 국가권력의 대상은 모든 국가권력이며, 또한 헌법상의 기본권이 직접적 효력을 갖는 것이 통설이다. 이러한 대국가적 효력을 갖는 것을 우리는 '주관적(主觀的) 공권성(公權性)'이라고 한다. 다만, 학설에 따라 설명이 다소 상이하므로 상론해 보자. 첫째 한스 켈젠(H. Kelsen)의 주관적 공권이론에 따르면, 주관적 공권이란 법질서에 의해서 인정되는 법질서의 제한적인 '법상의 힘'을 의미하며, 국가의 강제질서에 의해 규제되지 않는 범위 안에서의 매우 소극적인 제한적인 성질의 것에 불과하다고 봄으로써 대국가적 효력은 '국가로부터의 자유' 혹은, '국가에 대한 자유'를 의미하는 성격은 인정되지 않는다고 한다. 둘째 옐리네크(G. Jellinek)의 주관적 공권이론에 의하면, 국민의 적극적·능동적 지위로부터 국가의 일정한 작위 또는 부작위를 요구하거나 직접 국정에 참여할 것을 요구할 수 있는 '법상의 힘'으로서의 주관적 공권이므로 국가권력을 기속할 수 있는 적극적(積極的) 효력을 갖지는 못한다고 한다. 그러나 셋째 칼 쉬미트(C. Schmitt)의 주관적 공권이론에 의하면, 기본권을 '국가로부터의 자유'라고 이해하므로 주관적 공권은 자유의 영역에 대한 국가의 간섭을 배제할 수 있는 힘으로 이해되므로, 그 효력은 헌법개정권력까지 기속하는 힘을 가지며, 기본권의 본질적 내용의 침해는 허용되지 않는다고 한다. 그러나 참정권과 수익권은 천부적 성질을 가지지 않으므로 국가권력에게 광범위한 입법형성권이 허용된다고 본다.

한편 기본권의 양면성(兩面性)에 따라서 대국가적(對國家的) 효력을 논증하면, 기본권의 권리(權利)로서의 방어적 기능과 질서(秩序)로서의 형성적 기능의 상호보완작용에 의해 국가권력이 비로소 창설(創設)되고 유지(維持)된다는 논리에 따르고 있으므로 기본권은 주관적 권리임과 동시에 객관적 질서이며 통치기구(국가권력)를 기속한다고 설명할 수 있다.

(2) 우리 헌법상의 대국가적 효력

우리 헌법상의 대국가적 효력의 인정근거로는 헌법 제10조에서 찾는 견해와 헌법 제37조 제2항과 다른 조항(제111조, 제27조, 제103조) 등에서 찾는 견해가 있다. 이러한 기본권의 대국가적 효력의 인정론은 자유권적 기본권을 중심으로 구성된 이론이며, 사회적 기본권은 다소 차이가 있다. 사회적 기본권은 프로그램적 규정 혹은 추상적 권리에 속하므로, 구체적(具體的)인 입법(立法)이 없는 경우에는 사법적(司法的) 구제가 인정되지 않는다고 하겠다.

2. 비권력적 행위에 대한 효력

비권력적(非權力的) 행위인 관리행위(管理行爲)와 국고행위(國庫行爲) 등에의 구속 여부가 문제되는 바, 부정설은 기본권은 권력작용인 공권력 행사에만 미치며, 사법적(私法的) 형식인 비권력적 행위는 기본권에 구속되지 않는다고 한다. 그러나 오늘날 기본권의 효력이 사인(私人) 간에도 적용되므로 비권력 작용에도 기본권이 미친다고 보는 것이 다수설이다.

Ⅱ. 대사인적 효력

1. 기본권효력의 확장이론

과거 기본권의 효력은 국가를 상대로 하여 발생되고 전개되었던 것이나, 오늘날 국가나 공공단체에 의한 기본권 침해보다도 사인에 의한 기본권침해가 증가하였다. 특히 국가와 유사(類似)한 기능을 하는 사회적 세력·단체들이 생겨, 이들 사적(私的)인 기본권 주체들에 의한 기본권 침해의 구제(救濟)가 문제시 되고 있어, 여기에 기본권의 제3자적 효력을 인정할 것인가가 논의되었으며, 오늘날에는 사인간의 법률관계인 사법(私法) 영역에도 기본권의 효력이 확장되어 적용되게 되었다. 이를 기본권의 대사인적(對私人的) 효력 또는 기본권의 제3자적 효력이라고 한다.

2. 대사인적 효력을 구체화시키는 방법

기본권의 대사인적 효력을 구체화시키는 방법은 헌법에 직접 명문으로 규정하는 방법과 입법에 의한 방법이 있으며, 헌법해석에 의할 수도 있다. 헌법에 명기하는 방법은 서독기본법, 일본헌법 제15조 제4항, 포르투갈헌법 제15조 제4항, 한국헌법 제21조 제4항의 예가 있으며, 입법에 의한 방법은 미국의 시민권법(인종차별 금지), 한국의 근로기준법(고용의 남녀차별금지) 등이 있다.

3. 독일의 이론

(1) 의의

독일에서 대사인적 효력에 대하여 부인설과 긍정설이 있으며, 긍정설도 직접효력설과 간접효력설로 나뉘어있다.

(2) 효력부인설

기본권은 원래 국가에 대한 국민의 권리라는 전통적인 견해로서 사인 상호간에 있어서의 효력을 부인하는 견해로서 그 논거는 기본권은 대국가적 방어권이므로 국가권력만을 대상으로 하고 국가권력만을 구속하며, 사인간의 합의에 따라 스스로 자신의 자유를 제한하는 것은 반드시 부당하지 않다는 것이며, 사인에 의한 침해행위로부터 기본권을 보호하는 것은 일반 법률을 가지고도 충분하므로, 헌법상 특별한 보장이 필요없다는 것이다. 그러나 부인설에 의하면, 현대적 상황에 부응하는 헌법해석론이 될 수 없고, 기본권규정과 사법규정이 단일의 헌법질서에 포섭되고 있다는 점을 간과하고 있다는 문제점이 있다.

(3) 효력긍정설

1) 직접적용설

직접적용설은 헌법상의 기본권을 사인간에도 직접적용하자는 견해로서 모든 규정이 직접적용된다는 절대적(絕對的) 직접적용설과 특정한 규정만 직접적용된다는 한정적(限定的) 직접적용설이 있다. 한정적 직접적용설은 니퍼다이(Nipperdey)와 독일연방노동법원의 견해로서, 그 논거는 헌법은 공동체의 생활질서 전반에 관한 최고(最高)의 가치질서(價値秩序)를 규정한 것이므로, 국가 대 국민의 공법관계(公法關係)만이 아니라 사인대 사인의 사법관계(私法關係)도 헌법규정에 위반될 수 없다고 하며, 개인의 사회적 지위는 기본권의 실질적 보장과 밀접한 관계가 있으므로, 개인의 사회적 지위가 사인간의 법률관계에서 보장되지 아니한다면, 헌법상 기본권 보장은 무의미한 것이 된다는 것이다. 그러나 이 견해는 오늘날에도 공·사법의 이원적(二元的) 구별체계는 존재하고 있을 뿐만 아니라 사인상호간의 법률관계를 존중하는 것도 사생활의 자유 등 헌법의 기본권보장의 정신에 합치하는 것이라는 비판이 있다.

2) 간접적용설

기본권보장에 관한 헌법조항을 사인관계에 직접적용하지 아니하고 사법의 일반규정(一般規定)의 해석을 통하여 간접적으로 적용하려는 견해로서 공서양속설(公序良俗說)이라고도 한다.

3) 결어

효력부인설은 시대에 상응한 헌법이론이 될 수 없고, 직접효력설은 법질서 및 법의 이론체계의 혼란을 가져올 위험이 있다. 따라서 원칙적으로 간접적용설을 따르나, 예외적으로 헌법에 직접적용의 명시적(明示的) 규정이 있는 경우에는 직접 적용한다고 봄이 타당하다.

4. 미국의 이론

(1) 개념

미국에서도 초기에는 기본권규정의 사인간에의 적용을 인정하지 않았으나, 흑인에 대한 사적(私的) 차별문제를 중심으로 사인 상호간에도 적용을 인정하는 이론이 대두되었다. 즉 사인에 의한 기본권의 침해라 할지라도 국가가 집행에 관여하거나 정부가 그를 원조하는 경우 등에는 이를 공적 관계로 의제(擬制)하여 사인간에 기본권 규정을 적용하는 이론이다. 국가유사설(國家類似說), 국가동시설(國家同視說), 국가행위의제설(國歌行爲擬制說)이라고도 한다.

(2) 구체적 이론유형

1) 국가원조의 이론

국가원조의 이론(state assistance theory)은 국가로부터 재정적 원조라든가 토지수용권·조세감면 또는 그 밖의 원조를 받고 있는 사인이 기본권을 침해한 경우에 그 침해행위를 국가행위와 동일시하여 거기에 헌법의 기본권 규정을 적용하는 이론이다(Steele v. Louisville and Nashville Railroad Co., 323 U. S. 192(1944)).

2) 국가재산의 이론

국가재산의 이론(state property theory)은 국가적 시설을 임차한 사인이 그 시설을 가지고 개인의 기본권을 침해한 경우에 그 침해행위를 국가행위와 동일시하여 거기에 헌법의 기본권규정을 적용하는 이론이다(Turner v. City of Memphis, 369 U. S. 350 (1962)).

3) 통치기능의 이론

통치기능의 이론(governmental theory)은 정당이나 사립대학 등과 같이 실질적으로 통치적 기능이나 행정적 기능을 행사하는 사인이 기본권을 침해한 경우에 그 침해행위를 국가행위와 동일시하여 거기에 헌법의 기본권규정을 적용하는 이론이다. 예컨대 정당이 예비선거에서 흑인의 투표를 거부하면 예비선거도 정식선거의 일부이고 이는 주정부(州政府)가 주헌법(州憲法)에서 인정하고 있는 것이니 이와 같은 정당내규에 의한 인종차별행위는 위헌인 국가적 행위가 된다는 것이다.

♣ 미국 판례

1. Smith v. Allwright, 321 U. S. 649(1944); 텍사스 주 민주당 예비선거에서 흑인 유권자들의 참여가 제한되었다. 여기에서 연방대법원은 첫째, 주의 예비선거는 주법의 규율대상이며, 둘째, 예비선거에서 승리한 후보자는 공직선거의 본선에 진출하므로 정당이 주관하는 예비선거지만 매우 공적인 성격을 갖는다고 판시하였다. 즉 예비선거과정에서 텍사스 주 민주당은 주정부의 대리인으로서 통치기능을 수행했다는 것이 연방대법원의 결론이다.

2. Marsh v. Alabama, 326 U. S. 501(1946) ; 여호와의 증인 신도가 사기업이 토지소유권을 보유하고 있는 지역에서 종교선전유인물을 배포하였다 사기업에서 급여를 받는 지역보안관에게 주법을 위반한 혐의로 체포되어 유죄판결을 받았다. 그러나 그는 첫째, 문제된 지역과 그 상가지구는 일반공중에게 개방된 장소였다는 점 둘째, 다른 지역이나 상가지구와 비교해 볼 때, 소유자가 사기업이라는 점을 제외하고는 이와 같은 장소를 특별히 취급해야할 아무런 이유가 없다는 것을 주장하면서 사기업도 주정부로 의제된다고 주장하였다. 연방대법원은 특정지역에서 통치기능을 수행하는 사인을 정부로 의제하는 판결을 내렸다.

3. Jackson v. Metropolitan Edison Co., 419 U.S. 345 (1974); 연방대법원은 대체로 공익사업은 시에서 운영하므로 사인의 공익사업 운영에는 강한 공공성이 존재한다고 하였지만, 전력공급사업은 전통적으로 주정부가 독점해 온 업무에 해당하지 않는다고 하면서, 여기에는 공적영역과 사적영역이 혼재되어 있는 업무라고 하였다.

4. Rendell-Baker v. Kohn, 457 U.S. 830 (1982) ; 정서장애 학생들에 대한 특수교육은 전통적으로 주정부가 독점해 온 엄부에 해당되지 않는다고 판시하였다.

4) 사법적 집행의 이론

사법적 집행의 이론(judicial enforcement theory)은 어떤 형태의 사적인 인권침해행위가 사건이 되어 사법(司法)이 개입함으로써 그것이 사법적(司法的)으로 집행(강행)될 때에 그 집행을 위헌적인 국가적 행위라고 하는 이론이다. 흑인에게 부동산 매매를 금지하는 사계약인 주민계약의 합법성을 법원이 인정함으로써 여기에 판결과 집행이 위헌이 된다고 한 판결(Shelly v. Kraemer 344 U.S, 1948)에서 명백히 된 이론이다.

5) 특권부여의 이론

국가에서 특별한 권한이 부여되고 그 한도내에서 국가의 광범한 규제를 받고 국가와의 사이에 밀접한 관계가 있을 때의 사적 행위를 국가행위와 동일시하는 이론이다(Public Utilities Commission v. Pollak, 343 U. S. 451(1952)).

5. 우리나라의 경우

우리나라에서도 직접적용설과 간접적용설이 이론적으로 구성되어 있다. 직접적용설(直接適用說)은 구체적으로 특정의 기본권 규정이 사법관계에 적용된다는 명문규정이 있거나 성질상 직접 적용될 수 있는 규정(예컨대 행복추구권, 여자와 소년의 근로보호, 노동 삼권 등)은 직접 적용된다는 견해이며, 간접적용설(공서양속설)은 성질상 사법관계에도 적용될 수 있는 기본권규정만이 사법상의 일반조항(민법 제2조, 제103조, 제750조 등)을 통하여 간접적(間接的)으로 적용된다는 견해로서 우리나라의 통설이다. 그러나 고문을 받지 아니할 권리, 변호인의 도움을 받을 권리, 신속한 공개재판을 받을 권리 등은 국가에 의해서만 침해되는 경우로서 대사인적 효력이 적용될 여지가 없는 경우도 있다.

❀ **대법원판례**

헌법 제35조 제1항은 환경권을 기본권의 하나로 승인하고 있으므로, 사법의 해석과 적용에 있어서도 이러한 기본권이 충분히 보장되도록 배려하여야 하나, 헌법상의 기본권으로서의 환경권에 관한 위 규정만으로서는 그 보호대상인 환경의 내용과 범위, 권리의 주체가 되는 권리자의 범위 등이 명확하지 못하여 이 규정이 개개의 국민에게 직접적으로 구체적인 사법상의 권리를 부여한 것이라고 보기는 어렵고, 사법적 권리인 환경권을 인정하면 그 상대방의 활동의 자유와 권리를 불가피하게 제약할 수밖에 없으므로, 사법상의 권리로서의 환경권이 인정되려면 그에 관한 명문의 법률규정이 있거나 관계 법령의 규정취지나 조리에 비추어 권리의 주체, 대상, 내용, 행사방법 등이 구체적으로 정립될 수 있어야 한다(대판 1995. 5. 23. 94마2218 공작물설치금지가처분).

Ⅲ. 기본권의 갈등

1. 의의

기본권의 갈등(葛藤)에는 경합(경쟁)과 충돌(상충)의 경우가 있다. 기본권의 경합(競合)은 동일한 기본권 주체가 여러 가지 기본권을 동시에 주장하는 경우로서, 집회에 참가하여 연설을 하는 경우에는 집회의 자유와 연설의 자유가 경합되고 있다. 그리고 기본권의 충돌(衝突)은 서로 다른 기본권 주체들이 서로 다른 기본권을 주장하는 경우로서 사무실을 임대한 정당이 설치한 플랜카드를 주인이 철거를 요구한 경우에, 임대인은 재산권 보호를, 정당은 정치적 표현의 자유를 주장할 수 있으므로 이는 기본권의 충돌에 해당한다.

2. 기본권의 경합

(1) 의의

기본권의 경합(경쟁)문제는 제한의 가능성이 상이(相異)한 여러 기본권을 단일의 기본권주체가 동시에 대국가적(對國家的)으로 주장하는 경우에 발생한다. 그러나 유사경합(類似競合, 부진정경합)의 경우에는 기본권의 경합으로 오해할 수도 있다. 즉, 하나의 행위가 조문형식상 여러 기본권의 보장대상이 되는 것으로 보이나, 그들 개별기본권들이 갖는 목적과 보장하고자 하는 내용 등과 행위의 목적에 비추어 볼 때 상호 모순과 충돌이 일어나지 않는 경우는 기본권의 경합이 아니다. 예를 들면, 학문적 표현이나 예술적 수단 등을 이용한 선전광고행위는 영업의 자유(제15조)와 재산권(제23조)과 학문예술의 자유(제22조)가 경합적으로 보이나, 선전광고행위가 학문예술의 자유에 해당하는 전형적인 행위가 아니므로 실질적으로는 학문예술의 자유와 무관하다.

(2) 경합의 유형

기본권의 경합의 유형은 다양하게 나타난다. 먼저, 시위참가자의 체포·구속의 경우에는 정치적 집회의 자유와 의사표현의 자유가 경합관계에 있으며(허,권), 둘째 정치단체에 가입한 교사의 해임의 경우에 교사가 주장할 수 있는 기본권은 결사의 자유와 직업수행의 자유 및 수업권(授業權) 등이며, 이들이 경합관계에 놓인다. 셋째 직업음악가의 연주회나 성직자의 설교 제한의 경우에, 예술의 자유와 종교의 자유 및 직업수행의 자유가 경합되며, 재산적 가치있는 예술품의 강제철거의 경우에는 예술의 자유와 재산권이 경합된다. 그리고 신문배달자동차의 압수의 경우에는 언론의 자유와 재산권이 경합하는 예를 들 수 있다.

(3) 해결이론

기본권경합의 해결이론는 최약효력설과 최강효력설 그리고 제3설이 있다. 최약효력설(最弱效力說)은 보장정도가 약한 즉 제한 가능성이 큰 기본권을 우선적으로 보장함으로써 기본권보장의 전체적 보장정도를 강화시킨다는 취지에서의 주장이나, 이는 기본권의 최대보장이라는 헌법정신에 역행한다는 비판을 받고 있다(독일의 소수설). 그리고 최강효력설(最强效力說)은 경합된 기본권 중 가장 중요시되는 기본권 또는 효력이 가장 강한 기본권을 우선적으로 보장함으로써 기본권의 최대보장이라는 이념에 합치시키려는 주장이다(독일 다수설). 그리고 제3설의 주장을 보면, 기본권의 경합의 경우에는 첫째 직접관련기본권을 우선 적용하여야 하며, 둘째 관련성이 동일할 경우 가장 강력한 기본권을 우선 적용하여야 한다고 한다. 그러나 관련성과 효력이 동일할 경우 관련기본권 전부를 적용하여야 한다는 견해도 있으며, '일반적 법률유보' 아래에서는 기본권 효력의 우열 판단기준으로서 기본권주체의 의도(Intention)와 기본권을 제한하는 공권력의 동기(Motivation)를 감안하여 기본권의 효력이 가능하면 강화되는 방향으로 해결하여야 한다는 견해도 있다(시위에 대한 해산명령의 경우에, 시위참가자의 발언내용이 해산명령의 이유일 수도 있으며, 전염병예방 등의 사회질서 유지가 해산명령의 이유가 될 수 있으므로, 각각의 경우에 따라 기본권보장을 주장하는 근거가 상이하다).

3. 기본권의 충돌

(1) 충돌문제발생의 이론적 배경

고전적 이론인 기본권의 주관적 공권성만 주장한다면 기본권의 충돌은 고려의 대상이 아니다. 그러나 기본권의 양면성, 기본권의 객관적 법질서성 그리고 기본권의 제3자적 효력을 인정한다면, 기본권의 충돌문제가 제기된다. 일부학자는 기본권의 제3자적 효력은 사인상호간의 기본권의 침해의 경우 발생하는 문제이고, 기본권의 충돌은 국가권력을 매개로 하여 상호 대립하는 상황에서 국가권력이 사인상호간에 개입하는 경우에 발생하는 문제라 하여 차이점을 설명하기도 한다.

(2) 개념

기본권의 충돌(상충)문제는 상이한 기본권 주체(복수의 기본권주체)가 서로 충돌하는 권익을 실현하기 위하여 국가에 대해 각각 대립되는 기본권의 적용을 주장하는 경우에 발생한다. 여기서도 유사충돌(類似衝突, 부진정충돌) 개념에 유의하여야 한다. 한 행위가 당해 기본권규정의 보호범위를 벗어 난 경우 기본권충돌의 문제는 발생하지 않는다. 즉, 연극배우가 무대에서 연극 중 정말로 살인을 한 경우로서 이는 예술의 자유를 주장한다고 하여 배우의 예술의 자유와 생명권이 충돌된다고 볼 수는 없는 것이다.

(3) 유형

기본권이 충돌되는 경우로는, 첫째 전세입주자의 프랭카드설치의 정치적 의사표현의 자유와 건물소유주의 사유재산권의 상호 충돌, 둘째 편집장·발행인의 언론의 자유와 편집사원·평기자의 언론의 자유의 상호 충돌, 셋째 문학작품에서 개인의 사생활에 관한 사항을 구체적으로 언급함으로서, 작가의 예술의 자유와 개인의 사생활의 자유(독일 Mephisto판결: 인간의 존엄성과 예술의 자유 충돌, 문학작품 속에서 개인의 사생활을 구체적으로 언급)의 충돌, 넷째 언론기관이 특정인의 과거 범죄사건을 보도함으로써 보도의 자유와 인격권의 충돌(독일 Lebach판결: '인격권'과 '보도의 자유'의 충돌, 언론기관이 특정인의 과거범죄사건을 보도) 다섯째 사원채용에서 있어서 특정인을 배제함으로서 고용자의 계약의 자유와 피고용자의 평등권의 충돌 등이 있으며, 이외에도 독일기본법상의 병역의무와 집총거부권, 양심상의 이유로 인한 계약불이행, 종교적 양심 때문에 자(子)의 수혈거부 등이 있다.

(4) 해결이론

1) 독일의 기본권충돌관계 해결이론

독일에서의 기본권 충돌의 경우 그 해결을 위하여 제시된 이론은 입법형성의 자유영역이론, 기본권 서열이론(비교형량이론), 실제적 조화이론(규범조화적 해석), 규범영역의 분석이론이 있다. 입법형성(立法形成)의 자유영역(自由領域) 이론은 기본권충돌 문제를 해결할 역할은 입법형성의 과제로 입법자의 임무이므로 헌법해석으로는 해석이 불가하다는 입장이며, 기본권 서열(序列) 이론은 기본권간의 서열을 규정하고 상호 비교형량(比較衡量)하여 우위의 기본권을 우선적용하려는 이론으로서 국내에는 '비교형량 이론'으로 소개되었다. 실제적 조화이론은 충돌하는 기본권들 모두의 본질적 내용을 훼손하지 아니하면서 그 효력을 최적화(最適化)할 수 있도록 기본권을 조화(調和)시켜야 한다는 이론으로서 국내에는 '규범조화적(規範調和的) 해석'으로 소개되었다. 이 이론에 의하면, 먼저 충돌하는 기본권들을 비례적으로 제한하여 모든 기본권들이 조화를 이루도록 하여야 하며(비례적 제한의 원칙), 그래도 해결이 되지 않는다면, 대안(代案)을 모색(摸索)하고(대안제시 원칙), 대안도 제시될 수 없다면, 부득이 몇몇 기본권을 희생시키되, 희생되는 기본권에 대해서는 과잉금지(過剩禁止)의 원칙이 적용되어야 한다(과잉금지원칙). 규범영역의 분석이론은 기본권충돌의 궁극적인 판단기준을 헌법자체에서 구하며, 기본권의 해석을 통하여 기본권의 규범영역(規範領域)을 분석(分析)하고 이에 따라 비전형적인 기본권행사방식은 당해 기본권의 내용으로부터 배제해 버림으로서 기본권의 충돌을 해결하려는 이론이다.

2) 우리나라의 해결이론

우리나라에서 주장되는 이론은 이익형량(利益衡量)의 방법과 규범조화적(規範調和的) 해석의 두 가지가 있다. 첫째 이익형량의 방법(허, 김은 입법의 자유영역이론과 서열이론을 분리설명)은 무제한 기본권은 존재하지 않으며 기본권에도 위계질서가 있다는 것을 인정하고, 기본권의 충돌 시에는 효력의 우열(優劣)을 결정하여야 하며, 이는 헌법적 가치질서에 대한 형성기능을 하며, 법형성의 과제라고 하였다. 우열이 결정되면, 상위기본권 우선원칙, 인격적 가치 우선의 원칙 그리고 자유 우선의 원칙이 적용되어야 한다. 즉 상위기본권은 하위기본권에 우선되며, 인격적·정신적기본권이 경제적 기본권에 우선되며, 자유가 평등에 우선되고, 공익이 사익에 우선된다는 것이다. 그러나 이 견해는 결국 취사선택이라는 문제에 귀결된다는 비판이 있다. 둘째로 규범조화적 해석(허, 김은 실제적 조화이론으로 설명)은 헌법의 통일성(統一性)을 유지하면서 충돌하는 기본권 모두의 최대한 기능과 효력을 나타낼 수 있는 조화의 방법을 추구하는 해석방법으로서 구체적 방법으로는 과잉금지원칙, 대안식 해결방법, 최후수단억제 원칙에 따라 해결하며, 이때의 판단기준은 목적분석, 적합성, 필요성 등을 들 수 있다. 우리나라 헌법재판소와 대법원은 기본권 충돌시의 해결방법으로 규범조화적 해석방법, 기본권서열이론, 이익형량의 방법을 택하고 있다.

◆ 헌재판례

1. 기본권충돌에 대한 헌법재판소의 견해: 기본권의 충돌이란 상이한 복수의 기본권주체가 서로의 권익을 실현하기 위해 하나의 동일한 사건에서 국가에 대하여 서로 대립되는 기본권의 적용을 주장하는 경우를 말하는데, 한 기본권주체의 기본권행사가 다른 기본권주체의 기본권행사를 제한 또는 희생시킨다는 데 그 특징이 있다. 이와 같이 두 기본권이 충돌하는 경우 그 해법으로는 기본권의 서열이론, 법익형량의 원리, 실제적 조화의 원리(= 규범조화적 해석) 등을 들 수 있다. 헌법재판소는 기본권 충돌의 문제에 관하여 충돌하는 기본권의 성격과 태양에 따라 그때그때마다 적절한 해결방법을 선택, 종합하여 이를 해결하여 왔다. 예컨대, 국민건강증진법시행규칙 제7조 위헌확인 사건에서 흡연권과 혐연권의 관계처럼 상하의 위계질서가 있는 기본권끼리 충돌하는 경우에는 상위기본권우선의 원칙에 따라 하위기본권이 제한될 수 있다고 보아서 흡연권은 혐연권을 침해하지 않는 한에서 인정된다고 판단한 바 있다(헌재 2004. 8. 26. 2003헌마457, 판례집 16-2, 355, 361 참조). 또, 정기간행물의등록등에관한법률 제16조 제3항 등 위헌여부에 관한 헌법소원 사건에서 동법 소정의 정정보도청구권(반론권)과 보도기관의 언론의 자유가 충돌하는 경우에는 헌법의 통일성을 유지하기 위하여 상충하는 기본권 모두가 최대한으로 그 기능과 효력을 발휘할 수 있도록 하는 조화로운 방법이 모색되어야 한다고 보고, 결국은 정정보도청구제도가 과잉금지의 원칙에 따라 그 목적이 정당한 것인가 그러한 목적을 달성하기 위하여 마련된 수단 또한 언론의 자유를 제한하는 정도가 인격권과의 사이에 적정한 비례를 유지하는 것인가의 관점에서 심사를 한 바 있다(헌재 1991. 9. 16. 89헌마165, 판례집 3, 518, 527-534 참조)(헌재 2002헌바95·96(병합), 2003헌바9(병합), 노동조합및노동관계조정법 제81조 제2호 단서 위헌소원)

2. 합리적 조화의 원칙과 비례원칙 그리고 과잉금지원칙의 적용례: 당해 사업장에 종사하는 근로자의 3분의 2 이상을 대표하는 노동조합의 경우 단체협약을 매개로 한 조직강제[이른바 유니언 샵(Union Shop) 협정의 체결]를 용인하고 있는 노동조합및노동관계조정법 제81조 제2호 단서는 단체협약을 매개로 하여 특정 노동조합에의 가입을 강제함으로써 근로자의 단결선택권과 노동조합의 집단적 단결권(조직강제권)이 충돌하는 측면이 있으나, 이러한 조직강제를 적법·유효하게 할 수 있는 노동조합의 범위를 엄격하게 제한하고 지배적 노동조합의 권한남용으로부터 개별근로자를 보호하기 위한 규정을 두고 있는 등 전체적으로 상충되는 두 기본권 사이에 합리적인 조화를 이루고 있고 그 제한에 있어서도

적정한 비례관계를 유지하고 있으며, 또 근로자의 단결선택권의 본질적인 내용을 침해하는 것으로도 볼 수 없으므로, 근로자의 단결권을 보장한 헌법 제33조 제1항에 위반되지 않는다(헌재 2005. 11. 24. 2002헌바95·96, 2003헌바9(병합) 노동조합및노동관계조정법 제81조 제2호 단서 위헌소원).

3. 기본권서열이론의 예: 당해 사업장에 종사하는 근로자의 3분의 2 이상을 대표하는 노동조합의 경우 단체협약을 매개로 한 조직강제[이른바 유니언 샵(Union Shop) 협정의 체결]를 용인하고 있는 노동조합및노동관계조정법 제81조 제2호 단서는 노동조합의 조직유지·강화를 위하여 당해 사업장에 종사하는 근로자의 3분의 2 이상을 대표하는 노동조합(이하 '지배적 노동조합'이라 한다)의 경우 단체협약을 매개로 한 조직강제[이른바 유니언 샵(Union Shop) 협정의 체결]를 용인하고 있다. 이 경우 근로자의 단결하지 아니할 자유와 노동조합의 적극적 단결권(조직강제권)이 충돌하게 되나, 근로자에게 보장되는 적극적 단결권이 단결하지 아니할 자유보다 특별한 의미를 갖고 있고, 노동조합의 조직강제권도 이른바 자유권을 수정하는 의미의 생존권(사회권)적 성격을 함께 가지는 만큼 근로자 개인의 자유권에 비하여 보다 특별한 가치로 보장되는 점 등을 고려하면, 노동조합의 적극적 단결권은 근로자 개인의 단결하지 않을 자유보다 중시된다고 할 것이고, 또 노동조합에게 위와 같은 조직강제권을 부여한다고 하여 이를 근로자의 단결하지 아니할 자유의 본질적인 내용을 침해하는 것으로 단정할 수는 없다(헌재 2005. 11. 24. 2002헌바95·96, 2003헌바9(병합), 노동조합및노동관계조정법 제81조 제2호 단서 위헌소원).

4. 규범조화적 해석례: 언론의 자유는 바로 민주국가의 존립과 발전을 위한 기초가 되기 때문에 특히 우월적인 지위를 지니고 있는 것이 현대 헌법의 한 특징이다. 그러나 다른 한편 모든 권리의 출발점이 동시에 그 구심점을 이루는 인격권이 언론의 자유와 서로 충돌하게 되는 경우에는 헌법을 규범조화적으로 해석하여 이들을 합리적으로 조정하여 조화시키기 위한 노력이 따르지 아니할 수 없고, 이는 각 나라의 역사적 전통과 사회적 배경에 따라 조금씩 다른 모습을 보이고 있다. ……이와 같이 두 기본권이 서로 충돌하는 경우에는 헌법의 통일성을 유지하기 위하여 상충하는 기본권 모두가 최대한으로 그 기능과 효력을 나타낼 수 있도록 하는 조화로운 방법이 모색되어야 할 것이고, 결국은 이 법에 규정한 정정보도청구제도가 과잉금지의 원칙에 따라 그 목적이 정당한 것인가 그러한 목적을 달성하기 위하여 마련된 수단 또한 언론의 자유를 제한하는 정도가 인격권과의 사이에 적정한 비례를 유지하는 것인가의 여부가 문제된다 할 것이다. ……정정보도청구권은 반론권의 하나로서 과잉금지에 위배되지 않는다(헌재 1991. 9.1 6. 89헌마165, 정기간행물등록에관한법률제16조 제3항, 제19조 제3항의 위헌법률심판).

✿ 대법원판례

구 헌법(1980. 12. 27. 개정) 제20조, 제9조 후단의 규정 등에 의하면 표현의 자유는 민주정치에 있어 최대한의 보장을 받아야 하지만 그에 못지 않게 개인의 명예나 사생활의 자유와 비밀 등 사적 법익도 보호되어야 할 것이므로, 인격권으로서의 개인의 명예의 보호와 표현의 자유의 보장이라는 두 법익이 충돌하였을 때 그 조정을 어떻게 할 것인지는 구체적인 경우에 사회적인 여러가지 이익을 비교하여 표현의 자유로 얻어지는 이익, 가치와 인격권의 보호에 의하여 달성되는 가치를 형량하여 그 규제의 폭과 방법을 정하여야 한다(대판 1988. 10. 11. 85다카29, 위자료등).

4. 기본권효력과 제한과의 관계

(1) 기본권의 효력과의 문제

기본권의 갈등 중에서 경합관계는 결국 대국가적 효력의 문제로 귀착된다. 경합을 주장하는 기본권의 주체는 침해되는 기본권의 향유 내지는 구제를 국가기관을 향하여 주장하게 되는 것이므로 여기에서는 대사인적 효력의 문제는 발생되지 않는다.

기본권의 충돌관계는 기본권의 대사인적 효력을 전제로 발생되며, 충돌의 내용은 대사인적 효력을 정리함으로써 파악될 수 있으며, 문제의 해결은 입법작용, 행정작용 그리고 사법작용이라는 국가기관의 작용에 의하여 이루어진다. 따라서 기본권의 충돌문제는 결국은 기본권의 대국가적 효력에 관한 문제로 귀착되게 된다. 그리고 충돌문제의 해결을 위한 일련의 국가작용들은 헌법적 가치질서를 형성하는 기능을 하게 된다.

(2) 기본권의 제한과의 문제

기본권의 갈등은 기본권의 주체의 입장에서 보면, 주장하는 기본권을 얼마만큼의 범위로 보장받을 것인가의 문제이므로 이는 기본권의 제한에 해당한다. 즉, 기본권의 경합은 행정과 법률 그리고 재판을 통하여 법익형량에 의하여 취사선택이 되거나, 일정한 범위로 기본권이 제한되기도 한다. 그리고 기본권의 충돌의 해결도 기본권 주체 각자의 입장에서는 상대방의 기본권의 보장에 의하여 차감되는 만큼에 해당하는 일정한 범위로 제한을 받게 된다. 역시 제한되는 범위의 설정은 입법에 의할 수도 있으며, 재판작용에 의할 수도 있다. 따라서 기본권 갈등의 문제 해결은 결국 기본권의 제한 내지는 내재적 한계로 설명될 여지도 있다.

제4절 기본권의 제한과 보장

Ⅰ. 기본권의 내재적 한계

1. 이론적 근거

'인간은 사회적 동물이다'라는 말이 시사하듯이 기본권 주체는 사회관련성을 가지므로 기본권의 보장에도 스스로 한계를 갖는다. 즉 자유(自由)에는 한계(限界)가 있다. 이러한 기본권의 내재적 한계론은 독일기본법의 명문에 의하여 보장된 절대적(絕對的) 기본권에 대한 제한의 필요성을 해결하기 위한 헌법이론적 논리형식으로 전개되었다.

➡ 참 고

1. 프랑스인권선언: 자유란 다른 사람을 해하지 아니하는 한도 내에서 모든 것을 할 수 있는 자유이다(제4조). 법은 사회에 유해한 행위가 아니면 금지할 권리를 갖지 아니한다(제5조).
2. 독일기본법상의 절대적 기본권에 대한 명문규정: 평등권(제3조 제1항), 신앙과 양심의 자유(제4조 제1항), 학문과 예술의 자유(제5조 제3항), 혼인의 자유(제6조 제1항), 평화로운 집회의 자유(제8조 제1항), 단체교섭권(제9조 제3항), 청원권(제17조) 등을 절대적 기본권으로 규정하고 있다. 엄격히 말하여 우리 헌법체계로 설명한다면, 당해 기본권에 법률유보규정을 포함하고 있지 않으며, 일반적 법률유보규정도 없는 경우이므로 절대적 기본권이라고 하고 있다.

2. 내재적 한계의 논증형식(독일의 학설과 판례에서 인정)

(1) 3한계이론(사회공동체유보론)

독일기본법 제2조 제1항에서 '누구든지 타인의 권리를 침해하지 않고 헌법질서나 도덕률에 반하지 않는 한, 자신의 인격을 자유로이 발표할 권리를 가진다'라고 하여 일반적 인격권 내지 인격의 자유발현권을 규정하고 있다. 3한계이론은 동 규정에서 '타인의 권리, 헌법질서, 도덕률'을 인격권의 한계로 들고 있는 것을 모든 기본권에 적용하려는 시도이다. 그러나 이 이론에 대해서, 헌법에서 제한가능성에 대하여 명시하지 않은 점을 간과하여 확대 해석하는 것이라는 비판이 있다.

(2) 개념내재적 한계이론

기본권의 개념을 좁게 정의하면 자연히 그 한계가 설정되게 된다는 것이며, 예술의 개념에 '윤리적 요소'를 요구함으로써 '도덕적이고 윤리적인' 예술활동만을 예술의 자유로 보호하게 된다는 것이다. 그러나 개념내재적 한계론에 의하면, 기본권 개념의 해석권(解釋權)을 국가가 가지므로 절대적 기본권이 무력화될 위험이 있다.

(3) 국가공동체유보론

기본권의 보장을 위한 노력도 국가존립의 보장이라는 목적 아래에 있으므로, 기본권 보장의 한계는 국가존립에 의하여 한계 지워진다는 것이다. 국가공동체유보론은 나찌 망령의 부활이론이라는 비판을 면치 못하며, 전근대적 기본권관으로서 오늘날 국민주권이론과 합치되기 어려운 이론이다.

(4) 규범조화를 위한 한계이론(독일의 다수설)

기본권이 타인의 기본권이나 다른 헌법가치와 충돌할 때, 헌법의 통일성과 전체적 가치질서의 실현을 위하여 기본권에 대한 개별적인 제한이 불가피하게 된다는 입장으로서 절대적 기본권이라 하더라도 다른 법익(法益)과의 조화와 균형을 이루어야 한다는 것이다. 이는 독일의 다수설이기는 하나, '헌법의 통일성'을 강조함으로써 기본권과 통치기능의 연관성이 강조될 때 통치기능상의 여러 제도가 내재적 한계이론에 의하여 악용될 우려도 있다.

3. 현행헌법에서의 내재적 한계

기본권의 본질 내지는 기능의 시각에서는 물론 자유의 본질 면에서도 기본권의 내재적 한계를 부인할 수 없으며(허), 한계조항의 유무와 관계없이 국가적 공동생활을 위해 기본권에 필연적으로 내재하는 한계적 요소가 있다(권). 헌법재판소도 '국민의 성적자기결정권도 국가적·사회적 공동생활의 테두리 안에서 타인의 권리, 공중도덕, 사회윤리, 공공복리 등을 존중해야 할 내재적 한계가 있다'고 판시하였다(헌재 1990. 9. 10. 89헌마82, 형법 제241조의 간통죄 합헌결정).

내재적 한계의 구체적 내용으로는 독일의 3한계론에 해당하는 '타인의 권리, 헌법질서, 도덕률'을 들 수 있으며, 현행헌법규정에서는 정당의 목적과 활동의 '민주적 기본질서에 적합의무'(제8조 제4항), 언론·출판에 대한 '타인의 명예나 권리 또는 공중도덕이나 사회윤리 침해금지'(제21조 제4항), 재산권행사의 공공복리적합의무(제23조 제2항)를 찾을 수 있다(권). 한편, 현행헌법의 내재적 한계조항들은 사실상 기본권의 헌법 직접적 제한(헌법유보)으로 설명이 가능하다.

Ⅱ. 기본권의 제한

1. 제한의 필요성과 수단

기본권 제한의 필요성은 헌법이 추구하는 기본권보장이라는 기본이념에 의하여 내재적(內在的)으로 발생하며, 민주주의의 수호, 국가안전보장, 복지국가 원리의 실현을 위하여 헌법외적 필요성에 의해서도 발생된다. 그리고 기본권 제한의 수단은 헌법이 직접 명문규정으로 제한할 수도 있으며, 법률유보에 의한 법률, 그리고 특수신분관계, 국가긴급권, 헌법개정 등의 방법이 있다.

2. 기본권제한의 유형

(1) 기본권의 구성요건에 의한 제한

헌법규정에서 보장하는 기본권의 구성요건의 의미에 따라 보장범위가 다르게 나타난다. 예를 들면, 양심의 자유에서 '양심'은 내면적 관조를 의미하지만, 국회의원의 양심(제46조 제2항)과 법관의 양심(제103조)에 있어서의 '양심'은 객관적 양심 즉 직업적 양심을 의미하므로 보장의 범위는 상이한 것이 되며, 결국 구성요건에 따라 기본권의 내용이 정해지고 제한의 정도가 정해진다.

(2) 헌법유보

내재하는 한계성을 명문화(선언 혹은 확인)한 것이든 새로운 제한을 창설한 것이든 헌법이 명문(明文)으로 직접 기본권제한을 규정하여서 그 기본권제한을 위한 새로운 입법이 필요없는 경우를 헌법유보(憲法留保)라고 한다. 한편, 독일의 헌법유보규정과 논의를 바탕으로, '헌법유보'라는 개념에 대한 사용을 피하고, 개별적 헌법유보를 '기본권의 헌법적 한계(헌법제정권자에 의한 명시적 기본권 제한)'로 설명하기도 한다(허). 그러나 헌법유보는 입법권자에 대한 방어적 의미, 기본권 남용에 대한 경고적 의미, 헌법의 통일성 관점에서 헌법의 제가치의 조화·통일추구라는 헌법 정책적 기능을 하는 긍정적 측면이 있다.

헌법유보도 모든 국민의 기본권에 적용되는 일반적 헌법유보와 개별기본권 조항에서 해당조항에만 제한을 두는 개별적 헌법유보가 있다. 우리나라 헌법에는 일반적 헌법유보의 규정이 없지만 독일의 서독기본법 제2조 제1항(타인의 권리, 도덕률, 헌법질서)과 일본헌법 제12조('이 헌법이 국민에게 보장하는 자유와 권리는 국민의 부단한 노력에 의하여 이를 보지하지 않으면 아니된다. 또 국민은 이를 남용하여서는 아니되며 항상 공공의 복지를 위하여 이를 이용하는 책임을 진다')에서는 일반적 헌법유보를 두고 있다. 그리고 우리나라 헌법에서의 개별적 헌법유보의 예로는 제8조 제4항(정당의 목적과 활동), 제21조 제4항(언론·출판의 자유의 한계), 제29조 제2항(국가배상청구권의 제한), 제33조 제2항(공무원의 노동삼권의 제한)이 있다.

(3) 법률유보

1) 의의

법률유보(法律留保)는 헌법이 기본권의 제한을 직접 규정하지 않고, 국민의 대표기관인 국회에서 제정하는 법률(法律)에 의해서만 기본권을 제한할 수 있도록 하는 기본권의 제한방법으로서 헌법 간접적 제한 내지 헌법 간접적 유보라고 할 수 있다. 기본권을 제한하기 위하여서는 '법률'에 근거하여야 한다는 것은 기본권 제한의 한계, 기본권제한 입법의 한계 그리고 기본권 제한을 입법자에게 일임하는 결과를 의미하기도 한다. 영국의 의회주권사상, 루소(Rousseau)의 총의론 그리고 칼 쉬미트(C. Schmitt)의 의지론에 사상적 기초를 두고 있으며, 입법권자(의회)에 대한 신뢰를 바탕으로 하고 있다.

2) 법률유보의 기능

법률유보는 헌법에 보장된 기본권을 제한하기 위해서는 반드시 입법권자가 제정한 법률에 의하거나 법률의 근거가 있어야 한다는 관점에서 이해하면, 기본권제한의 한계(限界) 원리로서 기본권을 보호하고 강화하는 기능을 한다(법률유보의 순기능). 즉 행정권과 사법권으로부터 기본권을 보호하고 강화하는 기능을 한다. 헌법재판소도 기본권제한입법의 수권규정이지만 그것은 동시에 기본권제한입법의 한계규정이기도 하므로, 입법부는 수권의 범위를 넘어서 자의적인 입법을 할 수 있는 것은 아니라고 하였다(헌재 1990. 9. 3. 89헌가95). '법률을 권리침해의 혐의에서 해방시켜야 한다'는 헤벨레(P. Häberle)의 견해도 타당하나, 그는 법률유보를 기본권의 실현형식으로만 인식하고 제한형식을 부정하고 있는 바, 개별적 법률유보에는 제한형식이 존재한다는 것은 부인할 수 없다.

그러나 법률유보는 입법권자가 법률에 의한다면 헌법에 보장된 기본권이라도 제한할 수 있다는 의미로 이해한다면 이는 기본권 제한의 수권(授權) 원리로서 기본권 제한의 문호를 열어 놓는 역할을 한다는 것이다(법률유보의 역기능). 크뤼거(Krüger)는 법률유보로 인하여 '법률이 정하는 바에 따른 기본권'이라는 결과를 초래할 위험성을 지적하였다. 이러한 역기능을 방지하기 위해서는 입법권을 기본권에 기속(羈束)시키고, 법률유보를 부분적으로 헌법적 한계로 승화 시키며, 일반적인 법률유보를 피해서 기본권의 성질에 따라 법률유보를 개별적인 차등유보로 다원화시키고, 나아가 본질적 내용의 침해금지조항을 두어 기본권제한의 최후의 한계를 명하는 방법 등이 제시되고 있다.

3) 법률유보의 방법

법률유보의 유형으로는 일반적 법률유보와 개별적 법률유보가 있다.

일반적(一般的) 법률유보는 모든 기본권에 모두 적용될 수 있도록 법률유보를 일반적으로 규정하는 방법으로서 우리 헌법 제37조 제2항(국민의 모든 자유와 권리는 국가안전보장·질서유지 또는 공공복리를 위하여 필요한 경우에 한하여 법률로써 제한할 수 있으며, 제한하는 경우에도 자유와 권리의 본질적인 내용을 침해할 수 없다)이 그 예이다.

개별적(個別的) 법률유보는 기본권을 제한 가능한 것과 제한 불가능한 것으로 나눠 제한 가능한 기본권에만 개별적으로 법률유보조항을 두는 방법으로서 우리 헌법규정을 예로 들면, 제12조 제1항(모든 국민은 신체의 자유를 가진다. 누구든지 법률에 의하지 아니하고는 체포·구속·압수·수색 또는 심문을 받지 아니하며, 법률과 적법한 절차에 의하지 아니하고는 처벌·보안처분 또는 강제노역을 받지 아니한다), 제23조 제1항(모든 국민의 재산권은 보장된다. 그 내용과 한계는 법률로 정한다), 제33조 제3항(법률이 정하는 주요방위산업체에 종사하는 근로자의 단체행동권은 법률이 정하는 바에 의하여 이를 제한하거나 인정하지 아니할 수 있다) 등이 있다.

그리고 법률유보를 헌법이 구체적 사항에 대한 규율을 법률에 유보한다(미룬다)는 문언적 의미만을 볼 때, 법률유보의 목적이 기본권의 제한에만 한정되는 것은 아니다. 우리 헌법의 법률유보규정을 살펴보면, 기본권을 제한하기 위한 법률유보와 기본권을 구체화하기 위한 법률유보 그리고 기본권을 형성하기 위한 법률유보로 나뉘어진다. 첫째 제한적(制限的) 법률유보의 형식은, 법률유보의 초기 모습으로서 일반적으로 법률유보라 하면 제한적 법률유보를 의미한다. 법실증주의에 의하여 법률로 주어진 실정권(實定權)을 다시 법률로써 제한할 수 있다는 정당성의 논리에서 출발한 것이며, 오늘날에는 법치주의의 실현을 위하여 기본권의 제한에는 법률에 근거하여야 한다는 기본원리로 발전하였다. 대체로 자유권의 부분에서 채택되는 방법이기도 하다. 둘째로 기본권 구체화적 법률유보는 법률에 의하여 그 행사의 절차나 내용이 구체화(具體化)되는 기본권에 대한 법률유보로서, 청구권적 기본권, 정치적 기본권, 사회권적 기본권의 법률유보가 여기에 속한다. 셋째로 사회적 기본권을 구체적(具體的) 권리로 볼 경우에는 사회적 기본권에 대한 법률유보가 기본권 구체화적 법률유보이나, 사회적 기본권을 추상적(抽象的) 권리로 볼 경우에는 사회적 기본권에 대한 법률유보는 결국 사회적 기본권의 내용을 구체적으로 형성(形成)하는 역할을 하므로 기본권 형성적(形成的) 법률유보라고 할 수 있다.

그러나 개별적 법률유보의 유형에 대한 분류는 다양하다. 위와 같이 분류할 수도 있으며, 이외에도 규율유보와 제한유보로만 분류하기도 하고, 또한 기본권 형성적 법률유보를 다시 기본권 실현적 법률유보와 기본권 보장적 법률유보로 분류하기도 한다.

▶ 참 고

1. 기본권 실현적·기본권행사절차적 법률유보: 재산권의 내용, 공무담임권, 청원권, 형사보상청구권, 환경권 등 이를 구체화하는 법률의 제정에 의해서 비로소 실현되거나 행사될 수 있는 기본권에 관한 법률유보
2. 기본권 보장적 법률유보: 국선변호인의 도움을 받을 권리, 저작자·발명가·과학기술자와 예술가의 권리, 재산권 제한과 보상의 법률유보, 민간인에 대한 군사재판의 특례, 근로조건의 법정주의 등은 이들 기본권과 제도를 법률로 보호하고 더 강화하려는 취지가 반영된 것으로 기본권 보장적 의미가 강한 법률유보이다.

◆ 헌재판례

변호사의 개업지를 일정한 경우 제한함으로써 '직업행사의 자유'를 제한한 변호사법 제10조 제2항은 각 지방법원의 규모 및 사회환경에 '따른 특성에 관한 합리적 고려없이' 일률적으로 지방법원의 관할구역을 단위로 하여 개업지를 제한하고 있어, 제한을 위해 선택된 수단이 그 목적에 적합하지 아니할 뿐 아니라 그 정도 또한 과잉하여 비례의 원칙에 벗어난 것이다. 나아가 변호사로 개업하고자 하는 공무원을 합리적 이유없이 근속기간 등에 따라 차별하여 취급하고 있으므로 헌법 제11조 제1항, 제15조, 제37조 제2항에 위반되고, 병역의무를 이행한 군법무관의 경우는 헌법 제39조 제2항에도 위반된다(헌재 1989. 11. 20. 89헌가102).

3. 기본권 제한의 일반원칙

(1) 의의

기본권제한의 일반적 법률유보규정으로 보고 있는 헌법 제37조 제2항은 모든 국민의 자유와 권리는 국가안전보장·질서유지·공공복리를 위하여 필요한 경우에 한하여 법률로써 제한할 수 있도록 규정하고 있으므로, 이는 기본권을 제한하는 입법의 한계로 기능하며, 기본권제한의 일반원칙을 여기서 찾을 수 있다. 그리고 개별적 법률유보는 일반적 법률유보에 대하여 특별규정의 역할을 한다.

(2) 기본권 제한의 목적

기본권을 제한하는 입법을 하기 위해서는 기본권제한의 목적에 부합하여야 하며, 헌법 제37조 제2항에 의하면, 기본권제한의 목적은 '국가안정보장, 질서유지, 공공복리'로 열거되어 있다. 이는 곧 기본권제한목적의 한계이기도 하다. 첫째 국가안전보장(國家安全保障)은 국가의 독립과 영토보전, 헌법과 법률의 규범력 및 헌법기관의 유지 등의 국가안전확보을 내용으로 하며, 이를 실현하는 법률로는 형법, 국가보안법, 군사기밀보호법 등이 있다. 둘째로 질서유지(秩序維持)는 자유민주적 기본질서를 포함하는 헌법질서와 사회적 안녕질서로 보기도 하고, 질서유지를 협의로 '사회적 안녕질서 특히 경찰상의 안녕질서'의 유지로 해석하여 헌법질서(국가질서·민주적 기본질서)를 국가안전보장의 개념에 포함하기도 한다. 이를 실현하는 법률로는 형법, 경찰법, 집회 및 시위에 관한 법률, 경찰관직무집행법, 도로교통법, 경범죄처벌법, 화염병사용등의처벌에 관한 법률, 성매매알선 등 행위의처벌에 관한 법률, 소방기본법, 총포·도검·화약류 등 단속법, 청소년보호법, 옥외광고물 등 관리법 등이 있다. 셋째로 공공복리(公共福利)는 다의적이고 불확정개념이나, 사회구성원전체를 위한 공공적 이익을 위하여 제한할 수 있으며(사회국가적 공공복리), 개인을 초월한 국가주도적인 복리는 제외된다. 일부 견해에 따르면 공공복리를 인류적 복지(개인의 위생보건·전염성예방), 사회적 복지(국민일반의 건강증진과 생활안정 등), 국가적 복지(공무수행의 편의 혹은 국가재정의 절약 등)로 설명하고 국가적 복지를 배제하기도 한다. 이는 국가절대주의적 복리·근대시민국가적 복리와 구별되며, 자유권에는 제한사유(制限事由)가 될 수 있으나, 사회적 기본권에는 실천목표(實踐目標)이기도 하다. 이를 실현하는 법률로는 국토의 계획 및 이용에 관한 법률, 건축법, 산림기본법, 도로법, 하천법, 항공법, 도시공원 및 녹지 등에 관한 법률, 자연재해대책법, 전기사업법, 사방사업법, 공익사업을 위한 토지 등의 취득 및 보상에 관한 법률 등이 있다.

◆ 헌재판례

국가의 안전보장은 헌법상 중요한 국가적 법익의 하나로서 위의 규정 외에도 헌법 제5조 제2항, 제39조 제1항, 제66조 제2항, 제69조 등이 국가의 안전보장과 관련이 있는 것이다. 헌법 제37조 제2항에서 기본권 제한의 근거로 제시하고 있는 국가의 안전보장의 개념은 국가의 존립·헌법의 기본질서의 유지 등을 포함하는 개념으로서 결국 국가의 독립, 영토의 보전, 헌법과 법률의 기능, 헌법에 의하여 설치된 국가기관의 유지 등의 의미로 이해될 수 있을 것이다(헌재 1992. 2. 25. 89헌가104, 군사기밀보호법 제6조 등에 대한 위헌심판).

(3) 기본권 제한의 형식(형식상의 한계)

기본권을 제한하는 형식은 원칙적으로 형식적 법률에 의하여야 하며(법치주의), 예외적으로 법률의 위임을 받은 명령에 의한 제한(제75조와 제95조), 법률의 효력을 가지는 국제법규에 의한 제한(제6조 제1항, 헌법에 의하여 체결·공포된 조약과 일반적으로 승인된 국제법규는 국내법과 같은 효력을 가진다), 헌법에 의하여 수권(授權)된 대통령의 긴급재정경제명령(제76조 제1항)과 긴급명령(제76조 제2항), 비상계엄(제76조 제3항) 등 국가긴급권에 의한 제한과 특수신분관계에 의한 제한 등이 있다.

법률로써 기본권을 제한할 때에는 일반성(인적 대상)과 구체성(물적 대상)을 가져야 하며, 법률의 내용은 명확성(불명확 혹은 과도한 광범성을 지니면 무효)과 정당성을 가져야 한다. 관습법에 의한 기본권의 제한은 불가능하다. 그리고 헌법개정(憲法改正)에 의한 개별기본권의 제한은 가능하나, 기본권보장의 폐지는 불가능하다. 인권침해의 헌법개정(법실증주의자:긍정, 결단주의: 부정)에 의한 제한 등이 가능하다.

◆ 헌재판례

- 포괄적 위임은 위헌이라는 판례 -
1. 헌법 제75조는 "대통령은 법률에서 구체적으로 범위를 정하여 위임받은 사항……에 관하여 대통령령을 발할 수 있다"고 규정하여 위임입법의 헌법상 근거를 마련하는 한편 대통령령으로 입법할 수 있는 사항을 "법률에서 구체적으로 범위를 정하여 위임받은 사항"으로 한정함으로써 일반적이고 포괄적인 위임입법은 허용되지 않는다는 것을 명백히 하고

있는데, 이는 국민주권주의, 권력분립주의 및 법치주의를 기본원리로 하고 있는 우리 헌법하에서 국민의 헌법상 기본권 및 기본의무와 관련된 중요한 사항 내지 본질적인 내용에 대한 정책 형성기능은 원칙적으로 주권자인 국민에 의하여 선출된 대표자들로 구성되는 입법부가 담당하여 법률의 형식으로써 이를 수행하여야 하고, 이와 같이 입법화된 정책을 집행하거나 적용함을 임무로 하는 행정부나 사법부에 그 기능을 넘겨서는 아니되기 때문이다(헌재 1998. 11. 26. 97헌바31, 직업안정법 제33조 등 위헌소원).

2. 위임입법에 있어서 일반적, 포괄적 위임은 사실상 입법권의 백지위임과 다를 바 없다. 따라서 이를 허용하면 의회입법의 원칙이나 법치주의를 부인하는 셈이 되고, 또 행정권의 자의로 말미암아 기본권이 침해될 위험이 있다. 그러므로 헌법 제75조는 위임입법에 있어서는 반드시 "구체적으로 범위를 정하여" 위임하도록 규정함으로써 개별적, 구체적 위임만이 허용되고, 일반적, 포괄적 위임은 허용될 수 없음을 밝히고 있다(헌재 1995. 11. 30. 91헌바1등; 헌재 1995. 11. 30. 94헌바40등; 헌재 1998. 3. 26. 96헌바57; 헌재 2001. 8. 30. 99헌바90, 구 상속세법 제34조의2 제2항 위헌소원).

3. 법률에 의한 처벌법규의 위임은, 헌법이 특히 인권을 최대한 보장하기 위하여 죄형법정주의와 적법절차를 규정하고 법률에 의한 처벌을 강조하고 있는 기본권보장 우위사상에 비추어 바람직하지 못한 일이므로, 그 요건과 범위가 보다 엄격하게 제한적으로 적용되어야 한다. 일반적으로 헌법에 의하여 위임입법이 용인되는 한계인, 법률에서 구체적으로 범위를 정하여 위임받은 사항이라 함은 법률에 이미 하위법령으로 규정될 내용 및 범위의 기본사항이 구체적으로 규정되어 있어서 누구라도 당해 법률로부터 하위법령에 규정될 내용의 대강을 예측할 수 있어야 한다는 것을 의미한다. 위임입법의 위와 같은 구체성 내지 예측가능성의 요구정도는 문제된 그 법률이 의도하는 규제대상의 종류와 성질에 따라 달라질 것임은 물론이고, 그 예측가능성의 유무를 판단함에 있어서는 당해 특정 조항 하나만을 가지고 판단할 것이 아니라 관련 법조항 전체를 유기적·체계적으로 종합판단하여야 하며, 각 대상법률의 성질에 따라 구체적·개별적으로 검토하여야 한다. 특히 처벌법규에 관하여는 앞에서 본 바와 같이 그 요건과 범위가 보다 엄격하게 제한적으로 적용되어야 하는 것이므로, 처벌법규의 위임은 특히 긴급한 필요가 있거나 미리 법률로써 자세히 정할 수 없는 부득이한 사정이 있는 경우에 한정되어야 하며 이러한 경우일지라도 법률에서 범죄의 구성요건은 처벌대상행위가 어떠한 것일 것이라고 예측할 수 있을 정도로 구체적으로 정하고 형벌의 종류 및 그 상한과 폭을 명백히 규정하여야 한다(헌재 2000. 7. 20. 99헌가15, 약사법 제77조 제1호 중 '제19조 제4항' 부분 위헌제청).

− 법률의 명확성에 대한 판례 −

1. 명확성의 원칙에서 명확성의 정도는 모든 법률에 있어서 동일한 정도로 요구되는 것은 아니고 개개의 법률이나 법조항의 성격에 따라 요구되는 정도에 차이가 있을 수 있으며 각각의 구성요건의 특수성과 그러한 법률이 제정되게 된 배경이나 상황에 따라 달라질 수 있다고 할 것이다. 죄형법정주의가 지배되는 형사관련 법률에서는 명확성의 정도가 강화되어 더 엄격한 기준이 적용된다(죄형법정주의상의 명확성 원칙). 그러나 일반적인 법률에서는 명확성의 정도가 그리 강하게 요구되지 않기 때문에 상대적으로 완화된 기준이 적용된다(일반적 명확성 원칙)(헌재 2001. 6. 28. 99헌바34, 의료법 제5조 제3호 등 위헌소원).

2. 법치국가원리의 한 표현인 명확성의 원칙은 기본적으로 모든 기본권제한 입법에 대하여 요구된다. 규범의 의미내용으로부터 무엇이 금지되는 행위이고 무엇이 허용되는 행위인지를 수범자가 알 수 없다면 법적 안정성과 예측가능성은 확보될 수 없게 될 것이고, 또한 법집행 당국에 의한 자의적 집행을 가능하게 할 것이기 때문이다(헌재 2002. 1. 31. 2000헌가8, 구 보험업법 제150조 제2항에 의하여 준용되는 제147조 제2항 제2호 위헌제청)

(4) 기본권 제한의 정도(방법상의 한계)

기본권을 제한하는 때에는, 그 사유가 있어도 기본권존중의 필요성이 클 경우 제한입법의 자제가 필요(불가피성 원칙)하며, 과잉금지의 원칙, 본질적 내용침해금지의 원칙 등이 지켜져야 한다.

과잉침해금지의 원칙에 대하여 헌법재판소는 목적 정당성의 원칙, 방법 적정성의 원칙(목적달성을 위하여 방법은 효과적이고 적절하여야 한다), 최소한 제한의 원칙, 법익형량의 원칙이 포함되어 있다고 한다(헌재 1996. 12. 26. 93헌바17 등).

본질적 내용침해금지의 원칙에 있어서 '본질적(本質的) 내용(內容)'은 자유나 권리가 유명무실해질 수 있는 내용 즉, 기본권의 핵이 되는 실체로서 기본권의 내용이 포괄적이라면, 본질적 내용은 근본요소라고 할 수 있다. 다만, 본질적 내용은 개별기본권마다 다를 수 있는 바, 언론·출판·집회·결사·거주·이전의 자유에 있어서 '허가제'는 본질적 내용의 침해에 해당한다고 하겠다.

(5) 기본권 제한의 한계

기본권을 제한하는 경우에도 본질적 내용의 침해는 불가능하다(내재적 한계). 그리고 기본권의 핵이 되는 실체의 침해도 금지되며, 기본권의 공동화(空洞化)는 위헌이다. 한계를 일탈한 법률은 청원권(제26조)과 위헌법률심판제도(제107조 제1항, 제111조 제1항 제1호), 헌법소원(제111조 제1항 제5호) 등을 통하여 해결할 수 있다.

◆ 헌재판례

1. 중·고등학교 입학에 대한 거주지제한은 입법수단으로서 적당한 방법으로서 학교선택권에 대한 침해가 아니다(헌재 1995. 2. 23. 91헌마204)
2. 기본권의 최대한 보장의 원칙과 최소제한의 원칙은 기본권보장의 2대원칙이다(헌재 1991. 7. 22. 89헌가106)

3. 직업선택의 자유: 건축사가 업무범위를 위반하여 업무를 행한 경우 이를 필요적 등록취소사유로 규정하고 있는 건축사법 제28조 제1항 단서 제2호는 …… 과잉금지원칙에 위배되고, 직업선택의 자유의 본질적 내용을 침해한 것이다(헌재 1995. 2. 23. 93헌가1).
4. 재판청구권: 법관에 의한 재판을 받을 권리를 보장한다고 함은 결국 법관이 사실을 확정하고 법률을 해석·적용하는 재판을 받을 권리를 보장한다는 뜻이고, 만일 그러한 보장이 제대로 이루어지지 아니한다면 헌법상 보장된 재판을 받을 권리의 본질적 내용을 침해하는 것으로서 우리 헌법상 허용되지 아니한다(헌재 1995. 9. 28. 92헌가11).

Ⅲ. 기본권의 보장

1. 국가의 기본권 확인 및 보장의 의무(제10조 후문)

(1) 의의

헌법 제10조 후문은 '국가는 개인이 가지는 불가침의 기본적 인권을 확인하고 이를 보장할 의무를 진다'라고 규정하고 있어 국가의 기본권보호의무를 명문으로 규정하고 있다. 여기서 '불가침(不可侵)의 기본적(基本的) 인권(人權)'은 '인간이 인간으로서 당연히 누려야할 천부적·생래적 인권'으로 해석할 수 있으며, 동 규정은 국가로 하여금 이러한 기본권을 국법체계 속에서 재확인하고 이들을 보장하여야 한다는 적극적(積極的) 작위의무(作爲義務)를 명문으로 규정한 것이다. 우리 헌법상 명문의 규정을 문법적·체계적 해석을 하면, 제10조의 '불가침의 기본적 인권'은 절대적 기본권을 의미하나, 헌법 제37조 제2항의 일반적 법률유보는 모든 기본권에 적용될 수 있으므로, 제10조의 의미와 달리, 우리 헌법상 불가침의 기본적 인권이란 존재하지 않는다는 의미로 해석되므로 상호 논리모순에 빠진다. 개별 기본권의 개념정의 속에서 '불가침의 기본적 인권'을 찾아 본다면, 양심의 자유, 신앙의 자유, 학문연구의 자유, 예술창작의 자유를 들 수 있다.

(2) 국가의 기본권보장의무

국가의 기본권보장의무는 국가의 기본권침해금지의 의무(소극적 의무), 최대한 실정권화(實定權化) 및 실현시킬 의무(적극적 의무) 그리고 사인(私人)에 의한 기본권침해로부터 국민을 보호할 의무(적극적 의무)를 들 수 있다.

◆ 헌재판례

1. 소해면상뇌증의 위험성, 미국 내에서의 발병사례, 국내에서의 섭취가능성을 감안할 때 미국산 쇠고기가 수입·유통되는 경우 소해면상뇌증에 감염된 것이 유입되어 소비자의 생명·신체의 안전이라는 중요한 기본권적인 법익이 침해될 가능성을 전적으로 부정할 수는 없으므로, 국가로서는 미국산 쇠고기의 수입과 관련하여 소해면상뇌증의 원인물질인 변형 프리온 단백질이 축적된 것이 유입되는 것을 방지하기 위하여 적절하고 효율적인 조치를 취함으로써 소비자인 국민의 생명·신체의 안전을 보호할 구체적인 의무가 있다. ……국가가 국민의 생명·신체의 안전에 대한 보호의무를 다하지 않았는지 여부를 헌법재판소가 심사할 때에는 국가가 이를 보호하기 위하여 적어도 적절하고 효율적인 최소한의 보호조치를 취하였는가 하는 이른바 '과소보호 금지원칙'의 위반 여부를 기준으로 삼아, 국민의 생명·신체의 안전을 보호하기 위한 조치가 필요한 상황인데도 국가가 아무런 보호조치를 취하지 않았든지 아니면 취한 조치가 법익을 보호하기에 전적으로 부적합하거나 매우 불충분한 것임이 명백한 경우에 한하여 국가의 보호의무의 위반을 확인하여야 한다.……청구인들은 검역주권 위반, 헌법 제6조 제1항 및 제60조 제1항 위반, 법률유보 위반, 적법절차원칙 위반, 명확성원칙 위반을 주장하나, 이 사건 고시가 청구인들의 헌법상 보장된 기본권을 침해한다고 볼 수 없다(헌재 2008. 12. 26, 2008헌마419, 미국산 쇠고기 및 쇠고기 제품 수입위생조건 위헌확인).

2. 국가가 소극적 방어권으로서의 기본권을 제한하는 경우 그 제한은 헌법 제37조 제2항에 따라 국가안전보장·질서유지 또는 공공복리를 위하여 필요한 경우에 한하고, 자유와 권리의 본질적인 내용을 침해할 수는 없으며 그 형식은 법률에 의하여야 하고 그 침해범위도 필요최소한도에 그쳐야 한다. 그러나 국가가 적극적으로 국민의 기본권을 보장하기 위한 제반조치를 취할 의무를 부담하는 경우에는 설사 그 보호의 정도가 국민이 바라는 이상적인 수준에 미치지 못한다고 하여 언제나 헌법에 위반되는 것으로 보기 어렵다. 국가의 기본권보호의무의 이행은 입법자의 입법을 통하여 비로소 구체화되는 것이고, 국가가 그 보호의무를 어떻게 어느 정도로 이행할 것인지는 입법자가 제반사정을 고려하여 입법정책적으로 판단하여야 하는 입법재량의 범위에 속하는 것이기 때문이다. 물론 입법자가 기본권 보호의무를 최대한 실현하는 것이 이상적이지만, 그러한 이상적 기준이 헌법재판소가 위헌 여부를 판단하는 심사기준이 될 수는 없으며, 헌법재판소는 권력분립의 관점에서 소위 "과소보호금지원칙"을, 즉 국가가 국민의 기본권 보호를 위하여 적어도 적절하고 효율적인 최소한의 보호조치를 취했는가를 기준으로 심사하게 된다. 따라서 입법부작위나 불완전한 입법에 의한 기본권의 침해는 입법자의 보호의무에 대한 명백한 위반이 있는 경우에만 인정될 수 있다. 다시 말하면 국가가 국민의 법익을 보호하기 위하여 아무런 보호조치를 취하지 않았든지 아니면 취한 조치가 법익을 보호하기에 명백하게 부적합하거나 불충분한 경우에 한하여 헌법재판소는 국가의 보호의무의 위반을 확인할 수 있을 뿐이다(헌재 2008. 7. 31. 2004헌바81, 민법 제3조 등 위헌소원).

3. 우리 헌법은 제10조에서 국가는 개인이 가지는 불가침의 기본적 인권을 확인하고 이를 보장할 의무를 진다고 규정함으로써, 소극적으로 국가권력이 국민의 기본권을 침해하는

것을 금지하는 데 그치지 아니하고 나아가 적극적으로 국민의 기본권을 타인의 침해로부터 보호할 의무를 부과하고 있다. 국민의 기본권에 대한 국가의 적극적 보호의무는 궁극적으로 입법자의 입법행위를 통하여 비로소 실현될 수 있는 것이기 때문에, 입법자의 입법행위를 매개로 하지 아니하고 단순히 기본권이 존재한다는 것만으로 헌법상 광범위한 방어적 기능을 갖게되는 기본권의 소극적 방어권으로서의 측면과 근본적인 차이가 있다. 즉 기본권에 대한 보호의무자로서의 국가는 국민의 기본권에 대한 침해자로서의 지위에 서는 것이 아니라 국민과 동반자로서의 지위에 서는 점에서 서로 다르다(헌재 1997. 1. 16. 90헌마110·136(병합), 교통사고처리특례법 제4조 등에 대한 헌법소원 등).

(3) 기본권의 보호론

우리 헌법상의 국가권력과 관련한 기본권의 보호를 보면, 크게 국가권력에 대한 보호와 국가권력에 의한 보호로 대별할 수 있다. 즉 전자는 국가권력의 기본권 침해에 대한 방어적 수단으로서의 보호장치에 관한 논의이며, 후자는 국가권력에 의한 보호 즉 국가권력이 국민의 기본권을 보호하기 위한 장치에 대한 논의이다.

국가권력에 대한 보호장치는 대통령의 법률안거부권, 법률의 위헌심사제도, 헌법소원제도와 같이 입법권에 의한 기본권침해에 대한 보호장치(입법권에 대한 보호)와 탄핵심판, 사법절차(국가배상, 사법절차적 기본권, 행정소송 등), 명령·규칙의 위헌심사 등 집행권에 의한 기본권침해에 대한 보호장치(집행권에 대한 보호), 심급제도, 형사 보상청구, 사면, 탄핵 등사법권에 의한 기본권침해에 대한 보호장치(사법권에 대한 보호) 그리고 헌법재판제도와 저항권을 들 수 있다.

국가권력에 의한 보호장치는 구체적인 절차법 제정, 청원처리 등 입법권에 의한 보호, 대통령에 의한 법률안 공포·공무원 임면·사면·국가긴급권 등, 국무총리·국무위원·행정공무원에 의한 보호 등 집행권에 의한 보호, 법률의 위헌결정 제청권, 명령·규칙의 위헌심판, 재판제도 등 사법권에 의한 보호, 각종 헌법재판제도 등 헌법재판에 의한 보호가 있다.

2. 기본권의 침해와 구제

헌법이 보장하고 있는 기본권도 국가권력이나 사인 등에 의하여 침해될 수 있으며, 이 침해에 대한 사전예방이나 사후구제제도를 두고 있다. 입법기관에 의한 침해와 구제를 보면, 적극적(積極的) 입법(立法)에 의한 침해와 구제제도로는 구체적 규범통제제도, 헌법소원, 청원, 선거권행사 등이 있다. 특히 생존권적 기본권이나 청구권적 기본권의 경우에 문제될 수 있는 입법부작위(立法不作爲)에 의한 침해와 구제제도로는 청원제도와 선거권의 행사, 입법부작위위헌확인을 위한 헌법소원 등이 있다. 행정기관에 의한 침해와 구제제도로는 청원에 의한 구제, 행정심판에 의한 구제, 행정소송에 의한 구제, 국가배상청구권의 행사와 형사보상청구권에 의한 사후구제, 행정절차, 옴부즈만으로서 국가권익위원회와 국가인권위원회 진정, 헌법소원 등이 있다. 사법기관에 의한 침해와 구제는 오판(誤判)의 경우에는 상소, 재판, 비상상고, 형사보상청구권 및 헌법소원이 있으며, 재판청구권의 행사가 가장 효과적이며 최종적이다. 사인에 의한 기본권의 침해와 구제제도로는 형사상의 구제(고소, 고발), 민사상의 구제(손해배상, 사죄광고, 위자료 등) 등이 있다. 이외에도 인권상담제도, 법률구조제도 등의 특별한 인권옹호기관에 의한 구제제도가 있다.

제 2 장
포괄적 기본권

제1절 인간의 존엄과 가치 및 행복추구권

Ⅰ. 인간의 존엄과 가치

1. 헌법규정과 개념

(1) 헌법규정

현행 제10조는 '모든 국민은 인간으로서의 존엄과 가치를 가지며, 행복을 추구할 권리를 가진다. 국가는 개인이 가지는 불가침의 기본적 인권을 확인하고 이를 보장할 의무를 진다' 규정하고 있으며, 독일의 본(Bonn)기본법의 영향으로 제3공화국헌법(5차개헌, 1962년헌법)에서 신설하였다. 1962년헌법은 제8조에서 '모든 국민은 인간으로서의 존엄과 가치를 가지며, 이를 위하여 국가는 국민의 기본적 인권을 최대한 보장할 의무를 진다'고 처음 규정하였다가 1980년헌법 제9조에서 현행헌법과 동일하게 수정되어 오늘에 이르고 있다.

(2) 연혁

인간의 존엄성에 대한 헌법규정은 제1차대전 후에 등장한 현대복지국가헌법, 제2차대전 후의 자연권사상의 부활과 실질적 법치주의 등장에 영향을 받아 등장하였으며, 이데올로기적 기초는 미국독립선언(1776년)과 프랑스혁명(1789년)에서 찾을 수 있다. 제2차대전 이후 명문화된 것은 영·미헌법제도가 아닌 대륙법계 국가(독일·일본·이탈리아)의 영향이라고 볼 수 있으며, 국제연합헌장, 국제인권규약, 고문방지협약, 집단학살방지 및 처벌조약(일명 Genocide협약), 일본헌법(1947), 독일기본법(1949), 터키헌법 등에서 입법례를 볼 수 있다.

▶ 참 고

고문방지협약으로 일컬어지는 '고문과 기타 잔혹하고 비인간적인 대우와 처벌의 방지협약'은 1984년 유엔총회에서 채택되어 1987. 6. 26부터 발효하였다.

(3) 개념

인간의 존엄과 가치가 무엇인가에 대한 견해는 인간 일반에게 고유한 가치로 인정되는 존귀함 즉 인격성을 의미한다는 견해(제1설), 인격의 내용을 이루는 윤리적 가치로 보는 견해(제2설), 인격 그 자체로써 인간의 독자적 평가를 의미하는 총체적 평가라는 견해(제3설)가 있다. 이는 결국 인간은 인격주의에 대응하는 인간(사회 속의 인간)을 의미하며, 존엄성은 인격의 내용을 그리고 인간의 가치는 인간에 대한 총체적 평가를 의미한다고 볼 수 있다. 즉 인간은 절대적 가치를 지닌 존재로서 목적적 존재이지 수단적 존재가 아니라는 것이다.

헌법규정들에 나타나는 인간의 모습은, 윤리적 가치에 의하여 징표되는 인간상이며, 불가양·포기불능의 고유한 윤리적 가치의 주체이면서 동시에 사회구성원으로서 고유한 인격 내지는 개성의 신장을 통하여 사회공동생활을 책임있게 형성해 나갈 자주적 인간의 모습이다.

2. 법적 성격

(1) 법적 성격

인간의 존엄과 가치는 객관적인 헌법원리를 규범화한 것이며(헌재 1992. 10. 1. 91헌마31), 주관적 공권성을 갖기 보다는 헌법상의 기본원리로서, 피라밋의 정점처럼 기본권보장의 목적으로 최고의 가치적인 콘센서(Konsens)에 해당하므로(허), 헌법에 규정된 다른 기본권들은 결국 인간의 존엄과 가치를 보장하기 위한 수단이라는 것이다.

그리고 인간의 존엄과 가치는 최고규범성(근본규범성)과 최고원리의 헌법적 지위를 가지므로, 인간 우선의 원리로서 국가적·국민적 활동의 실천목표이자 모든 국가작용의 정당성의 판단기준으로서 국가작용의 목적이며 기속규범적 성격을 가진다. 또한 우리 헌법 제10조는 반전체주의적 이념을 선언한 것이며, 기본권의 해석기준, 기본권제한 입법의 한계(기본권의 본질적 내용에 해당), 헌법개정의 한계, 재판규범으로서의 역할을 한다. 따라서 타기본권에 의한 구제가 불가능할 때 인간의 존엄과 가치를 근거로 구제할 수 있다(보충성원리 적용).

또한 인간의 존엄과 가치는 초국가적 자연권으로서 우리사회의 가치적인 공감대에 해당하며, 기본권의 핵(核)에 해당하는 것으로서, 법률로써 기본권을 제한하는 경우에도 침해할 수 없는 기본적 내용에 해당한다(기본권제한의 한계). 한편 주관적 공권성을 부정하는 견해들도 인간의 존엄과 가치의 대국가적 방어권성은 인정하고 있다(대국가적 방어권성).

(2) 기본권성에 대한 학설

인간의 존엄과 가치의 기본권성 인정여부에 대한 견해가 나뉘어있다. 부정설은 인간의 존엄과 가치는 모든 기본권의 전제가 되는 기본원리를 선언한 것으로 보며(공감대적 가치, 이념적·정신적 출발점이며 구성원리; 허), 긍정설은 인간의 존엄과 가치를 개별적·구체적 권리로 인정하고, 모든 기본권은 제10조에서 파생된 권리이며, 제37조 제1항은 제10조를 전제로 하고 있으며, 제10조는 주기본권이며, 협의의 존엄권도 보장한다고 보고 있다. 절충설은 인간의 존엄과 가치는 헌법원리가 규범화한 것으로 보고 있으나, 결국 기본권성은 부인하고 있다.

(3) 소결론

이러한 견해들을 종합해보면, 인간의 존엄과 가치는 포괄적 기본권이며, 동시에 객관적 법원리로서 기본권 보장의 이념적 기초로 파악하는 것이 바람직하다고 하겠다.

◆ 헌재판례

1. 헌법 제10조는 모든 기본권보장의 종국적 목적(기본이념)이라 할 수 있는 인간의 본질과 고유한 가치인 개인의 인격권과 행복추구권을 보장하고 있다(헌재 1990. 9. 10. 89헌마82).
2. 인간으로서의 존엄과 가치를 핵으로 하는 헌법상의 기본권보장이 다른 헌법규정을 기속하는 최고의 헌법원리임을 규정하고 있다(헌재 1992. 10. 1 91헌마31).
3. '헌법이념의 핵심인 인간의 존엄과 가치'를 규정하고 있다고 한다(헌재 1992. 4. 14. 90헌마82).
4. 헌재는 인간의 존엄과 가치는 적극적 권리가 아니라고 판시(헌재 1995. 7. 21. 93헌가14 국가유공자예우에관한법률 제9조등의 위헌법률심판).

3. 주체

인간의 존엄과 가치는 자연권성을 가지므로, 모든 국민(정신병자, 범죄인 포함)과 무국적자를 포함한 외국인과 태아(胎兒)나 사자(死者)도 주체가 된다. 그리고 법인은 자연인이 아니므로 인간으로서의 존엄과 가치를 가질 수 없는 존재이다.

4. 내용

(1) 의의

인간의 존엄과 가치의 내용은 생명권, 자기결정권, 일반적인격권, 알 권리, 읽을 권리, 들을 권리, 평화적 생존권 등을 들고 있기도 하나(김), 여기서는 자기결정권, 일반적 인격권과 평화적 생존권만 설명하고자 한다.

(2) 자기결정권

자기결정권(自己決定權)은 인격적 자율권이라고도 하며 헌법재판소는 성적자기결정권을 인정하였으며, 대법원은 존엄사에 대한 자기결정권을, 독일판례는 정보에 대한 자기결정권을 인정하였다.

헌법재판소는 '개인의 자기운명결정권에는 성적자기결정권이 포함된다'고 하였다. 미혼 선남선녀가 성적 상대를 선택하는 것은 자유이지만, 일방당사자에게 배우자가 있는 경우에는 제36조 제1항의 '국가의 혼인·가족제도 보호의무'에 의하여 처벌할 수 밖에 없으며, 쌍벌주의(남녀 모두 처벌)를 택하고 있으므로 인간의 존엄과 가치로부터 파생된 자기결정권을 침해한 것도 아니며, 평등권을 침해한 것도 아니라 하여 간통죄를 합헌으로 결정하였다(헌재 1990. 9. 10. 89헌마82).

대법원은 환자의 수술과 같이 신체를 침해하는 의사의 진료행위에 대한 환자의 동의는 '헌법 제10조에서 규정한 개인의 인격권과 행복추구권에 의하여 보호되는 자기결정권을 보장하기 위한 것'이라고 하였으며, '회복불가능한 사망의 단계에 이른 후에 환자가 인간으로서의 존엄과 가치 및 행복추구권에 기초하여 자기결정권을 행사하는 것으로 인정되는 경우에는 특별한 사정이 없는 한 연명치료의 중단이 허용될 수 있다'고 하여 자기결정권에 기초한 '무의미한 연명치료의 중단'을 인정하였다(대판 2009. 5. 21. 2009다17417).

독일에서는 판례로 자기결정권이 확립되었으며, 특히 Reproduction의 자기결정권(어린이를 가질 것인가에 대한 결정), Life-style의 자기결정권(흡연, 음주, 도발 등의 자유결정-합리적 제한은 인정)이 있다. 다만, 생명·신체의 처분에 대한 자기결정권(수혈거부, 의료거부)은 아직 논란의 여지가 크다. 미국의 경우에는 존엄사(尊嚴死)의 자기결정권에 대하여, 회생불능상태의 환자의 생명유지장치제거에 대한 자기결정권은 무의미하므로 양친·신부·병원의 윤리위원회의 대리판단에 의하여 해결될 수도 있다고 한다.

◆ 헌재판례

1. 자기결정권에 대한 헌재결정
   자기결정권의 구체적인 형태는 다양하다. 헌법재판소는 '개인의 인격권·행복추구권에는 개인의 자기운명결정권이 전제되는 것이고, 이 자기운명결정권에는 성행위여부 및 그 상대방을 결정할 수 있는 성적자기결정권이 또한 포함되어 있으며, 간통죄의 규정이 개인의 성적자기결정권을 제한하는 것임은 틀림없다. 그러나 개인의 성적 가지 결정권도 국가적·사회적 공동생활의 테두리 안에서 타인의 권리·공중도덕·사회윤리·공공복리 등의 존중에 의한 내재적 한계가 있는 것이며, 따라서 절대적으로 보장되는 것은 아니다 라고 하고 있다(헌재 1990. 9. 10. 89헌마82).

2. 간통죄 관한 헌재결정
   ① 헌법재판소는 '개인의 자기운명결정권에는 성적자기결정권이 포함된다'고 하였으며, 미혼선남선녀의 성적상대의 선택은 자유이나 일방당사자가 배우자가 있는 경우 제36조 1항의 '국가의 혼인·가족제도 보호의무'에 의하여 처벌할 수밖에 없으며, 쌍벌주의(남녀 모두 처벌)를 택하고 있으므로 인간의 존엄과 가치로부터 파생된 자기결정권을 침해한 것도 아니며, 평등권을 침해한 것도 아니라 하여 간통죄를 합헌으로 결정하였다(헌재 1990. 9. 10. 89헌마82).
   ② 배우자있는 자의 간통행위 및 그와의 상간행위를 처벌하는 형법 제241조의 위헌 여부신판에서 위헌의견인 재판관이 4인, 헌법불합치의견인 재판관이 1인이어서 위헌결정을 위한 심판정족수에 이르지 못한다고 하여 합헌결정을 하였다. 합헌의견은 성적자기결정권, 사생활의 비밀과 자유를 침해한다고 볼 수 없다고 하였으나, 위헌의견은 과잉금지원칙에 위반하여 성적자기결정권과 사생활의 비밀과 자유를 제한하는 것으로 위헌이라고 하였으며, 헌법불합치의견은 단순히 도덕적 비난에 그쳐야 할 행위 또는 비난가능성이 없거나 근소한 행위 등에 까지 형벌을 부과하여 법치국가적 한계를 넘어 국가형벌권을 행사한 것으로서 헌법에 합치되지 아니한다고 주장하였다(헌재 2008. 10. 30. 2007헌가17·21, 2008헌가7·26, 2008헌바21·47 형법 제241조 위헌제청 등).

3. 혼인빙자간음죄(형법 제304조)의 위헌여부에 대한 판례변경
   ① 이 사건 법률조항은 사회적 약자인 여성의 성적자기결정권을 보호하려는 정당한 목적이

있고, 남성을 자의적으로 차별하여 처벌하는 것이라고 단정하기도 어려우며, 차별의 기준이 그 목적의 실현을 위하여 실질적인 관계가 있고, 차별의 정도도 적정한 것으로 보여지므로 평등원칙에 위반된다고 볼 것도 아니다(헌재 2002. 10. 31. 99헌바40, 형법 제304조 위헌소원).

② 이 사건 법률조항은 남녀 평등의 사회를 지향하고 실현해야 할 국가의 헌법적 의무(헌법 제36조 제1항)에 반하는 것이자, 여성을 유아시함으로써 여성을 보호한다는 미명 아래 사실상 국가 스스로가 여성의 성적자기결정권을 부인하는 것이 되므로, 이 사건 법률조항이 보호하고자 하는 여성의 성적자기결정권은 여성의 존엄과 가치에 역행하는 것이다.……이 사건 법률조항은 목적의 정당성, 수단의 적절성 및 피해의 최소성을 갖추지 못하였고 법익의 균형성도 이루지 못하였으므로, 헌법 제37조 제2항의 과잉금지원칙을 위반하여 남성의 성적자기결정권 및 사생활의 비밀과 자유를 과잉제한하는 것으로 헌법에 위반된다(헌재 2009. 11. 26. 2008헌바58, 형법 제304조 위헌소원).

(3) 일반적인격권

일반적 인격권은 명예권, 성명권, 초상권 등을 포함하고 있다. 모든 인간은 사회적 명예를 침해당하지 않을 권리를 가지며 당사자의 동의 없이 신문, 잡지, 선전 팜플렛, 영화, TV 등이, 초상 사진을 게제 할 수 없다. 또 타인에 의하여 개인의 성명권이 남용된 경우에는 일반적 인격권의 침해가 된다(일반적 인격권을 김철수교수는 헌법 제10조의 내용으로 보지만, 권영성교수와 독일판례는 이를 제17조의 사생활의 비밀의 내용으로 본다).

(4) 평화적 생존권과 기타의 권리

평화적 생존권은 평화상태를 향유할 수 있는 권리를 말한다. 이는 구체적으로는 침략전쟁의 부인과 국제법규의 준수를 말하며 이러한 권리를 침해한다는 것은 전쟁에의 공포를 야기시키고 침략전쟁을 기도하는 것이 된다. 헌법재판소는 2003년 평화적 생존권이 헌법 제10조와 제37조 제1항에 의하여 도출된다고 판시하였으나(헌재 2003. 2. 23. 2005헌마268), 2009년 판례에서 판례를 변경하여 평화적 생존권을 부인하고 있다(헌재 2009. 5. 28, 2007헌마369).

알 권리란 일반적으로 접근할 수 있는 정보원으로부터 방해받지 않고 듣고 보고 읽을 자유와 권리이다. 이러한 권리의 헌법상 근거조항에 대해 헌법 제10조에서 구하는 입장(김철수, 미국헌법)과 제21조의 표현의 자유에서 구하는 입장(권영성, 독일기본법, 우리나라 헌법재판소)이 있다.

◆ 헌재판례

※ 평화적 생존권에 대한 헌재의 판례변경

1. 오늘날 전쟁과 테러 혹은 무력행위로부터 자유로워야 하는 것은 인간의 존엄과 가치를 실현하고 행복을 추구하기 위한 기본 전제가 되는 것이므로 헌법 제10조와 제37조 제1항으로부터 평화적 생존권이라는 이름으로 이를 보호하는 것이 필요하며, 그 기본 내용은 침략전쟁에 강제되지 않고 평화적 생존을 할 수 있도록 국가에 요청할 수 있는 권리라고 볼 수 있다. 그런데 이 사건 조약들은 미군기지의 이전을 도모하기 위한 것이고, 그 내용만으로는 장차 우리 나라가 침략적 전쟁에 휩싸이게 된다는 것을 인정하기 곤란하다. 그러므로 이 사건에서 평화적 생존권의 침해가능성이 있다고 할 수 없다(헌재 2006. 2. 23, 2005헌마268, 대한민국과 미합중국간의 미합중국군대의 서울지역으로부터의 이전에 관한 협정 등 위헌확인).

2. 청구인들이 평화적 생존권이란 이름으로 주장하고 있는 평화란 헌법의 이념 내지 목적으로서 추상적인 개념에 지나지 아니하고, 평화적 생존권은 이를 헌법에 열거되지 아니한 기본권으로서 특별히 새롭게 인정할 필요성이 있다거나 그 권리내용이 비교적 명확하여 구체적 권리로서의 실질에 부합한다고 보기 어려워 헌법상 보장된 기본권이라고 할 수 없다. 종전에 헌법재판소가 이 결정과 견해를 달리하여 '평화적 생존권을 평화적 생존을 할 수 있도록 국가에 요청할 수 있는 권리'라고 판시한 2003. 2. 23. 2005헌마268 결정은 이 결정과 저촉되는 범위 내에서 이를 변경한다(헌재 2008. 5. 28, 2007헌마369, 2007년 전시증원연습 등 위헌확인)

❀ 대법원판례

※ 무의미한 연명치료중단에 대한 판례

환자의 동의는 헌법 제10조에서 규정한 개인의 인격권과 행복추구권에 의하여 보호되는 자기결정권을 보장하기 위한 것으로서, 환자가 생명과 신체의 기능을 어떻게 유지할 것인지에 대하여 스스로 결정하고 진료행위를 선택하게 되므로, 의료계약에 의하여 제공되는 진료의 내용은 의료인의 설명과 환자의 동의에 의하여 구체화된다.……[다수의견]이미 의식의 회복가능성을 상실하여 더 이상 인격체로서의 활동을 기대할 수 없고 자연적으로는 이미 죽음의 과정이 시작되었다고 볼 수 있는 회복불가능한 사망의 단계에 이른 후에는, 의학적으로 무의미한 신체 침해 행위에 해당하는 연명치료를 환자에게 강요하는 것이 오히려 인간의 존엄과 가치를 해하게 되므로, 이와 같은 예외적인 상황에서 죽음을 맞이하려는 환자의 의사결정을 존중하여 환자의 인간으로서의 존엄과 가치 및 행복추구권을 보호하는 것이 사회상규에 부합되고 헌법정신에도 어긋나지 아니한다. 그러므로 회복불가능한 사망의 단계에 이른 후에 환자가 인간으로서의 존엄과 가치 및 행복추구권에 기초하여 자기결정권을 행사하는 것으로 인정되는 경우에는 특별한 사정이 없는 한 연명치료의 중단이 허용될 수 있다(대판 2009. 5. 21. 2009다17417, 무의미한 연명치료장치제거 등).

5. 타 조항과의 관계

(1) 제37조 제1항과의 관계

헌법 제37조 제1항은 '국민의 자유와 권리는 헌법에 열거되지 아니한 이유로 경시되지 아니한다'고 규정하고 있기에, 동 조항과 제10조의 인간의 존엄과 가치규정의 상호관계에 대한 견해가 나뉘어있다. 제10조의 인간의 존엄과 가치를 전국가적 천부인권으로 보는 견해는 기본권의 포괄성을 규정한 제37조 제1항을 단순한 주의규정으로 해석하며(주의적 규정설), 제10조의 인간의 존엄과 가치를 실정법상의 권리로 보는 견해는 기본권의 포괄성은 직접 제37조 제1항에서 창설된다고 해석하기도 한다(창설적 규정설). 그러나 양자는 통합적 관계 내지 상호보완적 관계로 보는 것이 타당하며(Dürig), 제10조는 포괄적 기본권이며, 객관적 법원리로서 기본권보장의 근본이념에 해당하며, 제37조 제1항도 기본권의 자연권성을 재확인하여 헌법상 나열되지 아니한 기본권도 동조로부터 개별적 기본권으로 도출될 수 있다는 것이다. 그리고 제10조의 인간의 존엄과 가치는 기본권제한의 한계이자 본질적 내용침해여부의 판단기준이 되므로 제37조 제2항의 '본질적 내용'에 해당하며, 또한 제10조(인간의 존엄과 가치)는 모든 기본권보장의 궁극적 목적조항이며, 그 외의 기본권조항은 그 목적을 달성하기 위한 수단조항이라고 하겠다.

6. 효력

(1) 인간의 존엄과 가치의 보장수단

제10조를 보장하기 위한 주요수단으로서 헌법 제11조에서 제36조까지 개별적 기본권을 규정하고 있으며(적극적 보장), 기타 명시되지 아니한 기본권은 제10조로부터 도출될 수 있다. 즉 생명권, 일반적 행동의 자유, 저항권, 평화적 생존권 등이 명시적 규정은 없지만, 구체적이고 개별적인 기본권으로 인정될 수 있다. 또한 제10조의 인간의 존엄과 가치를 보장하기 위한 소극적 수단으로서 집단추방, 대량학살, 고문, 노예, 화인, 박해, 추방, 권리박탈, 강제노역, 잔인하고 가혹한 형벌, 형사절차에서 진실발견을 위한 화학적·물리적 수단의 사용, 혼인의 강제나 제한 등의 금지 등이 있다.

(2) 효력

인간의 존엄과 가치는 직접적으로 모든 국가권력을 구속하는 대국가적 효력과, 침해된 경우에 무효소송 혹은 손해배상책임을 청구할 수 있는 직접적인 대사인적 효력을 갖는다고 본다.

(3) 제한과 한계

인간의 존엄과 가치 및 행복추구권은 모든 기본권의 본질적 내용에 해당하므로 입법권은 절대로 침해할 수 없으며, 헌법개정권력과 헌법제정권력도 이를 부정할 수 없다. 인간실험은 명백히 위헌이며, 사형제도나 거짓말 탐지기에 의한 자백강요 등도 그 위헌성이 강하다(상대방의 동의와 일정한 조건 하에서 거짓말 탐지기의 사용은 허용될 수도 있다).

◆ 헌재판례

1. '형벌을 가중하는 특별법의 제정에 있어서도 형벌위협으로부터 인간의 존엄과 가치를 존중하고 보호하여야 한다는 헌법 제10조의 요구와 그에 따른 입법상의 한계'가 있는 것이다(헌재 1992. 4. 28. 92헌바24).

2. 법원이⋯교육·개선을 위한 보호감호라는 미명 아래, 이름만 다를 뿐 자유형과 같은 내용의 처벌에 다름없는 보호감호제도를 두어 형 집행 후 중첩적으로 집행하도록 하는 것은 너무 가혹하고 위협적이어서 인간의 존엄과 가치를 존중하는 헌법의 이념(헌법 제10조)에 반한다(헌재 1992. 4. 14. 88헌가5·8, 89헌가44; 헌재 1989. 9. 29. 89헌가86).

♣ 독일판례

독일의 많은 판례에서 ① 혼인의 직접적인 제한을 내용으로 하는 조항뿐 아니라, 혼인의 간접적 제한을 내용으로 하는 조항인 독신조항, ② 교도소에서의 과밀수용, ③ 양형(量刑) 시에 일반 위하사상을 고려한 일벌백계주의, ④ 은밀한 녹음, ⑤ 타인의 성명도용, ⑥ 명예훼손, ⑦ 수형자의 인물과 죄상 및 사생활 공개 등은 인간의 존엄성을 침해하는 것이라고 보고 있다.

Ⅱ. 행복추구권

1. 헌법규정과 개념

(1) 헌법규정과 연혁

행복추구는 1776년 버지니아 권리장전과 1776년 미국독립선언에서 기원하며, 존 로크(J. Locke)의 영향을 받았다. 우리 헌법은 미국헌법의 영향을 받아서 제5공화국헌법(제8차개헌, 1980년헌법)에서 제10조 제1항에 추가되었다. 1962년헌법은 제8조에서 '모든 국민은 인간으로서의 존엄과 가치를 가지며, 이를 위하여 국가는 국민의 기본적 인권을 최대한 보장할 의무를 진다'고 처음 규정하였다가, 1980년헌법 제9조에서 '모든 국민은 인간으로서의 존엄과 가치를 가지며 행복을 추구할 권리를 가진다. 국가는 개인이 가지는 불가침의 기본적 인권을 확인하고 이를 보장할 의무를 진다'로 수정하였다.

(2) 개념

행복추구권은 사적 행복과 공적 행복을 모두 즐길 권리(육체적·정신적·물질적 행복을 포함)로 개념정의를 하기도 하며, 권리성을 부인하는 입장에서는, 당위적인 삶의 지표로 보고 있다.

2. 법적 성격

(1) 기본권성의 부인

행복추구권은 '권(權)'이라는 표현에도 불구하고 권리성이 있는 것이 아니라, 기본원리로 보아 독자적 기본권성을 부인하는 견해가 있다(허). 인간의 존엄과 가치를 실현하기 위한 이상적인 사회통합분위기를 추구하기 위한 국민의 당위적인 삶의 지표를 분명히 밝혀 놓은 것으로 인식하며, '처음부터 규범화의 대상이 될 수 없는' '당연한 사항'을 '인간의 존엄과 가치에 함께 규정한 것 자체'가 문제가 있다고 주장하고 있다.

(2) 기본권성 인정

행복추구권은 법원리가 아닌 구체적 권리 혹은 포괄적 권리로 보는 견해로서 다수설이기도 하며, 헌법재판소도 행복추구권을 독자적 권리로 보고, 이로부터 일반적 행동자유권, 개성의 자유로운 발현권 등 개별적이고 구체적인 권리를 도출하고 있다.

> ◆ **헌재판례**
>
> 1. '무혐의자에 대한 군검찰관의 기소유예처분'을 평등권·재판을 받을 권리 그리고 행복추구권을 침해한 것이라고 하여, 행복추구권을 구체적 권리의 하나로 파악하고 있다(헌재 1989. 10. 27. 89헌마56).
>
> 2. 헌법 제10조는 모든 기본권보장의 종국적 목적(기본이념)이라 할 수 있는 인간의 본질과 고유한 가치인 개인의 인격권과 행복추구권을 보장하고 있으며, 간통죄의 처벌규정을 개인이 가지는 인간의 존엄과 가치 및 행복추구권이나 신체의 자유 및 평등의 원칙에 반하는 것이 아니라고 한다(헌재 1990. 9. 10. 89헌마82).

3. 주체와 내용

(1) 주체

행복추구권의 주체는 모든 국민과 외국인이 인정되며, 법인은 제외된다.

(2) 구체적 내용

행복추구권의 구체적 내용으로는 생명권, 신체불훼손권, 자유로운 활동과 인격발전에 관한 권리, 평화적 생존권, 휴식권, 수면권, 일조권, 스포츠권 등을 들 수 있다.

> ◆ **헌재판례**
>
> 1. 헌법재판소는 화재로 인한 재해보상과 보험가입에 관한 법률 제5조 1항에 대한 헌법소원사건(질적 일부위헌)에서 행복추구권에는 일반적 행동자유권과 개성의 자유로운 발현권이 포함되어 있으며, 사법상의 계약자유의 원칙은 일반적 행동자유권으로부터 도출된다고 보고 있다. 일반적 행동자유권에는 적극적으로 자유롭게 행동하는 것은 물론 소극적으로 행동하지 않을 자유, 즉 부작위의 자유도 포함되는 것으로, 법률행위의 영역에 있어서는 계약을 체결할 것인가의 여부, 체결한다면 어떠한 내용의, 어떠한 상대방과의 관계에서, 어떤 방식으로 계약을 체결하느냐 하는…계약자유의 원칙도 여기의 일반적 행동자유권으로

부터 파생되는 것이라 할 것이다(헌재 1991. 6. 3. 89헌마204; 헌재 1992. 4. 14. 90헌바23).
2. 당구를 통하여 자신의 소질과 취미를 살리고자 하는 소년에 대하여 당구를 금하는 것은 헌법상 보장된 행복추구권의 한 내용인 일반적인 행동자유권의 침해가 될 수 있을 것이다(헌재 1993. 5. 13 92헌마8).

4. 효력과 제한

(1) 효력

행복추구권은 모든 국가권력을 구속하고(대국가적 효력), 사인 간에도 직접 적용이 가능하며(대사인적 효력), 침해행위배제청구, 침해예방청구가 가능하다.

(2) 한계와 제한

행복추구권도 타인의 행복추구권을 방해하지 않는 한도에서 인정되며(내재적 한계), 역시 제37조 제2항에 의해 제한도 가능하다.

제2절 평등권

Ⅰ. 의의

1. 의의

평등권은 소극적으로는 국가에 의하여 불평등한 취급을 받지 않을 권리를 의미하며, 적극적으로는 국가에 대하여 평등한 취급을 요구할 수 있는 권리로 본다. 우리 헌법은 전문(前文), 제11조, 제119조 제2항(경제질서에 있어서의 평등구현)에서 직접 평등권을 규정하고 있으며, 사회적 기본권(제31조 제1항, 제32조 제4항, 제36조 제1항), 선거에 있어서의 평등(제41조 제1항, 제67조 제1항), 지역간의 균형 있는 발전(제123조 제2항) 등을 통하여 평등을 실현하고자 한다.

◆ 헌재판례

헌법 제11조 제1항은 기회평등 또는 평등의 원칙을 선언하고 있는바, 평등의 원칙은 국민의 기본권보장에 관한 우리 헌법의 최고 원리로서 국가가 입법을 하거나 법을 해석 및 집행함에 있어 따라야 할 기준인 동시에, 국가에 대하여 합리적 이유 없이 불평등한 대우를 하지 말 것과 평등한 대우를 요구할 수 있는 모든 국민의 권리로서 국민의 기본권 중의 기본권인 것이다(헌재 1989. 1. 25. 88헌가7).

2. 연혁

평등사상의 중심은 고대 그리스(Greece)에서는 정의사상, 중세에는 '신 앞의 평등', 근대에는 형식적·정치적 평등이었다. 근대의 평등은 기회균등과 자유경쟁(버지니아 권리장전, 미국 독립선언, 프랑스 인권선언)을 중시하여 자유의 평등, 법률 적용의 평등, 평등한 참정권 등이 주를 이루었다. 그러나 현대에 이르러 실질적·경제적 측면에서의 평등이 강조되면서, 평등의 중심은 생존의 평등, 경제적·사회적 평등으로 발전하였다.

평등사상의 근원은 아리스토텔레스(Aristoteles)의 정의론에서 찾을 수 있다. 그의 정의론에 따르면, 특수적 정의의 한 실현형태인 배분적 정의와 평균적 정의에서 상대적 평등과 절대적 평등을 설명하고 있다. 그러나 중세에는 신 앞에서 만의 평등을 강조하였으나, 근대에 루소와 로크의 자연법사상에 영향을 받아, 국가권력에 대한 만인의 평등을 제기하였으며, 1776년 버지니아 권리장전(생래적 평등)과 프랑스 인권선언(법 앞의 평등)에서 명문화되었다. 한편 바이마르헌법(실질적 평등)이래 현대에 이르러서는 실질적 자유와 평등의 보장을 강조하면서 정치적 평등에서 사회적·경제적 평등으로 중심이 전환되고 있다.

▶ 참 고
- 아리스토텔레스의 정의론 -

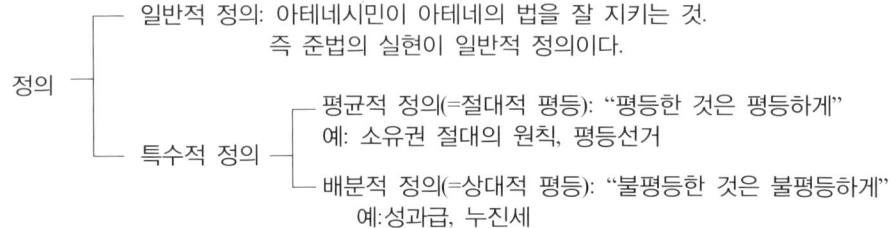

Ⅱ. 법적 성격과 주체

1. 법적 성격

(1) 일반적 평등원칙의 법적 성격

헌법 제11조가 규정한 평등의 원칙은 헌법의 최고원리, 객관적 법질서의 구성요소, 헌법해석과 입법의 기준, 헌법개정의 한계로서의 성격을 갖는다.

(2) 평등권의 법적 성격

평등권은 기본권실현의 방법적 기초로서, 모든 기본권에 공통적으로 적용되는 포괄적(包括的) 기본권이며, 주관적 공권성과 객관적 법질서로서의 이중적(二重的) 성격을 가지며, 이외에도 근본규범성, 자연권성, 천부인권성을 갖는다.

평등권의 주관적 공권성의 인정여부에 대해서는 견해가 나뉘어있다. 주관적 공권성을 부인하는 객관적 법원칙설에 따르면, 평등권은 권리가 아니라 일반적인 평등원칙을 선언한 것으로서 기본권보장을 위한 최고 권리인 동시에 객관적인 법질서의 구성요소로서 자연법원리라고 본다. 그러나, 주관적 공권성을 인정하는 견해는 평등권을 독자적인 주관적 권리로써의 성격을 가짐을 인정하고 있다.

평등권은 국가탄생 이전에 이미 자연상태에서 생래적으로 부여되어 있는 초실정법적인 자연권이며, 근본규범성을 가지므로 민주국가의 근본원리이고, 헌법해석의 기준이 되며, 헌법개정의 한계로 본다.

(3) 평등권의 규범적 의미

스위스연방법원은 '평등은 정의를 뜻하고 정의에 반하는 것은 자의(恣意)'라고 하였다. 평등권 실현여부의 판단기준은 영미법에서는 합리성의 원칙을, 대륙법계에서는 자의금지의 원칙을 들고 있으나, 결국은 평균적인 동시대인의 법감정으로 판단하여야 한다. 우리 헌법재판소는 헌법상의 평등을 상대적 평등으로 보고 있다.

◆ 헌재판례

헌법 제11조 제1항의 평등의 원칙은 결코 일체의 차별적 대우를 부정하는 절대적 평등을 의미하는 것이 아니라 법의 적용이나 입법에 있어서 불합리한 조건에 의한 차별을 하여서는 안된다는 것을 뜻한다.…… 헌법이 보장하는 평등의 원칙은…법적 가치의 상향적 실현을 보편화하기 위한 것이지 불평등의 제거만을 목적으로 하향적 균등까지 수용하는 것은 아니다(헌재 1990. 6. 25. 89헌마107, 토지수용법 제46조 제2항의 합헌결정).

2. 주체

평등권은 모든 국민에게 적용되나, 외국인에 대해서는 상호주의에 의하여 보장되며, 법인(법인격 없는 법인 포함)에게도 인정된다. 외국인의 경우에는 원칙적으로는 인정되지 않으나 입법정책상 필요한 경우에만 인정하여야 한다는 부정설과 명문규정과 관계없이 당연히 인정되나 일정한 제한을 가할 수 있다고 보는 긍정설이 있다.

Ⅲ. 내용

1. 법 앞의 평등(일반적 평등의 원칙)

(1) '법'의 의미

헌법, 법률, 명령, 규칙 등의 성문법뿐 아니라 불문법을 포함한 일체의 법을 의미한다.

(2) 법 '앞에'의 의미

법 앞에 평등하다는 것은 법의 정립과 적용 그리고 집행을 모두 포함한다. 즉, 사법권, 집행권 그리고 입법권을 모두 구속한다. 다만, 입법권의 구속여부를 긍정하느냐 부정하느냐에 따라 법평등설(입법 구속설)과, 법적용평등설(입법 비구속설)이 있으나, 법의 적용은 물론 법의 정립도 구속되므로 전자가 타당하다(헌재 1992. 4. 28. 90헌마24).

◆ **헌재판례**

특정범죄가중처벌등에관한법률 제5조의3 제2항 제1호에서 과실(過失)로 사람을 치상하게 한 자가 구호행위를 하지 아니하고 도주하거나 고의로 유기함으로써 치사의 결과에 이르게 한 경우에 살인죄와 비교하여 그 법정형을 더 무겁게 한 것은 형벌체계상의 정당성과 균형을 상실한 것으로서 헌법 제10조의 인간으로서의 존엄과 가치를 보장한 국가의무와 헌법 제11조의 평등의 원칙 및 헌법 제37조 제2항의 과잉입법금지의 원칙에 반한다(헌재 1992. 4. 28. 90헌바24).

(3) '평등'의 의미

평등을 어떠한 의미로 보느냐에 따라, 절대적 평등설과 상대적 평등설이 있으나, 대법원과 헌법재판소의 판례와 다수설은 상대적·비례적 평등을 긍정하다. 그리고 정치적 영역에서는 절대적 평등을, 경제적 영역에서는 상대적 평등이 요구된다.

▶ **참 고**

― 역평등의 문제 ―

미국에서는 차별을 어떠한 기준에 의거하여 하느냐와 차별로써 국가가 달성하고자 하는 입법목적의 내용이 무엇이냐에 따라 보다 세분된 사법심사기준을 적용하고 있다.

차별이 정당화되려면 ① 차별을 통하여 국가가 달성하고자 하는 목적이 단순히 합법·정당함에 그치지 아니하고 필요불가결한 것이어야 하고, ② 이러한 목적을 달성하기 위하여 국가가 선택한 수단으로서의 차별이 목적의 달성에 직접적으로 기여하여야 하며, ③ 목적달성에 필요한 최소한의 범위 내에서 기본권을 제한하는 수단을 선택하여야한다. 또한 미국에서는 우선처우론(theory of preferential treatment)이라는 것이 있다. 미국연방대법원의 일련의 판례를 통하여 발전된 우선처우론은 경제적·사회적 약자(생활무능력자·여성·노약자·미성년자·소수민족 등)에 대하여 인도주의적 입장에서 특별대우나 특별급여(생계비지급·심야작업금지와 생리휴가·복지보조금지급·중노동금지 등)를 함으로써 실질적 평등을 실현하고자 하는 현대적 평등보호원리라고 할 수 있다. 그후 그에 대한 역평등론(reverse discrimination)이 제기되기도 하였다. 우선처우론이 상대적으로 백인이나 남성에게 역차별을 가져와 불평등을 초래하였기 때문이다. 우선처우론에 관한 판례로는 Kahn v. Shevin, 416 U.S. 351(1974), Schlesinger v. Ballard, 419 U.S. 498(1975)등이 있고 역차별론을 주장한 판례로는 Regents of University of Califonia v. Bakke, 438 U.S. 265(1978), Fullieove v. Keltznicke, 448 U.S. 238 (1980)등이 있으며, 미연방대법원은 지금까지 우선처우론을 재확인하면서 이를 지지하고 있다.

2. 차별금지의 사유

(1) 의의

제11조 제1항의 '누구든지 성별·종교 또는 사회적 신분에 의하여 정치적·경제적·사회적·문화적 생활의 모든 영역에 있어서 차별을 받지 아니한다'는 규정은 열거규정(列擧規定)이 아닌 개괄규정(概括規定)으로서, 동 규정에서 제시한 차별금지사유와 영역은 단지 예시적인 것일 뿐이므로 그 이외의 사유일지라도 그것이 불합리한 것이라면, 그것으로 차별하여서는 안된다(통설).

(2) 성별·종교 또는 사회적 신분

'성별에 의한 차별금지'는 법률상 인격평등을 의미하며, 합리적·생리적 차별은 인정하고 있다. 강간죄에 있어서 행위객체를 부녀(婦女)로 한정한 것(대판 1967. 2. 28. 67도1)은 위헌성이 제기되기도 하나 남녀평등에 위배되지 않는 것으로 판시하고 있다. 이외에도 여성에게 생리휴가 인정, 남자에게만 병역의무 부여 등도 합리적 차별의 예이며, 여성의 혼인퇴직제나 남계혈족위주의 동성동본금혼(헌재 1997. 7. 16. 95헌가6) 등은 위헌의 예이다

'종교에 의한 차별 금지'는 특정종교 또는 종교의 유무에 의한 차별을 금지하는 것이다. 그리고 '사회적 신분에 의한 차별금지'는 선천적 신분은 물론 후천적

신분까지 포함하여 차별을 금지하는 것으로 본다. 다만, 후천적 신분은 귀화인, 전과자, 파산자, 사용인, 공무원, 노동자, 부자, 빈자, 학생 그리고 상인 등을 의미하므로, 이를 포함하여 차별을 금지하는 것은 '평등'의 의미를 '상대적 평등'으로 봄으로서 그 의미가 없다고 보기도 한다. 그러나 존(尊)·비속(卑屬)의 지위는 사회적 신분이 아닌 자연적 신분으로서 차별이 가능하다고 보는 것이 다수설이며, 헌법재판소의 입장이다. 헌법재판소는 존속살해죄의 가중처벌을 사회의 가치질서와 문화에 의하여 정당화되면 합리적인 차별이라고 하여 합헌으로 결정하였다(헌재 2002. 3. 28. 2000헌바53).

◆ 헌재판례

헌법재판소는 상속세법 제29조의4의 제2항에 대한 위헌심판사건에서 배우자 및 직계존비속간의 부담부증여에 대한 증여세과세가액산정에 있어 수증자가 부담할 채무액을 비공제하는 것은 증여당사자 사이의 특수한 신분관계가 있다는 이유로 차별한 것이므로 위헌이라고 하였다(90헌가69).

3. 차별금지의 영역

(1) 정치적 영역

선거권, 피선거권 그리고 공무담임권에서의 평등을 의미한다. 헌법재판소는 선거구 인구편차의 합헌적 기준을 국회의원선거구는 3:1, 지방의회선거구는 4:1로 구별하여 제시하면서, 가장 중요한 요소인 인구비례의 원칙 외에도 국회의원이냐 지방의회의원이냐의 구별에 따른 지역대표성과, 도농(都農) 간의 인구편차 등을 합리적으로 참작하여 결정하여 한다고 하였다(제2편 제2장 Ⅱ. 2. (2) 참조).

◆ 헌재판례

헌법재판소는 국회의원선거법 제33조에 대한 위헌심판사건에서 정당추천 후보자와 무소속 후보자의 기탁금을 1:2의 차등을 둔 것은 평등권 위반이라고 결정한 바 있으며, 국회의원선거법 제55조의3에 대한 헌법소원사건에서 정당후보자에게 정당연설회를 허용하고 2종의 소형인쇄물을 더 배부할 수 있도록 한 것은 평등권위반이라고 하였다(92헌마37).

(2) 경제적 영역

고용(동일자격 동일취업), 임금(동일직종 동일임금), 담세율(동일소득 동일납세) 등에서의 평등을 의미한다.

◆ 헌재판례

1. 헌법재판소는 금융기관의연체대출금에관한특별조치법 제5조의2에 대한 위헌심판에서 연체대출금에 관한 경매절차에서 법원의 경락허가결정에 대하여 항고하고자 하는 자에게 경락대금의 절반을 공탁하도록 한 것은 합리적 이유 없이 은행을 우대한 것으로 위헌이라고 하였다(89헌37).

2. 헌법재판소는 금융기관의연체대출금에관한특별조치법 제7조의3에 대한 위험심판에서 회사정리절차 진행 중에도 금융기관은 정리계획에 따른 변제를 거부하고 성업공사를 통하여 경매신청을 할 수 있도록 한 것은 일반채권자에 비하여 금융기관에게 특권을 부여한 것으로 위헌이라고 하였다(89헌가98).

3. 헌법재판소는 회사정리법 제240조 제2항에 대한 위헌심판사건에서 정리채권자가 정리회사의 보증인에 대하여 원래 내용의 채무의 이행을 구할 수 있도록 한 것은, 정리 회사의 갱생을 유지하기 위한 것이므로 합헌이라고 하였다(91헌가8).

4. 헌법재판소는 소송촉진등에관한특례법 제6조에 대한 위헌법률사건에서 국가에 대한 재산권청구의 판례에서 가집행(假執行)을 금지(禁止)한 것은 국가를 합리적 이유 없이 우대하는 것이므로 위헌이라고 하였다(88헌가7).

5. 헌법재판소는 국세기본법 제35조 제1항 제3호에 대한 위헌심판사건에서 국세 등을 1년 우선 적용하도록 한 것은 위헌이라고 하였으며, 이 결정에서는 '…으로 부터 1년'이라는 부분만 무효화 시켰다(89헌가95).

(3) 사회적영역

주거, 여행, 공공시설 이용 등에서 차별을 금지한다.

◆ 헌재판례

1. 헌법재판소는 변호사법 제10조 제2항에 대한 위헌심판사건에서 재직기간이 적은 변호사의 개업지를 제한하는 것은 재직기간에 따른 차별로 위헌이라고 하였다(89헌가102). 변호사법 제10조(개업신고 등) 판사, 검사, 군법무관 또는 변호사의 자격이 있는 경찰공무원으로서 판사, 검사, 군법무관 또는 경찰공무원의 재직기간이 통산하여 15년에 달하지 아니한 자는 변호사의 개업 신고 전 2년 이내의 근무지가 속하는 지방법원의 관할구역 안에

서는 퇴직할 날로부터 3년간 개업할 수 없다. 다만, 정년으로 퇴직하거나 대법원장 또는 대법관이 퇴직하는 경우에는 그러하지 아니하다.

2. 헌법재판소는 1980년해직공무원의보상등에관한특별조치법 제4조에 대한 헌법소원사건에서 특별채용의 대상을 6급 이하의 공무원에게만 허용하는 것을 합헌이라고 하였다(92헌마 21). 헌법재판소는 동법 제2조에 대한 헌법소원심판에서 보상대상자를 공무원에 한정하고 정부산하기관임직원을 제외하고 있는 것은 합헌이라고 하였다(90헌바22).

(4) 문화적 영역

교육, 문화, 공보 등에서의 평등을 의미하며, 시험성적에 의한 입학과 같이 능력에 따른 차별대우는 가능하다. 그러나 교육에서의 인종간 격리는 위헌이다.

◆ 헌재판례

국·공립사범대학 등 출신자를 교육공무원인 국·공립학교교사로 우선하여 채용하도록 규정한 교육공무원법 제11조 제1항은 사립사범대학졸업자와 일반대학의 교직과정이수자가 교육공무원으로 채용될 수 있는 기회를 제한 또는 박탈하게 되어 결국 교육공무원이 되고자 하는 자를 그 출신학교의 설립주체나 학과에 따라 차별하는 결과가 되는 바, 이러한 차별은 이를 정당화할 합리적인 근거가 없으므로 헌법상 평등의 원칙에 어긋난다(헌재 1990. 10. 8. 89헌마89).

4. 평등권의 구현형태

(1) 특권(特權) 제도의 금지

1) 사회적 특수계급제도의 부인

헌법은 귀족제도나 노예제도와 같은 봉건적 제도를 인정하고 있지 않으며 또한 어떠한 형태로도 이를 창설할 수 없다(제11조 제2항). 다만 영전(榮典)에 수반되는 연금 등의 보훈제도나 전직대통령에 대한 예우는 특수제도의 금지에 반하지 않는다고 본다.

2) 영전일대의 원칙

헌법은 영전의 세습(世襲)을 금하고 있으며, 어떠한 특권도 따르지 아니함을 규정하고 있다. 다만 훈장에 수반되는 연금이나 유족에 대한 보훈까지 금하는 것은 아니다. 영전의 세습제나 영전의 특권화를 배제함으로써, 특권계층의 발생을 예방하고 있다. 공무원이 외국정부로부터 영전을 받을 경우에는 대통령의 허가를 얻어야 한다.

(2) 개별적 평등권의 제도화

헌법이 제11조 이외에도 규정하고 있는 개별적 평등권으로는 평등선거의 원칙(제41조 제1항, 제67조 제1항), 교육의 기회균등(제31조 제1항), 혼인과 가족생활에서의 양성의 평등(제36조), 여성근로자의 차별대우금지(제32조 제4항), 경제적 복지의 평등(제119조) 등이 있다.

▶ 참 고

귀화자는 외무공무원으로 임용될 수 없다(외무공무원법 8조). 동시에 외국의 국적을 취득한 사실이 있는 자, 영주권을 보유하고 있는 자, 배우자가 외국인이었거나 외국인인 자도 외무공무원으로 임용될 수 없다.

Ⅳ. 효력과 제한

1. 효력

(1) 대국가적 효력

평등권은 입법권·행정권·사법권을 구속하며(대국가적 효력), 사법관계(私法關係)에 있어서는 간접적용설(공서양속설)이 인정되고 있다. 다만 입법권의 구속여부에 대해서는 논의의 여지는 있으나, 입법권도 구속된다는 것이 오늘날의 통설이다.

(2) 입법권의 구속여부

입법권의 구속여부에 관한 학설로는 입법권은 구속되지 않으나, 법을 적용(適用)함에 있어서 평등할 것을 요구한다는 입법비구속설(법적용평등설)과 입법권도 구속되므로 법의 내용까지도 평등하여야 한다는 입법구속설(법평등설)이 있다. 실질적 법치주의와 실질적 평등을 추구하는 현대 민주주의이념에 의하면, 입법권도 구속되는 법평등설이 타당하다. 헌법재판소도 평등권은 입법권을 기속하며, 기본권 제한 입법의 한계로 보고 있다. 독일 헌법재판소도 '조세관계법률처럼 국민에게 부담을 과하거나 재산권을 제한하는 내용의 법률을 제정하는 경우에는 입법권자의 형성의 자유도 상당히 좁아진다'고 판시하고 있다.

◆ 헌재판례

- 평등권이 입법권을 기속한다고 한 판례 -
1. 소송촉진등에관한특례법 제6조 제1항 단서의 위헌결정(헌재 1989. 1. 25. 89헌가7),
2. 금융기관의 연체대출금에관한특별조치법 제5조의2의 위헌결정(헌재 1989. 5. 24. 89헌가37)
3. 국회의원선거법 제33조, 제34조의 위헌여부(헌재 1989. 9. 8. 88헌가6): 헌법불합치결정

2. 제한

(1) 헌법에 의한 제한

헌법규정에 의한 평등권의 제한은 헌법제정권자가 내린 헌법정책적 결정이며, 평등권의 헌법적 한계(限界)에 해당된다. 정당국가화 경향의 표현으로서 채택된 위헌정당해산제도(제8조 제4항)와 정치자금보조금지원(제8조 제3항)은 일반결사에 비교하면 정당(政黨)의 특권(特權)이기도 하지만, 한편으로는 정당활동에 대한 제한적 기능을 함으로서 일반결사와의 불평등을 초래하기도 한다. 그리고 헌법기관의 통치기능을 위한 제한으로서 대통령의 형사상 특권(제84조), 국회의원의 불체포특권(제44조)과 면책특권(제45조), 현역군인의 문관임명제한(제86조 제3항, 제87조 제4항)이 있으며, 직업공무원제도를 위한 제한으로서 주요방위산업체에 종사하는 근로자의 단체행동권의 제한(제33조 제3항)과 공무원의 노동삼권 제한(제33조 제2항), 특수신분관계의 원활한 기능을 위한 제한으로서 군인·군무원의 국가배상청구권의 제한(제29조 제2항), 군사법원에 의한 군인의 재판받을 권리에 대한 제한으로서 특별법원의 설치(제110조), 사회정책적 배려로서 국가유공자의 보호조항(제32조 제6항) 등이 있다.

(2) 법률에 의한 제한

국가공무원법에 의한 공무원의 겸직금지, 정당가입 제한, 거주지 제한이 있으며, 형의 집행 및 수용자의 처우에 관한 법률에 의하면 재소자(在所者) 등에 대한 통신 및 신체의 자유 제한, 공직선거법에 의하면 범죄자와 선거범죄에 대한 공무담임권 제한, 출입관리법과 외국인토지법에 의한 외국인의 체류 및 출국의 제한과 토지나 주식소유의 제한 등이 있다.

제3장
자유권적 기본권

제1절 자유권적 기본권의 의의

Ⅰ. 의의와 연혁

1. 의의

자유권적 기본권은 타인의 자유 또는 권리를 해하지 않는 한 국가권력에 의하여 각인의 자유로운 활동을 간섭 또는 구속 받지 않는 권리로서 소극적·방어적 권리이다. 우리 헌법의 자유권적 기본권은 크게 인신(人身)에 관한 자유권, 사회적·경제적 자유권, 정신적 자유권으로 구분할 수 있다.

2. 연혁

자유권적 기본권은 왕의 권력으로부터 전취(戰取)한 자유로서 그 근원은 영국의 대헌장(1215), 권리청원(1628), 권리장전(1689)에서 찾을 수 있다. 근대에 이르러 천부불가양(天賦不可讓)의 권리로서 미국독립선언(1776), 프랑스의 인권선언(1789)에 명문화되었으며, 한때 나찌즘이나 파시즘 등의 전체주의 국가에 의하여 유린되는 자유권 유린의 역사를 가지고 있지만, 제2차 세계대전 이후 자유권의 천부인권성이 강조되면서, 자유권에 대한 사회적 제약성이 강조되고 정치적 자유에서 경제적 자유보장으로 중심이 이동되었다.

Ⅱ. 법적 성격과 주체와 효력

1. 법적 성격

(1) 의의

자유권적 기본권은 포괄적 권리, 자연권, 소극적 공권, 직접적 효력을 갖는 권리이며, 인간의 권리이다.

(2) 학설

자유권적 기본권의 자연권성에 대해서 견해가 나뉘어있다. 자유는 전국가적(前國家的)일 수 있으나 자유권은 실정법상의 권리에 불과한 것으로 보며, 자연권성을 부인하고 실정권성을 주장하는 학자도 있으나(실정권설), 자유권적 기본권은 국가에 의하여 새로이 창설(創設)된 권리가 아니라 천부적(天賦的)·전국기적(前國家的) 권리로서 인간이 당연히 누리는 권리이므로 자연권으로 보아야 한다(자연권설). 그러나 자유권적 기본권을 절대적(絶對的) 자유권이라는 견해가 있기는 하지만, 자연권으로서의 자유권도 무제한적(無制限的)인 것은 아니다. 국민총의의 표현인 법률에 의해 필요한 경우에 제한이 가능한 상대적(相對的) 기본권으로 보는 자연권설이 다수설이다.

그리고 포괄적 권리성에 대해서도 실정권설은 자유권에 관한 개별적 규정은 예외적인 것으로 해석하고 헌법에 규정되지 않은 자유권은 인정하지 않는다. 그러나 자연권설은 자유권에 관한 개별적 규정은 예시적(例示的)인 데 불과하며, 실정법규정의 유무(有無)를 불문하고 자유권을 인정하여야 하며, 헌법 제37조 제1항은 자유권의 포괄성을 선언한 것이라고 본다. 물론 자연권설이 다수설이다.

자유권적 기본권의 소극적(消極的) 성격에 대해서는 대체로 견해가 일치하고 있다. 즉, 소극적 공권으로서 위법한 침해에 대하여 제거를 청구할 수 있고, 그에 대한 일정한 구제수단을 갖는다고 보는 것이 통설이다. 그러나 자유권도 켈젠(H. Kelsen)과 같이 반사적(反射的) 이익(利益)으로 보는 견해도 일부 있다.

2. 주체와 효력

(1) 주체

자유권적 기본권은 내·외국인 모두 포함하는 자연인의 권리이다. 그리고 신체의 자유, 정신적 자유 등은 자연인에게만 인정되나 사회적·경제적 자유는 법인에게도 인정된다.

(2) 효력

자유권적 기본권은 헌법규정만을 가지고 직접 적용할 수 있는 구체적이고 현실적인 권리로서 모든 국가기관을 구속한다.

제2절 인신에 관한 자유권

Ⅰ. 생명권

1. 의의

(1) 개념

생명권(生命權)에 관한 명문규정은 없지만, 인간의 존엄성을 실현시키기 위하여 여러 가지 기본권이 보장되는 헌법질서 내에서는, 명문규정과 관계없이 당연히 보장된다고 보는 것이 우리나라의 통설과 판례이며, 헌법적 근거로는 인간의 존엄성 존중과 인권의 불가침을 규정한 헌법 제10조와 신체의 자유를 규정한 헌법 제12조 제1항에서 찾는다. 생명의 법적(法的) 개념은 자연과학적·의학적 개념과는 동일하지 않다.

(2) 입법례

서독기본법 제2조 제2항(누구든지 생명에의 권리와 신체불훼손에 관한 권리를 가진다)과 제102조(사형은 폐지한다), 세계인권선언(1948), 집단살해(genocide)금지협약(1948), 유럽인권협약(1950), 일본헌법(1947) 등이 있다.

2. 주체

인간의 권리로서 내·외국인을 불문하며, 태아도 주체성을 인정받으며, 법인은 제외되나. 배아(胚芽)의 생명권의 주체성에 대해서는 논란이 있다.

3. 내용

(1) 생명

생명(生命)은 자연적(自然的) 개념으로 인간의 육신적(肉身的) 존재형태인 생존(Lenbendigsein)을 의미한다.

(2) 생명권

생명권(生命權)은 국가가 개인의 생명을 침해하는 경우 이를 배제할 것을 요구할 수 있는 대국가적·방어권으로서 성격(소극적 생명권)과 생명권을 제3자의 침해로부터 보호해 줄 것을 요구할 수 있는 청구권적 성격(적극적 생명권)을 가진다. 안락사 금지와 낙태의 금지, 사형제도에 관하여 판례나 다수설은 합헌적 입장이다.

◆ 헌재판례

1. 태아의 생명권 인정: 인간의 생명은 고귀하고, 이 세상에서 무엇과도 바꿀 수 없는 존엄한 인간 존재의 근원이다. 이러한 생명에 대한 권리, 즉 생명권은 비록 헌법에 명문의 규정이 없다 하더라도 인간의 생존본능과 존재목적에 바탕을 둔 선험적이고 자연법적인 권리로서 헌법에 규정된 모든 기본권의 전제로서 기능하는 기본권 중의 기본권이다. 모든 인간은 헌법상 생명권의 주체가 되며, 형성 중의 생명인 태아에게도 생명에 대한 권리가 인정되어야 한다. 따라서 태아도 헌법상 생명권의 주체가 되며, 국가는 헌법 제10조에 따라 태아의 생명을 보호할 의무가 있다(헌재 2008. 7. 31. 2004헌바81, 민법 제3조 등 위헌소원).

2. 생명권은 헌법에 규정된 모든 기본권의 전제로서 기능하는 기본권 중의 기본권이다(헌재 1996. 11. 28. 95헌바1).

❀ 대법원판례

1. 생명은 한번 잃으면 영원히 회복할 수 없고, 이 세상 무엇과도 바꿀 수 없는 절대적 존재이며, 한 사람의 생명은 전 지구보다 무겁고 또 귀중하고 엄숙한 것이며, 존엄(尊嚴)한 인간존재(人間存在)의 근원(根源)인 것이다(대판 1967. 9. 19, 67도988: 대판 1963. 2 28, 62도 241).

2. 사형은 인간의 생명자체를 영원히 박탈하는 냉엄한 극형으로서 그 생명을 존치시킬 수 없는 부득이한 경우에 한하여 적용하여야 할 궁극의 형벌이므로, 사형을 선택함에 있어서는 범행의 동기·태양·죄질·범행의 수단·잔학성·결과의 중대성·피해자의 수·피해감정·범인의 연령·전과·범행후의 정황·범인의 환경·교육 및 생육과정 등 여러 사정을 참작하여 죄책이 심히 중대하고 죄형의 균형이나 범죄의 일반 예방적 견지에서도 극형이 불가피하다고 인정되는 경우에 한하여 허용될 수 있다(대판 1992. 8. 14. 92도1086: 대판 1987. 10. 13. 87도1240).

♣ 미국과 독일의 판례

인공임신중절은 전면적 금지로부터 점차 제한적 자유화의 방향으로 나아가고 있는 실정이다. 태아의 생명권과 여성의 자기결정권의 대립이 가장 첨예한 미국의 경우, 연방대법원은 '임신초기 3개월간은 의사와 임신부가 자유롭게 낙태시킬 수 있다'고 판시함으로써 낙태를 금지한 Texas주법을 위헌이라고 선언하였다(Roe v. Wake, 410 U.S. 113'1973). 그러나 독일연방헌법재판소는 임신 후 12주 이내의 의사에 의한 동의낙태(同意落胎)를 무조건 불가벌(不可罰)로 규정한 형법 제218조a를 위헌이라고 판시하였다(BVerfGe 39, 1ff).

4. 한계

강학상 생명권은 절대적 기본권에 해당하지만, 생명에 대한 예외적인 법적 평가가 가능하다. 즉 특정의 생명을 보장하기 위하여 타인의 생명을 부정하는 경우로서 형법상 정당방위, 긴급피난, 인공임신중절 등이 허용되고, 특별한 의무를 수행해야 하는 직업인(군인, 소방관, 경찰관 등)에게 생명의 희생을 요구하는 것도 가능하다. 그러나 타인(他人)에게 자신(自身)의 생명에 관한 처분권(處分權)을 위임하는 것(안락사 등)은 허용될 수 없다. 원칙적으로 인공임신중절은 인정될 수 없지만, 예외적으로 임산부의 생명권과 충돌될 때에는 미완성의 생명(태아의 생명)보다 완성된 생명(임산부의 생명)이 존중되어야 하므로 현행법에서 엄격한 요건 하에 허용하고 있다.

또한 회복불가능한 사망의 단계에 이른 환자는 스스로 무의미한 연명치료의 중단을 결정할 수 있다. 이는 환자 자신의 인간으로서의 존엄과 가치 및 행복추구권에 기초한 생명에 대한 자기결정권에 의하여 제약을 받는 예이다(대판 2009. 5. 21. 2009다17417).

◆ 헌재판례

사형제도에 대한 헌법재판소 판시사항(헌재 1996. 11. 28. 95헌바1).

1. '사형제도' 존치는 합헌이다
2. 생명권: 생명이 이념적으로 절대적 가치를 지닌 것이라 하더라도 생명에 대한 법적 평가가 예외적으로 허용될 수 있고, 생명권 역시 헌법 제37조 제2항에 의한 일반적 법률유보의 대상이 될 수 밖에 없다.
3. 사형제도는 헌법에 직접적 규정은 없지만, 제12조 제1항과 제110조 제4항을 보면, 간접적으로 인정하고 있는 것으로 보인다.
4. 사형은 헌법상 비례의 원칙에 반하지 아니하고, 현행 헌법이 스스로 예상하고 있는 형벌의 한 종류이기도 하므로 아직은 우리의 헌법질서에 반하는 것이라고는 판단되지 아니 한다.
5. 사형이 행위의 불법과 행위자의 책임에 비하여 현저히 균형을 잃음으로써 비례의 원칙에 반한다고 평가된다면 위헌을 면치 못한다.

❀ 대법원판례

1. 회복불가능한 사망의 단계에 이른 후에 환자가 인간으로서의 존엄과 가치 및 행복추구권에 기초하여 자기결정권을 행사하는 것으로 인정되는 경우에는 특별한 사정이 없는 한 연명치료의 중단이 허용될 수 있다. 환자가 회복불가능한 사망의 단계에 이르렀을 경우에 대비하여 미리 의료인에게 자신의 연명치료 거부 내지 중단에 관한 의사를 밝힌 경우(이하 '사전의료지시'라 한다)에는 비록 진료 중단 시점에서 자기결정권을 행사한 것은 아니지만 사전의료지시를 한 후 환자의 의사가 바뀌었다고 볼 만한 특별한 사정이 없는 한 사전의료지시에 의하여 자기결정권을 행사한 것으로 인정할 수 있다. 다만, 이러한 사전의료지시는 진정한 자기결정권 행사로 볼 수 있을 정도의 요건을 갖추어야 한다(대판 2009. 5. 21. 2009다17417, 무의미한 연명치료장치제거 등).

2. 인공임신중절수술이 허용되는 경우의 하나인 모자보건법 제14조 제1항 제5호 소정의 '임신의 지속이 보건의학적 이유로 모체의 건강을 심히 해하고 있거나 해할 우려가 있는 경우'라 함은 임신의 지속이 모체의 생명과 건강에 심각한 위험을 초래하게 되어 모체의 생명과 건강만이라도 구하기 위하여 인공임신중절수술이 부득이하다고 인정되는 경우를 말한다(대판 2005. 4. 15, 2003도2780 살인·업무상촉탁낙태·의료법위반).

▶ 참 고

- 모자보건법 제14조 (인공임신중절수술의 허용한계) -

① 의사는 다음 각 호의 어느 하나에 해당되는 경우에만 본인과 배우자(사실상의 혼인관계에 있는 사람을 포함한다. 이하 같다)의 동의를 받아 인공임신중절수술을 할 수 있다.
  1. 본인이나 배우자가 대통령령으로 정하는 우생학적(優生學的) 또는 유전학적 정신장애나 신체질환이 있는 경우
  2. 본인이나 배우자가 대통령령으로 정하는 전염성 질환이 있는 경우
  3. 강간 또는 준강간(準强姦)에 의하여 임신된 경우
  4. 법률상 혼인할 수 없는 혈족 또는 인척 간에 임신된 경우
  5. 임신의 지속이 보건의학적 이유로 모체의 건강을 심각하게 해치고 있거나 해칠 우려가 있는 경우
② 제1항의 경우에 배우자의 사망·실종·행방불명, 그 밖에 부득이한 사유로 동의를 받을 수 없으면 본인의 동의만으로 그 수술을 할 수 있다.
③ 제1항의 경우 본인이나 배우자가 심신장애로 의사표시를 할 수 없을 때에는 그 친권자나 후견인의 동의로, 친권자나 후견인이 없을 때에는 부양의무자의 동의로 각각 그 동의를 갈음할 수 있다

II. 신체를 훼손당하지 아니할 권리

1. 헌법적 근거

우리나라 헌법상 명문규정은 없지만, 제10조, 제12조 제1항에서 그 근거를 찾고 있다. 입법례로는 서독기본법 제2조 제2항이 있다.

2. 내용

신체를 훼손(毁損) 당하지 아니할 권리는 신체의 건강뿐만 아니라 완전성을 훼손당하지 않을 권리로서, 체형(절단형, 태형), 거세(去勢), 일방적 불임시술, 수형자에 대한 의학적 실험, 모발의 절단, 마취제의 주입 등은 신체를 훼손당하지 아니할 권리를 침해하는 행위로서 금지된다.

III. 신체의 자유

1. 헌법규정과 연혁

(1) 헌법규정

현행헌법 제12조 제1항은 '모든 국민은 신체(身體)의 자유를 가진다'고 규정하고 헌법 제12조 제2항에서 제7항, 제13조, 제27조, 제28조 등에서 구체적인 내용을 규정하고 있으며, 구속이유 등의 고지·통지를 받을 권리(제12조 제5항), 구속적부심사의 전면적 인정(제12조 제1항), 형사피해자의 법정진술권(제27조 제5항), 형사피해자의 국가구조청구권(제30조)은 제9차 개헌인 1987년헌법에서 신설된 규정들이다.

(2) 연혁

신체의 자유는 가장 기본적 자유로서, 연혁 상 다른 기본권에 앞서 보장되었으며, 그 예로는 영국의 마그타 카르타(Magna Carta 1215), 권리청원(1628), 인신보호법(1679), 권리장전(1689)과 미국독립선언(1776), 미연방헌법(1776) 그리고 프랑스 인권선언(1789)이 있다.

2. 신체의 자유의 의의

신체의 자유란 신체의 보전(保全) 및 활동(活動)의 자유를 말한다. 신체활동의 자유란 자기가 원하는 곳을 방문하고 거기에 체재할 수 있는 자유이다. 헌법은 신체의 완전성과 신체활동의 임의성을 보호하기 위하여 인신에 관한 기본권을 보장하고 있으며, 이러한 목적을 위한 구체적인 방법을 제12조, 제13조 및 제27조 등에서 정하고 있다. 이를 실체적(實體的) 보장, 절차적(節次的) 보장, 피의자(被疑者)·피고인(被告人)의 권리로 설명할 수 있다.

3. 신체의 자유의 실체적 보장

(1) 죄형법정주의

죄형법정주의(罪刑法定主義)란 법률 없으면 범죄도 없고 형벌도 없다는 원칙이다. 범죄의 성립요건 그리고 그 범죄에 대해 과해지는 형벌의 종류와 양(量)은 형식적 의미의 법률로 정함으로써 국가권력의 전단(專斷)으로부터 보호하고자 하는 원칙이다. 현행헌법은 제12조 제1항 후단(누구든지…… 법률과 적법한 절차에 의하지 아니하고는 처벌·보안처분 또는 강제노역을 받지 아니한다)과 제13조 제1항 전단(모든 국민은 행위시의 법률에 의하여 범죄를 구성하지 아니하는 행위로 소추되지 아니하며……)에서 이를 선언하고 있다. 다만, 구체적 범위를 정한 형벌법규의 위임(委任)은 가능하다(지방자치법 제9조). 죄형법정주의로부터 파생되는 원칙들로는 관습형법(慣習刑法) 금지(성문형법주의), 소급효(遡及效) 금지, 유추해석(類推解釋) 금지, 절대적(絕對的) 부정기형(不定期刑) 금지 등이 있다.

◆ 헌재판례

1. 명확성의 요구: 헌법재판소는 국토이용관리법 제21조의3 제1항에 대한 위헌심판사건에서 죄와 형을 법률로 정함에 있어서 처벌하고자 하는 행위와 형벌을 누구나 예견할 수 있도록 구성요건을 명확하게 규정하지 않으면 안된다고 하였다(88헌가13).

2. 국가보안법 제7조에 대한 위헌심판의 한정합헌결정에서 '법률에 있어서 법문의 내용이 다의적이고 그 적용범위에 있어서 과도한 광범위성이 인정된다면, 무엇이 법인가를 입법자가 정하는 것이 아니고 법 운영을 당국이 재량으로 정하게 되어 법치주의와 죄형법정주의에 위배되므로 위헌의 소지가 있다'고 판시하였다(헌재 1990. 4. 2. 89헌가113).

3. 유추해석의 금지: 헌법재판소는 불기소처분에 대한 헌법소원은 재정신청과 유사한 취지의 제도이므로 재정신청이 있는 경우에는 재정결정이 있을 때까지 공소시효의 진행을 정지한다는 형사소송법 제262조의2를 유추적용할 수 있는가에서 유추해석을 허용하면 법률이 보장한 피의자의 법적 지위의 안정을 법률의 근거 없이 침해하는 것이므로 이를 허용할 수 없다고 하였다(헌재 1993. 9. 27. 92헌마284).

4. 헌법재판소는 복표발행현상기타사행행위단속법 제5조, 제9조에 대한 위헌심판사건에서 범죄의 구성요건 중 처벌대상인 행위가 어떤 것인가를 법률로 정하지 않고 명령에 위임한 것은 포괄적 위임에 속하는 것으로 위헌이라고 하였다(91헌가4).

5. 범죄와 형벌에 관한 법률유보: 어떠한 행위를 범죄로 구성하고 어떠한 형벌을 가할 것인가는 국가의 입법정책사항으로서 광범위한 입법재량 내지 형성의 재량의 자유가 인정된다(헌재 1995. 10. 26. 95헌바45).

6. 형벌불소급의 원칙: 5·18민주화운동등에관한특별법은 소급입법에 의한 처벌이 아닌 합헌이다(헌재 1996. 2. 16. 96헌가2).

❀ 대법원판례

명령·규칙에 의한 범죄와 형벌금지원칙: 모법이 행위의 구체적 기준, 형의 종류 및 최고한도를 규정한 것과 같이 범위를 정하여 위임한 것은 합헌이다. 대법원은 경상북도의회조례에서 '형벌'을 규정한 것은 지방자치법 제20조에서 1000만원 이하의 과태료만을 부과할 수 있도록 규정한 범위를 벗어난 것으로 위헌위법하다고 판결하였다(대판 1995. 6. 30. 93추83).

(2) 일사부재리원칙

일사부재리원칙(一事不再理原則)은 동일한 범죄에 대해 거듭 처벌받지 아니한다는 원칙(제13조 제1항 후문)으로서, 판결이 확정되면 그 기판력에 의하여 동일한 사건을 거듭 심판할 수 없다는 원칙을 말한다. 공소기각판결(公訴棄却判決)이나 관할위반(管轄違反) 등과 같은 형식재판에는 적용되지 않는다.

형사소송법 제326조 제1호는 확정판결이 있은 때에는 면소의 선고를 하도록 규정하고 있으며, 동법 제420조는 재심은 유죄의 확정판결에 대하여 그 선고를 받은 자의 이익을 위하여 청구할 수 있도록 규정하여 일사부재리 원칙을 구체화하였다. 그리고 누범가중, 형벌과 징계벌의 병과(형벌과 과태료), 직위해제와 감봉처분의 병과, 검사의 무혐의결정 후 다시 공소제기(영미의 이중위험금지원칙에서는 불가), 운행정지처분과 형사처벌의 병과 등은 일사부재리 원칙에 위배되지 않는다.

<표3-1> 이중위험(double jeopardy) 금지원칙과 비교

구분	이중처벌금지	이중위험금지
헌법적 근거	제13조 제1항 후문	미 수정헌법 제5조
특 성	이중처벌의 금지 (재차심판의 금지)	절차상원칙 (재차의 절차상 부담 금지)
효력발생근거	판결의 확정(실체판결)	각단계의 심판절차(절차법상 원칙)
효력발생시기	판결확정	배심의 답신(혹은 선서)
효력발생요건	실체법적 원칙으로서 당사자의 원용(주장)을 불요(不要)	형사절차상의 필요에 의하여 피고인이 제출가능한 항변(抗辯)의 하나
검사의 상소	허용(許容)	불허(不許)

영미제도에서는 이중위험금지(二重危險禁止)의 원칙을 택하고 있다. 우리나라의 일사부재리는 확정판결(실체판결)의 재차의 심판을 부정하는데 반하여, 영미의 이중위험금지의 원칙은 위험한 절차에의 이중부담을 되풀이 하는 것을 부정하는 것이다. 상세한 비교는 <표3-1>과 같다.

◆ 헌재판례

헌법재판소는 보안처분은 본질·목적·기능면에서 형벌과 구별되므로 사회보호법상의 보호감호는 거듭처벌금지의 원칙에 위반되지 않는다고 봄:

1. 보호감호와 형벌은 비록 다같이 신체의 자유를 박탈하는 수용처분이라는 점에서 집행상 뚜렷한 구분이 되지 않는다고 하더라도 그 본질, 추구하는 목적과 기능이 전혀 다른 별개의 제도이므로 형벌과 보호감호를 서로 병과하여 선고한다 하여 헌법 제13조 제1항에서 정한 이중처벌금지의 원칙에 위반 되는 것은 아니라 할 것이다(헌재 1989. 7. 14. 88헌가5, 사회보호법 제5조의 위헌심판제청).

2. 보호감호처분은 재범의 위험성이 있고 특수한 교육·개선 및 치료가 필요하다고 인정되는 자에 대하여 사회복귀를 촉진하고 사회를 보호하기 위하여 헌법 제12조 제1항을 근거로 한 보안처분으로서, 그 본질과 추가하는 목적 및 기능에 있어 형벌과는 다른 독자적 의의를 가진 사회보호적인 처분이므로, 그것이 헌법 제13조 제1항 소정의 거듭처벌금지의 원칙에 위반된다거나 헌법 제15조의 직업선택의 자유를 침해한다고는 할 수 없다(헌재 2001. 3. 21. 99헌바7, 구 국가보위입법회의법 등 위헌소원).

3. 보호감호는 형벌과는 목적과 기능을 달리하는 사회보호적 처분이고 그 집행상의 문제점

은 집행의 개선에 의하여 해소될 수 있다는 점을 고려할 때 폐지된 사회보호법이 규정하고 있던 보호감호제도가 위헌이라고 보기 어렵고, 입법자가 종전 사회보호법을 폐지하면서 적지 않은 수의 보호감호 대상자를 일시에 석방할 경우 초래될 사회적 혼란의 방지, 법원의 양형 실무 및 확정판결에 대한 존중 등을 고려하여 법률 폐지 이전에 이미 보호감호 판결이 확정된 자에 대하여는 보호감호를 집행하도록 한 것이므로 이중처벌에 해당하거나 비례원칙에 위반하여 신체의 자유를 과도하게 침해한다고 볼 수 없으며, 판결 미확정자와의 사이에 발생한 차별은 입법재량 범위 내로서 이를 정당화할 합리적 근거가 있으므로 헌법상 평등의 원칙에 반하지 아니한다(헌재 2009. 3. 26. 2007헌바50, 사회보호법폐지법률 부칙 제2조 위헌소원).

▶ 참 고

형사소송법 제326조 (면소의 판결) 다음 경우에는 판결로써 면소의 선고를 하여야 한다.
1. 확정판결이 있은 때
2. 사면이 있은 때
3. 공소의 시효가 완성되었을 때
4. 범죄후의 법령개폐로 형이 폐지되었을 때

형사소송법 제420조 (재심이유) 재심은 다음 각호의 1에 해당하는 이유가 있는 경우에 유죄의 확정판결에 대하여 그 선고를 받은 자의 이익을 위하여 청구할 수 있다.

(3) 연좌제의 금지

모든 국민은 자기의 행위가 아닌 친족의 행위로 인하여 불이익한 처우를 받지 않는다(제13조 제3항), 제8차 개헌인 1980년헌법에서 신설하였다. 연좌제(連坐制)란 자기의 행위가 아닌 타인의 행위(친족 뿐 아니라 다른 특정관계에 있는 자도 포함)로 인해 책임을 지는 것으로서 근대형법의 기본원칙인 자기책임의 원칙에 반하여 오늘날 금지하고 있다.

연좌제에서 자기 아닌 친족의 행위에는 민법상의 친족인 배우자·혈족·인척(법 제767조)의 행위뿐 아니라 그 밖의 모든 타인의 행위를 의미하며, 불이익한 처우도 형사법상의 불이익뿐만 아니라 행정법 또는 정치상의 불이익을 모두 포함한다. 즉 해외여행의 제한이나 공무담임권의 제한 기타 모든 영역에 있어서의 국가기관에 의한 불이익한 대우를 의미한다. 단 하급자의 행위에 대한 상급자의 책임은 자기 자신의 행위(감독)의 소홀에 대한 책임이며, 공직선거법상의 선거사무장의 불법선거에 의한 당선무효규정도 자신의 감독의무소홀에 해당하므로 연좌제와 무관하다.

(4) 법률주의에 의한 보장

헌법 제12조 제1항의 후단은 '누구든지 법률에 의하지 아니하고는 체포·구속·압수·수색 또는 심문을 받지 아니하며, 법률과 적법한 절차에 의하지 아니하고는 처벌·보안처분 또는 강제노역을 받지 아니한다'라고 하여 법률주의(法律主義)를 규정하였다. 제9차개헌인 1987년 헌법에서 '법률과 적법한 절차에 의하지 아니하고는 처벌·보안처분 또는 강제노역을 받지 아니한다'고 하여 적법절차(適法節次)라는 제한규정을 부가하였다.

'법률(法律)'은 형식적 의미의 법률을 의미하며, 예외적으로 긴급재정·경제명령과 긴급명령이 포함된다. 동 규정의 용어를 상술하면, 체포(逮捕)란 실력으로 신체의 자유를 구속함(체포·구인·구류)을 의미하며, 구속(拘束)은 구인과 구금을 포함한다. '구인(拘引)'이란 피고인을 법원 기타의 장소에 인취(引取)하는 강제처분이며, '구금(拘禁)'이란 신체의 자유를 구속하여 그 장소적 이전을 제한·박탈하는 것을 의미한다. 수색(搜索)은 목적물을 발견하고자 신체를 실력으로 검색하는 것(가택수색은 제외)을 말하며, 압수(押收)는 강제로 어떤 물건의 점유를 취득하는 것, 심문(審問)은 답변을 강요하는 것, 보안처분(保安處分)은 사회적으로 위험한 행위를 할 우려가 있는 자에 대하여 이를 사회로부터 격리하여 그 위험성을 교정하는 것을 목적으로 하는 범죄예방처분이다. 그리고 처벌(處罰)은 형사처벌뿐 아니라 행정상의 처벌을 포함한 개인에게 불이익한 모든 제재를 의미하며, 강제노역(強制勞役)은 공권력이 본인의 의사에 반하여 노역을 강요하는 것을 의미한다.

◆ 헌재판례

구 사회보호법 제5조 제1항이 법정요건에 해당하면 법관은 반드시 보호감호를 선고할 의무를 부과한 것은 헌법 제12조 제1항 후문과 제37조 제2항 및 제27조 제1항에 위반된다고 하였으나, 동법 제5조 제2항의 보호감호처분(保護監護處分)은 재범(再犯)의 위험성을 보호감호(保護監護)의 요건(要件)으로 하고 있고, 감호기간(監護期間)에 관한 7년의 기한(期限)은 단순히 집행상의 상한(上限)으로 해석하여야 하므로 이는 헌법 제12조 제1항 후문에 정한 적법절차(適法節次)에 위반되지 아니한다고 판시하였다(헌재 1989. 7. 14. 88헌가5, 사회보호법 제5조의 위헌심판제청).

4. 신체의 자유의 절차적 보장

(1) 적법절차

　제9차개헌인 1987년헌법에서 처음 규정된 적법절차(適法節次)는 제12조 제1항(법률과 적법한 절차에 의하지 아니하고는 처벌·보안처분 또는 강제노역을 받지 아니한다)과 제12조 제3항(체포·구속·압수 또는 수색을 할 때에는 적법한 절차에 따라 검사의 신청에 의하여 법관이 발부한 영장을 제시하여야 한다)에서 찾을 수 있다.

　적법절차(適法節次)의 원리란 공권력에 의한 국민의 생명, 자유, 재산의 침해는 합리적이고 정당한 법률에 의거해서 정당한 절차를 밟은 경우에만 유효하다는 원리로서, 절차의 공정성만을 요구하는 것이 아니라 법률의 실체적 내용까지도 공정성·합리성·정당성에 위배되어서는 안된다는 의미이다.

　적법절차의 원리는 영국의 자연적 정의(natural justice)사상의 영향을 받았으며, 1215년의 대헌장(Magna Karta) 제39조(국법에 의하지 아니하고는 체포·구금·재산박탈·법익박탈 및 추방을 당하지 않는다)에서 유래한 것이며, 이후 1628년의 권리청원에서 재확인되고, 미연방헌법은 '적법한 법의 절차(due-process of law)'로 받아들여 제5조(누구든지…적법절차에 의하지 아니하고는 생명·자유 또는 재산을 박탈당하지 아니한다)와 제14조 제1항 그리고 각주헌법에 수용되었으며, 1947년 일본헌법 제31조와 독일헌법 제104조에도 규정되었다.

　적법절차는 단순한 절차적(節次的) 차원의 적법성의 보장원리로 출발하였으나, 절차적 차원뿐 아니라 실체적(實體的) 차원의 적법성까지 그 내용으로 포함하도록 발전하였으며, 또한 형사(刑事) 절차상의 적정에 관한 문제에서 출발하여 행정절차를 포함한 절차 일반(一般)의 적정의 문제로 전개되었으며, 형사상 신체의 자유의 적법원리에서 모든 자유 및 재산에 대한 권력행사의 적법원리로 발전하였다.

　헌법 제12조 제1항과 제3항에 정하고 있는 '적법절차'의 해석에 대하여 다소 견해가 나뉘어있다. 전자의 적법절차는 절차가 적정한 내용의 형식적 의미의 법률로 정해져야 한다는 절차적정법정주의로 해석하고 후자의 적법절차는 절차와 실체요건이 모두 적정한 내용의 형식적 의미의 법률로 정해여야 한다는 절차실체적정법정주의로 해석하는 견해가 있으며(권), 두 조항의 적법절차는 동일하며, 모두 '절차적 차원의 적정성'과 '실체적 차원의 적정성'을 포함하다고 보는 견해도 있으며(허), 적어도 정당한 소송법(訴訟法)의 절차에 따라야 한다는 것으로 이해하기도 한다(김). 헌법재판소는 '절차의 적법성(適法性) 뿐만 아니라 절차의 적정성(適正

性)까지 보장하는 것으로 보고 있으며(헌재 1993. 7. 29. 90헌바35 등), '절차적 측면과 실체적 측면의 모두에 적용'될 뿐 아니라(헌재 1992. 12. 24. 92헌가8; 헌재 1993. 7. 29. 90헌바35 등), 형사절차와 행정절차 등 모든 법적 절차에 적용된다고 보고 있다(헌재 1990. 11. 19. 90헌가48).

따라서 적법절차라고 할 때, '적(適)'의 의미는 절차의 적법성(適法性)뿐 아니라 정당성(正當性)과 적정성(適正性)까지 요구되며, '법(法)'도 형식적 의미의 법률뿐 아니라 모든 사회규범을 포함하며, '절차(節次)'도 입법·행정절차뿐 아니라 사법적 절차(고지·청문·변명 등 방어기회의 제공절차)까지를 의미한다고 보아야 하며, 적법절차에의 위반여부는 법원과 헌법재판소에 의하여 결정된다고 보아야 한다.

그리고 헌법규정이 '처벌·보안처분·강제노역'을 규정한 것은 적법절차의 적용대상을 예시(例示)한 것으로서, 본인에게 신체적·정신적 및 재산적으로 불이익이 되는 일체의 제재(질서벌·징계벌 등)를 포함하며, 국민의 자유와 권리를 제한하는 것이라면 이 원칙이 적용된다고 본다.

합헌으로 결정된 적용례로는 영장 없는 현행범인체포와 긴급체포, 변호인 접견권이 이루어지지 않은 상태에서 작성된 검찰조서의 증거능력 부인(서울형사지판 1990. 1. 30. 89고합1118)이 있으며, 위헌으로 결정한 적용례로는 비밀영장제도, 법관의 선고에 의하지 아니한 보안처분, 임의동행과 보호유치, 체포 및 구인기간의 구속기간 불산입, 부당한 장기구금, 변호인선임권 및 접견권의 제한, 미란다원칙을 어긴 구속, 피고인에게 공판조서 내지 증거서류에 대한 열람·등사 등을 방해함으로써 방어적 진술권을 부당하게 제약한 재판, 비공개재판에 의한 처벌 등, 형사피의자에 대한 안기부장의 접견불허가처분(대판 1991. 3. 28. 91모24), 법원의 재판이 아닌 검사의 (사형의) 구형에 의한 구속영장의 효력유지(헌재 1992. 12. 24. 92헌가8) 등이 있다.

◆ 헌재판례

1. 헌법재판소는 검사에 의하여 공소제기된 변호사에게 법무부장관의 일방적 명령으로 업무정지처분을 하도록 규정한 변호사법 제15조는 청문의 기회가 보장되지 않았으므로 적법절차를 존중하지 않은 위헌규정이고 판시하여 적법절차의 적용범위에 행정절차도 포함된다고 하였다(헌재 1990. 11. 19. 90헌가48, 변호사법 제15조에 대한 위헌심판).

2. 사회보호법 제5조 제1항에 정한 전과나 감호처분을 선고받은 사실 등 법정의 요건에 해당되면 재범의 위험성 유무에도 불구하고 반드시 그에 정한 보호감호를 선고하여야 할 의무를 법관에게 부과하여 법관의 판단재량을 박탈하고 있는 것으로 볼 수 밖에 없다. 결국 법

제5조 제1항은 헌법 제12조 제1항 후문에 정한 적법절차에 위반됨은 물론 헌법 제37조 제2항에 정한 과잉금지원칙에 위반된다고 할 것이며, 나아가 법원의 판단재량의 기능을 형해화(形骸化)시켜 헌법 제27조 제1항에 정한 국민의 법관에 의한 정당한 재판을 받을 권리를 침해하였다 할 것이다(헌재 1989. 7. 14. 88헌가5, 사회보호법 제5조의 위헌심판제청).

3. 헌법 제12조 제3항 본문은 동조 제1항과 함께 적법절차원리(適法節次原理)의 일반조항(一般條項)에 해당하는 것으로서, 형사절차상의 영역에 한정되지 않고 입법, 행정 등 국가의 모든 공권력의 작용에는 절차상의 적법성뿐 아니라 법률의 구체적 내용도 합리성과 정당성을 갖춘 실체적인 적법성이 있어야 한다는 적법절차의 원칙을 헌법의 기본원리로 명시하고 있는 것이므로 헌법 제12조 제3항에 규정된 영장주의(令狀主義)는 구속의 개시시점에 한하지 않고 구속영장의 효력을 계속 유지할 것인지 아니면 취소 또는 실효시킬 것인지의 여부도 사법권독립의 원칙에 의하여 신분이 보장되고 있는 법관의 판단에 의하여 결정되어야 한다는 것을 의미하고, 따라서 형사소송법 제331조 단서 규정과 같이 구속영장의 실효 여부를 검사의 의견에 좌우되도록 하는 것은 헌법상의 적법절차의 원칙에 위배된다(헌재 1992. 12. 24. 92헌가8, 형사소송법 제331조 단서규정에 대한 위헌심판).

(2) 영장제도(令狀制度)

영미법에서 발전된 인권옹호제도로서 수사기관의 난립과 체포에 관한 행정권력이 사법적 억제를 꾀하고자 하는 제도이며, 신분이 보장된 법관을 수사과정에 처음부터 참여시키려는 제도로서 신체의 자유에 대한 법관유보이다.

현행헌법은 제12조 제3항(체포·구속·압수 또는 수색을 할 때에는 적법한 절차에 따라 검사의 신청에 의하여 법관이 발부한 영장을 제시하여야 한다. 다만, 현행범인 경우와 장기 3년 이상의 형에 해당하는 죄를 범하고 도피 또는 증거인멸의 염려가 있을 때에는 사후에 영장을 청구할 수 있다)과 제16조(주거에 대한 압수나 수색을 할 때에는 검사의 신청에 의하여 법관이 발부한 영장을 제시하여야 한다)에서 사전영장(事前令狀)을 원칙으로 하고, 헌법이 별도로 정한 경우에만 사후영장(事後令狀)을 인정하고 있다.

사후영장이 허용되는 경우로는 현행범인 경우(헌법 제12조 제3항, 형사소송법 제212조)와 긴급체포(제12조 제3항, 형사소송법 제206조, 제216조, 제218조)의 경우가 있으며, 해석에 따라 비상계엄이 선포된 때에도 가능하다고 볼 수 있다. 헌법 제77조 제3항은 '비상계엄(非常戒嚴)이 선포된 때에는 법률이 정하는 바에 의하여 영장제도……에 관하여 특별한 조치를 할 수 있다'고 규정하고 있으므로, 영장제도를 폐지할 수는 없지만(헌법위원회결정 1953. 10. 18.), 사전영장제도에 대한 특별한 조치로서 사후영장제도를 허용할 수는 있다.
　별건체포(別件逮捕)·구속(拘束)은 중대한 사건에 대한 구속요건이 구비되지 못한 경우 경미한 사건으로 구속영장을 청구하는 것으로서 이는 위헌(違憲)이다. 행정상(行政上) 즉시강제(卽時强制)도 원칙적으로 영장이 필요 없으나 범죄수사로서의 성격을 갖는 예외적인 경우에 한해서 영장이 필요하다고 본다.

◆ 헌재판례

　헌법재판소는 무죄 등이 선고되면 영장효력이 상실되나 검사가 사형 등을 구형한 경우에는 예외로 하는 형사소송법 제331조 단서에 대한 위헌심판사건에서 영장주의는 구속의 개시시점은 물론이요 영장의 효력유지여부 및 취소나 실효여부도 법관의 결정에 의존되어야 함을 의미하므로 영장의 효력을 검사 등에게 좌우케 하는 것은 위헌이라고 하였다(헌재 1992. 12. 24. 92헌가8, 형사소송법 제331조 단서규정에 대한 위헌심판).

♣ 헌법위원회결정

　헌법 제77조 제3항이 '비상계엄이 선포된 때에는…영장제도…에 관하여 특별한 조치를 할 수 있다'규정하고 있는 바, 여기에서의 특별한 조치는 영장제도를 전면부정하는 것을 의미하지는 않으므로 법관의 참여가 완전배제되는 것은 아니라고 결정하였다(헌법위원회결정 1953. 10. 18.)

(3) 체포·구속적부심사제(逮捕·拘束適否審査制)

　헌법은 제12조 제6항에서 '누구든지 체포 또는 구속을 당한 때에는 적부의 심사를 법원에 청구할 권리를 가진다'고 규정하고 있으며, 이에 따라 형사소송법 제214조의2 제1항은 '체포 또는 구속된 피의자 또는 그 변호인, 법정대리인, 배우자, 직계친족, 형제자매나 가족, 동거인 또는 고용주는 관할법원에 체포 또는 구속의 적부심사를 청구할 수 있다'고 하여 체포·구속적부심사제도를 구체화하고 있다.
　적부심제도는 영국의 인신보호영장(人身保護令狀) 제도에서 유래하였으며, 미연방헌법 제1조 제9항에 계수되었다. 우리 헌법에서는 건국헌법에서 처음 규정하였으나, 제7차개헌인 1972년헌법(유신헌법)에서 삭제되었다가, 제8차개헌인 제5공화국헌법(1980년헌법)에서 부활하였으며 형사소송법에서도 구속적부심조항을 신설하였다. 그리고 제9차개헌(1987년헌법)에서 법률유보조항을 삭제하면서 전면적으로 인정하고 이후 체포에 대한 적부심제도도 두게 되었다.
　적부심제도는 수사기관에 의하여 체포 또는 구속된 피의자에 대하여 법원이 심사하여 그 적부여부와 필요성과 계속여부를 심사하여 부적법·부당한 경우에 석방하는 제도로서 피고인에게 인정되는 보석과 검사가 석방하는 구속취소와 다르다. 피구속자 또는 관계인(변호인, 법정대리인, 배우자, 형제자매, 직계친족, 호주, 가족, 동거인, 고용주)의 청구가 있으면 법관이 즉시 본인과 변호인이 출석한 공개법정에서 구속의 이유를 밝히도록 하고 구속이유가 부당하거나 불법한 것일 때는 법관이 직권으로 피구속자를 석방하게 하는 제도이다. 영장발부의 법관은 단독판사이나 적부심사의 법관은 합의부이다. 영장발부에 관여한 법관은 원칙적으로 그 적부심사에 참여하지 못한다(형사소송법 제214조의2 제11항).
　체포·구속적부심제도는 불법체포·구속에 대한 사후구제제도로서 기능을 하며, 법원의 결정에 대하여는 검사나 피의자 모두 항고할 수 없다(형사소송법 제214조의2 제4항).

▶ 참고

인신보호영장(habeas corpus): 영미법상의 제도로서 구속자에 대하여 일시와 장소를 지정하여 구속의 적법여부를 심사하여 위법한 구속인 때에는 피구속자를 석방하기 위하여 피구속자의 신체를 제시하라는 법원의 영장을 인신보호영장이라고 한다.

5. 형사 피의자(被疑者)·피고인(被告人)의 권리

(1) 무죄추정권(無罪推定權)

　현행 헌법은 제27조 제4항에서 '형사피고인(刑事被告人)은 유죄의 결정이 확인될 때까지는 무죄로 추정된다'고 규정하여, 무죄(無罪)의 예측 아래에서 무리한 진실추구(고문·폭행·협박 등)를 배제함으로써 형사피의자(刑事被疑者)나 형사피고인의 명예나 신체를 보호하고자 한다.
　무죄추정권은 프랑스 인권선언, 세계인권선언의 영향을 받았으며, 제8차개헌인 1980년헌법에서 신설되었다. 무죄추정권에 의하여 유죄의 입증책임은 검사에게 있으며, 유죄에 관한 확증이 없을 때에는 '의심(疑心) 있는 때에는 피고인(被告人)의 이익(利益)을 위하여'라는 원칙에 따라 무죄이다.
　헌법규정은 무죄추정의 주체를 '형사피고인'이라고 명시하고 있으나, 형사피의자(刑事被疑者)도 당연히 포함되며(헌재 1992. 1. 28. 91헌마111), 형사절차상의 처분뿐만 아니라 그 밖의 기본권제한과 같은 처분도 포함되며(헌재 1990. 11. 19. 90헌가48), 행정상의 제재인 과징금(過徵金) 부과처분에 대하여 공정력(公定力)과 집행력(執行力)을 인정하는 것은 확정판결 전의 형벌집행과 달라서 무죄추정의 원칙에 위반되지 않는다(헌재 2003. 7. 24. 2001헌가25). 그리고 '유죄(有罪)의 결정'에는 재판에서 실형(實刑)의 판결은 물론 형의 면제, 선고유예, 집행유예가 포함된다.

◆ 헌재판례

1. 헌법재판소는 변호사법 제15조에 대한 위헌심판사건에서 공소가 제기되었다는 사실만 가지고 업무정지를 하는 것은 무죄추정의 원리에 반하고, 제한을 위하여 선택된 수단이 제도의 당위성이나 목적에 부합되지 않으므로 위헌이라고 하였다(헌재 1990. 11. 19. 90헌가48).

2. 헌법재판소는 사립학교법 제58조의2 제1항 단서에 대한 위헌심판사건에서 형사사건으로 기소되었다는 사실만 가지고 필요적으로 직위해제를 하도록 한 것은 무죄추정의 원리에 위반되어 위헌이라고 하였으나, 형사사건으로 기소된 자에게 임면권자가 직위를 부여하지 않을 수 있도록 한 것(동법 제1항 3호)은 입법취지에 맞게 합법적으로 적용될 수 있는 규정이므로 합헌이라고 하였다(헌재 1994. 7. 29. 93헌가3,7병합).

(2) 구속이유와 변호인의 조력청구권의 고지를 받을 권리

그동안 형사소송법에 규정되어 오던 것을 제9차개헌인 1987년헌법에서 헌법조항으로 규정함으로써 '구속이유와 변호인의 조력청구권의 고지를 받을 권리'는 강화되었다. 현행 헌법은 '누구든지 체포 또는 구속의 이유와 변호인의 조력을 받을 권리가 있음을 고지 받지 아니하고는 체포 또는 구속을 당하지 아니한다. 체포 또는 구속을 당한 자의 가족 등 법률이 정하는 자에게는 그 이유와 일시·장소가 지체없이 통지되어야 한다'라고 하여 피의자(被疑者) 및 피고인(被告人)이나 그의 가족(家族)들에게 변명과 적절한 방어수단(防禦手段)을 강구케 하고 있다. 이는 영국의 구속이유표시제도와 미국의 영장주의 적법절차와 판례를 통하여 확립된 미란다(Miranda)원칙에서 유래하였다(Miranda v. Arizona, 384U.S.436, 1966). 동 제도는 형사사법제도(刑事司法制度)로서 제도보장(制度保障)이며, 주관적 공권성을 인정받는다.

고지(告知)제도는 형사피의자에 대한 체포·구속이유 및 변호인선임조력권을(헌법 제12조 제5항), 범죄사실의 요지, 변명할 기회제공(형사소송법 제72조)의 내용을 체포 또는 구속을 당하는 형사피의자·피고인(영장에 의한 경우나 현행범인 및 긴급체포의 경우 모두 포함)에게 알려주는 것이며, 통지(通知) 제도는 체포·구속 이유와 일시 및 장소(헌법 제12조 제5항 후문), 피고사건명, 구속일시·장소, 범죄사실의 요지, 구속의 이유와 변호인을 선임할 수 있는 취지(형사소송법 제87조)의 내용을 가족과 변호인, 변호인이 없는 경우 법정대리인 등, 변호인선임권자중 피고인이 지정한 자 등에게 통지하여야 한다.

> **참 고**
>
> 형사소송법 제72조(구속과 이유의 고지) '피고인에 대하여 범죄사실의 요지, 구속의 이유와 변호인을 선임할 수 있음을 말하고 변명할 기회를 준 후가 아니면 구속할 수 없다 다만, 피고인이 도망한 경우에는 그러하지 아니하다.
> 형사소송법 제87조 (구속의 통지) ① 피고인을 구속한 때에는 변호인이 있는 경우에는 변호인에게, 변호인이 없는 경우에는 제30조 제2항에 규정한 자중 피고인이 지정한 자에게 피고사건명, 구속일시·장소, 범죄사실의 요지, 구속의 이유와 변호인을 선임할 수 있는 취지를 알려야 한다. ② 제1항의 통지는 지체없이 서면으로 하여야 한다.

(3) 고문금지와 묵비권

묵비권(黙秘權)은 모든 국민이 형사(刑事)상 자기에게 불리(不利)한 진술을 강요당하지 않을 권리로서, 미국헌법상 자기부죄금지(自己負罪禁止)의 특권에서 유래하였다. 동 규정에서 '형사상 불리한 진술'은 유죄판결(有罪判決)의 기초가 될 사실(事實)과 양형(量刑)에 불리하게 될 형사상 진술이 이어야 하며, 단순한 행위처분을 받을 우려가 있는 경우에는 적용되지 않는다. 형사상 자기(自己) 뿐만 아니라 친족·배우자·공범에 불리한 진술거부도 인정되며, 형사피의자, 피고인, 증인, 참고인 등 어느 지위에서든 거부권은 인정된다. 그러나 민·행정상 진술이나 우인(友人)·제3자를 위한 불리한 진술거부는 인정되지 않으며, '진술'에 한하여 인정되며 서류 기타 물건의 제출에는 인정되지 않는다. 대법원은 마취분석은 위헌적인 진술의 강요이고 거짓말탐지기 사용은 합헌이나 증명력을 제한하고 있다. 그리고 적용영역은 형사절차뿐 아니라 국회에서의 심문·증언절차, 행정절차에도 적용된다(89헌가118).

그리고 헌법 제12조 제2항은 '모든 국민은 고문을 받지 아니하며…'라고 하여 '고문을 받지 아니할 권리'를 규정하여, 자백을 강제하기 위하여 가해지는 폭력을 절대적으로 금하고 있다. 이는 세계인권선언(제5조), 남미인권협약(제5조 제2항)의 영향을 받았으며, 우리나라는 1995년 국제고문금지협약에 가입하였다. 이는 '불법(不法)의 과실(果實)도 불법(不法)'이므로 고문에 의한 자백(自白)의 증거능력(證據

能力)을 제한하고 있으며(제12조 제7항), 고문행위를 한 공무원은 형법(제125조 폭행·가혹행위처벌)과 특정가중처벌법(제4의2, 체포감금에 의한 치사상죄에 대한 가중처벌)상의 직권남용죄로 처벌되며, 고문당한 사람에게 공무원의 직무상 불법행위를 이유로 하는 국가배상청구권을 인정하고 있다. 이처럼 어떠한 경우에도 고문은 허용되지 않으므로 법률유보나 제한이 불가능하다.

◆ 헌재판례

헌법재판소는 도로교통법 제50조 제2항에 대한 위헌심판사건에서 신고의무를 경찰공무원으로 하여금 교통질서의 유지 및 안전(교통사고의 발생을 알리고 피해자의 구호, 교통질서의 회복을 위한 조치를 취하고, 사고로 인한 소통장해를 제거)을 위하는 등 도로교통법의 취지와 목적에 한정하여 해석하고 형사책임과 관련되는 사항에는 적용되지 않는 것으로 해석하는 한 묵비권을 침해하는 것은 아니라고 하여 합헌이라 하였다(헌재 1990. 8. 27, 89헌가118).

(4) 자백의 증거능력 및 증명력 제한

헌법은 제12조 제7항에서 '피고인의 자백이 고문·폭행·협박·구속의 부당한 장기화 또는 기망 기타의 방법에 의하여 자의(自意)로 진술된 것이 아니라고 인정될 때 또는 정식재판에 있어서 피고인의 자백이 그에게 불리한 유일한 증거일 때에는 이를 유죄의 증거로 삼거나 이를 이유로 처벌할 수 없다'고 하여 임의성(任意性) 없는 자백의 증거능력(證據能力)을 배제하고 있으며, 임의성 있는 자백일지라도 불리한 유일한 증거일 때에는 유죄의 증거로 삼거나 이를 이유로 처벌하지 못하도록 함으로서 증명력(證明力)을 제한하고 있다(자백의 보강증거법칙). 임의성 없는 자백의 증거능력을 제한함으로써 허위자백의 배제와 인권옹호를 꾀하고, 불리한 유일한 자백의 증명력을 제한함으로써 자유심증주의의 폐해를 구제하고자 한다. 그러나 정식재판 이외에 즉결심판 등 약식재판(略式裁判)에는 자백만으로 유죄인정이 가능하며, 공범자(共犯者)의 자백에는 보강증거가 필요 없다는 것이 대법원 판례이다.

(5) 변호인(辯護人)의 조력(助力)을 받을 권리

헌법은 제12조 제4항에서 '누구든지 체포 또는 구속을 당한 때에는 즉시 변호인의 조력을 받을 권리를 가진다. 다만, 형사피고인이 스스로 변호인을 구할 수 없을 때에는 법률이 정하는 바에 의하여 국가가 변호인을 붙인다'고 하여 누구든지 체포를 당한 때에는 즉시 변호인의 조력을 받을 권리를 가진다. 이는 피의자·피고인의 방어권(防禦權) 보장을 위해서 가장 중요한 권리로서 법률이 정하는 경우에는 형사피고인이 스스로 변호인을 구할 수 없을 때에는 국가가 변호인을 선임해 준다. 국선변호인의 선임의 사유는 미성년자, 70세 이상인 자, 농아자, 심신장애의 의심이 있는 자, 빈곤 기타의 사유로 변호인을 선임할 수 없을 때에 피고인(被告人)에게 국선변호인신청권을 인정하고 있다. 그리고 사형·무기 또는 단기(短期) 3년 이상 징역이나 금고에 해당하는 경우에는 반드시 변호인에 의하여 재판이 진행되도록 정하고 있다(형사소송법 제282조 필요적 변호).

(6) 기타

이외에도 피고인과 피의자에게는 신속한 공개재판(公開裁判)을 받을 권리(제27조 제3항), 형사피해자(刑事被害者)의 법정진술권(法廷陳述權)(제27조 제5항, 제9차개헌에서 신설), 형사피해자의 국가구조청구권(제30조, 제9차개헌에서 신설), 형사보상청구권(제28조) 등을 인정하고 있다.

◆ 헌재판례

헌법재판소는 변호인 접견시에 안기부수사관이 입회하거나 미결수용자의 경우 교도관이 참여하는 것은 변호인의 도움을 받을 권리를 침해하여 위헌이라고 하였다(헌재 1992. 1. 28. 91헌마111).

제3절 사회적·경제적 자유권

I. 거주·이전의 자유

1. 헌법규정과 개념

우리 헌법은 제14조에서 '모든 국민은 거주(居住)·이전(移轉)의 자유를 가진다'고 규정하고 있다. 거주·이전의 자유는 1919년 바이마르(Weimar)헌법에서 최초로 규정하였으며, 이는 자기가 원하는 곳에 주소나 거소를 설정하고, 이전하며, 자기의사에 반하여 주거지를 옮기지 않을 자유이다. 그리고 거주·이전의 자유의 법적 성격은 인간존재의 본질적 자유(자유로운 인간교섭을 하게 되고 인격형성에 기여)에 해당하며, 인신의 자유(인간의 이동의 자유를 보장), 정신적 자유(집회·결사의 자유와 밀접한 관계), 경제적 자유(직업선택의 자유와 밀접한 관계)로서의 성격을 갖는다.

2. 주체

거주·이전의 자유는 모든 국민과 국내법인에게 인정된다. 다만, 외국인은 원칙적으로 향유하지 못한다. 국제관습상 입국의 자유는 보장되지 않으나 출국의 자유는 보장되며, 일정한 절차(제한) 아래에서 국내에서의 거주·이전의 자유도 보장된다.

◆ 헌재판례

지방세법 제112조 제3항은 이미 과밀억제권역 내에 본점 또는 주사무소용 사무실을 가지고 있다가 같은 권역 내의 다른 곳으로 사무실을 이전하는 경우와 같이 '과밀억제권역 내에 인구유입 또는 경제력 집중을 유발하는 효과가 없는' 경우에는 적용되지 않는 것으로 좁게 풀이하는 것이 상당하고(대판 2000. 5. 30. 99두6309 ; 대판 2000. 10. 10. 99두5269 참조), 이렇게 풀이할 경우 입법목적도 적절히 달성할 수 있고 과잉규제로 인한 헌법위반의 소지도 없어진다. 위 법률조항의 적용범위를 위와 같은 합헌적인 범위 밖에까지 부당히 확장하지 않는 한, 위 법률규정은 기업 등의 거주·이전의 자유 및 직업의 자유를 헌법 제37조 제2항에 위반하여 침해하는 것이라고 볼 수 없다(헌재 2000. 12. 14. 98헌바104, 지방세법 제112조 제3항 위헌소원).

3. 내용

국내거주·이전의 자유, 국외거주·이전의 자유, 해외이주의 자유, 해외여행의 자유, 국적이탈·변경의 자유, 대한민국 국적을 상실하고 외국국적을 취득할 수 있는 자유, 외국에서 귀환하는 자유 등이 인정되며, 무국적의 자유 및 병역기피 등의 목적으로 국적을 이탈, 변경하는 것 등은 부인된다.

◆ **헌재판례**

거주·이전의 자유는 국가의 간섭 없이 자유롭게 거주와 체류지를 정할 수 있는 자유로서 정치·경제·사회·문화 등 모든 생활영역에서 개성신장을 촉진함으로써 헌법상 보장되고 있는 다른 기본권들의 실효성을 증대시켜주는 기능을 한다. 구체적으로는 국내에서 체류지와 거주지를 자유롭게 정할 수 있는 자유영역뿐 아니라 나아가 국외에서 체류지와 거주지를 자유롭게 정할 수 있는 '해외여행 및 해외 이주의 자유'를 포함하고 덧붙여 대한민국의 국적을 이탈할 수 있는 '국적변경의 자유'등도 그 내용에 포섭된다고 보아야 한다. 따라서 해외여행 및 해외이주의 자유는 필연적으로 외국에서 체류 또는 거주하기 위해서 대한민국을 떠날 수 있는 '출국의 자유'와 외국체류 또는 거주를 중단하고 다시 대한민국으로 돌아올 수 있는 '입국의 자유'를 포함한다(헌재 2004. 10. 28. 2003헌가18).

4. 제한과 한계

(1) 제한

거주·이전의 자유는 일반적 법률유보에 의한 법률로써 제한될 수 있다. 국가안전보장을 위하여 군사작전지역, 북한여행, 북한지역으로의 이전, 분쟁지역과 미수교국의 거주는 제한되며, 계엄법에 의한 비상계엄사령관의 특별조치에 의한 제한도 있을 수 있다(계엄법 제9조). 질서유지를 위하여 형사피고인의 주거제한(형사소송법 제101조 제1항), 경찰관직무집행법(제3조)과 소년법(제30조)에 의한 보안처분, 소방상 강제처분(소방법 제56조)이 있으며, 공공복리 차원에서는 국민보건상 전염병감염지역의 거주이전제한과 한약업사의 영업지제한(89헌마231)이 있다. 이외에도 민사상의 필요에 의하여 파산자의 거주이전 제한과 부부의 동거의무 등이 있으며, 특수신분관계인 공무원·군인·군무원·수형자·학생(국립대학생, 부모의 거소지정권)등도 제한을 받는다. 외국인은 여권법·출입국관리법상 국민에 비하여 입국의 자유와 국내체류의 자유가 제한된다.

(2) 제한의 한계

거주·이전의 자유의 본질적 내용은 법률로써도 제한할 수 없으며, 거주·이전에 대한 허가제는 위헌이다.

◆ **헌재판례**

헌법재판소는 약사법 제37조 제2항에 대한 헌법소원사건에서 약사법은 국민의 보건·위생을 위하여 약사의 자격요건을 엄격하게 규정하고 있으며 한약업사는 전문약사가 부족한 지역에 한하되 그것도 판매지역·판매행위 등 제한된 범위 내에서 영업을 허가하였을 뿐이므로 한약업사는 약사에 대하여 보충적 지위를 가지며, 한약업사시험을 공고할 때 영업허가 예정지역과 그 허가인원을 공고하고 응시원서에 영업예정지 및 약도를 첨부하도록 하였으므로, 한약업사의 영업지제한(보사부령이 정한 지역 내에서)은 국민의 건강유지 및 향상이라는 공공복리를 위한 제한이며 정도와 목적이 정당하므로 합헌이라고 하였다(89헌마231).

▶ **참 고**

망명권(亡命權)의 문제: 망명권에 대하여 프랑스 제4공화국헌법, 서독기본법, 세계인권선언, 난민의 지위에 관한 조약(1992년 우리나라 가입), 난민의 지위에 관한 의정서 등에서 명문으로 규정하고 있으나, 우리 헌법에는 명문규정이 없다. 그러나 인권의 보편성과 인권보장의 국제화, 국제평화주의, 국제방조주의원칙에 비추어 긍정적으로 해석함이 타당하다.

II. 직업선택의 자유

1. 헌법규정과 개념

우리 헌법은 제15조에서 '모든 국민은 직업선택의 자유를 가진다'고 규정하고 있으며, 이는 1919 바이마르(Weimar)헌법에서 최초로 규정하였으며, 우리나라는 제5차개헌인 1962년헌법에서 처음으로 규정하였다. 직업선택의 자유는 자유주의 및 자본주의와 함께 인정된 것이다. 미국, 이탈리아, 중국 등은 명문규정을 두고 있지 않으며, 일본헌법과 바이마르헌법은 거주·이전의 자유와 동일한 조문에서 규정하고 있다.

직업선택의 자유란 자기가 원하는 직업을 선택하고 이에 종사할 수 있는 자유를 의미한다. 직업이란 생활의 기본적 수요를 충족하기 위하여 행하는 계속적이고 공공에 해를 끼치지 않는(윤락녀, 밀수군 등의 활동은 헌법상 보호되는 직업이 아니다) 경제적 소득활동(단순한 취미활동은 직업이 아니다)을 의미한다. 따라서 직업의 개념적 요소로는 생활수단성, 계속성, 공공무해성을 들 수 있다. 이상의 요건을 충족하는 경우에는 헌법에 의하여 보호된다.

◆ 헌재판례

헌법 제15조에서의 '직업'이란 생활의 기본적 수요를 충족시키기 위해서 행하는 계속적인 소득활동을 의미하며, 이러한 내용의 활동인 한 그 종류나 성질을 묻지 않는다(헌재 1993. 5. 13. 92헌마80; 헌재 1998. 3. 26. 97헌마194; 헌재 2002. 5. 30. 2000헌마81).

2. 법적 성격

직업선택의 자유는 종합적 기본권이다. 경제적인 개인 신장을 위한 수단이며, 인격의 발전을 위한 기본권으로서, 개인의 생활형성의 자유를 의미하는 경제적 기본권적 성격을 가지며, 주관적 공권인 동시에 사회적 시장경제질서의 불가결의 요소를 이루는 객관적 가치질서로서의 성격도 갖는다.

◆ 헌재판례

객관적 법질서로서의 직업의 자유: 직업의 선택 혹은 수행의 자유는 각자의 생활의 기본적 수요를 충족시키는 방편이 되고, 또한 개성신장의 바탕이 된다는 점에서 주관적 공권의 성격이 두드러진 것이기는 하나, 다른 한편으로는 국민 개개인이 선택한 직업의 수행에 의하여 국가의 사회질서와 경제질서가 형성된다는 점에서 사회적 시장경제질서라고 하는 객관적 법질서의 구성요소이기도 하다(헌재 1995. 7. 1. 94헌마125; 헌재 1996. 8. 29. 94헌마113; 헌재 1997. 4. 24. 95헌마273; 헌재 2002. 4. 25. 2001헌마614).

3. 주 체

직업선택의 자유는 법인을 포함한 모든 국민에게 보장된다. 다만, 외국인에 대해서는 국가공무원, 변호사법, 공증인법, 외국인토지법, 도선법, 광업법 등에서 제한하고 있다.

◆ 헌재판례

1. 법인의 직업수행의 자유의 주체성: 법인도 성질상 누릴 수 있는 기본권의 주체가 되는바, 직업수행의 자유의 주체가 될 수 있다(헌재 1996. 3. 28. 94헌바42; 헌재 2001. 6. 28. 2001헌마132).
2. 헌법은 제15조에서 직업선택의 자유를 보장하고 있는바, 이는 기업의 설립과 경영의 자유를 의미하는 기업의 자유를 포함한다(헌재 1998. 10. 29. 97헌마345).
3. 법인의 설립은 그 자체가 간접적인 직업선택의 방법이다(헌재 1996. 4. 25. 92헌바47).

4. 내용

우리 헌법은 명문상 '직업선택'의 자유만을 규정하고 있지만, 해석상 직업 결정(決定)의 자유, 직업 수행(遂行)의 자유 그리고 직업 이탈(離脫)의 자유를 포함하고 있다. 따라서 직업선택의 자유는 직업결정의 자유(직업교육상 결정의 자유도 포함), 전직(轉職)의 자유, 무직(無職)의 자유, 자신이 정한 직업을 시무·계속·종무할 자유(직장결정의 자유도 포함)와 영업(營業)의 자유, 그리고 직업을 포기(抛棄) 또는 이탈할 수 있는 자유 등도 포함한다.

그리고 직업선택의 자유는 특정개인이나 특정기업에 의한 특정의 직업·직종·기업의 독점과는 양립될 수 없으며 자유경쟁을 전제로 한다. 다만, 사회적 시장경제질서 하에서는 경제정책적 견지에서 자유경쟁이 제한되거나 경제의 조정은 가능하다.

그리고 직업선택의 자유는 모든 국가권력에 대하여 직접 효력을 가지며, 직업선택의 자유는 대사인간에 있어서 간접적용된다. 헌법재판소에 따르면, 입법자가 새로운 직업의 자격요건을 설정하는 것은 입법자의 광범위한 입법재량에 속하므로 직업의 자유를 침해한 것은 아니며(2000헌마96), 유사한 직종을 통합하거나 직업종사자의 요건을 강화하는 등 직업제도의 개혁은 신뢰보호와 과잉금지원칙 위반여부를 기준으로 위헌성을 판단하여야 한다(97헌바10).

◆ 헌재판례

1. 직업의 자유는 자신이 원하는 직업 내지 직종을 자유롭게 선택하는 직업선택의 자유와 그가 선택한 직업을 자유롭게 수행할 수 있는 직업수행의 자유를 포함하는 개념이다. 이러한 직업의 선택 혹은 수행의 자유는 각자의 생활의 기본적 수요를 충족시키는 방편이 되고 또한 개성신장의 바탕이 된다는 점에서 행복추구권과도 밀접한 관련을 갖는다(헌재 1997. 10. 30. 96헌마109).

2. 헌법 제15조는 직업선택의 자유를 규정하고 있는데 이는 자기가 선택한 직업에 종사하여 이를 영위하고 언제든지 임의로 그것을 전환할 수 있는 자유로서 민주주의·자본주의 사회에서는 매우 중요한 기본권의 하나로 인식되고 있는 것이다. 왜냐하면 직업선택의 자유는 근세 시민사회의 출범과 함께 비로소 쟁취된 기본권으로서 중세 봉건적 신분사회에서는 인정될 수 없었던 것이며 현대사회에서도 공산주의 국가에서는 원칙적으로 인정되지 않는 기본권이기 때문이다(헌재 1993. 5. 13. 92헌마80).

3. 직업선택의 자유는 자신이 원하는 직업 내지 직종을 자유롭게 선택하고, 선택한 직업을 자유롭게 수행할 수 있음을 그 내용으로 하는 것이지, 특정인에게 배타적·우월적인 직업선택권이나 독점적인 직업활동의 자유까지 보장하는 것은 아니다(헌재 2001. 9. 27. 2000헌마152).

4. 헌법 제15조가 보장하는 직업선택의 자유는 직업"선택"의 자유만이 아니라 직업과 관련된 종합적이고 포괄적인 직업의 자유를 보장하는 것이다. 또한 직업의 자유는 독립적 형태의 직업활동뿐 아니라 고용된 형태의 종속적인 직업활동도 보장한다. 따라서 직업선택의 자유는 직장선택의 자유를 포함한다(헌재 2002. 11. 28. 2001헌바50).

5. 헌법 제15조에 따라 모든 국민은 직업선택의 자유를 가진다. 따라서 국민은 누구나 자유롭게 자신이 종사할 직업을 선택하고, 그 직업에 종사하며, 이를 변경할 수 있다. 이에는 개인의 직업적 활동을 하는 장소 즉 직장을 선택할 자유도 포함된다(헌재 1989. 11. 20. 89헌가102; 헌재 2002. 11. 28. 2001헌바50).

6. 직업선택의 자유에는 직업결정의 자유, 직업종사(직업수행)의 자유, 전직의 자유 등이 포함된다(헌재 1993. 5. 13. 92헌마80; 헌재 1996. 4. 25. 92헌바47).

7. 새로운 자격요건의 설정과 직업의 자유 침해 판단: 직업 자체는 역사적, 사회적, 경제적인 요인들에 의하여 생성되고 변화하며 소멸하는 것이므로, 어떠한 법률규정으로 인하여 직업의 자유가 침해되는지 여부는 그 직업의 구체적인 생성과정과 원인, 그 성질과 실태 등을 파악한 다음 판단되어야 한다. 한의사전문의와 같이, 기왕에 존재하던 한의사라는 직업영역 내에서 특화된 새로운 자격을 부여하는 경우에는, 그 직업종사자에 대한 기본권의 침해 여부를 판단함에 있어서는 직업에 대하여 직접적인 제한이 가하여지는 경우와는 달리 보아야 한다. 따라서 위와 같이 새로이 설정되는 자격요건과 관련하여 기존에 유사한 조건을 갖추고 있었다고 하더라도 반드시 특별한 우대를 받아야 하는 것은 아니며, 새로운 자격제도가 도입된 시점 이후부터 일정한 자격요건에 부합하는 자만이 그 직

업을 갖게 되는 것은 그 성질상 당연한 것이고, 예외적으로 과거의 활동이나 경력에 따라 자격요건을 완화할지 여부는 원칙적으로 입법자의 광범위한 재량에 속한다고 할 것이다(헌재 2001. 3. 5. 2000헌마96등).

8. 직업의 자유의 보장이 입법자로 하여금 이미 형성된 직종을 언제까지나 유지하거나 직업종사의 요건을 계속하여 동일하게 유지할 것까지를 요구하는 것은 아니라고 할 것이나, 입법자가 공익상의 필요에 의하여 서로 유사한 직종을 통합하거나 직업종사의 요건을 강화하는 등 직업제도를 개혁함에 있어서는 기존 종사자들의 신뢰를 보호하는 것이 헌법상 법치국가의 원리로부터 요청되고, 신뢰보호가 충분히 이루어졌는지 여부가 과잉금지의 원칙의 위반 여부를 판단하는 기준이 될 것이다(헌재 1997. 11. 27. 97헌바10; 헌재 2000. 7. 20. 99헌마452; 헌재 2002. 7. 18. 99헌마574).

5. 제한

(1) 일반적 법률유보에 의한 제한

직업선택의 자유는 헌법 제37조 제2항에 의하여 국가안정보장, 질서유지 및 공공복리를 위하여 제한될 수 있으며, 특히 질서유지 등을 위해 가장 많은 제한을 받는 기본권이다. 대체로 제한의 방식은 자격제, 허가제, 등록제, 특허제 등의 사전제한이 많으며, 특히 특수신분관계에 의한 제한을 보면, 공무원의 영업금지(영리업무 종사금지), 외국인의 제한(변호사·도선사·공증인) 귀화자·해외영주권 소유자의 제한(외무공무원) 등이 있다.

◆ 헌재판례

1. 국민은 누구나 자유롭게 자신이 종사할 직업을 선택하고, 그 직업에 종사하며, 이를 변경할 수 있다. 이에는 개인의 직업적 활동을 하는 장소 즉 직장을 선택할 자유도 포함된다.… 직업선택의 자유는 삶의 보람이요 생활의 터전인 직업을 개인의 창의와 자유로운 의사에 따라 선택케 함으로써 자유로운 인격의 발전에 이바지하게 하는 한편 자유주의적 경제·사회질서의 요소가 되는 기본적 인권이라 아니할 수 없다. 따라서 그 제한은 반드시 법률로써 하여야 할 뿐 아니라 국가안전보장·질서유지 또는 공공복리 등 정당하고 중요한 공공의 목적을 달성하기 위하여 필요하고 적정한 수단·방법에 의하여서만 가능한 것이다(헌재 1989. 11. 20. 89헌가102; 헌재 2002. 4. 5. 2001헌마614).

2. 각 개인이 향유하는 직업에 대한 선택 및 수행의 자유는 공동체의 경제사회질서에 직접적인 영향을 미치는 것이기 때문에 공동체의 동화적 통합을 촉진시키기 위하여 필요 불

가결한 경우에는 헌법 제37조 제2항 전문규정에 따라 이에 대하여 제한을 가할 수 있다. 즉, 국가의 안전보장·질서유지 또는 공공복리를 위한 목적의 정당성이 인정되는 경우에는 그러한 목적을 달성하는데 필요한 범위 내에서 법률로서 국민의 기본권을 제한할 수 있다. 그러나 그 제한의 방법이 합리적이어야 함은 물론 과잉금지의 원칙에 위배되거나 제한의 한계규정인 헌법 제37조 제2항 후문의 규정에 따라 직업선택의 자유의 본질적인 내용을 침해하는 것이어서는 아니 된다(헌재 1996. 8. 29. 94헌마113).

3. 직업의 자유도 다른 기본권과 마찬가지로 절대적으로 보호되는 것이 아니라, 공익상의 이유로 제한될 수 있음은 물론이나, 이 경우에도 개인의 자유가 공익실현을 위해서도 과도하게 제한되어서는 아니 되며 개인의 기본권은 꼭 필요한 경우에 한하여 필요한 만큼만 제한되어야 한다는 비례의 원칙(헌법 제37조 제2항)을 준수해야 한다(헌재 2002. 7. 18. 99헌마574).

(2) 독일연방헌법재판소의 제한의 단계이론

독일연방헌법재판소는 '약국판결'을 통하여 단계이론을 확립하였다. 직업선택의 자유를 제한하고자 할 때에는 제1단계로서 직업행사의 자유에 대한 제한을 택하여야 하며, 제1단계로서 목적을 달성할 수 없을 때, 제2단계로서 주관적 사유에 의한 직업결정의 자유의 제한을 고려하며, 그래도 부족할 때, 제3단계로서 객관적 사유에 의한 직업결정의 자유의 제한(기존업체 보호를 위한 제한, 동일업종 적정분포를 위한 제한)을 고려하여야 한다는 것이다. 즉, 직업결정의 자유를 제한하기 전에 제1단계로서 직업수행의 자유를 제한하여 목적달성이 가능하다면 먼저 직업수행의 자유를 제한하여야 한다. 예로서 영업허가 거부대신에 영업시간의 제한(유흥업소의 심야영업제한)이나 영업방법의 제한(택시의 합승제한 혹은 10부제 운영) 등을 택하여야 한다는 것이다. 그리고 제1단계 제한으로 목적달성이 어려운 경우 제2단계인 주관적 사유(교육과정이수나 시험합격 등)을 이유로 직업결정의 자유를 제한하는 방법을 동원할 수 있다. 제2단계 제한의 예로는 병원 또는 약국의 개설이나 변호사 또는 회계사 업무를 보기 위하여 일정한 자격을 요하는 자격제한을 들 수 있다. 제2단계 제한으로도 해결이 되지 않을 때에 제3단계를 고려한다. 제3단계에 의한 제한은 개인의 노력으로도 해결될 수 없는 객관적 사유를 들어 직업결정의 자유를 제한하는 단계로서 기본권 침해의 개연성이 크므로 신중하게 택하여야 한다. 예컨대 화약류제조·판매·운송업 등의 영업허가 등이 여기에 속한다.

◆ 헌재판례

1. 직업의 자유에 대한 제한의 단계: 헌법 제15조는 '모든 국민은 직업선택의 자유를 가진다'고 규정하고 있고, 이는 직업결정의 자유, 전직의 자유, 직업종사(직업수행)의 자유 등을 그 내용으로 하는 종합적이고 포괄적인 직업의 자유를 보장하는 것이라고 해석된다. 그러나 한편, 직업의 자유는 기본권제한입법의 한계조항인 헌법 제37조 제2항에 따라 국가안전보장·질서유지 또는 공공복리를 위하여 불가피한 경우에는 이를 제한 할 수 있는 것이고, 직업의 자유를 구체적으로 어느 정도까지 제한할 수 있는지에 관하여 우리재판소는 직업결정의 자유나 전직의 자유에 비하여 직업종사의 자유에 대하여는 상대적으로 더욱 폭 넓은 법률상의 규제가 가능하다고 판시한 바 있다. 그리고 체육시설의 설치 및 이용에 관한 법률 시행규칙 제5조에 대한 헌법소원사건에서 당구장출입문에 18세 미만자의 출입금지표시를 하도록(게시의무규정) 규정한 규칙 제5조는 이 의무로 인하여 당구장 이용고객의 일정범위를 당구장 영업대상에서 제외시키는 결과가 된다고 할 것이므로 직업종사(수행)의 자유를 침해한다고 하였다(헌재 1993. 5. 13. 92헌마80; 헌재 2002. 12. 18. 2000헌마764).

2. 주관적 요건에 의한 직업선택의 자유 제한: 일반적으로 직업선택의 자유를 제한함에 있어, 어떤 직업의 수행을 위한 전제요건으로서 일정한 주관적 요건을 갖춘 자에게만 그 직업에 종사할 수 있도록 제한하는 경우에는, 이러한 주관적 요건을 갖추도록 요구하는 것이, 누구에게나 제한 없이 그 직업에 종사하도록 방임함으로써 발생할 우려가 있는 공공의 손실과 위험을 방지하기 위한 적절한 수단이고, 그 직업을 희망하는 모든 사람에게 동일하게 적용되어야 하며, 주관적 요건 자체가 그 제한목적과 합리적인 관계가 있어야 한다는 비례의 원칙이 적용되어야 할 것이다(헌재 1995. 6. 29. 90헌바43).

3. 객관적 사유에 의한 직업의 자유의 제한과 심사척도: 당사자의 능력이나 자격과 상관없는 객관적 사유에 의한 제한은 월등하게 중요한 공익을 위하여 명백하고 확실한 위험을 방지하기 위한 경우에만 정당화될 수 있고, 따라서 헌법재판소가 이 사건을 심사함에 있어서는 헌법 제37조 제2항이 요구하는바 과잉금지의 원칙, 즉 엄격한 비례의 원칙이 그 심사척도가 된다(헌재 2002. 4. 25. 2001헌마614).

4. 기타 판례
① 운전면허 취득 자체는 직업의 선택이라고 보기 어렵지만 이 사건 법률조항은 그 효과로서 5년이라는 장기간 동안 운전면허를 취득할 수 없도록 규정하고 있으므로 이 사건 법률조항에 해당하는 사람들 가운데 자동차 등의 운전을 필수불가결한 요건으로 하고 있는 일정한 직업군의 사람들에 대하여 종래에 유지하던 직업을 계속 유지하는 것을 불가능하게 하거나, 장래에 그와 같은 직업을 선택하는 것을 불가능하게 하는 효과를 발생시킨다. 따라서 이 사건 법률조항은 직업의 자유를 제한하는 법률조항이다.……이 사건 법률조항에 의한 기본권의 제한에는 그 제한에 상응하는 정도 이상의 중대한 공익이 존재한다. 결국, 이 사건 법률조항은 기본권 제한에서의 과잉금지의 원칙을 준수하고 있으므로 헌법에 위배되지 아니한다(헌재 2005. 4. 28, 2004헌바65, 도로교통법 제70조 제2항 제2호 위헌소원).

② 헌법재판소는 사법서사법시행규칙에 관한 헌법소원사건에서 사법서사직은 자질과 능력에 따라 법률생활에 중대한 영향을 미치는 존재이므로 자격부여에 신중을 요함은 물론이요, 자격요건은 국회가 합목적적으로 정할 입법사항이므로, 법개정에 있어 경합자환산규정을 두지 않음으로써 서기직종사기간이 주사직종사기간으로 환산되지 않았고, 따라서 사법서사직의 문호가 좁아져 직업선택의 자유를 제한하였다 하더라도 이는 사법서사의 질적 저하를 방지하기 위한 것이므로 대국민위해방지를 위한 공공복리를 위한 제한으로 보아야 한다고 합헌으로 결정하였다(88헌마1).
③ 15년이하 경력의 판·검사등의 퇴직후 퇴직전 2년이내 근무지에서의 변호사개업의 개업지를 제한한 것은 합리적 이유없이 차별하고 있어 평등의 규정에 위반되며, 직업선택의 자유를 제한한 것으로서 위헌이다(헌재 1989. 11. 20. 89헌가102).
④ 보호감호제도와 직업의 자유: 보호감호와 그 요건인 "재범의 위험성"이 헌법의 여러 규정에 위반되지 아니하는 점, 사회보호법 상 피보호감호자에 대하여는 보호감호시설에 수용하여 감호·교화하고 사회복귀에 필요한 직업훈련과 근로를 과할 수 있으며 근로는 피보호감호자의 동의가 있는 때에 한한다고 규정되어 있는 한편 보호감호시설의 장은 직업훈련·근로·치료 기타 감호·교화에 필요하다고 인정되는 때에 적당한 기관에 피보호감호자의 감호 등을 위탁할 수 있다고 규정되어 있는 점 등에 비추어, 비록 보호감호제도가 직업선택의 자유라는 개인의 기본권을 다소 제한하고 있는 측면이 있다 하더라도 이는 질서유지 또는 공공복리를 위하여 필요한 경우에 해당하는 조항으로서 위헌이라고는 볼 수 없다 할 것이다(헌재 2001. 3. 21. 99헌바7).
⑤ 안경사의 시력검사행위와 콘택트렌지 판매행위는 안과의사의 직업선택의 자유를 침해한 것은 아니다(헌재 1993. 11. 25. 92헌마87).
⑥ 18세 미만 청소년의 노래연습장출입을 제한한 것은 합헌이다(헌재 1996. 2. 29. 94헌마13 풍속영업의 규제에 관한 법률 제3호 제5호 등 위헌확인).
⑦ 대학과 유치원 및 대학유사교육기관 주변(학교환경·위생정화구역 내)에서 당구장영업을 금지한 것은 위헌이다(헌재 1997. 3. 27. 94헌마196).
⑧ 행정서사의 모든 겸직을 금지하고 그 위반행위에 대하여 징역형을 포함한 형사처벌을 하도록 한 규정은 필요한 정도를 넘어 직업선택의 자유를 제한한 것으로서 위헌이다(헌재 1997. 4. 24. 95헌마90).

Ⅲ. 주거의 자유

1. 헌법규정과 개념

우리 헌법은 제16조에서 '모든 국민은 주거(住居)의 자유를 침해받지 아니한다. 주거에 대한 압수나 수색에는 검사의 신청에 의하여 법관이 발부한 영장을 제시하여야 한다'고 규정하고 있다. 주거의 자유란 자기의 주거를 공권력이나 제3자로부터 침해당하지 않는 것을 의미한다. 인간의 사생활 공간에 대한 보호가 선행되지 않고는 사생활의 내용에 대한 보호도 기대하기 어려우므로(사생활의 공간적 보호), 주거의 자유는 사생활의 비밀과 자유를 지키기 위한 불가결의 기초가 된다. 주거의 자유는 사생활의 비밀과 자유와 중복되는 것이지만, 후자가 더 넓은 개념이라고 볼 것이다.

2. 주체

주거(住居)의 자유는 국민과 외국인에게 모두 인정되나, 법인에게는 인정될 수 없다. 따라서 법인 자체가 주거의 자유의 주체가 되는 것이 아니라, 생활공간의 장(사장, 공장장, 교장, 학장 등)이 주체가 될 수 있으며, 현실적인 거주자(주택·호텔의 객실)가 역시 주체가 될 수 있다.

3. 내용

(1) 주거의 불가침(不可侵)

주거는 사람이 주택 이외에도 현재의 거주 여하를 불문하고 거주하기 위하여 점유하고 있는 일체의 건조물 및 시설을 의미하며(회사, 사무실, 여관방, 연구실 등), 누구에게든지 개방이 허용된 상점(영업소) 등은 영업시간 중에는 주거라고 보기 어렵다. 이러한 주거에 거주자(居住者)의 승낙 없이 또는 의사에 반하여 주거에 들어가는 주거의 침입을 금지하는 것이며, 이는 인간의 사생활과 인격을 보호하기 위한 전제가 되는 수단이다. 그리고 주거의 침해(侵害)란 거주자의 승낙 없이 또는 그 의사에 반하여 주거에 들어가는 것(침입)뿐 아니라, 주거 내에 설치된 도청기를 사용하여 내부의 회화를 도청하거나 녹음하는 것도(주거 밖에서 도청하는 것은 사생활의 비밀의 침해는 되어도, 주거침해는 아니다) 주거침해가 된다고 할 것이다(사생활의 비밀의 침해가 됨은 물론이다). 대법원 판례에 의하면 불법목적 등의 정당한 이유 없이 주거에 진입하는 것은 형법상 주거침입죄를 구성한다.

(2) 주거의 수색·압수에 대한 영장제도

주거의 자유에 의하면, 주거에 대한 압수 수색에는 법관이 발부한 영장을 제시하는 것이 원칙이며, 정당한 이유에 의하여 권한이 있는 법관이 수색할 장소와 압수할 물건을 명시하여 발부한 영장에 의하여야 수색과 압수가 가능하다. 그리고 일반영장(동일한 영장에 의하여 수개의 물건·장소를 수색 압수)은 금지되며, 긴급체포의 경우 사후구속영장을 인정하고 있다. 즉, 구속영장의 집행·긴급구속을 하는 경우에 피구속자가 현존하는 당시의 장소를 수색하고 피구속자가 직접 점유하고 있는 물건의 압수는 영장 없이 가능하다. 그리고 단순한 행정목적을 위한 행정절차의 경우(위생·소방검열 등)에도 영장이 필요하지 않으나, 형사상 목적을 위한 행정절차의 경우(예: 조세법, 산림법 위반자 처벌)에는 반드시 영장이 필요하다.

4. 제한

헌법 제37조 제2항에 의하여 국가의 안전보장·질서유지 또는 공공복리를 위하여 필요한 경우에는 법률(우편법·경찰관직무집행법·소방법·전염예방법 등)에 의한 제한이 가능하다.

❀ 대법원판례

1. 타인의 처와 간통할 목적으로 그 처의 동의 하에 주거에 들어간 경우에 본부(本夫)에 대한 주거침입죄를 인정.
2. 대리시험자의 시험장입장에 대하여 주거침입죄를 인정(이는 승낙이 있어도 불법행위를 목적으로 들어간 경우에는 주거침입죄를 인정한 경우이다).
3. 대학 강의실은 누구나 자유롭게 출입할 수 있는 곳이 아니라고 하였다.

IV. 사생활의 비밀과 자유

1. 헌법규정과 개념

우리 헌법은 제17조에서 '모든 국민은 사생활의 비밀과 자유를 침해받지 아니한다'고 규정하고 있으며, 제8차개헌인 제5공화국헌법(1980년헌법)에서 신설되었다. 사생활의 자유는 1890년 Warren과 Brandeis의 "The Right to Privacy"라는 논문이 발표된 이래 미 대법원판결에 의해 독립적 권리로서 확립되었다. 한국, 이집트, 스페인 및 포르투칼 등에서 명문규정을 가지고 있다. 독일은 일반적 인격권에 포함하고 있으며, 일본은 인간의 존엄과 가치 및 행복추구권에 편입하고, 미국은 1970년 사생활보호법률과 1974년 프라이버시법(1984년개정)에서, 영국은 1984년 정보보호법에서 이를 보호하고 있다.

사생활비밀의 자유를 프라이버스(Privacy)권과 동일한 것으로 파악하는 경향이며(프라이버시권의 내용에는 통신의 비밀, 인격권, 초상권, 성명권, 명예권, 주거의 자유 등이 포함되므로 동일시할 수 없다는 견해도 있음), 소극적으로는 사생활을 함부로 공개당하지 아니하고 사생활의 평온과 비밀을 요구할 수 있는 법적 보장을 의미하며(소극적 의미), 적극적으로는 자신에 관한 정보를 관리·통제할 수 있는 법적 능력을 의미하고(적극적 의미), 인격권(人格權)의 일부를 구성한다.

우리 헌법상 사생활의 비밀과 자유의 불가침규정은 사생활자유권의 목적조항(目的條項)이며, 제16조의 주거의 불가침과 제14조의 거주·이전의 자유, 제18조 통신의 불가침 등은 그 실현수단이기도 하다. 따라서 사생활의 비밀의 자유는 자유권적 성격, 인격권적 성격, 일신전속적 권리, 적극적 권리성(청구권적 성격)을 가진다.

◆ 헌재판례

1. 사생활의 자유는 사회공동체의 일반적인 생활규범의 범위 내에서 사생활을 자유롭게 형성해 나가고 그 설계 및 내용에 대해서 외부로부터 간섭을 받지 아니할 권리라고 할 수 있다(헌재 2002. 3. 28. 2000헌마53).
2. '사생활의 자유'란, 사회공동체의 일반적인 생활규범의 범위 내에서 사생활을 자유롭게 형성해 나가고 그 설계 및 내용에 대해서 외부로부터의 간섭을 받지 아니할 권리로서, 사생활과 관련된 사사로운 자신만의 영역이 본인의 의사에 반해서 타인에게 알려지지 않도록 할 수 있는 권리인 '사생활의 비밀'과 함께 헌법상 보장되고 있는바, 선거운동 과정에서 자신의 인격권이나 명예권을 보호하기 위하여 대외적으로 해명을 하는 행위는 표현의 자유에 속하는 영역이라고 할 수 있을 뿐 이미 사생활의 자유에 의하여 보호되는 범주를 벗어난 행위라고 볼 것이므로, 선거와 관련하여 문서·도화 등의 배부 등의 행위를 제한하고 있는 공직선거및선거부정방지법 제93조 제1항은 사생활의 자유를 침해하지 않는다(헌재 2001. 8. 30. 99헌바92등).

2. 주 체

사생활의 비밀의 자유는 인간의 권리로서 국민과 외국인에게 모두 인정된다. 법인에 대해서는 학설이 대립되어 있으나, 부정하는 것이 원칙이며, 예외적으로 법인의 명칭, 상호, 상표 등에 대하여는 인정하는 것이 타당하다. 그리고 사자(死者)는 주체성이 부인된다.

3. 내용

(1) 사생활의 비밀의 불가침

사생활의 비밀과 자유는 사적사항(私的事項)과 명예나 신용 그리고 인격적 징표에 대한 불가침을 포함한다. 즉 본인이 비밀로 하고 싶어 하는 개인에 관한 난처한 사적 사항은 신문·잡지·영화·TV등 매스미디어에 의하여 내용 그대로 공개되는 것도 허용되지 아니하며(예: 개인의 숨겨진 과거의 사실을 영화화하는 행위, 여인의 골반부 위의 X광선 사진을 지상에 공개하는 행위 등), 허구의 사실을 공표하거나 사실을 과장 또는 왜곡하여 공표함으로써 세인(世人)으로 하여금 특정인을 진실과 다르게 알게 해서는 안된다(예: 자신의 의견이나 발언이 아닌 것을 그의 것인 양 허위로 발표하는 행위, 여러 사람이 함께 찍은 사진을 두 사람의 것 외는 오려내고 게재하는 행위, 저속한 외설적인 기사를 장식하는 데 사진을 사용하는 경우 등). 그리고 성명·초상·경력 등 본인에게 고유한 속성 즉, 인격적 징표는 본인의 인격적 이익을 침해하기 위하여 도용되어서는 아니된다(예; 본인의 동의없이 초상을 촬영하거나 명예를 사용하는 행위 등).

(2) 사생활의 자유의 불가침

사생활의 비밀과 자유는 자유로운 사생활의 형성과 유지를 침해받지 아니할 권리도 포함한다. 이를 실현하기 위해서 개인의 평온한 사생활이 적극적으로 침해 간섭받거나 소극적으로 감시, 도청, 도촬하는 행위 등에 의하여 교란됨으로써 불안, 불쾌감을 유발해서는 안되며(예: 호텔에 투숙한 여인이 매춘행위를 하고 있지나 않나 확인하기 위하여 관리인이 무단침입하는 행위, 방에다 마이크 장치를 하고 옆방에서 전화를 도청하는 행위, 은행예금을 부당하게 조사하는 행위 등), 개인은 자기가 원하는 바에 따라 자유로이 사생활을 영위하는 것을 억제 또는 위협받지 않아야 한다(예: 산책·등산·낚시 등 취미생활을 간섭·방해, 의복이나 모발의 형태를 일정한 것으로 강요하는 행위 등). 그리고 자기정보통제권도 포함되며, 자기정보통제권은 오류·허위보도의 수정 보완권, 자기정보의 무단이용·공표 금지 요구권, 자기정보의 수집·분석의 배제 요구권 등이 구체적 내용이다.

◆ 헌재판례

1. 개인정보의 종류 및 성격, 수집목적, 이용형태, 정보처리방식 등에 따라 개인정보자기결정권의 제한이 인격권 또는 사생활의 자유에 미치는 영향이나 침해의 정도는 달라지므로 개인정보자기결정권의 제한이 정당한지 여부를 판단함에 있어서는 위와 같은 요소들과 추구하는 공익의 중요성을 헤아려야 하는바, 피청구인 서울특별시 교육감과 교육인적자원부장관이 졸업증명서 발급업무에 관한 민원인의 편의 도모, 행정효율성의 제고를 위하여 개인의 존엄과 인격권에 심대한 영향을 미칠 수 있는 민감한 정보라고 보기 어려운 성명, 생년월일, 졸업일자 정보만을 NEIS에 보유하고 있는 것은 목적의 달성에 필요한 최소한의 정보만을 보유하는 것이라 할 수 있고, 공공기관의개인정보보호에관한법률에 규정된 개인정보 보호를 위한 법규정들의 적용을 받을 뿐만 아니라 피청구인들이 보유목적을 벗어나 개인정보를 무단 사용하였다는 점을 인정할 만한 자료가 없는 한 NEIS라는 자동화된 전산시스템으로 그 정보를 보유하고 있다는 점만으로 피청구인들의 적법한 보유행위 자체의 정당성마저 부인하기는 어렵다(헌재 2005. 7. 21. 2003헌마282등).

2. 개인정보자기결정권은 자신에 관한 정보가 언제 누구에게 어느 범위까지 알려지고 또 이용되도록 할 것인지를 그 정보주체가 스스로 결정할 수 있는 권리, 즉 정보주체가 개인정보의 공개와 이용에 관하여 스스로 결정할 권리를 말하는바, 개인의 고유성, 동일성을 나타내는 지문은 그 정보주체를 타인으로부터 식별가능하게 하는 개인정보이므로, 시장·군수 또는 구청장이 개인의 지문정보를 수집하고, 경찰청장이 이를 보관·전산화하여 범죄수사목적에 이용하는 것은 모두 개인정보자기결정권을 제한하는 것이다.……이 사건 지문날인제도가 과잉금지의 원칙에 위배하여 청구인들의 개인정보자기결정권을 침해하였다고 볼 수 없다(헌재 2005. 5. 26. 99헌마513, 2004헌마190, 주민등록법 제17조의8 등 위헌확인 등).

3. 흡연권은 사생활의 자유를 실질적 핵으로 하는 것이고 혐연권은 사생활의 자유뿐만 아니라 생명권에까지 연결되는 것이므로 혐연권이 흡연권보다 상위의 기본권이다. 상하의 위계질서가 있는 기본권끼리 충돌하는 경우에는 상위기본권우선의 원칙에 따라 하위기본권이 제한될 수 있으므로, 흡연권은 혐연권을 침해하지 않는 한에서 인정되어야 한다. 흡연은 국민의 건강을 해치고 공기를 오염시켜 환경을 해친다는 점에서 국민 공동의 공공복리에 관계되므로, 공공복리를 위하여 개인의 자유와 권리를 제한할 수 있도록 한 헌법 제37조 제2항에 따라 흡연행위를 법률로써 제한할 수 있다. 금연구역의 지정에 관하여 규정하고 있는 국민건강증진법시행규칙 제7조는 국민의 건강을 보호하기 위한 것으로서 목적의 정당성을 인정할 수 있고, 일정한 내용의 금연구역을 설정하는 방법의 적정성도 인정할 수 있으며, 달성하려는 공익이 제한되는 사익보다 커 법익균형성도 인정되고, 금연구역 지정의 대상과 요건을 고려할 때 최소침해성도 인정되므로, 과잉금지원칙에 위반되지 아니한다(헌재 2004. 8. 26. 2003헌마457 국민건강증진법시행규칙 제7조 위헌확인).

4. 존속상해치사죄와 같은 범죄행위가 헌법상 보호되는 사생활의 영역에 속한다고 볼 수 없을 뿐만 아니라, 이 사건 법률조항의 입법목적이 정당하고 그 형의 가중에 합리적 이유가 있으며 직계존속이 아닌 통상인에 대한 상해치사죄도 형사상 처벌되고 있는 이상, 그 가중처벌에 의하여 가족관계상 비속의 사생활이 왜곡된다거나 존속에 대한 효의 강요나

개인 윤리문제에의 개입 등 외부로부터 부당한 간섭이 있는 것이라고는 말할 수 없으므로, 존속상해치사죄에 대해 형벌을 가중하고 있는 형법 제259조 제2항은 헌법 제17조의 사생활의 자유를 침해하지 아니한다(헌재 2002. 3. 28. 2000헌마53).

4. 한계와 제한

사생활의 비밀의 자유도 헌법 제37조 제2항의 일반적 법률유보의 원칙 하에서 제한이 가능하다. 특히 표현의 자유와의 충돌의 문제가 제기될 수 있으며, 이 경우에는 권리포기이론(예: 자살자), 공익이론(보도적 가치, 교육적 가치, 계몽적 가치가 있는 경우 면책사유됨. 공정한 해설, 사이비종교, 범죄피해자의 공개 등) 및 공적 인물의 이론(정치인, 운동선수, 연예인, 범인와 그 가족과 피의자 등)이 주장되고 있으며, 헌법재판소(헌재 1999. 6. 24. 97헌마265)와 대법원(대판 1988. 10. 11 85다카29)은 표현의 자유와 사생활비밀의 자유를 비교형량하여야 한다고 판시하고 있다.

그리고 수사권 발동은 사생활의 비밀을 보호하기 위하여 헌법상 요건에 따라 필요최소한에 그쳐야 하며, 국회에 의한 국정감사와 국정조사도 합리성과 비례성을 적용하여 필요한 최소한 그쳐야 한다. 국정감사 및 조사에 관한 법률 제8조는 국정감사와 국정조사의 한계로서 '감사 또는 조사는 개인의 사생활을 침해하거나 계속중인 재판 또는 수사중인 사건의 소추에 관여할 목적으로 행사되어서는 아니된다'고 규정하고 있다. 그리고 국세기본법은 10억원 이상인 체납자의 인적사항·체납액 등에 대하여 명단공개제도를 두고 있다(동법 제85조의5 제1항).

5. 침해와 구제

(1) 침해

입법기관의 위헌적인 법률의 제정으로, 행정기관의 불법적인 가택침입, 도청, 감시, 촬영 등으로 사생활의 비밀과 자유가 침해될 수 있으며, 사인(私人)과 각종 사설단체 등에 의하여도 침해될 수 있다.

(2) 구제

국가권력에 대하여는 법률의 위헌심사, 청원, 손해배상, 관계 공무원의 징계를 통하여 구제받을 수 있으며, 사인에 대하여는 원인배제, 손해배상, 정정요구, 사죄광고 등의 게재 등으로 구제받을 수 있다. 정기간행물의 등록 등에 관한 법률과 방송법은 사생활의 비밀과 자유가 침해된 자에게 정정보도나 정정방송을 청구할 권리를 규정하고 있다.

V. 통신의 자유

1. 헌법규정과 개념

우리 헌법은 제18조에서 '모든 국민은 통신의 비밀을 침해 받지 아니한다'고 규정하고 있으며, 이는 건국 이래 계속되어 온 규정이다.

헌법 제18조는 통신의 비밀의 불가침을 직접적인 목적으로 하는 통신의 자유를 보장하기 위한 규정이며(권영성), 나아가 인격권을 내용으로 하는 사생활의 비밀과(헌법 제17조) 표현의 자유(제21조)를 보장하기 위한 수단이라고 하겠다. 그리고 통신의 자유의 주체로는 자연인(외국인 포함)과 법인 모두 인정된다.

2. 내 용

(1) 통신의 개념

통신이란 협의로는 신서, 전화 및 전보를 의미하지만, 광의로는 물품의 접수(다수설)까지 포함한다. 따라서 통신은 신서·통신·전화 및 그 밖의 우편물과 같이 우편기관에 의한 격지자(隔地者) 간의 의사전달은 물론 물품의 수수까지 포함한다고 본다.

(2) 통신비밀의 불가침

통신의 자유, 즉 통신의 비밀의 불가침이란 개인이 그들의 의사나 정보를 자유로 송달·교환하는 경우에 그 내용(통신의 형태나 내용, 당사자, 배달의 방법 등)이 본인의 의사에 반하여 공개되지 않는 것을 의미한다. 즉 발신에서부터 수신 사이에 비밀의 불가침을 의미하며 봉신(封信)의 개파(開破)가 금지, 통신사무의 직무상 알게 된 사항 누설 금지, 통신직원 이외의 비밀 탐지를 위한 통신사무 관여 금지 등을 내용으로 한다.

▶ 참 고

통신비밀보호법 제2조
제2조 (정의) 이 법에서 사용하는 용어의 정의는 다음과 같다.
1. "통신"이라 함은 우편물 및 전기통신을 말한다.
2. "우편물"이라 함은 우편법에 의한 통상우편물과 소포우편물을 말한다.
3. "전기통신"이라 함은 전화·전자우편·회원제정보서비스·모사전송·무선호출 등과 같이 유선·무선·광선 및 기타의 전자적 방식에 의하여 모든 종류의 음향·문언·부호 또는 영상을 송신하거나 수신하는 것을 말한다.

3. 제한

(1) 제한근거 법률

통신비밀의 자유도 절대적 기본권이 아니므로 헌법 제37조 제2항의 일반적 법률유보에 의하여 제한이 가능하다. 통신비밀의 자유를 제한하는 대표적인 법률로는 통신비밀보호법, 형의 집행 및 수용자의 처우에 관한 법률, 국가보안법, 채무자 회생 및 파산에 관한 법률 및 전파법이 있다. 통신비밀보호법은 우편물검열, 전기통신감청, 대화의 녹음·청취를 할 수 있는 절차를 규정하고 있으며, 형의 집행 및 수용자의 처우에 관한 법률은 제43조와 제44조에서 수형자의 신서수발(信書受發)과 전화통화에 대한 교도 공무원 검열(교도소의 치안 유지 목적)과 녹음 등을 규정하고, 국가보안법은 제8조 제1항에서 반국가단체와의 통신을 금지하고 있으며, 채무자 회생 및 파산에 관한 법률은 채무자의 회생절차에 있어서는 관리인에게 파산절차에 있어서는 파산관재인에게 채무자의 우편물에 대한 수령과 개파(開破)를 허용하고 있으며, 전파법은 제80조에서 헌법 또는 국가기관을 폭력으로 파괴할 것을 주장하는 통신을 금지하고 있다.

(2) 통신비밀보호법상의 통신제한조치

통신비밀보호법은 통신 및 대화의 비밀과 자유에 대한 제한을 엄격히 하도록 하여 통신비밀을 보호하고 통신의 자유를 신장하기 위하여 '누구든지 통신비밀보호법 등 관련 법률의 규정에 의하지 아니하고는 우편물의 검열·전기통신의 감청 또는 통신사실확인자료의 제공을 하거나 공개되지 아니한 타인간의 대화를 녹음 또는 청취하지 못하도록' 정하고 있으며(동법 제3조), 우편물에 대한 불법검열이나 불법감청에 의하여 취득한 내용을 재판 또는 징계절차에서 증거로 사용할 수 없도록 규정하고 있다(동법 제4조, 불법의 과실은 불법임을 선언).

그리고 동법에서는 범죄의 수사나 범인의 체포 등을 위하여(동법 제5조) 또는 국가안정보장에 대한 위해를 방지하기 위하여(동법 제7조) 필요한 경우에는 통신제한조치(우편물의 검열 또는 전기통신의 감청을 의미, 동법 제3조 제2항)를 할 수 있도록 규정하고 있으며, 이는 검사의 청구(사법경찰관은 검사에게 허가청구를 신청)에 따라 법원이 허가에 의하여 이루어지도록 하고 있다. 예외적으로 긴급을 요할 때(국가안보를 위협하는 음모행위, 직접적인 사망이나 심각한 상해의 위험을 야기할 수 있는 범죄 또는 조직범죄등 중대한 범죄의 계획이나 실행 등 긴박한 상황)에는 사후 허가를 인정하고 있다(동법 제8조). 한편 통신제한조치와 관련된 사항에 대하여 관련자들은 이를 외부에 공개하거나 누설하지 못하도록 하였으며(동법 제12조), 통신제한조치 전반에 대하여 국회 상임위원회가 보고받는 제도를 두어 통제할 수 있도록 하고 있다(동법 제15조).

> **참 고**

1. 형의 집행 및 수용자의 처우에 관한 법률 제43조 제1항 '수용자는 다른 사람과 서신을 주고받을 수 있다. 다만, 다음 각 호의 어느 하나에 해당하는 사유가 있으면 그러하지 아니하다. 1.「형사소송법」이나 그 밖의 법률에 따른 서신의 수수금지 및 압수의 결정이 있는 때 2. 수형자의 교화 또는 건전한 사회복귀를 해칠 우려가 있는 때 3. 시설의 안전 또는 질서를 해칠 우려가 있는 때' 제44조 제1항 '수용자는 소장의 허가를 받아 교정시설의 외부에 있는 사람과 전화통화를 할 수 있다.' 제2항 '제1항에 따른 허가에는 통화내용의 청취 또는 녹음을 조건으로 붙일 수 있다.''
2. 국가보안법 제8조 제1항 '국가의 존립·안전이나 자유민주적 기본질서를 위태롭게 한다는 정을 알면서 반국가단체의 구성원 또는 그 지령을 받은 자와 회합·통신 기타의 방법으로 연락을 한 자는 10년 이하의 징역에 처한다.'
3. 채무자 회생 및 파산에 관한 법률 제80조 제1항 '법원은 체신관서·운송인 그 밖의 자에 대하여 채무자에게 보내오는 우편물·전보 그 밖의 운송물을 관리인에게 배달할 것을 촉탁할 수 있다.' 동조 제2항 '관리인은 그가 받은 제1항의 규정에 의한 우편물·전보 그 밖의 운송물을 열어볼 수 있다.' 제484조 제1항 '법원은 체신관서·운송인 그 밖의 자에 대하여 채무자에게 보내는 우편물·전보 그 밖의 운송물을 파산관재인에게 배달할 것을 촉탁할 수 있다.' 동조 제2항 '파산관재인은 그가 수령한 제1항의 규정에 의한 우편물·전보 그 밖의 운송물을 열어 볼 수 있다.'
4. 전파법 제77조 제1항 '무선설비나 전선로에 주파수가 9킬로헤르츠 이상인 전류가 흐르는 통신설비(케이블반송설비 및 평형2선식 나선반송설비를 제외한 통신설비를 말한다)를 이용하여 「대한민국헌법」 또는 「대한민국헌법」에 따라 설치된 국가기관을 폭력으로 파괴할 것을 주장하는 통신을 한 자는 3년 이상의 유기징역 또는 금고에 처한다.'

◆ 헌재판례

1. 징역형 등이 확정되어 교정시설에서 수용중인 수형자도 통신의 자유의 주체가 된다. ……통신의 중요한 수단인 서신의 당사자나 내용은 본인의 의사에 반하여 공개될 수 없으므로 서신의 검열은 원칙으로 금지되나, 헌법 제37조 제2항에 따라 국가안전보장·질서유지 또는 공공복리를 위하여 필요한 경우에는 법률로써 제한할 수 있고, 다만 제한하는 경우에도 그 본질적인 내용은 침해할 수 없다. 수형자를 구금하는 목적은 자유형의 집행이고, 자유형의 본질상 수형자에게는 외부와의 자유로운 교통·통신에 대한 제한이 수반된다. 따라서 수형자에게 통신의 자유를 구체적으로 어느 정도 인정할 것인가의 기준은 기본적으로 입법권자의 입법정책에 맡겨져 있다. 수형자의 교화·갱생을 위하여 서신수발의 자유를 허용하는 것이 필요하다고 하더라도, 구금시설은 다수의 수형자를 집단으로 관리하는 시설로서 규율과 질서유지가 필요하므로 수형자의 서신수발의 자유에는 내재적 한계가 있고, 구금의 목적을 달성하기 위하여 수형자의 서신에 대한 검열은 불가피하다. 행형법(2007.12.21 전면개정, 형의 집행 및 수용자의 처우에 관한 법률) 제18조 제3항에 의하여 수형자가 수발하는 서신에 대한 검열로 인하여 수형자의 통신의 비밀이 일부 제한되는 것은 국가안전보장·질서유지 또는 공공복리라는 정당한 목적을 위하여 부득이할 뿐만 아니라 유효 적절한 방법에 의한 최소한의 제한이며 통신의 자유의 본질적 내용을 침해하는 것이 아니다(헌재 1998. 8. 27. 96헌마398).

2. 금치 징벌의 목적 자체가 징벌실에 수용하고 엄격한 격리에 의하여 개전을 촉구하고자 하는 것이므로 접견·서신수발의 제한은 불가피하며, 행형법시행령(2008. 10. 29. 전면개정, 형의 집행 및 수용자의 처우에 관한 법률 시행령) 제145조 제2항은 금치 기간 중의 접견·서신수발을 금지하면서도, 그 단서에서 소장으로 하여금 "교화 또는 처우상 특히 필요하다고 인정되는 때"에는 금치 기간 중이라도 접견·서신수발을 허가할 수 있도록 예외를 둠으로써 과도한 규제가 되지 않도록 조치하고 있으므로, 금치 수형자에 대한 접견·서신수발의 제한은 수용시설 내의 안전과 질서 유지라는 정당한 목적을 위하여 필요·최소한의 제한이다(헌재 2004. 12. 16. 2002헌마478).

3. 국가기관의 경우에는 감청설비의 보유와 사용이 제도적으로 관리·감독될 수 있고, 특히 수사기관의 경우 통신비밀침해행위를 억제하기 위한 통제수단이 법적으로 마련되어 있으므로, 정보통신부장관의 '인가' 없이 국가기관이 감청설비를 보유·사용할 수 있다 하더라도 그 사실만 가지고 바로 국가기관에 의한 통신비밀 침해행위를 용이하게 하는 결과를 초래함으로써 통신의 자유를 침해한다고 볼 수는 없다(헌재 2001. 3. 21. 2000헌바25).

◈ 대법원판례

재북가족과의 단순한 안부에 관한 서신의 교환은 특별한 사정이 없는 한 반국가단체를 이롭게 한 것이라고 볼 수 없기에 반공법 제4조제1항에 위반되지 않는다(대판 1972. 3. 28. 72도227, 반공법위반).

Ⅵ. 재산권(財産權)의 보장

1. 헌법규정

우리헌법은 재산권의 보장에 대하여 헌법 제23조에서 재산권보장에 관하여 기본내용을 규정하고, 재산권을 보장을 더욱 충실히 하기 위하여, 제13조 제2항에서는 '소급입법에 의한 재산권의 박탈금지', 제23조에서는 '무체재산권(無體財産權)의 보장', 제120조에서는 '광업권 등의 특허(特許)', 제121조에서는 '농지 소작제의 금지', 제122조에서는 '국토에 관한 제한과 의무' 그리고 제126조에서는 '사영기업(私營企業)의 국·공유화와 그 경영의 통제·관리' 등을 규정하고 있다.

재산권보장은 근대초기에는 자유방임사상을 배경으로 한 재산권의 신성불가침성을 강조하였으나, 근대이후 자본주의 발전에 따른 사회적 모순이 발생함으로써 수정자본주의가 대두되고, 이에 따라 바이마르 헌법에서 최초로 재산권행사의 공공복리적합성을 규정하게 되었다.

2. 법적 성격과 기능

(1) 법적 성격

재산권의 법적 성격은 자유권설과 제도보장설 그리고 권리와 제도를 동시에 보장한다고 보는 절충설(다수설)이 있다. 우리 헌법규정이 모든 국민에게 재산권을 보장한다는 의미는 사유재산에 대한 주관적 공권의 성격과 객관적인 가치질서로서의 성격을 아울러 내포한다는 것이다.

(2) 기능

헌법에서 재산권을 보장하는 것은 국민의 일상생활에서 물질적인 기초를 확보케 하고, 직업의 활력소가 되며, 자본주의 경제질서의 기초를 마련하고, 사회국가이념을 실현하기 위한 수단으로서 기능한다.

3. 재산권의 주체와 객체

재산권은 모든 국민(자연인, 법인)에게 보장되며, 외국인에게는 다소 제한이 따른다. 그리고 헌법 제23조가 보장하고자 하는 권리의 객체는 사법상(私法上)의

물권, 무체재산권과 공법상(公法上)의 연금권, 봉급권, 수리권(水利權), 하천점유권 등을 모두 포함하며, 광업권, 어업권, 수렵권 등도 재산권으로서 보장된다.

4. 내 용

(1) 재산권보장

우리헌법은 재산권을 구체적으로 보장하기 위하여 헌법 제23조 제1항에서 '모든 국민의 재산권은 보장된다. 그 내용과 한계는 법률로 정한다'고 규정하여, 재산권의 내용과 한계를 법률로 정하도록 하였다(재산권 법정주의). 그리고 '공공필요에 의한 재산권의 수용·사용 또는 제한 및 그에 대한 보상은 법률로써 하되, 정당한 보상을 지급하여야 한다'고 하여 재산권의 제한에는 반드시 법적근거가 필요함을 명시하고 있다. 그리고 헌법 제13조 제2항은 '모든 국민은 소급입법에 의하여······재산권을 박탈당하지 아니한다'라고 하여 소급입법(遡及立法)에 의한 재산권의 박탈(剝奪)을 금지하고 있다.

그리고 우리 헌법은 경제조항 중에도 재산권보장의 내용이 함께 규정되어 있다. 헌법 제119조는 경제질서에 대한 기본원칙으로서 사회적 시장경제질서를 선언하고 있으며, 농지소작제의 원칙적 금지(제121조), 국토에 관한 제한과 의무(제122조), 사영기업의 국·공유화의 원칙적 제한(제126조) 등을 규정하고 있다.

(2) 사유재산제 보장

헌법 제23조의 재산권보장은 기본권으로서의 재산권도 보장하면서 동시에 제도로서의 사유재산제(私有財産制)를 보장하는 것으로 해석하고 있다. 사유재산제도가 보장되므로 사유재산제는 입법자(立法者)를 구속하므로, 사유재산제를 입법으로 폐지할 수 없고, 생산수단의 전면적 국·공유화나 자본주의 이외의 경제체제(공산주의, 사회주의)로의 전환도 인정되지 않는다.

◆ 헌재판례

헌법재판소는 상속세법 제9조 2항에 대한 헌법소원사건에서 상속세나 증여세 산정에 있어서 무신고나 과소신고의 경우 상속세나 증여세를 상속이나 증여당시의 재산가액이 아닌 조세부과 당시의 가액을 기준하도록 한 것은 상속세법이 납세신고의무의 불이행에 대하여 가산세를 부과하는 것 이외에 다른 제재수단은 허용하고 있지 않으며, 이를 허용한다면 법률이 아닌 행정당국의 재량에 따라 과세표준의 평가기준시기 그 자체를 달리하는 것을 인정하는 것이 되므로 위헌이라고 하였다(90헌바21).

5. 재산권보장의 한계와 제한

(1) 재산권 보장의 한계

제23조 제1항은 재산권의 내용과 한계(限界)를 법률로서 정하도록 하고 있으며, 제2항에서는 재산권의 행사에 공공복리적합의무(公共福利適合義務)를 부과하고 있다. 이는 재산권의 사회기속성(社會羈束性)을 선언한 것이며, 공공복리적합의무도 법적(法的) 의무를 의미한다. 따라서 재산권은 동조 제3항에 의한 공용침해(公用侵害)뿐 아니라 보상(補償)이 없는 무상(無償)의 제약도 가능하다. 공용침해와 무상의 침해의 구별기준은 특별한 희생인지의 여부이며, 재산권의 침해가 특별한 희생이 아니라면 어느 정도 수인(受認)하여야 한다.

헌법재판소도 재산권의 본질적 내용인 사용·수익권과 처분권을 부인하지 않는 범위 내에서, 개발제한구역의 지정으로 인한 개발가능성의 소멸과 그에 따른 지가의 하락이나 지가상승률의 상대적 감소는 토지소유자가 감수해야 하는 사회적 제약의 범주에 속하는 것으로 보고 있다(헌재 1998. 12. 24. 89헌마214 등).

◆ 헌재판례

1. 헌법재판소는 민법 제245조 1항에 대한 헌법소원사건에서 재산권의 내용과 한계를 법률로 정한다는 것은 형성적 법률유보이며, 민법 제245조는 헌법이 보장하고 있는 재산권인 부동산소유권의 득실에 관한 내용과 한계를 구체적으로 형성하고 있는 것이므로 합헌이라고 하였다(92헌바20).
2. 토지거래허가제는 합헌으로서 위헌불선언결정(헌재 1989. 12. 22. 88헌가13).
3. 헌법상의 재산권은 토지소유자가 이용가능한 모든 용도로 토지를 자유로이 최대한 사용할 권리나 가장 경제적 또는 효율적으로 사용할 수 있는 권리를 보장하는 것을 의미하지는 않는다. 입법자는 중요한 공익상의 이유로 토지를 일정 용도로 사용하는 권리를 제한할 수 있다. 따라서 토지의 개발이나 건축은 합헌적 법률로 정한 재산권의 내용과 한계 내에서만 가능한 것일 뿐만 아니라 토지재산권의 강한 사회성 내지는 공공성으로 말미암아 이에 대하여는 다른 재산권에 비하여 보다 강한 제한과 의무가 부과될 수 있다(헌재 1998. 12. 24. 89헌마214 등).

4. 개발제한구역을 지정하여 그 안에서는 건축물의 건축 등을 할 수 없도록 하고 있는 도시계획법 제21조는 헌법 제23조 제1항, 제2항에 따라 토지재산권에 관한 권리와 의무를 일반·추상적으로 확정하는 규정으로서 재산권을 형성하는 규정인 동시에 공익적 요청에 따른 재산권의 사회적 제약을 구체화하는 규정인바, 토지재산권은 강한 사회성, 공공성을 지니고 있어 이에 대하여는 다른 재산권에 비하여 보다 강한 제한과 의무를 부과할 수 있으나, 그렇다고 하더라도 다른 기본권을 제한하는 입법과 마찬가지로 비례성원칙을 준수하여야 하고, 재산권의 본질적 내용인 사용·수익권과 처분권을 부인하여서는 아니된다(헌재 1998. 12. 24. 89헌마214 등).

5. 개발제한구역 지정으로 인하여 토지를 종래의 목적으로도 사용할 수 없거나 또는 더 이상 법적으로 허용된 토지이용의 방법이 없기 때문에 실질적으로 토지의 사용·수익의 길이 없는 경우에는 토지소유자가 수인해야 하는 사회적 제약의 한계를 넘는 것으로 보아야 한다(헌재 1998. 12. 24. 89헌마214 등).

6. 개발제한구역의 지정으로 인한 개발가능성의 소멸과 그에 따른 지가의 하락이나 지가상승률의 상대적 감소는 토지소유자가 감수해야 하는 사회적 제약의 범주에 속하는 것으로 보아야 한다. 자신의 토지를 장래에 건축이나 개발목적으로 사용할 수 있으리라는 기대가능성이나 신뢰 및 이에 따른 지가상승의 기회는 원칙적으로 재산권의 보호범위에 속하지 않는다. 구역지정 당시의 상태대로 토지를 사용·수익·처분할 수 있는 이상, 구역지정에 따른 단순한 토지이용의 제한은 원칙적으로 재산권에 내재하는 사회적 제약의 범주를 넘지 않는다(헌재 1998. 12. 24. 89헌마214 등).

7. 도시계획법 제21조에 의한 재산권의 제한은 개발제한구역으로 지정된 토지를 원칙적으로 지정 당시의 지목과 토지현황에 의한 이용방법에 따라 사용할 수 있는 한, 재산권에 내재하는 사회적 제약을 비례의 원칙에 합치하게 합헌적으로 구체화한 것이라고 할 것이나, 종래의 지목과 토지현황에 의한 이용방법에 따른 토지의 사용도 할 수 없거나 실질적으로 사용·수익을 전혀 할 수 없는 예외적인 경우에도 아무런 보상없이 이를 감수하도록 하고 있는 한, 비례의 원칙에 위반되어 당해 토지소유자의 재산권을 과도하게 침해하는 것으로서 헌법에 위반된다(헌재 1998. 12. 24. 89헌마214 등).

8. 도시계획법 제21조에 규정된 개발제한구역제도 그 자체는 원칙적으로 합헌적인 규정인데, 다만 개발제한구역의 지정으로 말미암아 일부 토지소유자에게 사회적 제약의 범위를 넘는 가혹한 부담이 발생하는 예외적인 경우에 대하여 보상규정을 두지 않은 것에 위헌성이 있는 것이고, 보상의 구체적 기준과 방법은 헌법재판소가 결정할 성질의 것이 아니라 광범위한 입법형성권을 가진 입법자가 입법정책적으로 정할 사항이므로, 입법자가 보상입법을 마련함으로써 위헌적인 상태를 제거할 때까지 위 조항을 형식적으로 존속케 하기 위하여 헌법불합치결정을 하는 것인바, 입법자는 되도록 빠른 시일내에 보상입법을 하여 위헌적 상태를 제거할 의무가 있고, 행정청은 보상입법이 마련되기 전에는 새로 개발제한구역을 지정하여서는 아니되며, 토지소유자는 보상입법을 기다려 그에 따른 권리행사를 할 수 있을 뿐 개발제한구역의 지정이나 그에 따른 토지재산권의 제한 그 자체의

효력을 다투거나 위 조항에 위반하여 행한 자신들의 행위의 정당성을 주장할 수는 없다 (헌재 1998. 12. 24. 89헌마214 등).

9. 입법자가 도시계획법 제21조를 통하여 국민의 재산권을 비례의 원칙에 부합하게 합헌적으로 제한하기 위해서는, 수인의 한계를 넘어 가혹한 부담이 발생하는 예외적인 경우에는 이를 완화하는 보상규정을 두어야 한다. 이러한 보상규정은 입법자가 헌법 제23조 제1항 및 제2항에 의하여 재산권의 내용을 구체적으로 형성하고 공공의 이익을 위하여 재산권을 제한하는 과정에서 이를 합헌적으로 규율하기 위하여 두어야 하는 규정이다. 재산권의 침해와 공익간의 비례성을 다시 회복하기 위한 방법은 헌법상 반드시 금전보상만을 해야 하는 것은 아니다. 입법자는 지정의 해제 또는 토지매수청구권제도와 같이 금전보상에 갈음하거나 기타 손실을 완화할 수 있는 제도를 보완하는 등 여러 가지 다른 방법을 사용할 수 있다(헌재 1998. 12. 24. 89헌마214 등).

(2) 재산권의 제한

재산권도 절대적 기본권이 아니므로 헌법 제37조 제2항의 일반적 법률유보에 의하여 제한될 수 있으며, 제23조 제3항에 의한 보상(報償)이 있는 공용침해도 가능하다. 그리고 헌법 제122조(국토에 관한 제한과 의무) 및 제126조(사영기업의 국·공유화와 그 경영의 통제·관리)에 규정된 특수한 재산권의 제한도 가능하며, 다만 본질적 내용을 침해할 수 없다.

그러므로 재산권은 국가안전보장, 질서유지, 공공복리를 위하여 법률로서 제한할 수 있으며, 국토의 효율적이고 균형있는 이용·개발과 보전을 위하여 법률로서 필요한 제한과 의무를 과할 수 있다(제122조). 또한 국방상 또는 국민경제상 긴절한 필요로 인하여 법률로서 사영기업을 국유 또는 공유로 이전하거나 그 경영을 통제 또는 관리할 수 있다(제126조).

따라서 제한의 유형은 헌법 제23조 제3항에 의한 공공수용·사용·제한의 일반적인 경우와 제122조 그리고 제126조에서 정한 특수한 경우가 있다.

그리고 제한은 형식적의미의 법률과 긴급명령, 긴급재정·경제처분명령 및 명령에 의한 제한이 가능하며, 법률에 근거가 있는 때에는 조례에 의해 주민의 사용권 제한도 가능하다. 다만 재산권제한의 법률은 엄격하게 해석하여야 할 것이다.

(3) 공용침해

헌법 제23조 제3항에서 '공공필요에 의한 재산권의 수용·사용 또는 제한 및 그에 대한 보상은 법률로써 하되, 정당한 보상을 지급하여야 한다'고 하여 공용침해를 규정하고 있다. 공용침해는 보상(損失補償)이 있는 재산권에 대한 제한으로서, 보상의 이론적 근거는 특정인에게 특별한 희생을 낳게 하는 경우 이를 보상하는 것이 정의와 공평에 합치된다고 보는 특별희생이론이 다수설이다.

그리고 공용침해의 유형에는 공용수용·공용사용·공용제한이 있다. 공용수용(公用收用)은 국가 또는 공공단체가 개인의 재산을 강제로 박탈하는 소유권의 이전을 포함한 제한이며, 공용사용(公用使用)은 개인의 재산을 공공의 목적으로 법률로서 일시적·강제적으로 사용하는 것을 말하며, 공용제한(公用制限)은 개인의 재산권 행사에 일정한 제한을 가하는 것이다.

헌법 제23조 3항의 법적 성격에 대해서는 프로그램적 규정 내지는 추상적 권리에 불과하다는 설(입법지침설), 구체적·현실적 권리로 보아서, 보상에 관한 법률규정에 없더라도 헌법규정만으로 손실보상청구가 가능하다는 설(직접효력설) 그리고 법률의 규정을 요하나 법률이 재산권 침해를 규정하면서 이에 대한 보상을 규정하지 아니하면 그 법률은 위헌무효라는 설(위헌무효설)이 있다. 우리헌법은 '재산권의 수용·사용 또는 제한 및 그에 대한 보상은 법률로써 하되'라고 규정한 불가분조항(不可分條項)이므로 위헌무효설이 타당하다고 하겠다.

현행 헌법은 손실보상에 있어서 '정당(正當)한 보상'을 지급하도록 규정하고 있으나, 제헌 헌법은 상당(相當)한 보상을, 제3공화국헌법은 정당(正當)한 보상을, 제4공화국헌법은 법률에 위임(委任)하였으며, 제5공화국헌법은 공익과 관계자의 이익을 정당하게 형량(衡量)하여 법률로 정한다고 규정하였다.

◆ 헌재판례

1. 헌법재판소는 토지수용법 제46조 2항에 대한 헌법소원사건에서 정당보상은 피수용재산의 객관적 가치를 완전하게 보상하는 완전보상을 의미하는 바(이는 통상 시가가 될 것이다), 개발이익은 기업자의 투자에 의하여 발생한 것이고 토지소유자의 노력이나 자본으로 발생한 것이 아니므로 개발이익은 기업자 또는 모든 국민에게 귀속되어야 타당하기 때문에, 보상금액을 정함에 있어 재결당시의 거래가격이 아니라 고시된 기준지가를 기준으로 하되, 지가변동률, 도매물가상승률, 기타 사항을 참작하여 평가한 금액으로 하고 개발이익을 공제토록한 것은 합헌이라고 하였다(89헌마107).

2. 헌법재판소는 국토이용관리법 제21조의3의 제1항, 제31조의2에 대한 위헌심판사건에서 토지소유권은 내용과 한계를 법률로 정하고 의무를 수반하는 상대적 권리이며, 토지재산권

의 본질적인 내용이란 재산권의 핵이 되는 실질적 요소 내지 근본요소를 의미하므로 본질적 침해란 그 침해로 사유재산권이 유명무실해지고 사유재산제도가 형해화(形骸化)되어 헌법이 재산권을 보장하는 궁극적인 목적을 달성할 수 없게 되는 지경에 이른 경우(사유재산제도의 전면적 부정, 재산권의 무상몰수, 소급입법에 의한 재산권제한)라 하면서, 토지거래허가제는 부동산투기를 억제하기 위한 것으로, 사유재산제도의 부정은 아니며 그 제한의 한 형태로 보아야 하며(제한형태), 사적 자치도 타 개인이나 사회공동체와 조화와 균형을 유지하면서 공존공영에 유익하거나 적어도 유해하지 않는 범위 내에서 용인되어야 하므로(사적 자치의 한계), 토지투기와 같이 사회공동체에 유해한 경우에는 사적 자치가 인정될 수 없으므로, 토지거래허가제는 헌법이 정한 경제질서와도 충돌이 없으며 헌법상의 보충의 원리에도 위반되지 않는다고 하였고, 토지투기억제는 여러조치나 수단(신고제, 조세)을 통하여 달성될 수 있는 바 허가제는 과도한 방법을 선택한 것이 아닌가라는 의문이 있을 수 있으나, 방법의 선택은 입법재량에 속하는 것이고 가장 강력한 수단을 취한 것은 당시 토지의 투기적 상황과 정도에 비추어 불가피한 것이었고(방법), 토지투기를 억제함에 있어 벌금형과 징역형을 선택적으로 규정한 것은 입법재량에 속하는 것이고 과잉금지의 원칙에 위반되지 아니하므로, 다소 광범위하고 법관의 보충적 해석이 필요하다고 하더라도 그 적용단계에서 다의적으로 해석될 우려가 없는 이상은 그 점만으로 헌법이 요구하는 명확성의 요구에 배치된다고 할 수 없다고 하여, 위헌불선언을 하였다(88헌가13).

3. 헌법재판소는 국유재산법 제5조 제2항에 대한 위헌심판사건에서 국유재산(행정, 보존, 잡종재산) 중 잡종재산은 매매·임대 등의 사적 거래의 대상이 되므로 사법이 적용되어야 하며 따라서 시효취득이 되어야 한다고 함으로써 모든 국유재산의 시효취득을 금지한 것은 위헌이라고 하였고(89헌가97), 지방재정법 제74조 제2항에 대한 위헌심판사건에서 공유재산 중 잡종재산의 시효취득이 가능하다고 하였다(92헌가6).

4. 토지초과이득세는 헌법에 합치되지 아니한다(헌재 1994. 7. 29. 92헌바49): 미실현이득에 대한 과세는 헌법상의 조세개념에 저촉되며, 토초세의 기준시가를 전적으로 대통령령에 위임한 것은 조세법률주의 혹은 위임입법의 범위를 넘어 위헌이며, 세율체계의 단일성은 실질적 평등원칙에 위배된다.

5. 택지소유상한에관한법률상의 택지소유상한제는 과잉금지원칙에 위배되어 위헌이다(헌재 1999. 4. 29. 94헌바37 등): 헌법재판소법 제45조 단서에 따라 법률전체를 위헌으로 선언.

6. 국세채권이 국세의 '납부기한으로부터 1년'을 기준으로 전세권·질권 또는 저당권의 설정에 우선하여 변제받도록 한 규정은 사법상의 담보물권제도의 기능을 전혀 못하게 하므로 사유재산제도의 본질적 내용을 침해하는 것으로서 위헌이라고 판시(헌재 1990. 9. 3. 89헌가95).

7. 조세부과의 기준이나 요건은 납세의무성립일을 기준으로 하여야 하나 과세관청의 과세처분일을 기준으로 하는 것은 헌법에 위반된다고 판시(헌재 1992. 12. 24. 90헌마21).

VII. 소비자의 권리

1. 헌법규정과 개념

우리 헌법은 소비자의 직접적 권리를 보장하지 않고, 제124조에서 '국가는 건전한 소비행위를 계도하고 생산품의 품질향상을 촉구하기 위한 소비자보호운동을 법률이 정하는 바에 의하여 보장한다'고 정하여 소비자 보호운동을 보장하고 있다. 따라서 제124조에서 소비자의 권리에 대한 직접적 근거를 찾고 있으며, 간접적으로는 제23조 제1항(재산권보장), 제34조 (인간다운 생활할 권리), 제36조 제3항(보건권) 등으로부터 도출하고 있다. 그리고 그 이념적 기초로는 제10조의 인간의 존엄과 가치에서 찾고 있으며, 보조적으로 헌법 제37조 제1항 '국민의 자유와 권리는 헌법에 열거되지 아니한 이유로 경시되지 아니한다'에서 찾기도 한다.

소비자의 권리의 개념은 소비자보호법에 따르면, 소비자가 스스로 안전과 권익을 위하여 향유하는 기본적인 권리라고 볼 수 있다.

2. 내용

소비자의 권리의 내용은 안전의 권리, 알 권리, 자유선택권, 의사반영권, 피해보상청구권, 교육을 받을 권리, 소비자운동권 등을 들 수 있다. 소비자기본법 제4조는 소비자의 권리로서 물품 등(용역도 포함)으로 인한 생명·신체 또는 재산에 대한 위해로부터 보호받을 권리, 물품 등을 선택함에 있어서 필요한 지식 및 정보를 제공받을 권리, 물품 등을 사용함에 있어서 거래상대방·구입장소·가격 및 거래조건 등을 자유로이 선택할 권리, 소비생활에 영향을 주는 국가 및 지방자치단체의 정책과 사업자의 사업활동 등에 대하여 의견을 반영시킬 권리, 물품 등의 사용으로 인하여 입은 피해에 대하여 신속·공정한 절차에 따라 적절한 보상을 받을 권리, 합리적인 소비생활을 위하여 필요한 교육을 받을 권리, 소비자 스스로의 권익을 증진하기 위하여 단체를 조직하고 이를 통하여 활동할 수 있는 권리, 안전하고 쾌적한 소비생활 환경에서 소비할 권리를 규정하고 있다.

3. 효력과 구제

소비자의 권리는 대국가적효력과 대사인적 직접효력을 가진다. 특히 소비자기본법은 소비자의 권익을 보호하고 불만처리와 피해구제를 위하여 한국소비자원을 설립하여 운영하도록 정하고 있다(소비자기본법 제33조). 동법에 따르면, 소비자는 물품 등의 사용으로 인한 피해의 구제를 한국소비자원에 신청할 수 있으며(소비자기본법 제55조), 소비자단체 등에 의한 단체소송(사업자가 소비자의 생명·신체 또는 재산에 대한 권익을 직접적으로 침해하고 그 침해가 계속되는 경우 법원에 소비자권익침해행위의 금지·중지를 구하는 소송)을 인정하고 있다.

◆ 헌재판례

탁주공급구역의 제한은 제조판매업자의 직업의 자유 내지는 영업의 자유를 다소 제한한다고 하더라도 입법형성권의 범위를 일탈한 것은 아니며, 소비자의 자기결정권을 정당한 이유 없이 제한하고 있다고는 볼 수 없다고 하여 합헌으로 판단(헌재 1997. 7. 22. 98헌바5).

▷ 참 고

소비자기본법(법률 제9257호, 2008.12.26.)
제1조 (목적) 이 법은 소비자의 권익을 증진하기 위하여 소비자의 권리와 책무, 국가·지방자치단체 및 사업자의 책무, 소비자단체의 역할 및 자유시장경제에서 소비자와 사업자 사이의 관계를 규정함과 아울러 소비자정책의 종합적 추진을 위한 기본적인 사항을 규정함으로써 소비생활의 향상과 국민경제의 발전에 이바지함을 목적으로 한다.
제4조 (소비자의 기본적 권리) 소비자는 다음 각 호의 기본적 권리를 가진다.

제4절 정신적 자유권

I. 양심의 자유

1. 헌법규정과 양심의 의미

(1) 헌법규정

우리 헌법은 건국헌법이래 제12조 제1항에서 '모든 국민은 신앙과 양심의 자유를 가진다'고 규정하여 왔으나, 제5차개헌인 1962헌법에서 신앙의 자유와 분리 독립하여 오늘에 이르고 있으며, 현행헌법 제19조는 '모든 국민은 양심의 자유를 가진다'고 규정하고 있다. 1850년의 프로이센 헌법이 양심의 자유를 종교의 자유의 내포로 보았으나, 1919년 바이마르 헌법은 양심의 자유의 독립성 인정한 예와 비교될 수 있다.

양심의 자유는 정신적(精神的) 자유의 모체로서, 개인의 내면적·정신적 자유로 가장 적게 제한 받는 최상급의 기본권이며, 절대적 기본권이다.

(2) 주체

자연인(내·외국인 포함)만 주체성이 인정된다.

2. 내용

(1) 양심의 의미

양심의 자유에서의 양심(良心)의 의미에 관하여 종교적 신앙설(종교적 확신과 동일한 것으로 보는 견해), 윤리설(도덕적 의무의 자각 또는 도덕적·윤리적 판단으로 보는 견해), 일반적 신조설(세계관·인생관 등 개인의 인격형성의 핵심을 이루는 일반적 신조로 보는 견해, 세계관설이고도 함) 그리고 정신적 관조설(내심의 작용을 포괄하는 것으로 보는 견해) 등이 있으나, 양심의 의미를 가장 넓게 해석하여 양심은 인간의 내심에 있어서 정신활동의 전반을 가리키게 되고, 사물에 관한 시비·판별이라는 이론적 내지 윤리적 판단이나 의사형성작용이 모두 양심의 개념에 포함된다고 봄이 타당하다.

따라서 양심의 자유에서 양심은 윤리적 측면에서 본 것이라면 신앙은 종교적 측면에서 본 것이므로 양심과 신앙(信仰)은 구별되며, 사상(의견, 확신, 사유)은 논리적 측면의 사고인 점에서 양심과 사상(思想)도 구별된다. 그리고 현행헌법에서 규정하고 있는 국회의원의 양심에 따른 직무수행(제46조 제2항)과 법관의 양심에 따른 재판(제103조)은 양심의 자유에서의 양심이 아니라 직업적 양심을 의미하므로 역시 구별되는 개념이다.

(2) 내용과 제한(制限)

양심의 자유가 보장하는 내용은 양심상 결정의 자유, 침묵의 자유 그리고 양심표현의 자유를 예상할 수 있으나, 양심표현의 자유는 양심의 자유의 영역을 벗어난 것으로서 표현의 자유에서 보장하여야 한다. 즉, 양심이 외부에 표현될 때에는 제한할 수 있으나, 외부에 표명되지 아니한 경우에는 전혀 제한 할 수 없다. 이를 내면적(內面的) 무한계설(無限界說)이라고 한다.

3. 구체적 보장

(1) 양심상 결정(決定)의 자유

양심상 결정(양심의 형성)이란 자신의 도덕적·논리적 판단에 따라 무엇이 옳다거나 그르다고 하는 확인을 말하며 양심결정의 자유란 국가로부터 어떠한 사상·신념도 강제당하지 아니하며, 자유로이 자신의 사상·신념을 형성할 수 있는 자유를 말한다. 헌법의 근본이념인 민주적 기본질서 그 자체를 부정하는 양심도 보장대상이 되느냐의 문제인 반체제적 사상의 문제에 관하여 견해가 대립되어 있으나, 누구든지 사유(思惟)만으로 규제대상이 될 수는 없을 것이다. 그러나 다수설은 규제대상이 된다고 보고 있다. 그리고 간주(看做) 및 추정(推定) 규정은 법적 효과를 귀속시킬 만한 합리적 근거를 찾을 때에는 양심의 자유를 침해한 것이 아니다.

(2) 침묵(沈默)의 자유

내면적인 사상 및 신념을 외부에 표현할 것을 강제 당하지 않는 자유 즉 침묵의 자유가 보장된다. 본인에게 직접적으로 물리적 압력을 가하여 내면의 양심을 직접 표명하도록 하지는 않고, 외면적 행위를 하게 함으로써 간접적(間接的)으로 양심을 추지(推知) 하는 양심(양심상 결정) 추지(推知)의 금지와 충성선언은 침묵의 자유의 침해이다(예: 제2차대전 당시 십자가 밟기와 충성선언).

또한 양심의 자유는 침묵의 자유를 넘어서 양심의 결정에 반하는 행위를 강요당하지 않는 자유까지 보장되어야 진정한 의미의 양심의 자유가 보장된다(양심상의 결정에 반하는 행위를 강제당하지 않을 자유). 입사시험의 응모 시에 정치적 사상·신조에 관련된 사항 즉 학생운동경력을 비닉(秘匿)하는 것은 침묵의 자유에 포함된다. 즉 고용계약에 있어서 경력의 비닉은 침묵의 자유에 의하여 보호된다. 그러나 경향기업(신문사·학교 등과 같이 특정한 사상·신조를 고용조건으로 하는 이념적 경향을 가진 특수한 기업)에 있어서 사상·신조 자체를 이유로 한 해고가 정당화될 수 있다. 그리고 증언거절 및 신문기자의 취재원비닉(取材源秘匿)은 사실에 관한 인식이나 기술적 지식에 대한 침묵으로서 이는 양심의 자유에서 보장하는 양심에 포함되지 않으므로, 증인의 증언, 신문기자의 취재원에 관한 진술의무 등의 강요는 침묵의 자유의 침해가 아니다.

그리고 양심적 집총거부에 대하여 미국·서독의 실정법 및 판례는 병역면제를 인정하고 있으나, 대법원판결(1969. 7. 22)은 처벌하고 있다. 사죄광고를 명하는 판결에 있어서 일본최고재판소 판결(1956. 7. 4), 서울지방법원판결(1969. 6. 20)은 합헌(合憲)으로 보나, 학설은 양심의 자유를 침해할 가능성이 있다고 본다. 헌법재판소는 민법 제764조의 위헌여부에 관한 헌법소원에서 '명예회복(名譽回復)에 적당(適當)한 처분(處分)'에 사죄광고(謝罪廣告)를 포함시키는 것은 헌법(憲法)에 위반(違反)된다고 판결하였다(89헌마160). 국기경례거부에 대하여서도 미국판례(1943)는 긍정하고 있으나, 대법원판결(1976. 4. 27)은 국기에 대한 경례를 종교상의 우상숭배라 하여 거부한 학칙위반학생의 제적처분은 정당하다고 판시한 바 있다.

◆ 헌재판례

1. 헌법재판소는 민법 제764조에 대한 헌법소원사건에서 사죄광고란 타인의 명예를 훼손하여 비행을 저질렀다고 믿지 않는 자에게 본심에 반하여 사죄의 의사표시를 강요하는 것으로, 양심표명의 강제인 동시에 인격권을 침해하는 것이며, 이는 명예훼손죄에 의한 형사적 처단으로 만족하여야 할 보복감정을 민사책임까지 확장·충족시키려는 것으로 전근대적이라 할 것이며, 필요한 조치로는 민사손해배상의 판결의 신문·잡지의 게재, 형사명예훼손죄의 유죄판결의 게재, 명예훼손기사의 취소광고 등의 방법을 예상할 수 있는 바 사죄광고만이 유일무이의 수단이라고 한다면 이는 선택된 수단이 목적에 적합치 않고, 과잉하여 비례에 어긋난 과도한 기본권 제한으로, 명예회복에 적당한 처분에 사죄광고를 포함시키는 것은 위헌이라고 하였다(헌재 1991. 4. 1, 89헌마160, 민법 제764조의 위헌여부에 관한 헌법소원).

2. 민법(民法) 제764조가 사죄광고(謝罪廣告)를 포함하는 취지라면 그에 의한 기본권제한(基本權制限)에 있어서 그 선택(選擇)된 수단(手段)이 목적(目的)에 적합(適合)하지 않을 뿐만 아니라 그 정도(程度) 또한 과잉(過剩)하여 비례(比例)의 원칙(原則)이 정한 한계(限界)를 벗어난 것으로 헌법(憲法) 제37조 제2항에 의하여 정당화(正當化)될 수 없는 것으로서 헌법(憲法) 제19조에 위반(違反)되는 동시에 헌법상(憲法上) 보장(保障)되는 인격권(人格權)의 침해(侵害)에 이르게 된다(위 판례).

3. 민법(民法) 제764조 "명예회복(名譽回復)에 적당(適當)한 처분(處分)"에 사죄광고(謝罪廣告)를 포함시키는 것은 헌법(憲法)에 위반(違反)된다는 것은 의미(意味)는, 동조(同條) 소정의 처분(處分)에 사죄광고(謝罪廣告)가 포함되지 않는다고 하여야 헌법(憲法)에 위반(違反)되지 아니한다는 것으로서, 이는 동조(同條)와 같이 불확정개념(不確定概念)으로 되어 있거나 다의적(多義的)인 해석가능성(解釋可能性)이 있는 조문에 대하여 한정축소해석(限定縮小解釋)을 통하여 얻어진 일정한 합의적(合意的) 의미(意味)를 천명한 것이며, 그 의미(意味)를 넘어선 확대(擴大)는 바로 헌법(憲法)에 위반(違反)되어 채택할 수 없다는 뜻이다(위 판례).

4. 민법(民法) 제764조(명예훼손((名譽毁損)의 경우(境遇)의 특칙(特則)) 타인(他人)의 명예(名譽)를 훼손(毁損)한 자(者)에 대(對)하여는 법원(法院)은 피해자(被害者)의 청구(請求)에 의(依)하여 손해배상(損害賠償)에 갈음하거나 손해배상(損害賠償)과 함께 명예회복(名譽回復)에 적당(適當)한 처분(處分)을 명(命)할 수 있다.

II. 종교의 자유

1. 헌법규정

제헌헌법은 제12조에서 '모든 국민은 신앙과 양심의 자유를 가진다. 국교는 존재하지 아니하며 종교는 정치로부터 분리된다'고 규정하였다가, 제5차개헌인 1962년헌법(제3공화국헌법)에서 신앙을 종교로 용어를 변경하고 양심의 자유를 분리하면서 제16조에서 '① 모든 국민은 종교의 자유를 가진다. ② 국교는 인정되지 아니하며, 종교와 정치는 분리된다'고 규정하여 오늘에 이르고 있다. 현행헌법은 제22조에서 이를 규정하고 있다.

종교의 자유는 자유권 중에서 선구적 역할을 하며, 초국가적 성질을 가진 자연권개념의 성립에 원동력이 되었다. 종교의 자유는 영국의 국민협정(1647년, 1649년)에서 최초로 인정된 후 미국의 여러 주의 인권선언, 프랑스 인권선언 중에서 인정되었다.

종교란 인간의 형이상학적 신앙을 내용으로 하는 것으로서 상념의 세계에서만 존재하는 절대자에 대한 귀의 또는 신과 피안에 대한 내적인 확신을 말한다. 이러한 종교의 자유를 구미에서는 내면적인 것은 양심의 자유로 파악하여 종교의 자유에서 제외되는 것으로 본다.

2. 주체

자연인의 권리이다. 그러나 종교단체는 내심적(內心的) 신앙(信仰)의 자유와 같은 성질상 적용될 수 없는 경우를 제외하고 그 주체성이 인정된다.

3. 내용

종교의 자유는 신앙(信仰)을 가질 자유와 가지 않을 자유 그리고 신앙실행(信仰實行)의 자유를 포함하고 있다. 신앙선택·신앙존중·신앙포기·신앙고백·신앙침묵의 자유 등이 신앙을 가지는 자유에 속한다. 그리고 신앙실행의 자유에는 종교의식의 자유, 포교의 자유, 종교교육의 자유, 종교상 집회·결사의 자유(사회단체신고에관한법률 제20조에서 종교단체에 대하여 등록을 요구하고 있지 않다) 등이 포함된다.

4. 정교분리의 원칙

(1) 의의

정교분리(政敎分離)의 원칙은 국가의 비종교성·종교적 중립성을 의미하며, 국교(國敎)의 부인은 제1항의 종교의 자유에 당연히 내포되어 있는가에 대하여는 포함되지 않는다는 견해(통설)가 타당하다. 정교분리는 선교(宣敎)의 자유를 간접적으로 철저히 강화하는 역할을 하는 제도적 보장이며, 영국의 성공회, 희랍의 정교가 인정되는 국가에도 종교의 자유는 인정된다.

(2) 내용

정교분리의 원칙은 국교(國敎)의 부인(否認), 국가에 의한 특정종교의 특혜취급의 금지 그리고 국가나 국가기관에 의한 종교활동의 금지 등을 내용으로 한다.
국교(國敎)란 국가에 의하여 주어지고 또한 국가로부터 특별한 보호를 받게 하는 종교를 말하며, 헌법은 제16조 제2항에서 직접 명문으로 국교의 부인을 천명하고 있다. 국가에 의한 특정종교의 특혜취급의 금지의 예를 보면 국가가 종교상 조직의 유지사용을 위한 국고금 기타 공금 지출금지, 종교법인에 대한 공익 이외의 사업수입에 대한 조세면제는 위헌, 국가의 모든 종교단체에 대한 대등한 대우(동일하게 재정지원을 하는 경우)도 위헌, 교도소 내에서 특정 종교시설 용지 무상 대여는 위헌 등이 있다. 그리고 국·공립학교에서 특정 종교의 교육은 금지되며(공립학교에서 일과개시 전에 성서를 낭독하는 행위는 위헌), 사립학교의 종교교육은 합헌이다. 그리고 국·공립학교에서의 종교에 관한 연구나 교수는 학문의 자유에 포함되므로 허용된다. 국가적 식전(式典)에서 특정종교의 의식 거행은 금지된다. 즉 국회의 의사개시에 있어서 목사의 성서낭독, 교도소에서 교론을 특정종교에 의하여 하는 것 등은 위헌이나, 크리스마스의 축하장식은 하나의 습속적 행사로서 가능하다. 특정종교를 위한 국경일의 제정은 금지된다. 다만, 크리스마스 휴일, 석가탄신일은 세계적 보편성에 따른 것으로서 일요일의 공휴일제도와 같다.

특히 종교의 정치에의 개입가능성에 대하여 다수설은 부인하나, 종교가 국가권력과의 긴장관계에서 인권의 최종 파수꾼 노릇을 한 역사적 현실에 비추어 긍정할 수도 있다(교도가 소속종교단체의 통제나 지시를 받음 없이 또는 종교단체와 별도로 동신자들이 결사를 조직하여 정치활동을 하는 것은 무방).

5. 제 한

신앙의 자유는 절대적 기본권으로서 제한이 불가능하나, 신앙실행의 자유는 제한이 가능하다.

Ⅲ. 학문과 예술의 자유

1. 헌법규정

제헌헌법은 '모든 국민은 학문과 예술의 자유를 가진다. 저작자, 발명가와 예술가의 권리는 법률로써 보호한다'고 규정하였으며, 현행헌법은 제1항은 '모든 국민은 학문과 예술의 자유를 가진다'고 하고 제2항은 '저작자·발명가·과학기술자와 예술가의 권리는 법률로써 보호한다'라고 규정하고 있다. 우리 헌법은 제헌헌법에서 부터 학문과 예술의 자유를 보장하며, 또한 저작자와 발명가 그리고 예술가의 권리를 법률로써 보호하고 있다. 그리고 현행헌법에서 '과학기술자'를 추가하였다.

2. 학문의 자유

(1) 의의

학문연구란 인간이 자연과 사회의 변화발전에 관한 법칙이나 진리를 탐구하고 인식하는 행위를 말하며, 학문연구의 자유란 진리탐구의 자유로서 학문적 활동에 대한 어떠한 간섭이나 방해를 받지 아니할 자유를 말한다. 학문의 자유는 1848년 독일 프랑크푸르트 헌법에 최초로 규정하였으며, 이는 자유권 중 가장 늦게 헌법에 등장한 것이다.

학문의 자유는 주관적 공권인 동시에 제도적 보장이며, 모든 자연인. 대학이나 단체 등에게 주체성이 인정된다.

(2) 내용

학문의 자유는 연구(研究)의 자유, 연구발표(研究發表)의 자유, 교수(敎授)의 자유 그리고 대학(大學)의 자치(自治)를 주요내용으로 한다.

연구의 자유 진리를 탐구하는 자유, 연구대상의 선택·연구방법·연구시기·연구장소 등에 관하여 공권력 등이 개입할 수 없다는 것이며, 연구의 목적으로 공산주의 서적의 소지가 가능하며, 국시(國是)에 반대되는 공산주의 이론의 연구도 가능하다. 연구발표의 자유는 일반결사의 자유보다 더욱 보호받으며, 학술단체에 대해서는 등록을 필요로 하지 않는다(사회단체 등록에 관한 법률). 교수의 자유(강학의 자유)는 대학이나 고등교육기관에서 교육자가 강의하는 자유를 의미하며, 초등학교와 중·고등학교에는 인정되지 않는다. 법원은 "대학에서 진리와 가치를 탐구하기위한 실험을 하고 그 결과를 발표하는 것이 학문의 자유에 속한다고 할지라도 그 실험결과가 잘못되었는데도 불구하고 이를 사회에 알려 선의의 제3자를 해친다면 이는 학문의 자유를 넘어선 것이다"고 판시한 바 있다(대구고법 1967. 2. 15. 선고 65나457).

학문 연구의 자유는 절대적 자유로서 제한이 불가능하나, 연구결과의 발표와 교수의 자유는 외부로 표현되는 행위이므로 제한이 가능하다.

(3) 대학의 자치

대학의 자치는 최광의의 학문의 자유에 포함된다. 학문의 연구는 주로 대학을 기초로 행하여지므로 대학에 대한 공권력 등의 외부적 세력의 침해를 배제하고 대학에 있어서의 교수의 인사나 시설 등에 관하여 대학 구성원 자신이 자주적으로 결정·운영하는 것을 내용으로 한다. 이는 객관적·제도적 보장의 법적 성격을 가지며, 헌법 제22조의 학문의 자유와 교육의 자주성 및 대학의 자율성을 규정한 헌법 제31조 제4항의 종합적 해석에 의해 보장된다.

그리고 대학의 자치의 주체는 교수회가 중심이 되어야 하며, 학생은 단순한 이용자가 아니라 자치(학생회의 운영,과외활동의 자치적 운영)의 주체적 구성자로 본다.

국·공립대학 및 이에 준하는 연구기관의 교수·연구자는 공무원이어도 학문연구 상 법관에 준한 일종의 직무상 독립이 인정되고, 상급관청의 지휘·통제를 받지 않는다. 이는 국·공립에 한하지 않고 학문의 자유에 관한 한 일반적으로 학교행정, 특히 교수·연구자의 인사에 관하여 대학(연구소)의 자치가 인정되어야 한다. 이 대학 자치의 원칙은 학원의 질서, 대학의 시설 및 관리에 대하여 대학의 자율을 포함한다. 연구나 교육활동에 관한 학문의 질서의 유지는 긴급한 경우를 제외하고는 제1차적으로 대학장의 책임과 그 관리 밑에서 처리되고, 그 자율적 조치에 맡기지 않으면 안된다. 따라서 대학에 대한 경찰권은 1차적으로 대학당국이 처리하고, 경찰관이 2차적으로 개입할 수 있다.

◆ 헌재판례

1. 헌법재판소는 교수재임용추천거부 등에 대한 헌법소원사건에서 대학교원은 대통령령이 정하는 바에 따라 기간을 정하여 임용할 수 있다는 교육공무원법 제11조 4항은 연임보장 규정이라고 할 수 없으므로 재임용기간이 만료된 대학교원에 대하여 재임용추천을 거부한 것은 대학교원의 기본권을 침해한 것이 아니므로 이유 없다고 하였다(91헌마190). 소수의견은 재임용추천은 능력이나 자질에 뚜렷한 하자가 없는 한 재임용해야 할 기속행위에 속하는 것이라고 한다.

2. 서울대학교의 입시요강에서 인문계열 선택과목에서 일본어를 제외한 사건에 대한 심판에서 서울대학교는 입시요강을 제정·발표하는 공권력의 행사자의 지위(기본권 수범자로서의 의무수행자)도 있지만, 기본권의 주체(학문의 자유의 주체)로서의 지위도 인정하였다 (헌재 1992. 10. 1. 92헌마68).

3. 예술의 자유

　예술의 자유는 미(美)의 추구(追求)의 자유로서, 자유권인 동시에 제도적 보장으로서의 법적 성격을 가지면, 그 내용은 창작의 자유, 표현의 자유, 예술의 집회·결사의 자유이며, 미의 추구인 창작의 자유는 절대적 자유에 속하며, 영화와 연극에 대해 권고적 사전심의는 가능하나, 일방적이고 강제적인 사전심의는 예술의 자유를 침해하는 것이다.

◆ 헌재판례

　극장의 자유로운 운영에 대한 제한은 공연물, 영상물이 지니는 표현물, 예술작품으로서의 성격에 기하여 표현의 자유 및 예술의 자유의 제한효과도 가지고 있음을 부인할 수 없다 …… 헌법 제22조는 예술의 자유를 기본권으로 보장하고 있는바, 예술의 자유는 예술창작품을 표현하는 예술표현의 자유를 포함한다. ……학교보건법 제6조 제1항 본문 제2호 중 '극장'부분이 극장운영자의 직업의 자유를 침해하는지 여부와 극장운영자의 표현의 자유 및 예술의 자유를 침해하는지 여부의 문제는 동전의 양면과도 같이 연관되어 있는 문제라고 할 것이다. 이 사건 법률조항은 위 직업의 자유의 침해여부에서 이미 살펴본 바와 마찬가지로 극장운영자의 표현의 자유 및 예술의 자유를 필요한 이상으로 과도하게 침해하고 있다. 아울러 입법자는 표현·예술의 자유의 보장과 공연장 및 영화상영관 등이 담당하는 문화국가 형성의 기능의 중요성을 간과하고 학교교육의 능률성의 보호라는 입법목적의 측면만을 지나치게 강조함으로써 상충하는 여러 가지 이익을 적절하고 공정하게 형량하여 규율하였다고 보기 어렵다. 따라서 이러한 관점에서도 이 사건 법률조항은 비례의 원칙에 위반되어 표현·예술의 자유를 과도하게 제한하는 규정이다(헌재 2004. 5. 27. 2003헌가1, 2004헌가4(병합), 학교보건법 제6조 제1항 제2호 위헌제청, 학교보건법 제19조 등 위헌제청).

Ⅳ. 언론·출판의 자유

1. 의의

　언론·출판의 자유는 사상 또는 의견을 언론·문자 등으로 다수에게 발표하는 자유를 보장하는 것이며, 언론(言論)에는 담화, 토론, 연설, 방송 등 구두(口頭)에 의한 표현을 의미하며, 출판(出版)은 문서, 사진, 도화(圖畵),조각 등 문자 및 상형(象形)에 의한 표현을 의미한다. 즉, 의사표현의 매개체는 어떠한 형태이건 제한 없이 언론·출판의 자유의 보호대상이 된다(헌재 2008. 10. 30, 2004헌가18)

현행 헌법은 언론·출판의 자유에 대한 개별적 법률유보도 삭제하여 제1항에서는 '모든 국민은 언론·출판의 자유와 집회·결사의 자유를 가진다'고 규정하고 있으며, 특히 제2항에서 '언론·출판에 대한 허가……는 인정되지 아니한다'고 하여 허가제를 금지하고 있다. 그리고 제3항에서는 통신과 방송의 시설기준을 법정하도록 하고 있으며, 제4항에서는 언론의 책임을 명확히 하고 있다.

언론·출판의 자유는 주관적 공권인 동시에 제도적 보장이며, 인간으로서 존엄과 가치를 유지하고 자유로운 인격발전을 위한 전제원리이며 동시에 민주주의 정치의 발전을 위한 불가결한 전제이다.

2. 내 용

(1) 발표·전달의 자유

자유롭게 말할 권리, 다른 사람에게 무엇을 자유롭게 알릴권리와 타인과의 접촉권을 보장한다.

◆ 헌재판례

※ 음란표현의 언론출판의 보호대상 여부에 대한 헌재판례변경

음란표현이 언론·출판의 자유의 보호영역에 해당하지 아니한다고 해석할 경우 음란표현에 대하여는 언론·출판의 자유의 제한에 대한 헌법상의 기본원칙, 예컨대 명확성의 원칙, 검열금지의 원칙 등에 입각한 합헌성 심사를 하지 못하게 될 뿐만 아니라, 기본권 제한에 대한 헌법상의 기본원칙, 예컨대 법률에 의한 제한, 본질적

내용의 침해금지 원칙 등도 적용하기 어렵게 되는 결과, 모든 음란표현에 대하여 사전 검열을 받도록 하고 이를 받지 않은 경우 형사처벌을 하거나, 유통목적이 없는 음란물의 단순소지를 금지하거나, 법률에 의하지 아니하고 음란물출판에 대한 불이익을 부과하는 행위 등에 대한 합헌성 심사도 하지 못하게 됨으로써, 결국 음란표현에 대한 최소한의 헌법상 보호마저도 부인하게 될 위험성이 농후하게 된다는 점을 간과할 수 없다.

이 사건 법률조항의 음란표현은 헌법 제21조가 규정하는 언론·출판의 자유의 보호영역 내에 있다고 볼 것인바, 종전에 이와 견해를 달리하여 음란표현은 헌법 제21조가 규정하는 언론·출판의 자유의 보호영역에 해당하지 아니한다는 취지로 판시한 우리 재판소의 의견(헌재 1998. 4. 30. 95헌가16, 판례집 10-1, 327, 340-341)을 변경한다(헌재 2009. 5. 28. 2006헌바109, 2007헌바49·57·83·129(병합)정보통신망 이용촉진 및 정보보호 등에 관한 법률 제65조 제1항 제2호 위헌소원).

(2) 알 권리(정보의 자유)

알 권리는 모든 취재원(取材源)으로부터 의사형성에 필요한 일반적 정보를 수집 할 수 있는 권리를 말하며, 발표·전달의 자유가 주는 쪽의 자유라면 알 권리란 주로 받는 쪽의 자유를 말한다고 하겠다. 여기서 정보란 사상·의견 등 개인의 정신적 활동에 관한 일체의 자료를 의미한다.

알 권리는 자유권(정보수집, 취재활동)인 동시에 청구권(정조공개청구)의 성격을 아울러 지니고 있다.

알 권리의 헌법적 근거는 제21조 제1항의 표현의 자유, 제1조 제1항의 국민주권원리, 제10조의 인간의 존엄성 존중과 행복추구권, 제34조 제1항의 인간다운 생활권리 등에서 찾는다.

알 권리는 읽을 권리, 들을 권리, 볼 권리를 그 내용으로 한다. 그리고 알 권리가 보장하는 정보는 의사형성의 기초 자료를 의미하기 때문에 알 권리를 보장하는 것은 의사표현을 위한 선행조건의 의미를 가지며, 인격의 자유로운 발전과 행복추구의 전제조건이 된다. 또한 알 권리는 민주적 의사형성의 과정에서 건설적인 여론형성에 기여할 수 있는 참정권적 의미를 가진다.

알 권리란 일반적으로 접근할 수 있는 정보원(자료)으로부터 정보를 수집할 권리이다. 일반적으로 접근할 수 있는 정보원에는 신문, 잡지, 방송, TV 그리고 공공도서관의 소장도서가 속한다. 외국에서는 정보자유법, 정보공개법 등이 제정되어 정부기관은 정부를 공개하고 국민에게 이를 공급하도록 하고 있다. 독일연방헌법재판소는 서독시민이 동독신문을 구독하는 것은 알 권리에 의해 보호를 받는다고 하였고, 미결구금자에게도 라디오 청취권이 보장된다고 하였다.

알 권리를 근거로 하여 국가기관에게 모든 정보의 공개를 요구할 수는 없는 한계를 가진다. 정보의 공개를 막는 공공이익이 있으면 이를 존중하여야 하기 때문이다. 국가기밀과의 관계가 문제된다. 국가기밀의 한계는 헌법의 수호와 자유민주적 기본질서의 유지에서 찾아야 한다. 정보의 수집을 가능케 하여도 정보수집에 과도한 대가를 징수함으로써 수집을 사실상 불가능하게 한다면 알 권리의 침해가 될 수 있다.

◆ 헌재판례

1. 헌법재판소는 임야조사서나 토지조사부의 열람·복사에 직접적인 이익을 갖는 청구인의 청구를 불응한 것은 알 권리를 침해한 것으로 위헌이라고 하였으나, 구임야대장 및 지세명기장의 열람청구에 대하여는 이유없다고 기각하였다(88헌마22).

2. 헌법재판소는 형사확인소송기록의 열람·복사를 청구할 권리가 명문화되어 있지 않다는 이유로 검사가 청구인의 복사신청을 거부한 것은 알 권리를 침해한 것으로 위헌이라고 하였다(90헌마133).

3. 정정보도청구권은 일반적 인격권에 바탕을 두고 있으며 이는 제10조에서 나온다 (헌재 1991. 9. 16. 89헌마165; 헌재 1999. 7. 22. 96헌바19, 정기간행물의등록등에관한법률 제18조 제5항 위헌소원)

4. 민법 제847조 제1항은 친생부인의 소의 제척기간과 그 기산점에 관하여 '그 출생을 안 날로부터 1년내'라고 규정하고 있는 것은 부(父)의 인격권, 행복추구권 및 개인의 존엄과 양성의 평등에 기초한 혼인과 가족생활에 관한 기본권을 침해하는 것이라고 하며, 입법자가 심판대상조항을 새로이 개정할 때까지는 법원 기타 국가기관은 이를 더 이상 적용·시행할 수 없도록 중지하되 그 형식적 존속만을 잠정적으로 유지하게 하기 위하여 단순위헌결정 대신 헌법불합치결정을 선고하였다(헌재 1997. 3. 27. 95헌가14, 96헌가7, 민법 제847조 제1항 위헌제청 등)

5. 미결수용자에게 수사 또는 재판을 받을 때에도 재소자용 의류를 입게 한 부분은 무죄추정의 원칙에 반하고 청구인들의 인격권 및 행복추구권, 공정한 재판을 받을 권리를 침해한 것으로서 취소되어야 한다고 판시(헌재 1999. 5. 27. 97헌마137, 98헌마5, 재소자용수의 착용처분위헌확인)

(3) 액세스(Access)권 (right of access to mass media)

액세스권은 언론매체 등에 대한 접근이용권으로서 매스미디어의 독점화, 자본의 결합으로 획일적인 정보로 흐르는 경향이 생김에 따라 국민이 사상 정보의 다양한 흐름의 실현을 구하고 매스미디어를 이용하는 권리이다.

액세스권은 자신의 의사표현을 위하여 언론기관을 이용할 수 있는 광의의 액세스권(광고주와 언론기관)과 자기와 관계되는 보도에 대한 반론 내지 해명의 기회를 요구할 수 있는 협의의 액세스권(반론권, 해명권)으로 구분된다. 언론기관이 독점화 되고 있는 현실에서 그 헌법상 보장이 절실히 요청된다.

액세스권이 국민의 국가에 대한 권리가 아니라 국민의 언론기관에 대한 권리라고 볼 때 그 헌법적 근거에 관하여 견해가 나누어져 있다. 언론·출판의 자유의 객관적 가치질서의 성격에서 찾는 견해(허), 알 권리와 동일하다고 보는 견해(권, 김) 그리고 언론의 사회적 책임을 규정한 헌법 제21조 제4항에서 찾는 견해(구)가 있다.

1967년 J.A.Barron이 헌법상의 권리로 주장된 액세스권은 오늘날 모든 국민에게 민주적인 여론형성에 참여할 수 있는 기회를 부여하며, 개인의 인격권을 보호하여 주는 역할을 하고 있다. 이러한 액세스권의 주체는 '받는 측'으로서의 자연인·단체이며, 국가권력의 발동을 요구하고 그 실현을 구하는 사회권의 일종이다.

액세스권의 구체적 내용은 의견광고, 비판, 항의, 요구, 진정, TV 참가, 언론기관 참가, 명예훼손을 받은 경우에의 반박과 변명권 및 반론권이 있다. 그리고 액세스권은 원칙적으로 국민 대 국가와의 사이에서 발생하는 문제가 아니라 국민 대 언론기관 사이에서 발생하는 문제라는 점에 그 권리의 특색이 있다.

그러나 액세스권은 보도의 자유와 상충될 우려가 크므로(기본권의 상층), 양자의 균형있는 조화가 요구된다. 액세스권이 인격적 가치를 내용으로 하거나 민주정치의 여론형성에 꼭 필요한 경우에는 더 강한 보호가 요구된다.

◆ **헌재판례**

헌법재판소는 정간법 제16조 3항과, 제19조 3항에 대한 헌법소원사건에서 정정보도청구는 사실상의 주장에 의하여 피해를 입은 자가 피해자의 사실적 진술과 이를 명백히 전달하는데 필요한 설명을 게재하여 줄 것을 요구하는 권리이고, 명칭이 정정의 표현을 사용하였어도 실질은 반론권을 의미하며, 언론기관의 피해에 대해 개인의 신속 적절하고 대등한 방어수단이 필요하고, 정정보도에 의하여 상대방의 반대주장을 들을 수 있으므로 진실발견과 올바른 여론형성에 기여할 수 있고, 정정보도청구에 관한 소송을 가처분절차에 의하여 재판하게 하고 불복수단을 제한한 것은 언론기관에 의하여 입은 피해는 신속하게 처리하여야 하는 것이 제도의 본질에 부합된다고 하면서 합헌이라고 하였다(89헌마165). 소수의견은 입법촉구를 하고 있다.

(4) 언론기관의 자유

언론·출판의 자유는 언론기관설립의 자유, 보도의 자유를 포함하고 있다.

현행헌법은 통신·방송의 시설기준은 법률로 정한다는 규정을 새로이 신설하여(제21조 제3항 '통신·방송의 시설기준과 신문의 기능을 보장하기 위하여 필요한 사항은 법률로 정한다'), 언론기관(言論機關)을 자유롭게 설립(設立)할 수 있는 자유를 보장할 뿐 아니라, 언론기관의 설립자유를 제한함과 동시에 언론기관의 남설방지를 예방하고자 하고 있다. 언론기관의 자유는 언론의 분야별로 개별법에서 규정하고 있다. 신문과 인터넷신문에 관한 법률로는 '신문 등의 진흥에 관한 법률(2009. 7. 31. 신문등의자유와기능보장에관한법률 전부개정법률),' 잡지·정보간행물·전자간행물 및 기타간행물에 관한 법률로는 '잡지 등 정기간행물의 진흥에 관한 법률(2008. 6. 5.제정)', TV·라디오·데이터 방송 등에 관하여는 '방송법(1987. 11. 28. 제정)', 그리고 뉴스통신에 대해서는 '뉴스통신진흥에 관한 법률(2003. 5. 29, 제정)' 등이 있다.

▶ 참 고

언론관련법률의 변화를 보면 다음과 같다. 제5공화국출범과 함께 '신문·통신 등의 등록에 관한 법률'과 '언론윤리위원회법', '방송법' 등 기존의 언론관계법을 통폐합하여 언론의 사회적 책무를 강조하면서 제정된 '언론기본법(1980.12.31, 제정)'은 언론에 전반에 관하여 규정하고 있었다. 그러나 제6공화국이 출범을 즈음하여, 동법은 1987년에 '방송법(1987.11.28 제정)'과 '정기간행물등록에관한법률(1987.11.28.제정)'로 분법(分法)되었다, 그리고 2003년에는 뉴스통신의 독립과 발전을 위하여 뉴스통신만을 규정한 '뉴스통신진흥에 관한 법률(2003.5.29, 제정)'이 제정되었으며, '정기간행물등록에관한법률'은 다시 '신문등의자유와기능보장에관한법률(2005.1.27. 정기간행물등록에관한법률 전면개정)'로 전면개정되었다. '신문등의자유와기능보장에관한법률'은 다시 잡지 등 정기간행물에 관한 내용이 '잡지 등 정기간행물의 진흥에 관한 법률(2008.6.5.제정)'로 분법(分法) 되면서 개정되었다가 또다시 '신문 등의 진흥에 관한 법률(2009.7.31. 신문등의자유와기능보장에관한법률 전부개정법률)'로 전면개정되었다. 현재의 언론관계법은 방송법, 신문 등의 진흥에 관한 법률, 잡지 등 정기간행물의 진흥에 관한 법률 그리고 뉴스통신진흥에 관한 법률로 복수법체제를 갖추어 있다.

◆ 헌재판례

1. 헌법재판소는 정간법 제7조 1항은 9호 소정의 제6조 3항 1호 및 2호의 규정에 의한 해당시설을 자기 소유이어야 하는 것으로 해석하는 한 헌법에 위반된다고 하였다(90헌가23). 이는 허가제로 남용될 우려가 있기 때문이다.

2. 헌법재판소는 음반법 제3조에 대한 헌법소원사건에서 등록제는 합헌이며, 소정의 시설이 제작자로서의 통상 수인할 수 있는 한계를 벗어난 기준의 시설을 요구함으로써 등록을 통하여 음잔 등에 의한 예술 언론의 자유로운 활동을 사실상 제한하는 결과가 된다면 위헌이라 할 것이므로, 해당시설을 자기 소유이어야 하는 것으로 해석하는 한 헌법에 위반된다고 하였다(91헌바17).

(5) 보도(報道)의 자유

보도의 자유란 출판물(신문, 잡지)이나 전파매체(방송, TV)에 의해 의사를 표현하고 사실을 전달하는 자유를 의미한다. 이 보도의 자유는 의사뿐 아니라 단순한 사실의 전달을 포함하고 있으며, 출판물·전파매체를 이용한 의사표현의 자유의 특수형태라 볼 수 있다. 보도의 자유는 민주정치의 여론형성과 관련하여 특히 중요시 되고, 보도기관의 자주성과 독립성이 강조되며, 언론기관의 독과점의 부정적 영향으로 경외시되고 있다.

보도의 자유는 출판물(특히 신문)에 의한 보도의 자유와 전파매체(TV, 라디오)에 의한 보도의 자유가 있으나, 가장 대표적인 신문에 의한 보도의 자유를 든다.

신문에 의한 보도의 자유의 내용으로는 신문발행의 자유, 신문편집보도의 자유, 신문보급의 자유 그리고 취재의 자유를 들 수 있다. 신문발행의 자유란 신문은 일정한 자격을 지닌 법인이면 누구나 발행할 수 있다. 신문의 횡포는 국가권력에 의한 통제보다는 신문발행의 자유경쟁을 통한 방지가 가장 효과적이므로, 신문발행의 자유경쟁을 제도화할 필요가 있다. 그리고 신문편집 보도의 자유는 편집·보도에 대한 국가간섭을 배제할 수 있는 것을 내용으로 한다. 편집·보도의 자유는 의식적으로 허위의 사실을 보도하는 것까지 그 내용을 할 수 없다. 아울러 경영자의 주관적인 의사를 표현하는 도구로 전락되는 것을 방지하기 위하여 경영권과 편찬권의 분리를 비롯한 신문사 내부조직의 민주화가 요구된다. 신문보급의 자유는 신문보급에 대한 국가적 간섭을 배제하는 것으로서, 신문보급의 자유에 대한 국가의 간섭은 신문의 자유에 대한 중대한 침해가 된다.

그리고 취재의 자유는 신문의 자유에 불가결의 내용을 이룬다. 이는 취재의 자유가 인정되지 않는, 즉 주는 뉴스만을 보도한다면 더 이상 신문의 기능을 수행할 수 없기 때문이다. 다만, 취재의 자유에 취재원비닉권(取材源秘匿權)이 포함되는가가 문제된다. 포함되지 않는다는 견해가 다수설(일본, 미국판례의 입장)이나, 최근의 미·일판례의 입장은 비닉에 따른 이익을 형량하여 결정하여야 한다는 경향이라고 한다(권). 이에 대하여 신문의 진실보도·사실보도·공정보도를 위하여 당연히 인정되어야 한다는 견해(허)가 있다(독일의 판례입장).

언론기관의 자유를 기초로 언론기관은 국가기관에 대한 정보청구권과 명예훼손보도가 오로지 공익상의 목적일 때에 면책되는 특권이 있다(형법 제310조). 그러나 취재원에 대한 진술거부권은 인정되지 않는다.

◆ **헌재판례**

신문보도의 명예훼손적 표현의 피해자가 공적 인물인지 아니면 사인인지, 그 표현이 공적인 관심 사안에 관한 것인지 순수한 사적인 영역에 속하는 사안인지의 여부에 따라 헌법적 심사기준에는 차이가 있어야 한다. 객관적으로 국민이 알아야 할 공공성·사회성을 갖춘 사실은 민주제의 토대인 여론형성이나 공개토론에 기여하므로 형사제재로 인하여 이러한 사안의 게재를 주저하게 만들어서는 안된다. 신속한 보도를 생명으로 하는 신문의 속성상 허위를 진실한 것으로 믿고서 한 명예훼손적 표현에 정당성을 인정할 수 있거나, 중요한 내용이 아닌 사소한 부분에 대한 허위보도는 모두 형사제재의 위협으로부터 자유로워야 한다. 시간과 싸우는 신문보도에 오류를 수반하는 표현은, 사상과 의견에 대한 아무런 제한없는 자유로운 표현을 보장하는 데 따른 불가피한 결과이고 이러한 표현도 자유토론과 진실확인에 필요한 것이므로 함께 보호되어야 하기 때문이다. 그러나 허위라는 것을 알거나 진실이라고 믿을 수 있는 정당한 이유가 없는데도 진위를 알아보지 않고 게재한 허위보도에 대하여는 면책을 주장할 수 없다(헌재 1999. 6. 24. 97헌마265, 불기소처분취소).

▶ **참 고**

일부 견해(권)에 따르면 언론·출판의 자유를 고전적 의미와 현대적 의미로 구별하고서 후자에서 현대국가에서의 정보의 유통과정과 그 법적 관계를 설명하고 있다. 현대국가에서 사회적 정보처리통신구조의 전과정은 정보원→정보수집→정보처리→정보전달의 순서로 진행된다. 정보원이란 정보자료의 출처를 의미하는 것으로, 정보원에는 정보원의 소유주체에 따라 공공기관정보, 사회집단정보, 개인정보로 구분된다. 정보수집이란 정보원으로부터 정보를 수집하는 행위를 의미하는 것으로, 언론기관의 취재의 자유와 일반국민의 정보공개청구권(알권리, 읽을 권리)으로 구성된다. 정보처리란 정보를 선택하고 재구성하는 행위를 의미하는 바, 개인이 행하는 경우는 사상이나 양심의 자유의 문제로 되며, 언론기관이 행하는 경우에는 언론기관의 편찬·편성권의 문제가 된다(언론기관의 내부적 자유). 정보전달을 고전적 의미의 의사표현의 자유를 의미하는 것이나 시민이나 독자 등이 그 의견이나 정보를 언론기관에 적극적으로 전달하고자 하는 면에 중점을 둘 것이다(엑세스권, 반론권).

3. 한계와 제한

(1) 한계

헌법 제21조 제4항은 '언론·출판은 타인의 명예나 권리 또는 공중도덕이나 사회윤리를 침해하여서는 아니된다. 언론·출판이 타인의 명예나 권리를 침해한 때에는 피해자는 이에 대한 피해의 배상을 청구할 수 있다'고 하여 언론·출판의 내재적 한계를 명시하고 있으며, 이는 언론의 사회적 책무의 표현이다.

(2) 제한

언론·출판의 자유에 대한 사전통제(事前統制)로서의 허가제(許可制)나 검열(檢閱)은 금지되며, 등록·신고제는 허용된다. 영화법, 공연법, 방송법 등의 사전검열규정에 대해 위헌설이 있었으나, 헌법재판소는 영상물등급위원회의 등급분류보류제도는 우리 헌법이 절대적으로 금지하고 있는 사전검열에 해당하는 것으로서 더 나아가 비례의 원칙이나 명확성의 원칙에 반하는지 여부를 살펴볼 필요도 없이 헌법에 위반된다고 판시하였다(헌재 2001. 8. 30, 2000헌가9, 영화진흥법 제21조 제4항 위헌제청). 그러나 헌법 제77조 제3항은 '비상계엄이 선포된 때에는 법률이 정하는 바에 의하여 ……언론·출판·집회·결사의 자유,……에 관하여 특별한 조치를 할 수 있다.'고 하여 비상계엄령하의 사전통제를 부분적으로 허용하고 있다.

언론·출판의 자유에 대한 사후통제(事後統制)는 헌법 제37조 제2항의 일반적 법률유보에 의한 제한이 가능하며, 긴급사태 아래(긴급명령과 비상계엄)에서의 제한, 그리고 특별권력 관계에 의한 제한은 가능하다.

그러나 언론·출판의 자유에 대하여 법률로써 제한할 수 있다고 하더라도, 언론·출판의 자유의 인간의 존엄성과 자유로운 인격권발현의 기초가 되고 민주주의 발전의 초석이 되는 기능을 가지므로 그 제한에는 엄격한 기준이 적용되어야 한다. 판례들이 들고 있는 제한의 합헌성(合憲性)의 판단기준들을 보면, 명확성의 원칙(막연하기 때문에 무효의 이론, 95헌가16; 89헌가113 등), 비례원칙(필요최소한도의 규제수단의 선택에 관한 원칙, 과잉금지원칙, 99헌마480 등), 법익형량의 원칙과 이중기준의 원칙, 명백하고 현존하는 위험의 원칙(Holmes판사, Schenke Vs. U.S. 판사 판결), 사전억제금지의 원칙, 규제입법의 합헌성 추정의 배제, 입증책임의 전환이론, 당사자 적격의 완화이론 등이 있다.

◆ 헌재판례

1. 교과서의 검인정제도: 출판의 자유가 모든 사람이 스스로 저술한 책자가 교과서가 될 수 있도록 주장하는 권리를 포함하고 있는 것은 아니며, 국민의 수학권과 교사의 수업의 자유는 다 같이 보호되어야 하겠지만, 그 중에서도 국민의 수학권이 우선적으로 보호되어야 하며, 국가는 교육목표가 있기에 교과선정이 불가피하므로 검인정제도는 합헌이라고 판시(헌재 1992. 11. 12. 89헌마88).

2. 헌법재판소는 정간법 제7조 제1항에 대한 위헌심판사건에서 언론의 건전한 발전과 그 기능을 보장하기 위하여(신문을 아무나 발행하지 못하여 언론기관의 난립을 방지)일정한 시설을 갖추어 이를 등록하도록 한 것(등록제)이므로 법 제7조 제1항의 등록제도를 가지고 입법재량을 남용하였다거나 자의적인 입법권을 행사한 것으로 볼 수 없다고 하였으며, 신문업이나 출판업의 시설기준에 따른 등록제는 해당시설을 자기소유이어야 하는 것으로 해석하는 한 헌법에 위반되지 아니한다고 판시하였다(헌재 1996. 6. 26. 90헌가23). 이에 대하여 소수의견은 등록이란 신고만으로 끝나는 것이 아니고 신고한 사항이 공부에 기재되어야 끝나는 것이므로, 등록제는 등록의 수리, 등록처리, 등록심사, 등록거부를 할 수 있는 가능성이 있고, 현행제도는 등록의 요건이 너무 엄격하게 되어 있어 재력이 있는 자만 가능하도록 되어 있으며, 정간물의 실태파악은 제8조의 기재내용과 납본으로 충분하며, 등록제도를 신고제도로 바꾸어, 신고서만 제출하면 신고필증을 교부하고 신고필증이 없어도 발행할 수 있도록 하여야 할 것이라고 한다.

3. 옥외광고물등관리법 제3조에 의한 옥외광고물의 신고제도는 사전 허가나 검열제도에 해당하지 아니한다고 판시(헌재 1998. 2. 27. 96헌바2).

4. 헌법재판소는 정간법 제10조 1항에 대한 헌법소원사건에서 검열금지는 사전검열금지만을 의미한다고 하면서, 정간물을 발행한 경우에 간행물 2부를 즉시 공보처장관에게 납본을 규정하고 있는 바, 이는 정간물은 자유로이 발행할 수 있으나 발행 후 2부를 납본하는데 불고한 것이며, 발행된 정간물을 공보처에 납본하는 것은 내용을 심사하여 이의 공개·배포하는 것에 대한 허가·금지와는 관계가 없으므로 사전검열이라고 할 수 없다고 합헌이라고 하였다(90헌바26).

5. 영화·연극의 검열: 헌법재판소는 사전의 자율적인 등급심사와 사후의 검열은 가능하나(합헌), 사전심의제는 사전심의를 받지 않은 경우 제재가 따르므로 실질적으로 사전검열제도로서 위헌이며, 공연윤리위원회가 민간인으로 구성되었다고는 하나, 공연법에 따라 공연윤리위원회가 설치되고 공윤위에 대한 행정권의 지속적인 영향력을 미치므로 공윤위는 검열기관으로 볼 수 밖에 없다고 판시(헌재 1996. 10 .4. 93헌가13).

6. 음반·비디오: 한국공연예술진흥협회가 행하는 심의제도는 사전검열제도로써 위헌이며, 한국공연예술진흥협의회도 검열기관이라고 판시(헌재 1999. 9. 16. 99헌가1).

7. 헌법 제21조 제2항은 언론·출판에 대한 허가나 검열은 인정되지 아니한다고 규정하고 있다. 여기서 말하는 검열은 그 명칭이나 형식과 관계없이 실질적으로 행정권이 주체가 되어 사상이나 의견 등이 발표되기 이전에 예방적 조치로서 그 내용을 심사, 선별하여 발표를 사전에 억제하는, 즉 허가받지 아니한 것의 발표를 금지하는 제도를 뜻하고, 이러한 사전검열은 법률로써도 불가능한 것으로서 절대적으로 금지된다. 언론·출판에 대하여 사전검열이 허용될 경우에는 국민의 예술활동의 독창성과 창의성을 침해하여 정신생활에 미치는 위험이 크고 행정기관이 집권자에게 불리한 내용의 표현을 사전에 억제함으로써 이른바 관제의견이나 지배자에게 무해한 여론만이 허용되는 결과를 초래할 염려가 있기 때문에 헌법이 절대적으로 금지하는 것이다(헌재 2001. 8. 30, 2000헌가9, 영화진흥법 제21조 제4항 위헌제청).

8. 외국비디오물을 수입할 경우에 반드시 영상물등급위원회로부터 수입추천을 받도록 규정하고 있는 구 음반·비디오물및게임물에관한법률(1999. 2. 8. 법률 제5925호로 제정되고, 2001. 5. 24. 법률 제6473호로 전면개정되기 전의 것) 제16조 제1항 등에 의한 외국비디오물 수입추천제도는 외국비디오물의 수입·배포라는 의사표현행위 전에 표현물을 행정기관의 성격을 가진 영상물등급위원회에 제출토록 하여 표현행위의 허용 여부를 행정기관의 결정에 좌우되게 하고, 이를 준수하지 않는 자들에 대하여 형사처벌 등의 강제조치를 규정하고 있는바, 허가를 받기 위한 표현물의 제출의무, 행정권이 주체가 된 사전심사절차, 허가를 받지 아니한 의사표현의 금지, 심사절차를 관철할 수 있는 강제수단이라는 요소를 모두 갖추고 있으므로, 우리나라 헌법이 절대적으로 금지하고 있는 사전검열에 해당한다(헌재 2005. 2. 3. 2004헌가8구 음반·비디오물및게임물에관한법률 제16조 제1항 등 위헌제청).
9. 헌법재판소는 영상물등급위원회에 의한 비디오물 등급분류보류제도를 규정한 구 '음반·비디오물 및 게임물에 관한 법률' 제20조 제4항 중 '비디오물' 부분이 행정기관에 의한 사전 검열에 해당하여 헌법에 위반된다고 판시하였다(헌재 2008. 10. 30, 2004헌가18, 구 음반·비디오물 및 게임물에 관한 법률 제20조 제4항 위헌제청).

▶ 참 고

1. 명백하고 현존하는 위험의 원칙
동원칙은 1919년 Schenck v. U.S 사건에서 Holmes판사가 처음으로 주장한 것으로서, 언론 즉 표현의 자유에 대한 제한은 표현을 그대로 방치함으로써 발생할지 모르는 해악이 명백하고 절박하여 표현의 자유를 제한하지 않고는 예상되는 위해를 제거할 수 없는 경우에만 허용될 수 있다는 것이다. 명백이란 표현과 해악발생 사이에 인과관계가 존재하는 것이며, 현존이란 해악발생이 시간적으로 근접한 것이며, 위험이란 해악의 발생개연성을 의미한다. 따라서 단순한 위험의 경향이 있다는 이유만으로 구제해서는 안 된다는 것을 의미한다. 이 원칙은 1925년 Gitlow v. New York 사건에서 위험경향의 원칙으로 약간 후퇴하였다가, 다시 1937년 Herndon v. Lowry 사건에서 다시 원형으로 복귀한 바 있다.
그러나 1940년대 미국판결은 입장이 바뀌어서 해악이 중대한 경우에는 그 위험이 절박하지 않는 경우에도 표현의 자유에 대한 제한이 가능하다는(Dennis v. U.S 사건)방향으로 수정되었다.

2. 헌재판례
헌법재판소는 국가보안법 제7조에 대한 위헌심판사건에서 국가의 존립안전이나 자유민주적 기본질서에 무해한 행위는 처벌에서 배제하고 이에 실질적 해악을 미칠 명백한 위험성이 있는 경우로 처벌을 축소 제한하는 것이 헌법합치적 해석이 될 것이며, 이러한 제한해석은 표현의 자유의 우월적 지위에 비추어 당연한 요청이고, 이에 해당되는 여부는 소정의 행위와 위험성의 근접정도도 기준이 되겠지만 (명백하고 현존하는 위험의 원칙) 특히 해악이 크냐 적으냐의 정도에 따라 결정됨이 합당할 것이다(89헌가113) 라고 하였다.

V. 집회·결사의 자유

1. 헌법규정과 주체

(1) 헌법규정

현행헌법은 제21조 제1항에서 '모든 국민은……집회·결사의 자유를 가진다'고 규정하여 집회·결사의 자유를 보장하고 제2항에서 '……집회·결사에 대한 허가는 인정되지 아니한다'고 하여 집회·결사의 허가제를 금지하고 있다. 영국에서는 1871년에 노동조합법에서 노동자들의 단결권을 보장하고 미국은 남북전쟁 이후 결사의 자유의 함께 법리를 형성하였으며, 독일은 1850년 프로이센헌법과 1919년 바이마르 헌법에서 규정하였다.

집회·결사의 자유는 다수인이 공동목적을 가지고 회합 또는 결합하는 자유로서 넓은 의미의 표현의 자유의 한 형태이며, 언론·출판의 자유에 대한 보완적 기능을 하고, 민주정치 실현에 불가결의 전제로서 매스미디어의 독점에 대한 소수 국민의 의사발표수단으로서 중요한 의미를 갖는다.

집회·결사의 자유는 개인적 공권이며 대국가적인 권리이기도 하며, 제도적 보장의 성격을 아울러 갖는다.

(2) 주체

집회·결사의 자유의 주체는 자연인뿐 아니라 법인도 향유할 수 있으며, 외국인에 대해서는 학설이 대립되어 있으나, 다수설은 외국인에게도 주체성을 인정하여 한다고 본다.

2. 집회·결사의 자유의 내용

(1) 집회의 개념과 신고제

집회란 다수인이 일시적으로 공동목적을 가지고 일정한 장소에 집합하는 것을 의미하며 일시적인 점에서 지속성을 갖는 결사와 구별된다. 집회및시위에관한법률에서 '집회'의 개념에 대하여 정확한 규정을 갖고 있지 않지만, 헌법재판소는 "일반적으로 집회는, 일정한 장소를 전제로 하여 특정 목적을 가진 다수인이 일시적으로 회합하는 것을 말하는 것으로 일컬어지고 있고, 그 공동의 목적은 '내적인 유대 관계'로

족하다"고 하였다고 하였으며, "건전한 상식과 통상적인 법감정을 가진 사람이면 위와 같은 의미에서 집시법상 '집회'가 무엇을 의미하는지를 추론할 수 있다고 할 것이므로, 집시법상 '집회'의 개념이 불명확하다고 할 수 없다"고 밝혔다(2007헌바22).

집단적 시위·행진은 움직이는 집회로서 집회의 개념에 포함되며, 집회및시위에관한법률은 "시위"란 여러 사람이 공동의 목적을 가지고 도로, 광장, 공원 등 일반인이 자유로이 통행할 수 있는 장소를 행진하거나 위력(威力) 또는 기세(氣勢)를 보여, 불특정한 여러 사람의 의견에 영향을 주거나 제압(制壓)을 가하는 행위를 말한다(제2조 제2호)고 규정하고 있다.

집회의 유형은 옥내·옥외집회, 공개·비공개 집회, 주간·야간집회, 평화·비평화집회로 유형화할 수 있으며, 집회의 자유의 구체적 내용은 집회를 개최하는 자유, 집회를 사회 또는 진행하는 자유, 집회에 참가하는 자유, 집회에 참가하지 않을 소극적 자유 등이다.

현행 집회및시위에관한법률(법률 제8733호, 2007. 12. 21개정)은 옥외집회 및 시위의 신고제(제6조)와 당해 신고에 대한 관할경찰서장의 금지통고 내지는 제한(제8조), 그리고 해산명령제(제18조)를 규정하고 있다. 그리고 동법은 헌법재판소의 결정에 의하여 해산된 정당의 목적을 달성하기 위한 집회 또는 시위와 집단적인 폭행·협박·손괴·방화 등으로 공공의 안녕질서에 직접적인 위협을 가할 것이 명백한 집회 또는 시위를 금지하고 있으며(제5조), 또한 국회의사당, 각급 법원, 헌법재판소, 대통령 관저(官邸), 국회의장 공관, 대법원장 공관, 헌법재판소장 공관, 국무총리 공관(행진의 경우에는 허용), 국내 주재 외국의 외교기관이나 외교사절의 숙소로부터 100미터 이내의 장소에서는 옥외집회 또는 시위를 금지하고 있다(제11조).

특히 헌법재판소는 동법 제10조에서 정하고 있는 옥외집회의 신고제를 합헌으로 결정한 바 있다(헌재 2009. 5. 28. 2007헌바22). 그리고 야간옥외집회 즉 해가 뜨기 전이나 해가 진 후의 옥외집회와 시위는 금지되어 있으며, 관할경찰서장은 질서유지를 위한 조건을 붙여 허용할 수 있도록 하고 있다(제10조). 그러나 헌법재판소는 동 규정이 정하고 있는 야간옥외집회의 금지를 본질적 내용의 침해가 아니라고 합헌으로 판단하였다가(헌재 1994. 4. 28. 91헌바14), 판례를 변경하여 헌법불합치판결을 내렸다(헌재 2009. 9. 24, 2008헌가25). 동 판결에서 5인의 재판관이 야간옥외집회의 일반적 금지는 헌법 제21조 제2항에 의하여 금지된 '허가제'로서 헌법에 위반되므로 위헌의견을 내였다. 그리고 2인의 재판관은 일몰 전과 일몰 후라는 광범위한 시간대의 야간옥외집회금지는 침해최소성의 원칙에 반하고, 법익균형성도 갖추지 못하였으며, 과잉금지원칙에 위배되므로 위헌이기는 하나, 합헌적인 부분과 위헌적인 부분이 공존하므로 옥외집회가 금지되는 시간대를 법률로 정하여 위헌성을 제거하도록 하여야 한다는 헌법불합치판단을 하였다.

◆ 헌재판례

1. 집회의 자유는 개인의 인격발현의 요소이자 민주주의를 구성하는 요소라는 이중적 헌법적 기능을 가지고 있다. 인간의 존엄성과 자유로운 인격발현을 최고의 가치로 삼는 우리 헌법질서 내에서 집회의 자유도 다른 모든 기본권과 마찬가지로 일차적으로는 개인의 자기결정과 인격발현에 기여하는 기본권이다. 뿐만 아니라, 집회를 통하여 국민들이 자신의 의견과 주장을 집단적으로 표명함으로써 여론의 형성에 영향을 미친다는 점에서, 집회의 자유는 표현의 자유와 더불어 민주적 공동체가 기능하기 위하여 불가결한 근본요소에 속한다······입법자가 '외교기관 인근에서의 집회의 경우에는 일반적으로 고도의 법익충돌위험이 있다'는 예측판단을 전제로 하여 이 장소에서의 집회를 원칙적으로 금지할 수는 있으나, 일반·추상적인 법규정으로부터 발생하는 과도한 기본권제한의 가능성이 완화될 수 있도록 일반적 금지에 대한 예외조항을 두어야 할 것이다. 그럼에도 불구하고 국내주재 외교기관 청사의 경계지점으로부터 1백미터 이내의 장소에서의 옥외집회를 전면적으로 금지하고 있는 집회및시위에관한법률 제11조 제1호 중 '국내주재 외국의 외교기관' 부분은 전제된 위험상황이 구체적으로 존재하지 않는 경우에도 이를 함께 예외 없이 금지하고 있는데, 이는 입법목적을 달성하기에 필요한 조치의 범위를 넘는 과도한 제한인 것이다. 그러므로 이 사건 법률조항은 최소침해의 원칙에 위반되어 집회의 자유를 과도하게 침해하는 위헌적인 규정이다(헌재 2003. 10. 30. 2000헌바67·83, 집회및시위에관한법률 제11조 제1호 중 국내주재 외국의 외교기관 부분 위헌소원, 집회및시위에관한법률 제11조 위헌소원). 동 판결에 따라 현행 집회및시위에관한법률 제11조는 제4호에 이를 반영하여 추가·개정하여 위헌요소를 해소하였다.

2. 옥외집회 신고제의 합헌결정: 옥외집회의 사전신고의무를 규정한 구 집시법 제6조 제1항은 평화적이고 효율적인 집회를 보장하고, 공공질서를 보호하기 위한 것으로 그 입법목적이 정당하고, 집회에 대한 사전신고를 통하여 행정관청과 주최자가 상호 정보를 교환하고 협력하는 것은 위와 같은 목적 달성을 위한 적절한 수단에 해당하며, 위 조항이 열거하고 있는 신고사항이나 신고시간 등은 지나치게 과다하거나 신고불가능하다고 볼 수 없으므로 최소침해성의 원칙에 반한다고 보기 어렵다. 나아가 위 조항이 정하는 사전신고의무로 인하여 집회개최자가 겪어야 하는 불편함이나 번거로움 등 제한되는 사익과 신고로 인해 보호되는 공익은 법익균형성 요건도 충족하므로 위 조항 중 '옥외집회'에 관한 부분이 과잉금지원칙에 위배하여 집회의 자유를 침해한다고 볼 수 없다(헌재 2009. 5. 28. 2007헌바22, 집회 및 시위에 관한 법률 제2조 제1호 등 위헌소원).

3. 야간옥외집회에 대한 판례변경(합헌결정에서 헌법불합치결정으로 변경)
   ① 집시법에서 야간옥외집회를 원칙적으로 금지한 것은 합헌이다. 야간옥외집회에 '질서

유지인'을 둘 것을 전제로 허용되도록 규정하고 있고 동 집회의 허용여부는 헌법이념 및 조리상 관할 경찰서장의 편의재량사항이 아니고 기속재량사항이므로 과잉침해금지원칙에 위배되지 아니한다고 판시하였다. 야간(夜間)의 옥외집회(屋外集會)·시위(示威)라는 특수한 상황조건으로 인하여 기본권제한입법의 목적원리가 강화될 수밖에 없는 논리적 측면에서 현행 집회및시위에관한법률(法律) 제10조가 과거처럼 어떠한 경우에도 야간의 옥외집회·시위를 일률적으로 금지하지 아니하고 집회의 성격상 부득이한 경우에는 일정한 조건을 붙여 일출시간(日出時間) 전, 일몰시간(日沒時間) 후의 옥외집회를 허용할 수 있는 단서규정을 두고 있는 점, 이 단서규정에 따른 야간 옥외집회의 허용 여부는 헌법이념 및 조리상 관할 경찰관서장의 편의재량사항(便宜裁量事項)이 아니고 기속재량사항(羈束裁量事項)이라고 해석되는 점, 학문·예술·체육·종교·의식·친목·오락 등에 관한 집회에는 이러한 금지규정이 적용되지 않을 뿐만 아니라 야간이라도 옥내집회는 일반적으로 허용되는 점을 고려할 때, 야간의 옥외집회·시위의 금지에 관한 위 법 제10조의 규정이 집회의 자유의 본질적 내용을 침해한 것이라고 볼 수 없다고 하였다(헌재 1994. 4. 28. 91헌바14, 집회및시위에관한법률 제2조 등에 대한 헌법소원).

② 이 사건 법률조항들이 가지는 위헌성은 야간옥외집회를 제한하는 것 자체에 있는 것이 아니라, 사회의 안녕질서와 국민의 주거 및 사생활의 평온 등을 보호하는데 필요한 범위를 넘어 '해가 뜨기 전이나 해가 진 후'라는 광범위하고 가변적인 시간대에 일률적으로 옥외집회를 금지하는데 있다. 즉, 위와 같은 시간대 동안 옥외집회를 금지하는 것에는 위헌적인 부분과 합헌적인 부분이 공존하고 있는 것이다.……따라서 이 사건 법률조항들에 대하여 헌법불합치의 결정을 선고하되, 위 법률조항에는 위헌적인 부분과 합헌적인 부분이 공존하고 있으므로 입법자가 2010. 6. 30. 이전에 개선입법을 할 때까지 계속 적용되어 그 효력을 유지하도록 하고, 만일 위 일자까지 개선입법이 이루어지지 않는 경우 위 법률조항들은 2010. 7. 1.부터 그 효력을 상실하도록 한다(헌재 2009. 9. 24. 2008헌가25, 집회 및 시위에 관한 법률 제10조 등 위헌제청).

(2) 결사의 개념과 자유

결사(結社)란 다수인이 일정한 공동목적을 위하여 계속적인 단체를 형성한 것으로서, 장소를 전제로 하지 않는 정신적 결합체이다. 결사의 유형은 정치적 결사·비정치적 결사, 비밀결사(秘密結社)·공개결사(公開結社)가 있으며, 결사의 자유의 구체적 내용은 단체의 결성, 존속(存續)·활동(活動)의 자유 및 가입·탈퇴의 자유 결사에 가입하지 않을 자유를 들 수 있다. 그러나 결사에 가입하지 않을 자유는 사법(私法)상의 결사에는 인정되나 공법적(公法的) 결사(상공회의소, 의사회, 변호사회)에는 인정되지 않는다(통설·판례).

3. 집회·결사의 자유의 제한

집회·결사의 자유도 헌법 제37조 2항에 의한 법률제한을 받는다. 그러나 허가제는 금지되며, 신고제는 행정법상 참고를 위한 것이므로 허용되며, 집회를 사후에 통제하는 경우에는 명백·현존하는 위험의 원칙에 따라야 한다. 그리고 사회단체신고에 관한 법률은 모든 사회단체에 대한 신고를 요구하고 있다.

한편, 구 집시법에서는 '판결(判決)에 의해 해산된 정당(政黨) 또는 예속 단체의 목적을 달성하기 위한 집회(集會)·시위(示威), 재판에 영향을 미칠 염려가 있거나 미치게 하기위한 집회·시위, 공공의 안녕질서유지에 관한 단속법규에 위반하거나 위반할 우려가 있는 집회 또는 시위, 현저히 사회적 불안을 야기시킬 우려가 있는 집회 또는 시위, 기타 헌법의 민주적 기본질서에 위배되는 집회·시위'등을 금지하였으나(1989년 개정되기 전 구 집시법 제3조), 동 조항에 관한 헌법재판소의 판례(헌재 1992. 1. 28, 89헌가8)가 있었으며, 현재는 '헌법재판소의 결정에 따라 해산된 정당의 목적을 달성하기 위한 집회 또는 시위와 집단적인 폭행, 협박, 손괴(損壞), 방화 등으로 공공의 안녕 질서에 직접적인 위협을 끼칠 것이 명백한 집회 또는 시위'만을 금지하고 있다. 그리고 국가보안법과 형법은 반국가단체나 범죄단체의 조직을 역시 금하고 있다.

◆ 헌재판례

가. "현저히 사회적 불안을 야기시킬 우려가 있는 집회 또는 시위"를 주관하거나 개최한 자를 처벌하고 있는 개정 전 집회및시위에관한법률 제3조 제1항 제4호, 제14조 제1항은 문언해석상 그 적용범위가 과도하게 광범위하고 불명확하므로, 헌법상 보장된 집회의 자유를 위축시킬 수 있고 법운영 당국에 의한 편의적·자의적 법운영집행을 가능하게 함으로써 법치주의와 권력분립주의 및 죄형법정주의에 위배될 수 있으며 법집행을 받는 자에 대한 평등권 침해가 될 수 있어 기본권제한의 한계를 넘어서게 되어 위헌의 소지가 있다.

나. 그러나 민주체제 전복을 시도하는 집회·시위나 공공의 질서에 관한 법익침해의 명백한 위험이 있는 집회·시위까지 집회의 자유라는 이름으로 보호하는 것이 헌법이 아닌 것이며, 대중적 집회에는 뜻밖의 자극에 의하여 군중의 흥분을 야기시켜 불특정 다수인의 생명·신체·재산 등에 위해를 줄 위험성이 내재되어 있는 것으로 이를 막자는데도 위 조문의 취의(趣意)가 있다고 할 것인즉 위 조문의 합헌적이고 긍정적인 면도 간과해서는 안될 것이므로, 헌법과의 조화, 다른 보호해야 할 법익과의 조정하에 해석상 긍정적인 면을 살리는 것이 마땅하다.

다. 따라서 위 조문은 각 그 소정행위가 공공의 안녕과 질서에 직접적인 위협을 가할 것이 명백한 경우에 적용된다고 할 것이므로 이러한 해석하에 헌법에 위반되지 아니한다(헌재 1992. 1. 28, 89헌가8, 1989.3.29. 전문개정 전 집회및시위에관한법률 제3조 제1항 제4호, 제14조 제1항의 위헌여부).

❀ 대법원판례

대법원은 유사한 단체가 등록되었다는 이유로 등록을 거부한 것은 결사의 자유를 침해한 것이라고 하였다. 이는 사회단체의 등록은 결사의 성립·존속요건이 아니므로 모든 국민은 「사회단체등록에 관한 법률」에 의한 등록여부와는 관계없이 자유롭게 결사를 조직할 수 있고 활동할 수 있는 권리를 가진다(대판 1967. 7. 18. 선고 65누172 판결, 사회단체등록취소처분취소).

제 4 장
청구권적 기본권

I. 총설

1. 의의

청구권적 기본권은 국민이 국가에 대하여 적극적으로 일정한 행위를 요청하거나 국가의 보호를 청구할 수 있는 권리를 말한다. 기본권을 보장하기 위하여 헌법상 특히 인정된 기본권을 말하며, 절차적(節次的) 기본권, 고전적(古典的) 수익권(受益權) 또는 기본권을 보장하기 위한 기본권이라 한다.

2. 법적 성격

(1) 자유권과의 구별

청구권적 기본권은 '국가로부터의 자유'를 의미하는 자유권(自由權)과 달리 '국가에 대한 청구'를 그 내용으로 하는 주관적 공권이며, 원칙적으로 국가내적인 권리이다. 이와 같이 자유권은 개인의 자유영역에 대한 국가권력의 간섭이나 침해를 배제하는 방어적 권리로서 소극적 권리인 반면, 청구권은 자기의 권리나 이익을 확보하기 위하여 일정한 국가행위를 요구할 수 있는 적극적 권리이다.

(2) 사회적 기본권과의 구별

청구권적 기본권은 자유권과 더불어 기본권 역사에서 가장 오래된 기본권 중의 하나이나, 사회적(社會的) 기본권은 20세기 헌법에서 볼 수 있는 새로운 유형의 기본권이다. 청구권적 기본권은 헌법의 규정만으로 구체적·현실적 권리가 발생하는 것으로서, 법률의 규정이 있어야 비로소 효력이 발생하는 사회적 기본권과 구별된다. 또한 헌법이 청구권적 기본권에 대하여 법률유보 조항을 두고 있으나, 이는 사회적 기본권과 같은 기본권형성적 법률유보가 아니라, 권리의 형성 자체는 헌법에 의하여 직접 발생하나 그 구체적인 절차나 방법 등을 법률로써 구체화 시킨다는 것을 의미한다(기본권구체화적 법률유보).

(3) 참정권(參政權)과의 구별

청구권적 기본권은 국가에 대하여 일정한 행위나 급부 또는 보호를 요구할 수 있는 적극적인 권리인 반면, 참정권은 국민이 직접 또는 간접으로 국가의 의사형성에 참여하거나 공무를 담임할 수 있는 능동적 권리이다.

3. 종류

청원권(제26조), 재판을 받을 권리(제27조), 형사보상청구권(제28조), 국가배상청구권(제29조), 범죄피해자의 국가구조청구권(제30조) 등이 있다.

Ⅱ. 청원권

1. 헌법규정과 의의

(1) 헌법규정과 연혁

현행헌법 제26조 제1항은 '모든 국민은 법률이 정하는 바에 의하여 국가기관(國家機關)에 문서(文書)로 청원(請援)할 권리를 가진다' 그리고 제2항은 '국가는 청원에 대하여 심사(審査)할 의무(義務)를 진다'고 규정하고 있다. 이는 전제군주시대에 군주의 자의적(恣意的)인 권력행사에 대한 국민의 이익을 청구하기 위한 수단(1689년 영국의 권리장전, 1919년 바이마르헌법)으로서 나타났으며, 오늘날에는 의회제도·사법제도의 발달에 따라 권리구제수단으로서의 의미보다 국민의 의사나 희망을 개진하는 수단으로서 중요시되고 있다.

(2) 개념과 기능

청원권은 국민이 국가기관에 대하여 의사나 희망을 개진할 수 있는 권리로서, 국민의 관심사와 이해관계를 처리해 줌으로써 국가기관(특히 국회)의 신임을 유지하고, 청원형식으로 제기된 행정의 비리와 부조리를 근거로 국회가 대정부통제 기능을 원활히 수행할 수 있으며, 엄격한 형식과 절차에 의한 행정적·사법적인 권리구제수단에 의하지 않고서 권리구제를 받을 수 있는 수단으로서의 기능을 가진다.

그리고 청원권은 국가기관의 행위에 의해 권리 또는 이익이 반드시 침해됨을 요하지 아니하며, 국가기관의 행위의 적법여부나 당·부당 여부도 불문하며, 제3자나 공공의 이익을 위해서도 청원할 수 있는 특성을 갖는다.

청원권은 자유권적 성격과, 청구권적 성격을 함께 갖는 이중적 성격의 기본권으로서, 인간의 권리이며, 외국인과 법인에게도 인정된다.

2. 내용

(1) 청원대상기관과 청원사항

청원의 상대방인 청원대상기관은 국가기관(입법·행정·사법)과 지방자치단체와 그 소속기관, 그리고 법령에 의하여 행정권한을 가지고 있거나 행정권한을 위임 또는 위탁받은 법인·단체 또는 그 기관이나 개인이다(청원법 제3조).

그리고 청원법은 피해의 구제, 공무원의 위법·부당한 행위의 시정이나 징계의 요구, 법률·명령 또는 규칙 등의 제정·개정 또는 폐지, 공공의 제도 또는 시설의 운영, 그 밖에 국가기관 등의 권한에 속하는 사항을 청원사항으로 규정하고 있다(법 제4조). 이는 예시규정(例示規定)으로 보아 청원인은 청원대상기관의 권한에 속하는 사항이면, 법령에서 불수리 혹은 금지하지 않은 것은 무엇이든 청원이 가능하다. 그리고 청원대상기관은 청원서가 접수되면, 감사·수사·재판·행정심판·조정·중재 등 다른 법령에 의한 조사·불복 또는 구제절차가 진행 중인 때, 허위의 사실로 타인으로 하여금 형사처분 또는 징계처분을 받게 하거나 국가기관 등을 중상모략하는 사항인 때, 사인간의 권리관계 또는 개인의 사생활에 관한 사항인 때, 청원인의 성명·주소 등이 불분명하거나 청원내용이 불명확한 때에는 이를 수리하여서는 안된다(법 제5조).

(2) 청원의 절차·방법

청원서는 청원사항을 관장하는 기관에 제출하여야 한다. 청원서를 접수한 기관은 청원사항이 그 기관이 관장하는 사항이 아니라고 인정되는 때에는 그 청원사항을 관장하는 기관에 청원서를 이송하고 이를 청원인에게 통지하여야 한다(법 제7조). 국회와 지방의회에 청원을 하고자 하는 자는 의원의 소개를 얻어 청원서를 제출하여야 한다(국회법 제123조 제1항, 지방자치법 제73조 제1항).

그리고 동일인이 동일한 내용의 청원서를 동일한 기관에 2건 이상 제출하거나 2 이상의 기관에 제출한 때에는 나중에 접수된 청원서는 이를 반려할 수 있으며(법 제8조, 반복청원 및 이중청원 금지), 누구든지 타인을 모해(謀害)할 목적으로 허위의 사실을 적시한 청원을 하여서는 아니된다(법 제11조, 타인 모해 금지).

(3) 청원의 심사

청원을 수리한 기관은 성실하고 공정하게 청원을 심사·처리하여야 하며, 청원을 관장하는 기관이 청원을 접수한 때에는 특별한 사유가 없는 한 90일 이내에 그 처리결과를 청원인에게 통지하여야 한다. 청원을 관장하는 기관은 부득이한 사유로 90일 이내에 청원을 처리하기 곤란하다고 인정하는 경우에는 60일의 범위 내에서 1회에 한하여 그 처리기간을 연장할 수 있다. 이 경우 그 사유와 처리예정기한을 지체 없이 청원인에게 통지하여야 한다. 그리고 청원접수기관은 청원불수리 사유에 해당할 때에는 그 사유를 명시하여 청원인에게 통지하여야 한다(법 제9조).

3. 효과와 제한

(1) 효과

헌법은 청원접수기관의 심사의무를 규정하고 있으며(제26조 제2항), 청원법은 심사·처리·통지의무를 정하고 있다(법 제9조). 다만 재결이나 결정할 의무까지 있느냐에 관하여는 없다고 보는 것이 통설이다. 처리결과를 통지할 경우에 법률에 특별한 규정이 없는 한 처리이유까지 밝혀야 할 필요는 없다(허). 그리고 누구든지 청원을 하였다는 이유로 차별대우를 받거나 불이익을 강요당하지 아니한다(법 제12조).

(2) 제한

청원권도 일반적 법률유보에 따라 제한할 수 있으나, 본질적 내용은 침해할 수 없다. 그리고 타인을 모해할 목적으로 허위의 사실을 적시한 청원을 한 청원인은 5년 이하의 징역 또는 1천만원 이하의 벌금에 처한다(법 제13조).

Ⅲ. 재판청구권

1. 헌법규정과 개념

(1) 헌법규정과 연혁

재판청구권은 고대의 자력구제(自力救濟) 및 근대초기의 전제군주에 의한 자의적 재판으로부터 국민의 자유와 권리를 보장해 주기 위하여 등장하였으며, 1215

년 대헌장(Magna Karta), 1789년 프랑스 인권선언, 1791년 프랑스 헌법에서 규정하기 시작하였다.

우리 헌법은 제27조에서 '모든 국민은 헌법과 법률이 정한 법관에 의하여 법률에 의한 재판을 받을 권리를 가진다(제1항). 군인 또는 군무원이 아닌 국민은 대한민국의 영역 안에서는 중대한 군사상 기밀·초병·초소·유독음식물공급·포로·군용물에 관한 죄 중 법률이 정한 경우와 비상계엄이 선포된 경우를 제외하고는 군사법원의 재판을 받지 아니한다(제2항). 모든 국민은 신속한 재판을 받을 권리를 가진다. 형사피고인은 상당한 이유가 없는 한 지체없이 공개재판을 받을 권리를 가진다(제3항). 형사피고인은 유죄의 판결이 확정될 때까지는 무죄로 추정된다(제4항). 형사피해자는 법률이 정하는 바에 의하여 당해 사건의 재판절차에서 진술할 수 있다(제5항)'라고 규정하고 있다.

(2) 개념과 주체

재판을 받을 권리는 적극적으로는 국민이 헌법과 법률이 정한 법관에 의하여 법률에 의한 재판을 국가에 청구하는 권리이며, 소극적으로는 헌법과 법률에 의하지 아니하는 재판을 받지 아니할 권리를 말한다. 재판청구권은 기본권 침해에 대한 사후구제를 위한 권리로서 기본적 인권보장과 법적 정의확보에 의의가 있다. 재판청구권은 청구권적 기본권과 자유권적 기본권의 이중적 성격을 갖는다. 그리고 재판청구권은 기본권을 보장하기 위한 기본권이므로 자연인뿐만 아니라 법인(권리능력 없는 사단 포함) 그리고 외국인에게도 주체성을 인정한다.

2. 내용

(1) '헌법과 법률에 정한 법관'에 의한 재판

'헌법과 법률에 정한 법관'이란 법관의 자격을 가진 자 중에서 소정의 절차를 거쳐 임명되고, 법원을 구성하고 있으며, 임기·정년·신분보장이 확보되며, 직무상의 독립이 보장되고, 법원의 구성·관리 및 사무분배 등에 관한 법률의 규정에 의하여 권한이 있고, 제척 기타 사유에 의하여 재판관여가 금지되지 아니한 법관을 말한다.

배심재판(陪審裁判)은 배심원이 사실의 판정(사실심)에만 관여하고 법률판단(법률심)에는 참여하지 않으므로 합헌이나, 참심제도(參審制度, Shöffen)는 법률심에도 관여할 수 있으므로 위헌성이 있다. 그리고 통고처분(通告處分)은 당사자의 승복을 효력발생요건으로 하고, 불응 시에는 정식재판을 받을 수 있으므로 재판청구권 침해가 아니다. 즉결심판·가사심판·보호처분 등은 헌법과 법률에 정한 법관에 의한 재판이고, 역시 불복 시에는 정식재판을 청구할 수 있으므로 합헌적 제도이다. 행정심판전치주의(헌법 제107조 제3항)와 군사법원(헌법 제110조)은 헌법적 근거가 명확하고, 정식재판 그리고 대법원에로의 상소가 인정되므로 역시 합헌적 제도이다. 물론 대법원에 연결되지 않는 특별법원의 설치는 위헌이며, 수습법관(修習法官)이 배석판사(陪席判事)가 되는 것 또한 위헌이다.

◆ 헌재판례

1. 헌법재판소는 '헌법과 법률이 정하는 법관에 의하여 법률에 의한 재판을 받을 권리는 모든 사건에 대하여 대법원을 구성하는 법관에 의한 균등한 재판을 받을 권리를 의미한다거나 또는 상고심재판을 받을 권리를 의미하는 것이라고 할 수 없고, 심급제도를 어떻게 조화롭게 설정하느냐의 문제는 원칙적으로 입법자의 형성의 자유에 속하는 사항이다(헌재 1997. 10. 30. 97헌바37, 95헌마142 등).

2. 통고처분의 위헌여부: 합헌 - 헌법재판소는 '통고처분에 대하여 이의가 있으면 통고내용을 이행하지 않음으로써 고발되어 형사재판절차에서 통고처분의 위법·부당함을 얼마든지 통고불이행이라는 묵시적·소극적 이의제기에 의하여 형사재판절차로 이행되는 것이다.…… 이와 같이 법관이 아닌 행정공무원에 의한 것이지만 ……불응시 정식재판의 절차가 보장되어 있으므로 통고처분에 대하여 행정쟁송을 배제하고 있는 것은 법관에 의한 재판받을 권리를 침해한다든가 적법절차의 원칙에 저촉된다고 볼 수 없다'고 판시(헌재 1998. 8. 28. 96헌바4).

3. 재정신청대상범죄를 공무원의 직무에 관한 죄 중에서 주로 수사기관 등 인신구속에 관한 직무를 행하는 자 등에 의하여 발생하는 인권침해 유형의 범죄에 속하는 형법 제123조(직권남용), 제124조(불법체포·불법감금), 제125조(폭행, 가혹행위)의 죄의 경우에만 한정한 것은……합리적 근거가 있는 차별이라 할 것이므로 …… 비록 검사의 기소편의주의의 남용에 따른 사법적 통제를 받을 수 있는 길이 막혀있다 하더라도 입법재량의 범위를 벗어난 것으로 볼 수 없어 재판청구권에 대한 헌법상의 평등의 원칙에 위배되는 것이 아니다라고 판시(헌재 1997. 8. 21. 94헌바2).

4. 헌법재판소는 국가배상법상의 배상심의회는 심의기관의 제3자성(중립성) 및 독립성이 희박하여 법관에 의한 사법절차에 준한다고 볼 수 없다.…… 따라서 (국가배상법 제16조가 '심의회의 결정은 신청인이 동의하거나 지방자치단체가 배상금을 지급한 때에는 민사소송법의 규정에 의한 재판상의 화해가 성립된 것으로 본다'는 규정이) 입법목적을 달성하기 위하여 동의된 배상결정에, 재판상의 화해와 같은 강력하고 최종적인 효력까지 부여하여 신청인의 재판청구권을 제한하는 것으로 위헌이라고 판시(헌재 1995. 5. 25. 91헌가7).

(2) '법률에 의한' 재판

'법률에 의한' 재판이란 그 내용과 절차가 합헌적인 법률로써 정해진 재판을 의미하며, 이는 실체법과 절차법에 따라서 하는 재판이다. 형사재판에 있어서의 법률은 실체법과 절차법 모두 엄격한 의미의 법률을 요구하나, 민사재판과 행정재판에 있어서의 법률은 절차법은 엄격한 의미의 법률을 요하나, 실체법은 일체의 성문법·불문법을 모두 인정한다.

◆ 헌재판례

헌법재판소는 "법률에 의한 재판을 받을 권리"라 함은 법관에 의한 재판을 받되 법에 정한대로의 재판, 즉 절차법이 정한 절차에 따라 실체법이 정한 내용대로 재판을 받을 권리를 보장하는 취지로서 자의와 전단에 의한 재판을 배제한다는 것이므로 여기에서 곧바로 상고심재판을 받을 권리가 생겨난다고 보기 어렵다.

(3) 재판을 받을 권리

재판을 받을 권리는 민사재판(民事裁判), 형사재판(刑事裁判), 행정재판(行政裁判) 그리고 대법원(大法院)의 재판을 받을 권리를 내용으로 한다. 특히 대법원의 재판을 받을 권리를 기본권으로 볼 것인가에 대해서 견해가 일치되지 않고 있으며, 대법원에의 상고(上告)를 제한하는 '상고심절차에관한특례법'에 대하여 위헌성을 제기하고 있으나, 헌법재판소는 합헌판결을 한 바 있다(96헌마92). 헌법은 제101조 제2항에서 '법원은 최고법원인 대법원과 각급법원으로 조직된다'고 하여 대법원에의 상고를 예상하고 있으나, 반드시 대법원의 재판을 받을 수 있는 권리를 보장하고 있는 것은 아니며, 입법정책에 의한 법률상의 권리로 보아야 한다. 상소제도로서의 삼심제(三審制)도 마찬가지로 입법정책적 문제로서 법률사항이며, 다만, 최종심은 반드시 대법원이 되어야 한다고 볼 수 있다. 그리고 헌법은 제110조 제4항에서 '비상계엄하의 군사재판은 군인·군무원의 범죄나 군사에 관한 간첩죄의 경우와 초병·초소·유독음식물공급·포로에 관한 죄중 법률이 정한 경우에 한하여 단심으로 할 수 있다. 다만, 사형을 선고한 경우에는 그러하지 아니하다'라고 규정하여 비상계엄(非常戒嚴) 하의 단심제(單審制)를 허용하고 있다.

◆ 헌재판례

1. 헌법재판소는 '상고심절차에관한특례법 제4조는 비록 국민의 재판청구권을 제약하고 있기는 하지만 심급제도와 대법원의 기능에 비추어 볼 때 헌법이 요구하는 대법원의 최고법원성을 존중하면서 소송사건에 있어서 상고심재판을 받을 수 있는 객관적 기준을 정함에 있어 개별적 사건에서의 권리구제보다 법령해석의 통일을 더 우위에 둔 규정으로서 그 합리성이 있다고 할 것이므로 헌법에 위반되지 아니한다(헌재 1997. 10. 30. 97헌바37 등; 헌재 1998. 2. 27. 96헌마92).

2. 헌법재판소는 '신속·간편·저렴하게 처리되어야할 소액사건절차 특유의 요청 등을 고려할 때 현행 소액사건 상고제한제도가 결코 합리성이 없거나 입법자의 위헌적인 차별이라 하기 어렵다.…… 소액사건에 관하여 일반사건에 비하여 상고 및 재항고를 제한하고 있는 소액사건심판법 제3조는 헌법 제27조의 재판을 받을 권리를 침해하는 것이 아니고, 소액사건심판법 제3조는 대법원에 상고할 수 있는 기회를 제한하는 것이지 근본적으로 박탈하고 있는 것이 아니다'고 판시(헌재 1992. 6. 26. 90헌바25; 헌재 1995. 10. 26. 94헌바28).

(4) 신속(迅速)한 공개재판(公開裁判)을 받을 권리

헌법은 신속한 재판을 받을 권리와 형사피고인의 공개재판을 받을 권리를 보장하고 있다. 신속한 재판을 받을 권리의 침해판단의 기준은 지연기간, 지연원인, 지연이유, 신속한 재판을 받을 권리로 보호되는 여러 이익의 침해 등을 종합적으로 판단하여 결정하여야 한다. 그리고 공개재판(公開裁判)의 원칙은 재판의 공정성 보장을 위해 재판의 심리와 선고를 이해관계 없는 제3자 까지도 방청하게 하는 제도이며, 공재재판을 받을 권리의 주체는 헌법의 명문에는 형사피고인을 예정하고 있지민, 이는 일반국민 모두에게 인정되는 권리라고 본다(다수설). 다만 국가의 안전보장 또는 안녕질서를 방해하거나 선량한 풍속을 해할 염려가 있을 때에는 법원의 결정으로 심리만을 공개하지 않을 수 있다(제109조). 그러나 선고는 반드시 공개하여야 한다. 대법원은 재판장이 법정 질서 유지상 방청권을 발행하고 그 소지자에 대해서는 방청을 허용하는 것도 역시 재판의 공개에 해당한다고 판시하였다.

(5) 공정한 재판을 받을 권리

재판의 절차적 보장과 관련하여, 순수한 소송사항은 공개법정에서 대심판결(對審判決)에 의하여야 하며, 비송사건절차·가사심판절차·파산절차에는 법원이 후견적·감독적·합목적성의 견지에서 비공개와 임의적 구두변론주의를 행할 수 있다.

공정한 재판을 받을 권리는 헌법상의 기본권임을 헌법재판소는 인정하고 있으며(94 헌바1), 무죄추정의 원칙, 진술 거부권, 변호인의 조력을 받을 권리 등은 공정한 재판을 보장하기 위한 제도적 장치이다. 헌법은 제27조 제4항에서 형사피고인은 유죄의 판결이 확정될 때까지는 무죄로 추정된다고 규정하고 있으며, 동조 제5항에서는 형사피해자에게 재판절차에서의 진술권(陳述權)을 규정하고 있다. 여기서의 형사피해자 국가에 구조를 청구할 수 있는 형사피해자보다 넓은 개념이다. 제30조의 형사피해자는 생명과 신체에 대한 피해를 입은 자로 한정되어 있기 때문이다. 형사피해자에게 재판상 진술권을 인정한 이유는 재판의 공정성을 높이고, 유·무죄 판정과 양형에 참고하기 위함이다. 다만 수사절차나 공판절차에서 충분히 진술하였거나, 진술로 인하여 공판절차가 현저히 지연될 우려가 있는 경우에는 인정되지 않는다.

◆ 헌재판례

1. 헌법재판소는 국세기본법 제56조 2항에 대한 헌법소원사건에서 국세기본법 제56조 2항 중 괄호내인 "결정의 통지를 받지 못한 경우에는 제81조 단서의 결정기간이 경과한 날" 부분은 재판을 받을 권리의 침해인 불변기간의 명확화의 원칙에 반하는 것으로 헌법에 위반된다고 하였다(92헌바2).

2. 헌법재판소는 국가보안법 제19조에 대한 헌법소원사건에서 구속기간의 연장을 제7조(찬양, 고무) 제9조(불고지)에도 적용하는 것은 불필요한 장기수사를 허용한 것으로 신체의 자유침해는 물론 신속한 재판을 받을 권리를 침해한 것이라고 하여 위헌이라고 하였다(90헌마82).

3. 재판청구권의 제한
   헌법은 제110조에서 군인 또는 군무원을 대상으로 하는 특별법원으로서의 군사법원의 설치를 규정하고 있다. 그리고 제27조 제2항에서는 일반국민도 대한민국의 영역 안에서 중대한 군사상 기밀·초병·초소·유독음식물공급·포로·군용물에 관한 죄 중 법률에 정한 경우와 비상계엄이 선포된 경우에는 군사재판을 받을 수 있도록 하고 있다. 또한 헌법 제64조 제4항은 국회의원의 자격심사와 징계 및 제명에 대하여는 법원에 제소할 수 없도록 규정하고 있다.
   그리고 대법원과 사실심의 상고제한은 합리적 이유가 있다면 헌법에 위반되지 않는다고 판시하였다(대판 1966. 11. 22. 66도1240). 헌법재판소도 상고심의 제한은 입법정책의 문제로서 위헌의 문제는 아니라고 판시하였으며, 다만, 법률적 측면의 심리검토의 기회는 적어도 보장되어야 할 것이며, 보장이 제대로 안되면 재판을 받을 권리의 본질적 침해의 문제가 생길 수 있다고 하였다(헌재 1992. 6. 26. 90헌바25).

4. 헌법재판소는 소액사건심판법 제3조에 대한 헌법소원사건에서 헌법 제101조 2항(법원은 대법원과 각급 법원으로 구성된다)은 각급 법원의 심리를 거치고 난 후 어느 사건이건

막론하고 차별없이 대법원에 상고할 수 있다는 취지의 규정이라고 할 수 없으므로 상고를 불허하여도 위헌이라고 볼 수 없다고 하였다(90헌바25).
5. 헌법재판소는 반국가행위자의 처벌에 관한 특별조치법 제5조에 관한 헌법소원사건에서 상소의 제한을 규정한 제11조 제1항과 상소권회복청구의 봉쇄를 규정한 특조법 제13조 제1항 중 "제345조 내지 제348조"부분은 위헌이라고 하였다(90헌바35).

❀ 대법원판례

 심급제도에 관하여 헌법은 아무런 규정을 두지 않고 있으므로 심급제도는 입법으로 정할 수 있는 것으로서, 상고심을 순전한 법률심으로 하여 법령위반을 이유로 하는 때에 관하여 상고를 할 수 있다고 하든가 또는 법령위반이외에 양형부당 또는 사실오인을 이유로 하는때에도 상고를 할수 있다고 하든가는 입법정책의 문제이고 헌법에 위배되는 문제가 아니라 할 것이므로 형사소송법 제383조에서 상고이유를 일부 제한하여 양형부당 또는 사실오인의 사유는 사형, 무기, 10년이상의 징역이나 금고가 선고된 사건에 있어서만 상고이유로 할 수 있다고 규정하였다고 하여 헌법 제24조(1962년헌법, 현행헌법 제27조) 또는 헌법 제96조 제2항(1962년헌법, 현행헌법 제101조 제2항)의 규정에 위반된다고 할 수 없다(대판 1966. 11. 22. 66도1240 야간주거침입절도등).

Ⅳ. 형사보상청구권

1. 헌법규정

 헌법은 제28조에서 형사피의자 또는 형사피고인으로서 구금(拘禁)되었던 자가 법률이 정하는 불기소(不起訴) 처분을 받거나 무죄판결을 받은 때에는 법률이 정하는 바에 의하여 국가에 정당(正當)한 보상을 청구할 수 있도록 정하고 있으며, 이는 1848년 독일의 프랑크푸르트(Frankfurt)헌법 이래 다수헌법에서 규정하고 있다.
 형사보상청구권(刑事補償請求權)이란 형사피의자 또는 형사피고인으로 구금되었던 자가 불기소 처분이나 무죄판결을 받을 경우에 그가 입은 정신적·물질적 손실을 청구할 수 있는 권리를 의미하며, 이 청구권은 법률이 정하는 바에 따라 행사되는 것이지만 그것은 청구절차나 범위에 관한 것이고 청구권 그 자체는 헌법규정에 의하여 직접효력을 발생한다.
 그러나 형사보상청구권의 본질에 대하여 손해배상이냐 손실보상이냐에 대하여 견해가 나뉘어있다. 손해배상(損害賠償)설에 의하면, 형사보상은 비록 고의·과실과 같은 주관적 요건은 결여되어 있더라도 부당한 구속영장이나 판결은 객관적으로 위법이므로, 국가가 객관적인 위법행위에 대한 배상책임을 지는 것이라고 하며, 손실보상(損失補償)설은 형사보상의 근원을 공법상의 형평관념에서 구하여 일종의 무과실책임으로 본다(통설). 또한 형사보상을 '오판(誤判)에 의한 보상'과 '피고인 구속에 의한 보상'으로 나누어, 전자는 손해배상으로 후자는 손실보상으로 보는 이분설도 있다.

그리고 헌법 제28조의 법적 성격에 대하여 프로그램적 규정설과 직접적 효력 규정설이 있으나, 후자가 다수설이다.

2. 내 용

(1) 발생요건

형사보상청구권은 '형사피의자 또는 형사피고인으로서 구금되었던 자가 법률이 정하는 불기소(不起訴) 처분을 받거나 무죄판결을 받은 때'에는 발생하며, 이때에 국가기관의 고의나 과실을 요하지 않는다.

형사보상청권의 주체는 형사피고인 또는 피의자이며, 형사피고인(刑事被告人)은 검사에 의해 공소를 제기당한 자이며, 형사피의자(刑事被疑者)는 범죄의 혐의는 있으나 검사에 의해 공소를 제기 당하지 않고 범죄 수사의 대상이 되고 있는 자를 의미한다. 그리고 구금(拘禁)은 미결구금과 형의 집행을 위한 구치, 노역장 유치의 집행 등을 모두 포함하며, 따라서 불구속되어 수사를 받거나 재판을 받았던 자는 해당이 없다.

불기소처분(不起訴處分)은 형사피의자의 보상요건이다. 구속된 피의자에 대한 불기소처분에는 협의의 불기소처분, 기소중지처분, 기소유예처분의 세 가지 종류가 있다. 기소중지나 기소유예처분은 범죄가 성립되고 혐의가 충분함에도 불구하고 제 상황을 고려하여 (기소편의주의에 따라) 기소를 중지하거나 유예한 것이므로 형사보상을 청구할 수 없다. 협의의 불기소처분, 즉 범죄가 불성립하거나 증거가 없기 때문에 기소하지 않는 경우에 해당될 때에만 형사보상청구를 할 수 있다. 그러나 협의의 불기소처분에 해당하는 경우일 지라도 허위자백으로 인한 구금인 경우, 구금기간 중에 다른 사실에 대하여 수사가 행하여지고 그 사실에 관하여 범죄가 성립한 경우, 보상하는 것이 선량한 풍속에 반하는 경우에는 보상의 전부 또는 일부에 대하여 청구를 기각할 수 있다(형사보상법 제26조).

형사피고인의 보상요건이 되는 무죄판결은 당해 절차 뿐 아니라 재심 또는 비상상고 절차에 의한 무죄판결도 포함하며, 군사법원에서 무죄판결을 받은 자에게도 준용된다. 또한 면소나 공소기각의 재판을 받은 자도 무죄의 판결을 받을 만한 현저한 사유가 있었을 때에는 형사보상을 청구할 수 있다(형사보상법 제25조). 그러나 무죄판결의 경우에도 형사미성년자 또는 심신장애자의 해당이라는 이유로 무죄판결이 행해진 경우, 본인이 수사 또는 심판을 그르칠 목적으로 허위의 자백을 한 경우, 경합범의 경우 범죄의 일부에 대해서만 무죄판결이 내려진 경우에는 법원은 형사보상을 기각할 수 있다(형사보상법 제3조).

형사보상청구권자는 보상을 청구할 수 있는 자(당사자)이며, 상속인과 외국인도 청구가 가능하다.

(2) 절차

형사보상청구는 검사로부터 처분의 고지를 통지받거나, 무죄판결이 확정된 날부터 1년 이내에, 불기소처분의 경우에는 불기소처분을 한 검사가 소속된 지방검찰청 피의자보상심의회에 제기하며(법 제27조 제1항), 무죄판결을 받은 경우에는 무죄재판을 한 법원에 청구한다(법 제6조). 보상결정에 대하여는 불복할 수 없으며, 보상의 청구가 기각된 때에는 즉시항고할 수 있다(법 제19조). 그리고 보상청구권과 보상지급청구권은 양도 또는 압류할 수 없다(법 제22조).

(3) 형사보상의 내용

형사보상액은 정당한 것이어야 하며, 형사보상청구자가 입은 손실의 완전한 보상이어야 한다. 그러나 보상액은 1일 5000원 이상으로 대통령령이 정하는 금액 이하의 비율에 따라 정하도록 되어 있으며(법 제4조), 보상금의 상한은 1일 보상청구의 원인이 발생한 연도의 최저임금법상 일급최저임금액의 5배로 한다(형사보상법시행령 제2조).

따라서 형사보상액을 너무 적게 책정하고 있어 형사보상의 실효성이 저해되고 있으며, 변호사비용이나 소송비용에 대한 손실보상의 규정이 없는 문제점이 있다. 그리고 형사보상과 손해배상은 양립할 수 있으나, 형사보상을 받은 자가 다른 법에 의하여 배상을 받을 경우에는 그 액을 형사보상액에서 공제하도록 정하고 있어서(제5조), 실질적인 불균형이 발생할 수 있다.

V. 국가배상청구권

1. 헌법규정과 의의

(1) 헌법규정

우리 헌법은 제29조 제1항에서 '공무원의 직무상 불법행위로 손해를 받은 국민은 법률이 정하는 바에 의하여 국가 또는 공공단체에 정당한 배상을 청구할 수 있다. 그러나 공무원 자신의 책임은 면제되지 아니한다'고 하여 국가배상청구권을 인정하고, 제2항에서는 '군인, 공무원, 경찰공무원 기타 법률로 정한 자가 전투·훈련 등 직무집행과 관련하여 받은 손해에 대하여는 법률이 정하는 보상 이외에 국가 또는 공공단체에 공무원의 직무상 불법행위로 인한 배상은 청구할 수 없다'고 하여 특수신분에 있는 국민에게는 국가배상청구권을 제한하고 있다(이중배상청구 제한).

근대국가 초기에는 국가 무책임의 원칙이 지배하였기에 국가배상청구권이 인정될 수 없었으나, 프랑스에서 학설과 판례로 인정되면서, 국가책임의 인정이 보편되면서, 독일의 바이마르헌법 제131조(1919), 미국의 연방불법행위배상청구권(1946), 영국의 소추법(1947) 등에 규정되기에 이르렀다.

(2) 의의

국가배상청구권이란 국민이 공무원의 직무상 불법행위로 손해를 입은 경우에 그 배상을 국가나 공공단체에 청구할 수 있는 권리이다. 국가배상책임은 국가무배상책임사상의 포기(抛棄)와 국가와 사회의 이원론을 기초로 하여 국민의 보호가치 있는 생활영역을 인정하는 것을 이념기초로 하며, 이는 국가가 공법의 영역에서도 일방적인 시혜자(施惠者)가 아니라 국민의 기본권 가치를 실현시켜야 할 수임자(受任者)로서의 기능을 하여야 된다는 기초 위에 있다.

국가배상청구권은 재산적 가치를 가진 청구권이며, 공권적 청구권이다. 그러나 국가배상법이 공법인가 사법인가에 대하여 견해가 나뉘어있다. 대법원은 사법(私法)으로 보고 국가배상사건을 민사소송으로 다루고 있으나, 공권의 보호를 위한 법이며, 단체주의적 공평부담의 원칙을 선언한 법으로서 공법으로 봄이 타당하다. 그리고 국가배상청구권은 헌법의 규정만으로도 효력을 발생시키는 직접효력규정이다.

2. 주체

국가내적 청구권이므로 내국인에 한한다. 외국인에게는 상호(相互)의 보증(保證)이 있는 경우 인정한다(상호주의: 국가배상법 제7조).

3. 내용

(1) 발생요건

공무원의 직무(職務)상 불법행위(不法行爲)를 하여 국민에게 손해를 입힌 경우에 국가가 그 공무원을 대신하여 손해를 배상해 주는 것이 국가배상제도이다.

여기서 공무원(公務員)의 범위는 집달관, 시청청소차 운전수, 미군부대 카츄사, 소집중인 향토예비군, 소방원 그리고 전입신고서에 확인인을 찍은 통장 등을 포함하는 최광의(最廣義)의 공무원으로 본다. 그러나 대법원은 의무소방대원과 시영버스 운전수는 국가배상청구권의 공무원에서 제외하였다.

그리고 공무원의 '직무상의 행위'이어야 한다. 이때 직무의 범위에 대해서 협의설(권력행위), 광의설(권력행위와 관리행위), 최광의설(권력행위, 관리행위 및 사법상행위)이 있으나, 판례는 광의설의 입장을 취하고 있다. 그리고 직무행위는 주관적 요소를 배제하고 외형상 직무와 관련된 행위이면 이를 직무행위로 본다(외형설). 대법원은 감방 내의 사형(私刑), 소년원 내의 사형(私刑), 군의 후생사업, 상관의 명에 의한 상관의 이삿짐 운반, 훈계권 행사로서의 기합, ROTC소속차량이 그 학교교수 장례식참석차 운행 등은 외형상 직무행위와 관련있는 행위로 보았으며, 군인의 휴식 중의 비둘기 사냥, 가솔린 불법 처분 중의 발화, 상사의 기합에 격하여 한 총기 난사, 권총으로 서로 장난중의 오발사고, 결혼식참석을 위한 군용차운행 등은 외형적 직무와 관련이 없는 행위로 보았다.

그리고 직무상의 행위가 불법행위 일 것을 요하며, 불법행위에는 고의·과실이 있어야 하며 위법하여야 한다. 위법에는 법률·명령·관습법에 위반하는 경우뿐 아니라 권리남용금지·신의성실의 원칙 등 법의 일반원칙위반도 포함된다. 그리고 공무원의 직무상의 불법행위로 손해가 발생했어야 하며, 불법행위와 손해와의 관계는 상당인과관계가 있으면 되면, 상당인과관계에 있는 유형·무형의 모든 손해를 배상하여야 한다. 즉 정신적·물질적 모든 손해와 적극적·소극적 손해를 모두 포함한다.

(2) 배상책임의 본질

국가 또는 공공단체의 배상책임의 법적 성격에 관하여 대위책임설과 자기책임설 그리고 중간설로 갈리어 있다. 대위책임설(代位責任說)은 가해공무원의 책임이지만 국가나 공공단체가 대신 지는 것으로 이해하는 견해로서 민법 제756조의 사용자책임과는 다른 것으로 이해하고 있다(대판, 1994. 4. 12. 피해자는 개인적으로 청구할 수 없다). 자기책임설(自己責任說)은 공무원의 책임을 대신하는 것이 아니라 기관(공무원)의 행위라는 형식을 통하여 국가 또는 공공단체가 직접 자기의 책임으로 부담하는 것으로서 민법 제35조에서 규정한 법인의 불법행위책임에 해당한다고 보는 견해이다. 중간설(中間說)은 고의 또는 중과실에 의한 공무원의 불법행위는 기관행위로서 성질을 가질 수 없으나, 경과실에 의한 공무원의 불법행위는 기관행위로서의 성질을 가지는 것으로 보는 견해이다. 따라서 대위책임설은 공무원의 책임을 국가가 대위배상하는 것이며, 자기책임설은 공무원은 국가의 기관으로서 공무원의 불법행위에 대해서도 국가가 스스로 책임을 지고 배상하라는 견해이다.

(3) 배상책임자와 청구상대방

헌법은 '국민은 법률이 정하는 바에 의하여 국가 또는 공공단체에 정당한 배상을 청구할 수 있다'고 하여 배상책임자를 국가와 공공단체로 규정하고 있으나, 국가배상법은 제2조 제1항에서 '국가나 지방자치단체는 공무원이 직무를 집행하면서 고의 또는 과실로 법령을 위반하여 타인에게 손해를 입히거나,……손해배상의 책임이 있을 때에는 이 법에 따라 그 손해를 배상하여야 한다'고 규정하여 국가 또는 공공단체의 범위를 국가 및 지방자치단체로 한정하였다. 대법원은 판례에서 농지개량조합(1971. 3. 9), 석탄공사(1971. 3. 25) 그리고 농업협동조합(1971. 5. 24) 등의 공공단체에는 민법을 적용하였다.

배상책임자가 국가 또는 공공단체이지만, 청구권자가 국가 또는 공공단체 외에 불법행위를 행한 당사자사인 공무원에게도 손해배상을 청구할 수 있는가에 대해서는 선택적 청구권설, 대국가적 청구권설 그리고 절충설로 학설이 갈려있으며, 대법원의 판례도 몇 차례 변경하였다.

선택적(選擇的) 청구권설은 피해자는 국가 또는 공공단체 혹은 공무원에게 선택적으로 청구할 수 있다는 견해로서(다수설), 책임의 성질을 대위책임으로 본다면, 국가나 공공기관은 공무원을 대신하여 책임을 지는 것으로서 청구의 상대방은 국가나 공공단체 뿐 아니라 가해 공무원도 해당되어 선택적 청구가 가능하다는 것이다(김). 이 견해는 책임의 본질에 있어서의 대위책임설과 조화된다.

그러나 대국가적(對國家的) 청구권설은 피해자는 국가 또는 공공단체에게만 청구할 수 있다는 설로서, 책임의 성질을 자기책임설의 입장에서 본다면, 국가나 공공기관 자신이 위험책임(危險責任)에 의하여 불법행위의 당사자로서 이때에는 공무원의 고의·과실의 유무와 상관없이 국가의 무과실책임원리에 의하여 국가나 공공기관도 청구의 상대방이 된다는 견해이다. 이 견해는 책임의 본질을 자기책임설로 보며, 무과실책임주의와 조화된다(대판 1994. 4.1 2. 93다11807).

절충설은 공무원의 과실이 경과실일 때에는 대국가적 청구권만 인정하며, 공무원이 고의·중과실일 때에는 선택적 청구권을 인정한다는 견해로서 대법원의 최근판례(대판 1996. 2. 15. 95다38677)의 입장이다.

즉 대법원은 공무원의 귀책사유의 정도에 관계없이 공무원 개인이 손해배상책임을 진다고 판시(대판 1972. 10. 10. 69다701)하였다가, 후에 입장을 바꾸어서, 공무원의 귀책사유의 정도에 관계없이 공무원은 배상책임을 지지 않는다고 하여 대국가적 청구권의 입장을 취하였다(대판 1994. 4. 12. 93다11807). 그러나 최근에는 공무원의 경과실(輕過失)에 대해서만 대국가적 청구를 인정하고, 고의(故意)·중과실(重過失)에 대해서는 공무원 개인의 손해배상책임을 인정하였다. 특히 고의·중과실의 경우에 그 행위를 직무행위로 볼 수 있을 때에는 국가가 공무원개인과 함께 책임을 지지만(선택적 청구권인정), 직무수행으로 볼 수 없을 때에는 공무원개인만이 불법행위의 책임을 진다고 하였다(대판 1996. 2. 15. 95다38677).

그리고 공무원의 선임·감독책임자와 비용부담자가 다른 경우에는 누구에게나 선택적으로 청구할 수 있다.

(4) 공무원에 대한 국가 등의 구상권

헌법은 제27조 제2항에서 '이 경우 공무원 자신의 책임은 면제되지 아니한다'고 규정하여 공무원의 책임을 규정하고 있으며, 국가배상법 제2조 제2항은 '공무원에게 고의 또는 중대한 과실이 있으면 국가나 지방자치단체는 그 공무원에게 구상할 수 있다'고 규정하고 제6조 제2항에서는 '손해를 배상한 자는 내부관계에서 그 손해를 배상할 책임이 있는 자에게 구상할 수 있다'고 규정하고 있어서, 공무원의 고의 또는 중과실의 경우에만, 국가 또는 공공단체는 불법행위를 한 공무원에게 구상권(求償權)을 행사할 수 있다.

4. 제한

국가배상청구권은 헌법 제37조 제2항의 일반적 법률유보와 헌법 제29조 제2항에 의하여 제한될 수 있다. 헌법 제29조 제2항은 '군인·군무원·경찰공무원 기타 법률에 정한 자가 전투·훈련중 직무집행과 관련하여 받은 손해에 대하여는 법률에 정하는 보상 외에 국가 또는 공공단체에 공무원 직무상 불법행위로 인한 배상은 청구할 수 없다'고 규정하여 군인·군무원·경찰공무원에 대한 이중배상의 청구를 금지하고 있으며, 국가배상법 제2조 제1항 단서는 향토예비군대원의 이중배상도 금지하고 있다. 이외에도 철도법·우편법·우편물운송법·전기통신법 등 특별법에 의한 제한도 있다.

◆ 헌재판례

1. 헌법재판소는 국가배상법 제2조에 대한 헌법소원사건에서 적과 교전 중 적의 포탄에 맞아 부상한 경우에는 공무원의 직무상 불법행위로 손해를 받은 국민이 아니라고 보았다(89헌마61).

2. 헌법재판소는 국가배상법 제2조 제1항 단서 중 '군인……이……직무집행과 관련하여…공상을 입은 경우에 본인 또는 그 유족이 다른 법령의 규정에 의하여 재해보상금·유족연금·상이연금 등의 보상을 지급받을 수 있을 때에는 이 법 및 민법의 규정에 의한 손해배상을 청구할 수 없다'는 부분은 일반국민이 직무집행 중인 군인과의 공동불법행위로 직무집행중인 다른 군인에게 공상을 입혀 그 피해자에게 공동의 불법행위로 인한 손해를 배상한 다음 공동불법행위자인 군인의 부담부분에 관하여 국가에 대하여 구상권을 행사하는 것을 허용하지 아니한다고 해석한, 헌법에 위반된다(헌재 1994. 12. 29. 93헌바21).

Ⅵ. 손실보상청구권

1. 헌법규정과 개념

헌법 제23조 제3항 '공공필요에 의한 재산권의 수용·사용 또는 제한 및 그에 대한 보상(補償)은 법률로써 하되, 정당한 보상을 지급하여야 한다'고 하여 보상(補償)이 있는 공용침해(公用侵害)를 규정하면서, 국민에게는 손실보상청구권(損失補償請求權)을 인정하고 있다.

손실보상청구권은 공용수용·공용사용·공용제한 등 적법한 공권력의 행사로 말미암아 재산상 특별한 희생을 당한 자가 공평부담의 견지에서 국가에 대하여 재산적 손실의 전보(塡補)를 청구할 수 있는 청구권적 기본권의 하나이다. 손실보상청구권을 보상이 없는 재산권의 제약을 의미하는 제23조 제1항(재산권보장), 제23조 제2항(재산권행사의 사회귀속성이론)등에서 찾기도 하나, 제23조 제1항과 제2항은 재산권의 보장과 사유재산제를 의미하므로 직접적 근거규정으로 보기는 어렵고, 헌법 제11조의 평등권(공평부담의 원칙)과 함께 손실보상청구권의 간접적 근거규정으로 볼 수 있다.

　그리고 손실보상청구권과 손해배상청구권(헌법 제29조)은 행정상의 사후구제수단이며, 행정상의 손해전보제도이고, 사회국가이념에 봉사하는 제도라는 공통점이 있기도 하나, 손실보상청구권은 적법(適法)한 공권력의 행사로 인한 재산적 손실을 구제하기 위한 권리인 반면에 손해배상청구권은 위법(違法)한 공권력의 행사로 인한 손해를 구제받기 위한 권리라는 점에서 큰 차이점이 있다.

2. 법적 성격

(1) 현실적(구체적) 권리성의 긍정 여부

　손실보상청구권이 헌법 제23조 제3항에 근거하여 직접 청구권을 행사할 수 있느냐의 여부에 대하여, 추상적 권리설(입법지침설)과 위헌무효설 그리고 현실적 권리설(직접효력설)로 견해가 나뉘어있다. 첫째 추상적 권리설은 헌법 제23조 제3항에 근거하여 직접 청구권을 행사할 수 있는 것이 아니며, 국회의 명시적 입법이 있어야만 청구권이 성립되는 권리라고 보는 견해이다. 이 견해에 따르면, 구체적 입법이 없다면 청구권을 행사할 수 없다는 것이다. 둘째로 위헌무효설(위헌설)은 헌법 제23조 제3항을 근거로 직접 손실보상청구권을 인정할 수는 없다. 그리고 입법자가 재산권침해규정을 두는 경우에 함께 보상규정을 두지 않으면, 헌법 제23조 제3항의 헌법규정을 위배한 것이므로 해당 법률은 당연히 위헌무효이다. 따라서 해당법률에 근거한 침해는 위헌법률을 근거로 한 침해로서 불법행위가 되므로 불법행위를 근거로 민법상의 손해배상을 청구할 수 있다고 보는 견해이다. 셋째로 현실적 권리설(직접효력설)은 헌법 제23조 제3항은 직접적 효력을 갖는 규정으로서 보상규정이 결여된 경우에는 당연 무효로서 피해자는 헌법규정에 의거하여 직접 손실보상청구권을 행사할 수 있다고 보는 견해이다. 결론적으로는 헌법 제23조

제3항이 명문규정으로 공용침해와 보상은 법률로써 하되, 정당한 보상을 지급하여야 한다는 규정을 두었으므로, 이는 직접적 효력을 갖는 조항이므로 손실보상청구권의 현실적 권리성을 인정하여야 한다. 따라서 보상규정이 결여된 경우에는 헌법 제23조 제3항을 근거로 직접 법원에 손실보상을 청구할 수 있으며, 보상규정이 결여된 법률은 헌법재판소에 위헌법률심판과 부작위위법확인소송을 제기할 수 있다.

(2) 공권성(公權性)의 인정여부

손실보상(損失補償)은 당사자의 의사나 직접 법률규정에 의거한 사법(私法)상의 채권·채무관계로 보아 손실보상청구권은 사권(私權)이라는 주장(사권설)과 행정상 손실보상은 공법(公法)상의 법률관계에 기초한 문제이므로 손실보상청구권을 공권(公權)보는 견해(공권설)로 나뉘어있다. 손실보상제도는 공권력의 행사를 원인으로 하여 공권력의 행사에 수반되는 효과이며, 공익사업을 위한 토지 등의 취득 및 보상에 관한 법률 등의 손실보상관련법률은 공권력의 침해와 단체주의적 공평부담의 원칙에 근거하여 보상규정을 두고 있으므로 공권으로 봄이 타당하다. 그러나 판례는 사권설을 취하고 있지만, 공권성을 부인하지는 않는다.

(3) 수단적 권리성

손실보상청구권은 경제적 기본권인 재산권을 보장하기 위한 기본권이며, 사유재산제도와 사유재산권의 존중을 이론적 근거로 하고 있으므로 제23조 제1항의 재산권과는 목적과 수단의 관계에 있다.

3. 주체

공권력의 행사로 재산권을 특별히 희생당한 개인으로서 자연인이던 법인이던 모두 인정된다. 그리고 외국인과 외국법인은 재산권을 향유하는 자에게만 인정된다.

4. 성립요건

손실보상청구권이 성립하기 위해서는 '개인의 재산권'이 '공공필요'를 위한 '적법한 공권력의 행사'로 말미암아 '특별한 희생'을 당한 경우라야 한다. 손실보상청구권이 보호하고자 하는 재산권은 사법(私法)상이던 공법(公法)상이던 경제적 가치 있는 모든 권리(무체재산권 등을 포함)를 의미한다. 그리고 공공필요(公共必要)란 일정한 공익사업을 시행하거나 공공복리를 달성하기 위하여 재산권의 제한이 불가피한 경우를 말하며, 공공필요의 유무는 공익과 사익의 비교형량을 통하여 결정되어야 한다.

헌법은 공권력의 행사로 인한 재산권 침해의 태양(態樣)을 수용·사용·제한으로 예시(例示)하고 있으며, 여기에는 모든 국가 또는 공공단체의 권력적 작용에 의한 침해를 모두 포함한다. 공용수용은 국가·공공단체 또는 사업주체가 공공의 필요를 위해 사인의 비대체적인 특정의 재산권을 강제적으로 취득하는 것이며, 공용사용은 공공필요에 의하여 국가 등이 개인의 재산권을 일시적·강제적으로 사용하는 것, 그리고 공용제한은 공공필요를 위해 국가 등이 개인의 특정재산에 과하는 공법상의 제한을 의미한다.

헌법 제23조 제1항(재산권 내용과 한계의 법률주의)과 제2항(공공복리적합의무)에 의한 보상없는 제약과 손실보상청구권을 구별하는 기준은 '특별한 희생'에의 해당 여부이다. 즉 손실보상은 재산권에 대한 공용침해가 '사회적 제약'을 넘는 특별한 희생인 때에 한하여 인정된다. 여기서의 '특별한 희생'이란 특정인의 부담으로 방치하는 것이 정의·공평의 원칙에 반하는 것으로 보면서, 침해행위로 인하여 당해 재산권의 종래 부터 인정되어 오던 목적에 위배되는 경우로서 당연히 수인하여야 할 정도의 제한이 아니라 재산권 자체를 소멸시키거나 그 효용을 방해하는 것을 의미한다.

5. 손실보상의 방법과 기준

(1) 불가분조항

공권력에 의한 자의적인 재산권 침해행위를 저지함과 동시에 개인의 재산권을 보장하기 위해서는, 재산권침해의 유형과 보상의 방법과 기준 등에 관한 사항을 동일(同一)한 법률에 함께 규정하여야 한다. 이러한 헌법조항을 불가분(不可分)조항, 결부(結付)조항 혹은 부대(附帶)조항이라고도 한다(Junktim-klausel). 그 예로는 독일기본법 제14조 제3항 제2문을 들 수 있으며, 동조는 '공용징수는 법률로써 또는 법률에 근거하여서만 행하여지며, 법률은 보상의 방법과 정도를 정한다.'고 규정하고 있다. 그러나 우리헌법은 제23조 제3항에서 '공공필요에 의한 재산권의 수용·사용 또는 제한 및 그에 대한 보상은 법률로써 하되, 정당한 보상을 지급하여야 한다'고 규정하여 공용침해가 있을 때에는 반드시 보상규정을 두어야 한다는 의미의 긴밀도가 약하다. 이러한 이유로 제23조 제3항이 불가분조항인가에 대하여 견해가 나뉘어있다. 만약 불가분조항이라면, 이는 손실보상규정을 공용침해

법률의 유효요건으로 한다는 헌법적 의미를 가지며, 손실보상규정을 결여한 공용침해법률은 논란의 여지없이 당연히 위헌무효가 된다.

(2) 공용침해의 적법성

손실보상청구권의 행사원인인 공용침해는 적법(適法)한 행위여야 한다. 따라서 반드시 법률에 근거하여야 하며, 이때의 법률은 형식적 의미의 법률이다. 예외로서는 대통령의 긴급재정경제명령과 긴급명령(제76조 제1항과 제2항) 그리고 비상계엄이 선포된 경우(제77조)가 있을 수 있다. 그러나 '조례'에 의한 때에는 재산권 사용의 일시적 제한정도만 가능하며, 행정명령이나 법규명령에 의한 제한은 허용되지 아니한다.

(3) 보상규정을 결(缺)한 공용침해의 해결방안

보상규정이 결여된 공용침해의 경우에도 손실보상청구권을 인정하여야 한다. 그러므로 보상규정을 결한 공용침해법률은 위헌·무효이며, 에에 근거한 공권력행사는 불법행위이므로 국가배상법이 정하는 바에 따라 손해배상청구를 인정하여 해결할 수 있다. 그리고 독일의 학설·판례에 의하여 형성된 수용유사(收用類似) 침해이론에 근거하여 보상을 청구할 수 있다.

▶ 참 고

1. 수용유사침해: 타인의 재산권에 대한 위법(보상규정을 결하였다는 자체가 위법)한 공용침해의 경우를 말하는 것으로서 공용침해의 모든 요건을 갖추고 있으면서도 보상에 관한 요건을 결하고 있는 침해의 경우이다. 이 법리를 인정하는 경우 헌법상의 재산권보장규정(제23조 제1항)과 공용침해조항(제23조 제3항)에 근거하여 위법한 공용침해에 대하여 손실보상을 인정할 수 있는 이점이 있다.
2. 수용적 침해: 적법한 행정작용의 이형(異形)적 비의욕적인 부수적인 결과로써 타인의 재산권에 수용적 영향을 가하게 되는 침해를 말하며, 이러한 침해는 법률에 근거하여 적법하게 타인의 재산권에 가해진 침해이기 때문에 상대방은 그 침해를 수인(受認)할 의무를 당초부터 지고 있는 것이다. 따라서 손실보상의 범위에 포함되지 않는다.

(4) 손실보상의 기준

현행헌법은 제23조에서 공용침해에 대한 보상기준으로 '정당(正當)한 보상'을 정하고 있을 뿐 구체적 보상액의 산출기준을 법률에 유보하고 있어 해석과 관련하여 논란의 여지가 있다. 현행헌법은 정당한 보상 즉 '완전보상'을 규정하고 있으며, 완전보상은 침해된 재산권의 객관적 가치의 보상은 물론 그 보상의 시기·방법 등에 제한이 없는 완전한 보상이어야 한다. 즉, 피침해 재산권의 객관적 가치의 손실과 부대적 손실에 대해서도 보상하여야 한다.

◆ 헌재판례

헌법재판소는 '헌법 제23조 제3항이 규정하는 정당한 보상이란 원칙적으로 피수용재산의 객관적인 재산가치를 완전하게 보상하는 완전보상을 의미한다…… 토지수용으로 인한 손실보상액의 산정을 공시지가를 기준으로 하되 개발이익을 배제하고,……헌법 제23조 제3항이 규정한 정당보상의 원칙에 위배되는 것이 아니며, 또한 위 헌법조항의 법률유보를 넘어섰다거나 과잉금지의 원칙에 위배된다고 볼 수 없다' 하여 헌법에 위반되지 아니한다는 결정을 하였다(헌재 1995. 4. 20. 93헌바20등: 헌재 1999. 12. 23. 98헌바13·49, 99헌바25(병합) 토지수용법 제46조 제2항 등 위헌소원).

▣ 참 고

보상기준에 대한 헌정사
① 제1공~제2공화국: 법률이 정하는 바에 따라 상당(相當)한 보상을 지급한다.
② 제3공화국: 정당(正當)한 보상을 지급하여야 한다.
③ 제4공화국: 보상의 기준과 방법은 법률로 정한다.
④ 제5공화국: 보상은 공익 및 관계자의 이익을 정당하게 형량하여 법률로 정한다.
⑤ 현행헌법: 보상은 법률로써 하되, 정당한 보상을 지급하여야 한다.

6. 손실보상청구권 행사방법 등

손실보상은 현금보상이 원칙이나, 국채·증권 등에 의한 채권(債券)보상과 매수(買收)보상이 인정된다. 그리고 손실보상액의 결정방법은 손실보상에 관한 개별 법률에서 다양하게 정하고 있으나, 일반법으로 통용되는 것은 공익사업을 위한 토지 등의 취득 및 보상에 관한 법률이다. 동법은 당사자간의 협의를 원칙으로 하고 있으며(동법 제26조), 협의 불성립시에는 토지수용위원회의 재결(裁決)에 의하도록 하고 있다(동법 제28조). 손실보상액의 지급방법은 선불과 후불, 개인별 보상과 일괄보상, 일시불과 분할불 등이 있으나, 현행 공익사업을 위한 토지 등의 취득 및 보상에 관한 법률은 사전보상원칙(동법 제62조), 현금보상 원칙(제63조) 그리고 개인별 보상의 원칙(제64조)을 채택하고 있다.

그리고 토지수용위원회의 손실보상결정에 불복하는 경우 중앙토지수용위원회에 이의를 신청을 하고(동법 제83조) 중앙토지수용위원회의 재결에 대하여 다시 행정소송을 제기하거나, 중앙토지수용위원회의의 재결을 거치지 않고 바로 행정소송을 제기할 수도 있다(동법 제85조).

그러나 사회구성원으로서 공동비용을 분담할 의무가 있을 때에 지는 부담과 본인의 귀책사유로 인하여 발생하는 부담이나 권익의 박탈, 위법·유해·위험 등 반사회성 때문에 재산권의 목적물을 제거하거나 폐기하는 처분을 하는 경우에는 손실보상청구권이 제한될 수 있다.

Ⅶ. 범죄피해자의 국가구조청구권

1. 헌법규정과 개념

헌법 제30조는 '타인의 범죄행위(犯罪行爲)로 인하여 생명(生命)·신체(身體)에 대한 피해를 받은 국민은 법률이 정하는 바에 의하여 국가에서 구조를 받을 수 있다'고 규정하고 있으며, 동규정은 제9차개헌인 1987년 현행헌법에서 신설되었으며, 구체적인 입법으로 1987년 범죄피해자구조법이 제정되었다.

연혁을 보면, 1963년에는 뉴질랜드(New Zealand)가 형사재해보상법을 제정하였고, 미국, 오스트레일리아(Australia), 캐나다(Canada), 스위스(Switz), 서독, 일본에서도 법률을 제정하였으며, 헌법에 명문으로 규정한 나라는 없다.

범죄피해자 국가구조청구권은 사회적 기본권적 성격을 띤 청구권적 기본권이며, 동 규정이 입법방침규정이냐, 직접적 효력 규정이냐에 관하여 견해가 대립되어 있다.

2. 내용

국가구조청구권의 행사주체는 생명 또는 신체를 해하는 범죄행위로 인하여 사망한 자의 유족이나 중장해를 당한 자이며, 피해구조금수령자는 피해자 또는 유족이다. 범죄피해자구조법은 제3조에서 피해자가 가해자의 불명 또는 무자력의 사유로 인하여 피해의 전부 또는 일부를 배상받지 못하거나, 자기 또는 타인의 형사사건의 수사 또는 재판에 있어서 고소·고발등 수사단서의 제공, 진술, 증언 또는 자료제출과 관련하여 피해자로 된 때에 구조금을 지급하도록 정하고 있다. 피해구조금은 유족구조금과 장해구조금으로 구분하며 일시금으로 지급한다(동법 제4조 제1항). 구조금을 지급받고자 하는 자는 법무부령이 정하는 바에 의하여 그 주소지·거주지 또는 범죄발생지를 관할하는 심의회에 신청하여야 한다. 이 신청은 당해 범죄피해가 발생한 날로부터 5년이 경과한 때에는 이를 할 수 없다(동법 제12조).

그러나 범죄피해 구조금도 피해자와 가해자간에 친족관계나 사실상 혼인관계가 있는 경우, 피해자가 범죄행위를 유발하였거나 당해 범죄피해의 발생에 관하여 피해자에게 귀책사유(歸責事由)가 있는 경우, 기타 사회통념상 대통령령이 정하는 바에 의하여 구조금의 전부 또는 일부를 지급하지 않는 것이 상당하다고 인정되는 경우에는 전부 또는 일부를 지급하지 아니할 수 있다(동법 제6조). 그리고 피해자 또는 유족이 당해 범죄피해를 원인으로 하여 국가배상법 기타 법령에 의한 급여 등을 지급받을 수 있는 경우에는 대통령령이 정하는 바에 의하여 구조금을 지급하지 아니하며(동법 제7조), 국가는 피해자 또는 유족이 당해 범죄피해를 원인으로 하여 손해배상을 받은 때에는 그 금액의 한도 내에서 구조금을 지급하지 아니한다. 만약 국가가 구조금을 지급한 때에는 그 지급한 금액의 한도 내에서 당해 구조금의 지급을 받은 자가 가지는 손해배상청구권을 대위한다(동법 제8조).

3. 범죄피해구조청구권의 제한

범죄피해구조청구권은 제37조 제2항에 의하여 국가안전보장·질서유지·공공복리를 위하여 필요한 경우에는 법률로써 제한할 수 있으며, 외국인이 피해자이거나 유족인 경우에는 상호의 보증이 있는 경우에 한하여 지급한다(동법 제10조).

제 5 장
참정권

I. 총설

1. 의의 및 법적 성격

(1) 의의

참정권이란 국민이 국가기관으로서 공무에 참가할 수 있는 권리이다. 즉 개개 국민이 '국가기관으로서의 국민'의 자격으로 선거인단이나 투표인단의 구성원의 자격으로 선거에 참가하거나 투표하는 권리이며, 이는 근원적인 권리로서 국가의 부분기관으로서의 투표 또는 공무를 집행하는 권리와 구별하여야 한다.

(2) 법적 성격

참정권은 옐리네크의 지위이론에 따르면, 능동적 지위에서 갖는 능동적인 권리이며, 공법상의 권리인 공권(公權)으로서 불가양(不可讓)·불가침(不可侵)의 권리로서 대리(代理)가 불가능한 일신전속적(一身專屬的) 권리이다. 또한 국가내적인 권리 내지 국민의 권리이다.

(3) 참정권의 의무성

참정권은 권리인 동시에 도의적 의무성을 띤다. 그러나 우리나라에서는 투표의 자유와 기권의 자유를 인정하고 있으며, 선거법에서 선거권불행사에 대한 처벌규정이 없기 때문에 법적 의무로 보기 힘들다는 견해가 있다. 그러나 공무원으로서의 공무집행에는 법적 의무의 부과가 가능하다.

2. 주체

참정권의 주체는 원칙적으로 국민이며 법인은 그 주체가 될 수 없다. 외국인에 대해서는 지방정치에의 참여가 일부 허용되어 있으나, 이는 헌법상의 기본권이 아니라 법률상의 권리에 불과하다(공직선거법 제15조 제2항 제3호). 그리고 참정권을 행사하려면 일정한 연령에 달해야 하며, 제9차개헌에서는 선거권의 연령을 법률에 위임하고 공직선거법의 경우에서는 만19세를 선거권의 적극적 요건으로 규정하고 있다.

3. 내용

참정권은 직접참정권으로서 국민투표권, 국민발안권 그리고 국민소환권이 있으며, 국민이 국가기관형성에 참여하거나 국가기관의 구성원으로 선임될 수 있는 권리인 간접참정권으로는 선거권과 공무담임권이 있다. 그리고 헌법은 제13조 제2항에서 참정권은 소급입법에 의하여 제한할 수 없음을 명시적으로 규정하고 있다. 한편 지방자치법상의 주민투표권은 헌법상의 권리가 아닌 법률상의 권리에 해당하는 참정권이다(헌재 2001. 6. 28. 2000헌마735, 입법부작위위헌확인).

여성참정권의 경우에는 상당히 일찍 부여한 경우로는 소련(1917), 영국(1918), 독일(1919), 미국(1920) 등이 있으며, 가장 늦게 여성참정권을 부여한 경우로는 1958년 스위스헌법이 있다.

◆ 헌재판례

1. 우리 헌법은 법률이 정하는 바에 따른 '선거권'과 '공무담임권' 및 국가안위에 관한 중요정책과 헌법개정에 대한 '국민투표권'만을 헌법상의 참정권으로 보장하고 있으므로, 지방자치법 제13조의2에서 규정한 주민투표권은 그 성질상 선거권, 공무담임권, 국민투표권과 전혀 다른 것이어서 이를 법률이 보장하는 참정권이라고 할 수 있을지언정 헌법이 보장하는 참정권이라고 할 수는 없다(헌재 2001. 6. 28. 2000헌마735, 입법부작위위헌확인).

2. 주민투표법 제5조 제1항 중 "그 지방자치단체의 관할 구역에 주민등록이 되어 있는 자"에 관한 부분은 주민등록만을 요건으로 주민투표권(지방선거권 포함)의 행사 여부가 결정되도록 함으로써 '주민등록을 할 수 없는 국내거주 재외국민'을 '주민등록이 된 국민인 주민'에 비해 차별하고 있고, 나아가 '주민투표권이 인정되는 외국인'과의 관계에서도 차별을 행하고 있는바, 그와 같은 차별에 아무런 합리적 근거도 인정될 수 없으므로 국내거주 재외국민의 헌법상 기본권인 평등권을 침해하는 것으로 위헌이다(헌재 2007. 6. 28, 2004헌마643, 주민투표법 제5조 위헌확인).

Ⅱ. 선거권

1. 헌법규정과 의의

헌법 제24조는 '모든 국민은 법률이 정하는 바에 의하여 선거권을 가진다'고 규정하여 선거권(選擧權)의 연령에 대한 규정을 삭제하여 법률에 위임하였다. 선거권은 국민이 국가기관을 구성하는 공무원을 선거하는 권리로서 간접민주정(대의제)을 실현하기 위한 필수요소로서, 공무적인 성질을 가지는 동시에 공법상의 주관적 권리로서의 성질을 가진다.

> **참고**
>
> 공직선거법 제6조(선거권행사의 보장) ① 국가는 선거권자가 선거권을 행사할 수 있도록 필요한 조치를 취하여야 한다.
> ② 각급선거관리위원회(읍·면·동선거관리위원회는 제외한다)는 선거인의 투표참여를 촉진하기 위하여 교통이 불편한 지역에 거주하는 선거인 또는 노약자·장애인 등 거동이 불편한 선거인에게 교통편의를 제공하거나, 투표를 마친 선거인에게 국공립 유료시설의 이용요금을 면제·할인하는 등의 필요한 대책을 수립·시행할 수 있다. 이 경우 공정한 실시방법 등을 정당·후보자와 미리 협의하여야 한다.
> ③ 공무원·학생 또는 다른 사람에게 고용된 자가 선거인명부를 열람하거나 투표하기 위하여 필요한 시간은 보장되어야 하며, 이를 휴무 또는 휴업으로 보지 아니한다.
> ④ 선거권자는 성실하게 선거에 참여하여 선거권을 행사하여야 한다.
> ⑤ 선거의 중요성과 의미를 되새기고 주권의식을 높이기 위하여 매년 5월 10일을 유권자의 날로, 유권자의 날부터 1주간을 유권자 주간으로 하고, 각급선거관리위원회(읍·면·동선거관리위원회는 제외한다)는 공명선거 추진활동을 하는 기관 또는 단체 등과 함께 유권자의 날 의식과 그에 부수되는 행사를 개최할 수 있다.

2. 내용

선거권은 개개의 모든 국민에게 인정되는 기본권이다. 다만, 영주(永住)의 체류자격 취득일 후 3년이 경과한 외국인으로서 해당 지방자치단체의 외국인등록자명단에 올라 있는 경우에는 지방선거권을 인정하고 있다(공직선거법 제15조 제2항 제3호). 헌법은 국회의원의 선거권(제41조 1항), 대통령선거권(제67조 1항), 지방자치단체의 장과 지방의회 선거권(제118조 2항)을 규정하고 있다.

◆ 헌재판례

1. 재외국민의 선거권에 관한 판례 및 판례변경
- 판례변경: 재외국민의 선거권 부인에 대하여 합헌판단을 하였다가 판례를 변경하여 위헌(헌법불합치)판단을 하였다. 구 '공직선거 및 선거부정방지법' 제16조 제3항이 헌법에 위반되지 않는다고 판시한 헌재 1996. 6. 26. 96헌마200 결정, 위 법 제37조 제1항이 헌법에 위반되지 않는다고 판시한 헌재 1999. 1. 28. 97헌마253·270(병합) 결정, 위 법 제38조 제1항이 헌법에 위반되지 않는다고 판시한 헌재 1999. 3. 25. 97헌마99 결정은 이 결정과 저촉되는 범위 내에서 이를 각 변경한다(헌재 2007. 6. 28. 2004헌마644, 2005헌마360, 공직선거및선거부정방지법 제15조 제2항 등 위헌확인 등).
- 재외국민의 선거권을 인정하지 않는 것은 합헌이다(1999. 1. 28. 97헌마253 등): 선거권의 거주요건은 선거권의 본질 및 선거의 공정성확보 등의 공공복리를 위하여 필요한 것으로서, 이러한 합리적인 이유로 재외국민의 선거권을 인정하지 않은 것은 지나친 기본권제한이라 할 수 없다.
- 단지 주민등록이 되어 있는지 여부에 따라 선거인명부에 오를 자격을 결정하여 그에 따라 선거권 행사 여부가 결정되도록 함으로써 엄연히 대한민국의 국민임에도 불구하고 주민등록법상 주민등록을 할 수 없는 재외국민의 선거권 행사를 전면적으로 부정하고 있는 법 제37조 제1항은 어떠한 정당한 목적도 찾기 어려우므로 헌법 제37조 제2항에 위반하여 재외국민의 선거권과 평등권을 침해하고 보통선거원칙에도 위반된다(헌재 2007. 6. 28. 2004헌마644, 2005헌마360, 공직선거및선거부정방지법 제15조 제2항 등 위헌확인 등).

2. 재외국민의 지방선거권에 관한 판례
국내거주 재외국민은 주민등록을 할 수 없을 뿐이지 '국민인 주민'이라는 점에서는 '주민등록이 되어 있는 국민인 주민'과 실질적으로 동일하므로 지방선거 선거권 부여에 있어 양자에 대한 차별을 정당화할 어떠한 사유도 존재하지 않으며, 또한 헌법상의 권리인 국내거주 재외국민의 선거권이 법률상의 권리에 불과한 '영주의 체류자격 취득일로부터 3년이 경과한 19세 이상의 외국인'의 지방선거 선거권에 못 미치는 부당한 결과가 초래되고 있다는 점에서, 국내거주 재외국민에 대해 그 체류기간을 불문하고 지방선거 선거권을 전면적·획일적으로 박탈하는 법 제15조 제2항 제1호, 제37조 제1항은 국내거주 재외국민의 평등권과 지방의회 의원선거권을 침해한다(헌재 2007. 6. 28. 2004헌마644, 2005헌마360, 공직선거및선거부정방지법 제15조 제2항 등 위헌확인 등).

▶ 참 고

- 공직선거법 -

제15조(선거권) ① 19세 이상의 국민은 대통령 및 국회의원의 선거권이 있다. 다만, 지역구국회의원의 선거권은 19세 이상의 국민으로서 제37조제1항에 따른 선거인명부 작성기준일 현재 다음 각 호의 어느 하나에 해당하는 사람에 한하여 인정된다.

1. 해당 국회의원지역선거구 ·안에 주민등록이 되어 있는 사람
2. 「재외동포의 출입국과 법적 지위에 관한 법률」 제6조제1항에 따라 해당 국회의원지역선거구의 선거구역 안에 거소를 두고 그 국내거소신고인명부에 3개월 이상 계속하여 올라 있는 사람

② 19세 이상으로서 제37조제1항에 따른 선거인명부작성기준일 현재 다음 각 호의 어느 하나에 해당하는 사람은 그 구역에서 선거하는 지방자치단체의 의회의원 및 장의 선거권이 있다.

1. 해당 지방자치단체의 관할 구역에 주민등록이 되어 있는 사람
2. 「재외동포의 출입국과 법적 지위에 관한 법률」 제6조제1항에 따라 해당 지방자치단체의 국내거소신고인명부(이하 이 장에서 "국내거소신고인명부"라 한다)에 3개월 이상 계속하여 올라 있는 국민
3. 「출입국관리법」 제10조에 따른 영주의 체류자격 취득일 후 3년이 경과한 외국인으로서 같은 법 제34조에 따라 해당 지방자치단체의 외국인등록대장에 올라 있는 사람
[2009.2.12 법률 제9466호에 의하여 2007.6.28 헌법재판소에서 헌법불합치결정된 이 조 제2항제1호를 개정함.]

제17조 (연령산정기준) 선거권자와 피선거권자의 연령은 선거일 현재로 산정한다.

제18조(선거권이 없는 자) ① 선거일 현재 다음 각 호의 어느 하나에 해당하는 자는 선거권이 없다.

1. 금치산선고를 받은 자
2. 금고 이상의 형의 선고를 받고 그 집행이 종료되지 아니하거나 그 집행을 받지 아니하기로 확정되지 아니한 자
3. 선거범, 「정치자금법」 제45조(정치자금부정수수죄) 및 제49조(선거비용관련 위반행위에 관한 벌칙)에 규정된 죄를 범한 자 또는 대통령·국회의원·지방의회의원·지방자치단체의 장으로서 그 재임중의 직무와 관련하여 「형법」(「특정범죄가중처벌 등에 관한 법률」 제2조에 의하여 가중처벌되는 경우를 포함한다) 제129조(수뢰, 사전수뢰) 내지 제132조(알선수뢰)·「특정범죄가중처벌 등에 관한 법률」 제3조(알선수재)에 규정된 죄를 범한 자로서, 100만원이상의 벌금형의 선고를 받고 그 형이 확정된 후 5년 또는 형의 집행유예의 선고를 받고 그 형이 확정된 후 10년을 경과하지 아니하거나 징역형의 선고를 받고 그 집행을 받지 아니하기로 확정된 후 또는 그 형의 집행이 종료되거나 면제된 후 10년을 경과하지 아니한 자(형이 실효된 자도 포함한다)
4. 법원의 판결 또는 다른 법률에 의하여 선거권이 정지 또는 상실된 자

② 제1항제3호에서 "선거범"이라 함은 제16장 벌칙에 규정된 죄와 「국민투표법」 위반의 죄를 범한 자를 말한다.

③ 「형법」 제38조에도 불구하고 제1항제3호에 규정된 죄와 다른 죄의 경합범에 대하여는 이를 분리 선고하고, 선거사무장·선거사무소의 회계책임자(선거사무소의 회계책임자로 선임·신고되지 아니한 사람으로서 후보자와 통모(通謀)하여 해당 후보자의 선거비용으로 지출한 금액이 선거비용제한액의 3분의 1 이상에 해당하는 사람을 포함한다) 또는 후보자(후보자가 되려는 사람을 포함한다)의 직계존비속 및

배우자에게 제263조 및 제265조에 규정된 죄와 이 조 제1항제3호에 규정된 죄의 경합범으로 징역형 또는 300만원 이상의 벌금형을 선고하는 때(선거사무장, 선거사무소의 회계책임자에 대하여는 선임·신고되기 전의 행위로 인한 경우를 포함한다)에는 이를 분리 선고하여야 한다

- 재외동포의 출입국과 법적 지위에 관한 법률 -

제2조 (정의) 이 법에서 "재외동포"란 다음 각 호의 어느 하나에 해당하는 자를 말한다.
1. 대한민국의 국민으로서 외국의 영주권(영주권)을 취득한 자 또는 영주할 목적으로 외국에 거주하고 있는 자(이하 "재외국민"이라 한다)
2. 대한민국의 국적을 보유하였던 자(대한민국정부 수립 전에 국외로 이주한 동포를 포함한다) 또는 그 직계비속(직계비속)으로서 외국국적을 취득한 자 중 대통령령으로 정하는 자(이하 "외국국적동포"라 한다)

- 재외국민등록법 -

제2조(등록대상) 외국의 일정한 지역에 계속하여 90일 이상 거주하거나 체류할 의사를 가지고 그 지역에 체류하는 대한민국 국민은 이 법에 따라 등록하여야 한다

Ⅲ. 공무담임권

1. 헌법규정과 의의

헌법 제25조는 '모든 국민은 법률이 정하는바에 의하여 공무담임권을 가진다'고 정하여고 있다. 공무담임권은 행정부·사법부·입법부·지방자치단체 기타 공공단체의 직무를 담당할 수 있는 권리이다.

2. 내용

공무담임권은 피선거권과 공무원피임용권이 있다. 피선거권의 연령은 국회의원과 지방의회의원 및 지방자치단체장은 25세 이상, 대통령은 국회의원피선거권이 있고 40세에 달한 자이며, 1980년헌법인 제5공화국헌법은 제42조에서 '대통령으로 선거될 수 있는 자는 국회의원의 피선거권이 있고, 선거일 현재 계속하여 5년이상 국내에 거주하고 40세에 달하여야 한다. 이 경우에 공무로 외국에 파견된 기간은 국내거주기간으로 본다'고 규정하여 국내거주(國內居住)요건을 두었으나, 현행헌법에서는 삭제하였다.

공무원피임용권은 헌법 제7조, 국가공무원법 및 지방공무원법 등에서 정하고 있다.

◆ 헌재판례

1. 헌법재판소는 지방의회의원선거법 제12조 3호에 대한 헌법소원사건에서 피선거권의 정지는 선거의 공정을 확보하고, 본인의 반성을 촉구하기 위한 법적 조치로서 공무담임권의 침해가 아니며, 어느 종류의 형벌을 어느 정도의 기간동안 피선거권을 정지할 것인가의 문제는 입법형성의 문제이고, 국회의원선거법은 법정형이나 처단형이 지방의회의원선거법보다 높게 되어 있으므로 양자의 벌금형의 차이는 합리적 차별이라고 하였다. 피선거권의 정지사유가 국회의원선거법은 100만원인데 지방의회의원선거법은 50만원으로 되어 있는 것은 합헌이라고 하였다(93헌마23).

2. 헌법재판소는 지방의회의원선거법 제28조에 대한 헌법소원사건에서 농업협동조합은 사법인성이 강하고, 조합장은 공무원이 아니며, 조합장은 정당의 당원이 될 수 있는 반면 농지개량조합의 조합장은 상근직이며(임원만이 명예직), 토지구획정리사업을 수행하는 등 공법인성이 강하므로 농지개량조합장을 제외한 다른 조합장에게 겸직을 금지한 것은 위헌이라고 하였다(90헌마28).

3. 헌법재판소는 지방교육자치에 관한 법률 제9조 1항에 대한 헌법소원사건에서 겸직금지를 하는 이유로 첫째, 직무전념 내지 직무수행의 이념으로(공무원과 다른 직종을 금지함), 둘째, 제도상 직무상호간의 권력분립의 필요성이 있는 경우(국회의원과 시의회의원), 셋째, 직무의 공정성과 전념성 및 정치적 중립성을 확보할 목적으로 하는 경우가 있다고 하면서, 교사와 교수는 직무의 본질과 내용 그리고 근무태양이 다르므로, 초중등교사에 대하여는 교육위원직의 겸직을 금지하면서 대학교수에게는 겸직을 허용하고 있는 것은 초등교사의 공무담임권을 침해한 것이 아니라고 하였다(91헌마69).

4. 현직 지방자치단체장의 대통령선거, 국회의원선거, 지방의회의원선거 및 다른 지방자치단체의 장 선거에 입후보할 수 없도록 규정한 것은 보통선거원칙에 위반되어 위헌이라고 판시(헌재 1999. 5. 27. 98헌마214).

Ⅳ. 국민표결권과 국민발안권

1. 국민표결권

(1) 제도적 취지

국민표결권은 직접민주정치의 한 형태로서 간접민주정치를 보완하기 위한 것이며, 레퍼렌덤(Referendum)과 플레비시트(Plebiscite)가 있다. 레퍼렌덤은 입법사항·헌법사항에 대한 투표제도로서, 국민이 헌법규정에 따라 입법과정에 직접 참가하는 권리이다. 플레비시트는 신임투표제로서 개인의 통치나 영토의 변경에 대하여 임시적으로 표결에 붙이는 경우이다.

(2) 우리 헌법상의 내용

현행헌법은 제72조에서 '대통령은 필요하다고 인정할 때에는 외교·국방·통일 기타 국가안위에 관한 중요정책을 국민투표에 붙일 수 있다'고 하여 외교·국방·통일 기타 국가안위에 관한 중요한 정책에 대한 국민투표부의권을 대통령에게 부여하였다. 이는 전형적인 플레비시트로 볼 수 있다. 그러나 헌법재판소는 대표자의 신임여부를 묻는 것은 선거의 형태로 이루어져야 한다고 하여 대통령의 국민투표부의권을 신임투표적 성격을 배제하고 국가정책이나 법안에 대한 결정권으로 판시하였다(헌재 2004. 5. 14. 2004헌나1). 그리고 제130조 제2항은 '헌법개정안은 국회가 의결한 후 30일 이내에 국민투표에 붙여 국회의원선거권자 과반수의 투표와 투표자 과반수의 찬성을 얻어야 한다'고 규정하고 있는 바, 이는 레프렌덤을 의미한다.

2. 국민발안권

국민발안권은 국가의 중요사항에 대하여 직접 국민이 제안하는 권리로서, 법률안이나 헌법개정안 또는 국민투표실시안 등을 발의하는 경우가 있다.

우리 헌정사에 국민발안제가 도입된 적이 있으나, 제4공화국헌법(1972년헌법)인 제7차개헌에서 폐지된 이후 지금까지 존재하지 않고 있다. 제2차개헌인 1954년헌법(제1공화국헌법) 제7조의2에서 국가안위에 관한 중대사항에 대한 국민투표의 발의권(국민발안)을 신설하였으나, 제5차개헌헌법인 1962년헌법(제3공화국헌법)에서 폐지되었다. 그리고 헌법개정안의 국민발안은 1954년헌법에서 신설되었다가 제7차개헌인 1972년헌법(제4공화국 유신헌법)에서 폐지되었다.

▶ **참 고**

- **1954년헌법(제1공화국 제2차개헌)의 국민발안조항**
제7조의2 ① 대한민국의 주권의 제약 또는 영토의 변경을 가져올 국가안위에 관한 중대사항은 국회의 가결을 거친 후에 국민투표에 부하여 민의원의원선거권자 3분지 2이상의 투표와 유효투표 3분지 2이상의 찬성을 얻어야 한다. ② 전항의 국민투표의 발의는 국회의 가결이 있은 후 1개월이내에 민의원의원선거권자 50만인이상의 찬성으로써 한다. ③ 국민투표에서 찬성을 얻지 못한 때에는 제1항의 국회의 가결사항은 소급하여 효력을 상실한다. ④ 국민투표의 절차에 관한 사항은 법률로써 정한다(제3차개정에서 신설, 1962년헌법에서 폐지).

제98조 ① 헌법개정의 제안은 대통령, 민의원 또는 참의원의 재적의원 3분지 1이상 또는 민의원의원선거권자 50만인이상의 찬성으로써 한다.
⑤ 헌법개정이 의결된 때에는 대통령은 즉시 공포한다. 단, 제7조의 2의 경우에 국민투표로써 헌법개정이 부결되었을 때에는 그 결과가 판명된 즉시 소급하여 효력을 상실한 뜻을 공포한다.

- 1962년헌법(제3공화국 제5차개헌)의 국민발안조항

제119조 ① 헌법개정의 제안은 국회의 재적의원 3분의 1이상 또는 국회의원선거권자 50만인이상의 찬성으로써 한다

◆ 헌재판례

1. 국민투표는 직접민주주의를 실현하기 위한 수단으로서 '사안에 대한 결정' 즉, 특정한 국가정책이나 법안을 그 대상으로 한다. 따라서 국민투표의 본질상 '대표자에 대한 신임'은 국민투표의 대상이 될 수 없으며, 우리 헌법에서 대표자의 선출과 그에 대한 신임은 단지 선거의 형태로써 이루어져야 한다. 대통령이 자신에 대한 재신임을 국민투표의 형태로 묻고자 하는 것은 헌법 제72조에 의하여 부여받은 국민투표부의권을 위헌적으로 행사하는 경우에 해당하는 것으로, 국민투표제도를 자신의 정치적 입지를 강화하기 위한 정치적 도구로 남용해서는 안 된다는 헌법적 의무를 위반한 것이다. 물론, 대통령이 위헌적인 재신임 국민투표를 단지 제안만 하였을 뿐 강행하지는 않았으나, 헌법상 허용되지 않는 재신임 국민투표를 국민들에게 제안한 것은 그 자체로서 헌법 제72조에 반하는 것으로 헌법을 실현하고 수호해야 할 대통령의 의무를 위반한 것이다(헌재 2004. 5. 14. 2004헌나1, 대통령노무현 탄핵).

2. 헌법 제72조는 국민투표에 부쳐질 중요정책인지 여부를 대통령이 재량에 의하여 결정하도록 명문으로 규정하고 있고 헌법재판소 역시 위 규정은 대통령에게 국민투표의 실시여부, 시기, 구체적 부의사항, 설문내용 등을 결정할 수 있는 임의적인 국민투표발의권을 독점적으로 부여하였다고 하여 이를 확인하고 있다. 따라서 특정의 국가정책에 대하여 다수의 국민들이 국민투표를 원하고 있음에도 불구하고 대통령이 이러한 희망과는 달리 국민투표에 회부하지 아니한다고 하여도 이를 헌법에 위반된다고 할 수 없고 국민에게 특정의 국가정책에 관하여 국민투표에 회부할 것을 요구할 권리가 인정된다고 할 수도 없다(헌재 2005. 11. 24. 2005헌마579·763신행정수도 후속대책을 위한 연기·공주지역 행정중심복합도시 건설을 위한 특별법 위헌확인).

▣ 참 고: 국민거부(국민항의)

국민거부란 Weimar 헌법이 인정한 것으로 의회에서 통과된 법률을 일정수의 국민이 반대하면 국민투표에 부쳐서 인정여부를 물어보는 제도이다. 국민해임 역시 Weimar 헌법이 인정한 것으로 의회 3분의 2 이상의 결의가 있으면 대통령의 직무가 정지되고 국민투표에 부쳐 그 결과에 따라 대통령의 진퇴를 결정하는 제도이다. 이는 국가기관 간의 다툼을 해결하기 위한 조정적 국민투표에 해당한다.

제 6 장
사회적 기본권

I. 총설

1. 의의

사회적 기본권의 기원은 1919년 바이마르(Weimar)헌법에서 찾을 수 있으며, 현대입헌주의헌법의 중요한 특색이 되었다. 사회적 기본권은 제1차 세계대전 이후 실질적 평등사상을 배경으로 하여 나타났으며, 이는 자본주의의 심화에 따른 빈익빈 부익부 현상에 대하여 최저한의 인간다운 생활을 보장하기 위한 수단으로 강조하게 되었다. 그러나 사회적 기본권의 실현에는 국가재정의 뒷받침이 필요하다는 문제점을 안고 있다.

▶ **참 고**

바이마르헌법 제151조 제1항 '경제생활에 질서는 모든 국민에게 인간다운 생활을 보장하여 주기위하여 정의의 원칙에 합치하여야 한다. 이 한계 내에서 개인의 경제적 자유는 보장된다.'

2. 법적 성격

(1) 사회적 기본권 충족의 불완전성

사회적 기본권의 실현에는 국가재정의 충족이라는 걸림돌로 인한 실현가능성의 불완전함을 도외시할 없다. 그러므로 사회적 기본권을 보장하기 위한 노력은 국가의 경제력의 정도에 따른 완충적 시기가 필요하였다. 즉 사회적 기본권의 중요성에 비하여 국가의 경제력이 미치지 못함으로써, 헌법상의 사회적 기본권규정을 단지 입법방침 내지는 정치적 공약에 불과한 것으로 보는 견해(입법방침설)가 지배적이었던 시기가 있었다. 점차 국가재정이 허용되면서 사회적 기본권의 실현강도가 커지면서 법적 권리성을 인정하게 되었다. 그러나 법적 권리로 인정하더라도 헌법규정이 직접적 효력을 갖는가의 여부에 따라 다시 추상적 권리설과 구체적 권리설로 구분된다. 한편 사회적 기본권의 구체적 권리성을 인정하더라도 국민적 수요에 미치지 못하는 한계가 있기에, 이를 불완전한 권리로 설명하기도 한다.

(2) 입법방침규정설

사회적 기본권의 규정은 사회정책적 목표 내지 정치적 강령을 선언한 것이며, 이는 입법방향의 제시나 입법자의 정치적 입법의무를 부과하는 정도에 불과하다는 견해이다. 국회는 입법에 대한 법적 책임을 지지 않는 것이다. 즉 사회적 기본권의 실현은 국가의 사회·경제적 역량에 따라야 하므로 경제력이 미치지 못하면 사회정책의 기본방향(Program) 내지는 정치적 공약에 불과한 것이다. 이러한 견해에서는 법적 권리가 되기 위한 구체적 입법이 없다면, 사회적 기본권규정은 단지 프로그램적 규정에 지나지 않는 것이다. 따라서 이 견해에 따르면 사회적 기본권은 재판상 청구나 입법부작위위헌확인소송의 청구가 인정될 수 없다.

(3) 법적 권리설

사회적 기본권을 법적 권리로서 받아들여지더라도 사법적(司法的) 방법에 의하여 강제될 수 없는 한계가 있음을 인정하는 견해가 추상적 권리설이다. 그러나 추상적 권리설도 역시입법조치(구체적 법률제정)가 수반되어야 효력이 발생됨을 인정하고, 사회적 기본권보장의 국가적 의무는 헌법적 의무에 불과한 것으로 본다.

그러나 사회적 기본권의 권리구제소송의 유형으로부터 구체적 권리성을 주장하기도 한다. 사회적 기본권을 보장하는 법률이 존재하지 않을 경우(진정입법부작위)에는 입법부작위위헌확인의 헌법소원의 제기가 가능하며, 불충분한 법률이 존재하는 경우(부진정입법부작위)에는 적극적 헌법소원과 위헌법률심판의 제기도 가능하다. 그리고 위헌적인 법률이 있을 때에도 헌법소원(직장알선청구권 혹은 생계비지급청구권을 확인하여 줌)이 가능하며, 헌법재판제도상 적극적 헌법재판권의 행사로서 헌법불합치 혹은 입법촉구결정의 방법에 의하여 실현될 수도 있다.

또한 구체적이고 충분한 입법의 내용이 있을 때에는 구체적 권리로서 국가의 이행의 청구도 가능하다. 이처럼 사회적 기본권 규정은 재판규범성이 있으며, 사법적(司法的) 구제의 대상이 될 수 있으므로 직접적 효력을 인정할 수 있다. 그러므로 사회적 기본권의 구체적 권리성은 인정될 수 있으며, 다만, 인정범위의 문제만이 남는다(구체적 권리설의 입장).

또한 모든 헌법규정은 재판규범이 되며, 절대적 빈곤층과 사회적 빈곤층에게는 사회적 기본권의 보장이 가장 절실하고, 국가의 과제·목표가 사회국가 혹은 복지국가이므로 당연한 논리적 귀결이다.

그리고 자유권적 측면에서 국가적 침해행위의 배제를 요구할 수 있으며, 생존권적 측면에서 입법태만에 대한 헌법재판소의 위헌확인이 가능하고 구체적 입법에 의하여 그 내용이 결정되며, 국가에 대하여 사회적 기본권을 구체화할 입법적 의무를 부과하기도 한다. 이처럼 사회적 기본권은 자유권적 측면과 생존권적 측면을 동시에 갖는 복합적·다측면적 구조이다

▶ 참 고

※ **자유권과 사회권의 비교**

구 분	자 유 권 적 기 본 권	사 회 적 기 본 권
이 념	근대의 개인주의와 자유주의	현대의 단체주의, 복지·정의실현
시 대	시민국가	사회국가·복지국가
국가권력	국가권력의 소극화를 통하여 실현	국가권력의 적극화를 요하는 권리
성 질	19C 야경국가시대에 구체적·소극적·방어적 권리로서 인식	20C복지국가의 이념적 기초가 되고 추상적·적극적·수익적 권리
주 체	초국가적 권리로서 자연법상 인간의 권리(천부적 권리)	국가 내적 권리로서 실정법상 국민의 권리(국법상 권리)
내 용	개인의 자유로운 생활영역 보호 국가권력의 개입이나 간섭 배제	개인의 인간다운 생활확보 국가적 급부와 배려 요구
효 력	모든 국가권력 직접구속 (재판규범으로서 제3자적효력을 가지는 경우가 많다)	입법권만을 구속(예외적으로 제3자적 효력을 인정)
법률유보	권리제한적 유보	복리형성적(기본권 구체화적) 유보
제한기준	국가안전보장, 질서유지, 공공복리	국가안전보장, 질서유지(공공복리 위한 제한불가)
상호관계	보완	생존권보장의 궁극적 목표	자유권의 실질적 실현을 위한 전제조건
	대립	사회적 기본권이 확대·강화되면 될수록 자유권적 기본권은 축소·약화
인권선언	전문(前文)에서 공포와 결핍으로부터 해방을 누릴 수 있는 세계의 도래

Ⅱ. 인간다운 생활할 권리

1. 의의

인간다운 생활할 권리는 1919년 바이마르(Weimar)헌법에서 처음 규정하였으며, 이후에 세계인권선언과 경제적·사회적·문화적 권리에 관한 국제규약 등에 등장하였다. 인간다운 생활할 권리는 현대복지국가이념의 실현을 위하여 불가결한 요소이며, 사회적 기본권의 근본이념이자 총칙적 규정이며, 헌법개정의 한계로서 기능한다.

2. 법적 성격과 주체

인간다운 생활할 권리를 모든 국민이 건강하고 문화적인 생활을 영위할 수 있도록 국정을 운영할 것을 국가의 책무로 선언한 규정으로 보기도 하며(프로그램적 권리설), 인간다운 생활에 필요한 조치를 국가에 요구할 수 있는 추상적 권리에 불과하며, 구체적 입법이 없는 한 구체적 권리로 주장할 수 없다는 견해도 있으며(추상적 권리설), 인간다운 생활보장을 위한 구체적 입법요구가 가능하며, 구체적이고 현실적 권리로서 주장하기도 한다(구체적 권리설). 그러나 헌법재판소는 인간다운 생활할 권리를 추상적 권리로 보고 있다. 인간다운 생활할 권리의 주체는 국민이며, 법인은 제외된다.

◆ 헌재판례

추상적 권리성 인정: 헌법재판소는 '인간다운 생활을 할 권리는…입법부와 행정부에 …가능한 범위 안에서…인간의 존엄성에 맞는 건강하고 문화적인 생활을 누릴 수 있도록 하여야 한다는 행위의 지침, 즉 행위규범으로 작용하지만, 헌법재판에 있어서는…국가기관의 행위의 합헌성을 심사하여야 한다는 재판규범으로 작용하는 것이다'(헌재 1997. 5. 29. 94헌마33). '최소한의 물질적 생활이 유지에 필요한 급부를 요구할 수 있는 구체적 권리가 상황에 따라서는 직접 도출될 수 있다고 할 수는 있어도, 동 기본권이 직접 그 이상의 급부를 내용으로 하는 구체적인 권리를 발생케 한다고 볼 수 없다고 할 것이다. … 법률을 통하여 구체화할 때 비로소 인정되는 법률적 권리라고 할 것이다'(헌재 1995. 7. 21. 93헌가14). '법률을 통하여 구체화할 때에 비로소 인정되는 법률적 차원의 권리로서 입법자에게 광범위한 입법재량권이 인정된 것이다'(헌재 1998. 2. 27. 97헌가10 등)라고 판시하였다.

3. 내용

모든 국민이 인간다운 생활할 권리를 가진다고 할 때, 인간다운 생활이란 최소한의 문화적 생활을 유지하는 생활수준을 의미하며, 이 수준은 예산의 유무에 의하여 좌우될 것이 아니라 예산편성을 지도하고 지배하는 것이다.

그리고 인간다운 생활의 수준은 생물학적 최저생존수준(생명보전과 건강유지), 인간적 최저생존수준(육체적·정신적 통일체로서 정상적인 사회생활유지) 및 이상적 생존수준(정신적 존재로서 자율적 생활설계·추구)을 예상할 수 있다. 인간다운 생활의 완전한 보장은 이상적 생존수준이겠지만, 현실적 한계가 있으므로 인간적인 최저생존수준에 머무를 수 밖에 없다고 하겠다.

우리 헌법에서는 인간다운 생활권을 보장하기 위하여 사회보장수급권, 교육의 권리, 근로의 권리, 근로3권, 환경권 그리고 보건권을 함께 보장하고 있으며, 경제규제와 조정(제119조 제2항), 국토의 이용·개발과 보전(제122조), 농·어민의 이익보호(제123조), 소비자보호운동의 보장(제124조) 등 경제에 관한 규제와 조정을 헌법적 범위 내에서 허용하고 있다. 그리고 사회적 기본권의 보장의 일환으로 제34조에서는 국가의 사회보장 및 사회복지의 증진의무를 부과하고 있으며(동조 제2항), 이를 위하여 국가의 여성, 노인, 청소년에 대한 복지향상 의무(동조 제4항, 제9차개헌에서 신설), 생활무능력자의 생활보호청구권(동조 제5항, 제9차개헌 신설) 및 국가의 재해예방노력의무(동조 제6항)를 구체화하고 있다.

4. 효력

인간다운 생활할 권리는 국가권력(주로 입법권)에 대하여 직접적 효력을 가지며, 사회적 기본권의 자유권적 측면은 간접적용설에 입각한 제3자적 효력을 가진다.

Ⅲ. 사회보장수급권

1. 의의

사회보장수급권은 사회적 위험(신체장애 질병, 노령, 실직 등)으로 말미암아 보호를 요하는 상태에 있는 개인이 인간다운 존엄에 상응한 인간다운 생활을 영위하기 위하여 국가에 대해 일정한 내용의 적극적 급부를 요구할 수 있는 권리를 말한다.

건국헌법은 생활무능력자에 대한 국가적 보호를 규정(제19조 '노령·질병 기타 근로능력의 상실로 인하여 생활유지의 능력이 없는 자는 법률이 정하는 바에 의하여 국가의 보호를 받는다')한 바 있으며, 1962년헌법(제3공화국헌법)에서 처음으로 인간다운 생활을 할 권리를 신설(제30조 제1항 '모든 국민은 인간다운 생활을 할 권리를 가진다.' 제2항 '국가는 사회보장의 증진에 노력하여야 한다.' 제3항 '생활능력이 없는 국민은 법률이 정하는 바에 의하여 국가의 보호를 받는다')하여 현행헌법에 이르고 있다.

2. 법적 성격

사회보장수급권은 인간다운 생활권을 보장하기 위한 기본권 중에서도 핵심적인 개인의 권리이며, 불완전하나마 구체적 권리성을 가지므로 국가기관에게 이행을 요구할 수 있다. 또한 국가의 적극적 개입을 요구할 수 있는 국가개입요구권이며, 국가의 경제적 급부를 요구할 수 있는 경제적 기본권의 성격을 동시에 가진다. 그리고 국가적 보호를 요청할 수 있는 인간의 권리이기도 하다. 그러나 계급적 권익을 보호하는 계급의 권리는 아니다.

3. 사회보장수급권의 내용

(1) 실체적 사회보장수급권

사회보장수급권은 사회보험수급권, 공적부조청구권, 사회보상청구권 그리고 사회복지청구권을 내용을 한다.

사회보험수급권(社會保險受給權)이란 경제적 약자가 인간다운 생활을 위협받을 정도의 위험이 발생하였을 때, 인간다운 생활을 보장해 줄 것을 청구할 수 있는 권리이다.

사회보험은 국가적 보험기술을 통하여 위험을 다수인에게 분산시킴으로써 경제적 약자의 인간다운 생활을 보장하기 사회작용의 하나이며, 강제가입과 능력에 따른 부담을 원칙으로 한다. 사회보험수급권의 구체적 내용으로는 재해보상보험청구권, 의료보험청구권, 연금보험청구권, 실업보험청구권 등을 들 수 있다.

공적부조청구권(公的扶助請求權)은 생활불능상태에 있거나 생계유지가 곤란한 사람이 최저생활에 필요한 급여를 청구할 수 있는 권리이며, 공적부조제도는 재원의 국가부담과 생활무능력자를 대상함을 원칙으로 하며, 국민기초생활보장법, 국민건강보험법 등에서 정하고 있다.

사회보상청구권(社會補償請求權)은 사회보상은 국가·민족을 위하여 활동한 국가유공자 등에게 인간다운 생활을 보장하기 위한 제도로서 국가유공자 혹은 부양가족이나 유족의 의료와 생활을 보장하기 위한 권리로서 국가유공자예우및지원에관한법률 등에서 규정하고 있다.

사회복지(社會福祉)란 요보호대상자가 자립의 생활능력을 계발하는 데 필요한 수용보호·생활지도·갱생보도·원호지원 등을 하는 국가적 활동을 말한다. 사회복지청구권에는 사회복지조치청구권과 사회복지시설수혜청구권 등이 있으며, 성매매알선등행위의처벌에관한법률·아동복지법·노인복지법·사회복지사업법 등에서 규정하고 있다.

(2) 절차적 사회보장수급권

사회보장수급권을 보장하기 위한 절차적 권리로서는 사회보장쟁송권, 사회보장행정참여권, 사회보장입법청구권이 있다. 사회보장쟁송권은 국가의 위법·부당한 조치에 의한 침해에 대한 구제 청구권이며, 사회보장행정참여권은 사회보장행정절차에 주민들이 참여할 수 있는 권리이며, 사회보장입법청구권은 사회보장을 위한 구체적이고 충분한 입법 내지 개정요구권이다.

4. 주체와 상대방

사회보장수급권의 주체는 자연인인 국민만이 가능하며 외국인은 원칙적으로 주체가 될 수 없다. 그리고 상대방은 사회적 급여의 의무자는 국가이며, 모든 국가기관이 여기에 속한다. 제1차적 상대방은 입법권이며 제2차적으로 입법에 따른 집행기관인 집행권이 된다. 그리고 사회보장 매개기관은 공조직이던 사조직이던 사회보장수급권의 상대방이 된다. 또한 국가는 필요한 경우에 사인에게도 사회보장 급부의무의 일부를 부과할 수 있다.

5. 한계와 제한

사회보장수급권도 무제한적인 것이 아니라, 보충성의 원리에 따라 요보호자의 자력을 갱생하도록 지원하는 정도로 보장된다. 그리고 제37조 제2항의 일반적 법률유보에 의하여 제한되나, 법률불소급의 원칙의 제한적 적용과 평등의 예외가 인정될 수 있는 특성을 지닌다.

Ⅳ. 교육을 받을 권리

1. 의의 및 법적 성격

(1) 의의

교육을 받을 권리를 광의(廣義)로 보면, 학생의 수학권(修學權)과 학부모의 교육기회제공청구권 그리고 교사의 수업권(授業權)을 포함하나, 협의로 보면 수학권에 대한 국가의 방해배제와 국가의 적극적 배려를 요구할 수 있는 권리로 파악할 수 있다.

교육에 관한 권리는 1815년에서 부터 1830년간에 제정된 독일 각주의 헌법에서 처음 등장하였으며, 생존권적 측면에서의 헌법적 규정은 1919년 바이마르(Weimar)헌법에서 처음 규정하였다.

◆ 헌재판례

헌법재판소는 수학권과 수업권을 구별하고 '수학권은 헌법상 보장된 기본권의 하나로서 보다 존중되어야 하며, 그것이 왜곡되지 않고 올바로 행사될 수 있게 하기 위한 범위 내에서는 수업권도 어느 정도의 범위 내에서 제약을 받지 않으면 안된다'라고 판시하였으며, 교육을 받을 권리를 '수학권'으로 약칭하여 부르고 있다(헌재 1992. 11. 12. 89헌마88).

(2) 법적 성격과 주체

교육을 받을 권리의 법적 성격에 대하여 프로그램(Program) 규정설, 추상적 권리설, 구체적 권리설이 있으나, 추상적 권리인 동시에 제도보장(교육자치제도·의무교육제도)으로서의 법적 성격을 갖는다고 본다. 교육받을 권리는 민주정치의 실현을 위한 자각과 의식을 배양하고 인간다운 생활을 영위할 수 있는 인간으로서의 자질을 갖게 하는 인간의 능력을 계발을 위한 권리이다.

교육받을 권리의 주체는 모든 국민(교육내용 결정권의 상당부분을 국가에 부여)이며, 외국인은 제외된다. 그리고 수학권의 주체는 개개인의 국민이며, 교육기회제공청구권의 주체는 학령아동의 학부모이다.

2. 내용

(1) '능력'에 따라 '균등'한 '교육을 받을 권리'

헌법 제31조 제1항은 '모든 국민은 능력에 따라 균등하게 교육을 받을 권리를 가진다'고 규정하고 있다. 여기서의 '능력'은 일신전속적 능력을 말한다. 따라서 정신적, 육체적 능력에 따른 차별은 가능한 것이다. 그러나 인종, 사회적 신분, 경제적 능력에 의한 차별은 비합리적인 차별로서 금지된다. '균등'의 의미는 성별·종교·사회적 신분 등에 의하여 기회의 불균등을 금지한다는 것이며, '교육'은 사실상 학교교육이 가장 중요하나 가정교육, 사회교육, 국민교육 등도 여기에 포함된다 (평생교육). 공개경쟁시험, 연령에 의한 입학자격제한 등은 합헌이며, 혼혈아에 대한 입학자격제한, 특정문벌의 자녀만의 입학을 위한 학교설립 등, 지체부자유자의 약학대학 불합격 처분(대구지법 1981. 1. 29. 80가합295)등은 위헌이다.

❀ 대법원판례

대법원은 '대학입학지원자가 모집정원에 미달한 경우라도 대학이 정한 수학능력이 없는 자에 대하여 불합격처분을 한 것은 교육법 제111조 제1항에 위반되지 아니하여 무효라 할 수 없고, 또 위 학교에서 정한 수학능력에 미달하는 지원자를 불합격으로 한 처분이 재량권의 남용이라 볼 수 없다'(대판 1983. 6. 28. 83누193)라고 판시.

(2) 의무교육과 의무교육의 무상성

헌법 제31조 제2항은 '모든 국민은 그 보호하는 자녀에게 적어도 초등교육과 법률이 정하는 교육을 받게 할 의무를 진다'고 규정하고, 제3항에서는 '의무교육은 무상(無償)으로 한다'고 하였다. 의무교육을 받을 권리의 주체는 취학연령의 미성년자(6세~15세)이며 교육을 받게 할 의무의 주체는 학령아동의 보호자 또는 친권자이다. 의무교육의 대상은 초등교육(6년간)과 법률이 정하는 교육(중등의 3년간)으로서 3년의 중등교육에 대한 의무교육은 대통령령이 정하는 바에 의하여 순차적으로 실시한다.

그리고 의무교육에 있어서 무상의 범위가 어디까지인가가 논의의 대상이 될 수 있다. 무상(無償)의 범위는 취학필요비무상설(무상의 범위: 수업료, 학용품비, 기타 비용 등이 포함)이 통설이며, 만약 국공립국민학교 학생에게 수업료를 받는 법률을 제정한다면 이는 위헌이다.

(3) 교육의 자주성·전문성·정치적 중립성, 대학의 자율성

헌법 제32조 제4항은 '교육의 자주성·전문성·정치적 중립성 및 대학의 자율성은 법률이 정하는 바에 의하여 보장된다'고 규정하고 있다. 교육의 자주성(自主性)은 교사의 교육시설설치자·교육감독권자로부터의 자유, 교육내용에 대한 교육행정기관의 권력적 개입의 배제, 교육관리기구(교육위원회·교육감과 교육장 등)의 공선제를 일컬으며, 교육의 전문성(專門性)은 교육정책의 입안과 실시에 교육전문가의 참여를 보장한다는 의미이며, 교육의 정치적 중립성(中立性)은 교육의 정치적 무당파성, 교육에 대한 정치적 압력의 배제, 교육의 권력으로부터의 독립, 교원의 정치적 중립성, 교육의 정치에의 불간섭 등을 내용으로 하며, 구체적인 예로는 교육법(제78조)과 교육공무원법(제44조 제2항), 정당법(제16조, 제17조)이 있다.

(4) 국가의 평생교육 진흥의무와 교육제도법정주의

헌법 제31조 제5항은 '국가는 평생교육을 진흥하여야 한다'고 규정하고, 제6항에서는 '학교교육 및 평생교육을 포함한 교육제도와 그 운영, 교육재정 및 교원의 지위에 관한 기본적인 사항은 법률로 정한다'고 하였다. 제4항에서 규정한 평생교육은 학교교육 이외에 성인교육, 직업교육, 청소년교육, 국민교육 등을 일컬으며, 평생교육법, 산업교육진흥및산학협력촉진에관한법률, 독학에의한학위취득에관한법률 등이 평생교육관련법률이다. 그리고 제5항에서 규정한 교육제도의 법정주의(法定主義)는 교육기본법, 교육세법, 지방교육재정교부금법 및 교육세법, 지방교육재정교부금법 등이 있다.

3. 효력

교육을 받을 권리는 국가와 공공단체에 대해서만 효력을 가지며, 자유권적 측면은 대국가적 효력과 제3자적 효력을 동시에 가진다.

V. 근로의 권리

1. 의의

(1) 개념 및 연혁

근로의 권리는 근로자가 스스로의 선택으로 근로관계를 형성·유지하고 국가에 대하여 근로기회 제공을 요구할 수 있는 권리이다. 17·18세기 자연법론의 개인주의적 사회관에 있어서는 근로의 권리를 천부적 권리로서 자유권의 일종으로 인식하였으나, 1919년 바이마르(Weimar)헌법에 이르러서는 최초로 국가의 능동적 보호를 내용으로 하는 근로의 권리를 규정하였으며, 이는 자본주의경제의 이념적 기초로서 기능하며, 복지·노동정책의 지표가 되었다.

(2) 법적 성격

근로의 권리는 개인이 자유로이 일할 권리를 국가가 방해 내지 제한하지 못한다는 의미로서의 자유권적 성격과 근로를 통하여 경제적 약자에게 인간다운 생활을 보장한다는 의미에서 사회권적 성격을 아울러 가진다. 또한 근로기회제공을 청구할 수 있는 즉 근로를 할 수 있다는 기대권(期待權)적 성격도 있다.

(3) 주체

근로의 권리는 자연인으로서의 국민의 권리이며, 외국인에게는 자유권적 측면에 대하여 제한적으로 인정하며, 법인에게는 인정되지 않는다.

◆ 헌재판례

외국인의 근로의 권리: 근로의 권리가 "일할 자리에 관한 권리"만이 아니라 "일할 환경에 관한 권리"도 함께 내포하고 있는바, 후자는 인간의 존엄성에 대한 침해를 방어하기 위한 자유권적 기본권의 성격도 갖고 있어 건강한 작업환경, 일에 대한 정당한 보수, 합리적인 근로조건의 보장 등을 요구할 수 있는 권리 등을 포함한다고 할 것이므로 외국인 근로자라고 하여 이 부분에까지 기본권 주체성을 부인할 수는 없다. 즉 근로의 권리의 구체적인 내용에 따라, 국가에 대하여 고용증진을 위한 사회적·경제적 정책을 요구할 수 있는 권리는 사회권적 기본권으로서 국민에 대하여만 인정해야 하지만, 자본주의 경제질서하에서 근로자가 기본적 생활수단을 확보하고 인간의 존엄성을 보장받기 위하여 최소한의 근로조건을 요구할 수 있는 권리는 자유권적 기본권의 성격도 아울러 가지므로 이러한 경우 외국인 근로자에게도 그 기본권 주체성을 인정함이 타당하다(헌재 2007. 8. 30. 2004헌마670, 산업기술연수생 도입기준 완화결정 등 위헌확인).

♣ 서울고법판례

'근로의 권리는 국민의 권리이므로… 근로기회제공청구권은 외국인에게는 인정되지 않는다. 그러나 외국인(불법체류자라 하더라도)이라도 근로계약은 유효하며 …근로기준법상의 근로자보호규정은 외국인인 근로자에게도 적용되어야 하며,… 산업재해보상보험법도 당연히 적용되어야 한다'고 설시(서울고법 1993. 11. 26. 93구16774).

2. 내용

(1) 본질적 내용

근로의 권리의 본질적 내용에 대하여 근로기회제공청구권설과 생계비지급청구권설이 있으나, 생계비지급에 대한 구체적 규정이 없고 생계비지급 내지 실업수당청구는 제34조 인간다운생활할 권리에서 도출하므로 근로기회제공청구권을 본질적 내용으로 봄이 상당하다.

(2) 보충적 내용

근로의 권리를 보장하기 위한 보충적 내용으로는 국가의 고용증진의무, 해고의 제한, 적정임금의 보장, 최저임금제 실시, 근로조건기준의 법정주의, 여성 및 소년근로자의 특별보호(제32조 제4항), 국가유공자의 우선취업기회 부여(동조 제6항) 등이 있으며, 무노동무임금의 원칙과 동일노동 동일임금원칙 등이 근로의 권리의 일반적 원칙으로 자리잡고 있다.

헌법 제32조 제1항에 규정한 국가의 고용증진의무는 완전고용상태가 실현될 수 있도록 노력할 의무를 의미하며, 이는 법적 의무가 아닌 윤리적(정치적, 도의적)의무이다. 고용증진과 관련된 법률로는 고용정책기본법, 직업안정법, 근로자직업능력개발법(구 근로자직업훈련촉진법, 구 직업훈련기본법) 등이 있다.

근로기준법에서는 근로의 권리를 보장하기 위하여 해고에 대한 제한규정을 두고 있다. 해고(解雇)란 사용자가 일방적으로 근로계약 내지 근로관계를 종료시키는 단독행위로서 근로기준법은 해고에 대한 제한규정을 두고 있다. 근로기준법에 의하면 정당한 이유 없는 해고는 위헌·무효이며(법 제23조), 경영상의 이유에 의하여 근로자를 해고하고자 할 때에는 긴박한 경영상의 필요가 있어야 하며, 사용자는 해고를 피하기 위한 노력을 다하여야 하며, 합리적이고 공정한 해고의 기준을 정하고 이에 따라 그 대상자를 선정하여야 한다. 그리고 해고회피방법과 해고의 기준 등에 관하여 해고하려는 날의 50일 전까지 노동조합에 통보하고 성실하게 협의하여야 하며, 일정규모 이상의 해고시에는 노동부장관에게 신고하는 절차를 거쳐야 한다(동법 제24조). 또한 해고되는 근로자에게도 적어도 30일 전에 예고를 하여야 하며, 이를 어겼을 때에는 30일분 이상의 통상임금을 지급하여야 한다(동법 제26조).

헌법 제32조 제1항(제8차개헌 때 신설)은 적정임금의 보장규정을 두고 있다. 이는 배분적 정의의 실현을 위한 규정으로서, 적정임금의 수준은 근로자의 생산성 내지 생산에의 기여도, 기업의 지불능력, 물가 등 국민경제에 미칠 영향, 소득분배구조의 개선에 대한 기여도 등을 기준으로 정하며, 이는 근로자와 그 가족이 인간의 존엄성에 상응하는 건강하고 문화적인 생활을 영위하는 데 필요한 정도의 수준을 말한다. 따라서 적정임금은 최저임금보다는 고액이어야 한다. 그리고 헌법은 적정임금 보장을 위한 제도로서 최저임금제와 동일노동동일임금의 원칙 및 무노동무임금의 원칙 등이 있다. 최저임금제는 헌법이 직접 규정하고 있으며(동조 제1항 제2문, 제9차개헌 때 신설), 최저임금법 제4조 제1항은 '최저임금은 근로자의 생계비, 유사 근로자의 임금, 노동생산성 및 소득분배율 등을 고려하여 정한다고 정하고 있다. 또한 동일노동동일임금의 원칙은 근로기준법 제6조의 균등처우원칙과 남녀고용평등법 제8조 제1항에서 규정하고 있다. 무노동무임금의 원칙은 대법원판결에 의하여 확립된 원칙이다. 그러나 대법원은 생활보장적 부분의 임금은 무노동무임금의 원칙에 해당하지 않는다는 판결을 한 바 있다.

헌법은 제32조 제3항에서 '근로조건의 기준은 인간의 존엄성을 보장하도록 법률로 정한다'고 하여 근로조건기준의 법정주의를 선언하고 있다. 이는 당사자간의 자유로운 계약에 있어서 최소한의 기준을 제시한 것으로서 이는 계약자유원칙의 수정원리이며, 헌법이 제시한 기준인 '인간의 존엄성 보장'에 미달하는 계약은 위헌·무효이다. 근로조건의 기준을 정한 법률로 근로기준법이 있다.

◆ 헌재판례

1. 퇴직금 전액의 담보채권에 대한 우선변제규정의 헌법불합치선언: 근로기준법 제30조의 2 제2항이 근로자에게 그 퇴직금 전액에 대하여 질권자나 저당권자에 우선하는 변제수령권을 인정함으로써 결과적으로 질권자나 저당권자가 그 권리의 목적물로부터 거의 또는 전혀 변제를 받지 못하게 되는 경우에는, 그 질권이나 저당권의 본질적 내용을 이루는 우선변제수령권이 형해화하게 되므로 "퇴직금"부분은 질권이나 저당권의 본질적 내용을 침해할 소지

가 생기게 되는 것이다. 그리고 이 조항은 임금과는 달리 "퇴직금"에 관하여는 아무런 범위나 한도의 제한없이 질권이나 저당권에 우선하여 그 변제를 받을 수 있다고 규정하고 있으므로, 도산위기에 있는 기업일수록, 즉 자금의 융통이 꼭 필요한 기업일수록, 금융기관 등 자금주는 자금회수의 예측불가능성으로 말미암아 그 기업에 자금을 제공하는 것을 꺼리게 된다. 그 결과 이러한 기업은 담보할 목적물이 있다고 하더라도 자금의 융통을 받지 못하여 그 경영위기를 넘기지 못하고 도산을 하게 되며 그로 인하여 결국 근로자는 직장을 잃게 되므로 궁극적으로는 근로자의 생활보장이나 복지에도 좋은 결과를 낳지 못한다. 또한 근로자의 퇴직후의 생활보장 내지 사회보장을 위하여서는, 기업금융제도를 훼손하지 아니하고 기업금융을 훨씬 원활하게 할 수 있으며 오히려 어떤 의미에서는 새로운 기업금융제도를 창출할 수 있는, 종업원 퇴직보험제도의 개선, 기업년금제도의 도입 등 사회보험제도를 도입, 개선, 활용하는 것이 보다 적절할 것이다. 그럼에도 불구하고 이 조항은 근로자의 생활보장이라는 입법목적의 정당성만을 앞세워 담보물권제도의 근간을 흔들고 기업금융의 길을 폐쇄하면서까지 퇴직금의 우선변제를 확보하자는 것으로서 부당하다고 아니할 수 없다. 그렇다면 이 조항은 근로자의 생활보장 내지 복지증진이라는 공공복리를 위하여 담보권자의 담보권을 제한함에 있어서 그 방법의 적정성을 그르친 것이며 침해의 최소성 및 법익의 균형성 요청에도 저촉되는 것이므로 과잉금지의 원칙에도 위배된다고 할 것이다. 퇴직금의 전액이 아니고 근로자의 최저생활을 보장하고 사회정의를 실현할 수 있는 적정한 범위내의 퇴직금채권을 다른 채권들보다 우선변제함은 퇴직금의 후불임금적 성격 및 사회보장적 급여로서의 성격에 비추어 상당하다고 할 것인데 이 "적정한 범위"의 결정은 그 성질상 입법자의 입법정책적 판단에 맡기는 것이 옳다고 생각되는 점과 근로자의 퇴직금보장을 위한 각종 사회보험제도의 활용, 그 제도에 의한 대체 내지 보완이나 그 제도들과의 조화 등도 제반사정을 감안해야 하는 입법자의 사회정책적 판단영역인 점 등을 종합해 보면, 헌법재판소로서는 이 사건 법률조항 중 "퇴직금"부분에 대하여 바로 위헌선언을 할 것이 아니라 헌법불합치의 선언을 한 다음, 입법자로 하여금 조속한 시일내에 담보물권제도의 근간을 해치지 아니하는 범위내에서 질권 또는 저당권에 의하여 담보된 채권에 우선하여 변제받을 수 있는 근로자의 퇴직금채권의 "적정한 범위"를 확정하도록 하여 근로자를 보호하는 한편 그때까지는 위에서 본 이 사건 법률조항 중 "퇴직금"부분의 위헌성 때문에 그 부분의 적용을 중지하도록 함이 상당하다(헌재 1997.8.21. 94헌바19, 95헌바34, 97헌가11(병합) 근로기준법 제30조의2 제2항 위헌소원 근로기준법 제30조의2 제2항 등 위헌제청).

2. 사용자의 파산 시 최종 3개월분의 임금과 최종 3년간 최직금에 대하여 최우선변제권에 대한 합헌결정: 구 근로기준법 제37조 제1항 및 제2호는 근로자의 임금채권 확보를 위하여 담보물권자의 우선변제적 효력을 제한한 것으로서 재산권에 대한 제한에 해당하나, 임금채권에 대한 보호를 통한 근로자의 기본적 생활의 보장이라고 하는 입법목적은 정당하고, 그 수단이 적정하며, 사회보험제도를 통한 임금채권 및 근로자의 보호가 미흡한 현실에서 덜 제한적인 수단을 찾기 어렵다. 또한 직장을 잃게 되는 근로자들에게 일정한 범위의 임금, 퇴직금 채권을 확보해 주는 것은 근로자의 기본적 생활의 보장, 나아가 사회 안정의 측면에서 그 공익적 필요성이 큰 반면, 금융기관 등 일반채권자는 채무불이행으로 인하여 파생할 수 있는 경제적 위험을 다른 다수의 채무자에게 분산시키거나 대출 시 임금채권으로 인한 손실을 최

소화할 수 있는 방안을 강구할 수 있는 지위에 있다고 할 것이므로, 법익의 균형성에 반한다고 보기도 어렵다. 그 외에 실질적 사용자에 대한 담보물권자를 보호하기 위한 적정한 제한을 가할 것인지 여부는 입법자의 사회정책적 판단영역이라고 할 것이므로 실질적 사용자에 대한 담보물권자를 보호하기 위한 제한을 마련하지 않은 입법이 재산권의 본질적 내용을 침해한다고 보기 어렵다(헌재 2008. 11. 27, 2007헌바36, 근로기준법 제37조 제2항 등 위헌소원).

❁ 대법원판례

1. '징계해고는 즉시 효력을 발생하여 사용자와 징계해고된 근로자와의 근로관계는 종료되며, 다만, 재심에서 징계해고처분이 취소되는 경우에는 소급하여 해고되지 아니한 것으로 볼 뿐이다(대판 1993. 5. 11. 91누11698).

2. 대판 1995. 12. 21. 94다2671: 무노동완전무임금원칙 채택

3. 대판 1992. 3. 27. 91다36307: 임금에는 교환적 부분(근로제공에 대한 대가)과 생활보장적 부분(근로자로서의 지위에서 당연히 받는 부분)이 있으며, 쟁의행위로 인한 무노동무임금의 적용은 교환적 부분만 해당한다고 판시.

▶ 참 고

동일노동동일임금원칙 관련 규정
근로기준법 제6조 '사용자는 근로자에 대하여 남녀의 성(性)을 이유로 차별적 대우를 하지 못하고, 국적·신앙 또는 사회적 신분을 이유로 근로조건에 대한 차별적 처우를 하지 못한다.'
남녀고용평등법 제8조 제1항 '사업주는 동일한 사업내의 동일가치의 노동에 대하여는 동일한 임금을 지급하여야 한다.'

3. 효력

근로의 권리는 추상적 권리 내지는 불완전한 구체적 권리로서 대국가적 효력을 가지며, 자유권적 측면은 제3자적 효력을 가지며, 여성과 연소자의 근로보호규정은 직접적 효력을 인정한다.

Ⅵ. 근로자의 노동3권

1. 의의

근로자의 노동3권의 관한 규정은 인간다운 생활의 보장과 실질적인 평등 회복을 위하여 1919년 바이마르(Weimar)헌법에서 최초로 등장하였다. 노동3권은 자유권적 성격과 사회권적 성격을 함께 가지고 있으며(헌재 1998. 2. 27. 94헌바13), 노동3권의 주체는 사용자를 제외한 근로자(공무원인 노동자 제외) 및 근로자집단(예: 실업 중에 있는 자, 백화점의 점원, 일반공무원, 은행의 행원, 병원의 간호사 등과 노동조합 또는 쟁의단)에게 인정된다.

◆ 헌재판례

헌법이 근로자의 근로3권을 보장하는 취지는 원칙적으로 개인과 기업의 경제상의 자유와 창의를 존중함을 기본으로 하는 시장경제의 원리를 경제의 기본질서로 채택하면서 노동관계 당사자가 상반된 이해관계로 말미암아 계급 대립·적대의 관계로 나아가지 않고 활동과정에서 서로 기능을 나누어 가진 대등한 교섭주체의 관계로 발전하게 하여 그들로 하여금 때로는 대립·항쟁하고 때로는 교섭·타협의 조정과정을 거쳐 분쟁을 평화적으로 해결하게 함으로써, 근로자의 이익과 지위의 향상을 도모하는 사회복지국가(社會福祉國家) 건설의 과제를 달성하고자 함에 있다(헌재 1993. 3. 11. 92헌바33, 노동조합법 제45조의2 등 위헌소원).

2. 내용

(1) 단결권

단결권(團結權)이란 근로자들이 근로조건의 유지 또는 개선을 위하여 사용자와 대등한 교섭력을 가질 목적으로 자주적 단체를 결성하고 이에 가입하여 활동할 수 있는 권리를 말한다. 단결권의 주체는 근로자와 근로자집단인 단결체가 모두 주체가 된다.

사용자가 어떠한 경로를 통하여 근로자를 고용할 수 있느냐는 방법 즉 근로자의 조합원참가제도가 다양한 형태로 존재한다. 이를 단결권제도 또는 샵(Shop)제도라고도 하며, 샵제도는 한편으로는 근로자의 단결을 강제하는 수단으로도 작용한다. 단결권제도는 오픈 샵, 에이전시 샵, 유니언 샵, 메인트넌스 샵 그리고 클

로즈드 샵 등이 있다.

오픈 샵(Open Shop)은 비노조원 중에서 채용하며, 채용 후에도 노조 가입탈퇴의 자유가 보장되는 제도이며, 에이전시 샵(Agency Shop)은 노동조합의 가입을 강제하지는 않되, 조합원이 아닌 근로자에게도 조합비를 내도록 하는 제도이다. 유니언 샵(Union Shop)은 노조가 사원 2/3이상 대표할 때 인정하는 제도로서 일단 고용된 근로자는 일정한 기간 내에 노조에 가입하여야 한다는 조항을 단체협약을 두는 경우이다. 노동조합및노동관계조정법 제81조 제2호 단서에서 채택하고 있다. 헌법재판소는 유니언 샵이 근로자의 단결하지 아니할 자유와 단결선택권의 본질적인 내용을 침해하는 것은 아니므로 단결권을 보장한 헌법 제33조 제1항에 위반되지 않는다는 입장이다(헌재 2005. 11. 24. 2002헌바95·96, 2003헌바9(병합), 노동조합및노동관계조정법 제81조 제2호 단서 위헌소원). 메인트넌스 샵(Maintenance of Membership)은 노조로부터 조직근로자를 탈퇴할 수 없도록 하고, 만약 탈퇴할 경우에는 사용자로 하여금 해고하도록 하는 조항을 두는 단체협약에 의하여 가입이 강제되는 제도이다. 클로즈드 샵(Closed Shop)은 노조에 가입하고 있는 기존조합원이 아니면 고용하지 않는 제도이다(예: 부두노조).

단결권은 국가의 간섭배제 및 사용자의 부당노동행위로부터 보호해 줄 것을 요구할 수 있는 대국가적 효력이 인정되면, 근로자와 사용자 상호간(사용자가 단결권을 침해할 수 없도록 하는 힘)과 근로자 상호간(근로자의 노조 가입·탈퇴를 존중해 주어야 할 힘)에 효력을 미치므로 대사인적 효력도 인정된다.

◆ 헌재판례

1. 노동조합및노동관계조정법 제81조 제2호 단서는 노동조합의 조직유지·강화를 위하여 당해 사업장에 종사하는 근로자의 3분의 2 이상을 대표하는 노동조합(지배적 노동조합)의 경우 단체협약을 매개로 한 조직강제[이른바 유니언 샵(Union Shop) 협정의 체결]를 용인하고 있다. 이 경우 근로자의 단결하지 아니할 자유와 노동조합의 적극적 단결권(조직강제권)이 충돌하게 되나, 근로자에게 보장되는 적극적 단결권이 단결하지 아니할 자유보다 특별한 의미를 갖고 있고, 노동조합의 조직강제권도 이른바 자유권을 수정하는 의미의 생존권(사회권)적 성격을 함께 가지는 만큼 근로자 개인의 자유권에 비하여 보다 특별한 가치로 보장되는 점 등을 고려하면, 노동조합의 적극적 단결권은 근로자 개인의 단결하지 않을 자유보다 중시된다고 할 것이고, 또 노동조합에게 위와 같은 조직강제권을 부여한다고 하여 이를 근로자의 단결하지 아니할 자유의 본질적인 내용을 침해하는 것으로 단정할 수는 없다. 또한 단체협약을 매개로 하여 특정 노동조합에의 가입을 강제함으

로써 근로자의 단결선택권과 노동조합의 집단적 단결권(조직강제권)이 충돌하는 측면이 있으나, 이러한 조직강제를 적법·유효하게 할 수 있는 노동조합의 범위를 엄격하게 제한하고 지배적 노동조합의 권한남용으로부터 개별근로자를 보호하기 위한 규정을 두고 있는 등 전체적으로 상충되는 두 기본권 사이에 합리적인 조화를 이루고 있고 그 제한에 있어서도 적정한 비례관계를 유지하고 있으며, 또 근로자의 단결선택권의 본질적인 내용을 침해하는 것으로도 볼 수 없으므로, 근로자의 단결권을 보장한 헌법 제33조 제1항에 위반되지 않는다(헌재 2005. 11. 24. 2002헌바95·96, 2003헌바9(병합), 노동조합및노동관계조정법 제81조 제2호 단서 위헌소원).

2. 헌법재판소는 노조의 설립 등에의 제3자 개입금지는 국가·정당·사회단체 등의 제3자로부터 독립성을 지키기 위한 것이며, 변호사·공인노무사 등 전문가로부터의 단순한 상담이나 조력을 받는 것을 금지하고자 하는 것은 아니므로, 근로자 등의 위 기본권을 제한하는 것이라고는 볼 수 없다.…노동관계 당사자의 일방인 사용자측으로의 개입도 마찬가지로 그 금지의 대상에 포함되어 있으므로 평등원칙의 위배도 아닌 합헌이라고 보았다(헌재 1993. 3. 11, 92헌바33, 노동조합법 제45조의2 등 위헌소원).

▶ 참 고

1. 노동조합및노동관계조합법 제81조 (부당노동행위) 사용자는 다음 각 호의 어느 하나에 해당하는 행위(이하 "부당노동행위"라 한다)를 할 수 없다. 2. 근로자가 어느 노동조합에 가입하지 아니할 것 또는 탈퇴할 것을 고용조건으로 하거나 특정한 노동조합의 조합원이 될 것을 고용조건으로 하는 행위. 다만, 노동조합이 당해 사업장에 종사하는 근로자의 3분의 2 이상을 대표하고 있을 때에는 근로자가 그 노동조합의 조합원이 될 것을 고용조건으로 하는 단체협약의 체결은 예외로 하며, 이 경우 사용자는 근로자가 그 노동조합에서 제명된 것 또는 그 노동조합을 탈퇴하여 새로 노동조합을 조직하거나 다른 노동조합에 가입한 것을 이유로 근로자에게 신분상 불이익한 행위를 할 수 없다.
2. 황견계약(황견계약): 근로자가 어느 노동조합에 가입하지 아니할 것 또는 탈퇴할 것을 고용조건으로 하는 근로계약

❀ 대법원판례

모든 근로자이며, 해고된 근로자도 노동위원회에 부당노동행위의 구제신청을 한 경우 근로계약은 종료하였다 하더라도(대판 1993. 5. 11. 91누11698) 근로자의 지위 즉 조합원의 지위는 유지된다(대판 1992. 3. 31. 91다14413).

(2) 단체교섭권

단체교섭권이란 근로자들이 근로조건의 향상을 위하여 단결체의 이름으로 사용자나 사용자단체와 자주적으로 교섭하고 단체협약을 체결할 수 있는 권리를 말한다. 단체교섭권은 근로자가 개별적으로 행사할 수 있는 것이 아니라 노동조합이 주체가 되어 행사한다. 근로자단체이면 차별없이 부여되므로 유일단체교섭조항이나, 단체협약체결능력제한조항은 위헌이다.

단체교섭의 대상은 근로조건의 개선·유지이므로 이와 무관한 사용자의 경영권, 인사권, 이윤취득권 등에 속하는 사항은 그 대상이 되지 않는다. 다만, 상호 협의에 의하여 단체협약에 포함시키는 것은 무방하며, 그 효력은 인정된다. 노사 양측은 모두 정당한 이유 없이 교섭 또는 단체협약의 체결을 거부하거나 해태하여서는 안된다. 이러한 경우 이는 부당노동행위로서 처벌을 받게 된다(노동조합및노동관계조정법 제81조 제3호, 제90조). 노동조합과 사용자 또는 사용자단체는 단체교섭권의 위임이 가능하다(동법 제29조 제2항). 체결된 단체협약은 법률로써 그 효력이 보장되며, 특히 단체협약에 위배한 취업규칙이나 근로계약의 부분은 무효로 한다(동법 제33조).

그리고 단체교섭에 대하여 제3자개입을 금지한 규정은 헌법재판소에 의하여 합헌으로 결정되었으나(헌재 1993. 3. 11, 92헌바33 노동조합법 제45조의2 등 위헌소원 등), 노사 자율성을 침해하고 국제노동기준에 배치되는 문제가 발생됨에 따라 제3자개입금지규정은 폐지되었다. 단체교섭권은 대국가적 효력과 사용자에 대한 효력이 인정된다.

◆ 헌재판례

1. 헌법재판소는 단체교섭권안에 단체협약체결권이 포함된다고 판시하였다(헌재 1998. 2. 27. 94헌바13 등).

2. 제3자개입 금지조항의 합헌결정: 노동조합법 제12조의2가 규정하는 제3자개입금지(第三者介入禁止)의 입법취지는 노동관계당사자 사이에 제3자가 의사결정을 조종, 선동, 방해할 정도로 끼어들게 되면 근로자의 단결과 단체교섭은 노동관계당사자의 위험부담 아래 진행되면서도 근로자의 근로조건의 유지·향상 등과는 관계없는 목적에 의하여 왜곡될 수 있을 뿐만 아니라 그와 같이 왜곡된 근로자의 단결과 단체교섭은 근로자의 경제적, 사회적 지위의 향상은 물론 국민경제의 발전에도 기여할 수 없게 될 우려가 있어 이를 방지하고자 함에 있다. 노동조합법 제12조의2가 규정하는 제3자개입금지는 헌법이 인정

하는 근로3권이나 그 밖의 표현의 자유 또는 행동의 자유 등 기본권의 내재적 한계를 넘어선 행위를 규제하기 위한 입법일 뿐, 근로자가 단순한 상담이나 조력을 받는 것을 금지하고자 하는 것은 아니므로 근로자의 근로3권 등을 제한하는 것이라고는 볼 수 없다. 제3자개입금지조항은 근로자 측으로의 개입 뿐만 아니라 사용자 측으로의 개입에 대하여서도 마찬가지로 규정하고 있고 근로자들이 변호사나 공인노무사 등의 조력을 받는 것과 같이 근로3권을 행사함에 있어 자주적 의사결정을 침해받지 아니하는 범위안에서 필요한 제3자의 조력을 받는 것을 금지하는 것은 아니고, 근로자들이 연합단체를 통하여 한층 조직적인 지원을 받을 수 있으므로 근로자와 사용자를 실질적으로 차별하는 불합리한 규정이라고 볼 수 없다. 규정 중 '……기타 이에 영향을 미칠 목적으로 개입하는 행위'란 노동조합의 설립 등과 단체교섭에 개입한 제3자의 행위를 전체적으로 평가하여 노동관계 당사자의 자유롭고 자주적인 의사결정에 대하여 영향을 미칠 목적 아래 노동조합의 설립 등과 사용자와의 단체교섭에 관하여 강요·유도·조장·억압 등의 간섭행위를 포괄하는 내적개념인 것으로 보아야 할 것으로서 위 행위에의 해당여부는 누구나 예견할 수 있다 할 것이므로 그 구성요건이 헌법 제12조 제1항이 요구하는 명확성을 결하여 죄형법정주의에 위배되는 것이 아니다(헌재 1993. 3. 11. 92헌바33; 헌재 1990. 1. 15. 89헌가103, 노동쟁의조정법 제13조의 등에 의한 위헌심판; 헌재 1993. 3. 11. 92헌바33, 노동조합법 제45조의2 등 위헌소원).

3. 입법목적과 경위, 법률의 전반적인 체계, 법문의 구성 등을 종합하여 보면, 이 사건 법률조항에서 말하는 "간여"란, 단체교섭이나 쟁의행위에 관련된 제3자의 행위를 전체적으로 평가하여 볼 때 단체교섭이나 쟁의행위의 강요·유도·조장·억압 등 노동관계 당사자의 자유롭고 자주적인 의사결정에 영향을 미칠 만한 간섭행위를 포괄하는 것으로 보아야 할 것이고, 이러한 의미는 자의를 허용하지 않는 통상의 해석방법에 의하여 누구나 파악할 수 있다 할 것이다. 따라서 이 사건 법률조항은 죄형법정주의가 요구하는 처벌법규의 명확성원칙에 위반된 것이라 할 수 없을 뿐만 아니라, 이 사건 법률조항을 위헌으로 판단하여야 할 다른 사유도 찾아볼 수 없다(헌재 2004. 12. 16. 2002헌바57, 구 노동조합및노동관계조정법 제40조 제2항 등 위헌소원).

❀ 대법원판례

대법원은 단체협약의 내용에 인사에 관한 부분을 있을 경우, 협약이 정한 절차를 위배한 인사는 무효라고 판시(대판 1993. 9. 28. 91다30620).

(3) 단체행동권

단체행동권이란 노동쟁의가 발생한 경우에 쟁의행위 등을 할 수 있는 권리를 말한다. 그리고 노동쟁의란 '노동조합과 사용자 또는 사용자단체간에 임금·근로시간·복지·해고 기타 대우 등 근로조건의 결정에 관한 주장의 불일치로 인하여 발생한 분쟁상태'를 말하며(노동조합및노동관계조정법 제2조 제5호), 쟁의행위란 '파업·태업·직장폐쇄 기타 노동관계 당사자가 그 주장을 관철할 목적으로 행하는 행위와 이에 대항하는 행위로서 업무의 정상적인 운영을 저해하는 행위'를 일컫는다(동조 제6호).

단체행동권의 주체는 제1차적으로 근로자 개개인이나, 현실적으로 행사될 때에는 조직된 단체에 의하여 행사된다. 그리고 단체행동(쟁의행위)의 유형에는, 근로자 측의 방법으로는 동맹파업(strike), 태업(sabotage), 피켓팅(picketing), 보이콧트(boycott), 생산관리가 있으며, 사용자측의 대응방법으로는 직장폐쇄(노조법 제46조), 임금공제(동법 제44조), 책임추궁(동법 제3조) 등이 있다.

3. 효력과 제한

(1) 효력

노동3권의 대국가적 효력은 인정되며, 대사인적 효력도 직접적용되는 현실적 기본권(권, 노조법 제81조 부당노동행위조항이 근거)이다.

(2) 제한

헌법이 직접 노동3권을 제한하는 경우로는 공무원의 노동3권제한과 주요방위산업체에 종사하는 근로자의 단체행동권의 제한 그리고 비상계엄선포에 의한 제한이 있으며, 헌법 제37조 제2항의 일반적 법률유보에 의한 제한이 있다.

헌법은 제33조 제2항에서 '공무원인 근로자는 법률이 정하는 자에 한하여 단결권·단체교섭권 및 단체행동권을 가진다'고 규정함으로써, 공무원인 노동자는 법률로 정하는 공무원만이 노동3권을 가진다. 노동3권제한의 이론적 근거로는 특별권력관계설, 국민전체봉사자설, 직무성질설 등이 있다. 헌법재판소는 국민전체봉사자설과 직무성질설을 함께 인정하고 있다.

동조 제3항은 '법률이 정하는 주요방위산업체에 종사하는 근로자의 단체행동권은 법률이 정하는 바에 의하여 이를 제한하거나 인정하지 아니할 수 있다'고 하였으며, 헌법 제77조 제3항은 '비상계엄이 선포된 때에는 법률이 정하는 바에 의하여 ……집회·결사의 자유……에 관하여 특별한 조치를 할 수 있다'고 규정하고 있다. 그리고 헌법 제33조 제2항과 제37조 제2항(일반적 법률유보)에 의하여 제한된다.

◆ 헌재판례

1. 공무원에게 전면적으로 단체행동권이 제한되거나 부인되는 것이 아니라, 일정한 범위 내의 공무원인 근로자의 경우에는 단결권, 단체교섭권을 포함한 단체행동권을 갖는다는 것을 전제로 하였으 며, 그 구체적인 범위는 법률에서 정하도록 위임하였다(헌재 1993. 3. 11. 88헌마5).

2. 헌법재판소는 구 노동쟁의조정법 제12조 제2항이 모든 공무원에게 단체행동권(쟁의행위권)을 근본적·일률적으로 부인하고 있으므로 헌법 제33조 제2하에서 예정하는 일정범위의 공무원의 쟁의행위까지 제한·금지하게 되므로 헌법에 맞지 않는다고 하여 헌법불합치·입법촉구결정을 하였다(헌재 1993. 3. 11. 88헌마5).

3. 헌법 제33조 제2항이 직접 '법률이 정하는 자'만이 노동3권을 향유할 수 있다고 규정하고 있어서 '법률이 정하는 자' 이외의 공무원은 노동3권의 주체가 되지 못하므로, '법률이 정하는 자' 이외의 공무원에 대해서도 노동3권이 인정됨을 전제로 하여 헌법 제37조 제2항의 과잉금지원칙을 적용할 수는 없는 것이다. 한편, 국가공무원법 제66조 제1항은 근로3권이 보장되는 공무원의 범위를 사실상 노무에 종사하는 공무원에 한정하고 있으나, 이는 헌법 제33조 제2항에 근거한 것이고, 전체국민의 공공복리와 사실상 노무에 공무원의 직무의 내용, 노동조건 등을 고려해 보았을 때 입법자에게 허용된 입법재량권의 범위를 벗어난 것이라 할 수 없다.……공무원의 공무 이외의 일을 위한 집단행위를 금지하고 있는 것은 공무원의 집단행동이 공무원 집단의 이익을 대변함으로써 국민전체의 이익추구에 장애가 될 소지가 있기 때문에 공무원이라는 특수한 신분에서 나오는 의무의 하나를 규정한 것이고, 위 개념이 '공익에 반하는 목적을 위하여 직무전념의무를 해태하는 등의 영향을 가져오는 집단적 행위'라고 명백히 한정하여 해석되므로, 법 제66조 제1항이 언론·출판의 자유와 집회·결사의 자유의 본질적인 내용을 과도하게 침해한다고 볼 수 없다(헌재 2007. 8. 30. 2003헌바51, 2005헌가5(병합), 국가공무원법 제66조 제1항 등 위헌소원 등).

Ⅶ. 환경권

1. 의의

(1) 개념

환경권의 보장은 소극적으로는 불결한 환경의 예방 또는 배제를 요구할 수 있는 권리로 볼 수 있으며, 적극적으로는 청정한 환경을 보전하고 조성하여 줄 것을 국가에 요구할 수 있는 권리라고 할 수 있다. 환경의 개념에 대하여 '자연환경'만을 의미한다고 보는 견해(협의설), 자연환경과 생활환경을 포함한다고 보는 견해

(광의설)와 자연환경과 생활환경뿐 아니라 사회문화적 환경까지 포함한다고 보는 견해(최광의설)가 있다. 환경정책기본법은 자연환경과 생활환경을 포함하는 광의설을 택하고 있다. 최광의설에 의할 경우에는 환경권보장의 실효성이 희석될 우려가 있으므로 협의설을 택하는 것이 타당하다. 그리고 교육환경의 보호는 헌법 제31조의 교육권, 의료환경의 보호는 제36조 제1항의 보건권, 그리고 쾌적한 주거환경에 대해서는 헌법 제34조의 사회보장제도 등으로부터 보장의 범위를 정할 수도 있다.

(2) 연혁

환경권은 1960년대 이후 세계 각국에서 명문화되었으며, 우리나라는 제8차개헌인 제5공화국헌법(1980년헌법)에서 처음 신설하였으며, 현행헌법은 환경권과 주거환경권 등을 규정하고 있다. 환경권을 구체화하기 위하여 미국에서는 1969년 국가환경정책법을 제정하였으며, 우리나라는 1963년에 공해방지법이 제정되었다. 동법은 1977년 환경보전법이 제정되어 대체되었으며(단일법주의시대), 1990년대에 이르러 환경보전법은 환경정책기본법으로 대체되고, 그 외에도 각종환경관련법률(대기환경보전법, 수질환경보전법, 소음·진동규제법, 유해물질관리법, 환경오염피해분쟁조정법 등)들이 제정되었다(복수법주의시대).

▶ 참 고

1980년헌법(제5공화국헌법)
제33조 모든 국민은 깨끗한 환경에서 생활할 권리를 가지며, 국가와 국민은 환경보전을 위하여 노력하여야 한다.

1987년헌법(제6공화국헌법)
제35조 ①모든 국민은 건강하고 쾌적한 환경에서 생활할 권리를 가지며, 국가와 국민은 환경보전을 위하여 노력하여야 한다.
②환경권의 내용과 행사에 관하여는 법률로 정한다.
③국가는 주택개발정책등을 통하여 모든 국민이 쾌적한 주거생활을 할 수 있도록 노력하여야 한다

환경정책기본법제3조 (정의) 이 법에서 사용하는 용어의 정의는 다음과 같다.
1. "자연환경"이라 함은 지하·지표(해양을 포함한다) 및 지상의 모든 생물과 이들을 둘러싸고 있는 비생물적인 것을 포함한 자연의 상태(생태계 및 자연경관을 포함한다)를 말한다.
2. "생활환경"이라 함은 대기, 물, 폐기물, 소음·진동, 악취, 일조등 사람의 일상생활과 관계되는 환경을 말한다

2. 법적 성격 및 주체

(1) 법적 성격

환경권은 총합적 기본권이며, 환경침해배제 및 중지청구권 등은 개별적, 구체적 권리로 인정된다.

(2) 주체

환경권의 주체는 자연인에게만 인정되며, 외국인에게는 제한적으로 인정된다. 환경의 특성상 미래세대(후손들이 가지는 기본권의 예선효과)에게도 환경권을 인정하여야 한다는 견해가 있다. 그러나 법인의 주체성은 부인되며, 오히려 환경권 실현의 의무자로 본다.

3. 내용

환경권의 내용으로는 환경보전청구권, 환경복구청구권 그리고 쾌적한 주거생활권을 들 수 있다. 환경보전청구권(공해예방청구권)은 환경침해가 일어나지 않도록 환경영향평가, 환경훼손행위규제 등 예방적 조치를 요구할 수 있는 권리이며, 환경복구청구권(공해배제청구권)은 환경오염과 파괴가 수인한도를 넘는 경우 이의 배제를 요구할 수 있는 권리이며, 쾌적한 주거생활권은 청구권적 기본권성과 사회적 기본권성을 가지며, 인간다운 생활에 필요한 주거환경 배려요구권과 주택정책 수립요구, 건정하고 문화적인 주거환경요구권을 내용으로 한다.

4. 효력

환경권의 대국가적 효력이 인정되며, 입법부에는 환경권보장을 위한 입법의무를 지우며, 행정부와 사법부도 환경권을 침해하여서는 안된다. 그리고 대사인적 효력에 있어서는 직접적용설과 간접적용설(민법규정 적용)이 대립되고 있다. 헌법재판소는 제3자에 의한 환경권침해에 대하여 국가가 적극적으로 보호조치를 취할 의무가 있다고 판시하였다(헌재 2008. 7. 31. 2006헌마711, 입법부작위 위헌확인).

5. 침해와 구제

국가기관에 의한 침해에 대한 구제수단으로는 청원, 행정소송 그리고 국가배상청구 등이 있으며, 사인에 의한 침해에 대한 구제수단으로는 법원에 손해배상 및 조업중지청구가 가능하다.

◆ 헌재판례

1. 해양환경개선부담금부과는 합헌이라고 판시: 헌법 제35조 제1항은 환경정책에 관한 국가적 규제와 조정을 뒷받침하는 헌법적 근거가 되며 국가는 환경정책 실현을 위한 재원마련과 환경침해적 행위를 억제하고 환경보전에 적합한 행위를 유도하기 위한 수단으로 환경부담금을 부과·징수하는 방법을 선택할 수 있다. …… 폐기물의 해양배출로 인하여 위축될 것이 분명한 수산업의 육성 및 해양환경개선 등을 위한 수산발전기금의 안정적인 운용재원 확보와 폐기물의 해양배출 억제라는 특별한 경제적·사회적 공적 과제와 객관적으로 밀접한 관련성을 가지고 이러한 공적과제 실현에 있어 조세외적 부담을 져야할 책임이 인정되므로 이 사건 해양환경개선부담금은 부담금의 형식을 남용한 것으로 볼 수 없다(헌재 2007. 12. 27. 2006헌바25, 해양오염방지법 제46조의3 제1항 위헌소원).

2. 국가의 제3자에 의한 환경권침해에 대한 적극적 보호조치의무 인정: 일정한 경우 국가는 사인인 제3자에 의한 국민의 환경권 침해에 대해서도 적극적으로 기본권 보호조치를 취할 의무를 지나, 헌법재판소가 이를 심사할 때에는 국가가 국민의 기본권적 법익 보호를 위하여 적어도 적절하고 효율적인 최소한의 보호조치를 취했는가 하는 이른바 "과소보호금지원칙"의 위반 여부를 기준으로 삼아야 한다. 공직선거법상의 확성기장치에 의한 소음규제발생규제의 경우 청구인의 기본권적 법익이 침해되고 있음이 명백히 드러나지 않고, 공직선거법의 규정을 보더라도 확성장치로 인한 소음을 예방하는 규정이 불충분하다고 단정할 수도 없으며, 기본권보호의무의 인정 여부를 선거운동의 자유와의 비교형량하에서 판단할 때, 확성장치 소음규제기준을 정하지 않았다는 것만으로 청구인의 정온한 환경에서 생활할 권리를 보호하기 위한 입법자의 의무를 과소하게 이행하였다고 평가할 수는 없다(헌재 2008. 7. 31. 2006헌마711, 입법부작위 위헌확인).

❀ 대법원판례

헌법 제35조 제1항은 모든 국민은 건강하고 쾌적한 환경에서 생활할 권리를 가진다고 규정하고 있으므로(구 헌법 제33조도 거의 같은 취지로 규정하고 있다), 국민이 수돗물의 질을 의심하여 수돗물을 마시기를 꺼린다면 국가로서는 수돗물의 질을 개선하는 등의 필요한 조치를 취함으로써 그와 같은 의심이 제거되도록 노력하여야 하고, 만일 수돗물에 대한 국민의 불안감이나 의심이 단시일 내에 해소되기 어렵다면 국민으로 하여금 다른 음료수를 선택하여 마실 수 있게 하는 것이 국가의 당연한 책무이다(대판 1994. 3. 8. 92누1728, 과징금부과처분취소).

Ⅷ. 혼인·가족 생활 및 보건권

1. 혼인·가족제도

(1) 연혁 및 규범적 의미

혼인과 가족제도에 대한 최초규정은 1919년 바이마르(Weimar)헌법에서 비롯되었다. 헌법은 혼인·가족제도의 지배원리로서 인간의 존엄과 양성의 평등 그리고 민주주의원리를 들었으며, 양성평등의 일부일처제의 제도적 보장과 국가침해행위에 대한 주관적 공권성을 인정하고 있다.

(2) 법적 성격

헌법 제31조 제1항('혼인과 가족생활은 개인의 존엄과 양성의 평등을 기초로 성립되고 유지되어야 하며, 국가는 이를 보장한다')은 헌법원리를 선언한 원칙규범이고, 제도보장이며 대국가적 직접효력을 인정하는 기본권이다.

(3) 혼인제도

혼인제도는 자유혼과 일부일처제를 원칙으로 하며, 남존여비와 가부장제를 부정한다. 혼인제도를 이루는 주요내용은 혼인결정의 자유, 혼인관계유지의 자유이다.

혼인결정의 자유는 당사자의 자유의사에 의한 법률혼주의를 근간으로 하고 있다. 따라서 결혼퇴직제·독신조항은 위헌·무효이며(대판 1988.12.27. 85다카57), 조혼의 제한(결혼가능연령: 여는 16세이상, 남은 18세이상)과 미성년자혼인에 있어서 부모의 동의를 요하는 것은(민법 제808조) 헌법적 보장 내에서의 제도이며, 사실혼관계는 사적영역으로서 법의 보호를 다소 받고 있다(연금수급권 등 국고작용). 헌법재판소는 동성동본불혼제도에 대하여 헌법불합치 결정을 하였으며, 현행 민법은 근친혼금지제도로 개정하였다.

그리고 혼인관계유지의 자유가 보장되면서, 동시에 이혼과 혼인취소의 자유도 함께 보장하고 있다. 그러나 가족제도의 보장을 위하여 중혼(重婚)은 금지하고 있으며(민법 제810조), 또한 혼인관계 해소시에는 인간의 존엄과 양성평등을 보장하기 이하여 재산분할청구권을 인정하고 있다. 그리고 국가 등에 의한 강제혼인과 축첩, 인신매매혼, 강제혼, 약탈혼 등은 금지하고 있다.

◆ **헌재판례**

동성동본금혼제는 혼인에 있어 상대방을 결정할 수 있는 자유를 제한하고, 성별에 대한 차별을 하고 있으므로 헌법 제36조 제1항에 위배된다고하여 헌법불합치결정을 하였다(헌재 1997. 7. 16. 95헌가6).

▶ **참 고**

민법 제809조 (근친혼 등의 금지)
① 8촌 이내의 혈족(친양자의 입양 전의 혈족을 포함한다) 사이에서는 혼인하지 못한다.
② 6촌 이내의 혈족의 배우자, 배우자의 6촌 이내의 혈족, 배우자의 4촌 이내의 혈족의 배우자인 인척이거나 이러한 인척이었던 자 사이에서는 혼인하지 못한다.
③ 6촌 이내의 양부모계(養父母系)의 혈족이었던 자와 4촌 이내의 양부모계의 인척이었던 자 사이에서는 혼인하지 못한다.

(4) 가족제도

가족제도는 부부관계와 친자관계가 중요부분이며, 부부관계에 관한 구체적 내용은 부부협동의무, 부부동거의무, 부부재산공유제, 일상가사연대책임 등으로 구성되어 있다. 헌법재판소는 간통죄의 처벌을 합헌이라고 판시하였다(헌재 1990. 9. 10. 89헌마82 합헌). 친자관계에 있어서는 부모의 공동친권(민법 제909조)과 보호교양의무, 친족부양의무(민법 제974조) 등이 있다.

(5) 효력

혼인제도와 가족제도에 대한 헌법규정은 대국가적 효력을 가지므로 입법·사법·행정권에 대한 직접적 효력이 인정된다. 그리고 대사인적 효력에 대해서는 간접적(제2차적)인 주관적 방어권이 인정된다(제36조 제1항).

2. 국가의 모성보호의무

헌법은 제36조 제2항에서 '국가는 모성의 보호를 위하여 노력하여야 한다'고 규정하고 있으며, 동 규정은 국가적 노력의무와 함께 모성의 국가적 보호청구권도 아울러 포함하고 있다. 여기서의 "모성"이란 임산부와 가임기(可姙期) 여성을 말하며 이러한 모성의 건강보호를 위하여 모자보건법과 근로기준법이 있다. 근로기준법은 모성으로 인한 불이익을 금지(고용·해고·임금등 근로조건의 부당한 차별금지)하고 임산부보호조항(동법 제74조), 태아검진 시간의 허용(동법 제74조의2) 그리고 육아시간(동법 제75조) 등에 관한 규정을 두고 있다.

▶ 참 고

근로기준법 제75조 (육아 시간) 생후 1년 미만의 유아(乳兒)를 가진 여성 근로자가 청구하면 1일 2회 각각 30분 이상의 유급 수유 시간을 주어야 한다.

3. 보건권

보건권(保健權)이란 국민이 자신과 가족의 건강을 유지하는 데 필요한 국가적 급부배려를 요구할 수 있는 권리로서, 이는 제1차세계대전 이후인 1919년 바이마르 헌법(가족의 순결과 건강에 대한 국가적 차원에서의 지원을 규정)에서 등장하였으며, 건국헌법이 제20조에서 '혼인은 남녀동권을 기본으로 하며 혼인의 순결과 가족의 건강은 국가의 특별한 보호를 받는다'고 규정하면서 오늘날까지 이어지고 있다.

보건권은 사회권적 성격과 자유권적 성격을 아울러 가지고 있으며, 국가의 기본질서로서의 성격도 갖는다. 보건권의 보호대상은 가족(건국헌법~제3공화국헌법)뿐만 아니라 모든 국민의 건강이며, 소극적 의미로는 국가의 침해금지의무를 내용으로 하고, 적극적 의미로는 국민보건증진정책의 수립·추진 의무(보건소법, 전염병예방법, 결핵예방법, 오물청소법 등)를 들 수 있다

보건권은 국가권력에 대하여 직접적 효력을 가지며, 대사인적으로는 간접적 효력을 가진다(민법의 침해배제 및 손해배상청구권 인정). 그리고 보건권은 헌법 제37조 제2항의 일반적 법률유보에 의하여 제한될 수 있으며(정신질환자를 위한 정신보건법), 국가나 사인에 의한 침해가 발생하였을 때에는 손해배상청구권을 행사할 수 있다.

◆ 헌재판례

헌법재판소는 '치과전문의제도를 시행하고 있지 않기 때문에 청구인을 포함한 국민의 보건권이 현재 침해당하고 있다고 보기 어렵다'고 하여 치과전문의제도를 실시하지 않은 것은 위헌이 아니라고 판시(헌재 1998. 7. 16. 96헌마246).

제 7 장
국민의 의무

I. 총설

1. 개념과 법적 성격

국민의 의무는 국가의 명령에 복종하며 그 강제를 수인하는 의무로서 1791년과 1795년의 프랑스 헌법에서 최초로 납세와 국방의 의무를 규정하였다. 납세와 국방의 의무는 18·19세기 자유주의적 법치국가의 의무였으며, 20세기의 복지국가 헌법에서는 교육·근로·환경보전의 의무가 추가되었다.

국민의 기본의무의 성질이 기본권에 대응하는 전국가적 인간의 의무로 볼 것인가 아니면 국민의 실정법상의 의무로 볼 것인가가 문제된다. 국민의 기본의무는 기본권과는 달라서 무제한적 의무로 볼 수 없으며, 무제한적 의무를 인정한다면 법치주의의 기본원칙에 위배되는 결과가 야기될 수 있으므로, 헌법이 국민에게 부여한 실정법상의 의무로 보는 것이 타당하다고 본다(다수설).

2. 유형

(1) 고전적 의무

고전적 의무란 국가의 기본질서의 유지를 목적으로 국민에게 부과된 의무로서, 군주의 자의적인 과세나 징병으로부터 시민의 재산과 신체를 보장하기 위하여 인정하였다. 납세의 의무와 국방의 의무 그 밖의 조국에 대한 충성의 의무, 헌법 및 법률의 준수 의무, 국가수호의 의무 등이 있다. 고전적 의무는 근대 입헌국가에서는 자유보장을 위한 소극적·현상유지적 성격의 의무이며, 현대 국민주권국가에서는 적극적·국가구성적 성격과 소극적 성격의 양면성을 띤다.

(2) 새로운 의무

20세기 헌법에서 등장한 새로운 의무는 사회국가나 문화국가의 이념에 봉사하고 생존권을 실질화시키는 적극적 성격을 지닌 의무이다. 교육을 받게 할 의무,

근로의 의무, 환경보전의 의무, 재산권 행사의 공공복리적합의 의무, 기본권을 남용하지 않을 의무 등이 있다. 새로운 의무인 교육·근로의 의무는 현대복지국가의 요청으로 사회권의 실질화를 도모하기 위한 수단으로 등장하였다.

(3) 국민의 의무와 인간의 의무

고전적인 기본의무는 국가의 존립을 유지하고 보위하기 위한 국민의 의무라고 할 수 있으나, 새로운 기본의무는 사회복지를 향상시키기 위한 인간의 의무라고 할 수 있다. 이러한 의무는 전국가적·초국가적 성격의 의무는 인정되지 않는다.

Ⅱ. 국민의 기본의무

1. 납세(納稅)의 의무

헌법은 제38조에서 '모든 국민은 법률이 정하는 바에 의하여 납세의 의무를 진다'고 규정하고 있다. 세(稅)란 명칭여하를 불문하고 국가권력에 의하여 아무런 보상 없이 일방적으로 과하는 경제적 부담을 의미하며, 수수료, 사용료, 전매품의 가격 및 공채의 발행은 세(稅)에 포함되지 않는다. 납세의무의 주체는 국민이며, 외국인에 대하여도 국내에 재산이 있거나 조세 대상이 되는 행위를 한 경우 인정된다. 납세의 의무의 실현에도 공정과세의 원칙과 납세법률주의가 적용된다. 공정과세(公正課稅)의 원칙은 모든 국민에게 능력에 따라 공평하게 부과하여야 한다는 원칙이며, 납세법률주의는 헌법 제59조(조세의 종목과 세율은 법률로 정한다)에서 정한 원칙으로서 행정부의 자의에 의한 세금부과는 금지되고 국회가 제정한 법률에 의한다는 것이다.

2. 국방의 의무

헌법은 제39조 제1항에서 '모든 국민은 법률이 정하는 바에 의하여 국방의 의무를 진다'고 규정하고, 제2항에서는 '누구든지 병역의무의 이행으로 불이익한 처우를 받지 아니한다'고 규정하고 있다.

국방의 의무는 원칙적으로 자국민(自國民)에게 인정되며, 방공의 의무는 외국인도 의무자가 된다. 국방의 의무를 부과할 때에는 반드시 법률로 하여야 하며, 국방의 의무는 병역제공의 의무뿐 아니라 방공·방첩·전시근로동원도 포함된다.

3. 교육의 의무

헌법은 제31조 제2항에서 '모든 국민은 그 보호하는 자녀에게 적어도 초등교육과 법률이 정하는 교육을 받게 할 의무를 진다'고 규정하고 있으며, 이는 문화국가를 지향하는 진보적 사상에서 유래하였다. 교육의무의 주체는 학령아동의 친권자 또는 후견인(교육을 받게 할 의무의 주체)이며, 교육의 내용은 초등교육과 법률이 정한 교육을 받도록 취학시킬 의무이며, 의무교육의 무상의 범위는 취학필요비 무상설이 타당하다.

4. 근로의 의무

헌법은 제32조 제2항에서 '모든 국민은 근로의 의무를 진다. 국가는 근로의 의무의 내용과 조건을 민주주의 원칙에 따라 법률로 정한다'고 규정하고 있다. 이는 법적 의무가 아니라 윤리적 의무로 보는 것이 타당하다.

근로의 의무는 프랑스 제4공화국헌법에서 처음 등장(모든 사람은 근로의 의무와 직업을 가질 권리가 있다)하였으며, 근로의 의무를 부과할 때에는 미리 법률로서 민주주의 원칙에 따라 규정하되, 그 의무의 대체적 이행이 허용되고, 의무의 불이행에 대한 제재도 금전벌에 그쳐야 한다는 것을 내용으로 한다.

5. 재산권 행사의 공공복리적합의무

재산권 행사의 공공복리적합의무는 헌법 제23조 제2항에서 규정하고 있으며, 이는 법적 의무설(다수설)과 재산권 제한설이 대립하고 있으며, 재산권의 사회신탁사상에 근거하고 있다.

6. 환경보전 의무

헌법은 제35조 제1항 후단에서 '국민은 환경보전을 위하여 노력하여야 한다'고 규정하고 있다. 환경보전의 의무는 오늘날 모든 인류의 의무이기 때문에 내외국인을 불문하며, 법인도 의무의 주체가 된다. 환경보전의 의무는 윤리적·도덕적 의무라는 견해도 있으나, 권리에 대응하는 의무로서 헌법상 의무라는 견해가 다수이다. 환경보전의무는 환경을 오염시키지 않을 의무와 공해방지시설을 할 의무 등을 내용으로 한다.

Corpus Act) 및 1689년 권리장전(Bill of Rights)이 있다. 1215년 마그나 카르타는 '신체의 자유'를 최초로 규정하였으며, 적법절차(Due process)의 기원으로서 근대적 인권선언의 고전(古典)이라 할 수 있다. 1628년의 권리청원은 인신의 자유보장과 의회의 승인없는 과세금지, 적법절차와 인신보호(구속적부심사)를 규정하였으며, 1647년 국민협약은 '종교의 자유'를 최초로 규정하였으며, 1649년 국민협약은 '언론의 자유'를 최초로 규정하였다. 1674년의 인민협정은 종교·양심의 자유, 평등권, 신체 및 병역의 강제로 부터의 자유를, 1679년 인신보호법은 인신보호영장제도에 의한 구속적부심사의 제도화, 1689년 권리장전(Bill of Right)은 청원권, 언론의 자유, 형사절차의 보장, 국왕은 의회의 동의 없이 법률의 효력을 정지하거나 상비군을 설치하거나 조세를 부과할 수 없도록 하는 규정을 두었다.

(1) 근대적 기본권의 발전

1) 의의

근대적(近代的) 기본권은 18세기의 자연법(自然法)사상을 기초로 천부불가양(天賦不可讓)의 권리선언, 국가는 소극적 기능만이 인정된 시민적 법치국가(야경국가, 질서국가) 그리고 국가권력(國家權力)에 대한 자유권(自由權)의 보장이 특색이며, 미국, 프랑스, 독일을 중심으로 발전하였다.

2) 미국

미국의 기본권 역사는 영국으로부터의 독립전쟁 과정에서 근대적 의미의 인권개념이 형성되었다. 버지니아 권리장전(1776년 6월)은 천부적 자연권으로서 생명과 자유를 누릴 권리, 재산의 소유와 저항권 등을 규정하고. 그 후 미국 각주와 외국 성문헌법의 모델이 되었다. 독립선언서(1776년 7월)는 생명, 자유 및 행복추구의 권리를 천부의 권리로 선언하였으며, 연방헌법(1787년)은 제정당시에는 권리장전이 포함되지 않았으나, 일부 주(州)의 요구에 의하여 기본권을 내용으로 하는 10개의 수정조항이 증보(增補)되면서 현재의 모습이 되었다.

3) 프랑스

프랑스는 계몽사상 하에서 프랑스혁명을 거치며 기본권을 성문화하였으며, '인간과 시민의 권리선언(1789년)'에서 자유, 재산, 안전 및 억압에 대한 저항권을 선언하고, 소유권을 신성불가침의 권리로 규정하였다. 당시의 지배적 국가사상은 자유방임적 야경국가 사상이었다.

4) 독일

독일의 기본권사상은 다소 늦어 졌지만, 사회적 기본권을 최초로 규정한 것을 특징으로 한다. 프랑크푸르트헌법(1849년)에서 처음으로 기본권을 명문화하였으나, 시행되지는 못하였으며, 바이마르헌법(1919년)에 이르러 사회적 기본권을 세계 최초로 규정하는 등 이상적인 기본권체계를 갖추었다. 그러나 나찌정권의 출현으로 기본권보장은 후퇴하였으며 1949년 '기본법'에 이르러 기본권보장이 현실화되었다.

(2) 기본권보장의 현대적 전개

1) 인권선언의 사회화(社會化)

1919년 바이마르 헌법이 사회적 기본권에 관한 조항을 세계 최초로 규정하면서, 사회적 기본권을 중심으로 한 사회국가적 원리는 제2차 세계 이후에 자본주의(資本主義)를 근간으로 한 헌법에 계승되었다. 사회국가원리는 자유국가의 원리를 토대로 하는 대부분의 헌법에 보완하는 형태로 반영되었다. 한편, 1918년 소련(레닌) 헌법은 노동권과 그 외의 사회적 기본권을 규정하면서, 신체의 자유, 주거의 불가침, 서신 등과 같은 개인적 영역의 자유권이 제외되었다. 이러한 경향은 사회주의(社會主義)를 채택한 국가의 헌법에 계승되었다.

2) 자연법사상의 부활

제2차 세계대전 이후 나찌즘(Nazism)과 파시즘(Facism)에 의한 인권탄압에 대한 반성으로 자연법(自然法) 사상이 부활하였으며, 특히 1948년 세계인권선언은 기본권의 천부인권성을 강조하였다.

3) 인권선언의 국제화(國際化)

기본권보장은 현대에 이르러 국제화의 흐름으로 각종 국제인권선언이 탄생하였다. 1948년 세계인권선언, 1959년의 유럽인권규약 그리고 1966년의 국제인권규약 등이 출현하였으나, 법적 구속력이 없다는 아쉬움이 있다. 1948년의 세계인권선은 제1조에서 '모든 인간은 태어나면서 자유이고 존엄과 권리에 관하여 평등하다'고 규정하고 있다.

(3) 우리나라의 기본권보장사

우리나라 헌법의 기본권 보장의 역사를 각 공화국헌법별로 보면, 제1공화국헌법은 개별적 법률유보조항(法律留保條項)을 둠으로써 실정법적(實定法的) 권리성(법률유보조항)이 강하였으며, 또한 우리 헌정사에서 사회국가적 성격이 가장 강한 헌법이었다. 제2공화국헌법인 1960년헌법은 개별적(個別的)인 법률유보조항을 상당 부분 삭제하고 또한 일반적 법률유보조항에서 '그 제한은 자유와 권리의 본질적(本質的)인 내용을 훼손하여서는 아니되며'(제28조 제2항)라고 하여 천부인권적·자연권적 성격을 강화함으로써 기본권 보장의 확대 강화경향을 띄었다. 제3공화국헌법인 1963년헌법에서는 인간의 존엄과 가치조항(제10조), 직업선택의 자유(제13조) 그리고 인간다운 생활할 권리(제30조) 등 사회적 기본권을 신설하였으며, 구헌법 제18조에 규정하고 있던 사기업(私企業) 근로자(勤勞者)의 이익배분 균점권(均霑權)을 삭제하였다. 제4공화국헌법인 1972년헌법은 권위주의(權威主義) 체제의 강화와 함께, 개별적 법률유보조항을 부활시키고 본질적 내용침해 금지규정을 삭제시킴으로써 기본권의 법적 성격을 다시 실정권화하고 구속적부심제를 폐지하는 등 기본권보장을 후퇴시켰다. 제5공화국헌법인 1980년헌법은 다시 개별적 법률유보규정을 대폭 줄이고 기본권의 본질적 내용 침해금지규정을 부활하는 등 기본적 인권의 자연권성 내지 천부인권적 성격을 명확히 하였다. 그리고, 죄형법정주의·연좌제 금지·구속적부심사제도 규정 등의 절차적 보장을 강화하고, 행복추구권, 사생활의 비밀과 자유, 환경권 등의 새로운 기본권을 추가하였다. 현행헌법인 제6공화국 1987년헌법은 적법절차조항, 본인에의 구속이유고지와 가족에의 구속이유·일시·장소 등의 통지, 언론·출판에 대한 허가·검열금지, 집회·결사의 허가금지, 구속적부심사청구권의 전면적 인정, 형사피해자의 법정진술권, 형사보상의 대상으로서 형사피의자에 대한 불기소처분 추가, 범죄피해자에 대한 국가구조청구권, 대학의 자율성, 최저임금제 도입, 노인·청소년 및 신체장애자의 복지향상, 국가의 재해예방 대책강구, 주택개발과 쾌적한 주거생활권, 여자의 권익향상과 모성보호 등을 추가하여 오늘에 이르고 있다.

▶ 참고
- 각 공화국헌법별 기본권의 변경조항 비교 -
1. 제1공화국헌법
제10조 모든 국민은 법률에 의하지 아니하고는 거주와 이전의 자유를 제한받지 아니하며 주거의 침입 또는 수색을 받지 아니한다.

제11조 모든 국민은 법률에 의하지 아니하고는 통신의 비밀을 침해받지 아니한다.
제28조 국민의 모든 자유와 권리는 헌법에 열거되지 아니한 이유로써 경시되지는 아니한다. 국민의 자유와 권리를 제한하는 법률의 제정은 질서유지와 공공복리를 위하여 필요한 경우에 한한다.

2. 제2공화국헌법

제10조 모든 국민은 거주와 이전의 자유를 제한받지 아니하며 주거의 침입 또는 수색을 받지 아니한다.
제11조 모든 국민은 통신의 비밀을 침해받지 아니한다.
제18조 근로자의 단결, 단체교섭과 단체행동의 자유는 법률의 범위 내에서 보장된다. 영리를 목적으로 하는 사기업에 있어서는 근로자는 법률의 정하는 바에 의하여 이익의 분배에 균점할 권리가 있다.
제28조 ① 국민의 모든 자유와 권리는 헌법에 열거되지 아니한 이유로써 경시되지는 아니한다. ② 국민의 모든 자유와 권리는 질서유지와 공공복리를 위하여 필요한 경우에 한하여 법률로써 제한할 수 있다. 단, 그 제한은 자유와 권리의 본질적인 내용을 훼손하여서는 아니되며 언론, 출판에 대한 허가나 검열과 집회, 결사에 대한 허가를 규정할 수 없다.

3. 제3공화국헌법

제8조 모든 국민은 인간으로서의 존엄과 가치를 가지며, 이를 위하여 국가는 국민의 기본적 인권을 최대한으로 보장할 의무를 진다.
제13조 모든 국민은 직업선택의 자유를 가진다.
제30조 ① 모든 국민은 인간다운 생활을 할 권리를 가진다.
② 국가는 사회보장의 증진에 노력하여야 한다.
③ 생활능력이 없는 국민은 법률이 정하는 바에 의하여 국가의 보호를 받는다.

4. 제4공화국헌법

제12조 모든 국민은 법률에 의하지 아니하고는 거주·이전의 자유를 제한받지 아니한다.
제13조 모든 국민은 법률에 의하지 아니하고는 직업선택의 자유를 제한받지 아니한다.
제14조 모든 국민은 법률에 의하지 아니하고는 주거의 자유를 침해받지 아니한다. 주거에 대한 압수나 수색에는 검사의 요구에 의하여 법관이 발부한 영장을 제시하여야 한다.
제15조 모든 국민은 법률에 의하지 아니하고는 통신의 비밀을 침해받지 아니한다.
제32조 ① 국민의 자유와 권리는 헌법에 열거되지 아니한 이유로 경시되지 아니한다.
② 국민의 자유와 권리를 제한하는 법률의 제정은 국가안전보장·질서유지 또는 공공복리를 위하여 필요한 경우에 한한다.

5. 제5공화국헌법

제13조 모든 국민은 거주·이전의 자유를 가진다.
제14조 모든 국민은 직업선택의 자유를 가진다.
제15조 모든 국민은 주거의 자유를 침해받지 아니한다. 주거에 대한 압수나 수색에는 검사의 신청에 의하여 법관이 발부한 영장을 제시하여야 한다.

제16조 모든 국민은 사생활의 비밀과 자유를 침해받지 아니한다.
제17조 모든 국민은 통신의 비밀을 침해받지 아니한다.
제35조 ① 국민의 자유와 권리는 헌법에 열거되지 아니한 이유로 경시되지 아니한다.
② 국민의 모든 자유와 권리는 국가안전보장·질서유지 또는 공공복리를 위하여 필요한 경우에 한하여 법률로써 제한할 수 있으며, 제한하는 경우에도 자유와 권리의 본질적인 내용을 침해할 수 없다.

▶ 참고

- 기본권에 관한 최초규정 -

1. 천부불가양의 인권을 최초로 선언 : 1776년 Virginia 권리장전
2. 행복추구권 : 1776년 미국 독립선언, 1776년 Virginia 권리장전,
   1947년 일본헌법「생명,자유와 행복추구」, 그러나 1789년 프랑스 인권선언, 1791년 미국 연방증 보헌법에는 규정되지 않음.
3. 양심의 자유 : ┌종교의 자유내포로서 규정 : 프로이센 헌법(1850)
                └종교의 자유와 분리하여 규정 : Weimar 헌법(1919)
4. 종교의자유 : 1647년 인민협정
5. 언론.출판의 자유 : 1649년 인민협정, 1695년 검열법의 폐지
6. 학문의 자유 : 1649년의 Frankfurt헌법 --> 1850년의 Preußen헌법
               --> 1867년의 오스트리아 헌법
7. 예술의 자유 : Weimar헌법
8. 직업선택의 자유 : Weimar헌법
9. 청원권 : 1215년 영국의 Magna Charta, [국민의 권리]로서는 권리장전
10. 정당한 재판을 받을 권리 : 1791년의 프랑스헌법, 재판청구권은 영국대헌장
    (MagnaCharta)
11. 교육을 받을 권리 : ┌자유권으로 규정 : 1830 벨기에 헌법
                      └사회적 기본권으로 규정 : Weimar헌법
12. 국민의 의무 최초규정 : 1791년의 프랑스헌법(납세의 의무)

제 4 편 통치구조

제 1 장 통치기구의 일반이론
제 2 장 국가기관으로서의 국민
제 3 장 국 회
제 4 장 정 부
제 5 장 법 원
제 6 장 헌법재판소

제 1 장
통치기구의 일반이론

제1절 통치구조의 본질론

Ⅰ. 통치구조의 본질

1. 통치구조의 현대적 의미

통치구조는 헌법(엄격한 의미로는 헌법제정권자인 국민)에 의하여 창설된 조직이며, 헌법으로부터 수권(授權)된 국가권력의 행사조직이다. 기본권실현과 민주주의(민주공화제)의 실현을 통한 국민통합의 수단 내지 제도적 장치로서의 기능을 한다.

2. 헌법관에 따른 통치구조

(1) 규범주의

'국가질서'는 곧 '법질서'라는 시각을 가진 한스 켈젠(H. Kelsen)의 규범주의(規範主義)에 따르면, 통치구조는 곧 법정립자(法定立者)이며, 국가목적실현을 위한 법의 강제자이다. 왜냐하면, 규범주의는 자기목적적국가관, 법정립기능중심의 통치구조 및 통치권의 자생적 정당성 이론을 근간으로 하기 때문이다.

규범주의는 국가와 국민을 구별하는 이원론의 입장에서 국가(國家)란 선재(先在)하는 정적(靜的)·형식적·자기목적적인 강제질서인 동시에 힘의 조직이며, 국민(國民)과 영토(領土)는 법규범의 단순한 인적·공간적 효력범위에 불과하다고 보며, 국가작용(國家作用)은 인간의 행동양식에 관한 명령(법질서)을 실현시키기 위한 법작용으로 보고 있다. 그리고 국가는 스스로 자기목적을 추구하는 강제기구라는 법주권설과 국가주권설을 따르고 있다.

그리고 기본권(基本權)을 국가에 의한 은혜 내지는 국가권력의 자제에 의한 반사적 이익에 불과한 것으로 보고, 통치구조를 기본권과 유리(遊離)된 자기목적적 기능구조로 봄으로써 법률의 독재 내지는 법의 이름으로 행해지는 강권통치를 초래할 우려가 있다. 이러한 규범주의 자기목적적(自己目的的) 국가관(國家觀)은 오늘날의 국민주권사상(국가의 정당성은 국민의 Konsens)에 위배되는 견해로서 배척되고 있다.

또한 규범주의는 국가의 통치기능을 법의 실현기능으로서 규범의 단계적 정립기능으로 보고 있으며, 국가목적을 실현시키는 법의 강제기능으로 이해하고 있다. 입법기능과 집행기능은 법적 안정성과 예측가능의 요청으로 독립성의 유지가 불가능하며, 입법기능을 상위개념으로 파악하고 있다. 즉 법정립기능이 통치기능의 전부가 아님에도 불구하고 법정립기능과 통치기능의 차이를 무시하고 있다.

특히 국가의사와 법의 의사를 동일시하고, 통치권의 자생적(自生的) 정당성(正當性)을 주장하므로, 통치권의 민주적 정당성이나 절차적 정당성을 소홀히 하고 있다는 비판이 있다.

(2) 결단주의

칼 쉬미트(Carl Schmitt)의 결단주의(決斷主義)에 따르면, 통치구조는 민주주의 통치원리의 실현 수단 내지 제도로 파악된다. 결단주의는 기본권과 통치구조를 분리하며, 통치구조는 민주주의의 자기통치로 보고 있다.

헌법질서를 이원질서로 구분하여 정치적 성격을 지닌 통치구조부분은 민주주의원리가 지배하고, 비정치적 성격을 지닌 기본권 부분은 법치국가원리의 지배를 받는다고 보았다. 그리고 민주주의는 치자와 피치자의 동일성원리에 바탕을 둔 국민의 자기통치형태로 설명한다. 따라서 통치구조의 중심적 과제를 국민의 자기통치를 합리적이고 실효성있게 제도화하는 것이므로 선거제도, 국민투표제도, 의회제도 및 의회해산제도 등을 중요시하였다.

이러한 결단주의의 이론은 법치국가원리와 민주주의원리가 이념적으로 단절(斷絕)되는 불합리성을 가지며, 기본권을 자연법사상을 바탕으로 자유권의 본질을 '국가(국가)로부터의 자유(자유)'로만 파악함으로서 기본권의 국가형석적 기능이 무시되고, 헌법질서에 대한 이원적 이해는 다원적 사회에서 헌법질서가 갖는 가치실현기능과 통합기능을 약화시키는 문제점이 있다.

(3) 통합과정론

루돌프 스멘트(R. Smend)의 통합과정론(統合過程論)은 통치구조를 기본권의 가치실현을 위하여 마련된 헌법상의 장치로 이해하고 있으며, 통합론적 국가관에서 출발하여 기본권과 통치구조의 연관성을 강조하고 통치구조를 기능을 중심으로 이해하고 있다.

통합과정론의 입장에서는 국가는 동화적 통합의 과정이며, 기본권은 동화적 통합의의 가치지표이고 통치구조는 사회공동체를 정치적 일원체로 동화시키고 통합시키기 위한 '통합구조'로 본다. 따라서 헌법질서(통치질서)는 사회공동체의 공감대적 가치로서의 기본권실현을 통해서 사회공동체의 동화적 통합을 달성키 위한 통합질서로 이해하고 있다.

구체적으로 보면, 기본권은 국가창설의 실질적인 원동력이며, 국가존립의 가치질서적 당위성의 근거이고, 통치구조는 기본권적 가치를 실현시키기 위하여 마련된 헌법상의 기능적·제도적·통합기능적 장치이다. 권력분립은 동화적 통합을 위한 기능을 분리시킨 것이며, 선거는 결과보다 방식과 과정 중시한다. 즉 통치기능의 형식적인 합리성 보다는 절차와 방법을 중시하는 이론이다.

그러나 통합과정론에 따르면, 기본권이 객관적 규범질서와 제도적 성격이 강조됨으로서 주관적 권리성이 약해지고, 권리로서 보다 의무와 책임의 징표로 인식될 가능성이 있으며, 정치적 기능만 강조될 우려가 있다. 또한 통합은 어느 단체에서나 일어나는 현상에 불과한 것이므로 이러한 통합을 국가론의 기본이론으로 다루기는 적절하지 않다는 지적이 있다.

Ⅱ. 통치구조와 기본권

1. 상호관계

통치구조는 자기목적적(自己目的的)일 수 없으며, 국민의 기본권적 가치와 분리될 수도 없다. 현대민주국가는 민주공화제를 정치적 기본 체제로 하고, 인간의 존엄성을 핵심내용으로 하는 기본권보장을 기본적 가치질서로 인식하고 있다. 따라서 민주공화제(民主共和制)와 기본권보장(基本權保障)은 헌법목적이고 통치구조는 헌법목적의 실현을 위한 수단 내지 제도적 장치라는 유기적 관계를 가지고 있다.

우리헌법은 제1조 제1항에서 '대한민국은 민주공화국이다'라고 선언하고 있으며, 제10조의 후문에서는 '국가는 개인이 가지는 불가침의 기본적 인권을 확인하고 이를 보장할 의무를 진다'라고 하여 국가의 기본권보장의무를 선언하여 기본권과 국가권력과의 관계를 명확히 하였다. 또한 제37조 제1항에서는 '국민의 자유와 권리는 헌법에 열거되지 아니한 이유로 경시되지 아니한다'라고 하고, 동조 제2항에서는 '국민의 모든 자유와 권리는 국가안전보장·질서유지를 위하여 필요한 경우에 한하여 법률로서 제한할 수 있으며'라고 하여 민주공화국인 대한민국과 대한민국의 국가권력은 헌법상의 기본권에 기속되고, 제한할 때에도 국민의 대의기관인 국회가 정립한 법률에 근거하여야 함을 명시하고 있다.

2. 헌법관에 따른 통치구조와 기본권

(1) 법실증주의

자연인인 국민과 법인인 국가는 피치자와 치자의 지위에 있으며 이에 따라 국민은 국가가 실정법에서 정해준 국가에 대한 일정한 지위(옐리네크의 지위이론)와 관계(한스 켈젠의 관계이론)만을 가지며, 통치구조는 국가주권을 실현하는 즉 자기목적실현을 위한 작용을 할 뿐이다. 옐리네크(G. Jellinek)와 한스 켈젠(H. Kelsen)에 의하여 대표되는 법실증주의는 통치구조와 기본권을 단절관계 내지 무관계한 것으로 보며, 오히려 기본권이 통치권에 종속되는 관계를 설정하고 있다.

(2) 결단주의

기본권은 비정치적 부분으로서 법치주의의 지배를 받고 통치구조는 정치적부분으로서 민주주의원리의 지배를 받으므로 원리상 상호 단절되어 있으며, 통치구조는 단지 정치적으로 '국민의 자기통치 즉 국민주권을 실현할 의무를 질 따름이다. 그러나 통치권력은 법치주의에 의하여 통제된 상태에서 기본권을 제한할 수 있으므로 항상 기본권침해의 우려와 유혹에 빠져있다. 칼 쉬미트(C. Schmitt)의 이러한 견해는 상호긴장과 이념적 갈등과 대립의 관계로 보고 있다.

(3) 통합과정론

기본권은 통합의 원동력으로서 사회구성원(요소)을 모두 기속하고 있으므로 통치권력도 예외 없이 기본권에 기속되며, 나아가 주권자인 국민이 통치기관에게 통치권을 부여한 것은 기본권을 실현하는 한 수단으로 보기 때문이다. 이러한 스멘트(R. Smend)의 견해는 상호 기능적 교차관계 내지는 통치권의 기본권 기속관계로 설명하고 있다.

Ⅲ. 통치구조의 근본이념

1. 통치구조의 근본이념

통치구조는 민주주의수호·유지와 기본권보장체계의 실현이라는 목적을 실현하기 위하여 기본권 기속성, 민주적 정당성 그리고 절차적 정당성을 함께 구비하여야 한다.

그러나 법실증주의의 견해는 통치권의 '자생적(自生的) 정당성'과 통치권 행사의 '형식적(形式的) 합법성' 그리고 통치권의 자기목적성을 강조함으로서 민주적 정당성과 절차적 정당성이 무시되는 경향이 있으며, 이는 국민주권국가에서는 용납되기 어려운 점이다. 또한 결단주의는 통치권이 '국민의 결단'로부터 정당성을 획득하며, '국민의 자기통치'의 실현이 통치권의 최고이념으로 봄으로써, 통치권행사의 민주적 정당성'만을 중시하고 절차적 정당성을 무시하는 경향이 있다.

2. 민주주의 수호·유지와 기본권기속성

통치구조의 근본 목적은 민주주의수호·유지와 기본권보장체계의 실현에 있다. 민주공화국이라는 국가공동체는 기본권보장체계가 형성되고 존립할 수 있는 물적·제도적 기반이 되는 것이므로, 현대헌법해석론에서는 민주공화국의 유지·수호가 전제 될 때 기본권의 실현도 가능하다고 볼 것이다. 따라서 통치구조의 근본이념 중에 하나는 바로 민주주의 내지는 국민의 자기통치의 실현에 있다. 그리고 통치기관의 조직과 권한분배, 권능행사의 방법과 절차, 통치기관 상호간의 관계를 규율하는 경우에는 통치권의 기본권기속성이 실현될 수 있는 제도적인 장치를 찾아내는 것이 중요하다.

우리 헌법은 국가권력의 기능적 분립과 기본권에의 기속성을 선언하고(제40조, 제66조 제4항, 제101조 제1항, 제111조 제1항, 제10조 후문), 국가권력의 한계를 설정하고 있다. 입법권의 한계로서 법치주의(제37조 제2항)와 위헌법률심사제(제107조 제1항) 등을 규정하고 있으며, 행정조직과 작용의 내용과 범위의 법정주의(제96조, 제100조, 제114조 제7항), 위헌위법명령규칙심사제(제107조 제2항), 대통령의 국가긴급권의 과잉금지(제76조, 제77조), 경제질서에 대한 국가간섭의 최소화(제119조, 제126조) 등을 통하여 행정권의 한계를 설정하며, 또한 사법권의 독립성을 보장하고 있다(제101조 내지 제106조). 그러나, 헌법은 사법권의 기본권침해 가능성을 무시하고 헌법소원의 대상에서 재판을 제외함으로써 사법권의 기본권기속성에 소홀한 점이 있다.

3. 통치권의 민주적 정당성

통치권의 창설과 권한의 행사는 민주적(民主的) 정당성(正當性)에 의하여 뒷받침되며, 통치기관의 권능의 크기는 민주적 정당성의 크기에 의하여 결정된다. 민주적 정당성의 크기는 국민에 의하여 직선된 기관이 간선된 기관보다 크다.

우리 헌법은 통치기관의 민주적 정당성을 확보하기 위한 여러 가지 장치를 마련하고 있다. 민주적 정당성의 상시적 확보수단으로는 국민의 참정권, 언론·출판·집회·결사의 자유(국민의 계속적 국민투표) 등의 보장과 국민투표제, 선거제도, 지방자치제도, 정당제도 등을 두고 있다. 이러한 장치를 통하여 국가기관에 국민의 의사가 항상 반영됨으로써 통치구조에 상설적인 민주적 정당성이 확보될 수 있도록 하고 있다. 뿐만 아니라 주요국가기관의 임기제와 선거제도 및 국민투표제를 통하여 주기적(週期的)인 민주적 정당성 확보제도도 함께 두고 있다. 또한 헌법기관의 존립과 기능이 민주적 정당성의 바탕 위에 이루어 질 수 있도록 주요 헌법기관의 구성에 국회가 관여할 수 있도록 장치를 두어 간접적이고 상시적으로 민주적 정당성일 확보되도록 하고 있다.

그러나, 현행 헌법은 대통령선거에 있어서의 상대다수대표제의 채택과 단임제, 권한대행기관으로서 부통령제의 결여 및 대통령결선투표의 국회수행 등이 민주적 정당성의 확보 측면에서 문제점을 안고 있다.

4. 통치권 행사의 절차적 정당성

통치권의 절차적(節次的) 정당성(正當性)은 통치권행사의 방법과 과정의 정당성을 의미하며, 통치권 행사의 효율적인 견제·감시장치로서 통치권의 기본권기속성을 유지하는 역할을 한다. 그리고 통치권의 절차적 정당성의 확보를 위하여서는 통치권의 통제가 불가결한 장치이다. 우리 헌법은 권력통제의 수단으로서 고전적·구조적 권력분립제도를 두고 있으며, 동시에 권력분립의 실효성을 확보하기 위하여 현대적·기능적 권력통제장치를 두고 있다. 이러한 고전적·구조적 권력분립과 현대적·기능적 권력통제장치는 통치권행사의 절차적 정당성을 확보하는 기능을 하고 있다.

여당과 야당간의 기능적 권력통제(제47조 제1항, 제52조 제63조 제2항, 제65조 제2항), 관료조직과 정치세력간의 기능적인 권력통제(제7조, 제29조 제1항), 지방자치단체와 중앙정부간의 기능적인 권력통제(제117조, 제118조), 헌법재판을 통한 기능적인 권력통제(제111조 내지 제113조, 제107 제1항, 제65조, 제8조 제4항) 그리고 독립한 선거관리의 조직을 통한 기능적인 권력통제(제114조 내지 제116조) 등이 대표적인 현대적·기능적 권력통제장치이다.

그러나, 현행헌법은 심의기관(審議機關)으로서의 국무회의와 명목상의 제도에 불과한 부서제도, 그리고 추상적 규범통제의 부인 등으로 인하여 권력통제 자체가 불완전하게 규정되어 있어 권력통제의 실효성이 미약하며, 기속력 없는 국무위원에 대한 해임건의권, 국정감사조사권의 동시인정 그리고 대법관 정원에 대한 헌법규정 침묵 등은 3권의 불균형을 초래하고 있다.

제2절 통치구조의 구성원리

I. 통치구조의 구성원리

통치구조의 구성원리란 국가권력을 담당할 개별 통치기관들이 조직·수권·통제되는 원리를 말한다. 그리고 이러한 원리에 의하여 구체화된 권력구조의 실현형태(즉 통치구조의 형태 혹은 정부형태)를 포함하기도 하며, 나아가 이러한 구체화 과정까지를 모두 통치구조의 구성원리로 설명하기도 한다.

통치구조의 구성원리에 의하여 조직화되는 통치구조는 헌법에 의하여 구성되고, 헌법으로부터 수권(授權)이 있어야 발동될 수 있다는 이념적 근거를 충족시켜야 한다. 따라서 통치구조상의 개별 통치기관은 정당한 권력행사로서 민주적 정당성과 절차적 정당성을 부여받기 위해서는 헌법에 근거하여 조직되고 헌법에 근거하여 권력이 행사되어야 한다.

통치구조의 구성원리는 학자들에 따라 다소의 견해차이가 있다. 국민주권주의, 대의제, 권력분립주의, 법치주의, 책임정치원리가 가장 대표적인 원리이며, 이 외에도 정부형태, 국가기관론, 선거제도, 공직제도, 지방자치제도 등을 함께 드는 이도 있다.

II. 국민주권론

주권론(主權論)은 주권의 소재(所在)가 어디 있느냐에 따라서 군주주권론, 국가주권론, 국민주권론으로 분류하며, '국민'의 범위에 따라서는 국민(nation)주권과 인민(people)주권으로 구별할 수 있다. 오늘날 현대국가는 국민주권론을 근간으로 하고 있으며, 국민(nation)주권론과 인민(people)주권론의 유기적 조화를 정치적 구성원리의 기본틀로 하고 있다.

III. 대의제

1. 의의

(1) 대의제와 직접민주주의

대의제(代議制)란 용어는 간접민주주의(間接民主主義), 대의제도, 대표민주제

(代表民主制) 그리고 국민대표주의(國民代表主義) 등의 용어로 다양하게 불리고 있다. 모두 같은 원리로 볼 수 있다. 즉, 대의제란 주권자인 국민이 그들의 대표를 선출하고, 선출된 대표자들로 하여금 국가권력을 담당케 하고, 대표자들(대의기관)의 의사를 전체 국민의 의사로 보는 제도이며, 대의기관이 다수결의 원칙에 따라 권한을 행사하면 그 것을 국민의 추정적(推定的) 동의로 간주하여 국민을 기속한다.

　　대의제(代議制)는 치자와 피치자가 다르다는 것을 전제로 기관구성과 정책결정을 분리시키는 것을 내용으로 하는 점에서, 치자와 피치자의 동일성을 전제로 국민의 자기통치를 주장하는 칼 쉬미트(C. Schmitt)적 민주주의 철학과는 이념적으로 조화(造化)되기 어렵다. 칼쉬미트(C. Schmitt)도 이 점은 시인하고 있으며, 동일성이론과 대의제 모두를 정치적 형성원리로 인정하지만 대의제는 자기통치가 실현될 수 없는 경우의 불완전한 보충원리로 생각하고 있다.

　　주권자(피치자)와 통치자(치자)의 동일성 원리에 의하면, 직접민주주의가 가장 이상적인 통치원리이나, 국가의사결정에 있어서 상시적으로 국민에 의한 직접적 의사결정이 현실적으로 불가능하므로, 현대국가(現代國家)에서는 직접민주주의를 채택할 수 없기에 대부분의 현대국가들은 간접민주주의(대의제)를 택하고 있다. 직접민주제를 이상으로 생각한 루소(Rousseau)도 대표민주제를 인정하였다.

(2) 국민대표제의 발전

　　영국에서는 1640년의 장기의회(Long Parliament)에서 기원을 찾을 수 있으며, 1688년 명예혁명 이후 의원내각제와 양당제를 기초로 발전하였다. 이론적으로도 17세기에 이미 의원(議員)은 선거구민(選擧區民)을 대표하는 것이 아니라 전체국민을 대표하고 전체국민의 이익을 위하여 활동한다는 국민대표제가 확립되었으며, 블랙스톤(Blackstone)과 버커(Burke)등의 대의이론에 의하여 근대적 국민대표사상으로 확립되었다.

　　프랑스에 있어서는 1789년 프랑스 대혁명을 전후에서 국민대표의 문제에 대한 치열한 논쟁이 있었다. 혁명헌법을 제정함에 있어서 루소(Rousseau)의 사상인 국민주의사상(직접민주정)을 따를 것인가 아니면 쉬예스(Sieyes)의 사상인 대의사상을 따를 것인가에 관한 이론적 다툼이 있었다. 결국 1789년 프랑스 혁명의 결과인 1791년 헌법제정에는 쉬예스(Sieyes)의 대의사상이 결정적인 영향을 미쳤다. 그러나, 1791년 프랑스 헌법의 대의제는 지나친 성격을 띠어 국민의 경험적 의사를 국정에 반영시킬 수 있는 국민투표적 요소를 철저히 배제시킴으로서, 의회해산제도가 채택될 수 없었고, 이런 현상이 부정적인 전통으로 이어지게 되었다.

독일에 있어서는 바이마르(Weimar)헌법에서 보듯이 대의제보다 직접민주주의적인 통치제도가 더 큰 비중을 가지고 발전하였다. 그러나 서독기본법은 바이마르(Weimar)헌법의 부정적 사례를 거울삼아 대의제를 가장 철저히 존중하는 입장에서 국민투표제가 전혀 없는 초대의적 헌법이 되었다.

이처럼, 대의이론은 영국에서 나타났으며, 1791년 프랑스 헌법을 시발로 하여 영·미·일 및 본(Bonn)기본법에서 채택되었다.

2. 대의제의 본질과 법적 성격

(1) 대의제 본질

대의제는 통치기관구성권과 정책결정권의 분리, 국가의사와 국민의사의 불일치, 자유위임을 본질로 하여 발전하였다.

대의제란 치자(治者)와 피치자(被治者)를 구별하여, 피치자(국민)에게 국가기관을 구성하는 권한과 통제권을 유보(留保)하고, 치자(국가기관)에게는 국가의사나 정책을 결정할 수 있는 권한과 책임을 부여하는 통치기관의 구성원리로서, 기관구성권(機關構成權)과 정책결정권(政策決定權)의 분리가 필연적이다.

그리고 국가의사와 국민의사가 일치하는 것이 민주정치의 이상(理想)이겠으나, 국가의사가 국민의사와 완전히 일치 할 수도 없으며, 또한 완전히 일치하여야 하는 것을 요구하는 것은 아니다(국가의사와 국민의사의 불일치 수긍). 그러므로 대의제에 있어서는 대표기관이 내린 결정(국가의사)을 국민의 의사로 간주(看做)하는 것이며, 국민의사와 거리가 있는 국가의사라도 국민에 대한 구속력(拘束力)을 가질 수 있는 이론적 근거가 된다. 또한 국민의사와 다른 국가의사는 선거 등을 통하여 정당성을 박탈(剝脫)할 수 있음에 대의제의 본질이 있다.

이와 같이 대의제는 정당성(正當性)의 원리에 기초를 두고 있다는 점에서 의사대리(意思代理)를 본질로 하는 민법상 대리(代理)나 대표(代表)와는 구별되는 개념이며, 국민대표는 전체를 위한 독자적인 의사결정을 그 내용으로 하는 반면, 민법상 대리나 대표는 부분을 위한 의사전달이나 의사실현을 그 내용으로 하는 점에서 차이가 있다. 이러한 대의제 하에서의 대표자와 국민과의 의사결정권의 위임은 자유위임(自由委任)에 기초하고 있다. 대의제는 강제적위임(명령적 위임)과는 이념적으로 조화되기 어렵다.

(2) 대의제의 법적 성격

대표기관과 국민과의 관계인 대표관계의 성질에 관하여 견해의 대립되어 있으며, 학설로는 정치적 대표설로도 알려진 대표관계의 부인설과 법적 위임관계설, 법정대표설 그리고 헌법적 대표설이 있다.

대표관계부인설은(代表關係否認說)은 대의제에 있어서 대표의 개념은 법적 개념이 될 수 없고 단순한 정치적 이데올로기적 개념에 불과하다고 함으로써 법적 대표관계를 부인하는 견해이며, 이 견해는 국민과 의원 간에는 명령적 위임관계가 존재하고 있지 않고, 출신구민의 의사에 반하는 활동을 하더라도 법적 책임을 지지 않으며, 다만 차기선거에서 정치적 책임만 진다는 것을 이유로 든다(多數說).

법적 위임관계설(위임대표설)은 영·미의 자연법론자(自然法論者)의 주장으로, 주권은 국민에게 있으나 그 행사를 대표기관에 위임한 것으로 보는 견해이며, 국회는 위임에 의한 법적 대표기관이 된다. 여기의 위임은 강제위임이 아닌 대표위임이라고 한다.

법정대표설(法定代表說)은 대표기관의 의사가 국민이 의사로 간주되므로 대표기관과 국민사이에는 법정대표가 존재한다고 한다고 하며, 옐리네크(Jellinek)의 주장이다. 그리고 헌법적 대표설은 대표기관과 국민사이에는 어떠한 위임관계도 존재하지 않으며 국민으로부터의 권리이양도 없다. 즉 국민대표기관의 권리는 국민의 위임행위로부터 오는 것이 아니라 헌법에서 직접 나오는 것이라고 한다.

3. 현대적 의의

(1) 대의제의 기능

대의제는 자유위임을 원칙으로 하므로, 다음 선거에서 책임과 신임을 물을 때까지는 국민의 추정적(推定的) 동의가 있는 것으로 간주되어 책임정치의 실현에 기여하고 있으며, 대의제는 효율적인 권력통제의 메커니즘(mechanism)을 발전시키고 민주적 선거제를 정착시키는 데 중요한 기능을 하고 있다. 그리고 국가기관은 다음 선거에서 민주적 정당성을 인정받아야 된다는 점에서 대의제는 국가권력의 순화와 제한정치의 실현에 크게 이바지하고 있다.

(2) 대의제의 변질

국가기관이 국민의 의사와 독립하여 법적 책임도 지지 아니하며 그리고 강제

위임이 금지되어 있는 대의제의 기본원칙이 현대에 와서 많은 도전을 받고 있다.

고전적 대표이론은 대표자가 국민을 대표한다는 이름 하에 국민의사와 다른 자유로운 결정이 보장되었으나, 근대에 와서는 대표자의 행위와 피대표자의 의사간(意思間)에 합치(合致)를 요구하였다(준대의제). 또한 고전적 대표제도가 국민의 의사를 충분히 반영하지 못하였기 때문에 국민이 직접통치할 수 있는 제도(국민발안, 국민표결, 국민소환 등)가 도입되고 있다. 이러한 직접민주주의적 제도는 고전적 대표제도를 보완 또는 개선하는 수단이 되고 있다(반대표제).

오늘날 국민적 동질성의 상실로 계층간의 갈등이 심화되고 있으며, 현대국가가 정당국가화·적극국가화·행정국가화 경향을 띠며 오늘날 대의제는 상당히 변질되었다는 비난을 받고 있다. 라이프니쯔(Leibniz)는 19세기의 의회주의와 대의정치가 20세기에 이르러 정당정치와 국민투표의 발달로 변질되었다고 주장하였다.

그리고 행정국가화 경향은 집행권의 강화를 가져오고, 의회역량의 한계를 드러내고 있으며, 선거는 정당지도자의 신임투표화하여 다수당의 정당성에 의문을 갖게 되었다. 그리고 정당국가적 경향이 심해지면 질수록 선거의 의미가 국민의 대표자를 선출하는 행위라기보다는 정당에 대한 국민투표적 행위로서의 성질을 지니게 되고, 의원의 정당기속(政黨羈束)이 강해져서 의원 개개인의 독자적인 사고와 행동에 많은 제약이 따르게 되었다. 이외에도 정당의 국민대표성이 강화되고, 정당정치가 확립되며, 정당의 내부구조도 과두화되며 동시에 의원들은 거수기화되고, 의회는 정책결정의 추인기관·투표관청화 현상이 초래되고 있다.

이러한 여러 가지 현상에서 발생하는 많은 문제점들이 대의기관에서 충분히 수용될 수 있는 제도적 장치가 필요하게 되었으며, 그 보완책으로 직접민주제가 가미되고, 선거제도에 선거공영제와 직능대표제의 도입, 그리고 정당조직의 민주화와 정당의사결정방식의 민주화가 한층 강조되고 있다.

4. 우리나라의 대의제

(1) 원칙으로서의 대의제

우리 헌법은 통치구조를 구성함에 있어서 대의제를 구성원리로 삼고 있다. 국민주권의 원리와 함께 "모든 권력은 국민으로부터 나온다"고 규정하여 국민에 의하여 선출된 국민의 대표가 국가권력을 대신하여 행사한다는 대의제를 명백히 하고 있다. 그리고 국가의 정책결정과 집행이 대의기관(代議機關)의 독자적 판단과 책임 하에 이루어지도록 하였고, 자유위임적(自由委任的) 의원활동(議員活動)의 보장, 공개정치의 실현과 책임정치의 확립 등은 대의제의 이념을 구현하기 위한 장치이다. 이와같이 우리 헌법이 채택하고 있는 대의제는 고전적 대표제가 아니라, 정당국가의 이념은 물론이고 직접민주제적인 여러 요소(헌법개정안과 국가중요정책에 대한 국민투표제, 비례대표제 등)를 가미시킨 현대적 유형의 대의제이다.

(2) 예외로서의 직접민주제

우리 헌법은 대의제의 문제점을 보완하기 위하여 직접민주주의 제도를 도입하고 있다. 특히 국민투표제도는 제1공화국헌법 시기에 제2차개헌인 1954년헌법에서 처음 도입되어, 현행헌법까지 지속되고 있다. 그러나 1962년에 실시한 제3공화국헌법(1962년헌법)의 채택여부에 대한 국민투표가 최초였으며, 이후 민주적 정당성을 확보하는 가장 용이한 수단이었기에. 제6차, 제7차, 제8차 그리고 제9차개헌 때 모두 국민투표를 실시하였다. 그리고 1975년 2월12일에는 유신헌법에 대한 찬반과 정부신임을 묻는 국민투표를 실시한 바도 있다.

그리고 국민발안제는 1954년 제2차개헌 때 국민투표와 함께 도입되어 제3공화국까지 지속되었으나, 제7차개헌이며 제4공화국헌법(유신헌법)인 1972년 헌법에서 삭제되었다. 그리고 국민소환제는 한번도 채택된 바가 없다. 현행헌법상의 직접민주주의 제도는 국민투표제만 남아 있으며, 제72조의 국가중요정책에 대한 대통령의 국민투표부의권("대통령은 필요하다고 인정할 때에는 외교·국방·통일·기타 국가안위에 관한 중요정책을 국민투표에 붙일 수 있다")와 제130조 제2항의 헌법개정안에 대한 국민투표("헌법개정안은 국회가 의결한 후 30 일 이내에 국민투표에 붙여 국회의원선거권자 과반수의 투표와 투표자 과반수의 찬성을 얻어야 한다")가 있다.

Ⅳ. 권력분립주의

1. 개념

권력분립주의란 국민의 자유와 권리를 보장하기 위하여 국가권력을 입법권·사법권·집행권으로 분할하고 이를 각 별개의 국가기관에 분산시킴으로써 특정의 개인이나 집단에게 국가권력이 집중되지 않도록 하여 권력적 균형관계가 유지되도록 하는 통치구조의 구성원리이다. 권력분립주의는 자유주의적인 조직원리(組織原

理)이며 민주주의의 실천원리(實踐原理)이다. 그리고 권력남용(權力濫用)과 자의적(恣意的) 권력행사를 방지하기 위한 소극적(消極的) 원리로서 회의적(懷疑的)이고 비관적(悲觀的)인 인간관에 근거하고 있다. 또한 권력분립주의는 수단적(手段的), 기술적(技術的), 중립적(中立的) 원리로서, 국가권력의 절대성을 부정하고 정치집단 간의 세력균형을 유지시키며, 현대에 이르러 국가권력을 조직하고 수권(授權)하는 적극적 원리성을 함께 갖게 되었다.

2. 이론적 발전

(1) 고전적 이론

초기 권력분립이론은 로크(J. Lock)의 이권분립론(二權分立論)과 몽테스퀴에(Montesquieu)의 삼권분립론이 있다. 로크는 '시민정부이론(Two Treaties on Civil Government, 1690)'에서 국가최고권력은 국민에게 있으며, 그 아래에 입법권이, 입법권 아래에 집행권과 외교권(연합권과 동맹권을 포함)이 있다고 하였다. 특히 그는 국가권력을 '입법권·집행권·외교권·대권(일명 4권분립)'으로 구분하고 집행권·외교권·대권은 국왕이 가지며, 입법권은 의회가 갖는다고 하며, 집행권에 대한 입법권의 우위를 주장하였다. 그의 이론은 명예혁명(1688년) 당시의 지배적인 이론이었으며, 영국의 의원내각제에 영향을 미쳤다. 이후 로크의 이권분립론을 발전시킨 이론이 몽테스퀴에의 3권분립론으로서, 그는 개인적 자유를 보장하고 정부의 횡포를 억제하기 위한 수단적 원리로서 권력분립론을 전개하였으며, 「법의 정신(De l'esprit des lois, 1748)」에서 국가권력을 입법권, 행정권 및 사법권으로 구별하였다. 특히 사법권에게 집행권을 맡기는 것은 권력의 집중을 가져온다고 하여 집행권과 사법권을 분리시켰으며, 사법권은 비상설(非常設)의 법정에서 국민에 의하여 선출된 자가 행사하는 것이 바람직하고 소극적 독립성을 가져야 한다고 하였다. 그의 이론은 삼권이 대등한 지위에 놓여 균형을 이루어야 한다는 것이 특징이며, 이후 미국 연방헌법상의 대통령제에 많은 영향을 미쳤다.

권력분립이론과 국민주권이론은 통치구조의 조직원리로 기능한다는 공통점이 있으며, 또한 통치구조는 적극적 원리인 국민주권주의에 통합되며, 소극적 원리인 권력분립에 의하여 분리된다는 차이점이 있다.

한편, 권력분립이론은 루소(Rousseau), 켈젠(Kelsen), 라반트(Laband), 뒤기(Duquit) 및 쉬탈(Stahl) 등에 의하여 부정되기도 하였다. 루소는 사회계약론을 바탕으로 국민의사의 절대성, 정치권력의 불가분성 그리고 정치적 통일을 강조하였다. 그리고 대의제도와 권력분립을 배척하고 입법부우위에 의한 권력통합론을 주장하였으며, 이러한 이론은 소련헌법에 영향을 미쳤다.

(2) 권력분립제의 위기와 현대적 변용

오늘날 권력분립제는 비상사태의 항상화(恒常化), 행정입법(行政立法)의 증대(增大)와 처분적(處分的) 법률의 출현, 정당정치(政黨政治)의 확립으로 인한 권력의 통합, 위헌법률심사제(違憲法律審査制)의 강화(헌법재판소의 등장)로 인한 사법국가화 경향 그리고 현대적 독재제(獨裁制)로부터의 도전 등으로 인하여 많은 위협을 받고 있다.

현대국가는 복리국가적(福利國家的)·방위국가적 요청으로 국가권력의 통일성이 요청되며, 입법권(立法權)과 행정권(行政權)의 공적인 권력융화주의의 경향이 두드러지고 있다. 이러한 권력집중화 현상에 대한 대응이론으로 뢰벤스타인(Löwenstein)의 동태적(動態的) 권력분립론과 퀘기(W. Kägi)의 다원적(포괄적) 권력분립이 등장하였다. 오늘날 권력분립은 국가권력을 담당하는 기관(機關)의 분리를 의미하는 것으로 평가절하되고, 국가기능간의 통제에 의한 실질적 권력분립이론으로 변용되고 있다.

(3) 새로운 이론의 등장

고전적 권력분립이론이 현대에 이르러, 복지국가화경향과 행정국가화경향 그리고 정당제도의 강화로 인하여 권력집중을 막을 수 있는 통제장치로서의 기능이 약화되자 새로운 이론이 등장하게 되었다.

대표적인 새로운 이론으로는 뢰벤스타인의 동태적 권력분립론(국가기능 3분설)과 퀘기의 다원적 권력분립론을 들 수 있다. 뢰벤스타인(Löwenstein)은 권력분립을 동태적으로 파악하고 하였으며, 국가기능을 정책결정, 정책집행 그리고 정책통제로 3분하여 설명하였다. 정책결정(policy determination)은 정치적인 기본결단을 내리거나 정책을 결정하는 작용(예: 정부형태를 어떻게 할 것인가, 군사동맹에 가입할 것인가, 국유화할 것인가 등)으로서, 대부분의 경우 국민과 국회·정부 등의 합동작업에 의하여 이루어진다고 하였다. 정책집행(policy excution)은 결정된 정책을 집행하는 작용으로 설명하였는데, 행정과 사법을 정책집행기능으로 분류하였다는 것이 흥미롭다. 그리고 정책통제(policy control)는 기능삼분설의 핵심 기능으로서, 국회와 정부의 견제·균형, 사법부의 위헌법률심사권, 대통령의 법률안거부권(法律案拒否權)·국회의 정부에 대한 불신임권·탄핵소추권 등을 들 수 있다. 그는 통제기능을 수직적 통제와 수평적 통제로 구분하고, 수평적 통제를 다시 기관내의 통제와 기관간의 통제로 구별하였다. 수직적 통제는 연방국가의 중앙정부와 지방정부간의 통제제도, 인권보장, 다원적 사회구조와 이익단체에 의한 정부통제, 여론에 의한 정부통제 등이 있다. 그리고 기관상호간의 통제로는 정부에 대한 의회의 통제(대통령의 법률안거부권, 정부의 의회해산권 등), 의회에 대한 정부의 통제, 정부 및 의회에 대한 사법부의 통제(법원의 위헌법률심사권 등), 정부 및 의회에 대한 선거민(選擧民)의 통제 등이 있으며, 기관내의 통제로는 양원제의회제도에서의 양원의 관계, 집행부내의 부서제도 등이 있다.

특히 뢰벤스타인은 정책통제의 존재여부에 따라 입헌민주주의체제와 전체주의체제로 구별하였다.

그리고 퀘기(W. Kägi)는 권력분립을 다원적으로 파악하여, ① 연방국가에서의 연방정부와 지방정부의 기능적 권력분립, ② 지방분권주의에 의한 중앙정부와 지방자치단체의 기능적 권력분립, ③ 자치권과 제한된 범위의 국가적 기능이 부여된 각종 압력단체 상호간의 기능적 권력분립, ④ 직업공무원제도에 의한 행정조직내부의 기능적 권력분립, ⑤ 정치세력과 관료조직 간의 기능적 권력분립, ⑥ 복수정당제의 확립과 여야 간의 대립 등을 들었다.

한편 이러한 기능적 권력분립의 여러 가지 경우 중 가장 실효성 있는 권력분립을 여당과 야당의 기능에서 찾는 이도 있다(허영).

3. 권력분립의 유형

권력분립의 양태를 살펴보면, 입법부와 행정부와의 관계에서 엄격분립형(프랑스의 1871년의 헌법,1848년의 헌법, 필리핀 헌법, 미국 헌법), 균형형(의원내각제를 채택하고 있는 나라), 입법부 우위형(의회정부제·국민공회제) 및 행정부 우위형(제한군주제와 신대통령제 국가)이 있으며, 입법부와 사법부와의 관계에서는 입법부 우위형(위헌법률심사를 부인하는 영국), 균형형(구체적 규범통제를 인정하는 미국) 그리고 사법부 우위형(1920년의 오스트리아 헌법, 1948년의 이탈리아 헌법, 1949년의 서독 기본법, 헌법재판소제(憲法裁判所制)와 추상적 규범통제 인정)이 있다.

4. 우리 헌법상의 권력분립주의

(1) 권력구조

제9차 개헌인 현행 헌법은 과거의 헌법에 비하여 미국식의 고전적 대통령제로 회귀한 경향이 있다. 즉, 미국의 대통령제헌법처럼, 국가권력을 3권으로 분리하는 원칙에 충실하고 하였으며, 각각의 국가기관에 수권(授權)하고 있다. 입법권(立法權)은 국회에 부여하였으며(제40조), 행정권은 대통령을 수반으로 하는 정부에(제66조 제4항), 사법권은 법관으로 구성된 법원(제101조 제1항)에 맡기고 있으며, 특히 헌법재판소를 신설하여 헌법소송에 관한 심판권을 부여하고 있다(제111조 제1항). 그리고 대통령과 국회의원은 국민이 직선하여 국회와 정부의 구성에 있어서 상호 독립성을 유지하며(구성), 국무총리·감사원장의 국회동의를 제외하고는 원칙적으로 국회의 동의 없이 정부를 조직할 수 있도록 하였으며(조직), 국회의 규칙제정권과 국회의원의 특권 그리고 대통령과 국회의원의 겸임을 불허하고 있다(기능). 이처럼 구성과 조직 그리고 기능적인 면에서 상호독립적 지위를 부여하고 있다.

(2) 3권의 상호견제와 균형

헌법은 권력구조를 상호 독립적 지위를 부여하면서 동시에 상호 견제권을 줌으로써 균형을 갖도록 하였다.

국회가 갖는 정부에 대한 견제권으로는 행정각부의 설치조직에 관한 법률제정권(제96조), 국회의장의 법률안 공포권(제53조 제6항), 예산심의확정권(제54조), 일정한 조약의 체결·비준에 대한 동의권(제제60조), 국정감사권 및 국정조사권(제61조), 국무총리 및 국무위원해임건의권(제63조), 긴급명령·긴급재정·경제처분승인권 및 계엄해제요구권(제65조) 등이 있으며, 법원에 대한 견제권으로는 법원의 설치조직에 관한 법률제정권(제65조), 예산심의확정권(제54조), 대법원장 및 대법관 임명에 대한 동의권(제104조), 탄핵소추권(제65조) 등이 있다.

정부가 가진 국회에 대한 견제권은 법률안 제출권(제83조), 대통령의 법률안거부권(제89조), 대통령의 명령제정권(제52조), 예산안제출권(제90조), 정당해산제소권(제8조 제4항) 등이 있으며, 법원에 대한 견제권으로는 예산제출권(제90조 제3항), 사면권(제54조), 대통령의 대법원장·대법관임명권(제104조) 등이 있다.

그리고 법원이 갖는 국회에 대한 견제권은 위헌법률심사제청권(제107조 제1항), 국회규칙심사권(제107조 제2항), 대법원의 규칙제정권(제108조) 등이 있으며,

정부에 대한 견제권으로는 명령심사권 및 행정재판권(제107조 제2항과 제3항) 등이 있다.

(3) 3권의 융화(融化)

우리 헌법은 국가기관간의 독립성과 견제권을 부여하였지만, 또한 제도적인 면에서나 구성이나 운영면에서 융화현상을 보이고 있다. 즉 대통령에게 국가원수로서의 지위에 따른 우월성을 인정하여 국민투표부의권(제72조)과 입법적 국가긴급권(제76조) 등을 부여하고 있으며, 제도적 융화현상으로 정부의 법률안제출권(제52조), 국회의원의 국무총리·국무위원 겸임허용(제43조), 국무총리·국무위원의 국회출석발언권(제62조 제1항) 등이 있다. 그리고 국가기관의 구성 또는 운영에 있어서의 융화를 위해 선거관리위원회 및 헌법재판소의 구성에서 3부의 융화를 기하고 있다(제114조 제2항, 제111조 제3항).

V. 법치주의의 원리

통치구조의 구성원리로서의 법치주의는 국가권력발동이 준거(행정의 기본원리)로서 법률의 우위, 행정의 합법률성 그리고 법률에 의한 재판을 요구하고 있다. 이는 공권력의 행사가 법치주의에 충실할 때 민주적 정당성과 절차적 정당성이 확보가 가능하기 때문이다. 또한 법치주의는 적극적으로는 국가권력발동의 근거 내지는 수단이 되며, 소극적으로는 국가권력을 제한하고 통제하는 기능을 갖는다.

VI. 책임정치의 원리

책임정치의 원리는 국가권력담당자가 헌법이나 법률에 위반되는 행위를 하거나 실정(失政)을 하는 경우에 책임을 지고 그 직에서 사임하게 하는 정치방식으로서, 의원내각제에서의 의회의 내각불신임권과 내각의 의회해산권이 대표적인 예로 들 수 있다. 우리 헌법상의 책임정치확보수단으로는 국회의 국무총리·국무위원의 해임건의권, 국무총리·국무위원 등의 국회출석·답변요구권, 대통령·국무총리·국무위원·법관 등에 대한 탄핵소추제도 등이 있으며, 국가기관의 임기제(任期制)도 현대에 있어서 중요한 책임정치의 기능을 하고 있다.

제3절 정부형태

Ⅰ. 정부형태론

1. 개념

정부형태를 광의(廣義)로 보면, 입법부·행정부·사법부를 포함한 국가 통치기관의 조직과 권력분배·권력행사 등의 구조 즉 국가권력의 통합구조형태를 의미하며, 협의(狹義)로는 행정부의 조직·작용의 형태로서 '행정부의 형태'를 의미하는 한다. 대체로 우리 헌법에서는 광의의 개념으로 사용하고 있다.

오늘날의 정부형태는 국민주권의 실현방법 즉 수단으로서 역할을 하며, 영·미를 제외한 대부분 국가는 미국의 대통령제와 영국의 의원내각제의 양제도를 절충하는 정부형태를 갖추고 있다.

2. 정부형태의 분류

(1) 전통적 분류방법

제1차대전 당시까지의 전통적인 분류방법에 의하면 정부형태는 입법부와 행정부가 밀접한 공화·협조관계에 있느냐 아니면 양자가 상호독립적인 관계에 있느냐를 기준으로 의원내각제, 대통령제, 의회정부제(회의제)로 분류되었다.

(2) 새로운 유형의 분류방법

새로운 정부형태의 분류로는 칼 뢰벤스타인(Löwenstein)의 분류가 의미가 있다. 그는 국가기능을 정책결정, 정책집행, 정책통제의 세가지 기능으로 나누고, 정책결정과정에 국민의 참여가 보장되는가의 여부 등 국가기능의 신진대사를 기준으로, 잘 이루어지면 입헌주의정부형태, 3기능이 원활히 기능하지 못하면 전제주의정부 형태라 하였다

입헌주의(立憲主義) 정부형태는 국가권력이 상호독립한 여러 통치기관에 분립(분산)된 형태로서 상호협동에 의하여 정책결정이 이루어진다. 이러한 정부형태는 주권재민사상에 따라 통치권행사가 언제가 국민의 의사에 따라 행해지고, 국가권력이 의회와 집행부와 국민의 세 주체에 의하여 형성되고 상호교차적인 권력통제

가 행해지는 특징을 갖는다. 그는 입헌주의정부형태를 다시 직접민주주의(고대 그리스, 스위스), 회의정부제(옛 소련 등의 동구공산국가, 중국 등), 의원내각제, 내각책임제, 대통령제, 집행부제(스위스)로 분류하였다.

전제주의(專制主義) 정부형태는 국가권력이 유일한 통치기관에 집중된 정부형태(정책결정과 정책집행의 구별 무)로서, 국민의 정치참여가 배제되고, 정치적 자유가 보장되지 않으며, 효율적인 권력통제장치가 없는 것이 특징이다. 그는 전제주의 정부형태를 다시 전체주의(全體主義) 정부형태와 권위주의(權威主義) 정부형태로 분류하였다. 전자는 모든 영역에 국가가 정한 일정한 이데올로기를 명령과 권력적 강제수단으로 강요하는 전체주의적 권력추구의 형태이며 나찌, 파시즘, 개혁전의 공산주의 정부형태를 예로 들었다. 후자는 정치권력의 독점, 국가의사결정에 국민이 소외되는 정부형태로서, 절대군주제(프랑스 루이 14세), 나폴레옹식의 국민투표적 황제체제, 신대통령제(터키의 케말파샤) 등을 예로 들었다.

뢰벤스타인 외에도 바이메, 뒤베르제, 크릭 및 파이너의 분류를 들 수 있다. 바이메(V. Beyme)는 반대통령제(半大統領制)를 설명하였는데, 반대통령제는 공회제국가에 전제군주제의 기능을 도입한 것으로서 반대통령제하에서의 대통령은 일체(alles)를 지배하는 위치, 대권을 가지며, 국회에 의하여 간선되고, 지위의 장기성・불가침성・무자임성이라는 특징을 갖는다고 하였으며, 아프리카 몇몇 국가와 프랑스 제2·5공화국을 예로 들었다. 뒤베르제(Düverger)는 정치제도, 정부형태 및 정치체제의 구분에서 출발하여 정치제도라 함은 의회, 대통령, 수상 등과 같은 정치적 기구를 말하고 정부형태는 이와 같은 정치제도의 결합형태를 말하며(예 의회제, 대통령제), 정치체제는 자유민주주의체제와 권위주의체제가 있다고 하였다. 그리고 크릭(Crick)은 정부형태를 역사적 단계로 12가지 유형으로 구분하면서 전제주의정부・공화주의정부・전체주의정부가 가장 기본적인 형태라고 주장하였다. 파이너(S. E. Finer)는 현대적 정부형태의 기본유형을 자유주의 국가의 정부형태, 전체주의국가의 정부형태, 제3세계국가의 정부형태(사이비민주주의정부, 준민주주의정부, 군사정부) 등으로 세분하였다.

Ⅱ. 정부형태의 종류

1. 대통령제

(1) 유래

대통령제는 1787년 미국 필라델피아의 헌법회의와 1791년 프랑스 헌법에서 비롯되었다. 특히 미국이 영국으로부터 독립하여 연방헌법을 제정하면서, 영국의 의회정치에 대한 회의와 국민에 대하여 책임을 지지 않는 국왕(國王)을 대신하여 '책임을 지는 대통령(大統領)'의 요구, 그리고 로크와 몽테스퀴웨(Montequieu)의 3권분립사상을 헌법에 반영하고자 하였다. 이러한 연유로 입법권·행정권·사법권을 완전히 분리하고 상호 견제에 충실하도록 하는 정부형태를 구상하여 대통령제를 창안하였다.

이렇게 탄생한 미국형 대통령제는 의회에 대한 집행부 우위의 해밀턴(Hamilton)형, 집행부에 대한 의회 우위의 매디슨(Madison)형, 양자가 대등한 지위를 가지는 제퍼슨(Jefferson)형으로 분류된다. 오늘날에는 대통령제에 의원내각제 요소를 가미한 신대통령제(新大統領制)와 의원내각제에 대통령제요소를 가미한 반대통령제(이원정부제라고도 한다) 등이 전개되어 많은 나라에서 채택하고 있다.

(2) 의의

대통령제는 엄격한 권력의 분립이 행해지고, 상호간의 독립이 보장되며, 대통령이 독립하여 행정권을 행사하는 정부형태로서, 미국연방헌법은 몽테스퀴웨의 삼권분립정신을 철저히 확립하여, 입법부와 행정부가 엄격히 분립된 권력분립적 정부형태이며, '독립성의 원리'에 철저하였으며(엄격한 권력분립과 독립성의 원리), 또한 상호견제장치(대통령의 법률안거부권, 의회의 탄핵심판)을 필수요소로 한다.

그리고 대통제가 성공하기 위해서는 정치인과 시민의 사회적 동질성 유지, 권력분산적 연방제도, 국민이 반독재의식과 고도의 민주정치적 소양 견지, 공정한 선거, 여론의 자유와 존중 그리고 헌법수호자로서의 법원의 권위유지의 요건이 필요하다고 한다.

(3) 특징

대통령제 하에서의 대통령은 의회에 대해서는 책임을 지지 않고, 국민에 대해서만 책임을 지며, 국가원수로서의 지위와 행정부수반으로의 지위를 동시에 갖는 일원적 정부구성의 원리하 에 있다. 그리고 대통령은 국민직선제에 의하여 선출되고, 대통령의 임기제와 임기동안의 정치적 무책임성을 가진다. 또한 헌법상의 기관이 아닌 국무회의(내각)는 대통령이 직접 구성하고, 대통령의 단순한 보조기관 내지 자문기관으로서 대통령에 대해서만 책임을 진다. 그리고 대통령제는 국회와 정부의 기능상 독립되어 있으며(겸직금지, 정부의 법률안제출권 부정. 정부공무원의 국회에의 출석발언권이 부인, 대통령의 법률안거부권 인정), 부통령제(副統領制)가 채택되고 양원제(兩院制) 국회가 일반적이다.

즉 정부와 의회의 국민의 선택권의 이원화, 입법부에 대한 행정부의 간섭배제(의회해산권, 법률안제출권, 의회출석발언권 부인), 행정부에 대한 입법부의 간섭배제(의회의 내각불신임권 부인), 정부와 의회의 겸직금지 그리고 자문기관에 불과한 국무회의(내각)가 그 특징이다. 이처럼 대통령제는 엄격한 권력분립과 독립성의 원리에 충실하므로, 의원내각제에서 인정되는 정부와 의원의 겸직, 정부의 법률안제출권, 각료의 의회출석발언, 의회의 국무원 해임의결권 그리고 의회해산권의 다섯 가지 제도가 인정될 수 없는 정부형태이다.

(4) 장·단점

대통령제의 장점(長點)은 대통령은 임기동안 국회로부터 책임지지 않기 때문에 정국이 안정되며, 계속성(일관성) 있는 정책실현이 가능하고, 대통령이 법률안거부권의 행사가 가능하므로 다수당의 횡포를 방지하고, 소수자를 보호할 수 있다는 것이다. 한편 단점(短點)으로는 대통령의 권력의 비대화로인한 독재화 우려와 정부와 의회의 충돌시 해결이 곤란(困難)하여 쿠테타의 가능성이 있으며, 책임정치가 실현되기 어려우므로 의원내각제에 비하여 국민의 정치적 훈련기회가 부족하다는 것이다.

2. 의원내각제

(1) 유래

의원내각제(議院內閣制)는 1688년 영국의 명예혁명 후 제도적으로 확립되었으며, 존 로크(J. Locke)의 2권분립이론의 양향을 받아서 발달된 영국의 역사적 소산물이다. 의원내각제는 입법부와 행정부가 공화(통합) 내지는 융화된 권력통합적 정부형태이며, 오늘날 의원내각제 정부형태는 각국에 받아들여져서 유사한 정부형태로 고전적 의원내각제(프랑스 제3·4공화국), 내각책임제(영국), 통제된 의원내각제(서독, 건설적 의원내각제라고도 함) 그리고 외견적 의원내각제(바이마르공화국, 프랑스 제5공화국, 이원정부제로 보기도 함)로 전개되었으며, 이외에도 캐나다·오스트레일리아 등 영연방공화국, 일본, 그리스 그리고 이탈리아 등이 의원내각제국가이다. 우리나라 제2공화국헌법도 의원내각제정부형태를 취한 바 있다.

(2) 의의

입법부와 행정부 그리고 사법부가 엄격하게 분립된 대통령제와 달리 의원내각제는 입법부와 행정부가 법적으로는 상호 독립되어 있으나, 기능면에서 상호융합 내지 상호책임을 지며, 행정부(내각)가 의회에 의하여 구성되는 정부형태로서 대통령제와는 대립되는 정부형태이다. 즉, 권력융합의 원리와 의존성의 원리를 기본원리로 하고 있다.

그리고 의원내각제가 성공하기 위하여서는 양대 정당제의 확립(안정된 정당제도), 행정부와 입법부의 기능적 균형, 국민의 정치의식의 고도화, 시민적·참정발언권의 보장 그리고 직업공무원제의 발달이라는 전제조건을 충족하여야 한다고 한다.

(3) 제도적 내용

의원내각제는 행정부의 이원적 구조를 가진다. 즉 행정부에는 국가원수(國家元首)와 내각(內閣)이 병존(竝存)하면서, 국가원수는 국민에 의하여 선출된 대통령이나 세습된 군주가 그 지위를 가지나, 그들은 명목적이며, 국내정치에의 초연성을 가진다. 의회에서 선출된 내각의 수반이 실질적인 권한을 행사하며, 내각은 수상이 구성하고 의회에 대하여 수상과 함께 연대책임을 진다. 그리고 내각은 진정으로 행정권을 장악하고, 의결기관의 법적 지위를 갖는다. 또한 의원내각제 하에서의 내각은 그 성립과 존속이 국회에 의존하므로 의회와 상호 공화관계에 있다. 한편 의회는 내각불신임권을 가지고 내각은 국회해산권을 가지며 또한 각료(閣僚)와 의원(議員)의 겸직이 허용된다.

이처럼 의원내각제는 공화협조와 견제의 원리를 바탕으로 하고 있으므로, 정부각료와 의원의 겸직, 정부의 법률안제출권, 각료의 의회출석발언권, 의회의 각료해임의결권 그리고 의회해산권의 다섯 가지 제도가 인정되는 정부형태이다. 특히 정부의 법률안제출권이 인정되므로 반사적으로 정부의 법률안거부권이 인정되지 않으며, 각료의 책임성이 명시되도록 부서제도(副署制度)가 일반화되어 있다.

(4) 장·단점

의원내각제는 국민은 의회를 선출하고 의회에서 내각을 구성함으로써 국민에 대한 의존성이 강한 만큼 민주주의적 요청을 만족할 수 있으며, 내각은 수상과 함께 연대하여 의회에 대하여 책임을 지므로 책임정치가 실현될 수 있다. 그리고 내각불신임에 대한 의회해산권의 행사로 정치적 대립이 신속히 해결될 수 있으며, 의회와 내각이 일체로 되어 있기에 의회가 신임한 유능한 정치인의 등용이 용이하며, 의회다수당의 총재가 수상이 되므로 적극적인 국정수행이 가능하다.

한편, 군소정당의 난립과 정치인의 타협적 태도로 인하여 연립정권의 탄생이나 빈번한 수상의 교체로 정국의 불안정을 초래하기 쉬우며, 내각이 의회의 눈치를 보게 되면 약체행정부가 탄생할 수도 있으며, 내각이 다수당과 결탁하게 되면, 다수당의 횡포가 우려될 수도 있다. 그리고 의회가 정권획득을 위한 정쟁(政爭)의 장소로 변질될 수 있는 부정적 요소도 있다.

3. 이원정부제

이원정부제(二元政府制)는 원칙적으로 평상시에는 내각수반이 행정권을 행사하며 국회에 대하여 책임을 지는 의원내각제형식으로 운영되나, 위기에 있어서는 대통령이 행정권을 전적으로 행사하는 이원적(二元的)으로 정부(政府)가 구성된 정부형태이며, 이원집정부제라고도 한다(권). 즉 의원내각제에 대통령제적 요소가 가미된 형태로서, 뒤베르제(Düverger)에 의하여 반대통령제(半大統領制)로 명명되기도 하였다.

이원정부제는 대통령은 국민에 의하여 직선되며, 행정권행사에 대해서는 의회에 대하여 책임지지 않음으로써 의회로부터 독립되어 있으며, 수상임면권과 의회해산권을 갖는다. 대통령의 의회해산권은 의회가 내각에 대한 불신임의결을 한 경우에 행사할 수 있다. 의회는 대통령에 대한 불신임권은 없으며, 내각만이 불신임권에 의하여 의회에 대하여 책임을 지는 형태이다. 그리고 국가긴급시 대통령은 수상과 내각의 부서 없이 행정권의 행사가 가능하다.

이원정부제정부형태의 국가로는 바이마르공화국과 프랑스의 제5공화국(일명, 드골 De Gaulle 헌법) 등이 있다.

이원정부제는 평상시에는 정부와 의회의 마찰을 회피할 수 있으며, 비상시에는 대통령의 강력한 통치가 가능하며, 신속하고 안정된 국정의 처리가 가능한 장점이 있는 반면에, 개인적 독재의 위험성이 상존하며, 국민주권주의에 충실하지 못할 가능성과 국민의 여론을 외면하기가 쉽다.

4. 의회정부제(議會政府制)

의회정부제는 행정부에 대한 의회의 절대적인 우위로 특징지어지는 정부형태로서 스위스의 집정부제, 1936년 스탈린 헌법의 인민회의제, 프랑스혁명 당시의 국민공회제 그리고 5·16후 국가재건비상조치법에 의한 정부형태를 들 수 있으며, 행정부의 성립과 존속이 의회에 의존하며, 국가원수가 없거나 형식적으로 존재하고, 권력체계가 의회로 일원화되어 있으며, 의회의 상시(常時) 개회와 선거민에게만 책임지는 특징을 가지고 있다.

Ⅲ. 우리 헌법상의 정부형태

1. 변천과정

우리나라 정부형태는 학자들에 따라 견해가 다양하나, 제2공화국헌법하의 의원내각제 외에는 대통령제 정부형태를 취하였던 것에는 이론이 없다. 다만, 제헌헌법은 유진오의 의원내각제안에 대통령제적 요소가 가미되었으나, 오늘날 원칙적으로 대통령제로 보는 이가 많다. 대통령제에 의원내각제적 요소가 가미되었다 보니, 제헌헌법에서는 대통령의 국회에서의 선출, 국무원제, 국무총리제, 겸직허용, 정부의 법률안 제출권 등이 의원내각제적 요소였으며, 제1차 개헌시에는 대통령의 직선제, 국회의 양원제 등 고전적 대통령제의 요소가 도입되었으며, 반면에 국무위원의 개별·연대책임을 인정하였다. 제2차 개헌시에는 국무총리제, 국무위원의 연대책임규정을 삭제함으로써 고전적 대통령제에 접근하였으며, 제5차개헌인 제3공화국헌법은 원칙적으로 미국식 대통령제를 지향하였으며, 다만, 부통령제 대신 국무총리제를 채택하는 등 의원내각제의 유산을 다소 남겨두었다. 그리고 제7차 개헌인 4공화국(유신)헌법은 영도적(領導的) 내지 절대적(絶對的) 대통령제를 채택하였으며, 제8차개헌인 제5공화국헌법은 완화된 절대적 대통령제를 채택하였다.

▶ 참 고

〈표 4-1〉 역대헌법상의 정부형태에 관한 견해

구 분	권 영 성	허 영	김 철 수
건국헌법	변형된 대통령제, 대통령제와 의원내각제혼합형	대통령중심의 절충형	의원내각제요소가 가미된 대통령중심제
1960년헌법	고전적(영국형) 의원내각제	의원내각제	진정한 의원내각제
군사정부	의회정부제(회의제)	단순한 쿠테타에 의한 혁명위원회 (대의기관성 부정)	
1962년헌법	(변형된, 혼합형) 대통령제	대통령중심의 절충형	이원정부제
1972년헌법	권위주의적 대통령제	대통령중심의 절충형 변형된 대통령제	신대통령제
1980년헌법	신대통령제 반대통령제	대통령중심의 절충형 변형된 대통령제	프랑스제5공화국의 이원정부제와 유사
현행헌법	변형된 대통령제 한국형 대통령제	대통령중심의 절충형 변형된 대통령제	제3공화국과 유사

2. 현행헌법상의 정부형태의 특질

(1) 대통령제적 요소

현행헌법상 대통령제적 요소는 대통령은 국가원수(제66조 제1항)인 동시에 행정부의 수반(제66조 제4항), 대통령은 국민의 보통·평등·직접·비밀 선거에 의하여 직접선출(제67조 제1항), 대통령의 법률안 거부권(제53조 제2항), 국무회의(國務會議)가 정책심의기구(제88조) 그리고 대통령은 국회에 대한 정치적 책임을 지지 아니하는 것을 들 수 있다.

(2) 의원내각제적 요소

현행헌법상 의원내각제적 요소는 의원과 국무위원(國務委員) 겸직가능(제43조), 정부의 법률안 제출권(제52조), 국무총리(國務總理)·국무위원(國務委員)·정부위원의 국회출석·발언권(제62조 제1항), 국회의 국무총리·국무위원·정부위원에 대한 출석·발언요구권(제62조 제2항), 국회의 국무총리·국무위원 해임건의권(제63조 제1항), 부서제도(제82조), 국무총리임명에 대한 국회동의(제86조 제1항), 국무총리의 국무위원임명제청권, 국무위원해임건의권(제87조 제1항, 제3항) 그리고 국무회의 설치(제88조, 제89조) 등을 들 수 있다.

(3) 대통령제에서 볼 수 없는 이질적(異質的) 요소

현행헌법상 대통령제에서 보기 어려운 제도로서 임시국회소집요구권(제47조 제1항), 국가안위(國家安危)에 관한 중요정책의 국민투표부의권(제72조), 긴급명령, 긴급재정·경제처분 및 명령권(제76조) 그리고 헌법개정안 발의(제128조 제1항) 등을 들 수 있다.

제 2 장
국가기관으로서의 국민

1. 국가기관으로서의 국민의 의의

국가기관으로서의 국민은 선거권자·투표권자의 전체로서 구성되는 조직체로서 곧 유권자의 집단을 의미하며, 주권행사기관으로서의 국민과 동일한 개념이다. 국가기관으로서의 국민은 직접 통치권을 행사하거나 대통령·의회·법원 등과 같은 대표기관에 의해서 간접적으로 행사하며, 주권보유자로서의 국민은 주권의 주체(主體)로서의 국민이며, 대한민국의 국적을 가진 자의 전체로서 이념적 통일체를 의미하는 반면에, 국가기관으로서의 국민은 최고통치권(最高統治權)의 행사자로서 실체를 가진 유권자 전체를 의미한다.

2. 헌법상 지위

국가기관으로서의 국민은 각종 공직선거에서의 선거행위와 국가중요정책(國家重要政策)에 대한 결정, 헌법개정안의 의결과 같은 기본적인 국가문제에 관한 결단을 담당한다. 대의제(代議制)의 실현을 위한 국가기관의 구성과, 대의제에 따른 결함(缺陷)을 시정하고 보완하기 위하여 예외적으로 채택된 직접민주제(直接民主制)의 제도를 통하여 직접 주권을 행사한다. 현실적인 국가권력은 국가기관으로서의 국민이 직접·간접으로 선출한 의회, 대통령, 내각 및 법원 등이 분할하여 행사하고 있으며, 국가기관으로서의 국민과 그 밖의 국가기관과의 관계는 옐리네크(Jellinek)가 말하는 제1차 국가기간(原始機關)과 제2차 국가기관(代表機關)의 관계로 비유될 수 있다.

3. 국가기관으로서의 국민의 구성원이 될 수 있는 자격

국가기관으로서의 국민은 특별한 선임행위(選任行爲)에 의하지 아니하고 법의 규정에 의하여 직접 그리고 당연히 국가기관의 구성원이 될 자격을 가지며, 국민투표권자와 선거권자가 있다. .

국민투표를 위한 투표인단(投票人團)의 구성원이 되어 국민투표에 참여할 수 있는 자는 투표권이 있는 자로서 투표인명부에 등재된 자이다(국민투표법 제2조). 19세 이상의 국민은 투표권이 있으며(동법 제7조). 투표권자의 연령은 국민투표일(國民投票日) 현재로 산정하며(동법 제8조), 공직선거법에 따라 선거권이 없는 자는 투표권이 없다(동법 제9조). 투표인명부에 등재될 수 있는 자는 국민투표일공고일 현재로 관할 구역 안에 주민등록이 되어 있는 투표권자 및 「재외동포의 출입국과 법적 지위에 관한 법률」에 따른 재외국민으로서 국내거소신고가 되어 있는 투표권자이다(동법 제14조). 그리고 국민투표의 효력에 관하여 이의가 있는 투표인은 대법원에 국민투표무효의 소송을 제기할 수 있다(동법 제92조).

선거권자로서 선거인단(選擧人團)의 구성원이 될 수 있는 자격은 공직선거법에 의하여 선거일 현재 만 19세 이상의 국민은 원칙적으로 선거권을 가지며(공직선거법 제15조 제1항), 선거권자의 연령은 선거일 현재로 산정하며(동법 제17조), 선거인명부에 등재될 수 있는 자는 선거인명부작성기준일 현재 관할 구역에 주민등록 또는 국내거소신고가 되어 있는 선거권자이다(동법 제37조).

◆ 헌재판례

헌법재판소는 "국민투표는 국가의 중요정책이나 헌법개정안에 대해 주권자로서의 국민이 그 승인 여부를 결정하는 절차인데, 주권자인 국민의 지위에 아무런 영향을 미칠 수 없는 주민등록 여부만을 기준으로 하여, 주민등록을 할 수 없는 재외국민의 국민투표권 행사를 전면적으로 배제하고 있는 국민투표법 제14조 제1항은 앞서 본 국정선거권의 제한에 대한 판단에서와 동일한 이유에서 청구인들의 국민투표권을 침해한다. 재외국민에 대해 원칙적으로의 참정권을 인정하는 것이 헌법적 요청이라 하더라도, 선거기술적 측면과 선거의 공정성 확보 측면에서 충분히 검토하고 준비할 시간이 필요하고, 또한 법 제37조 제1항 등 이 사건 법률조항들이 즉시 효력을 상실하면 향후 선거를 실시할 수 없는 법적 혼란상태를 초래할 것이므로, 잠정적용 헌법불합치결정을 선고하되, 입법자는 늦어도 2008. 12. 31.까지 개선입법을 하여야 한다"고 하여 헌법불합치판정을 하였으며, 이 결정에 따라 국민투표의 투표인명부 작성대상자에 '국민투표일 공고일 현재 국내거소신고가 되어 있는 재외국민'도 포함되는 국민투표법(2009.2.19, 법률 제9467호)이 개정되었다.

4. 국가기관으로서의 국민의 권한

국가기관으로서의 국민은 국민투표권을 가지며, 현행헌법은 국가안위에 관한 중요정책에 대한 국민투표권(제72조)과 헌법개정안 확정권(제130조 제2항)을 가지며, 또한 대통령(제67조 제1항)과 국회의원(제41조 제1항)의 선임권(選任權)을 갖는다.

제 3 장
국 회

제1절 의회제도의 일반원리

Ⅰ. 총 설

1. 의회제도의 의의

의회제도는 정부형태에 따라 구체적 의미는 다양하지만, 대체로, 국민에 의하여 선출된 대표자로서 구성되는 의회에서 국가의사가 검정되고 의회를 중심으로 국정이 운영되는 정치 방식을 의미한다.

의회제도는 영국의 등족의회(等族議會)에서 기원하며, 등족회의는 12·3세기에 유럽에서 귀족·승려·시민 계급의 대표자로 구성되어 국왕의 권한행사에 대하여 견제하는 기능을 하였다. 등족회의는 강제위임(强制委任)의 원칙이 적용되며, 과세승인권(課稅承認權)에 의해 군주의 권력행사를 견제하였다. 그리고 18세기경 버커(Edumund Burke)가 의원은 선거구를 대표하는 것이 아니고 전체 왕국의 의회 의원이라는 사상을 고취하여 국민의 대표기관으로서의 근대의회제도가 성립되었다.

2. 의회주의의 원리

의회주의는 국민전체를 대표하는 대표기능(代表機能)과 여론과 타협을 통한 다수결에 의한 의사의 집약화와 합의기능(合意機能)을 본질적 원리로 하며, 의회는 국민이 선출한 의원으로 구성되어야 하며, 의회가 원칙적으로 입법권을 가질 때 의회주의를 채택한 것이라고 할 수 있다.

의회의 대표기능은 의원이 전체국민의 대표자로서 국가이익을 우선하여 양심에 따라 직무를 행할 때 가능하며(제46조 제2조), 의원의 선임은 국민의 다수의 의사에 근거한 자유롭고 공정한 선거의 반복적 시행에 의하여 이루어져야 하며, 언론의 자유, 복수정당제보장(複數政黨制保障), 의회의 의사공개 및 보도(報道)의 자유보장 등이 전제될 때, 대표기능을 원활히 수행할 수 있다.

그리고 의회는 서로 다른 의견의 존재를 전제하고 설득과 타협을 통한 다수결의 원칙에 의하여 의사가 결정되는 합의제 기관으로서의 본분을 다하여야 한다. 의회 내에서는 구체적인 사실에 관하여 복수의 의견이 대립될 수도 있으며, 다수의 의견 중에서 어느 것이 옳은가를 객관적으로 알 수 있는 기준이 없지만, 하나의 의견을 선택할 필연성이 존재하는 것이다. 복수의견의 대립에는 기초적인 동질성 또는 공통성이 존재할 것이므로, 이들 의견에 대한 평등한 가치를 인정하고, 상대주의 세계관에 입각하여, 설득과 타협에 의하여 의사가 결정될 때 의회주의가 합의기능을 다 할 수 있다.

3. 현대에 있어서의 의회제도

(1) 의회제도의 채택이유

의회제도는 입법부의 군주로부터의 독립투쟁사의 결과물이며, 국민주권주의의 일반적 승인은 국민의 대의기관으로 의회제도를 발달시키는 원인을 제공하였다. 특히 현대국가에서 의회제도를 채택하는 이유는 자유주의와 국민주권주의의 요청에 있다. 행정권으로부터 국민의 자유와 권리를 보호하고(자유주의), 국민의 권리·의무에 관한 사항을 국민의 대표자인 의회에서 법률로 규정하여야 한다(국민주권주의)는 원칙의 실현에는 의회주의가 가장 적절한 것이다. 이외에도 의회는 행정부에 대한 감시와 비판 기능을 수행하며, 보통선거제에 의하여 국민의 국정참여(國政參與)를 보장하는 역할도 함께 할 수 있기 때문이다.

(2) 의회제도의 변화

현대에 이르러, 대중민주주의에 따른 대중적 정당이 등장하고, 선거가 개인에 대한 투표에서 정당의 정책에 대한 국민투표적 성격(國民投票的性格)으로 변하였으며, 복지국가이념의 실현을 위하여 행정권이 강화됨으로써 상대적으로 의회의 권한과 기능이 약화되고 있다. 그리고 의회가 의견전시장화되거나 의사절차의 비효율성이 나타나고, 국정운영의 장애요인으로 작용하는 등 은 의회 스스로가 제기능을 소홀히 하는 경향이 두드러지고 있다. 또한 정당체제의 과두화(寡頭化)로 집권당(執權黨)의 수뇌부(首腦部)에 권력이 집중되고, 계층간의 동질성 상실로 인한 설득과 타협의 부존재 등은 의회제도의 위기를 불러오고 있다.

(3) 의회제도의 개선

의회제도의 올바른 발전을 위한 개선책으로서 선거공영제(選擧公營制)와 직능대표제(職能代表制) 및 국민투표제 등을 가미되고 있으며, 정당의 조직과 의사결절 방법의 민주화 등이 주장되고, 무엇보다도 의원의 정당으로부터의 독립성을 회복하고 위원회를 활성화하는 등 의회제도의 내부개혁과 행정권의 비대화에 따른 새로운 역할조정의 필요성이 강조되고 있다.

Ⅱ. 국회의 헌법상 지위

1. 국민대표기관으로서의 지위

국회의 국민대표기관으로서의 지위에 대하여 법실증주의적(法實證主義的) 견해에 따르면 인정될 수 없으나, 대부분의 학자들은 정치적 대표설, 법적 위임관계설, 법정대표설, 헌법적 대표설 등 다양하게 인정하고 있다.

정치적 대표설에 따르면, 국민은 대표기관을 통하여 행위하고, 대표기관의 행위가 국민의 행위로 간주되지만, 선거인인 국민과 의원사이에는 강제위임(强制委任)은 없으며 다만 국회는 정치적으로만 책임을 진다고 한다. 정치적 대표설은 법적 대표성을 부인하는 견해로서 다수설이다.

법적 위임관계설(委任關係說)은 국회는 국민의 위임에 의하여 그 권한을 행사(行事)하는 소위 국민의 위임대표기관(委任代表機關)으로 보며, 국회의원은 선거민(選擧民)에게 입법에 대한 보고의무가 없다고 한다. 법정 대표설은 국민은 제1차 기관이고 국회는 제2차 기관이며, 국회의 의견은 국법상 국민의 의사로 간주되기 때문에 국회는 국민의 법정대표, 결정대리관계에 있는 것이라는 한다(G. Jellinek). 헌법적 대표설은 국회는 국민의 대표기관으로서 헌법에 의하여 국민을 법적으로 대표하는 국민의 헌법적 대표기관으로 보는 견해이다. 헌법적 대표설이 소수설이다.

2. 입법기관으로서의 지위

국회의 입법기관으로서의 지위는 국회가 갖는 고유(固有)한 지위로서 입법권이 국회의 본질적이고 전통적 권한이기 때문이다. 그러나 입법의 실질적 기능이 행정부와 정당으로 이전되고 국회는 형식적·표면적 기능만 수행하고 있으며(국회의 통법부화), 국가작용의 전문화로 위임입법(委任立法)이 증대되고 있는 현실적 상황은 국회의 입법기관으로서의 지위를 위협하고 있다. 최소한 국회는 입법과정을 공개하는 등 국민의 여론이 입법에 반영될 수 있는 제도적 장치를 마련하여 입법기관으로서의 존재의의(存在意義)를 찾도록 노력하여야 한다.

3. 국정통제기관으로서의 지위

오늘날 국회의 헌법상 지위 중에서 가장 중요한 지위가 국정통제기관으로서의 지위이다. 국회는 국가 통제기관(國政統制機關)으로서의 원칙에 위배되지 아니하는 범위 내에서 행정부와 사법부를 감시·비판·견제하는 기능을 수행하여야 하며, 향후 국정통제기능을 강화할 필요가 있다.

국회는 국정감사·조사권, 국무총리·국무위원해임건의권, 탄핵소추권, 예산안 심의·확정권, 긴급명령과 긴급재정·경제처분 및 그 명령에 대한 승인권, 계엄해제요구권 등을 통하여 행정부를 통제하고 있으며, 대법원장과 대법관의 임명동의권, 법원의 설치·조직에 관한 법률제정권, 탄핵소추권, 법원예산안의 심의·확정권, 국정감사·조사권을 통하여 사법부를 통제하고 있다.

4. 국가의 최고기관성 여부

국회의 최고기관성(最高機關性)에 대하여 의원내각제정부형태에서는 인정할 수 있으나, 대통령제정부형태 하에서는 인정되고 어렵다. 국회도 대통령도 모두 국민에 의하여 공선(公選)되기 때문에 양자(兩者) 모두 국민의 대표를 의미하는 까닭에 국회만을 국가의 최고기관이라 할 수는 없다.

Ⅲ. 국회의 구성과 운영

1. 국회의 구성원리

(1) 단원제

단원제(單院制)는 국회가 한개의 합의체로 구성되는 원리로서, 루소(Rousseau), 쉬예스(Siéyès)에 의하여 옹호된 제도이다. 쉬예스는 '제2원이 제1원과 의사를 달리하면 그 존재는 유해한 것이 될 것이고 양자의 의사가 언제나 동일하다면 제2원은 무용지물이 된다고 하였다. 단원제는 국회의 우위를 인정하고 신속한 국정처리를 위하여 확립된 제도이며, 민주적 정당성의 일원화되는 특성을 갖는다.

덴마크, 룩셈부르크, 뉴질랜드, 파나마, 이집트, 한국(제1차개헌 이후 제2공화국까지를 제외한 전 공화국)에서 채택한 제도로서, 신속한 국정처리와 경비의 절약이 가능하며, 국회의 행정부에 대한 지위를 강화할 수 있고, 국민의 의사를 직접적·일원적으로 반영할 수 있으며, 책임의 소재가 분명하다는 장점이 있으며, 경솔하고 부당한 의결을 할 우려가 높으며, 국회와 정부가 충돌하였을 때 해결이 곤란하며, 특수이익이 간과되기 쉽고, 입법권의 남용 등 국회의 정부에 대한 횡포가 우려되는 단점이 있다.

(2) 양원제

양원제(兩院制)는 국회가 두개의 합의체로 구성되는 원리로서, 14세기 영국에서 발생하여, 몽테스퀴웨(Montesquieu)와 브라이스(Bryce)등이 옹호한 제도이다. 양원제는 귀족과 평민의 정치적 타협에 의하여 국회의 우위를 견제하기 위한 제도로 출발하여, 계급적·사회조직을 반영하고 입법부 내부의 견제·균형의 원칙이 반영되고, 연방국가의 특수성에 적응하며 발전하였다.

양원제는 귀족원·민의원형(영국), 지방원·민의원형(미국, 서독), 민의원·참의원형(일본, 한국의 제2공화국), 민의원·직능대표원형(아일랜드, 프랑스) 등의 형태가 있으며, 독립조직·독립의결·동시활동(동시 개회·폐회·휴회)의 원칙이 적용된다.

양원제는 심의를 신중히 하여 경솔한 결정과 과오결정을 방지할 수 있으며, 상원이 하원과 정부의 충돌을 완화하며, 의회의 과도한 우월을 견제할 수 있으며, 상원이 원로원 구실을 하여 급진적 개혁을 방지하며, 상원이 직능대표로 구성되어 하원을 견제할 수도 있으며, 지방의 이익을 옹호할 수 있는 장점이 있으며, 의결의 지연과 비용의 과다지출, 의회의 책임의 소재가 불분명, 국민의 단일 대표성에 모순, 지방의 이익과 국가이익 충돌, .하원의 대정부견제기능 약화, 전체국민의 민의가 왜곡될 우려가 있는 등의 단점이 있다.

양원제 국가들의 상하 양원의 특색을 보면, 상원은 간접선거에 의하여 선출되는 경우가 많으며, 대체로 대선거구에 소수(少數)의 의원, 임기의 장기(미국은 6년), 보수적 성향, 고령(高齡) 등의 특징 있으며, 하원은 직접선거에 의하여 선출되며, 소선거구·다수(多數)의 의원·저령(低齡)·임기의 단기(미국은 2년)·진보적 성향의 특성을 갖는다.

그리고 양원제국가에서의 상하 양원의 관계를 보면, 상원이 우월적 지위를 갖는 국가로는 미국(상원에 조약 비준권, 고급공무원 동의권)을 들 수 있으며, 하원이 우월한 국가로는 서독, 영국, 프랑스, 일본이 있으며, 대등한 관계를 유지하는 국가로는 스위스와 소련을 들 수 있다.

(3) 우리나라의 국회

우리나라는 제헌당시에는 단원제로 출발하였으나, 제1차개헌인 1952년헌법에서 양원제를 채용했으나 4·19까지 단원제로 운영되었다. 그리고 1960년헌법인 제2공화국헌법은 양원제로서 민의원(233명)과 참의원(58명)을 두었으며, 제5차개헌인 제3공화국헌법 이후 줄곧 단원제로 운영되어 왔다.

2. 국회의원의 선거와 국회의 구성

헌법규정은 국회는 국민의 보통·평등·직접·비밀선거에 의하여 선출된 국회의원으로 구성하며(제41조 제1항), 국회의원의 선거구와 비례대표제, 기타 선거에 관한 사항은 법률로 정하도록(동조 제3항)하고 있다. 이 규정에 따라 공직선거법은 국회의원을 지역구에서 선출하는 지역구의원과 전국구에서 선출되는 전국구의원으로 구성되도록 하였다. 따라서 국회의원의 선거는 지역구의원의 선출과 비례대표제에 의한 전국구의원선거로 이원화(二元化)되어 있다. 그리고 선거권은 20세 이상의 선거권 결격사유가 없는 국민이 가지며(법 제15조 제1항, 법 제18조), 피선거권은 25세 이상의 결격사유가 없는 국민으로 정하고 있다(법 제16조 제2항).

선거의 종류는 임기만료에 의한 선거인 총선거(總選擧)와 궐원이 발생한 때에 실시하는 보궐선거(補闕選擧), 그리고 재선거(再選擧)가 있다. 재선거는 당해 선거구의 후보자가 없거나, 당선인이 없을 때, 선거의 전부무효의 판결 또는 결정이 있는 때, 당선인이 임기개시전에 사퇴하거나 사망한 때, 당선인이 임기개시 전에 당선의 효력이 상실되거나 당선이 무효로 된 때에 시행한다(공직선거법 제195조). 그러나 비례대표국회의원에 궐원이 생긴 때에는 선거구선거관리위원회가 궐원통지를 받은 후 10일이내에 그 궐원된 의원이 그 선거 당시에 소속한 정당의 비례대표국회의원후보자명부 및 비례대표지방의회의원후보자명부에 기재된 순위에 따라 궐원된 국회의원의 의석을 승계할 자를 결정하여, 그 결정에 따라 승계한다. 다만, 당선인의 선거범죄로 인하여 징역 또는 100만원이상의 벌금형의 선고를 받아서 당선이 무효로 되거나 소속 정당이 해산된 때 또는 임기만료일 전 180일 이내에 궐원이 생긴 때에는 승계하지 않는다.

선거에 의하여 선출된 국회의원의 임기는 총선거에 의한 경우에는 전임 국회의원의 임기만료일부터 개시된다.

국회의원의 수는 헌법에서는 200인 이상으로 정하고 있으며(제41조 제2항), 구체적인 숫자는 법률에 유보하고 있으며, 공직선거법은 299인으로 하고 있다(법 제21조). 국회의원의 선거구는 245개(공직선거법 별표 1)의 지역구와 1개의 전국구로 되어 있으며, 모든 유권자는 1표를 단기투표(單記投票)하고, 지역구국회의원의 경우에는 1선거구에서 1인을 선출하는 소선거구제와 상대다수대표제를 채택하고 있으며, 특히 1인 후보의 경우에는 무투표당선이 인정되고, 최고득표자가 2인 이상일 경우에는 연장자순으로 한다(동법 제188조). 비례대표국회의원의 선거구는 전국구이며, 의석배분과 당선인결정은 중앙선거관리위원회가 주관하며, 비례대표국회의원선거에서 유효투표총수의 100분의 3 이상을 득표하였거나 지역구국회의원총선거에서 5석 이상의 의석을 차지한 각 정당에 대하여 당해 의석할당정당이 비례대표국회의원선거에서 얻은 득표비율에 따라 비례대표국회의원의석을 배분하며, 득표비율은 각 의석할당정당의 득표수를 모든 의석할당정당의 득표수의 합계로 나누어 산출한다(공직선거법 제189조). 특히 지역구선거에서 5석이상 의석을 차지하거나 유효투표총수의 100분의 3 이상을 득표하여야 비례대표의원 배분에 참여할 수 있도록 제한을 둔 것을 우리는 저지규정(沮止規定)이라고 한다.

3. 국회의 조직

(1) 국회의장과 부의장

국회는 의장 1인과 부의장 2인을 선출하며(제48조), 임기는 2년이며, 보궐선거에 의하여 당선된 이는 전임자의 잔임기간(殘任期間)으로 한다(국회법 제9조 제1항). 의장(議長)은 회기중(會期中) 의사를 정리하고 질서를 유지하며 사무를 감독하고 국회를 대표한다(법 제10조). 그러나 의장은 위원회에 출석하여 발언할 수 있다. 그러나 표결에는 참가할 수 없다(법 제11조). 그리고 부의장(副議長)은 의장이 사고가 있을 때에 의장의 지정에 따라 그 사무를 대리하며, 의장이 심신상실 등 부득이한 사유로 의사표시를 할 수 없게되어 직무대리자를 지정할 수 없는 때에는 소속의 원수가 많은 교섭단체소속인 부의장의 순으로 의장의 직무를 대행한다(법 제12조).

의장과 부의장은 국회에서 무기명투표(無記名投票)로 선거하되 재적과반수(在籍過半數)의 득표(得票)로 당선된다. 의장과 부의장선거는 국회의원총선거 후 최초 집회일에 실시하며, 처음 선출된 의장 또는 부의장의 임기가 만료되는 때에는 그 임기만료일전 5일에 실시한다(법 제15조). 의장과 부의장이 모두 없을 때에는 임시의장을 선출하여 의장의 직무를 대행하게 한다(법 제14조). 임시의장은 무기명투표로 선거하되 재적의원 과반수의 출석과 출석의원 다수득표자를 당선자로 한다(법 제17조). 의장등 선거에 있어서 국회의원총선거후 최초의 집회 또는 의장과 부의장이 모두 궐위되어 보궐선거를 할 때 등에는 출석의원중 최다선의원이, 최다선의원이 2인 이상인 경우에는 그중 연장자가 의장의 직무를 대행한다(법 제18조).

국회의장의 당적보유(黨籍保有) 여부에 관하여 국회법에 아무런 규정이 없으므로, 당적보유가 가능하며(1960년 국회법에서 당적보유금지규정을 둔 적이 있다), 상임위원회에 소속할 수 없다(법 제39조 제3항).

(2) 위원회제도

1) 위원회제도의 의의

위원회제도(委員會制度)는 현대국가에 있어서 국가기능의 확대에 따라 의안심의에 능률성·효율성·탄력성을 보장하고 입법의 전문성과 기술성에 부합하는 순기능이 있기에 오늘날 의회운영이 본회의중심주의로부터 상임위원회중심주의로 변천하고 있다.

위원회는 영국의 양당제 하에서와 같이 내각이 의회의 의사진행에 지도적 기능을 하는 경우에는 위원회가 유명무실하여 약한 지위에 머무를 수도 있으나, 미국처럼 위원회가 소입법부(少立法部)로 불릴만큼 강한 지위를 확보하는 경우도 있다. 우리나라 국회의 위원회는 전형적인 강한 위원회이다. 그리고 위원회는 의안심의에 있어서 시간을 절약하고, 능률적인 조사와 운영이 가능하도록 하며, 전문적 지식을 활용할 수 있는 장점(長點)도 있으나, 위원회의 소속위원이 소수(小數)이므로 행정부의 설득이 용이하고 행정관청의 유력한 출장소 역할을 할 우려가 있으므로, 국회에 대한 행정부의 영향이 증대되거나, 이익단체의 지나친 로비활동의 장을 마련해 주는 역할을 하기도 하며, 위원회 내에서 당파적 대립으로 인한 입법 기능의 마비를 초래하기도 하는 단점(短點)도 있다.

2) 위원회의 종류

국회의 위원회는 상임위원회와 특별위원회의 두 종류가 있으며(법 제35조), 상임위원회(Standing Committee)는 부문별(部門別)로 의안 등을 심의하기 위하여 상설적으로 설치하는 위원회로서 그 소관에 속하는 의안과 청원 등의 심사와 법률이 정하는 직무를 행한다(법 제36조 및 제37조). 상임위원은 의원의 임기 초에 각 상임위원회별로 각 교섭단체(交涉團體)의 소속위원수의 비율에 따라 각 교섭단체대표의원의 요청으로 의장이 선임하고(법 제48조 제1항), 그 임기는 2년이며(법 제40조 제1항), 각 의원은 2이상의 상임위원회의 위원이 될 수 있다(법 제39조 제1항). 상임위원회 위원장은 상임위원 중에서 본회의에서 선거하며, 선거방법은 임시의장과 마찬가지로 무기명투표로 선거하되 재적의원 과반수의 출석과 출석의원 다수득표자를 당선자로 한다(법 제41조 및 제17조).

특별위원회(Selected Committee)는 수개의 상임위원회소관과 관련되거나 특히 필요하다고 인정한 안건을 효율적으로 심사하기 위하여 본회의의 의결로 둘 수 있다. 특별위원회는 구성될 때에는 활동기한을 정하여야 하며, 본회의의 의결로 그 기간이 연장될 수 있다. 따라서 특별위원회는 활동기한의 종료시까지 존속한다(법 제44조). 특별위원회 위원장은 위원중에서 호선하고 본회의에 보고하면 된다(법 제47조).

그러나 특별위원회 중에는 구성할 때 활동기한을 정하지 않는 위원회가 있다. 이는 상설특별위원회라고 할 수 있으며, 예산결산특별위원회, 윤리특별위위원회 그리고 인사청문특별위원회가 있다. 예산결산특별위원회는 예산안·결산·기금운용계획안 및 기금결산을 심사하기 위하여 설치된 특별위원회이며, 예결위의 위원의 임기는 1년이다(제45조). 윤리특별위원회는 의원의 자격심사·윤리심사 및 징계에 관한 사항을 심사하기 위하여 두는 특별위원회이다(제46조). 특히 국회는 헌법에 의하여 그 임명에 국회의 동의를 요하는 대법원장·헌법재판소장·국무총리·감사원장 및 대법관과 국회에서 선출하는 헌법재판소 재판관 및 중앙선거관리위원회 위원에 대한 임명동의안 또는 국회의장이 각 교섭단체대표의원과 협의하여 제출한 선출안 등을 심사하기 위하여 인사청문특별위원회를 둔다. 또한 대통령직인수에 관한법률에 의한 대통령당선인의 국무총리후보자에 대한 인사청문의 실시요청에 응하기 위한 인사청문특별위원회가 있다(제46조의3).

4) 위원회의 조직과 권한

위원회는 조직 면에 있어서 행정각부에 대응하는 소관사항(所管事項)을 가진

상임위원회(常任委員會)가 있으며(법 제37조), 각 상임위원회(常任委員會)마다 국회의원이 아니면서 전문지식을 가진 전문위원(수석전문위원, 전문위원, 입법심의관 및 입법조사관 등)과 기타 필요한 공무원을 둔다(법 제42조, 국회사무처법 제8조). 또한 위원회는 의결로서 중요한 안건 또는 전문지식을 요하는 안건의 심사와 관련하여 필요한 경우 학식과 경험이 있는 3인 이내의 전문가를 심사보조자로 위촉할 수도 있다(법 제43조).

또한 상임위원회는 의안을 제출할 수 있으며(법 제88조), 모든 의안에 대하여 심의하게 되어 있고 그 심사에 있어서 수정권(修正權)·대안제출권(代案提出權)은 물론이고 의안의 폐기권(廢棄權)도 있다(위원회중심주의- 국회법 제87조, 제97조). 그리고 위원회는 국정전반에 대한 통제권이 있으므로 국무총리·국무위원 또는 정부위원의 출석을 요구할 수 있으며, 특정사안에 대하여 질문하기 위하여 대법원장·헌법재판소장·중앙선거관리위원회위원장·감사원장 또는 그 대리인의 출석을 요구할 수 있다(제62조 제2항, 법 제121조)

그리고 위원회는 주요의안의 본회의상정전이나 본회의상정후에 재적의원 4분의 1 이상의 요구가 있는 때에는 그 심사를 위하여 의원전원으로 구성되는 전원위원회(全員委員會)를 개회할 수 있다(법 제63조의2), 다른 위원회와 협의하여 연석회의(連席會議)를 열어 의견을 교환할 수 있다. 연석회의에서는 표결은 할 수 없다(법 제63조).

이외에도 위원회는 특정한 안건의 심사를 위하여 소위원회를 둘 수 있으며(제57조), 필요한 경우에는 의결로써 공청회(제64조), 청문회(제65조)를 열 수 있으며, 공직후보자에 대한 인사청문의 요청이 있는 경우에는 인사청문회(제65조의2)를 연다.

5) 위원회의 의사절차

위원회의 회의의 의사진행에 있어서도 헌법이 규정하는 국회본회의(國會本會議)의 의사에 관한 여러 원칙이 그대로 실현되어야 할 것이 요청된다. 위원회의 의사 및 기타에 관한 사항은 국회법과 국회규칙(國會規則)에 의하여 정하고 있다.

국회운영위원회를 제외한 상임위원회는 본회의의 폐회중 최소한 월 2회 정례적으로 개회하여야 하며, 정보위원회는 최소한 월 1회 개회한다(법 제53조). 또한 본회의의 의결이 있거나 의장 또는 위원장이 필요하다고 인정할 때, 재적위원 4분의 1 이상의 요구가 있을 때에 개회한다(개회요구정족수, 법 제52조). 위원회는 재적위원 5분의 1 이상의 출석으로 개회하고, 재적위원 과반수의 출석과 출석위원

과반수의 찬성으로 의결한다(의사정족수 및 의결정족수, 법 제54조). 그러나 국회운영위원회를 제외하고는 본회의중에는 개최할 수 없다, 다만, 본회의의 의결이 있거나 의장이 필요하다고 인정하여 각 교섭단체대표의원과 협의한 경우에만 개회할 수 있다(법 제56조).

의사의 공개는 의회주의(議會主義) 본질을 의미하는 까닭에 위원회의 의사도 공개하여야 하며, 헌법도 국회의 의사공개의 원칙을 직접 규정하고 있다(제50조). 그러나 국회법이 '본회의는 공개한다(법 제75조 제1항)'라고 규정함으로써 위원회에 대하여 의사공개의 원칙적용여부가 다소 논란이 되었으나, 헌법재판소는 위원회의 회의도 공개하는 것이 원칙이라고 판단하였다(헌재 2000. 6. 29. 98헌마443, 99헌마583 병합). 다만 위원회에서는 의원이 아닌 자는 위원장의 허가를 받아 방청할 수 있으며, 위원장은 퇴장을 명할 수 있다(법 제55조). 그러나 정보위원회는 비공개가 원칙이며, 위원회의 의결로 공개할 수 있다(법 제54조의2).

회기중(會期中)에 부결(否決)된 의안은 같은 회기중에 다시 발의 또는 제출하지 못한다(법 제92조)는 일사부재의(一事不再議)의 원칙은 위원회에도 적용된다. 다만, 위원회에서 본회의에 부의하지 아니하기로 결정하였으나, 위원회의 결정이 본회의에 보고된 날로부터 폐회 또는 휴회중의 기간을 제외한 7일 이내에 의원 30인 이상의 요구가 있을 때에는 그 의안을 본회의에 부의하여야 한다.(법 제87조). 위원회에서 본회의에 부의하지 않기로 결정한 후 위의 7일이라는 기간동안은 본회의에의 부의가 보류되는 것이므로 이를 보류함(保留函)이라고 하며, 위 기간 내에 의원의 요구로 본회의에 부의하는 것을 위원회해임이라고 한다.

동의(動議)는 동의자외 1인 이상의 찬성으로 의제가 되며(법 제89조), 의원은 본회의나 위원회의 의제가 되기 전에는 언제나 의안 또는 동의를 철회할 수 있다. 본회의나 위원회의 의제가 된 후에는 본회의나 위원회의 동의(同意)를 얻어야 한다(법 제90조). 또한 위원회에 결정에 대한 번안동의(飜案動議)는 위원의 동의로 그 안을 갖춘 서면으로 제출하되, 재적위원 과반수의 출석과 출석위원 3분의 2이상의 찬성으로 의결한다. 그러나 본회의에 의제가 된 후에는 번안할 수 없다(법 제91조 제2항).

수정동의는 그 안을 갖추고 이유를 붙여 의원 30인 이상의 찬성자와 연서하여 미리 의장에게 제출하여야 한다. 그러나 예산안에 대한 수정동의는 의원 50인 이상의 찬성이 있어야 한다(법 제95조 제1항). 그러나 위원회의 경우에는 소관사항 외의 안건에 대하여는 수정안을 제출할 수 없다(동조 제3항).

◆ 헌재판례

1. 헌법재판소는, 국회의원을 상임위원회의 위원으로 '선임'하는 행위는 국회법 제48조 제1항에 따라 국민의 대표자로 구성된 국회가 그 자율권에 근거하여 내부적으로 회의체기관을 구성·조직하는 "국회내부의 조직구성행위"라고 하였다. 따라서 행위의 성질상 국민의 권리를 침해할 수 없는 공권력 주체의 행위는 헌법소원심판의 대상이 될 수 없으며, 이 사건 심판청구는 청구인들의 기본권을 직접 침해한 공권력의 행사를 대상으로 한 것이 아니어서 기본권 관련성이 결여되어 부적법하다다(헌재 1999. 6. 24. 98헌마472 등, 국회 보건복지위원회 위원 선임처분취소, 국회 교육위원회 위원 선임처분취소).

2. 헌법 제50조 제1항은 "국회의 회의는 공개한다"라고 하여 의사공개의 원칙을 규정하고 있는바, 이는 단순한 행정적 회의를 제외하고 국회의 헌법적 기능과 관련된 모든 회의는 원칙적으로 국민에게 공개되어야 함을 천명한 것으로서, 의사공개원칙의 헌법적 의미, 오늘날 국회기능의 중점이 본회의에서 위원회로 옮겨져 위원회중심주의로 운영되고 있는 점, 국회법 제75조 제1항("본회의는 공개한다. 다만, 의장의 제의 또는 의원 10인 이상의 연서에 의한 동의로 본회의의 의결이 있거나 의장이 각 교섭단체대표의원과 협의하여 국가의 안전보장을 위하여 필요하다고 인정할 때에는 공개하지 아니할 수 있다") 및 제71조의 규정내용에 비추어 본회의든 위원회의 회의든 국회의 회의는 원칙적으로 공개되어야 하고, 원하는 모든 국민은 원칙적으로 그 회의를 방청할 수 있다. 국회법 제55조 제1항(위원회에서는 의원이 아닌 자는 위원장의 허가를 받아 방청할 수 있다)은 위원회의 공개원칙을 전제로 한 것이지, 비공개를 원칙으로 하여 위원장의 자의에 따라 공개여부를 결정케 한 것이 아닌바, 위원장이라고 하여 아무런 제한없이 임의로 방청불허 결정을 할 수 있는 것이 아니라, 회의장의 장소적 제약으로 불가피한 경우, 회의의 원활한 진행을 위하여 필요한 경우 등 결국 회의의 질서유지를 위하여 필요한 경우에 한하여 방청을 불허할 수 있는 것으로 제한적으로 풀이되며, 이와 같이 이해하는 한, 위 조항은 헌법에 규정된 의사공개의 원칙에 저촉되지 않으면서도 국민의 방청의 자유와 위원회의 원활한 운영간에 적절한 조화를 꾀하고 있다고 할 것이므로 국민의 기본권을 침해하는 위헌조항이라 할 수 없다. 소위원회의 회의도 가능한 한 국민에게 공개하는 것이 바람직하나, 전문성과 효율성을 위한 제도인 소위원회의 회의를 공개할 경우 우려되는 부정적 측면도 외면할 수 없고, 헌법은 국회회의의 공개여부에 관하여 회의 구성원의 자율적 판단을 허용하고 있으므로, 소위원회 회의의 공개여부 또한 소위원회 또는 소위원회가 속한 위원회에서 여러 가지 사정을 종합하여 합리적으로 결정할 수 있다 할 것인바, 예산결산특별위원회의 계수조정소위원회는 예산의 각 장·관·항의 조정과 예산액 등의 수치를 종합적으로 조정·정리하는 소위원회로서, 예산심의에 관하여 이해관계를 가질 수 밖에 없는 많은 국가기관과 당사자들에게 계수조정 과정을 공개하기는 곤란하다는 점과, 계수조정소위원회를 비공개로 진행하는 것이 국회의 확립된 관행이라는 점을 들어 방청을 불허한 것이고, 한편 절차적으로도 계수조정소위원회를 비공개로 함에 관하여는 예산결산특별위원회 위원들의 실질적인 합의 내지 찬성이 있었다고 볼 수 있으므로, 소위원회 방청불허행위를 헌법이 설정한 국회 의사자율권의 범위를 벗어난 위헌인 공권력의 행사라고 할 수 없다(헌재 2000. 6. 29. 98헌마443, 99헌마583 병합, 국회예산결산특별위원회 계수조정소위원회 방청허가불허 위헌확인, 국회상임위원회 방청불허행위 위헌확인 등).

(3) 원내교섭단체

원내교섭단체(院內交涉團體)는 정당을 같이하는 의원으로 구성되는 원내정당으로서, 20인 이상의 소속의원을 가진 정당은 하나의 교섭단체가 된다. 그러나 다른 교섭단체에 속하지 아니한 20인 이상의 의원으로 따로 교섭단체를 구성할 수 있으므로, 무소속의원으로 구성되거나, 소수정당의 연립으로도 원내교섭단체를 구성할 수 있다(국회법 제33조 제1항). 교섭단체에는 대표의원이 있어, 대표의원의 제청에 따라 의장이 임명하는 정책연구위원을 교섭단체에 둔다(법 제34조).

교섭단체는 의사의 능률과 원활한 운영을 도우는 긍정적 기능도 있으나, 의원의 정당예속화를 강화시키고, 소속의원의 통일된 행동을 형성하도록 조장함으로써 투쟁집단의 역할을 하는 역기능을 초래하기도 한다.

◆ 헌재판례

1. 국회법은 정당과 원내교섭단체간의 일체성을 인정하여, 국회에 20인 이상의 소속의원을 가진 정당은 하나의 교섭단체로 보고, 국회의원은 둘 이상의 교섭단체에 소속될 수 없으며, 국회의원의 소속 정당이 변경된 경우에는 지체 없이 의장에게 보고하도록 하고 있다. 따라서 교섭단체에 정책연구위원을 둔다는 국회법 제34조 제1항 규정은 교섭단체를 구성한 정당에게 정책연구위원을 배정한다는 것과 실질적으로 다를 바 없다고 할 것인바, 이 규정은 교섭단체 소속의원과 그렇지 못한 의원을 차별하는 것인 동시에, 교섭단체를 구성한 정당과 그렇지 못한 정당도 차별하고 있다고 할 것이다. 그렇다면 국회의원 20인 이상을 확보하지 못하여 교섭단체를 구성하지 못한 청구인은 이 사건 규정으로 인하여 자신의 기본권을 침해받을 가능성이 있다. 국회의 역할 중 가장 중요한 것은 국민의 요구와 기대를 수렴하여 입법화하는 일이다. 그런데 국민의 의사를 수렴하여 정책을 수립하고 이를 법률안으로 구체화하는 일은 국회의원 개개인보다 그들의 결사체인 정당 등 교섭단체가 하는 것이 더 적절하고 효율적일 것이다. 나아가 원내에서도 법률안을 발의하는 데에는 의원 10인 이상의 찬성이 있어야 하는 점, 이를 심의하기 위한 의사일정에 관하여 교섭단체 간의 타협과 조정이 필요한 점, 법률안 심의는 주로 본회의가 아닌 소관 상임위원회 중심으로 이루어지는데 상임위원회 수가 17개에 달하는 점, 법안이 의결되기 위하여는 재적의원 과반수의 출석과 출석의원 과반수의 찬성을 필요로 하는 점 등을 고려하여 볼 때, 일정수 이상의 소속의원을 가진 교섭단체가 입법활동을 주도할 가능성이 높다. 이러한 상황에서 국회 입법활동의 활성화와 효율화를 이루기 위하여는 우선적으로 교섭단체의 전문성을 제고시켜야 하며, 교섭단체가 필요로 하는 전문인력을 공무원 신분인 정책연구위원으로 임용하여 그 소속의원들의 입법활동을 보좌하도록 할 필요성이 발생하므로 교섭단체에 한하여 정책연구위원을 배정하는 것은 입법재량의 범위 내로서 그 차별에 합리적인 이유가 있다 할 것이다(헌재 2008. 3. 27. 2004헌마654, 국회법 제34조 등 위헌확인).

2. 오늘날 교섭단체가 정당국가에서 의원의 정당기속을 강화하는 하나의 수단으로 기능할 뿐만 아니라 정당소속 의원들의 원내 행동통일을 기함으로써 정당의 정책을 의안심의에서 최대한으로 반영하기 위한 기능도 갖는다는 점에 비추어 볼 때, 국회의장이 국회의 의사(議事)를 원활히 운영하기 위하여 상임위원회의 구성원인 위원의 선임 및 개선에 있어 교섭단체대표의원과 협의하고 그의 "요청"에 응하는 것은 국회운영에 있어 본질적인 요소라고 아니할 수 없다. 피청구인은 국회법 제48조 제1항에 규정된 바에 따라 청구인이 소속된 한나라당 "교섭단체대표의원의 요청"을 서면으로 받고 이 사건 사·보임행위를 한 것으로서 하등 헌법이나 법률에 위반되는 행위를 한 바가 없다. 요컨대, 피청구인의 이 사건 사·보임행위는 청구인이 소속된 정당내부의 사실상 강제에 터 잡아 교섭단체대표의원이 상임위원회 사·보임 요청을 하고 이에 따라 이른바 의사정리권한의 일환으로 이를 받아들인 것으로서, 그 절차·과정에 헌법이나 법률의 규정을 명백하게 위반하여 재량권의 한계를 현저히 벗어나 청구인의 권한을 침해한 것으로는 볼 수 없다고 할 것이다 (헌재 2003. 10. 30. 2002헌라1, 국회의원과 국회의장간의 권한쟁의).
3. 헌법 제111조 제1항 제4호 및 헌법재판소법 제62조 제1항 제1호는 헌법재판소가 관장하는 국가기관 상호간의 권한쟁의심판을 국회, 정부, 법원 및 중앙선거관리위원회 상호간의 권한쟁의심판으로 한정하고 있으므로, 그에 열거되지 아니한 기관이나 또는 열거된 국가기관 내의 각급기관은 비록 그들이 공권적 처분)을 할 수 있는 지위에 있을지라도 권한쟁의심판의 당사자가 될 수 없으며 또 위에 열거된 국가기관 내부의 권한에 관한 다툼은 권한쟁의심판)의 대상이 되지 않는다. 따라서 국회의 경우 현행 권한쟁의심판제도에서는 국가기관으로서의 국회가 정부, 법원 또는 중앙선거관리위원회와 사이에 권한)의 존부 또는 범위에 관하여 다툼이 있을 때 국회만이 당사자로 되어 권한쟁의심판)을 수행할 수 있을 뿐이고, 국회의 구성원이거나 국회 내의 일부기관인 국회의원 및 교섭단체 등이 국회 내의 다른 기관인 국회의장을 상대로 권한쟁의심판을 청구할 수 없다(헌재 1995. 2. 23. 90헌라1, 국회의원과 국회의장간의 권한쟁의). 동 판례는 변경되어 국회의원과 교섭단체는 권한쟁의심판의 청구권이 인정되었다.

4. 국회의 회기와 의사원칙

(1) 국회의 회기와 입법기

입법기(立法期)란 국회가 동일의원들로 구성되는 시기(임기개시일)로부터 임기가 만료되거나 해산되기까지의 시기를 입법기 혹은 의회기(議會期)라고 하며, 통상 '~대(代)'라고 불리는 기간을 말한다. 입법기가 종료되면, 당해 입법기에 제안되었던 모든 의안이 폐기된다.

회기(會期)란 입법기 내에서 의회가 활동할 수 있는 일정한 기간(≠立法期)을 말하며, 국회 소집일(집회일)로부터 기산하여 폐회일까지를 일컫는다. 회기에는 정기회와 임시회가 있다.

정기회(定期會)는 법률이 정하는 바에 의하여 매년 1회 집회되며, 임시회(臨時會)는 대통령 또는 국회재적의원 4분의 1 이상의 요구에 의하여 집회된다. 헌법은 정기회는 100일을 임시회는 30일을 초과할 수 없도록 정하고 있으나, 년간 총회기에 대한 제한은 폐지되었다(제47조). 대통령이 임시회의 소집을 요구할 때에는 기간과 집회요구의 이유를 명시하여야 한다. 구헌법인 1980년헌법은 제83조 제2항에서 '국회는 정기회·임시회를 합하여 년 150일을 초과하여 개회할 수 없다'라고 하여 회기의 총기간을 제한하였다. 그러나 현행헌법은 총회기에 대한 제한을 없앴으며, 오히려 국회법에서는 연간 국회운영기본일정을 통하여 국회가 연중 상시운영될 수 있도록 규정하고 있다. 의장은 국회의 연중 상시운영을 위하여 각 교섭단체 대표의원과의 협의를 거쳐 매년 12월 31일까지 다음 연도의 국회운영기본일정을 정하여야 하며, 매 짝수월(8월·10월 및 12월을 제외한다) 1일(그 날이 공휴일인 때에는 그 다음날)에 임시회를 정기적으로 집회하도록 정하고 있다(법 제5조의2). 이는 연간국회운영기본일정 작성의 기준이 된다. 또한 국회의 회기는 의결로 이를 정하되, 의결로 연장할 수 있으며, 집회후 즉시 이를 정하여야 한다(법 제7조).

휴회(休會)는 회기 중에 국회의 의결로 기간을 정하여 휴회할 수 있으며, 국회의 휴회중이라도 대통령의 요구가 있을 때, 의장이 긴급한 필요가 있다고 인정할 때 또는 재적의원 4분의 1이상의 요구가 있을 때에는 회의를 재개한다(국회법 제8조). 폐회(閉會)를 하면, 국회는 활동을 중지하게 된다.

그리고 특별회(特別會)란 국회가 해산(解散)된 다음 새로이 선출된 국회의원이 소집(김集)되어 집회하는 것을 말하는데, 우리 헌법에는 국회해산제도가 없어 이에 관한 특별한 규정을 두지 않고 있다. 다만, 국회의원총선거후 최초의 회의는 임시회로 보며, 이 임시회는 의원의 임기개시후 7일에 집회하도록 정하고 있다(법 제5조 제3항).

(2) 정족수

정족수(定足數)란 다수인으로 구성되는 회의체에서 회의를 진행하고 의견을 결정하는 데 소요되는 출석자의 수를 말하며, 의사정족수와 의결정족수가 있다. 의사정족수(議事定足數)란 국회가 개의(開議)하는데 필요한 수를 의미하며, 의결정족수(議決定足數)란 국회가 의결을 하는데 필요한 수를 말한다. 국회법은 국회의 의사정족수를 재적의원 5분의 1이상으로 개의(開議)한다고 규정하고 있다(법 제73조). 의결정족수는 일반의결정족수와 특별의결정족수가 있다. 일반의결정족수는 헌법 제49조에서 '국회는 헌법 또는 법률에 특별한 규정이 없는 한 재적의원 과반수의 출석과 출석의원 과반수의 찬성으로 의결한다. 가부동수인 때에는 부결된 것으로 본다'고 규정하고 있으며, 특별의결정족수는 헌법규정과 국회법규정에 산재해 있다.

헌법에서 정한 특별의결정족수를 보면, 첫째 '국회재적의원 3분의 2 이상의 찬성'이 있어야 하는 경우로는 국회의원 제명(제64조 제3항), 헌법개정안 의결(제130조 제1항), 대통령탄핵 의결(제65조 제2항)이 있다. 둘째 '국회재적의원 과반수의 찬성'이 있어야 하는 경우로는 국무총리 또는 국무위원의 해임건의 의결(제63조 제2항), 국무총리·국무위원 및 고급공무원 등에 대한 탄핵 결의(제65조 제2항), 대통령 탄핵 발의(제65조 제2항), 계엄해제 요구(제77조 제5항), 헌법개정안 발의(제128조 제1항)이 있으며, 셋째 '재적의원과반수의 출석과 출석의원 3분의 2 이상의 찬성'을 요구하는 경우로는 대통령이 환부거부한 법률안의 재의결(제53조 제4항)이 있으며, 넷째 '국회의 재적의원 과반수가 출석한 공개회의에서 다수표'를 요구하는 경우는 대통령선거에서 최고득표자가 2인 이상인 때의 대통령 선출(제67조 제2항)이 있다.

이러한 의결정족수는 사법심사(司法審査)가 가능하다. 헌법과 국회법이 정한 의사절차에 반하는 등 중대사항에 위반하여 의결이 행하여진 경우에 그 위반도가 객관적으로 명백한 경우에는 사법심사가 가능하다. 의결정족수는 국회의 자율권에 속하지만, 내부자율성은 국민주권, 인권 보장의 요청에서 사법권에 대항할 수 없으므로 사법심사가 미친다.

(3) 의사공개의 원칙

헌법은 국회의 회의는 공개하도록 하고 있다(제50조 제1항). 이는 의사의 진행을 공개하여 국민의 비판과 감시를 받기위한 것으로서 본회의는 물론 위원회에 적용되나. 다만, 출석의원 과반수의 찬성이 있거나 의장이 국가의 안전보장을 위하여 필요하다고 인정할 때에는 공개하지 아니할 수 있다(제50조 제1항 단서). 국회법은 의장의 제의 또는 의원 10인 이상의 연서에 의한 동의로 본회의의 의결이 있거나 의장이 각 교섭단체대표의원과 협의하여 국가의 안전보장을 위하여 필요하다고 인정할 때에는 공개하지 아니할 수 있다고 정하고 있으며(제75조 제1항), 공개하지 아니한 회의의 내용은 공표가 금지되어 있다. 다만, 본회의의 의결 또는 의장의 결정으로 제1항 단서의 사유가 소멸되었다고 판단되는 경우에는 이를 공표할 수 있다(법 제118조 제4항).

　회의록도 의원에게 배부하고 일반에게 반포하는 것이 원칙이지만, 의장이 비밀을 요하거나 국가안전보장을 위하여 필요하다고 인정한 부분에 관하여는 발언자 또는 그 소속교섭단체대표의원과 협의하여 이를 회의록에 게재하지 아니할 수 있다(법 제118조 제1항). 그러나 의원이 비공개 회의록부분에 관하여 열람・복사 등을 신청한 때에는 정당한 사유가 없는 한 의장은 이를 거절할 수 없다(동조 제2항).

(4) 회기계속의 원칙과 일사부재의의 원칙

　국회에 제출된 법률안 기타 의안은 회기 중에 의결되지 못한 이유로 폐기되지 아니한다(제51조)는 회기계속(會期繼續)의 원칙을 택하고 있다. 다만, 국회의원의 임기만료의 경우는 모든 의안이 폐기된다(제51조 단서). 이와 같이 입법기가 만료됨으로써 당해 입법기에 제출되었던 의안 중에서 의결되지 못한 모든 의안을 폐기하는 것을 '입법기불계속의 원칙'이라고 할 수 있다. 이는 제5차 개헌 이래 미국・프랑스의 경향에 따라 규정한 것이다.

　그리고 국회는 소수파(少數派)의 의사방해(flibuster)를 방지하기 위하여 일 회기중에 부결된 의안은 동회기중(同會期中)에 다시 제출하지 못하는 일사부재의(一事不再議)의 원칙(법 제92조)을 택하고 있다. 그러나 일단 제의가 된 의안 일지라도 철회(撤回)되어 의결에 이르지 않은 것은 일사부재의 원칙에 해당하지 않으며, 동일 의안이라도 전회기(前會期)에 의결한 것은 다음회기에 다시 발의・심의 할 수 있다. 또한 동일대상에 대한 해임건의안(解任建議案) 일지라도 그것이 그 후 새로이 발생한 사유 때문인 경우에는 다시 해임건의안을 제출할 수 있으며, 위원회에서 부결된 의안일지라도 위원회 해임에 의하여 본회의에서 다시 다룰 수 있다.

제2절 국회의 권한

I. 국회의 입법에 관한 권한

1. 입법권의 개념

(1) 입법의 의의

국회의 입법권은 국회의 가장 고유한 권한이며, 가장 역사적이고 본질적인 권한으로서 우리 헌법도 제40조에서 '입법권은 국회에 속한다'고 하여 명확히 하고 있다. 그러나 입법권의 개념을 형식적으로 파악할 것인가 실질적으로 파악할 것인가에 대하여 견해가 갈려 있다.

형식설(形式說)은 헌법 제40조의 입법권을 형식적 의미의 법률제정권(法律制定權)으로 보는 견해이며, 이 설은 입법권의 대상인 법률을 형식적으로 파악하여, 입법을 형식적 의미의 입법으로 이해하며, 다수설이다. 형식적 의미의 입법이란 법률의 내용의 여하를 막론하고 다만 법률정립이 일정한 형식에 의하여 이루어지는 것으로서 법률이 법규사항(法規事項)을 내용으로 하든 아니면 법규 이외의 입법사항을 내용으로 하든 간에 법률이란 형식으로 제정되는 모든 것을 의미하는 것으로 본다.

실질설(實質說)은 국민의 권리·의무에 관한 규정, 즉 법규를 정립하는 국가의 작용을 입법으로 보는 학설로서, 입법을 그 형식이 법률이던, 명령이던, 규칙이던 명칭의 여하에 불구하고 내용에 따라 정의하는 것으로, 입법이란 '일반적·추상적 성문의 법규범을 정립하는 작용'이라고 한다. 이 때 법규범을 무엇으로 보는가에 따라 법규설(권리·의무설), 일반적 법규범설(입법사항설, 법률사항설)로 나뉘어 있다. 법규범을 국민의 권리·의무에 관한 사항, 즉 법규로 이해하는 법규설이 실질설의 지배적 견해이다. 이 견해에 따르면 입법이란 '법규의 정립'을 의미하게 된다. 일반적 법규범설은 법규범을 법규에 국한하지 않고 일반적인 법규범으로 넓게 이해하는 견해이다.

실질설 중에서 일반적 법규범설의 입장에서 법규범을 반드시 국민의 권리·의무에 관계되는 사항에 국한하지 않는다고 보는 견해가 타당하다고 본다. 김철수 교수는 실질설을 국민의 권리·의무에 관계되는 사항, 즉 법규를 정립하는 작용으로만 설명하고 이를 형식설과 비교하여 비판하고 있지만 실질설을 넓게 이해하게 된다면 이러한 비판은 별 문제가 안 된다고 본다. 왜냐하면 입법이 법률제정작용(法律制定作用)이라는 형식설(形式說)에 따르면 헌법개정이나 명령·규칙의 제정과 같은 것을 행정작용(行政作用)이나 사법작용(司法作用)에 포함시키거나 아니면 어떠한 국가 기능 영역에도 속하지 아니하는 것으로 보아야 하는 모순에 빠진다. 그리고 형식설에 따를 경우 법률의 형식이 아니기만 하면 헌법에 그에 관한 근거가 있든 없든 행정부도 사법부도 자유로이 입법을 할 수 있는 것이 되어 긴급명령, 법규명령 등의 제정도 국회입법의 원칙에 모순되거나 그에 대한 예외가 아닌 것이 된다.

따라서 국회가 갖는 입법에 관한 권한은 헌법개정의 심의·의결권, 법률안의 심의·의결권, 조약의 체결·비준에 대한 동의권 그리고 국회규칙의 제정권 등이 포함된 실질설의 입장에서 넓은 의미로 이해할 수 있다.

(2) 입법의 원칙

헌법 제40조가 선언한 '입법권은 국회에 속한다'는 것은 국회중심입법(國會中心立法)의 원칙을 선언한 것으로 이해할 수 있다. 국회중심이법의 원칙이란, 국회가 입법의 중심기관이며, 법률은 국회만이 제정할 수 있고, 국회 외의 기관이 법률을 제정해서는 안되며, 국회 이외의 기관은 헌법에서 수권된 범위 내에서 법률의 명칭이 아닌 법규를 제정할 수 있으며, 또한 국회의 위임 하에서 법규를 제정할 수 있다는 것이다. 국회단독입법(國會單獨立法)의 원칙은 법률에만 해당되며(다만 절차에 있어서, 예외적으로 정부의 법률안제안권(法律案提案權)과 대통령의 법률안거부권과 공포권이 헌법에 의하여 인정된다), 기타의 법규는 헌법의 수권 범위 내에서 국회 이외의 기관에서도 제정할 수 있다.

또한 국회는 형식적 의미의 법률 이외의 법규에 대해서도 제정권한이 있으며, 법규가 아닌 규범에 대한 입법권도 있다. 즉 헌법개정안에 대한 심의·의결권과 조약의 체결·비준에 대한 동의권 그리고 국회규칙의 제정권이 그 예이다. 그리고 국회이외의 기관이면서 법규에 대한 입법권을 갖는 예외적인 경우로는 대통령의 비상입법권, 대통령·국무총리·행정각부의 장의 행정입법권 그리고 각종헌법기관(헌법재판소, 대법원, 선거관리위원회)의 규칙제정권 그리고 지방자치단체의 자치입법권 등이 있다.

(3) 입법권의 특성

입법권은 민주적 정당성이 구비(具備)되어야 하며, 민주적 절차에 따라서 정립되어야 하며, 법치주의적 질서(명확성·합리성·안정성·평등성·일반성·추상성)에 적합하여야 하며, 사회국가적 원리(개인의 생존을 배려하기 위한 개별성·구체성의 원리)와도 합치되어야 한다.

2. 법률제정권

(1) 입법권의 범위

어떠한 사항이라도 헌법에 의하여 금지되지 않고 그 내용이 법률의 내용으로서 가능한 것이면 입법의 대상이 된다. 입법의 범위는 법규사항과 법률사항으로 설명할 수 있다.

법규사항(法規事項)이란 국민의 권리와 의무에 관계되는 사항으로서, 죄형법정주의(罪刑法定主義), 국선변호인선임권(國選辯護人選任權), 구속적부심사청구권(拘束適否審査請求權), 통신·방송의 시설기준과 신문의 기능보장(機能保障), 재산권의 내용과 한계, 사용·수용·제한·보상의 기준, 선거권, 공무담임권(公務擔任權), 청원권(請願權), 재판청구권, 형사보상청구권(刑事補償請求權), 국가배상청구권, 범죄피해구조청구권(犯罪被害救助請求權), 교육제도 등, 근로의무·근로조건, 공무원의 근로3권 생활보호청구권(生活保護請求權), 환경권, 기본권제한입법(基本權制限立法), 납세의무, 국방의무 등이 있다.

그리고 법률사항(法律事項)은 헌법이 국회에 유보한 것으로서, 조직법률(組織法律) 즉, 국가의 중요조직(重要組織)에 관한 사항, 중요정책사항(重要政策事項)으로서 국적·정당·계엄 등에 관한 사항, 기타 국유재산법·경찰관직무집행법(國有財産法·警察官職務執行法) 등을 들 수 있다.

(2) 입법절차

법률안은 국회의원과 정부가 제출(提出)할 수 있으며(제52조), 정부가 제출할 때에는 국무회의의 심의를 거쳐야 하며(제89조 제3호), 국회의원이 제출할 때에는 의원 10인 이상의 찬성으로 발의할 수 있으며(국회법 제79조 제1항), 국회의 위원회도 그 소관에 속하는 사항에 관하여 법률안을 제출할 수 있다(법 제51조). 의장은 의안이 발의 또는 제출된 때에는 이를 인쇄하여 의원에게 배부하고 본회의에 보고하며, 소관상임위원회에 회부하여 그 심사가 끝난 후 본회의에 부의하며, 소관상임위원회(所管常任委員會)가 불분명할 때에는 의장이 국회운영위원회와 협의하여 결정 한다(제81조). 그리고 위원회에서 법률안의 심사를 마치거나 입안한 때에는 법제사법위원회에 회부하여 체계(體系)와 자구(字句)에 대한 심사를 거친다(법 제86조). 상임위원회(常任委員會)에서 본회의에 부의할 필요가 없다고 결정된 의안은 본회의에 붙이지 아니한다(국회법 제87조 제1항 본문). 그러나 위원회의 폐기결정(廢棄決定)이 본회의에 보고된 날로부터 폐회 또는 휴회 중의 기간을 제외한 7일 이내에 의원 30인 이상의 요구가 있을 때에는 그 의안을 본회의에 부의하여야 한다(국회법 제87조 제1항 단서). 이와 같이 위원회의 폐기결정으로 의안의 본회의 상정이 일정기간 보류되는 것을 보류함(保留函 pigeon hole)이라고 하며, 보류된 의안이 의원의 요구에 의하여 본회에 부의되는 것을 위원회의 해임(discharge of Committee)이라 한다. 기간 내에 이러한 요구가 없을 때에는 그 의안은 폐기(廢棄)된다(국회법 제87조 제2항). 위원회에서 심사하여 본회의에 붙인 법률안은 그것을 심사한 위원장이 심사결과를 보고한다. 법률안의 의결은 재적과반수(在籍過半數)의 출석과 출석과반수(出席過半數)의 찬성투표로 행한다(제49조). 국회에서 의결된 법률안은 국회의장이 정부에 이송(移送)한다(국회법 제98조 제1항).

국회에서 의결된 법률안은 정부에 이송되어 15일 이내에 대통령이 공포한다(제53조 제1항). 대통령이 법률안에 이의가 있을 때에는 법률안이 이송된 후 15일 이내에 국회로 환부하여 재의를 요구할 수 있다(동조 제2항). 환부거부(還付拒否)된 법률안은 국회의 재의에 붙여서 재적과반수의 출석과 출석의원 3분의 2이상의 찬성으로 재의결하면 법률로서 확정된다(동3조 제4항). 대통령은 법률안의 일부에 대하여 또는 법률안을 수정하여 재의를 요구할 수 없다(동조 제3항).

헌법은 법률안이 법률로써 확정(確定)되는 경우를 세 가지로 정하고 있다. ① 법률안이 정부에 이송되고 15일 이내에 대통령이 공포한 때, ② 대통령이 15일의 기간 내에 공포나 재의의 요구를 하지 않은 때 그리고 ③ 국회의 재의결이 있은 때에 법률로써 확정된다.

대통령은 국회의 재의결에 의하여 확정된 때와 거부권을 행사하지 않고 15일이 경과한 때에는 지체없이 공포하여야 하는데(동조 제6항 전문), 대통령이 5일 이내에 공포하지 아니할 때에는 국회의장이 공포한다(동조 제6항 후문). 공포를 할 때에는 공포일을 명기하며(법령 등 공포에 관한 법률 제5조), 관보에 게재하며, 국회의장이 공포할 때에는 서울특별시에서 발행되는 일간신문 2이상에 게재한다(동법 제11조).

그리고 법률의 효력은 특별한 규정이 없는 한 공포한 날로부터 20일을 경과함으로써 발생하며(제53조 제7항), 공포 또는 공고한 날은 법률안을 게재한 관보(官報) 또는 신문의 발행일(發行日)로 한다(법령 등 공포에 관한 법률 제12조). 관보의 발행일은 관보에 관보의 발행일자로 인쇄되어 있는 날을 의미하는 것이 아니라 실제로 그 관보가 인쇄되어 나온 날을 의미하며(서울고법 1971. 12. 9. 70노517), 또한 관보 게재일은 관보가 실제 인쇄되어 서울의 중앙 보급소에 도달하여 일반국민이 이를 구독(購讀)할 수 있을 때(최초 구독가능시설)로 보아야 한다(대판 1969. 11. 25. 69누129).

♣ 법원판례

1. 현행국가배상법이 1967.3.3.자 관보에 게재되어 있으나 한편 동 관보는 1967.3.9.에야 인쇄 발행된 사실이 인정되며, 법령등공포에관한법률 제11조, 제12조의 규정에 의하면 법률의 공포는 이를 관보에 게재하도록 되어 있고, 법률의 공포일은 동 법률을 게재한 관보가 발행된 날이라고 규정되어 있으므로 법률을 관보에 게재하여 공포하는 경우, 실지 관보에 게재한 날짜 즉 인쇄된 날짜가 관보발행일자보다 늦을 때에는 관보인쇄일자를 관보발행일자로 보아 그 날을 법률의 공포일자로 보아야 할 것이므로 현행 국가배상법은 관보가 인쇄발행된 1967.3.9. 공포되었다고 할 것이다(서울고법 1970. 6 .3. 69나1825: 서울고법 1971. 12. 9. 70노517).

2. 법률공포의 지연과 법률시행기일의 효력: 형사소송법 부칙 제9조에 의하면 동법 시행기일은 서기 1954년 5월 30일로 규정되었으나 동법이 서기 1954년 9월 23일에 공포되었으므로 시행기일에 관한 규정은 법률공포지연으로 인하여 실효되고 헌법 제40조 제1항의 규정에 의하여 본법 시행기일은 헌법규정에 의하여 공포 후 20일을 경과한 서기 1954년 10월 14일이라고 해석함이 타당하다 할 것이다(대판 1955. 6. 21. 4288형상95).

3. 광업법시행령 제3조의 "관보 게재일"이라 함은 관보에 인쇄된 발행일자가 아니고 관보가 실제 인쇄되어 관보보급소에 발송배포되어 이를 일반인이 열람 또는 구독할 수 있는 상태에 놓이게 된 최초의 시기를 뜻한다(대판 1969. 11. 25. 69누129).

(3) 입법권의 한계

입법은 헌법의 집행과정을 의미하는 까닭에 헌법의 개별적·구체적 규정이나 헌법의 기본원리, 기본질서에 위배(違背)되는 법률을 제정 할 수 없으며, 소위 입법의 재량을 그르친 법률은 위헌이다. 또한 국회의 입법은 기본권의 본질적 내용을 침해하거나, 국제법의 원칙에 위배될 수 없다.

그리고 자유권의 제한에 있어서 일반적 제한 이외에 특정인에 대한 개별적 제한은 평등의 원칙에 위배된다. 이는 처분적(處分的) 법률의 위헌성문제이다. 처분적 법률이란 행정이나 사법을 매개(媒介)로 하지 아니하고 직접 국민의 권리나 의무를 발생시키는 법률로서, 지나치게 개별적·구체적 조치를 그 내용으로 하는 법률은 헌법의 권력분립(權力分立)의 원리에 위배되므로 위헌이라고 보는 견해가 다수설이다. 그러나 헌법재판소는 처분적 법률이 바로 위헌이 되는 것은 아니라고 판시하였다. 즉 처분적 법률이 개별 국민이나 개별사건만을 대상으로 함으로서 차별이 발생하고 그 차별이 합리적 이유로 정당화되지 못할 때 위헌이 된다고 판시하였다(헌재 2008. 1. 10, 2007헌마1468, 한나라당 대통령후보 이명박의 주가조작 등 범죄혐의의 진상규명을 위한 특별검사의 임명등에 관한 법률 위헌확인).

(4) 입법권의 통제

입법권에 대한 통제는 대통령의 법률안 거부권, 법원과 헌법재판소에 의한 위헌법률심판과 헌법소원을 통한 위헌무효선언 그리고 국민의 여론과 정당에 의한 통제를 들 수 있다.

◆ **헌재판례**

1. 처분적 법률이 위헌인 예: 한일 양국간에 이 사건 협정이 새로이 발효됨으로 인하여, 우리나라의 어민들은 종전에 자유로이 어로활동을 영위할 수 있었던 수역에서 더 이상 자유로운 어로활동을 영위할 수 없게 된 셈이다. 이로 인해 이 사건 청구인들이 주장하는 기본권의 침해 가능성이 인정되고, 따라서 이 사건 협정은 법령을 집행하는 행위가 존재하지 아니하고 바로 법령으로 말미암아 직접 기본권이 침해되는 예외적인 경우에 해당한다(헌재 2001. 3. 21. 99헌마139·142·156·160, 대한민국과일본국간의어업에관한협정비준등 위헌확인)

2. 처분적 법률이 합헌인 예: 우리 재판소는, 특정한 법률이 이른바 처분적 법률에 해당한다고 하더라도 그러한 이유만으로 곧바로 헌법에 위반되는 것은 아니라는 점을 수차 밝혀 왔다. 즉 우리 헌법은 처분적 법률로서의 개인대상법률 또는 개별사건법률의 정의를 따로 두고 있지 않음은 물론, 이러한 처분적 법률의 제정을 금하는 명문의 규정도 두고 있지 않으므로 특정한 규범이 개인대상 또는 개별사건법률에 해당한다고 하여 그것만으로 바로 헌법에 위반되는 것은 아니다. 다만 이러한 법률이 일반국민을 그 규율대상으로 하지 아니하고 특정 개인이나 사건만을 대상으로 함으로써 차별이 발생하는바, 그 차별적 규율이 합리적인 이유로 정당화되는 경우에는 허용된다고 할 것이다(헌재 2008. 1. 10, 2007헌마1468, 한나라당 대통령후보 이명박의 주가조작 등 범죄혐의의 진상규명을 위한 특별검사의 임명등에 관한 법률 위헌확인; 헌재 1996. 2. 16. 96헌가2 등; 헌재 2001. 2. 22. 99헌마613; 헌재 2005. 6. 30. 2003헌마841).

3. 법률 이외의 입법에 관한 권한

(1) 헌법개정에 관한 권한

국회의원 재적과반수의 발의로 헌법개정안을 제안할 수 있으며(제128조 제1항, 헌법개정안 발의), 대통령에 의하여 헌법개정안이 공포되면, 공고된 날로부터 60일 이내에 국회의원 3분의 2이상의 찬성으로 의결할 수 있다(동조 제2항). 현행 헌법상 국회의 의결은 헌법개정안에 대한 확정력이 있는 것이 아니라, 국민투표에 의하여 확정되도록 정하고 있다.

(2) 조약체결 · 비준에 대한 동의권

조약(條約)에 대한 국민적 합의와 대통령의 전단(專斷)을 방지하기 위한 민주적 통제장치로서 조약의 체결(締結)과 비준(批準)에 국회의 동의절차가 있으며, 현행 헌법은 일부 조약에 대하여 반드시 국회의 동의에 의하여 효력이 발생되도록 정하고 있다(제60조 제1항). 제60조 제1항의 조약 중 동의가 결여된 경우에는 국내법적 효력이 부인된다고 보는 것이 일반적이다. 그리고 가분적 성질의 조약이 아닌 한, 수정동의권은 부정된다고 보아야 하며, 가분적 성질의 조약은 일부승인 혹은 일부부결이 가능하다고 하겠다. 비준동의(批準同意)를 필요로 하는 조약은 상호원조(相互援助) 또는 안전보장(安全保障)에 관한 조약, 중요한 국제조직(國際組織)에 관한 조약, 우호통상항해조약(友好通商航海條約), 주권의 제약에 관한 조약, 강화조약(講和條約), 국가나 국민에 중대한 재정적(財政的) 부담(負擔)을 지우는 조약, 입법사항에 관한 조약 등이다.

그리고 조약의 명칭은 다양하며(조약, 협정, 약정, 의정서, 선언 등), 합의에 따라 적당한 명칭이 부여되는 데 불과하다. 다만, 국회의 동의없이 정부만의 행위에 의하여 체결되는 조약을 행정협정이라고 한다(고시류 조약(告示類 條約), 정부간협정, 집행협정 등). 행정협정의 형식은 주된 조약의 규정을 시행하기 위하여 필요한 세부적 규정을 내용으로 하거나 주된 조약의 위임 또는 미국의 경우 일정한 관행(慣行)에 의하여 이름이 붙여진다. 행정협정은 국회의 동의를 요하지 않는다(예: 어업협정 등). 그러나 1966년 10월 14일 국회동의를 얻어, 1967년 2월9일부터 발효한 소위 한미행정(Sofa)협정(정식 명칭은 '대한민국과아메리카합중국간의상호방위조약제4조에의한시설과구역및대한민국에서의합중국군대의지위에관한협정')은 헌법 제60조 제2항의 '외국군대의 대한민국 영역 안에서의 주류'에 해당되어 국회의 동의를 받아야 한다는 것이 헌법재판소의 견해이다(헌재 1999. 4. 29. 97헌가14). 그러나 1992년의 '남북기본합의서'는 조약으로 보는 견해가 일반적이나 헌법재판소는 공동성명 또는 신사협정으로 보고 있다(헌재 1997. 1. 16. 89헌마240).

(3) 입법적 국가긴급권에 대한 승인권

대통령이 입법적 국가긴급권(國家緊扱權)을 발동한 때에는 지체 없이 국회에 보고하여 그 승인을 얻어야 하며, 승인을 얻지 못한 때에는 그 명령은 그 때부터 효력을 상실(喪失)한다(제76조 제3항·제4항).

◆ 헌재판례

1. 대한민국과아메리카합중국간의상호방위조약제4조에의한시설과구역및대한민국에서의합중국군대의지위에관한협정은 그 명칭이 "협정"으로 되어 있어 국회의 관여없이 체결되는 행정협정처럼 보이기도 하나 우리나라의 입장에서 볼 때에는 외국군대의 지위에 관한 것이고, 국가에게 재정적 부담을 지우는 내용과 입법사항을 포함하고 있으므로 국회의 동의를 요하는 조약으로 취급되어야 한다(헌재 1999. 4. 29, 97헌가14, 대한민국과아메리카합중국간의상호방위조약제4조에의한시설과구역및대한민국에서의합중국군대의지위에관한협정 제2조 제1의 (나)항 위헌제청).

2. 1991. 12. 13. 남·북한의 정부당국자가 소위 남북합의서("남북사이의 화해와 불가침 및 교류·협력에 관한 합의서")에 서명하였고 1992. 2. 19. 이 합의서가 발효되었다. 그러나 이 합의서는 남북관계를 "나라와 나라사이의 관계가 아닌 통일을 지향하는 과정에서 잠정적으로 형성되는 특수관계"(전문 참조)임을 전제로 하여 이루어진 합의문서인 바, 이는 한민족공동체 내부의 특수관계를 바탕으로 한 당국간의 합의로서 남북당국의 성의있는 이행을 상호 약속하는 일종의 공동성명 또는 신사협정에 준하는 성격을 가짐에 불과하다(헌재 1997. 1. 16, 89헌마240, 국가보위입법회의법, 국가보안법의 위헌 여부에 관한 헌법소원).

3. 조약은 '국가·국제기구 등 국제법 주체 사이에 권리의무관계를 창출하기 위하여 서면형식으로 체결되고 국제법에 의하여 규율되는 합의'인데, 이러한 조약의 체결·비준에 관하여 헌법은 대통령에게 전속적인 권한을 부여하면서(헌법 제73조), 조약을 체결·비준함에 앞서 국무회의의 심의를 거쳐야 하고(헌법 제89조 제3호), 특히 중요한 사항에 관한 조약의 체결·비준은 사전에 국회의 동의를 얻도록 하는 한편(헌법 제60조 제1항), 국회는 헌법 제60조 제1항에 규정된 일정한 조약에 대해서만 체결·비준에 대한 동의권을 가진다. 이 사건 '동맹 동반자 관계를 위한 전략대화 출범에 관한 공동성명'은 한국과 미합중국이 상대방의 입장을 존중한다는 내용만 담고 있을 뿐, 구체적인 법적 권리·의무를 창설하는 내용을 전혀 포함하고 있지 아니하므로, 조약에 해당된다고 볼 수 없으므로 그 내용이 헌법 제60조 제1항의 조약에 해당되는지 여부를 따질 필요도 없이 이 사건 공동성명에 대하여 국회가 동의권을 가진다거나 국회의원인 청구인이 심의표결권을 가진다고 볼 수 없다(헌재 2008. 3. 27, 2006헌라4, 국회의원과 대통령 등 간의 권한쟁의).

Ⅱ. 국회의 재정에 관한 권한

1. 예산심의확정권과 결산심사권

(1) 예산의 의의

예산(豫算)이라함은 한 회계연도(會計年度)에 있어서 국가의 세입(歲入)·세출(歲出)의 예정준칙(豫定準則)을 정한 것으로 국회의 의결에 의하여 성립하는 법형식으로서, 회계연도는 매년 1월 1일에 시작하여 12월 31일에 종료한다(국가재정법 제1조).

예산의 법적 형식에 대하여 미국·영국·프랑스·서독과 같이 예산은 법률의 형식으로 의결하는 나라도 있으며(예산법률주의, 豫算法律主義), 일본·스위스와 같이 법률과 다른 독특한 국법형식의 하나로 채택하는 나라(독특한 국법형식)도 있다. 우리나라는 법률과 다른 독특한 형식을 취하는 후자의 범주에 속한다.

따라서 예산의 법적 성질에 대한 견해는 법률설(예산은 법률이어야 한다), 승인권설(예산은 행정행위로 의회에 대한 의사표시에 지나지 않는다) 그리고 국법형식설(예산은 병립하는 국법형식 이다)이 있으며, 우리나라는 국법형식설이 통설이다.

(2) 예산의 성립절차

예산의 성립절차는 국회제출→ 정부의 시정연설 청취 → 의장이 소관상임위원회에 회부 (국회법 제84조) → 소관상임위원회 예비심사 → 의장에게 보고 → 결과보고내용과 함께 다시 예산결산특별위원회에 회부 → 특별위원회의 심의→예산안에 대한 공청회(법 제84조의3)→ 본회의의결에 의한다.

예산안의 제안은 정부만이 국무회의의 심의를 거쳐 회계년도 개시 90일 전까지 제출하고, 국회가 회기년도 개시 30일 전까지 의결함으로써 성립하며(제54조 제2항). 일반의결정족수(제49조)에 의거하여 의결한다. 예산안의 수정동의는 의원50인 이상의 찬성을 요하며(국회법 제95조), 증액수정(增額修正)은 정부의 동의가 필요하나, 감액수정(減額修正)은 자유롭다. 즉, 국회는 정부가 제출한 지출예산 각항의 금액을 증가하거나 새 비목을 설치할 경우에는 정부의 동의를 받아야 하며(제57조), 법률을 집행하는데 필요한 경비(法律費) 또는 법률상 국가가 부담하는 경비(義務費)에 관하여 국회는 세출의 근거로 된 법률을 의결한 이상 이에 구속된다. 정부에 이송된 예산은 대통령이 관보(官報)로 공포하게 된다.

국회의 예산안 심의권에 대한 제약을 보면, 국회는 예산안 발안권을 가지고 있지 않으며, 국회에게 예산의 폐지, 삭제, 감액권(소극적 수정권)은 인정하지만, 증액·신비목을 설치하고자 할 때에는 정부의 동의가 필요하다. 그리고 조약이나 법률로써 확정된 금액과 채무부담행위로서 전년도에 이미 국회의 의결을 얻은 금액은 삭감할 수 없으며, 예산이 수반되는 국가사업을 규정한 법률이 이미 제정된 경우 국회의 예산심의권은 이에 구속된다

(3) 예산과 관련된 제도

우리 헌법은 예산과 관련하여 준예산제도, 계속비제도, 예비비제도 그리고 추가경정예산제도를 두고 있다.

준예산(임시예산·경정예산)는 새로운 회계년도가 개시될 때까지 예산안이 의결되지 못한 때에는 정부는 예산안이 의결 될 때까지 일정 목적을 위한 경비는 전년도 예산에 준하여 지출할 수 있다. 준예산으로 집행할 수 있는 목적은 헌법이나 법률에 의하여 설치된 기관 또는 시설의 유지·운영, 법률상 지출의무의 이행 그리고 이미 예산으로 승인된 사업의 계속에 한한다(제54조 제3항).

계속비(繼續費)는 한 회계년도를 넘어 계속 지출할 필요가 있을 때에는 정부는 연한을 정하여 국회의 의결을 얻어야 한다(제55조 제1항). 이는 예산 일년주의 원칙의 예외로서 경비총액과 연부액(年賦額)을 정하여 미리 국회의 의결을 얻은 범위 안에서 수 년에 걸쳐서 지출할 수 있다. 국가가 지출할 수 있는 연한은 당해 사업년도로부터 5년 이내로 한다. 다만 국회의결로 연장할 수 있다(법 제23조).

추가경정예산(追加更正豫算)은 예산성립 후 발생한 사유로 인하여 예산에 변경을 가할 필요가 있을 때에는 정부는 추가경정예산을 편성하여 국회에 제출하고 의결을 얻어야 한다(제56조, 법 제89조). 국회의 승인을 얻지 못한 경우에도 지출행위의 효력에는 영향이 없다. 국가재정법은 국가재정의 건전성을 제고하고자 추가경정예산안의 편성사유를 전쟁이나 대규모 자연재해가 발생한 경우, 경기침체·대량실업 등 대내·외 여건의 중대한 변화가 발생하였거나 발생할 우려가 있는 경우, 법령에 따라 국가가 지급하여야 하는 지출이 발생하거나 증가하는 경우로 제한하고 있다.

예비비(豫備費)는 예측할 수 없는 지출 또는 예산초과지출(豫算超過支出)의 충당을 위한 예비비는 총액으로 국회의 의결을 얻어야 한다. 또한 예비비의 지출은 차기국회의 승인을 얻어야 한다. 국회의 승인을 얻지 못한 경우에도 지출행위의 효력에는 영향이 없다. 특히 사용목적이 지정되지 않은 일반예비비의 규모를 일반회계예산총액의 1퍼센트 이내로 하여 그 한도를 설정하고, 이를 공무원의 보수 인상을

위한 인건비 충당에 사용할 수 없도록 예비비의 상한에 제한을 두었다(법 제22조).

이 외에도 예산과 관련된 원칙은 '회계연도 독립의 원칙(국가재정법 제3조, 각 회계연도 경비는 그 연도의 세입 또는 수입으로 충당한다)'과 '예산총계주의(법 제17조 한 회계연도의 모든 수입을 세입으로 하고 모든 지출을 세출로 한다. 즉 세입·세출을 통합하여 단일예산으로 편성하는 것을 말하며, 단일예산주의·회계통일의 원칙·예산통일주의라고도 한다)'가 있다. 국가재정법은 국가의 현물출자, 외국차관의 전대(轉貸)와 국가연구개발사업의 개발 성과물 사용에 따른 기술료 등에 대한 경우(법 제53조)와 특별회계예산제도(국가재정법 제4조 제3항, 국가에서 특정한 사업을 운영하고자 할 때, 특정한 자금을 보유하여 운용하고자 할 때, 특정한 세입으로 특정한 세출에 충당함으로써 일반회계와 구분하여 계리할 필요가 있을 때에 법률로써 설치하며, 국가재정법이 규정한 법률에 의하지 아니하고는 이를 설치할 수 없다)를 예산총계주의의 예외로 인정하고 있다.

(4) 예산과 법률의 관계

우리나라는 예산을 법률과 다른 국법형식으로 정하고 있기에 법률과의 공통점과 차이점에 대한 상호관계에 대하여 주의할 필요가 있다.

먼저, 예산과 법률은 상호 독립적이며, 상호 구속을 한다. 즉 예산으로서 법률을 변경할 수 없고, 법률로써 예산을 변경할 수 없으며(상호독립), 예산의 지출은 반드시 법률의 근거를 요하며, 법률이 예산지출을 규정하고 있는 경우에도 예산이 계상되어 있지 않으면 지출할 수 없다(상호구속). 이러한 불일치가 발생할 경우에는 추가경정예산이나 예비비제도를 통하여 해결할 수 있다.

그리고 예산과 법률의 공통점은 절차상 의결권자가 국회라는 것이며, 의결정족수에 있어서 일반의결정족수의 재적의원 과반수 출석과 출석의원 과반수의 찬성으로 하고 있다는 것이다.

그러나 예산은 정부만이 제출할 수 있으나(행정부 우위의 예산원칙), 법률안은 정부와 국회의원이 모두 할 수 있으며, 제출기한에 있어서도 법률안은 수시로 할 수 있지만, 예산안은 회계연도 개시 90일 전까지 하여야 한다. 심의에 있어서도 법률안에 대해서는 수정과 증보가 국회의 재량이나, 예산안에 있어서는 소극적 수정주의를 택하여 증액과 신비목의 설치에는 정부의 동의를 받도록 하고 있다. 심의기간에 있어서도 예산안에 대해서는 회계연도 개시 30일 전까지 의결하도록 정하고 있다. 그리고 예산에 대해서는 대통령의 거부권이 없지만, 법률안에 대해서는 대통령의 거부권이 있으며, 대통령의 공포에 의하여 효력이 발생한다. 즉 공포가 법률안에서는 효력발생요건이지만, 예산안은 관보에 공고하게 되어있으나, 효력발생요건은 아니다. 효력면에 있어서도 예산은 국가기관만 구속하고, 한 회계연도에 한정되며, 국내와 해외공관에만 미치지만, 법률은 국가기관뿐만 아니라 국민에게도 효력이 있으며, 시간적으로도 폐지시까지 효력을 가지며, 지역적으로도 속지적 효력의 원칙이 적용된다.

(5) 결산심사권

예산의 집행권은 관계국가기관의 권한이지만, 예산에 대한 사후심사권(결산심사권)은 국회의 권한이다. 감사원은 세입·세출의 결산을 매년 검사하여 대통령과 차년도국회에 그 결과를 보고하여야 한다(제99조). 감사원의 감사를 위하여 기획재정부장관은 대통령의 승인을 받아 국가결산보고서를 다음 연도 4월 10일까지 감사원에 제출하여야 하며(법 제59조), 감사원은 제출된 국가결산보고서를 검사하고 그 보고서를 5월 20일까지 기획재정부장관에게 송부하고(법 제60조), 정부는 동보고서를 5월 31일까지 국회에 제출하여야 한다(법 제61조). 국회는 국가결산보고서의 제출을 정부에 요구할 수 있으며, 제출받은 결산보고서의 심의와 의결은 정기회 개회전까지 완료하여야 한다(국회법 제128조의2). 이처럼 결산의 조기제출을 통하여 예·결산 분리 심의를 원칙으로 하고 있다.

2. 조세에 관한 권한

(1) 조세법률주의의 의의

조세(租稅)는 국가나 지방자치단체 등 공권력의주체가 재원조달의 목적으로 그 과세권을 발동하여 반대급부 없이 일반국민으로부터 강제적으로 부과·징수하는 과징금을 말한다(헌재 1991.11.25. 91.헌가6). 우리 헌법은 '조세의 종목과 세율(稅率)은 법률로 정한다(제59조)'고 규정하여 조세법률주의를 택하고 있으며, 조세법률주의(租稅法律主義)는 조세평등주의(租稅平等主義)를 포함하고 있다.

▶ 참 고

조세는 처벌을 목적으로 하는 벌금·과료·과태료·몰수 등과 구별되며, 반대급부 없이 과징하는 점에서 사용료·수수료 등과 구별된다. 그리고 특정사업의 경비를 그 사업에 이해관계를 가진 사람에게 부담시키기 위하여 과하는 공법상의 금전급여의무인 분담금(부담금)과도 구별된다.

(2) 조세평등주의

조세평등주의는 헌법 제11조 제1항에 규정된 평등원칙의 세법영역에서의 구현원칙이며(헌재 1989.7.21. 89헌마38: 헌재 1997.10.30. 96헌바14), 조세관계법률의 과세대상자에 따라 상대적(相對的)으로 공평하여야 함을 의미한다(상대적 평등). 즉 과세적격사유가 있는 대상에 대하여 그 능력에 따라 합당한 과세액이 부과·징수되는 것을 의미하며, 응익과세(應益課稅, 공평과세의 기준은 국가로부터 납세자가 받는 이익에 상응하는 부담이어야 한다는 근세초기의 원칙)가 아닌 응능과세(應能課稅, 소득·재산·부와 같은 납세능력 내지 담세력에 따라 부담하여야 한다는 원칙)를 원칙으로 한다(헌재 1990. 9. 3. 89헌가95).

◆ 헌재판례

1. 헌법재판소는 골프장은 비록 체육시설의설치·이용에관한법률상의 체육시설로 분류되더라도 아직 고액의 회원권을 구입한 특정계층의 소수의 사람들만이 주로 이용하는 시설이므로, 일반취득세율에 대한 7·5배의 중과세율을 규정한 것은 입법목적의 달성에 적절한 정책수단의 상당성을 갖추고 있으며, 이것이 목적달성에 필요한 정도를 넘는 자의적인 세율의 설정이라고 볼 수 없으므로 골프장의 취득세를 중과세한 것은 헌법에 위반되지 않는다고 판시(헌재 1999. 2. 25. 96헌바64).

2. 우리 헌법은 제11조 제1항에서 "모든 국민은 법 앞에 평등하다. 누구든지 성별·종교 또는 사회적 신분에 의하여 정치적·경제적·사회적·문화적 생활의 모든 영역에 있어서 차별을 받지 아니한다"라고 규정하고 있다. 조세평등주의는 위 헌법규정에 의한 평등의 원칙 또는 차별금지의 원칙의 조세법적 표현이라고 할 수 있다. 따라서 국가는 조세입법(租稅立法)을 함에 있어서 조세의 부담이 공평하게 국민들 사이에 배분되도록 법을 제정하여야 할 뿐만 아니라, 조세법의 해석·적용에 있어서도 모든 국민을 평등하게 취급하여야 할 의무를 진다. 이러한 조세평등주의의 이념을 실현하기 위한 법 제도의 하나가 바로 국세기본법 제14조에 규정한 실질과세의 원칙이라고 할 수 있다. 또한 이러한 조세평등주의는 정의의 이념에 따라 "평등한 것은 평등하게", 그리고 "불평등한 것은 불평등하게" 취급함으로써 조세법의 입법과정이나 집행과정에서 조세정의(租稅正義)를 실현하려는 원칙이라고 할 수 있다(헌재 1989. 7. 21. 89헌마38, 상속세법 제32조의2의 위헌여부에 관한 헌법소원).

3. 상속세법 제32조의 2 제1항('제3자 명의의 등기 등에 대한 증여의제조항, 1981.12.31. 법률 제3474호 개정)은, 조세회피의 목적이 없이 실질소유자와 명의자를 다르게 등기 등을 한 경우에는 적용되지 아니하는 것으로 해석하는 한, 헌법에 위반되지 아니한다는 합헌해석을 하기로 하여 주문과 같이 결정한다(위 판례).

4. 헌법재판소는 위 판례에서 "명의신탁제도는 판례에 의하여 그 유효성이 인정되고 있을

뿐만 아니라 사법질서의 일부로서 정착되고 있으므로, 전혀 조세회피의 목적이 없이 실정법상의 제약이나 제3자의 협력거부 기타 사정으로 인하여 부득이 명의신탁의 형식을 빌린 경우에도 무차별적으로 증여세를 과세한다면 재산권보장을 전제로 한 조세법률주의 또는 평등의 원칙을 전제로 한 조세평등주의의 헌법정신에 위배되는 결과를 낳을 염려가 있다"고 판시하여 조세회피의 목적없는 명의신탁은 증여의제로 볼 수 없다는 취지로 한 정합헌결정을 하였으나, 1995년 부동산 실권리자명의 등기에 관한 법률의 제정으로, 종중이 보유한 부동산에 관한 물권을 종중(종중과 그 대표자를 같이 표시하여 등기한 경우를 포함한다)외의 자의 명의로 등기한 경우와 배우자 명의로 부동산에 관한 물권을 등기한 경우로서 조세포탈, 강제집행의 면탈 또는 법령상 제한의 회피를 목적으로 하지 아니한 경우 외에는 모든 명의신탁행위는 불법행위가 되었다.

(3) 조세법률주의

조세법률주의는 법률에 근거 없으면 국가는 조세를 부과·징수할 수 없고, 국민도 법률에 근거가 없으면 조세납부를 요구받지 않는다는 원칙을 말하며(헌재 1999. 5. 27. 97헌바66), 일년세주의(의회가 조세에 대한 법률을 연도마다 새로이 제정하는 방식)와 영구세주의(의회가 조세법을 제정하면, 국가나 지자체는 몇 년이든 계속하여 조세를 부과할 수 있는 방식)가 있다. 우리나라는 영구세주의를 택하고 있는 것으로 본다.

조세법률주의는 법률주의, 과세요건법정주의, 과세요건명확주의 그리고 소급과세금지원칙, 엄격한 해석의 원칙, 실질과세의 원칙을 세부원칙으로 하고 있다.

법률주의(法律主義)란 법률의 위임없이 명령·규칙 등 행정입법으로 조세요건과 부과징수절차를 규정하거나, 법률에 규정된 내용을 함부로 유추·확장하는 내용의 해석규정을 마련하는 것은 조세법률주의에 위배된다는 원칙으로서, 헌법재판소도 경제현실의 변화나 기술의 발달 등 부득이한 사정이 있는 경우에는 탄력성이 있는 행정입법에 위임하는 것이 허용된다고 판시하였다(헌재 1999.6.24. 98헌바42). 과세요건법정주의는 조세의 종목과 세율뿐만 아니라 납세의무자, 과세물건, 과세표준, 과세기간, 세율 등 과세요건과 조세의 부과·징수절차를 모두 국민의 대표기관인 국회가 제정한 법률로써 규정하여야 한다는 원칙이다(헌재 1989.7.21. 89헌마38). 그리고 과세요건명확주의는 과세요건을 법률로 규정하였더라도 그 규정내용이 지나치게 추상적이고 불명확하면 과세관청의 자의적인 해석과 집행을 초래할 우려가 있으므로, 규정내용이 명확하고 일의적이어야 한다는 원칙이다(헌재 1999.3.25. 98헌가11,14,18병합; 헌재 1989.7.21. 89헌마38). 소급과세금지원칙은 조세납부의무가 성립한 소득·수익·재산 또는 거래에 대하여 그 성립 이후의 새로운 세법에 의하여 소급하여 과세하지 않는다는 원칙이다(헌재 1992. 12. 24. 90헌마21).

◆ **헌재판례**

1. 과세요건명확주의 판례: 헌법재판소는 지방세법 제188조 제1항 제2호 (2)목 중 '고급오락장용 건축물'부분은 '고급오락장'의 개념이 지나치게 추상적이고 불명확하여 고급오락장용 건축물이 무엇인지를 예측하기가 어렵고 과세관청의 자의적인 해석과 집행을 초래할 염려가 있으므로 헌법상 조세법률주의의 과세요건명확주의제 위배된다(헌재 1999. 3. 25. 98헌가11,14,18병합).

2. 소급과세금지원칙의 판례: 헌법재판소는 국세기본법이 상속세나 증여세의 납부의무는 '상속을 개시하는 때'나 '증여에 의하여 재산을 취득한 때' 성립하는 것으로 규정한 것은 조세의 부과요건이나 부과기준은 납세의무성립일 현재를 기준으로 한다는 의미이다. 그러나 상속세법 제9조 제2항에서 상속재산(증여재산)의 가액을 상속세(증여세) 부과당시의 가액으로 평가하도록 한 것은 과세원인 발생의 시점을 법률로 바꾸겠다는 것과 같으므로, 이는 과세표준과 세율 등 과세요건이 조세법률주의에 의하여 법률로 결정되는 것이 아니라 과세관청(행정청)의 의사나 행위에 따라 좌우되는 결과가 될 것이므로 조세법률주의에 정면으로 위반된다(헌재 1992. 12. 24. 90헌마21).

3. 과세요건법정주의와 과세요건명확주의 판례: 조세법률주의는 이른바 과세요건 법정주의와 과세요건 명확주의를 그 핵심적 내용으로 삼고 있는 바, 먼저 조세는 국민의 재산권 보장을 침해하는 것이 되기 때문에 납세의무를 성립시키는 납세의무자·과세물건·과세표준·과세기간·세율 등의 과세요건과 조세의 부과·징수절차를 모두 국민의 대표기관인 국회가 제정한 법률로 규정하여야 한다는 것이 과세요건법정주의이고, 또한 과세요건을 법률로 규정하였다고 하더라도 그 규정내용이 지나치게 추상적이고 불명확하면 과세관청의 자의적인 해석과 집행을 초래할 염려가 있으므로 그 규정 내용이 명확하고, 일의적(一義的)이어야 한다는 것이 과세요건명확주의라고 할 수 있다(헌재 1989. 7. 21. 89헌마38, 상속세법 제32조의2의 위헌여부에 관한 헌법소원).

3. 국회의 정부재정행위에 대한 동의권과 승인권

(1) 기채동의권 등

정부가 국채를 모집하거나 예산외에 국가의 부담이 될 계약을 체결하려 할 때에는 사전동의(事前同意)를 요건으로 하고 있다(제58조). 이를 국회의 기채동의권(起債同意權)이라고 한다. 따라서 외국차관의 정부지불보증, 외국인고용계약 등

예산외에 국가부담이 될 사법상 계약을 체결하고자 할 때에는 정부는 미리 국회의 의결을 얻어야 한다.

(2) 재정적 부담이 있는 조약체결에 대한 동의권

국회는 국가나 국민에게 중대한 재정적 부담을 지우는 조약의 체결·비준에 대한 동의권을 가진다(제60조 제1항).

(3) 예비비 지출에 대한 승인권

예비비는 총액으로 국회의 의결을 얻어야 한다. 예비비의 지출은 차기국회의 승인을 얻어야 한다(제55조 제2항).

(4) 긴급재정·경제처분 및 명령에 대한 승인권

대통령은 헌법 제76조 제1항의 긴급재정경제처분과 긴급재정경제명령 그리고 동조 제2항의 긴급명령을 발하고자 할 때에는 지체없이 국회에 보고하여 사후승인(事後承認)을 얻어야 한다(제76조 제3항).

Ⅲ. 국정통제에 관한 권한

1. 탄핵소추권(彈劾訴追權)

(1) 연혁과 의의

근대적 의미의 탄핵제도는 14세기 영국의 에드워드 3세 치하에서 시작되었으며, 그 후 사권박탈법(Bill of Attainder, 사법재판 없이 의회의 의결로 민사상의 권리나 정치적인 권리를 박탈하는 입법부의 행위)으로 발전하고, 1787년에 제정된 미국연방헌법에서 최초로 실정헌법화되었다.

탄핵제도는 징계절차로써 파면하기 곤란하거나 일반소추기관(一般訴追機關)에서 소추하기가 곤란한 고급공무원에 대하여 국민의 대표기관인 국회가 처벌하는 제도로서 국정통제의 수단이자 헌법수호의 수단으로 발전하였다. 의원내각제하에서는 불신임권(不信任權)이 있으므로 실효성이 적으나, 대통령제 하에서는 행정부 통제의 가장 강력한 수단으로 작용한다.

◆ 헌재판례

1. 탄핵심판의 목적과 기능: 헌법 제65조는 행정부와 사법부의 고위공직자에 의한 헌법위반이나 법률위반에 대하여 탄핵소추의 가능성을 규정함으로써, 그들에 의한 헌법위반을 경고하고 사전에 방지하는 기능을 하며, 국민에 의하여 국가권력을 위임받은 국가기관이 그 권한을 남용하여 헌법이나 법률에 위반하는 경우에는 다시 그 권한을 박탈하는 기능을 한다. 즉, 공직자가 직무수행에 있어서 헌법에 위반한 경우 그에 대한 법적 책임을 추궁함으로써, 헌법의 규범력을 확보하고자 하는 것이 바로 탄핵심판절차의 목적과 기능인 것이다(헌재 2004. 5. 14, 2004헌나1, 대통령 노무현 탄핵).

2. 탄핵소추의결 부작위의 헌법소원대상 여부: 부작위위헌확인소원은 기본권보장을 위하여 헌법상 명문으로 또는 헌법의 해석상 특별히 공권력 주체에게 작위의무가 규정되어 있어 청구인(변호사 박OO)에게 그와 같은 작위를 청구할 헌법상 기본권이 인정되는 경우에 한하여 인정되는 것인바, 헌법 제65조 제1항은 국회의 탄핵소추의결이 국회의 재량행위임을 명문으로 밝히고 있고 헌법해석상으로도 국정통제를 위하여 헌법상 국회에게 인정된 다양한 권한 중 어떠한 것을 행사하는 것이 적절한 것인가에 대한 판단권은 오로지 국회에 있다고 보아야 할 것이며, 나아가 청구인에게 국회의 탄핵소추의결을 청구할 권리에 관하여도 아무런 규정이 없고 헌법해석상으로도 그와 같은 권리를 인정할 수 없으므로, 국회에게 대통령의 헌법 등 위배행위가 있을 경우에 탄핵소추의결을 하여야 할 헌법상 작위의무가 있다 할 수 없어 국회의 탄핵소추의결 부작위에 대한 위헌확인소원은 부적법하다(헌재 1996. 2. 29, 93헌마186, 긴급재정명령 등 위헌확인)

(2) 탄핵대상과 사유

탄핵대상에 있어서 미국은 모든 문관(文官), 일본은 법관만으로 하고 있으며, 일반적으로 국회의원과 군인은 제외된다. 우리 헌법도 대통령·국무총리·국무위원·행정각부의 장·헌법재판소 재판관·법관·중앙선거관리위원회 위원·감사원장·감사위원 기타 법률이 정한 공무원으로 규정하고 있다(제65조 제1항). 기타 법률이 정한 공무원으로는 검사·각 처장·외교관 등이 해당되며, 물론 국회의원·군인·일반직 공무원은 탄핵의 대상이 되지 않는다.

탄핵사유는 '직무집행에 있어서 헌법이나 법률을 위배한 때'로서, 여기서의 직무집행(職務執行)에 관련된 사안이므로 사생활에 관한 사항은 해당되지 않으며, 현직에 취임하기 전이나 퇴직 후의 행위는 제외한 현직(現職)에 관한 사유만이 대상이다. 전직(前職)의 행위는 전직(前職)에서 사퇴함으로써 면직이 되었으므로 대상이 되지 않는 것으로 봄이 타당하며, 전직(轉職)한 경우에는 공직으로부터 사퇴한 것이므로, 이미 위법행위는 공직으로부터 사퇴함과 동시에 탄핵사유가 소멸하게 된다고 보아야 한다. 그러나 탄핵소추절차가 개시된 이후에 탄핵소추를 면하기 위하여 전직하는 경우에는 탄핵절차가 계속되어야 하는가가 문제된다. 그리고 '헌법이나 법률에 위반한 행위'라고 할 때의 헌법에는 형식적 의미의 헌법은 물론이며, 성문헌법과 불문헌법이 모두 포함된다. 다만, 실질적 의미의 헌법 중에는 명령과 규칙도 있을 수 있으므로 필요충분한 설명이 되지 않기에 실질적 의미의 헌법도 포함된다고는 볼 수 없다. 그리고 법률도 형식적 의미의 법률은 물론 그 외에 법률과 동일한 효력을 가진 조약, 일반적으로 승인된 국제법규, 긴급명령 및 긴급재정·경제명령을 포함한다고 본다. 헌법과 법률에 '위법행위'는 고의·과실에 의한 행위는 물론이며, 법의 무지(無知)로 인한 경우도 포함된다. 그러나 정치적 무능력이나 정책결정상의 과오는 제된다.

◆ 헌재판례

헌재 2004. 5. 14, 2004헌나1, 대통령 노무현 탄핵
  - '직무집행에 있어서'의 '직무'란, 법제상 소관 직무에 속하는 고유 업무 및 통념상 이와 관련된 업무를 말한다. 따라서 직무상의 행위란, 법령·조례 또는 행정관행·관례에 의하여 그 지위의 성질상 필요로 하거나 수반되는 모든 행위나 활동을 의미한다. 헌법은 탄핵사유를 "헌법이나 법률에 위배한 때"로 규정하고 있는데, '헌법'에는 명문의 헌법규정뿐만 아니라 헌법재판소의 결정에 의하여 형성되어 확립된 불문헌법도 포함된다. '법률'이란 단지 형식적 의미의 법률 및 그와 등등한 효력을 가지는 국제조약, 일반적으로 승인된 국제법규 등을 의미한다.
  - 헌법 제65조 제1항은 '대통령…이 그 직무집행에 있어서'라고 하여, 탄핵사유의 요건을 '직무' 집행으로 한정하고 있으므로, 위 규정의 해석상 대통령의 직위를 보유하고 있는 상태에서 범한 법위반행위만이 소추사유가 될 수 있다.
  - 헌법 제65조 제1항은 탄핵사유를 '헌법이나 법률에 위배한 때'로 제한하고 있고, 헌법재판소의 탄핵심판절차는 법적인 관점에서 단지 탄핵사유의 존부만을 판단하는 것이므로, 이 사건에서 청구인이 주장하는 바와 같은 정치적 무능력이나 정책결정상의 잘못 등 직책수행의 성실성여부는 그 자체로서 소추사유가 될 수 없어, 탄핵심판절차의 판단대상이 되지 아니한다.

(3) 탄핵절차

영국·미국에서는 하원(下院)이 소추기관(訴追機關)이고 상원(上院)은 심판기관이며, 독일·이탈리아·프랑스는 헌법재판소에서 심판하며, 스웨덴·노르웨이·아일랜드는 독립된 탄핵재판소를 설치한다. 우리나라는 소추권은 국회전권사항이며, 심판권은 헌법재판소의 권한이다. 대통령에 대한 탄핵소추는 국회재적의원과반수의 발의에 국회재적의원 3분의 2이상의 찬성으로 의결하며(제65조 제2항 단서), 기타 고급 공무원은 국회재적의원 3분의 1이상의 발의와, 국회재적의원과반수의 찬성으로 의결한다(제65조 제2항 본문). 탄핵소추의 발의가 있은 때에는 의장은 발의된 후 처음 개의하는 본회의에 보고하고, 본회의는 의결로 법제사법위원회에 회부하여 조사하게 할 수 있다. 본회의가 법제사법위원회에 회부하기로 의결하지 아니한 때에는 본회의에 보고된 때로부터 24시간이후 72시간 이내에 탄핵소추의 여부를 무기명투표로 표결한다. 이 기간내에 표결하지 아니한 때에는 그 탄핵소추안은 폐기된 것으로 본다(국회법 제130조).

탄핵소추의 의결이 있은 때에는 의장은 지체없이 소추의결서의 정본을 법제사법위원장인 소추위원에게, 그 등본을 헌법재판소·피소추자와 그 소속기관의 장에게 송달한다. 소추의결서가 송달된 때에는 피소추자의 권한행사는 정지되며, 임명권자는 피소추자의 사직원을 접수하거나 해임할 수 없다(동법 제134조). 탄핵심판의 소취위원은 국회법제사법위원회의 위원장이 되며, 헌법재판소에 소추의결서 정본을 제출하여 심판을 청구하며, 심판의 변론에 있어 피청구인을 심문할 수 있다(헌법재판소법 제49조). 피청구인에 대한 탄핵심판청구와 동일한 사유로 형사소송이 진행되고 있는 때에는 재판부는 심판절차를 정지할 수 있다(동법 제51조). 그리고 탄핵심판의 심판정족수는 헌법재판소 재판관 6인 이상의 찬성으로 한다(제113조 제1항).

◆ 헌재판례

- 헌법재판소는 사법기관으로서 원칙적으로 탄핵소추기관인 국회의 탄핵소추의결서에 기재된 소추사유에 의하여 구속을 받는다. 따라서 헌법재판소는 탄핵소추의결서에 기재되지 아니한 소추사유를 판단의 대상으로 삼을 수 없다. 그러나 탄핵소추의결서에서 그 위반을 주장하는 '법규정의 판단'에 관하여 헌법재판소는 원칙적으로 구속을 받지 않으므로, 청구인이 그 위반을 주장한 법규정 외에 다른 관련 법규정에 근거하여 탄핵의 원인이 된 사실관계를 판단할 수 있다. 또한, 헌법재판소는 소추사유의 판단에 있어서 국회의 탄핵소추의결서에서 분류된 소추사유의 체계에 의하여 구속을 받지 않으므로, 소추사유를 어떠한 연관관계에서 법적으로 고려할 것인가의 문제는 전적으로 헌법재판소의 판단에 달려있다(헌재 2004. 5. 14. 2004헌나1, 대통령노무현 탄핵).
- 적법절차원칙이란, 국가공권력이 국민에 대하여 불이익한 결정을 하기에 앞서 국민은 자신의 견해를 진술할 기회를 가짐으로써 절차의 진행과 그 결과에 영향을 미칠 수 있어야 한다는 법원리를 말한다. 그런데 이 사건의 경우, 국회의 탄핵소추절차는 국회와 대통령이라는 헌법기관 사이의 문제이고, 국회의 탄핵소추의결에 의하여 사인으로서의 대통령의 기본

권이 침해되는 것이 아니라, 국가기관으로서의 대통령의 권한행사가 정지되는 것이다. 따라서 국가기관이 국민과의 관계에서 공권력을 행사함에 있어서 준수해야 할 법원칙으로서 형성된 적법절차의 원칙을 국가기관에 대하여 헌법을 수호하고자 하는 탄핵소추절차에는 직접 적용할 수 없다고 할 것이고, 그 외 달리 탄핵소추절차와 관련하여 피소추인에게 의견진술의 기회를 부여할 것을 요청하는 명문의 규정도 없으므로, 국회의 탄핵소추절차가 적법절차원칙에 위배되었다는 주장은 이유 없다(헌재 2004. 5. 14. 2004헌나1, 대통령노무현 탄핵).

(6) 탄핵의 효과

국회에 의하여 탄핵소추의 의결을 받은 자는 헌법재판소의 탄핵심판의 결정이 있을 때까지 권한행사가 정지된다(제65조 제3항, 헌법재판소법 제50조). 그리고 탄핵심판청구가 이유있는 때에는 헌법재판소는 피청구인을 당해 공직에서 파면하는 결정을 선고하며, 만약 피청구인이 결정선고전에 당해 공직에서 파면된 때에는 헌법재판소는 심판청구를 기각하여야 한다(헌법재소법 제53조). 이처럼 헌법재판소가 탄핵결정을 하면, 공직으로부터 파면함에 그치나(제65조 제4항 전문), 민사상·형사상 책임이 면제되지는 않는다(제65조 제4항 후문). 그러므로 탄핵결정과 민·형사재판 간에는 일사부재리의 원칙이 적용되지 아니한다. 그리고 탄핵결정에 의하여 파면된 자는 결정선고가 있은 날로부터 5년을 경과하지 아니하면 공무원이 될 수 없다(헌법재판소법 제54조 제2항). 또한 탄핵결정에 대하여는 사면권(赦免權)을 행사할 수 없다.

2. 국정감사권과 국정조사권

(1) 개념과 연혁

국정조사권은 의회가 입법 등에 관한 권한을 유효적절하게 행사하기 위하여 특정한 국정사안에 대하여 조사할 수 있는 권한이며, 국정감사권은 한국헌법의 고유한 제도로서 일정한 동일시기에 국회의 의원전원이 참석하여 매년 정기적으로 국정전반에 대하여 감사할 수 있는 권한이다.

국정조사권은 1689년 6월 영국의회의 특별위원회(아일랜드전쟁의 실패원인을 조사)가 효시이며, 최초로 성문헌법화한 것은 바이마르(Weimar)헌법이다. 미국의 경우에는 미연방헌법상에 명문의 규정이 없지만, 의회의 권한행사를 위하여 필요한 보조적 권한으로 인식되어 학설과 판례를 통하여 인정되어 왔다.

우리나라는 제헌헌법부터 제3공화국헌법까지 국정감사권인정하고 일반감사와 특별삼사로 구분하였다. 일반감사는 오늘날의 국정감사이며, 특별감사는 국정의 특별한 부분에 한하여 국회법상의 특별위원회가 행하는 감사였다. 제4공화국헌법에서는 국정감사권이 부패와 관계기관의 사무진행을 저해한다는 이유로 삭제되었으며, 국정조사권은 국회법의 규정으로 남아 있었다. 그리고 제5공화국헌법에서는 국정조사권만 명시하였으나, 제6공화국헌법에서 국정감사권이 부활하여 국정감사권과 국정조사권이 모두 존재하고 있다. 제61조 제1항에서 "국회는 국정을 감사하거나 특정한 국정사안에 대하여 조사할 수 있으며, 이에 필요한 서류의 제출 또는 증인의 출석과 증언이나 의견의 진술을 요구할 수 있다"고 규정하고 있다.

국정감사권과 국정조사권의 법적 성질에 대하여 국회의 국정전반에 대한 통제권을 전제로 하여 발생하는 독립적 권한이라는 견해(독립적 권한설)와 국정감사권의 독자적인 국정통제작용인 성질을 부정하고 국회의 권한을 유효하게 수행하는데 필요한 보조적 권능이라는 견해(보조적 권한설)이 있다. 후자가 다수설의 입장이다. 그러나 제9차개헌에서 국정감사권과 조사권을 함께 규정한 입법의사로 보아 국정감사권은 독립적 권한으로, 국정조사권을 보조적 권한으로 보아야 한다는 견해가 유력하다.

오늘날 국정감사와 조사권은 적극적으로 국정실태를 정확하게 파악과 입법이나 예산심의의 자료 수집하는 적극적 기능과 집행부의 시정 감시·비판과 집행부와 사법부의 비행(非行)을 적발·시정하는 소극적 기능을 함께 가지고 있으며, 무엇보다도 국민주권주의와 민주주의에 충실하기 위하여 국정에 관한 정보와 자료를 국민에게 제공함으로써 국민의 알권리를 충족시티는 기능을 가지고 있다.

(2) 국정감사권과 조사권의 행사방법

국회의 국정감사와 국정조사에 관하여는 국회법과 국정감사 및 조사에 관한 법률이 정하는 바에 따른다(국회법 제120조). 국회는 국정전반에 관하여 소관 상임위원회별로 매년 9월 10일부터 20일간 감사를 행한다(본회의의 의결에 의하여 그 시기를 변경할 수 있다). 특히 국회운영위원회·정보위원회 및 여성위원회는 정기회 기간 중 20일간의 감사기관과는 별도로 3일 이내의 기간을 정하여 감사를 행할 수 있다. 국정감사는 상임위원장이 국회운영위원회와 협의하여 작성한 감사계획서에 의하여 행한다.(국정감사 및 조사에 관한 법률 제2조). 또한 국회는 재적의원 4분의 1이상의 요구가 있는 때에는 특별위원회 또는 상임위원회로 하여금 국정의 특정사안에 관하여 조사를 시행하게 한다. 조사요구는 조사요구서로 하여야 하며, 조사요구서에는 조사의 목적, 조사할 사안의 범위와 조사를 시행할 위원회등을 기재하여 요구의원이 연서한 서면이어야 한다. 의장은 조사요구서가 제출되면 지체없이 본회의에 보고하고 교섭단체대표의원들과 협의하여 조사를 시행할 특별위원회를 구성하거나 해당 상임위원회에 회부하여 조사를 시행할 위원회 즉 조사위원회를 확정한다. 조사위원회는 조사의 목적, 조사할 사안의 범위와 조사방법, 조사에 필요한 기간 및 소요경비등을 기재한 조사계획서를 본회의에 제출하여 승인을 얻어 조사를 시행한다.(국정감사 및 조사에 관한 법률 제3조).

국정감사는 매년 9월 10일부터 20일간 활동하며, 국회 본회의의 의결로 변경이 가능하다. 그리고 국정조사는 조사위원회에서 작성한 조사계획서에 의거하여 국회의 승인을 얻은 기간동안 조사활동을 벌이며, 본회의의 의결로 그 기간을 연장할 수도 있으며, 단축할 수도 있다(국정감사조사법 제9조). 위원회는 국정조사를 하기 전에 전문위원 기타 국회사무처 소속직원이나 조사대상기관의 소속이 아닌 전문가 등으로 하여금 예비조사를 하게 할 수 있다(동법 제9조의2). 위원회 등은 조사를 위하여 그 의결로 감사 또는 조사와 관련된 보고 또는 서류의 제출을 관계인 또는 기관 기타에 요구하고, 증인·감정인·참고인의 출석을 요구하고 검증을 행할 수 있다(동법 제10조 제1항, 보고·서류제출·증인 등의 출석요구). 위원회는 증거의 채택 또는 조사를 위하여 청문회를 열수 있다(동법 제10조 제3항). 지방자치단체에 대한 감사는 2이상의 위원회가 합동으로 반을 구성하여 행할 수 있다(동법 제7조의2).

국정감사 또는 조사는 위원회에서 정하는 바에 따라 국회 또는 감사·조사대상현장이나 기타의 장소에서 할 수 있으며(동법 제11조), 국정감 및 조사는 공개로 하여야 하며, 위원회의 의결로 달리 정할 수 있다(동법 제12조).

감사 또는 조사를 마친 때에는 위원회는 지체없이 그 감사 또는 조사보고서를 작성하여 의장에게 제출하여야 하며, 보고서를 제출받은 의장은 이를 지체없이 본회의에 보고하여야 한다. 본회의의 의결로 감사 또는 조사결과를 처리하며, 필요한 경우 정부 또는 해당기관에 시정(是正) 또는 관계자의 문책을 요구할 수 있으며, 처리를 정부 또는 해당기관에 이송할 수도 있다(동법 제15조).

(3) 국정감사 및 조사의 대상과 범위

국정감사의 대상에 대해서는 국정감사 및 조사에 관한 법률이 정하고 있으며, 국정조사의 대상기관은 본회의의 의결로 승인된 조사계획서상의 기관이 된다.

국정감사 및 조사에 관한 법률에 따르면, 국정감사의 대상은 정부조직법 기타 법률에 의하여 설치된 기관(중앙행정기관, 감사원, 헌법재판소, 법원 그리고 국군 등), 지방자치단체중 서울특별시, 직할시, 도(국가위임사무에 국한되며, 고유업무는 지방의회의 감사대상이 됨), 정부투자기관관리기본법 제2조의 규정에 의한 정부투자기관·한국은행·농업협동조합중앙회·수산업협동조합중앙회·축산업협동조합중앙회 그리고 위에 열거된 기관 외의 지방행정기관·지방자치단체·감사원법에 의한 감사원의 감사대상기관으로서 본회의가 특히 필요하다고 의결한 경우이다(동법 제7조).

그리고 감사의 범위를 국가작용별로 구별하여 보면, 입법부에 관한 사항으로는 국회에 관한 사항(의원의 징계, 의원의 체포의 허락 및 석방의 요, 국무위원의 출석의무위반), 입법사항(헌법개정안의 제안 및 의결, 법률의 제정·개정·폐지 및 법률안의 제출, 조약의 체결·비준에 대한 동의), 재정사항(모든 재정의결권 및 감독권의 행사) 그리고 청원사항을 감사할 수 있다. 행정부에 관한 사항으로는 행정전반(행정권에 전속된 사항, 법적 구속력이 있는 시정·지시는 허용되지 아니한다)에 미치며, 검찰사항 중 기소사건(起訴事件)에 직접관계 있는 검사 및 공소추행(公訴追行)의 내용에 관한 조사, 검사의 이행에 중대한 장해를 끼칠 방법으로 행하는 조사는 원칙적으로 허용되지 않는다. 그리고 중대한 국가이익에 관계된 군사·외교·대북관계의 국가기밀에 관한 사항으로서 국가안위에 중대한 영향을 미치는 경우에는 증언이나 서류제출이 제한된다(국회에서의 증언·감정 등에 관한 법률 제4조). 특히 공무원의 수비의무(守秘義務)와의 관련에서 많은 문제가 있다.

그리고 사법부에 관한 사항으로서 사건이 법원에 계속중인 경우에는 조사할 수 없으며, 판결후의 재판에서도 담당법관을 대상으로 하는 조사, 특히 재판 내용을 비판하는 조사는 허용되지 않는다. 물론 개인의 유죄성의 추급을 목적으로 하는 조사는 인정되지 않는다. 그러나 법원 예산의 운용, 재판의 신속성, 법관의 유효적절한 배치, 탄핵소추를 위한 조사 등 사법행정에 관한 사항은 조사대상이 되며, 또한 법원의 규칙제정권의 내용에 해당하는 사항도 조사대상에 해당한다.

특히 사적(私的)인 사항은 조사대상에 포함될 수 없다. 국정에 관한 조사이기 때문에 국정에 관계없는 사적 사항에 대하여 조사할 수 없다. 다만, 사적 사항이라도 그것이 국가작용과 관련이 있는 사항(정치자금의 출처나 용도, 선거에 관여한 사회적 조직과 활동)을 조사대상으로는 할 수 있다.

(4) 감사 및 조사의 한계

국정감사및조사에관한법률 제8조는 "감사 또는 조사는 개인의 사생활을 침해하거나 계속중인 재판 또는 수사중인 사건의 소추에 관여할 목적으로 행사되어서는 아니된다"고 규정하고 있다.

국정감사와 조사의 한계의 유형을 절대적 한계와 상대적 한계로 구분하여 보면, 절대적 한계사항에 속하는 것은 국회의 권한에 속하지 않는 사항에 대한 금지로서, 재판이나 검사의 소추에 관여하는 것 등이 있으며, 상대적 한계사항은 이론상 감사 및 조사의 대상이 되지만, 피감사사항 또는 증인 등에 대한 불이익의 비교형량 결과 자제하는 것이 적절한 사항으로서 증인의 기본권보장이나 프라이버시 보호를 위하여 금지되는 것을 들 수 있다.

그리고 권력분립상의 한계가 설정된다. 행정작용에 대한 간섭은 금지된다. 적극적 행정작용 즉 구체적 행정처분을 하거나 행정처분의 취소를 명하는 등의 행위와 정치적 압력의 행사 등은 금지된다. 또한 사법권의 독립을 침해하는 행위도 금지된다. 계속 중인 재판에의 간섭은 금지되며, 재판과 관계없는 다른 목적의 경우나 재판과 직접 관계없는 사항, 재판의 신속성여부에 대한 감사 및 조사는 가능하다. 그리고 수사·소추 등 검찰사무에의 간섭도 금지된다. 수사 중인 사건의 소추에 관여할 목적으로는 감사 및 조사를 할 수 없으며, 다만, 소추의 대상이 되어 있는 사건이라 할지라도 정치적 목적(탄핵소추나 해임건의 등)을 위한 감사 및 조사는 가능하다. 지방자치단체의 고유사무에 대한 간섭도 금지되며, 감사원의 준사법적 감사행위에 대한 간섭도 금지된다.

기본권보장상의 한계를 보면, 사생활의 보호를 위하여, 원칙적으로 개인의 사생활에 대해서는 감사·조사할 수 없다. 그러나 국가작용과 관련있는 사항에 대해서는 가능하다. 즉 정치자금의 출처나 용도, 선거에 관여한 사회적 조직과 활동 등은 가능하다. 형사상 불리한 진술거부권도 보장된다. 국정감사와 조사에서 증인은 국회에서의증언감정등에관한법률이 정하는 바에 따르도록 정하고 있으며(국정감사및조사에관한법률 제10조 제4항), 국회에서의증언감정등에관한법률 제3조 제1항은 증언의 거부에 대하여 "증인은 형사소송법 제148조(근친자, 법정대리인, 후견인 등의 형사책임에 대한 증언거부권) 또는 제149조(업무상 지득한 비밀에대한 증언거부권)의 규정에 해당하는 경우에 선서·증언 또는 서류제출을 거부할 수 있다"고 규정하여 헌법 제12조 제2항에서 인정하고 있는 묵비권(형사상 불리한 진술거부권)을 인정하고 있다.

그리고 국가이익상의 한계로서 군사작전의 기밀, 외교활동의 방해, 대북관계의 기밀에 관한 사항 등에 대해서는 제한적으로 증언이나 서류제출을 거부할 수 있다.

3. 국무총리·국무위원 출석요구권, 질문권 및 해임건의권

국회는 정부와 긴밀한 공화 관계를 유지하고, 국회의 비판·감시를 통한 견제적 기능을 보장하는 수단으로서 국무총리·국무위원 출석 요구권 및 질문권을 가지며(제62조), 강력한 지위에 있는 정부의 독선을 방지하기 위하여 국무총리·국무위원해임건의권(제63조)를 갖는다.

국회에 출석하여 답변하여야할 대상은 국무총리·국무위원·정부위원이며, 여기서의 정부위원은 국무총리실의 실장 및 차장, 특임장관 밑의 차관, 부·처·청의 처장·차관·청장·차장·실장·국장 및 차관보와 외교통상부의 본부장이다(정부조직법 제10조). 이들은 국정처리상황을 보고하거나 의견을 진술하고 질문에 응답할 수 있으며(제62조 제1항), 국회나 위원회의 요구가 있을 때에는 국회나 위원회에 출석·답변하여야 한다. 그리고 국무총리나 국무위원이 출석요구를 받을 대에는 국무위원 또는 정부위원으로 하여금 출석·답변하게 할 수 있다(동조 제2항). 국회에의 출석·답변이란 본회의와 위원회를 포함하며, 심의에 참가와 의회의 질문에 대한 설명 및 답변 그리고 대리출석 등을 의미한다. 국회의 출석 및 답변요구를 받은 국무총리, 국무위원이 이를 거부하거나 이에 응하지 않는 경우 해임건의사유가 될 수 있다.

국회의 질문권의 행사방법은 의원이 정부에 서면으로 하는 서면질문권(국회법 제122조)과 일문일답의 방식으로 하는 대정부질문권(법 제122조의2) 그리고 의원 20인 이상의 찬성으로 회기중 현안이 되고 있는 중요한 사항을 대상으로 정부에 할 수 있는 긴급현안질문권(법 제122조의3)가 있다.

그리고 해임건의의 사유에 대하여 헌법상 제한이 없으므로 위헌·위법적인 처사뿐만 아니라 정책의 과오·무능력 등으로도 책임의 추궁이 가능하다. 해임건의의 사유는 위헌·위법을 사유로 하는 탄핵소추보다 광범위하고 포괄적이다. 해임건의의 발의는 재적의원 3분의 1이상의 찬성으로 하며, 의결은 재적의원 과반수의 찬성이 있어야 한다(제63조 제2항). 해임건의 의결은 대통령에 대한 법적 구속력은 있다고 보아야 하나, 헌법재판소는 법적 구속력이 없으며, 대통령을 간접적으로 견제하는 것에 지나지 않으며, 대통령이 대의기관인 국회의 결정을 정치적으로 존중할 것인가의 문제에 불과하다고 판시하였다(헌재 2004. 5. 14, 2004헌나1).

◆ 헌재판례

2003. 9. 3. 국회가 행정자치부장관 해임결의안을 의결하였음에도 이를 즉시 수용하지 아니한 사실에 대한 판단에 있어서 헌법재판소는 "국회는 국무총리나 국무위원의 해임을 건의할 수 있으나(헌법 제63조), 국회의 해임건의는 대통령을 기속하는 해임결의권이 아니라, 아무런 법적 구속력이 없는 단순한 해임건의에 불과하다. 우리 헌법 내에서 '해임건의권'의 의미는, 임기 중 아무런 정치적 책임을 물을 수 없는 대통령 대신에 그를 보좌하는 국무총리·국무위원에 대하여 정치적 책임을 추궁함으로써 대통령을 간접적이나마 견제하고자 하는 것에 지나지 않는다. 헌법 제63조의 해임건의권을 법적 구속력 있는 해임결의권으로 해석하는 것은 법문과 부합할 수 없을 뿐만 아니라, 대통령에게 국회해산권을 부여하고 있지 않는 현행 헌법상의 권력분립질서와도 조화될 수 없다. 결국, 대통령이 국회인사청문회의 결정이나 국회의 해임건의를 수용할 것인지의 문제는 대의기관인 국회의 결정을 정치적으로 존중할 것인지의 문제이지 법적인 문제가 아니다. 따라서 대통령의 이러한 행위는 헌법이 규정하는 권력분립구조 내에서의 대통령의 정당한 권한행사에 해당하거나 또는 헌법규범에 부합하는 것으로서 헌법이나 법률에 위반되지 아니한다"고 판시하였다(헌재 2004. 5. 14, 2004헌나1, 대통령노무현 탄핵).

4. 기타의 권한

(1) 긴급명령, 긴급재정·경제처분 및 명령의 승인권

대통령이 긴급명령·긴급재정·경제처분 및 명령을 한 때에는 지체 없이 국회에 보고하여 그 승인을 얻어야 한다. 그리고 승인을 얻으면 계속 효력을 가지고 승인을 얻지 못한 때에는 그 처분 또는 명령은 효력을 상실한다. 이 경우 그 명령에 의하여 개정 또는 폐지되었던 법률은 그 명령이 승인을 얻지 못한 때부터 당연히 효력을 회복한다(제76조 제3항 제4항).

(2) 계엄해제 요구권

국회는 재적의원과반수의 찬성으로 계엄의 해제를 요구할 수 있으며, 국회가 요구하면 반드시 해제해야 한다(제77조 제4항).

(3) 선전포고 및 국군해외파견, 외국군대 주류와 조약의 체결과 비준에 대한 동의권

국회는 상호원조 또는 안전보장에 관한 조약·중요한 국제조직에 관한 조약·

우호통상항해조약·주권의 제약에 관한 조약·강화조약·국가나 국민에게 중대한 재정적 부담을 지우는 조약또는 입법사항에 관한 조약의 체결·비준에 대한 동의권과, 선전포고·국군의 외국에의 파견 또는 외국군대의 대한민국 영역 안에서의 주류(駐留)에 대한 동의권을 가진다(제60조).

(4) 일반사면에 대한 동의권

대통령은 법률이 정하는 바에 따라 사면·감형 또는 복권을 명할 수 있으나, 일반사면을 명하려면 국회의 동의를 얻어야 한다(제79조 제2항).

Ⅳ. 헌법기관구성에 관한 권한

국회는 대통령(제67조 제1항), 헌법재판소 재판관 3인(제111조 제3항) 그리고 중앙선거관리위원회 위원 3인(제114조 제2항)에 대한 선출권을 가지며, 국무총리(제86조 제1항), 대법원장과 대법관(제104조 제1항, 제2항), 헌법재판소장(제111조 제4항)과 그리고 감사원장(제98조 제2항)의 임명에 대한 동의권을 가진다. 한편 국회법과 인사청문회법에 의하여 대법원장·헌법재판소장·국무총리·감사원장 및 대법관과 국회에서 선출하는 헌법재판소 재판관 및 중앙선거관리위원회 위원 그리고 법률에 의거하여 대통령·대통령당선인 또는 대법원장으로부터 국회에 인사청문이 요청된 자에 대한 인사청문회를 통하여 임명동의안 등에 대한 심사와 청문의 권한을 가진다(국회법 제65조의2, 인사청문회법 제2조).

대통령은 국민의 보통·평등·직접·비밀선거에 의하여 선출되나, 선거에서 최고 득표자가 2인 이상인 때에는 국회의원 재적의원(在籍議員) 과반수가 출석한 공개회의에서 다수표를 얻은 자를 당선자로 한다.

◆ 헌재판례

1. 1998. 3. 2. 제189회 임시국회에서 김종필국무총리임명동의안의 처리가 무산되면서 한승헌 감사원장임명동의안은 상정도 되지 못한 상태로 회기가 종료하자 김대중대통령은 한승헌을 감사원장서리로 임명하자 다수당인 한나라당 국회의원들은 주위적으로는 감사원장 임명에 관한 국회 또는 청구인들의 동의권한을, 예비적으로는 감사원장 임명동의안에 관한 청구인들의 심의표결권한을 각 침해하였다고 주장하면서, 그 권한침해의 확인과 아울러 임명처분의 무효확인을 구하는 권한쟁의심판청구를 제기하였다. 동 심판 재판관 9인이 각

하의견(김용준, 조승형, 고중석, 정경식, 신창언 이상 5인), 인용의견(김문희, 이재화, 한대현 이상 3인), 기각의견(이영모)으로 나뉘어 졌으며, 관여재판관의 과반수인 5인이 각하의견을 냄으로써 각하되었다(헌재 1998. 7. 14, 98헌라2 대통령과 국회의원간의 권한쟁의 심판) 국무총리서리 임명행위의 효력정지 및 직무집행정지 가처분신청도 기각하였다(헌재 1998. 7. 14, 98헌사31).

2. 대통령이 2003. 4. 25. 국회 인사청문회가 고영구 국가정보원장에 대하여 부적격 판정을 하였음에도 이를 수용하지 아니한 사실에 대하여 헌법재판소는 "대통령은 그의 지휘·감독을 받는 행정부 구성원을 임명하고 해임할 권한(헌법 제78조)을 가지고 있으므로, 국가정보원장의 임명행위는 헌법상 대통령의 고유권한으로서 법적으로 국회 인사청문회의 견해를 수용해야 할 의무를 지지는 않는다. 따라서 대통령은 국회 인사청문회의 판정을 수용하지 않음으로써 국회의 권한을 침해하거나 헌법상 권력분립원칙에 위배되는 등 헌법에 위반한 바가 없다. ……결국, 대통령이 국회인사청문회의 결정이나 국회의 해임건의를 수용할 것인지의 문제는 대의기관인 국회의 결정을 정치적으로 존중할 것인지의 문제이지 법적인 문제가 아니다. 따라서 대통령의 이러한 행위는 헌법이 규정하는 권력분립구조 내에서의 대통령의 정당한 권한행사에 해당하거나 또는 헌법규범에 부합하는 것으로서 헌법이나 법률에 위반되지 아니한다"고 판시하였다(헌재 2004. 5. 14, 2004헌나1, 대통령노무현 탄핵).

V. 국회의 자율권

1. 의의

국회는 국회의 조직과 활동 등 그 내부사항에 관하여 다른 국가기관의 간섭을 받지 아니하고 자주적으로 이를 결정할 수 있는 권한을 가지는 바, 이를 국회의 자율권(自律權)이라고 한다. 국회의 자율권은 규칙제정권, 내부조직과 질서유지권, 국회의원 신분에 관한 자율권 그리고 의원활동의 자율권 등이 있다.

2. 자율권의 내용

(1) 규칙제정권

국회는 법률에 저촉되지 아니하는 범위 안에서 의사와 내부규율에 관한 규칙제정권(規則制定權)을 가진다(제64조1항). 법률의 범위 내에서 제정하므로 명령에 준하는 형식적 효력을 가진다고 보는 견해(명령설)와 국회의 자주적 결정에 의한 법규범이라는 견해(자주법설)가 있다. 그러나 국회규칙의 대부분이 국회법의 시행

세칙과 국회의 내규에 해당하는 것이므로 명령으로 보는 것이 타당하다. 국회규칙은 국회구성원에 대해서만 효력을 가지는 것이 원칙이나, 국회 내에서는 모든 사람 즉 국회에 출석한 국무위원이나 정부위원·방청인·증인·감정인 등에 대하여 효력을 가지며(장소적·대인적 효력), 의원의 개선(改選)에 의하여 효력이 중단되거나 소멸되지 않는다(시간적 효력).

(2) 의사진행에 관한 자율권

국회의 집회·휴회·폐회·회기 등을 헌법과 법률로 정한 경우 외에는 자율적으로 결정하며, 의사일정의 작성과 의안의 발의·동의·수정·폐기 등 의사에 관하여도 헌법과 법률에 저촉되지 않는 한도에서 자율적으로 결정하며, 국회의 의사(意思)가 가장 우선된다. 예외로서 대통령의 소집요구에 의한 임시회소집이 있으며, 이 경우에도 국회의장이 소집한다.

(3) 내부경찰권 및 국회가택권

국회는 국회의 본연의 임무를 수행하기 위하여 내부경찰권과 국회가택권이 보장된다. 모든 원내질서의 유지를 위하여 의원·방청인 기타 원내에 있는 자에 대하여 명령·강제하는 권한인 내부경찰권(內部警察權)이 있다. 국회법은 제143조에서 "회기중 국회의 질서를 유지하기 위하여 의장은 국회 안에서 경호권을 행한다"고 하여 의장의 경호권(警護權)을 인정하고 있으며, 제150조는 "국회안에 현행범인이 있을 때에는 경위 또는 국가경찰공무원은 이를 체포한 후 의장의 지시를 받아야 한다. 다만, 의원은 회의장 안에 있어서는 의장의 명령없이 이를 체포할 수 없다"고 규정하고 있으며, 이는 국회의장의 권한이다. 그리고 국회의 의사에 반한 의사당 출입금지 및 필요하다고 인정할 때 퇴장을 요구할 수 있는 권한으로서 국회가택권(國會家宅權)이 있으며, 국회법은 제151조에서 "회의장 안에는 의원·국무총리·국무위원 또는 정부위원 기타 의안심의에 필요한 자와 의장이 허가한 자 외에는 출입할 수 없다"고 규정하고 있으며, 이는 국회의장이 관장한다. 뿐만 아니라 의장은 방청권을 발행하여 방청을 허가할 수 있으며, 질서를 유지하기 위하여 필요한 때에는 방청인수를 제한할 수 있다(법 제152조).

국회는 방송채널을 확보하여 본회의 또는 위원회의 회의 그 밖의 국회 및 의원의 입법활동 등을 음성 또는 영상으로 방송하는 제도를 마련하여 운용하여야 하며, 방송은 공정하고 객관적이어야 하며, 정치적·상업적 목적으로 사용되어서는 아니 된다(법 제149조). 그리고 본회의 또는 위원회의 의결로 공개하지 아니하기로 한 경우를 제외하고는 의장 또는 위원장은 회의장안(본회의장은 방청석에 한한다)에서의 녹음·녹화·촬영 및 중계방송을 국회규칙이 정하는 바에 의하여 허용할 수 있다(법 제150조).

(4) 의원신분에 관한 권한

국회는 의원신분에 관한 자율권으로서 국회의원의 자격심사권한과 징계권을 가진다.

의원자격심사는 다른 의원의 자격유무에 관하여 이의가 있는 의원30인 이상의 연서로 의장에게 자격심사의 청구를 함으로서 시작된다(국회법 제138조). 청구가 있으면 의장은 청구서를 윤리특별위원회에 회부하고, 피심의원으로 부터는 답변서를 제출받으며(법 제139조), 윤리특별위원회는 청구서와 답변서에 의하여 심사하며(법 제140조), 필요한 때에는 출석심문도 가능하다(법 제141조). 피심의원은 본회의에서 스스로 변명하거나 다른 의원으로 하여금 변명하게 할 수 있으며, 본회의에서 의원자격이 없음을 의결함에는 재적의원 3분의 2이상의 의결을 요한다(국회법 제140조). 여기서 결정은 장래에 향하여서만 효력을 발생한다.

의원징계권은 징계사유에 해당하는 행위를 한 의원에 대하여 국회법에 정하는 바에 따라 징계할 수 있다. 전회기중(前會期中)의 행위와 폐회중(閉會中)의 행위는 차기국회에서 징계가능하다. 윤리특별위원회는 의원의 국회의원윤리강령 및 국회의원윤리실천규범을 위반한지 여부를 심사할 수 있으며, 국회는 국회법이 정하는 징계사유에 해당하는 경우에는 그 의결로서 징계할 수 있다(법 제155조). 징계의 사유는 헌법 제46조제1항(청렴의 의무) 및 제3항(이권운동의 금지), 국회법 제146조(모욕 등 발언의 금지)의 규정에 위반되는 행위를 한 때, 정보위원회 위원등이 직무수행상 알게 된 국가기밀에 속하는 사항을 공개하거나 타인에게 누설하여서는 아니되는 규정을 위반하여 국회에서 직무상 발언을 한 때, 공직자윤리법의 징계사유에 해당하는 때 등의 경우가 있다. 윤리특별위원회는 윤리심사와 징계심사의 보고서를 의장게 제출하며 의장은 이를 본회의에 부의하여 의결하여야 한다(법 제162조). 징계의 종류에는 공개회의에서의 경고, 공개회의에서의 사과, 30일 이내의 출석정지 및 제명이 있다(국회법 제163조). 의원의 제명은 국회재적의원 3분의2이상의 찬성이 있어야 하며(제64조 제3항), 징계로 제명된 자는 그로 인하여 궐원된 의원의 보궐선거에 있어서는 후보자가 될 수 없다(법 제164조). 징계와 제명처분에 대하여 법원에 제소할 수 없다(제64조 제4항).

3. 자율권의 한계

자격심사와 징계처분은 법원에의 제소가 부정되나, 헌법소원의 제기는 긍정된다. 그리고 법률제정 등에 관한 의사절차가 사법심사의 대상이 되는가는 긍정설과 부정설이 있으나, 헌법재판소는 헌법규정의 명백한 위반이 아니면 무효가 될 수 없다고 판시하면서 사법심사를 긍정하였다. 사법심사 긍정설은 헌법재판소가 법률의 형식적 심사권과 실질적 심사권을 모두 갖는다고 보는 견해이며, 부정설은 국회의 자주성, 통치행위, 추상적 규범통제의 경우를 주장하여 사법심사의 대상이 되지 않는다고 한다.

원내에서의 의원의 범죄행위는 '직무상 행한 경우'에는 국회의 고발이 있어야 하나, 직무와 무관한 경우(폭행, 상해, 모욕 등)에는 국회의 고발 없이 사법심사의 대상이 된다.

◆ **헌재판례**

헌법재판소는 '야당의원들에게 개의일시를 통지하지 않음으로써 출석의 기회를 박탈한 채 본회의를 개의, 법률안을 가결처리한 경우 야당의원들의 법률안 심의 표결권이 침해되었다 하더라도 그것이 입법절차에 관한 헌법의 규정을 명백히 위반한 흠에 해당하는 것이 아니라면 그 법률안의 가결선포행위를 무효로 볼 것은 아니다'라고 판단하여(헌재 1997. 7. 16. 96헌라2, 1996. 12.26. 06:00경 제182회 임시회 제1차 본회의를 개의하고 국가안전기획부법중개정법률안, 노동조합및노동관계조정법안, 근로기준법중개정법률안, 노동위원회법중개정법률안, 노사협의회법중개정법률안을 상정하여 가결선포한것에 대한 쟁의심판), 의사절차에 대한 사법심사의 기준은 '헌법규정의 명백한 위반'임을 시사하였다.

제3절 국회의원의 지위와 특권

I. 국회의원의 지위

1. 국회의원의 법적 지위

국회의원은 국회구성원으로서의 지위, 국민대표자로서의 지위, 정당소속원으로서의 지위 및 선거공직자로서의 지위를 갖는다. 국민대표자로서의 지위에 대하여 정치적 대표설과 법적대표설이 대립되어 있으나, 정치적 대표설이 다수설이며, 대표의 성격은 무기속위임이며 전체국민의 대표이다. 헌법도 '국회의원은 국가이익을 우선하여 양심에 따라 직무를 행한다'고 하여 무기속위임(無羈屬委任)의 원칙을 규정하고 있다. 그리고 현대의 정당국가화경향(정당민주주의화 경향)으로 국회의원의 정당대표자로서의 지위가 강화되는 경향에 따라, 국민대표자로서의 지위와 정당원으로서의 지위가 충돌될 수 있다. 이러한 경우에는 국민대표자로서의 지위가 우선한다고 보는 것이 일반적이나, 정당의 이익을 우선하여 정당의 지시에 따름으로써 국민대표성에 위배되는 행위를 할 때에도, 법적 책임에 대한 규정이 없으므로, 그에 따른 의무도 정치적 의무로 본다.

2. 국회의원의 자격의 발생과 소멸

(1) 자격의 발생

국회의원의 자격발생시점 즉, 임기개시일에 대하여 취임승낙설, 당선결정설, 임기개시설 등의 학설이 있다. 그러나 우선적으로 헌법과 법률이 정하는 바에 따라야 하며, 따라서 공직선거법 제14조 제2항에서 임기개시일을 '전임의원의 임기만료일 다음 날'로 명기하고 있으므로 동 규정에 따라 전임자의 임기만료일 다음 날로부터 임기가 개시된다.

▶ 참 고

공직선거법 제14조 제2항 국회의원과 지방의회의원의 임기는 총선거에 의한 전임의원의 임기만료일의 다음 날부터 개시된다. 다만, 의원의 임기가 개시된 후에 실시하는 선거와 지방의회의원의 증원선거에 의한 의원의 임기는 당선이 결정된 때부터 개시되며 전임자 또는 같은 종류의 의원의 잔임기간으로 한다.

(2) 자격의 소멸

국회의원의 자격이 소멸되는 원인으로는 사직, 퇴직, 제명, 자격심사에 의한 무자격결정, 당선무효, 대법원에서 선거무효 또는 당선무효가 선고된 경우 그리고 형사사건과 관련한 유죄판결의 확정 등이 있다.

사직(辭職)의 경우에는 국회의 표결에 의한 허가가 필요하며, 폐회중일 때는 국회의장이 허가여부를 결정한다(국회법 제133조). 국회의 의결에 의하여 사직의 법적 효과가 발생하며, 이는 국회의원이 국민의 대표기관이기 때문이다. 그리고 퇴직(退職)은 겸할 수 없는 직에의 취임하거나, 임기개시일 이후에 해직된 직의 권한을 행사하거나, 피선거권이 상실된 때에 해당한다. 국회의원의 제명(除名)은 징계의 일종으로서 재적의원 3분의 2이상 찬성으로 의결하며(제64조 제3항), 또한 국회의원의 자격심사(제64조 제2항)는 다른 의원 30인 이상이 연서로 청구할 수 있으며(법 제138조), 자격심사에 있어서는 본인의 변명이나 다른 의원으로 하여금 변명할 수 있는 기회를 부여하며, 무자격의 의결에는 재적의원 3분의 2이상의 찬성이 있어야 한다(법 제142조 제3항). 무자격결정의 성격은 자격의 유무만을 인정하는 확인행위이며, 장래에 향하여서만 효력이 발생한다.

그리고 당선무효로 인하여 국회의원의 신분이 소멸되는 바, 당선무효의 사유로는 선거일 혹은 임기개시전에 피선거권이 없게 된 때, 등록무효, 비례대표국회의원의 합당·해산 또는 제명 이외의 사유로 당적을 이탈·변경하거나 2 이상의 당적을 가지고 있는 때(법 제192조), 선거비용제한액의 200분의 1이상을 초과지출한 이유로 선거사무장, 선거사무소의 회계책임자가 징역형 또는 300만원 이상의 벌금형의 선고를 받은 때(법 제263조), 「정치자금법」 제49조(선거비용관련 위반행위에 관한 벌칙)의 죄를 범함으로 인하여 징역 또는 100만원 이상의 벌금형의 선고를 받은 때(법 제264조), 선거사무장·선거사무소의 회계책임자 또는 후보자의 직계존·비속 및 배우자가 매수 및 이해유도죄(법 제230조) 내지 당선무효유도죄(제234조), 기부행위의 금지제한등 위반죄(제257조 제1항)중 기부행위를 한 죄 또는 정치자금 부정수수죄(「정치자금법」 제45조 제1항)의 를 범함으로 인하여 징역형 또는 300만원 이상의 벌금형의 선고를 받은 때 등이 있다.

당적변경(黨籍變更)의 경우에는 지역구국회의원인가 전국구비례대표국회의원인가에 따라 법적 효과가 다르다. 지역선거구국회의원은 임기중 소속정당의 탈당이나 당적변경에 대하여 정치적 책임은 있으나, 의원직이 상실되는 것은 아니라고 보며, 전국구비례대표국회의원은 국회법 제192조에서 퇴직하도록 규정하고 있으므로 당적변경의 경우 퇴직될 수 있다.

그러나 위헌정당(違憲政黨)의 해산에 의한 국회의원의 자격상실여부는 견해가 갈려 있다. 전국구비례대표의원의 경우에는 의원의 자격이 소멸된다는데 이견이 없으나, 지역구국회의원의 경우에는 선거구의 유권자의 의사를 존중한다면, 의원직을 유지하여야 한다고 보는 견해가 있다. 하지만, 위헌정당에 의하여 해산되는 경우에는 해당 정당의 소속의원들은 모두 의원직을 상실한다고 보는 것이 위헌정당해산심판제도의 의의에 합당하다고 본다(다수설).

3. 국회의원의 권리와 의무

(1) 국회의원의 권리

국회의원은 발의권(10인 이상 찬성 필요, 국회법 제79조 제1항), 토론권(법 제106조), 정부에 대한 서면질문권(현재의 의제와 관련이 없는 질문, 법 제122조), 대정부질문권(법 제122조의2), 긴급현안밀문권(현재의 의제와 관련이 있는 질문, 법 제122조의3), 질의 및 발언권(현재 의제가 되고 있는 의안에 대한 질의와 발언, 법 제4절), 표결권(법 제15절) 그리고 보수(報酬)・여행상(旅行上) 권리(이는 국회의원의 활동을 보조하기 위한 것이다, 법 제30조) 등을 갖는다.

◆ 헌재판례

헌법재판소법 제68조 제1항의 규정에 의한 헌법소원은, 헌법이 보장하는 기본권의 주체가 국가기관의 공권력의 행사 또는 불행사로 인하여 그 기본권을 침해받았을 경우 이를 구제하기 위한 수단으로 인정된 것이므로, 헌법소원을 청구할 수 있는 자는 원칙으로 기본권의 주체로서의 국민에 한정되며 국민의 기본권을 보호 내지 실현할 책임과 의무를 지는 국가기관이나 그 일부는 헌법소원을 청구할 수 없다.……그런데 청구인인 개별 국회의원이 국회법 제48조 제3항(국회 정보위원회 위원의 선임과 개임절차)에 의하여 침해당하였다고 주장하는 기본권은 청구인이 국회 상임위원회에 소속하여 활동할 권리, 청구인이 무소속 국회의원으로서 교섭단체소속 국회의원과 동등하게 대우받을 권리라는 것으로서 이는 입법권을 행사하는 국가기관인 국회를 구성하는 국회의원의 지위에서 주장하는 권리일지언정 헌법이 일반국민에게 보장하고 있는 기본권이라고 할 수는 없다. 그러므로 국회의 구성원인 지위에서 공권력작용의 주체가 되어 오히려 국민의 기본권을 보호 내지 실현할 책임과 의무를 지는 국회의원이 위와 같은 권한을 침해당하였다고 하더라도 이는 헌법재판소법 제68조 제1항에서 말하는 기본권의 침해에는 해당하지 않으므로, 이러한 경우 국회의원은 개인의 권리구제수단인 헌법소원을 청구할 수 없다고 할 것이다. 한편 청구인은 이 사건 법률조항이 결과적으로 무소속 내지 비교섭단체 국회의원을 선출한 선거구 국민들의 참정권 내지 선거권을 차별 대우하였다고 주장하나, 이와 같은 기본권은 청구인 자신의 기본권이 아니므로, 기본권 침해의 자기관련성이 인정되지 아니한다. 그렇다면, 이 사건 법률조항으로 인하여 헌법상 보장된 청구인의 기본권이 침해되었다고 할 수 없으므로, 이를 전제로 이 사건 법률조항의 위헌확인을 구하는 이 사건 심판청구는 부적법하여 관여재판관 전원의 일치된 의견으로 주문과 같이 결정한다(헌재 2000. 8. 31. 2000헌마156, 국회법 제48조 제3항 위헌확인).

(2) 의무

국회의원은 헌법규정에 의하여 청렴의 의무, 국가이익우선의무, 지위남용금지의무(제46조)와 겸직금지의무(법 제43조)가 있다. 국회의원은 국가이익을 우선하여 양심에 따라 직무를 행하여야 하며(제46조2항), 그 지위를 남용하여 국가·공공단체 또는 기업체와의 계약이나 그 처분에 의하여 재산상의 권리·이익 또는 직위를 취득하거나 타인을 위하여 그 취득을 알선할 수 없다(제46조3항).

특히 헌법은 법률이 정하는 직을 겸할 수 없도록 정하고 있으며, 국회법은 제국가공무원, 지방공무원, 대통령, 헌법재판소 재판관, 각급선거관리위원회위원, 지방의회의원 그리고 교원 등 국회의원이 겸직할 수 없는 공직을 열거하고 있다(법 제29조 제1항). 그리고 의원이 당선전부터 겸직이 금지된 직을 가진 경우에는 임기개시일에 그 직에서 해직되며, 당원이 될 수 있는 교원이 의원으로 당선된 때에는 임기중 그 교원의 직은 휴직처리된다. 한편 의원이 당선전부터 다른 직을 가진 경우에는 임기개시 후 1월 이내에, 임기 중에 다른 직에 취임한 경우에는 취임 후 15일 이내에 의장에게 서면으로 신고하여야 하며, 의장은 의원이 다른 직을 겸하는 것이 품위유지의무에 위반된다고 인정될 때에는 그 겸한 직을 사임할 것을 권고할 수 있다.

▶ 참 고

국회법 제29조 제1항 의원은 정치활동 또는 겸직을 금지하는 다른 법령의 규정에 불구하고 다음 각호의 1에 해당하는 직을 제외한 다른 직을 겸할 수 있다.
1. 「국가공무원법」 제2조에 규정된 국가공무원과 「지방공무원법」 제2조에 규정된 지방공무원. 다만, 「국가공무원법」 제3조제3항의 규정에 의하여 정치운동이 허용되는 공무원은 제외한다.
2. 대통령·헌법재판소재판관·각급선거관리위원회위원·지방의회의원
3. 다른 법령의 규정에 의하여 공무원의 신분을 가지는 직
4. 정부투자기관관리기본법 제2조에 규정된 정부투자기관(한국은행을 포함한다)의 임·직원

5. 「농업협동조합법」·「수산업협동조합법」에 의한 조합과 중앙회의 임·직원
6. 「정당법」제22조제1항 단서의 규정에 의하여 정당의 당원이 될 수 없는 교원

Ⅱ. 국회의원의 특권

1. 국회의원의 면책특권

국회의원의 면책특권(免責特權)은 1689년 영국 권리장전에서 언론의 자유를 확인한데서 기원하였으며, 의원개인의 의정활동보장을 위한 특권으로서, 의회구성원으로서의 의원의 특권이며, 인적 처벌조각사유에 해당한다. 즉 위법성은 있으나 책임성을 부인한다. 헌법은 제45조에서 "국회의원은 국회에서 직무상 행한 발언과 표결에 관하여 국회 외에서 책임지지 아니한다."고 규정하여 임기 중이나 퇴임 후에도 인정함으로써, 국회의원의 발언과 표결의 자유를 보장하고 있다.

면책의 대상은 의원이 '국회 내'에서 '직무상' 행한 '발언과 표결'이다. '국회 내'란 것은 국회의사당뿐만 아니라 국회본회의나 위원회가 개최되고 있는 장소를 포함하며, '직무상' 행한 것이어야 하므로 농담(弄談)이나 사담(私談)은 보호되지 않는다. '발언과 표결'에는 문서에 의한 발언을 포함하며, 의원의 직무에 부수하는 행위도 포함된다. 면책의 시기는 재임중만이 아니고 임기종료 후에도 영구히 책임을 지지 아니한다.

국회 외에서 책임을 지지 아니하므로, 국회 내에서의 정치적·도의적 책임(사과, 징계, 제명)은 져야 하며, 국회 밖에서의 민·형사책임(법률상의 책임)을 지지 않는다. 그러나 국회 외에서의 정치적 책임은 지며, 소속정당에서 제명도 가능하다. 그리고 국회의원이 원내에서 발표한 의견을 자기가 원외에서 발표하거나 출판하였을 경우에는 여기의 면책특권이 인정되지 않는다. 그러나 공개회의록을 그대로 공개 또는 반포하는 행위는 보도의 자유의 일환으로 면책되는 것으로 본다.

2. 국회의원의 불체포특권

국회의원의 불체포특권(不逮捕特權)은 14세기 후반에 영국에서 기원하며, 1689년 권리장전에서 처음 명문화되었으며, 1787년 미국연방헌법에서 최초로 헌법규범화하였다. 이 제도는 행정에 의한 부당한 체포·구금(拘禁)으로부터 자유로운 국회기능을 보장하기 위한 목적으로서 인정되는 것이며, 이는 형사책임(刑事責任)

을 면제하는 것이 아니라 회기중에 체포되지 아니하는 특권을 의미하며, 국회 자체의 특권으로서 의원도 스스로 포기할 수 없다. 절차법상의 특권이므로 위법성과 책임성을 부과하며, 일시적인 신체불가침특권에 불과하다.

불체포특권의 내용은 '국회의원은 현행범이 아니면 회기중 국회의 동의 없이 체포 또는 구금되지 아니하며', 또한 '국회의원이 회기 전에 체포 또는 구금되었을 때에는 현행범이 아닌 한 국회의 요구가 있으면 회기중에 석방된다'라는 데에 있다.

현행범인 경우에는 이 특권은 인정되지 않는다. 현행범이란 범죄의 실행중이거나 실행직후인 범인을 말하며, 준현행범이나 국회 내의 현행범인은 이에 포함되지 아니한다. 그리고 여기서 체포·구금이란 신체를 물리적으로 구속하는 강제처분을 말한다(모든 구속설). 따라서 형사절차, 행정상의 강제처분, 즉 보호조치 또는 정신병환자의 감호처분, 전염병환자의 격리처분 등도 포함된다. 다만 판결확정후의 자유형의 집행은 '체포 또는 구금에 포함되지 않는다.

이 특권은 회기 중에만 향유할 수 있다. '회기중'이란 집회일로부터 폐회일 까지의 기간을 말하며, 휴회도 이 기간에 포함되나 선거일로부터 개회일까지의 기간은 여기서 제외된다. 그러나 계엄선포중 국회의원은 현행범인인 경우를 제외하고는 체포 또는 구금되지 아니한다(계엄법 제13조). 한편 의원을 불구속으로 형사소추하는 것은 회기중이라도 이에 위반되지 않는다.

국회의원의 불체포특권은 '국회의 동의'가 있을 때에는 인정되지 아니한다. 동의 여부는 국회의 자유재량이며, 국회가 동의를 함에 조건이나 기한을 붙일 수 없다. 동의는 재적의원 과반수의 출석과 출석의원 과반수의 찬성을 요한다.

회기 전에 체포된 의원은 현행범이 아닌 한 회기개시 후 국회의 요구가 있으면 회기중에 석방된다. 여기서 '회기전'이란 그 회기가 시작하기 이전을 말하며, 따라서 전회기의 기간도 포함된다. 국회의 석방요구는 당해 기관을 구속하며 당해기관은 즉각적으로 석방하여야 한다. 그리고 석방은 회기중에 한하는 것이므로 회기 종료 후 그 의원을 계속해서 구속할 이유가 있을 때에는 구금할 수 있고 석방 후에도 형사소추를 할 수 있다.

제 4 장
정 부

제1절 행정권

1. 행정권의 개념과 범위

행정권(行政權)은 대통령을 수반으로 하는 정부에 속한다(제66조 제4항). 행정권을 실질적으로 파악하면, '법규 하에서 민사 및 형사를 제외한 기타 일반목적을 위한 형성적 국가작용'으로 볼 수 있으며, 형식적으로 파악하면, '대통령을 수반으로 하는 정부가 갖는 집행기능에 속하는 모든 권한'을 의미하며, 그 범위는 '행정부에게 부여된 집행작용에 속하는 권한'이다. 행정권을 기능중심으로 분류한다면, 정치적 집행기능은 대통령에게, 고유한 행정기능은 국무총리를 중심으로 한 행정부에 부여되어야 한다.

2. 행정권의 통제

행정권은 내부적·자율적·기관내 통제로서 행정입법, 행정심판제도, 상급행정청의 지휘감독권, 직업공무원제, 행정절차법에 의한 절차 등이 있으며, 외부적·타율적·기관외 통제로는 국민, 국회, 법원, 헌법재판소, 옴부즈맨, 특별검사제 등에 의한 통제가 있다.

제2절 대통령

Ⅰ. 대통령의 헌법상 지위

1. 정부형태에 따른 대통령의 지위

　정부형태에 따라 대통령의 지위는 다양하다. 고전적(古典的) 대통령제하에서의 대통령은 행정부의 수반(首班)인 동시에 국가원수(國家元首)이며, 국정의 제1인자이다. 한편으로는 입법부와 사법부와의 동위적 지위를 갖는다. 내각책임제(內閣責任制)하에서의 대통령은 형식상·명목상의 국가원수이며, 절대주의(絶對主義)적 대통령제하에서는 명실상부한 행정수반이며 국정지도의 최고책임자이다. 즉 권력의 인격화가 실현되는 대통령이다. 그리고 회의제(會議制) 정부형태에는 대통령이 일반적으로 존재하지 않으나 존재하는 경우에는 의례적·대표적 지위로 한정된다.

2. 우리 헌법상 대통령의 지위

(1) 연혁

　우리나라 헌법사에 있어서 대통령의 지위는 정부형태의 변화와 아울러 정치적 상황에 따라 변화되어 왔다. 건국헌법인 제1공화국헌법(1948년헌법)은 대통령제 정부형태로서 대통령은 국회에서 선거하며(제53조), 행정권의 수반이며 외국에 대하여 국가를 대표하도록 규정하였다(제51조). 건국이라는 정치적 상황에 의하여 국회에서의 간접선거에 의하여 선출된 대통령이지만 행정권의 수반과 국가원수로서의 지위를 부여하였다. 하지만, 제2공화국헌법(1960년6월헌법)은 의원내각제 정부형태를 취하였기 때문에 대통령을 양원합동회의에서 선거하고(제53조), 국가의 원수로서 국가를 대표하는 지위만을 가지며(제51조), 행정부수반으로서의 지위가 결여된 형식적·의례적·상징적 지위를 부여하였다. 제3공화국헌법(1963년헌법)은 다시 대통령제정부형태를 취하면서, 대통령도 국민이 직선하며(제64조), 행정부의 수반이며, 외국에 대하여 국가를 대표한다고 규정함으로써(제63조), 행정부의 수반과 국가원수로의 지위를 부여하였다. 그리고 제4공화국헌법(1972년헌법)은 대통령을 통일주체국민회의에서 선거하며(제39조 제1항), '국가의 원수이며 외국에 대하여 국가를 대표'하고 '행정권의 수반'이라고 규정하였다(제43조 제1항과 제4항). 그러나 당시의 대통령은 영도자적 지위를 갖고 있었다. 제4공화국헌법 하의 대통령은 국회해산권과 국회의원 3분의 1 추천권 그리고 일반법관의 임면권을 가진 명실상부한 영도적 지위를 가지고 있었다. 그러나 제5공화국헌법(1980년헌법)은 제4공화국헌법과 동일한 규정들을 두었으나, 영도적 지위를 없애고, 국가원수인 동시에 행정부의 수반으로서의 지위만 남겼다.

(2) 현행 헌법상 대통령의 지위

현행헌법은 대통령제정부형태를 취하면서, 역시 정부구조도 이원적으로 조직함으로써, 대통령은 국가원수로서의 지위와 행정부수반으로서의 이중적 지위를 갖는다. 헌법은 대통령은 '국가의 원수이며, 외국에 대하여 국가를 대표'하며(제66조 제1항), '행정권은 대통령을 수반으로 하는 정부에 속한다(동조 제4항)'고 규정하고 있다.

대통령은 국가의 최고 지도자인 국가원수(國家元首)로서의 지위를 가짐으로써, 외국에 대하여 국가를 대표하는 국가대표자로서의 권한, 국가의 독립·영토의 보전·국가의 계속성과 헌법을 수호할 책무와 평화통일의무를 지는 국가수호자로서의 권한, 헌법개정안 발의, 임시국회소집요구, 국군통수권 그리고 국민투표부의권을 통하여 국민의 통합을 책임을 지는 국정 조정자 내지는 중재자로서의 권한 그리고 대법원장, 헌법재판소장, 대법관과 헌법재판관, 감사원장과 감사위원 등 중요 국가기관을 임명하는 국가기관구성권자로서의 권한을 갖는다.

국가대표자로서의 갖는 권한은, 국가원수로서 대내적·대외적으로 국가를 대표하는 국가기관이기에 갖는 권한으로서, 구체적으로 외국에 대하여 국가대표(제66조 제1항), 외국에 대한 선전포고와 강화(제73조), 외국과 조약체결비준(條約締結比準), 외교사절을 신임·접수(信任·接受)또는 파견(제73조), 사면권(赦免權)(제79조), 영전수여권(榮典授與權)(제80조), 헌법개정의 공고·공포권(제129조, 제130조 제3항)으로 구성되어 있다. 가수호자로서의 권한은 국가 및 헌법의 수호자(제66조 제2항), 긴급명령권과 긴급재정(緊急財政)·경제처분(經濟處分) 및 명령권(제76조), 정당해산제소권(政黨解散提訴權)(제8조 제4항), 계엄선포권(戒嚴宣布權)(제77조) 등으로 구성되며, 국정중재자(國政仲裁者)로서의 권한은, 국가기관간의 권력의 충돌시 이를 중재·조정하는 권한으로서, 헌법개정안 발의제안권(제128조 제1항), 국민투표 부의권(제72조), 임시국회소집 요구권(제47조 제1항), 영전수여권(제80조), 사면권(제79조), 국회 출석발언권(제81조) 그리고 국군통수권(제74조 제1항) 등이 유래된다. 그리고 헌법기관의 구성권자로서의 권한은 대법원장·대법관 임명권(제104조 제1항과 제2항), 헌법재판소 재판관의 임명권(제111조 제2항) 그리고 중앙선관위원회 위원 3인 임명권(제114조 제2항)이 있다.

또한 대통령은 행정수반(行政首班)으로서의 지위로부터 행정권의 실질적 수반(제66조 제4항)이며, 정부의 조직자이며, 제1인자이기도 하다. 정부 조직자로서의 대통령은 국무총리와 국무위원 임면권(제86조 제1항과 제87조 제1항), 감사원장과 감사위원 임명권(제98조 제2항과 제3항) 및 행정각부장의 임명권(제94조)을 가지며, 정부의 제1인자로서의 독임제 최고행정기관(獨任制 最高行政機關)이며, 국무회의의장(제88조 3항) 그리고 국무총리·국무위원으로부터 보좌를 받는다(제86조 제2항과 제87조 제2항).

◆ 헌재판례

1. **대통령의 정치적 중립의무 제외 판시**: 정무직 공무원에게 정치적 활동을 허용하는 국가공무원법 제65조 제2항과 이 사건 법률조항 및 공직선거법 제60조 제1항, 제85조 제1항, 제86조 제1항의 취지를 종합하여 규범조화적으로 해석하면, 대통령과 같은 정무직 공무원은 이 사건 법률조항의 수범자에 포함되지 않다고 해석함이 상당하다고 할 것이다. ……대통령이 '정치적 중립을 지켜야 하는 공무원에 해당하는지 여부'가 문제인바, 이 점을 판단함에 있어서는 우리 헌법이 정하고 있는 정치적 표현 자유의 의의 및 규제한계, 대통령의 헌법상 지위, 정당제도와의 관계, 공무원제도에 관한 헌법 규정에 터잡아 국가공무원제도의 기본적 체제를 정하고 있는 국가공무원법의 규정 등을 폭넓게 고찰한 다음, 규범조화적으로 판단하여야 할 것이다(헌재 2008. 1. 17. 2007헌마700, 대통령의 선거중립의무 준수요청 등 조치 취소).

2. **대통령의 정당활동**: 대통령도 국민의 한사람으로서 제한적으로나마 기본권의 주체가 될 수 있는바, 대통령은 소속 정당을 위하여 정당활동을 할 수 있는 사인으로서의 지위와 국민 모두에 대한 봉사자로서 공익실현의 의무가 있는 헌법기관으로서의 지위를 동시에 갖는데 최소한 전자의 지위와 관련하여는 기본권 주체성을 갖는다고 할 수 있다(위 판례).

3. **대통령의 선거활동**: 선거활동에 관하여 대통령의 정치활동의 자유와 선거중립의무가 충돌하는 경우에는 후자가 강조되고 우선되어야 한다. 대통령의 선거활동을 부정하는 공직선거법 제9조 제1항(공무원 기타 정치적 중립을 지켜야 하는 자는 선거에 대한 부당한 영향력의 행사 기타 선거결과에 영향을 미치는 행위를 하여서는 아니된다)은 공무원에게 정치적 중립의무를 부과하여 선거의 공정이 이루어지도록 함으로써 궁극적으로 선거를 통한 국민주권원리가 구현될 수 있도록 하는 정당한 입법목적을 가지고 있다고 할 것이고, 또한 이 사건 법률조항은 그 입법목적에 적정한 수단이라고 할 것이다.……국회의원과 지방의회의원이 대통령과 달리 이 사건 법률조항의 적용을 받지 않는 것은 합리적인 차별이라고 할 것이므로, 위 법률조항은 평등의 원칙에 반하지 아니한다(위 판례).

3. 대통령의 선거

(1) 대통령선출방법의 입법례

대통령의 선출방법은 국민이 직접선출하는 방법과 국민은 중간선거인(선거인단)을 선출하고 중간선거인이 대통령을 선출하는 방법이 있다. 전자를 직선제(直選制), 후자를 간선제(間選制)라고 한다. 직선제 국가는 한국, 프랑스 제5공화국, 페루, 멕시코 등 대통령제 국가를 들 수 있다. 직선제는 민주정치에 부합하고 정치권력에 정당성 부여하는 장점(長點)도 있지만, 선거로 인한 과도한 국력의 소모, 여·야의 대립시 국론 분열, 인기 영합적 공약의 남발 그리고 장기간의 행정공백 초래 등의 단점(短點)도 있다. 간선제는 선거인단에 의한 방법과, 국회에서 선출하는 방법 그리고 국회에서 선출된 자를 국민투표로 찬반을 결정하는 방법 등이 있다. 의원내각제 국가의 대부분과 그리스 등 내각책임제와 절충한 정부형태의 국가들이 있다. 선거인단에 의한 선출방법은 미국이 채택하고 있으며, 국회에 의한 간선제는 의원내각제 국가의 대부분과 그리스 등 내각책임제와 절충한 정부형태의 국가들이며, 국회에서 선출된 자에 대한 찬·반 국민투표에 의한 방법을 택한 나라는 이집트와 시리아가 있다.

우리나라 헌정사에 있어서의 대통령선거는 다양한 방법이 동원되었다. 제1공화국의 경우에는 건국헌법(1948년헌법)은 제헌의회에서 선출하는 간선제를 택하였으나(제53조), 제1차개헌헌법(1952년헌법)은 국민에 의한 직선제를 택하였다(제53조). 제2공화국 1960년헌법은 상하양원합동회에서 선출하는 간선제를(제53조), 제3공화국헌법인 1963년헌법은 직선제(제64조), 제4공화국헌법인 1972년헌법은 통일주체국민회의에서 무기명으로 선출하는 간선제(제39조 제1항), 제5공화국헌법인 1980년헌법은 대통령선거인단에 의한 간선제(제39조 제1항) 그리고 현행헌법인 제6공화국헌법 1987년헌법은 직선제(제67조 제1항)를 택하고 있다.

▶ 참 고

※ **우리나라 역대대통령**
1-3대 이승만 대통령(1948-1960: 13년 재임)
4대 윤보선 대통령(1960-1962: 2년 재임)
5-9대 박정희 대통령(1963-1979: 17년 재임)
10대 최규하 대통령(1979-1980: 2년 재임)
11-12대 전두환 대통령(1980-1988: 8년 재임)

13대 노태우 대통령(1988-1993; 5년 재임)
14대 김영삼 대통령(1993-1998; 5년 재임)
15대 김대중 대통령(1998-2003; 5년 재임)
16대 노무현 대통령(2003-2008년; 5년 재임)
17대 이명박 대통령(2008- 현재)

(2) 현행헌법의 선출방법

　대통령은 국민의 보통・평등・직접・비밀 선거에 의하여 선출된다(제67조 제1항). 당선결정은 유효투표의 다수를 얻은 자로하며, 최고득표자가 2인 이상인 경우에는 국회의 재적의원 과반수가 출석한 공개회의에서 다수표를 얻은 자로 한다(동조 제2항). 후보자가 1인인 경우에는 선거권자 총수의 3분의 1이상을 득표한 자(제67조 제3항)를 당선인으로 한다.

　19세 이상의 국민이면 선거권을 가지며(공직선거법 제15조 제1항), 대통령피선거권에 관하여 헌법은 '국회의원 피선거권이 있고, 선거일 현재 만 40세에 달하여야 한다고 정하고 있다(제67조 제4항), 제9차개헌인 1987년헌법에서는 국내거주요건을 삭제하였으나, 공직선거법에서는 '선거일 현재 5년 이상 국내에 거주하고 있는 40세 이상의 국민은 대통령의 피선거권이 있다. 이 경우 공무로 외국에 파견된 기간과 국내에 주소를 두고 일정기간 외국에 체류한 기간은 국내거주기간으로 본다(법 제16조 제1항)'라고 하여 국내거주요건을 피선거권의 요건으로 정하고 있다.

　선거일(選擧日)에 관해서는 헌법 제68조가 정하고 있다. 대통령의 임기가 만료된 경우에는 '임기만료 70일 내지 40일 전'에 후임자를 선거하도록 하였으며(동조 제1항), 대통령이 궐위(闕位)된 때 또는 대통령 당선자가 사망하거나 판결 기타의 사유로 그 자격을 상실한 때에는 '60일 이내'에 후임자를 선거한다(동조 제2항). 특히 공직선거법은 그 임기만료일 전 70일 이후 첫째 수요일로 선거일을 법정(法定)하고 있다.

4. 대통령의 신분과 특권

(1) 임기

　대통령의 임기는 5년이며, 중임할 수 없다(제70조). 중임불가(重任不可)란 평생에 한번 밖에 직을 할 수 없다는 의미로서 제8차개헌인 1980년헌법에서 처음 신설한 것이다. 그러나 1980년헌법은 임기가 7년 이었으며, 1972년헌법은 임기 6년에 연임제한규정이 없었으며, 1963년헌법은 4년 임기에 1차에 한하여 중임할 수 있었다(제69조). 그러나 1963년헌법은 제6차개헌인 1969년헌법에서 '대통령의 계속 재임은 3기에 한한다'고 개정되었다. 1960년헌법은 5년에 1차 중임이 가능하였으며(제55조), 제1공화국기간 동안에는 모두 4년 임기에 1차 중임이 가능하였다(제55조). 그러나 제2차개헌인 1954년헌법에서는 부칙에서 동헌법공포당시의 대통령에 대하여는 중임제한규정을 적용하지 않도록 개헌한 바가 있다.

그리고 현행헌법 제128조 제2항은 '대통령의 임기연장 또는 중임변경을 위한 헌법개정은 그 헌법개정 제안 당시의 대통령에 대하여는 효력이 없다.'고 규정하여 임기연장과 중임변경을 내용으로 하는 헌법개정에 대한 효력제한(效力制限)의 규정을 두었다. 즉 임기연장과 중임변경을 내용으로 하는 헌법개정은 가능하지만, 제안 내지 발의 당시에 재직하고 있는 대통령에 한하여 효력을 부인하는 인적(人的)인 효력을 제한하였다.

▶ 참 고

미국연방대통령의 임기는 4년이며(제2조 제1절 제1항), 2회이상 대통령직에 선출될 수 없다(수정 제22조 제1절). 미국대통령의 연임은 조지 워싱턴 대통령의 선례에 따라 2회까지만 연임하였으나, 프랭클린 루스벨트 대통령(재임 1933년-1945년; 12년 재임)이 대공황과 제2차 세계대전을 성공리에 극복하며 4선에 성공하였으나, 82일만에 사망하면서, 부통령이었던 해리 S. 트루먼이 대통령직을 승계하였다. 트루먼 대통령은 미국대통령의 장기집권의 폐해를 막고자 대통령의 임기를 2회로 제한하는 헌법수정을 단행하였다. 이 수정조항은 1947년 3월 24일에 발의되어, 1951년 2월 27일에 비준되었다.

(2) 형사상 특권

헌법 제84조는 '대통령은 내란 또는 외환의 죄를 범한 경우를 제외하고는 재직중 형사상의 소추를 받지 아니한다.'고 규정하여 대통령에게 형사상 특권을 부여하였다. 동 조항을 반대해석하면, 내란(內亂) 또는 외환(外患)의 죄를 범한 경우에만 재직중 형사상 소추(訴追)를 받지 않는다는 것이다. 즉 퇴직 후에는 형사소추가 가능하며, 재직중이라도 내란의 죄, 외환의 죄, 행정소송, 민사소송 그리고 국회의 탄핵소추는 가능하며, 헌법재판소의 탄핵결정(彈劾決定)에 의하지 아니하고는 공직으로부터 파면되지 않는다. 그리고 재직중 형사상 소추할 수 없는 범죄(내란·외환 이외의 죄)는 재직중 법률상 장애사유가 있으므로 공소시효의 진행이 당연히 정지된다(헌재 1995. 1. 20. 94헌마246).

특히 제5공화국과 제6공화국 사이에 존재하였던 12·12쿠테타와 5·18민주화운동 등에 관한 법률들은 당시의 쿠테타 등의 행위가 '헌정질서파괴범죄'에 해당하나, 대통령의 형사상 특권에 의하여 대통령 재직 중 형사소추가 불가능하므로 이를 국가소권 행사의 "장애사유"로 보고 있다. 이러한 장애사유가 존재한 기간 동안은 공소시효가 정지되고, 대통령 재직기간을 제외한 공소시효 기간 내에는 대통령 퇴임 후 형사상 소추가 가능하도록 하였다.

즉, 형법 제2편제1장 내란의 죄, 제2장 외환의 죄와 군형법 제2편제1장 반란의 죄, 제2장 이적의 죄는 헌정질서파괴범죄로서(헌정질서파괴범죄의공소시효등에관한특례법[시행 1995. 12. 21. 법률 제5028호, 1995. 12. 21, 제정] 제2조), 형사소송법 제249조 내지 제253조 및 군사법원법 제291조 내지 제295조에서 규정한 공소시효의 적용을 받지 않는다(동법 제3조). 동법에 따르면, 헌정질서파괴범죄는 아니지만, 형법 제250조(살해, 존속살해)의 죄로서 집단살해죄의방지와처벌에관한협약에 규정된 집단살해에 해당하는 범죄도 공소시효의 적용을 배제하고 있다(동법 제3조). 그리고 헌정질서파괴범죄행위에 대하여 국가의 소추권행사에 장애사유가 존재한 기간은 공소시효의 진행이 정지된 것으로 본다(5·18민주화운동등에관한특별법 제2조 제1항). 특히 5·18민주화운동등에관한특별법(시행 1995. 12. 21. 법률 제5029호, 1995. 12. 21, 제정)은 1979년 12월 12일과 1980년 5월 18일을 전후하여 발생한 헌정질서파괴범죄행위에 대하여 1993년 2월 24일까지는 "국가의 소추권행사에 장애사유가 존재한 기간"으로 보아 공소시효의 진행이 정지되도록 하였다(동법 제2조 제2항). 여기서의 1993년 2월 24일은 13대 대통령의 임기종료일임을 고려할 때, 헌법에서 규정한 대통령의 '형사상 불소추특권' 조항을 국가의 소추권행사에 대한 장애사유의 하나로 본 것임을 알 수 있다. 동법률들의 출현의 배경이 된 사건의 진행상황과 법리적 견해는 헌법재판소의 불기소처분(헌재 1995. 12. 14, 95헌마221)과 5.18민주화운동 등에 관한 특별법 제2조의위헌 여·부에 대한 심판(1996. 2. 16. 96헌가2,96헌바7,96헌바13)의 판례를 참조할 수 있다.

◆ 헌재판례

1. 우리 헌법이 채택하고 있는 국민주권주의(제1조 제2항)와 법 앞의 평등(제11조 제1항), 특수계급제도의 부인)(제11조 제2항), 영전에 따른 특권의 부인(제11조 제3항) 등의 기본적 이념에 비추어 볼 때, 대통령의 불소추특권(不訴追特權)에 관한 헌법의 규정(헌법 제84조)

이 대통령이라는 특수한 신분(身分)에 따라 일반국민과는 달리 대통령 개인(個人)에게 특권(特權)을 부여한 것으로 볼 것이 아니라 단지 국가의 원수(元首)로서 외국에 대하여 국가(家)를 대표하는 지위에 있는 대통령이라는 특수한 직책의 원활한 수행을 보장하고, 그 권위를 확보하여 국가의 체면과 권위를 유지하여야 할 실제상의 필요 때문에 대통령으로 재직중(在職中)인 동안만 형사상(刑事上) 특권(特權)을 부여하고 있음에 지나지 않는 것으로 보아야 할 것이다. 위와 같은 헌법 제84조의 규정취지와 함께 공소시효(公訴時效)제도나 공소시효정지(公訴時效停止)제도의 본질에 비추어 보면, 비록 헌법 제84조에는 "대통령은 내란(內亂) 또는 외환(外患)의 죄(罪)를 범한 경우를 제외하고는 재직중 형사상의 소추를 받지 아니한다"고만 규정되어 있을 뿐 헌법이나 형사소송법 등의 법률에 대통령의 재직중 공소시효의 진행(進行)이 정지(停止)된다고 명백히 규정되어 있지는 않다고 하더라도, 위 헌법규정은 바로 공소시효진행의 소극적(消極的) 사유가 되는 국가의 소추권행사의 법률상(法律上) 장애사유(障碍事由)에 해당하므로, 대통령의 재직중에는 공소시효의 진행이 당연히 정지되는 것으로 보아야 한다(헌재 1995. 1. 20, 94헌마246, 불기소처분취소).

2. 5·18민주화운동(民主化運動)등에관한특별법(特別法) 제2조는 대상자들을 재판없이 유죄로 확정하는 내용의 것도 아니므로 법원의 재판권을 침해하거나 무죄추정의원칙을 위반한 것도 아니며, 평등원칙에 위반한 개별사건법률이라 할 수 없어 합헌이다. 또한 형벌불소급의 원칙은 "행위의 가벌성" 즉 형사소추가 "언제부터 어떠한 조건하에서" 가능한가의 문제에 관한 것이고 "얼마동안" 가능한가의 문제에 관한 것이 아니므로, 공소시효를 정지하는 법률은 이미 행해진 범죄에 대하여 공소시효를 정지하였으므로 죄형법정주의나 형벌불소급의 원칙에는 위배되지 않는다. 위 법률조항이 부진정소급효(不眞正遡及效)를 갖는 경우에는 개인의 신뢰보호이익과 공소시효연장의 공익을 비교형량하여 후자가 우선하는 경우로서 법적 안정성과 신뢰보호의 원칙을 포함하는 법치주의 정신에 위반되지 않는다. 다만, 동법률조항이 소급입법으로서 형벌불소급원칙에 위배되는지 여부에 대한 법원의 권한으로서 헌법재판소가 판단할 수 없다는 견해와 합헌 및 위헌의견으로 나뉘어졌다. 그리고 위 법률조항이 법적안정성과 신뢰보호원칙을 포함하는 법치주의에 위반되거나 평등원칙에 위반되는지 여부에 대해서는 합헌의견 4인, 한정위헌 의견6인으로서 합헌결정 되었다(헌재 1996. 2. 16. 96헌가2,96헌바7,96헌바13, 5.18민주화운동 등에 관한 특별법 제2조의위헌 여·부에 대한 심판).

(3) 대통령의 권한 대행

대통령이 궐위되거나 사고로 인하여 직무를 수행할 수 없을 때에는 국무총리, 법률이 정한 국무위원의 순서로 그 권한을 대행한다(제71조). 궐위(闕位)란 대통령의 사망, 탄핵결정으로 인한 파면, 피선자격(被選資格)의 상실, 사임 등으로 대통령이 없게 된 경우를 말하며, 사고(事故)는 대통령이 재위하면서도 신병·장기간의 외유 등으로 직무를 수행할 수 없을 경우, 탄핵소추가 의결되어 그 결정이 있을 때까지 권한행사가 정지된 경우를 말하며, 권한대행자의 권한대행의 범위는 잠정적(暫定的)인 현상유지에 그쳐야 한다는 것이 다수설이다.

정부조직법은 국무총리의 권한대행에 대하여 규정하고 있다. 국무총리가 사고로 직무를 수행할 수 없는 경우에는 대통령의 지명이 있으면 그 지명을 받은 국무위원이, 지명이 없는 경우에는 기획재정부, 교육과학기술주, 외교통상부, 통일부, 법무부 등의 순서에 따라 국무위원이 그 직무를 대행한다(법 제19조와 제22조).

(4) 대통령의 의무

대통령은 국가의 독립·영토의 보전·국가의 계속성과 헌법을 수호할 책무를 지며(제66조 제2항), 조국의 평화적 통일을 위한 성실한 의무를 진다(동조 제3항). 또한 대통령으로서의 직에 취임에 앞서 "나는 헌법을 준수하고 국가를 보위하며, 조국의 평화적 통일과 국민의 자유와 복리의 증진 및 민족문화의 창달에 노력하여 대통령으로서의 직책을 성실히 수행할 것을 국민앞에 엄숙히 선서합니다."라는 선서를 할 의무를 지고 있으며(제69조), 국무총리·국무위원·행정 각 부의 장 기타 법률이 정하는 공사의 직을 겸할 수 없다(제83조).

헌법 제69조에 규정된 대통령의 '헌법을 준수하고 수호해야 할 의무'는 헌법상 법치국가원리가 대통령의 직무집행과 관련하여 구체화된 헌법적 표현이며, 대통령이 국민 앞에서 현행법의 정당성과 규범력을 문제삼는 행위는 법치국가의 정신에 반하는 것이자, 헌법을 수호해야 할 의무를 위반한 것이다. 그러나 헌법 제69조의 취임선서에 부여된 대통령의 '성실한 직책수행의무'는 헌법적 의무에 해당하나, '헌법을 수호해야 할 의무'와는 달리, 원칙적으로 사법적 판단의 대상이 될 수 없다고 할 것이다(헌재 2004. 5. 14, 2004헌나1).

(5) 전직 대통령의 예우

전직대통령의 신분과 예우는 법률로 정하며(제85조), 직전(直前) 대통령은 국가원로자문회의의 의장이 된다(제90조 제2항). 전직대통령예우에 관한 법률에 따르면, 본인은 물론 유가족에게 연금을 지급하며(법 제4조와 제5조), 전직대통령을 위한 기념사업을 민간단체등이 추진하는 경우에는 관계법령이 정하는 바에 따라 필요한 지원을 할 수 있다(법 제5조의2). 또한 전직대통령은 비서관 3인을 둘 수 있으며, 필요한 기간의 경호·경비, 교통·통신 및 사무실의 제공등의 지원 및 본인 및 그 가족에 대한 가료 등의 예우를 하며(법 제6조), 이러한 재직중 탄핵결정을 받아 퇴임한 경우, 금고이상의 형이 확정된 경우, 형사처분을 회피할 목적으로 외국정부에 대하여 도피처 또는 보호를 요청한 경우 그리고 대한민국의 국적을 상실한 경우에는 이러한 예우를 하지 않는다(법 제7조).

◆ 헌재판례

1. 대통령의 '성실한 직책수행의무'는 사법심사의 대상에서 제외: 헌법 제69조는 대통령의 취임선서의무를 규정하면서, 대통령으로서 '직책을 성실히 수행할 의무'를 언급하고 있다. 비록 대통령의 '성실한 직책수행의무'는 헌법적 의무에 해당하나, '헌법을 수호해야 할 의무'와는 달리, 규범적으로 그 이행이 관철될 수 있는 성격의 의무가 아니므로, 원칙적으로 사법적 판단의 대상이 될 수 없다고 할 것이다(헌재 2004. 5. 14, 2004헌나1, 대통령 노무현 탄핵).

2. 대통령의 헌법준수 및 수호의무는 법치국가원리의 헌법적 표현에 해당: 헌법 제66조 제2항 및 제69조에 규정된 대통령의 '헌법을 준수하고 수호해야 할 의무'는 헌법상 법치국가원리가 대통령의 직무집행과 관련하여 구체화된 헌법적 표현이다. '헌법을 준수하고 수호해야 할 의무'가 이미 법치국가원리에서 파생되는 지극히 당연한 것임에도, 헌법은 국가의 원수이자 행정부의 수반이라는 대통령의 막중한 지위를 감안하여 제66조 제2항 및 제69조에서 이를 다시한번 강조하고 있다. 이러한 헌법의 정신에 의한다면, 대통령은 국민 모두에 대한 '법치와 준법의 상징적 존재'인 것이다(위 판례).

3. 대통령이 현행법의 정당성과 규범력을 문제삼는 행위는 법치국가원리에 반하여 헌법수호의무 위반에 해당: 대통령이 현행법을 '관권선거시대의 유물'로 폄하하고 법률의 합헌성과 정당성에 대하여 대통령의 지위에서 공개적으로 의문을 제기하는 것은 헌법과 법률을 준수해야 할 의무와 부합하지 않는다. 물론, 대통령도 정치인으로서 현행 법률의 개선방향에 관한 입장과 소신을 피력할 수는 있으나, 어떠한 상황에서, 어떠한 연관관계에서 법률의 개정에 관하여 논의하는가 하는 것은 매우 중요하며, 이 사건의 경우와 같이, 대통령이 선거법위반행위로 말미암아 중앙선거관리위원회로부터 경고를 받는 상황에서 그에 대한 반응으로서 현행 선거법을 폄하하는 발언을 하는 것은 법률을 존중하는 태도라고 볼 수 없는 것이다. 모든 공직자의 모범이 되어야 하는 대통령의 이러한 언행은 법률을 존중하고 준수해야 하는 다른 공직자의 의식에 중대한 영향을 미치고, 나아가 국민 전반의 준법정신을 저해하는 효과를 가져오는 등 법치국가의 실현에 있어서 매우 부정적인 영향을 미칠 수 있다. 결론적으로, 대통령이 국민 앞에서 현행법의 정당성과 규범력을 문제삼는 행위는 법치국가의 정신에 반하는 것이자, 헌법을 수호해야 할 의무를 위반한 것이다(위 판례).

II. 대통령의 권한

1. 고전적 국가원수로서의 권한

(1) 국가의 대표 및 외교에 관한 권한

대통령은 국가의 원수로서 외국에 대하여 국가를 대표하는 대표자로서의 지위를 가지므로(제66조 제1항), 조약을 체결·비준하고, 외교사절을 신임·접수 또는 파견하며, 선전포고와 강화를 한다(제73조). 대통령의 선전·강화 기타 중요한 대외정책과 조약안 등에 대하여 국무회의의 심의를 거쳐야 하며(제89조), 국무총리와 관계 국무위원의 부서가 있어야 하며(제82조), 일부 조약안에 대해서는 반드시 국회의 동의가 필요하다(제60조 제1항).

헌법 제73조의 조약에 대한 비준(批准)이란 조약을 최종적으로 확정하는 대통령의 행위를 말하며, 헌법 제60조 제1항에 열거된 조약('상호원조 또는 안전보장에 관한 조약, 중요한 국제조직에 관한 조약, 우호통상항해조약, 주권의 제약에 관한 조약, 강화조약, 국가나 국민에게 중대한 재정적 부담을 지우는 조약 또는 입법사항에 관한 조약')은 반드시 국회의 동의를 얻어야 한다. 대통령은 외교사절을 신임·접수·파견한다(제73조). 여기서의 외교사절이란 국가를 대표하여 외국과 교섭하는 자을 일컬으며, 신임(信任)이란 우리나라 외교사절에게 신임장을 수여하는 것을 말하며, 접수(接受)란 외국의 외교사절을 수락하는 경우이다. 그리고 파견이란 우리나라 외교사절을 외국 또는 국제조직에 보내는 경우를 말한다. 또한 대통령은 선전포고와 강화를 한다(제73조). 선전포고란 전쟁개시의 선언이며, 강화(講和)란 전쟁종결을 위한 적국과의 합의이다. 이러한 선전포고(제60조 제2항)와 강화(제60조 제1항)에는 국회의 동의를 필요로 한다.

(2) 사면권

대통령은 사면법이 정하는 바에 의하여 사면·감형 또는 복권을 명할 수 있다(제79조). 국가형벌권의 행사는 사법부의 고유한 권한이나, 대통령이 사면권을 행사함으로써, 사법권행사에 개입하여 사법부의 판단을 변경시키는 제도이다. 이는 국가원수의 고유한 권한이며 권력분립원리의 예외에 속한다. 그리고 사면권은 형사소송법 기타 법률의 규정에 의한 범죄자에 대한 형벌권의 일부 또는 전부를 포기하거나 형벌로 발생하는 법률상의 효과를 면제하는 국가원수의 특권으로 발달하였다.

사면제도는 역사적으로 절대군주인 국왕의 은사권(恩赦權)에서 유래하였으며, 대부분의 근대국가에서도 유지되어 왔고, 대통령제국가에서는 미국을 효시로 대통령에게 사면권이 부여되어 있다. 사면권은 전통적으로 국가원수에게 부여된 고유한 은사권이며, 국가원수가 이를 시혜적으로 행사한다. 현대에 이르러서는 법 이념과 다른 이념과의 갈등을 조정하고, 법의 이념인 정의와 합목적성을 조화시키기 위한 제도로도 파악되고 있다(헌재 2000. 6. 1. 97헌바74, 사면법 제5조 제1항 제2호의 위헌소원).

사면에는 일반사면과 특별사면이 있다. 일반사면은 '죄를 범한 자'에 대하여 행함으로서(사면법 제3조 제1호), 특별한 규정이 없으면, 형의 언도의 효력이 상실되며 형의 언도를 받지 않은 자에 대하여는 공소권이 상실되는 효과가 있다(법 제4조 제1호). 특히 일반사면은 범죄의 종류를 지정하여 이에 해당하는 모든 범죄인에 대하여 일반적으로 형(刑)의 전부를 면제하는 것이기에 반드시 국회의 동의를 요한다(제79조 제2항). 특별사면은 이미 형의 선고를 받은 특정범인에 대하여 형을 사면하는 것이다. 즉 '형의 언도를 받은 자'를 대상으로 하며(법 제3조 제2호), 특별사면을 받으면, 형의 집행이 면제되며, 특별한 사정이 있을 때에는 이후 형의 언도의 효력을 상실케 할 수 있다(법 제5조 제2호).

감형권(減刑權)은 형의 선고를 받은 자의 형을 변경하거나 집행을 감형시켜주는 권한이며, 복권(復權)은 형의 선고의 효력으로 말미암아 상실 또는 정지된 자격을 회복시켜 주는 권한이다. 그리고 행정법규위반에 대한 범칙 또는 과벌과 징계법규에 의한 징계 또는 징벌의 면제는 사면에 관한 규정을 준용한다(법 제4조).

◆ 헌재판례

특별사면은 국가원수인 대통령이 형의 집행을 면제하거나 선고의 효력을 상실케 하는 시혜적 조치로서, 형의 전부 또는 일부에 대하여 하거나, 중한 형 또는 가벼운 형에 대하여만 할 수도 있는 것이다. 그러므로 중한 형에 대하여 사면을 하면서 그보다 가벼운 형에 대하여 사면을 하지 않는 것이 형평의 원칙에 반한다고 할 수도 없다고 하면서, 징역형의 집행유예에 대한 사면이 병과된 벌금형에도 미치는 것으로 볼 것인지 여부는 사면의 내용에 대한 해석문제에 불과하다 할 것이라고 판시하였다(헌재 2000. 6. 1. 97헌바74, 사면법 제5조 제1항 제2호의 위헌소원).

(3) 영전수여권

대통령은 법률이 정하는 바에 의해 훈장 기타 영전(榮典)을 수여한다(제80조). 영전수여권(榮典授與權)은 국가원수로서의 권한이며, 영전에 관한 일반법으로 상훈법(賞勳法)이 있다.

◆ 헌재판례

영전의 수여는 기본적으로 대통령이 국가원수의 지위에서 행하는 고도의 정치성을 지닌 국가작용이며, 서훈 여부는 대통령이 그 재량에 의하여 국무회의 심의를 거쳐 독자적으로 결정하는 것이다. 따라서 관련 법령에서 정한 자격기준이나 정부포상업무지침이 정한 자격요건에 해당한다는 이유로 개인 혹은 단체에게 훈장을 요구할 수 있는 법규상 또는 조리상 권리가 있는 것으로 볼 수 없다. 달리 헌법은 국민에게 영전을 수여할 것을 요구할 권리를 부여하고 있지 않다(헌재 2005. 6.30. 2004헌마859, 서훈추천부작위 등 위헌확인; 헌재 2009. 7. 30. 2008헌마367, 2007년 정부포상업무지침 2.나. 6) 다) 위헌확인).

(4) 헌법개정안의 공고 · 공포권

대통령은 헌법개정안을 발의할 수 있을 뿐만 아니라(제128조 제1항), 제안된 헌법개정안을 20일 이상의 기간 공고하여야 하고(제129조), 헌법개정안이 국회의결과 국민투표를 거쳐 확정되면 대통령은 즉시 이를 공포하여야 한다(제130조 제3항).

2. 국가수호자로서의 권한

(1) 긴급재정경제처분 · 명령권 및 긴급명령권

대통령은 국가수호자로서의 지위에서 국가비상사태에 처하여 이를 극복하기 위해 신속한 조치가 필요한 때에는 긴급재정 · 경제처분(緊急財政 · 經濟處分) · 명령권 및 긴급명령권(제76조)을 행사할 수 있다. 대통령은 내우 · 외환 · 천재 · 지변 또는 중대한 재정 · 경제상의 위기에 있어서 국가의 안전보장 또는 공공의 안녕질서를 유지하기 위하여 긴급한 조치가 필요하고 국회의 집회를 기다릴 여유가 없을 때에 한하여 최소한으로 필요한 재정 · 경제상의 처분을 하거나 이에 관하여 법률의 효력을 가지는 명령을 발할 수 있다(동조 제1항). 그리고 국가의 안위에 관계되는 중대한 교전상태에 있어서 국가를 보위하기 위하여 긴급한 조치가 필요하고 국회의 집회가 불가능한 때에 한하여 법률의 효력을 가지는 명령을 발할 수 있다(동조 제2항). 대통령의 긴급명령의 발포권은 국가수호자인 대통령에게 비상입법권(非常立法權)을 부여한 것이다.

(2) 계엄선포권

대통령은 국가의 비상사태에 있어서 그 위기를 극복하기 위하여 국가수호자의 지위에서 고전적 국가긴급권의 일종인 계엄선포권(戒嚴宣布權)(제77조)을 가진다. 계엄선포는 전시·사변 또는 이에 준하는 국가비상사태에 있어서 병력으로써 군사상의 필요에 응하거나 공공의 안녕질서를 유지할 필요가 있을 때에는 계엄법(戒嚴法)이 정하는 바에 따라 계엄을 선포할 수 있다(동조 제1항). 계엄에는 비상계엄(非常戒嚴)과 경비계엄(警備戒嚴)이 있으며(동조 제2항), 비상계엄이 선포된 때에는 법률이 정하는 바에 의하여 영장제도, 언론·출판·집회·결사의 자유, 정부나 법원의 권한에 관하여 특별한 조치를 할 수 있다(동조 제3항).

(3) 정당해산제소권

대통령은 정당의 목적이나 활동이 민주적 기본질서에 위배될 때에는 헌법재판소에 정당의 해산을 제소(提訴)할 수 있다. 정당은 그의 목적·조직과 활동이 민주적이어야 한다(제8조 제2항 전단). 그러나 정당의 목적이나 활동이 민주적 기본질서에 위배될 때에는 정부는 헌법재판소에 그 해산을 제소할 수 있고, 정당은 헌법재판소의 심판에 의하여 해산된다(제8조 제4항).

3. 국가중재자로서의 권한

(1) 헌법개정안제안권

대통령은 국정의 통합조정자로서 국민의 뜻을 모아 헌법개정안을 발의할 수 있다(제128조1항). 다만, 대통령의 장기집권과 권위주의 내지는 독재주의 체제의 출현을 막기 위하여, 대통령의 임기연장 또는 중임변경을 위한 헌법개정은 헌법개정 제안 당시의 대통령에 대하여는 효력이 없도록 하고 있다(제128조 제2항). 헌법개정안의 발의가 국회 재적의원 과반수의 발의로 되던 대통령의 발의로 인하던 불문하고, 제안 당시의 대통령에 대해서는 효력이 없으며, 제안 이후의 절차인 공고, 국회의결 및 국민투표 등의 절차가 진행될 당시의 대통령에게는 임기연장과 중임변경의 헌법개정안이 적용될 수 있다.

(2) 국민투표부의권

대통령은 필요하다고 인정할 때에는 외교·국방·통일 기타 국가안위에 관한 중요정책을 국민투표에 붙일 수 있다(제72조). 대통령의 국민투표부의권은 국회에 대한 대통령의 지위의 우위적 경향을 보장하는 수단이며, 직접민주제의 실천방식이다. 국민투표에는 입법사항을 대상으로 하는 경우 레퍼랜덤(Referendum)과 영토변경(領土變更), 주권제약(主權制約) 및 개인의 신임을 대상으로 하는 플레비시트(plebiscite)가 있다. 헌법 제72조에서 규정한 국민투표는 그 대상을 '외교·국방·통일 기타 국가안위에 관한 중요정책'으로 하고 있으므로 플레비시트에 해당한다. 그리고 '국가안위에 관한 중요한 정책'인가의 결정과 또 그것을 국민투표에 붙일 것이냐의 판단과 결정은 대통령의 재량(裁量)에 속한다. 다만, 헌법재판소는 헌법 제72조의 국민투표에서 '대표자의 신임'을 묻는 것은 국민투표의 본질과 맞지 않으며, 대통령의 재신임은 국민투표의 형태로 묻는 것이 아니라 선거의 형태로 이루어져야 한다고 하며, 대통령이 자신의 재신임을 국민투표의 형태로 묻고자 하는 것은 대통령이 헌법적 의무를 위반 것이라고 하였다(헌재 2004. 5. 14, 2004헌나1, 대통령(노무현) 탄핵).

◆ 헌재판례

국민투표는 직접민주주의를 실현하기 위한 수단으로서 '사안에 대한 결정' 즉, 특정한 국가정책이나 법안을 그 대상으로 한다. 따라서 국민투표의 본질상 '대표자에 대한 신임'은 국민투표의 대상이 될 수 없으며, 우리 헌법에서 대표자의 선출과 그에 대한 신임은 단지 선거의 형태로써 이루어져야 한다. 대통령이 자신에 대한 재신임을 국민투표의 형태로 묻고자 하는 것은 헌법 제72조에 의하여 부여받은 국민투표부의권을 위헌적으로 행사하는 경우에 해당하는 것으로, 국민투표제도를 자신의 정치적 입지를 강화하기 위한 정치적 도구로 남용해서는 안 된다는 헌법적 의무를 위반한 것이다. 물론, 대통령이 위헌적인 재신임 국민투표를 단지 제안만 하였을 뿐 강행하지는 않았으나, 헌법상 허용되지 않는 재신임 국민투표를 국민들에게 제안한 것은 그 자체로서 헌법 제72조에 반하는 것으로 헌법을 실현하고 수호해야 할 대통령의 의무를 위반한 것이다(헌재 2004. 5. 14, 2004헌나1, 대통령(노무현) 탄핵).

(3) 헌법기관구성권

대통령은 국회의 동의를 얻어 대법원장을 임명(제104조 제1항)하며, 대법원장의 제청에 의하여 국회 동의를 얻어 대법관을 임명한다(동조 제2항). 또한 헌법재판소 재판관 9인을 임명한다(제111조 제2항). 재판관 9인 중에서 3인은 국회에서 선출하는 자를, 3인은 대법원장이 지명하는 자를 임명하며(동조 제3항), 헌법재판소장은 국회의 동의를 얻어 재판관 중에서 임명한다(동조 제4항). 또한 중앙선거관리위원회 위원 9인 중에서 3인을 대통령이 임명한다(제114조 제2항).

▶ **참 고**

※ 중요헌법상의 직위의 임기 · 정년 · 임명절차

직 위	임 기	정년	임 명 절 차
대법원장	6년중임불가(단임)	70세	국회동의＋대통령임명
대법관(14인)[1]	6년 연임가능	65세	대법원장제청＋국회동의＋대통령임명
일반법관	10년 연임가능	63세	대법관회의 동의＋대법원장임명
감사원장	4년 1차 중임가능	65세	국회동의＋대통령임명
감사위원[2]	4년 1차 중임가능	65세	감사원장제청＋대통령임명
헌법재판소장	6년 연임가능	70세	국회동의＋대통령임명
헌법재판관(9인)	6년 연임가능	65세	3인: 국회선출＋대통령임명
			3인: 대법원장지명＋대통령임명
			3인: 대통령임명
중앙선관위장	6년 연임규정 無	없음	중앙선관위원 중에서 호선, 임명절차無
중앙선관위원(9인)	6년 연임규정 無	없음	3인: 국회선출, 대통령 임명절차無
			3인: 대법원장지명, 대통령 임명절차無
			3인: 대통령임명
국무총리	없음	없음	국회동의＋대통령임명
국무위원	없음	없음	국무총리제청＋대통령 임명
행정각부장	없음	없음	국무위원중 국무총리제청＋대통령임명

1) 대법원장을 포함하여 14인
2) 헌법: 5인이상 11인 이하, 감사원법 제3조: 감사원장을 포함하여 7인

4. 행정권의 수반으로서의 권한

(1) 행정에 관한 권한

대통령은 행정권의 수반인 까닭에 당연히 행정의 최고지도권을 가진다(최고 행

정지도권). 따라서 대통령은 국회가 제정하는 법률을 집행하는 최고의 권한을 가지며(법률집행권), 헌법과 법률이 정하는 바에 의하여 공무원을 임명하고 파면한다(공무원임면권)(제78조). 또한 국가 재정에 관한 권한으로서 예산안제출권(豫算案提出權)(제54조), 추가경정예산안제출권(追加更正豫算案提出權), 계속비(繼續費)(제55조 제1항)와 예비비설치지출(豫備費設置支出)(제55조 제2항), 예산집행권, 기채(起債), 예산이외의 국가부담계약(國家負擔契約)의 체결권(제58조)을 가지며, 국무회의(제86조 제3항), 국가안전보장회의(제91조 제2항) 등 각종 회의주재권(會議主宰權)을 가진다.

▶ 참 고

※ 대통령의 공무원임명권 제한
1. 선거에 의해 그 지위가 취득되는 공무원 : 국회의원, 지방의회의원
2. 일정한 기관의 제청(提請)이 있어야 임명할 수 있는 공무원 : ① 대법원장의 제청→대법관임명, ② 감사원장의 제청→감사위원의 임명, ③ 국무총리제청→국무위원임명 등
3. 국회의 동의를 얻어야 임명할 수 있는 공무원 : 대법원장, 대법관, 국무총리, 감사원장, 헌법재판소의 장(長)
4. 국무회의의 심의 : 검찰총장, 국립대학교 총장, 국영기업체관리자의 임명, 합참의장, 대사
5. 형식적 임명권을 가진 경우 : 헌법재판관 중 6인, 중앙선거관리위원회 중 3인

(2) 국회에 관한 권한

대통령은 국회에 출석하여 발언하거나 서한(書翰)으로 의견을 표시할 수 있으며(제81조), 이는 대통령의 권한이며 의무는 아니다. 또한 대통령은 임시국회의 소집을 요구할 수 있으며(제47조 제1항), 임시회의 소집을 요구할 때에는 기간과 소집요구의 이유를 명시하여야 한다(제47조 제3항).

(3) 법률제정에 관한 권한

대통령은 법률안 제출권(제52조), 법률안 공포권(제53조 제2항), 법률안 거부권을 가진다. 대통령에게 법률안 제출권을 부여한 것은 국회와 정부의 융화를 도모하기 위한 제도로서, 이는 대통령제 정부형태에서 찾아보기 어려운 제도이며, 의원내각제 정부형태에서 유래한 제도이다. 물론 대통령제를 발명한 미국연방헌법은 법률안 제출권을 인정하지 않고 있다. 그리고 대통령은 확정된 법률을 지체 없이 공포하여야 한다.

법률안 거부권은 국회에서 의결되어 송부되어 온 법률안에 대하여 대통령이

이의서(異議書)를 붙여 국회에 재의(再議)를 요구할 수 있는 제도이다. 법률안 거부권은 미국 연방헌법에서 유래한 제도로서 국회의 경솔이나 전제 또는 부당한 입법을 방지하고 권력분립에 의한 억제와 균형을 유지하기 위한 중요한 수단이다. 대통령의 거부권에 대한 법적 성질로는 정지조건설(停止條件說), 해제조건설(解除條件說), 취소권설(取消權說), 공법에 특유한 제도설(制度說) 등이 대립하고 있으나, 대통령의 거부권 행사에 대하여 국회가 재의결을 하면 법률안이 법률로써 확정되므로, 대통령의 거부권의 법적 성격은 법률의 완성에 대하여 정지조건을 의미한다고 보는 것이 통설이다.

거부권의 행사방식에는 환부거부(還付拒否 direct veto)와 보류거부(保留拒否 poket veto)가 있으며, 우리 헌법은 환부거부방식을 택하고 있다. 즉 대통령이 법률안을 국회에 환부하여 그 재의를 요구하는 방법이다. 보류거부는 미국헌법에서 인정하는 제도로서 대통령이 거부기간 안에 재의를 요구하지 않거나 공포하지 않으면 법률안이 자동폐기 되는 경우로서 이는 우리와 달리 미국은 회기불계속의 원칙을 채용하고 있기 때문이다. 현행헌법은 보류거부와 수정거부를 인정하고 있지 않지만, 국회의원의 임기만료로 인하여 폐회된 경우 입법기불계속이 인정되므로 당연히 보류거부의 상황이 발생할 수도 있다. 그러나 다수설은 우리 헌법상 보류거부는 인정되지 않는다고 한다.

대통령은 이의가 있을 때에는 국무회의의 심의를 거쳐 법률안이 정부에 이송된 후 15일 이내에 이의서를 붙여 국회에 환부하고 그 재의를 요구할 수 있으며, 국회의 폐회 중에도 가능하다. 그리고 대통령은 일부거부 또는 수정거부는 할 수 없다. 대통령이 법률안을 환부거부하면 국회는 그 법률안을 재의에 붙이고 재적의원과반수의 출석과 출석의원 3분의 2이상 찬성으로 재의결하면 그 법률안은 법률로써 확정된다(제53조 제5항). 대통령은 확정된 법률을 지체 없이 공포하여야 한다(제53조 제5항). 그러나 확정법률이 이송된 후 5일 이내에 대통령이 공포하지 아니할 때에는 국회의장이 이를 공포한다(제53조 제6항).

(4) 행정입법권

1) 행정입법권 일반론

행정입법(行政立法)은 의회입법과 법률에 의한 기본권제한원칙의 예외로서, 19세기 위임입법금지론으로부터 20세기 위임입법한계론으로 발전하였으며, 최근에는 행정입법이 증대되는 경향이 있다. 행정입법은 법규성의 유무에 따라 법규명령과 행정명령이 있으며, 행정명령을 행정규칙이라고도 한다.

2) 법규명령과 행정명령

　법규명령은 행정기관이 헌법에 근거하여 국민의 권리·의무에 관한 사항(법규사항)을 규정하는 명령이며, 행정명령은 행정기관이 헌법상의 근거 없이 고유한 권한으로 국민의 권리·의무와 직접관계가 없는 비법규사항(국민의 권리·의무와 관계없는 사항)을 규정한 명령이다. 법규명령은 국민의 권리와 의무를 내용으로 하므로 대국민적 효력과 일반적 구속력을 가지는 일반적·추상적 규범이지만(양면적 구속력), 행정명령은 행정조직 내부적 효력만 가지는 구체적 규범으로서 대국민적 효력이 인정되지 않는다(단면적·일면적 효력). 따라서 법규명령이 효력을 갖기 위해서는 반드시 공포(公布)가 있어야 하며, 이때 공포는 효력발생요건이다. 그리고 법규명령은 조문형식, 번호·날짜·서명·관보게제 등의 절차를 요구하나, 행정명령은 형식과 절차가 불필요하다. 또한 제정권자도 법규명령은 대통령·국무총리·행정각부장관·대법원장·헌법재판소장·중앙선거관리위원장 이지만, 행정명령은 대통령·국무총리·행정각부장관·감사원·각 원(院)·처·청 등의 일반관청, 및 국립대학의 총·학장 등이다. 각각의 종류는 법규명령은 형식적으로는 대통령령(제75조, 시행령)과 총리령·부령(제95조, 시행규칙)이며, 내용으로는 위임명령과 집행명령이 있다. 행정명령은 형식적으로는 훈령·예규·통첩·고시·지시·일일명령이 있으며, 내용적으로는 조직규칙·근무규칙·영조물규칙으로 분류할 수 있다.

　행정입법에 대한 통제장치는 행정부 내부에 의한 통제, 국회, 법원, 헌법재판소 그리고 국민에 의한 통제가 있다. 행정입법 중에서 대통령령안은 국무회의의 심의사항이며(제89조 제3호), 총리령과 부령에 대해서는 헌법규정은 없으나, 정부조직법 제11조 제2항이 '대통령은 국무총리와 중앙행정기관의 장의 명령이나 처분이 위법 또는 부당하다고 인정하면 이를 중지 또는 취소할 수 있다.'고 하여 대통령의 감독권을 규정하고 있으며, 제16조 제2항에서는 '국무총리는 중앙행정기관의 장의 명령이나 처분이 위법 또는 부당하다고 인정될 경우에는 대통령의 승인을 받아 이를 중지 또는 취소할 수 있다.'고 하여 국무총리의 대통령승인부 부령중지·취소권을 규정하고 있다. 그리고 국회는 입법권을 행사하여 법률로써 법규명령을 직접 통제할 수 있으며, 국정감사·조사권(제61조), 출석·질문권(제62조), 해임건의권(제63조) 및 탄핵소추(제65조) 등을 통하여 간접적으로 통제할 수 있다. 헌법재판소의 행정입법에 대한 통제는 적극설(인정설)과 소극설(부인설)이 있으나, 법무사시행규칙에 대한 헌법소원 등에서 적극설을 취하고 있다. 즉 명령·규칙이 재판의 전제가 된 경우에는 헌법 제107조 제2항에 근거하여 법원이 위헌위법심사권을 가지지만, 명령·규칙이 그 자체에 의하여 직접 기본권을 침해함을 이유로 헌법소원의 제기가 가능하다고 본다.(헌재 1990. 10. 15. 89헌마178, 법무사법시행규칙에 대한 헌법소원). 법원은 법규명령에 대해서는 헌법 제107조 제2항에 따라 위헌·위법의 여부심사권을 가지나, 행정규칙은 행정내규에 불과하므로 심사의 대상에서 제외시키고 있다. 그러나 최근에는 예외적으로 행정규칙도 위임한계를 벗어나지 아니하는 한 상위규범인 법령과 결합하여 대외적인 구속력이 있는 법규명령의 효력을 갖게 되므로 심사가 가능하다고 보고 있다(대판 1988. 3. 22. 87누654). 그리고 국민도 입법예고제에 의한 예고기간에 의견을 제출하는 방법과 행정절차법의 입법예고와 청문·공청회절차 등을 통하여 법규명령에 대하여 통제를 가할 수 있다.

◆ 헌재판례

1. 행정규칙은 대외적 구속력이 인정되지 않는 것이 원칙이나, 예외적으로 인정되기도 한다; 행정규칙이 법령의 규정에 의하여 행정관청에 법령의 구체적 내용을 보충할 권한을 부여한 경우 또는 재량권 행사의 준칙인 규칙이 그 정한 바에 따라 되풀이 시행되어 행정관행이 이룩되게 되면, 평등의 원칙이나 신뢰보호의 원칙에 따라 행정기관은 그 상대방에 대한 관계에서 그 규칙에 따라야 할 자기구속을 당하게 되는 경우에는 대외적 구속력을 가지게 된다 할 것이다(헌재 1990. 9. 3. 90헌마13, 전라남도 교육위원회의 1990학년도 인사원칙(중등)에 대한 헌법소원).

2. 행정규칙의 법규명령성 인정: 법령의 직접적인 위임에 따라 위임행정기관이 그 법령을 시행하는데 필요한 구체적 사항을 정한 것이면, 그 제정형식은 비록 법규명령이 아닌 고시(告示), 훈령(訓令), 예규(例規) 등과 같은 행정규칙(行政規則)이더라도 그것이 상위법령의 위임한계를 벗어나지 아니하는 한, 상위법령과 결합하여 대외적인 구속력을 갖는 법규명령으로서 기능하게 된다고 보아야 할 것인바, 청구인이 법령과 예규의 관계규정으로 말미암아 직접 기본권침해를 받았다면 이에 대하여 바로 헌법소원심판을 청구할 수 있다(헌재 1992. 6. 26, 91헌마25, 공무원임용령 제35조의2 등에 대한 헌법소원).

❀ 대법원판례

행정규칙의 법규성이 인정되지 않는 것이 전통적인 견해이나, 법규성이 인정되는 경향이 나타나고 있다.: 법령의 규정이 특정행정기관에게 그 법령내용의 구체적 사항을 정할 수 있는 권한을 부여하면서 그 권한행사의 절차나 방법을 특정하고 있지 아니한 관계로 수임행정기관이 행정규칙의 형식으로 그 법령의 내용이 될 사항을 구체적으로 정하고 있다면, 그와 같은 행정규칙·규정은 행정규칙이 갖는 일반적 효력으로서가 아니라, 행정기관에 법령의 구체적 내용을 보충할 권한을 부여한 법령규정의 효력에 의하여 그 내용을 보충하는 기능을 갖게 된다 할 것이므로, 이와 같은 행정규칙·규정은 당해 위임한계를 벗어나지 아니하는 한 그것들과 결합하여 대외적인 구속력이 있는 법규명령의 효력을 갖게 된다(대판 1988. 3. 22. 87누654).

3) 위임명령과 집행명령

법규명령(法規命令)에는 위임명령과 집행명령이 있다. 위임명령(委任命令)은 법률의 구체적 위임에 받아 발하는 명령이며, 집행명령(執行命令)은 법률을 집행하기위하여 필요한 사항에 대하여 발하는 명령이다. 양자는 모두 법규명령으로서 모법(母法)에 종속되므로, 모법이 폐지되면 함께 폐지되며, 모법을 변경할 수도 없다. 그러나 위임명령은 위임받은 범위 내에서 모법을 보충(補充)하거나, 새로운 입법사항을 정할 수 있지만, 집행명령은 집행에 필요한 사항만 규정하고, 새로운 입법사항을 정할 수 없다는 차이가 있다.

특히 위임명령에 있어서, 법률에서 위임을 할 때에는 일반적·포괄적 백지위임은 불가능하며 개별적·구체적 위임이어야 하여야 한다. 또한 국회의 전속(專屬)사항(예: 국적취득의 요건)은 위임의 대상이 될 수 없다. 또한 대통령령은 총리령과 부령에 재위임할 수 없다. 다만 대통령령으로 대강을 정한다음 세부사항을 재위임하는 것은 가능하다. 그리고 처벌의 대상이 될 행위의 설정은 반드시 법률에 의거하여야 하며, 다만 벌칙의 최고한도를 정한 후 처벌의 종류와 정도를 위임하는 것은 가능하다.

4) 대통령의 행정입법권

대통령의 입법권은 비상입법권(非常立法權)과 행정입법권(行政立法權)이 있다. 비상입법권은 국가긴급권의 일종으로서, 비상시의 법률제정권이다. 평상시에는 대통령은 법률에서 구체적으로 범위를 정하여 위임받은 사항과 법률을 집행하기위하여 필요한 사항에 한하여 대통령령을 발할 수 있다(제75조).

◆ 헌재와 대법원 판례

※ 포괄적 위임입법금지의 원칙
1. '고급오락장용 건축물의 한계는 대통령령으로 정한다'라고 불명확하고 포괄적으로 규정함으로써 실질적으로 중과세여부를 행정부의 자의에 맡기고 있을 뿐만 아니라, 입법목적, 지방세법의 다른 규정 또는 기타 관련법률을 살펴보더라도 고급오락장용 건축물의 기준

과 범위를 예측해 내기가 어려우므로 헌법 제75조상의 포괄적 위임입법금지원칙에 위배된다(헌재 1999. 3. 25. 98헌가11 등).

2. 법률의 위임은 반드시 구체적이고 개별적으로 한정된 사항에 대하여 행해져야 한다. 그렇지 아니하고 일반적이고 포괄적인 위임을 한다면 이는 사실상 입법권을 백지위임(白紙委任)하는 것이나 다름없어 의회입법의 원칙이나 법치주의를 부정하는 것이 되고…(헌재 1991. 7. 8. 91헌가4).

3. 처벌법규의 위임을 하기 위해서는 첫째, 특히 긴급한 필요가 있거나 미리 법률로써 자세히 정할 수 없는 부득이한 사정이 있는 경에 한정되어야 하며, 둘째, 이러한 경우에도 법률에서 범죄의 구성요건은 처벌대상행위가 어떠한 것일 것이라고 예측할 수 있을 정도로 구체적으로 정하고, 셋째 죄형의 종류 및 그 상한과 폭을 명백히 규정하여야 하되, 위임입법의 위와 같은 예측가능성의 유무를 판단함에 있어서는 당해 특정조항 하나만을 가지고 판단할 것이 아니고 관련법조항 전체를 유기적·체계적으로 종합하여 판단하여야 한다(헌재 1997. 5. 29. 94헌바22).

4. 법률에 위임받은 사항을 전혀 규정하지 않고 재위임하는 것은 복위임금지의 법리에 반할 뿐 아니라 수권법(授權法)의 내용변경을 초래하는 것이 되고…위임받은 사항에 관하여 대강을 정하고 그 중의 특정사항을 범위를 정하여 하위법령에 다시 위임하는 경우에만 재위임이 허용된다(헌재 1996. 2. 29. 94헌마213).

5. 대통령령이 정하는 바에 의하여 일정한 기간 그 기술자격을 정지시킬 수 있다."고 규정하고 있는 이 사건 법률조항은 자격정지 기간의 범위에 관하여 법률에 아무런 기준을 두지 않은 채 이를 모두 대통령령에 위임하고 있고, 국가기술자격법의 다른 규정이나 다른 관련 법률에서도 기술자격 정지에 관련된 규정을 찾아 볼 수 없다. 이에 따라 이 사건 법률조항의 내용과 국가기술자격법의 다른 규정 등을 유기적·체계적으로 종합하여 판단해 보아도 이 사건 법률조항의 위임에 따라 시행령에 규정될 자격정지 기간의 범위 특히 상한이 대강 어떤 것이 될 지를 전혀 예측할 수 없으므로, 이 사건 법률조항은 자격정지 처분의 정지기간의 범위를 대통령령에 포괄적으로 위임한 것에 해당하여 위임입법의 한계를 규정한 헌법 제75조에 위반된다(헌재 2002. 6. 27, 2000헌가10, 국가기술자격법 제12조 제2항 중 "대통령령이 정하는 바에 의하여 일정한 기간" 부분 위헌제청)

6. "교통사고를 일으키거나 …… 한 사람의 비율이 대통령령이 정하는 비율을 초과하는 때"라고 규정하고 있는 이 사건 조항은 행정처분의 기준이 되는 '교통사고'와 '사고 운전자의 비율'을 각 위임하고 있는 것이라고 볼 수 있다. 이러한 위임입법은 헌법 제75조의 포괄위임입법금지원칙에 위배된다. 가. '교통사고'는 이 사건 조항에서 행정제재의 기준이 되는 비율의 계산에 있어서 중요한 변수이나, 이 사건 조항은 대통령령에 규정될 '교통사고'가 어떤 종류나 범위의 것이 될 것인지에 관한 대강의 기준을 제시하지 않고 있으며 도로교통법의 전반적 체계와 관련규정을 보아도 이를 예측할만한 단서가 없다. 따라서 '교통사고' 부분의 위임은 지나치게 포괄적인 것으로서 예측가능성을 주지 못하며 위임입법에서 요구되는 구체성·명확성 요건을 충족하지 못하였다. 나. '사고 운전자의 비율'은

행정제재의 핵심적인 기준이므로 그 위임에 있어서는 법률에서 구체적 기준을 정하여야 한다. 그런데 이 사건 조항이나 도로교통법의 다른 조항들을 살펴보아도 그 비율의 대강이나 상하한선을 예상할 수 없다. 따라서 이 사건 조항은 운전전문학원 졸업자의 교통사고 비율을 대통령령에 너무 포괄적으로 위임한 것이다(헌재 2005. 7. 21, 2004헌가30, 도로교통법 제71조의15 제2항 제8호 위헌제청).

※ 포괄적 위임입법금지의 원칙의 예외

1. '처벌법규나 조세법규와 같이 국민의 기본권을 직접적으로 제한하거나 침해할 소지가 있는 법규는 구체성·명확성의 요구가 강화되어 그 위임의 요건과 범위가 일반적인 급부행정의 경우보다 더 엄격하게 제한적으로 규정되어야 하는 반면에, 규율대상이 지극히 다양하거나 수시로 변화하는 성질의 것일 때에는 위임의 구체성·명확성의 요건이 완화되어야 할 것이다(헌재 1999. 3. 25. 98헌가11 등).
2. 처벌법규의 위임 한계: 법률에 의한 처벌법규의 위임은 헌법이 특히 인권을 최대한으로 보장하기 위하여 죄형법정주의와 적법절차를 규정하고 있는 점에 비추어 바람직하지 못한 일이므로, 그 요건과 범위가 보다 엄격하게 제한적으로 적용되어야 한다. 따라서 처벌법규의 위임은 첫째, 특히 긴급한 필요가 있거나 미리 법률로써 자세히 정할 수 없는 부득이한 사정이 있는 경우에 한정되어야 하고, 둘째, 이러한 경우일지라도 법률에서 범죄의 구성요건은 처벌대상인 행위가 어떠한 것일 거라고 이를 예측할 수 있을 정도로 구체적으로 정하고 셋째, 형벌의 종류 및 그 상한과 폭을 명백히 규정하여야 한다(헌재 2004. 8. 26, 2004헌바14, 새마을금고법 제66조 제2항 제6호 등 위헌소원; 헌재 1991. 7. 8. 91헌가4, 복표발행, 현상기타사행행위단속법 제9조 및 제5조에 관한 위헌심판).
3. '지방자치단체는 법령의 범위 내에서 그 사무에 관하여 조례를 제정할 수 있으므로 그 내용이 주민의 권리·의무에 관한 사항이거나 벌칙에 관한 것이 아닌 한, 법률의 위임이 없더라도 조례를 제정할 수 있다(대판 1970. 2. 10. 69다2121).

(3) 국군통수권

국군의 통수(統帥)란 국군의 최고지휘자로서의 군정권(軍政權)과 군령권(軍令權)에 걸친 권한을 가지는 것을 의미하며, 군정권은 국군의 편성·조직, 병력 취득·관리하는 작용이며, 군령권은 군을 현실적으로 지휘·명령하고 통솔하는 작용으로서 용병작용 혹은 군통수작용이다.

국군통수권의 체계를 구성하는 방법에는, 군정권과 군령권을 통합한 병정통합주의(일원주의)와 이들을 분리한 병정분리주의(이원주의)가 있다. 병정분리주의는 프러시아와 일본제국에서 채택하였던 원칙으로서 통수권독립주의이다. 즉 통수권(統帥權)을 의미하는 군령을 독립시켜 정부는 이에 관여할 수 없으며, 군정을 법률로 정하지 않게 하고 국가원수 직속 하에 설치된 특수기관에 갖게 하는 방식으로서 군국주의적 경향을 띤다. 그러나 병정통합주의는 군령과 군정을 통합하는 일원주의로서, 현행헌법을 비롯한 대부분의 현대국가는 통합주의를 택하고 있다.

우리 헌법은 대통령은 헌법과 법률이 정하는 바에 의하여 국군을 통수하는 국군통수권(國軍統帥權)을 가지며(제74조 제1항), 국군의 조직과 편성은 법률로 정한다(동조 제2항). 이러한 국군통수권은 행정부수반(行政府首班)로서의 권한에서 파생되는 권리로 보기도 하며(김), 국가원수로서의 지위에서 파생되는 권리로 보기도 한다(권).

대통령은 국군통수권을 가지며(국군조직법 제6조), 국방부장관은 국방에 관련된 군정 및 군령과 그 밖에 군사에 관한 사무를 관장한다(정부조직법 제28조). 물론, 국방부장관은 대통령의 명을 받아 군사에 관한 사항을 장리하고 합동참모의장과 각군참모총장을 지휘·감독한다(국군조직법 제8조). 그리고 군령에 관하여 국방부장관을 보좌하는 합동참모의장이 있으며(동법 제9고 제2항), 국방부장관의 명을 받아 군령권을 행사하는 각군참모총장이 있다(동법 제10조 제2항).

그리고 국군은 국가의 안전보장과 국토방위의 신성한 의무를 수행함을 사명으로 규정하고(제5조 제2항), 침략전쟁을 부인하므로(제5조 제1항), 국군통수권에도 한계가 있다. 또한 군사에 관한 주요사항은 국무회의의 심의사항이며(제89조 제6호), 군사정책에 대한 국무회의 심의에 앞서 국가안전보장회의의 자문을 받아야 하며(제91조), 국군의 외국파견에 대한 국회의 사전동의절차 필요(제60조 제2항) 그리고 국군의 조직과 편성에 있어서 법률주의를 택하고 있으므로(제89조 제16호, 제74조 제2항), 국군통수권도 헌법의 통제 하에 있다.

III. 국가긴급권

1. 입법적 국가긴급권

(1) 긴급재정·경제처분 및 명령

대통령은 내우·외환·천재·지변 또는 중대한 재정·경제상의 위기와 같은 비상사태(非常事態)에 있어서 국가의 안전보장 또는 공공의 안녕질서를 유지하기 위하여 긴급한 조치가 필요하고 국회의 집회를 기다릴 여유가 없을 때에 한하여 최소한으로 필요한 재정·경제상의 처분을 하거나 이에 관하여 법률의 효력을 가지는 명령을 발할 수 있다(제76조 제1항). 이러한 긴급재정·경제((緊急財政·經

濟) 처분 및 명령권은 소극적 목적을 위해서만 가능하며, 공공의 복리, 문화의 향상과 같은 적극적 목적을 위해서는 행사할 수 없다(헌재 1996. 2.2 9. 93헌마186).

긴급재정경제처분명령권을 발하기 위해서는 국가안전보장회의의 자문(제91조), 국무회의 심의(제89조 제5호), 문서와 부서(제82조), 국회에의 보고와 승인(제76조 제3항) 그리고 진행상황 공포(제75조 제5항)의 절차를 거쳐야 한다.

특히 국회의 승인은 일반의결정족수인 재적의원 과반수의 출석과 출석의원 과반수의 찬성으로 가능하며, 승인을 얻지 못한 경우에는 그 처분 또는 명령은 그때부터 효력을 상실하며, 그 명령에 의하여 개정 또는 폐지되었던 법률은 그 명령이 승인을 얻지 못한 때부터 당연히 효력을 회복한다.(제76조 제4항). 국회의 승인은 긴급처분과 명령의 효력을 확인하는 의미이므로, 승인을 받기 전에는 잠정적(暫定的) 효력만을 가지며, 승인의 요건을 충족하여야 영속적(永續的) 효력을 갖는다. 또한 대통령은 국회의 승인과 불승인의 사유를 지체 없이 공포하여야 한다(제76조 제5항).

긴급재정경제처분은 처분에 대하여 국회의결을 얻은 효과를 가지므로 대통령의 책임이 면제되며, 국회의 승인을 받은 후에도 헌법소원심판이 가능하며(제111조 제1항 제5호), 행정처분적 성격이므로 법원이 위헌·위법여부에 대한 심판권을 가진다(제107조 제2항). 그러나 긴급재정경제명령은 국회가 직접 제정한 법률과 동일한 효력을 가지므로(제76조 제1항), 입법사항에 속하는 국민의 권리를 제한하거나 의무를 부과할 수 있으며, 기존법률을 폐지, 개정 또는 정지할 수 있다. 긴급재정경제명령에 대한 국회의 승인은 대통령의 책임의 면제뿐만 아니라 비상적 입법행위에 대한 추후 승인을 의미한다. 따라서 일반적·추상적 입법의 형식을 요구한다. 그리고 긴급재정경제명령이 재판의 전제가 된 경우에는 법원의 제청에 따른 헌법재판소의 위헌여부의 심판이 가능하며, 재판의 전제됨이 없이 직접적·현재적으로 헌법상 기본권을 침해한 때에는 권리구제형헌법소원의 대상이 될 수도 있다. 그리고 긴급명령으로 헌법개정·국회해산·국회와 법원 그리고 헌법재판소에 대한 특별조치·군정(軍政) 등은 불가능하다.

(2) 긴급명령권

대통령은 국가의 안위에 관계되는 중대한 교전상태(交戰狀態)에 있어서 국가를 보위하기 위하여 긴급한 조치가 필요하고 국회의 집회가 불가능 한 때에 한하여 법률의 효력을 가지는 명령을 발할 수 있다(제76조 제2항). 여기서의 중대한 교전상태란 전쟁 또는 이에 준하는 내란·사변을 의미하며, 긴급한 조치는 국가안전보장을 위하여 방어적인 조치만이 가능하고, 국회의 집회불가능 때란 시간적 여유의 문제가 아니고 사실상의 불가능한 상태를 의미한다. 긴급명령권의 발동에도 긴급재정경제처분명령과 동일한 절차가 필요하며, 효력은 긴급재정경제명령과 동일하다.

(3) 입법적 국가긴급권에 대한 통제

긴급재정경제처분명령과 긴급명령권에 대한 사전통제(事前統制)로는 국가안전보장회의의 자문과 국무회의의 심의를 거쳐야 하고, 국무총리와 관계 국무위원의 부서(副署)가 있는 문서로써 하여야 하도록 절차적 장치를 두고 있다.

국회는 긴급재정경제처분명령에 대한 승인권(제76조 제3항)을 갖고 있으므로 조치여하에 따라 승인하지 않을 수도 있다. 또한 계엄선포권에 대한 국회의 해제요구권(제77조 제5항)과 같은 명문규정은 없지만, 일반의결정족수로써 조치의 해제를 요구할 수 있다는 견해도 있으나 이는 권고적(勸告的) 의사표시에 지나지 않는다고 볼 것이다.

그리고 현행헌법은 사법적(司法的) 통제에 대해서 명문규정을 두고 있지 않다. 그러므로 이 조치를 통치행위로 보아 이에 대한 사법적 통제를 부인하는 설과 이 조치가 법률적 효력을 가진다는 점에서 법원과 헌법재판소에 의한 통제가능성을 인정하는 설(다수설)이 대립되어 있으나, 헌법재판소는 통치행위임을 인정하면서도, 헌법재판소에 의한 헌법소원의 대상임을 인정하고 본안판단을 하였다(헌재 1996. 2. 29. 93헌마186).

◆ 헌재판례

※ 긴급재정명령 등 위헌확인(헌재 1996. 2. 29. 93헌마186)
1. 긴급재정경제명령의 통치행위성 인정: 고도의 정치적 결단에 의한 행위로서…이른바 통치행위의 개념을 인정할 수 있고 … 대통령의 긴급재정경제명령은 일종의 국가긴급권으로서 대통령이 고도의 정치적 결단을 요하고 가급적 그 결단은 존중되어야 한다.
2. 긴급재정경제명령의 사법적 통제(헌법재판소심판대상) 인정: 비록 고도의 정치적 결단에 의하여 행해지는 국가작용이라고 할지라도 그것이 국민의 기본권 침해와 직접 관련되는 경우에는 당연히 헌법재판소의 심판대상이 될 수 있다.
3. 긴급재정경제명령은 정상적인 재정운용·경제운용이 불가능한 중대한 재정·경제상의 위기가 현실적으로 발생하여(그러므로 위기가 발생할 우려가 있다는 이유로 사전적·예방적으로 발할 수는 없다) 긴급한 조치가 필요함에도 국회의 폐회 등으로 국회가 현실적으로 집회될 수 없고 국회의 집회를 기다려서는 그 목적을 달할 수 없는 경우에 이를 사후

적으로 수습함으로써 기존질서를 유지·회복하기 위하여(그러므로 공공복지의 증진)과 같은 적극적 목적)을 위하여는 발할 수 없다) 위기의 직접적 원인의 제거에 필수불가결한 최소의 한도내에서 헌법이 정한 절차에 따라 행사되어야 한다.

4. 김영삼대통령의 금융실명거래및비밀보장에관한긴급재정경제명령에 대한 합헌결정: 긴급명령 발포상태의 장기화가 바람직하지는 않지만 그렇다고 그 사유만으로 발포 당시 합헌적이었던 긴급명령이 바로 위헌으로 된다고 할 수는 없다.

5. 참고: 금융실명제는 1993년 8월 12일 대통령긴급재정경제명령을 제정하여 실시하였으나, 실시과정에서 실명확인에 따른 금융거래시의 불편과 세무조사에 대한 불안감 등 일부 문제점이 나타난 바, 이를 해소하는 동시에 중소기업출자금 등에 대한 자금출처실명제를 항구적인 제도로 정착시키기 위하여 대통령긴급재정경제명령을 금융실명거래 및 비밀보장에 관한 법률(법률 제5493호, 1997. 12. 31, 제정)로 대체입법하여 오늘에 이르고 있다.

2. 계엄선포권

(1) 계엄선포의 의의

대통령은 전시·사변 또는 이에 준하는 국가비상사태에 있어서 병력으로써 군사상의 필요에 응하거나 공공의 안녕질서를 유지할 필요가 있을 때에는 법률이 정하는 바에 의하여 계엄을 선포할 수 있다(제77조 제1항). 이는 대통령이 전국 또는 일정한 지역을 병력으로써 경비하는 긴급권 제도로서, 국회의 사전동의를 요하지 않는다.

(2) 계엄선포의 요건

계엄의 종류는 비상계엄과 경비계엄이 있으며(동조 제2항), 비상계엄(非常戒嚴)은 전시·사변 또는 이에 준하는 국가비상사태에 있어서 적과 교전상태에 있거나 사회질서가 극도로 교란되어 행정 및 사법기능의 수행이 현저히 곤란한 경우에 군사상 필요에 응하거나 공공의 안녕질서를 유지할 필요가 있을 때에 발포하며(계엄법 제2조 제2항), 경비계엄(警備戒嚴)은 전시·사변 또는 이에 준하는 국가비상사태에 있어서 사회질서가 교란되어 일반행정기관만으로는 치안을 확보할 수 없는 경우에 공공의 안녕질서를 유지하기 위하여 발할 수 있다(동법 제2조 제3항).

(3) 계엄선포의 절차와 내용

계엄을 선포하기 위해서는 국무회의의 심의를 거쳐야 하며(제89조 제5호) 국방부장관과 행정안전부장관은 국무총리를 거쳐 대통령에게 계엄의 선포를 건의할 수 있다(계엄법 제2조 제6항). 대통령이 선포하며, 선포할 때에는 그 이유·종류·시행일시·시행지역 및 계엄사령관을 공고하여야 한다(동법 제3조). 그리고 선포한 때에는 지체없이 국회에 통고하여야 하며(동법 제4조 제1항), 국회가 폐회중인 때에는 대통령은 지체없이 국회의 집회를 요구하여야 한다(동조 제2항). 선포된 계엄은 그 지역을 확대·축소할 수 있으며, 또 사태의 변화에 따라 계엄의 종류를 변경할 수 있다(동법 제2조 제4항). 계엄사령관은 계엄의 시행에 관하여 국방부장관이 지휘·감독을 받으며(일부지역계엄), 전국을 계엄지역으로 하는 경우와 대통령이 직접 지휘·감독을 할 필요가 있는 경우에는 대통령의 지휘·감독을 받는다(법 제6조 제1항).

(4) 계엄의 효력

비상계엄이 선포된 때에는 법률이 정하는 바에 의하여 영장제도, 언론·출판·집회·결사의 자유, 정부나 법원의 권한에 관하여 특별한 조치를 할 수 있으며(제77조 제3항), 군인 또는 군무원이 아닌 일반국민도 중대한 군사상 기밀·초병·초소·유독음식물공급·포로·군용물에 관한 죄에 대하여 군사법원의 재판을 받을 수 있다(제27조 제2항). 또한 비상계엄하의 군사재판은 군인·군무원의 범죄나 군사에 관한 간첩죄의 경우와 초병·초소·유독음식물공급·포로에 관한 죄중 법률이 정한 경우에 한하여 단심으로 할 수 있으며, 다만, 사형을 선고한 경우에만 단심으로 할 수 없다(제110조 제4항). 그리고 헌법 제77조 제3항과 계엄법 제9조 제1항에 의하면, 영장제도를 폐지할 수는 없지만(헌법위원회결정 1953.10. 18.), 사전영장제도에 대한 특별한 조치로서 체포, 구금, 압수, 수색에 대한 사후영장제도를 허용할 수도 있으며, 언론·출판·집회·결사의 자유와 단체행동권에 대한 특별한 조치로서 사전통제를 부분적으로 허용될 수 있다. 특히 단체행동권에 대한 헌법의 유보가 없음에도 불구하고 계엄법에서 단체행동권에 대한 특별한 조치를 할 수 있도록 규정하고 있는 것은 위헌성이 있다.

계엄법에 따르면, 계엄사령관은 계엄지역안의 모든 행정사무와 사법사무를 관장한다(계엄법 제7조 제1조). 여기서 사법사무란 사법경찰, 검찰, 공소의 제기, 형의 집행 그리고 민사비송사건을 의미한다고 보며(다수설), 일반법원에 의한 재판작용에 대해서는 어떠한 제한적 조치도 취할 수 없다. 이외에도 법률이 정한 바에 따라 물품의 징발, 조사, 등록과 반출금지, 보상지급을 조건으로 국민재산의 파괴, 소훼 등이 가능하다(동법 제9조).

경비계엄이 선포된 경우에는 계엄사령관은 계엄지역안의 군사에 관한 행정사무와 사법사무를 관장할 수 있으나(계엄법 제7조 제2항), 이러한 권한의 행사는 공공안녕과 질서의 회복과 소극적인 치안유지 활동에만 가능하다고 하겠다.

(5) 계엄의 해제

비상사태가 평상사태로 회복된 때에는 계엄해제 후 이를 공고하여야 하며(법 제11조 제1항), 국방부장관이나 행정저차부장관이 국무총리를 경유하여 건의하면 국무회의의 심의를 거쳐서 계엄을 해제할 수도 있으며 국회가 국회재적의원의 과반수찬성으로 해제를 요구한 때에는 대통령은 계엄을 해제하여야 한다(제77조 제5항).

계엄이 해제되면, 해제된 날부터 모든 행정·사법사무는 평상상태로 회복된다, 그러나 대통령이 필요하다고 인정하는 경우 이는 군사법원의 재판권을 1개월 이내에 한해서 이를 연기할 수 있다(계엄법 제12조 제2조).

(6) 계엄의 통제

국회는 제77조 5항 에 의하여 재적의원 과반수의 찬성으로 계엄의 해제를 요구할 수 있으며, 국정감사조사권, 국무총리·국무위원 출석·답변요구 및 해임건의권, 대통령·국무총리·국무위원·행정각부의 장 등에 대한 탄핵소추의결권 그리고 법률제정권의 행사로 계엄선포를 통제할 수 있다.

대법원은 법원이 계엄선포 요건의 구비여부나 당·부당을 심사하는 것은 사법권의 내재적(內在的)인 본질적인 한계를 넘어서는 것이라고 하여, 계엄선포행위가 통치행위임을 인정하여(대판 1979. 12. 7. 79초70) 사법심사의 대상에서 제외하였다. 그러나 계엄당국의 개별적 행위로서 포고령과 구체적 집행행위는 상대적 통치행위로서 사법심사가 가능하다고 본다.

Ⅳ. 대통령의 권한행사방법 및 통제

1. 정부내에서의 통제

(1) 자문제도

대통령의 자문기구로는 국가원로자문회의, 국가안전보장회의, 민주평화통일자문회의, 국민경제자문회의 그리고 국가과학기술자문기구 등이 있으며, 국가안전보장회의는 필수자문기구로서 문언상 반드시 두어야 하는 기구이다.

국가원로자문회의의는 국정에 관한 중요사항에 관하여 자문하며, 국가원로로 구성된다. 그리고 의장은 직전대통령이 되며, 직전대통령이 없을 때에는 대통령이 지명한다(제90조). 국가안전보장회의의는 국가안전보장에 관련되는 대외정책, 군사정책과 국내정책의 수립에 관하여 국무회의 심의에 앞서 대통령의 자문에 응하며,회의는 대통령이 주재한다(제91조). 민주평화통일자문회의는 평화통일정책의 수립에 관하여 대통령의 자문에 응하며(제92조), 국민경제자문회의는 국민경제의 발전을 위한 중요정책의 수립에 관하여 자문에 응한다(제93조). 또한 대통령은 과학기술의 혁신과 정보 및 인력의 개발을 통하여 국민경제의 발전을 도모하기 위하여 필요한 자문기구를 둘 수 있다(제127조 제3항).

(2) 국무총리와 관계 국무위원의 부서 및 국무회의 심의

대통령의 국법상 행위는 문서로서 하며, 이 문서에는 국무총리와 관계 국무위원이 부서한다. 군사에 관한 것도 같다(제82조). 부서(副署)제도는 대통령의 행위에 대한 보필책임을 지는 동시에 국무총리 등의 책임의 소재를 명백히 하는 의미를 가지며, 국무총리 등은 부서를 거부할 수 있지만, 사실상 거부할 수는 없다. 다만, 사임함으로써 부서를 거부할 자유는 인정되어야 한다. 부서 없는 대통령의 행위는 유효설과 무효설이 있으나, 무효설이 타당하며,유효하다고 하더라도 헌법위반에 해당하므로 탄핵사유가 된다. 그리고 대통령의 권한 중 국무회의 심의사항은 반드시 심의를 거쳐야 한다(제89조).

2. 국회의 통제

대통령의 권한행사 중에는 국회의 동의, 승인 및 보고 등의 통제방법이 있다. 예산안과 국채모집 그리고 예산외에 국가의 부담이 될 계약의 체결에 대해서는 국회의 의결을 받아야 한다(제55조 제2항). 그리고 상호원조 등에 대한 조약의 체결과 비준, 선전포고와 강화 및 국군의 해외파견 및 외국군대의 국내주둔(제60조), 일반사면권 행사(제79조 제1항), 국무총리 임명(제86조 제1항)·대법원장과 대법관의 임명(제104조)·감사원장의 임명(제98조 제2항), 헌법재판소장(제) 등의 권한행사에는 국회의 동의를, 예비비지출(제55조 제2항), 긴급재정·경제 처분 및 명령권과 긴급명령권 행사(제76조 제3항) 등에는 국회의 승인을 받아야 한다. 그리고 긴급재정·경제 처분 및 명령권과 긴급명령권을 발하였을 때에는 지체없이 국회에 보고하여야 하며, 특히 계엄을 선포하였을 때에는 국회에 통고하여야 하며, 국회는 계엄해제를 요구할 수 있다(제77조 제4항). 그리고 국회는 대통령에 대한 탄핵소추 의결권이 있다(제65조 제1항).

3. 법원과 헌법재판소의 통제

법원은 대통령의 명령제정과 행정처분을 사법심사(위헌명령·규칙·처분심사) 함으로써 통제하며(제107조 제2항), 헌법재판소는 탄핵심판결정, 위헌정당해산심판, 국가기관의 권한쟁의 심판, 헌법소원심판 등과 조약과 긴급명령·긴급재정경제명령 심사등을 통하여 대통령의 권한행사를 통제한다(제111조 제1항). 그 외에도 선거제도와 국민투표제 등에 의하여 통제된다고 하겠다.

제3절 행정부

Ⅰ. 국무총리·국무위원

1. 국무총리

(1) 유형과 연혁

총리제(總理制)의 유형을 정부형태별로 보면, 의원내각제(議院內閣制)에서는 집행부의 제1인자이며, 대통령제에는 국무총리가 존재하지 않는 것이 원칙적이며, 변형된 대통령제에서는 평상시에는 대체로 의원내각제의 수상(首相)과 다를 바 없으나, 비상시에는 대통령의 보좌기관의 성질을 띤다.

우리 헌정사를 보면, 제1공화국의 건국헌법에서는 부통령과 국무총리가 함께 존재하였으며, 제1공화국 제2차개헌(1954년~1960년)하에서는 유일하게 국무총리제가 폐지되었던 시절이며, 제2공화국헌법(1960년 5월헌법)하에서는 의원내각제정부형태를 취함으로써 국무총리가 정부실권을 담당하였으며, 역대 헌법중 가장 강력한 권한을 보유하였었다. 그러나 제3공화국헌법인 1963년헌법 이후 현재까지는 정부의 제2인자로서 '시위소찬(尸位素餐)'의 대접을 받고 있다.

(2) 법적 지위

행정부는 대통령을 수반으로 하는 정부의 중요한 국가조직이며, 국무총리를 중심으로 대통령을 보좌하고 행정권의 일부를 담당하는 하는 통치기관이며, 이러한 행정부의 제2인자가 국무총리이다.

우리 헌법상 국무총리의 헌법상 지위는 대통령의 권한대행자(대통령이 궐위되거나, 사고로 인하여 직무를 수행할 수 없게 되었을 경우), 대통령의 보좌기관(종속적 지위), 집행부의 제2인자, 국무회의의 부의장 그리고 대통령 다음 가는 차상급중앙행정관청이며 독임제(獨任制) 행정관청이다. 헌법재판소는 국무총리가 대통령의 권한행사에 대한 견제적 기능이 다소 있음을 인정하였으며, 특히 부통령제가 없으므로 대통령유고시에 권한대행자가 필요하고 대통령제의 기능과 능률을 높이기 위하여 대통령을 보좌하고 통할조정하는 기관으로서 필요하다고 하였다(헌재 1994. 4. 28, 89헌마221, 정부조직법 제14조 제1항 등의 위헌여부에 관한 헌법소원).

◆ **헌재판례**

국무총리의 헌법상 지위에 관한 판례: 국무총리의 지위가 대통령의 권한행사에 위의 제 규정을 종합하면 국무총리의 지위가 대통령의 권한행사에 다소의 견제적 기능을 할 수 있다고 보여 지는 것이 있기는 하나, 우리 헌법이 대통령중심제의 정부형태를 취하면서도 국무총리제도를 두게 된 주된 이유가 부통령제를 두지 않았기 때문에 대통령 유고시에 그 권한대행자가 필요하고 또 대통령제의 기능과 능률을 높이기 위하여 대통령을 보좌하고 그 의견을 받들어 정부를 통할·조정하는 보좌기관이 필요하다는 데 있었던 점과 대통령에게 법적 제한 없이 국무총리해임권이 있는 점(헌법 제78조, 제86조 제1항 참조)등을 고려하여 총체적으로 보면 내각책임제 밑에서의 행정권이 수상에게 귀속되는 것과는 달리 우리나라의 행정권은 헌법상 대통령에게 귀속되고, 국무총리는 단지 대통령의 첫째가는 보좌기관으로서 행정에 관하여 독자적인 권한을 가지지 못하고 대통령의 명을 받아 행정각부를 통할하는 기관으로서의 지위만을 가지며, 행정권 행사에 대한 최후의 결정권자는 대통령이라고 해석하는 것이 타당하다고 할 것이다(헌재 1994. 4. 28, 89헌마221, 정부조직법 제14조 제1항 등의 위헌여부에 관한 헌법소원).

(3) 신분과 직무

국무총리는 대통령이 국회의 동의를 얻어서 임명하며(제86조 제1항), 임명행위는 대통령의 재량행이다. 국무총리의 임명에 있어서 국회동의의 법적성격에 대한 헌법재판소의 헌법적 견해 표명의 기회가 있었으나(헌재 1998. 7. 14. 98헌라1, 대통령과 국회의원간의 권한쟁의심판), 각하의견이 다수가 되어 각하로 결론이 남으로써 판례로 남기지 못하였다. 그러나 동 판례에서 국회동의가 불가결한 본질적 요건이어서 국회의 동의를 결여한 임명행위는 명백히 헌법에 위배된다는 소수 견해가 있었다(김문희, 이재화, 한대현 3인의 반대의견).

그리고 국회의원 겸직에 대해서 이를 인정하는 것이 다수설이며, 문민원칙(文民原則)에 의거하여 군인은 현역을 면한 후가 아니면 국무총리가 될 수 없다. 국무총리가 사고로 직무를 수행할 수 없는 경우에는 대통령의 지명이 있으면 그 지명을 받은 국무위원이, 지명이 없는 경우에는 정부조직법 제22조 제1항에 규정된 순서(기획재정부, 교육과학기술부, 외교통상부, 통일부, 법무부, 국방부, 행정안전부, 문화체육관광부, 농림수산식품부, 지식경제부, 보건복지가족부, 환경부, 노동부, 여성부, 국토해양부)에 따라 국무위원이 그 직무를 대행한다(정부조직법 제19조).

◆ 헌재판례

※ 국무총리서리제도에 대한 헌법재판소의 견해

1. 재판관 김용준의 각하의견: 대통령이 국회의 동의를 얻지 아니하고 국무총리서리를 임명한 행위가 청구인(다수당인 한나라당의 국회의원)들과의 관계에서 국무총리 임명동의안에 관한 청구인들의 심의·표결권한의 행사를 불가능하게 하거나 방해함으로써 그 권한을 침해할 가능성이 있다고 볼 수 없다.

2. 재판관 조승형, 재판관 고중석의 각하의견: 행정부 구성권자인 대통령이 헌법 제87조 제1항, 정부조직법 제23조에 따라 국무총리가 사고로 인하여 직무를 수행할 수 없을 때에 국무위원을 임명하여 국무총리 직무대행자를 지명할 수 있는 것에 준하여 국회가 임명동의안을 의결할 때까지 한시적으로 국무총리 직무대행자를 임명한 것에 불과하다고 할 것이므로 그 임명절차에 하자가 있다고 하더라도 이 사건 국무총리서리 임명행위가 직접적으로 헌법 제86조 제1항에 의한 국회의 국무총리 임명동의권이나 그 임명동의안에 관한 청구인들의 심의·표결권을 침해하였거나 침해할 현저한 위험이 있는 경우에 해당한다고 볼 수 없다.……청구인들의 이 사건 심판청구는 권리보호이익이 없어 부적법하다.

3. 재판관 정경식, 재판관 신창언의 각하의견: 국회의 경우 현행 권한쟁의심판 제도 하에서는 국가기관으로서의 국회만이 당사자로 되어 권한쟁의심판을 수행할 수 있을 뿐이고, 국회의 구성원이나 국회내의 일부기관인 국회의원 및 교섭단체 등이 권한쟁의심판을 청구할 수는 없다고 할 것이다.

4. 재판관 김문희, 재판관 이재화, 재판관 한대현의 반대(인용)의견: 청구인들은 국회를 구성하는 국회의원으로서 이 사건 임명처분으로 국무총리 임명에 관한 국회의 동의권한 및 자신들의 국무총리 임명동의안에 대한 표결권한을 동시에 침해받았다고 주장하면서 권한쟁의심판을 청구할 자격이 있다. 국회의 동의는 국무총리 임명에 있어 불가결한 본질적 요건으로서 대통령이 국회의 동의 없이 국무총리를 임명하였다면 그 임명행위는 명백히 헌법에 위배되고, 이러한 법리는 국무총리 대신 국무총리"서리"라는 이름으로 임명하였다고 하여 달라지는 것이 아니다. 국무총리 직무대행체제가 법적으로 완비되어 있어 헌법에 위반함이 없이도 국정공백을 방지할 수 있음에도 불구하고 헌법상, 법률상의 근거가 전혀 없는 국무총리서리를 임명하였으므로 이를 국정공백의 방지라는 명분으로 정당화할 수 없다.

5. 재판관 이영모의 반대(합헌기각)의견: 대통령은 국무총리 임명동의안을 국회가 표결할 때까지 예외적으로 서리를 임명하여 총리직을 수행하게 할 수 있고, 대통령의 이 국무총리서리 임명행위는 헌법 제86조 제1항의 흠을 보충하는 합리적인 해석범위내의 행위이므로 헌법상의 정당성이 있다.

(4) 국무총리의 권한

국무총리는 집행부의 제2인자로서 대통령의 권한대행권을 가지며(제71조), 대통령의 국무위원·행정 각부의 장의 임명에 대한 관여권을 가진다(제87조). 즉 국무총리는 국무위원의 임명 제청권과 해임건의권을 가진다(제87조 제1항). 국무총리의 제청(提請)없이 대통령이 단독으로 임명하는 행위에 대하여 무효설과 유효설이 있지만, 이는 헌법위반으로서 무효로 봄이 타당하나, 사실상 구속력은 없다. 따라서 국무총리의 제청 또는 건의는 대통령을 구속하지 않는다고 보는 것이 통설이다. 그리고 국무총리가 사임 또는 해임된 경우에 그가 제청한 다른 국무위원들도 사임해야 하는가에 대해서는 사임불요설(辭任不要說)이 다수설이다. 헌법재판소는 국무총리는 독자적인 권한을 가지지 못하며, 행정권 행사에 대한 최후의 결정권자는 대통령이라고 해석하는 것이 타당하고 보았다(헌재 1994. 4. 28, 89헌마221, 정부조직법 제14조 제1항 등의 위헌여부에 관한 헌법소원).

이외에도 국무회의의 심의·의결권 (제88조 제3항, 제89조), 대통령의 국무행위에 부서권(제82조), 행정각부의 통할·감독권(제86조 제2항). 총리령 발포권(總理令 發布權, 제95조) 그리고 행정감독권 있다(정부조직법 제19조). 국무총리는 소관사무에 관하여 법률이나 대통령의 위임이 있는 경우에 또는 그 직권으로 총리령을 발할 수 있으며, 법률 또는 대통령의 위임에 따라서 행하는 법규명령인 위임명령(委任命令)과 법령에 의한 수권 없이 직무권한 안에서 발하는 행정규칙 내지 행정명령인 직권명령(職權命令)이 있다. 직권명령은 일반 국민에 대한 구속력이 없다고 보는 것이 다수설이다. 그리고 부령과는 형식적인 효력에 차이가 없지만, 국무총리는 중앙행정기관의 장의 명령이 위법 또는 부당하다고 인정될 경우에는 대통령의 승인을 받아 이를 중지 또는 취소할 수 있다(정부조직법 제16조 제2항). 국무총리는 대통령의 보좌기관으로서의 의무와 국회의 요구에 따라 출석·답변할 의무를 진다.

2. 국무위원

(1) 법적 지위

국무위원은 국무회의의 구성원으로서 집행부의 권한에 속하는 중요정책을 심의하며, 대통령의 보좌기관으로서 부서할 권한과 의무가 있다(제87조). 국무위원은 국무총리의 제청(提請)으로 대통령이 임명하며(제87조 제1항). 그 수는 15인 이상

30인 이하이며(제88조 제2항), 군인은 현역을 면한 후가 아니면 임명될 수 없다(제87조 제4항). 행정각부의 장은 국무위원 중에서 국무총리의 제청으로 대통령이 임명한다(제94조).

국무위원의 해임은 대통령이 자유로이 할 수 있으며, 대통령의 재량행위이다. 국무총리도 대통령에게 국무위원의 해임을 건의할 수 있으며(제87조 제3항), 국회도 국무위원의 해임을 건의할 수 있다(제63조 제1항). 군인은 현역을 면한 후가 아니면 국무위원으로 임명될 수 없다(제87조 제4항).

(2) 권한

국무위원은 정부조직법이 정하는 국무위원의 순서로 대통령의 권한을 대행하며(제71조), 국정에 관하여 대통령을 보좌하며, 국무회의 구성원으로서 국정을 심의·의결하고(제87조 제2항), 심의사항에 대한 의안제출권이 있다(정부조직법 제3조). 또한 대통령의 국법상의 문서에 부서할 권한을 가지며(제82조), 국회에의 출석·발언권을 가진다(제62조 제1항).

(3) 국무위원의 책무

국무위원은 부서할 의무가 있으며(제82조), 이를 하지 않을 경우는 해임을 각오하여야 하며, 국회의 요구에 따라 출석·답변할 의무를 진다(제62조 제2항).

Ⅱ. 국무회의

1. 헌법상 지위

국무회의는 전형적인 대통령제하에서는 자문기관 내지 심의기관이며, 의원내각제하에서는 의결기관으로서의 지위를 갖는다. 우리 헌법상 국무회의는 반드시 두어야할 명문규정으로 되어 있는 필수기관이며, 최고의 행정부 내 정책심의기관이며(제88조 제1항), 제89에 열거된 사항은 반드시 사전 심의되어야 한다(제89조). 대통령은 국무회의의 의장이 되며(제88조 제3항), 대통령·국무총리와 15인 이상 30인 이하의 국무위원으로 구성한다(동조 제2항). 그리고 국무회의는 독립된 합의제(合議制)기관이다. 국무회의에는 대통령실장·국무총리실장·법제처장·국가보훈처장·공정거래위원회위원장·금융위원회위원장 및 서울특별시장이 배석하며, 의장이 필요하다고 인정하는 경우에는 중요 직위에 있는 공무원을 배석하게 할 수 있다(국무회의규정 제8조).

2. 심의

국무회의는 의장인 대통령이 소집하며 구성원의 과반수의 출석으로 개의하고 출석위원 3분의 2이상의 찬성으로 의결한다(국무회의규정 제6조). 심의사항은 정부의 권한에 속하는 중요정책으로서(제88조 제1항), 특히 제89조 1호에서 17호에 열기된 사항은 반드시 국무회의 심의를 거쳐야 한다(제89조). 국정의 기본계획과 정부의 일반정책, 선전·강화 기타 중요한 대외정책, 헌법개정안, 국민투표안, 조약안, 법률안과 대통령령안, 예산안, 결산, 국유재산처분의 기본계획, 국가의 부담이 될 계약, 기타 재정에 관한 중요사항, 대통령의 긴급명령, 긴급재정·경제명령 및 처분 또는 계엄과 해제, 군사에 관한 중요사항, 국회의 임시소집의 요구,영전수여(榮典授與), 사면·감형과 복권(復權), 행정각부간(行政各部間)의 권한의 획정 정부안의 권한의 위임 또는 배정에 관한 기본계획, 국정처리상황의 평가·분석, 행정각부의 중요한정책의 수립과 조정, 정당해산의 제소(提訴), 정부에 제출 또는 회부된 정부의 정책에 관계되는 청원(請願)의 심사, 검찰총장, 합동참모의장, 각 군 참모총장, 국립대학교총장, 대사, 기타 법률에 정한 공무원과 국영기업체관리자의 임명, 기타 대통령, 국무총리 또는 국무위원이 제출한 사항 등이 국무회의 필수 심의사항이다.

3. 심의의 효과

헌법에 열거된 심의사항을 심의하지 않은 경우에 그 효력에 대하여 유효설(有效說)과 무효설(無效說)이 있다. 유효설의 입장에서는 심의를 거치지 않은 정부의 행위는 효력에는 영향이 없으나, 탄핵소추(彈劾訴追)의 대상이 된다고 보며, 무효설은 헌법이 요구하는 필수적 절차 이므로 위헌무효라는 것이다. 국무회의는 내부적으로는 의결권이 있으나, 헌법상 의결권을 부여하지 않은 심의기관에 불과하므로, 심의사항을 심의 자체를 하지 않은 것은 위헌이지만, 심의결과에 대하여 대통령이 구속되지 않는다고 보아야 한다.

Ⅲ. 행정각부

1. 의의

행정각부는 대통령을 수반으로 하는 행정의 구성단위이며, 행정각부의 장은 대통령 내지 국무총리의 지휘 내지 통할 하에 그 자신 법률이 정하는 행정사무를 담당하는 중앙행정기관이다(제95조). 행정각부의 설치·조직·직무범위는 법률로 정한다(제96조)(정부조직법). 헌법재판소는 행정각부의 의미는 헌법 제96조 의거하여 위임된 법률의 규정에 의하여 해석·판단하여야 하며, 행정각부의 장이 국무위원중에 임명되며, 소관사무에 관하여 부령을 발할 수 있으므로, 그 기관의 장이 국무위원이 아니던지, 국무위원이라고 하더라도 소관사무에 관하여 부령을 발할 권한이 없는 경우에는, 헌법이 규정하는 실정법적 의미의 행정각부로 볼 수 없다고 판시하였다(헌재 1994. 4. 28, 89헌마221, 정부조직법 제14조 제1항 등의 위헌여부에 관한 헌법소원).

◆ **헌재판례**

국회는 행정기관을 설치하는데 있어서, 입법정책적으로 국무총리가 대통령의 명을 받아 통할할 수 있는 기관으로 설치할 수도 있고, 대통령령이 직접 통할하는 기관으로 설치할 수도 있다. 그러므로 국가안전기획부(현재 국가정보원)는 대통령비서실과 함께, '정부조직법 제2장 대통령'의 장 안에 규정되어 있고, 국가안전보장에 관련한 대통령의 직무를 보좌하는 대통령 직속의 특별보좌기관으로서, 국무총리의 통할을 받는 행정각부에 속하지 아니한다(헌재 1994. 4. 28, 89헌마221, 정부조직법 제14조 제1항 등의 위헌여부에 관한 헌법소원).

2. 행정각부의 장

행정각부의 장은 국무위원 중에서 국무총리의 제청(提請)으로 대통령이 임명하며(제94조), 군인은 현역을 면한 후가 아니면 행정각부의 장(국무위원)으로 임명될 수 없다(제7조 제4항). 그리고 행정각부의 장은 소관사무에 관하여 법률이나 대통령령의 위임 또는 직권으로 부령을 발할 수 있다(제95조). 따라서 행정각부의 장은 소관사무에 관하여 대통령 및 국무총리와의 상명하복의 관계하에서 국가의사를 결정·집행하는 독임제행정관청으로서의 지위와 합의제 의결기관인 국무회의 구성원으로서 국무위원의 지위를 동시에 갖는 이중적(二重的) 지위를 가진다.

　　행정각부의 장의 권한은 소관사무집행권 및 재정·인사권 그리고 부령발포권을 가지고 있다. 부령은 행정명령에 해당하는 직권명령(職權命令)과 법률 또는 대통령의 위임에 의한 '법규명령'인 위임명령(委任命令)이 있으며, 부령은 총리령과 비교할 때, 법률 또는 대통령령의 위임 또는 그 집행을 근거로 하고, 효력의 우열에 관한 규정이 없으므로 대등한 효력관계를 가진다. 다만, 총리는 행정감독권에 의하여 대통령의 승인 하에 부령의 취소권을 가진다.

Ⅳ. 대통령의 자문기관

1. 국가원로자문회의

　　국가원로자문회의(國家元老諮問會議)는 대통령의 임의적 자문기관으로서), 국정의 중요한 사항에 관하여 대통령의 자문에 응하기 위한 것이며, 의장은 직전대통령이며, 직전대통령이 없을 때에는 대통령이 지명한자가 의장이 된다(제90조).

2. 국가안전보장회의

　　국가안전보장회의(國家安全保障會議)는 대통령의 필수적(必須的) 자문기관으로서, 국무회의의 전심기관(前審機關)이며, 국가안전보장에 관련되는 대외정책·군사정책과 국내정책을 자문하며, 의장은 대통령이며, 의장이 회의를 주재(主宰)한다(제91조). 국가안전보장회의의 구성은 대통령·국무총리·외교통상부장관·통일부장관·국방부장관 및 국가정보원장과 대통령령이 정하는 약간의 위원으로 구성한다(국가안전보장회의법 제2조).

3. 민주평화통일자문회의

　　민주평화통일자문회의는 대통령의 임의적 자문기관이며, 평화적 통일정책의 수립에 관하여 자문에 응한다(제92조).

4. 국민경제자문회의

　　국민경제자문회의는 대통령의 임의적 자문기관이며, 국민경제의 발전을 위한 중요정책의 수립에 관하여 자문에 응한다(제94조).

V. 감사원

1. 헌법상 지위

감사원은 '국가원수'로서의 대통령 소속하의 기관이며(제97조), 헌법상의 필수 기관이다. 그리고 조직상으로는 대통령 소속하이지만, 기능상·직무상으로는 대통령으로부터 독립된 기관이다(감사원법 제2조 제1항). 감사원 소속 공무원의 임면(任免), 조직 및 예산의 편성에 있어서는 감사원의 독립성이 최대한 존중되어야 한다(동법 제2조 제2항). 그리고 직무의 신중성·공정성이 요구되기 때문에 합의제(合議制) 기관이며, 독립된 행정관청이다.

2. 구성

감사원은 헌법은 원장을 포함한 5人 이상 11人 이하의 감사위원으로 구성하도록 하였으며(제98조 제1항), 감사원법은 감사원장을 포함한 7인의 감사위원으로 구성하도록 하였다(동법 제3조). 감사원에는 감사위원회의, 사무처, 감사교육원 그리고 감사연구원으로 조직되며, 필요할 경우에는 자문기관을 둘 수 있다(동법 제4조 제4항).
감사원장은 대통령이 국회의 동의를 얻어서 임명하고 이기는 4년이며, 1차에 한하여 중임할 수 있다(제98조 제2항). 감사위원은 원장의 제청으로 대통령이 임명하며, 임기는 4년이며, 1창에 한하여 중임할 수 있다(동조 제3항). 감사원장이 사고로 인하여 직무를 수행할 수 없을 때에는 감사위원으로서 최장기간을 재직한 감사위원이 그 직무를 대행(감사원법 제4조 3항). 감사원장의 정년은 70세이며, 원장이 아닌 감사위원의 정년은 65세이다(동법 제6조).

3. 권한

감사원의 임무는 국가의 세입·세출의 결산검사를 하고, 국가 및 법률이 정한 단체의 회계를 상시 검사·감독하여 그 적정을 기하며, 행정기관 및 공무원의 직무를 감찰하여 행정운영의 개선과 향상을 기하는 것이다(제97조, 법 제20조).

따라서 감사원은 결산의 확인 및 회계검사의 권한을 가지며, 직무감찰권과 감사원규칙제정권을 갖는다. 감사원은 국가의 회계, 지방자치단체의 회계, 한국은행의 회계와 국가 또는 지방자치단체가 자본금의 2분의 1 이상을 출자한 법인의 회계 그리고 법률에 따라 감사원의 회계검사를 받도록 규정된 단체 등의 회계를 검사하며(필요적 검사사항, 법 제22조), 감사원이 필요하다고 인정하거나 국무총리의 요구가 있는 경우에는 국가 또는 지방자치단체의 출연·출자·재정원조·채무보증 등과 관련된 자와 임원 등이 국가 또는 지방자치단체가 임명·승인되는 단체 등에 대한 회계를 검사할 수 있다(선택적 검사사항, 법 제23조).

특히 국가의 세입·세출의 결산은 감사원이 매년 검사하여 대통령과 차년도(次年度) 국회에 그 결과를 보고하여야 함(제99조).

그리고 감사원은 국가 행정기관 또는 지방자치단체의 사무와 그에 소속한 공무원의 직무에 대하여 감찰할 수 있으며(직무감찰권), 적극적으로 비위감찰권과 행정감찰권을 행사할 수 있다. 그러나 행정기관에는 군기관(軍機關)과 교육기관(敎育機關)은 포함하나, 국회·법원 및 헌법재판소에 소속된 공무원은 제외되며, 국무총리로부터 국가기밀에 속한다는 소명이 있는 사항, 국방부장관으로부터 군기밀이거나 작전상 지장이 있다는 소명이 있는 사항에 대해서는 감찰할 수 없다(법 제24조). 감사원은 감사결과에 따라 법률이 정하는 바에 따라 처리할 수 있다. 감사원법은 변상책임판정(법 제31조), 징계요구(법 제32조), 시정요구(법 제33조), 개선요구(법 제34조), 권고권(제34조의2), 고발권(법 제35조, 감사결과 범죄혐의가 있다고 인정할 때에는 이를 수사기관에 고발) 등을 부여하고 있다.

또한 처분청을 당사자로 한 이해관계인인 심사청구자가 심사결정통지를 받은 날로부터 60일 이내에 행정소송을 제기할 수 있도록 하여 심사청구제도를 행정소송 전심절차로 하였다(법 제46조의2). 감사원의 심사청구에도 각하결정을 제외하고는 일사부재리의 원칙이 적용된다(법 제48조).

또한 감사원은 감사에 관한 절차, 감사원의 내부 규율과 감사사무 처리에 관한 규칙을 제정할 수 있다(감사원규칙제정권, 법 제52조). 감사원규칙은 헌법에 그 근거규정이 없기 때문에 법규명령일 수가 없으며, 단지 비법규명령으로서의 행정명령(행정규칙·행정내규)의 성질을 가진다. 따라서 국민의 권리·의무에 관한 것을 규정할 필요가 있을 때에는 대통령령으로 할 수 밖에 없다. 그러나 일부 학자들은 법규명령으로 주장하기도 한다.

> **◆ 헌재판례**
>
> 부패방지법(제40조)상의 국민감사청구제도는 일정한 요건을 갖춘 국민들이 감사청구를 한 경우에 감사원장으로 하여금 감사청구된 사항에 대하여 감사실시 여부를 결정하고 그 결과를 감사청구인에게 통보하도록 의무를 지운 것이므로(동법 제42조와 제43조), 이러한 국민감사청구에 대한 기각결정은 공권력주체의 고권적 처분이라는 점에서 헌법소원의 대상이 될 수 있는 공권력행사라고 보아야 할 것이다. 감사원장의 국민감사청구기각결정의 처분성 인정 여부에 대하여 대법원판례는 물론 하급심판례도 아직 없으며 부패방지법상 구체적인 구제절차가 마련되어 있는 것도 아니므로, 청구인들이 행정소송을 거치지 않았다고 하여 보충성 요건에 어긋난다고 볼 수는 없다(헌재 2006. 2. 23. 2004헌마414, 국민감사청구기각결정취소).

Ⅵ. 중앙선거관리위원회

1. 헌법상 지위

중앙선거관리위원회는 조직상, 신분상 그리고 직무상 독립된 헌법상 독립기관으로서의 지위를 가지며, 합의제기관으로서의 지위 및 필수헌법기관으로서의 지위를 갖는다.

중앙선거관리위원회는 직무의 성격상 입법·사법·행정으로부터 완전히 독립된 헌법기관으로서, 조직과 기능이 분리되어 있으며(조직상 독립), 선거관리위원들도 대통령에 의하여 임명되는 것이 아니라 입법부·사법부·행정부로 부터 3인씩 선출되며, 그들은 임기와 정치적 중립성 및 신분이 보장된다(신분상 독립). 그리고 중앙선거관리위원회는 선거사무와 국민투표사무 그리고 정당사무에 대하여 독립하여 관리함으로써 통치구조별 기능에 있어서 독자적이며 대통령도 그 직무에 관하여 간섭할 수 없다(직무상 독립).

중앙선거관리위원회는 9인의 선거관리위원으로 구성되는 합의제기관으로서 의사결정에 있어서 위원장과 위원들이 법적으로 동등한 지위를 가지며 그 결정도 과반수출석과 출석위원 과반수의 찬성으로 행한다. 또한 선관위원장도 위원중에서 호선한다(합의제헌법기관, 제114조 제2항). 또한 중앙선거관리위원회는 통치구조상 둘 수 있는 기관이 아니라 당연히 두어야 하는 헌법기관으로서 헌법개정에 의하지 아니하고는 폐지할 수 없는 기관이다(필수적 헌법기관).

2. 선거관리위원회의 구성

선거관리위원회는 중앙선거관리위원회, 시·도선거관리위원회, 구·시·군 선거관리위원회, 읍·면·동선거관리위원회가 있으며(선거관리위원회법 제2조). 중앙선거관리위원회는 대통령이 임명하는 3인, 국회에서 선출하는 3인, 대법원장이 지명하는 3인 등 총 9인으로 구성하며(제114조 제2항), 시·도위원회와 구·시·군위원회는 9인, 읍·면·동위원회는 7인의 위원으로 구성하며(법 제2조), 각급 위원회는 위원장 1인을 두며, 위원장은 위원중에서 호선한다(법 제5조). 또한 각 위원회는 위원 과반수의 출석으로 개의하고 출석위원 과반수의 찬성으로 의결하는 합의제 기관이며(법 제10조), 위원의 임기는 6년이다(제114조 제3항, 법 제8조). 특히 중앙선거관리위원회 위원의 경우에는 국회의 인사청문회를 거쳐 임명·선출 또는 지명하여야 하며(법 제4조 제1항), 대법관이 중앙선거관리위원회 위원장으로 선출되는 것이 관례로 되어 있다. 위원은 탄핵 또는 금고 이상의 형의 선고에 의하지 아니하고는 파면되지 아니하며(제114조 제5항), 선거인명부작성기준일 또는 국민투표안공고일로부터 개표종료시까지 내란·외환·국교·폭발물·방화·마약·통화·유가증권·우표·인장·살인·폭행·체포·감금·절도·강도 및 국가보안법위반의 범죄에 해당하는 경우를 제외하고는 현행범인이 아니면 체포 또는 구속되지 아니하며 병역소집의 유예를 받는다(법 제13조). 그리고 위원은 정당에 가입하거나 정치에 관여할 수 없으며(제114조 제4항), 정당에 가입하거나 정치에 관여한 때, 탄핵결정으로 파면된 때, 금고이상의 형의 선고를 받은 때 및 기타 법률이 정한 사유에 해당될 때에는 해임·해촉 또는 파면된다(법 제9조).

3. 선거관리위원회의 권한

선거관리위원회는 선거와 국민투표의 공정한 관리 및 정당에 관한 사무를 처리하며(제114조 제1항), 법령의 범위 안에서 선거관리·국민투표관리 또는 정당사무에 관한 규칙을 제정할 수 있으며, 법률에 저촉되지 아니하는 범위 안에서 내부규율에 관한 규칙을 제정할 수 있다(동조 제6항). 중선거관리위원회가 제정한 규칙은 헌법에서 위임한 규칙으로서 법규명령의 성질을 가진다(대판 1996. 7. 12. 96우16).

따라서 선거관리위원회는 선거 및 국민투표와 관련하여, 선거·국민투표의 관리권 및 사무지시권, 규칙제정권, 선거계몽의무, 선거비용실사권 및 선거소청심사·결정권을 가지며, 정당과 관련하여, 정당사무관리권 및 정치자금배분권, 규칙제정권, 정당의 선거비용실사권 및 정당등록취소권을 가진다. 특히 헌법은 각급 선거관리위원회에게 선거인 명부의 작성 등 선거사무와 국민투표사무에 관하여 관계 행정기관에 필요한 지시를 할 수 있으며, 지시를 받은 당해 행정기관은 이에 응하여야 하도록 정하고 있다(제115조).

◆ 헌재판례

공직선거관리규칙은 중앙선거관리위원회가 헌법 제114조 제6항 소정의 규칙제정권에 의하여 공직선거및선거부정방지법에서 위임된 사항과 대통령·국회의원·지방의회의원 및 지방자치단체의 장의 선거의 관리에 필요한 세부사항을 규정함을 목적으로 하여 제정된 법규명령이라고 할 것이나, 1995. 6. 27. 실시한 제1회 전국동시지방선거를 위하여 중앙선거관리위원회가 각급 선거관리위원회에 배포한 '개표관리요령'은 개표관리 및 투표용지의 유·무효를 가리는 업무에 종사하는 각급 선거관리위원회 직원 등에 대한 업무처리지침 내지 사무처리준칙에 불과할 뿐 국민이나 법원을 구속하는 효력은 없다(대판 1996. 7. 12. 96우16, 구의회의원당선무효결정무효확인등).

4. 선거공영제

우리 헌법은 선거가 국민주권주의 및 대의제의 실현을 위한 공직자를 선출하는 국가기관으로서의 행위에 해당하므로 선거의 기회균등과 선거비용의 국고부담을 내용으로 하는 선거공영제(選擧公營制)를 원칙으로 택하고 있다. 헌법은 선거운동은 각급 선거관리위원회의 관리하에 법률이 정하는 범위 안에서 하되, 균등한 기회가 보장되어야 하며, 선거에 관한 경비는 법률이 정하는 경우를 제외하고는 정당 또는 후보자에게 부담시킬 수 없도록 정하고 있다(제116조).

선거운동의 기회균등의 원칙을 위하여 선거연령과 기탁금을 적정하게 책정하여, 대통령 피선거연령은 만 40세 이상, 국회의원·지방의회의원·지방자치단체장 피선거권의 연령은 만 25세 이상으로 정하고 있으며(공직선거법 제16조), 기탁금에 있어서 정당추천후보자와 무소속후보자의 차등을 철폐하고 대통령선거는 5억원, 국회의원선거는 1천5백만원, 시·도의회의원선거는 3백만원, 시·도지사선거는 5천만원, 자치구·시·군의 장선거는 1천5백만원 그리고 자치구·시·군의회의원선거는 2백만원의 기탁금을 규정하고 있다(법 제56조).

또한 선거비용의 국가부담의 원칙 즉 후보자 부담금의 최소화를 위하여 선거벽보 비용, 합동연설회 개최비용 등을 국가 또는 지방자치단체가 부담하며, 선거공영화를 위하여 각 정당에 국고보조금을 지급한다.

제 5 장

법 원

제1절 사법권과 법원의 권한

I. 사법권

1. 사법권의 의의

(1) 사법의 내용

사법(司法)의 의미는 광의와 협의로 설명할 수 있다. 광의의 사법(司法)은 국가 또는 사회공공의 이익의 실현을 목적으로 하지 않는 즉 국회나 정부에 의하여 민주적 감독을 받는데 적합하지 않으며, 독립기관인 법원의 권한에 적합한 작용을 말한다. 여기에는 민사작용(공익법인의 설립허가, 금치산선고, 민사소송, 등기, 공증증서의 작성, 강제집행, 조정, 심판, 비송사건 등), 형사작용(사법경찰, 형사소송, 형의 집행 등), 행정작용(행정소송, 위헌명령심사 등), 헌법작용(위헌법률심사, 기관간의 권한쟁의, 탄핵소송, 위헌정당해산심판, 헌법소원 등 헌법보장작용)이 속한다. 협의의 사법(司法)은 재판작용만을 말하며, 민사소송과 형사소송 그리고 행정소송이 포함된다. 민사소송(民事訴訟)은 사법(私法)상의 권리를 보호하며, 사법(私法)상의 단순한 이익의 보호를 목적으로 하는 등 자력구제(自力救濟)에 대신하여 법원의 재판을 받을 권리를 보장하는 소송이다. 여기에는 당사자처분권주의, 변론주의 등의 채용된다. 형사소송(刑事訴訟)은 형벌권의 발동을 신중하게 하기 위한 형성적 소송으로서 가벌성(可罰性)의 판단을 목적으로 하며, 직권심리(職權審理) 등의 원칙이 채용된다. 그리고 행정소송(行政訴訟)은 행정의 적법성(適法性)을 심사하고 그 위법을 교정하는 것으로서, 상급행정청(재결청)이 담당하는 행정심판은 상급행정청에 의한 재심(再審)의 의미를 가지나 종심(終審)의 기능은 가 질 수 없으며, 결국 법원에 의한 행정소송 즉 항고소송, 당사자소송, 민중소송, 기관소송 등의 행정재판으로 이어진다. 이러한 일련의 행정재판은 법원의 고유한 기능인 사법에 포함된다고 하겠다.

(2) 사법작용의 특성

사법작용(司法作用)의 특징은 구체적인 권리·의무관계에 관한 법적 분쟁의 발생을 전제로 하며(구체적 분쟁의 전제), 당사자로부터의 쟁송의 제기가 있어야 하는 수동적 성질의 것이며(수동성), 무엇이 법인가를 판단·선언하는 작용이다(법선언작용). 그리고 존 법질서의 유지를 위한 소극적·보수 지향적 작용이며(소극성·보수성), 립적 지위를 가진 기관이 제3자적 입장에서 수행하여야 할 작용으로서(독립성), 법의 의미를 중립적(中立的) 입장에서 인식하는 작용(정치적 중립성)이다.

(3) 사법작용의 기능

이러한 사법작용은 기본권보장기능, 법질서 유지·통제기능, 법의 흠결의 보충기능 내지는 법창조기능, 사회평화보장기능 내지는 사회적 긴장관계의 해소기능을 가진다.

(4) 사법권의 개념

사법권(司法權)의 개념은 실질적 내용을 중심으로 파악할 수도 있으며, 형식적으로 어떠한 기관에 부여된 권한이냐는 것을 중심으로 파악할 수도 있다. 전자를 실질설(실질적 의미의 사법)이라고 하며, 실질설(實質說)에는 성질설과 기관설이 있다. 성질설(性質說)은 사법권을 법 아래서 실재의 구체적인 쟁송사건에 대하여 무엇이 법인가를 심리·판단·선언함으로써 법질서를 유지하기 위한 국가작용으로 보며, 기관설(機關說)은 분쟁에 대하여 독립된 기관이 제3자적 입장에서 쟁송절차에 따라 행하는 국가작용이라고 보며, 여기에는 민사재판과 형사재판은 물론 행정재판·군사재판·헌법재판 등이 포함한다.

그러나 형식설(형식적 의미의 사법)은 신분이 보장된 법관으로 구성된 법원이 행하는 법적 작용으로서 실질적 성질이나 내용 여하를 불문하고 모두 사법작용이라고 한다. 형식적 의미의 사법에는 사법재판권으로서 민사·형사·행정·선거소송 등 법률적 쟁송, 위헌위법명령규칙처분심사권, 사법행정권으로서 등기·호적·공탁·집달관·법무사사무에 관한 지휘·감독권, 사법규칙제정권, 비송사건재판으로서 민사비송사건·상사비송사건재판권, 위헌법률심판제청권, 헌법재판소재판권·중앙선거관리위원회 위원지명권 등이 있다.

사법권의 규정에 있어서 형식적 의미의 사법과 실질적 의미의 사법이 일치하도록 하는 것이 이상적이나, 현실적으로 실질적 의미의 사법권을 행정부 등에서 행하는 경우가 있으며, 법원도 실질적 의미의 입법(규칙제정권)이나 실질적 의미의 행정(사법행정)을 행하는 경우가 있다. 그리고 학자들 간에도 실질설(권), 실질설과 형식설의 양립설(김), 실질설과 형식설 논의의 무용론(허) 등을 상이하게 주장하고 있다.

2. 사법권의 범위

(1) 사법권의 범위에 관한 설명의 필요성

헌법 제101조 제1항에서 '사법권은 법관으로 구성된 법원에 속한다.'라고 규정하고 있으므로 사법권의 본래적 개념과 헌법이 법원에 부여한 권한인 사법권과 개념적으로 일치하지 않음으로써, 양 개념을 독립적으로 파악하고 상호관련성을 규명함으로써 헌법 제101조를 명확히 해석할 필요가 있다.

사법권의 개념을 형식설로 취하는 경우에는 현행헌법은 제101조 제1항의 사법권이란 법원이 갖는 모든 권한을 의미한다. 그러나 실질설(實質說)에 따르면, 법아래서 실재의 구체적인 쟁송사건(爭訟事件)에 대하여 무엇이 법인가를 심리(審理)·비판(批判)하는 국가작용으로 설명할 수 있으나, 헌법은 실질적 의미의 사법권 중 일부를 타 기관에 부여하기도 하고, 실질적 의미의 사법권에 속하지 아니하는 사항도 법원에 부여하고 있으므로 헌법상의 사법권의 범위에 관한 논의가 필요한 것이다.

그리고 절충설인 양립설(兩立說)에 따르면, 형식적 사법권으로 보되 사법행정작용과 사법입법작용을 제외하고 법원이 행하는 사법작용 전반을 의미한다고 볼 수 있다.

그러나 사법권을 실질적으로 파악하면, 민사·형사·행정·헌법재판(위헌법률심판, 탄핵심판, 선거심판, 헌법소원심판 등)이 모두 포함되며, 헌법은 실질적 사법권 중에서 법원에게는 민사·형사·행정재판권과 헌법재판권중에서 위헌법률심판제청권, 선거소송에 관한 권한, 사법행정권 그리고 사법입법권을 부여하고 있다. 그리고 헌법정책상의 이유로 일부의 실질적 사법권을 타기관에 부여하고 있다. 대통령에게는 사면권과 위헌정당해산제소 등을, 정부에는 행정심판에 관한 재결·재정, 징계권 등을, 국회에게는 의원의 징계권을 그리고 헌법재판소에는 위헌법률심판, 탄핵심판, 위헌정당해산심판, 권한쟁의심판, 헌법소원심판을 부여하고 있다.

물론 국가에 따라서는 행정재판은 독립된 행정재판소(독일, 프랑스), 헌법재판은 헌법재판소에(독일, 제2공화국헌법, 제6공화국헌법), 탄핵심판만을 별도로 탄핵재판소에 담당케하기도 하며(제1공화국헌법, 제3공화국헌법), 대부분의 실질적 사법권에 속하는 권한을 일반법원에 부여하기도 한다(미국).

(2) 사법권의 범위

사법권의 실질적 개념과 헌법이 부여한 법원의 권한을 통하여 헌법 제101조 제1항을 해석하면, 법원에 속하는 사법권은 민사·형사·행정재판권과 헌법재판권 중에서 위헌법률심판제청권, 선거소송에 관한 권한 등이 있다. 특히 헌법재판권(憲法裁判權)은 일반법원과 헌법재판소에 상호 협조적으로 나뉘어 있다. 헌법재판권이란 헌법소송을 처리하는데 필요한 권한을 말하며, 헌법소송에는 위헌법률심판권(좁은 의미의 헌법재판), 위헌위법명령규칙처분심사권, 탄핵심판권, 정당해산심판권, 권한쟁의심판권, 헌법소원심판권, 선거소송심판권 등이 있으나, 현행헌법은 법원에게는 선거소송심판권, 위헌위법명령규칙처분심사권 그리고 위헌법률심판제청권을 부여하고 있으며, 나머지는 헌법재판소의 관할로 하고 있다.

3. 사법권의 한계

(1) 사법 본질적 한계

사법(司法)은 당사자의 제소에 의하여 발동되는 바, 구체적 사건성, 당사자 적격, 소의 이익, 사건의 현재성(성숙성)이 있어야 사법권이 발동되므로 이러한 한계를 갖는다.

사건성(事件性)은 사법은 구체적이고 현실적인 소송사건이나 쟁송을 대상으로 하며, 구체적 사건성이 결여된 추상적 규범해석은 제외된다. 당사자적격(當事者適格)은 소송당사자는 구체적인 청구에 관하여 소송을 수행할 정당한 이익이 있어서 재판을 청구하고 판결을 받을 수 있는 자격을 의미하며, '소(訴)의 이익'은 소를 제기할 실질상의 이익이 있어야 한다는 것이다. 그리고 사건의 성숙성은 법원은 진실하고 현존 또는 급박한 문제를 심사하여야 하며, 추상적·가정적 또는 먼 장래의 문제를 심사하여서는 안 된다는 것이다.

(2) 실정법상 한계

실질적 사법권에 속하는 권한이지만, 헌법이 스스로 타 기관에 부여한 권한은 법원이 관여할 수 없으며, 또한 법원의 재판권의 내용을 제한하는 규정을 두고 있기도 하다. 즉 실정법인 헌법에서 법원의 권한의 한계를 설정한 것은 헌법재판소의 권한에 속하는 사항, 대통령의 사면권, 국회의 자율권에 속하는 사항 그리고 비상계엄하의 군사재판 등이 있다.

헌법재판소의 권한에 속하는 것은 헌법 제111조 제1항에 나열된 위헌법률심판, 탄핵심판, 정당해산심판, 국가기관간의 권한쟁의심판, 헌법소원심판이 있으며, 사면권의 성질을 사법(司法)으로 본다면, 대통령의 사면권도 사법권의 한계이며(제79조), 국회 자율권의 중요한 내용인 국회의원의 자격심사·징계·제명처분에 대하여 법원에 제소할 수 없도록 정하고 있으며(제64조 제4항), 비상계엄하(非常戒嚴下)의 군사재판은 사형을 선고한 경우를 제외하고는 단심(單審)으로 재판하도록 함으로써 대법원의 재판권을 배제하였다(제110조 제4항). 즉 비상계엄이 선포된 경우에는 군인·군무원의 범죄나 군사에 관한 간첩죄의 경우와 초병·초소·유독음식물공급·포로에 관한 죄 중 법률이 정한 경우에 한하여 군사재판에서 단심으로 할 수 있도록 하였다.

(3) 국제법상의 한계

외교특권자인 외국원수, 외교사절과 그 가족 및 수행원, 국제기구의 직원, 외국주둔군, 외 국주둔 군함의 승무원 등에게는 사법권이 미치지 못하며, 국회의 동의를 받은 조약에 대한 위헌심사권은 헌법재판소의 권한이므로 사법권이 미치지 못한다(헌재 1999. 4. 29, 97헌가14, 대한민국과아메리카합중국간의상호방위조약제4조에의한시설과구역및대한민국에서의합중국군대의지위에관한협정 제2조 제1의 (나)항 위헌제청). 조약이 위헌심사의 대상이 될 것인가에 대하여 긍정설이 다수설이나 국회의 동의를 받지 않았으면서도 합헌적인 조약은 명령의 수준으로서 법원의 위헌위법심사권이 미친다고 할 수 있다.

(4) 권력분립적·정책적·현실적 한계

사법권은 권력분립적·정책적·현실적 이유에서 관여하지 못하는 사항이 있다. 구체적 권리가 아닌 훈시규정(訓示規定) 또는 방침규정(方針規定)에 의한 침해에 대해서는 소송으로 그 실현을 청구할 수 없으며(사회적 기본권 등), 통설에 의하면 삼권분립의 원칙상 법원은 행정행위의 취소 또는 무효확인만을 판단할 수 있고, 행정청을 대신하여 직접 어떤 처분을 할 수는 없다(사법의 소극성). 그러나 환경권소송이나 인간다운 생활을 할 권리와 같은 일정한 소송의 경우에는 의무이행소송·예방적 부작위소송을 인정하여야 한다는 견해들이 있다. 행정상의 자유재량행위(自由裁量行爲)는 불법이 아닌 부당의 문제가 될 뿐이므로 사법심사의 대상이 되지 않는다. 다만, 재량권의 이탈과 남용은 재판의 대상이 된다. 그리고 입법상 자유재량행위는 입법정책에 속하므로 위헌·위법의 문제는 생기지 않는다. 특별권력관계에 있어서의 처분(명령·강제·징계 등)에 대한 사법심사의 대상 여부에 관해서는 부정설, 내부·외부 구별설, 긍정설이 있다. 그러나 현대법치국가에 있어서는 사법심사의 대상이 된다고 보는 견해가 대부분이다(김, 허, 권, 구, 대판 1982. 7. 27. 80누86). 국회의원의 자격심사 및 징계와 제명에 대해서는 명문의 규정으로 사법심사의 대상이 될 수 없음을 명시하고 있으나, 명문의 규정으로 법원의 심사에서 제외되지는 않았지만, 학설과 판례는 이외에도 의사절차, 투표의 계산 등은 사법심사의 대상이 되지 않는 것으로 보고 있다.

◆ 헌재판례

헌법재판소는 '국회의 의사절차나 입법절차에 헌법이나 법률의 규정을 명백히 위반한 흠이 있는 때에는 자율권 또한 부정되어야 한다' (헌재 1997. 7. 16 96헌라2: 1996.12. 26, 국가안전기획부법중개정법률안 등 5개 법률안의 가결·선포행위). 그리고 '국회의장의 재량 영역에 속하는 의사진행권은 넓게 보아 자율권의 일종으로 그 재량의 한계를 현저하게 벗어난 것이 아닌한 존중되어야 하므로 헌법재판소도 이에 관여할 수 없는 것이 원칙이다'(헌재 1998. 7. 14. 98헌라3: 1998. 3. 2, 국무총리 임명동의안의 처리에 관한 다툼)라고 판시하고 있으나, 명백하고 현저한 잘못이 있는 경우에도 헌법재판소의 관할에 속하는 것이지 법원의 관할에 속하는 것은 아니므로 사법권의 한계라고 할 수 있다.

❀ 대법원판례

'국민투표법은 국회에서 의결을 거친 것이라 하여 적법한 절차를 거쳐서 공포·시행되고 있으므로……그 유무효를 판단할 성질의 것이 아니다'(대판 1972. 1. 18. 71도1845).

(5) 통치행위

1) 의의

통치행위(統治行爲)란 고도의 정치성을 지닌 국가작용으로 법률의 적용이나 사법심사에서 제외되는 행위로서 국가원수 또는 집행부수반의 권력적 행위, 고도의 정치성을 띤 집행부의 행위(정치적 행위성), 사법적 심사의 대상으로서는 부적합(사법심사부적합성), 집행이 곤란한 성질의 행위(판결의 집행곤란성) 등을 의미한다. 이론적 근거로는 자유재량행위설(自由裁量行爲說), 사법부자제설(司法府自制說), 권력분립설(權力分立說) 등이 있다.

그러나 사법적 통제를 받지 않는 통치행위를 인정하게 되면, 위헌위법심사권이 부인되고, 정치의 무법상태를 허용하며, 독재권력의 탄생을 도우는 결과가 되므로 통치행위는 인정할 수 없다는 부정적 견해도 있다.

2) 각국의 통치행위이론

프랑스의 통치행위이론은 국참사원의 판례를 통하여 인정되어 왔으나, 최근에는 그 범위가 축소되고 있다. 오늘날 인정되는 통치행위를 보면, 대통령의 비상대권발동(비상대권에 근거한 일련의 조치는 제외), 국민의회의 해산, 법률안의 국민투표에의 회부 등이 있다. 영국은 대권행사 또는 국가행위(Act of state) 등이 사법적 심사에서 제외되고 있으며, 미국은 정치문제(Patlical gueetion)는 의회 또는 집행부가 판단하게 하고 있다. 그리고 독일과 일본에서는 행정소송의 대상을 열기주의를 취하던 제2차대전 이전에는 통치행위론이 문제되지 않았으나, 개괄주의(概括主義)를 취한 이후에는 통치행위론을 인정하는 견해가 지배적이다.

3) 한계

통치행위도 한계가 있으며, 그 한계로는 국민주권원리·법치국가원리·평화국가원리 등의 헌법의 기본원리, 형평원칙·과잉금지원칙 등 헌법상의 원칙 등이 있으며 즉 '헌법'으로부터 자유로운 국가작용은 없다.

4) 우리나라에서의 통치행위

우리나라에서도 통치행위의 개념을 부정하는 견해도 있으나, 학설과 판례는 대체로 긍정하고 있다. 그리고 통치행위의 예로는 국회의 자율에 관한 사항으로서, 국회의 의결, 국회내 선거의 효력, 정족수, 투표의 계산, 국회의 의사, 의원의 자격심사·징계 등, 행정부내부사항으로서 국무위원의 임면 등의 행위와 대통령의 외교행위인 국가승인 내지 정부승인, 헌법개정안 발의권 등, 그리고 선전포고와 계엄령의 선포와 해지, 대통령의 영전수여·일반사면·국민투표회부권, 법률안 재의요구권 등이 있으며 국회의 내부규율·의원자격심사, 헌법개정안 발의 등이 있다.

통치행위에 대한 헌법재판소와 대법원의 판례를 보면 다음과 같다. 헌법재판소는 신행정수도건설과 수도이전 문제(헌재 2004. 10. 21. 2004헌마554, 신행정수도의건설을위한특별조치법위헌확인)와 2007년 전시증원연습(헌재 2009. 5. 28. 2007헌마369, 2007년 전시증원연습 등 위헌확인)은 통치행위가 아니며, 국가긴급권(헌재 1996. 2. 29. 헌재 93헌마186, 긴급재정명령등 위헌확인), 일반사병 이라크파병결정(헌재 2004. 4. 29. 2003헌마814, 일반사병 이라크파병 위헌확인) 그리고 전쟁준비나 선전포고(헌재 2009. 5. 28. 2007헌마369, 2007년 전시증원연습 등 위헌확인)는 통치행위임을 인정하였다. 또한 신행정수도건설이나 수도이전의 문제를 국민투표에 붙일지 여부에 관한 대통령의 의사결정은 고도의 정치적 결단을 요하므로 사법심사를 자제하는 것이 타당하다고 하였다(헌재 2004. 10. 21. 2004헌마554, 신행정수도의건설을위한특별조치법위헌확인). 그러나 비록 통치행위일지라도 국민의 기본권 침해와 직접 관련되는 경우에는 헌법재판소의 심판대상이 된다는 입장에서 긴급재정명령의 위헌여부를 심판하였다(헌재 1996. 2. 29. 93헌마186, 긴급재정명령등 위헌확인;헌재 2004. 10. 21. 2004헌마554, 신행정수도의건설을위한특별조치법위헌확인).

◆ **헌재판례**

1. 신행정수도를 건설하는 문제 또는 수도를 이전하는 문제는 정치성은 있지만 고도의 정치적인 문제는 아니다(헌재 2004. 10. 21. 2004헌마554, 신행정수도의건설을위한특별조치법위헌확인).
  (1) 국가긴급권의 발동, 국군의 해외파견 등과 같이 대통령이나 국회에 의한 고도의 정치적 결단이 요구되고, 이러한 결단은 가급적 존중되어야 한다는 요청에서 사법심사를 자제할 필요가 있는 국가작용이 우리 헌법상 존재하는 것은 이를 인정할 수 있다. 그러나 우리 헌법의 기본원리인 법치주의의 원리상 대통령, 국회 기타 어떠한 공권력도 법의 지배를 받아야 하고, 모든 국가작용은 국민의 기본권적 가치를 실현하기 위한 수단이라는 데에서 나오는 한계를 반드시 지켜야 하는 것이며, 헌법재판소는 헌법의 수호와 국민의 기본권보장을 사명으로 하는 국가기관이므로, 비록 고도의 정치적 결단에 의하여 행해지는 국가작용이라고 할지라도 그것이 국민의 기본권침해와 직접 관련되는 경우에는 당연히 헌법재판소의 심판대상이 될 수 있다(헌재 1996. 2. 29. 93헌마186, 판례집 8-1, 111, 115-116 참조).
  (2) 신행정수도건설이나 수도이전의 문제가 정치적 성격을 가지고 있는 것은 인정할 수 있지만, 그 자체로 고도의 정치적 결단을 요하여 사법심사의 대상으로 하기에는 부적절한 문제라고까지는 할 수 없다.
  (3) 다만, 이 사건 법률의 위헌여부를 판단하기 위한 선결문제로서 신행정수도건설이나 수도이전의 문제를 국민투표에 붙일지 여부에 관한 대통령의 의사결정이 사법심사의 대상이 될 경우 위 의사결정은 고도의 정치적 결단을 요하는 문제여서 사법심사를 자제함이 바람직

하다고는 할 수 있고, 이에 따라 그 의사결정에 관련된 흠을 들어 위헌성이 주장되는 법률에 대한 사법심사 또한 자제함이 바람직하다고는 할 수 있다. 그러나 대통령의 위 의사결정이 국민의 기본권침해와 직접 관련되는 경우에는 헌법재판소의 심판대상이 될 수 있고, 이에 따라 위 의사결정과 관련된 법률도 헌법재판소의 심판대상이 될 수 있다.

2. 전쟁준비나 선전포고는 통치행위이나, 2007년 전시증원연습(한미연합 군사훈련)은 통치행위가 아니다(헌재 2009. 5. 28. 2007헌마369, 2007년 전시증원연습 등 위헌확인).

(1) 한미연합 군사훈련은 1978. 한미연합사령부의 창설 및 1979. 2. 15. 한미연합연습 양해각서의 체결 이후 연례적으로 실시되어 왔고, 특히 이 사건 연습은 대표적인 한미연합 군사훈련으로서, 피청구인이 2007. 3.경에 한 이 사건 연습결정이 새삼 국방에 관련되는 고도의 정치적 결단에 해당하여 사법심사를 자제하여야 하는 통치행위에 해당된다고 보기 어렵다.

(2) 전쟁준비나 선전포고는 통치행위이다.: 침략전쟁과 방어전쟁의 구별이 불분명할 뿐만 아니라 전시나 전시에 준한 국가비상 상황에서의 전쟁준비나 선전포고 등 행위가 침략전쟁에 해당하는지 여부에 관한 판단은 고도의 정치적 결단에 해당하여 사법심사를 자제할 대상으로 보아야 할 경우가 대부분일 것이다.

3. 긴급재정경제명령(김영삼 전대통령의 금융실명거래 및 비밀보장에 관한 긴급 재정경제명령)은 통치행위이나, 헌법재판소의 심판대상이 된다: 대통령의 긴급재정경제명령은 국가긴급권의 일종으로서 고도의 정치적 결단에 의하여 발동되는 행위이고 그 결단을 존중하여야 할 필요성이 있는 행위라는 의미에서 이른바 통치행위에 속한다고 할 수 있으나, 통치행위를 포함하여 모든 국가작용은 국민의 기본권적 가치를 실현하기 위한 수단이라는 한계를 반드시 지켜야 하는 것이고, 헌법재판소는 헌법의 수호와 국민의 기본권 보장을 사명으로 하는 국가기관이므로 비록 고도의 정치적 결단에 의하여 행해지는 국가작용이라고 할지라도 그것이 국민의 기본권 침해와 직접 관련되는 경우에는 당연히 헌법재판소의 심판대상이 된다(헌재 1996. 2. 29. 93헌마186, 긴급재정명령등 위헌확인).

4. 일반사병 이라크파병결정은 통치행위이며, 헌법재판소의 심판대상이 아니다.: 이 사건 파견결정은 그 성격상 국방 및 외교에 관련된 고도의 정치적 결단을 요하는 문제로서, 헌법과 법률이 정한 절차를 지켜 이루어진 것임이 명백하므로, 대통령과 국회의 판단은 존중되어야 하고 헌법재판소가 사법적 기준만으로 이를 심판하는 것은 자제되어야 한다. 이에 대하여는 설혹 사법적 심사의 회피로 자의적 결정이 방치될 수도 있다는 우려가 있을 수 있으나 그러한 대통령과 국회의 판단은 궁극적으로는 선거를 통해 국민에 의한 평가와 심판을 받게 될 것이다(헌재 2004. 4. 29. 2003헌마814, 일반사병 이라크파병 위헌확인).

한편, 대법원은 대통령의 긴급조치발령권(대판 1985.1.29. 74도3501 대통령긴급조치위반·법정모욕), 계엄의 선포 및 확대(대판 1979. 12. 7. 79초70, 재판권쟁의에관한재정신청;), 남북정상회담의 개최여부,(대판 2004. 3. 26. 2003도7878, 외국환거래법위반·남북교류협력에관한법률위반·특정경제범죄가중처벌등에관한법률위반) 군사시설보호법에 의한 군사시설보호구역의 설정·변경 또는 해제행위(대판 1983.6.14. 83누

43 재단세부과처분취소), 국회의 자율권의 범위 내에 속하는 사안(대판 1972. 1. 18. 71도1845, 국민투표법위반) 등은 모두 고도의 정치성을 띤 통치행위에 포함되어 그 당·부당 등에 대하여 사법심사를 할 수 없다고 판시하였다.

그러나, 대법원은 통치행위의 개념을 인정하면서도, 국민의 기본권 제한과 관련된 조치인 경우에는 기본권보장과 헌법보장의 책무를 진 법원으로서는 당연히 그 효력의 존속여부를 심사판단 할 권한이 있다고 보고(대판 1985.1.29. 74도3501 대통령긴급조치위반·법정모욕), 과도한 사법심사의 자제가 기본권을 보장하고 법치주의 이념을 구현하여야 할 법원의 책무를 태만히 하거나 포기하는 것이 되지 않도록 그 인정을 지극히 신중하게 하여야 하며, 그 판단은 오로지 사법부만에 의하여 이루어져야 한다(대판 1979. 12. 7. 79초70, 재판권쟁의에관한재정신청)고 하였다. 북한으로 송금행위는 사법심사의 대상이 된다(대판 2004. 3. 26. 2003도7878, 외국환거래법위반·남북교류협력에관한법률위반·특정경제범죄가중처벌등에관한법률위반). 또한 통치행위가 누구에게도 일견하여 헌법이나 법률에 위반되는 것으로서 명백하게 인정될 수 있는 등 특별한 사정이 있는 경우(대판 1997. 4. 17. 선고 96도3376 반란수괴·반란모의참여·반란중요임무종사·불법진퇴·지휘관계엄지역수소이탈·상관살해·상관살해미수·초병살해·내란수괴·내란모의참여·내란중요임무종사·내란목적살인·특정범죄가중처벌등에관한법률위반(뇌물)), 당연무효인 경우에도 사법부의 심사가 가능하다고 하였다. 특히 대통령의 계엄선포는 고도의 정치적·군사적 성격을 가진 것으로서 그 당, 부당 내지 필요성 여부는 계엄해제요구권을 가진 국회만이 판단할 수 있는 것이라고 하였다(대판 1980. 8. 26. 80도1278 계엄포고위반·계엄포고위반교사·계엄포고위반방조).

❀ 대법원판례

1. 대통령의 계엄선포행위는 고도의 정치적, 군사적 성격을 띠는 행위라고 할 것이어서, 그 선포의 당, 부당을 판단할 권한은 헌법상 계엄의 해제요구권이 있는 국회만이 가지고 있다 할 것이고 그 선포가 당연무효의 경우라면 모르되, 사법기관인 법원이 계엄선포의 요건 구비여부나, 선포의 당, 부당을 심사하는 것은 사법권의 내재적인 본질적 한계를 넘어서는 것이 되어 적절한 바가 못된다고 하여 계엄선포행위가 통치행위임을 인정하였다(대판 1979. 12. 7. 79초70, 재판권쟁의에관한재정신청).

2. 대통령의 계엄선포는 고도의 정치적·군사적 성격을 가진 것으로서 그 당, 부당 내지 필요성 여부는 계엄해제요구권을 가진 국회만이 판단할 수 있는 것이고 당연무효가 아닌 한

사법심사의 대상이 되지 못한다.(대판 1980. 8. 26. 80도1278 (계엄포고위반·계엄포고위반교사·계엄포고위반방조)

3. 일반적으로 통치행위는 고도의 정치성을 띤 국가행위로서 법원은 그 합법성을 심사할 수 없다는 것이 지배적인 견해이긴 하나, 통치행위라고 할지라도 헌법의 폐지에 따른 그 효력의 상실여부와 같은 사항은 법원의 심사대상이 된다고 보아야 할 것이다. 특히 통치행위 중에서도 이 사건 긴급조치와 같이 국민의 기본권 제한과 관련된 조치인 경우에는 기본권보장과 헌법보장의 책무를 진 법원으로서는 당연히 그 효력의 존속여부를 심사판단 할 권한이 있다고 보아야 한다(대판 1985.1.29. 74도3501 대통령긴급조치위반·법정모욕)

4. 대통령의 비상계엄의 선포나 확대 행위는 고도의 정치적·군사적 성격을 지니고 있는 행위라 할 것이므로, 그것이 누구에게도 일견하여 헌법이나 법률에 위반되는 것으로서 명백하게 인정될 수 있는 등 특별한 사정이 있는 경우라면 몰라도, 그러하지 아니한 이상 그 계엄선포의 요건 구비 여부나 선포의 당·부당을 판단할 권한이 사법부에는 없다고 할 것이나, 비상계엄의 선포나 확대가 국헌문란의 목적을 달성하기 위하여 행하여진 경우에는 법원은 그 자체가 범죄행위에 해당하는지의 여부에 관하여 심사할 수 있다(대판 1997. 4. 17. 선고 96도3376 반란수괴·반란모의참여·반란중요임무종사·불법진퇴·지휘관계엄지역수소이탈·상관살해·상관살해미수·초병살해·내란수괴·내란모의참여·내란중요임무종사·내란목적살인·특정범죄가중처벌등에관한법률위반(뇌물)).

5. 입헌적 법치주의국가의 기본원칙은 어떠한 국가행위나 국가작용도 헌법과 법률에 근거하여 그 테두리 안에서 합헌적·합법적으로 행하여질 것을 요구하며, 이러한 합헌성과 합법성의 판단은 본질적으로 사법의 권능에 속하는 것이고, 다만 국가행위 중에는 고도의 정치성을 띤 것이 있고, 그러한 고도의 정치행위에 대하여 정치적 책임을 지지 않는 법원이 정치의 합목적성이나 정당성을 도외시한 채 합법성의 심사를 감행함으로써 정책결정이 좌우되는 일은 결코 바람직한 일이 아니며, 법원이 정치문제에 개입되어 그 중립성과 독립성을 침해당할 위험성도 부인할 수 없으므로, 고도의 정치성을 띤 국가행위에 대하여는 이른바 통치행위라 하여 법원 스스로 사법심사권의 행사를 억제하여 그 심사대상에서 제외하는 영역이 있으나, 이와 같이 통치행위의 개념을 인정한다고 하더라도 과도한 사법심사의 자제가 기본권을 보장하고 법치주의 이념을 구현하여야 할 법원의 책무를 태만히 하거나 포기하는 것이 되지 않도록 그 인정을 지극히 신중하게 하여야 하며, 그 판단은 오로지 사법부만에 의하여 이루어져야 한다(대판 2004. 3. 26. 2003도7878, 외국환거래법위반·남북교류협력에관한법률위반·특정경제범죄가중처벌등에관한법률위반).

원심(서울고법 2003. 11. 28. 선고 2003노2634 판결)이 남북정상회담의 개최는 고도의 정치적 성격을 지니고 있는 행위라 할 것이므로 특별한 사정이 없는 한 그 당부를 심판하는 것은 사법권의 내재적·본질적 한계를 넘어서는 것이 되어 적절하지 못하지만, 남북정상회담의 개최 과정에서 위 피고인들이 공모하여 재정경제부장관에게 신고하지 아니하거나 통일부장관의 협력사업 승인을 얻지 아니한 채 위와 같이 북한측에 사업권의 대가 명목으로 4억 5,000만 달러를 송금한 행위 자체는 헌법상 법치국가의 원리와 법 앞에 평등원칙 등에 비추어 볼 때 사법심사의 대상이 된다고 판단한 원심을 받아들였다(대판 2004. 3. 26. 2003도7878, 외국환거래

법위반·남북교류협력에관한법률위반·특정경제범죄가중처벌등에관한법률위반)

6. 국회의 자율권과 저촉되는 범위 내에서 법원의 법률 위헌 여부 심사권이 인정되지 않는다. 국회가 적법하게 통과하였다 하여 정부에 이송하고 국방회의가 의결하고 대통령이 승인 공포했으면 실질상 입법의 전과정에 걸쳐 적법히 통과하였다고 인정되므로 삼권분립의 원칙으로 보아 법원이 헌법상 동 위인 입법부의 자율권에 개입해서는 안된다. 즉 구 헌법(62.12.26. 개정헌법) 제102조가 정한 법원의 법령조사권으로써는 입법부 스스로가 국회를 통과하였다고 결정하여 정부에 이송, 국무회의의 의결, 대통령의 공포가 있으면 국회통과의 과정에 흠이 있더라도 법원이 이를 뒤엎을 수 없다(대판 1972. 1. 18. 71도1845, 국민투표법위반).

7. 행정행위는 넓게는 행정청의 공법행위 일체를 말하나 좁게는 행정청에 의한 공법상의 법률행위로서 특정한 사항에 대하여 법규에 따라 권리를 설정하고 의무를 명하며 기타 법률상 효과를 발생케 하는 단독행위를 뜻하는 것으로 이 사건 군사시설보호법에 의한 군사시설보호구역의 설정, 변경 또는 해제와 같은 행위는 행정청에 의한 공법행위라는 점에서는 넓은 의미의 행정행위라고 할 것이나 이는 행정입법행위 또는 통치행위라는 점에서 행정행위와 구별되며 따라서 이와 같은 행위는 그 종류에 따라 관보에 게재하여 공포하거나 또는 대외적인 공고, 고시 등에 의하여 유효하게 성립되고 개별적 통지를 요하지 아니한다(대판 1983. 6. 14. 83누43, 재단세부과처분취소).

4. 사법권에 대한 통제

(1) 국민에 의한 사법권통제

국민에 의한 사법권의 통제로는 영미의 배심제와 대륙법계 국가의 참심제가 있다. 우리나라는 양 제도의 혼합형인 국민의 재판참여제를 시행하고 있다. 그리고 미국 등 몇몇주에서는 주민이 주법원의 법관을 선출하며, 일본에서는 최고재판소의 재판관에 대하여 국민심사제를 채택하고 있다. 우리나라의 국민의 재판참여제는 사법의 민주화(민주적 정당성)와 재판의 투명성을 제고할 수 있으며, 사법의 관료화와 폐쇄성으로 인한 사법부불신을 해소할 수 있는 장점이 있다.

우리나라는 법관 3명과 함께 배심원인 국민 5-9명이 형사재판에 참여하여, 유·무죄의 평결과 양형의 의견을 개진할 수 있으며, 물론 위헌성을 제거하고자, 배심원의 평결과 의견은 법적 구속력을 가지지 않는다. 그러나 배심원의 평결결과와 다른 판결을 선고하는 때에는 판결서에 그 이유를 기재하여야 하도록 함으로서(법 제49조 제2항), 국민의 사법에의 참여를 실효성 있도록 유도하고 있다.

(2) 국회에 의한 사법권 통제

국회는 사법(司法)에 관한 입법권, 대법원장과 대법관의 임명동의권, 헌법재판소 재판관 3인 선출권, 사법부 예산의 심의·확정권, 탄핵소추권, 일반사면권에 대한 동의권, 국정감사조사권 등을 통하여 사법권을 통제할 수 있다.

(3) 정부에 의한 사법권통제

정부는 법률안제출권과 법률안거부권, 대법원장 및 대법관임명권, 사면권, 예산안 편성권, 긴급재정경제처분·명령권 및 긴급명령권, 계엄선포권 등을 통하여 사법권을 통제한다.

(4) 헌법재판소에 의한 사법권통제

탄핵심판, 헌법소원심판, 권한쟁의심판권을 통하여 사법권을 통제할 수 있다.

Ⅱ. 법원의 권한

1. 민사·형사·선거재판권

법원은 민사·형사·선거소송과 같은 법적 쟁송에 관하여 재판을 할 권한을 가지고 있다.

민사재판권(民事裁判權)은 민사소송에 필요한 권한으로서, 민사소송을 좁은 의미로 보면 판결절차(判決節次)만을 의미하지만, 그 외에도 강제집행절차와 판결절차·강제집행절차를 실행하는데 필요한 부수절차(증거보전·가압류·가처분절차)를 포함하여 통상소송절차라 하고, 간이소송절차·가사소송절차·도산절차 등을 특별소송절차라고 이를 모두 민사소송으로 넓게 파악하기도 한다.

형사재판권(刑事裁判權)은 공판절차의 일체에 관한 권한으로서 공소의 제기로부터 재판의 확정에 이르기까지의 일련에 절차를 말한다. 이에는 정식소송인 본안(本案)에 대한 재판 외에 소년법에 의한 형사절차·약식절차·즉결심판절차·구속영장발부제도·군사재판과 같은 특수한 부수적인 작용들도 포함한다.

선거소송(選擧訴訟)에 관한 권한은 선거(選擧)의 효력에 대한 다툼인 '선거소송'과 당선(當選)의 효력을 다투는 '당선소송'에 관한 권한으로서 대통령선거, 국회의원선거, 시·도지사선거 그리고 비례대표시·도의원선거는 대법원의 전속관할로서 단심제(單審制)를 도입하고 있으며, 그 외의 선거에 관한 소송의 제1심법원을 고등법원으로 하여 2심제 내지 복심제(複審制)를 택하고 있다.

2. 행정재판권

행정재판권(行政裁判權)은 행정법규의 적용에 관련된 분쟁을 판단하기 위하여 필요한 정식의 소송절차에 관련된 권한이다. 행정소송을 어느 기관이 담당하느냐에 따라 행정형과 사법형으로 구별된다.

보통법(common law)에 의하여 지배되고, 공법을 공권력의 우위를 인정하는 비민주적 사상의 제도적 표현이라고 하여 공사법의 구별이 뚜렷하지 않은 영미법계 국가에서는 행정법규의 적용에 관한 분쟁을 다루는 행정소송도 일반사법법원에서 관할하도록 하고 있는바, 이러한 유형을 사법형(司法形) 혹은 사법국가형(司法國家形)이라고 한다.

그리고 공법(公法)과 사법(私法)을 명확히 구별하고 있는 독일과 프랑스 등의 대륙법계국가에서는 행정소송을 일반법원으로부터 독립된 별개의 행정법원을 설치하여 행정소송을 관할하도록 하고 있는 바, 이러한 유형을 행정형(行政形) 혹은 행정국가형(行政國家形)이라고 한다.

우리나라는 헌법 제107조 제2항에서 '처분이 헌법이나 법률에 위반되는 여부가 재판의 전제가 된 경우에는 대법원은 이를 최종적으로 심사할 권한을 가진다'고 정하여 일반법원에 행정소송의 관할권을 부여하고 있다. 그러나 제1심법원으로서 행정법원을 설치하고 있으며, 또한 취소소송의 경우에는 법률로 특별히 정한 경우에는 행정심판절차를 거치도록 하고 있으며(예외적 행정심판전치주의), 그렇지 않은 경우에도 당사자가 제1심을 행정법원과 행정심판을 선택할 수 있도록 규정하고 있으므로(행정소송법 제18조, 행정심판임의주의), 사법형(사법국가형)을 원칙으로 하고, 행정형을 부분적으로 도입하고 있다고 하겠다.

▶ 참고

※ 사법국가형과 행정국가형의 비교

구 분	사 법 국 가 형	행 정 국 가 형
장·단점	① 사법재판소는 독립성을 가지므로 보다 공정하게 법률에 따라 심리·재판할 수 있다. ② 사법재판소와 행정재판소의 관할 쟁의의 염려가 없다. ③ 공사법의 구별 없이 모든 법률에 대한 판례의 통일성을 기할 수 있다. ④ 법관이 민·형사사건에는 정통하나 행정사건에 관하여는 정통하지 않다.	① 행정작용에 정통한 법관에 의하여 재판할 수 있다. ② 행정관을 지낸 재판관으로 구성되어 정치적 고려에 의하여 재판할 가능성이 높다. ③ 사법재판소와 행정재판소간의 관할 쟁의의 해결을 위한 관할쟁의심판재판소가 필요하다. ④ 행정소송제기자는 사법·행정재판소 중 어디에 제소할 것인가를 고민하여야 하며 관할을 잘못하여 제소한 경우 권리구제를 받을 수 없는 경우가 있다.

3. 명령·규칙심사권

(1) 의의

명령·규칙심사권은 명령·규칙이 헌법이나 법률에 위반하는 여부가 재판의 전제가 된 경우에 그 명령·규칙이 헌법이나 법률에 합치되는가를 심사할 권한이다. 이는 헌법이나 법률에 위반되는 하위법인 명령·규칙의 적용을 거부하여 국법질서의 통일을 유지하기 위한 제도로서, 정부나 국회·중앙선거관리위원회·헌법재판소 등 국가기관이 제정한 명령이나 규칙의 합헌성(合憲性)·합법성(合法性)을 보장하기 위한 것으로서 헌법보장과 법률보장의 한 방법이며, 또한 기본권보장의 기능을 한다.

(2) 주체

대법원을 비롯한 각급법원, 군사법원이 심사기관으로서 명령·규칙심사권의 주체이며, 최종적으로 심사할 권한은 대법원이 가진다. 따라서 하급심에서의 판결이 상소(上訴)되지 않고 확정되는 경우에는 그 후 다른 사건에 관하여 동일한 명령·규칙에 대한 해석을 달리한 판결이 내려질 수 있다. 재심사항으로 정하는 것도 좋은 입법론이다.

(3) 대상과 절차

명령·규칙심사의 대상은 명령(위임명령·집행명령 등 모든 일반적 규범)과 규칙(국회, 헌법재판소, 지방자치단체의 규칙과 조례, 중앙선거관리위원회규칙 등을 포함) 그리고 국제법상의 행정협정 등 국회의 동의를 받지 않은 조약도 대상이 된다. 다만, 심사결과 위헌위법선언이 되더라도 국내법적 적용이 거부되는 것이지 국제법적 효력까지 부인하지는 못한다. 그러나 통치행위(예: 계엄선포행위 등)와 국회동의를 받은 조약 등은 심사에서 제외되며, 집행부의 행정규칙(행정명령)은 제외하는 것이 다수설이다. 그러나 행정규칙이더라도 상위규범과 결합하여 대외적 구속력을 갖는 경우에는 법규명령과 같이 심사의 대상이 된다(대판 1988. 3. 22. 87누654).

명령·규칙의 위헌위법심사는 재판의 전제가 되었을 때 가능하며(구체적 규범통제, 제107조 제2항), 법원은 사건과 관계없이 자발적·능동적으로 심사할 수는 없으며, 국민이나 정당도 소송요건이 구비되지 않은 경우에 청구할 수 없다. 심사기준은 형식적 의미의 헌법과 법률뿐만 아니라 실질적 의미의 헌법과 법률 즉, 조약 등도 심사의 기준이 된다. 명령·규칙의 위헌결정에는 대법관전원의 3분지 2이상의 합의체에서 심의하며(법원조직법 제7조 제1항), 과반수결정사항에 관하여 2설이 분립되어 각설이 과반수에 이르지 못한 때에는 원심을 변경할 수 없다(동법 제66조).

(4) 내용

법원은 명령·규칙의 위헌위법심사에 있어서 형식적 심사권과 실질적 심사권을 모두 갖는다. 명령·규칙의 형식적 하자 즉 당해 명령·규칙의 적법한 절차에 의하여 성립하였는가의 유무에 대한 판단권을 형식적 심사권이라고 하는바, 이는 헌법명문규정 여하를 떠나 당연히 법원의 권한에 속한다. 실질적 효력의 심사는 당해 명령·규칙의 내용이 상위규범에 위반하는 것인가 아닌가 하는 실질적인 하자의 유무심사로서 합헌성(合憲性)과 합법성(合法性)을 모두 심사할 수 있다(제107조 제2항). 그러나 명령·규칙의 합목적성(合目的性)의 여부는 법원이 심사할 수 없다.

(5) 위헌 또는 위법한 명령·규칙의 효력

구체적 규범통제는 전제된 명령·규칙의 당해 사건에의 적용거부를 선언함으로써, 개별적 효력을 부인하는 제도이며, 추상적 규범통제는 명령·규칙의 무효화를 선언함으로써 일반적 효력을 부인하는 제도이다. 우리나라는 명령·규칙의 위헌위법여부가 재판의 전제가 될 때 심사하는 구체적 규범통제(제107조 제2항)를 택하고 있으므로 명령·규칙을 당해사건에 적용하는 것을 거부할 수 있을 뿐이며, 그 명령·규칙의 무효를 선언할 수는 없다. 그러나 법원은 무효화선언을 하고 있으며, 나아가 위헌·위법이 확정된 사실의 공고제도까지 주고 있다(김). 한편 무효선언을 하는 법원의 태도는 위헌적 판결이라는 견해가 있다(권).

4. 위헌법률심사제청권

(1) 제도적 의의

법률의 위헌여부가 재판의 전제가 되는 경우에 법원이 직권(職權)으로 또는 소송당사자의 신청(申請)에 따른 결정으로 헌법재판소에 위헌법률심판을 제청할 수 있는 권한으로 제5공화국헌법과 달리 위헌에 대한 합리적 의심만 있으면 반드시 제청하여야 한다. 그러나 제5공화국헌법하의 위헌법률심판제청권은 '법률이 헌법에 위반되는 것으로 인정할 때'에만 헌법위원회에 제청하여 그 결정에 따라 재판하도록 정함으로서 법원에 '법률의 위헌여부에 대한 전심(前審)의 권한'을 부여하고 그에 대한 항고(抗告)의 방법을 정하지 않음으로써 법원에 사실상 합헌결정권을 부여하였다. 그러나 현행헌법은 헌법 제107 제조1항에서 '법률이 헌법에 위반되는 여부가 재판의 전제가 된 경우에는 법원은 헌법재판소에 제청하여 그 심판에 의하여 재판한다.'고 규정하고 있다.

(2) 주체

대법원과 각급법원은 물론 군사법원(헌법재판소법 제41조 제1항)에도 위헌법률심판제청권을 부여하고 있다. 여기서 주의할 것은 사건당사자와 법관은 그 주체가 될 수 없다. 사건당사자는 위헌법률심판제청의 신청권(申請權)만을 가지며, 만약 신청이 기각(예외적으로 각하된 경우도 포함)된 경우에는 헌법재판소에 직접 위헌심사형헌법소원을 제기할 수 있다(헌법재판소법 제68조 제2항).

(3) 위헌법률심판제청권의 성격

법원이 당사자의 위헌법률심판제청신청을 기각(棄却)하는 것은 실질적으로 '합헌결정'이라고 볼 수 있으므로 법원의 합헌결정권의 인정여부에 대하여 긍정설과 부정설이 갈려 있다.

그러나 현행헌법이 구헌법(1980년헌법)에서 인정되는 대법원의 하급법원의 위헌심사제청에 대한 실질적 심사권을 부인하고 구헌법의 '법률이 헌법에 위반되는 것으로 인정한 때'(구헌법 제108조)를 삭제하였으므로 합헌결정권은 부정된다. 그러나 사법권의 본질상 법률의 효력에 대한 심사권은 법원의 고유권한이며, 법원이 위헌심판제청을 할 때에 제청서에 위헌이라고 해석되는 이유를 기재하도록 규정하고 있으며(헌법재판소법 제43조 제4호), 헌법재판소법 제68조 제2항(위헌심사형헌법소원)이 당사자의 제청신청이 기각된 때에는 당사자로 하여금 헌법재판소에 직접 헌법소원을 제기할 수 있도록 규정한 점을 들어 합헌결정권을 인정하는 견해도 있다(권, 김). 합헌결정권을 긍정하는 견해도 법원은 위헌의 여지가 조금이라도 있을 때에는 신청을 기각할 것이 아니라 위헌심판제청을 하여야 하며, 또한 법원이 합헌으로 판단되는 경우에도 무책임하게 헌법재판소에 판단을 미루어 합헌결정을 회피하거나 포기하여서는 안된다고 한다. 헌법재판소는 헌법재판소법 제41조 제1항과 제68조 제2항을 법원의 합헌판단권의 근거조항으로서의 역할을 부정하고 있다(헌재 1993. 7. 29. 90헌바35).

◆ **헌재판례**

헌재법 제41조 제4항은 위헌여부심판의 제청에 관한 결정에 대하여는 항고할 수 없다는 것으로서, 합헌판단권의 인정 여부와는 직접 관계가 없는 조항이므로, 그 조항이 바로 법원의 합헌판단권을 인정하는 근거가 된다고 할 수 없다. 또한 헌재법 제68조 제2항은 위헌제청신청이 기각된 때에는 그 신청인이 바로 헌법재판소에 법률의 위헌 여부에 관한 심사를 구하는 헌법소원을 제기할 수 있다는 것으로서, 그 경우에 "위헌제청신청이 기각된 때"라는 것은 반드시 합헌판단에 의한 기각결정만을 의미하는 것이 아니라 재판의 전제성을 인정할 수 없어 내리는 기각결정도 포함하는 것으로 해석되므로, 그 조항 역시 법원의 합헌판단권을 인정하는 근거가 된다고 볼 수 없다(헌재 1993. 7. 29, 90헌바35, 반국가행위자의처벌에관한특별조치법 제5조 등 및 헌법재판소법 제41조 등에 대한 헌법소원).

(4) 위헌법률심사제청의 결정과 대상 및 요건

위헌법률심판의 제청은 직권에 의한 제청도 가능하며, 당사자의 신청이 있는 경우에는 결정으로써 제청하며, 또한 결정으로써 기각할 수도 있다. 당사자는 기각결정에 대하여 항고할 수 없으며(헌법재판소법 제41조 제4항), 기각된 날로부터 14일 이내에 헌법재판소에 직접 헌법소원(법 제68조 제2항, 위헌심사형헌법소원)을 제기할 수 있다.

위헌법률심사제청권의 대상이 되는 법률은 형식적 의미의 법률뿐만 아니라 효력이 법률과 동일한 실질적의미의 법률(대통령의 긴급재정경제명령, 긴급명령, 국회동의를 받은 조약 등)도 대상이 된다. 폐지된 법률은 원칙적으로 대상이 되지 않는다.

위헌법률심사제청권을 행사하기 위하여서는 법률의 위헌여부가 재판의 전제가 되어야만 한다. 즉 구체적 사건이 법원에 계속 중이고, 위헌여부가 문제되는 법률이 당해 소송사건의 재판에 적용되는 것이어야 하며, 당해 법률이 헌법에 위반되는 지의 여부에 따라 당해 사건을 담당한 법원이 다른 내용의 재판을 하게 되는 경우(재판의 결론이 달라지거나 재판의 내용과 효력에 관한 법률적 의미가 달라지는 경우)이어야 한다. 그리고 쟁송에 관하여 이익을 가진 자가 구체적 사건에 있어서 헌법판단을 구한다고 하는 사법권 일반에 따르는 사건성, 당사자 적격성, 소의 이익 등의 요건이 충족되어야 한다.

대법원이 아닌 하급법원이 위헌법률심판을 제청할 때에는 반드시 대법원을 경유하여야 한는바, 이는 제5공화국하에서 대법원이 불송부결정권을 가지고 있었던 것과는 달리 단지, 사법행정업무상 최고사법행정기관이 업무파악을 할 수 있도록 하기 위한 제도이다.

(5) 위헌법률심사제청권 행사의 한계

법원은 어떤 법률을 구체적 사건에 적용하는 경우에는 그 법률이 합헌일 것이라는 논리적 전제가 되지 않으면 안 되며, 위헌성의 의심이 있는 법률에 대하여 법원은 항상 헌법판단을 할 의무를 지는 것이다. 그리고 위헌성에 대하여 합리적 의심이 없는 경우에는 법관에게는 합헌판단의 의무가 있다(헌법판단필연설). 그리고 어떤 법률에 있어서 행위의 제한 내지 금지규정이 법문상 지나치게 광범하여 문자 그대로 해석한다면 위헌으로 될지 모르지만, 다른 제한적 해석을 취한다면 합헌으로 되는 경우에 법률의 효력을 구제하는 후자의 해석을 통상 합헌한정해석으로 부른다. 이러한 합헌한정해석은 헌법을 쟁점으로 하는 법체계의 통일성의 유지 및 민주적 법치국가성을 근거로 하는 법률의 합헌성추정의 원칙에 근거를 두지만, 이러한 한정적 합헌해석의 접근방법은 기본권의 보장에 소극적이다. 따라서 위헌법률심사제청권이 있는 법원으로서는 한정적 합헌해석을 하여서는 아니되며, 합리적(合理的)인 위헌(違憲)의 의심이 있다면 위헌법률심판을 제청하여야 한다.

(6) 위헌법률심사제청의 효과

법원에서 법률의 위헌여부를 헌법재판소에 제청하였을 때에는 헌법재판소의 위헌 여부의 결정이 있을 때까지 당해 사건의 재판은 정지된다. 다만, 법원이 긴급하다고 인정하는 경우에는 종국재판 외의 소송절차를 진행할 수 있다(헌법재판소법 제42조 제1항). 법원은 헌법재판소의 종국결정을 통보 받고 그에 기초하여 재판하여야 한다. 헌법재판소는 제청된 법률 또는 법률조항의 위헌여부만을 결정한다. 다만 당해 법률사항의 위헌결정으로 인하여 당해 법률 전부를 시행할 수 없다고 인정될 때에는 그 전부에 대하여 위헌의 결정을 할 수 있다(동법 제45조).

5. 법정질서유지권

법정질서유지권(가택권)은 법원의 권한이지만, 법정을 대표하는 재판장이 행사하도록 하고 있다(법원조직법 제58조 제1항). 재판장은 법정의 존엄과 질서를 해할 우려가 있는 자의 입정금지 또는 퇴정을 명하거나 기타 법정의 질서유지에 필요한 명령을 발할 수 있다(입정금지와 퇴정명령권). 보도(報道)의 자유는 원칙적으로 인정되지만, 법정 안에서의 재판장의 허가 없이 녹화·촬영·중계방송 등은 금지되며(동법 제59조), 제활동이 법정에서의 심리를 방해하거나 법정질서를 문란하게 하는 것은 허용되지 않는다. 또한 재판장은 법정에 있어서의 질서유지를 위하여 필요하다고 인정할 때에는 개정전후를 불문하고 관할경찰서장에게 국가경찰공무원의 파견을 요구할 수 있으며, 파견된 국가경찰공무원은 법정내외의 질서유지에 관하여 재판장의 지휘를 받는다(동법 제60조). 재판장은 법정질서문란행위에 대하여 20일이상의 감치와 100만원 미만의 과태료를 부과할 수 있다(동법 제61조).

6. 대법원의 규칙제정권

대법원은 법률에 저촉되지 아니하는 범위 안에서 소송에 관한 절차, 법원의 내부규율과 사무처리에 관한 규칙을 제정할 수 있다(제108조). 이는 법원의 자주성과 사법권의 독립성 확보하고, 사법부 내에서의 대법원의 통제권과 감독권을 강화하고 그 실효성을 확보하기 위한 수단이다.

대법원규칙은 소송절차에 관한 사항(규칙제정권의 대상이 되는 소송에 관한 절차는 기술적이고 세부적인 사항에 한정된다), 내부규율에 관한 사항(사법행정상의 감독을 내용으로 하는 법원의 내부규율에 관한 사항에 관한 규칙을 제정할 수 있다) 그리고 사무처리에 관한 사항(재판사무의 분배 등에 관한 사항을 정할 수 있다)을 대상으로 한다. 그리고 대법원의 규칙제정은 실질적인 입법작용으로서 대법관회의의 의결로서 제정하며, 특별한 규정이 없는 한 공포한 날로부터 20일을 경과함으로써 효력을 발생한다.

대법원규칙과 법률의 경합시 그 효력의 우열이 문제되며, 법률우위설, 동위설(평등설) 그리고 규칙우위설이 있으나, 법률우위설이 타당하다. 그리고 규칙에 대한 위헌위법심사권이 대법원에 있는가 아니면 헌법재판소에 있는가에 대해 견해가 갈려 있으나, 대법원은 대법원의 권한이라고 하나, 헌법재판소는 '사법서사시행규칙(대법원규칙)에 대한 헌법소원'에서 헌법재판소도 예외적으로 명령·규칙의 위헌위법심사권을 가진다고 하였다(헌재 1990. 10. 15. 89헌마178, 법무사법시행규칙에 대한 헌법소원).

제2절 법원의 조직과 심판권

I. 법원의 조직

헌법은 법원을 최고법원인 대법원과 각급 법원으로 조직되도록 하였으며(제101조 제1항), 대법원과 각급 법원의 조직은 법률로 정하도록 유보하였다(제102조 제1항). 법원조직법은 법원의 종류를 대법원, 고등법원, 특허법원, 지방법원, 가정법원 그리고 행정법원의 6종으로 하였으며, 지방법원 및 가정법원의 사무의 일부를 처리하게 하기 위하여 그 관할구역 안에 지원과 소년부지원, 시·군법원 및 등기소를 둘 수 있도록 하였다(법원조직법 제3조 제1항). 그리고 군사재판을 관할하기 위하여 특별법원으로서 군사법원을 두며, 군사법원의 상고심은 대법원에서 관할하도록 하였다(제110조). 군사법원에는 고등군사법원과 보통군사법원의 2종으로 한다(군사법원법 제5조). 또한 군사법원의 내부규율과 사무처리에 관한군사법원규칙은 군법무관회의를 거쳐 대법원이 제정하며(동법 제4조), 일반법원과 군사법원과의 사이에서 발생된 재판권에 관한 쟁의에 대하여는 대법원이 재정하도록 하였다(군사법원의재판권에관한법률 제2조). 따라서 특별법원인 군사법원도 대법원의 하급심으로 작용한다.

그리고 법원에는 대법원장과, 대법관(법원조직법 제4조), 대법원장과 대법관이 아닌 법관인 판사가 있다(동법 제5조). 대법원장은 국회의 동의를 얻어 대통령이 임명하며(제104조 제1항), 임기는 6년으로서 중임할 수 없고(제105조 제1항), 대법관은 대법원장을 포함한 14인으로서(동법 제4조), 대법원장의 제청으로 국회의 동의를 얻어 대통령이 임명하고(제104조 제3항), 대법관의 임기는 6년으로 하며, 법률이 정하는 바에 의하여 연임할 수 있다(제105조 제2항). 대법원장과 대법관이 아닌 법관은 대법관회의의 동의를 얻어 대법원장이 임명하고(제104조 제3항), 그 임기는 10년으로 하며, 법률이 정하는 바에 의하여 연임할 수 있다(제105조 제3항). 대법원장의 정년은 70세, 대법관의 정년은 65세, 판사의 정년은 63세로 한다(법 제45조).

▶ 참 고
- 법원의 조직도 -

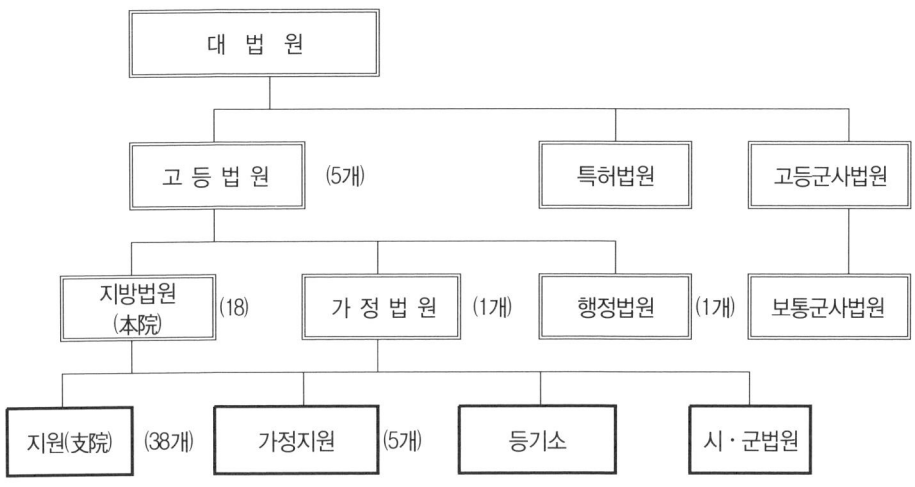

Ⅱ. 대법원과 대법원의 심판권

1. 대법원의 헌법상 지위

미국과 같은 사법형의 국가에서는 대법원은 헌법보장기관으로서의 최고기관이며, 독일의 헌법재판소제도가 있는 국가는 사법부의 상고기관으로서의 지위를 가진다. 우리나라 헌정사에서 대법원의 지위를 보면, 제헌헌법하에서는 최고의 사법기관이며, 위헌심사권은 헌법위원회에 부여되었다. 제2공화국헌법인 1960년헌법에서는 헌법재판소를 신설함으로써, 명령·규칙에 대해서만 위헌·위법심사를 할 수 있는 사법부의 상고심으로서의 지위를 가졌으며, 제3공화국헌법인 1963년헌법에서는 위헌심사기관으로서 최고의 헌법보장기관으로서의 지위를 가지고 있었다. 제4공화국헌법인 1972년헌법에서는 상고심법원으로서, 제5공화국헌법인 1980년헌법에서는 국가권력의 한 행사기관이며, 위헌법률심사제청기관으로서의 지위를 가지고 있었다.

현행헌법에서는 대법원은 최고사법기관으로서의 지위, 국민의 기본권보장기관으로서의 지위, 최종심법원으로서의 지위, 위헌법률심사제청기관으로서의 지위, 최고사법행정기관으로서의 지위를 가지며, 이에 더하여 주권행사기관으로서의 지위(김)와 헌법수호기관으로서의 지위(권)를 설명하는 학자도 있다.

▶ 참고
- 대법원의 특징적 헌정사 -
1. 건국헌법: 위헌위법법률의 헌법위원회에의 제청권
2. 1960년헌법
   - 선거인단에 의한 대법원장, 대법관 선출
   - 일반법관은 대법관회의의 의결에 따라 대법원장이 임명
3. 1963년헌법
   - 법관추천회의제도를 통한 대법원구성
   - 위헌법률심판권을 비롯한 헌법해석권, 정당해산심판권
4. 1972년헌법
   - 대법원장 이외의 법관은 대법원장의 제청에 따라 대통령이 임명
   - 법관의 보직·징계권도 대통령이 행사
   - 헌법위원회에의 위헌법률심판제청권
5. 1980년헌법
   - 대법원에 대법관아닌 법관을 둘 수 있도록 함.
   - 일반법관의 임명과 보직권은 대법원장의 권한으로 함.

2. 대법원의 조직

(1) 의의

대법원에는 대법원장과 대법관 그리고 대법관이 아닌 일반법관이 있으며, 기구로는 대법관전원합의체(법원조직법 제7조), 판사회의(법 제9조의2), 대법관회의(법 제16조) 그리고 부(헌법 제102조 제1항)가 있다. 이외에도 법원행정처(법 제19조), 사법연수원9법 제20조), 법원공무원교육원(법 제21조), 법원도서관(법 제22조), 대법원장 비서실(법 제23조), 법관인사위원회(법 제25조의2), 양형위원회(법 제81조의2)를 두어야 하며, 사법정책자문위원회를 둘 수 있다(법 제25조).

(2) 대법원장의 권한

대법원장은 대법원의 일반사무를 관장하며, 대법원의 직원과 각급법원 및 그 소속기관의 사법행정사무·직원을 지휘·감독한다(법 제13조 제2항). 그리고 대법관회의의 의장과 대법관전원합의체의 재판장의 지위를 가지며, 대법관임명제청권,

헌법재판소재판관 3인과 중앙선거관리위원회위원 3인의 지명권 그리고 법관 임명권과 보직권 등의 권한을 가진다.

(3) 대법관회의

대법관회의는 대법관 14인으로 구성(대법원장 포함)되며, 의장은 대법원장(의결에서의 표결권, 가부동수인 때의 결정권)이며, 의사정족수는 3분의 2이상의 출석과 출석인원 과반수의 찬성으로 의결한다(법 제16조). 대법관회의는 일반법관의 임명에 대한 동의권을 가지며(제104조 제3항), 판사의 임명 및 연임에 대한 동의, 대법원규칙의 제정과 개정 등에 관한 사항, 판례의 수집·간행에 관한 사항, 예산요구와 예비금지출과 결산에 관한 사항, 다른 법령에 의하여 대법관회의의 권한에 속하는 사항 그리고 특히 중요하다고 인정되는 사항으로서 대법원장이 부의한 사항 등 사법행정기능을 담당한다(법 제17조).

(4) 대법관전원합의체

대법관전원합의체는 사법행정기능을 담당하는 대법관회의와 달리 사법기능 즉 대법원의 재판권을 담당하며, 대법관 전원의 3분의 2이상의 출석에 의하여 구성되며, 합의체로서 대법원의 심판권을 행사한다(법 제7조 제1항).

(5) 부

대법원에는 부(部)를 둘 수 있으며(제102조 제1항), 대법원장은 필요하다고 인정하는 경우에 특정한 부로 하여금 행정·조세·노동·군사·특허 등의 사건을 전담하여 심판하게 할 수 있다(법 제7조 제2항). 명령 또는 규칙이 위헌·위법인 경우와 헌법·법률·명령 또는 규칙의 해석적용에 관한 의견을 변경할 필요가 있음을 인정하는 경우 등 대법관전원합의체의 전속심판관할사건 이외에는 대법관 3인 이상으로 구성된 부에서 먼저 사건을 심리하고, 의견이 일치한 때는 부에서 재판할 수 있다(법 제7조 제1항).

그리고 부(部)는 상고심절차에 관한 특례법의 심리불속행제도(형사소송을 제외한 민사소송, 가사소송 및 행정소송의 상고사건에 적용)를 통하여 원심판결이 위헌이거나 법률·명령·규칙 또는 처분에 대한 해석의 대법원 판례와 상반되거나, 판례변경이 필요한 경우 등의 법정사유에 해당하지 않는 경우나 상고가 이유 없는 때에는 상고를 기각할 수 있다(상고심절차에 관한 특례법 제4조, 제6조).

◆ 헌재판례

　심리불속행제도를 규정하고 있는 '상고심절차에 관한 특례법'(2002. 1. 26. 법률 제6626호) 제2조, 제4조 제1항, 제3항, 제5조 제1항 중 제4조에 관한 부분, 제7조가 헌법에 위반되는지 여부에 대한 판단에서, 헌법이 대법원을 최고법원으로 규정하였다고 하여 대법원이 곧바로 모든 사건을 상고심으로서 관할하여야 한다는 결론이 당연히 도출되는 것은 아니며, "헌법과 법률이 정하는 법관에 의하여 법률에 의한 재판을 받을 권리"가 사건의 경중을 가리지 않고 모든 사건에 대하여 대법원을 구성하는 법관에 의한 균등한 재판을 받을 권리를 의미한다거나 또는 상고심재판을 받을 권리를 의미하는 것이라고 할 수는 없다. 또한 심급제도는 사법에 의한 권리보호에 관하여 한정된 법발견, 자원의 합리적인 분배의 문제인 동시에 재판의 적정과 신속이라는 서로 상반되는 두 가지의 요청을 어떻게 조화시키느냐의 문제로 돌아가므로, 원칙적으로 입법자의 형성의 자유에 속하는 사항이다. 비록 국민의 재판청구권을 제약하고 있기는 하지만 위 심급제도와 대법원의 기능에 비추어 볼 때 헌법이 요구하는 대법원의 최고법원성을 존중하면서 민사, 가사, 행정 등 소송사건에 있어서 상고심재판을 받을 수 있는 객관적 기준을 정함에 있어 개별적 사건에서의 권리구제보다 법령해석의 통일을 더 우위에 둔 규정으로서 그 합리성이 있다고 할 것이므로 헌법에 위반되지 아니한다. 또한 심리불속행 재판의 판결이유를 생략할 수 있도록 규정한 제5조 제1항은 심리불속행제도의 내용을 구성하는 절차적 규정으로서 헌법재판소는 이미 심리불속행제도에 대하여 여러 차례 합헌결정을 선고한 바 있다. 심리불속행 상고기각판결에 이유를 기재한다고 해도, 당사자의 상고이유가 법률상의 상고이유를 실질적으로 포함하고 있는지 여부만을 심리하는 심리불속행 재판의 성격 등에 비추어 현실적으로 특례법 제4조의 심리속행사유에 해당하지 않는다는 정도의 이유기재에 그칠 수밖에 없고, 나아가 그 이상의 이유기재를 하게 하더라도 이는 법령해석의 통일을 주된 임무로 하는 상고심에게 불필요한 부담만 가중시키는 것으로서 심리불속행제도의 입법취지에 반하는 결과를 초래할 수 있으므로, 이 사건 제5조 제1항은 재판청구권 등을 침해하여 위헌이라고 볼 수 없다(2007. 7. 26. 2006헌마551, 2007헌마88·255, 상고심절차에 관한 특례법 제4조 등 위헌확인 등).

(6) 양형위원회

　국민의 건전한 상식을 반영하고 국민이 신뢰할 수 있는 공정하고 객관적인 양형을 실현하기 위하여 양형위원회를 둔다(법 제81조의2 제1항). 위원회는 대법원과 독립하여 업무를 수행하며(동조 제3항), 위원장 1인을 포함한 13인의 위원으로 구성하며, 위원은 법관, 검사, 변호사, 법학교수 그리고 학식과 경험이 있는 자로 대법원장이 임명 또는 위촉한다(법 제81조의3). 위원회는 구체적이고 객관적인 양형기준을 설정하거나 변경할 수 있다(법 제81조의6). 양형위원회의 양형기준은 법관이 존중하여야 하지만, 법적 구속력을 갖지 않는다. 그러나 법원이 양형기준을 벗어난 판결을 하는 경우에는 판결서에 양형의 이유를 기재하여야 하므로(법 제81조의7), 쉽게 벗어나기는 어렵다.

3. 대법원의 권한

(1) 대법관전원합의체 전속관할사건

대법원의 심판권은 합의부심판권과 부의 심판권이 있다. 합의부의 심판권은 대법관 3분의 2이상의 합의체에서 이를 행하며 대법원장이 재판장이 된다. 명령 또는 규칙이 헌법에 위반됨을 인정할 때, 명령 또는 규칙이 법률에 위반함을 인정할 때, 종전에 대법원에서 판시한 헌법·법률·명령 또는 규칙의 해석적용에 관한 의견을 변경할 필요가 있음을 인정 할 때, 부에서 재판함이 적당하지 아니함을 인정하는 때에는 대법원합의체에서 이를 심판하며, 이를 대법관전원합의체 전속관할사건이라고 한다(법 제7조 제1항). 이 합의심판은 과반수로써 의결한다(동법 제66조 제1항). 이 이외의 사건은 대법관 3인 이상으로써 구성된 부에서 먼저 사건을 심리하여 의견이 일치된 때에 한하여 부에서 재판 할 수 있다(동법 제7조 1항).

(2) 대법원의 심판권에 속하는 사건

대법원은 비상계엄하의 군사재판에 있어서 사형의 선고가 있는 경우(제110조 제4항)와 명령·규칙 또는 처분의 위헌·위법여부의 최종심사권(제107조 제2항), 대통령·국회의원선거에 있어서 선거소송 및 시·도지사선거에 있어서의 선거소송(공직선거및선거부정방지법 제222조, 제223조) 그리고 지방자치법에 의한 기관소송(지방자치법 제157조, 제159조)에 대한 심판권을 가지며, 또한 고등법원 또는 항소법원·특허법원의 판결에 대한 상고사건, 항고법원·고등법원 또는 항소법원·특허법원의 결정·명령에 대한 재항고사건에 대하여 종심으로 심판한다(법원조직법 제14조).

(3) 사법입법권

대법원규칙은 대법관회의의 의결에 따라 대법원장이 제정하며(제108조, 법원조직법 제17조2호), 제도적 취지는 권력분립의 견지에서 사법권독립을 보장하려는 것이며, 기술적 견지에서 소송기술적 사항은 사법부 자신이 제정함이 보다 합리적이라는 데 있다.

Ⅲ. 하급법원의 조직과 심판권

1. 고등법원과 심판권

고등법원의 심판권은 판사 3인으로 구성된 합의부(合議部)에서 이를 행하며(법 제7조 제3항), 고등법원에는 판사를 둔다. 고등법원장은 판사로 보하고, 고등법원의 사법행정사무를 관장하며, 소속공무원을 지휘·감독한다. 고등법원장이 궐위되거나 사고로 인하여 직무를 수행할 수 없을 때에는 수석부장판사·선임부장판사의 순서로 그 권한을 대행한다(법 제26조). 그리고 합의부에는 부장판사를 두며, 부장판사는 그 부의 재판에 있어서 재판장이 되며, 고등법원장의 지휘에 의하여 그 부의 사무를 감독한다. 대법원장은 재판업무 수행상의 필요에 따라 고등법원의 부로 하여금 그 관할구역안의 지방법원 소재지에서 사무를 처리하게 할 수 있다(법 제27조).

고등법원은 지방법원합의부·가정법원합의부 또는 행정법원의 제1심 판결·심판·결정·명령에 대한 항소 또는 항고사건, 지방법원단독판사·가정법원단독판사의 제1심 판결·심판·결정·명령에 대한 항소 또는 항고사건으로서 형사사건을 제외한 사건 중 대법원규칙으로 정하는 사건 그리고 기타 법률에 의한 고등법원의 권한에 속하는 사건에 대하여 심판하며(법 제28조), 기타 법률이 정한 소관사건으로서는 지방의회의원선거와 자치구·시·군의 장의 선거에 관한 쟁송에 대한 제1심판결(공직선거및선거부정방지법 제222조, 제223조)이 있다.

2. 특허법원과 심판권

특허법원의 심판권은 판사 3인으로 구성된 합의부(合議部)에서 이를 행하며(법 제7조 제3항), 특허법원에는 판사를 둔다. 특허법원장은 판사로 보하고, 특허법원의 사법행정사무를 관장하며, 소속공무원을 지휘·감독한다. 특허법원장의 권한대행과 합의부의 운영은 고등법원에 준용한다. 그리고 특허법원은 특허법 제186조제1항, 실용신안법 제33조, 디자인보호법 제75조 및 상표법 제86조제2항이 정하는 제1심사건과 다른 법률에 의하여 특허법원의 권한에 속하는 사건을 심판한다(법 제28조의4).

3. 행정법원과 심판권

행정법원의 심판권은 판사 3인으로 구성된 합의부에서 이를 행하며, 다만 단독판사가 심판할 것으로 합의부가 결정한 사건의 심판권은 단독판사가 이를 행한다(법 제7조 제3항). 행정법원에도 판사를 두며, 행정법원장은 판사로 보하고, 권한대행과 합의부의 운영은 고등법원에 준한다(법 제40조의2와 제40조의3).

그리고 행정법원은 행정소송법이 정한 행정사건과 다른 법률에 의하여 행정법원의 권한에 속하는 사건을 제1심으로 심판한다(법 제40조의 4). 특히 행정법원이 설치되지 않은 지역에 있어서의 행정법원의 권한에 속하는 사건은 행정법원이 설치 될 때까지 해당 지방법원본원이 관할한다(법 부칙 제2조).

▶ 참 고
- 행정소송법상의 행정소송의 종류(행정소송법 제3조와 제4조). -

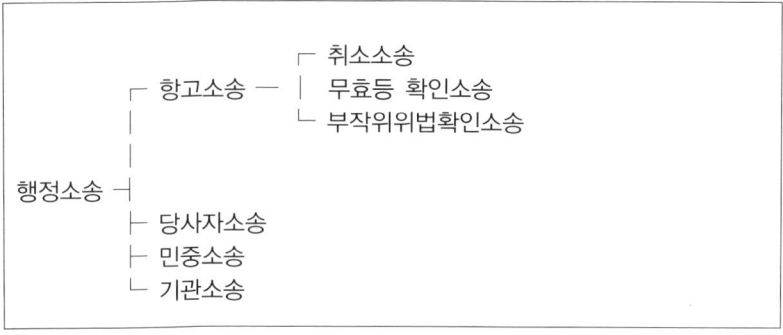

4. 지방법원과 심판권

(1) 지방법원의 조직과 소속기관

지방법원에는 해당 본원(本院)과 지원(支院), 가정지원, 시·군법원 그리고 등기소가 소속되어 있다(법 제3조 제2항). 지방법원의 심판권은 단독판사(單獨判事)가 행하며, 합의심판을 하여야 하는 경우에는 판사 3인으로 구성된 합의부(合議部)에서 이를 행한다(법 제7조 제4항과 제5항). 그리고 지방법원에는 판사를 두며, 지방법원장은 판사로 보하고, 지방법원장은 그 법원과 소속지원, 시·군법원 및 등기소의 사법행정사무를 관장하며, 소속공무원을 지휘·감독하고(법 제29조), 역시 권한대행과 합의부의 운영은 고등법원에 준한다(법 제29조와 제30조). 지원과 가정지원의 지원장도 역시 판사로 보하며, 소속지방법원장의 지휘를 받아 그 지원과 관할구역안에 위치한 시·군법원의 사법행정사무를 관장하며, 소속공무원을 지휘·감독한다. 사무국을 둔 지원의 지원장은 소속지방법원장의 지휘를 받아 관할구역안에 위치한 등기소의 사무를 관장하며, 소속공무원을 지휘·감독한다. 그리고 지방법원의 지원과 가정지원에도 부를 둘 수 있다(법 제31조).

(2) 지방법원의 심판권

지방법원의 본원(本院)과 지원(支院)의 합의부는 심급에 다소 차이가 있으나, 단독판사의 심판권은 동일하다. 즉 지방법원본원 합의부는 제1심과 제2심의 심판권을 가지며, 지방법원지원 합의부는 특별히 법정한 지원이 아닌 한, 제1심관할권만을 가진다.

단독판사는 대법원규칙(민사및가사소송의사물관할에관한규칙)이 정하는 민사사건과 절도·폭행사건 등과 단기 1년 미만의 징역이나 금고·벌금형에 처할 형사사건 등 합의부의 심판권에 속하지 않는 형사사건에 관한 심판권을 가지며 소속지방법원장의 명령을 받아 소속법원의 관할사건과 관계없이 즉결심판청구 사건을 심판할 수 있다(즉결심판법 제3조의2).

그리고 지방법원본원과 지원의 합의부는 합의부에서 심판할 것으로 합의부가 결정한 사건, 민사사건에 관하여는 대법원규칙으로 정하는 사건, 사형·무기 또는 단기 1년 이상의 징역 또는 금고에 해당하는 사건(상습범과 미수죄 등은 제외), 병역법 위반사건, 기타 법원조직법과 다른 법률에서 의하여 지방법원합의부의 권한에 속하는 사건에 대하여 제1심으로 심판하며(법 제32조 제1항), 지방법원 본원 합의부와 춘천지방법원 강릉지원은 단독판사의 판결·결정·명령에 대한 항소 또는 항고사건 중 고등법원의 관할에 해당하지 아니하는 사건을 제2심으로 심판한다(법 제32조 제2항).

그리고 가정지원은 가정법원이 설치되지 아니한 지역에서 가정법원의 권한에 속하는 사항을 관할하며, 가정법원단독판사의 판결·심판·결정·명령에 대한 항소 또는 항고사건에 관한 심판에 해당하는 사항을 제외한다(법제31조의2).

시·군법원은 소액사건심판법의 적용을 받는 민사사건, 화해·독촉 및 조정에 관한 사건, 20만원 이하의 벌금 또는 구류나 과료에 처할 범죄사건, 협의상 이혼의 확인을 관할하며(법 제34조 제1항), 특히 범죄사건에 대하여는 즉결심판한다(법 제34조 제3항). 그러나 즉결심판에 대하여 피고인은 고지를 받은 날로부터 7일 이내에 정식재판을 청구할 수 있다(법 제35조).

5. 가정법원과 심판권

가정법원은 지방법원과 같은 심급으로서, 가정법원장과 부장판사를 두며(법 제37조 제38조), 운용 등은 고등법원에 준하며, 지원과 지원장은 지방법원에 준용한다(법 제39조). 그리고 심판의 관할도 가정법원합의부는 합의부는 제1심으로서 가사소송법에서 정한 가사소송등과 가정법원판사에 대한 제척·기피사건 그리고 다른 법률에서 정한 가정법원합의부의 권한에 속하는 사건을 심판하며(법 제40조 제1항), 제2심으로서 가정법원단독판사의 판결·심판·결정·명령에 대한 항소 또는 항고사건을 심판한다(법 제40조 제2항). 그리고 단독판사의 관할에 관하여는 가사소송법 제2조에서 규정하고 있다.

Ⅳ. 특별법원과 심판권

1. 특별법원

특별법원에는 특수법원과 예외법원이 있다. 특수법원(特殊法院)은 법관의 자격이 있는 자가 재판하고 대법원에의 상고가 인정되나, 다만, 심판대상이 특수한 경우의 법원을 말하는 것으로 가정법원·행정법원·조세법원·노동법원·특허법원·해난법원·교통법원·간이법원 등이 여기에 속하며, 특수법원의 설치는 하등의 위헌성이 논하여 질 여지가 없다. 예외법원(例外法院)은 최고법원(대법원)에의 상소가 인정되지 않는 법원과 일반법관과 같은 지위의 독립성이 보장되지 않은 즉, 신분보장이 되지 않는 심판관으로 구성된 법원을 말한다. 이와 같은 예외법원은 헌법 제27조 제1항(모든 국민은 헌법과 법률이 정한 법관에 의하여 법률에 의한 재판을 받을 권리를 가진다)과 헌법 제101조 제2항(법원은 최고법원인 대법원과 각급법원으로 조직된다)에 위배되므로 명백히 위헌이다. 우리나라 군사법원은 예외법원으로서 위헌적인 법원이나, 헌법 제110조에서 '군사재판을 관할하기 위하여 특별법원으로서 군사법원을 둘 수 있다'고 하여 합헌성을 갖추었다.

2. 군사법원과 심판권

현행 헌법이 규정한 군사법원(軍事法院)은 헌법이 인정한 유일한 특별법원(제110조 제1항)이다. 군사법원을 특수법원으로 볼 것인가 또는 예외법원으로 볼 것인가에 대한 견해가 나뉘어 있으나, 예외법원으로 보는 견해가 타당하다. 그리고 군사법원은 보통군사법원이 제1심법원, 고등군사법원이 제2심법원 그리고 군사법원의 상고심은 대법원이 관할하도록 함으로서(제110조 제2항), 위헌성을 제거하고 헌법적 테두리 내에서 군사적 특수성을 감안하고 있다.

군사법원의 관할은 군인・군무원의 범죄에 대한 심판권을 가지며, 민간인에 대하여서는 중대한 군사상 기밀, 초병・초소・유독음식물공급・포로・군용물에 관한 죄 중 법률에 정한 경우와 비상계엄(非常戒嚴)이 선포된 경우에만 관할권을 갖는다(제27조 제2항). 특히 비상계엄하의 군사재판에 있어서, 군인・군무원의 범죄나 군사에 관한 간첩죄의 경우와 초병・초소・유독음식물공급・포로에 관한죄 중 법률에 관한 경우에 한하여 단심(單審)으로 할 수 있으며, 다만 사형을 선고한 경우에는 그러하지 아니하다(제110조).

제3절 사법의 절차

Ⅰ. 재판의 심급제

1. 삼심제의 원칙

재판의 심급제(審級制)는 사법에 의한 권리보호에 관하여 한정된 법발견, 자원의 합리적인 분배의 문제인 동시에 재판의 적정과 신속이라는 서로 상반되는 두 가지의 요청을 어떻게 조화시키느냐의 문제이므로 기본적으로 입법자의 형성의 자유에 속하는 사항이다. 현행헌법은 심급제에 대해서는 침묵을 지키고 있으며, 다만, 최고법원이 대법원임을 규정하고(제101조 제2항), 헌법과 법률이 정한 법관에 의하여 법률에 의한 재판을 받을 권리를 가지고 있다는 것이(제27조 제1항) 바로 대법원이 곧바로 모든 사건을 상고심으로서 관할하여야 하며, 모든 사건에 대하여 대법원을 구성하는 법관에 의한 균등한 재판을 받을 권리를 의미한다거나 또는 상고심재판을 받을 권리를 의미하는 것이라고 할 수는 없다(2007. 7. 26. 2006헌마551). 따라서 헌법은 물론이고 법률로서도 2심제, 3심제, 4심제 혹은 5심제를 택할 수 있다. 법원조직법과 각종 소송법에 의하면, 우리나라 심급제는 3심제(三審制)를 원칙으로 하고 있음을 알 수 있다.

민사·형사 사건 중 단독사건(單獨事件)은 지방법원 본원과 지원의 단독판사가 제1심이며, 지방법원 본원 합의부(항소부)가 제2심, 그리고 대법원이 제3심을 심판하는 순서로서 3심제를 이루고, 합의사건(合議事件)은 지방법원 본원과 지원의 합의부가 제1심이며, 제2심은 고등법원 합의부 그리고 제3심은 대법원의 순서로 3심제를 이루고 있다. 군사재판은 보통군사법원(제1심), 고등군사법원(제2심), 대법원(제3심)의 순서로 3심제를 이루고 있다.

▶ 참고

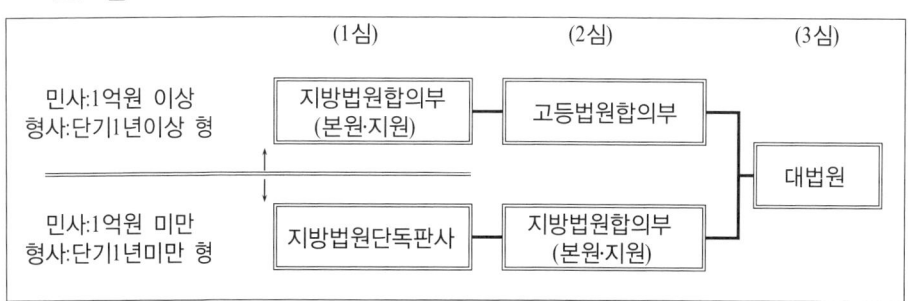

2. 삼심제의 예외

우리 헌법은 삼심제(三審制)의 예외로서 단심제(單審制)와 이심제(二審制)를 인정하고 있다. 단심제로는 대통령·국회의원 및 시·도지사선거소송과 비상계엄하의 군사재판(사형선고 제외) 그리고 지방자치법상의 기관소송이 있으며, 이심제로는 지방의회의원과 자치구·시·군의 장 선거소송과 특허소송이 있다. 특히 행정소송은 선택적 이심제라고 할 수 있다. 즉 행정소송은 과거에는 고등법원을 제1심으로 하고 대법원을 제2심인 최종심으로 함으로써, 2심제를 택하고, 취소소송에 대하여는 행정심판전치주의를 두었었으나, 1998. 3. 1. 부터는 제1심법원으로 행정법원이 설치되어 3심제가 되었다. 즉 행정처분의 취소소송도 다른 법률에 특별한 규정이 없는 한 행정심판을 거치지 아니하고, 행정소송을 제기할 수 있도록 하였다. 또한 1998. 3. 1. 특허법원을 함께 신설하여, 특허심판원의 심결 또는 결정에 대한 불복의 소를 특허법원의 전속관할로 하고 특허법원의 판결에 대하여 대법원에 상고할 수 있도록 함으로써 특허소송에 대해서는 특허법원을 제1심으로 하고 대법원을 제2심인 최종심으로 하여 2심제로 발전시켰다.

◆ 헌재판례

1. '상고심에서 재판을 받을 권리를 헌법상 명문화한 규정이 없고 상고문제가 일단 법률에 맡겨진 우리 법제에서는 헌법 제27조에서 규정한 재판을 받을 권리에 모든 사건에 대해 상고법원…에 의한 재판을 받을 권리까지도 포함된다고 단정할 수 없을 것이고, 모든 사건에 대해 획일적으로 상고할 수 있게 하느냐 않느냐는 특단의 사정이 없는 한 입법정책의 문제라고 할 것이다.' '소액사건심판법' 제3조는 대법원에 상고할 수 있는 기회를 제한한 것이지 근본적으로 박탈하고 있는 것은 아니므로 헌법에 위반되지 아니한다(헌재 1992. 6. 26. 90헌바25).

2. 심급제도(審級制度)는 입법자의 형성(形成)의 자유(自由)에 속하는 사항이다: 법원의 범죄인인도결정은 신체의 자유에 밀접하게 관련된 문제이므로 범죄인인도심사에 있어서 적법절차가 준수되어야 한다. 그런데 심급제도는 사법에 의한 권리보호에 관하여 한정된 법발견, 자원의 합리적인 분배의 문제인 동시에 재판의 적정과 신속이라는 서로 상반되는 두 가지의 요청을 어떻게 조화시키느냐의 문제이므로 기본적으로 입법자의 형성의 자유에 속하는 사항이다. 한편 법원에 의한 범죄인인도심사는 국가형벌권의 확정을 목적으로 하는 형사절차와 같은 전형적인 사법절차의 대상에 해당되는 것은 아니며, 법률(범죄인인도법)에 의하여 인정된 특별한 절차라 볼 것이다.
그렇다면 심급제도에 대한 입법재량의 범위와 범죄인인도심사의 법적 성격, 그리고 범죄인인도법에서의 심사절차에 관한 규정 등을 종합할 때, 이 사건 법률조항이 범죄인인도심사를 서울고등법원의 단심제로 하고 있다고 해서 적법절차원칙에서 요구되는 합리성과 정당성을 결여한 것이라 볼 수 없다. 헌법 제27조의 재판을 받을 권리는 모든 사건에 대해 상소심 절차에 의한 재판을 받을 권리까지도 당연히 포함된다고 단정할 수 없는 것이며, 상소할 수 있는지, 상소이유를 어떻게 규정하는지는 특단의 사정이 없는 한 입법정책의 문제로 보아야 한다는 것이 헌법재판소의 판례이다.

이 사건에서 설사 범죄인인도를 형사처벌과 유사한 것이라 본다고 하더라도, 이 사건 법률조항이 적어도 법관과 법률에 의한 한 번의 재판을 보장하고 있고, 그에 대한 상소를 불허한 것이 적법절차원칙이 요구하는 합리성과 정당성을 벗어난 것이 아닌 이상, 그러한 상소 불허 입법이 입법재량의 범위를 벗어난 것으로서 재판청구권을 과잉 제한하는 것이라고 보기는 어렵다(헌재 2003. 1. 30. 2001헌바95, 범죄인인도법 제3조 위헌소원).

Ⅱ. 재판의 공개제

재판의 공정(公正)과 소송당사자의 인권보장을 위하여 재판을 소송당사자 외의 일반에게 공개하는 공개제(公開制)를 택하여, '재판의 심리와 판결은 공개한다. 다만, 심리는 국가의 안전보장 또는 안녕질서를 방해하거나 선량한 풍속을 해할 염려가 있을 때에는 법원의 결정으로 공개하지 아니할 수 있다'고 규정하고 있으며(제109조), 특히 '모든 국민은 신속한 재판을 받을 권리를 가진다. 형사피고인은 상당한 이유가 없는 한 지체없이 공개재판을 받을 권리를 가진다'고 규정하였다(제27조 제3항).

따라서 공개의 범위는 재판의 심리와 판결이며, 판결은 비공개가 인정되지 않지만, 심리는 예외가 인정되며, 따라서 공판준비절차 결정, 명령, 가사심판절차, 비송사건, 준공판절차 등은 반드시 공개하여야 하는 것은 아니다. 그리고 비공개결정은 이유를 개시하여 선고하여야 하며, 비공개결정을 한 경우에도 재판장은 적당하다고 인정되는 자의 재정(在廷)을 허가할 수 있다(법 제51조).

Ⅲ. 재판의 배심제

배심제(陪審制)는 법률전문가가 아닌 국민 중에서 선출된 일정수의 배심원으로써 구성되는 배심원단이 심판을 하거나 기소하는 제도로서, 주로 심리배심(소배심, 심판을 행하는 배심)과 기소배심(대배심, 기소를 행하는 배심)으로 구분한다. 배심제는 사법과정의 민주성 보장, 법관의 관료화 억제, 인권보장에 적합한 사법절차화 그리고 국민의 재판에 대한 친근감의 확대 등의 장점으로 필요성이 강조되고 있다.

영미의 배심제(陪審制)는 영국에서 발달하여 미국에 전달된 것으로서 법률전문가가 아니면서 일정한 법률상 자격을 갖춘 시민이 12인의 소배심(小陪審)과 16~23인의 대배심(大陪審)으로 구성하여 전문가인 재판관을 배제하고 사건의 사실문제(事實問題)에 관한 판단권을 행사하는 제도로서, 배심원단이 피고에 대한 유·무죄의 판단을 하고 법관은 양형만 결정하는 것이므로, 우리나라에는 택하고 있지 않으며, 현행헌법에서는 채택할 수도 없다. 소배심은 재판 즉 심리(審理)를 담당하는데 대하여 대배심은 특히 미국에만 있는 제도로서 사건의 기소여부를 결정하는 기소배심이다. 배심은 평결(評決)을 하는데 이는 사실인정에만 한정되며, 소송의 진행과 법령의 적용, 양형(量刑)과 선고(宣告) 등은 재판관의 몫이다.

대륙법계의 참심제(參審制)는 영미의 배심제가 대륙법계국가에 도입·발전된 제도로서 전문가인 재판관과 비전문가가 합의체(合議體)을 구성하여 사실문제와 법률문제를 판단하며, 유무죄 여부와 양형을 결정하는 제도이다. 법관 1-3명과 참심원 2-3명이 함께 재판에 참여하는 제도로서 현행헌법과 법원조직법상으로는 참심제의 도입이 불가능하다.

우리나라의 국민재판참여제는 국민이 형사재판에 참여하는 제도로서, 법관 3명과 함께 배심원 5-9명이 재판에 참여하며, 배심원이 법관에게 권고적 효력을 갖는 유·무죄의 평결과 양형의 의견을 개진하는 제도이다. 고의로 사망의 결과를 야기한 범죄, 강도 및 강간이 결합된 범죄, 강도 또는 강간에 의한 치상·치사가 결합된 범죄, 일정 범위의 수뢰죄 그리고 법원조직법상 합의부 관할 사건 중 대법원규칙으로 정하는 사건을 대상으로 하며(국민의 형사재판 참여에 관한 법률 제5조), 피고인의 의사를 최대한 존중하며(동법 제8조), 배심원은 재판 절차상의 권리와 의무를 가진다(동법 제41조). 특히 배심원은 법원의 증거능력에 관한 심리에 관여할 수 없도록 하였으며(동법 제43조), 배심원의 유·무죄 평결과, 양형에 관한 의견은 법원을 기속하지 않도록 하여(동법 제46조 제5항) 위헌성을 제거하였으며, 법원조직법에 충돌되지 않도록 하였다. 그러나 배심원의 평결결과와 다른 판결을 선고하는 때에는 판결서에 그 이유를 기재하여야 하도록 함으로서(법 제49조 제2항), 재판에 배심원의 평결과 의견개진이 최대한 반영될 수 있도록 장치를 마련하고 있다. 한편, 배심원후보자 등의 불출석에 대한 200만원 이하의 과태료 조항(동법 제60조)을 두어 위헌성의 여지도 남아 있다.

제4절 사법권의 독립

I. 총설

사법권의 독립은 몽테스퀴외의 '법의 정신'의 3권분립이론에서 사법권의 분리를 주장하면서 출발하였으며, 버지니아권리장전(1776년), 메사추세츠(Massach-usetts)주 헌법(1780년) 그리고 프랑스인권선언(1789년)에서 성문화되었다.

칼 뢰벤스타인은 사법권의 독립은 '입헌민주주의와 법치국가의 초석'이라고 하였으며, 칼 쉬미트는 '시민적 법치국가의 가장 중요한 통치구적 징표의 하나'라고 하였다.

사법권의 독립의 형식적 의미는 권력분립의 차원에서 사법부를 입법부와 집행부로부터 조직상 그리고 운영상 분리·독립하게 한다는 것이나, 실질적 의미로는 사법권을 행사하는 법관이 구체적 사건을 재판함에 있어서 누구의 지시나 명령에도 구속당하지 아니하고 독자적으로 심판하는 원리이다.

따라서 사법권의 독립은 그 자체가 목적이 아니라 공정하고 정당한 재판을 통하여 인권보장과 법질서유지와 헌법수호라는 목적을 달성하려는 수단적 헌법원리 이다. 사법권의 독립을 통하여 개인의 자유와 권리를 보장하고, 사법권을 타 권력과 세력으로부터 독립시키는 것을 말한다.

사법권 독립의 내용은 법원조직의 독립과 법관의 독립으로 크게 구성되며, 후자는 법관의 물적 및 인적 독립으로 설명할 수 있다.

II. 법원조직의 독립

1. 국회(입법부)로부터의 독립

법원과 국회는 상호 독립적이며 견제와 균형의 관계에 있다. 국회의 법원조직법 제정권과 법원의 법률에 의한 재판은 '법치주의'의 당연한 소산이지 법원에 대한 의회의 우위나 법원의 의회에의 종속을 의미하는 것은 아니다. 오히려 대법원은 법률에 저촉되지 아니하는 범위 안에서 소송에 관한 절차, 법원의 내부규율과 사무처리에 관한 규칙을 제정할 수 있듯이(제108조, 법원의 규칙제정권) 국회와 법원은 조직·구성·운영·기능 면에서 상호 독립적(獨立的)이다. 또한 국회는 법원에 대한 국정감사·조사권, 대법원장과 대법관에 대한 임명동의권, 법원예산심의·확정권, 법관탄핵소추권을 가지며, 법원은 국회에 대하여 위헌법률심사제청권을 가지고 있다. 이와 같이 상호견제와 균형의 관계이기도 하다.

그러나 국회의 국정감사권도 일반적인 무죄율이나 구속율 등 사법행정에 관한 감사는 가능하나, 계속 중인 사건이나 판결확정 후의 담당법관을 대상으로 하는 감사는 인정되지 않으며, 법관에 대한 탄핵소추에 있어서도 '헌법과 법률에 위배한 사실'을 요건으로 하고 있다. 그리고 법원도 국회의원에 대한 자격심사·징계·제명 등의 국회자율권에 속하는 사항은 심사할 수 없다.

2. 정부(집행부)로부터의 독립

사법권 독립은 집행부로부터의 독립이 그 본질적인 요소이다(권, 김). 즉, 정부가 재판과정에 영향을 미치는 것을 금지하는 것이다. 정부와 법원도 상호 독립적이며, 견제와 균형의 관계에 있다.

법원의 독자성은 법원의 조직과 법관의 자격을 법률로 정하도록 하고 있으므로(제101조 제3항, 제102조 제3항), 정부의 간섭으로부터 독립되어 있다. 그리고 정부는 사법부의 예산편성권과 일반사면 및 특별사면권 등을 보유하고, 법원은 행정처분이나 명령·규칙에 대한 행정재판권과 위헌명령심사권을 보유함으로서 상호견제의 관계에 있기도 하다.

물론, 법원은 정부의 자유재량행위와 통치행위에 대해서는 사법적 판단을 자제 내지는 회피함으로써 정부의 자율성을 인정해주어야 하며, 정부는 법원예산편성권을 가지고 있으나, 사법부의 독립성과 자율성을 존중하여야 한다(법 제82조).

Ⅲ. 법관의 물적 독립

1. 헌법과 법률 및 양심에 따른 심판

(1) 헌법과 법률에 의한 심판

'법관은 헌법과 법률에 의하여……독립하여 심판한다(제103조)'는 것은 법관의 법적 기속의 원리로서, 헌법에의 기속과 법률에의 기속을 의미한다. 법관은 형식적 의미의 헌법(헌법전)은 물론 관습헌법에도 기속되며(헌법에의 기속), 절차법과 실체법에 모두 기속되며, 위헌적인 법률일지라도 위헌심사권이 헌법재판소에 있으므로 그 심판에 따라 재판하여야 한다(법률에의 기속). 그러나 명령·규칙·처분 등에 대해서는 스스로 위헌위법판단권이 있으므로 기속되지 않는다.

특히 법관은 절차법적 측면에서는 반드시 형식적 의미의 법률에 기속되어야 하며(대통령의 긴급명령과 긴급재정경제명령 및 소송 절차에 관한 대법원규칙도 포함된다), 실체법적 측면에서는 민사·행정재판에서는 형식적 의미의 법률뿐만 아니라 성문법에 저촉되지 않는 관습법 또는 조리와 같은 불문법에도 기속되어야 한다. 그러나 형사재판(刑事裁判)의 경우에는 죄형법정주의(罪刑法定主義)의 원칙에 따라 형식적 의미의 법률에만 기속되며 예외적으로 법률과 동일한 효력을 가지는 대통령의 긴급 명령·긴급재정경제명령, 조약, 국제관습법에도 구속된다. 위헌적인 법률에 대해서는 합리적인 의심이 가는 경우 위헌법률심판제청을 하여 헌법재판소의 결정에 따라 재판하여야 한다. 법원은 위헌법률심사권을 가지지 않고 다만 위헌법률심사제청권 만을 가지므로 법원이 합헌이라고 판단하여 제청신청을 거부한 법률에는 스스로 기속되지만, 결국 헌법재판소의 위헌결정 여부에 따라 재판하여야 한다.

(2) 양심에 의한 심판

'법관은……그 양심에 따라 독립하여 심판한다'는 것은 양심적 기속의 원리로서 여기서의 '법관의 양심'은 공정성과 합리성에 바탕을 둔 법해석을 직무로 하는 자의 법조적·객관적·법리적 양심을 의미하며, 주관적·윤리적·정치적 양심을 의미하는 것은 아니다.

(3) **법관의 양형결정권과 법관의 독립**

헌법재판소는 법관의 양형결정권(量刑決定權)을 극도로 제한하는 것은 사법권·법관의 독립에 반하여 위헌이라고 판단하였으며(헌재 1992. 4. 28, 90헌바24), 법관이 작량감경(酌量減輕)을 하더라도 징역형을 선고할 수 밖에 없어 원칙적으로 집행유예선고가 불가능할 정도로 법정형의 하한을 높이 정한 형벌규정도 보호법익이나 죄질을 고려하여 합리적 사유가 있는 한 합헌이라고 판단하였다(헌재 1997. 8. 21, 93헌바60). 최근에는 국민의 건전한 상식을 반영하고 국민이 신뢰할 수 있는 공정하고 객관적인 양형을 실현하기 위하여 대법원에 양형위원회를 두어 양형의 기준을 설정하고 있다. 그러나 그 기준이 법적 구속력을 가지지는 않지만, 법원이 양형기준을 벗어난 판결을 하는 경우에는 판결서에 양형의 이유를 기재하도록 정하고 있다(법 제81조의7).

◆ 헌재판례

1. '우리 형사법상의 법정형은… 법관에게…형벌의 종류와 형량을 선택할 수 있게…하는 이른바 상대적 법정형주의 원칙을 채택하고 있다.…구체적인 사건에서의 형량을 정함에 있어서도 헌법과 법률에 의하여 그 양심에 따라 독립하여 재판하는 법관에게 위임하여 합리적이고 적정한 형을 선고하도록 제도적으로 그 탄력적인 운용을 사법부에 위임하고 있다.…그 법정형이 최하 10년 이상의 유기징역과 무기징역 및 사형으로 규정하고 있어서(특정범죄가중처벌법에서 치상치사도주차량운전자의 가중처벌조항) …최대한 작량감경을 하더라도 별도의 법률상 감경사유가 없는 한 집행유예를 선고할 수 없도록 법관의 양형선택과 판단권을 극도로 제한하고 있고 또 범죄자의 귀책사유에 알맞는 형벌을 선고할 수 없도록 법관의 양형결정권을 원천적으로 제한하고 있는 것이다(헌재 1992. 4. 28, 90헌바24, 특정범죄가중처벌등에관한법률 제5조의3 제2항 제1호에 대한 헌법소원).

2. '죄질의 경중과 법정형의 하한의 높고 낮음이 반드시 정비례하는 것은 아니므로, 강도상해죄의 법정형의 하한(형법 제337조에서 7년을 하한으로 정함)을 살인죄(형법 제250조에서 5년을 하한으로 정함)의 그것보다 높였다고 해서 바로 합리성과 비례성의 원칙을 위배하였다고는 볼 수 없다'라고 하였으며, '집행유예선고의 요건에 관한 입법기준은 입법권자의 형성의 자유에 속하는 문제로, 그 입법형성이 입법재량의 한계를 명백히 벗어난 것이 아닌 한 헌법위반이라고는 할 수 없는 바 형법 제62조 제1항 본문 중 "3년이하의……"라는 요건제한은 집행유예제도의 취지 등에 비추어 입법재량의 한계를 벗어난 것이라고 볼 수 없다'라고 하여 '제62조 제1항 본문 중 "3년 이하의 징역 또는 금고의 형을 선고할 경우"라는 부분과 같은 법 제337조는 헌법에 위반되지 아니한다'고 판시하였다(헌재 1997. 8. 21, 93헌바60, 형법 제337조 등 위헌소원).

2. 심판의 독립

(1) 의의

'독립하여 심판한다'함은 법관이 헌법과 법률 그리고 양심 이외에는 어떠한 외부적 간섭이나 영향도 받지 아니하며, 재판결과에 대해서도 형사상·징계상의 책임을 추궁당하지 아니한다는 것을 뜻하며, 이는 타국가기관(국회, 정부) 및 사법부 내부작용(상급심 법원 등)으로부터의 독립을 의미한다.

(2) 외부로부터의 독립

법관은 국회(국정감사·조사권, 탄핵소추권 등)·정부(사면권 등)로부터 간섭을 받지 않는다. 다만, 정부의 대법관에 대한 연임거부권은 사법권의 독립을 저해할 여지가 있다. 외부작용으로부터의 독립을 보장하기 위하여 법원조직법은 법관의 정치활동이나 이권개입에 대한 금지규정을 두고 있다(법 제49조). 동조에 의하면 법관은 재직 중에 국회 또는 지방의회의 의원이 되는 일, 행정부서의 공무원이 되는 일, 정치운동에 관여하는 일, 대법원장의 허가 없이 보수있는 직무에 종사하는 일, 금전상의 이익을 목적으로 하는 업무에 종사하는 일, 대법원장의 허가 없이 보수의 유무를 불문하고 국가기관외의 법인·단체 등의 고문·임원·직원 등의 직위에 취임하는 일, 기타 대법원규칙으로 정하는 일을 할 수 없다.

(3) 내부로부터의 독립

법관은 재판에 있어서는 법원의 내부작용으로부터도 독립된다. 법원조직법이 제8조에서 상급심재판의 기속력(상급법원의 재판에 있어서의 판단은 당해 사건에 관하여 하급심을 기속한다)에 대하여 규정하고 있는 바, 이는 상급법원의 지시에 따라 하급법권이 판단하여야 한다는 것이 아니라, 파기환송된 사건의 판결에서만 기속된다는 것을 의미하는 것으로서 상소제도의 유지를 위한 당연한 원리이다. 즉 동일 종류의 사건일지라도 다른 재판인 경우에는 상급심재판의 기속력은 부인된다.

그리고 합의제에 있어서도 법관은 독립하여 직권을 행사하며 법원장이나 다른 법관의 지시에 강제되지 않으며, 사법행정에 관하여 상급법원은 하급법원을 감독하나, 법관의 재판상의 독립을 저해하는 방향으로 행사되어서는 안된다.

(4) 기타

소송당사자로부터 독립을 위하여 제척(법정)·기피(당사자)·회피(법관)제도를 두고 있으며, 사회적·정치적 세력으로부터도 독립되어야 한다. 일반국민의 청원권 행사나, 언론·정당·사회단체 등 여론에 의한 재판의 비판은 재판에 영향을 미치는 정도는 허용되지 않는다. 즉 사실인정의 대상이나 유무죄의 판단을 대상으로 하는 재판의 비판은 부인되며, 법해석 또는 사실인정의 법칙을 시비의 대상으로 삼는 것은 가능하다. 또한 학리적 비판(판례평석)이나 사법민주화를 위한 비판은 가능하다.

Ⅳ. 법관의 인적 독립

1. 법관인사의 독립

대법원장은 국회동의로 대통령이 임명하고(제104조 제1항), 대법관은 대법원장의 제청으로 국회의 동의를 거쳐 대통령이 임명하며(제104조 제2항), 일반법관은 대법관회의의 동의를 얻어 대법원장이 임명한다(제104조 제3항). 일반법관의 임기는 10년이며, 연임이 가능하다(제105조 제3항). 법관의 연임제는 행정부의 개입을 방지하며 법관의 숙련성을 확보하는 제도적 의의가 있다. 대법관은 6년의 임기에, 연임이 가능하고 대법원장은 6년 임기에, 중임할 수 없다(제105조1항). 그리고 법관의 자격과 정년은 법원조직법에 의하여 규정되며, 대법원장의 정년은 70세, 대법관은 65세, 일반법관은 63세이다. 물론 정년을 두어 종신제(終身制)를 배제한 것은 사법의 보수성과 관료화를 방지하기 위한 정책적 선택이다.

2. 법관의 신분보장

법관은 탄핵 또는 금고 이상의 형의 선고에 의하지 아니하고는 파면되지 아니하며, 법관은 법관징계위원회의 징계처분에 의하지 아니하고는 정직·감봉 또는 불리한 처분을 받지 아니한다(제106조 제1항). 법관이 중대한 심신상의 장애로 인하여 직무를 수행할 수 없을 때에는 법률이 정하는 바에 의하여 퇴직 할 수 있다(제104조 제2항). 정부조직법은 법관이 중대한 심신상의 장해로 직무를 수행할 수 없을 때에는, 대법관인 경우에는 대법원장의 제청으로 대통령이, 판사인 경우에는 대법원장이 퇴직을 명할 수 있도록 하고 있다(법 제45조).

법관의 신분을 보장하기 위한 장치로서 법관에게는 국회 또는 지방의회의 의원이 되는 일, 행정부서의 공무원이 되는 일 그리고 정치운동에 관여하는 일 등을 금지하고 있다(법 제49조).

제6장
헌법재판소

제1절 헌법재판제도

I. 헌법재판의 의의

1. 헌법재판의 개념과 이념적 기초

(1) 개념

헌법재판이란 헌법을 운용하는 과정에서 헌법의 규범내용이나 기타 헌법문제에 대한 다툼이 생긴 경우, 또는 헌법침해의 문제를 유권적으로 해결함으로써 헌법의 규범적 효력을 지키고 헌정생활의 안정을 유지하려는 국가작용을 말한다. 협의로는 위헌법률심판제도를 말하며, 넓은 의미로는 위헌법률심판 외에 권한쟁의심판, 탄핵심판, 헌법소원심판, 정당해산심판 등에 관한 재판을 총칭하는 개념이다.

(2) 이념적 기초

헌법재판은 헌법의 성문성(成文性)과 경성성(硬性性), 헌법의 최고규범성(最高規範性), 기본권의 직접적 효력성과 통치권의 기본권 기속성, 헌법개념의 포괄성(모든 헌법분쟁의 유권적 해결)을 그 이념적 기초로 하고 있다.

2. 헌법재판제도의 특성과 기능

(1) 특성

헌법재판도 민사·형사·행정재판 등과 같이 법적 분쟁의 해결방법으로서의 법인식작용(法認識作用)이라는 점에서는 마찬가지지만, 헌법이 갖는 정치적(政治的) 특성으로 인하여 헌법재판만의 갖는 정치형성적 재판, 비강권적 재판 그리고 공감대적 가치실현재판이라는 차별화된 특성을 갖는다.

정치형성재판(政治形成裁判)으로서의 특성은 헌법의 최고규범성과 정치규범적 성격으로 인하여 갖는 특성이다. 비강권적(非強權的) 재판으로서의 특성은 헌법재판이 타재판과 달리 강제집행절차, 재판집행절차, 행정강제 등의 국가권력에 의한 집행수단이 수반되지 않는 재판이라는 것으로서, 헌법재판의 실효성(實效性)은 사회구성원의 '헌법에의 의지'와 헌법적 가치의 실현에 대한 폭넓은 공감대의 형성에 달려있다. 그리고 헌법재판은 헌법적 가치질서에 대한 공감대를 전제로 해서만이 그 실효성을 기대할 수 있는 재판작용이므로 공감대적(共感帶的) 가치실현(價値實現)의 재판으로서의 특성을 갖는다.

(2) 제도적 기능

헌법재판은 헌법적 관점에서 국가의 의사형성과 정책을 통제함으로써 헌법질서를 유지·수호하는 기능(헌법보호기능), 헌법의 유권적·권위적 해석을 통하여 민주주의적 정치이념을 실천하는 기능(민주주의실현기능), 헌법의 테두리를 벗어나려는 정치권력에 대한 제동장치와 정치권력을 헌법질서와 조화하도록 감시·견제하는 권력통제기능(기능적 권력통제기능), 권력의 통제와 균형유지에 의한 국민의 자유·권리 보호 기능(기본권보호기능), 법률의 합헌성 보장으로 다수의 전제로부터 소수를 보호하는 기능(소수보호기능), 소수에게도 헌법재판의 제소권을 인정함으로써 대립된 정치세력간의 타협을 가능케 하는 기능(정치적 타협 기능), 그리고 국민과 국가기관 모두에게 헌법적 가치에 입각하여 행동하도록 유도하는 교육적·예방적 기능(교육적 기능), 헌법기관간의 권한쟁의 또는 연방국가에 있어 연방과 지방간의 관할권에 관한 헌법규정을 보장하는 적절한 수단으로서 정치적 평화유지 기능 등 긍정적 기능을 갖기도 하며, 동시에 사법(司法)의 정치화, 보수적 사법권에 의한 보수성의 규범화라는 우려도 있다.

3. 헌법재판의 본질

(1) 학설

1) 사법작용설

사법작용설은 헌법의 규범구조적 특질(추상성, 개방성, 미완성성)을 인정하지 않고 일반법률의 해석작용과 마찬가지로 헌법규범에 대한 해석작용으로서 법인식작용으로 파악하기도 하고, 헌법의 규범구조적 특질을 인정하고 입법에 대한 사법적 통제의 의미로서 헌법재판을 파악하는 견해이다.

2) 정치작용설

정치작용설은 헌법문제에 대한 다툼은 '법적 분쟁'이 아닌 '정치적 분쟁'으로 보고 헌법재판은 일반사법작용이 아니라, '사법적 형태의 정치적 결단'으로 보는 칼 쉬미트(C. Schmitt)의 견해이다.

3) 입법작용설

입법작용설은 헌법재판은 헌법해석을 통한 헌법의 실현작용으로서, 헌법규범 구조의 특질 때문에 헌법의 보충·형성적 기능을 갖게 되는 점에 착안하여, 헌법재판을 헌법규범의 내용을 구체화하는 법정립작용으로 파악하는 견해이다.

4) 제4의 국가작용설

제4의 국가작용설은 헌법재판을 입법·행정·사법작용을 통제하는 기능을 가진 제4의 독특한 국가작용으로 파악하고, 헌법재판은 규범적 합법성에 대한 법인식작용과 정치적 합목적성의 판단기능이 함께 균형을 유지함으로써 정치라는 위성이 헌법가치를 이탈하지 못하도록 그 궤를 그려주는 제4의 국가작용이라고 한다.

5) 소결

헌법재판도 법인식작용(法認識作用)이라는 일종의 사법작용(司法作用)으로서, 정치적 관점이 적용되어야하는 정치적(政治的) 사법작용이며, 또한 헌법해석을 통하여 그 내용을 보충·형성하는 법정립적(法定立的) 기능과 국가권력통제 기능을 통하여 헌법철학적·법리적 한계를 명시해주는 국가작용이다.

(2) 국민주권의 원리와 권력분립의 실현

헌법재판은, 재판기관이 주권자인 국민의 봉사자로서 헌법에 따라 입법의 위헌여부를 심사하는 제도이므로 현대적 권력분립 내지 권력통제의 원리에 충실한 제도이다.

II. 헌법재판제도의 유형

1. 재판기관을 기준으로 한 분류

헌법재판제도 자체를 부인하는 국가(영국, 구 소련 등 사회주의국가)들에서는 헌법재판제도를 찾아 볼 수 없다. 그러나 헌법재판제도를 인정하는 국가들에서는 헌법재판권을 독립된 헌법재판기관에 부여하는 독립기관형(獨立機關型)과 일반법원에 부여하는 일반법원형(一般法院型) 내지는 사법부형(司法府型)이 있다.

독립기관형인 국가는 헌법재판소(憲法裁判所)나 평의회(評議會)인 헌법위원회(憲法委員會) 등에 헌법재판권을 수권하며, 이들 국가는 구체적 규범통제와 추상적 규범통제를 모두 인정하며, 법률의 위헌결정은 그 법률을 무효화시키는 것이 특징이다. 헌법재판소를 둔 국가로는 서독, 오스트리아, 이탈리아, 스페인, 터키, 이집트, 태국, 우리나라 제2공화국헌법과 현행헌법이 있으며, 평의회형태를 가진 국가는 프랑스(사전적·정치적 헌법재판)와 우리나라 제1·4·5공화국헌법(헌법위원회)을 들 수 있다.

일반법원형의 경우에는 헌법재판을 일반 사법작용(司法作用)으로 이해하는 미국, 스위스, 일본, 인도, 필리핀 등과 우리나라 제3공화국헌법이 있다. 이러한 일반법원형 내지 사법부형은 헌법재판이 위헌법률심판에 국한되어 있고, 위헌법률심판도 구체적 규범통제에 한정되어 있으며, 법률의 위헌성을 인정하는 경우에도 당해 사건에 그 법률의 적용을 거부(배제)할 뿐, 그 효력을 전면적으로 부인하지 않는다.

2. 재판사항을 기준으로 한 분류

(1) 의의

재판사항을 기준으로 헌법재판을 분류하면, 위헌법률심판, 탄핵심판, 정당해산심판, 권한쟁의심판, 헌법소원심판, 선거소송, 연방쟁의심판 그리고 특별한 헌법보호절차로서 기본권실효제도 등을 들 수 있다.

(2) 위헌법률심판

일반적으로 위헌법률심판이라 함은 재판기관이 국회가 제정한 법률이 헌법에 위반되는지의 여부를 심사하고, 위반되는 경우에는 적용을 배제하거나 그 효력을 상실시키는 제도를 말한다. 즉, 위헌법률심판(규범통제)제도는 헌법의 최고규범성을 지키는 헌법재판의 핵심적인 기능으로서 주관적 권리보호의 면보다 객관적인 법질서 보호의 측면이 중시되는 '객관적 소송'으로서 협의의 헌법재판이라고도 한다.

(3) 탄핵심판

탄핵제도란 형벌 또는 보통의 징계 절차로는 처벌하기 어려운 대통령 등 고

위 공무원이나 특수한 직위에 있는 공무원이 직무와 관련하여 헌법이나 법률에 위배될 때, 국회가 탄핵의결을 통하여 소추하면 헌법재판소가 재판을 통해 해당 공무원을 공직에서 파면하는 제도이다. 그리고 헌법재판소가 소추된 해당 공무원의 탄핵여부를 결정하는 것을 탄핵심판이라고 한다.

(4) 정당해산심판

정당해산심판제도란 목적이나 활동이 헌법이 정하는 민주적 기본질서, 예컨대 기본권의 존중, 권력분립, 의회제도, 복수정당제, 선거제도, 사유재산제도 등에 위배될 때, 정부의 제소에 의하여 제소된 정당의 해산 여부를 심판하는 제도이다. 이는 정당을 보호하면서 동시에 이러한 위헌정당으로부터 자유민주주의를 지키기 위한 제도로서, 정당을 오직 헌법재판에 의해서만 해산시킬 수 있도록 한 것이 정당해산심판제도이다.

(5) 권한쟁의심판

권한쟁의심판은 국가기관 또는 지방자치단체 상호간의 권한과 의무의 한계를 명백히 함으로써 국가기능의 수행을 원활히 하고 권력상호간의 견제와 균형의 효과를 유지시킴으로써 헌법적 가치질서를 보호한다는데 그 목적이 있으며, 권한의 존재에 대한 다툼인 적극적(積極的) 권한쟁의심판과 권한의 부존재 내지 배제를 요구하는 다툼인 소극적(消極的) 권한쟁의심판이 있다.

(6) 헌법소원심판

헌법소원심판은 국가의 공권력(입법권, 사법권, 행정권)에 의해서 헌법상 보장된 자유와 권리가 위법하게 침해 되었다고 주장하는 국민이 헌법재판기관에 직접 권리구제를 청구할 수 있는 제도이다. 공권력의 남용과 악용으로부터 헌법상 보장된 국민의 기본권을 보호하는 헌법재판제도이므로 통치권의 기본권기속성을 실현시킬 수 있는 가장 효과적인 권력통제장치이며, 독일, 오스트리아, 스페인, 스위스 및 우리나라 등이 채택하고 있다. 그리고 헌법소원심판은 객관적 법질서의 보장을 목적으로 하는 민중소송과 구별된다. 민중소송(民衆訴訟)은 헌법소원의 제소권자를 권리침해를 받은 당사자로 국한하지 않고 누구든지 제3자를 위하여 소원을 제기할 수 있게 하는 제도로서, 독일의 바이에른(Bayern)주헌법에서 인정하고 있다.

(7) 선거소송

선거소송은 대의기관의 구성을 위한 선거의 합헌성을 보장하기 위한 제도로서, 주로 대통령·국회의원의 선거 또는 국민투표에 대한 합헌성과 합법성에 대한 다툼이 발생하였을 때 이에 대한 최종적인 결정을 헌법재판소가 행하는 것이다. 우리나라는 이를 고등법원과 대법원에 부여하고 있다.

(8) 연방쟁의심판

연방쟁의심판은 연방국가의 구조에서 오는 연방(聯邦)과 지방(支邦), 또는 지방국(支邦國) 상호간의 관할권에 관한 다툼을 조정하고 해결하기 위한 헌법재판으로서, 연방정부와 지방정부만이 소송당사자가 되는 특별한 헌법보호절차로서 미국, 독일, 오스트리아, 스위스 등에서 채택하고 있다. 연방쟁의심판은 연방법을 지방정부가 집행하는 과정 또는 지방정부에 대한 연방정부의 행정감독의 과정에서 발생하는 연방과 지방의 분쟁과 연방과 지방간 또는 여러 지방 사이에 발생하는 기타의 공법상 분쟁 등이 있다.

(9) 기본권 실효제도

기본권실효제도는 특정인 또는 특정조직이 헌법적 가치질서를 파괴하기 위한 오도된 목적으로 그 기본권을 악용하는 경우에, 헌법재판에 따라 헌법상 보장된 일정한 기본권을 그들에 한해서 상실시킴으로써 헌법질서의 적으로부터 헌법을 수호하려는 제도를 말한다. 우리헌법은 이를 채택한 적이 없으며, 독일기본법 제18조는 "표현의 자유, 특히 출판의 자유, 교수의 자유, 집회의 자유, 결사의 자유, 서신·우편·전신·전화의 비밀, 재산권 또는 망명자비호권을 자유민주적 기본질서를 공격하기 위하여 남용하는 자는 이러한 기본권을 상실한다. 상실과 그 정도는 연방헌법법원에 의하여 선고된다"고 규정하고 있다.

Ⅲ. 헌법재판의 한계

1. 한계인정의 여부

헌법재판의 한계를 인정하는 견해는 다양한 논거를 든다. 헌법을 '정치적 결단'으로 보는 결단주의적(決斷主義的) 입장에서는 '정치'를 규범적으로 판단하는 사법적(司法的) 형태의 통제는 모순이라고 하며, 헌법재판을 전통적 사법작용(司法作用)으로 보는 사법작용설의 경우에는 '정치문제'는 사법작용의 심판대상에서 제외되는 것이 바람직하다고 주장한다. 한편 헌법재판을 사법작용이 아니라고 하더라도, 헌법재판의 권위와 실효성을 높이기 위한 정책적 고려를 염두에 둔다면, '정치문제'에 대해서는 자제하는 것이 바람직하다고 주장한다.

그러나 헌법재판의 한계를 부정하는 견해도 있다. 한계를 부정하는 입장은 헌법재판이 역동적인 정치생활을 헌법규범의 테두리 속으로 끌어 들여서 헌법으로 하여금 국가생활을 주도할 수 있는 규범적인 힘을 가지도록 하는 헌법의 실현수단이기 때문에 당연히 모든 국가작용이 그 규제와 통제의 대상이 되는 것이 마땅하다고 본다.

2. 현실적 한계

헌법재판의 한계를 인정하는 견해들은 규범적 한계(헌법이 헌법재판소의 관할 사항으로 규정한 것만 그 대상으로 삼을 수 있다), 본질적 한계(구체적 사건성, 당사자 적격성, 소의 이익, 사건의 성숙성 등의 요건을 요구) 그리고 기능적 한계(국가기관의 권력행사를 통제함에 있어 다른 국가기관의 권한을 침해해서는 안된다)를 주장하며, 헌법재판에 내재된 한계도 인정하고 있다. 즉 헌법재판도 사법적 작용에 속하므로, 사법적 기능에 수반되는 내재적 한계를 가지며, 그 예로서 헌법이 자율권을 인정하는 국가기관의 행위(의회의 행위 등)와 고도의 정치성을 띤 행위 즉 통치행위의 일부에 대해서는 헌법재판의 대상으로 삼을 수 없다고 한다.

◆ 헌재판례

무릇 어떠한 사항을 법규로 규율할 것인가, 이를 방치할 것인가는 특단의 사정이 없는 한 입법자의 정치적, 경제적, 사회적 그리고 세계관적 고려하에서 정해지는 사항인 것이며, 따라서 일반국민이 입법을 해달라는 취지의 청원권을 향유하고 있음은 별론이로되 입법행위의 소구청구권은 원칙적으로 인정될 수 없다고 할 것이다. 만일 법을 제정하지 아니한 것이 위헌임을 탓하여 이 점에 관하여 헌법재판소의 위헌판단을 받아 입법당국으로 하여금 입법을 강제하게 하는 것이 일반적으로 허용된다면 결과적으로 헌법재판소가 입법자의 지위에 갈음하게 되어 헌법재판의 한계를 벗어나게 된다고 할 것이다(헌재 1989. 3. 17. 88헌마1, 사법서사법시행규칙에 관한 헌법소원).

제2절 헌법재판소

I. 헌법재판소의 헌법상 지위

1. 우리나라 헌법재판제도의 변천

(1) 제1공화국헌법

제1공화국헌법은 헌법위원회와 탄핵재판소를 별도로 두고, 헌법위원회는 구체적·사후적 규범통제권을, 탄핵재판소는 탄핵재판권을 보유하였으며, 권한쟁의심판 등 기타 헌법재판권은 대법원이 관장하였다.

특히 탄핵재판소는 제3장 국회의 장(章)안에, 헌법위원회는 제6장 법원의 장안에 두고, 부통령이 탄핵재판소의 재판장과 헌법위원회의 위원장이 되었다. 그리고 양 기구는 모두 대법관 5인과 국회의원 5인으로 구성하였으며, 다만, 대통령과 부통령을 탄핵심판할 때에는 대법원장이 탄핵재판소의 재판장의 직무를 행하도록 하였다.

(2) 제2공화국헌법

제2공화국헌법은 독립된 헌법재판소를 설치하였으나, 1961. 4. 17. 헌법재판소법이 제정된지 1개월 만에 5·16혁명이 발생하여 헌법재판소를 구성하지 못하고 무산되었다. 제2공화국헌법의 헌법재판소는 상설기관으로서 구체적 규범통제와 추상적 규범통제, 헌법에 관한 최종해석권, 국가기관간의 권한쟁의심판, 정당해산심판, 탄핵심판 및 선거소송을 관장하였으며, 대통령·대법원·참의원이 각각 3명씩 선출하였으며, 임기는 6년이었다.

(3) 제3공화국헌법

제3공화국헌법은 별도의 헌법재판소는 두지 않고, 위헌법률심판, 정당해산심판 그리고 선거소송 등은 대법원에, 탄핵심판은 탄핵심판위원회가 담당하게 하였다. 특히 권한쟁의심판제도는 두지 않았다.

탄핵심판위원회는 대법원장이 위원장이 되고 대법원판사 3인과 국회의원 5인으로 구성하였으며, 다만, 대법원장을 심판할 경우에는 국회의장이 위원장이 되도록 하였다. 대법원은 국가배상법 제2조 제1항 단서와 법원조직법 제59조 제1항을 위헌판단한 바가 있다.

(4) 제4·5공화국헌법

제4공화국헌법과 제5공화국헌법은 헌법위원회를 두어, 위헌법률심판권, 탄핵심판권, 위헌정당해산심판권을 부여하였다. 특히 헌법위원회법에서는 대법원에 하급법원 등의 위헌법률심판제청에 대한 불송부결정권을 부여하였다. 제4공화국당시의 헌법위원회법은 대법원의 합의부 결정으로 불송부할 수 있도록 하였으며, 제5공화국당시의 헌법위원회법은 대법원판사 전원의 3분의 2이상으로 구성되는 합의체에서 당해 법률의 위헌여부를 결정하고 헌법에 위반되는 것으로 인정될 때에 그 제청서를 헌법위원회에 송부하여야 하도록 하여, 위헌법률심판을 어렵게 하였다.

2. 헌법상 지위

헌법재판소는 헌법에서 창설한 헌법기관으로서, 제도적 기능에 상응하는 헌법적 지위를 가진다. 헌법재판소는 정치적 사법기관으로서의 지위, 사법적(司法的) 방법에 의한 헌법보장기관으로서의 지위, 기본권 보장기관으로서의 지위, 권력의 통제·순화기관으로서의 지위, 헌법재판에 관한 최종심판기관으로서의 지위를 가지며, 국회·대통령·대법원 등과 함께 국가의 최고기관으로서의 지위를 가진다.

3. 법원과의 관계

(1) 의의

현행헌법은 사법기능을 헌법재판소와 법원으로 나뉘어 분장시키고 있다. 즉 사법권은 법관으로 구성된 법원에 속하도록 하고, 법원은 최고법원인 대법원과 각급법원으로 조직하였으며(제101조), 헌법재판권을 신설하여 헌법재판소에서 관장하도록 하고 있다(제111조). 그러나 양 기관간의 법적 관계에 대해서는 총괄규정을 두고 있지 않기에, 개별규정에 따라 정리하면, 상호 수평적·공화적·독립적·통제적 관계를 파악할 수 있다.

(2) 수평적 관계

헌법재판소와 법원은 상호 수평적 관계에서 사법권을 분할하여 담당하고 있다. 다만, 헌법은 법원에 포괄적인 사법권을 부여하였으므로, 헌법이나 법률에서 특별히 규정하고 있지 않은 한 원칙적으로 법원이 사법권을 가진다. 즉 법원은 헌법재판소가 관장하는 위헌법률심판, 탄핵심판, 위헌정당해산심판, 권한쟁의심판 그리고 헌법소원심판을 제외한 사법권을 행사한다.

먼저, 권한쟁의심판에 있어서 헌법재판소는 헌법 제111조 제1항 4호와 헌법재판소법 제2조에서 규정한 관장사항에 대하여 관할권을 가지며, 법원은 헌법재판소가 관장하는 이외의 사항에 대하여 기관소송의 관할권을 가진다(행소법 제3조 제4호 단서).

그리고 공권력의 행사·불행사로 인하여 기본권을 침해받은 사건에 대하여 법원과 헌법재판소는 서로 다른 관할권을 가진다. 즉 헌법재판소의 소원심판은 법원의 재판을 제외하고 있으므로(법 제68조 제1항), 행정소송에 의하여 구제가 가능한 사항은 행정소송을 거쳐야 하며, 행정소송법과 기타 법률에 의하여 구제받지 못하는 사항에 대해서는 헌법재판소가 관할권을 가진다.

또한 위헌위법명령·규칙의 심사(제107조 제2항)와 선거소송(공선법 제15장 선거에 관한 쟁송)은 대법원이 관할하며 이외의 헌법재판은 헌법재판소가 관할한다.

(3) 공화적 관계

대통령이 임명하는 헌법재판소 재판관 9인 중 3인은 대법원장이 지명한 자로 하며, 헌법재판소의 위헌법률심판은 법원의 제청이 있어야만 가능하다. 그리고 헌법재판소장이 판사를 헌법연구관으로 임명하고자 할 때에는 대법원장에게 파견근무를 요청하여야 한다.

(4) 독립적 관계

헌법재판소와 대법원은 인적 구성, 인사와 예산 등의 면에서 독립적이다, 특히 헌법재판소는 헌법질서의 수호, 기본권의 보장, 국가권력에 대한 통제와 감시 등 헌법재판적 기능을 주기능으로 하나, 대법원은 구체적 법적 분쟁의 해결 등 순수한 사법기능을 주로 하고 있다.

(5) 통제적 관계

대법원의 헌법재판소에 대한 통제를 살펴보면, 헌법재판소의 위헌법률심판은 법원의 제청이 있어야만 가능하며(제107조 제1항), 법원은 규칙심사권을 가지며 헌법재판소의 규칙도 포함된다(동조 제2항). 그리고 대법원장은 헌법재판소 재판관 3인의 지명권을 가진다.

그리고 헌법재판소의 대법원에 대한 통제를 살펴보면, 헌법재판소의 결정은 대법원을 포함한 모든 국가기관을 기속하고(법 제47조 제1항), 법원이 소송당사자의 위헌법률심판제청을 기각한 경우 소송당사자는 직접 헌법재판소에 헌법소원을 제기할 수 있으며(법 제68조 제2항), 헌법재판소는 법관에 대한 탄핵심판권을 가진다(제65조 제1항, 제111조 제1항 제2호). 그리고 헌법재판소는 대법원규칙에 대해서 헌법소원의 방식으로 심사를 하고 있다(헌재 1990. 10. 15. 89헌마178). 또한 법원의 법률해석권을 헌법재판소의 권한에 의하여 제한을 받는다. 구체적 제한은 첫째 법률의 내용을 헌법에 위반되지 않도록 해석하여야 하며, 둘째 법률의 위헌성에 대한 합리적 의심이 있을 때에는 헌법재판소에 제소하여 그 심판에 따라 재판하여야 하며, 셋째 헌법재판소에서 위헌선언된 법률은 효력을 상실하므로, 그러한 법률의 내용을 재판에 적용할 수 없는 것이다.

◆ 헌재판례

※ 헌법재판소와 법원 상호 긴장관계가 엿보이는 판결

1. 1990. 10. 15. 헌법재판소가 대법원의 규칙인 '사법서사시행규칙 제3조 제1항'에 대하여 위헌결정(헌재 1990. 10. 15. 89헌마178).
2. 구소득세법 제23조 제4항 단서 등에 대한 헌법재판소의 위헌결정에 따르지 아니한 대법원의 판결(대판 1996. 4. 9. 95누11405)을 취소하였으며, 헌법재판소법 제68조 제1항 본문에서 헌법소원의 대상으로 '법원의 재판'을 제외한 것은 '헌법재판에 의하여 위헌으로 결정된 법령을 적용하여 국민의 기본권을 침해한 법원의 재판에 대해서까지 헌법소원을 허용하지 않는 한 그 한도에서 위헌'이라고 결정하였다(헌재 1997. 12. 24. 96헌마172 등).
3. 법원은 헌법재판소의 위 판결을 무시하고, 구 소득세법 제23조 제4항 단서 등에 의거한 양도소득세부과처분을 적법하다고 판시하였다(대판 1998. 9. 25. 98누4572, 96누8352, 96누8369).

Ⅱ. 헌법재판소의 구성과 조직

1. 구성

헌법재판소의 재판관은 9인으로 구성되며, 국회에서 선출한 3인, 대법원장이 지명한 3인을 포함한 9인의 재판관을 대통령이 임명한다. 그리고 헌법재판소장은 9인의 재판관 중에서 국회의 동의를 얻어 대통령이 임명한다(제111조 제2항 내지 제4항).

2. 조직

(1) 헌법재판소장

헌법재판소장은 헌법재판소를 대표하며, 헌법재판소의 사무를 통리하며, 소속 공무원을 지휘·감독한다(법 제12조 제3항). 헌법재판소장인 재판관의 임기는 6년이며, 정년은 70세이다(법 제7조). 헌법재판소장이 궐위될 때에는 다른 재판관이 헌법재판소규칙이 정하는 바에 따라 대행하며(동조 제4항), 대우와 보수는 대법원장의 예에 준한다(법 제15조).

(2) 헌법재판관

헌법재판관은 재판관으로 임명·선출 또는 지명되기 전에 인사청문회를 거쳐야 한다(법 제6조 제2항). 임기는 6년으로 하며, 법률이 정하는 바에 의하여 연임할 수 있고(제112조 제1항), 정년은 65세이다(법 제7조). 재판관의 임기가 만료되거나 임기중 재판관이 결원된 때에는 임기만료 또는 결원 된 날로부터 30일 이내에 후임자를 임명하여야 한다. 다만, 국회에서 선출한 재판관이 국회의 폐회 또는 휴회 중에 그 임기가 만료되거나 결원이 된 때에는 국회는 다음 집회가 개시된 후 30일 이내에 후임자를 선출하여야 한다(법 제6조). 그리고 재판관은 정무직으로 하며, 대우와 보수는 대법관의 예에 의한다(법 제15조).

재판관은 판사·검사·변호사 등 변호사의 자격을 가진 자로서 15년 이상 헌법재판소법에서 정하는 직에 있던 40세 이상의 자 중에서 임명한다. 공무원의 자격이 없거나, 금고이상의 형을 선고받은 자 그리고 탄핵에 의하여 파면된 후 5년을 경과하지 아니한 자는 재판관으로 임명될 수 없다(법 제5조).

재판관은 직무와 신분의 독립성이 보장되며, 겸직금지의 의무를 진다. 재판관은 헌법과 법률에 의하여 그 양심에 따라 독립하여 심판하며(법 제4조), 재판관은 정당에 가입하거나 정치에 관여할 수 없으며(법 제9조), 탄핵결정이 된 경우, 금고이상의 형의 선고를 받은 경우가 아니면 그 의사에 반하여 해임되지 아니한다(제112조 제3항, 법 제8조). 그리고 재판관은 국회 또는 지방의회의의원의 직, 국회·정부 또는 법원의 공무원의 직, 법인·단체 등의 고문·임원 또는 직원의 직을 겸하거나 영리를 목적으로 하는 사업을 영위할 수 없다(법 제14조). 탄핵결정으로 파면된 때, 금고이상의 형의 선고를 받은 때, 정당가입 혹은 정치에 관여한 때에는 해임된다(법 제8조).

(3) 재판관회의

헌법재판소에는 심판권을 행사하는 전원재판부와 달리 행정사항에 대한 최고 의결기구인 재판관회의를 두고 있다. 재판관회의는 재판관 전원으로 구성되며, 헌법재판소장이 의장이 된다. 그리고 재판관 7인 이상의 출석과 출석인원 과반수의 찬성으로 의결하며, 의장은 의결에 있어서 표결권을 가진다. 재판관회의는 헌법재판소규칙의 제정과 개정 등에 관한 사항, 예산요구·예비금지출과 결산에 관한 사항, 사무처장 임면의 제청과 헌법연구관 및 3급이상 공무원의 임면에 관한 사항 그리고 특히 중요하다고 인정되는 사항으로서 헌법재판소장이 부의하는 사항에 대하여 의결한다(법 제16조).

(4) 기타 보조기관

기타 헌법재판소의 조직으로는 행정사무를 처리하는 사무처(법 제17와 제18조), 헌법재판소장의 명을 받아 사건의 심리 및 심판에 관한 조사·연구 또는 기타의 직을 겸임하는 헌법연구관이 있으며(법 제19조), 헌법연구관으로 심규임용되기 전 3년간 임용되는 헌법연구관보(법 제19조의2), 헌법재판소장비서실(법 제20조) 그리고 서기 및 정리(법 제21조)를 두고 있다.

Ⅲ. 규칙제정권과 입법의견제출권

1. 규칙제정권

(1) 규칙제정권의 의의

헌법은 명시적으로 '헌법재판소는 법률에 저촉되지 아니하는 범위안에서 심판에 관한 절차, 내부규율과 사무처리에 관한 규칙을 제정할 수 있다'(제113조 제2항)고 규정하여, 헌법재판소에 자율입법권을 부여하고 있다. 그 취지는 헌법재판소의 전문적·기술적인 사항은 스스로 제정하게 함으로서 헌법재판의 실질적 목적에 부합하도록 하며, 또한 자주성과 독립성을 보장하고자 하는 것이다.

(2) 규칙제정권의 대상

헌법 제113조 제2항과 헌법재판소법 제10조 제1항에 따르면, 헌법재판소는 헌법재판소법과 기타 다른 법률에 저촉되지 않는 범위 안에서 심판에 관한 절차, 내부규율과 사무처리에 관한 규칙을 제정할 수 있다.

(3) 규칙제정권의 행사방법

규칙의 제정과 개정은 재판관회의의 의결로 정하며(법 제16조 제4항 제1호), 재판관 7인 이상의 출석과 출석인원 과반수 이상의 찬성으로 의결한다(법 제16조). 그리고 관보에 게재하여 공포한다(법 제10조 제2항).

(4) 규칙의 효력과 통제

규칙의 효력은 법률의 하위규범으로서, 헌법 제107조 제2항에 의하여 대법원이 규칙에 대한 최종심사권을 가지므로 법원에 의하여 통제가 가능하다.

(5) 규칙과 내규

헌법재판소가 가지는 자율입법권에는 규칙제정권 외에 내규제정권이 있다. 규칙은 국민의 권리·의무에 밀접한 관련을 가지는 사항에 관한 것으로서 관보에 게재(揭載)하여 공포(公布)하여야 한다. 이러한 규칙은 대국민적 구속력을 가지는 법규명령의 효력을 갖는다. 반면에, 내규(內規)는 단순한 내부규율에 관한 사항을 내용으로 하므로 국민의 권리·의무와 관련을 갖지 않는다. 따라서 대외적 구속력을 가지지 않고, 공포를 요하지도 않는다. 즉 내규는 행정규칙에 해당한다.

2. 입법의견의 제출권

헌법재판소장은 헌법재판소의 조직·인사·운영·심판절차 그 밖에 헌법재판소의 업무에 관련된 법률의 제정 또는 개정이 필요하다고 인정하는 경우에는 재판관회의의 의결을 거쳐 국회에 서면으로 그 의견을 제출할 수 있다(법 제10조의2, 법 제16조 제4항 제1호).

제3절 일반심판절차

Ⅰ. 총설

헌법재판소법은 헌법재판의 모든 심판절차에 일반적으로 적용되는 일반심판절차(제3장)와 개별 심판절차에 각각 적용되는 특별심판절차(제4장)로 나누어 규정하고 있으며, 특별심판절차는 다시 위헌법률심판(제1절), 탄핵심판(제2절), 정당해산심판(제3절), 권한쟁의심판(제4절) 그리고 헌법소원심판(제5절)로 나누어 규정하고 있다. 그리고 헌법재판의 심판절차에 관하여는 헌법재판소법에 특별한 규정이 있는 경우를 제외하고는 헌법재판의 성질에 반하지 아니하는 한도내에서 민사소송에 관한 법령의 규정을 준용한다(법 제40조 제1항 전문). 그러나 탄핵심판의 경우에는 형사소송에 관한 법령을, 권한쟁의심판 및 헌법소원심판의 경우에는 행정소송법을 함께 준용한다(동항 후문). 그리고 탄핵심판, 권한쟁의심판 및 헌법소원의 경우에 형사소송에 관한 법령 또는 행정소송법이 민사소송에 관한 법령과 저촉될 때에는 민사소송에 관한 법령은 준용하지 아니한다(동조 제2항).

Ⅱ. 재판부

1. 전원재판부와 지정재판부

(1) 전원재판부

전원재판부는 재판관 전원으로 구성되는 재판부로서 재판장은 헌법재판소장이 되며, 헌법재판소법에서 특별히 규정한 경우를 제외하고는 헌법재판소의 심판을 관장한다(법 제22조).

(2) 지정재판부

지정재판부는 헌법소원심판에 적용되는 제도로서, 재판관 3인으로 구성되며, 헌법소원심판의 사전심사를 담당한다(법 제72조 제1항). 헌법재판소는 '지정재판부의 구성과 운영에 관한 규칙'에서 3개의 지정재판부를 두고 있으며, 각 지정재판부의 구성원은 재판관회의의 의결을 거쳐 헌법재판소장이 편성한다. 지정재판부의 재판장은 위 규칙이 정하는 바에 따라 하며, 제1지정재판부의 재판장은 헌법재판소장이 된다.

2. 재판관의 제척·기피·회피제도

재판의 공정성을 확보하기 위하여 재판관의 제척(법정사유), 기피(소송당사자의 신청), 회피(재판관자신의 신청)제도를 두고 있다.

재판관의 제척사유(除斥事由)로는 재판관이 당사자이거나 당사자의 배우자 또는 배우자이었던 경우, 재판관과 당사자간에 친족·호주·가족의 관계가 있거나 이러한 관계가 있었던 경우, 재판관이 사건에 관하여 증언이나 감정을 한 경우, 재판관이 사건에 관하여 당사자의 대리인이 되거나 되었던 경우, 기타 재판관이 헌법재판소외에서 직무상 또는 직업상의 이유로 사건에 관여하였던 경우가 있으며(법 제24조 제1항), 재판부가 직권 또는 당사자의 신청에 의하여 제척의 결정을 한다(동조 제2항). 그리고 재판관에게 심판의 공정을 기대하기 어려운 사정이 있는 경우에는 당사자는 기피(忌避)신청을 할 수 있으며, 변론기일에 출석하여 본안에 관한 진술을 한 때에는 기피를 인정하지 않고(동조 제3항), 동일한 사건에 대하여 2인이상의 재판관을 기피할 수 없다(동조 제4항). 또한 재판관은 제척사유에 해당하거나 본인이 심판의 공정을 기대하기 어려운 사정이 있는 때에는 재판장의 허가를 얻어 재판관 스스로 회피(回避)할 수 있다.

Ⅲ. 심판당사자와 대표자

1. 심판당사자

헌법재판절차에서 자기 이름으로 심판을 청구하는 자를 청구인이라 하고 그 상대방인 당사자를 피청구인이라 한다. 위헌법률심판의 청구인은 제청법원이며(제107조 제1항), 피청구인은 법률의 제정권자인 입법부가 되어야 하나, 실무상 및 실정법상 상대방에 대한 규정이 존재하지 않는다. 탄핵심판의 청구인은 국회 내지는 소추위원인 국회법사위원장이 되어야 하며(제65조, 법 제49조), 피청구인은 탄핵소추의 대상자가 된다. 헌법재판소는 대통령(노무현) 탄심판사건에서 청구인을 '국회'로, 소추위원을 '국회 법제사법위원회 위원장'으로, 피청구인을 '대통령 노무현'으로 표시하였다(헌재 2004. 5. 14, 2004헌나1, 대통령(노무현) 탄핵). 위헌정당해산심판의 청구인은 정부(제8조 제4항)이며, 피청구인은 위헌정당해산심판의 대상이 된 해당정당이다. 권한쟁의심판의 청구인과 피청구인은 다툼의 당사자들인 국가기관이나 지방자치단체(제111조 제1항 제4호)가 된다. 헌법소원심판에 있어서는 권리구제형헌법소원(법 제68조 제1항의 헌법소원)과 위헌심사형헌법소원(법 제68조 제2항의 헌법소원) 그리고 법령소원을 나누어 볼 수 있다. 권리구제형헌법소원의 청구인은 '기본권을 침해받은 자'이며, 피청구인은 '공권력의 담당자'이다. 위헌심사형헌법소원의 청구인은 위헌법률심판제청신청인이나, 피청구인은 위헌법률심판절차와 마찬가지로 존재하지 않는다고 본다. 또한 법령소원의 경우에는 청구인은 역시 '기본권을 침해받은 자'이며, 피청구인은 존재하지 않는다.

이러한 당사자는 심판절차에 참여하여, 변론시 진술할 권리를 가지며, 자료제출권, 의견진술권, 심판청구의 취하·포기 등의 권리, 증거조사에의 참여권 등을 가진다. 그리고 이해관계인이나 참고인은 의견진술권을 당연히 갖는 것은 아니지만, 헌법재판소의 허용에 따라 일부 심판절차에서 의견진술을 할 수도 있다(법 제30조 제2항, 법 제44조, 법 제74조 제1항).

2. 대표자와 소송대리인

당사자가 정부인 경우에는 법무부장관이며(법 제25조 제1항), 국가 또는 지방자치단체인 경우에는 변호사 또는 변호사자격이 있는 소속직원(법 제25조 제2항), 사인(私人)인 경우에는 자신이 변호사가 아닌 한 반드시 변호사를 선임하여야 한다(변호사강제주의). 사인이 당사자인 경우에 변호사를 강제하는 것에 대하여 헌법재판소는 합헌결정을 내린 바가 있다(헌재 1990. 9. 3. 89헌마120).

◆ 헌재판례

변호사강제주의의 합헌결정: 변호사강제주의(辯護士强制主義)는 재판업무에 분업화 원리의 도입이라는 긍정적 측면 외에도, 재판을 통한 기본권의 실질적 보장, 사법의 원활한 운영과 헌법재판의 질적 개선, 재판심리의 부담경감 및 효율화, 사법운영의 민주화 등 공공복리에 그 기여도가 크다 하겠고, 그 이익은 변호사선임 비용지출을 하지 않는 이익보다는 크다고 할 것이며, 더욱이 무자력자에 대한 국선대리인제도(國選代理人制度)라는 대상조치(代償措置)가 별도로 마련되어 있는 이상 헌법에 위배된다고 할 수 없다(헌재 1990. 9. 3. 89헌마120, 헌법재판소법 제25조 제3항에 관한 헌법소원).

Ⅳ. 심리와 심판정족수

1. 심리

재판부는 재판관 7인이상의 출석으로 사건을 심리한다(법 제23조). 심리방식은 탄핵심판·정당해산심판·권한쟁의심판은 구두변론에 의하고(법 제30조 제1항), 위헌법률심판·헌법소원심판은 서면심리에 의하며, 위헌법률심판과 헌법소원심판에서 재판부는 필요하다고 인정하는 경우에는 변론을 열어 당사자·이해관계인 기타 참고인의 진술을 들을 수 있다(동조 제2항 내지 제3항). 그리고 법률이 정하는 바에 따라 의견서의 제출을 받거나, 당사자의 신청 또는 직권에 의한 증거조사를 할 수 있으며(법 제31조), 필요할 때에는 사실조회나 자료제출을 요구할 수 있다(법 제32조). 심판의 변론과 종국결정의 선고는 심판정에서 행하는 것이 원칙이며, 헌법재판소장이 필요하다고 인정하는 경우에는 심판정외의 장소에서 이를 할 수 있다(법 제33조). 심판의 변론과 결정의 선고는 공개(公開)하는 것이 원칙이며, 서면심리와 평의는 공개하지 않는다(심판공개원칙, 법 제34조). 그리고 재판장은 심판정의 질서와 변론의 지휘 및 평의의 정리를 담당하고, 심판정의 질서유지와 용어의 사용에 관하여는 법원조직법 제58조 내지 제63조의 규정을 준용한다(법 제35조).

2. 심판정족수

헌법재판소는 9인의 재판관으로 구성되는 전원재판부에서 재판관 7인 이상의 출석과 종국심리에 관여한 재판관의 과반수의 찬성으로 결정한다(일반결정정족수). 그러나 법률의 위헌결정, 탄핵의 결정, 정당해산의 결정 또는 헌법소원에 관한 인용결정을 할 경우와 종전의 헌법재판소가 판시한 헌법 또는 법률의 해석적용에 관한 의견을 변경하는 경우에는 재판관 6인 이상의 찬성으로 결정한다(특별결정정족수, 제113조 제1항, 법 제23조). 위헌을 선언하는 변형결정(헌법불합치결정, 한정위헌결정 및 한정합헌)의 경우에도 같다.

3. 평의와 평결

평의(評議)는 주심재판관이 평의요청서를 작성하여 각 재판관에게 배포하고, 협의를 통하여 평의일정을 확정한 후 평의일자와 평의안건 목록을 각 재판관에게 통지함으로서 열리게 되며, 평의에서는 먼저 주심재판관이 사건에 대한 검토내용을 발표하고 평의를 진행한 후, 최종적으로 평결(評決)을 하게 된다.

평결방식에는 쟁점별 평결방식과 주문별 평결방식이 있으나, 헌법재판소는 기본적으로 주문별 평결방식에 입각하고 있으며, 적법요건과 본안심리를 분리하지 않고 전체적으로 평결하여 결론을 도출하는 방법을 택하고 있다.

평의의 결과 재판관의 의견이 한 가지 의견만으로 의결정족수를 충족시킬 수 없을 때에 관하여 헌법재판소법이 규정하고 있지 않기에, 법원조직법 제66조 소정의 '합의에 관한 규정'을 준용하고 있다. 즉 신청인에게 가장 유리한 견해를 가진 수에 순차로, 그 다음으로 유리한 견해를 가진 수를 더하여 정족수에 이르게 된 때의 견해를 그 합의체의 견해로 한다.

예컨대, 위헌 2인, 헌법불합치 2인, 한정합헌 2인, 합헌 3인 경우에는 한정합헌의 견해에 따라 주문이 결정되며, 위헌 1인, 한정합헌 5인, 합헌 2인의 경우에는 한정합헌의 의견으로 결정하였으며, 위헌5인, 헌법불합치 2인, 합헌 2인 경우에는 헌법불합치로 결정하였다. 또한 헌법불합치 1인, 한정위헌 5인, 합헌 3인의 경우에는 한정위헌결정을 선고하였다.

V. 결정의 효력

1. 결정서

종국결정을 할 때에는 결정서를 작성하고 심판에 관여한 재판관 전원이 이에 서명·날인하여야 한다. 결정서에는 주문과 이유를 붙여야 한다. 법률의 위헌심판·권한쟁의심판 및 헌법소원심판에 관여한 재판관은 결정서에 의견을 표시하여야 한다(법 제36조).

2. 결정의 유형

일반적으로 판결이나 결정의 유형은 크게 소송요건의 흠결이나 부적법을 이유로 본안심리를 거부하는 형식적 판결인 각하(却下) 결정, 당사자의 주장이 이유 없다고 하는 기각(棄却) 결정, 당사자의 주장이 이유 있다는 결정인 인용(認容) 결정 그리고 소의 취하나 청구인의 사망 등의 사유로 절차관계의 종료를 선언하는 심판절차종료선언이 있다.

그러나 이러한 일반적인 소송의 결정유형은 헌법소원심판에서는 그대로 나타나지만, 다른 헌법재판에는 각각의 심판의 성격에 따라 결정유형이 상이하게 나타난다. 즉, 위헌법률심판의 경우에는 각하결정, 합헌결정(기각결정에 해당한다고 볼 수 있다), 단순위헌결정과 변형결정(한정합헌, 한정위헌, 헌법불합치결정)이 있으며, 권한쟁의심판의 경우에는 각하결정, 기각결정, 권한의 존부와 범위에 대한 결정, 처분의 취소 또는 무효 확인의 결정 그리고 심판절차종료선언이 있다. 탄핵심판의 경우에는 각하결정, 파면결정, 기각결정이 있으며, 위헌정당해산심판의 경우에는 각하결정, 위헌정당해산결정, 기각결정이 있다.

3. 결정의 효력

(1) 확정력

확정력(確定力)에 대한 명문규정은 없지만, 헌법재판소는 이미 심판을 거친 동일한 사건에 대하여는 다시 심판할 수 없다는 일사부재리(一事不再理)원칙(법 제39조)을 통하여 확정력을 인정하고 있다. 확정력에는 불가변력, 불가쟁력 및 기판력이 있다. 불가변력(不可變力)은 헌법재판소가 한번 결정을 선고하면 동일한 심판에서 자신이 내린 결정을 더 이상 취소하거나 변경할 수 없다는 원칙이다. 이는 헌법재판소에게 미치는 효력으로서, 당해 심판에서 내린 결정에 스스로 구속되는 것이므로 후행 심판과의 관계에서 발생하는 기판력과 구별된다. 불가쟁력(不可爭力)은 헌법재판소 결정에는 상급심(上級審)이 없으므로, 불복신청이 허용되지 않는다는 원칙으로서 형식적 확정력이라고 한다. 기판력(旣判力)은 헌법재판소의 재판에 형식적 확정력이 발생하면, 당사자는 확정된 당해 심판은 물론이고 후행 심판에서 동일한 사항에 대하여 다시 심판을 청구하지 못하며, 헌법재판소도 이에 구속된다는 것으로서 실체적 확정력이라고 한다. 기판력은 확정된 재판내용에 대해 후행 심판에서 당사자와 헌법재판소를 구속하는 효력이다.

(2) 기속력

기속력(羈束力)이란 법원이 재판을 일단 공표한 후에 법원이 그 재판을 임의로 철회하거나 변경할 수 없게 되는 구속력을 의미하며, 헌법재판소법은 위헌법률심판(법 제47조 제1항), 헌법소원심판(법 제75조 제1항), 위헌심사형헌법소원심판(법 제75조 제6항) 그리고 권한쟁의심판(법 제67조 제1항)의 결정이 법원 기타 국가기관 및 지방자치단체를 기속한다고 규정함으로써 기속력에 대한 법적 근거를 명시하고 있다. 특히 기판력은 원칙적으로 당사자 사이에만 미치는데 반하여 기속력은 모든 국가기관을 구속한다는 점에서 일반법원의 재판의 기속력과 달리 헌법재판의 특이한 효력이다. 따라서 모든 국가기관은 헌법재판소의 결정에 따라야 하며, 장래를 향해서도 헌법재판소의 결정을 준수하여야 한다(결정준수의무). 또한 모든 국가기관은 심판의 대상이 된 행위뿐만 아니라 동일한 내용의 공권력의 행사 또는 불행사도 금지된다(반복금지의무). 그러나 한정합헌결정의 기속력 인정여부는 논란의 여지가 있다.

(3) 법규적 효력

헌법재판소결정에 대한 법규적(法規的) 효력을 인정하는 직접적 규정은 없지만, 위헌결정된 법률 또는 법률조항은 그 결정이 있는 날로부터 효력을 상실하므로(법 제47조 제2항) 법규적 효력을 인정한다고 볼 수 있다.

> **참 고**
>
> **- 헌법재판소법의 기속력의 근거규정 -**
>
> 제47조 제1항(위헌결정의 효력) 법률의 위헌결정은 법원 기타 국가기관 및 지방자치단체를 기속한다.
> ② 위헌으로 결정된 법률 또는 법률의 조항은 그 결정이 있는 날로부터 효력을 상실한다. 다만, 형벌에 관한 법률 또는 법률의 조항은 소급하여 그 효력을 상실한다.
> 제67조 (결정의 효력) ① 헌법재판소의 권한쟁의심판의 결정은 모든 국가기관과 지방자치단체를 기속한다.
> 제75조 제1항 (인용결정) ① 헌법소원의 인용결정은 모든 국가기관과 지방자치단체를 기속한다.
> ⑥ 제5항의 경우 및 제68조제2항의 규정에 의한 헌법소원을 인용하는 경우에는 제45조 및 제47조의 규정을 준용한다.

> **◆ 헌재판례**
>
> ※ **헌법재판소법 제39조(일사부재리)의 합헌결정**
>
> 헌법재판소법 제39조는 '헌법재판소는 이미 심판을 거친 동일한 사건에 대하여는 다시 심판할 수 없다'는 일사부재리에 관한 규정이다. ······그런데 헌법재판에 있어서 이러한 일사부재리 규정을 두고 있는 이유는 법적 분쟁을 조기에 종결시켜 법적 안정 상태를 조속히 회복하고, 동일 분쟁에 대해 반복적으로 소송이 제기되는 것을 미연에 방지하여 소송경제를 이루기 위함이다. ······ 따라서 법적 안정성의 조기확보나 소송경제를 위해 일사부재리 제도를

두는 것은 지나친 재판청구권의 제약이라고 할 수 없다. ······현행 제도 하에서도 권리구제형헌법소원의 경우, 절차상 중대하고 명백한 하자가 있거나 구체적 타당성의 이익이 더 큰 경우 등에는 헌법재판에 대한 재심이 완전히 불가능한 것은 아닐 것이므로 이 사건 규정이 일사부재리에 관하여 정하고 있다고 하더라도 이것이 지나친 기본권 제한 규정이라고 볼 수 없다. 따라서 헌법재판소법 제39조가 청구인들의 재판청구권을 침해한다고 볼 수 없다(헌재 2005. 12. 22. 2005헌마330, 재판취소 등).

4. 재심의 허용여부

헌법재판소법은 헌법재판소의 결정에 대한 재심허용여부에 관하여 규정을 두고 있지 않지만, 헌법재판소는 결정에서 심판의 종류에 따라 개별적으로 판단하여 제한적으로 허용하고 있다(헌재 1995. 1. 20. 93헌아1, 불기소처분취소(재심)).

위헌심사형헌법소원의 경우 재심을 허용하게 되면, 위헌결정된 법률이 다시 효력이 회복되거나, 합헌결정이 재심에 의하여 위헌결정되는 경우에는 국민의 법률생활에 혼란을 초래할 우려가 있으므로 법적 안정성이란 측면에서 재심을 허용하지 않고 있다(헌재 1992. 6. 26. 90헌아1, 민사소송법 제118조에 대한 헌법소원). 그러나 권리구제형헌법소원의 경우에는, 사안의 성질상 헌법재판소의 결정에 대한 재심(再審)은 재판부의 구성이 위법한 경우 등 절차상 중대하고도 명백한 위법이 있어서 재심을 허용하지 아니하면 현저히 정의에 반하는 경우에 한하여 제한적으로 허용할 수 있다고 보고 있으며(헌재 1995. 1. 20. 93헌아1, 불기소처분취소(재심)), 특히 '헌법재판소의 결정에 영향을 미칠 중대한 사항에 관하여 판단을 유탈한 때'를 재심사유로 허용하는 것이 헌법재판의 성질에 반하지 않으므로 민사소송법 제422조 제1항 제9호를 준용하여 "판단유탈"을 재심사유로 허용하였다(헌재 2001. 9. 27. 2001헌아3, 불기소처분취소(재심)).

◆ 헌재판례

1. 헌법재판은 그 심판의 종류에 따라 그 절차의 내용과 결정의 효과가 한결 같지 아니하기 때문에 재심(再審)의 허용 여부 내지 허용 정도는 심판절차의 종류에 따라 개별적으로 판단되어야 한다(헌재 1995. 1. 20. 93헌아1, 불기소처분취소(재심)).
2. 헌법재판소법은 헌법재판소의 심판절차에 대한 재심(再審)의 허용 여부에 관하여 별도의 명문규정을 두고 있지 않으나, 일반적으로 위헌법률심판(違憲法律審判)을 구하는 헌법소

원(憲法訴願)에 대한 헌법재판소의 결정에 대하여는 재심(再審)을 허용하지 아니함으로써 얻을 수 있는 법적 안정성의 이익이 재심을 허용함으로써 얻을 수 있는 구체적 타당성의 이익보다 훨씬 높을 것으로 쉽사리 예상할 수 있으므로, 헌법재판소의 이러한 결정에 대하여는 재심(再審)에 의한 불복방법이 성질상 허용될 수 없다고 보는 것이 상당하다(헌재 1992. 6. 26. 90헌아1, 민사소송법 제118조에 대한 헌법소원).

3. "판단유탈"에 대한 재심허용에 대한 헌법재판소의 판례변경: 헌법재판소는 "헌법재판소법 제68조 제1항에 의한 헌법소원 중 행정작용에 속하는 공권력작용을 대상으로 하는 권리구제형헌법소원에 있어서는, 사안의 성질상 헌법재판소의 결정에 대한 재심(再審)은 재판부의 구성이 위법한 경우 등 절차상 중대하고도 명백한 위법이 있어서 재심을 허용하지 아니하면 현저히 정의에 반하는 경우에 한하여 제한적으로 허용될 수 있을 뿐이다. 그런데 헌법소원심판절차에서는 변론주의(辯論主義)가 적용되는 것이 아니어서 직권으로 청구인이 주장하는 청구이유 이외의 헌법소원의 적법요건 및 기본권침해 여부에 관련되는 이유에 관하여 판단하는 점, 헌법재판이 헌법의 해석을 주된 임무로 하고 있는 특성, 행정작용에 속하는 공권력작용을 대상으로 하는 권리구제형헌법소원심판절차에서는 사전구제절차를 모두 거친 뒤에야 비로소 적법하게 헌법소원심판을 청구할 수 있다고 하는 사정 등을 고려할 때, 이러한 헌법소원심판절차에서 선고된 헌법재판소의 결정(決定)에 대하여는 민사소송법 제422조 제1항 제9호 소정의 판단유탈은 재심(再審)사유가 되지 아니한다"고 하며 "판단유탈"은 재심사유가 될 수 없다고 판단하였다(헌재 1995. 1. 20. 93헌아1, 불기소처분취소(재심)). 그러나, 이후 "공권력의 작용에 대한 권리구제형헌법소원심판절차에 있어서 '헌법재판소의 결정에 영향을 미칠 중대한 사항에 관하여 판단을 유탈한 때'를 재심사유로 허용하는 것이 헌법재판의 성질에 반한다고 볼 수는 없으므로, 민사소송법 제422조 제1항 제9호를 준용하여 "판단유탈"도 재심사유로 허용되어야 한다. 따라서 종전에 이와 견해를 달리하여 행정작용에 속하는 공권력 작용을 대상으로 한 권리구제형헌법소원에 있어서 판단유탈은 재심사유가 되지 아니한다는 취지의 의견(헌재 1995. 1. 20. 93헌아1, 판례집 7-1, 113; 1998. 3. 26. 98헌아2, 판례집 10-1, 320)은 이를 변경하기로 한다"고 하여 "판단유탈"을 재심사유로 허용하였다(헌재 2001. 9. 27. 2001헌아3, 불기소처분취소(재심)).

VI. 가처분

1. 가처분의 의의

가처분은 본안결정의 실효성을 확보하기 위하여 잠정적으로 임시의 지위를 정하는 것을 주된 내용으로 하는 가구제(假救濟)제도로서 본안결정 이전에 회복하기 어려운 손해가 발생함으로써 본안결정이 내려지더라도 실효성을 갖지 못하게 되는 사태를 방지하는데 뜻이 있다.

2. 헌법재판에서의 가처분

헌법재판소법은 정당해산심판(법 제57조)와 권한쟁의심판(법 제65조)에 대해서만 가처분에 관한 규정을 두고 있다. 정당해산심판의 경우에는 청구인의 신청 또는 직권으로 종국결정의 선고시까지 심판대상 정당의 활동을 정지하는 가처분결정을 할 수 있으며, 권한쟁의심판의 경우에도 직권 또는 청구인의 신청에 의하여 종국결정의 선고시까지 심판대상이 된 피청구기관의 처분의 효력을 정지하는 결정을 할 수 있다.

가처분제도와는 구별되지만, 사전적인 보전조치로서 위헌법률심판절차에서는 헌법재판소의 위헌여부의 결정이 있을 때까지 재판을 정지시키고 있으며(법 제42조), 탄핵심판에서는 탄핵소추의 의결을 받은 자는 헌법재판소의 탄핵심판의 결정이 있을 때까지 권한행사가 정지되록 정하고 있다(법 제50조).

그러나 헌법소원 등 그 외의 심판절차에 있어서는 가처분이나 보전조치에 대한 명문규정이 없으므로 그 허용여부가 문제되나, 헌법재판소는 가처분을 금지할 정당한 이유가 없으므로 민사소송법상의 가처분규정(민집법 제300조 이하)과 행정소송법상의 집행정지 규정(행소법 제23조)을 준용하여 가처분이 허용된다고 판시하고 있다.

〈 표4-1 〉 가처분허용관련 규정

심판의 종류	가처분 종류	내 용
위헌법률심판	재판의 정지	당해 소송사건의 재판은 위헌여부의 결정이 있을 때까지 정지된다. 다만 법원이 긴급하다고 인정하는 경우에는 종국판결외의 소송절차를 진행할 수 있다(법 제42조).
탄핵심판	권한행사정지	탄핵소추의 의결을 받은 자는 헌법재판소의 심판이 있을때까지 권한행사가 정지된다(법 제50조).
정당해산심판	가처분결정	헌법재판소는 정당해산심판의 청구를 받은 때에는 청구인의 신청 또는 직권으로 종국결정의 선고시까지 피청구인이 활동을 정지하는 결정을 할 수 있다(법 제57조).
권한쟁의심판	가처분결정	헌법재판소가 권한쟁의심판의 청구를 받은 때에는 직권 또는 청구인의 신청에 의하여 종국결정의 선고시까지 심판대상이 된 피청구기관의 처분의 효력을 정지하는 결정을 할 수 있다(법 제65조).

◆ 헌재판례

헌법재판소법은 명문의 규정을 두고 있지는 않으나, 같은 법 제68조 제1항 헌법소원심판절차에서도 가처분의 필요성이 있을 수 있고 또 이를 허용하지 아니할 상당한 이유를 찾아 볼 수 없으므로, 가처분이 허용된다. 위 가처분의 요건은 헌법소원심판에서 다투어지는 '공권력 행사 또는 불행사'의 현상을 그대로 유지시킴으로 인하여 생길 회복하기 어려운 손해를 예방할 필요가 있어야 한다는 것과 그 효력을 정지시켜야 할 긴급한 필요가 있어야 한다는 것 등이 된다. 따라서 본안심판이 부적법하거나 이유없음이 명백하지 않는 한, 위와 같은 가처분의 요건을 갖춘 것으로 인정되면, 가처분을 인용한 뒤 종국결정에서 청구가 기각되었을 때 발생하게 될 불이익과 가처분을 기각한 뒤 청구가 인용되었을 때 발생하게 될 불이익을 비교형량하여 후자가 전자보다 큰 경우에, 가처분을 인용할 수 있다. 사법시험령 제4조 제3항이 효력을 유지하면, 신청인들은 곧 실시될 차회 사법시험에 응시할 수 없어 합격기회를 봉쇄당하는 돌이킬 수 없는 손해를 입게 되어 이를 정지시켜야 할 긴급한 필요가 인정되는 반면 효력정지로 인한 불이익은 별다른 것이 없으므로, 이 사건 가처분신청은 허용함이 상당하다(헌재 2000. 12. 8. 2000헌사471, 사법시험령 제4조 제3항 효력정지 가처분신청).

3. 가처분의 요건

가처분을 위한 적법요건(適法要件)으로는, 첫째 당사자능력이 있어야 하며, 본안심판의 당사자적격이 있는 자만이 당사자가 될 수 있다. 둘째 본안사건이 헌법재판소의 관할에 속하여야 하며, 본안심판이 헌법재판소에 계속 중일 때 신청할 수 있음이 원칙이지만, 본안심판이 계속되기 전이라도 가능하다. 셋째 가처분결정에 의한 권리보호이익이 있어야 한다. 본안결정이 적시에 가능하다거나, 본안심판사건이 법적으로 성숙되지 아니하였거나 다른 방법으로 가처분의 목적을 달성할 수 있을 때에는 권리보호이익이 인정되지 않는다.

그리고 가처분의 실체적(實體的) 요건으로는, 첫째 본안심판이 부적법하거나 이유없음이 명백하지 않아야 한다. 물론 본안심판의 승소가능성은 고려대상이 되지 않는다. 둘째 중대한 불이익의 방지와 긴급성이 존재하여야 한다. 침해행위가 위헌으로 결정될 경우 발생하게 될 손해가 회복하기 어려운 현저한 손해이거나 또는 회복은 가능하지만 중대한 손해일 경우 그리고 급박한 위험을 막기 위한 사유 등이 중대한 불이익에 포함된다고 볼 수 있다. 셋째 불이익을 비교형량하여 적은 경우이어야 한다. 가처분신청을 인용할 경우 후에 본안심판이 기각되었을 때 발생하게 될 불이익과, 가처분신청을 기각할 경우 후에 본안심판이 인용되었을 때 발생하게 될 불이익을 형량하여 그 불이익이 적은 쪽을 선택하여야 한다.

4. 가처분결정

가처분 결정에도 재판관 7인 이상의 출석으로 심리하고, 종국심리에 관여한 재판관 과반수의 찬성으로 결정하여 하며, 가처분의 결정은 확정력, 형성력 및 기속력을 가진다.

Ⅶ. 심판기간과 심판비용

1. 심판비용

헌법재판소의 심판비용은 국가부담으로 한다. 다만, 당사자의 신청에 의한 증거조사의 비용은 헌법재판소규칙이 정하는 바에 따라 그 신청인에게 부담시킬 수 있다. 그리고 헌법재판소는 헌법소원심판의 청구인에 대하여 헌법재판소규칙으로 정하는 공탁금의 납부를 명할 수 있으며, 헌법소원의 심판청구를 각하할 경우와 헌법소원의 심판청구를 기각하는 경우에 그 심판청구가 권리의 남용이라고 인정되는 경우에는 헌법재판소규칙이 정하는 바에 따라 공탁금의 전부 또는 일부의 국고귀속을 명할 수 있다(법 제37조).

2. 심판기간

헌법재판소법은 "헌법재판소는 심판사건을 접수한 날로부터 180일 이내에 종국결정의 선고를 하여야 한다. 다만, 재판관의 궐위로 7인의 출석이 불가능한 때에는 그 궐위된 기간은 심판기간에 이를 산입하지 아니한다"고 규정하고 있으나(법 제38조), 동규정을 강행규정(强行規定)이 아닌 임의규정(任意規定) 혹은 훈시규정(訓示規定)으로 보고 있다.

제4절 특별심판절차

Ⅰ. 위헌법률심판권

1. 의의

(1) 개념

의회에서 제정한 법률 등이 헌법에 위반되는 여부를 심사하는 것으로서, 현행 헌법은 법률이 헌법에 위반되는 여부가 재판의 전제가 된 경우에는 당해 사건의 담당법원은 직권 또는 당사자의 신청에 의한 결정으로 헌법재판소에 위헌여부를 제청하여 그 심판의 결정에 의하여 재판하는 사후적·구체적 규범통제제도를 택하고 있다. 즉 사건의 당사자(當事者)는 법원에 위헌법률심판제청의 신청(申請)을 할 수 있으며, 위헌법률심판의 제청권(提請權)은 법원만이 가지고, 이에 대한 위헌여부의 결정권(決定權)은 헌법재판소가 보유하고 있다.

(2) 제도적 의의

위헌법률심판제도는 헌법의 최고규범성과 헌법질서의 수호·유지 기능, 국민의 자유와 권리의 보장, 다수의 횡포억제 즉 소수보호기능, 대립된 정치세력간의 타협 촉진 기능을 한다. 특히, 연방제국가에 있어서는 연방(聯邦)과 지방(支邦)간의 관할에 관한 분쟁을 해결해 줌으로써 연방제를 유지하는 데 기여한다. 그리고 현대의 정당제국가에 있어서는 원내에 다수파가 다수인 점을 이용하여 소수파 또는 야당을 탄압하기 위한 법률을 제정할 때, 그 법률을 위헌이라 선언함으로서 다수의 횡포를 억제하고 소수를 보호하는 중요한 기능을 한다.

(3) 연혁

위헌법률심사의 사상적 배경으로는 중세 자연법사상과 근본법(根本法) 사상을 들 수 있으며, 최초의 판례로는 1803년 미연방대법원의 마샬(Mashall)대법원장이 재직한 당시 판결인 '마버리 앤 메디슨 사건(Marbury v. Madison case)'이 있으며, 1920년 오스트리아(Austria)에서 헌법재판소를 최초로 실정법상 규정하였다. 오늘날 헌법재판은 불문헌법국가인 영국과 공산주의국가 등을 제외하고는 대부분의 국가에서 채택하고 있다.

위헌법률심사도 서독·이탈리아·프랑스·오스트리아 등 구체적 소송사건과 관계없이 추상적으로 위헌심사를 하는 국가도 있으며(독일형의 추상적 헌법심사제), 미국·일본·중남미국가 등 일반법원이 구체적인 소송절차에서 심사하게 하는 국가도 있다(미국형의 구체적 위헌심사제). 특히 프랑스 제4·5공화국과 같이 법률의 공포 전에 그 합헌성을 심사하게 하는 예방적 위헌심사제를 두고 있는 나라도 있다.

▣ 참고

1. 마버리 앤 메디슨 사건(Marbury v. Madison case) 이전의 위헌법률심사 사건: 에드워드 코크(Edward Coke)경이 1610년의 보넘 판결(Bonham`s case)에서 "의회제정법이 일반권리 또는 이성에 반하거나, 모순되거나, 실행이 불가능한 경우에는 보통법(common law)이 그것을 통제하며 그러한 법을 무효라고 결정할 것이다"라고 한 것이 최초의 위헌법률심사로 볼 수도 있다.
2. 마버리 앤 매디슨 사건(Marbury v. Madison case) 개요: 연방파(聯邦派)인 제2대 존 아담스 대통령이 임기 종료 직전에 연방법원 판사를 모두 연방파 사람들로 임명·서명하였으나, 교부하지 않은 채로 그 다음날 반대파인 주권파(州權派)의 제3대 토머스 제퍼슨 대통령의 임기가 시작되었다. 새 국무장관인 제임스 매디슨(후에 제4대 대통령으로 선출)이 제퍼슨대통령의 지시에 따라 임명장을 교부하지 않자, 새로 임명된 판사 중의 일부인 마버리 등이 법원법(Judiciary Act) 제13조를 근거로 법원에 임명장을 교부하게 해달라고 소송을 내었다. 그러나 연방대법원은 1789년 의회에서 통과된 법원법의 제13조는 법원에게 그러한 영장의 발부권을 부여하고 있으나, 이 조항은 연방헌법 제3조에 위배되어 위헌이며, 따라서 무효이므로 그런 영장을 발부할 권한이 없다고 밝혔다. 동 사건에서 마셜 대법원장은 헌법과 의회제정법이 상충할 경우 언제나 헌법이 우선한다고 선언하였다.

(4) 위헌법률심사제의 이론적 근거

위헌법률심사제는 헌법의 최고규범성 보장의 필요성과 의회에 대한 불신, 그리고 권력분립의 원리를 이론적 근거로 한다. 특히 의회의 원내다수파의 자의적인 입법으로부터 국민의 자유와 권리를 수호하기 위해서는 헌법에 위반되는 법률의 효력을 부인할 필요성이 있으며(의회에 대한 불신), 사법부도 입법부와 마찬가지로 헌법 하에서 헌법에 관한 대등한 해석권을 가지고 입법부의 해석과 독립하여 헌법을 해석하고 적용하여야 한다(권력분립의 원리).

(5) 위헌법률심사제의 유형

1) 심사기관(審査機關)에 의한 분류

심사기관의 성격에 따라 법원이 행하는 법원형과 정치기관이 행하는 정치기관형으로 나뉜다. 법원형에는 다시 위헌법률심사권을 일반사법법원에 부여하는 사법법원형(미국·일본형)과 특별히 구성된 헌법재판소로 하여금 담당케 하는 헌법재판소형(독일, 오스트리아형)으로 나눌 수 있다.

2) 심사작용(審査作用)에 의한 분류

위헌법률심판은 크게 사전적(예방적) 위헌심사제와 사후적(교정적) 위헌심사제로 구별할 수 있다. 전자의 예로는 프랑스 제5공화국헌법하의 '헌법원'에서 행하던 '법률·조약·의회의사규칙 등에 대한 사전적 합헌성심사제'가 있다. 프랑스에서는 일정한 법률에 관해서 그것이 공포되기 전에 합헌성을 심사하고 만일에 위헌으로 판정되면 공포와 시행을 못하게 하는 제도이다.

사후적(교정적) 위헌심사제는 다시 구체적 규범통제, 추상적 규범통제 그리고 헌법소원으로 구별할 수 있다. 구체적(具體的) 규범통제는 민사·형사·행정사건 등 구체적 소송사건을 심리·판단함에 있어 법률이 위헌여부가 문제되는 경우에 부수적으로 적용법률의 헌법적합성 여부를 심사하고 만일에 위헌이라고 판단되면 그 법률을 적용하지 않는 제도로서 부수적(附隨的) 심사제라고도 한다. 추상적(抽象的) 규범통제는 구체적 소송사건과는 관계없이 법률의 위헌여부를 추상적으로 심사하고 위헌으로 판단된 법률의 효력을 상실시키는 제도를 말하며, 추상적 규범통제는 특별히 설치된 헌법재판소에서 하는 것이 통례가 되고 있다. 헌법소원(憲法訴願)이란 헌법위반의 법령·처분·판결에 의하여 자신의 헌법상의 권리가 직접 또는 간접으로 구체적으로 침해당한 자가 헌법재판소에 법령·처분·판결의 위헌심사를 청구할 수 있는 제도로서 본(Bonn)기본법·스위스헌법 등에서 헌법소원을 규정하고 있다.

3) 집중형과 비집중형

집중형이란 별도의 헌법기관을 두어 위헌법률심사를 한 곳에 집중시켜 심리하는 제도인 반면 비집중형이란 각급법원이 모두 심사할 수 있도록 하는 제도이다.

4) 대세효와 대인효

대세효란 위헌결정의 효력이 일반적 효력을 지님으로 당사자는 물론 제3자 및 모든 국가기관에도 효력이 미치는 제도인 반면 대인효란 당해사건 당사자에게만 효력이 미치는 제도이다.

5) 우리나라

현행헌법하의 위헌법률심판제도는 헌법재판소형, 사후적(교정적) 규범통제, 구체적 규범통제, 집중형, 대세효를 취하고 있다.

2. 위헌법률심판의 형식적 요건으로서의 제청

(1) 위헌법률심판의 형식적 요건

위헌법률심판의 형식적(形式的) 요건으로서 법원의 제청이 있어야 하며, 법원의 제청은 당사자의 신청이나 직권에 의하여 이루어진다.

(2) 당사자의 위헌제청 신청

일반법원에 재판이 계속 중인 당사자는 당해 사건에 적용될 특정의 법률 또는 법률조항이 헌법에 위반된다고 판단될 때에는 당해 사건을 담당하는 법원(군사법원 포함)에 위헌법률심판의 제청을 신청할 수 있다. 즉 전제가 된 재판의 당사자는 위헌법률심판제청에 대한 신청권(申請權)만을 가진다.

(3) 법원의 위헌제청결정

법원은 당사자의 신청이 있을 때 또는 직권으로 위헌심판제청을 결정하며, 법률의 위헌여부가 재판의 전제가 되고 합리적인 위헌의 의심이 있는 때에 결정의 형식으로 위헌심판제청을 결정한다(헌재 1993. 12. 23. 93헌가2). 당사자의 신청을 받은 당해법원은 위헌심판제청신청에 대하여 기각결정과 각하결정을 할 수 있다. 당해법원의 결정에 대하여 항고나 재항고를 할 수 없으며(법 제41조 제4항), 당사자는 당해 사건의 소송절차에서 동일한 사유를 이유로 다시 위헌여부심판의 제청을 신청할 수도 없다. 다만 법률의 위헌여부심판의 제청신청이 기각된 때에는 그 신청을 한 당사자는 헌법재판소에 헌법소원심판(위헌심사형헌법소원심판)을 청구할 수 있다(법 제68조 제2항). 당해 법원이 제청신청에 대하여 내리는 기각결정은 신청당사자가 헌법소원을 제기하지 않으면 합헌결정과 같은 효과가 나타나지만, 당사자가 헌법소원을 제기하게 되면, 헌법재판소에 의하여 최종적인 합헌여부가 결정된다. 따라서 제청법원의 기각결정권은 합헌결정권이 아니며, 또한 위헌결정권도 인정될 여지가 없다. 위헌결정권은 오로지 헌법재판소만이 갖는 권한이기 때문이다.

그리고 당해법원은 재판에서 적용할 법률의 윤곽이 밝혀지고 그 위헌 여부에 따라 그 재판의 결과에 영향을 미칠 가능성이 보이는 단계에서 제청하여야 하며, 대법원이 아닌 법원은 대법원을 경유하여 제청하며(법 제41조 제5항), 이때 대법원은 각급법원의 위헌법률심판제청을 심사할 권한을 가지고 있지는 않다. 대법원에의 경유절차는 대법원이 최고사법행정기관이므로 사법행정적 목적상 필요한 절차라고 할 수 있다.

법원이 법률의 위헌여부의 심판을 헌법재판소에 제청한 때에는 당해 소송사건의 재판은 헌법재판소의 위헌여부의 결정이 있을 때까지 정지된다. 다만, 법원이 긴급하다고 인정하는 경우에는 종국재판외의 소송절차를 진행할 수 있다(법 제42조 제1항).

제청법원은 위헌제청 후 다른 사건에서 당해 법률이나 법률조항을 위헌이라고 결정한 경우이거나 법률의 폐지 내지 개정된 경우 그리고 당사자의 소송종료행위(소·항소·상고 등의 취하, 화해, 청구포기, 인낙 등)가 있는 등 위헌제청사유가 소멸되었을 때에는 위헌제청결정을 취소하고 헌법재판소에 대하여 위헌제청심판을 철회(撤回)하여야 한다. 물론 헌법재판소는 예외적으로 헌법적 해명을 위하여 본안판단을 하여야 하는 경우가 아니면 위헌심판절차를 종료한다.

(4) 위헌법률심판 제청권자

대한민국의 '법원'만이 위헌법률심판제청권을 가진다. 당사자 개인의 제소 또는 심판청구만으로는 위헌법률심판이 제청될 수 없으며(헌재 1994. 6. 30. 94헌아5), 외국법원(法院)이나 국내의 사설 중재재판소 등도 제청권한이 없다. 제청권자로서의 법원은 사법행정상의 관청으로서의 법원이 아닌 개개의 소송사건에 관하여 재판권을 행사하는 재판기관으로서의 법원을 말한다. 따라서 단독심의 담당법관 개인, 합의부 사건의 합의부 또는 재판권 있는 법관 개인, 수소법원, 집행법원, 비송사건담당법관 그리고 군사법원도 포함된다. 그러나 각종 행정심판기관은 제청권이 없다고 하겠다.

그러나 법원의 위헌법률심판제청에 의한 위헌법률심판절차가 아닌 다른 심판절차에서도 법률의 위헌여부가 그 심판의 전제가 된 경우에 행하는 위헌법률심판으로서 부수적(附隨的)인 위헌심사절차가 있을 수 있다. 현행 헌법재판소법은 헌법소원절차에만 명문규정(법 제75조 제5항)을 두고 있으나, 정당해산심판, 탄핵심판 또는 권한쟁의심판의 경우에는 규정이 없다. 이러한 부수적 위헌심사에 있어서는 '법원'의 제청이 아닌 해당 심판절차의 요건에 따라 심판이 진행되어야 한다.

3. 위헌법률심판의 실질적 요건1: 대상적격있는 법규범

(1) 의의

위헌법률심판의 대상이 되기 위해서는 대한민국의 국회에서 제정한 '형식적(形式的) 의미의 법률'만을 인정하는 것이 원칙이다. 그러나 법률과 동위(同位)의 효력을 갖는 긴급명령과 조약도 대상적격이 인정된다. 그러나 법률과 효력이 상이(相異)한 법규범인 헌법규정, 명령, 규칙, 조례 및 관습법 등은 대상적격이 부인된다.

(2) 대상적격있는 법규범

1) 대한민국의 유효한 법률

대상적격이 있는 법률은 현재 시행중이거나 과거에 시행되었던 법률이어야 하며, 공포되었으나 시행되지 않은 법률은 제외되며(헌재 1997. 9. 25. 97헌가4), 위헌선언된 법률 또는 폐지된 법률도 원칙적으로 부적법하다(헌재 1989. 5. 24. 88헌가12). 즉 위헌심판제청시에 유효한 법률이어야 한다. 그러나 폐지된 구법에 대한 위헌여부의 문제가 신법이 소급적용될 수 있기 위한 전제문제인 경우(보호감호사건, 헌재 1989. 7. 14. 88헌가5), 처분의 위법·부당의 문제는 처분 시의 법규에 비추어 판단하여야 할 경우에는 처분 당시의 유효한 법률조항이 재판의 전제가 되는 경우(헌재 1996. 4. 25. 92헌바47) 등의 예외적 경우가 있다. 그리고 헌법재판소는 심판계속 중에 제청대상 법률조항이 개정되어 당해 사건에 신법을 적용하게 되면 전제성을 상실하였다는 이유로 각하결정을 내린 예가 있다(헌재 2000. 8. 31. 97헌가12).

또한 입법부작위(立法不作爲)의 경우에는 진정입법부작위(입법행위에 흠결이 있는 경우)와 부진정입법부작위(입법행위의 결함이 있는 경우)가 있는 바, 부진정입법부작위를 재판상 다툴 경우에는 그 불완전한 법률조항 자체를 대상으로 하여 위헌법률심판제청을 하여야 한다는 것이 헌법재판소의 입장이다(헌재 1996. 3. 28. 93헌바27).

2) 긴급명령과 조약

대통령의 긴급재정경제명령과 긴급명령(제76조)은 법률과 동일한 효력을 가지므로 위헌법률심판제청과 위헌심사형헌법소원의 대상이 될 수 있다(헌재 1996. 2. 29. 93헌마186).

조약의 위헌법률심판의 대상 해당 여부에 대한 긍정설과 부정설이 있으나, 국회의 동의(제60조 제1항)를 얻은 조약은 국내법 중 법률의 효력을 가지므로 대상이 된다고 보는 것이 정당하다(Sofa협정, 헌재 1999. 4. 29. 97헌가14). 그러나 조약이 공포되면 즉시 국내법으로서의 효력을 가지는 자기집행조약(self-executing treaties)은 위헌심판의 대상이 되나, 국내적으로 그 내용을 발효시키는 데에 입법절차를 필요로 하는 비자기집행조약(non-nelf-executing treaties)은 대상이 될 수 없으며, 이를 시행하기 위한 법령에 대해서만 심사가 가능하다고 보는 견해도 있다.

(3) 대상적격없는 법규범

1) 헌법규정

위헌법률심판의 대상적격은 법률만이 가지므로, 형식적 의미의 법률과 동일한 효력을 갖는 법규범은 대상으로 포함된다고 볼 수 있으나, 법률의 상위규범인 헌법규정은 그 대상이 될 수 없음이 명백하다(헌재 1995. 12. 28. 95헌바3; 헌재 20001. 2. 22. 2000헌바38). 그러나 독일연방헌법재판소에서는 기본법 제100조에 규정된 위헌법률심판의 법률에는 헌법도 포함되는 것으로 해석한 판례가 있다(BVerfGE 3, 225). 헌법재판소는 '국가보위입법회의에서 제정한 법률을 제정절차에 있어서의 하자를 들어 위헌무효를 주장 할 수 없다고 하였으며, 헌법규정 자체에 대해서도 재판의 전제성의 불비(不備)를 들어 판단하지 않았다. 그러나 헌법규정 중에서 헌법핵에 위반하는 헌법률은 위헌심판의 대상이 된다는 주장이 있기도 하다.

2) 명령, 규칙, 조례 및 관습법

법률의 하위규범인 명령, 규칙, 조례 및 관습법 등은 법원이 스스로 판단하여야 할 대상이므로 위헌법률심판이나 위헌심사형헌법소원의 대상으로서 부적법하다(헌재 1992. 10. 31. 92헌바42; 대판 2003. 7. 24. 2001다48781). 법률과 시행령·규칙 등이 결합하여 하나의 완결된 법적 효력을 발휘하는 경우에는 부수적으로 법률의 내용을 판단하는 자료가 되는데 불과할 것이다(정기간행물등록제 사건, 헌재 1992. 6. 26. 90헌가23; 실지거래가격 양도소득세 사건. 헌재 1995. 11. 30. 94헌바40등).

4. 위헌법률심판의 실질적 요건2; 재판의 전제성

(1) 의의

현행헌법은 '법률이 헌법에 위반되는 여부가 재판의 전제가 된 경우에는 법원은 헌법재판소에 제청하여 그 심판에 의하여 재판한다'고 규정하여(제107조 제1

항), 구체적 규범통제만을 인정하고 있기에 '재판의 전제성'은 위헌법률심판의 필수적이며, 실질적 요건에 해당한다.

(2) '재판'의 의미

1) '재판'의 개념

'재판'이라 함은 그 형식 여하와 본안에 대한 재판이거나 소송절차에 관한 것이거나를 불문하며, 판결과 결정 그리고 명령이 여기에 포함되며, 심급을 종국적으로 종결시키는 종국재판뿐만 아니라 중간재판도 이에 포함되고, 법률이 위헌으로 심판되는 여부가 법원이 앞으로 진행될 소송절차와 관련한 중요한 문제점을 선행 결정하여야 하는 여부의 판단에 영향을 주는 경우도 모두 '재판'의 전제성이 인정된다(헌재 1994. 2. 24. 91헌가3).

2) '재판'의 개념과 관련된 특수한 문제들

체포·구속·압수·수색영장, 구속적부심사청구, 보석허가에 관한 재판도 여기서 말하는 재판의 개념에 포함된다. 즉, 구속영장청구사건에 관한 재판절차, 사전구속영장에 대한 구속적부심 재판절차 그리고 보석허가결정도 전제성을 인정하였다.

그리고 본안에 대한 재판뿐 아니라 소송비용 또는 가집행에 관하여도 위헌제청이 가능하다. 즉 증거채부결정, 인지첩부를 명하는 보정명령, 구속기간갱신결정 등 모두 해당법원의 의사결정으로서 재판에 해당한다고 보았다.

(3) 재판의 '전제성'

1) '전제성'에 대한 헌법재판소의 견해

재판의 전제성을 충족하는 요건에 대하여 헌법재판소는 구체적인 사건이 법원에 현재 계속 중이어야 하며, 위헌여부가 문제되는 법률 또는 법률조항이 당해 소송사건의 재판과 관련하여 적용되는 것이어야 하고, 법률의 위헌여부에 따라 법원이 다른 내용의 재판을 하게 되는 경우를 들었다(헌재 1998. 7. 16. 96헌바56 등).

2) 구체적 사건이 법원에 계속 중일 것

위헌법률심판사건의 경우에는 위헌제청당시는 물론이고 헌법재판소의 결정시까지 구체적 사건이 법원에 계속 중이어야 한다. 그리고 헌법재판소법 제68조 제2항의 위헌심사형헌법소원사건의 경우에는, 헌법소원의 제기로 재판이 정지되지 않으므로, 헌법소원심판의 종국결정 전에 당해 소송사건이 확정되어 종료되는 경우가 있을 수 있다. 이러한 경우 헌법소원이 인용되면 재심의 청구가 가능하므로(법 제75조 제7항), 최소한 제청신청 시 구체적 사건이 법원에 계속 중이어야 한다는 의미로 본다(헌재 1998. 7. 16. 96헌바33 사립대학교수재임용사건).

그리고 구속적부신청 기각과 재판종료 후 위헌심판제청신청을 기각한 헌법소원심판사건에서 재판의 전제성을 인정하였으며(헌재 1995. 2. 23. 92헌바18, 군사법원법 제238조 등에 대한 헌법소원), 제1심과 항소심 법원은 행정소송법 제12조의 "법률상 이익"이 없다고 하여 소를 각하하였으나, 확립된 대법원판례가 없어서 해석에 따라 청구인들의 원고적격이 인정될 여지가 충분히 있을 때에는 원고적격을 인정하여 재판의 전제성을 인정하였다.

◆ 헌재판례

※ 전제성의 흠결로 각하한 판례
1. 당해 사건이 "적법"하게 계속되어 있을 것을 요함: 당해 사건이 부적법 각하를 면할 수 없는 것일 때에는 전제성의 흠결로 헌법소원도 각하(헌재 1992. 8. 19. 92헌바36).
2. 항소심에서 상고하지 않고 위헌법률심판을 제청하였다가 유죄판결이 확정된 후 그 신청이 각하되지 제기한 헌법소원사건은 재판의 전제성이 흠결되어 각하(헌재 2000. 6. 1. 99헌바73).
3. 헌법재판소 심리 계속 중에 사후적인 사정변경(소의 취하, 취하간주 등)으로 종료된 경우 재판의 전제성 흠결.

3) 위헌여부가 문제되는 법률이 당해 소송사건의 재판에 적용되는 것일 것.

어떤 법률규정이 위헌의 의심이 있더라도 당해 재판에 적용되는 것이어야 전제성이 충족된다. 헌법재판소는 하급심에서 당사자적격을 부인하였으나, 상고심에서 원고적격을 인정하여 파기환송한 사건에서 전제성을 인정하였으며(헌재 1999. 7. 22. 97헌바9), 재판에 적용되는 법률이 반드시 직접 적용되어야 만 적용되는 법률로 인정한 것이 아니라 양 규범 사이에 내적 관련성이 있는 경우에는 간접 적용되는 법률규정에 대하여도 재판의 전제성을 인정하였다(헌재 1994. 6. 30. 92헌가18).

◆ 헌재판례

※ **재판의 전제성이 인정된 간접적용되는 법률**

1. 재판에 직접적용되는 시행령의 위헌여부가 위임규정의 위헌여부에 달려 있는 경우에 위임규정을 심판의 대상으로 삼는 경우(헌재 1994. 6. 30. 92헌가18).

2. 직업안정법 제10조 제1항이 위헌인 중요한 이유가 제10조 제2항에서 허가요건을 대통령령에 위임하고 있는 것이 위임입법의 한계를 벗어나 위헌이라고 주장하고 있으므로 제10조 제1항의 위헌여부는 제10조 제2항의 위헌여부와 불가분적인 관계에 있으므로 제10조 제2항도 재판의 전제성이 있다(헌재 1996. 10. 31. 92헌바4).

3. 개정법률과 폐지법률은 제정당시의 이자제한법이 적용되는 것을 막고 있다는 의미에서 간접적으로나마 당해 사건에 적용된다고 볼 수 있고, 위 약정연체이율 중 연 2항을 초과하는 부분이 무효가 된다면, 당해 사건의 재판 주문도 달라지게 될 것이므로, 재판의 전제성이 인정된다(헌재 2001. 1. 18. 2000헌바7).

※ **적용되는 법률이 아니어서 재판의 전제성이 부인된 례**

1. 쟁의행위로 인한 손해배상청구권 등을 피보전권리로 하여 쟁의행위금지 가처분신청을 한 사건에서 노동관계법개정법은 당해 사건의 재판에 적용되는 법률이 아닐 뿐만 아니라 피신청인(노동조합)의 조합원들이 쟁의행위를 하게 된 계기가 된 법률에 불과하므로 전제성 없다(헌재 1997. 9. 25. 97가4).

2. 구청장이 선거범죄로 당선무효가 된다는 규정은 구청장이 공선법의 위반여부에 대한 재판에서 재판의 내용과 효력을 형성함에 있어서 관련있는 것이 아니라, 법률적 효과에 불과한 규정이므로 재판의 전제성이 없다(헌재 1997. 11. 27. 96헌마60).

3. 구 지방세법 제74조 제1항은 심사청구제도를 규정하고 있을 뿐이므로, 당해 사건은 행정소송제기에 있어서 반드시 심사청구를 거치도록 규정한 지방세법 제78조 제2항의 위헌여부의 판단이므로 제74조 제1항은 재판의 전제성이 없다(헌재 2001. 6. 28. 2000헌바30).

※ **공소와 관련된 적용여부의 결정과 전제성**

1. 공소가 제기되지 않은 법률조항의 위헌여부는 당해 형사사건의 재판의 전제가 될 수 없다(헌재 1997. 1. 16. 89헌마240).

2. 공소장의 "적용법조"란에 적시된 법률조항이라고 하더라도 구체적 소송사건에서 법원이 적용하지 아니한 법률조항은 주문, 내용과 효력에 관한 법률적 의미가 달라지지 않기 때문에 전제성을 부인하였다(헌재 1997. 1. 16. 89헌마240).

3. 공소장에 적시되지 아니한 법률조항이라고 할지라도 법원이 공소장변경 없이 실제 적용한 법률조항은 재판의 전제성이 있다(헌재 1997. 1. 16. 89헌마240).

4) 그 법률이 헌법에 위반되는지의 여부에 따라 당해 사건을 담당하는 법원이 다른 내용의 재판을 하게 되는 경우일 것.

'다른 내용'의 재판을 하게 되는 경우라 함은 원칙적으로 법원이 심리 중인 당해사건의 '재판의 결론이나 주문'에 어떠한 영향을 주는 것을 의미하며, 이는 법률이 위헌일 때는 합헌일 때와 다른 판단을 할 수 밖에 없는 경우로서 판결 주문이 달라질 경우이다. 그러나 헌법재판소는 이러한 경우뿐만이 아니라, 문제된 법률의 위헌여부가 비록 재판의 주문 자체에는 아무런 영향을 주지 않는다고 하더라도, 재판의 '결론을 이끌어 내는 이유를 달리하는데 관련'되어 있거나, 또는 재판의 '내용과 효력에 관한 법률적 의미가 전혀 달라지는 경우'도 포함한다고 하였다 (헌재 1994. 12. 29. 92헌바22 등).

◆ 헌재판례

※ **재판의 결론이나 주문에 영향을 주므로 전제성을 인정한 판례**

1. 형사사건으로 기소된 자에게 직위를 부여하지 않는다는 구 국가공무원법 제73조의2 제1항 단서는 당해 사건에서 적용되는 규정이고, 이 규정의 위헌 여부에 따라 직위해제처분의 취소여부, 즉 재판의 결과가 달라지므로 재판의 전제성 인정(헌재 1998. 5. 28. 96헌가12).

2. 국립공원지정처분으로 말미암은 청구인들의 손실 또는 손해는 "보상규정을 결여하여 위헌인" 자연공원법 제4조에 근거했기 때문이라는 주장에 대하여 위 조항에 대한 위헌결정 또는 헌법불합치결정에 따른 개선입법에 의하여 당해 사건에서 다른 내용의 재판을 할 여지가 있다며, 재판의 전제성을 인정(헌재 2003. 4. 24. 99헌바110).

3. 행정처분의 근거가 된 법률이 헌법재판소에서 위헌으로 선고된다고 하더라도 그 전에 이미 집행이 종료된 행정처분이 당연무효가 되지 않으므로(대판 1995. 7. 11. 94누4615), 쟁송기간이 경과한 후에는 행정처분의 근거법률이 위헌임을 이유로 무효확인소송 등을 제기하더라도 행정처분의 효력에는 영향이 없다. 그러나 그 처분이 위헌법률에 근거하여 내려진 것이고 그 행정처분의 목적달성을 위하여서는 후행 행정처분이 필요한 데, 후행 행정처분은 아직 이루어지지 않은 경우와 같이 그 행정처분을 무효로 하더라도 법적 안정성을 크게 해치지 않는 반면에 그 하자가 중대하여 구제가 필요한 경우에 대하여는 그 예외를 인정하여 이를 당연무효사유로 보아서 쟁송기간 경과 후에라도 무효를 구할 수 있는 것을 보아야 한다고 하여 재판의 전제성을 인정(헌재 1994. 6. 30. 92헌바23).

※ **당해 사건 재판의 내용이나 효력에 관한 법률적 의미가 달라지는 경우**

1. 헌법재판소는 "재판의 내용이나 효력 중에 어느 하나라도 그에 관한 법률적 의미가 달라지는 경우에는 재판의 전제성이 있는 것으로 보아야 한다"고 하였다(헌재 1992. 12. 24. 92헌가8).

2. 형사소송법 제331조 단서(검사의 사형 등의 의견진술이 있을 때, 구속영장의 효력 유지)의 위헌여부에 따라 비록 판결주문의 형식적 내용이 달라지는 것은 아니라 하더라도, 그 판결의 실질적 효력에 차이가 있게 되는 것이므로, 재판의 전제가 되어 위헌법률심판제청의 적법요건으로서 재판의 전제성이 있다고 판단(헌재 1992. 12. 24. 92헌가8).
3. 특별한 사정이 없는 한 이러한 하자는 행정처분의 취소사유에 해당할 뿐 당연무효 사유는 아니라 할 것이어서 위 법률조항들의 위헌여부에 따라 당해 사건의 주위적 청구와 관련하여 재판의 주문이 달라지거나 재판의 내용과 효력에 관한 법률적 의미가 달라지는 경우로 볼 수 없으므로, 재판의 전제성 요건을 충족하지 아니하였다(헌재 2007. 10. 4. 2005헌바71).
4. 구 민사소송법 제263조이 위헌으로 결정되면, 손해배상의 인용금액이 인상되는 등 재판의 주문이 달라질 가능성을 배제할 수 없고, 설사 그렇지 않더라도 그 재판의 이유를 달리함으로써 재판의 내용과 효력에 관한 법률적 의미가 달라지는 경우라고 볼 수 있다(헌재 2004. 9. 23. 2002헌바46).
5. 당선자의 배우자의 행위가 공직선거법 제230조 제1항 제4호에 해당하는지 여부를 심리하여 유·무죄를 판단하므로, 유죄를 선고받은 경우에 당선이 무효되도록 규정한 법 제265조의 "배우자"부분은 위헌이 되더라도 당해 사건에서 법원이 청구인에 대하여 다른 판단을 할 수는 없으며, 청구인에 대한 관계에서 당해 사건 재판의 내용과 효력에 관한 법률적 의미가 달라지는 것도 아니다(헌재 2005. 7. 21. 2005헌바21).

※ 전소(前訴)의 기판력으로 인하여 재판의 전제성을 부인한 판례

1. 당해 사건의 선결문제에 해당하는 전소(前訴)인 과세처분취소소송에서 확정된 원고청구 기각판결의 기판력에 의하여, 당해 사건에서 구 소득세법 제82조 제2항이 위헌이어서 그에 기초한 과세처분이 무효라고 하더라도, 과세처분이 무효라고 판단할 수 없어 재판의 전제성 부인(헌재 1998. 3. 26. 97헌마13).
2. 전소인 인공조림목에 대한 소유권확인소송에서의 원고패소판결의 기판력 때문에 당해 사건에서 인공조림목 소유권이 청구인에 있다고 판단할 수 없으므로 재판의 전제성이 없다(헌재 2000. 6. 21. 2000헌바47).

(4) 전제성 요건의 심사와 위헌성에 대한 의심의 정도

헌법재판소는 제청법원의 판단을 존중하지만, 필요한 경우 직권으로 전제성의 요건을 조사할 수도 있으며(헌재 1999. 12. 23. 98헌바33 등). 그리고 헌법재판소는 법원의 위헌법률심판제청시 법원의 위헌성에 대한 의심의 정도를 '단순한 의심'과 '확신' 사이의 중간적 입장인 "단순한 의심을 넘어선 합리적인 위헌의 의심"(헌재 1993. 12. 23. 93헌가2)을 요구하고 있다. 독일연방헌법재판소는 위헌에 대한 '확신'을 요구하고 있다. 또한 재판의 전제성 여부에 대한 판단의 기준시점은 위헌제청 시만이 아니라

위헌법률심판의 시점에도 충족되어야 한다고 보고 있다(헌재 1993. 12. 23. 93헌가2).

(5) 재판의 전제성 결여와 헌법적 해명

헌법재판소는 재판의 전제성이 없는 경우에도 헌법적 해명이 필요한 긴요한 사안인 경우에는 예외적으로 본안판단을 하고 있다. 법원의 보석허가결정 등에 대한 검사의 즉시항고를 허용하는 형사소송법 제97조 제3항에 대한 위헌법률심판에서 객관적인 헌법질서의 수호·유지를 위하여 심판의 필요성을 인정하여 적극적으로 위헌 여부에 대한 판단을 하였으며(헌재 1993. 12. 23. 93헌가2), 청구인 한사람에게 국한된 문제가 아닌 비슷한 처지에 있는 1,367명에게 이해관계가 있고 헌법적 해명이 필요한 의미를 가지므로 본안판단의 필요성이 있다고 판시하고(헌재 1993. 9. 27. 92헌바21), 또한 전제성은 없지만, 해당사건 법률조항에 의한 기본권침해의 문제가 앞으로도 많은 사람에 관하여 그리고 여러 차례 일어날 수 있는 성질의 것인 경우에는 역시 본안판단을 하였다(헌재 2001. 4. 26. 98헌바79).

5. 위헌법률심판의 심사

(1) 심사기준

위헌법률심판의 기준에는 '형식적 의미의 헌법(헌법전)' 뿐만 아니라 '실질적 의미의 헌법(헌법적 관례나 관행)'도 기준으로 삼을 수 있으며, 헌법의 개별규정들의 근저에 가로놓여 있는 헌법의 원칙들이나 근본적 결단들도 포함된다. 그러나 실정헌법의 차원을 넘어 자연적(自然的) 정의(正義)를 심판의 기준으로 삼을 수 있는 가에 대한 의문이 있으나, 긍정하는 견해가 있다(김, 독일연방헌법법원, 건국전 대법원판례)

♧ 건국전 대법원판례

1947년 대법원은 헌법이 제정되기 전에 구민법 제14조가 처(妻)의 무능력제도를 규정한데 대하여 남녀평등이라는 자연법원리에 위반한다하여 위헌판결을 한 례가 있다(대판 1947. 9. 2. 4280민상88).

◆ 헌재판례

1. 텔레비전방송 수신료의 금액을 이사회가 심의·결정하고, 공사가 공보처장관의 승인을 얻어 이를 부과징수하도록 규정한 한국방송공사법 제36조 제1항은 법률유보(의회유보)원칙에 어긋나는 것이어서 헌법 제37조 제2항과 '법치주의원리' 및 '민주주의원리'에 위반된다고 판시하였다(텔레비전방송수신료 사건. 헌재 1999. 5. 27. 98헌바70).

2. 일반적인 헌법사항에 해당하는 내용 중에서 특히 국가의 기본적이고 핵심적인 사항으로서 법률에 의하여 규율하는 것이 적합하지 아니한 사항에 관하여 형성된 관행 내지 관례로서, 관습법으로서의 요건(반복계속성, 항상성, 명료성, 국민적 합의성)을 갖춘 관습헌법으로서 성문헌법과 동일한 효력을 가지며 위헌확인의 심사기준이 될 수 있다고 판시하였다(신행정수도의 건설을 위한 특별조치법 위헌확인사건. 헌재 2004. 10. 21. 2004헌마554등).

(2) 합헌성 판단

국회 입법의 합헌성추정의 원칙이 존중되어야 하지만, 헌법재판소는 법률의 형식적 합헌성(성립절차 등) 뿐만 아니라 실질적 합헌성(내용 등)에 관한 판단도 할 수 있다.

(3) 판단의 범위

원칙적으로 제청법원에 의하여 위헌제청된 법률 또는 법률조항만을 대상으로 삼을 수 있으나, 심판대상을 적절히 제한하지 않고 제청된 경우에는 결정의 이유 중에서 심판의 대상을 제한하고 그 제한된 대상에 대해서만 주문에서 판단하는 예가 일반적이다(헌재 2006. 5. 25. 2005헌가17). 그러나 법적 명확성, 법적 안정성, 법적 통일성 및 소송경제 등의 관점에서 위헌제청된 법률 또는 법률조항에 국한되지 않고, 다른 법률 또는 법률조항에 까지 심판대상을 확장(擴張)하기도 하며(헌재 2003. 6. 26. 2001헌가17), 심판청구이유, 관련성 등 사정을 종합하여 직권으로 청구인이 구한 심판대상을 변경(變更)하여 확정하는 경우도 있다(헌재 1998. 3. 26. 93헌바12).

(4) 판단의 관점

헌법재판소는 규범의 위헌성을 제청법원이나 제청신청인이 주장하는 법적 관점에서만이 아니라, 심판대상규범의 법적 효과를 고려하여 모든 헌법적인 관점에서 심사하여야 한다(헌재 1996. 12. 26. 96헌가8).

6. 종국결정과 그 효과

(1) 종국결정의 기본적 유형

1) 소송판결과 본안판결

소송(訴訟)판결은 위헌법률심판청구가 적법요건을 갖추지 못하면 부적법(不適法)하다하여 각하(却下)하는 결정으로서, 심판절차종료선언(審判節次終了宣言)도 소송판결의 일종이다.

본안(本案)판결은 위헌법률심판청구가 적법요건을 갖추어 심리한 후 청구의 전부 또는 일부에 대하여 인용(認容) 또는 기각(棄却)을 내용으로 하는 결정으로서 위헌법률심판에서는 법원의 위헌법률심판의 제청에 대하여 위헌여부를 판단하며, 위헌심사형헌법소원의 경우 인용결정은 결국 위헌결정이며, 기각결정은 합헌결정을 의미한다. 그러나 헌법재판소는 본안결정을 위헌여부에만 국한하지 않고 다양한 변형결정을 활용하고 있다.

2) 본안결정의 유형

현행헌법 제111조 제1항 제1호(헌법재판소는 다음 사항을 관장한다. 1. 법원의 제청에 의한 법률의 위헌여부 심판), 제113조 제1항('헌법재판소에서 법률의 위헌결정……을 할 때에는 재판관 6인 이상의 찬성이 있어야 한다) 그리고 헌법재판소법 제45조(헌법재판소는 제청된 법률 또는 법률조항의 위헌여부만을 결정한다……)는 위헌법률심판의 결과를 '합헌결정'과 '위헌결정'의 두 가지로만 규정하고 있지만, 헌법재판소는 법률의 위헌성이 인정됨에도 불구하고 헌법합치적 해석의 필요, 입법자의 입법형성권 존중, 법적 공백으로 인한 혼란의 방지 등을 위하여 다양한 변형결정을 내놓고 있다. 변형결정의 예로는 헌법불합치결정, 한정위헌결정, 한정합헌결정 등이 있다. 따라서 헌법재판소의 종국결정의 유형은 크게 각하결정, 합헌결정, 단순위헌결정 그리고 변형결정으로서 헌법불합치결정, 한정위헌결정, 한정합헌결정을 들 수 있다.

특히 헌법재판소는 한정합헌결정과 한정위헌결정을 모두 부분위헌 혹은 질적 일부위헌이라고 설명하고 합헌적인 한정축소해석(한정합헌)은 위헌적인 해석가능성과 그에 따른 법적용을 소극적으로 배제한 것이고, 적용범위의 축소에 의한 한정적 위헌선언(한정위헌)은 위헌적인 법적용 영역과 그에 상응하는 해석가능성을 적극적으로 배제한다는 뜻에서 다 같이 유사한 위헌결정의 한 유형으로 보고 있다.

■ 참고

- 위헌법률심판사건 누계표 (2009년 11월 현재) -

접수	합계	처 리										취하	미제
		결 정						인용	합헌	기각	각하	기타		
		계	위헌	헌법불합치	한정위헌	한정합헌							
620	580	474 <190>	137 <136>	45 <31>	15 <9>	7 <14>	-	240	-	30	-	106	40

주: <>는 심판대상법률조문의 숫자임.
(출처: 헌법재판소 홈페이지)

(2) 위헌선언의 범위

헌법재판소의 위헌결정의 범위는 심판대상과 일치하는 것이 원칙이다. 심판대상이 헌법재판소에 의하여 확장된 경우에 위헌선언의 범위가 그 법률 또는 법률조항에까지 미치는 것은 당연하다. 즉, 심판대상이 된 법률조항 중 일정한 법률조항이 위헌선언된 경우, 같은 법률의 그렇지 아니한 다른 법률조항들은 효력을 유지하는 것이 원칙이다. 그러나 헌법재판소법 제45조 단서는 "법률조항이 위헌결정으로 인하여 당해 법률 전부를 시행할 수 없다고 인정될 때에는 그 전부에 대하여 위헌의 결정을 할 수 있다"고 하여 위헌선언의 범위의 확장을 명문으로 허용하고 있다. 그러므로 법률조항들이 법적으로 독립된 의미를 가지지 못하거나, 극히 밀접한 관계에 있어서, 전체적·종합적으로 양자가 분리될 수 없는 일체를 형성하고 있는 경우, 위헌인 법률조항만을 위헌선언하게 되면 전체규정의 의미와 정당성이 상실되는 때에는 다른 법률조항 내지 법률전체를 위헌선언할 수 있다.

◆ 헌재판례

1. '반국가행위자의 처벌에 관한 특별조치법'의 예: 이들 법률조항들이 이미 실효된 제11조와 함께 특조법의 핵심적인 규정들이라 할 것인데, 핵심적인 규정들이 시행이 불가능하므로 특조법 전체가 그 존재의미를 상실하게 되고 그 전체가 시행할 수 없는 경우라 할 것이다(헌재 1996. 1. 25. 95헌가5).

2. 심판대상 법률조항과 특별한 관계가 있는 법률조항도 계속 적용할 수 없는 경우에는 그에 대하여도 위헌결정을 할 수 있다고 보아야 한다(헌재 1991. 11. 25. 91헌가6).

3. 비례대표국회의원의석의 배분방식 및 1인 1표제 위헌 여부 사건에서, 지역구국회의원의 득표비율에 따른 비례대표국회의원배분(공선법 제189조 제1항)이 위헌이라면, 득표비율의 산출방법과 산출 결과에 근거하여 의석을 배분하는 방법을 규정한 조항들(동조 제2항 내지 제7항)은 독자적인 규범적 존재로서의 의미를 잃게 되므로, 법적 명확성을 기하는 입장에서 함께 위헌선언을 하였다(공선법 제183조 1인1표사건, 헌재 2001. 7. 19. 2000헌마91 등).

(3) 위헌결정의 효력의 시간적 범위

1) 장래효 원칙

위헌으로 결정된 법률 또는 법률의 조항은 그 결정이 있는 날로부터 효력을 상실한다. 다만, 형벌에 관한 법률 또는 법률의 조항은 소급하여 그 효력을 상실한다(법 제47조 제2항). 구체적 타당성이나 평등의 원칙이 완벽하게 실현되지 않더라도 헌법의 법치주의 원칙인 법적 안정성 내지 신뢰보호의 원칙에 의하여, 형벌법규를 제외하고는 법적 안정성을 더 높이 평가하고 있다

2) 예외적 소급효

① 법정 소급효

형벌법규는 원칙적으로 소급효를 가지며(법 제47조 제2항 단서), 이에 근거한 유죄의 확정판결에 대하여는 재심을 청구할 수 있으며(동조 제3항), 형사소송법의 규정이 준용된다(동조 제4항). 즉 집행종료 여부와 관계없이, 재심청구를 통하여 유죄의 확정판결을 다툴 수 있을 뿐이며, 유죄판결이 당연무효되거나 집행이 정지 내지는 금지되는 효력을 갖는 것은 아니다.

그리고 소급효인정은 형사실체법 규정에 한하며, 형사소송법 등 절차규정에 대한 위헌선언의 경우에는 소급효가 인정되지 않으며(헌재 1992. 12. 24. 92헌가8), 형벌법규에 소급효를 인정하더라도 형사처벌을 받지 않았던 자들을 소급하여 처벌할 수는 없다(헌재 1997. 1. 16. 90헌마110).

② 해석에 의한 소급효

헌법재판소는 예외적으로 해석에 의하여 소급효를 인정하고 있다. 즉 구체적 규범통제의 실효성을 보장하고, 구체적 타당성의 요청은 현저하지만 법적 안정성의 침해의 우려가 없는 경우 등에는 소급효를 인정하였다. 상술하면 법원의 제청·헌법소원의 청구 등을 통하여 헌법재판소에 법률의 위헌결정을 위한 계기를 부

여한 당해 사건, 위헌결정이 있기 전에 이와 동종의 위헌여부에 관하여 헌법재판소에 위헌제청을 하였거나 법원에 위헌제청신청을 한 경우의 당해 사건, 그리고 따로 위헌제청신청을 하지 아니하였지만, 당해 법률 또는 법률조항이 재판의 전제가 되어 법원에 계속 중인 사건이 여기에 해당한다.

③ 대법원의 입장

대법원도 판례로서 적극적으로 소급효를 인정하여, 위헌결정 이후에 제소된 일반사건에도 미친다고 하여 전면적으로 소급효를 인정하는 것을 원칙으로 보았다(대판 1992. 2. 15. 선고 91누1462). 그러나 예외적으로 다른 법리(법적 안정성이나 당사자의 신뢰보호 등)에 의하여 소급효는 제한된다고 보아(대판 1994. 10. 25. 선고 93다42740), 금고 이상의 형의 선고유예를 받은 경우에 공무원에서 당연퇴직하는 것을 규정한 구 지방공무원법(법률 제6786호로 개정되기 전) 제61조 중 제31조 제5호 부분에 대한 헌법재판소의 위헌결정(헌재 2002. 8. 29. 2001헌마788)의 소급효를 부인하였으며, 종래의 법령에 형성된 공무원관계에 대한 법적 안정성과 신뢰보호의 요청이 현저히 우월하다는 이유로 소급효를 제한하였다(대판 2005. 11. 10. 선고 2005두5629).

◆ 헌재판례

1. 소급효가 인정되는 사건의 범위: 당해사건, 위헌결정 전에 동종의 사안으로 헌법재판소에 위헌법률심판을 제청하였거나 법원에 위헌법률심판제청신청을 한 사건, 위헌제청은 하지 않았으나 당해 법률 또는 법률조항이 전제가 되어 법원에 계속중인 사건, 위헌결정 이후에 동일한 이유로 제소된 일반사건에 대하여 소급효를 인정하고 있다(법원은 소위 병존효를 인정하고 있다. 대판 1994. 9. 27. 94다22309).

2. 소급효가 인정되는 사안의 예: 당사자의 권리구제를 위한 구체적 타당성의 요청은 현저한 반면, 소급효를 인정하여도 법적 안정성을 침해할 우려가 없고, 구법에 의하여 형성된 그 밖의 기득권이 해쳐질 사안이 아닌 경우로서, 소급효의 부인이 오히려 정의와 형평 등 헌법적 이념에 심히 배치되는 때에는 소급효를 인정할 수 있다고 판시하였다(헌재 1993. 5. 13. 92헌가10 등).

3. 위헌확인 헌법소원에서 심판대상을 법률뿐만 아니라 동 시행령규정에 까지 확장한 판례: 청구인들은 재외동포법 제2조 제2호만을 심판대상으로 적시하였으나, 재외동포법시행령 제3조는 재외동포법 제2조 제2호의 규정을 구체화하는 것으로서 양자가 일체를 이루어 동일한 법률관계를 규율대상으로 하고 있고, 시행령규정은 모법규정을 떠나 존재할 수 없으므로 이 사건의 심판대상을 동 시행령규정에까지 확장함이 상당하고, 정부수립이전이주동포를 적용대상에서 결정적으로 제외하는 재외동포법시행령 제3조 제2호가 포함되어야 함은 물론이고, 청구인들은 재외동포법이 외국국적동포들에게 혜택을 부여하는 입법을 하였음에

도 자신들에게 혜택을 부여하지 아니한 부진정입법부작위를 평등원칙에 근거하여 다투는 것임에 비추어, 재외동포법시행령 제3조 제1호도 포함하여야 한다(헌재 2001. 11. 20. 99헌마494, 재외동포의출입국과법적지위에관한법률 제2조 제2호 위헌확인의 헌법불합치결정)

(4) 단순위헌결정 이외의 위헌결정

1) 한정합헌·한정위헌결정

위헌적인 결과가 될 해석을 배제하면서 합헌적인 면은 살려야 한다는 것이 합헌적 법률해석의 원리이다(국가보안법상 찬양·고무죄 사건, 헌재 1990. 4. 2. 89헌가113). 이러한 합헌적 법률해석의 산물이 바로 한정합헌·한정위헌결정이다. 즉 한편으로는 합헌으로, 다른 한편으로는 위헌으로 판단될 수 있는 등 다의적인 해석가능성이 있을 때, 한정축소적 해석을 통하여 합헌적인 일정한 범위 내의 의미내용을 확정하여 이것이 그 법률의 본래적인 의미이며 그 의미 범위 내에 있어서는 합헌이라고 결정할 수 있고(한정합헌결정), 또 하나의 방법으로는 위와 같은 합헌적인 한정축소적 해석의 영역 밖에 있는 경우에까지 법률의 적용범위를 넓히는 것은 위헌이라는 취지로 법률의 문언 자체는 그대로 둔 채 위헌의 범위를 정하여 한정위헌결정을 선고할 수도 있다(재판소원허용사건, 헌재 1997. 12. 24. 96헌마172). 특히 한정합헌은 위헌적인 법문을 제거하는 방법을 통해서가 아니라 위헌적인 해석방법을 배제함으로써 위헌성을 제거한다는 의미에서 질적(質的)인 일부위헌결정의 일종이다(군사기밀누설 사건, 헌재 1992. 2. 25. 89헌가104).

헌법은 제101조에서 법원에 사법권을 위임함으로써 일차적이고 원칙적인 법률해석권한을 부여하고 있다. 그러므로 법원의 법률해석과 헌법재판소의 법률해석권 사이에 불일치와 충돌이 발생할 경우가 있다. 이에 대하여 헌법재판소는 만약 헌법재판소가 법원의 위헌적 법률해석을 배척한다면, 이는 법률에 대한 위헌심사권을 행사한다는 관점에서 정당하다고 보고, 합헌적인 법률해석에 관한 최종적인 결정권은 헌법재판소에 귀속된다고 본다 이러한 논거에 따르면 헌법재판소가 심판절차에서 합헌적 법률해석을 통하여 그 결과로서 한정합헌·한정위헌결정을 내리면, 법 제47조 제1항에 따라 법원을 비롯한 모든 국가기가관이 그에 구속을 받는다고 볼 수 있다.

그러나 대법원은 헌법재판소의 한정위헌결정은 헌법재판소의 결정에도 불구하고 법률이나 법률조항은 그 문언이 전혀 달라지지 않은 채 그냥 존속하고 있는 것이므로 법률해석에 불과하므로 법원을 구속하는 효력이 없다고 주장하며, 또한 구체적 사건에 있어서 당해 법령의 해석·적용 권한은 바로 사법권의 본질적 내용을 이루는 것으로서, 전적으로 대법원을 최고법원으로 하는 법원에 전속하는 것이라고 판시하였다(대판 1996. 4. 9. 95누11405, 증여세등부과처분취소). 그러나 헌법재판소는 한정위헌결정도 위헌결정으로서 당연히 기속력을 가진다는 이유로 '대법원 1996. 4. 9. 선고, 95누11405 판결은 청구인의 재산권을 침해한 것이므로 이를 취소한다'고 판시하였다(재판소원허용사건, 헌재 1997. 12. 24. 96헌마172).

그러나 대법원은 여전히 법률 또는 법률조항 자체의 효력을 상실시키는 위헌결정은 기속력이 있지만, 한정위헌결정과 같은 해석기준을 제시하는 형태의 헌법재판소 결정은 기속력을 인정할 근거가 없다고 판시하며 기존의 입장을 유지하고 있다(대판 2001. 4. 27. 95재다14, 구상금판결).

❊ 대법원판례

1. 헌법재판소의 결정이 그 주문에서 당해 법률이나 법률조항의 전부 또는 일부에 대하여 위헌 결정을 선고함으로써 그 효력을 상실시켜 법률이나 법률조항이 폐지되는 것과 같은 결과를 가져온 것이 아니라 그에 대하여 특정의 해석기준을 제시하면서 그러한 해석에 한하여 위헌임을 선언하는, 이른바 한정위헌 결정의 경우에는 헌법재판소의 결정에 불구하고 법률이나 법률조항은 그 문언이 전혀 달라지지 않은 채 그냥 존속하고 있는 것이므로 이와 같이 법률이나 법률조항의 문언이 변경되지 아니한 이상 이러한 한정위헌 결정은 법률 또는 법률조항의 의미, 내용과 그 적용범위를 정하는 법률해석이라고 이해하지 않을 수 없다. 그런데 구체적 사건에 있어서 당해 법률 또는 법률조항의 의미·내용과 적용범위가 어떠한 것인지를 정하는 권한 곧 법령의 해석·적용 권한은 바로 사법권의 본질적 내용을 이루는 것으로서, 전적으로 대법원을 최고법원으로 하는 법원에 전속한다. 이러한 법리는 우리 헌법에 규정된 국가권력분립구조의 기본원리와 대법원을 최고법원으로 규정한 헌법의 정신으로부터 당연히 도출되는 이치로서, 만일 법원의 이러한 권한이 훼손된다면 이는 헌법 제101조는 물론이요, 어떤 국가기관으로부터도 간섭받지 않고 오직 헌법과 법률에 의하여 그 양심에 따라 독립하여 심판하도록 사법권 독립을 보장한 헌법 제103조에도 위반되는 결과를 초래한다. 그러므로 한정위헌 결정에 표현되어 있는 헌법재판소의 법률해석에 관한 견해는 법률의 의미·내용과 그 적용범위에 관한 헌법재판소의 견해를 일응 표명한 데 불과하여 이와 같이 법원에 전속되어 있는 법령의 해석·적용 권한에 대하여 어떠한 영향을 미치거나 기속력도 가질 수 없다(대판 1996. 4. 9. 95누11405, 증여세등부과처분취소).

2. 헌법재판소법에서 헌법재판소로 하여금 제청된 법률 또는 법률조항의 위헌 여부만을 결정하도록 하고(제45조), 법률의 위헌결정에 기속력을 부여하면서(제47조 제1항) 위헌으로 결정된 법률 또는 법률조항은 효력을 상실하도록 규정하고 있으므로(제47조 제2항), 법률 또는 법률조항 자체의 효력을 상실시키는 위헌결정은 기속력이 있지만, 한정위헌결정과 같은 해석기준을 제시하는 형태의 헌법재판소 결정은 기속력을 인정할 근거가 없다(대판 2001. 4. 27. 95재다14, 구상금판결).

◆ 헌재판례

1. 헌법재판소의 법률에 대한 위헌결정에는 단순위헌결정은 물론, 한정합헌, 한정위헌결정과 헌법불합치결정도 포함되고 이들은 모두 당연히 기속력을 가진다. 이 사건 대법원판결은 헌법재판소가 이 사건 법률조항에 대하여 한정위헌결정을 선고함으로써 이미 부분적으로 그 효력이 상실된 법률조항을 적용한 것으로서 위헌결정의 기속력에 반하는 재판임이 분명하므로 이에 대한 헌법소원은 허용된다 할 것이고, 또한 이 사건 대법원판결로 말미암아 청구인의 헌법상 보장된 기본권인 재산권 역시 침해되었다 할 것이다. 따라서 이 사건 대법원판결은 헌법재판소법 제75조 제3항에 따라 취소되어야 마땅하다(재판소원허용 사건, 헌재 1997. 12. 24. 96헌마172).

2. 한정합헌결정의 의미: 이 사건에 있어 관여 재판관의 평의의 결과는 단순합헌 의견 3, 한정합헌 의견 1의 비율인바, 한정합헌 의견은 질적 일부위헌 의견이기 때문에 전부위헌 의견도 일부위헌 의견의 범위내에서는 한정합헌 의견과 견해를 같이 한 것이라 할 것이므로 이를 합산하면 헌법재판소법 제23조 제2항 제1호 소정의 위헌결정정족수에 도달하였다고 할 것이며 그것이 주문의 의견이 되는 것이다. 이 사건 주문 중 "……그러한 해석하에 헌법에 위반되지 아니한다."라는 문구의 취지는 군사기밀보호법 제6조, 제7조, 제10조, 제2조 제1항 소정의 군사상의 기밀의 개념 및 그 범위에 대한 한정축소해석을 통하여 얻어진 일정한 합헌적 의미를 천명한 것이며 그 의미를 넘어선 확대해석은 바로 헌법에 합치하지 아니하는 것으로서 채택될 수 없다는 것이다(헌재 1992. 2. 25. 89헌가104, 군사기밀보호법 제6조 등에 대한 위헌심판).

2) 헌법불합치결정

헌법불합치결정은 법 제47조 제1항에 정한 위헌결정의 일종으로서(국회의원입후보기탁금 사건, 헌재 1989. 9. 8. 88헌가6), 입법자의 형성권을 존중하여, 원칙적으로는 법률의 위헌성을 확인하되 그 형식적(形式的) 존속(存續)을 유지시키면서(형식적 효력 내지 잠정적 효력 유지), 입법자에게 법률의 위헌성을 제거할 의무(義務)를 부과하고(입법의무 부과) 입법자의 입법개선이 있기까지 국가기관으로 하여금 위헌적 법률의 적용(適用)을 중지(中止)시킴으로써(적용금지와 절차중지) 개선된 신법의 적용을 명하는 효력을 갖는다(개정법률의 소급적용). 물론 불합치상태를 제거하기 위한 여러 가지 가능한 방법 중 어느 것을 선택할 것인가는 입법권자의 재량에 속한다(친생부인의 소 제소기간제한 사건, 헌재 1997. 3. 27. 95헌가14 등).

헌법재판소가 위헌결정을 통하여 위헌적 법률을 제거할 수 있지만, 스스로 합헌적 상태를 실현할 수 없으므로, 헌법재판소의 헌법불합치결정은 입법자에게 위헌적 상태를 조속한 시일 내에 제거해야 할 입법개선의무를 수반하게 되며, 따라서 입법자에 대한 입법촉구결정을 포함하게 된다. 그리고 헌법불합치결정이 선언된 법률(조항)은 그 적용이 금지되며, 법적용기관에 계류 중인 절차의 중지라는 형태로 나타난다.

또한 헌법재판소가 위헌적 상태의 제거에 관한 최종적인 결정을 입법자에게 미루고 있으므로, 법원은 입법자의 최종결정을 기다려 그에 따라 판단을 해야 하는 것이다. 다만, 헌법재판소가 입법개선의 시한을 명시한 경우에, 입법개선 시한까지 개정이 이루어지지 않은 경우에는 당해 조항은 효력을 상실하므로, 그 때까지 소송이 계속중이라면 그 재판에서 적용이 배제될 것이다.

그리고 헌법불합치결정의 소급효는 위헌결정의 경우와 같다. 따라서 개정된 법률이 소급적용되는 범위는 위헌결정에서 소급효가 인정되는 범위와 같다.

◆ 헌재판례

1. 절차의 중지: 헌법불합치결정이 있는 경우 행정관청과 법원은 원칙적으로 그들에게 계류된 절차를 개선입법이 있을 때까지 중지하여야 한다(헌재 2004. 1. 29. 2002헌가22).

2. 개정법률의 소급적용: 결정의 효력이 소급적으로 미치게 되는 모든 사건이나 앞으로 이 사건 법률조항을 적용하여 행할 부과처분에 대하여는 법리상 이 결정 이후 입법자에 의하여 위헌성이 제거된 새로운 법률조항을 적용하여야 한다(법인세특별부가세 사건, 헌재 2000. 1. 27. 96헌바95 등).

3. 위헌결정의 잠정적용
- 위헌결정으로 법적 공백이나 혼란을 초래하여, 종래의 법적 상태보다 더욱 헌법질서에서 멀어지는 법적 상태의 발생을 방지하기 위하여 헌법재판소는 불합치결정의 시점과 개정법률의 발효시점 사이의 기간 동안 위헌법률의 잠정적인 적용을 명할 수 있다(특허쟁송절차 사건, 헌재 1995. 9. 28. 92헌가11 등).
- 도시계획을 시행하기 위해서는 계획구역 내의 토지소유자에게 행위제한을 부과하는 법규정이 반드시 필요하므로 법률조항을 입법개선 시까지 잠정적으로 적용하는 것이 바람직하다고 판시하였다(도시계획시설지정 사건, 헌재 1999. 10. 21. 97헌바26).
- 방송수신료 규정을 위헌선언하면 공사가 수신료를 징수할 수 없게 되어 공영방송사업의 재정에 심각한 타격을 주게 되므로 잠정적으로 적용하도록 하였다(텔레비전방송수신료 사건, 헌재 1999. 5. 27. 98헌바70).
- 호주제 관련 조항들이 그대로 위헌선언되면, 신분관계를 공시·증명하는 공적 기록에 대한 중대한 공백이 발생하게 되므로, 호주제를 전제하지 않는 새로운 호적체계로 호적법을 개정할 때까지 심판대상조항들을 잠정적으로 계속 적용케 하기 위하여 헌법불합치결정을 선고하였다(호주제 사건, 헌재 2005. 2. 3. 2001헌가9 등).

3) 단순위헌결정 이외의 위헌결정의 기속력

변형결정도 모두 위헌결정의 일종이므로, 모두 법 제47조 제1항에 의하여 기속력을 가진다. 그리고 한정합헌은 위헌적인 해석가능성과 그에 따른 법적용을 소극적(消極的)으로 배제하는 것이고, 한정위헌결정은 위헌적인 해석가능성과 그에 상응하는 법적용 영역을 적극적(積極的)으로 배제한다는 뜻에서 차이가 있을 뿐 본질적으로는 다 같은 위헌결정이고, 헌법불합치결정은 심판의 대상인 법률조항은 개정입법 시까지 형식적으로 계속 존속하나, 헌법재판소에 의한 위헌성 확인의 효력은 그 기속력을 가지는 것이다. 또한 법률문언의 변화와 헌법재판소의 결정의 기속력은 상관관계가 있는 것은 아니다(재판소원허용 사건, 헌재 1997. 12. 24. 96헌마172).

II. 탄핵심판권

1. 의의

(1) 개념

탄핵제도는 일반사법절차 즉 형사처벌 또는 보통의 징계 절차로는 법적 책임을 묻기 어려운 고위 공직자나 헌법상 독립된 기관의 신분이 보장된 특수한 직위에 있는 공무원이 직무와 관련해 헌법이나 법률에 위반할 때, 국회가 해당 공무원을 탄핵의결(탄핵소추)하면 헌법재판소가 탄핵재판(탄핵심판)을 통해 그 공무원을 해당 공직에서 파면하여 그 법적 책임을 추궁하는 제도이다. 현행헌법 제65조와 제111조 제1항 제2호, 헌법재판소법 제2조 제2호, 제4장 제2절 제48조 내지 제54조, 국회법 제11장 제130조 내지 제134조 등에서 규정하고 있다.

(2) 연혁

탄핵심판제도의 기원은 정치적 범죄자나 고위공직자를 그리스의 민회(民會)나 로마의 원로원 등에서 심판하고 처벌하였던 제도로부터 찾을 수 있다. 그러나 고위공직자들의 비행과 부정을 통제하고 국민의 대표기관이 탄핵소추를 담당하는 근대적 의미의 탄핵제도는 영국에서 시작되었다. 14세기 말 헨리4세법(The Statute I Henry IV. c.14)을 통하여 "하원이 소추하고 상원이 이를 심리한다"는 탄핵심판의 원칙이 확립되었으며, 1805년 멜빌(D. H. Melville)사건이 있기까지 무려 70여건의 탄핵소추가 이루어졌다. 이러한 영국의 탄핵제도가 미국헌법에 전파되면서 전세계적으로 일반화되었다. 미국에서는 1776년의 버지니아주헌법과 사우스캐롤라이나주 헌법 그리고 1780년의 매사츄세츠주헌법 등으로 계승되었다가, 1787년에 제정된 미국연방헌법에서 최초로 실정헌법화 되었다.

대체로 탄핵제도는 영국형과 미국형으로 구별할 수 있다. 영국형은 탄핵대상의 직무상의 범죄에 대하여 형벌을 부과한 것으로서 범죄의 성질에 따라 사형, 추방, 벌금, 몰수, 금고 또는 단순한 파면이나 공직취임자격의 박탈 등의 제재를 가할 수 있으며, 미국형은 공직에서의 파면만을 제재수단으로 삼고 있다.

탄핵제도는 건국헌법이래 현행헌법까지, 탄핵심판의 관장기관은 상이하였지만, 탄핵소추기관과 탄핵사유 그리고 탄핵효과는 항상 동일하게 유지되어 왔다. 즉 우리 헌정사에 있어서 탄핵소추권은 항상 국회의 권한이었으며, 탄핵사유는 직무집행과 관련하여 헌법과 법률을 위배하였을 것을 요구하였다. 그리고 탄핵의 효과는 공직에서 파면함에 그치고, 민사상이나 형사상 책임이 면제되지는 않았다. 그러나 탄핵심판권은 제1공화국에서는 탄핵재판소, 제2공화국에서는 헌법재판소, 제3공화국에서는 탄핵심판위원회, 제4·5공화국에서는 헌법위원회 그리고 제6공화국인 현행헌법에서는 헌법재판소의 권한에 속하였다.

(3) 제도적 의의 및 법적성격

탄핵심판의 대상은 대통령·국무총리·국무위원·행정각부의 장·헌법재판소 재판관·법관·중앙선거관리위원회 위원·감사원장·감사위원 기타 법률이 정한 공무원(제65조 제1항)이다. 대통령은 형사소추권을 가진 검사가 소속된 행정부의 수반(제66조 제4항)이기에 소추를 기대하기 어렵고, 국무총리와 국무위원 등은 국회의 해임건의 대상(제63조 제1항)에 불과하며, 법관 등에게도 형사소추를 기대하기 어려우므로, 이들의 직무상 행위가 헌법과 법률에 위반될 때 탄핵제도에 의하여 법적 책임을 물을 수 있다는 데 그 제도적 의의가 있다.

따라서 이러한 법적 책임을 추궁하는 것은 고위공직자에 의한 헌법침해로부터 헌법을 보호하는 기능과 국민의 대의기관인 의회가 가지는 국정통제기능을 한다. 즉 탄핵제도의 법적 성격은 권력통제수단으로서, 헌법보호수단으로서의 고위공직자에 대한 법적 책임을 묻는 특별한 헌법재판절차이다.

탄핵심판에서 추궁하는 책임이 정치적 책임인가 법적 책임인가에 대한 논의가 있으나, 헌법 제65조 제1항은 '직무집행에 있어서 헌법이나 법률을 위배한 때'라고 명시적으로 밝히고 있으며, 또한 헌법재판소가 탄핵심판을 관장하고 있으므로 정치적 심판절차가 아닌 규범적 심판절차로서(헌재 2004. 5. 14. 2004헌나1), 법적 책임을 묻는 것이라고 보아야 한다. 그리고 탄핵심판결정의 효과도 형사처벌의 성질을 갖는 것이 아니라, 공직에 파면함에 그치는 징계벌적 성질을 갖는다.

2. 탄핵대상과 사유

(1) 탄핵대상

헌법은 탄핵대상으로 '대통령·국무총리·국무위원·행정각부의 장·헌법재판소 재판관·법관·중앙선거관리위원회 위원·감사원장·감사위원'을 명시하고 '기타 법률이 정한 공무원'이라고 하여 추가되는 대상의 선정은 국회에 위임하고 있다. 기타 법률이 정하는 공무원으로는 검찰청법에 의한 검사(검찰청법 제37조), 경찰법에 의한 경찰청장(경찰법 제11조 제6항), 선거관리위원회 위원(선거관리위원회법 제9조) 및 방송통신위원회 위원장(방송통신위원회의 설치 및 운영에 관한 법률 제6조)을 들 수 있다. 그리고 탄핵대상의 직에 대한 권한대행자 내지는 직무대행자도 대상이 된다고 하겠다. 국회의원은 탄핵대상에 포함되지 않으나, 국회의원이 탄핵대상이 될 수 있는 직을 겸할 때에는 겸한 직의 직무집행과 관련된 사유로 탄핵대상이 될 수 있다.

➡ 참고

검찰청법 제37조 검사는 탄핵이나 금고 이상의 형을 선고받은 경우를 제외하고는 파면되지 아니하며, 징계처분이나 적격심사에 의하지 아니하고는 해임·면직·정직·감봉·견책 또는 퇴직의 처분을 받지 아니한다.
경찰법 제11조 ⑥ 경찰청장이 그 직무집행에 있어서 헌법이나 법률을 위배한 때에는 국회는 탄핵의 소추를 의결할 수 있다.
선거관리위원회법 제9조 각급선거관리위원회의 위원은 다음 각호의 1에 해당할 때가 아니면 해임·해촉 또는 파면되지 아니한다.
2. 탄핵결정으로 파면된 때

(2) 탄핵사유

헌법 제65조 제1항과 헌법재판소법 제48조는 탄핵사유를 '그 직무집행에 있어서 헌법이나 법률을 위배한 때'라고 규정하고 있다. 따라서 탄핵사유의 요건을 분설하여 보면, '직무집행(職務執行)'에 관한 것이야 하며, '헌법이나 법률'에 위배하고, 또한 '위배한 행위'이어야 한다.

　이러한 탄핵사유의 의미에 대하여 헌법재판소는 '직무집행에 있어서'의 '직무'란, 법제상 소관 직무에 속하는 고유 업무 및 통념상 이와 관련된 업무를 말한다. 따라서 직무상의 행위란, 법령·조례 또는 행정관행·관례에 의하여 그 지위의 성질상 필요로 하거나 수반되는 모든 행위나 활동을 의미한다. 헌법은 탄핵사유를 "헌법이나 법률에 위배한 때"로 규정하고 있는데, '헌법'에는 명문의 헌법규정뿐만 아니라 헌법재판소의 결정에 의하여 형성되어 확립된 불문헌법도 포함된다. '법률'이란 단지 형식적 의미의 법률 및 그와 동등한 효력을 가지는 국제조약, 일반적으로 승인된 국제법규 등을 의미한다"고 하였다(헌재 2004. 5. 14. 2004헌나1, 대통령 노무현 탄핵).

　전직(前職)의 행위와, 전직(轉職)되기 전의 행위에 대해서도 책임을 져야 하는가에 대해서는 긍정설과 부정설이 나뉘어 있다. 현행헌법하에서의 탄핵심판의 효과가 '공직으로부터 파면함'에 그친다고 하여 탄핵의 징계처분적 성격을 명백히 밝히고 있으므로 부정설이 타당하다고 하겠다. 그러나 '서리'의 신분으로 행한 직무집행행위와 탄핵소추절차가 개시된 후에 임명권자가 전직(轉職)시킨 경우 그리고 탄핵대상인 직위에서 탄핵대상인 직위로의 전직(轉職)의 경우(예: 국무위원에서 국무총리로의 전직, 검사 등에서 대법관으로의 전직 등)에는 책임을 져야한다고 보는 것이 탄핵제도의 취지에 적합하다고 하겠다.

　다만, 탄핵사유에 대해서 포괄적으로 규정하고 있기 때문에, 직무집행에 있어서 헌법과 법률에 위배한 행위라면 위배한 '모든 행위'가 탄핵대상에게 동일하게 적용되어야 하는가에 대해서는 견해가 달라진다. 이에 대하여 헌법재판소는 헌법재판소법 제53조 제1항의 '탄핵심판청구가 이유 있는 때'의 해석과 관련하여 법익형량의 원칙의 견지에서 모든 법위반의 경우가 아니라, 단지 공직자의 파면을 정당화할 정도로 '중대한' 법위반의 경우로 보았다. 그리고 탄핵대상에 대하여 일률적으로 동일한 기준을 가지고 탄핵할 것인가도 문제가 된다. 즉 일반 법관과 대통령에 대한 탄핵사유를 구별할 것인가도 문제되나 현행헌법은 특별한 규정을 두고 있지 않아서 논란의 여지가 있지만, 이 부분은 심대하게 헌법과 법률을 위반한 경우로 판단해야 한다는데 의견이 일치하고 있다. 그러나, 정치적으로 악용될 여지가 있으므로, 미국의 '반역죄와 수뢰죄, 기타의 중대한 범죄와 비행', 독일의 '기본법 또는 그 밖의 연방법률의 고의적 침해'라는 규정처럼 현재의 규정보다는 좀더 구체적으로 규정할 필요가 있다는데에도 의견이 일치되어 있다.

◆ 헌재판례

1. 헌법재판소법은 제53조 제1항에서 "탄핵심판청구가 이유 있는 때에는 헌법재판소는 피청구인을 당해 공직에서 파면하는 결정을 선고한다."고 규정하고 있는데, 위 규정은 헌법 제65조 제1항의 탄핵사유가 인정되는 모든 경우에 자동적으로 파면결정을 하도록 규정하고 있는 것으로 문리적으로 해석할 수 있으나, 직무행위로 인한 모든 사소한 법위반을 이유로 파면을 해야 한다면, 이는 피청구인의 책임에 상응하는 헌법적 징벌의 요청 즉, 법익형량의 원칙에 위반된다. 따라서 헌법재판소법 제53조 제1항의 '탄핵심판청구가 이유 있는 때'란, 모든 법위반의 경우가 아니라, 단지 공직자의 파면을 정당화할 정도로 '중대한' 법위반의 경우를 말한다.

2. '법위반이 중대한지' 또는 '파면이 정당화되는지'의 여부는 그 자체로서 인식될 수 없는 것이므로, '법위반이 어느 정도로 헌법질서에 부정적 영향이나 해악을 미치는지의 관점'과 '피청구인을 파면하는 경우 초래되는 효과'를 서로 형량하여 탄핵심판청구가 이유 있는지의 여부 즉, 파면여부를 결정해야 한다.

한편, 대통령에 대한 파면결정은, 국민이 선거를 통하여 대통령에게 부여한 '민주적 정당성'을 임기 중 다시 박탈하는 효과를 가지며, 직무수행의 단절로 인한 국가적 손실과 국정공백은 물론이고, 국론의 분열현상 즉, 대통령을 지지하는 국민과 그렇지 않은 국민간의 분열과 반목으로 인한 정치적 혼란을 가져올 수 있다. 따라서 대통령에 대한 파면효과가 이와 같이 중대하다면, 파면결정을 정당화하는 사유도 이에 상응하는 중대성을 가져야 한다.

'대통령을 파면할 정도로 중대한 법위반이 어떠한 것인지'에 관하여 일반적으로 규정하는 것은 매우 어려운 일이나, 대통령의 직을 유지하는 것이 더 이상 헌법수호의 관점에서 용납될 수 없거나 대통령이 국민의 신임을 배신하여 국정을 담당할 자격을 상실한 경우에 한하여, 대통령에 대한 파면결정은 정당화되는 것이다(헌재 2004. 5. 14, 2004헌나1, 대통령(노무현) 탄핵).

3. 탄핵소추

(1) 소추기관

탄핵소추기관은 대의기관인 국회이다. 따라서 탄핵소추는 탄핵소추대상자가 직무집행과 관련하여 헌법과 법률에 위배한 행위에 대하여 국민에 대하여 법적 책임을 지는 의미를 갖는다. 그리고 소추위원은 국회의 법제사법위원장이 된다(법 제49조 제1항).

(2) 소추발의와 의결

탄핵소추의 발의는 대통령의 경우에는 국회재적의원 과반수의 발의가 있어야 하며, 기타의 대상자인 고급공무원에 대해서는 국회재적의원 3분의 1 이상의 발의가 있어야 한다. 그리고 소추의결은 대통령은 국회재적의원 3분의 2 이상의 찬성이 있어야 하며, 기타 고급공무원은 국회재적의원 과반수의 찬성에 의하여 의결된다.

(3) 소추의결의 효과

탄핵소추의 의결을 받은 자는 탄핵심판이 있을 때까지 그 권한행사가 정지된다(제65조 제3항, 법 제50조). 권한행사가 정지된 상태에서 피소추자의 사직원을 접수하거나 해임할 수 없다. 그리고 피청구인에 대한 탄핵심판청구와 동일한 사유로 형사소송이 진행되고 있는 때에는 재판부는 심판절차를 정지할 수 있다(법 제51조).

4. 탄핵심판

(1) 탄핵심판기관

탄핵심판기관은 상원(영국, 미국 등 양원제국가) 혹은 헌법재판소(독일, 이탈리아 등) 또는 독립된 탄핵법원(일본 등) 등 나라마다 다양하다. 우리나라는 제1공화국은 탄핵재판소, 제2·6공화국은 헌법재판소, 제3공화국은 탄핵심판위원회 그리고 제4·5공화국은 헌법위원회이다.

(2) 탄핵심판의 절차

탄핵심판절차는 모든 재판절차의 보편적인 요소, 헌법재판절차에 공통된 요소, 형사재판적 요소, 징계절차적 요소가 혼재해 있으므로 이러한 절차적 요소들을 적절히 잘 배분하고 조화롭게 하여야 한다. 헌법재판소법도 헌법재판소법에서 정한 일반심판절차를 원칙으로 하고, 특별한 규정이 없는 경우에는 형사소송에 관한 법령을 우선적용하고 그 외에는 민사소송에 관한 법령의 규정을 준용하도록 정하고 있다(법 제40조).

탄핵심판절차도 구두변론주의(법 제30조 제1항)와 심리공개주의(법 제34조 제1항)를 원칙으로 한다. 재판부가 변론을 열 때에는 기일을 정하고 당사자와 관계인을 소환하여야 하며(법 제30조 제3항) 당사자가 변론기일에 출석하지 아니한 때에는 다시 기일을 정하여야 하고, 다시 정한 기일에도 당사자가 출석하지 아니한 때에는 그 출석없이 심리할 수 있다(법 제52조).

재판부는 재판관 7인 이상의 출석으로 사건을 심리하며(법 제23조 제1항), 사건의 심리를 위하여 필요하다고 인정하는 경우에는 당사자의 신청 또는 직권에 의하여 증거조사를 할 수 있으며(법 제31조), 결정으로 다른 국가기관 또는 공공단체의 기관에 대하여 심판에 필요한 사실을 조회하거나, 기록의 송부나 자료의 제출을 요구할 수 있다. 다만, 재판·소추 또는 범죄수사가 진행중인 사건의 기록에 대하여는 송부를 요구할 수 없다(법 제32조). 그리고 심판의 변론과 종국결정의 선고는 심판정에서 행하며, 헌법재판소장이 필요하다고 인정하는 경우에는 심판정외의 장소에서 이를 할 수 있다(법 제33조). 그리고 심판의 결정선고는 공개하여야 한다(법 제34조).

(3) 탄핵심판의 결정

재판부는 종국심리에 관여한 재판관 6인 이상의 찬성으로 탄핵의 결정을 할 수 있으며(법 제23조 제2항), 탄핵심판청구가 이유있는 때에는 헌법재판소는 피청구인을 당해 공직에서 파면하는 결정을 선고하고, 피청구인이 결정선고전에 당해 공직에서 파면된 때에는 헌법재판소는 심판청구를 기각하여야 한다(법 제53조).

'탄핵심판에 이유있는 때'란 모든 법위반의 경우가 아니라, 단지 공직자의 파면을 정당화할 정도로 '중대한' 법위반의 경우를 말하며, '법위반이 중대한지' 또는 '파면이 정당화되는지'의 여부는 그 자체로서 인식될 수 없는 것이므로, '법위반이 어느 정도로 헌법질서에 부정적 영향이나 해악을 미치는지의 관점'과 '피청구인을 파면하는 경우 초래되는 효과'를 서로 형량하여 탄핵심판청구가 이유 있는지의 여부 즉, 파면여부를 결정해야 한다(헌재 2004. 5. 14. 2004헌나1, 대통령 노무현 탄핵).

탄핵결절의 주문은 탄핵심판청구가 이유을 때에는 "피청구인을 파면한다" 또는 "피청구인 '공직명' ○○○을 파면한다"라고 하며, 이유 없을 때에는 "이 사건 심판청구를 기각한다"라는 형식을 취한다.

(4) 탄핵결정의 효력

탄핵결정은 피청구인을 당해 공직에서 파면함에 그치며, 민·형사상의 책임이 면제되는 것은 아니다(제65조 제4항, 법 제53조 제1항). 이처럼 탄핵결정은 징계적 처벌이므로 탄핵결정과 민·형사재판 간에는 일사부재리 원칙이 적용되지 않는다.

또한 탄핵결정으로 파면된 자는 결정선고가 있는 날로부터 5년동안 공무원이 될 수 없다(법 제54조 제2항). 탄핵으로 파면된 자는 5년이 경과하지 하지 않으면, 법관(법원조직법 제43조), 검사(검찰청법 제33조), 방송통신위원회 위원(방송통신위원회의 설치 및 운영에 관한 법률 제10조) 및 장교·준사관 및 부사관(군인사법 제10조) 등 모든 공무원에 임용될 수 없으며, 변호사(변호사법 제5조), 변리사(변리사법 제4조), 세무사(세무사법 제4조), 공인회계사(공인회계사법 제4조), 외국법자문사(외국법자문사법 제5조) 및 공증인(공증인법 제13조) 등 특정전문직업의 보유도 제한된다.

그리고 탄핵결정에 대한 사면권의 행사에 대하여, 미연방헌법 제2조 제2항은 이를 금지하고 있으나, 현행헌법은 명문규정을 두고 있지 않는다. 이를 인정할 경우 탄핵심판제도의 존재의의가 상실되므로 부정되는 견해가 있다.

그리고 탄핵소추의 의결에 의하여 정지된 권한행사의 종료시점은 헌법재판소의 종국결정의 송달(送達) 시(時)로 볼 것이 아니라 선고(宣告) 시(時)로 보아야 한다.

Ⅲ. 위헌정당해산심판권

1. 의의

(1) 개념

위헌정당해산심판제도는 헌법을 수호하기 위하여 민주적 기본질서에 위배하는 정당을 정부의 제소에 의하여 헌법재판소의 심판으로 강제해산 시키는 제도이다. 현행헌법은 제8조 제4항에서 '정당의 목적이나 활동이 민주적 기본질서에 위배될 때에는 정부는 헌법재판소에 그 해산을 제소할 수 있고, 정당은 헌법재판소의 심판에 의하여 해산된다'고 규정하고 있으며, 제111조 제1항 제3호에서 '정당의 해산심판'을 헌법재판소의 관장사항으로 정하고 있다.

(2) 연혁

위헌정당해산제도는 독일의 역사에서 발견된다. 1832년의 독일연합이 정당을 금지하는 법률을 제정한 바 있으며, 1933년 나치의 집권하에서 정당창설금지법(Gesetz gegen die Neubildung von Parteien)이 제정되기에 이르렀으며, 이러한 가치상대적 민주주의관과 민주주의의 몰락이라는 역사적 경험을 배경으로 1949년 독일기본법에서 위헌정당해산제도(본 Bonn기본법 제21조 제2항)를 도입하였다. 동 규정에 의하여 1950년대에 극우정당인 사회주의제국당(Die Sozialistische Reichspartei : SRP)과 독일공산당(Kommunistische Partei Deutschlands : KPD)이 해산된 바가 있다. 참고로 미국은 정당의 금지나 해산을 규정한 연방차원의 법은 없으며, 각 주(州) 별로 간접적으로 정당활동을 제한하는 법이 있는 정도이다. 일본헌법도 정당해산관련조항은 가지고 있지 않으며, 일반결사에 관한 '파괴활동방지법'이 있을 뿐이다.

우리나라는 1958년 공보실에 의한 '진보당'의 등록취소라는 야당탄압을 경험하면서, 일반결사보다 더욱 강하게 정당을 보장하고자 1960년 제2공화국헌법에서 처음으로 정당조항을 신설하면서 함께 위헌정당해산제도를 두어 오늘에 이르고 있다.

(3) 제도적 의의

정당해산제도는 정당으로 하여금 민주적 기본질서와 국가를 긍정할 의무를 부과한 것으로서, 방어적 민주주의 내지 투쟁적 민주주의의 표현이다. 즉 헌법이 보장하는 결사의 자유와 의사표현의 자유 등 자유권을 악용한 아래부터의 헌법침해로부터 헌법을 수호하기 위한 헌법보호수단으로서의 의의를 가지며, 동시에 헌법재판소의 결정에 의하지 아니하고는 합법적인 정당이 해산될 수 없다는 장치로서 정당에 대한 헌법적 보장제도라고 하겠다.

2. 위헌정당해산심판의 대상과 사유

(1) 대상

위헌정당해산심판의 대상(피청구인)은 정당법에서 정한 요건을 갖추고 중앙선거관리위원회에 등록을 마친 정당이 됨이 원칙이나, 중앙당과 지방조직을 갖추고 정당법에 따라 등록절차만 남겨둔 '등록중인 정당'과 창당준비위원회도 포함됨이 일치된 견해이며, 정당의 방계조직, 위장정당, 사이비정당, 대체정당 등은 대상이 되지 않는다.

(2) 사유

위헌정당해산의 사유는 '정당의 목적과 활동이 민주적 기본질서에 위배될 때'이다. 제8조 제2항은 정당의 조직도 민주적이어야 한다고 규정하고 있으나, 강제해산의 사유에는 제외되었다. 이는 강령규정과 달리 엄격하게 해석하여야 하는 저촉규정의 차이라고 할 수 있겠다. 여기서 '민주적 기본질서'를 '자유민주적 기본질서'

로 볼 것인가 아니면 '사회민주적 기본질서'를 포함하는 등 넓은 의미로 해석할 것인가에 대하여 견해가 있으나, 대체로 '자유민주적 기본질서' 또는 '헌법의 민주적 기본질서'로 해석하고 있으며, 헌법재판소의 판례는 없는 상태이다.

3. 위헌정당해산심판의 제소

(1) 제소권자

정당해산심판의 제소권자(청구권자)는 정부만이 갖는 독점적 지위이며, 이때 정부는 대한민국인 국가를 의미하는 것이 아니라 입법부와 사법부와 대등한 지위에 있는 정부를 의미한다. 즉 정부는 정당의 목적이나 활동이 민주적 기본질서에 위배될 때에는 국무회의의 심의(제89조 제14호)를 거쳐 헌법재판소에 그 해산을 제소할 수 있다(제8조 제4항). 1960년 제2공화국헌법에서는 정부가 국무회의의 의결을 거쳐(제72조 제14호), '대통령의 승인'을 얻어 소추하도록 규정하였으나(제13조), 1963년 제3공화국헌법 이래 오늘날 까지 국무회의의 심의사항으로만 남아 있다. 정부의 위헌정당해산심판청구권은 기속행위이냐 재량행위이냐에 대하여 학설이 나뉘어 있으나, 독일은 기속행위로 봄이 다수설이다. 그리고 국무회의의 심의는 헌법적 절차이므로 이를 위반한 청구는 부적법한 청구가 된다.

위헌정당해산심판절차의 청구권자가 정부이므로 법무부장관이 이를 대표하며(법 제25조 제1항), 제소장에는 해산을 요구하는 정당을 표시하고, 제소의 이유를 기재하며, 제소의 이유를 증명하는 증거물이 있을 때는 이를 첨부하여야 한다.

(2) 가처분결정

위헌정당해산심판의 제소로 인하여 대상정당에 대하여 직접 법적효과가 발생하지는 않는다. 다만, 헌법재판소는 정당해산심판의 청구를 받은 때에 청구인의 신청 또는 직권으로 종국결정의 선고시까지 피청구인인 대상정당의 활동을 정지하는 결정을 할 수 있다(법 제57조). 헌법재판소는 동 조항을 예시규정으로 보아 위헌정당해산으로 제소된 정당의 활동을 정지하는 가처분 이외의 다른 내용의 가처분도 할 수 있다고 보고 있다.

(3) 일사부재리의 원칙

헌법재판소가 그 정당의 위헌여부를 심사한 결과, 일단 위헌이 아니라고 결정한 경우에는 정부는 동일한 정당에 대하여 동일사유로 다시 제소할 수 없다.

(4) 중앙선거관리위원회에의 통지

정당해산의 제소가 있는 때, 가처분결정을 한 때 및 그 심판이 종료한 때에는 헌법재판소의 장은 그 사실을 국회와 중앙선거관리위원회에 통지하여야 한다(법 제58조 제1항).

4. 위헌정당해산심판의 절차와 결정

(1) 위헌정당해산심판 기관

일반적으로 정당해산심판기관은 사법기관인 법원의 권한으로 본다. 정당의 등록사무는 비사법기관 또는 행정기관이 관장하지만, 정치적 판단을 배제하고자 법관에게 맡기고 있다. 우리 헌정사에서도 정당해산심판은 제2·6공화국헌법은 헌법재판소, 제3공화국헌법은 대법원에서 관장하였으나, 제4·5공화국헌법은 헌법위원회가 관장한 바가 있다.

(2) 위헌정당해산심판의 절차

위헌정당해산심판의 심리는 구두변론에 의하며(법 제30조 제1항), 변론은 공개한다(법 제34조 제1항). 재판부가 변론을 열 때에는 기일을 정하고 당사자와 관계인을 소환하여야 하며(제30조 제3항), 재판부는 사건의 심리를 위하여 필요하다고 인정하는 경우에는 당사자의 신청 또는 직권에 의하여 증거조사를 할 수 있다(법 제31조 제1항). 또한 재판부는 결정으로 다른 국가기관 또는 공공단체의 기관에 대하여 심판에 필요한 사실을 조회하거나, 기록의 송부나 자료의 제출을 요구할 수 있다. 다만, 재판·소추 또는 범죄수사가 진행중인 사건의 기록에 대하여는 송부를 요구할 수 없다(법 제32조). 심판의 변론과 종국결정의 선고는 심판정에서 행한다. 다만, 헌법재판소장이 필요하다고 인정하는 경우에는 심판정외의 장소에서 이를 할 수 있다(법 제33조).

위헌정당해산심판절차에 관하여는 헌법재판소법에 특별한 규정이 있는 경우를 제외하고는 헌법재판의 성질에 반하지 아니하는 한도내에서 민사소송에 관한 법령의 규정을 준용한다(법 제40조).

(3) 위헌정당해산심판의 결정

재판부는 재판관 7인이상의 출석으로 사건을 심리하며, 각하 혹은 기각의 결정의 경우에는 종국심리에 관하여 재판관의 과반수의 찬성으로 결정을 할 수 있으나, 정당해산결정의 경우에는 재판관 6인 이상의 찬성이 있어야 한다(법 제23조). 해산결정은 "피청구인 ○○○정당을 해산한다"라는 형식을 취한다.

(4) 위헌정당해산결정의 효력

헌법재판소에 의하여 정당의 해산을 명하는 결정이 선고된 때에는 그 정당은 해산된다(강제해산, 법 제59조). 그리고 해산된 정당의 강령(또는 기본정책)과 동일하거나 유사한 정당을 창당하지 못하며(정당법 제40조) 해산된 정당과 같은 명칭으로 다시 사용하지 못한다(정당법 제41조 제2항). 이른바 대체정당을 창당하지 못한다. 헌법재판소의 해산결정에 의해 해산된 정당의 잔여재산은 국고에 귀속한다(정당법 제48조 제2항).

위헌정당해산결정에 의하여 해산된 정당에 소속되었던 국회의원의 자격이 상실되는가에 대하여 직접적인 명문의 규정이 없어 견해가 나뉘어 있다. 헌법보호와 방어적 민주주의의 취지에 따라 당연히 의원직이 상실된다는 견해(자격상실설)와 국회의원의 국민의 대표성과 헌법상의 지위로 인하여 자격을 유지한다는 견해가 있다(자격비상실설). 또한 국회의원의 자격문제는 국회의 자율적 결정사항이므로 국회의 자격심사나 제명처분에 맡겨야 한다는 견해도 있다(절충설). 그리고 현행법령과 헌정사의 조문을 근거로 자격비상실설을 주장하기도 한다. 공직선거법 제192조가 비례대표의원이 임기개시전(동조 제2항)이나 임기개시후(동조 제3항)에 소속 정당의 합당·해산 또는 제명외의 사유로 당적을 이탈·변경하거나 2 이상의 당적을 가지고 있는 때에는 퇴직되도록 한 규정을 반대해석하여, 해산의 경우에도 퇴직되지 않으므로, 비례대표의원은 물론 지역구국회의원도 당연히 퇴직되지 않는다고 보며, 또한 제2공화국헌법인 1963년헌법 제38조에서 '국회의원은 임기중 당적을 이탈하거나 변경한 때 또는 소속정당이 해산된 때에는 그 자격이 상실된다'고 규정하였으나, 이를 제3공화국헌법에서 폐지한 것을 들어 입법자의 의사가 반대로 바뀐 것으로 해석하여 자격이 유지된다고 주장하기도 한다.

(5) 결정서의 송달과 집행

정당해산을 명하는 결정서는 피청구인외에 국회·정부 및 중앙선거관리위원회에도 이를 송달하여야 한다(법 제58조 제2항). 그리고 정당의 해산을 명하는 헌법재판소의 결정에 따라 중앙선거관리위원회가 정당법의 규정에 의하여(법 제60조), 정당의 등록을 말소하고 지체없이 그 뜻을 공고하여야 한다(정당법 제40조).

Ⅳ. 권한쟁의심판권

1. 의의

(1) 개념

권한쟁의심판이란 국가기관상호간, 국가기관과 지방자치단체간 및 지방자치단체 상호간에 헌법 또는 법률에 의하여 부여받은 권한의 존부 또는 범위에 관한 다툼이 있을 때에 헌법재판소가 사법적 절차에 따라 행하는 심판을 말한다.

헌법쟁송으로서의 고유한 의미의 권한쟁의심판은 국가기관 상호간의 권한쟁의심판을 뜻한다고 볼 수 있으나, 현행헌법은 국가기관과 지방정부간의 권한쟁의와 지방자치단체 상호간의 권한쟁의를 포함하고 있다.

(2) 연혁

권한쟁의심판이 헌법재판으로서 나타난 것은 19세기 독일 국사재판소제도에서 비롯되었으나, 헌법상의 제도로서 체계화된 것은 1949년 독일기본법에서였다. 우리나라에서는 1960년개정헌법 제83조의3에서 "헌법재판소는 다음 각 호의 사항을 관장한다"고 하고, 제3호에서 "국가기관간의 권한쟁의"라고 규정하여 처음으로 실정헌법화하였으나, 5·16군사쿠테타로 헌법재판소가 폐지되면서 실시되지는 못하였다. 그 후 1987년개정헌법 제111조 제1항이 "헌법재판소는 다음 사항을 관장한다"고 하고, 제4호에서 "국가기관 상호간, 국가기관과 지방자치단체간 및 지방자치단체 상호간의 권한쟁의에 관한 심판"이라고 규정하여, 헌법재판소의 심판권 중에 권한쟁의심판을 규정함으로써 실질적으로 도입되어 오늘에 이르고 있다. 1987년개정헌법은 제2공화국헌법인 1960년개정헌법과 달리 '국가기관과 지방자치단체간' 및 '지방자치단체 상호간'의 권한쟁의로까지 관장사항을 확장한 것은 지방자치제도의 제도적 보장을 위한 고려였음을 알 수 있다.

(3) 특성과 기능

권한쟁의심판의 특성은 첫째, 헌법적 권한쟁송 뿐만 아니라 법률적 권한쟁송도 권한쟁의심판의 대상으로 삼고 있다는 것이며, 둘째 관련 기관의 주관적 권한의 보호와 함께 헌법 및 법률의 객관적 질서의 보호를 동시에 추구하는, 주관적 쟁송과 객관적 쟁송의 양면적 성격을 지니고 있다. 즉, 기관 상호간의 권한에 관한 객관적 법질서를 확인하는 객관적 쟁송의 성질과 직접 침해된 관련기관(청구인)의 권한을 구제하는 주관적 쟁송의 성질도 함께 갖고 있다. 헌법재판소법 제61조 제2항은 피청구인의 처분 또는 부작위가 청구인의 권한을 이미 침해한 때에는 이를 취소하거나 그 무효를 확인할 수 있다고 규정하고 있다.

또한 권한쟁의심판은 크게는 헌법질서의 보장기능을 수행하며, 구체적으로는 관련 기관간의 분쟁을 헌법재판소가 유권적으로 해결함으로써 정치적 평화를 보장하는 기능을 하며, 국회 내의 소수파에게 권한쟁의심판청구권을 부여함으로써 소수자보호기능을 함께 수행하고 있다. 또한 중앙정부와 상급지방정부 그리고 하급지방정부간의 관할을 분명히 함으로써 국가기능의 원활한 운영을 도우고, 지방자치단체 상호간의 권한 분쟁에 대한 사법적·유권적 해석을 통하여 분쟁을 해결함으로서, 권력통제기능과 지방자치의 제도적 보장을 유지하는 기능도 수행하고 있다. 최근에는 '법률제정행위'를 대상으로 하는 규범통제적 권한쟁의심판을 인정함으로써 규범통제적 기능도 엿볼 수 있다(헌재 2006. 5. 25. 2005헌라4; 헌재 2008. 6. 26. 2005헌라7; 헌재 2009. 10. 29. 2009헌라8).

(4) 권한쟁의심판의 종류

권한쟁의심판의 종류는 국가기관 상호간의 권한쟁의심판, 국가기관과 지방자치단체의 권한쟁의심판, 지방자치단체상호간의 권한쟁의심판의 세종류가 있다. 국가기관 상호간의 권한쟁의심판은 국회·정부·법원 및 중앙선거관리위원회상호간의 권한쟁의심판이며, 국가기관과 지방자치단체의 권한쟁의심판은 정부와 특별시·직할시 또는 도간의 권한쟁의심판과 정부와 시·군 또는 구(區)간의 권한쟁의심판을 말하며, 지방자치단체상호간의 권한쟁의심판은 특별시·직할시 또는 도 상호간의 권한쟁의심판, 시·군 또는 지방자치단체인 구(區) 상호간의 권한쟁의심판, 특별시·직할시 또는 도와 시·군 또는 자치단체인 구(區) 간의 권한쟁의심판 등이다. 그리고 권한쟁의가 교육법 제15조의 규정에 의한 교육·학예에 관한 지방자치단체의 사무에 관한 것인 때에는 교육위원회가 당사자가 된다(법 제62조).

2. 권한쟁의심판의 요건

(1) 당사자

1) 권한쟁의심판의 당사자의 범위

헌법과 헌법재판소법은 권한쟁의심판의 당사자로서, 국가기관과 지방자치단체로 규정하고 있다. 하지만, 권한쟁의심판의 당사자의 범위의 문제는 헌법과 법률에 의하여 이루어져야 하나, 일정 부분 헌법해석이나 법률해석을 통한 보완이 필요하며, 이는 헌법재판소의 권한이라고 할 수 있다. 헌법재판소는 판례를 통하여 범위를 확대하는 경향에 있다.

2) 국가기관

헌법과 헌법재판소법은 국가기관 상호간의 권한쟁의심판을 '국회, 정부, 법원 및 중앙선거관리위원회 상호간의 권한쟁의심판'으로 규정하고 있다(법 제62조 제1항 제1호). 그런데 이를 열거조항으로 볼 것인지 예시조항으로 볼 것인지가 문제이다. 이는 곧 당사자의 인정의 범위의 문제로서, 헌법재판소는 과거 열거조항으로 보았다가(헌재 1995. 2. 23. 90헌라1, 국회의원과 국회의장간의 권한쟁의), 예시조항으로 판례를 변경하여(헌재 1997. 7. 16. 96헌라2, 국회의원과 국회의장간의 권한쟁의) 오늘에 이르고 있다. 동 판례에서 "국가기관"에 해당하는지 여부는, 첫째 헌법에 의하여 설치되고 헌법과 법률에 의하여 독자적인 권한을 부여받고 있는지, 둘째 헌법에 의하여 설치된 국가기관 상호간의 권한쟁의를 해결할 수 있는 적당한 기관이나 방법이 있는지 등을 종합적으로 고려하여 판단하여야 한다고 하면서, 국회의원이 국회의 부분기관이지만, 국회의원의 헌법상 독자적인 지위를 인정하여 권한쟁의심판의 당사자 능력을 인정하였다(헌재 1997. 7. 16. 96헌라2, 국회의원과 국회의장간의 권한쟁의).

그리고 정부 내의 각 기관들 간의 권한분쟁은 국무회의의 심의를 거쳐 대통령에 의하여 자체적으로 해결될 수 있으므로, 이러한 경우에는 권한쟁의심판이 허용될 수 없을 것이다. 다만, 국회나 지방자치단체 등과의 대외적 관계에서 정부 내의 각 기관들이 권한쟁의심판의 당사자가 될 수 있다.

따라서 권한쟁의심판의 당사자가 될 수 있는 국가기관은, 국회의 경우에는 국회, 국회의장, 국회부의장, 국회의원, 국회의 각 위원회 및 국회 원내교섭단체 등이 가능하며, 정부의 경우에는 정부, 대통령, 국무총리, 행정각부의 장 및 감사원 등의 헌법기관을 들 수 있다. 물론, 법원과 중앙선거관리위원회는 명문의 규정에 의하여 가능하며, 헌법재판소는 권한쟁의심판의 심판자로서 명문규정이 없는 한 당사자가 될 수 없다고 하겠다(헌재 1995. 2. 23. 90헌라1). 다만, 법원에 있어서 대법원장, 대법관 및 개별 법관의 당사자능력을 인정하여야 한다는 견해도 있다.

◆ 헌재판례

1. 국회의원과 국회의장간의 권한쟁의심판 당사자 적격의 판례변경: 헌법재판소는 1990년 7월의 변칙적인 의안처리(소위 날치기통과)에 대해 당시 평민당 소속 및 무소속 국회의원이 국회의장을 상대로 하여 제기한 권한쟁의 심판에서 국회의원 및 교섭단체는 국회의장과 마찬가지로 국회의 구성기관이기 때문에 권한쟁의심판을 청구할 수 없다고 판시하였으나(헌재 1995. 2. 23. 90헌라1, 국회의원과 국회의장간의 권한쟁의), 그 후 1996년 12월 26일 새벽 6시에 당시 신한국당이 새정치국민회의와 자민련을 배제한 채 안기부법과 노동관계법의 날치기로 통과시킨 데 대하여 국민회의와 자민련 소속 의원들이 국회의장을 상대로 한 권한쟁의심판청구에서 국회의원들의 당사자 적격성을 인정하였으며(헌재 1997. 7. 16. 96헌라2, 국회의원과 국회의장간의 권한쟁의), 이후 판결에서도 반대의견이 있지만, 당사자 적격성을 인정하고 있다(헌재 2000. 2. 24. 99헌라1, 국회의장과 국회의원 간의 권한쟁의; 헌재 2003. 10. 30. 2002헌라1, 국회의원과 국회의장간의 권한쟁의).
   판례를 변경한 헌법재판소의 견해를 보면 다음과 같다. 헌법재판소법 제62조 제1항 제1호가 국가기관 상호간의 권한쟁의심판을 "국회, 정부, 법원 및 중앙선거관리위원회 상호간의 권한쟁의심판"이라고 규정하고 있더라도 이는 한정적, 열거적(列擧的)인 조항이 아니라 예시적(例示的)인 조항이라고 해석하는 것이 헌법에 합치되므로 이들 기관외에는 권한쟁의심판의 당사자가 될 수 없다고 단정할 수 없다. 헌법 제111조 제1항 제4호 소정의 "국가기관"에 해당하는지 여부는 그 국가기관이 헌법에 의하여 설치되고 헌법과 법률에 의하여 독자적인 권한을 부여받고 있는지, 헌법에 의하여 설치된 국가기관 상호간의 권한쟁의를 해결할 수 있는 적당한 기관이나 방법이 있는지 등을 종합적으로 고려하여야 할 것인바, 이러한 의미에서 국회의원과 국회의장은 위 헌법조항 소정의 "국가기관"에 해당하므로 권한쟁의심판의 당사자가 될 수 있다고 하였다(헌재 1997. 7. 16. 96헌라2, 국회의원과 국회의장간의 권한쟁의).

2. 국회의원과 대통령간의 권한쟁의심판: 김대중대통령이 취임직후 김종필국무총리임명동의안과 한승헌감사원장임명동의안을 국회에 제출하였으나, 국회에서 의결을 하지 못하자, 김종필국무총리서리와 한승헌감사원장서리를 임명하였다. 이에 한나라당 소속 국회의원들은 대통령을 상대로 권한쟁의심판을 청구하였으나, 이에 대하여 ① 재판관 1인(김용준)은 '제3자소송담당'은 소수의 국회의원과 교섭단체에게만 인정한다하여 다수당인 한나라당의 청구적격성을 부정하며 각하의견을, ② 재판관 2인(조승형, 고중석)은 권한침해의 위험과 권리보호이익이 없다하여 각하의견 ③ 재판관 2인(정경식, 신창언)은 1995년 헌재판례에서 처럼 국회의원들의 당사자 적격성을 부정하며 각하의견을, ④ 재판관 3인(김문희, 이재화, 한대현)은 권한침해를 인정하는 인용의견을, ⑤ 재판관 1인(이영모)은 권한침해를 부정하는 기각의견을 내었기에 결론에 있어서 5인이 각하의견을 내었기에 각하결정을 하였다(헌재 1998. 7. 14. 98헌라2, 대통령과 국회의원간의 권한쟁의).

3) 지방자치단체

헌법과 헌법재판소법에 의하면, 권한쟁의심판의 당사자가 되는 지방자치단체는 특별시, 광역시, 도, 시, 군 또는 자치구가 될 수 있으며, 지방교육자치에관한법률 제2조의 규정에 의한 교육·학예에 관한 지방자치단체의 사무에 관한 것인 때에는 교육감이 된다. 지방자치단체의 기관인 지방자치단체장과 지방의회가 당사자능력이 있는가에 대하여 긍정설, 제한적 긍정설 그리고 부정설이 있으나, 헌법재판소는 헌법 제111조 제1항 제4호와 헌법재판소법 제62조 제1항 제3호가 정하고 있는 바에 따라 지방자치단체의 장은 원칙적으로 권한쟁의 심판청구의 당사자가 될 수 없으며, 다만 지방자치단체의 장이 국가위임 사무에 대해 국가기관의 지위에서 처분을 행한 경우에는 권한쟁의 심판청구의 당사자가 될 수 있다고 판시하였다(헌재 2006. 8. 31. 2003헌라1, 광양시등과 순천시등간의 권한쟁의).

◆ **헌재판례**

권한쟁의 심판청구는 헌법과 법률에 의하여 권한을 부여받은 자가 그 권한의 침해를 다투는 헌법소송으로서 이러한 권한쟁의심판을 청구할 수 있는 자에 대하여는 헌법 제111조 제1항 제4호와 헌법재판소법 제62조 제1항 제3호가 정하고 있는바, 이에 의하면 지방자치단체의 장은 원칙적으로 권한쟁의 심판청구의 당사자가 될 수 없다. 다만 지방자치단체의 장이 국가위임 사무에 대해 국가기관의 지위에서 처분을 행한 경우에는 권한쟁의 심판청구의 당사자가 될 수 있다. 그런데 이 사건 ○○ 주식회사에 대한 피청구인 순천시장의 과세처분은 지방자치단체의 권한에 속하는 사항에 대하여 지방자치단체사무의 집행기관으로서 한 과세처분에 불과하므로 피청구인 순천시장은 이 사건 지방세 과세 권한을 둘러싼 다툼에 있어 권한쟁의 심판청구의 당사자가 될 수 없고, 청구인 광양시장 또한 마찬가지이다. 따라서 청구인 광양시장의 피청구인들에 대한 심판청구와 청구인 광양시의 피청구인 순천시장에 대한 심판청구는 모두 당사자능력을 결한 청구로서 부적법하다(헌재 2006. 8. 31. 2003헌라1, 광양시등과 순천시등간의 권한쟁의).

4) 제3자소송담당의 문제

부분기관이 자신이 속한 전체기관의 권한을 자신의 이름으로 전체기관에 갈음하여 당사자의 지위에서 소송을 수행할 수 있는가하는 제3자소송담당(권리주체가 아닌 제3자가 자신의 이름으로 권리주체를 위하여 소송을 수행하는 것)의 문제에 대해서 헌법재판소는 독일과 같은 명문규정을 두고 있지 않은 우리법제에서는 인정될 수 없다는 입장이다(헌재 2007. 7. 26. 2005헌라8, 국회의원과 정부간의 권한쟁의). 학설들은 찬반이 갈려 있다. 제3자소송담당을 인정하는 것은 의회주의의 본질에 어긋나므로 인정할 수 없다는 견해와, 권력분립원칙과 소수자보호 이념으로부터 충분히 인정할 수 있다는 견해가 있다.

◆ 헌재판례

※ 제3자소송담당을 부인한 판례

1. 국회의 의사가 다수결에 의하여 결정되었음에도 다수결의 결과에 반대하는 소수의 국회의원에게 권한쟁의심판을 청구할 수 있게 하는 것은 다수결의 원리와 의회주의의 본질에 어긋날 뿐만 아니라, 국가기관이 기관 내부에서 민주적인 방법으로 토론과 대화에 의하여 기관의 의사를 결정하려는 노력 대신 모든 문제를 사법적 수단에 의해 해결하려는 방향으로 남용될 우려도 있으므로, 국가기관의 부분 기관이 자신의 이름으로 소속기관의 권한을 주장할 수 있는 '제3자 소송담당'을 명시적으로 허용하는 법률의 규정이 없는 현행법 체계하에서는 국회의 구성원인 국회의원이 국회의 조약에 대한 체결·비준 동의권의 침해를 주장하는 권한쟁의심판을 청구할 수 없다(헌재 2007. 7. 26. 2005헌라8, 국회의원과 정부간의 권한쟁의; 헌재 2008. 1. 17. 2005헌라10, 국회의원과 대통령 등 간의 권한쟁의).

2. 국회의 동의권한과 국회의원의 동의안에 대한 심의·표결권한은 별개로 보며, 제3자소송을 부인하여 각하한 판례: 국회의 동의권이 침해되었다고 하여 동시에 국회의원의 심의·표결권이 침해된다고 할 수 없고, 또 국회의원의 심의·표결권은 국회의 대내적인 관계에서 행사되고 침해될 수 있을 뿐 다른 국가기관과의 대외적인 관계에서는 침해될 수 없는 것이므로, 국회의원들 상호간 또는 국회의원과 국회의장 사이와 같이 국회 내부적으로만 직접적인 법적 연관성을 발생시킬 수 있을 뿐이고 대통령 등 국회 이외의 국가기관과 사이에서는 권한침해의 직접적인 법적 효과를 발생시키지 아니한다. 그렇다면 정부가 국회의 동의 없이 예산 외에 국가의 부담이 될 계약을 체결하였다 하더라도 국회의 동의권이 침해될 수는 있어도 국회의원인 청구인들 자신의 심의·표결권이 침해될 가능성은 없다고 하여 국회의원과 대통령 등 간의 권한쟁의심판의 당사자 적격성을 부인하였다(헌재 2008. 1. 17. 2005헌라10, 국회의원과 대통령 등 간의 권한쟁의).

(2) 청구사유

1) 청구사유 일반

헌법재판소법 제61조는 권한의 존부 또는 범위에 관하여 다툼이 있을 때에는 당해 국가기관 또는 지방자치단체는 헌법재판소에 권한쟁의심판을 청구할 수 있으며, 심판청구는 피청구인의 처분 또는 부작위가 헌법 또는 법률에 의하여 부여받은 청구인의 권한을 침해하였거나 침해할 현저한 위험이 있는 때에 한하여 청구할 수 있도록 규정하여 권한쟁의심판의 요건을 한정하고 있다. 권한쟁의심판의 청구는 당사자의 직무상의 권한과 의무에 관한 분쟁이어야 하며, '처분과 부작위가 존재'하여야 하고, '권한의 침해 또는 침해할 현저한 위험'이 있어야 한다.

2) 권한과 의무에 관한 분쟁

헌법재판소법 제61조 제2항에 의하면 권한쟁의심판에서의 권한과 의무는 헌법에 의하여 부여된 것일 뿐만 아니라 법률에 의하여 부여된 것도 포함된다. 즉 헌법적 쟁송이면서 동시에 법률적 쟁송이기도 하다. 특히 헌법재판소는 지방자치단체의 권한과 의무는 지방자치단체의 사무에 한정되므로 위임받은 국가사무에 대해서는 부적법하다고 판시하였다(헌재 1999. 7. 22. 98헌라4, 성남시와 경기도간의 권한쟁의).

◆ **헌재판례**

지방자치단체는 헌법 또는 법률에 의하여 부여받은 그의 권한, 즉 지방자치단체의 사무에 관한 권한이 침해되거나 침해될 우려가 있는 때에 한하여 권한쟁의심판을 청구할 수 있다고 할 것인데, 도시계획사업실시계획인가사무는 건설교통부장관으로부터 시·도지사에게 위임되었고, 다시 시장·군수에게 재위임된 기관위임사무로서 국가사무라고 할 것이므로, 청구인의 이 사건 심판청구 중 도시계획사업실시계획인가처분에 대한 부분은 지방자치단체의 권한에 속하지 아니하는 사무에 관한 것으로서 부적법하다고 할 것이다(헌재 1999. 7. 22. 98헌라4, 성남시와 경기도간의 권한쟁의).

3) 처분과 부작위의 존재

헌법재판소법 제61조 제2항은 피청구인의 처분과 부작위의 존재를 요구하고 있다.

헌법재판소는 '처분'을 법적 중요성을 지닌 것에 한정하고 청구인의 법적 지위에 구체적인 영향을 미칠 가능성이 없는 행위는 제외하고 있으나(헌재 2005. 12. 22. 2004헌라3, 서울특별시와 정부간의 권한쟁의), 그 개념은 넓게 인정하여 일반적 규범정립행위까지 포함하는 것으로 보고 있다(헌재 2006. 5. 25. 2005헌라4; 헌재 2008. 6. 26. 2005헌라7).

헌법재판소의 판례에 따르면, 입법을 위한 사전준비행위에 불과한 정부의 법률안 제출행위(헌재 2005. 12. 22. 2004헌라3), 단순한 업무협조에 불과한 행정자치부장관의 표준안 제시행위, 업무연락에 해당하는 각종 통보, 견해표명에 불과한 담화문발표(헌재 2006. 3. 30. 2005헌라1) 등은 처분에 포함되지 않는다. 그러나 규범통제적 권한쟁의의 경우에 해당하는 법률 제·개정행위(헌재 2006. 5. 25. 2005헌라4; 헌재 2008. 6. 26. 2005헌라7; 헌재 2009. 10. 29. 2009헌라8), 명령·규칙·조례의 제·개정행위(헌재 2002. 10. 31. 2001헌라1; 헌재 2004. 9. 23. 2003헌라3), 국회의장이 본회의를 개의, 법률안을 상정하여 의결을 거친 후 법률안을 가결선포한 일련의 행위(헌재 1997. 7. 16. 96헌라2) 등은 처분의 개념에 포함된다.

그리고 피청구인의 부작위에 의하여 청구인의 권한이 침해당하였다고 주장하는 권한쟁의심판은 피청구인에게 단순한 사실상의 부작위가 아니라 헌법상 또는 법률상 유래하는 작위의무가 있음에도 불구하고 피청구인이 그러한 의무를 다하지 아니한 경우에 청구가 가능하다고 본다(헌재 1998. 7. 14, 98헌라3, 국회의장과 국회의원간의 권한쟁의).

◆ 헌재판례

1. 처분의 의미: 헌법재판소법 제61조 제2항에 따라 권한쟁의심판을 청구하려면 피청구인의 처분 또는 부작위가 존재하여야 하고, 여기서 "처분"이란 법적 중요성을 지닌 것에 한하므로, 청구인의 법적 지위에 구체적으로 영향을 미칠 가능성이 없는 행위는 "처분"이라 할 수 없어 이를 대상으로 하는 권한쟁의심판청구는 허용되지 않는다. 정부가 법률안을 제출하였다 하더라도 그것이 법률로 성립되기 위해서는 국회의 많은 절차를 거쳐야 하고, 법률안을 받아들일지 여부는 전적으로 헌법상 입법권을 독점하고 있는 의회의 권한이다. 따라서 정부가 법률안을 제출하는 행위는 입법을 위한 하나의 사전 준비행위에 불과하고, 권한쟁의심판의 독자적 대상이 되기 위한 법적 중요성을 지닌 행위로 볼 수 없다(헌재 2005. 12. 22. 2004헌라3, 서울특별시와 정부간의 권한쟁의).

2. 처분에 해당되지 않는 례: 행정자치부장관이 '행정부시장·부지사 회의'를 개최하여 행정자치부에서 작성한 표준안대로 복무조례를 개정할 것을 울산광역시 동구 및 북구에 요청한 것은 각 지방자치단체가 참고할 수 있도록 표준안을 제시한 것에 불과하여 단순한 업무협조 요청에 불과하고,「징계업무처리지침」및「병·연가불허지시」를 통보한 것도 상호 협력의 차원에서 조언·권고한 것이거나 단순히 '업무연락'을 한 것이지, 각 지방자치단체를 법적으로 규제하는 강제적·명령적 조치를 취한 것이라 보기 어려우며, 기자회견을 통해 '총파업가담자에 대한 처벌과 정부의 방침에 소극적으로 대처하는 지방자치단체에 대하여 특별교부세 지원중단 등의 행정적·재정적 불이익 조치를 취할 것'이라는 것을 주된 내용으로 하는 담화문을 발표한 것 또한 단지 파업의 대응방침을 천명한 것으로 단순한 견해의 표명에 지나지 않는다 할 것이다. 이러한 행위들은 권한쟁의심판의 대상이 되는 처분이라 할 수 없으므로, 이를 대상으로 한 권한쟁의심판청구는 부적법하다(헌재 2006. 3. 30. 2005헌라1, 울산광역시 동구 등과 행정자치부장관간의 권한쟁의).

3. 권한쟁의심판의 대상이 되는 법률제정행위: 처분은 입법행위와 같은 법률의 제정과 관련된 권한의 존부 및 행사상의 다툼, 행정처분은 물론 행정입법과 같은 모든 행정작용 그리고 법원의 재판 및 사법행정작용 등을 포함하는 넓은 의미의 공권력처분을 의미하는 것으로 보아야 할 것이다. 권한쟁의심판의 '처분'을 이와 같이 이해한다면, 이 사건의 경우와 같이 법률에 대한 권한쟁의심판도 허용된다고 봄이 일반적이다. 다만 권한쟁의심판과 위헌법률심판은 원칙적으로 구분되어야 한다는 점에서, 법률에 대한 권한쟁의심판은 '법률 그 자체'가 아니라, '법률의 제정행위'를 그 심판대상으로 해야 할 것이다"(헌재 2006. 5. 25. 2005헌라4, 강남구등과 국회간의 권한쟁의; 헌재 2008. 6. 26. 2005헌라7, 강남구 등과 국회 등 간의 권한쟁의).

4. 권한쟁의심판의 대상이 되는 부작위: 피청구인의 부작위에 의하여 청구인의 권한이 침해당하였다고 주장하는 권한쟁의심판은 피청구인에게 헌법상 또는 법률상 유래하는 작위의무가 있음에도 불구하고 피청구인이 그러한 의무를 다하지 아니한 경우에 허용된다. 국회의장은 표결이 적법하게 진행되어 정상적으로 종결된 경우에는 개표절차를 진행하여 표결결과를 선포할 의무가 있다. 그러나 국무총리 임명동의안에 대한 투표가 진행되던중 투표의 유효성을 둘러싸고 여·야간에 말다툼과 몸싸움이 벌어져 정상적인 투표가 이루어지지 않은 끝에 자정의 경과로 상당수의 국회의원들이 투표를 마치지 못한 가운데 본회의가 자동산회되었고, 이미 행하여진 투표가 과연 적법하게 진행되어 정상적으로 종결된 것인지 관련 법규나 국회의 의사관행에 비추어도 분명하지 않은 사정이라면 그 투표절차를 둘러싼 여러 문제는 국회가 여·야의 합의를 통하여 자율적으로 처리할 수 있다고 할 것이나, 여·야간에 타협과 절충이 실패하였다면 투표절차에 관한 최종적 판단권은 국회의장인 피청구인에게 유보되어 있다.…… 이와 같이 논란의 여지가 많은 사실관계하에서 개표절차를 진행하여 표결결과를 선포하지 아니하였다 하여 그것이 헌법이나 법률에 명백히 위배되는 행위라고는 인정되지 않으므로 다른 국가기관은 이를 존중하여야 한다(헌재 1998. 7. 14. 98헌라3, 국회의장과 국회의원간의 권한쟁의).

4) 권한의 침해 또는 침해할 현저한 위험의 존재

헌법재판소법 제61조 제2항은 피청구인의 처분 또는 부작위가 청구인의 권한을 침해하였거나 침해할 현저한 위험이 있는 때에 한하여 이를 할 수 있도록 규정하고 있는 바, 이때의 '침해'는 과거에 발생하여 현재까지 계속되고 있는 현실적인 침해를 말하고, '현저한 위험이 있는 때'란 권한침해의 개연성(蓋然性)이 예상되고, 상황이 구체화되었으나, 아직 권한침해의 위험이 야기되지 않은 경우를 의미한다.

◆ 헌재판례

　피청구인 행정자치부장관이 청구인들에게 주민투표 실시요구를 하지 않은 상태에서 청구인들에게 실시권한이 발생하였다고 볼 수는 없으므로 그 권한의 발생을 전제로 하는 침해여지도 없어서 이를 다투는 청구는 부적법하다. 지방자치단체의 폐치는 국회의 입법에 의해 이루어지므로 앞으로 기초지방자치단체인 청구인들 시, 군이 필연적으로 폐치됨을 전제로 자치권한 침해를 다투는 청구는 아직 존재하지 않고, 입법자가 아닌 피청구인들에 의해 이루어질 수도 없는 행위를 대상으로 하므로 부적법하다(헌재 2005. 12. 22. 2005헌라5, 제주시 등과 행정자치부장관등간의 권한쟁의).

5) 소극적 권한쟁의

　권한의 존부나 범위에 대한 다툼은 서로 권한을 가진다고 주장하는 적극적(積極的) 권한쟁의형태로 발생하는 것이 보통이지만, 특정 사안에 대한 권한(의무)이 없음을 서로 주장하는 소극적(消極的) 권한쟁의의 형태로 발생할 수도 있다. 이러한 소극적 권한쟁의가 헌법재판소법 제61조 제2항에서 정한 '피청구인의 처분 또는 부작위가 헌법 또는 법률에 의하여 부여받은 청구인의 권한을 침해하였거나 침해할 현저한 위험이 있는 때'를 충족하는가의 여부가 문제된다. 권한쟁의심판이 목적이 객관적 권한에 관한 법질서의 확립과 국가업무의 지속적 수행에 있으므로 소극적 권한쟁의를 인정하여야 한다는 적극설과 헌법재판소법이 정한 청구사유 즉 청구요건을 충족하지 못하여 인정할 수 없다는 소극설이 있다. 헌법재판소는 허용여부를 명확히 밝히지 않고 소극적 태도를 보이고 있다(헌재 1998. 6. 25. 94헌라1; 헌재 1998. 8. 27. 96헌라1). 입법례로는 스페인과 오스트리아는 명문의 규정으로 인정하고 있으나, 독일은 인정하지 않고 있다.

◆ 헌재판례

　청구인이 이 사건 공공시설의 관리권자이므로 피청구인이 이 사건 공공시설을 관리하지 아니하고 있다고 하여 청구인의 권한이 침해되거나 침해될 위험이 있다고 할 수 없을 것이다. 이 사건 공공시설의 관리권한이 누구에게 있는가에 관계없이 피청구인의 부작위에 의하여 청구인의 권한이 침해되었거나 침해될 현저한 위험이 있다고 할 수 없으므로, 이 사건 심판청구는 헌법재판소법 제61조 제2항 소정의 요건을 갖추지 못하였고, 청구인의 권한이 침해된 바 없어서 이를 기각한다(헌재 1998. 8. 27. 96헌라1, 시흥시와 정부간의 권한쟁의).

6) 법원의 행정소송과의 관계

행정소송법 제3조 제4호는 국가 또는 공공단체의 기관상호간에 있어서의 권한의 존부 또는 그 행사에 관한 소송을 기관소송(機關訴訟)이라고 하여 법원의 관할로 하고 있으며, 단서에서 헌법재판소법상 헌법재판소의 관장사항을 제외하고 있다. 이처럼 하위법률인 행정소송법은 헌법에서 정한 관할을 우선적으로 정하고 기관소송을 보충적(補充的)으로 규정하였다. 따라서 기관 상호간의 권한분쟁인 기관소송은 법원의 관할이며, 국가기관과 지방자치단체간의 소송인 권한쟁의심판은 헌법재판소의 관할이 되어 상호 충돌의 여지가 없다.

그리고 지방자치법상 지방자치단체와 국가기관간의 감독작용에 대한 대법원의 재판관할권(지방자치법 제169조, 제170조 및 제172조)은 기관 상호간의 다툼인 경우에는 기관소송으로서 헌법재판소의 권한쟁의심판과 충돌이 될 여지가 없으나, 국가 또는 상급지방자치단체의 감독처분이 하급지방자치단체의 권한(의무)의 존부 또는 범위에 관한 다툼으로서 자치권한을 침해하였거나 침해할 현저한 위험이 있는 때에는 헌법재판소의 권한쟁의심판의 대상이 될 수 있으므로 관할권의 경합이 발생할 수 있다. 이러한 경합이 발생하게 되는 경우가 예상되므로 관련조항에 대한 위헌성의 의심이 있다고 하겠다.

▶ 참고

1. 행정소송법 제3조 행정소송은 다음의 네가지로 구분한다.
    4. 기관소송: 국가 또는 공공단체의 기관상호간에 있어서의 권한의 존부 또는 그 행사에 관한 다툼이 있을 때에 이에 대하여 제기하는 소송. 다만, 헌법재판소법 제2조의 규정에 의하여 헌법재판소의 관장사항으로 되는 소송은 제외한다.
2. 헌법재판소법 제2조(관장사항) 헌법재판소는 다음 사항을 관장한다.
    4. 국가기관상호간, 국가기관과 지방자치단체간 및 지방자치단체상호간의 권한쟁의에 관한 심판
3. 헌법재판소법 제61조(청구사유) ①국가기관 상호간, 국가기관과 지방자치단체간 및 지방자치단체 상호간에 권한의 존부 또는 범위에 관하여 다툼이 있을 때에는 당해 국가기관 또는 지방자치단체는 헌법재판소에 권한쟁의심판을 청구할 수 있다.
    ②제1항의 심판청구는 피청구인의 처분 또는 부작위가 헌법 또는 법률에 의하여 부여받은 청구인의 권한을 침해하였거나 침해할 현저한 위험이 있는 때에 한하여 이를 할 수 있다.
4. 지방자치법 제169조 (위법·부당한 명령·처분의 시정) ① 지방자치단체의 사무에 관한 그 장의 명령이나 처분이 법령에 위반되거나 현저히 부당하여 공익을 해친다고 인정되면 시·도에 대하여는 주무부장관이, 시·군 및 자치구에 대하여는 시·

도지사가 기간을 정하여 서면으로 시정할 것을 명하고, 그 기간에 이행하지 아니하면 이를 취소하거나 정지할 수 있다. 이 경우 자치사무에 관한 명령이나 처분에 대하여는 법령을 위반하는 것에 한한다.

② 지방자치단체의 장은 제1항에 따른 자치사무에 관한 명령이나 처분의 취소 또는 정지에 대하여 이의가 있으면 그 취소처분 또는 정지처분을 통보받은 날부터 15일 이내에 대법원에 소(訴)를 제기할 수 있다.

5. 지방자치법 제170조 (지방자치단체의 장에 대한 직무이행명령) ① 지방자치단체의 장이 법령의 규정에 따라 그 의무에 속하는 국가위임사무나 시·도위임사무의 관리와 집행을 명백히 게을리하고 있다고 인정되면 시·도에 대하여는 주무부장관이, 시·군 및 자치구에 대하여는 시·도지사가 기간을 정하여 서면으로 이행할 사항을 명령할 수 있다.

② 주무부장관이나 시·도지사는 해당 지방자치단체의 장이 제1항의 기간에 이행명령을 이행하지 아니하면 그 지방자치단체의 비용부담으로 대집행하거나 행정상·재정상 필요한 조치를 할 수 있다. 이 경우 행정대집행에 관하여는 「행정대집행법」을 준용한다.

③ 지방자치단체의 장은 제1항의 이행명령에 이의가 있으면 이행명령서를 접수한 날부터 15일 이내에 대법원에 소를 제기할 수 있다. 이 경우 지방자치단체의 장은 이행명령의 집행을 정지하게 하는 집행정지결정을 신청할 수 있다.

(3) 청구기간

권한쟁의심판의 청구는 사유가 있음을 안 날로 부터 60일 이내에 사유가 있은 날로부터 180일 이내에 청구하여야 한다(법 제63조 제1항). 이때의 기간은 불변기간(不變期間)이다(동조 제2항). 헌법재판소는 부작위의 경우에 부작위가 계속되는 한 권한침해가 계속되므로 기간의 제약을 받지 않는다고 보고 있으며(헌재 2006. 8. 31. 2004헌라2), 국회의 법률제정행위에 대한 권한쟁의심판청구는 법률이 공포되거나 이와 유사한 방법으로 일반에게 알려진 것으로 간주된 때를 기산점으로 보고 있다(헌재 2006. 5. 25. 2005헌라4).

◆ 헌재판례

1. 부작위의 경우 헌재까지 부작위가 계속됨으로써 청구인 주장의 권한침해상태가 계속되고 있어 청구기간이 계속 새롭게 진행되고 있으므로 청구기간도과의 문제가 생기지 않는다 (헌재 2006. 8. 31. 2004헌라2, 강서구와 진해시간의 권한쟁의)
2. 법률의 제정에 대한 권한쟁의심판의 경우, 청구기간은 법률이 공포되거나 이와 유사한 방법으로 일반에게 알려진 것으로 간주된 때부터 기산되는 것이 일반적이다. 일정한 법률안

이 법률로 성립하기 위해서는 국회의 의결을 거쳐 관보에 게재·공포되어야 하고, 이로써 이해당사자 및 국민에게 널리 알려지는 것이기 때문이다(헌재 2006. 5. 25. 2005헌라4, 강남구 등과 국회간의 권한쟁의).

3. 권한쟁의심판의 심리와 가처분

(1) 심리

심리는 구두변론에 의하며(법 제30조 제1항), 심판의 변론과 결정의 선고는 공개한다. 다만 서면심리와 평의는 공개하지 아니한다(법 제34조). 재판부가 변론을 열 때에는 기일을 정하고 당사자와 관계인을 소환하여야 한다(법 제30조 제3항).

(2) 가처분

헌법재판소가 권한쟁의심판의 청구를 받은 때에는 직권 또는 청구인의 신청에 의하여 종국결정의 선고시까지 심판대상이 된 피청구기관의 처분의 효력을 정지하는 결정을 할 수 있다(법 제65조). 가처분 결정에도 재판관 7인 이상의 출석으로 심리하고, 종국심리에 관여한 재판관 과반수의 찬성으로 결정하여 하며, 가처분의 결정은 확정력, 형성력 및 기속력을 가진다.

4. 권한쟁의심판의 결정과 효력

(1) 결정정족수와 결정종류

재판관 전원인 9인의 재판관으로 구성되는 재판부에서(법 제22조 제1항), 재판관 7인 이상의 출석으로 심리하며, 종국심리에 관여한 재판관 과반수의 찬성으로 사건에 관한 결정을 한다. 이는 일반정족수에 해당한다(법 제23조).

(2) 결정종류와 내용

1) 종류

결정의 종류로는 심판청구가 부적법한 경우에 내리는 각하(却下) 결정, 권한의 침해나 침해의 현저한 위험이 인정되지 않을 때 내리는 기각(棄却) 결정, 심판청구를 받아들이는 인용(認容) 결정 그리고 심판절차종료선언이 있다. 그리고 인용결정으로는 권한의 존부와 범위에 대한 결정, 처분의 취소 또는 무효 확인의 결정이 있다.

2) 내용과 주문

헌법재판소는 심판의 대상이 된 국가기관 또는 지방자치단체의 권한의 존부 또는 범위에 관하여 판단한다(법 제66조 제1항). 그리고 피청구기관의 처분을 취소하거나 그 무효를 확인할 수 있다(동조 제2항).

헌법재판소법 제66조 제1항과 제61조 제1항에 의하면, 권한의 존부 또는 범위 확인은 권한쟁의심판의 청구사유로서 중요한 소송물이므로 헌법재판소는 일단 이에 대한 판단을 하여야 한다. 판단함에 있어서 헌법재판은 객관소송의 특성이 있으므로 헌법재판소는 청구인의 청구취지에 구애됨이 없이 객관적 권한질서에 따라 권한의 존부 또는 범위에 관하여 판단한다. 즉 "……권한은 ○○○에 존재한다"라는 형태의 판단을 하게 된다. 그리고 동조 제2항에 의하면 권한의 침해 또는 침해의 현저한 위험이 있을 때 청구할 수 있으므로, 헌법재판소는 심판청구가 이유 있을 때에는 "……청구인의 권한을 침해한 것이다"라는 형태의 판단을 하게 된다.

그리고 헌법재판소법 제66조 제2항에 의하면, 헌법재판소는 재량에 의하여 직권으로 권한침해의 원인이 된 피청구인의 처분을 취소하거나 그 무효를 확인하는 결정을 할 수 있다. 이 경우에는 "……취소한다." 또는 "……무효임을 확인한다"라고 표시한다.

한편 청구인의 권한침해 등이 인정되지 않아 이유가 없다고 결정된 때에는 "…… 기각한다"라는 기각결정을 할 것이며, 심판청구인이 청구를 취하한 경우에는 민사소송법의 규정을 준용하여 "…… 청구인들의 심판청구의 취하로 ……종료되었다"라는 형태의 심판절차종료선언을 하여야 하며, 헌법재판소도 판시한 바가 있다 (헌재 2001. 5. 8. 2000헌라1).

◆ **헌재판례**

심판절차종료를 선언한 권한쟁의심판례: 헌법재판소법 제40조 제1항은 "헌법재판소의 심판절차에 관하여는 이 법에 특별한 규정이 있는 경우를 제외하고는 민사소송에 관한 법령의 규정을 준용한다. 이 경우 탄핵심판의 경우에는 형사소송에 관한 법령을, 권한쟁의심판 및 헌법소원심판의 경우에는 행정소송법을 함께 준용한다"고 규정하고, 같은 조 제2항은 "제1항 후단의 경우에 형사소송에 관한 법령 또는 행정소송법이 민사소송에 관한 법령과 저촉될 때에는 민사소송에 관한 법령은 준용하지 아니한다"고 규정하고 있다. 그런데 헌법재판소법이나 행정소송법에 권한쟁의심판청구의 취하와 이에 대한 피청구인의 동의나 그 효력에 관하여 특별한 규정이 없으므로, 소의 취하에 관한 민사소송법 제239조는 이 사건과 같은 권한쟁의심판절차에 준용된다고 보아야 한다. 비록 권한쟁의심판이 개인의 주관적 권리구제를 목적으로 삼는 것이 아니라 헌법적 가치질서를 보호하는 객관적 기능을 수행하는 것이고, 특히 국회의원의 법률안에 대한 심의·표결권의 침해 여부가 다투어진 이 사건 권한쟁의심판의 경우에는 국회의원의 객관적 권한을 보호함으로써 헌법적 가치질서를 수호·유지하기 위한 쟁송으로서 공익적 성격이 강하다고는 할 것이다. 그러나 법률안에 대한 심의·표결권의 행사 여부가 국회의원 스스로의 판단에 맡겨져 있는 사항일 뿐만 아니라, 그러한 심의·표결권이 침해당한 경우에 권한쟁의심판을 청구할 것인지 여부도 국회의원의 판단에 맡겨져 있어서 심판청구의 자유가 인정되고 있는 만큼, 권한쟁의심판의 공익적 성격만을 이유로 이미 제기한 심판청구를 스스로의 의사에 기하여 자유롭게 철회할 수 있는 심판청구의 취하를 배제하는 것은 타당하지 않다(헌재 2001. 5. 8. 2000헌라1, 국회의장등과 국회의원간의 권한쟁의).

(3) 결정의 효력

헌법재판소의 권한쟁의심판의 결정은 모든 국가기관과 지방자치단체를 기속한다. 헌법소원은 인용결정만이 모든 국가기관과 지방자치단체를 기속하지만(법 제75조 제1항), 권한쟁의심판은 인용결정이나 기각결정이나 어떤 결정이든 모든 국가기관과 지방자치단체를 기속한다(법 제67조 제1항). 따라서 헌법재판소의 결정의 내용은 다른 국가기관의 판단과 행위의 기초가 되며, 이에 저촉되는 판단이나 행위를 하면 위법행위가 된다.

그리고 헌법재판소법은 국가기관 또는 지방자치단체의 처분을 취소하는 결정은 그 처분의 상대방에 대하여 이미 생긴 효력에 영향을 미치지 아니한다(법 제67조)고 하여 취소결정의 소급효를 제한하고 있다. 이는 처분의 유효성을 믿는 제3자의 법적 안정성 내지 법적 지위를 보호하기 위한 규정이다. 또한 피청구인의 부작위가 이미 청구인의 권한을 침해하여 부작위위법확인을 한 때에는 피청구인은 헌법재판소의 결정취지에 따라 처분을 하여야 한다(법 제66조 제2항).

> **참고**
>
> 제67조 (결정의 효력) ① 헌법재판소의 권한쟁의심판의 결정은 모든 국가기관과 지방자치단체를 기속한다.
> 제75조 제1항 (인용결정) ① 헌법소원의 인용결정은 모든 국가기관과 지방자치단체를 기속한다.

V. 헌법소원심판권

1. 의의

(1) 개념

헌법소원이란 국가의 공권력의 행사 또는 불행사로 인하여 헌법상 보장된 기본권을 침해받은 자가 헌법재판소에 구제를 직접 청구하고 헌법재판소가 이에 대하여 심판하는 것을 말한다.

현행헌법은 '법률이 정하는 헌법소원에 관한 심판'을 헌법재판소의 관장사항으로 하고 있으며(제111조 제1항 제5호), 헌법재판소법은 기본권을 침해받은 자가 구제를 청구하는 권리구제형헌법소원(법 제68조 제1항)과 재판 당사자가 법원에 위헌법률심판제청신청을 하였다가 기각된 경우에 신청하는 위헌심사형헌법소원(또는 규범통제형 헌법소원, 법 제68조 제2항)으로 나누어 규율하고 있다.

> **▶ 참고**
>
> 헌법재판소법 제68조 ① 공권력의 행사 또는 불행사로 인하여 헌법상 보장된 기본권을 침해받은 자는 법원의 재판을 제외하고는 헌법재판소에 헌법소원심판을 청구할 수 있다. 다만, 다른 법률에 구제절차가 있는 경우에는 그 절차를 모두 거친 후가 아니면 청구할 수 없다.
> ② 제41조제1항의 규정에 의한 법률의 위헌여부심판의 제청신청이 기각된 때에는 그 신청을 한 당사자는 헌법재판소에 헌법소원심판을 청구할 수 있다. 이 경우 그 당사자는 당해 사건의 소송절차에서 동일한 사유를 이유로 다시 위헌여부심판의 제청을 신청할 수 없다.

(2) 연혁

헌법소원제도는 1819년 독일 바이에른(Bayern)주헌법 제21조에서 행정행위에 의한 기본권침해의 구제수단으로서 헌법소원제도를 채택하면서 비롯되었으며, 이 제도는 현행 바이에른 주헌법에 그대로 계승되었다. 1969년 독일 본기본법 개정시에 헌법상 명문화되었으며, 헌법법원형 헌법재판제도를 채택한 오스트리아, 스페인 등에도 헌법소원제도가 있다. 각국의 헌법소원제도에는 일체의 공권력, 즉 헌법에 위반되는 모든 법령·처분·판결을 소원의 대상으로 하고 있는 경우(독일)가 있는가 하면 법원의 판결을 그 대상에서 제외하고 있는 경우(오스트리아)가 있다

우리나라에서는 제6공화국헌법인 현행헌법에서 처음 도입되었으며, 특히 위헌심

사형헌법소원은 외국에 유래가 없는 우리나라 특유의 헌법소원심판의 한 유형으로서, 법원이 제청하는 위헌법률심판과 함께 구체적 규범통제의 유형으로 확립되었다.

(3) 법적 성격

헌법소원제도는 주관적 권리를 보장하는 주관적 소송으로서의 성격과 위헌적인 공권력의 행사나 불행사를 배제하여 헌법적 질서를 보호하는 객관적 소송으로서의 성격을 동시에 갖고 있다. 즉 기본권보장제도로서의 성격(기본권보장성)과 동시에 위헌적인 공권력의 행사를 무효화함으로써 객관적 헌법질서를 보장하는 성격(객관적 헌법질서보장성)을 아울러 가지고 있는 이중적 성격 또는 이중적 기능을 하는 제도이다.

(4) 종류

1) 의의

헌법소원은 공권력으로 국민의 기본권이 침해된 경우에 청구하는 헌법소원(권리구제형헌법소원)과 법률의 위헌여부의 제청신청이 기각된 경우에 청구하는 헌법소원(위헌사형 헌법소원)의 두 가지로 구분한다.

2) 권리구제형헌법소원

권리구제형헌법소원은 공권력(입법, 행정, 사법 등)의 행사 또는 불행사로 인하여 헌법상 보장된 기본권을 침해받은 자가 법원의 재판을 제외하고 헌법재판소에 헌법소원심판을 청구하여 구제받는 제도이다. 다만, 권리구제형헌법소원은 다른 법률에 구제절차가 있는 경우에는 그 절차를 모두 거친 후가 아니면 청구할 수 없는 보충성(補充性)을 요구하고 있다.

3) 위헌심사형헌법소원

위헌심사형헌법소원은 법률의 위헌여부의 제청신청이 기각된 경우에 위헌법률심판제청신청을 하였던 당사자가 헌법재판소에 헌법소원을 제기할 수 있는 제도이다.

독일에서는 위헌심판을 제청한 경우에 법원이 법률에 대한 위헌의 의심이 있는 경우에 한하여 위헌심판을 받을 기회가 부여되며, 법원이 기각한 경우에는 독립해서 다툴 방법이 없고 항소나 상고를 통하여 시정받거나 상고심판결에 대한 헌법소원을 통하여 다툴 수 있다. 그러나 우리나라의 경우에는 위헌제청신청이 기각된 경우에는 바로 헌법재판소에 헌법소원을 청구할 수 있도록 규정하고 있어 제1심단계에서 부터 재판의 전제가 된 법률의 위헌판단을 받을 수 있도록 한 점은 소송경제적 측면에서 독일보다 더 나은 제도로 평가된다.

이는 헌법소원의 원형이 아니라 위헌법률심판제청신청인의 권리구제와 함께 객관적 규범통제의 의미를 가지는 우리나라만이 갖는 독특한 형태의 헌법소원으로서 규범통제의 한 유형이라고 할 수 있다.

그리고 위헌심사형헌법소원에서 인용결정이 있을 경우, 헌법재판소법은 위헌결정(법 제45조)과 위헌결정의 효력(법 제47조)에 관한 위헌법률심판의 규정을 준용하도록 규정하고 있다(법 제75조 제6항).

▶ 참고

- 위헌심사형헌법소원의 법적성격 -

1. 헌법소원설; 헌법재판소법 제68조 제2항의 헌법소원은 위헌심판제청에 대한 법원의 기각결정에 대한 헌법소원이라는 입장이다. 즉 법원의 재판은 헌법소원이 될 수 없으나, 예외적으로 위헌심판제청에 대한 법원의 기각결정에 대하여는 헌법소원의 제기를 허용하고 있다는 것이다(다수설).
2. 위헌법률심판설; 헌법재판소법 제68조 제2항의 헌법소원은 그 본질이 헌법소원이 아니라 위헌법률심판에 해당된다는 것이다. 헌법소원은 공권력의 행사 또는 불행사로 국민의 기본권이 침해된 경우에 구제를 청구하는 제도인 바, 법률의 위헌심판제청이 기각된 경우에는 침해된 기본권이 없으므로 헌법소원이란 용어가 나타날 여지가 없다. 따라서 헌법재판소법 제68조 제2항의 헌법소원은 그 명칭에도 불구하고 헌법소원이 아닌 위헌법률심판에 불과한 것이다. 입법론적으로는 헌법재판소법 제68조 제2항의 헌법소원은 폐지하고 당사자의 위헌심판청구에 대하여 법원이 기각한 경우에는 바로 헌법재판소에 위헌법률심판청구를 할 수 있도록 하는 것이 바람직하다고 본다.

2. 권리구제형헌법소원심판의 요건

(1) 청구인

1) 개설

헌법소원심판의 청구인적격을 가지기 위해서는 소송능력이 요구된다. 헌법소원심판의 소송능력은 기본권능력을 가지고 있는 모든 주체에게 인정된다. 즉 기본권의 주체는 헌법소원심판의 청구권자가 될 수 있다. 그러므로 기본권을 보장해주어야 하는 수범자(守範者)에 해당하는 국가기관(國家機關)과 공법인(公法人)은 원칙적으로 헌법소원을 청구할 수 없다.

2) 자연인과 사법인 등

따라서 기본권의 주체인 대한민국국민은 당연히 청구인이 될 수 있으며, 외국인(外國人)도 외국인에게 인정되는 기본권에 대해서는 침해에 대한 구제를 청구할 수 있으며, 사법인(私法人)이나 권리능력 없는 사단이나 재단인 결사체도 향유할 수 있는 기본권의 침해를 구제받기 위한 헌법소원을 청구할 수 있다. 따라서 '사단법인 영화인협회'와 같은 단체는 단체의 이름으로 헌법소원을 청구할 수 있으며(헌재 1991. 6. 3. 90헌마56), 정당(政黨)은 국가기관이 아닌 사적(私的) 결사체(結社體)로서 헌법상 기본권을 향유하고(헌재 1991. 3. 11. 91헌마21), 노동조합(勞動組合)도 법인 아닌 사단으로서 기본권주체성이 인정되었다(헌재 1999. 11. 25. 95헌마154).

◆ **헌재판례**

1. 단체는 원칙적으로 단체자신의 기본권을 직접 침해당한 경우에만 그의 이름으로 헌법소원심판을 청구할 수 있을 뿐이고 그 구성원(構成員)을 위하여 또는 구성원을 대신하여 헌법소원심판을 청구할 수 없다(헌재 1991. 6. 3. 90헌마56, 영화법 제12조 등에 대한 헌법소원).

2. 시·도의회의원선거에서 정당(政黨)이 후보자의 추천과 후보자를 지원하는 선거운동을 통하여 소기의 목적을 추구하는 경우, 평등권 및 평등선거원칙으로부터 나오는 (선거에 있어서의) 기회균등의 원칙은 후보자는 물론 정당에 대해서도 보장되는 것이므로 정당추천의 후보자가 선거에서 차등대우를 받는 것은 정당이 선거에서 차등대우를 받는 것과 같은 결과가 된다고 하여 정당의 기본권주체성과 헌법소원심판의 청구인적격을 인정하였다(헌재 1991. 3. 11. 91헌마21, 지방의회의원선거법 제36조 제1항에 대한 헌법소원).

3. 노동조합이 근로자의 근로조건과 경제조건의 개선이라는 목적을 위하여 활동하는 한, 헌법 제33조의 단결권의 보호를 받지만, 단결권에 의하여 보호받는 고유한 활동영역을 떠나서 개인이나 다른 사회단체와 마찬가지로 정치적 의사를 표명하거나 정치적으로 활동하는 경우에는 모든 개인과 단체를 똑같이 보호하는 일반적인 기본권인 의사표현의 자유 등의 보호를 받을 뿐이다(헌재 1999. 11. 25. 95헌마154, 노동조합법 제12조 등 위헌확인).

3) 공법인

그러나 공권력의 행사자인 국가, 지방자치단체나 그 기관 또는 국가조직의 일부나 공법인은 기본권의 주체가 아니라 국민의 기본권을 보호 내지 실현해야할 책임과 의무를 질 뿐이므로 청구인적격이 인정될 수 없다. 헌법재판소는 국회 노동위원회등의 각종위원회(헌재 1994. 12. 29. 93헌마120), 지방자치단체의 교육위원

(헌재 1995. 9. 28. 92헌마23, 지방교육자치법 제13조 제1항에 대한 헌법소원), 지방자치단체나 지방자치단체의 장(헌재 1997. 12. 24. 96헌마365) 및 지방의회(헌재 1998. 3. 26. 96헌마345)는 기본권의 주체가 될 수 없다고 하였으며, 국회의원의 발언권·표결권 등은 기본권이 아니므로 역시 국회의원도 헌법소원의 청구인적격을 가질 수 없다고 하였다(헌재 1995. 2. 23. 90헌마125).

반면에, 공권력의 주체라 할지라도 국·공립대학이나 공영방송국과 같이 국가에서 독립된 독자적인 기구들은 예외적으로 기본권주체성과 헌법소원심판의 청구인 적격을 가진다. 헌법재판소는 국립서울대학교(헌재 1992. 10. 1. 92헌마68)와 축협중앙회(헌재 2000. 6. 1. 99헌마553)의 청구인 적격을 인정한 바 있다.

◆ **헌재판례**

1. 기본권의 보장에 관한 각 헌법규정의 해석상 국민(또는 국민과 유사한 지위에 있는 외국인과 사법인)만이 기본권의 주체라 할 것이고, 국가나 국가기관 또는 국가조직의 일부나 공법인은 기본권의 '수범자(受範者)'이지 기본권의 주체로서 그 '소지자'가 아니고 오히려 국민의 기본권을 보호 내지 실현해야 할 책임과 의무를 지니고 있는 지위에 있을 뿐이므로, 공법인인 지방자치단체의 의결기관인 청구인 의회는 기본권의 주체가 될 수 없고 따라서 헌법소원을 제기할 수 있는 적격이 없다(헌재 1998. 3. 26. 96헌마345, 지방자치단체의행정기구와정원기준등에관한규정 제14조 제1항 등 위헌확인).

2. 기본권 보장규정인 헌법 제2장의 제목이 "국민의 권리와 의무"이고 그 제10조 내지 제39조에서 "모든 국민은 …… 권리를 가진다"고 규정하고 있으므로 이러한 기본권의 보장에 관한 각 헌법규정의 해석상 국민만이 기본권의 주체라 할 것이고, 공권력의 행사자인 국가, 지방자치단체나 그 기관 또는 국가조직의 일부나 공법인은 기본권의 "수범자"이지 기본권의 주체가 아니고 오히려 국민의 기본권을 보호 내지 실현해야 할 '책임'과 '의무'를 지니고 있을 뿐이다. 그렇다면 이 사건에서 지방자치단체인 청구인은 기본권의 주체가 될 수 없고 따라서 청구인의 재산권 침해 여부는 더 나아가 살펴볼 필요가 없다(헌재 2006. 2. 23. 2004헌바50, 구 농촌근대화촉진법 제16조 위헌소원).

3. 헌법 제31조 제4항이 규정하고 있는 교육의 자주성, 대학의 자율성 보장은 대학(大學)에 대한 공권력 등 외부세력의 간섭을 배제하고 대학인 자신이 대학을 자주적으로 운영할 수 있도록 함으로써 대학인으로 하여금 연구와 교육을 자유롭게 하여 진리탐구와 지도적 인격의 도야라는 대학의 기능을 충분히 발휘할 수 있도록 하기 위한 것으로서 이는 학문의 자유의 확실한 보장수단이자 대학에 부여된 헌법상의 기본권(基本權)이다(헌재 1992. 10. 1. 92헌마68, 1994학년도 신입생선발입시안에 대한 헌법소원).

4. 헌법상 기본권의 주체가 될 수 있는 법인은 원칙적으로 사법인에 한하는 것이고 공법인은 헌법의 수범자이지 기본권의 주체가 될 수 없다. 축협중앙회는 지역별·업종별 축협과 비교할 때, 회원의 임의탈퇴나 임의해산이 불가능한 점 등 그 공법인성이 상대적으로 크다 할 것이지만, 이로써 공법인이라고 단정할 수는 없을 것이고, 이 역시 그 존립목적

및 설립형식에서의 자주적 성격에 비추어 사법인적 성격을 부인할 수 없으므로, 축협중앙회는 공법인성과 사법인성을 겸유한 특수한 법인으로서 이 사건에서 기본권의 주체가 될 수 있다(헌재 2000. 6. 1. 99헌마553, 농업협동조합법 위헌확인).

(2) 피청구인

피청구인은 기본권을 침해한 공권력의 행사 또는 불행사의 주체이다. 즉 공권력행사에 대한 헌법소원의 경우에는 공권력을 행사한 기관이며, 공권력불행사에 대한 헌법소원의 경우에는 그 행위의무가 있는 기관이 피청구인이 된다.

(3) 공권력의 행사 또는 불행사

1) 개설

권리구제형헌법소원은 '공권력의 행사 또는 불행사'로 자신의 기본권이 침해된 자가 '법원의 재판'을 제외하고 헌법재판소에 헌법소원심판을 청구하는 제도이다. 그러므로 모든 위헌적인 공권력작용은 원칙적으로 헌법소원의 대상이 된다. 즉 위헌법률, 위헌적인 행정처분, 위헌적인 사법작용 등이 모두 헌법소원의 대상이 되어야 한다. 다만 위헌적인 법률 그 자체를 다투는 것은 추상적 규범통제에 따라야지 헌법소원에 의하는 것은 제도 본질상 일정한 한계가 있기 때문에 위헌법률이 특정한 기본권주체 자신의 기본권을 직접 그리고 현실적으로 침해하게 되는 예외적인 경우에만 법률도 헌법소원의 대상으로 삼을 수 있다. 위헌적인 행정처분은 우선은 행정쟁송의 대상이 된다고 할 것이다. 헌법재판소법은 법원의 재판은 원칙적으로 헌법소원의 대상에서 제외시키고 다만 재판의 전제가 된 법률의 위헌심판제청신청을 기각하는 법원의 결정만은 헌법소원으로 다툴 수 있도록 하였다.

2) 공권력

공권력(公權力)은 입법작용과 행정작용 및 사법작용을 포함한 모든 공권력뿐 아니라 간접적인 국가행정을 포함한다. 간접적인 국가행정에는 공법상의 사단과 재단 등인 공법인, 국립대학교와 같은 영조물 등을 모두 포함한다. 예를 들면 대통령선거방송토론위원회(공직선거법 규정에 의하여 설립되고 동법에 따른 법적 업무를 수행하는 공권력의 주체)의 결정 및 공표행위도 공권력의 행사로 보았다(헌재 1998. 8. 27. 97헌마372).

◆ 헌재판례

1. 공권력에 해당하지 않은 대통령의 행위: 대통령이 국회 본회의에서 행한 시정연설에서 정책과 결부하지 않고 단순히 대통령의 신임 여부만을 묻는 국민투표를 실시하고자 한다고 밝힌 것은 ① 법적인 절차를 진행시키기 위한 정치적인 사전 준비행위 또는 정치적 계획의 표명일 뿐이며, ② 국민투표의 실시에 관하여 법적인 구속력 있는 결정이나 조치가 취해진 것이라 할 수 없으며, ③ 그로 인하여 국민들의 법적 지위에 어떠한 영향을 미친다고 볼 수 없다. 그것이 공고와 같이 법적인 효력이 있는 행위가 아니라 단순한 정치적 제안의 피력에 불과하다고 인정되는 이상 이를 두고 헌법소원의 대상이 되는 "공권력의 행사"라고 할 수는 없으므로, 이에 대한 취소 또는 위헌확인을 구하는 청구인들의 심판청구는 모두 부적법하여 각하하였다(헌재 2003. 11. 27. 2003헌마694, 대통령신임투표를 국민투표에 붙이는 행위 위헌확인, 대통령 재신임 국민투표실시계획 위헌확인, 대통령 재신임을 국민투표에 붙이는 결정취소).

2. '예산안 의결'의 공권력성 부인: 예산은 일종의 법규범이고 법률과 마찬가지로 국회의 의결을 거쳐 제정되지만 법률과 달리 국가기관만을 구속할 뿐 일반국민을 구속하지 않는다. 국회가 의결한 예산 또는 국회의 예산안 의결은 헌법재판소법 제68조 제1항 소정의 '공권력의 행사'에 해당하지 않고 따라서 헌법소원의 대상이 되지 아니한다(헌재 2006. 4. 25. 2006헌마409, 서울-춘천 고속도로민간투자시설사업관련 2006년도 예산안 의결 위헌확인).

3. '어업협정 체결'의 공권력성 인정: 1999. 1. 6. 체결된 대한민국과 일본국간의 어업에 관한 협정은 우리나라 정부가 일본 정부와의 사이에서 어업에 관해 체결·공포한 조약(조약 제1477호)으로서 헌법 제6조 제1항에 의하여 국내법과 같은 효력을 가지므로, 그 체결행위는 고권적 행위로서 '공권력의 행사'에 해당한다(헌재 2001. 3. 21. 99헌마139 등, 대한민국과일본국간의어업에관한협정비준등 위헌확인).

4. 행정규칙의 공권력성 인정: 행정규칙이라도 재량권행사의 준칙으로서 그 정한 바에 따라 되풀이 시행되어 행정관행을 이루게 되면, 행정기관은 평등의 원칙이나 신뢰보호의 원칙에 따라 상대방에 대한 관계에서 그 규칙에 따라야 할 자기구속을 당하게 되는바, 이 경우에는 대외적 구속력을 가진 공권력의 행사가 된다. 지방노동관서의 장은, 사업주가 이 사건 노동부 예규 제8조 제1항의 사항을 준수하도록 행정지도를 하고, 만일 이러한 행정지도에 위반하는 경우에는 연수추천단체에 필요한 조치를 요구하며, 사업주가 계속 이를 위반한 때에는 특별감독을 실시하여 제8조 제1항의 위반사항에 대하여 관계 법령에 따라 조치하여야 하는 반면, 사업주가 근로기준법상 보호대상이지만 제8조 제1항에 규정되지 않은 사항을 위반한다 하더라도 행정지도, 연수추천단체에 대한 요구 및 관계 법령에 따른 조치 중 어느 것도 하지 않게 되는바, 지방노동관서의 장은 평등 및 신뢰의 원칙상 모든 사업주에 대하여 이러한 행정관행을 반복할 수밖에 없으므로, 결국 위 예규는 대외적 구속력을 가진 공권력의 행사가 된다(헌재 2007. 8. 30. 2004헌마670, 산업기술연수생 도입기준 완화결정 등 위헌확인).

5. 검사의 수사재기결정(搜査再起決定)과 공소제기처분의 헌법소원대상 부인: 검사의 수사제기결정은 수사기관 내부의 의사결정에 불과하고 피의자의 기본권에 직접적이고 구체적인 침해를 가하는 것이 아니며, 공소제기처분도 그 자체로서 피고인의 기본권을 침해하는 것

이라고 할 수 없으므로 헌법소원의 대상이 될 수 없고, 수사과정에서 행한 구체적인 수사처분으로 인하여 기본권을 침해받은 경우에는 형사소송법 등 관계법령에 따라 구제절차를 거친 후가 아니면 헌법소원심판을 청구할 수 없다(헌재 1996. 2. 29. 96헌마32, 검사의 공소권행사 등 위헌확인).

3) '행사' 또는 '불행사'

공권력의 행사 또는 불행사라 함은 입법권·행정권·사법권을 행사하는 모든 국가기관의 적극적인 작위의무와 소극적인 부작위 행위를 말한다. 다만 법원의 재판만은 여기에서 제외하고 있다. 헌법이 입법자에게 입법의무를 부과한 경우에 이를 태만히 한 경우에는 부작위에 대한 헌법소원이 인정된다. 다만 법률은 제정되었으나 그것이 불완전·불충분한 경우에는 적극적 헌법소원을 제기할 수 있다.

◆ 헌재판례

진정입법부작위 위헌확인 헌법소원의 각하: 청구인은 청구인이 처벌을 받게 된 근거조항인 '보건범죄단속에 관한 특별조치법' 제5조와 구 의료법 제25조의 내용 자체의 불완전성을 다투고 있는 것이 아니라, 비의료인도 문신시술을 업으로 할 수 있도록 그 자격 및 요건에 관하여 입법을 하지 아니한 것이 청구인의 기본권을 침해한다고 주장하며 이를 적극적으로 다투고 있는바, 이는 진정입법부작위에 해당하나, 헌법이 명시적으로 비의료인의 문신시술업에 관한 법률을 만들어야 할 입법의무를 부여하였다고 볼 수 없고, 그러한 입법의무가 헌법해석상 도출된다고 볼 수 없으므로 이 사건 심판청구는 부적법하다(헌재 2007. 11. 29. 2006헌마876, 입법부작위 위헌확인).

(4) 기본권의 침해

기본권의 침해는 헌법소원심판청구의 요건이며 동시에 심판의 요건이기도 하므로, 청구인은 자신의 어떤 헌법상의 기본권이 침해되었는가를 구체적으로 주장하여야 한다. 여기서 헌법상 보장된 기본권이란 "헌법이 직접 국민에게 부여한 주관적 공권, 즉 국민의 국가에 대한 헌법적 권리"로서 헌법에서 명문으로 규정한 것뿐만 아니라, 제도보장에 의하여 보장되는 주관적 공권 등 헌법에서 도출되는 기본권을 포함한다(헌재 2001. 3. 21, 99헌마139, 대한민국과일본국간의어업에관한협정비준등 위헌확인).

그러나, 공권력의 행사 또는 불행사로 헌법상의 기본원리나 헌법상 보장된 제도의 본질이 훼손되었다하더라도 그 점만으로는 기본권이 침해되었다고 볼 수 없으며(헌재 1995. 2. 23. 90헌마125; 헌재 1998. 10. 29. 96헌마186), 사실상 기대되던 반사적 이익이 실현되지 않게 되었다하더라도 이는 기본권침해가 아니므로(헌재 2000. 1. 27. 99헌마660), 헌법소원심판의 청구가 부적법하다.

그리고 '입법권'은 국회의 권한이기는 하나 헌법상 보장된 국민의 기본권은 아니며(헌재 1998. 8. 27. 97헌마8등), '국회구성권'이란 기본권은 자유위임을 원칙으로 하는 우리나라의 대의제원리에 반하며(헌재 1998. 10. 29. 96헌마186), 지방자치법 제13조의2에서 규정한 '주민투표권'은 헌법상의 참정권이 아니므로 기본권성이 인정될 수 없다(헌재 2001. 6. 28. 2000헌마735). 이외에도 국회의원의 위원회에 소속하여 활동할 권리(헌재 2000. 8. 31. 2000헌마156), 헌법전문의 '3·1 정신'(헌재 2001. 3. 21. 99헌마139) 등도 기본권성이 부인되었다.

◆ **헌재판례**

1. "헌법전문에 기재된 3.1정신"은 우리나라 헌법의 연혁적·이념적 기초로서 헌법이나 법률 해석에서의 해석기준으로 작용한다고 할 수 있지만, 그에 기하여 곧바로 국민의 개별적 기본권성을 도출해낼 수는 없다고 할 것이므로, 헌법소원의 대상인 "헌법상 보장된 기본권"에 해당하지 아니한다(헌재 2001. 3. 21. 99헌마139, 대한민국과일본국간의어업에관한 협정비준등 위헌확인).

2. 국민의 개별적 기본권이 아니라 할지라도 기본권보장의 실질화를 위하여서는, 영토조항만을 근거로 하여 독자적으로는 헌법소원을 청구할 수 없다 할지라도, 모든 국가권능의 정당성의 근원인 국민의 기본권 침해에 대한 권리구제를 위하여 그 전제조건으로서 영토에 관한 권리를, 이를테면 영토권이라 구성하여, 이를 헌법소원의 대상인 기본권의 하나로 간주하는 것은 가능한 것으로 판단된다(헌재 2001. 3. 21. 99헌마139, 대한민국과일본국간의어업에관한협정비준등 위헌확인).

3. 국회의장의 불법적인 의안처리행위로 헌법의 기본원리(基本原理)가 훼손되었다고 하더라도 그로 인하여 헌법상 보장된 구체적 기본권을 침해당한 바 없는 국회의원인 청구인들에게 헌법소원심판청구가 허용된다고 할 수 없다(헌재 1995. 2. 23. 90헌마125, 입법권침해 등에 대한 헌법소원).

4. 유권자가 설정한 국회의석분포에 국회의원들을 기속시키고자 하는 내용의 "국회구성권"이라는 기본권은 오늘날 이해되고 있는 대의제도의 본질에 반하는 것이어서 헌법상 인정될 여지가 없고, ……대통령에 의한 여야 의석분포의 인위적 조작행위로 국민주권주의라든지 복수정당제도가 훼손될 수 있는지의 여부는 별론으로 하고 그로 인하여 바로 헌법상 보장된 청구인들의 구체적 기본권이 침해당하는 것은 아니다(헌재 1998. 10. 29. 96헌마186, 국회구성권 등 침해 위헌확인).

5. 한약학과 졸업예정자인 청구인들이 한약사 면허취득에 관한 관계법령에 터잡아 이익독점을 기대하고 있었는데 한약학과 외의 학과 출신자에 대한 한약사시험 응시자격의 부여로 인해 한약사 면허취득자가 증가함으로써 그 기대가 실현되지 않게 된다고 하더라도 이는 사실상 기대되던 반사적 이익이 실현되지 않게 된 것에 불과한 것이지 어떠한 헌법상 기본권의 제한 또는 침해의 문제가 생기는 것은 아니다(헌재 2000. 1. 27. 99헌마660, 한약사자격면허취득 국가시험공고처분취소등)

(5) 법적 관련성

1) 개설

헌법소원의 제기가 적법하기 위해서는 '헌법상 보장된 기본권을 침해받은 자'가 '자기'의 기본권이 '직접적'·'현실적'으로 침해되었음이 구체화되어야 한다. 즉 헌법소원심판의 청구가 있기 위해서 '기본권의 침해'는 물론이며, 자기관련성, 직접성, 현재성이라는 법적 관련성이 함께 요구된다.

2) 자기관련성

헌법소원심판의 청구인은 원칙적으로 자신이 관련되어 있어야 한다. 즉 자기(自己)가 아닌 제3자의 권리침해에 대해서는 특별한 사정이 없는 한 헌법소원을 제기할 수 없다(헌재 1997. 3. 27. 94헌마277). 그러나 예외적으로 제3자에게 청구가 허용될 수 있으며, '제3자의 자기관련성'을 인정하고자 하는 때에는 법의 목적 및 실질적인 규율대상, 법규정에서의 제한이나 금지가 제3자에게 미치는 효과나 진지성의 정도 등을 종합적으로 고려하여 판단하여야 한다(헌재 1997. 9. 25. 96헌마133).

헌법재판소는 "형사피해자"가 형사실체법상의 보호법익의 주체는 아니더라도 헌법상 재판절차진술권의 주체로서 자기관련성을 인정하였으며(헌재 1995. 7. 21. 94헌마136), 주식회사 임원의 업무상횡령사건에서 회사가 피해자라고 할 수 있지만 동시에 주주 모두가 피해자라고 할 수 있으므로 주주의 헌법소원청구는 자기관련성을 가진다고 보았으며(헌재 1991. 4. 1. 90헌마65), 공정거래위원회의 고발권불행사는 공정거래위반행위의 피해자에 대하여 자기관련성이 있다고 판시하였다(헌재 1995. 7. 21. 94헌마136).

그리고 '제3자의 자기관련성'을 부인한 예로는 선거에 입후보한 사실도 없고, 당해 선거구의 선거권도 없는 청구인의 선거권과 공무담임권침해 주장(헌재 1990. 9. 3. 89헌바901), 과세처분의 상대방은 남문학원인데, 동 재단소속 학교의 재학생들이 소원청구(헌재 1993. 7. 29. 89헌마123), 신입생지원자격제한조치를 한 대학교의 재학생이 제기한 헌법소원(헌재 1997. 3. 27. 94헌마277), 특수주간신문에 대해서 정치기사보도를 금지하자 동 신문 애독자가 제기한 헌법소원(헌재 1997. 10. 30. 95헌마124), 단체(신문편집인협회)는 원칙적으로 단체자신의 기본권(언론출판의 자유)이 침해된 경우에 한하여 자기관련성을 가지며, 그 구성원(회원)을 위하여 또는 구성원을 대신하여 헌법소원심판 청구는 불가(헌재 1995. 7. 21. 92헌마177 등), 고등검사장이 장차 검찰총장에 임명될 가능성이 있다는 사정만으로 검찰청법 제12조 제4·5항 및 부칙 제2항(검찰총장은 퇴직일부터 2년 이내에는 공직에 임명될 수 없고, 정당의 발기인, 당원이 될 수 없도록 규정)에 대하여 헌법소원을 제기한 경우(헌재 1997. 7. 16. 97헌마26, 청구인 중 검찰총장의 제기는 자기관련성이 있으므로, 동판결에서 동법조항은 위헌결정됨), 대통령의 특별사면권 행사(대상: 전두환·노태우 전대통령)로 일반국민의 지위에서 권력분립의 원칙상 행정권이 사법권의 본질적 내용을 훼손한 것으로서 위헌무효라고 헌법소원을 청구한 사건(헌재 1998. 9. 30. 97헌마404), 검사의 '혐의없음' 불기소처분에 대하여 형사피해자(고소인)만이 자기관련성을 가지며, 고발자는 자기관련성을 갖지 못한다고 판시하였다.

◆ 헌재판례

※ 자기관련성 일반론

1. 공권력의 불행사로 인한 기본권침해는, 국가가 그 공권력을 행사하였더라면 사인(私人)에 의한 기본권의 침해상태가 제거될 수 있었음에도 불구하고 이를 행사하지 아니함으로써 사인에 의한 기본권의 침해상태가 계속되고 있음을 전제로 하는 것이므로, 원칙적으로 현재 직접적으로 사인으로부터 기본권을 침해당하고 있는 자만이 헌법소원심판을 청구할 수 있다고 할 것이고 제3자는 특단의 사정이 없는 한 기본권침해에 직접 관련되었다고 볼 수 없다(헌재 1997. 3. 27. 94헌마277, 1995학년도 고신대학교 신입생지원자격 제한조치에 대한 부작위 위헌확인).

2. 어떠한 경우에 제3자의 자기관련성을 인정할 수 있는가의 문제는 무엇보다도 법의 목적 및 실질적인 규율대상, 법규정에서의 제한이나 금지가 제3자에게 미치는 효과나 진지성의 정도, 규범의 직접적인 수규자에 의한 헌법소원제기의 기대가능성 등을 종합적으로 고려하여 판단해야 한다(헌재 1997. 9. 25. 96헌마133, 공직선거및선거부정방지법 제60조 제1항 제5호 등 위헌확인).

※ 자기관련성이 인정되지 않은 판례

1. 범죄 피해자가 아닌 고발인에게는 개인적 주관적인 권리나 재판절차에서의 진술권따위의 기본권이 허용될 수 없으므로 검사가 자의적으로 불기소처분을 하였다고 하여 달리 특별한 사정이 없으면 헌법소원심판청구의 요건인 자기관련성이 없다(헌재 1989. 12. 22. 89헌

마145, 검사의 공소권행사에 관한 헌법소원).

2. 시·도의 교육·학예에 관한 중요사항을 심사·의결하는 기관인 교육위원회는 학생, 학부모에 대한 직접적인 교육행위의 주체가 아니므로, 그 설치·구성 및 운영에 관한 규율인 심판대상조항이 학생의 교육을 받을 권리, 학부모의 교육을 시킬 권리를 직접 침해할 수 없고, 그러한 권리와 간접적, 사실적인 관련성만을 지니고 있을 뿐이므로, 학생과 학부모인 청구인들의 위 기본권에 관하여는 심판대상조항과의 자기관련성 및 직접성을 인정할 수 없다. ……교사의 어떠한 권리를 직접 침해할 수 없고 이와 간접적, 사실적인 관련성만을 지닐 뿐이므로, 심판대상조항은 교사인 청구인의 기본권 침해와 자기관련성 및 직접성이 없다. ……청구인 전국 시·도 교육의원협의회가 그 구성원인 교육의원들을 위하여, 또는 교육의원들을 대신하여 헌법소원을 청구할 수는 없고, 청구인이 자신의 고유한 기본권 침해를 다투고 있지도 아니하므로, 청구인은 심판대상조항에 대하여 기본권침해의 자기관련성이 없다(헌재 2009. 3. 26. 2007헌마359, 지방교육자치에 관한 법률 제4조 등 위헌확인).

3. 청구인 최○용은 이 사건 경고로 인하여 불공정한 언론인으로 취급되어 재직하는 회사에 불이익을 주는 사람으로 낙인찍히는 결과가 된다는 취지로 주장하나, 그러한 청구인의 불이익은 단지 간접적, 사실적인 것에 불과하며, 이를 청구인의 기본권을 직접 제한하는 법적 불이익에 해당한다고 볼 수 없어 자기관련성이 인정될 수 없다(헌재 2007. 11. 29. 2004헌마290, 경고 및 관계자 경고 처분취소).

※ 단체가 그 구성원들의 기본권침해를 주장하는 경우 자기관련성이 부인된 판례

1. 단체와 그 구성원을 서로 별개의 독립된 권리주체로 인정하고 있는 현행의 우리나라 법제 아래에서는 원칙적으로 헌법상 기본권을 직접 침해당한 권리주체만이 헌법소원심판절차에 따라 권리구제를 청구할 수 있는 것이고, 비록 단체의 구성원이 기본권의 침해를 당했다고 하더라도 단체가 구성원의 권리구제를 위하여 그를 대신하여 헌법소원심판을 청구하는 것은 허용될 수 없으므로, 법인 아닌 사단인 5·18 광주민중항쟁동지회가 광주민주화운동관련자보상등에관한법률 또는 입법부작위로 말미암아 그 구성원들의 기본권이 침해되고 있음을 이유로 제기한 이 사건 헌법소원심판청구는 자기관련성의 요건을 갖추지 못한 부적법한 것이다(헌재 1994. 2. 24. 93헌마33, 광주민주화운동관련자보상등에관한법률 위헌확인).

2. 청구인 사단법인 ○○협회는 그 자신의 기본권이 침해당하고 있음을 이유로 하여 이 사건 헌법소원심판을 청구한 것이 아니고, 그 단체에 소속된 회원들인 영화인들의 헌법상 보장된 예술의 자유와 표현의 자유가 침해당하고 있음을 이유로 하여 이 사건 헌법소원심판을 청구하여 자기관련성(自己關聯性)의 요건을 갖추지 못하였다(헌재 1991. 6. 3. 90헌마56, 영화법 제12조 등에 대한 헌법소원).

3. 이 사건 법률조항들이 문화재매매업자 등의 헌법상 기본권을 제한한다고 하여 이로써 ○○미술협회가 직접적으로 회복할 수 없는 손해를 입게 된다는 특별한 사정이 있음을 인정할 자료도 없으며, 나아가 문화재매매업자들이 스스로 헌법소원심판을 청구하여 그들의 헌법상 보장된 기본권의 침해에 대한 구제를 받을 수 있는 길이 막혀있다거나, 그 행사가 심히 어려운 것으로 보아야 할 사정도 찾아볼 수 없다(헌재 1991. 6. 3. 90헌마56, 판례집 3, 289, 298 참조). 따라서 사단법인 ○○미술협회의 이 사건 헌법소원심판청구는 자기관련성의 요건을 갖추지 못하여 부적법하다(헌재 2007. 7. 26. 2003헌마377, 문화재보호법 제81조 제4항 등 위헌확인).

3) 직접성

공권력작용으로 인하여 청구인의 기본권이 직접적으로 침해되어야 한다. 직접성의 요건은 통상 법령 등에 의한 기본권침해에서 요구되는 바, 법률이나 법규명령·규칙·조례 등에 의하여 헌법상의 기본권이 직접 침해당하고 있는 자만이 헌법소원심판을 청구할 수 있다. 왜냐하면, 법령 등은 일반적으로 구체적 집행행위가 매개되어야 기본권침해가 발생될 수 있으므로, 집행행위에 의한 기본권침해 구제절차로서의 일반쟁송절차를 경유하여야 하나, 이를 생략하고 직접 헌법소원심판을 청구하기 위해서는 직접성을 요구하는 것이다. 즉 기본권침해의 직접성이란 집행행위에 의하지 아니하고 법률 그 자체에 의하여 자유의 제한, 의무의 부과, 권리 또는 법적 지위의 박탈이 생긴 경우를 뜻한다(헌재 1992. 11. 12. 91헌마192).

그러나 구체적 집행행위가 존재한 경우라고 하여 언제나 반드시 법률자체에 대한 헌법소원심판청구의 적법성이 부정되는 것은 아니며, 예외적으로 집행행위가 존재하는 경우라도 그 집행행위를 대상으로 하는 구제절차가 없거나 구제절차가 있다고 하더라도 권리구제의 기대가능성이 없고 다만 기본권침해를 당한 청구인에게 불필요한 우회절차를 강요하는 것밖에 되지 않는 경우 등으로서 당해 법률에 대한 전제관련성이 확실하다고 인정되는 때에는 당해 법률을 헌법소원의 직접 대상으로 삼을 수 있다(헌재 1997. 8. 21. 96헌마48, 국가보안법 제19조 위헌확인).

직접성이 인정된 례로는 1994년 생활보호사업지침상의 '94년 생계보호기준'에 의한 공무원의 생계보호급여지급의 집행행위는 사실적 집행행위에 불과하므로 지급대상자인 청구인들에 대하여 동 기준은 직접적인 효력을 갖는 규정으로 보았으며(헌재 1997. 5. 29. 94헌마33), '금융실명거래 및 비밀보장에 관한 법률'에 근거한 원천징수행위도 단순한 이행행위로서 집행행위로 보기 어려우므로 직접 헌법소원의 대상이 되며(헌재 1999. 11. 25. 98헌마55), '대한민국과 일본국 간의 어업에 관한 협정(1998. 11. 23. 조약 제1477호)'은 발효됨으로써 어민들이 어로활동을 하던 수역에서 더 이상 활동할 수 없게 되므로, 동 협정은 직접 기본권이 침해되는 경우에 해당한다고 판시하였다(헌재 2001. 3. 21. 99헌마139).

직접성이 결여된 대표적인 예로는 도시계획법 제21조는 건설부장관의 개발제한구역의 지정·고시라는 별도의 집행행위에 의하여 기본권침해여부의 문제가 발생될 수 있으며(헌재 1991. 6. 3. 89헌마46), 검찰보존사무규칙과 '기록열람·등사에 관한 업무처리지침'은 검사의 허가여부처분이라는 집행위를 통하여 기본권침해여부의 문제가 발생되며(헌재 1998. 2. 27. 97헌마101), 수용자의 서신수발은 교도관의 검열을 요하도록 규정한 행형법 제18조 제3항은 서신검열이나 발송거부라는 구체적 집행행위에 의하여 기본권침해의 법률효과가 발생될 수 있으므로(헌재 1998. 8. 27. 96헌마198), 헌법소원심판청구의 대상으로서 직접관련성이 결여되어 있다고 판시하였다. 또한 집행행위에는 입법행위도 포함되므로 하위규범의 시행을 예정하고 있는 위임입법의 경우에도 직접성이 부정된다고 하였다(헌재 1996. 2. 29. 94헌마213).

◆ 헌재판례

1. 법률 또는 법률조항 자체가 헌법소원의 대상이 될 수 있으려면 그 법률 또는 법률조항에 의하여 구체적인 집행행위를 기다리지 아니하고 직접, 현재, 자기의 기본권을 침해받아야 하는 것을 요건으로 하고, 여기서 말하는 기본권 침해의 직접성이란 집행행위에 의하지 아니하고 법률 그 자체에 의하여 자유의 제한, 의무의 부과, 권리 또는 법적 지위의 박탈이 생긴 경우를 뜻하므로, 구체적인 집행행위를 통하여 비로소 당해 법률 또는 법률조항에 의한 기본권 침해의 법률효과가 발생하는 경우에는 직접성의 요건이 결여된다(헌재 1992. 11. 12. 91헌마192, 농촌근대화촉진법 제94조 등에 대한 헌법소원).

2. 청구인 스스로가 헌법소원의 대상인 법률조항과 법적으로 관련되어 있어야 하며, "정의규정" 또는 "선언규정" 등과 같이 그 법률조항 자체에 의하여는 기본권의 침해가 발생할 수 없는 경우 또는 법률 또는 법률조항이 구체적인 집행행위를 예정하고 있는 경우에는 직접성의 요건이 결여된다(헌재 2004. 9. 23. 2002헌마563. 의문사진상규명에관한특별법 제1조 등 위헌확인)

4) 현재성

청구인의 기본권은 현실적으로 현재 침해되어야 한다. 장래의 침해가능성을 이유로 한다거나, 침해가 종료된 경우 혹은 심판 청구시에는 현재성이 있었으나, 심판계속 중에 침해가 종료된 경우 등에는 현재성을 부인하여 각하결정하였다.

그러나 헌법재판소는 '현재성'을 완화하여 장래에 침해가 확실한 경우에는 현재성을 인정하고 있다. 관련판례를 보면, '장래 실시가 확실한 지방의회의원선거(헌재 1991. 3. 11. 91헌마21), 신입생선발입시안(헌재 1992. 10. 1. 92헌마68), 장래 입학 시 적용될 거주지기준입학제한(헌재 1995. 2. 23. 91헌마204, 교육법시행령 제71조 등에 대한 헌법소원), 예비신랑의 가정의례에관한법률에 의한 침해(헌재 1998. 10. 15. 98헌마168) 등이 있다.

◆ 헌재판례

1. 현교육위원이거나 교육의원 출마예정인 청구인들이 법에 따라 새로 실시될 교육의원 선거에 입후보할 의사를 가지고 있다 하더라도, 심판대상조항이 청구인들의 공무담임권이나 공무담임에 있어서의 평등권을 침해할 가능성이 있게 되는 것은 장차 청구인들이 교육의원 선거에 입후보하여 교육의원에 당선된 이후라고 할 것이므로, 기본권 침해의 현재성이 인정되지 아니한다.

2. 심판대상조항이 교육의원선거의 선거권자가 될 청구인들의 선거에 있어서의 평등권을 침해하는지 여부는 심판대상조항에 따라 교육의원 선거에 관한 구체적인 법률규정이 새로 마련되는 경우 그 선거법 관계규정과 종합하여 살펴보아야 확정할 수 있을 것이므로, 심판대상조항에 따른 교육의원 선거에 관한 구체적인 법령이 아직 제정되지 아니한 이 사건에서는, 기본권침해의 현재성이 인정되지 아니한다(헌재 2009. 3. 26. 2007헌마359, 지방교육자치에 관한 법률 제4조 등 위헌확인).

3. 장래 도래가 확실히 예측되는 기본권침해의 심판청구의 청구인적격 인정한 판례: 이 사건 심판청구는 2005. 8. 4. 개정되기 전의 구 '공직선거 및 선거부정방지법' 조항들에 대해 제기되었으나, 주기적으로 반복되는 선거의 경우 매번 새로운 후보자들이 입후보하고 매번 새로운 범위의 선거권자들에 의해 투표가 행해질 뿐만 아니라 선거의 효과도 차기 선거에 의한 효과가 발생할 때까지로 한정되므로, 매선거는 새로운 선거에 해당한다는 점, 청구인들의 진정한 취지는 장래 실시될 선거에서 발생할 수 있는 기본권침해를 문제 삼고 있는 것으로 볼 수 있다는 점을 고려하면 이 사건 심판청구는 향후 실시될 각종 선거에서 청구인들이 선거에 참여하지 못함으로써 입게 되는 기본권침해, 즉 장래 그 도래가 확실히 예측되는 기본권침해를 미리 앞당겨 다투는 것으로 볼 수 있다(헌재 2007. 6. 28. 2004헌마644, 공직선거및선거부정방지법 제15조 제2항 등 위헌확인 등).

4. '대한민국과 미합중국 간의 미합중국 군대의 서울역지역으로부터의 이전에 관한 협정'과 '대한민국과 미합중국 간의 미합중국 군대의 서울지역으로부터의 이전에 관한 협정의 이행을 위한 합의권고에 관한 합의서' 및 '2002년 3월 29일 서명된 대한민국과 미합중국 간의 연합토지관리계획협정에 관한 개정협정'등의 조약들에 의해서 청구인들의 환경권, 재판절차진술권, 행복추구권, 평등권, 재산권이 바로 침해되는 것이 아니고, 미군부대 이전 후에 청구인들이 권리침해를 받을 우려가 있다 하더라도 이는 장래에 잠재적으로 나타날 수 있는 것이므로 권리침해의 '직접성'이나 '현재성'을 인정할 수 없다(헌재 2006. 2. 23. 2005헌마268. 대한민국과 미합중국간의 미합중국군대의 서울지역으로부터의 이전에 관한 협정 등 위헌확인).

(6) 청구의 보충성

1) 원칙

공권력으로 인하여 기본권이 침해된 때에는 다른 법률에 의한 구제절차가 있는 경우에는 이러한 구제절차를 모두 경유한 후에 비로소 헌법소원을 제기할 수 있다(법 제68조 제1항 단서). 이를 헌법소원의 보충성(補充性)이라고 한다.

여기서 '다른 법률에 의한 구체절차'는 침해된 기본권을 직접(直接) 구제할 수 있는 절차이어야 하므로 사후적·보충적 구제수단인 손해배상청구나 손실보상청구제도는 이에 해당하지 않으며(헌재 1989. 4. 17. 88헌마3), 또한 '적법(適法)한' 구제절차여야 하므로(헌재 1993. 7. 29. 91헌마47), 부적법한 항고는 이에 해당하지 않는다(헌재 1992. 6. 26. 91헌마68).

그러나, 법령자체에 의하여 직접적으로 기본권이 침해된 경우에는 일반법원에의 소송 등 다른 구제절차가 없으므로 보충성이 요구되지 않는다(헌재 1996. 10. 4. 94헌마68 등).

◆ **헌재판례**

1. 헌법재판소법 제68조 제1항 단서에 의하면 헌법소원은 다른 권리구제절차를 거친 뒤 비로소 제기할 수 있는 것이기는 하지만, 여기서 말하는 권리구제절차는 공권력의 행사 또는 불행사를 직접대상으로 하여 그 효력을 다툴 수 있는 권리구제절차를 의미하는 것이지, 사후적·보충적 구제수단인 손해배상청구나 손실보상청구를 의미하는 것이 아님은 헌법소원제도를 규정한 헌법의 정신에 비추어 명백하다(헌재 1989. 4. 17. 88헌마3, 검사의 공소권행사에 대한 헌법소원).

2. 헌법재판소법 제69조 제1항 단서의 "다른 법률에 의한 구제절차"는 적법(適法)한 구제절차임을 전제로 하는바, 그것은 만약 그렇게 보지 아니하면 청구인이 일부러 부적법한 구제절차를 거침으로써 부당하게 청구기간을 연장할 수 있게 되어 청구기간 한정의 취지를 몰각시켜 버릴 염려가 있기 때문이다(헌재 1993. 7. 29. 91헌마47, 복개사업허가신청 거부처분에 대한 헌법소원).

3. 항소인이 고소사실에 대한 불기소처분의 통지를 받고 그로부터 검찰청법 제10조 제3항에 규정된 항고기간인 30일을 지난 후에야 고등검찰청에 항고를 제기하였다면 이는 항고기간을 도과한 부적법(不適法)한 항고(抗告)로서 헌법재판소법 제68조 제1항의 다른 법률에 의한 적법한 구제절차를 거친 것으로 볼 수 없다(헌재 1992. 6. 26. 91헌마68, 불기소처분에 대한 헌법소원).

4. 헌법 제107조 제2항에 규정된 대법원의 명령·규칙에 대한 최종심사권이란 구체적인 소

송사건에서 명령·규칙의 위헌 여부가 재판의 전제가 되었을 경우 법률의 경우와는 달리 헌법재판소에 제청할 것 없이 대법원이 최종적으로 심사할 수 있다는 것으로 명령·규칙 자체에 의하여 직접 기본권이 침해되었음을 이유로 헌법 제111조 제1항 제5호, 헌법재판소법 제68조 제1항에 근거하여 헌법소원심판청구를 하는 이 사건과는 아무런 관련이 없고, 이 사건과 같이 법령 자체에 의한 직접적인 기본권침해 여부가 문제되었을 경우에는 보충성의 예외로서 다른 구제절차를 거칠 것 없이 바로 헌법소원심판을 청구할 수 있는 것이므로 경찰청장의 주장은 이유없다(헌재 1996. 10. 4. 94헌마68 등, 사행행위등규제법시행령 제7조 등 위헌확인).

2) 보충성의 예외 인정

헌법재판소는 '심판청구인이 그의 불이익으로 돌릴 수 없는 정당한 이유있는 착오로 전심절차를 밟지 않은 경우 또는 전심절차로 권리가 구제될 가능성이 거의 없거나(헌재 1995. 12. 28. 91헌마80), 권리구제절차를 허용되는지의 여부가 객관적으로 불확실하여 전심절차이행의 기대가능성이 없는 때(헌재 1989. 9. 4. 88헌마22) 그리고 법률상 구제절차가 없는 경우에 해당하거나 사전에 구제절차를 거칠 것을 기대하기가 곤란한 경우에는 보충성의 요건을 충족한 것으로 보아(헌재 1998. 8. 27. 97헌마372), 보충성의 예외를 인정하고 있다.

◆ **헌재판례**

1. 진압명령은 특정 일시의 특정 집회와 관련된 시위의 진압을 내용으로 하는 것으로서 이 사건 심판청구 당시에 이미 청구인 등에 의하여 그 실행이 완료된 것이다. 따라서 이 사건 진압명령에 대한 행정소송은 소의 이익이 없다 하여 각하될 가능성이 매우 크므로 이와 같은 경우에는 구제절차(救濟節次)가 있다고 하더라도 권리구제의 기대가능성(期待可能性)이 없고 다만 기본권 침해를 당한 자에게 불필요한 우회절차를 강요하는 것밖에 되지 않는 경우로서 헌법재판소법 제68조 제1항 단서의 예외의 경우에 해당하여 이 사건 진압명령에 대한 심판청구부분은 권리구제절차(權利救濟節次)를 밟지 아니하였다고 하더라도 적법하다(헌재 1995. 12. 28. 91헌마80, 전투경찰대설치법 등에 대한 헌법소원).

2. 헌법소원심판청구인이 그의 불이익으로 돌릴 수 없는 정당한 이유있는 착오로 전심절차(前審節次)를 밟지 않은 경우 또는 전심절차로 권리가 구제될 가능성이 거의 없거나 권리구제절차가 허용되는지의 여부가 객관적으로 불확실하여 전심절차이천(前審節次履踐)의 기대가능성이 없을 때에는 예외적으로 헌법재판소법 제68조 제1항 단서 소정의 전심절차이천요건은 배제된다(헌재 1989. 9. 4. 88헌마22, 공권력에 의한 재산권침해에 대한 헌법소원).

3. 법률상 구제절차가 없는 경우에 해당하거나 사전에 구제절차를 거칠 것을 기대하기가 곤란한 경우에는 보충성의 요건을 충족한 것이다. 토론위원회의 결정이 행정쟁송의 대상인 처분인 여부는 객관적으로 불확실하며, 처분에 해당한다고 하더라도 짧은 법정선거운동기간에 행정쟁송절차가 완료되어 구제될 가능성이 기대하기 어려우므로, 토론위원회의 결정을 다툼에 있어 행정쟁송을 거칠 것을 요구하는 것은 적절치 않다(헌재 1998. 8. 27. 97헌마372, 방송토론회진행사항결정행위 등 취소)

(7) 청구기간

권리구제형헌법소원의 심판은 그 사유가 있음을 안 날부터 90일이내에, 그 사유가 있은 날부터 1년이내에 청구하여야 하며, 다만 다른 법률에 의한 구제절차를 거친 헌법소원의 심판은 그 최종결정을 통지받은 날로부터 30일이내에 청구하여야 한다(법 제69조 제1항). 특히 권리구제형헌법소원은 입법초기에는 청구사유가 있음을 안 날로부터 60일 이내, 사유가 있은 날로부터 180일 이내에 청구하도록 규정하였으나, 2003년도에 행정소송의 제소기간과 동일하게 개정하였다. 따라서 다른 법률에 의한 구제절차를 거친 경우에는 최종결정을 통지받은 날로부터 30일 이내에 청구하여야 하며, 다른 구제절차가 없는 경우에는 사유가 있음을 안 날로부터 90일 이내에, 그 사유가 있은 날로부터 1년 이내에 청구하여야하며, 둘 중 어느 하나의 기간이 지났으면, 그 청구는 부적법하다.

헌법재판소는 헌법소원제기에 청구기간의 제한을 둔 것은 권리관계를 신속하게 확정하여 법적 안정성을 확보하기위한 것으로서 헌법에 위반되지 않는다고 판시하고(헌재 2001. 9. 27. 2001헌마152), 구법시행 당시 청구된 헌법소원이 신법시행 후에도 재판이 계속중인 때에는 신법을 적용하여야 된다고 보았다(헌재 2003. 7. 24. 2003헌마97). 그리고 기산일은 도달주의에 따르므로(헌재 1990. 5. 21. 90헌마78), 헌법재판소에 심판청구서가 도달한 시점에 이미 청구기간이 경과한 경우에는 부적법한 청구가 되며(헌재 1990. 4. 10. 90헌마50), 청구기간 내에 청구가 되지 않은 경우라도 그 기간 내에 국선대리인 선임심청이 있은 때에는 선임신청 때에 심판청구가 있은 것으로 보고 청구기간을 판단한다(헌재 1997. 6. 26. 94헌마52).

법령에 대한 헌법소원의 제소기간의 기산일에 대하여, 과거에는 법률의 '공포된 날'을 기준으로 하였으나, 헌법재판소는 판례를 변경하여 '시행된 날'을 판단의 근거로 삼았다(헌재 1990. 6. 25. 89헌마220; 헌재 1996. 3. 28. 93헌마198).

◆ 헌재판례

※ 법령소원의 청구기간 적용시점에 대한 헌법재판소의 판례변경

1. 변경 전: 법률에 대한 헌법소원의 제소기간은 그 법률의 공포(公布)와 동시에 기본권침해를 당한 자는 그 법률이 공포(公布)된 사실을 안 날로부터 60일 이내에, 아니면 법률이 공포(公布)된 날로부터 180일 이내에, 그렇지 아니하고 법률공포후(法律公布後) 그 법률에 해당되는 사유가 발생하여 비로서 기본권의 침해를 받게 된 자는 그 사유가 발생하였음을 안 날로부터 60일 이내에, 아니면 그 "사유가 발생한 날"로부터 180일 이내에 헌법소원을 제기하여야 할 것이다. 위 "사유가 발생한 날"은 당해법률이 청구인의 기본권을 명백히 구체적으로 현실 침해하였거나 그 침해가 확실히 예상되는 등 실체적(實體的) 제요건(諸要件)이 성숙(成熟)하여 헌법판단에 적합하게 된 때를 말한다(헌재 1990. 6. 25. 89헌마220, 지방공무원 제31조, 제61조에 대한 헌법소원).

2. 변경 후: 법령에 대한 헌법소원의 청구기간도 기본권을 침해받은 때로부터 기산하여야 할 것이지 기본권을 침해받기도 전에 그 침해가 확실히 예상되는 등 실체적(實體的) 제요건(諸要件)이 성숙(成熟)하여 헌법판단에 적합하게 된 때로부터 기산할 것은 아니므로, 법령의 시행(施行)과 동시에 기본권침해를 받은 자는 그 법령이 시행된 사실을 안 날로부터 60일 이내에, 그 법령이 시행(施行)된 날로부터 180일 이내에 청구하여야 할 것이나, 법령이 시행된 후에 비로소 그 법령에 해당하는 사유가 발생하여 기본권의 침해를 받게 된 경우에는 그 사유가 발생하였음을 안 날로부터 60일 이내에, 그 사유가 발생한 날로부터 180일 이내에 청구하여야 할 것이다. 따라서 종전에 이와 견해를 달리하여 법령에 대한 헌법소원의 청구기간의 기산점에 관하여 기본권의 침해가 확실히 예상되는 때로부터도 청구기간을 기산한다는 취지로 판시한 우리 재판소의 의견은 이를 변경하기로 한다(헌재 1996. 3. 28. 93헌마198, 약사법 제37조 등 위헌확인).

(8) 권리보호이익과 심판이익

권리보호이익은 소송의 목적상 필연적으로 요구되는 청구요건이며, 헌법소원제도가 주관적 쟁송이므로 권리구제의 목적을 가지므로, 스스로 내재하는 요건이다. 그리고 심판이익은 헌법재판소가 심판의 대상에 대하여 본안판단을 할 필요성에 의하여 요청되는 요건으로서 헌법소원제도의 객관적 소송으로서의 기능 때문에 요구되는 요건이다.

권리보호이익이 없다면 헌법소심판청구는 부적법하여 각하되어야 한다. 권리보호이익이 부정된 예로는 공소시효 완성 후 불기소처분에 대해 제기된 헌법소원(헌재 1989. 4. 17. 88헌마3), 심판청구이전에 해제된 출국금지조치에 대한 헌법소원(헌재 1989. 7. 28. 89헌마65), 그리고 효력을 상실한 행정처분의 취소를 구하는 헌법소원(헌재 1998. 9. 30. 98헌마18, 과태료부과처분에 대하여 비송사건절차법에 의한 과

태료재판이 있는 경우 이미 과태료부과처분행위는 효력을 상실하므로, 과태료부과처분의 취소를 구하는 심판청구는 권리보호의 이익이 없다고 판시) 등이 있다.

그러나 헌법소원심판에서 주관적 권리보호이익이 있으면 통상적으로 심판이익도 존재하지만, 권리보호이익이 없음에도 예외적으로 심판이익이 인정되는 경우가 있다. 이러한 경우에는 헌법재판소도 예외적으로 '청구인에 대한 권리침해 상태가 종료되었더라도 위헌 여부의 해명이 헌법적으로 중요하거나 기본권침해행위의 반복 위험성이 있는 경우에는 예외적으로 심판청구의 이익이 있다'고 하여 헌법적 판단을 하고 있다(헌재 1997. 11. 27. 94헌마60). 이러한 예로는 변호인의 피의자접견시 수사관이 참석하여 변호인의 조력을 받을 권리를 침해한 것을 확인하는 헌법소원(헌재 1992. 1. 28. 91헌마111), 검찰의 수사기록에 대한 변호인의 열람·등사 신청을 거부한 행위에 대한 헌법소원심판(헌재 1997. 11. 27. 94헌마60), 20세 미만자가 선거권 연령규정에 대해 제기한 헌법소원(헌재 1997. 6. 26. 96헌마89) 그리고 공소시효가 완성되었지만, '기소유예처분'에 대하여 피의자가 헌법소원을 제기한 경우(헌재 1997. 5. 29. 95헌마188, 공소시효가 완성되었지만, 기소유예처분이 무효가 되면, 더 유리한 '공소권 없음'의 판결을 받게 되기 때문) 등이 있다.

◆ 헌재판례

1. 소의 이익(권리보호의 이익): 헌법소원제도는 주로 국민의 기본권침해를 구제하기 위한 제도이므로 그 제도의 목적에 비추어 권리보호이익이 있는 경우에만 이를 제기할 수 있다. 권리보호이익은 헌법재판소의 결정 당시에도 존재해야 하며, 헌법소원심판청구 당시 권리보호이익이 인정되더라도 심판계속 중에 사실관계 또는 법률관계의 변동으로 말미암아 청구인이 주장하는 기본권의 침해가 종료된 경우에는 원칙적으로 권리보호이익이 없으므로 헌법소원이 부적법한 것으로 된다. 그런데 이 사건의 경우 헌법소원이 제기된 뒤에 심판대상조항이 삭제되고 그 대신 무주택기간, 부양가족 수, 입주자저축 가입기간을 기준으로 산정한 점수에 의하여 입주자를 선정하는 청약가점제가 도입되었으므로, 청구인이 주장하는바 이 사건 심판대상조항에 의한 기본권의 침해는 이미 종료되었고, 이로써 심판대상의 위헌 여부를 가릴 실익이 없어져 권리보호이익이 소멸되었다고 할 것이다(헌재 2007. 11. 29. 2005헌마499, 주택공급에 관한 규칙 제15조 제2항 위헌확인).

2. 심판이익: 검사의 열람·등사거부행위 이후 공판절차가 진행되어 제1심판결이 선고되었고 따라서 제1회 공판기일 개시 전에 수사기록을 열람·등사하여 충실한 변론준비를 하고자 하였던 청구인으로서는 지금에 이르러서는 그 청구가 인용된다 하더라도 주관적 권리구제에는 도움이 되지 아니한다고 할 것이나 헌법소원은 주관적 권리구제 뿐만 아니라 객관적인 헌법질서보장의 기능도 겸하고 있는 것으로서 제1회 공판기일 전의 수사기록에

대한 열람·등사거부행위의 위헌여부는 헌법질서의 수호 유지를 위하여 그에 대한 헌법적 해명이 긴요하다 할 수 있으므로 심판청구의 이익을 인정하여야 할 것이다(헌재 1997. 11. 27. 94헌마60, 등사신청거부처분취소).

(9) 일사부재리와 재심

헌법재판소법 제39조가 규정한 일사부재리원칙에 의하여 헌법재판소는 이미 심판을 거친 동일한 사건에 대하여는 다시 심판할 수 없으며(헌재 2005. 12. 22. 2005헌마330), 헌법재판소법에서 명문의 규정으로 재심을 허용하고 있지는 않지만, 절차상의 중대하고 명백한 위법이 있거나(헌재 1995. 1. 20. 93헌아1), 중대한 사항에 대한 판단유탈의 경우(헌재 2001. 9. 27. 2001헌아3) 등 개별적·제한적으로 재심을 허용하고 있다..

그러나 헌법소원심판청구가 요건의 흠결로 부적법 각하된 경우에는 그 흠결을 보정하여 다시 청구한 경우에는 일사부재리가 적용되지 않으며(헌재 1995. 2. 23. 94헌마105), 또한 심판대상법률조항이 동일하더라도 위헌선언된 바가 없고, 두 사건의 청구인들이 동일하지 않다면, 일사부재리에 저촉되지 않는다(헌재 1997. 8. 21. 96헌마48; 헌재 2006. 6. 29. 2005헌마124). 그리고 헌법소원심판청구가 일사부재리원칙에 의하여 다소 제한을 받을 수 있지만, 재심사유에 해당하는 경우에는 그에 의하여 구제를 받을 수도 있다. 그러나 헌법재판소는 재심을 청구한 사안이 실질적으로 단순한 불복소원에 불과하다는 이유로 재심여부에 대한 판단을 하지 않고 부적법하다고 판단한 결정례가 있다(헌재 2005. 3. 29. 2005헌아8; 헌재 2007. 8. 28. 2007헌아76).

(10) 위헌심사형헌법소원심판의 요건

1) 위헌제청신청의 기각결정

헌법재판소법은 '법률의 위헌여부심판의 제청신청이 기각된 때에는 그 신청을 한 당사자는 헌법재판소에 헌법소원심판을 청구할 수 있다(법 제68조 제2항 전문)'고 규정하여 당사자는 위헌법률심판제청을 신청하였다가 당해 법원으로부터 기각되었을 때, 위헌심사형헌법소원을 제기할 수 있도록 하고 있다. 한편, 헌법재판소는 당해 법원이 헌법문제를 판단하였을 때에는 각하결정을 받은 경우에도 소원심판청구를 허용하고 있다(헌재 1989. 12. 18. 89헌마32, 국가보위입법회의법 등의 위헌여부에 관한 헌법소원). 동법률은 기각(또는 각하)결정을 받아서 위헌심사형헌법소원을 청구한 당사자는 '당해 사건의 소송절차에서 동일한 사유를 이유로 다시 위헌여부심판의 제청을 신청할 수 없다(법 제68조 제2항 후문)'고 규정하여 동일한 심급에서든(헌재 1994. 4. 28. 91헌바14) 또는 다른 심급에서든(헌재 2007. 7. 26. 2006헌바40) 동일한 사유로 위헌여부제청신청을 하는 것은 허용되지 않는다. 대법원도 같은 입장이다(대판 2000. 6. 23. 2000카바44).

그리고 헌법재판소는 위헌법률심판제청신청의 대상으로 삼지 않았거나 기각결정의 대상이 되지 않았던 법률조항이라고 하더라도, 명시적으로 위헌제청신청을 한 조항과 필연적 연관관계를 맺고 있는 경우에는 이러한 법률조항에 대한 심판청구도 가능하다고 보고 있다(헌재 2005. 2. 24. 2004헌바24).

> ◆ **헌재판례**
>
> 1. 헌법소원심판의 전제가 된 당해 사건의 항소심(抗訴審)절차에서 위헌 여부의 심판제청신청이 기각되었는데도 이에 대하여 헌법소원심판을 청구하지 아니하고 있다가, 또다시 같은 항소심(抗訴審)절차에서 같은 법률조항에 관하여 동일한 사유를 이유로 위헌 여부의 심판제청을 하고 그것이 기각되자 헌법소원심판청구를 한 경우, 이는 헌법재판소법 제68조 제2항 후문의 규정에 위배되어 부적법하다(헌재 1994. 4. 28. 91헌바14, 집회및시위에관한법률 제2조 등에 대한 헌법소원)
> 2. 헌법재판소법 제68조 제2항은……이 경우 그 당사자는 당해 사건의 소송절차에서 동일한 사유를 이유로 다시 위헌여부심판의 제청을 신청할 수 없다고 규정하고 있는바, 이 때 당해 사건의 소송절차란 당해 사건의 상소심 소송절차를 포함한다 할 것이다(헌재 2007. 7. 26. 2006헌바40, 민사집행법 제130조 제3항 위헌소원)
> 3. 제1심에서 재판의 전제가 되는 사립학교법 제28조 제2항, 제51조가 부동산 공시제도의 효용과 거래의 안전을 해치고 사립학교 경영자의 재산을 매수하거나 담보로 취득한 제3자의 재산권을 본질적으로 침해하고 있어 과잉금지의 원칙에 위배되어 위헌이라는 이유로 위헌여부심판의 제청신청을 하였다가 기각된 후 다시 상고심에서 동일한 사유로 위헌심판제청신청을 한 경우, 헌법재판소법 제68조 제2항에 위배되어 부적법하다고 한 사례(대판 2000. 6. 23. 자 2000카기44 결정).
> 4. 청구인이 특정 법률조항에 대한 위헌여부심판의 제청신청을 하지 않았고 따라서 법원의 기각결정도 없었다면 비록 헌법소원심판청구에 이르러 위헌이라고 주장하는 법률조항에 대한 헌법소원은 원칙적으로 심판청구요건을 갖추지 못하여 부적법한 것이나, 예외적으로 위헌제청신청을 기각 또는 각하한 법원이 위 조항을 실질적으로 판단하였거나 위 조항이 명시적으로 위헌제청신청을 한 조항과 필연적 연관관계를 맺고 있어서 법원이 위 조항을 묵시적으로나마 위헌제청신청으로 판단을 하였을 경우에는 헌법재판소법 제68조 제2항의 헌법소원으로서 적법한 것이다(헌재 2005. 2. 24. 2004헌바24, 행형법 제29조 제1항 위헌소원 등).

2) 청구기간

위헌심사형헌법소원심판은 위헌여부심판의 제청신청을 기각하는 결정을 통지받은 날부터 30일이내에 청구하여야 한다(법 제69조 제2항). 2003년 개정전의 구법은 '기각된 날로부터 14일 이내에' 청구하도록 규정하였으나, '기각된 날'을 '기각결정을 통지받은 날'로 개정하고 기간도 30일로 연장하였다. 그리고 헌법재판소는 위헌제청신청기각결정의 송달은 특별한 사정이 없는 한 당해 소송사건의 공동소송대리인들 중 1인에게 송달된 것도 적법한 송달로 보고 있다(헌재 1993. 7. 29. 91헌마150).

◆ 헌재판례

위헌여부심판제청신청절차는 당해 행정소송사건과는 전혀 다른 별개의 절차라기보다는 당해 사건으로부터 부수파생(附隨派生)하는 절차로 보아야 할 것이고, 따라서 당해 행정소송사건의 공동소송대리인(共同訴訟代理人)은 특별한 사정이 없는 한 위헌여부심판제청신청에 관하여서도 소송대리권을 가지는 것이므로, 이들 중 1인에게 행한 위헌제청신청기각결정의 송달(送達)은 적법하게 송달되었다고 보아야 할 것이다(헌재 1993. 7. 29. 91헌마150, 택지개발예정지구지정 등에 대한 헌법소원).

3) 재판의 전제성

위헌심사형헌법소원의 '재판의 전제성'의 내용은 위헌법률심판에서의 재판의 전제성과 동일하다.

3. 헌법소원심판의 대상

(1) 의의

헌법재판소법은 권리구제형헌법소원의 대상으로서 '공권력의 행사 또는 불행사'를 구체적으로 규정하고 있지 않으므로 공권력을 입법작용, 행정작용 및 사법작용으로 나누어 판례를 중심으로 살펴 볼 필요가 있다.

(2) 입법작용

1) 법률

입법작용도 헌법소원심판의 대상으로서의 공권력에 당연히 포함되므로, 법률에 대한 헌법소원도 가능하다(헌재 1989. 7. 21. 89헌마12). 그러나 법률에 대한 헌법소원의 신청은 모든 법률을 대상으로 하는 것이 아니라, 위헌법률 자체가 직접 또는 현실적으로 기본권을 침해하는 예외적인 경우에만 가능하다. 물론 법률에 의한 기본권침해 시에 일반 법원에 의한 다른 구제절차가 존재하지 않으므로 보충성이 요구되지는 않는다(헌재 1990. 6. 25. 89헌마220).

헌법소원의 대상이 되는 법률은 시행중인 유효한 것이어야 하나, 효력이 발생하기 전에라도 공포되어 있거나(헌재 1994. 12. 29. 94헌마201), 폐지된 법률이라도 법익침해가 잔존한 때에는 본안판단의 필요성이 인정된다(헌재 1989. 12. 18. 89헌마32 국가보위입법회의법등의 위헌여부소원 등; 헌재 1995. 5. 25. 91헌마67). 물론 입법과정상의 문제(헌재 1998. 8. 27. 97헌마8)와 법률의 개폐는 입법기관의 소관사항이므로 헌법소원심판의 대상이 될 수 없다(헌재 1992. 6. 26. 89헌마132).

2) 조약

헌법 제6조 제1항은 '헌법에 의하여 체결·공포된 조약과 일반적으로 승인된 국제법규는 국내법과 같은 효력을 가진다'고 규정하고 있으므로 조약체결행위는 고권적 행위로서 헌법소원심판의 대상이 되는 공권력에 해당한다(헌재 2001. 3. 21. 99헌마139, '대한민국과 일본국간의 어업에 관한 협정').

3) 헌법의 개별조항

헌법의 개별조항은 형식적 의미의 법률이 아니므로 위헌심사의 대상이 될 수 없으며, 헌법제정행위가 공권력에 해당하지 않으므로 헌법소원의 대상이 될 수 없다(헌재 1998. 6. 25. 96헌마47).

4) 행정입법

시행령과 시행규칙을 포함한 법규명령(法規命令)으로 인하여 직접 기본권을 침해당한 자는 헌법소원심판을 청구할 수 있다(헌재 1990. 10. 15. 89헌마178; 헌재 1997. 6. 26. 94헌마52). 구체적 사건에 전제가 된 법규명령은 헌법 제107조 제2항의 구체적 규범통제를 따라야 하나, 별도의 집행행위 없이 기본권이 침해된 때에는 헌법소원심판청구가 가능한 것이다.

그리고 행정규칙(行政規則)은 대외적 구속력이 없는 행정부 내부행위에 불과하므로 원칙적으로 헌법소원의 대상이 될 수 없다(헌재 1991. 7. 8. 91헌마42). 그러나 행정규칙이더라도 법령의 구체적 내용을 보충하거나 재량권행사의 반복으로

자기구속을 당하게 되어 대외적 구속력을 갖게 되는 경우(헌재 1990. 9. 3. 90헌마13) 또는 고시·훈령·예규 등과 같이 상위법령과 결합하여 대외적인 구속력을 갖는 법규명령으로 기능하게 되면 바로 헌법소원의 대상이 될 수 있다(헌재 1992. 6. 26. 91헌마25).

> ◆ 헌재판례
>
> 1. **행정규칙**: 행정규칙이 법령의 규정에 의하여 행정관청에 법령의 구체적인 내용을 보충할 권한을 부여한 경우 또는 재량권 행사의 준칙인 규칙이 그 정한 바에 따라 시행되어 행정관행이 성립되게 되면 평등의 원칙이나 신뢰보호의 원칙에 따라 행정기관은 그 상대방에 대한 관계에서 그 규칙에 따라야 할 자기구속을 당하게 되는 경우'에는 대외적인 구속력을 가지게 되므로 헌법소원의 대상이 됨을 인정(헌재 1990. 9. 3. 90헌마13; 헌재 1997. 7. 16. 97헌마70 등).
> 2. **장관의 고시**: 보건복지부장관의 '생활보호사업지침상의 생활보호기준'의 직접적 대외적 구속력을 인정하여 헌법소원의 대상인정(헌재 1997. 5. 29. 94헌마33).
> 3. **지침**: 교육부장관의 종합생활기록부제도개선보완시행지침의 기본권침해의 직접성을 인정하여 헌법소원의 대상으로 인정(헌재 1997. 7. 16. 97헌마38).
> 4. **통보**: 교육부장관의 대학입시기본계획일부보완사항의 통보에 대하여 교육법 및 동시행령에서 정하는 내용을 구체적으로 보충하는 경우에는 공권력성을 인정하였으나(헌재 1996. 4. 25. 94헌마119, 1995년 대학입시기본계획일부보완사항의 통보), 단순한 권고인 경우에는 부인하였다(헌재 1997. 7. 16. 97헌마70, 1996년 대학입시기본계획에 대한 통보).

5) 사법입법

사법부의 자율권의 하나인 사법입법권에 기초해 제정되는 대법원규칙도 소원심판의 요건을 갖추면 헌법소원의 대상이 될 수 있다(헌재 1990. 10. 15. 89헌마178).

6) 자치입법

자치입법권에 기초하여 지방의회의 의결을 거쳐 지방자치단체가 제정하는 조례(條例)도 법규(法規)이므로, 조례로 인하여 직접 그리고 현재 헌법상 기본권이 침해받은 자는 헌법소원을 제기할 수 있다(헌재 1995. 4. 20. 92헌마264등). 대법원도 조례를 항고소송의 대상이 되는 행정처분에 해당한다고 판시하였다(대판 1996. 9. 20. 선고 95누8003).

7) 기타

국회의장의 청원심사부작위는 헌법상의 심사요구권과 심사의무가 인정되므로 헌법소원의 대상이 되며(헌재 2000. 6. 1. 2000헌마18), 국회의장이 국회의원의 상임위원회 위원으로 선임하는 행위는 국회의 내부행위에 불과하므로 헌법소원의 대상이 될 수 없다(헌재 1999. 6. 24. 98헌마472).

(3) 행정작용

1) 의의

행정소송에 의하여 권리구제가 불가능하거나, 행정소송을 경유한다 하더라도 구제받을 수 있는 기대가능성이 없어서 보충성원칙의 예외가 인정되는 경우에만 헌법소원의 대상이 가능하다.

2) 행정처분과 원행정처분

행정처분은 일차적으로 행정소송의 대상이 되므로, 결과는 행정법원의 재판으로 나타난다. 따라서 헌법소원의 보충성요건을 충족하려면 행정소송을 거쳐야 하며, 헌법소원의 대상에서 '법원의 재판'은 제외되므로 결국 행정처분은 보충성요건과 재판소원금지규정에 의하여 헌법소원의 대상이 될 수 없다.

그러나 법원의 재판으로 확정된 행정처분인 원행정처분(原行政處分)이 헌법소원의 대상이 될 수 있는가에 대해서는 부정설과 긍정설로 견해가 나뉘어 있으며, 헌법재판소는 원칙적으로는 부정하나(헌재 1998. 5. 28. 91헌마98), 예외적으로 허용한 결정례가 있다. 행정처분을 다룬 '법원의 재판'이 헌법소원의 대상이 되어 재판자체가 취소되는 경우에는 원래의 행정처분도 헌법소원청구가 가능하다고 판시하였다(헌재 1997. 12. 24. 96헌마172 등).

◆ **헌재판례**

※ **원행정처분에 대한 헌법재판소의 견해**

1. 원칙적으로 부정한 판례: 원행정처분에 대하여 법원에 행정소송을 제기하여 패소판결을 받고 그 판결이 확정된 경우에는 당사자는 그 판결의 기판력에 의한 기속을 받게 되므로, 별도의 절차에 의하여 위 판결의 기판력이 제거되지 아니하는 한, 행정처분의 위법성을 주장하는 것은 확정판결의 기판력에 어긋나므로 원행정처분은 헌법소원심판의 대상이 되지 아니한다고 할 것이며, 뿐만 아니라 원행정처분에 대한 헌법소원심판청구를 허용하는 것은,

"명령·규칙 또는 처분이 헌법이나 법률에 위반되는 여부가 재판의 전제가 된 경우에는 대법원은 이를 최종적으로 심사할 권한을 가진다."고 규정한 헌법 제107조 제2항이나, 원칙적으로 헌법소원심판의 대상에서 법원의 재판을 제외하고 있는 헌법재판소법 제68조 제1항의 취지에도 어긋난다(헌재 1998. 5. 28. 91헌마98, 양도소득세등부과처분에 대한 헌법소원).

2. 예외적으로 허용한 판례: 행정처분이 헌법에 위반되는 것이라는 이유로 그 취소를 구하는 행정소송을 제기하였으나 법원에 의하여 그 청구가 받아들여지지 아니한 후 다시 원래의 행정처분에 대하여 헌법소원심판을 청구하는 것이 원칙적으로 허용될 수 있는지의 여부에 관계없이, 이 사건의 경우와 같이 행정소송으로 행정처분의 취소를 구한 청구인의 청구를 받아들이지 아니한 법원의 판결에 대한 헌법소원심판의 청구가 예외적으로 허용되어 그 재판이 헌법재판소법 제75조 제3항에 따라 취소되는 경우에는 원래의 행정처분에 대한 헌법소원심판의 청구도 이를 인용하는 것이 상당하다(헌재 1997. 12. 24. 96헌마172 등, 헌법재판소법 제68조 제1항 위헌확인 등).

3) 권력적 사실행위와 비권력적 사실행위

권력적 사실행위는 헌법소원의 대상이 되지만, 비권력적 사실행위는 헌법소원의 대상이 되지 않는다. 헌법재판소는 권력적 사실행위와 비권력사실행위의 구별은 사실행위와 관련된 사항을 종합적으로 고려하여 개별적으로 판단하여야 하며(헌재 1994. 5. 6. 89헌마35) '국제그룹 해체사건'에서 재무부장관이 행한 결정과 후속조치는 공권력의 행사에 해당하고(헌재 1993. 7. 29. 89헌마31), 재무부장관이 부실기업을 정리하기 위하여 행한 일련의 행위는 공권력성이 인정되지 않는다고 판시하였다(헌재 1994. 5. 6. 89헌마35).

헌법재판소는 교도소장의 미결수용자의 서신에 대한 검열·지연발송·지연교부행위(헌재 1995. 7. 21. 92헌마144), 교도소내 접견실의 칸막이 설치행위(헌재 1997. 3. 27. 92헌마273) 구치소장이 미결수용자로 하여금 수사 및 재판을 받을 때 재소자용 의류를 입게 한 행위(헌재 1999. 5. 27. 97헌마137등), 유치장관리자가 현행범으로 체포된 피의자에게 차폐시설이 불충분한 화장실을 사용하도록 한 행위(헌재 2001. 7. 19. 2000헌마546), 경찰서장이 피의자들을 유치장에 수용하는 과정에서 실시한 정밀신체수색 행위(헌재 2002. 7. 18. 2000헌마327), 구치소장이 구치소에 수용되는 마약류사범에 대하여 하는 정밀신체검사(헌재 2006. 6. 29. 2004헌마826), 교도소장이 교도소 수형자에게 소변을 받아 제출하게 하는 행위(헌재 2007. 7. 27. 2005헌마277), 2년 10개월 동안 56차례에 걸쳐 행하여진 군수의 감사(헌재 2003. 12. 18. 2001헌마754)등을 권력적 사실행위로 보아 헌법소원의 대상이 된다고 하였다.

그러나 질병관리본부장이 위촉한 위원으로 구성된 혈액제제 에이즈감염조사위원회가 염기서열조사분석을 실시하지 않고 역학조사를 실행한 것(헌재 2004. 8. 26. 2003헌마505), 경제기획원장관이 정부투자기관에 통보한 1993년도 정부투자기관예산편성공통지침(헌재 1993. 11. 25. 92헌마293), 기획예산처장관의 정부투자기관에 대한 예산편성지침통보행위 및 예산배정유보방침 통보행위(헌재 2002. 1. 31. 2001헌마228) 등은 공권력의 행사에 해당하지 않는다고 하였다.

◆ 헌재판례

1. 권력적 사실행위와 비권력적 사실행위의 판단기준: 일반적으로 어떤 행정상 사실행위가 권력적(權力的) 사실행위에 해당하는지 여부는, 당해 행정주체와 상대방과의 관계, 그 사실행위에 대한 상대방의 의사·관여정도·태도, 그 사실행위의 목적·경위, 법령에 의한 명령·강제수단의 발동 가부등 그 행위가 행하여 질 당시의 구체적 사정을 종합적(綜合的)으로 고려하여 개별적(個別的)으로 판단하여야 한다(헌재 1994. 5. 6. 89헌마35, 공권력행사로 인한 재산권침해에 대한 헌법소원).

2. 국제그룹해체사건의 공권력성 인정: 재무부장관이 대통령에게 건의 보고하여 그 지시를 받아 국제그룹을 해체키로 하고 그 인수업체를 정한 후 이의 실행을 위하여 제일은행장 등에게 지시하여 국제그룹 계열사에 대한 은행자금 관리에 착수하게 하는 한편 동 은행으로 하여금 계열사의 처분권을 위임받는 등 해체준비를 하도록 하고 재무부장관이 만든 보도자료에 의거 제일은행의 이름으로 언론에 발표하도록 하는 등의 일련의 국제그룹 해체를 위한 공권력(公權力)의 행사(行使)는 헌법상 법치국가의 원리, 헌법 제119조 제1항의 시장경제의 원리, 헌법 제126조의 경영권 불간섭의 원칙, 헌법 제11조의 평등권의 각 규정을 직접적으로 침해한 것으로서 헌법에 위반된다(헌재 1993. 7. 29. 89헌마31, 공권력행사로 인한 재산권침해에 대한 헌법소원).

3. 대한선주 정리사건의 공권력성 부인: 부실기업의 정리와 관련하여 정부가 한 사실행위 등이 권력적 사실행위가 아니라 비권력적 사실행위에 해당하는 것으로 인정되는 사례(헌재 1994. 5. 6. 89헌마35, 공권력행사로 인한 재산권침해에 대한 헌법소원).

4) 통치행위

헌법재판소는 통치행위의 개념과 존재를 인정하고 있으나, 통치행위도 국민의 기본권침해와 직접관련되는 경우에는 헌법소원의 대상이 된다고 보았다. 이러한 견해에서 대통령의 긴급재정경제명령은 고도의 정치적 결단에 의하여 발동되는 통치행위로서 헌법재판소의 심판의 대상이 된다고 하였으나(헌재 1996. 2. 29. 93헌마186), 국회의 동의 등 헌법과 법률이 정한 절차적 정당성을 확보한 대통령의 이라크파병결정은 고도의 정치적 결단이지만, 사법적 기준만으로 심판하는 것은 자제되어야 한다고 하여 각하하였다(헌재 2004. 4. 29. 2003헌마814).

◆ 헌재판례

1. 대통령의 긴급재정경제명령은 국가긴급권의 일종으로서 고도의 정치적 결단에 의하여 발동되는 행위이고 그 결단을 존중하여야 할 필요성이 있는 행위라는 의미에서 이른바 통치행위에 속한다고 할 수 있으나, 통치행위를 포함하여 모든 국가작용은 국민의 기본권적 가치를 실현하기 위한 수단이라는 한계를 반드시 지켜야 하는 것이고, 헌법재판소는 헌법의 수호와 국민의 기본권 보장을 사명으로 하는 국가기관이므로 비록 고도의 정치적 결단에 의하여 행해지는 국가작용이라고 할지라도 그것이 국민의 기본권 침해와 직접 관련되는 경우에는 당연히 헌법재판소의 심판대상이 된다(헌재 1996. 2. 29. 93헌마186, 긴급재정명령 등 위헌확인).

2. 외국에의 국군의 파견결정은 그 성격상 국방 및 외교에 관련된 고도의 정치적 결단을 요하는 문제로서, 헌법과 법률이 정한 절차를 지켜 이루어진 것임이 명백하므로, 대통령과 국회의 판단은 존중되어야 하고 헌법재판소가 사법적 기준만으로 이를 심판하는 것은 자제되어야 한다. 이에 대하여는 설혹 사법적 심사의 회피로 자의적 결정이 방치될 수도 있다는 우려가 있을 수 있으나 그러한 대통령과 국회의 판단은 궁극적으로는 선거를 통해 국민에 의한 평가와 심판을 받게 될 것이다(헌재 2004. 4. 29. 2003헌마814, 일반사병 이라크파병 위헌확인).

5) 각종 위원회의 결정

공정거래위원회의 심사불개시결정(헌재 2004. 3. 25. 2003헌마404), 공정거래위원회의 무혐의처리(헌재 2002. 6. 27. 2001헌마381), 부패방지법상의 국민감사청구에 대한 기각결정(헌재 2006. 2. 23. 2004헌마414), 국가인권위원회의 진정각하결정(헌재 2004. 4. 29. 2003헌마538) 등은 고권적 처분으로서 헌법소원의 대상이 될 수 있는 공권력이다.

6) 검사의 처분

검사의 불기소처분은 검찰의 기소독점주의 및 기소편의주의로부터 형사피해자진술권(제27조 제5항), 평등권, 행복추구권 등의 헌법상의 기본권을 보장하기 위하여 헌법소원의 대상을 인정하였다. 그러나 2008. 1. 1.부터 시행된 형사소송법상의 재정신청 대상자가 모든 범죄로 확대됨에 따라, 피의자가 청구하는 헌법소원을 제외하고는 대부분의 불기소처분이 헌법소원의 대상에서 제외되었다. 헌법재판소는 형사소송법이 개정되기 전에는 검사의 불기소처분은 소원의 대상이 되며(헌재 1989. 4. 17. 88헌마3), 고소취소한 고소인의 불기소처분에 대한 소원청구는 부적법하다고 판시하였다(헌재 1998. 8. 27. 97헌마79).

형사소송법이 개정되기 전의 헌법재판소의 판례를 불기소처분의 내용에 따라 구체적으로 구분하여 보면, 혐의없음 처분(헌재 1989. 7. 14. 89헌마10; 헌재 1993. 11. 25. 91헌마196), 고소인에 대한 기소중지처분(헌재 1991. 4. 1. 90헌마115), 피의자에 대한 기소중지처분(헌재 1997. 2. 20. 95헌마362), 형사피해자의 기소유예처분(헌재 1999. 3. 25. 98헌마303), 피의자에 대한 기소유예처분(헌재 1989. 10. 27. 89헌마56), 공소권없음 처분(헌재 1998. 10. 29. 98헌마292), 수사제기불요결정(헌재 1997. 2. 20. 95헌마362) 그리고 고소사건을 진정사건으로 공람종결한 처분(헌재 1999. 1. 28. 98헌마85) 등은 헌법소원의 대상으로 인정되었다.

그러나, 진정내사종결처분(헌재 1990. 12. 26. 89헌마277), 수사재기결정(헌재 1996. 2. 29. 96헌마32등), 공소취소처분에 대한 법원의 공소기각결정 후에 행한 원래의 공소취소처분(헌재 1997. 3. 27. 96헌마219), 혐의없음 처분에 대하여 제기한 항고에서 다시 무혐의 불기소처분을 한 때의 원래의 불기소처분(헌재 1992. 12. 24. 91헌마168), 피의자자 제기한 공소권없음 처분(헌재 2003. 1. 30. 2002헌마323) 등은 헌법소원의 대상이 될 수 없어 부적법하다고 판시하였다. 그리고 죄가안됨 처분에 대하여 피의자가 제기한 헌법소원은 부적법하다고 하였으나(헌재 1996. 11. 28. 93헌마229), 피해자가 제기한 죄가안됨 처분에 대한 헌법소원은 적법하다.

또한 기소처분(헌재 1992. 12. 24. 90헌마158)이나 검사의 약식명령청구(헌재 1993. 6. 2. 93헌마104)는 형사재판절차에서 권리구제가 가능하므로 헌법소원심판의 청구로는 부적법하다고 판시하였다.

7) 행정청의 거부행위

행정청의 거부행위가 헌법소원의 대상이 되기 위해서는, 국민이 행정청에 대하여 신청에 따른 행위를 해 줄 것을 요구할 수 있는 권리가 있어야 한다(헌재 1999. 6. 24. 97헌마315), 그러나 도시계획의 폐지신청권이나 도시계획결정보상청구권(헌재 1999. 10. 21. 98헌마407) 또는 국가유공자가 철도청장에 대하여 자신을 임용해줄 것을 요구할 수 있는 구체적 신청권이 없으므로(헌재 2004. 10. 28. 2003헌마898) 헌법소원청구는 부적법하다고 판시하였다.

8) 사법상(私法上)의 행위

행정청의 사법상의 행위는 공권력 행사가 아니므로 헌법소원의 대상이 될 수 없다. 따라서 '공공용지의 취득 및 손실보상에 대한 특례법'에 의한 토지 등의 협의취득에 따른 보상금지급행위(헌재 1992. 11. 12. 90헌마160), 폐천부지의 교환행위(헌재 1992. 11. 12. 90헌마160), 한국방송공사의 직원채용관계(헌재 2006. 11. 30. 2005헌마855) 등은 헌법소원의 대상이 되는 공권력에 해당하지 않는다고 하였다.

9) 기타

헌법재판소는 수사중인 사건(헌재 1989. 9. 11. 89헌마169), 장관의 시도지사에 대한 행정기관 내부의 행위인 집유질서유지대책지시(集乳秩序維持對策指示)(헌재 1994. 4. 28. 91헌마55), 대통령의 법률안 제출행위(헌재 1994. 8. 31. 92헌마174), 행정청(법원행정처장, 서울특별시장, 국가보훈처장, 공보처장관 등)의 민원인에 대한 법령질의회신(헌재 1992. 6. 26. 89헌마132; 헌재 1997. 10. 30. 95헌마124; 헌재 2001. 5. 8. 2001헌마254), 교육부징계심의위원회의 결정(헌재 1996. 12. 26. 96헌마51), 대통령 자문기관인 교육개혁위의 교육개혁방안(헌재 1997. 7. 16. 97헌마70), 청원에 대한 기각결정통보(헌재 1994. 2. 24. 93헌마213) 등은 공권력의 행사 또는 불행사가 부재하여 각하하였다.

또한 계획적 행정작용에 있어서 서울대학교입시요강(헌재 1992. 10. 1. 92헌마68), 고양시의 도시계획설계지침(헌재 2003. 6. 26. 2002헌마402) 등은 대외적 구속력이 있으므로 헌법소원의 대상이 될 수 있으나, 건설교통부장관의 '개발제한구역제도개선방안'(헌재 2000. 6. 1. 99헌마538)은 대외적 효력이 없으므로 헌법소원의 대상이 될 수 없다고 하였다.

◆ 헌재판례

적법한 청원에 대하여 국가기관이 수리, 심사하여 그 처리결과를 청원인 등에게 통지하였다면 이로써 당해 국가기관은 헌법 및 청원법상의 의무이행을 필한 것이라 할 것이고, 비록 그 처리내용이 청원인 등이 기대한 바에 미치지 않는다고 하더라도 더이상 헌법소원의 대상이 되는 공권력의 행사 내지 불행사라고는 볼 수 없다(헌재 1994. 2. 24. 93헌마213, 종교시설용지 공급처분취소 등).

(4) 사법작용

1) 재판

헌법은 제111조 제1항 제5호에서 '법률이 정하는 헌법소원에 관한 심판'이라고 규정하여 법원의 재판이 헌법소원의 대상이 되는지의 여부는 법률에 위임하였다. 이에 근거하여 헌법재판소법은 제68조 제1항에서 '법원의 재판을 제외하고는 헌법재판소에 헌법소원심판을 청구할 수 있다'고 하여 명시적으로 법원의 재판을 헌법소원의 대상에서 제외하였으며, 제72조 제3항에서 '법원의 재판에 대하여 헌법소원의 심판이 청구된 경우'에는 지정재판부에서 각하하도록 규정하고 있다.

헌법재판소는 법원의 재판을 헌법소원심판의 대상에 포함시킬지의 문제는 입법자가 해결할 과제이므로 헌법재판소법 제68조 제1항은 위헌적인 법률조항은 아니라고 하면서, 예외적으로 헌법재판소가 위헌으로 결정한 법률을 적용하여 기본권을 침해한 법원의 재판은 헌법소원의 대상이 된다고 하며 동 조항은 그러한 한도내에서 헌법에 위반된다고 하여 한정위헌결정을 하였다. 그리고 위헌법률을 적용한 대법원판결을 취소하고 그 재판이 취소되었으므로 원래의 행정처분에 대한 헌법소원심판도 인용하였다.(헌재 1997. 12. 24. 96헌마172).

◆ 헌재판례

허용되는 재판소원: 법원의 재판을 헌법소원심판의 대상에 포함시켜야 한다는 견해는 기본권보호의 측면에서는 보다 이상적이지만, 이는 헌법재판소의 위헌결정을 통하여 이루어질 문제라기 보다 입법자가 해결해야 할 과제이다. 헌법재판소법 제68조 제1항은 국민의 기본권(평등권 및 재판청구권 등)의 관점에서는 입법형성권의 헌법적 한계를 넘는 위헌적인 법률조항이라고 할 수 없다. 헌법재판소법 제68조 제1항이 원칙적으로 헌법에 위반되지 아니한다고 하더라도, 법원이 헌법재판소가 위헌으로 결정하여 그 효력을 전부 또는 일부 상실하거나 위헌으로 확인된 법률을 적용함으로써 국민의 기본권을 침해한 경우에도 법원의 재판에 대한 헌법소원이 허용되지 않는 것으로 해석한다면, 위 법률조항은 그러한 한도내에서 헌법에 위반된다.……이 사건 대법원판결은 헌법재판소가 이 사건 법률조항에 대하여 한정위헌결정을 선고함으로써 이미 부분적으로 그 효력이 상실된 법률조항을 적용한 것으로서 위헌결정의 기속력에 반하는 재판임이 분명하므로 이에 대한 헌법소원은 허용된다 할 것이고, 또한 이 사건 대법원판결로 말미암아 청구인의 헌법상 보장된 기본권인 재산권 역시 침해되었다 할 것이다. 따라서 이 사건 대법원판결은 헌법재판소법 제75조 제3항에 따라 취소되어야 마땅하다.……그 재판이 헌법재판소법 제75조 제3항에 따라 취소되는 경우에는 원래의 행정처분에 대한 헌법소원심판의 청구도 이를 인용하는 것이 상당하다(헌재 1997. 12. 24. 96헌마172, 헌법재판소법 제68조 제1항 위헌확인등).

2) 기타

헌법소원의 대상에서 제외되는 법원의 재판에는 판결, 결정, 명령을 모두 포함하며, 종국판결 및 중간판결도 포함한 소송절차에 관련된 공권적 판단을 모두 포함한다고 본다(헌재 1992. 12. 24. 90헌마158). 따라서 재판장의 변론지휘권의 부당한 행사, 소송지휘 또는 재판진행에 관한 헌법소원심판의 청구는 재판을 직접 그 대상으로 하므로 부적법하다고 판시하였다(헌재 1992. 6. 26. 89헌마271). 또한 기피신청에 대하여 기피사건재판부가 본안사건 판결선고 전에 기피신청에 대한 결정을 하지 않은 재판지연도 결국 법원의 재판절차에 관한 것이므로(헌재 1998. 5. 28. 96헌마46) 헌법소원의 대상이 될 수 없다고 판시하였다.

◆ 헌재판례

1. 헌법재판소법 제68조 제1항에서 규정하고 있는 "법원의 재판"이라 함은 사건을 종국적으로 해결하기 위한 종국판결 외에 본안전 소송판결 및 중간판결이 모두 포함되는 것이고 기타 소송절차의 파생적·부수적인 사항에 대한 공권적 판단도 포함되는 것으로 일반적으로 보고 있는바, 청구인이 주장하는 유죄의 형사판결에 대한 헌법소원은 법원의 종국적 재판에 대한 헌법소원심판청구로서 이에 대하여는 본안 전 제소요건을 흠결한 것이므로 부적법하다(헌재 1992. 12. 24. 90헌마158, 판결의 저촉 여부에 대한 헌법소원).

2. 재판장의 소송지휘권의 행사에 관한 사항은 그 자체가 재판장의 명령으로서 법원의 재판에 해당하거나, 또는 그것이 비록 재판의 형식이 아닌 사실행위로 행하여졌다고 하더라도 법원의 종국판결이 선고된 이후에는 위 종국판결에 흡수, 포함되어 그 불복방법은 판결에 대한 상소에 의하여만 가능하므로, 재판장의 변론지휘권의 부당한 행사를 그 대상으로 하는 헌법소원심판청구는 결국 법원의 재판을 직접 그 대상으로 한 경우에 해당하여 부적법하다(헌재 1992. 6. 26. 89헌마271, 변론의 제한에 대한 헌법소원).

3. 원칙적으로 법원의 재판을 대상으로 하는 헌법소원 심판청구는 허용되지 아니하고, 위 규정의 '법원의 재판'에는 재판 자체뿐만 아니라 재판절차에 관한 법원의 판단도 포함되는 것으로 보아야 할 것이다. 그런데 청구인이 기본권침해사유로 주장하는 재판의 지연은 결국 법원의 재판절차에 관한 것이므로 헌법소원의 대상이 될 수 없는 것이다(헌재 1998. 5. 28. 96헌마46, 재판지연 위헌확인).

(5) 공권력의 불행사

1) 국회의 입법부작위

국회의 입법부작위는 공권력의 불행사에 해당하므로 헌법소원의 대상이 될 수 있다. 그러나 입법부작위에는 단순입법부작위, 진정입법부작위 및 부진정입법부작위가 있으므로, 헌법재판소는 엄격한 요건을 적용하여 제한적으로 인정하고 있다. 즉, 단순입법부작위는 국회의 입법형성의 자유가 인정되어 국회에게 입법의무가 없는 경우이며, 진정입법부작위는 입법자가 헌법상 입법의무가 있는 어떤 사항에 관하여 전혀 입법을 하지 아니함으로써 '입법행위의 흠결이 있는 경우'이며, 부진정입법부작위는 입법자가 어떤 사항에 관하여 입법은 하였으나 그 입법의 내용·범위·절차 등이 당해 사항을 불완전, 불충분 또는 불공정하게 규율함으로써 '입법행위에 결함이 있는 경우'이다. 헌법재판소의 견해는 단순입법부작위는 헌법소원의 대상이 될 수 없으며(헌재 1989. 9. 29. 89헌마13), 진정입법부작위는 공권력의 불행사에 의한 헌법소원의 대상이 될 수 있다고 보고 있으나(헌재 1989. 3. 17. 88헌마1), 부진정입법부작위는 공권력의 불행사를 원인으로 한 헌법소원을 제기하는 것이 아니라, 불충분·불완전한 입법이 헌법상의 평등원칙을 위반하였다는 이유로 적극적인 헌법소원을 제기하여야 한다고 한다(헌재 1989. 7. 28. 89헌마1; 헌재 1996. 10. 31. 94헌마204 등).

◆ 헌재판례

1. 단순입법부작위: 입법행위의 소구청구권은 원칙적으로 인정될 수 없고 다만 헌법에서 기본권보장을 위하여 법령에 명시적인 입법위임을 하였을 때, 그리고 헌법해석상 특정인에게 구체적인 기본권이 생겨 이를 보장하기 위한 국가의 행위의무 내지 보호의무가 발생였을 때에는 입법부작위가 헌법소원의 대상이 되지만, 이른바 부진정역급효입법(不眞正逆及效立法)의 경우에는 특단의 사정이 없는 한 구법관계(舊法關係) 내지 구법상(舊法上)의 기대이익을 존중하여야 할 입법의무가 없으므로 헌법소원심판청구는 부적법하다(헌재 1989. 3. 17. 88헌마1, 사법서사시행규칙헌법소원).

2. 진정입법부작위(입법행위의 흠결[欠缺]): 우리 헌법은 제헌 이래 현재까지 일관하여 재산의 수용, 사용 또는 제한에 대한 보상금을 지급하도록 규정하면서 이를 법률이 정하도록 위임함으로써 국가에게 명시적으로 수용 등의 경우 그 보상에 관한 입법의무를 부과하여 왔는바, 해방 후 사설철도회사의 전 재산을 수용하면서 그 보상절차를 규정한 군정법령제75호에 따른 보상절차가 이루어지지 않은 단계에서 조선철도의통일폐지법률에 의하여 위 군정법령이 폐지됨으로써 대한민국의 법령에 의한 수용은 있었으나 그에 대한 보상을 실

시할 수 있는 절차를 규정하는 법률이 없는 상태가 현재까지 계속되고 있으므로, 대한민국은 위 군정법령에 근거한 수용에 대하여 보상에 관한 법률을 제정하여야 하는 입법자의 헌법상 명시된 입법의무가 발생하였으며, 위 폐지법률이 시행된 지 30년이 지나도록 입법자가 전혀 아무런 입법조치를 취하지 않고 있는 것은 입법재량의 한계를 넘는 입법의무불이행(立法義務不履行)으로서 보상청구권이 확정된 자의 헌법상 보장된 재산권을 침해하는 것이므로 위헌이다(헌재 1994. 12. 29. 89헌마2, 조선철도(주) 주식의 보상금청구에 관한 헌법소원).

3. 부진정입법부작위(입법행위의 결함[缺陷] 혹은 불완전한 입법행위, 불충분한 입법행위): 기본권 보장을 위한 법규정이 불완전하여 그 보충을 요하는 경우 그 입법부작위를 헌법소원심판청구의 대상으로 삼을 수는 없으므로 부적법하다(헌재 1989. 7. 28. 89헌마1, 사법서사법시행규칙에 관한 헌법소원). 이른바 부진정입법부작위를 대상으로 헌법소원을 제기하려면 그것이 평등의 원칙에 위배된다는 등 헌법위반을 내세워 적극적인 헌법소원을 제기하여야 하며, 이 경우에는 헌법재판소법 소정의 제소기간(청구기간)을 준수하여야 한다(헌재 1996. 10. 31. 94헌마204, 입법부작위 위헌확인). 선천성 심장질환에 의한 합병증의 위험 때문에 정상적인 사회생활을 할 수 없는 자를 심장장애자로 인정하는 입법을 하지 않았다고 하더라도 장애인복지법시행규칙 제2조 제1항 별표1 제10호는 심장장애의 경우를 1등급에서 3등급까지 나누어 규정하고 있고, 이는 심장장애인을 보호하기 위한 기본규정으로서 심장 장애에 관한 규정이 전혀 없는 경우가 아닌, 부진정입법부작위에 해당하므로 입법을 하지 아니하는 부작위로 인한 헌법소원심판 대상이 되지 않는다(헌재 2000. 4. 11. 2000헌마206, 입법부작위 위헌확인).

4. 공직선거법이 확성장치에 의해 발생하는 선거운동 소음을 규제하는 입법을 전혀 하지 않았다고 할 수 없고, 다만 소음제한 입법이 확성장치의 출력수 등 소음 제한에 관한 기준을 설정하지 않는 등 불완전·불충분한 것인지가 문제될 따름이다. 따라서 확성장치에 의해 유발되는 선거운동 소음규제 입법에 관한 이 사건 심판청구는 부진정입법부작위를 다투는 것에 해당한다(헌재 2008. 7. 31. 2006헌마711, 입법부작위 위헌확인).

2) 행정입법부작위

부작위위법확인소송의 대상이 될 수 있는 것은 구체적 규범통제의 경우에만 가능하다는 것이 대법원의 입장이므로, 행정입법의 입법부작위는 행정소송의 대상이 될 수 없으므로 헌법소원의 대상이 된다. 따라서 국회의 입법부작위의 법리가 행정입법의 부작위에도 적용된다. 보건복지부장관이 의료법과 대통령령의 위임에 따라 치과전문의자격시험제도를 실시할 수 있도록 시행규칙을 개정하거나 필요한 조항을 신설하는 등 제도적 조치를 마련하지 아니한 부작위는 행복추구권과 평등권을 침해한 것으로서 위헌이며(헌재 1998. 7. 16. 96헌마246, 전문의 자격시험 불실시 위헌확인 등), 건축사법시행령 제4조 제1항은 새로이 건축사면허를 취득하고

자 하는 사람들만을 대상으로 할 뿐, 건축사면허를 취소당한 사람들에 관하여는 규정을 두고 있지 않음은 불완전, 불충분한 규율에 불과한 부진정입법부작위이므로 입법부작위를 심판의 대상으로 삼은 것으로서 부적법하다고 판시하였다(헌재 1998. 11. 26. 97헌마310, 건축사면허증 및 면허수첩재교부거부처분취소 등).

3) 사법입법부작위

사법입법부작위도 국회의 입법부작위의 법리가 적용된다. 헌법재판소는 압류명령이 제3채무자에게 송달되지 아니한 경우 압류명령의 신청인에게 그 사실을 통지하거나 주소보정을 명하도록 하는 내용의 대법원규칙을 제정하도록 위임하고 있는 명시적 헌법이나 법률규정이 없을 뿐만 아니라 헌법이나 법률의 해석상으로도 그와 같은 대법원규칙을 제정하여야 할 의무가 발생한다고도 할 수 없다고 하며, 이러한 의무의 존재를 전제로 헌법소원심판을 청구한 사건을 부적법 각하하였다 (헌재 1997. 5. 29. 96헌마4, 입법부작위 위헌확인).

4) 행정부작위

행정청의 부작위가 헌법소원의 대상이 되기 위해서는 공권력의 주체가 작위의무가 있음에도 불구하고 그 의무를 해태하여 기본권의 침해가 있는 경우에 가능하다(헌재 1991. 9. 16. 89헌마163; 헌재 1996. 11. 28. 92헌마237).

탈세사실을 고발, 제보한 자에 대하여 세무서장이 소송계속사실을 알리지 아니하고, 증인으로 신청하지 아니한 부작위(헌재 1993. 2. 2. 93헌마2), 국가 및 지방자치단체가 사립유치원에 대한 교사 인건비, 운영비 및 영양사 인건비를 예산으로 지원하지 않은 부작위(헌재 2006. 10. 26. 2004헌마13)는 작위의무가 없으므로 헌법소원의 대상이 되는 공권력의 행사라고 볼 수 없다고 판시하였으며, 부산광역시장이 청구인 소유의 임야에 관하여 고시된 도시계획결정을 취소하지 않는 공권력의 불행사에 대한 헌법소원에 대해서는 작위의무도 없으며, 청구인이 공권력 행사를 청구할 수 있는 권리도 없어서 공권력불행사에 대한 헌법소원심판청구를 허용할 수 없다고 하였다(헌재 1999. 11. 25. 99헌마198).

그러나 헌법재판소는 공정거래위원회가 위법성과 가벌성이 중대함에도 작위의무를 위반한 고발권 불행사는 위헌이라고 판시하였으며(헌재 1995. 7. 21. 94헌마136), 국가가 그 공권력을 행사하였더라면 사인(私人)에 의한 기본권의 침해상태가 제거될 수 있었음에도 불구하고 이를 행사하지 아니하여 사인에 의한 기본권의 침해상태가 계속되고 있을 때에는 현재 직접적으로 사인으로부터 기본권을 침해당하고 있는 자는 헌법소원심판을 청구할 수 있다고 판시하였다(헌재 1997. 3. 27. 94헌마277, 1995학년도 고신대학교 신입생지원자격 제한조치에 대한 부작위 위헌확인).

◆ **헌재판례**

1. 헌법이나 도시계획법상 피청구인에게 이 사건 임야에 관한 도시계획결정을 취소하여야 할 작위의무가 구체적으로 규정되어 있거나 청구인이 직접 그 도시계획결정의 취소를 청구할 권리가 있다고 볼 근거가 없으므로, 피청구인이 도시계획결정을 취소하지 않는 공권력의 불행사에 대한 헌법소원 심판청구는 허용될 수 없다(헌재 1999. 11. 25. 99헌마198, 도시계획결정 취소불이행 위헌확인).

2. 행정권력의 부작위에 대한 헌법소원의 경우에 있어서는 공권력의 주체에게 헌법에서 유래하는 작위의무가 특별히 구체적으로 규정되어 이에 의거하여 기본권의 주체가 행정행위를 청구할 수 있음에도 공권력의 주체가 그 의무를 해태하는 경우에 허용된다고 할 것이며, 따라서 의무위반의 부작위 때문에 피해를 입었다는 단순한 일반적인 주장만으로는 족하지 않다고 할 것이므로 기본권의 침해없이 행정행위의 단순한 부작위의 경우는 헌법소원으로서는 부적법하다(헌재 1991. 9. 16. 89헌마163, 약사관리제도 불법운용과 한약업사업권 침해에 관한 헌법소원; 헌재 1996. 11. 28. 92헌마237, 도로예정지 미수용 위헌확인).

3. 공정거래위원회는 심사의 결과 인정되는 공정거래법위반행위에 대하여 일응 고발을 할 것인가의 여부를 결정할 재량권을 갖는다고 보아야 할 것이나, 공정거래법이 추구하는 법목적에 비추어 행위의 위법성과 가벌성이 중대하고 피해의 정도가 현저하여 형벌을 적용하지 아니하면 법목적의 실현이 불가능하다고 봄이 객관적으로 상당한 사안에 있어서는 공정거래위원회로서는 그에 대하여 당연히 고발을 하여야 할 의무가 있고 이러한 작위의무에 위반한 고발권의 불행사는 명백히 자의적인 것으로서 당해 위반행위로 인한 피해자의 평등권과 재판절차진술권을 침해하는 것이라고 보아야 한다(헌재 1995. 7. 21. 94헌마136, 고발권불행사 위헌확인).

5) 사법부작위

사법부작위는 재판의 지연과 재판의 불이행을 예상할 수 있으나, 재판은 위헌법률을 적용한 경우를 제외하고는 헌법소원의 대상이 될 수 없으므로, 부적법하여 각하된다. 그러나 헌법재판소는 재판지연에 대하여 사안별로 판단하여 재판지연은 법원의 재판이므로 부적법하다고 판시하기도 하고(헌재 1998. 5. 28. 96헌마46), 법원의 작위의무가 없어서 부적법 각하한다고 판시한 바도 있다(헌재 1999. 9. 16. 98헌마75; 헌재 1994. 6. 30. 93헌마161). 그리고 재판에서 판단의 유탈이나 탈루에 대해서는 재심의 절차가 있으므로 부적법하다고 판단하였다(헌재 1996. 4. 25. 92헌바30).

◆ 헌재판례

1. 법원은 민사소송법 제184조에서 정하는 기간내에 판결을 선고하도록 노력해야 하겠지만, 이 기간 내에 반드시 판결을 선고해야 할 법률상의 의무가 발생한다고 볼 수 없으며, 헌법 제27조 제3항 제1문에 의거한 신속한 재판을 받을 권리의 실현을 위해서는 구체적인 입법형성이 필요하고, 신속한 재판을 위한 어떤 직접적이고 구체적인 청구권이 이 헌법규정으로부터 직접 발생하지 아니하므로, 보안관찰처분들의 취소청구에 대해서 법원이 그 처분들의 효력이 만료되기 전까지 신속하게 판결을 선고해야 할 헌법이나 법률상의 작위의무가 존재하지 아니한다(헌재 1999. 9. 16. 98헌마75, 재판지연 위헌확인).

2. 법원은 국민의 재판청구권에 근거하여 법령에 정한 국민의 정당한 재판청구행위에 대하여만 재판을 할 의무를 부담하고 법령이 규정하지 아니한 재판청구행위에 대하여는 그 의무가 없다고 할 것이다. …… 위 기일지정신청에 대하여 법원이 아무런 재판을 하고 있지 않은 데 대한 헌법소원은 헌법에서 유래하는 작위의무가 없는 공권력의 불행사에 대한 헌법소원이어서 부적법하다(헌재 1994. 6. 30. 93헌마161, 재판의 지연 위헌확인 등).

3. 대법원이 판단하여야 할 사항의 일부에 관하여 판결의 주문에서 빠뜨리고 판결한 것이라면 탈루한 부분은 여전히 법원에 계속되어 있는 것이고, 그렇지 아니하고 공격방어방법에 관한 판단을 빠뜨린 것이라면 재심의 소에 의하여 구제받을 수 있으므로 그러한 절차를 생략한 채 바로 헌법재판소에 헌법소원을 청구하여 재판의 취소를 구하거나 추가재판을 구하는 것은 허용되지 않는다(헌재 1996. 4. 25. 92헌바30, 민사소송법 제642조 제4항 등 위헌소원).

6) 기타 소원대상이 부인된 경우

헌법재판소는 헌법재판소 자신의 결정(헌재 2004. 5. 25. 2004헌마404), 어린이헌장의 제정·선포행위(헌재 1989. 9. 2. 89헌마170), 적용법조에 대한 구문(求問)(헌재 2000. 10. 25. 99헌마458) 그리고 외국이나 국제기관의 공권력 작용(헌재 1997. 9. 25. 96헌마159) 등도 헌법소원심판의 대상이 되지 않는다고 판시하였다.

◆ 헌재판례

1. 헌법재판소의 결정에 대하여는 원칙적으로 불복신청이 허용되지 않는다는 것이 확립된 판례이고(헌재 1994. 12. 29. 92헌아1; 헌재 1994. 12. 29. 92헌아2), 또 헌법재판소는 이미 심판을 거친 동일한 사건에 대하여는 다시 심판할 수 없다(법 제39조). 그러므로 이 사건 심판청구는 헌법재판소결정에 대한 단순한 불복소원이어서 부적법하다(헌재 2004. 5. 25. 2004헌마404, 헌법소원각하결정취소).

2. 어린이헌장의 제정, 선포행위는 헌법재판소법 제68조 제1항 소정의 공권력의 행사로 볼

수 없어 헌법소원심판청구의 대상이 되지 아니한다(헌재 1989. 9. 2. 89헌마170, 대한민국 어린이헌장에 관한 헌법소원).

3. 감호잔기가 남은 상태에서 가출소된 청구인이 다시 무기징역형을 선고받아 그 형의 집행 중에 있는 경우, 장래 무기징역에서 유기징역으로 감형되어 그 형의 집행이 종료되면 청구인에 대하여 감호잔기의 집행이 있게 되는지의 여부와 그 법적 근거에 대한 구문(求問)은 헌법소원의 대상이 되지 아니할 뿐만 아니라 감호잔기에 대한 새로운 집행이 장래에 발생할 경우에 대비한 심판청구이므로 부적법하다(헌재 1990. 3. 28. 90헌마47, 감호의 재집행에 대한 헌법소원).

4. 헌법소원심판의 대상이 되는 공권력의 행사 또는 불행사는 헌법소원의 본질상 대한민국 국가기관의 공권력 작용을 의미하고 외국이나 국제기관의 공권력 작용은 이에 포함되지 아니한다 할 것이다(헌재 1997. 9. 25. 96헌마159, 여권압수 등 위헌확인).

(6) 위헌심사형헌법소원의 대상

국회의 의결을 거친 '형식적 의미의 법률'만이 대상이 되며, 대통령령, 부령, 학교법인의 정관, 조례 등은 그 대상이 아니며, 또한 법원에 의하여 기각 또는 각하결정되었던 법률규정에 대해서만 대상성을 인정하였다.

◆ 헌재판례

헌법재판소법 제68조 제2항의 헌법소원이 법률조항 자체의 위헌성을 다투는 것이 아니라 법원의 재판을 다투는 것일 때에는 원칙으로 부적법하여 허용되지 않는다. 이 사건에서 청구인은 이 사건 법률이 규정하는 5·18민주화운동에 청구인의 행위가 당연히 포함되는 것임에도 불구하고 법원이 포함되지 않는다고 판단한 것은 문제조항의 법률해석을 잘못하여 재판을 잘못한 것이고 이러한 재판의 잘못은 평등권의 침해 등 헌법에 위반되는 결과를 가져온다고 주장하는데, 이는 잘못된 재판이 가져오는 결과를 헌법의 관점에서 다투는 것으로서 결국은 재판의 당부에 대한 다툼으로 귀착될 뿐이지 직접 법률조항 자체의 위헌성을 주장하는 것은 아니라고 할 것이므로, 이 사건 심판청구는 헌법재판소법 제68조 제2항의 헌법소원으로서는 부적법하다(헌재 2002. 10. 31. 2000헌바76, 5·18민주화운동등에관한특별법 제4조 제1항 위헌소원).

4. 헌법소원심판의 청구

(1) 심판청구서의 제출과 접수

헌법소원심판절차는 심판청구서를 헌법재판소에 제출함으로서 시작된다(법 제26조 제1항). 심판청구서에는 헌법재판소법(제71조, 제43조)과 헌법재판소규칙(제68조 제2항, 제69조 제2항)에서 정하는 사항을 기재하고 필요한 증거서류 또는 참고자료도 함께 제출한다(법 제26조 제2항). 제출방법은 직접 지참하여 제출하거나 우송의 방법도 가능하며, 어느 경우이던 실제로 헌법재판소에 접수된 날짜를 기준으로 청구기간을 계산한다. 또한 전자문서화된 서면을 헌법재판소가 지정·운영하는 전자정보처리조직(전자적 장치)을 통하여 제출할 수 있으며, 이 경우에는 전자정보처리조직에 전자적으로 기록된 때에 접수된 것으로 보며, 전자문서는 서면과 같은 효력을 가진다(법 제76조).

(2) 변호사강제주의와 국선대리인제도

헌법소원심판의 청구에도 변호사강제주의(법 제25조 제3항)가 적용되며, 특히 헌법소원심판제도에서는 국선대리인제도를 두었다. 헌법소원심판을 청구하려는 자가 변호사를 대리인으로 선임할 자력이 없는 경우에는 헌법재판소에 국선대리인을 선임하여 줄 것을 신청할 수 있으며, 또한 헌법재판소가 공익상 필요하다고 인정할 때에는 국선대리인을 선임할 수 있다(법 제70조). 국선대리인을 선임하는 경우에는 소원심판의 청구기간은 국선대리인의 선임신청이 있는 날을 기준으로 정한다.

(3) 공탁금제도

헌법재판소는 헌법소원의 남소를 방지하기 위하여 헌법재판소규칙이 정하는 바에 따라 공탁금의 납부를 명할 수 있다(법 제37조 제2항). 헌법소원의 청구가 각하 혹은 기각하는 때에 심판 청구가 권리남용이라고 인정되는 경우에는 공탁금은 국고로 귀속된다(동조 제3항).

(4) 청구의 취하

헌법소원심판의 청구인은 심판을 취하(取下)할 수 있다. 심판청구가 취하되면 심판절차가 종료되며, 헌법재판소는 심판절차종료선언을 한다(헌재 1995. 12. 15.

954헌마221). 그러나 청구인의 권리구제에는 도움이 되지 않지만, 헌법질서의 수호·유지를 위하여 헌법적 해명이 특히 중요한 의미가 있는 경우에는 심판절차가 종료되지 않는다는 반대의견도 있었다.

◆ **헌재판례**

검찰은 5·18내란사건에 관한 고소에 대하여 공소권없음의 불기소처분을 하였으며, 이에 대하여 헌법소원심판청구가 있었으나, 모두 취하되어 헌법재판소는 심판절차종료선언을 한 바 있다(헌재 1995 .12 .15. 95헌마221 등).

5. 헌법소원심판의 심리

(1) 서면심리원칙

헌법소원에 관판 심판은 서면심리에 의한다. 다만 재판부는 필요하다고 인정하는 경우에는 변론을 열어 당사자·이해관계인 기타 참고인의 진술을 들을 수 있다(법 제30조 제2항).

(2) 지정재판부의 사전심사

업무의 과다방지 및 남소방지를 위하여 헌법재판소장은 재판관 3인으로 구성되는 지정재판부를 두어 사전심사를 하게 할 수 있다. 지정재판부는 재판관 전원의 일치된 의견에 의한 결정으로 헌법소원의 심판청구를 각하할 수 있으며, 지정재판부는 전원의 일치된 의견으로 각하결정을 하지 아니하는 경우에는 결정으로 헌법소원을 재판부의 심판에 회부하여야 한다. 헌법소원심판의 청구 후 30일이 경과할 때까지 각하결정이 없을 때에는 심판에 회부된 것으로 본다. 지정재판부의 각하결정 사유로는 첫째 다른 법률에 의한 구제절차가 있는 경우 그 절차를 모두 거치지 않거나 또는 법원의 재판에 대하여 헌법소원의 심판이 청구된 경우, 둘째 청구기간이 경과된 후 헌법소원심판이 청구된 경우, 셋째 대리인의 선임없이 청구된 경우, 넷째 헌법소원심판의 청구가 부적법하고 그 흠결을 보정할 수 없는 경우가 있다(법 제72조). 지정재판부는 헌법소원을 각하하거나 심판회부결정을 한 때에는 그 결정일로부터 14일이내에 청구인 또는 그 대리인 및 피청구인에게 그 사실을 통지하여야 한다(법 제73조 제1항).

◆ 헌재판례

헌법소원심판의 회부는 공소시효의 정지효력 없다: 검사의 불기소처분에 대한 헌법소원이 재판부의 심판에 회부된 경우에도 그로 인하여 그 처분의 대상이 된 피의사실에 대한 공소시효의 진행이 정지되는 것은 아니다(헌재 1995. 1. 20. 94헌마246, 불기소처분취소).

6. 헌법소원심판의 결정

(1) 종국결정의 심판정족수

재판부는 심리를 마친 때에는 종국결정을 한다(법 제36조). 종국결정은 종국심리에 관여한 재판관 과반수의 찬성으로 성립한다(법 제23조 제1항). 그러나 헌법소원에 관한 인용결절을 하는 경우와 종전에 헌법재판소가 판시한 헌법 또는 법률의 해석적용에 관한 의견을 변경하는 경우에는 재판관 6인 이상의 찬성이 있어야 한다(법 제23조 제2항).

(2) 종국결정의 유형

1) 의의

일반적으로 헌법소원심판의 종국결정의 유형은 크게 심판청구가 부적법함을 이유로 본안심리를 거부하는 형식적 판결인 각하(却下) 결정, 청구가 이유 없다고 하는 기각(棄却) 또는 합헌(合憲) 결정, 심판청구가 이유 있다는 결정인 인용(認容) 또는 위헌(違憲) 결정 그리고 소의 취하나 청구인의 사망 등의 사유로 절차관계의 종료를 선언하는 심판절차종료선언의 네가지가 있다.

2) 각하결정

헌법소원심판의 대상이 되지 못하거나 청구요건을 갖추지 못하여 청구가 부적법한 경우에 내리는 결정으로서, 전원재판부에서도 행하지만, 지정재판부의 재판관 전원의 일치된 의견으로도 각하결정을 할 수 있다. 요건결정이라고도 한다.

3) 기각결정

인용결정과 함께 본안결정 중의 하나로서 청구가 이유 없을 때 내리는 결정이다.

4) 인용결정

헌법소원심판은 재판관 6인 이상의 찬성으로 결정하며 결정주문의 관보게재로 공시한다. 그리고 권리구제형헌법소원의 인용결정의 주문에서 침해된 기본권과 침해의 원인이 된 공권력의 행사·불행사를 특정하여야 하며(법 제75조 제2항), 기본권침해의 원인이 된 공권력의 행사를 취소하거나 그 불행사가 위헌임을 확인할 수 있다(동조 제3항).

특히 헌법소원심판의 인용결정이 위헌법률심판에서의 위헌결정을 준용하는 예가 있다. 권리구제형헌법소원에 있어서의 법령소원을 인용하는 경우, 권리구제형헌법소원 중에서 헌법재판소법 제75조 제5항('헌법재판소는 공권력의 행사 또는 불행사가 위헌인 법률 또는 법률의 조항에 기인한 것이라고 인정될 때에는 인용결정에서 당해 법률 또는 법률의 조항이 위헌임을 선고할 수 있다.')에 의한 소위 '부수적 규범통제'의 위헌결정, 그리고 위헌심사형헌법소원에서의 인용결정이 그러한 예이다.

5) 심판절차종료선언

심판절차종료선언은 청구인이 사망한 경우나 청구인이 청구를 취하하는 경우에는 절차를 종료하는 결정이다. 이는 본안판단을 하지 않는 점은 각하판결과 같지만, 절차관계의 종료를 명확히 하는 의미에서 하는 결정이다.

(3) 인용결정의 유형과 효력

1) 인용결정의 유형

인용결정의 유형은 법령에 대한 헌법소원(법령소원, 부수적 규범통제, 위헌심사형헌법소원)과 공권력에 대한 헌법소원으로 나누어 볼 수 있다. 있다.

헌법재판소는 법령에 대한 헌법소원의 경우에는 단순위헌결정("……헌법에 위반된다.")뿐만 아니라 헌법불합치결정("……헌법에 합치되지 아니한다."), 한정위헌결정("……으로 해석하는 한, 헌법에 위반된다." 또는 "……를 포함시키는 것은 헌법에 위반된다.") 그리고 한정합헌결정("……으로 해석하는 한, 헌법에 위반되지 아니한다.")등 다양한 유형의 결정주문을 내고 있다.

그리고 공권력에 대한 헌법소원의 경우에는 기본권을 침해한 공권력과 침해된 기본권을 명시하며 해당 공권력을 취소하는 결정("……를 취소한다.")과 기본권을 침해한 공권력과 침해된 기본권을 명시하면서 공권력행사가 위헌임을 확인하는 결정("……침해한 것이 위헌임을 확인한다.") 그리고 공권력의 불행사 즉 부작위가 위헌임을 확인하는 결정("……부작위는 위헌임을 확인한다.")이 있다.

2) 인용결정의 효력

헌법소원의 인용결정은 모든 국가기관과 지방자치단체를 기속하는 기속력(羈束力)을 가지며(법 제75조 제1항), 헌법재판소가 공권력의 불행사에 대한 헌법소원을 인용하는 결정을 한 때에는 피청구인은 결정취지에 따라 새로운 처분을 하여야 하는 처분의무를 진다(동조 제4항). 또한 헌법재판소가 공권력의 행사 또는 불행사가 위헌인 법률 또는 법률의 조항에 기인한 것이라고 인정되어 인용결정을 할 때에는 당해 법률 또는 법률의 조항이 위헌임을 선고할 수 있다(동조 제5항).

그리고 위헌심사형헌법소원이 인용된 경우에도 당해 헌법소원과 관련된 소송사건이 이미 확정된 때에는 당사자는 재심을 청구할 수 있으며(동조 제7항), 재심에 있어 형사사건에 대하여는 형사소송법의 규정을, 그 외의 사건에 대하여는 민사소송법의 규정을 준용한다(동조 제8항).

특히 권리구제형헌법소원심판에서의 법령소원의 인용결정과 법 제75조 제5항에 의한 소위 부수적 규범통제의 경우 및 위헌심사형헌법소원을 인용결정하는 경우에는, 당해 법률의 위헌결정은 법원 기타 국가기관 및 지방자치단체를 기속하고(법 제47조 제1항), 위헌으로 결정된 법률 또는 법률의 조항은 그 결정이 있는 날로부터 효력을 상실하며, 형벌에 관한 법률 또는 법률의 조항은 소급하여 그 효력을 상실한다(동조 제2항). 즉 위헌법률심판의 위헌결정의 효력에 관한 규정을 준용한다(법 제75조 제6항).

부 록

대한민국헌법
헌법재판소법

[대한민국 헌법]

제정 1948년 7월 12일
공포 1948년 7월 17일
개정 1952. 7. 7 1954.11.29 1960. 6.15
1960.11.29 1962.12.26 1969.10.21
1972.12.27 1980.10.27 1987.10.29

전 문

유구한 역사와 전통에 빛나는 우리 대한 국민은 3·1운동으로 건립된 대한민국 임시정부의 법통과 불의에 항거한 4·19 민주이념을 계승하고, 조국의 민주개혁과 평화적 통일의 사명에 입각하여 정의·인도와 동포애로써 민족의 단결을 공고히 하고, 모든 사회적 폐습과 불의를 타파 하며, 자율과 조화를 바탕으로 자유민주적 기본질서를 더욱 확고히 하여 정치·경제·사회·문화의 모든 영역에 있어서 각인의 기회를 균등히 하고, 능력을 최고도로 발휘하게 하며, 자유와 권리에 따르는 책임과 의무를 완수하게 하여, 안으로는 국민 생활의 균등한 향상을 기하고, 밖으로는 항구적인 세계평화와 인류공영에 이바지함으로써 우리들과 우리들의 자손의 안전과 자유와 행복을 영원히 확보할 것을 다짐하면서 1948년 7월 12일에 제정되고 8차에 걸쳐 개정된 헌법을 이제 국회의 의결을 거쳐 국민 투표에 의하여 개정한다.   1987년 10월 29일

제1장 총 강

제1조 【국호·정체·국민·주권】
① 대한민국은 민주공화국이다.
② 대한민국의 주권은 국민에게 있고, 모든 권력은 국민으로부터 나온다.

제2조 【국민의 요건·재외국민의 보호】
① 대한민국의 국민이 되는 요건은 법률로 정한다.
② 국가는 법률이 정하는 바에 의하여 재외국민을 보호할 의무를 진다.

제3조 【영토】
대한민국의 영토는 한반도와 그 부속도서로 한다.

제4조 【평화통일정책】
대한민국은 통일을 지향하며, 자유민주적 기본질서에 입각한 평화적 통일정책을 수립하고 이를 추진한다.

제5조 【침략적 전쟁의 부인, 국군의 사명과 정치적 중립성】
① 대한민국은 국제평화의 유지에 노력하고 침략적 전쟁을 부인한다.
② 국군은 국가의 안전보장과 국토방위의 신성한 의무를 수행함을 사명으로 하며, 그 정치적 중립성은 준수된다.

제6조 【조약과 국제법규의 효력, 외국인의 법적지위】
① 헌법에 의하여 체결·공포된 조약과 일반적으로 승인된 국제법규는 국내법과 같은 효력을 가진다.
② 외국인은 국제법과 조약이 정하는 바에 의하여 그 지위가 보장된다.

제7조【공무원의 지위·책임·신분·정치적 중립성】
① 공무원은 국민전체에 대한 봉사자이며, 국민에 대하여 책임을 진다.
② 공무원의 신분과 정치적 중립성은 법률이 정하는 바에 의하여 보장된다.

제8조【정당】
① 정당의 설립은 자유이며, 복수정당제는 보장된다.
② 정당은 그 목적·조직과 활동이 민주적이어야 하며, 국민의 정치적 의사형성에 참여하는데 필요한 조직을 가져야 한다.
③ 정당은 법률이 정하는 바에 의하여 국가의 보호를 받으며, 국가는 법률이 정하는 바에 의하여 정당운영에 필요한 자금을 보조할 수 있다.
④ 정당의 목적이나 활동이 민주적 기본질서에 위배될 때에는 정부는 헌법재판소에 그 해산을 제소할 수 있고, 정당은 헌법재판소의 심판에 의하여 해산된다.

제9조【전통문화의 계승·발전, 민족문화의 창달】
국가는 전통문화의 계승·발전과 민족문화의 창달에 노력하여야 한다.

제2장 국민의 권리와 의무

제10조【인간의 존엄성과 기본적 인권의 보장】
모든 국민은 인간으로서의 존엄과 가치를 가지며, 행복을 추구할 권리를 가진다. 국가는 개인이 가지는 불가침의 기본적 인권을 확인하고 이를 보장할 의무를 진다.

제11조【평등권, 특수계급제도의 부인, 영전의 효력】
① 모든 국민은 법 앞에 평등하다. 누구든지 성별·종교 또는 사회적 신분에 의하여 정치적·경제적·사회적·문화적 생활의 모든 영역에 있어서 차별을 받지 아니한다.
② 사회적 특수계급의 제도는 인정되지 아니하며, 어떠한 형태로도 이를 창설할 수 없다.
③ 훈장 등의 영전은 이를 받은 자에게만 효력이 있고, 어떠한 특권도 이에 따르지 아니한다.

제12조【신체의 자유, 자백의 증거능력】
① 모든 국민은 신체의 자유를 가진다. 누구든지 법률에 의하지 아니하고는 체포·구속·압수·수색 또는 심문을 받지 아니하며, 법률과 적법한 절차에 의하지 아니하고는 처벌·보안처분 또는 강제노역을 받지 아니한다.
② 모든 국민은 고문을 받지 아니하며, 형사상 자기에게 불리한 진술을 강요당하지 아니한다.
③ 체포·구속·압수 또는 수색을 할 때에는 적법한 절차에 따라 검사의 신청에 의하여 법관이 발부한 영장을 제시하여야 한다. 다만, 현행범인인 경우와 장기 3년 이상의 형에 해당하는 죄를 범하고 도피 또는 증거인멸의 염려가 있을 때에는 사후에 영장을 청구할 수 있다.
④ 누구든지 체포 또는 구속을 당한 때에는 즉시 변호인의 조력을 받을 권리를 가진다. 다만, 형사피고인이 스스로 변호인을 구할 수 없을 때에는 법률이 정하는 바에 의하여 국가가 변호인을 붙인다.
⑤ 누구든지 체포 또는 구속의 이유와 변호인의 조력을 받을 권리가 있음을 고지받지 아니하고는 체포 또는 구속을 당하지 아니한다. 체포 또는 구속을 당한 자의 가

족등 법률이 정하는 자에게는 그 이유와 일시·장소가 지체없이 통지되어야 한다.
⑥ 누구든지 체포 또는 구속을 당한 때에는 적부의 심사를 법원에 청구할 권리를 가진다.
⑦ 피고인의 자백이 고문·폭행·협박·구속의 부당한 장기화 또는 기망 기타의 방법에 의하여 자의로 진술된 것이 아니라고 인정될 때 또는 정식재판에 있어서 피고인의 자백이 그에게 불리한 유일한 증거일 때에는 이를 유죄의 증거로 삼거나 이를 이유로 처벌할 수 없다.

제13조【형벌불소급·일사부재리, 소급입법의 금지, 연좌제금지】
① 모든 국민은 행위시의 법률에 의하여 범죄를 구성하지 아니하는 행위로 소추되지 아니하며, 동일한 범죄에 대하여 거듭 처벌받지 아니한다.
② 모든 국민은 소급입법에 의하여 참정권의 제한을 받거나 재산권을 박탈당하지 아니한다.
③ 모든 국민은 자기의 행위가 아닌 친족의 행위로 인하여 불이익한 처우를 받지 아니한다.

제14조【거주·이전의 자유】
모든 국민은 거주·이전의 자유를 가진다.

제15조【직업선택의 자유】
모든 국민은 직업선택의 자유를 가진다.

제16조【주거의 자유】
모든 국민은 주거의 자유를 침해받지 아니한다. 주거에 대한 압수나 수색을 할 때에는 검사의 신청에 의하여 법관이 발부한 영장을 제시하여야 한다.

제17조【사생활의 비밀과 자유】
모든 국민은 사생활의 비밀과 자유를 침해받지 아니한다.

제18조【통신의 자유】
모든 국민은 통신의 비밀을 침해받지 아니한다.

제19조【양심의 자유】
모든 국민은 양심의 자유를 가진다.

제20조【종교의 자유】
① 모든 국민은 종교의 자유를 가진다.
② 국교는 인정되지 아니하며, 종교와 정치는 분리된다.

제21조【언론·출판·집회·결사의 자유】
① 모든 국민은 언론·출판의 자유와 집회·결사의 자유를 가진다.
② 언론·출판에 대한 허가나 검열과 집회·결사에 대한 허가는 인정되지 아니한다.
③ 통신·방송의 시설기준과 신문의 기능을 보장하기 위하여 필요한 사항은 법률로 정한다.
④ 언론·출판은 타인의 명예나 권리 또는 공중도덕이나 사회윤리를 침해하여서는 아니된다. 언론·출판이 타인의 명예나 권리를 침해한 때에는 피해자는 이에 대한 피해의 배상을 청구할 수 있다.

제22조【학문·예술의 자유, 저작권 등의 보호】
① 모든 국민은 학문과 예술의 자유를 가진다.
② 저작자·발명가·과학기술자와 예술가의 권리는 법률로써 보호한다.

제23조【재산권의 보장과 제한】
① 모든 국민의 재산권은 보장된다. 그 내용과 한계는 법률로 정한다.
② 재산권의 행사는 공공복리에 적합하도록 하여야 한다.

③ 공공필요에 의한 재산권의 수용·사용 또는 제한 및 그에 대한 보상은 법률로써 하되, 정당한 보상을 지급하여야 한다.

제24조【선거권】
모든 국민은 법률이 정하는 바에 의하여 선거권을 가진다.

제25조【공무담임권】
모든 국민은 법률이 정하는 바에 의하여 공무담임권을 가진다.

제26조【청원권】
① 모든 국민은 법률이 정하는 바에 의하여 국가기관에 문서로 청원할 권리를 가진다.
② 국가는 청원에 대하여 심사할 의무를 진다.

제27조【재판을 받을 권리, 형사피고인의 무죄추정, 진술권】
① 모든 국민은 헌법과 법률이 정한 법관에 의하여 법률에 의한 재판을 받을 권리를 가진다.
② 군인 또는 군무원이 아닌 국민은 대한민국의 영역 안에서는 중대한 군사상 기밀·초병·초소·유독음식물공급·포로·군용물에 관한 죄 중 법률이 정한 경우와 비상계엄이 선포된 경우를 제외하고는 군사법원의 재판을 받지 아니한다.
③ 모든 국민은 신속한 재판을 받을 권리를 가진다. 형사피고인은 상당한 이유가 없는 한 지체없이 공개재판을 받을 권리를 가진다.
④ 형사피고인은 유죄의 판결이 확정될 때까지는 무죄로 추정된다.
⑤ 형사피해자는 법률이 정하는 바에 의하여 당해 사건의 재판절차에서 진술할 수 있다.

제28조【형사보상】
형사피의자 또는 형사피고인으로서 구금되었던 자가 법률이 정하는 불기소처분을 받거나 무죄판결을 받은 때에는 법률이 정하는 바에 의하여 국가에 정당한 보상을 청구할 수 있다.

제29조【국가공공단체의 배상책임】
① 공무원의 직무상 불법행위로 손해를 받은 국민은 법률이 정하는 바에 의하여 국가 또는 공공단체에 정당한 배상을 청구할 수 있다. 이 경우 공무원 자신의 책임은 면제되지 아니한다.
② 군인·군무원·경찰공무원 기타 법률이 정하는 자가 전투·훈련 등 직무집행과 관련하여 받은 손해에 대하여는 법률이 정하는 보상 외에 국가 또는 공공단체에 공무원의 직무상 불법행위로 인한 배상은 청구할 수 없다.

제30조【범죄행위로 인한 피해구조】
타인의 범죄행위로 인하여 생명·신체에 대한 피해를 받은 국민은 법률이 정하는 바에 의하여 국가로부터 구조를 받을 수 있다.

제31조【교육을 받을 권리·의무, 평생교육 진흥】
① 모든 국민은 능력에 따라 균등하게 교육을 받을 권리를 가진다.
② 모든 국민은 그 보호하는 자녀에게 적어도 초등교육과 법률이 정하는 교육을 받게 할 의무를 진다.
③ 의무교육은 무상으로 한다.
④ 교육의 자주성·전문성·정치적 중립성 및 대학의 자율성은 법률이 정하는 바에 의하여 보장된다.
⑤ 국가는 평생교육을 진흥하여야 한다.
⑥ 학교교육 및 평생교육을 포함한 교육제도와 그 운영, 교육재정 및 교원의 지위

에 관한 기본적인 사항은 법률로 정한다.

제32조【근로의 권리·의무, 최저임금제, 여자연소자보호, 국가유공자에 대한 기회우선】

① 모든 국민은 근로의 권리를 가진다. 국가는 사회적·경제적 방법으로 근로자의 고용의 증진과 적정임금의 보장에 노력하여야 하며, 법률이 정하는 바에 의하여 최저임금제를 시행하여야 한다.
② 모든 국민은 근로의 의무를 진다. 국가는 근로의 의무의 내용과 조건을 민주주의원칙에 따라 법률로 정한다.
③ 근로조건의 기준은 인간의 존엄성을 보장하도록 법률로 정한다.
④ 여자의 근로는 특별한 보호를 받으며, 고용·임금 및 근로조건에 있어서 부당한 차별을 받지 아니한다.
⑤ 연소자의 근로는 특별한 보호를 받는다.
⑥ 국가유공자·상이군경 및 전몰군경의 유가족은 법률이 정하는 바에 의하여 우선적으로 근로의 기회를 부여받는다.

제33조【근로자의 단결권 등】

① 근로자는 근로조건의 향상을 위하여 자주적인 단결권·단체교섭권 및 단체행동권을 가진다.
② 공무원인 근로자는 법률이 정하는 자에 한하여 단결권·단체교섭권 및 단체행동권을 가진다.
③ 법률이 정하는 주요방위산업체에 종사하는 근로자의 단체행동권은 법률이 정하는 바에 의하여 이를 제한하거나 인정하지 아니할 수 있다.

제34조【사회보장】

① 모든 국민은 인간다운 생활을 할 권리를 가진다.
② 국가는 사회보장·사회복지의 증진에 노력할 의무를 진다.
③ 국가는 여자의 복지와 권익의 향상을 위하여 노력하여야 한다.
④ 국가는 노인과 청소년의 복지향상을 위한 정책을 실시할 의무를 진다.
⑤ 신체장애자 및 질병·노령 기타의 사유로 생활능력이 없는 국민은 법률이 정하는 바에 의하여 국가의 보호를 받는다.
⑥ 국가는 재해를 예방하고 그 위험으로부터 국민을 보호하기 위하여 노력하여야 한다.

제35조【환경권】

① 모든 국민은 건강하고 쾌적한 환경에서 생활할 권리를 가지며, 국가와 국민은 환경보전을 위하여 노력하여야 한다.
② 환경권의 내용과 행사에 관하여는 법률로 정한다.
③ 국가는 주택개발정책 등을 통하여 모든 국민이 쾌적한 주거생활을 할 수 있도록 노력하여야 한다.

제36조【혼인과 가족생활보장, 모성보호, 국민보건보호】

① 혼인과 가족생활은 개인의 존엄과 양성의 평등을 기초로 성립되고 유지되어야 하며, 국가는 이를 보장한다.
② 국가는 모성의 보호를 위하여 노력하여야 한다.
③ 모든 국민은 보건에 관하여 국가의 보호를 받는다.

제37조【국민의 자유와 권리의 존중·제한】

① 국민의 자유와 권리는 헌법에 열거되지 아니한 이유로 경시되지 아니한다.
② 국민의 모든 자유와 권리는 국가안전보장·질서유지 또는 공공복리를 위하여 필요한 경우에 한하여 법률로써 제한할 수 있으며, 제한하는 경우에도 자유와 권

리의 본질적인 내용을 침해할 수 없다.

제38조【납세의 의무】
모든 국민은 법률이 정하는 바에 의하여 납세의 의무를 진다.

제39조【국방의 의무】
① 모든 국민은 법률이 정하는 바에 의하여 국방의 의무를 진다.
② 누구든지 병역의무의 이행으로 인하여 불이익한 처우를 받지 아니한다.

제3장 국 회

제40조【입법권】
입법권은 국회에 속한다.

제41조【국회의 구성】
① 국회는 국민의 보통·평등·직접·비밀 선거에 의하여 선출된 국회의원으로 구성한다.
② 국회의원의 수는 법률로 정하되, 200인 이상으로 한다.
③ 국회의원의 선거구와 비례대표제 기타 선거에 관한 사항은 법률로 정한다.

제42조【의원의 임기】
국회의원의 임기는 4년으로 한다.

제43조【의원의 겸직제한】
국회의원은 법률이 정하는 직을 겸할 수 없다.

제44조【의원의 불체포특권】
① 국회의원은 현행범인인 경우를 제외하고는 회기중 국회의 동의없이 체포 또는 구금되지 아니한다.
② 국회의원이 회기 전에 체포 또는 구금된 때에는 현행범인이 아닌 한 국회의 요구가 있으면 회기중 석방된다.

제45조【발언·표결의 면책특권】
국회의원은 국회에서 직무상 행한 발언과 표결에 관하여 국회 외에서 책임을 지지 아니한다.

제46조【의원의 직무, 지위의 남용금지】
① 국회의원은 청렴의 의무가 있다.
② 국회의원은 국가이익을 우선하여 양심에 따라 직무를 행한다.
③ 국회의원은 그 지위를 남용하여 국가·공공단체 또는 기업체와의 계약이나 그 처분에 의하여 재산상의 권리·이익 또는 직위를 취득하거나 타인을 위하여 그 취득을 알선할 수 없다.

제47조【정기회·임시회】
① 국회의 정기회는 법률이 정하는 바에 의하여 매년 1회 집회되며, 국회의 임시회는 대통령 또는 국회재적의원 4분의 1 이상의 요구에 의하여 집회된다.
② 정기회의 회기는 100일을, 임시회의 회기는 30일을 초과할 수 없다.
③ 대통령이 임시회의 집회를 요구할 때에는 기간과 집회요구의 이유를 명시하여야 한다.

제48조【의장·부의장】
국회는 의장 1인과 부의장 2인을 선출한다.

제49조【의결정족수와 의결방법】
국회는 헌법 또는 법률에 특별한 규정이 없는 한 재적의원 과반수의 출석과 출석의원 과반수의 찬성으로 의결한다. 가부동수인 때에는 부결된 것으로 본다.

제50조【의사공개의 원칙】
① 국회의 회의는 공개한다. 다만, 출석의원 과반수의 찬성이 있거나 의장이 국가의 안전보장을 위하여 필요하다고 인정

할 때에는 공개하지 아니할 수 있다.
② 공개하지 아니한 회의내용의 공표에 관하여는 법률이 정하는 바에 의한다.

제51조【의안의 차회기계속】
국회에 제출된 법률안 기타의 의안은 회기 중에 의결되지 못한 이유로 폐기되지 아니한다. 다만, 국회의원의 임기가 만료된 때에는 그러하지 아니하다.

제52조【법률안제출권】
국회의원과 정부는 법률안을 제출할 수 있다.

제53조【법률의 공포, 대통령의 거부권, 법률안의 확정·발효】
① 국회에서 의결된 법률안은 정부에 이송되어 15일 이내에 대통령이 공포한다.
② 법률안에 이의가 있을 때에는 대통령은 제1항의 기간 내에 이의서를 붙여 국회로 환부하고, 그 재의를 요구할 수 있다. 국회의 개회중에도 또한 같다.
③ 대통령은 법률안의 일부에 대하여 또는 법률안을 수정하여 재의를 요구할 수 없다.
④ 재의의 요구가 있을 때에는 국회는 재의에 붙이고, 재적의원 과반수의 출석과 출석의원 3분의 2 이상의 찬성으로 전과 같은 의결을 하면 그 법률안은 법률로서 확정된다.
⑤ 대통령이 제1항의 기간 내에 공포나 재의의 요구를 하지 아니한 때에도 그 법률안은 법률로서 확정된다.
⑥ 대통령은 제4항과 제5항의 규정에 의하여 확정된 법률을 지체없이 공포하여야 한다. 제5항에 의하여 법률이 확정된 후 또는 제4항에 의한 확정법률이 정부에 이송된 후 5일 이내에 대통령이 공포하지 아니할 때에는 국회의장이 이를 공포한다.

⑦ 법률은 특별한 규정이 없는 한 공포한 날로부터 20일을 경과함으로써 효력을 발생한다.

제54조【예산안의 심의·확정권, 의결기간 도과시의 조치】
① 국회는 국가의 예산안을 심의·확정한다.
② 정부는 회계연도마다 예산안을 편성하여 회계연도 개시 90일 전까지 국회에 제출하고, 국회는 회계연도 개시 30일 전까지 이를 의결하여야 한다.
③ 새로운 회계연도가 개시될 때까지 예산안이 의결되지 못한 때에는 정부는 국회에서 예산안이 의결될 때까지 다음의 목적을 위한 경비는 전년도 예산에 준하여 집행할 수 있다.
ⅰ) 헌법이나 법률에 의하여 설치된 기관 또는 시설의 유지·운영
ⅱ) 법률상 지출의무의 이행
ⅲ) 이미 예산으로 승인된 사업의 계속

제55조【계속비, 예비비】
① 한 회계연도를 넘어 계속하여 지출할 필요가 있을 때에는 정부는 연한을 정하여 계속비로서 국회의 의결을 얻어야 한다.
② 예비비는 총액으로 국회의 의결을 얻어야 한다. 예비비의 지출은 차기국회의 승인을 얻어야 한다.

제56조【추가경정예산】
정부는 예산에 변경을 가할 필요가 있을 때에는 추가경정예산안을 편성하여 국회에 제출할 수 있다.

제57조【지출예산 각항의 증액과 새 비목의 설치금지】
국회는 정부의 동의없이 정부가 제출한 지출예산 각항의 금액을 증가하거나 새 비목을 설치할 수 없다.

제58조【국채모집 등에 대한 의결권】
국채를 모집하거나 예산 외에 국가의 부담이 될 계약을 체결하려 할 때에는 정부는 미리 국회의 의결을 얻어야 한다.

제59조【조세의 종목과 세율】
조세의 종목과 세율은 법률로 정한다.

제60조【조약·선전포고 등의 동의권】
① 국회는 상호원조 또는 안전보장에 관한 조약, 중요한 국제조직에 관한 조약, 우호통상항해조약, 주권의 제약에 관한 조약, 강화조약, 국가나 국민에게 중대한 재정적 부담을 지우는 조약 또는 입법사항에 관한 조약의 체결·비준에 대한 동의권을 가진다.
② 국회는 선전포고, 국군의 외국에의 파견 또는 외국군대의 대한민국 영역 안에서의 주류에 대한 동의권을 가진다.

제61조【국정에 관한 감사조사권】
① 국회는 국정을 감사하거나 특정한 국정사안에 대하여 조사할 수 있으며, 이에 필요한 서류의 제출 또는 증인의 출석과 증언이나 의견의 진술을 요구할 수 있다.
② 국정감사 및 조사에 관한 절차 기타 필요한 사항은 법률로 정한다.

제62조【국무총리 등의 국회출석】
① 국무총리·국무위원 또는 정부위원은 국회나 그 위원회에 출석하여 국정처리상황을 보고하거나 의견을 진술하고 질문에 응답할 수 있다.
② 국회나 그 위원회의 요구가 있을 때에는 국무총리·국무위원 또는 정부위원은 출석·답변하여야 하며, 국무총리 또는 국무위원이 출석요구를 받은 때에는 국무위원 또는 정부위원으로 하여금 출석·답변하게 할 수 있다.

제63조【국무총리·국무위원 해임건의권】
① 국회는 국무총리 또는 국무위원의 해임을 대통령에게 건의할 수 있다.
② 제1항의 해임건의는 국회재적의원 3분의 1 이상의 발의에 의하여 국회재적의원 과반수의 찬성이 있어야 한다.

제64조【국회의 자율권】
① 국회는 법률에 저촉되지 아니하는 범위 안에서 의사와 내부규율에 관한 규칙을 제정할 수 있다.
② 국회는 의원의 자격을 심사하며, 의원을 징계할 수 있다.
③ 의원을 제명하려면 국회재적의원 3분의 2 이상의 찬성이 있어야 한다.
④ 제2항과 제3항의 처분에 대하여는 법원에 제소할 수 없다.

제65조【탄핵소추권, 탄핵결정의 효력】
① 대통령·국무총리·국무위원·행정각부의 장·헌법재판소 재판관·법관·중앙선거관리위원회 위원·감사원장·감사위원 기타 법률이 정한 공무원이 그 직무집행에 있어서 헌법이나 법률을 위배한 때에는 국회는 탄핵의 소추를 의결할 수 있다.
② 제1항의 탄핵소추는 국회재적의원 3분의 1 이상의 발의가 있어야 하며, 그 의결은 국회재적의원 과반수의 찬성이 있어야 한다. 다만, 대통령에 대한 탄핵소추는 국회재적의원 과반수의 발의와 국회재적의원 3분의 2 이상의 찬성이 있어야 한다.
③ 탄핵소추의 의결을 받은 자는 탄핵심판이 있을 때까지 그 권한행사가 정지된다.
④ 탄핵결정은 공직으로부터 파면함에 그친다. 그러나 이에 의하여 민사상이나 형사상의 책임이 면제되지는 아니한다.

제4장 정부

제1절 대통령

제66조【대통령의 지위·책무, 행정권】
① 대통령은 국가의 원수이며, 외국에 대하여 국가를 대표한다.
② 대통령은 국가의 독립·영토의 보전·국가의 계속성과 헌법을 수호할 책무를 진다.
③ 대통령은 조국의 평화적 통일을 위한 성실한 의무를 진다.
④ 행정권은 대통령을 수반으로 하는 정부에 속한다.

제67조【대통령의 선거, 피선거권】
① 대통령은 국민의 보통·평등·직접·비밀선거에 의하여 선출한다.
② 제1항의 선거에 있어서 최고득표자가 2인 이상인 때에는 국회의 재적의원 과반수가 출석한 공개회의에서 다수표를 얻은 자를 당선자로 한다.
③ 대통령후보자가 1인일 때에는 그 득표수가 선거권자 총수의 3분의 1 이상이 아니면 대통령으로 당선될 수 없다.
④ 대통령으로 선거될 수 있는 자는 국회의원의 피선거권이 있고 선거일 현재 40세에 달하여야 한다.
⑤ 대통령의 선거에 관한 사항은 법률로 정한다.

제68조【대통령선거의 시기, 보궐선거】
① 대통령의 임기가 만료되는 때에는 임기만료 70일 내지 40일 전에 후임자를 선거한다.
② 대통령이 궐위된 때 또는 대통령 당선자가 사망하거나 판결 기타의 사유로 그 자격을 상실한 때에는 60일 이내에 후임자를 선거한다.

제69조【대통령의 취임선서】
대통령은 취임에 즈음하여 다음의 선서를 한다. "나는 헌법을 준수하고 국가를 보위하며 조국의 평화적 통일과 국민의 자유와 복리의 증진 및 민족문화의 창달에 노력하여 대통령으로서의 직책을 성실히 수행할 것을 국민앞에 엄숙히 선서합니다."

제70조【대통령의 임기】
대통령의 임기는 5년으로 하며, 중임할 수 없다.

제71조【대통령권한대행】
대통령이 궐위되거나 사고로 인하여 직무를 수행할 수 없을 때에는 국무총리, 법률이 정한 국무위원의 순서로 그 권한을 대행한다.

제72조【중요정책의 국민투표】
대통령은 필요하다고 인정할 때에는 외교·국방·통일 기타 국가안위에 관한 중요정책을 국민투표에 붙일 수 있다.

제73조【외교·선전·강화권】
대통령은 조약을 체결·비준하고, 외교사절을 신임·접수 또는 파견하며, 선전포고와 강화를 한다.

제74조【국군통수권, 국군의 조직·편성】
① 대통령은 헌법과 법률이 정하는 바에 의하여 국군을 통수한다.
② 국군의 조직과 편성은 법률로 정한다.

제75조【대통령령】
대통령은 법률에서 구체적으로 범위를 정하여 위임받은 사항과 법률을 집행하기 위하여 필요한 사항에 관하여 대통령령을 발할 수 있다.

제76조【긴급처분·명령권】
① 대통령은 내란·외환·천재·지변 또는

중대한 재정·경제상의 위기에 있어서 국가의 안전보장 또는 공공의 안녕질서를 유지하기 위하여 긴급한 조치가 필요하고 국회의 집회를 기다릴 여유가 없을 때에 한하여 최소한으로 필요한 재정·경제상의 처분을 하거나 이에 관하여 법률의 효력을 가지는 명령을 발할 수 있다.
② 대통령은 국가의 안위에 관계되는 중대한 교전상태에 있어서 국가를 보위하기 위하여 긴급한 조치가 필요하고 국회의 집회가 불가능한 때에 한하여 법률의 효력을 가지는 명령을 발할 수 있다.
③ 대통령은 제1항과 제2항의 처분 또는 명령을 한 때에는 지체없이 국회에 보고하여 그 승인을 얻어야 한다.
④ 제3항의 승인을 얻지 못한 때에는 그 처분 또는 명령은 그때부터 효력을 상실한다. 이 경우 그 명령에 의하여 개정 또는 폐지되었던 법률은 그 명령이 승인을 얻지 못한 때부터 당연히 효력을 회복한다.
⑤ 대통령은 제3항과 제4항의 사유를 지체없이 공포하여야 한다.

제77조【계엄】
① 대통령은 전시·사변 또는 이에 준하는 국가비상사태에 있어서 병력으로써 군사상의 필요에 응하거나 공공의 안녕질서를 유지할 필요가 있을 때에는 법률이 정하는 바에 의하여 계엄을 선포할 수 있다.
② 계엄은 비상계엄과 경비계엄으로 한다.
③ 비상계엄이 선포된 때에는 법률이 정하는 바에 의하여 영장제도, 언론·출판·집회·결사의 자유, 정부나 법원의 권한에 관하여 특별한 조치를 할 수 있다.
④ 계엄을 선포한 때에는 대통령은 지체없이 국회에 통고하여야 한다.
⑤ 국회가 재적의원 과반수의 찬성으로 계엄의 해제를 요구한 때에는 대통령은 이를 해제하여야 한다.

제78조【공무원임면권】
대통령은 헌법과 법률이 정하는 바에 의하여 공무원을 임면한다.

제79조【사면권】
① 대통령은 법률이 정하는 바에 의하여 사면·감형 또는 복권을 명할 수 있다.
② 일반사면을 명하려면 국회의 동의를 얻어야 한다.
③ 사면·감형 및 복권에 관한 사항은 법률로 정한다.

제80조【영전수여권】
대통령은 법률이 정하는 바에 의하여 훈장 기타의 영전을 수여한다.

제81조【국회에 대한 의사표시】
대통령은 국회에 출석하여 발언하거나 서한으로 의견을 표시할 수 있다.

제82조【국법상 행위 및 부서】
대통령의 국법상 행위는 교서로써 하며, 이 교서에는 국무총리와 관계 국무위원이 부서한다. 군사에 관한 것도 또한 같다.

제83조【겸직금지】
대통령은 국무총리·국무위원·행정각부의 장 기타 법률이 정하는 공사의 직을 겸할 수 없다.

제84조【형사상 특권】
대통령은 내란 또는 외환의 죄를 범한 경우를 제외하고는 재직중 형사상의 소추를 받지 아니한다.

제85조【전직대통령의 신분과 예우】
전직대통령의 신분과 예우에 관하여는 법률로 정한다.

제2절 행정부
제1관 국무총리와 국무위원

제86조【국무총리】
① 국무총리는 국회의 동의를 얻어 대통령이 임명한다.
② 국무총리는 대통령을 보좌하며, 행정에 관하여 대통령의 명을 받아 행정각부를 통할한다.
③ 군인은 현역을 면한 후가 아니면 국무총리로 임명될 수 없다.

제87조【국무위원】
① 국무위원은 국무총리의 제청으로 대통령이 임명한다.
② 국무위원은 국정에 관하여 대통령을 보좌하며, 국무회의의 구성원으로서 국정을 심의한다.
③ 국무총리는 국무위원의 해임을 대통령에게 건의할 수 있다.
④ 군인은 현역을 면한 후가 아니면 국무위원으로 임명될 수 없다.

제2관 국무회의

제88조【권한, 구성】
① 국무회의는 정부의 권한에 속하는 중요한 정책을 심의한다.
② 국무회의는 대통령·국무총리와 15인 이상 30인 이하의 국무위원으로 구성한다.
③ 대통령은 국무회의의 의장이 되고, 국무총리는 부의장이 된다.

제89조【심의사항】
다음 사항은 국무회의의 심의를 거쳐야 한다.
1. 국정의 기본계획과 정부의 일반정책
2. 선전·강화 기타 중요한 대외정책
3. 헌법개정안·국민투표안·조약안·법률안 및 대통령령안
4. 예산안·결산·국유재산처분의 기본계획·국가의 부담이 될 계약 기타 재정에 관한 중요사항
5. 대통령의 긴급명령·긴급재정경제처분 및 명령 또는 계엄과 그 해제
6. 군사에 관한 중요사항
7. 국회의 임시회 집회의 요구
8. 영전수여
9. 사면·감형과 복권
10. 행정각부간의 권한의 획정
11. 정부안의 권한의 위임 또는 배정에 관한 기본계획
12. 국정처리상황의 평가·분석
13. 행정각부의 중요한 정책의 수립과 조정
14. 정당해산의 제소
15. 정부에 제출 또는 회부된 정부의 정책에 관계되는 청원의 심사
16. 검찰총장·합동참모의장·각군참모총장·국립대학교총장·대사 기타 법률이 정하는 공무원과 국영기업체관리자의 임명
17. 기타 대통령·국무총리 또는 국무위원이 제출한 사항

제90조【국가원로자문회의】
① 국정의 중요한 사항에 관한 대통령의 자문에 응하기 위하여 국가원로로 구성되는 국가원로자문회의를 둘 수 있다.
② 국가원로자문회의의 의장은 직전대통령이 된다. 다만, 직전대통령이 없을 때에는 대통령이 지명한다.
③ 국가원로자문회의의 조직·직무범위 기타 필요한 사항은 법률로 정한다.

제91조【국가안전보장회의】
① 국가안전보장에 관련되는 대외정책·군사정책과 국내정책의 수립에 관하여 국무회의의 심의에 앞서 대통령의 자문에 응하기 위하여 국가안전보장회의를 둔다.
② 국가안전보장회의는 대통령이 주재한다.

③ 국가안전보장회의의 조직·직무범위 기타 필요한 사항은 법률로 정한다.

제92조【민주평화통일자문회의】
① 평화통일정책의 수립에 관한 대통령의 자문에 응하기 위하여 민주평화통일자문회의를 둘 수 있다.
② 민주평화통일자문회의의 조직·직무범위 기타 필요한 사항은 법률로 정한다.

제93조【국민경제자문회의】
① 국민경제의 발전을 위한 중요정책의 수립에 관하여 대통령의 자문에 응하기 위하여 국민경제자문회의를 둘 수 있다.
② 국민경제자문회의의 조직·직무범위 기타 필요한 사항은 법률로 정한다.

제3관 행정각부

제94조【각부의 장】
행정각부의 장은 국무위원 중에서 국무총리의 제청으로 대통령이 임명한다.

제95조【총리령·부령】
국무총리 또는 행정각부의 장은 소관사무에 관하여 법률이나 대통령령의 위임 또는 직권으로 총리령 또는 부령을 발할 수 있다.

제96조【각부의 조직·직무】
행정각부의 설치·조직과 직무범위는 법률로 정한다.

제4관 감사원

제97조【직무와 소속】
국가의 세입·세출의 결산, 국가 및 법률이 정한 단체의 회계검사와 행정기관 및 공무원의 직무에 관한 감찰을 하기 위하여 대통령 소속하에 감사원을 둔다.

제98조【구성】
① 감사원은 원장을 포함한 5인 이상 11인 이하의 감사위원으로 구성한다.
② 원장은 국회의 동의를 얻어 대통령이 임명하고, 그 임기는 4년으로 하며, 1차에 한하여 중임할 수 있다.
③ 감사위원은 원장의 제청으로 대통령이 임명하고, 그 임기는 4년으로 하며, 1차에 한하여 중임할 수 있다.

제99조【검사와 보고】
감사원은 세입·세출의 결산을 매년 검사하여 대통령과 차년도 국회에 그 결과를 보고하여야 한다.

제100조【조직·직무범위 등】
감사원의 조직·직무범위·감사위원의 자격·감사대상공무원의 범위 기타 필요한 사항은 법률로 정한다.

제5장 법 원

제101조【사법권, 법원의 조직, 법관의 자격】
① 사법권은 법관으로 구성된 법원에 속한다.
② 법원은 최고법원인 대법원과 각급법원으로 조직된다.
③ 법관의 자격은 법률로 정한다.

제102조【대법원의 조직】
① 대법원에 부를 둘 수 있다.
② 대법원에 대법관을 둔다. 다만, 법률이 정하는 바에 의하여 대법관이 아닌 법관을 둘 수 있다.
③ 대법원과 각급법원의 조직은 법률로 정한다.

제103조【법관의 독립】
법관은 헌법과 법률에 의하여 그 양심에 따라 독립하여 심판한다.

제104조【대법원장·대법관의 임명】
① 대법원장은 국회의 동의를 얻어 대통령

이 임명한다.
② 대법관은 대법원장의 제청으로 국회의 동의를 얻어 대통령이 임명한다.
③ 대법원장과 대법관이 아닌 법관은 대법관회의의 동의를 얻어 대법원장이 임명한다.

제105조 【법관의 임기·연임·정년】
① 대법원장의 임기는 6년으로 하며, 중임할 수 없다.
② 대법관의 임기는 6년으로 하며, 법률이 정하는 바에 의하여 연임할 수 있다.
③ 대법원장과 대법관이 아닌 법관의 임기는 10년으로 하며, 법률이 정하는 바에 의하여 연임할 수 있다.
④ 법관의 정년은 법률로 정한다.

제106조 【법관의 신분보장】
① 법관은 탄핵 또는 금고 이상의 형의 선고에 의하지 아니하고는 파면되지 아니하며, 징계처분에 의하지 아니하고는 정직·감봉 기타 불리한 처분을 받지 아니한다.
② 법관이 중대한 심신상의 장해로 직무를 수행할 수 없을 때에는 법률이 정하는 바에 의하여 퇴직하게 할 수 있다.

제107조 【위헌제청 명령 등의 심사권, 행정심판】
① 법률이 헌법에 위반되는 여부가 재판의 전제가 된 경우에는 법원은 헌법재판소에 제청하여 그 심판에 의하여 재판한다.
② 명령·규칙 또는 처분이 헌법이나 법률에 위반되는 여부가 재판의 전제가 된 경우에는 대법원은 이를 최종적으로 심사할 권한을 가진다.
③ 재판의 전심절차로서 행정심판을 할 수 있다. 행정심판의 절차는 법률로 정하되, 사법절차가 준용되어야 한다.

제108조 【대법원의 규칙제정권】
대법원은 법률에 저촉되지 아니하는 범위 안에서 소송에 관한 절차, 법원의 내부규율과 사무처리에 관한 규칙을 제정할 수 있다.

제109조 【재판공개의 원칙】
재판의 심리와 판결은 공개한다. 다만, 심리는 국가의 안전보장 또는 안녕질서를 방해하거나 선량한 풍속을 해할 염려가 있을 때에는 법원의 결정으로 공개하지 아니할 수 있다.

제110조 【군사재판】
① 군사재판을 관할하기 위하여 특별법원으로서 군사법원을 둘 수 있다.
② 군사법원의 상고심은 대법원에서 관할한다.
③ 군사법원의 조직·권한 및 재판관의 자격은 법률로 정한다.
④ 비상계엄하의 군사재판은 군인·군무원의 범죄나 군사에 관한 간첩죄의 경우와 초병·초소·유독음식물공급·포로에 관한 죄 중 법률이 정한 경우에 한하여 단심으로 할 수 있다. 다만, 사형을 선고한 경우에는 그러하지 아니하다.

제6장 헌법재판소

제111조 【권한과 구성 등】
① 헌법재판소는 다음 사항을 관장한다.
ⅰ) 법원의 제청에 의한 법률의 위헌여부 심판
ⅱ) 탄핵의 심판
ⅲ) 정당의 해산 심판
ⅳ) 국가기관 상호간, 국가기관과 지방자치단체간 및 지방자치단체 상호간의 권한 쟁의에 관한 심판

ⅴ) 법률이 정하는 헌법소원에 관한 심판
② 헌법재판소는 법관의 자격을 가진 9인의 재판관으로 구성하며, 재판관은 대통령이 임명한다.
③ 제2항의 재판관 중 3인은 국회에서 선출하는 자를, 3인은 대법원장이 지명하는 자를 임명한다.
④ 헌법재판소의 장은 국회의 동의를 얻어 재판관 중에서 대통령이 임명한다.

제112조【재판관의 임기, 정치관여금지, 신분보장】
① 헌법재판소 재판관의 임기는 6년으로 하며, 법률이 정하는 바에 의하여 연임할 수 있다.
② 헌법재판소 재판관은 정당에 가입하거나 정치에 관여할 수 없다.
③ 헌법재판소 재판관은 탄핵 또는 금고 이상의 형의 선고에 의하지 아니하고는 파면되지 아니한다.

제113조【결정정족수, 조직과 운영】
① 헌법재판소에서 법률의 위헌결정, 탄핵의 결정, 정당해산의 결정 또는 헌법소원에 관한 인용결정을 할 때에는 재판관 6인 이상의 찬성이 있어야 한다.
② 헌법재판소는 법률에 저촉되지 아니하는 범위 안에서 심판에 관한 절차, 내부규율과 사무처리에 관한 규칙을 제정할 수 있다.
③ 헌법재판소의 조직과 운영 기타 필요한 사항은 법률로 정한다.

제7장 선거관리

제114조【선거관리위원회】
① 선거와 국민투표의 공정한 관리 및 정당에 관한 사무를 처리하기 위하여 선거관리위원회를 둔다.
② 중앙선거관리위원회는 대통령이 임명하는 3인, 국회에서 선출하는 3인과 대법원장이 지명하는 3인의 위원으로 구성한다. 위원장은 위원 중에서 호선한다.
③ 위원의 임기는 6년으로 한다.
④ 위원은 정당에 가입하거나 정치에 관여할 수 없다.
⑤ 위원은 탄핵 또는 금고 이상의 형의 선고에 의하지 아니하고는 파면되지 아니한다.
⑥ 중앙선거관리위원회는 법령의 범위 안에서 선거관리·국민투표관리 또는 정당사무에 관한 규칙을 제정할 수 있으며, 법률에 저촉되지 아니하는 범위 안에서 내부규율에 관한 규칙을 제정할 수 있다.
⑦ 각급 선거관리위원회의 조직·직무범위 기타 필요한 사항은 법률로 정한다.

제115조【선거관리위원회의 대행정기관지시권】
① 각급 선거관리위원회는 선거인명부의 작성 등 선거사무와 국민투표사무에 관하여 관계 행정기관에 필요한 지시를 할 수 있다.
② 제1항의 지시를 받은 당해 행정기관은 이에 응하여야 한다.

제116조【선거운동, 선거경비】
① 선거운동은 각급 선거관리위원회의 관리하에 법률이 정하는 범위 안에서 하되, 균등한 기회가 보장되어야 한다.
② 선거에 관한 경비는 법률이 정하는 경우를 제외하고는 정당 또는 후보자에게 부담시킬 수 없다.

제8장 지방자치

제117조【자치권, 지방자치단체의 종류】
① 지방자치단체는 주민의 복리에 관한 사무를 처리하고 재산을 관리하며, 법령의 범위 안에서 자치에 관한 규정을 제정할 수 있다.
② 지방자치단체의 종류는 법률로 정한다.

제118조【지방자치단체의 조직·운영】
① 지방자치단체에 의회를 둔다.
② 지방의회의 조직·권한·의원선거와 지방자치단체의 장의 선임방법 기타 지방자치단체의 조직과 운영에 관한 사항은 법률로 정한다.

제9장 경제

제119조【경제질서의 기본, 경제의 규제조정】
① 대한민국의 경제질서는 개인과 기업의 경제상의 자유와 창의를 존중함을 기본으로 한다.
② 국가는 균형있는 국민경제의 성장 및 안정과 적정한 소득의 분배를 유지하고, 시장의 지배와 경제력의 남용을 방지하며, 경제주체간의 조화를 통한 경제의 민주화를 위하여 경제에 관한 규제와 조정을 할 수 있다.

제120조【천연자원의 채취개발특허 및 보호】
① 광물 기타 중요한 지하자원·수산자원·수력과 경제상 이용할 수 있는 자연력은 법률이 정하는 바에 의하여 일정한 기간 그 채취·개발 또는 이용을 특허할 수 있다.
② 국토와 자원은 국가의 보호를 받으며, 국가는 그 균형 있는 개발과 이용을 위하여 필요한 계획을 수립한다.

제121조【농지의 소작제도금지, 농지의 임대차위탁경영】
① 국가는 농지에 관하여 경자유전의 원칙이 달성될 수 있도록 노력하여야 하며, 농지의 소작제도는 금지된다.
② 농업생산성의 제고와 농지의 합리적인 이용을 위하거나 불가피한 사정으로 발생하는 농지의 임대차와 위탁경영은 법률이 정하는 바에 의하여 인정된다.

제122조【국토의 이용·개발제한과 의무부과】
국가는 국민 모두의 생산 및 생활의 기반이 되는 국토의 효율적이고 균형있는 이용·개발과 보전을 위하여 법률이 정하는 바에 의하여 그에 관한 필요한 제한과 의무를 과할 수 있다.

제123조【농·어촌종합개발, 농·어민 및 중소기업의 보호·육성】
① 국가는 농업 및 어업을 보호·육성하기 위하여 농·어촌종합개발과 그 지원 등 필요한 계획을 수립·시행하여야 한다.
② 국가는 지역간의 균형있는 발전을 위하여 지역경제를 육성할 의무를 진다.
③ 국가는 중소기업을 보호·육성하여야 한다.
④ 국가는 농수산물의 수급균형과 유통구조의 개선에 노력하여 가격안정을 도모함으로써 농·어민의 이익을 보호한다.
⑤ 국가는 농·어민과 중소기업의 자조조직을 육성하여야 하며, 그 자율적 활동과 발전을 보장한다.

제124조【소비자보호】
국가는 건전한 소비행위를 계도하고 생산품의 품질향상을 촉구하기 위한 소비자보호운동을 법률이 정하는 바에 의하여 보장한다.

제125조 【대외무역의 육성과 규제·조정】
국가는 대외무역을 육성하며, 이를 규제·조정할 수 있다.

제126조 【사영기업의 국공유화 또는 통제·관리의 금지】
국방상 또는 국민경제상 긴절한 필요로 인하여 법률이 정하는 경우를 제외하고는, 사영기업을 국유 또는 공유로 이전하거나 그 경영을 통제 또는 관리할 수 없다.

제127조 【과학기술의 혁신·발전과 국가표준제도 확립】
① 국가는 과학기술의 혁신과 정보 및 인력의 개발을 통하여 국민경제의 발전에 노력하여야 한다.
② 국가는 국가표준제도를 확립한다.
③ 대통령은 제1항의 목적을 달성하기 위하여 필요한 자문기구를 둘 수 있다.

제10장 헌법개정

제128조 【개정제안과 효력】
① 헌법개정은 국회재적의원 과반수 또는 대통령의 발의로 제안된다.
② 대통령의 임기연장 또는 중임변경을 위한 헌법개정은 그 헌법개정 제안 당시의 대통령에 대하여는 효력이 없다.

제129조 【개정안공고기간】
제안된 헌법개정안은 대통령이 20일 이상의 기간 이를 공고하여야 한다.

제130조 【개정안의 의결과 확정·공포】
① 국회는 헌법개정안이 공고된 날로부터 60일 이내에 의결하여야 하며, 국회의 의결은 재적의원 3분의 2 이상의 찬성을 얻어야 한다.
② 헌법개정안은 국회가 의결한 후 30일 이내에 국민투표에 붙여 국회의원선거권자 과반수의 투표와 투표자 과반수의 찬성을 얻어야 한다.
③ 헌법개정안이 제2항의 찬성을 얻은 때에는 헌법개정은 확정되며, 대통령은 즉시 이를 공포하여야 한다.

부 칙

제1조 【시행일】
이 헌법은 1988년 2월 25일부터 시행한다. 다만, 이 헌법을 시행하기 위하여 필요한 법률의 제정·개정과 이 헌법에 의한 대통령 및 국회의원의 선거 기타 이 헌법시행에 관한 준비는 이 헌법시행 전에 할 수 있다.

제2조 【최초의 대통령선거시기와 임기】
① 이 헌법에 의한 최초의 대통령선거는 이 헌법시행일 40일 전까지 실시한다.
② 이 헌법에 의한 최초의 대통령의 임기는 이 헌법시행일로부터 개시한다.

제3조 【최초의 국회의원선거시기, 이 헌법시행 당시의 국회의원임기】
① 이 헌법에 의한 최초의 국회의원선거는 이 헌법공포일로부터 6월 이내에 실시하며, 이 헌법에 의하여 선출된 최초의 국회의원의 임기는 국회의원선거 후 이 헌법에 의한 국회의 최초의 집회일로부터 개시한다.
② 이 헌법공포 당시의 국회의원의 임기는 제1항에 의한 국회의 최초의 집회일 전일까지로 한다.

제4조 【이 헌법시행 당시의 공무원 등의 지위】
① 이 헌법시행 당시의 공무원과 정부가 임명한 기업체의 임원은 이 헌법에 의하여 임명된 것으로 본다. 다만, 이 헌법에 의하여 선임방법이나 임명권자가 변경된

공무원과 대법원장 및 감사원장은 이 헌법에 의하여 후임자가 선임될 때까지 그 직무를 행하며, 이 경우 전임자인 공무원의 임기는 후임자가 선임되는 전일까지로 한다.
② 이 헌법시행 당시의 대법원장과 대법원판사가 아닌 법관은 제1항 단서의 규정에 불구하고 이 헌법에 의하여 임명된 것으로 본다.
③ 이 헌법 중 공무원의 임기 또는 중임제한에 관한 규정은 이 헌법에 의하여 그 공무원이 최초로 선출 또는 임명된 때로부터 적용한다.

제5조 【이 헌법시행 당시의 법령과 조약의 효력】
이 헌법시행 당시의 법령과 조약은 이 헌법에 위배되지 아니하는 한 그 효력을 지속한다.

제6조 【이 헌법시행 전에 설치된 기관에 관한 경과조치】
이 헌법시행 당시에 이 헌법에 의하여 새로 설치될 기관의 권한에 속하는 직무를 행하고 있는 기관은 이 헌법에 의하여 새로운 기관이 설치될 때까지 존속하며 그 직무를 행한다.

헌법재판소법

[시행 2011.4.5] [법률 제10546호, 2011.4.5, 일부개정]

제1장 총칙

제1조(목적)
이 법은 헌법재판소의 조직 및 운영과 그 심판절차에 관하여 필요한 사항을 정함을 목적으로 한다.

제2조(관장사항)
헌법재판소는 다음 각 호의 사항을 관장한다.
1. 법원의 제청(提請)에 의한 법률의 위헌(違憲) 여부 심판
2. 탄핵(彈劾)의 심판
3. 정당의 해산심판
4. 국가기관 상호간, 국가기관과 지방자치단체 간 및 지방자치단체 상호간의 권한쟁의(權限爭議)에 관한 심판
5. 헌법소원(憲法訴願)에 관한 심판

제3조(구성)
헌법재판소는 9명의 재판관으로 구성한다.

제4조(재판관의 독립)
재판관은 헌법과 법률에 의하여 양심에 따라 독립하여 심판한다.

제5조(재판관의 자격)
① 재판관은 다음 각 호의 어느 하나에 해당하는 직(職)에 15년 이상 있던 40세 이상인 사람 중에서 임명한다. 다만, 다음 각 호 중 둘 이상의 직에 있던 사람의 재직기간은 합산한다.
1. 판사, 검사, 변호사
2. 변호사 자격이 있는 사람으로서 국가기관, 국영·공영 기업체, 「공공기관의 운영에 관한 법률」 제4조에 따른 공공기관 또는 그 밖의 법인에서 법률에 관한 사무에 종사한 사람
3. 변호사 자격이 있는 사람으로서 공인된 대학의 법률학 조교수 이상의 직에 있던 사람

② 다음 각 호의 어느 하나에 해당하는 사람은 재판관으로 임명할 수 없다.
1. 다른 법령에 따라 공무원으로 임용하지 못하는 사람
2. 금고 이상의 형을 선고받은 사람
3. 탄핵에 의하여 파면된 후 5년이 지나지 아니한 사람

제6조(재판관의 임명)
① 재판관은 대통령이 임명한다. 이 경우 재판관 중 3명은 국회에서 선출하는 사람을, 3명은 대법원장이 지명하는 사람을 임명한다.
② 재판관은 국회의 인사청문을 거쳐 임명·선출 또는 지명하여야 한다. 이 경우 대통령은 재판관(국회에서 선출하거나 대법원장이 지명하는 사람은 제외한다)을 임명하기 전에, 대법원장은 재판관을 지명하기 전에 인사청문을 요청한다.
③ 재판관의 임기가 만료되거나 정년이 도래하는 경우에는 임기만료일 또는 정년 도래일까지 후임자를 임명하여야 한다.
④ 임기 중 재판관이 결원된 경우에는 결원된 날부터 30일 이내에 후임자를 임명하여야 한다.
⑤ 제3항 및 제4항에도 불구하고 국회에서 선출한 재판관이 국회의 폐회 또는 휴회

중에 그 임기가 만료되거나 정년이 도래한 경우 또는 결원된 경우에는 국회는 다음 집회가 개시된 후 30일 이내에 후임자를 선출하여야 한다.

제7조(재판관의 임기)
① 재판관의 임기는 6년으로 하며, 연임할 수 있다.
② 재판관의 정년은 65세로 한다. 다만, 헌법재판소장인 재판관의 정년은 70세로 한다.

제8조(재판관의 신분 보장)
재판관은 다음 각 호의 어느 하나에 해당하는 경우가 아니면 그 의사에 반하여 해임되지 아니한다.
1. 탄핵결정이 된 경우
2. 금고 이상의 형을 선고받은 경우

제9조(재판관의 정치 관여 금지)
재판관은 정당에 가입하거나 정치에 관여할 수 없다.

제10조(규칙 제정권)
① 헌법재판소는 이 법과 다른 법률에 저촉되지 아니하는 범위에서 심판에 관한 절차, 내부 규율과 사무처리에 관한 규칙을 제정할 수 있다.
② 헌법재판소규칙은 관보에 게재하여 공포한다.

제10조의2(입법 의견의 제출)
헌법재판소장은 헌법재판소의 조직, 인사, 운영, 심판절차와 그 밖에 헌법재판소의 업무와 관련된 법률의 제정 또는 개정이 필요하다고 인정하는 경우에는 국회에 서면으로 그 의견을 제출할 수 있다.

제11조(경비)
① 헌법재판소의 경비는 독립하여 국가의 예산에 계상(計上)하여야 한다.
② 제1항의 경비 중에는 예비금을 둔다.

제2장 조직

제12조(헌법재판소장)
① 헌법재판소에 헌법재판소장을 둔다.
② 헌법재판소장은 국회의 동의를 받아 재판관 중에서 대통령이 임명한다.
③ 헌법재판소장은 헌법재판소를 대표하고, 헌법재판소의 사무를 총괄하며, 소속 공무원을 지휘·감독한다.
④ 헌법재판소장이 궐위(闕位)되거나 부득이한 사유로 직무를 수행할 수 없을 때에는 다른 재판관이 헌법재판소규칙으로 정하는 순서에 따라 그 권한을 대행한다.

제13조 삭제

제14조(재판관의 겸직 금지)
재판관은 다음 각 호의 어느 하나에 해당하는 직을 겸하거나 영리를 목적으로 하는 사업을 할 수 없다.
1. 국회 또는 지방의회의 의원의 직
2. 국회·정부 또는 법원의 공무원의 직
3. 법인·단체 등의 고문·임원 또는 직원의 직

제15조(헌법재판소장 등의 대우)
헌법재판소장의 대우와 보수는 대법원장의 예에 따르며, 재판관은 정무직(政務職)으로 하고 그 대우와 보수는 대법관의 예에 따른다.

제16조(재판관회의)
① 재판관회의는 재판관 전원으로 구성하며, 헌법재판소장이 의장이 된다.
② 재판관회의는 재판관 7명 이상의 출석과 출석인원 과반수의 찬성으로 의결한다.
③ 의장은 의결에서 표결권을 가진다.
④ 다음 각 호의 사항은 재판관회의의 의

결을 거쳐야 한다.
1. 헌법재판소규칙의 제정과 개정, 제10조의2에 따른 입법 의견의 제출에 관한 사항
2. 예산 요구, 예비금 지출과 결산에 관한 사항
3. 사무처장, 사무차장, 헌법재판연구원장, 헌법연구관 및 3급 이상 공무원의 임면(任免)에 관한 사항
4. 특히 중요하다고 인정되는 사항으로서 헌법재판소장이 재판관회의에 부치는 사항
⑤ 재판관회의의 운영에 필요한 사항은 헌법재판소규칙으로 정한다.

제17조(사무처)
① 헌법재판소의 행정사무를 처리하기 위하여 헌법재판소에 사무처를 둔다.
② 사무처에 사무처장과 사무차장을 둔다.
③ 사무처장은 헌법재판소장의 지휘를 받아 사무처의 사무를 관장하며, 소속 공무원을 지휘·감독한다.
④ 사무처장은 국회 또는 국무회의에 출석하여 헌법재판소의 행정에 관하여 발언할 수 있다.
⑤ 헌법재판소장이 한 처분에 대한 행정소송의 피고는 헌법재판소 사무처장으로 한다.
⑥ 사무차장은 사무처장을 보좌하며, 사무처장이 부득이한 사유로 직무를 수행할 수 없을 때에는 그 직무를 대행한다.
⑦ 사무처에 실, 국, 과를 둔다.
⑧ 실에는 실장, 국에는 국장, 과에는 과장을 두며, 사무처장·사무차장·실장 또는 국장 밑에 정책의 기획, 계획의 입안, 연구·조사, 심사·평가 및 홍보업무를 보좌하는 심의관 또는 담당관을 둘 수 있다.
⑨ 이 법에 규정되지 아니한 사항으로서 사무처의 조직, 직무 범위, 사무처에 두는 공무원의 정원, 그 밖에 필요한 사항은 헌법재판소규칙으로 정한다.

제18조(사무처 공무원)
① 사무처장은 정무직으로 하고, 보수는 국무위원의 보수와 같은 금액으로 한다.
② 사무차장은 정무직으로 하고, 보수는 차관의 보수와 같은 금액으로 한다.
③ 실장은 1급 또는 2급, 국장은 2급 또는 3급, 심의관 및 담당관은 2급부터 4급까지, 과장은 3급 또는 4급의 일반직국가공무원으로 임명한다. 다만, 담당관 중 1명은 3급 상당 또는 4급 상당의 별정직국가공무원으로 임명할 수 있다.
④ 사무처 공무원은 헌법재판소장이 임면한다. 다만, 3급 이상의 공무원의 경우에는 재판관회의의 의결을 거쳐야 한다.
⑤ 헌법재판소장은 다른 국가기관에 대하여 그 소속 공무원을 사무처 공무원으로 근무하게 하기 위하여 헌법재판소에의 파견근무를 요청할 수 있다.

제19조(헌법연구관)
① 헌법재판소에 헌법재판소규칙으로 정하는 수의 헌법연구관을 둔다.
② 헌법연구관은 특정직국가공무원으로 한다.
③ 헌법연구관은 헌법재판소장의 명을 받아 사건의 심리(審理) 및 심판에 관한 조사·연구에 종사한다.
④ 헌법연구관은 다음 각 호의 어느 하나에 해당하는 사람 중에서 헌법재판소장이 재판관회의의 의결을 거쳐 임용한다.
1. 판사·검사 또는 변호사의 자격이 있는 사람
2. 공인된 대학의 법률학 조교수 이상의 직에 있던 사람
3. 국회, 정부 또는 법원 등 국가기관에서 4급 이상의 공무원으로서 5년 이상 법률에 관한 사무에 종사한 사람

4. 법률학에 관한 박사학위 소지자로서 국회, 정부, 법원 또는 헌법재판소 등 국가기관에서 5년 이상 법률에 관한 사무에 종사한 사람
5. 법률학에 관한 박사학위 소지자로서 헌법재판소규칙으로 정하는 대학 등 공인된 연구기관에서 5년 이상 법률에 관한 사무에 종사한 사람
⑤ 삭제
⑥ 다음 각 호의 어느 하나에 해당하는 사람은 헌법연구관으로 임용될 수 없다.
1. 「국가공무원법」 제33조 각 호의 어느 하나에 해당하는 사람
2. 금고 이상의 형을 선고받은 사람
3. 탄핵결정에 의하여 파면된 후 5년이 지나지 아니한 사람
⑦ 헌법연구관의 임기는 10년으로 하되, 연임할 수 있고, 정년은 60세로 한다.
⑧ 헌법연구관이 제6항 각 호의 어느 하나에 해당할 때에는 당연히 퇴직한다. 다만, 「국가공무원법」 제33조제5호에 해당할 때에는 그러하지 아니하다.
⑨ 헌법재판소장은 다른 국가기관에 대하여 그 소속 공무원을 헌법연구관으로 근무하게 하기 위하여 헌법재판소에의 파견근무를 요청할 수 있다.
⑩ 사무차장은 헌법연구관의 직을 겸할 수 있다.
⑪ 헌법재판소장은 헌법연구관으로 하여금 사건의 심리 및 심판에 관한 조사·연구 업무 외의 직을 겸임하게 할 수 있다. 이 경우 헌법연구관의 수는 헌법재판소규칙으로 정하며, 보수는 그 중 고액의 것을 지급한다.

제19조의2(헌법연구관보)
① 헌법연구관을 신규임용하는 경우에는 3년간 헌법연구관보(憲法研究官補)로 임용하여 근무하게 한 후 그 근무성적을 고려하여 헌법연구관으로 임용한다. 다만, 경력 및 업무능력 등을 고려하여 헌법재판소규칙으로 정하는 바에 따라 헌법연구관보 임용을 면제하거나 그 기간을 단축할 수 있다.
② 헌법연구관보는 헌법재판소장이 재판관회의의 의결을 거쳐 임용한다.
③ 헌법연구관보는 별정직국가공무원으로 하고, 그 보수와 승급기준은 헌법연구관의 예에 따른다.
④ 헌법연구관보가 근무성적이 불량한 경우에는 재판관회의의 의결을 거쳐 면직시킬 수 있다.
⑤ 헌법연구관보의 근무기간은 이 법 및 다른 법령에 규정된 헌법연구관의 재직기간에 산입한다.

제19조의3(헌법연구위원)
① 헌법재판소에 헌법연구위원을 둘 수 있다. 헌법연구위원은 사건의 심리 및 심판에 관한 전문적인 조사·연구에 종사한다.
② 헌법연구위원은 3년 이내의 범위에서 기간을 정하여 임명한다.
③ 헌법연구위원은 2급 또는 3급 상당의 별정직공무원이나 계약직공무원으로 하고, 그 직제 및 자격 등에 관하여는 헌법재판소규칙으로 정한다.

제19조의4(헌법재판연구원)
① 헌법 및 헌법재판 연구와 헌법연구관, 사무처 공무원 등의 교육을 위하여 헌법재판소에 헌법재판연구원을 둔다.
② 헌법재판연구원의 정원은 원장 1명을 포함하여 40명 이내로 하고, 원장은 헌법연구관 또는 1급인 일반직국가공무원

으로 임명한다.
③ 제2항에도 불구하고 원장은 계약직공무원으로 임명할 수 있다.
④ 헌법재판연구원의 조직과 운영에 필요한 사항은 헌법재판소규칙으로 정한다.

제20조(헌법재판소장 비서실 등)
① 헌법재판소에 헌법재판소장 비서실을 둔다.
② 헌법재판소장 비서실에 비서실장 1명을 두되, 비서실장은 1급 상당의 별정직국가공무원으로 임명하고, 헌법재판소장의 명을 받아 기밀에 관한 사무를 관장한다.
③ 제2항에 규정되지 아니한 사항으로서 헌법재판소장 비서실의 조직과 운영에 필요한 사항은 헌법재판소규칙으로 정한다.
④ 헌법재판소에 재판관 비서관을 둔다.
⑤ 재판관 비서관은 4급의 일반직국가공무원 또는 4급 상당의 별정직국가공무원으로 임명하며, 재판관의 명을 받아 기밀에 관한 사무를 관장한다.

제21조(서기 및 정리)
① 헌법재판소에 서기(書記) 및 정리(廷吏)를 둔다.
② 헌법재판소장은 사무처 직원 중에서 서기 및 정리를 지명한다.
③ 서기는 재판장의 명을 받아 사건에 관한 서류의 작성·보관 또는 송달에 관한 사무를 담당한다.
④ 정리는 심판정(審判廷)의 질서유지와 그 밖에 재판장이 명하는 사무를 집행한다.

제3장 일반심판절차

제22조(재판부)
① 이 법에 특별한 규정이 있는 경우를 제외하고는 헌법재판소의 심판은 재판관 전원으로 구성되는 재판부에서 관장한다.
② 재판부의 재판장은 헌법재판소장이 된다.

제23조(심판정족수)
① 재판부는 재판관 7명 이상의 출석으로 사건을 심리한다.
② 재판부는 종국심리(終局審理)에 관여한 재판관 과반수의 찬성으로 사건에 관한 결정을 한다. 다만, 다음 각 호의 어느 하나에 해당하는 경우에는 재판관 6명 이상의 찬성이 있어야 한다.
1. 법률의 위헌결정, 탄핵의 결정, 정당해산의 결정 또는 헌법소원에 관한 인용결정(認容決定)을 하는 경우
2. 종전에 헌법재판소가 판시한 헌법 또는 법률의 해석 적용에 관한 의견을 변경하는 경우

제24조(제척·기피 및 회피)
① 재판관이 다음 각 호의 어느 하나에 해당하는 경우에는 그 직무집행에서 제척(除斥)된다.
1. 재판관이 당사자이거나 당사자의 배우자 또는 배우자였던 경우
2. 재판관과 당사자가 친족관계이거나 친족관계였던 경우
3. 재판관이 사건에 관하여 증언이나 감정(鑑定)을 하는 경우
4. 재판관이 사건에 관하여 당사자의 대리인이 되거나 되었던 경우
5. 그 밖에 재판관이 헌법재판소 외에서 직무상 또는 직업상의 이유로 사건에 관여한 경우
② 재판부는 직권 또는 당사자의 신청에 의하여 제척의 결정을 한다.
③ 재판관에게 공정한 심판을 기대하기 어려운 사정이 있는 경우 당사자는 기피(忌避)신청을 할 수 있다. 다만, 변론기일(辯論期日)에 출석하여 본안(本案)에 관

한 진술을 한 때에는 그러하지 아니하다.
④ 당사자는 동일한 사건에 대하여 2명 이상의 재판관을 기피할 수 없다.
⑤ 재판관은 제1항 또는 제3항의 사유가 있는 경우에는 재판장의 허가를 받아 회피(回避)할 수 있다.
⑥ 당사자의 제척 및 기피신청에 관한 심판에는 「민사소송법」 제44조, 제45조, 제46조제1항·제2항 및 제48조를 준용한다.

제25조(대표자·대리인)
① 각종 심판절차에서 정부가 당사자(참가인을 포함한다. 이하 같다)인 경우에는 법무부장관이 이를 대표한다.
② 각종 심판절차에서 당사자인 국가기관 또는 지방자치단체는 변호사 또는 변호사의 자격이 있는 소속 직원을 대리인으로 선임하여 심판을 수행하게 할 수 있다.
③ 각종 심판절차에서 당사자인 사인(私人)은 변호사를 대리인으로 선임하지 아니하면 심판청구를 하거나 심판 수행을 하지 못한다. 다만, 그가 변호사의 자격이 있는 경우에는 그러하지 아니하다.

제26조(심판청구의 방식)
① 헌법재판소에의 심판청구는 심판절차별로 정하여진 청구서를 헌법재판소에 제출함으로써 한다. 다만, 위헌법률심판에서는 법원의 제청서, 탄핵심판에서는 국회의 소추의결서(訴追議決書)의 정본(正本)으로 청구서를 갈음한다.
② 청구서에는 필요한 증거서류 또는 참고자료를 첨부할 수 있다.

제27조(청구서의 송달)
① 헌법재판소가 청구서를 접수한 때에는 지체 없이 그 등본을 피청구기관 또는 피청구인(이하 "피청구인"이라 한다)에게 송달하여야 한다.
② 위헌법률심판의 제청이 있으면 법무부장관 및 당해 소송사건의 당사자에게 그 제청서의 등본을 송달한다.

제28조(심판청구의 보정)
① 재판장은 심판청구가 부적법하나 보정(補正)할 수 있다고 인정되는 경우에는 상당한 기간을 정하여 보정을 요구하여야 한다.
② 제1항에 따른 보정 서면에 관하여는 제27조제1항을 준용한다.
③ 제1항에 따른 보정이 있는 경우에는 처음부터 적법한 심판청구가 있는 것으로 본다.
④ 제1항에 따른 보정기간은 제38조의 심판기간에 산입하지 아니한다.
⑤ 재판장은 필요하다고 인정하는 경우에는 재판관 중 1명에게 제1항의 보정요구를 할 수 있는 권한을 부여할 수 있다.

제29조(답변서의 제출)
① 청구서 또는 보정 서면을 송달받은 피청구인은 헌법재판소에 답변서를 제출할 수 있다.
② 답변서에는 심판청구의 취지와 이유에 대응하는 답변을 적는다.

제30조(심리의 방식)
① 탄핵의 심판, 정당해산의 심판 및 권한쟁의의 심판은 구두변론에 의한다.
② 위헌법률의 심판과 헌법소원에 관한 심판은 서면심리에 의한다. 다만, 재판부는 필요하다고 인정하는 경우에는 변론을 열어 당사자, 이해관계인, 그 밖의 참고인의 진술을 들을 수 있다.
③ 재판부가 변론을 열 때에는 기일을 정하여 당사자와 관계인을 소환하여야 한다.

제31조(증거조사)
① 재판부는 사건의 심리를 위하여 필요하

다고 인정하는 경우에는 직권 또는 당사자의 신청에 의하여 다음 각 호의 증거조사를 할 수 있다.
1. 당사자 또는 증인을 신문(訊問)하는 일
2. 당사자 또는 관계인이 소지하는 문서·장부·물건 또는 그 밖의 증거자료의 제출을 요구하고 영치(領置)하는 일
3. 특별한 학식과 경험을 가진 자에게 감정을 명하는 일
4. 필요한 물건·사람·장소 또는 그 밖의 사물의 성상(性狀)이나 상황을 검증하는 일
② 재판장은 필요하다고 인정하는 경우에는 재판관 중 1명을 지정하여 제1항의 증거조사를 하게 할 수 있다.

제32조(자료제출 요구 등)
재판부는 결정으로 다른 국가기관 또는 공공단체의 기관에 심판에 필요한 사실을 조회하거나, 기록의 송부나 자료의 제출을 요구할 수 있다. 다만, 재판·소추 또는 범죄수사가 진행 중인 사건의 기록에 대하여는 송부를 요구할 수 없다.

제33조(심판의 장소)
심판의 변론과 종국결정의 선고는 심판정에서 한다. 다만, 헌법재판소장이 필요하다고 인정하는 경우에는 심판정 외의 장소에서 변론 또는 종국결정의 선고를 할 수 있다.

제34조(심판의 공개)
① 심판의 변론과 결정의 선고는 공개한다. 다만, 서면심리와 평의(評議)는 공개하지 아니한다.
② 헌법재판소의 심판에 관하여는 「법원조직법」 제57조제1항 단서와 같은 조 제2항 및 제3항을 준용한다.

제35조(심판의 지휘와 법정경찰권)
① 재판장은 심판정의 질서와 변론의 지휘 및 평의의 정리(整理)를 담당한다.
② 헌법재판소 심판정의 질서유지와 용어의 사용에 관하여는 「법원조직법」 제58조부터 제63조까지의 규정을 준용한다.

제36조(종국결정)
① 재판부가 심리를 마쳤을 때에는 종국결정을 한다.
② 종국결정을 할 때에는 다음 각 호의 사항을 적은 결정서를 작성하고 심판에 관여한 재판관 전원이 이에 서명날인하여야 한다.
1. 사건번호와 사건명
2. 당사자와 심판수행자 또는 대리인의 표시
3. 주문(主文)
4. 이유
5. 결정일
③ 심판에 관여한 재판관은 결정서에 의견을 표시하여야 한다.
④ 종국결정이 선고되면 서기는 지체 없이 결정서 정본을 작성하여 당사자에게 송달하여야 한다.
⑤ 종국결정은 헌법재판소규칙으로 정하는 바에 따라 관보에 게재하거나 그 밖의 방법으로 공시한다.

제37조(심판비용 등)
① 헌법재판소의 심판비용은 국가부담으로 한다. 다만, 당사자의 신청에 의한 증거조사의 비용은 헌법재판소규칙으로 정하는 바에 따라 그 신청인에게 부담시킬 수 있다.
② 헌법재판소는 헌법소원심판의 청구인에 대하여 헌법재판소규칙으로 정하는 공탁금의 납부를 명할 수 있다.
③ 헌법재판소는 다음 각 호의 어느 하나에 해당하는 경우에는 헌법재판소규칙으로 정하는 바에 따라 공탁금의 전부 또는 일부의 국고 귀속을 명할 수 있다.

1. 헌법소원의 심판청구를 각하하는 경우
2. 헌법소원의 심판청구를 기각하는 경우에 그 심판청구가 권리의 남용이라고 인정되는 경우

제38조(심판기간)
헌법재판소는 심판사건을 접수한 날부터 180일 이내에 종국결정의 선고를 하여야 한다. 다만, 재판관의 궐위로 7명의 출석이 불가능한 경우에는 그 궐위된 기간은 심판기간에 산입하지 아니한다.

제39조(일사부재리)
헌법재판소는 이미 심판을 거친 동일한 사건에 대하여는 다시 심판할 수 없다.

제39조의2(심판확정기록의 열람·복사)
① 누구든지 권리구제, 학술연구 또는 공익목적으로 심판이 확정된 사건기록의 열람 또는 복사를 신청할 수 있다. 다만, 헌법재판소장은 다음 각 호의 어느 하나에 해당하는 경우에는 사건기록을 열람하거나 복사하는 것을 제한할 수 있다.
1. 변론이 비공개로 진행된 경우
2. 사건기록의 공개로 인하여 국가의 안전보장, 선량한 풍속, 공공의 질서유지나 공공복리를 현저히 침해할 우려가 있는 경우
3. 사건기록의 공개로 인하여 관계인의 명예, 사생활의 비밀, 영업비밀(「부정경쟁방지 및 영업비밀보호에 관한 법률」 제2조제2호에 규정된 영업비밀을 말한다) 또는 생명·신체의 안전이나 생활의 평온을 현저히 침해할 우려가 있는 경우
② 헌법재판소장은 제1항 단서에 따라 사건기록의 열람 또는 복사를 제한하는 경우에는 신청인에게 그 사유를 명시하여 통지하여야 한다.
③ 제1항에 따른 사건기록의 열람 또는 복사 등에 관하여 필요한 사항은 헌법재판소규칙으로 정한다.
④ 사건기록을 열람하거나 복사한 자는 열람 또는 복사를 통하여 알게 된 사항을 이용하여 공공의 질서 또는 선량한 풍속을 침해하거나 관계인의 명예 또는 생활의 평온을 훼손하는 행위를 하여서는 아니 된다.

제40조(준용규정)
① 헌법재판소의 심판절차에 관하여는 이 법에 특별한 규정이 있는 경우를 제외하고는 헌법재판의 성질에 반하지 아니하는 한도에서 민사소송에 관한 법령을 준용한다. 이 경우 탄핵심판의 경우에는 형사소송에 관한 법령을 준용하고, 권한쟁의심판 및 헌법소원심판의 경우에는 「행정소송법」을 함께 준용한다.
② 제1항 후단의 경우에 형사소송에 관한 법령 또는 「행정소송법」이 민사소송에 관한 법령에 저촉될 때에는 민사소송에 관한 법령은 준용하지 아니한다.

제4장 특별심판절차

제1절 위헌법률심판

제41조(위헌 여부 심판의 제청)
① 법률이 헌법에 위반되는지 여부가 재판의 전제가 된 경우에는 당해 사건을 담당하는 법원(군사법원을 포함한다. 이하 같다)은 직권 또는 당사자의 신청에 의한 결정으로 헌법재판소에 위헌 여부 심판을 제청한다.
② 제1항의 당사자의 신청은 제43조제2호부터 제4호까지의 사항을 적은 서면으로 한다.
③ 제2항의 신청서면의 심사에 관하여는 「민사소송법」 제254조를 준용한다.

④ 위헌 여부 심판의 제청에 관한 결정에 대하여는 항고할 수 없다.
⑤ 대법원 외의 법원이 제1항의 제청을 할 때에는 대법원을 거쳐야 한다.

제42조(재판의 정지 등)
① 법원이 법률의 위헌 여부 심판을 헌법재판소에 제청한 때에는 당해 소송사건의 재판은 헌법재판소의 위헌 여부의 결정이 있을 때까지 정지된다. 다만, 법원이 긴급하다고 인정하는 경우에는 종국재판 외의 소송절차를 진행할 수 있다.
② 제1항 본문에 따른 재판정지기간은 「형사소송법」 제92조제1항·제2항 및 「군사법원법」 제132조제1항·제2항의 구속기간과 「민사소송법」 제199조의 판결 선고기간에 산입하지 아니한다.

제43조(제청서의 기재사항)
법원이 법률의 위헌 여부 심판을 헌법재판소에 제청할 때에는 제청서에 다음 각 호의 사항을 적어야 한다.
1. 제청법원의 표시
2. 사건 및 당사자의 표시
3. 위헌이라고 해석되는 법률 또는 법률의 조항
4. 위헌이라고 해석되는 이유
5. 그 밖에 필요한 사항

제44조(소송사건 당사자 등의 의견)
당해 소송사건의 당사자 및 법무부장관은 헌법재판소에 법률의 위헌 여부에 대한 의견서를 제출할 수 있다.

제45조(위헌결정)
헌법재판소는 제청된 법률 또는 법률 조항의 위헌 여부만을 결정한다. 다만, 법률 조항의 위헌결정으로 인하여 해당 법률 전부를 시행할 수 없다고 인정될 때에는 그 전부에 대하여 위헌결정을 할 수 있다.

제46조(결정서의 송달)
헌법재판소는 결정일부터 14일 이내에 결정서 정본을 제청한 법원에 송달한다. 이 경우 제청한 법원이 대법원이 아닌 경우에는 대법원을 거쳐야 한다.

제47조(위헌결정의 효력)
① 법률의 위헌결정은 법원과 그 밖의 국가기관 및 지방자치단체를 기속(羈束)한다.
② 위헌으로 결정된 법률 또는 법률의 조항은 그 결정이 있는 날부터 효력을 상실한다. 다만, 형벌에 관한 법률 또는 법률의 조항은 소급하여 그 효력을 상실한다.
③ 제2항 단서의 경우에 위헌으로 결정된 법률 또는 법률의 조항에 근거한 유죄의 확정판결에 대하여는 재심을 청구할 수 있다.
④ 제3항의 재심에 대하여는 「형사소송법」을 준용한다.

제2절 탄핵심판

제48조(탄핵소추)
다음 각 호의 어느 하나에 해당하는 공무원이 그 직무집행에서 헌법이나 법률을 위반한 경우에는 국회는 헌법 및 「국회법」에 따라 탄핵의 소추를 의결할 수 있다.
1. 대통령, 국무총리, 국무위원 및 행정각부(行政各部)의 장
2. 헌법재판소 재판관, 법관 및 중앙선거관리위원회 위원
3. 감사원장 및 감사위원
4. 그 밖에 법률에서 정한 공무원

제49조(소추위원)
① 탄핵심판에서는 국회 법제사법위원회의 위원장이 소추위원이 된다.
② 소추위원은 헌법재판소에 소추의결서의 정본을 제출하여 탄핵심판을 청구하며,

심판의 변론에서 피청구인을 신문할 수 있다.

제50조(권한 행사의 정지)
탄핵소추의 의결을 받은 사람은 헌법재판소의 심판이 있을 때까지 그 권한 행사가 정지된다.

제51조(심판절차의 정지)
피청구인에 대한 탄핵심판 청구와 동일한 사유로 형사소송이 진행되고 있는 경우에는 재판부는 심판절차를 정지할 수 있다.

제52조(당사자의 불출석)
① 당사자가 변론기일에 출석하지 아니하면 다시 기일을 정하여야 한다.
② 다시 정한 기일에도 당사자가 출석하지 아니하면 그의 출석 없이 심리할 수 있다.

제53조(결정의 내용)
① 탄핵심판 청구가 이유 있는 경우에는 헌법재판소는 피청구인을 해당 공직에서 파면하는 결정을 선고한다.
② 피청구인이 결정 선고 전에 해당 공직에서 파면되었을 때에는 헌법재판소는 심판청구를 기각하여야 한다.

제54조(결정의 효력)
① 탄핵결정은 피청구인의 민사상 또는 형사상의 책임을 면제하지 아니한다.
② 탄핵결정에 의하여 파면된 사람은 결정 선고가 있은 날부터 5년이 지나지 아니하면 공무원이 될 수 없다.

제3절 정당해산심판

제55조(정당해산심판의 청구)
정당의 목적이나 활동이 민주적 기본질서에 위배될 때에는 정부는 국무회의의 심의를 거쳐 헌법재판소에 정당해산심판을 청구할 수 있다.

제56조(청구서의 기재사항)
정당해산심판의 청구서에는 다음 각 호의 사항을 적어야 한다.
1. 해산을 요구하는 정당의 표시
2. 청구 이유

제57조(가처분)
헌법재판소는 정당해산심판의 청구를 받은 때에는 직권 또는 청구인의 신청에 의하여 종국결정의 선고 시까지 피청구인의 활동을 정지하는 결정을 할 수 있다.

제58조(청구 등의 통지)
① 헌법재판소장은 정당해산심판의 청구가 있는 때, 가처분결정을 한 때 및 그 심판이 종료한 때에는 그 사실을 국회와 중앙선거관리위원회에 통지하여야 한다.
② 정당해산을 명하는 결정서는 피청구인 외에 국회, 정부 및 중앙선거관리위원회에도 송달하여야 한다.

제59조(결정의 효력)
정당의 해산을 명하는 결정이 선고된 때에는 그 정당은 해산된다.

제60조(결정의 집행)
정당의 해산을 명하는 헌법재판소의 결정은 중앙선거관리위원회가 「정당법」에 따라 집행한다.

제4절 권한쟁의심판

제61조(청구 사유)
① 국가기관 상호간, 국가기관과 지방자치단체 간 및 지방자치단체 상호간에 권한의 유무 또는 범위에 관하여 다툼이 있을 때에는 해당 국가기관 또는 지방자치단체는 헌법재판소에 권한쟁의심판을 청

구할 수 있다.
② 제1항의 심판청구는 피청구인의 처분 또는 부작위(不作爲)가 헌법 또는 법률에 의하여 부여받은 청구인의 권한을 침해하였거나 침해할 현저한 위험이 있는 경우에만 할 수 있다.

제62조(권한쟁의심판의 종류)
① 권한쟁의심판의 종류는 다음 각 호와 같다.
1. 국가기관 상호간의 권한쟁의심판
   국회, 정부, 법원 및 중앙선거관리위원회 상호간의 권한쟁의심판
2. 국가기관과 지방자치단체 간의 권한쟁의심판
   가. 정부와 특별시·광역시·도 또는 특별자치도 간의 권한쟁의심판
   나. 정부와 시·군 또는 지방자치단체인 구(이하 "자치구"라 한다) 간의 권한쟁의심판
3. 지방자치단체 상호간의 권한쟁의심판
   가. 특별시·광역시·도 또는 특별자치도 상호간의 권한쟁의심판
   나. 시·군 또는 자치구 상호간의 권한쟁의심판
   다. 특별시·광역시·도 또는 특별자치도와 시·군 또는 자치구 간의 권한쟁의심판
② 권한쟁의가 「지방교육자치에 관한 법률」 제2조에 따른 교육·학예에 관한 지방자치단체의 사무에 관한 것인 경우에는 교육감이 제1항제2호 및 제3호의 당사자가 된다.

제63조(청구기간)
① 권한쟁의의 심판은 그 사유가 있음을 안 날부터 60일 이내에, 그 사유가 있은 날부터 180일 이내에 청구하여야 한다.
② 제1항의 기간은 불변기간으로 한다.

제64조(청구서의 기재사항)
권한쟁의심판의 청구서에는 다음 각 호의 사항을 적어야 한다.
1. 청구인 또는 청구인이 속한 기관 및 심판수행자 또는 대리인의 표시
2. 피청구인의 표시
3. 심판 대상이 되는 피청구인의 처분 또는 부작위
4. 청구 이유
5. 그 밖에 필요한 사항

제65조(가처분)
헌법재판소가 권한쟁의심판의 청구를 받았을 때에는 직권 또는 청구인의 신청에 의하여 종국결정의 선고 시까지 심판 대상이 된 피청구인의 처분의 효력을 정지하는 결정을 할 수 있다.

제66조(결정의 내용)
① 헌법재판소는 심판의 대상이 된 국가기관 또는 지방자치단체의 권한의 유무 또는 범위에 관하여 판단한다.
② 제1항의 경우에 헌법재판소는 권한침해의 원인이 된 피청구인의 처분을 취소하거나 그 무효를 확인할 수 있고, 헌법재판소가 부작위에 대한 심판청구를 인용하는 결정을 한 때에는 피청구인은 결정 취지에 따른 처분을 하여야 한다.

제67조(결정의 효력)
① 헌법재판소의 권한쟁의심판의 결정은 모든 국가기관과 지방자치단체를 기속한다.
② 국가기관 또는 지방자치단체의 처분을 취소하는 결정은 그 처분의 상대방에 대하여 이미 생긴 효력에 영향을 미치지 아니한다.

제5절 헌법소원심판

제68조(청구 사유)
① 공권력의 행사 또는 불행사(不行使)로 인하여 헌법상 보장된 기본권을 침해받은 자는 법원의 재판을 제외하고는 헌법재판소에 헌법소원심판을 청구할 수 있다. 다만, 다른 법률에 구제절차가 있는 경우에는 그 절차를 모두 거친 후에 청구할 수 있다.
② 제41조제1항에 따른 법률의 위헌 여부 심판의 제청신청이 기각된 때에는 그 신청을 한 당사자는 헌법재판소에 헌법소원심판을 청구할 수 있다. 이 경우 그 당사자는 당해 사건의 소송절차에서 동일한 사유를 이유로 다시 위헌 여부 심판의 제청을 신청할 수 없다.

제69조(청구기간)
① 제68조제1항에 따른 헌법소원의 심판은 그 사유가 있음을 안 날부터 90일 이내에, 그 사유가 있는 날부터 1년 이내에 청구하여야 한다. 다만, 다른 법률에 따른 구제절차를 거친 헌법소원의 심판은 그 최종결정을 통지받은 날부터 30일 이내에 청구하여야 한다.
② 제68조제2항에 따른 헌법소원심판은 위헌 여부 심판의 제청신청을 기각하는 결정을 통지받은 날부터 30일 이내에 청구하여야 한다.

제70조(국선대리인)
① 헌법소원심판을 청구하려는 자가 변호사를 대리인으로 선임할 자력(資力)이 없는 경우에는 헌법재판소에 국선대리인을 선임하여 줄 것을 신청할 수 있다. 이 경우 제69조에 따른 청구기간은 국선대리인의 선임신청이 있는 날을 기준으로 정한다.
② 제1항에도 불구하고 헌법재판소가 공익상 필요하다고 인정할 때에는 국선대리인을 선임할 수 있다.
③ 헌법재판소는 제1항의 신청이 있는 경우 또는 제2항의 경우에는 헌법재판소규칙으로 정하는 바에 따라 변호사 중에서 국선대리인을 선정한다. 다만, 그 심판청구가 명백히 부적법하거나 이유 없는 경우 또는 권리의 남용이라고 인정되는 경우에는 국선대리인을 선정하지 아니할 수 있다.
④ 헌법재판소가 국선대리인을 선정하지 아니한다는 결정을 한 때에는 지체 없이 그 사실을 신청인에게 통지하여야 한다. 이 경우 신청인이 선임신청을 한 날부터 그 통지를 받은 날까지의 기간은 제69조의 청구기간에 산입하지 아니한다.
⑤ 제3항에 따라 선정된 국선대리인은 선정된 날부터 60일 이내에 제71조에 규정된 사항을 적은 심판청구서를 헌법재판소에 제출하여야 한다.
⑥ 제3항에 따라 선정한 국선대리인에게는 헌법재판소규칙으로 정하는 바에 따라 국고에서 그 보수를 지급한다.

제71조(청구서의 기재사항)
① 제68조제1항에 따른 헌법소원의 심판청구서에는 다음 각 호의 사항을 적어야 한다.
1. 청구인 및 대리인의 표시
2. 침해된 권리
3. 침해의 원인이 되는 공권력의 행사 또는 불행사
4. 청구 이유
5. 그 밖에 필요한 사항
② 제68조제2항에 따른 헌법소원의 심판청

구서의 기재사항에 관하여는 제43조를 준용한다. 이 경우 제43조제1호 중 "제청법원의 표시"는 "청구인 및 대리인의 표시"로 본다.
③ 헌법소원의 심판청구서에는 대리인의 선임을 증명하는 서류 또는 국선대리인 선임통지서를 첨부하여야 한다.

제72조(사전심사)
① 헌법재판소장은 헌법재판소에 재판관 3명으로 구성되는 지정재판부를 두어 헌법소원심판의 사전심사를 담당하게 할 수 있다.
② 삭제
③ 지정재판부는 다음 각 호의 어느 하나에 해당되는 경우에는 지정재판부 재판관 전원의 일치된 의견에 의한 결정으로 헌법소원의 심판청구를 각하한다.
1. 다른 법률에 따른 구제절차가 있는 경우 그 절차를 모두 거치지 아니하거나 또는 법원의 재판에 대하여 헌법소원의 심판이 청구된 경우
2. 제69조의 청구기간이 지난 후 헌법소원심판이 청구된 경우
3. 제25조에 따른 대리인의 선임 없이 청구된 경우
4. 그 밖에 헌법소원심판의 청구가 부적법하고 그 흠결을 보정할 수 없는 경우
④ 지정재판부는 전원의 일치된 의견으로 제3항의 각하결정을 하지 아니하는 경우에는 결정으로 헌법소원을 재판부의 심판에 회부하여야 한다. 헌법소원심판의 청구 후 30일이 지날 때까지 각하결정이 없는 때에는 심판에 회부하는 결정(이하 "심판회부결정"이라 한다)이 있는 것으로 본다.
⑤ 지정재판부의 심리에 관하여는 제28조, 제31조, 제32조 및 제35조를 준용한다.
⑥ 지정재판부의 구성과 운영에 필요한 사항은 헌법재판소규칙으로 정한다.

제73조(각하 및 심판회부 결정의 통지)
① 지정재판부는 헌법소원을 각하하거나 심판회부결정을 한 때에는 그 결정일부터 14일 이내에 청구인 또는 그 대리인 및 피청구인에게 그 사실을 통지하여야 한다. 제72조제4항 후단의 경우에도 또한 같다.
② 헌법재판소장은 헌법소원이 제72조제4항에 따라 재판부의 심판에 회부된 때에는 다음 각 호의 자에게 지체 없이 그 사실을 통지하여야 한다.
1. 법무부장관
2. 제68조제2항에 따른 헌법소원심판에서는 청구인이 아닌 당해 사건의 당사자

제74조(이해관계기관 등의 의견 제출)
① 헌법소원의 심판에 이해관계가 있는 국가기관 또는 공공단체와 법무부장관은 헌법재판소에 그 심판에 관한 의견서를 제출할 수 있다.
② 제68조제2항에 따른 헌법소원이 재판부에 심판 회부된 경우에는 제27조제2항 및 제44조를 준용한다.

제75조(인용결정)
① 헌법소원의 인용결정은 모든 국가기관과 지방자치단체를 기속한다.
② 제68조제1항에 따른 헌법소원을 인용할 때에는 인용결정서의 주문에 침해된 기본권과 침해의 원인이 된 공권력의 행사 또는 불행사를 특정하여야 한다.
③ 제2항의 경우에 헌법재판소는 기본권 침해의 원인이 된 공권력의 행사를 취소하거나 그 불행사가 위헌임을 확인할 수 있다.
④ 헌법재판소가 공권력의 불행사에 대한

헌법소원을 인용하는 결정을 한 때에는 피청구인은 결정 취지에 따라 새로운 처분을 하여야 한다.
⑤ 제2항의 경우에 헌법재판소는 공권력의 행사 또는 불행사가 위헌인 법률 또는 법률의 조항에 기인한 것이라고 인정될 때에는 인용결정에서 해당 법률 또는 법률의 조항이 위헌임을 선고할 수 있다.
⑥ 제5항의 경우 및 제68조제2항에 따른 헌법소원을 인용하는 경우에는 제45조 및 제47조를 준용한다.
⑦ 제68조제2항에 따른 헌법소원이 인용된 경우에 해당 헌법소원과 관련된 소송사건이 이미 확정된 때에는 당사자는 재심을 청구할 수 있다.
⑧ 제7항에 따른 재심에서 형사사건에 대하여는 「형사소송법」을 준용하고, 그 외의 사건에 대하여는 「민사소송법」을 준용한다.

제5장 전자정보처리조직을 통한 심판절차의 수행

제76조(전자문서의 접수)
① 각종 심판절차의 당사자나 관계인은 청구서 또는 이 법에 따라 제출할 그 밖의 서면을 전자문서(컴퓨터 등 정보처리능력을 갖춘 장치에 의하여 전자적인 형태로 작성되어 송수신되거나 저장된 정보를 말한다. 이하 같다)화하고 이를 정보통신망을 이용하여 헌법재판소에서 지정·운영하는 전자정보처리조직(심판절차에 필요한 전자문서를 작성·제출·송달하는 데에 필요한 정보처리능력을 갖춘 전자적 장치를 말한다. 이하 같다)을 통하여 제출할 수 있다.
② 제1항에 따라 제출된 전자문서는 이 법에 따라 제출된 서면과 같은 효력을 가진다.
③ 전자정보처리조직을 이용하여 제출된 전자문서는 전자정보처리조직에 전자적으로 기록된 때에 접수된 것으로 본다.
④ 제3항에 따라 전자문서가 접수된 경우에 헌법재판소는 헌법재판소규칙으로 정하는 바에 따라 당사자나 관계인에게 전자적 방식으로 그 접수 사실을 즉시 알려야 한다.

제77조(전자서명 등)
① 당사자나 관계인은 헌법재판소에 제출하는 전자문서에 헌법재판소규칙으로 정하는 바에 따라 본인임을 확인할 수 있는 전자서명을 하여야 한다.
② 재판관이나 서기는 심판사건에 관한 서류를 전자문서로 작성하는 경우에 「전자정부법」 제2조제6호에 따른 행정전자서명(이하 "행정전자서명"이라 한다)을 하여야 한다.
③ 제1항의 전자서명과 제2항의 행정전자서명은 헌법재판소의 심판절차에 관한 법령에서 정하는 서명·서명날인 또는 기명날인으로 본다.

제78조(전자적 송달 등)
① 헌법재판소는 당사자나 관계인에게 전자정보처리조직과 그와 연계된 정보통신망을 이용하여 결정서나 이 법에 따른 각종 서류를 송달할 수 있다. 다만, 당사자나 관계인이 동의하지 아니하는 경우에는 그러하지 아니하다.
② 헌법재판소는 당사자나 관계인에게 송달하여야 할 결정서 등의 서류를 전자정보처리조직에 입력하여 등재한 다음 그 등재 사실을 헌법재판소규칙으로 정하는 바에 따라 전자적 방식으로 알려야 한다.

③ 제1항에 따른 전자정보처리조직을 이용한 서류 송달은 서면으로 한 것과 같은 효력을 가진다.

④ 제2항의 경우 송달받을 자가 등재된 전자문서를 헌법재판소규칙으로 정하는 바에 따라 확인한 때에 송달된 것으로 본다. 다만, 그 등재 사실을 통지한 날부터 2주 이내에 확인하지 아니하였을 때에는 등재 사실을 통지한 날부터 2주가 지난 날에 송달된 것으로 본다.

⑤ 제1항에도 불구하고 전자정보처리조직의 장애로 인하여 전자적 송달이 불가능하거나 그 밖에 헌법재판소규칙으로 정하는 사유가 있는 경우에는 「민사소송법」에 따라 송달할 수 있다.

제6장 벌칙

제79조(벌칙)

다음 각 호의 어느 하나에 해당하는 자는 1년 이하의 징역 또는 100만원 이하의 벌금에 처한다.

1. 헌법재판소로부터 증인, 감정인, 통역인 또는 번역인으로서 소환 또는 위촉을 받고 정당한 사유 없이 출석하지 아니한 자
2. 헌법재판소로부터 증거물의 제출요구 또는 제출명령을 받고 정당한 사유 없이 이를 제출하지 아니한 자
3. 헌법재판소의 조사 또는 검사를 정당한 사유 없이 거부·방해 또는 기피한 자

이 법은 공포한 날부터 시행한다.

저 자 소 개

✦ 최용전(崔容湞)
- 단국대학교 법학박사
- 각종 공무원시험과 자격증시험 출제위원 역임
- 계명대학교, 단국대학교, 동국대학교, 대진대학교, 서원대학교, 평택대학교 등 강사

□ 연구논문 □
- "헌법상 환경권의 보장에 관한 연구"(1998)
- "환경권의 기본이념으로서의 '지속가능한 발전'"(1998)
- "공공기관운영법의 제정과 공기업법제의 변화"(2007)
- "교원능력개발평가제와 교원의 전문성"(2008)
- "'깨끗한 물을 먹을 권리'에 대한 헌법적 검토"(2009)

□ 저서 □
- 법무의 이론과 실무(공저),
- 법과 생활(공저),
- 이론과 판례 헌법(공저),
- 공법학개론(공저)

✦ 이승천
- 계명대학교 법학과 졸업 동대학원 법학과 수료
- 계명대학교, 대구교육대학교, 대구대학교 등 강사
- 현 대구미래대학 경찰행정과 부교수
- 한국법학회 부회장

□ 저서 □
- 부동산공법, 상명출판사, 2001
- 법과 생활, 학문사, 2006

헌법강의

저 자 / 최용전 · 이승천   발 행 / 2012. 03. 10
펴낸이 / 조 형 근
펴낸곳 / 도서출판 동방문화사

저자와의 합의에 의해 인지 생략

서울시 서초구 방배동 905-16 101호
전화 : 02)3473-7294 .   팩스 : (02)587-7294
메일 : 34737294@hanmail.net   등록 : 서울 제22-1433호
표지디자인 / 서진아이디피 02)2264-8288

破本은 바꿔 드립니다.   本書의 無斷複製行爲를 禁합니다.
정 가 : 35,000원   ISBN 978-89-97569-06-9 93360